# 인공지능

현대적 접근방식 **제4판**

*Artificial Intelligence*
*A Modern Approach*
4th Edition

# 1

---

# 인공지능 1: 현대적 접근방식(제4판)

**1쇄 발행** 2021년 8월 25일
**2쇄 발행** 2023년 9월 27일

**지은이** 스튜어트 러셀, 피터 노빅
**옮긴이** 류 광
**펴낸이** 장성두
**펴낸곳** 주식회사 제이펍

출판신고 2009년 11월 10일 제406-2009-000087호
주소 경기도 파주시 회동길 159 3층 / 전화 070-8201-9010 / 팩스 02-6280-0405
홈페이지 www.jpub.kr / 투고 submit@jpub.kr / 독자문의 help@jpub.kr / 교재문의 textbook@jpub.kr

소통기획부 김정준, 이상복, 김은미, 송영화, 권유라, 송찬수, 박재인, 배인혜, 나준섭
소통지원부 민지환, 이승환, 김정미, 서세원 / 디자인부 이민숙, 최병찬

진행 김정준 / 교정 및 교열 오현숙 / 내지디자인 및 편집 조찬영
용지 타라유통 / 인쇄 한길프린테크 / 제본 일진제책사

ISBN 979-11-91600-31-5 (93000)
값 42,000원

※ 이 책은 저작권법에 따라 보호를 받는 저작물이므로 무단 전재와 무단 복제를 금지하며,
　이 책 내용의 전부 또는 일부를 이용하려면 반드시 저작권자와 제이펍의 서면 동의를 받아야 합니다.
※ 잘못된 책은 구입하신 서점에서 바꾸어 드립니다.

제이펍은 여러분의 아이디어와 원고를 기다리고 있습니다. 책으로 펴내고자 하는 아이디어나 원고가 있는 분께서는
책의 간단한 개요와 차례, 구성과 저(역)자 약력 등을 메일(submit@jpub.kr)로 보내 주세요.

# 인공지능

## 현대적 접근방식 제4판

### Artificial Intelligence
### A Modern Approach
#### 4th Edition

# 1

스튜어트 러셀, 피터 노빅 지음 / 류 광 옮김

로이, 고든, 루시, 조지, 아이작에게 — S.J.R.

크리스, 이사벨라, 줄리엣에게 — P.N.

# 차례

## CHAPTER 3  검색을 통한 문제 해결 • 87

## CHAPTER 4  복잡한 환경의 검색 • 147

## CHAPTER 5  대립 검색과 게임 • 191

## CHAPTER 6  제약 충족 문제 • 235

## 2권

### PART V 기계학습

## CHAPTER 19 견본에서 배우는 학습 • 3

## CHAPTER 24 자연어 처리를 위한 심층학습 • 259

## CHAPTER 25 컴퓨터 시각 • 289

## CHAPTER 26 로봇공학 • 341

# 옮긴이 머리말

전 세계 1,500여 대학에서 교재로 쓰이는 대표적인 인공지능 교과서를 다시금 번역하게 되어 영광입니다. 2016년에 나온 제3판 번역서는 2010년대의 인공 신경망의 부활과 심층 학습의 눈부신 성과가 반영되지 않은 원서(2009년 출간)를 옮겼다는 점에서 다소 아쉬웠습니다. 이번 제4판 번역서는 최근 성과를 충실하게 반영한, 2020년에 출간된 원서를 옮긴 것이라 이 분야의 '좀 더 통합된 상'을 원하는 여러 독자의 갈증을 해소하는 데 도움이 되리라 믿습니다. 제3판과 제4판의 차이점은 저자 머리말의 "제4판에서 새로운 점들"에 요약되어 있는데, 다들 짐작하시겠지만 기계학습에 좀 더 무게가 실렸습니다.

제3판 번역서와 마찬가지로, 원서가 대학교재로 쓰이는 전공서적 또는 학술서라는 점과 인공지능이 2010년대 중반에 어디서 갑자기 나타난 분야가 아니라 다른 여러 학문과 연계해서 오랫동안 발전해 온 분야라는 점을 고려해서 용어 선택 시 철학, 수학, 논리학, 경제학, 생물학, 신경과학, 제어이론, 컴퓨터 과학(전산학), 언어학, 생물학 등 관련 분야의 학회 용어집과 자료, 논문을 중요하게 참고했습니다. 기존 용어가 문맥과 잘 맞지 않거나 다른 분야의 용어와 충돌하는 경우에는 적절히 변형하거나 취사선택했다는 점도 제3판 번역서와 마찬가지입니다. 기계학습과 관련된 장(chapter)들에서는 《심층 학습》(2018)과 《신경망과 심층 학습》(2019), 《파이썬으로 배우는 자연어 처리 인 액션》(2020) 등 2010년대 후반에 제이펍에서 출간한 여러 인공지능 전문서에 쓰인 용어와 어법을 주되게 채용했습니다. 많은 대학이 원서로 수업을 진행하고 연구자나 현업 개발자들도 영어 반 한국어 반의 문장으로 의사소통하는 것이 현실이지만, 이 분야의 저변을 확대하고 논의를 심화하려면 용어와 어법에 관한 고민이 필요할 것입니다. 이 책의 용어와 어법이 그런 노력의 단서가 되었으면 좋겠습니다.

제3판에 이어 다시금 제게 번역을 맡겨 주신 제이펍 장성두 대표님과 현실적인 제약으로 다소 서둘러 마무리한 번역 원고를 꼼꼼하고 열정적으로 검토해서 출판 가능한 품질로 끌어올려 주신 김정준 부장님, 길고 복잡하고 수식 많은 원고를 훌륭히 조판하신 조찬영 님을 비롯해 이 책의 출간에 기여한 모든 분께 감사드립니다. 그리고 교정 전문가로서 꼭꼭 숨어 있던 중요한 오타와 오역을 무수히 잡아낸 아내 오현숙에게 감사와 사랑의 마음을 전합니다.

좋은 번역서를 만들기 위해 많은 분이 힘써 주셨지만, 그래도 여전히 오탈자와 오역이 남아 있을 것입니다. 제 홈페이지에 이 책의 오탈자와 오역 제보를 위한 공간(http://occamsrazr.net/book/AiModernApproach4th, 단축 URL: https://bit.ly/AI4th)을 마련해 두었습니다. 번역에 대한 의견이나 질문도 환영합니다.

재미있게 읽으시길!

옮긴이 **류광**

인공지능(Artificial Intelligence, AI)은 넓은 분야이고, 이 책 또한 두꺼운 책이다. 이 책에서 우리(저자들)는 논리학, 확률, 연속수학 같은 관련 학문과 지각, 추론, 학습, 동작 같은 주요 개념, 신뢰, 사회적 선 같은 윤리적 문제, 그리고 초소형 전자기기에서 로봇 행성 탐사 차량, 사용자가 수십억 명인 온라인 서비스에 이르는 다양한 응용 방법 등 인공지능 분야의 전 면모를 다루고자 했다.

　　이 책의 부제는 '현대적 접근방식'이다. 이런 부제를 붙인 것은 우리가 현재의 관점에서 인공지능을 이야기하기로 했기 때문이다. 이 책은 현재 공통의 틀로 간주되는 것들을 조합하고, 과거의 성과를 오늘날 의미 있는 개념과 용어로 다시 설명한다. 그 결과로 이 책이 덜 중요하게 다루는 하위 분야에 종사하는 분들에게는 심심한 사죄의 말씀을 전한다.

## 제4판에서 새로운 점들

이번 제4판은 2010년 제3판 이후 인공지능 분야에 생긴 변화를 반영한다.

- 사람이 손으로 짜는 지식 공학보다는 기계학습에 좀 더 무게를 실었다. 기계학습은 가용 데이터와 컴퓨팅 자원이 증가하고 새로운 알고리즘들이 등장한 덕분에 큰 성공을 거두고 있다.
- 심층학습, 확률적 프로그래밍, 다중 에이전트 시스템을 각각 개별적인 장(챕터)으로 두어서 좀 더 자세히 다룬다.
- 자연어 이해, 로봇공학, 컴퓨터 시각에 관한 장들을 심층학습이 끼친 영향을 반영해서 수정했다.
- 로봇공학 장에 사람과 상호작용하는 로봇에 관한 내용과 강화학습을 로봇공학에 적용하는 방법에 관한 내용이 추가되었다.
- 이전에는 인공지능의 목표를 사람이 구체적인 효용 정보(목적함수)를 제공한다는 가정하에서 기대 효용을 최대화하려는 시스템을 만드는 것이라고 정의했다. 그러나 이번 판에서는 목적함수가 고정되어 있으며 인공지능 시스템이 목적함수를 알

고 있다고 가정하지 않는다. 대신, 시스템은 자신이 봉사하는 인간의 진짜 목적이 무엇인지 확실하게 알지 못할 수 있다고 가정한다. 시스템은 반드시 자신이 무엇을 최대화할 것인지를 배워야 하며, 목적에 관해 불확실성이 존재하더라도 적절히 작동해야 한다.

- 인공지능이 사회에 미치는 영향을 좀 더 자세하게 다루었다. 여기에는 윤리, 공정성, 신뢰, 안정성에 관한 핵심적인 문제들을 고찰한다.

- 각 장 끝의 연습문제들을 온라인 사이트로 옮겼다. 덕분에 강사들의 요구와 이 분야 및 인공지능 관련 소프트웨어 도구의 발전에 맞게 연습문제들을 계속 추가, 갱신, 개선할 수 있게 되었다.

- 전체적으로, 책의 약 25%가 완전히 새로운 내용이고 나머지 75%도 이 분야의 좀 더 통합된 상을 제시하기 위해 크게 재작성되었다. 이번 판에서 인용한 문헌의 22%는 2010년 이후에 출판된 것이다.

## 이 책의 개요

이 책을 관통하는 주된 주제는 **지능적 에이전트**(intelligent agent)라는 개념이다. 이 책은 인공지능이라는 것을 환경으로부터 지각(percept)을 받고 동작을 수행하는 에이전트에 대한 연구로 정의한다. 그러한 각 에이전트는 일련의 지각들을 동작들에 대응시키는 하나의 함수를 구현한다. 이 책은 그러한 함수를 표현하는 다양한 방식, 이를테면 반사 에이전트, 실시간 계획 수립기, 결정이론적 시스템, 심층학습 시스템을 논의한다. 이 책은 학습을 경쟁력 있는 시스템을 구축하는 방법이라는 측면과 그리고 설계자의 포괄 범위를 미지의 환경으로까지 확장하는 수단이라는 측면으로 살펴본다. 이 책은 로봇공학과 컴퓨터 시각을 개별적으로 정의된 문제가 아니라 목표 달성 과정 중 제기되는 문제로 취급한다. 이 책은 적절한 에이전트 설계를 결정할 때 과제 환경의 중요성을 강조한다.

이 책의 주된 목표는 지난 70년간의 인공지능 연구와 지난 수백 년간의 관련 연구에서 나온 **착안**(idea)들을 독자에게 전달하는 것이다. 그런 착안들을, 정밀함을 유지하면서도 너무 형식적이지 않은 방식으로 제시하고자 노력했다. 핵심 착안을 구체적으로 이해하는 데 도움이 되는 수학 공식과 의사코드 알고리즘들도 제시한다. 부록 A는 관련 수학 개념과 표기법을, 부록 B는 이 책에 쓰이는 의사코드의 문법을 소개한다.

이 책은 기본적으로 대학 학부생용 강좌(들)의 교과서로 쓰일 것을 염두에 두고 저술한 것이다. 이 책은 총 28장으로 되어 있으며, 각 장은 대략 한 주(week)의 강의 분량이다. 따라서 책 전체를 떼려면 두 학기가 걸릴 것이다. 강사와 학생의 관심사에 맞는 장들을 선택해서 한 학기 과정을 만드는 것도 가능할 것이다. 이 책을 대학원생 수준의 강좌에 사용할 수도 있고(필요하다면 참고문헌 부분에 제시된 몇몇 1차 출전들을 추가해서), 독학서 또는 참고자료로 사용할 수도 있다.

새로운 용어

책 전반에서 중요한 사항을 여백에 **삼각형 아이콘**으로 표시해 두었다. **새로운 용어**를 처음 정의할 때도 여백에 해당 용어를 표시해 두었다. 그 용어가 이후에 주요하게 쓰일 때는 **굵은 글씨**로 표시하되, 여백에는 표시하지 않았다. 책 끝에는 방대한 참고문헌과 상세한 찾아보기가 있다.

이 책의 학습에 필요한 사전 조건은 컴퓨터 과학의 기본 개념들(알고리즘, 자료구조, 복잡도)을 학부 2학년 수준으로 이해하고 있어야 한다는 것뿐이다. 몇몇 주제에 대해서는 학부 1학년 수준의 미적분학과 선형대수 지식이 도움이 된다.

## 온라인 자료

원서 출판사가 관리하는 pearsonhighered.com/cs-resources 또는 저자들이 관리하는 aima.cs.berkeley.edu는 다음과 같은 보충 자료를 온라인으로 제공한다.

- 연습문제, 프로그래밍 프로젝트, 연구 프로젝트들. 각 장 끝에 있던 것들이 이제는 온라인으로 옮겨졌다. 본문에서는 연습문제를 '연습문제 6.NARY' 같은 이름으로 지칭한다. 웹사이트에 연습문제를 이름이나 장으로 찾는 방법이 나와 있다.
- 이 책의 알고리즘들을 파이썬, 자바, 또는 기타 프로그래밍 언어로 구현한 예제 코드(현재는 github.com/aimacode에 있다).
- 이 책을 교재로 사용하는 학교들(1,500개 이상)의 목록. 해당 온라인 강좌 자료와 강의 계획표로의 링크가 있는 항목들도 많다.
- 인공지능에 관한 유용한 내용을 담은 웹사이트·웹 페이지들(800개 이상)의 소개와 링크
- 학생과 강사를 위한 보충 자료와 링크들
- 책의 오류(아마 있을 것이다)를 보고하는 방법
- 강의용 슬라이드나 기타 자료

## 앞표지에 대해

앞표지는 1997년에 DEEP BLUE 프로그램이 체스 세계 챔피언 게리 카스파로프[Garry Kasparov]를 물리친 체스 시합에서 승리를 결정지은 제6국의 마지막 국면을 표현한 것이다. 흑을 플레이한 카스파로프가 패배를 인정함으로써, 이 시합은 컴퓨터가 세계 챔피언을 이긴 최초의 사건으로 기록되었다. 상단에 카스파로프의 사진이 나와 있다. 사진 오른쪽

은 전 바둑 세계 챔피언 이세돌과 딥마인드의 ALPHAGO 프로그램이 벌인 역사적인 바둑 시합 중 제2국의 결정적인 국면이다. ALPHAGO의 제37수는 수 세기 동안 이어진 바둑 정석을 위반했으며, 당시 인간 전문가들은 이를 실착으로 간주했지만 복기 후에 이것이 승리의 한 수였음이 밝혀졌다. 왼쪽 위는 Boston Dynamics 사가 만든 인간형 로봇 Atlas이다. 세계 최초의 컴퓨터 프로그래머인 에이다 러블레이스$^{Ada\ Lovelace}$와 기초 연구로 인공지능을 정의한 앨런 튜링 사이에 자율주행차가 주변 환경을 감지하는 모습이 묘사되어 있다. 체스판 제일 아래에는 화성 탐사 로버(Mars Exploration Rover)와 아리스토텔레스의 흉상이 있다. 더 아래 왼쪽의 저자 이름들 뒤로 아리스토텔레스의 **동물론(***De Motu Animalium***)**에 나온 계획 수립 알고리즘이 보인다. 체스판 전체에 깔린 것은 UN 포괄적 핵실험 금지 조약 기구가 지진 신호에서 핵 폭발을 감지하는 데 사용하는 확률적 프로그래밍 모형의 코드이다.

이미지 제공: Stan Honda/Getty(카스파로프), Library of Congress(베이즈), NASA(화성 탐사 로버), National Museum of Rome(아리스토텔레스), Peter Norvig(책), Ian Parker(버클리 풍경), Shutterstock(아시모와 체스 기물들), Time Life/Getty(셰이키와 튜링).

# 감사의 글

이 책을 만드는 데 전 세계의 많은 이가 참여했다. 600명이 넘는 사람이 이 책의 일부를 읽고 개선안을 제시했다. 모든 참여자의 명단이 aima.cs.berkeley.edu/ack.html에 있다. 우리는 이분들 모두에게 감사한다. 지면의 한계로 여기서는 특히나 중요한 기여자 몇 명만 나열한다. 우선, 다음은 글을 기여한 저자들이다.

- 주디아 펄$^{Judea\ Pearl}$(§13.5 인과망)
- 비카슈 마싱카$^{Vikash\ Mansinghka}$(§15.4 확률 모형으로서의 프로그램)
- 마이클 울드리지$^{Michael\ Wooldridge}$(제18장 다중 에이전트 의사결정)
- 이안 굿펠로$^{Ian\ Goodfellow}$(제21장 심층학습)
- 제이콥 데블린$^{Jacob\ Devlin}$과 메이윙 창$^{Mei-Wing\ Chang}$(제24장 자연어 처리를 위한 심층학습)
- 지텐드라 말릭$^{Jitendra\ Malik}$과 데이비드 포사이스$^{David\ Forsyth}$(제25장 컴퓨터 시각)
- 앙카 드라간$^{Anca\ Dragan}$(제26장 로봇공학)

그리고 다음은 주요 직무를 수행한 사람들이다.

- 신시아 융$^{Cynthia\ Yeung}$과 말리카 캔터$^{Malika\ Cantor}$(프로젝트 관리)
- 줄리 서스먼$^{Julie\ Sussman}$과 톰 갤러웨이$^{Tom\ Galloway}$(교정 및 교열)

- 오마리 스티븐스<sup>Omari Stephens</sup>(삽화)
- 트레이시 존슨 <sup>Tracy Johnson</sup>(편집)
- 에린 올트<sup>Erin Ault</sup>와 로즈 커넌<sup>Rose Kernan</sup>(표지 및 색상 변환)
- 날린 치버<sup>Nalin Chhibber</sup>, 샘 고토<sup>Sam Goto</sup>, 레이몬드 드 라카제<sup>Raymond de Lacaze</sup>, 라비 모한<sup>Ravi Mohan</sup>, 키어런 오라일리<sup>Ciaran O'Reilly</sup>, 아미트 파텔<sup>Amit Patel</sup>, 라고미르 라디프<sup>Dragomir Radiv</sup>, 사마그라 샴라<sup>Samagra Sharma</sup>(온라인 코드 개발 및 멘토링)
- 구글 Summer of Code 학생들(온라인 코드 개발)

저자 **스튜어트 러셀**은 끝없는 인내와 무한한 지혜를 보여준 그의 아내 셰플롯에게 감사한다. 그는 로이, 고든, 루시, 조지, 아이작이 어서 커서 그토록 오랫동안 책에 매달린 자신을 용서하고 이 책을 읽게 되길 희망한다. 항상 그렇듯이, RUG(Russell's Unusual Group of Students; 러셀의 특별한 학생 그룹)는 이상할 정도로 도움이 되었다.

저자 **피터 노빅**은 이 일을 시작하게 한 부모님(토르스텐과 게르다)께, 그리고 책을 쓰는 오랜 시간과 다시 쓰는 그보다 오랜 시간 동안 그를 격려하고 참아준 그의 아내(크리스)와 자식들(벨라와 줄리엣), 동료들, 상사, 그리고 친구들에게 감사한다.

# 베타리더 후기

### 🐾 강미희

인공지능, 양자컴퓨터 등이 한창 화두가 되고 있는 이때, 인공지능의 4판이 나온다고 하여 무척 반가웠습니다. 이 책은 인공지능이 무엇인지에 대한 정의부터 지금까지 연구되어온 인공지능의 주요한 내용이 포함된 책인 만큼 방대한 내용을 다루고 있습니다. 인공지능을 공부하는 사람들에게 아주 유용한 책이 될 것 같습니다.

### 🐾 송헌(루닛)

인공지능을 하나의 학문으로서 공부하고 싶으신 분들에게 좋은 길잡이가 되어줄 책입니다. 다양한 관점에서 인공지능을 바라보며 그에 대한 해석과 앞으로 어떠한 방향으로 공부를 더 해나갈 수 있을지를 제시해주며, 수식도 많지 않으면서 용어 대부분과 설명을 굉장히 엄밀하게 정의하고 있습니다. 다만, 그만큼 도구로서가 아닌 학문으로서 인공지능을 처음 접하시는 분들에게는 다소 어려운 내용이 될 수 있습니다.

### 🐾 이동욱(한국 오라클)

수학과 통계학에 대한 전공자 수준의 지식이 없다면 매우 어려운 책이지만, 다 이해하지 못해도 끝까지 읽다 보면 한 파트, 한 파트마다 새로운 무언가를 배울 수 있는 책입니다.

### 🐾 이석곤(엔컴)

인공지능을 정말 제대로 공부하고 싶다면 주저 없이 이 책을 강력히 추천합니다. 인공지능의 처음과 끝이 모두 있다고 할 수 있을 정도로 방대한 내용을 다루고 있습니다. 복잡한 내용을 명확한 서술과 다양한 예제와 비유로 쉽게 설명하려는 노력이 돋보이며, 깊고 넓은 수준의 내용을 다루고 있어 입문자와 인공지능 현업 담당자 모두에게 도움이 되리라 생각합니다.

**🦋 정욱재**(당근마켓)

이 책은 인공지능을 배우는 데 필요한 다양한 지식을 담고 있습니다. 전통적인 인공지능 이론부터 최신 알고리즘까지 모두 다루고 있습니다. 분명한 것은, 처음 접하는 분들에게는 다소 어려울 수 있지만, 인공지능의 정석 같은 입문서이면서 끝까지 읽어볼 충분한 가치가 있는 좋은 책이라는 점입니다.


**🦋 조원양**(스마트사운드)

이 책은 지능적인 에이전트라는 키워드를 가지고 인공지능의 아주 광범위한 분야를 다루고 있습니다. 인공지능의 밑바닥 기초부터 넓은 범위까지 공부를 하고 싶다면 도전해볼 만한 책입니다.

제이펍은 책에 대한 애정과 기술에 대한 열정이 뜨거운 베타리더의 도움으로
출간되는 모든 IT 전문서에 사전 검증을 시행하고 있습니다.

# PART
# I

# 인공지능

CHAPTER

# 소개

이번 장에서는 인공지능이 대단히 가치 있는 연구 주제인 이유를 설명하고, 인공지능이 과연 무엇인지 정의한다. 인공지능을 미리 정확하게 정의해 두면 이후의 논의가 수월할 것이다.

지능

현생 인류를 가리켜 '현명한 사람'이라는 뜻의 **호모 사피엔스**<sup>Homo sapiens</sup>라고 부르는데, 이는 사람에게 **지능**知能(intelligence)이 아주 중요하기 때문이다. 수천 년 동안 인류는 사람이 어떻게 **생각하고 행동하는가**를, 다시 말해 단지 유기물 덩어리일 뿐인 인간의 뇌가 어떻게 자신보다 훨씬 큰 세상을 인식하고, 이해하고, 예측하고 조작할 수 있는지를 이해하려 노력했

인공지능

다. **인공지능**(artificial intelligence, AI)이라는 분야는 지능을 이해하는 것뿐만 아니라 지능적인 실체, 그러니까 아주 다양한 새로운 환경에서 효과적이고 안전하게 행동하는 방법을 계산해 낼 수 있는 기계를 실제로 **구축**(build)하는 문제까지 고려한다.

인공지능은 관련 설문 조사들에서 가장 흥미롭고 빠르게 성장하는 분야 중 하나에 오를 때가 많으며, 실제로 인공지능 분야는 매년 수조 달러의 수익을 거두고 있다. 인공지능 전문가 카이 푸 리<sup>Kai-Fu Lee</sup>는 인공지능의 영향력이 "인류 역사의 그 어떤 것보다도 클 것"이라고 예측한다. 그러면서도 인공지능 분야의 지적 최전선(intellectual frontiers)은 넓게 열려 있다. 물리학 같은 유서 깊은 과학 분야의 학생이라면 최고의 발상들을 이미 갈릴레오나 뉴턴, 퀴리, 아인슈타인 등이 차지했다고 생각하겠지만, 인공지능 분야에는 전문 연구자의 개척을 기다리는 방대한 영역이 남아 있다.

현재 인공지능은 일반적인 분야(학습, 추론, 인지 등)에서부터 구체적인 분야(체스 두기, 수학 정리 증명, 시<sup>詩</sup> 쓰기, 자동차 운전하기, 질병 진단 등)에 이르기까지 대단히

다양한 하위 분야를 포괄한다. 인공지능은 모든 지적 과제에 연관된다. 그런 만큼 진정으로 보편적인 분야라 할 수 있다.

# 1.1 인공지능이란 무엇인가?

앞에서 인공지능이 얼마나 흥미로운 분야인지 이야기했다. 그런데 인공지능이 과연 무엇인지는 아직 이야기하지 않았다. 역사적으로 연구자들은 다양한 버전의 인공지능을 추구했다. 지능이라는 것을 **인간적인** 수행 능력을 기준으로 정의한 연구자들도 있고 **합리성**(rationality)이라는 추상적이고 공식적인 기준을 선호한 연구자들도 있었는데, 여기서 합리성은 간단히 말하면 "옳은 일을 하는 것"이다. 연구 대상 자체도 다양한데, 어떤 연구자는 지능을 내부적인 사고 과정(thought process)과 추론(reasoning)의 속성으로 간주하는 반면 어떤 연구자는 외부적인 특성인 지능적 행동(behavior)에 초점을 둔다.[1]

인간적 대 합리적,[2] 사고 대 행동이라는 두 차원의 조합에서 총 네 가지 접근방식이 나오는데, 네 접근방식 각각에 지지자들과 연구 활동이 있었다. 이들의 연구 방법은 당연히 서로 다르다. 인간과 비슷한 지능을 추구하는 사람들은 심리학과 관련된 실험 과학 분야에 속해야 마땅하다고 생각한다. 여기에는 인간의 실제 행동 방식과 사고 과정에 관한 관찰과 가설이 관여한다. 한편 합리주의자 접근방식에는 수학과 공학의 조합이 관여하며, 통계학, 제어이론, 경제학과도 연관된다. 이러한 여러 집단이 서로 헐뜯기도 하고 돕기도 하면서 인공지능 분야를 발전시켰다. 그럼 네 가지 접근방식을 좀 더 자세히 살펴보자.

## 1.1.1 인간적 행동: 튜링 검사 접근방식

앨런 튜링<sup>Alan Turing</sup>이 제안한(Turing, 1950) **튜링 검사**(Turing test)는 "기계가 생각할 수 있는가?"라는 질문의 철학적 모호함을 피하는 하나의 사고 실험으로 고안되었다. 인간 조사자가 글로 쓴 질문에 대해 컴퓨터가 글로 답을 했을 때, 만일 그 답이 컴퓨터가 제출한 것인지 아니면 인간이 제출한 것인지 인간 조사자가 구분하지 못한다면 그 컴퓨터는 튜링 검사를 통과한 것이다. 제27장에서는 이 검사를 좀 더 자세히 설명하고, 이 검사를 통과한 컴퓨터가 정말로 지능적인지도 논의한다. 일단 지금은 엄격히 적용된 검사

---

1 일반 대중은 종종 '인공지능'과 '기계학습'을 혼동한다. 기계학습(machine learning)은 경험에 기초해서 성과를 개선하는 능력을 연구하는 인공지능의 한 분야이다. 기계학습 방법을 이용해서 경쟁력을 얻는 인공지능 시스템도 있지만 그렇지 않은 시스템도 있다.
2 '인간적'과 '합리적'을 대치한다고 해서, 인간이 사전적인 의미(감정적으로 불안정하거나 제정신이 아니라는 뜻의)에서 '비합리적'이라는 것은 아니다. 단지 우리 인간의 결정이 항상 수학적으로 완벽하지는 않다는 것일 뿐이다.

를 통과할 수 있도록 컴퓨터를 프로그래밍하려면 많은 작업이 필요하다는 점만 짚고 넘어가자. 그런 컴퓨터는 다음과 같은 능력을 갖추어야 한다.

**자연어 처리**
- 인간의 언어로 성공적인 의사소통을 위한 **자연어 처리**(natural language processing)

**지식 표현**
- 알고 있는 또는 들은 것을 저장하기 위한 **지식 표현**(knowledge representation)

**자동 추론**
- 저장된 정보를 이용해서 질문에 답하고 새로운 결론을 도출하기 위한 **자동 추론**(automated reasoning)

**기계학습**
- 새로운 상황에 적응하고 패턴들을 외삽(extrapolation)하기 위한 **기계학습**(machine learning)

튜링은 지능을 시연하기 위해 반드시 사람을 **물리적**(육체적)으로 흉내낼 필요는 없다고 생각했다. 그러나 다른 연구자들은 실제 세상에서 사람이 사물과 상호작용해야 하는 **완전 튜링 검사**(total Turing Test)를 제안했다. 완전 튜링 검사를 통과하려면 컴퓨터는 다음과 같은 능력을 갖추어야 한다.

**완전 튜링 검사**

**컴퓨터 시각**
- 세상을 인식하기 위한 **컴퓨터 시각**(computer vision)과 음성 인식(speech recognition)

**로봇공학**
- 물체를 조작하고 이동하기 위한 **로봇공학**(robotics) 능력

자연어 처리에서 로봇공학까지 이 여섯 분야가 인공지능의 대부분을 구성한다. 그렇긴 하지만 인공지능 연구자들이 튜링 검사를 통과하기 위해 들인 노력은 많지 않다. 연구자들은 지능의 바탕 원리를 연구하는 것이 더 중요하다고 믿었기 때문이다. '인공 비행飛行'이라는 과제는 공학자들과 발명가들이 새를 흉내 내길 그만두고, 대신 풍동風洞을 활용하고 공기역학을 배우기 시작한 덕분에 완수된 것이다. 공기역학 교과서에 그 분야의 목표가 "다른 비둘기들이 속을 정도로 비둘기처럼 날아다니는 기계를 만드는 것"이라고 나와 있지는 않다.

## 1.1.2 인간적 사고: 인지 모형화 접근방식

프로그램이 사람처럼 생각하는지 아닌지를 판정하려면, 사람이 어떤 식으로 생각하는지 알아야 한다. 인간의 사고 과정을 파악하는 방법은 크게 다음 세 가지이다.

**내성법**
- **내성법**內省法(introspection) ─ 연구자가 스스로의 사고를 파악하는 것

**심리학 실험**
- **심리학 실험** ─ 행동 중인 인간을 관찰하는 것

**뇌 영상 촬영**
- **뇌 영상 촬영** ─ 행동 중인 뇌를 관찰하는 것

이런 방법들로 정신(mind)에 관해 충분히 정밀한 이론을 얻었다면, 그 이론을 하나의 컴퓨터 프로그램으로 표현할 수 있다. 만일 프로그램의 입출력 행동이 그에 대응되는 인간 행동과 부합한다면, 그것은 프로그램의 일부 메커니즘이 인간적으로 작동한다는 증거일 것이다.

예를 들어 '범용 문제 해결기'라는 뜻의 GPS(General Problem Solver; Newell 및 Simon, 1961)를 개발한 앨런 뉴얼^Allen Newell^과 허버트 사이먼^Herbert Simon^은 자신의 프로그램이 문제를 정확하게 풀었다는 자체만으로 만족지는 않았다. 그들은 프로그램의 추론 단계들의 순서와 타이밍을 같은 문제를 푸는 인간 피실험자의 것들과 비교하는 데 더 많은 관심을 두었다. 여러 분야에 걸친 학문인 **인지과학**(cognitive science)은 인공지능의 컴퓨터 모형과 심리학의 실험 기법들을 조합해서 인간 정신에 관한 정밀하고 검증 가능한 이론들을 구축한다.

인지과학은 그 자체로 매혹적인 분야로, 여러 권의 교과서와 적어도 한 권의 백과사전(Wilson 및 Keil, 1999)이 나와 있을 정도이다. 이 책에서는 인공지능 기법들과 인간의 인식 능력의 유사성 및 차이점을 종종 언급한다. 그러나 실제 인지과학은 필연적으로 실제 인간 또는 동물의 실험적 조사에 기초한다. 이 책은 독자가 실험에 사용할 수 있는 것이 컴퓨터뿐이라고 가정하므로, 인간 또는 동물에 대한 실험은 다루지 않는다.

인공지능의 초창기에는 접근방식들을 혼동하는 때도 있었다. 어떤 알고리즘이 어떤 과제에 대해 좋은 성과를 냈으므로, 따라서 그 알고리즘이 인간적 성과에 좋은 모형이라고 주장하는(또는 좋은 모형이므로 좋은 성과를 내리라고 주장하는) 저자도 있었다. 요즘 저자들은 두 종류의 주장을 분리한다. 이러한 분리 덕분에 인공지능과 인지과학 모두 좀 더 빠르게 발전할 수 있었다. 이 두 분야는 계속해서 서로를 풍요롭게 만들고 있다. 가장 두드러진 예는 컴퓨터 시각에서 신경 생리학적 증거를 계산 모형을 통합한 것이다. 최근에는 뇌 영상 촬영 방법과 기계학습을 이용한 자료 분석(데이터 분석) 기법의 조합 덕분에 초보적이나마 "마음을 읽는" 능력, 그러니까 사람의 속마음을 확인하는 능력을 갖춘 시스템도 등장했다. 이러한 능력은 인간의 인지가 작동하는 방식에 관해 더 많은 통찰을 제공할 것이다.

## 1.1.3 합리적 사고: '사고의 법칙' 접근방식

그리스 철학자 아리스토텔레스는 '올바른 사고(right thinking)', 즉 반박할 수 없는 추론 과정의 성문화를 시도한 최초의 사람 중 하나이다. 그의 **삼단논법**은 옳은 전제가 주어진다면 항상 옳은 결론을 내는 논증 구조를 위한 패턴을 제공했다. 전형적인 예는 "소크라테스는 사람이다", "모든 사람은 죽는다"에서 출발해서 "소크라테스는 죽는다"라는 결론으로 이어진다(이 예는 아리스토텔레스가 아니라 섹스투스 엠피리쿠스가 제시한 것일 가능성이 크다). 이러한 사고의 법칙(law of thought)들이 정신의 작동을 관장한다고 간주한 학자들의 연구에 의해 **논리학**(logic)이라고 부르는 분야가 만들어졌다.

19세기 논리학자들은 세상 모든 종류의 대상과 그들 사이의 관계에 관한 명제를 엄밀하게 표현하는 표기법을 개발했다. (반면 통상적인 산술 표기법은 오직 수^數^에 관한 명제에만 적용된다.) 1965년에 이르러서는 논리학 표기법으로 서술된 그 어떤 문제도 원칙적으로 풀 수 있는 프로그램이 만들어졌다. (단, 만일 해가 존재하지 않으면 프로그램은

인지과학

삼단논법

논리학

무한 루프에 빠질 수 있다.) 인공지능 분야에 존재하는 소위 **논리주의자**(logicist)의 전통은 지능적 시스템을 생성하는 것과 비슷한 프로그램을 구축하길 희망한다.

전통적인 의미에서의 논리학에는 세계에 관한 **확실한** 지식이 필요하다. 그러나 현실에서 그런 지식을 갖출 수 있을 때는 그리 많지 않다. 예를 들어 정치나 전쟁의 법칙을 체스 규칙이나 수학의 산술 법칙처럼 확실하게 알 수는 없다. 이러한 간극을 메우는 것이 **확률론**(probability theory)이다. 확률론 덕분에 불확실한 정보로도 엄밀한 추론이 가능하다. 원칙적으로, 확률론을 이용하면 합리적 사고의 상세한 모형을 구축할 수 있다. 즉, 원본(raw) 감각 정보에서 출발해서 세상의 작동 방식을 이해하는 단계로 나아가고, 그에 기초해서 미래를 예측할 수 있게 되는 것이다. 그렇지만 확률론이 지능적 **행동**을 산출하지는 않는다. 지능적 행동을 위해서는 합리적 행동에 관한 이론이 필요하다. 합리적 사고만으로는 부족하다.

확률론

## 1.1.4 합리적 행동: 합리적 에이전트 접근방식

에이전트

**에이전트**(agent; 대리자)는 그냥 뭔가를 수행하는 어떤 것이다. (*agent*라는 영어 단어는 "~를 하다"를 뜻하는 라틴어 *agere*에서 비롯되었다.) 물론 모든 컴퓨터 프로그램은 뭔가를 수행하지만, 컴퓨터 에이전트에는 좀 더 많은 것이 요구된다. 컴퓨터 에이전트는 자율적으로 작동하고, 자신의 환경을 인지하고, 장기간 행동을 유지하고, 변화에 적응하고, 목표를 만들고 추구해야 한다. **합리적 에이전트**(rational agent; 또는 이성적 에이전트)는 최상의 결과를(불확실성이 존재할 경우에는 기대할 수 있는 최상의 결과를) 내도록 행동하는 에이전트이다.

합리적 에이전트

인공지능에 대한 '사고의 법칙' 접근방식은 정확한 추론(inference)을[역주1] 강조한다. 종종 정확한 추론은 합리적 에이전트의 **일부**이다. 이는, 주어진 행동이 최선이라는 결론을 연역적으로 추론한 후 그 결론에 따라 행동하는 것이 합리적 행동의 한 방법이기 때문이다. 그러나 추론이 관여한다고는 말할 수 없지만 그래도 합리적으로 행동하는 방법들이 존재한다. 예를 들어 뜨거운 난로에서 손을 급하게 떼는 것은 생각 없이 하는 반사 행동이지만, 대부분은 심사숙고를 거쳐서 하는 느린 행동보다 훨씬 성공적이다.

튜링 검사의 통과에 필요한 모든 능력은 에이전트가 합리적으로 행동하는 데에도 유용하다. 지식 표현과 추론 능력이 있는 에이전트는 좋은 결정을 내릴 수 있다. 사람이 복잡한 사회에서 생활하려면 이해 가능한 문장을 자연어로 만들어 낼 수 있어야 한다. 또한 학습 능력은 단지 학식을 위해서만이 아니라, 효과적인 행동을 산출하는(특히, 생소한 환경을 접했을 때) 능력을 향상하기 위해서도 필요하다.

인공지능에 대한 합리적 에이전트 접근방식이 다른 접근방식들보다 나은 점은 두

---

[역주1] 적어도 이 번역서에서 reasoning과 inference을 구분하는 것은 큰 의미가 없다고 판단해서 둘 다 '추론'으로 옮기기로 한다. 단, 한 문단 안에 reasoning과 inference가 같이 등장하는 경우에는 후자를 '추리'로 옮긴다.

가지이다. 첫째로, 이 접근방식은 '사고의 법칙' 접근방식보다 좀 더 일반적이다. 이는 정확한 추론 외에도 합리성을 달성하는 메커니즘들이 있기 때문이다. 둘째로, 이 접근방식은 과학의 발전을 좀 더 잘 받아들인다. 합리성의 기준은 수학적으로 잘 정의되어 있으며, 완전히 일반적이다. 이 접근방식에서는 흔히 그러한 기준에서 출발해서 적절한(그런 기준을 달성할 수 있을 만한) 에이전트 설계를 끌어내곤 한다. 사람의 행동 방식이나 사고 과정을 흉내내는 것이 목표라면 이런 역방향 작업은 대체로 불가능하다.

　　이상의 이유로, 인공지능 분야의 역사 전반에서 주로 쓰인 것은 합리적 에이전트 접근방식이다. 초창기 몇십 년 동안은 연구자들이 논리적 토대 위에서 합리적 에이전트들을 구축하고 특정한 목표를 달성하기 위한 유한한 계획들을 수립했다. 그 후에는 확률론과 기계학습에 기초한 방법들이 등장해서 불확실한 상황에서도 최선의 결과를 얻는 결정을 내릴 수 있는 에이전트들이 만들어졌다. 간단히 말하면, **인공지능 분야는 옳은 일을 하는**(do the right thing) 에이전트의 연구와 구축에 초점을 두어왔다. '옳은 일'이 무엇인지는 우리가 에이전트에 제공하는 구체적인 목적(objective)에 따라 다르다. 이러한 일반적인 패러다임이 대단히 보편적이기 때문에, 이를 **표준 모형**(standard model)이라고 불러도 좋을 것이다. 이 패러다임은 인공지능뿐만 아니라 비용 함수를 최소화하는 제어기(controller)를 다루는 제어이론 분야와 총 보상이 최대가 되는 정책을 다루는 경영과학(operations research) 분야, 손실 함수가 최소가 되는 결정 규칙을 다루는 통계학, 의사결정자가 효용 또는 사회적 부의 어떤 측도를 최대화하는 문제를 다루는 경제학에서도 흔히 볼 수 있다.

　　그런데 복잡한 환경에서는 완벽한 합리성(항상 정확히 최적의 행동을 취하는 것)을 달성하기가 불가능하다는 점을 고려해서 이 표준 모형을 수정할 필요가 있다. 제5장과 제17장에서는 **제한된 합리성**(limited rationality) 문제, 즉 모든 계산을 충분히 수행할 시간이 없는 상황에서 적절하게 행동하는 문제를 명시적으로 다룬다. 그러나 이론 분석을 위해서는 완벽한 합리성이 여전히 좋은 출발점일 때가 많다.

옳은 일을 하는

표준 모형

제한된 합리성

## 1.1.5 이로운 기계

표준 모형은 초창기부터 인공지능 연구의 유용한 지침으로 작용했지만, 장기적으로 볼 때는 딱 맞는 모형이 아닐 수도 있다. 이유는, 표준 모형은 우리 인간이 기계(컴퓨터)에게 목적을 완전히 상세하게 알려줄 수 있다는 가정을 깔고 있기 때문이다.

　　체스나 최단 경로 계산 같은 인위적으로 정의된 과제에서는 과제 자체에 목적이 정의되어 있으며, 따라서 표준 모형을 적용할 수 있다. 그러나 현실 세계로 들어갈수록 목적을 완전하고 정확하게 명시하기가 점점 더 어려워진다. 예를 들어 자율주행차를 설계한다면 목적지에 안전하게 도착하는 것을 목적으로 삼을 것이다. 그러나 차를 몰고 가다 보면 다른 운전자의 부주의나 기계 고장 등의 이유로 운전자가 부상을 입을 가능성이 있으므로, 안전을 궁극의 목적으로 삼는다면 그냥 차고를 떠나지 않는 것이 정답일 것이다. 목적지로 나아가는 것과 부상 위험을 야기하는 것 사이에는 절충 관계가 존재한다. 적절한 절충점을 어떻게 찾아야 할까? 더 나아가서, 다른 운전자들을 화나게 할 만한 행동을 자율주행차에게 어느 정도나 허용해야 할까? 승객이 흔들리지 않도록 자율주행차가 가속이나 방향 조정, 제동을 어느 정도나 조정하게 해야 할까? 이런 종류의 질문은 선험적으로는 답하기 어렵다. 이런 질문들은 인간 – 로봇 상호작용이라는 좀 더 일반적인 영역(자율주행차는 이 영역의 한 사례이다)에서 특히나 골치 아픈 문제이다.

가치 정렬 문제 우리가 정말로 원하는 것과 우리가 기계에게 제공하는 목적을 잘 조화시키는 문제를 가리켜 **가치 정렬 문제**(value alignment problem)라고 부른다. 우리가 기계에게 주입하는 가치 또는 목적은 반드시 인간이 추구하는 가치 또는 목적과 부합해야 한다. 인공지능 시스템을 연구실이나 시뮬레이터 안에서 개발할 때는(이 분야의 역사 대부분에서 실제로 그렇게 해왔다), 목적을 부정확하게 명시해서 문제가 생겨도 쉽게 고칠 수 있다. 그냥 시스템을 재설정하고, 목적을 수정하고, 다시 시도하면 된다. 그러나 현실 세계에 실제로 배치되는 능력 있는 지능형 시스템들을 만들어 내는 쪽으로 이 분야가 발전함에 따라 그런 접근방식이 불가능해지고 있다. 목적이 잘못 명시된 시스템을 실무에 배치하면 바람직하지 못한 결과가 발생한다. 더 나아가서, 그 시스템이 지능적일수록 결과가 더욱 나빠진다.

겉으로는 별 문제 없어 보이는 체스의 예로 돌아가서, 체스판의 틀을 벗어나서 추론하고 행동할 정도로 컴퓨터가 지능적이면 어떤 일이 생길지 생각해 보자. 그런 경우 컴퓨터는 상대방을 홀리거나 협박해서, 또는 관중에게 뇌물을 주어 소음을 발생하게 해서 상대방이 집중하지 못하게 만드는 등의 책략으로 자신의 승리 확률을 높이려 할 수도 있다.[3] 심지어, 컴퓨팅 자원을 훔쳐서 자신의 계산에 사용하려 들 수도 있다. 이런 행동을 "비지능적"이거나 "미친" 행동이라고 말할 수는 없다. 이는 단지 컴퓨터에게 승리를 유일한 목적으로 알려준 것에서 비롯된 논리적인 결과일 뿐이다.

어떤 고정된 목적을 추구하는 기계가 잘못 행동할 만한 모든 방법을 미리 예측하는 것은 불가능하다. 따라서 표준 모형은 부적합하다고 생각하는 것이 합리적이다. 기계 자신의 목적을 추구하기 때문에 지능적이라고 간주되는 기계는 바람직하지 않다. 우리가 원하는 것은 우리 인간의 목적을 추구하는 기계이다. 표준 모형으로 우리의 목적을 기계에 완벽하게 전달하지 못한다면, 새로운 어떤 틀이 필요하다. 그 틀은 기계가 우리의 목적을 추구하되, 그 목적이 구체적으로 무엇인지를 기계가 **확실히 알지 못하는** 형태이어야 할 것이다. 인간의 목적을 자신이 완전하게 알지 못한다는 점을 아는 기계는 조심스럽게 행동하고, 허락을 구하고, 관측을 통해서 우리의 선호도(preference)를 더 배우고, 우리에게 이롭다는 점을<br>증명할 수 있는 통제권을 넘기려 할 것이다. 정리하자면, 우리가 원하는 것은 인간에게 **이롭다는 점을 증명할 수 있는**(provably beneficial) 에이전트이다. 이 주제는 §1.5에서 좀 더 논의하겠다.

---

3  체스에 관한 초창기 서적 중 하나에서 루이 로페스(Ruy Lopez)는 "항상 햇빛이 상대방 눈에 비치도록 체스판을 배치하라"(Ruy Lopez, 1561)라고 썼다.

# 1.2 인공지능의 기반 학문

이번 절에서는 인공지능에 착안과 관점, 기법을 제공한 다른 학문 분야의 역사를 간략히 서술한다. 여타의 역사와 마찬가지로, 이번 절은 주요 인물, 사건, 착안 중 소수의 일부에만 초점을 둔다. 즉, 여기에 나오지 않는다고 중요하지 않다는 뜻은 아니다. 각 역사는 일련의 질문을 중심으로 구성된다. 이 질문들이 해당 분야가 해결하고자 한 모든 것은 아니며, 또한 이 분야들이 오직 인공지능을 위해 연구된 것도 아님을 주의하기 바란다.

## 1.2.1 철학

- 형식적 규칙들을 이용해서 유효한 결론을 이끌어낼 수 있는가?
- 물리적인 뇌에서 어떻게 정신이 창발하는가?
- 지식은 어디에서 오는가?
- 지식은 어떻게 행동으로 이어지는가?

이 책 앞표지에 흉상이 나와 있는 아리스토텔레스(기원전 384-322)는 정신의 이성적 부분을 관장하는 일단의 법칙들을 정밀하게 공식화하고자 시도한 최초의 인물이다. 그는 초기 전제가 주어졌을 때 원칙적으로 결론을 기계적으로 만들어 낼 수 있는 적절한 추론을 위한 삼단논법의 비공식적 체계를 개발했다.

라몬 율$^{Ramon\ Llull}$(c. 1232 – c. 1315)은 하나의 추론 체계를 고안해서는 **위대한 기예**(The Great Art)라는 뜻의 *Ars Magna*라는 제목으로 발표했다(Llull, 1305). 율은 실제 기계 장치를 이용해서 그의 체계를 구현하려 노력했는데, 회전하면 서로 다른 순열들이 되는 일단의 종이 바퀴들로 이루어진 장치였다.

1500년경 레오나르도 다빈치(1452-1519)는 기계적 계산기를 설계만 하고 실제로 만들지는 않았다. 최근의 재구축에 의하면 그 설계는 실현 가능한 것이었다. 알려진 최초의 계산 기계는 1623년경에 독일 과학자 빌헬름 시카르트$^{Wilhelm\ Schickard}$(1592-1635)가 만들었다. 1642년에는 블레즈 파스칼$^{Blaise\ Pascal}$(1623-1662)이 파스칼린$^{Pascaline}$을 만들었는데, 그는 "이 산술 기계는 동물의 모든 행동보다 사고에 더 가까워 보이는 결과를 낸다"라고 썼다. 고트프리트 빌헬름 라이프니츠$^{Gottfried\ Wilhelm\ Leibniz}$(1646-1716)는 수가 아니라 개념에 대한 연산을 수행하도록 고안된 기계 장치를 만들었으나, 그 작용 범위는 상당히 제한적이었다. 토머스 홉스(1588 – 1679)는 1651년 그의 책 리바이어던$^{Leviathan}$에서 생각하는 기계의 개념을 제안하면서(그는 그런 기계를 '인공동물'이라고 불렀다), "심장이란 용수철에 불과하고, 신경들은 다수의 끈, 관절은 여러 톱니바퀴일 뿐"이라고 주장했다. 또한 그는 추론이 수치 계산과 비슷하다면서 "'이성(reason)'은 그저 '추산(reckoning)', 즉 덧셈과 뺄셈일 뿐이다"라고 주장했다.

그런데 정신이 적어도 부분적으로는 논리적 규칙에 따라 작동한다고 주장하고 그런 규칙들 일부를 흉내 내는 물리적 시스템을 구축하는 것과 정신 자체가 **바로 그런** 물리적 시스템이라고 주장하는 것은 다른 문제이다. 정신과 물질의 구분 및 그로부터 비롯되는 문제들을 처음으로 명확하게 논의한 이는 르네 데카르트<sup>René Descartes</sup>(1596-1650)이다. 정신을 순수하게 물리적으로 이해하는 것에 관련된 문제점 하나는, 그런 모형에는 자유 의지가 포함될 여지가 거의 없다는 점이다. 만일 정신이 전적으로 물리 법칙에 의해 운영된다면, 자유 의지는 그저 바위가 지구의 중심을 향해 떨어지기로 "결정하는" 것보다 나

**이원론**

을 것이 없다. 데카르트는 **이원론**(dualism)의 주창자이기도 했다. 그는 사람의 정신(또는 영혼이나 마음)에는 자연에서 벗어난, 물리 법칙으로부터 자유로운 부분이 있다는 믿음을 유지했다. 반면 동물에는 그러한 이원론적 속성이 없으므로 기계처럼 다룰 수 있다고 생각했다.

**유물론**

이원론의 한 대안은 **유물론**(materialism)이다. 유물론은 물리 법칙들에 따른 두뇌의

**물리주의**
**자연주의**

작용이 정신을 **구성**한다고 주장한다. 자유 의지는 선택하는 개체에게 주어지는 여러 가능한 선택 사항들을 인식하는 한 방법일 뿐이다. **물리주의**(physicalism)라는 용어와 **자연주의**(naturalism)라는 용어도 초자연적인 관점과 대조되는 이러한 관점을 서술하는 데 쓰인다.

지식을 조작하는 물리적 정신이 있다고 할 때, 그다음 문제는 지식의 근원을 확립하는 것이다. 프랜시스 베이컨<sup>Francis Bacon</sup>(1561-1626)의 **노붐 오르가눔**<sup>Novum Organum 4</sup>에서 시

**경험주의**

작된 **경험주의**(empiricism) 운동은 존 로크<sup>John Locke</sup>(1632-1704)의 다음과 같은 견해로 특징지을 수 있다: "애초에 감각에 없었던 것은 오성(이해)에도 없다."

데이비드 흄<sup>David Hume</sup>(1711-1776)은 인간 본성에 관한 논고(A Treatise of Human

**귀납법**

Nature; Hume, 1739)에서, 지금은 **귀납법**(induction)이라고 부르는 원리를 제안했다. 즉, 일반적인 규칙은 그 요소들 사이의 반복적인 연관성을 노출함으로써 얻을 수 있다는 것이다.

비트겐슈타인<sup>Ludwig Wittgenstein</sup>(1889-1951)과 버트런드 러셀<sup>Bertrand Russell</sup>(1872-1970)의 연구에 기초해서, 빈 학파(1920년대와 1930년대에 비엔나에서 교류한 일단의 철학자들

**논리 실증주의**
**관측 문장**

과 수학자들)는 **논리 실증주의**(logical positivism) 교리를 만들어 냈다(Sigmund, 2017). 이 교리는 궁극적으로 모든 지식을 감각적 입력에 대응되는 **관측 문장**(observation sentence)들과 연관된 논리적 이론들로 특징지을 수 있다고 주장한다. 따라서 논리 실증주의는 합리주의와 경험주의의 결합이라 할 수 있다.

**입증 이론**

루돌프 카르납<sup>Rudolf Carnap</sup>(1891-1970)과 칼 헴펠<sup>Carl Hempel</sup>(1905-1997)의 **입증 이론**(confirmation theory)은 확신도 또는 믿음의 정도를 정량화함으로써 경험으로부터의 지식 획득을 분석하려 했다. 여기서 믿음의 정도는 주어진 논리 명제와 그것을 입증 또는 반증하는 관측들의 관계에 따라 명제에 부여하는 수치이다. 카르납의 책 *The Logical Structure of the World*(Carnap, 1928)은 기초적 경험에서 지식을 추출하는 계산 절차를 명시적으로 정의했다. 아마도 이는 계산 과정으로서의 정신에 관한 최초의 이론일 것이다.

---

4 '사고의 도구'라는 뜻의 노붐 오르가눔은 아리스토텔레스의 오르가논(Organon)의 개정판에 해당한다.

정신의 철학적 묘사의 최종 요소는 지식과 행동의 관계이다. 이 문제가 인공지능에 아주 중요한 이유는, 지능에는 추론뿐만 아니라 행동도 필요하기 때문이다. 더 나아가서, 정당화할 수 있는(즉, 합리적인) 동작을 수행하는 에이전트를 만드는 방법을 이해하려면 행동들이 어떻게 정당화되는지 이해해야 한다.

아리스토텔레스는 행동들이 목표와 행동의 결과에 관한 지식 사이의 논리적 연결에 의해 정당화된다고 주장했다(동물운동론(De Motu Animalium)에서). (다음 인용구의 마지막 부분의 그리스어 원문이 이 책 앞표지에 나온다.)

> 그렇다면, 생각이 어떨 때는 행동(action)과 함께하고 어떨 때는 그렇지 않은 것은 왜이며, 어떨 때는 동작(motion)과 함께하고 어떨 때는 그렇지 않은 것은 왜인가? 변하지 않는 물체에 관한 추론과 추리의 경우에도 같은 일이 벌어지는 것으로 보인다. 그러나 그 경우 목적은 사변적 명제이다 … 반면 지금 경우 두 전제로부터 비롯된 결론은 하나의 행동이다. … 나는 [내 몸을] 덮을 옷이 필요하다; 망토는 덮을 옷이다. 나는 망토가 필요하다. 필요한 것은 만들어야 한다; 나는 망토가 필요하다. 나는 망토를 만들어야 한다. 그리고 "나는 망토를 만들어야 한다"라는 결론은 하나의 행동이다.

니코마코스 윤리학(Nicomachean Ethics; Book III. 3, 1112b)에서 아리스토텔레스는 이 주제를 좀 더 설명하면서 일종의 알고리즘 하나를 제시한다.

> 우리가 숙고하는 것은 목적이 아니라 수단이다. 치료할 것인지 아닌지를 의사가 숙고하지는 않듯이 … 설득할 것인지 아닌지를 연사가 숙고하지는 않듯이 … 그들은 목적을 당연한 것으로 여기고, 어떤 수단으로 그 목적을 어떻게 달성할 것인지, 그럼으로써 최선의 결과를 쉽게 얻을 수 있을 것인지 고려한다. 그들은 수단으로 목적을 달성할 수 있을 때만 그 목적을 **어떻게** 달성할 것인지, 그리고 구체적으로 **어떤 수단**을 사용할 것인지 고려한다. 그러한 과정을 제1원인(first cause)에 도달할 때까지 반복한다. … 그리고 분석의 마지막 요인은 그다음 분석의 첫 요인이 되곤 한다. 만일 불가능에 부딪히면, 이를테면 돈이 필요한 데 돈을 구하지 못한다면, 검색을 포기한다. 그러나 가능해 보이는 일이라면 시도한다.

아리스토텔레스의 이 알고리즘을 2천3백 년 후에 뉴월과 사이먼이 자신들의 **GPS** 프로그램에서 구현했다. 요즘은 그런 프로그램을 탐욕적 회귀 계획 시스템(greedy regression planning system; 제11장 참고)이라고 부른다. 인공지능 이론 연구의 처음 몇십 년은 고정된 목표들을 달성하기 위한 논리적 계획 수립에 기초한 방법들이 지배적이었다.

목표를 달성하는 행동들만 고찰하는 접근방식이 유용할 때가 많지만, 적용이 불가능할 때도 있다. 예를 들어 하나의 목표를 달성하는 방법이 여러 개라면, 그중 하나를 선택하는 방법이 필요하다. 좀 더 중요하게는, 주어진 목표를 확실하게 달성하는 것이 불가능하지만, 그래도 뭔가 행동을 취할 필요가 있을 때도 있다. 앙투완 아르노[Antoine Arnauld]

는 도박의 합리적 결정을 분석하면서, 결과의 금전적 기대 가치를 최대화하는 정량적 공식 하나를 제시했다(Arnauld, 1662). 그후 다니엘 베르누이$^{Daniel\ Bernoulli}$는 결과의 내재적이고 주관적인 가치를 반영하는, **효용**(utility)이라는 좀 더 일반적인 개념을 소개했다. 제16장에서 설명하겠지만, 불확실성 하의 합리적 의사결정에 관한 현대적인 개념에는 기대 효용의 최대화가 관여한다.

**효용**

윤리와 공공 정책의 측면에서, 의사결정자는 반드시 개인 대중의 이해를 고려해야 한다. 제러미 벤담$^{Jeremy\ Bentham}$과 존 스튜어트 밀$^{John\ Stuart\ Mill}$은 효용 최대화에 기초한 합리적 결정을 인간 활동의 모든 권역에 적용해야 한다는 **공리주의**(utilitarianism)를 주창했다(Bentham, 1823; Mill, 1863). 그러한 권역에는 다수의 개인을 대신한 공공 정책 결정도 포함된다. 공리주의는 **결과주의**(consequentialism), 즉 무엇이 옳고 그른지는 행동의 기대 결과에 따라 결정된다는 개념의 일종이다.

**공리주의**

**결과주의**

반면 임마누엘 칸트는 1785년 규칙 기반(rule-based) 또는 **의무론적 윤리**(deontological ethic)의 이론을 제안했는데, 이 이론에서 "옳은 일"은 행위의 결과로 결정되는 것이 아니라 허용 가능한 행위를 관장하는 보편적인 사회 법칙들(이를테면 "거짓말하지 말라"나 "살인하지 말라")로 결정된다. 따라서, 공리주의자는 기대되는 선이 악을 능가한다면 선의의 거짓말을 할 수 있지만, 칸트주의자는 그럴 수 없다(애초에 거짓말은 잘못된 일이므로). 밀은 규칙의 가치를 인식하기 했지만, 규칙을 결과를 추론하는 제1원리들에서 조합된 효율적인 의사결정 절차들로 간주했다. 현대적인 인공지능 시스템들 다수는 바로 그런 접근방식을 적용한다.

**의무론적 윤리**

## 1.2.2 수학

- 유효한 결론을 이끌어내는 공식적인 규칙들은 무엇인가?
- 계산할 수 있는 것은 무엇인가?
- 불확실한 정보로 어떻게 추론을 진행할 것인가?

철학자들이 인공지능의 근본 착안 몇 가지를 확립하긴 했지만, 인공지능이 공식적인 과학(formal science)으로 도약하려면 논리와 확률을 수학적으로 공식화할 필요가 있었으며, 계산(computation) 자체를 다루는 새로운 수학 분야의 도입이 필요했다.

**형식 논리**

**형식 논리**(formal logic)라는 개념은 고대 그리스와 인도, 중국의 철학자들로까지 거슬러 올라가겠지만, 진정한 수학적 발전은 조지 부울$^{George\ Boole}$(1815-1864)의 연구에서 시작되었다. 그는 흔히 부울 논리(Boolean logic)라고 하는 명제 논리의 세부사항을 밝혀냈다(Boole, 1847). 1897년에 고틀로프 프레게$^{Gottlob\ Frege}$(1848-1925)가 객체(object)와 관계를 포함시켜서 부울의 논리학을 좀 더 확장했다. 그것이 오늘날 쓰이는 1차 논리(first-order logic)이다.[5] 1차 논리는 초기 AI 연구에서 중심 역할을 했을 뿐만 아니라, 잠시 후

---

5  프레게가 제안한 1차 논리 표기법(텍스트적 특징과 기하학적 특징의 난해한 조합)은 결국 대중화되지 못했다.

설명하겠지만 계산 자체의 근거를 확립하는 괴델과 튜링의 작업에도 동기가 되었다.

**확률**

**확률**은 논리를 불확실한 정보를 가진 상황들로 일반화한 것이라 할 수 있다. 그런 상황은 인공지능에 대단히 중요하다. 확률 개념은 이탈리아 수학자 제롤라모 카르다노[Gerolamo Cardano](1501-1576)가 처음으로 공식화했다. 그는 내기(도박) 사건들의 가능한 결과들을 이용해서 확률을 서술했다. 1654년에 블레즈 파스칼[Blaise Pascal](1623-1662)은 피에르 페르미[Pierre Fermat](1601-1665)에게 보낸 편지에서, 진행 중인 도박 게임의 향후 결과를 예측하고 도박꾼이 얻을 수 있는 평균 이익을 계산하는 방법을 보였다. 곧 확률은 정량定量 과학에서 아주 중요한 부분으로 자리잡아서, 불확실한 측정과 불완전한 이론을 다루는 데 도움을 주었다. 야콥 베르누이[Jacob Bernoulli](1654-1705)와 피에르 라플라스[Pierre Laplace](1749-1827)를 비롯한 여러 사람이 확률 이론을 발전시키고 새로운 통계적 방법을 도입했다. 토머스 베이즈[Thomas Bayes](1702-1761)는 새로운 증거로 확률을 갱신하는 데 적용하는 법칙 하나를 제시했다. 이 베이즈 법칙은 인공지능 시스템의 필수 도구 중 하나이다.

**통계학**

확률이 수학적으로 공식화되고 사용 가능한 자료가 생기면서 **통계학**(statistics)이 하나의 학문 분야로 성립하게 되었다. 통계학의 최초의 응용 사례 중 하나는 존 그란트[John Graunt]의 1662년 런던 인구조사 분석이었다. 최초의 현대적인 통계학자로 간주되는 이는 로널드 피셔[Ronald Fisher]이다(Fisher, 1922). 그는 확률, 실험 설계, 자료 분석, 계산이라는 개념들을 하나로 묶었다. 1919년에 그는 MILLIONAIRE(곱셈을 할 수 있는 최초의 계산기였다)라는 기계적 계산기가 없이는 일을 못하겠다고 고집했다. 그 계산기가 그의 연봉보다도 비쌌지만 말이다(Ross, 2012).

**알고리즘**

계산의 역사는 수(number)의 역사만큼이나 길지만, 최초의 본격적인 **알고리즘**[algorithm]으로는 최대공약수를 계산하는 유클리드[Euclid]의 방법을 꼽는 것이 일반적이다. 알고리즘이라는 단어는(그리고 그것을 연구한다는 발상 자체도) 9세기 수학자 무함마드 이븐 무사 알콰리즈미[Muhammad ibn Musa al-Khwarizmi]에서 기인한다. 그의 저작들은 아라비아 숫자와 대수학을 유럽에 소개하는 역할도 했다. 부울과 그 외의 연구자들은 논리적 연역을 위한 알고리즘들을 논의했으며, 19세기 후반에는 전반적인 수학적 추론을 논리적 연역으로서 공식화하는 작업도 진행되었다.

1930년에는 쿠르트 괴델[Kurt Gödel](1906-1978)이 프레게와 러셀의 1차 논리 안에서 임의의 참 명제를 증명하는 효과적인 절차가 존재함을 보였으나, 그 1차 논리가 자연수를 특징짓는 데 필요한 수학적 귀납 원리를 포착하지는 못했다. 괴델은 1931년에 연

**불완전성 정리**

역에 한계가 실제로 존재함을 보였다. 그의 **불완전성 정리**(incompleteness theorem)에 따르면, 페아노[Peano] 산술(자연수 기초 이론)만큼 강력한 형식 이론에는 반드시 참이면서도 그 이론 안에서는 증명할 수 없는 명제가 존재한다.

이러한 근본적인 결과들을, 정수에 관한 함수 중 알고리즘으로는 표현할 수 없는 것들이 존재한다는 것으로 해석할 수도 있다. 즉, 계산할 수 없는 정수 함수가 존재하는 것이다.

**계산 가능성**

이 점에 착안해서, 앨런 튜링[Alan Turing](1912-1954)은 그렇다면 **계산 가능성**(computability)이 있는 함수, 즉 유효한 절차로 계산할 수 있는 함수가 **구체적으로 어떤 것인지** 특징지으려

했다. 처치-튜링 명제(Church-Turing thesis)는 튜링 기계(Turing machine; Turing, 1936)로 계산되는 함수들에 기초해서 일반적인 계산 가능성 개념을 식별할 것을 제시했다. 튜링은 또한 그 어떤 튜링 기계도 계산할 수 없는 함수가 존재함을 보였다. 예를 들어 주어진 프로그램이 주어진 입력에 대해 하나의 답을 돌려줄 것인지 아니면 무한히 실행될 것인지를 **일반적으로** 판정할 수 있는 기계는 없다.<sup>역주2</sup>

처리 가능성 | 계산 가능성이 계산의 이해에 중요하긴 하지만, 그보다 더 큰 영향을 준 개념은 **처리 가능성**(tractability)이다. 간략하게만 말하자면, 만일 어떤 문제의 구체적인 사례(instance)들을 푸는 데 필요한 시간이 그 사례들의 크기에 지수적으로 비례해서 증가한다면, 그 문제는 처리 불가능(intractable)이다. 복잡도의 다항식적 증가와 지수적 증가의 구분은 1960년대 중반에 처음으로 강조되었다(Cobham, 1964; Edmonds, 1965). 이 구분이 중요한 이유는, 복잡도가 지수적으로 증가한다면 사례들이 조금만 많아도 시간이 너무 많이 걸려서 문제를 사실상 풀지 못하게 되기 때문이다.

NP-완전 | 쿡<sup>Cook</sup>(Cook, 1971)과 카프<sup>Karp</sup>(Karp, 1972)가 개척한 NP-완전(NP-completeness) 이론은 처리 불가능 문제의 분석을 위한 토대를 제공한다. NP-완전 부류로 환원되는 부류에 속하는 문제는 처리 불가능일 가능성이 크다. (NP-완전 문제가 반드시 처리 불가능이라는 점이 증명되지는 않았으나, 대부분의 이론가들은 그럴 것이라고 믿고 있다.) 이러한 연구 결과들은 최초의 컴퓨터를 접한 대중 매체가 보인 낙관론(이를테면 "아인슈타인보다 빠르다!", "전자 슈퍼 두뇌" 등등)과는 대조된다. 컴퓨터의 속도가 계속 빨라진다고 해도, 지능적인 시스템이라면 자원들을 세심하게 사용해야 할 것이다. 대충 말하자면, 이 세상 자체가 **극도로** 거대한 하나의 문제이다!

## 1.2.3 경제학

- 자신이 선호하는 결과가 나오도록 결정을 내리는 방법은 무엇인가?
- 다른 사람들과 이해관계가 상충하는 상황에서 그런 결정을 내리려면?
- 이익이 먼 미래에 주어지는 상황에서 그런 결정을 내리려면?

학문으로서의 경제학은 1776년 애덤 스미스<sup>Adam Smith</sup>(1723-1790)가 **국부론**(An Inquiry into the Nature and Causes of the Wealth of Nations; 국부의 본질과 원인에 관한 연구)을 출간하면서 시작되었다. 스미스는 경제를 각자 자신의 이익에 따라 활동하는 수많은 개별 에이전트들로 이루어진 시스템으로 보고 분석할 것을 제안했다. 그보다 전에 출간된 그의 책 **도덕감정론**(The Theory of Moral Sentiments)은 타인의 안녕을 신경쓰는 것이 모든 개인의 이익에서 필수 요소라는 지적으로 시작한다.

---

<sup>역주2</sup> 이것이 바로 컴퓨터 과학의 주요 논제 중 하나인 '정지 문제(halting problem)'이다.

대부분의 사람은 경제를 돈에 관한 것으로 생각하며, 실제로 불확실성하의 의사결정에 관한 최초의 수학적 분석인 아르노의 최대 효용 가치 공식은 내기 도박의 금전적 가치를 다루는 것이었다(Arnauld, 1662). 다니엘 베르누이는 그 공식이 해상 무역 탐사 투자금 같은 큰 금액의 돈에 대해서는 잘 통하지 않음을 발견했다(Bernoulli, 1738). 베르누이는 그 공식 대신 효용 가치의 최대화에 기초한 원리를 제안했으며, 추가 투자액의 한계효용(marginal utility)은 돈을 많이 벌수록 줄어든다는 것으로 인간의 투자 결정 방식을 설명했다.

레옹 발라스$^{Léon\ Walras}$(1834-1910)는 모든 종류의 결과(금전적 이익만이 아닌)에 대한 도박들 사이의 선호도라는 관점에서 좀 더 일반적인 토대를 효용이론에 제공했다. 그것을 램지$^{Ramsey}$가 개선하고(Ramsey, 1931), 이후에 존 폰 노이만$^{John\ von\ Neumann}$과 오스카 모르겐슈테른$^{Oskar\ Morgenstern}$이 그들의 책 *The Theory of Games and Economic Behavior*(von Neumann 및 Morgenstern, 1944; 게임 이론과 경제적 행동)에서 더욱 발전시켰다. 이제 경제학은 돈이 아니라 욕구와 선호도를 연구하는 학문이다.

**결정이론**(decision theory)은 확률론과 효용이론을 결합해서, 불확실성하에서의, 다시 말하면 확률적 서술이 의사결정자의 환경을 제대로 포착하는 상황에서의 의사결정(경제는 물론 그 외의 분야에 대한)을 위한 공식적이고 완전한 틀을 제공한다. 이는 각 에이전트가 개인으로서의 다른 에이전트의 행동에 주의를 기울일 필요가 없는 "큰(large)" 경제에 적합하다. "작은(small)" 경제에서는 상황이 **게임**에 좀 더 가깝다. 즉, 한 플레이어의 행동이 다른 플레이어의 효용에 큰 영향(부정적이든, 긍정적이든)을 미칠 수 있는 것이다. 폰 노이만과 모르겐슈테른이 발전시킨 **게임 이론**(game theory; Luce 및 Raiffa, 1957도 보라)에는, 일부 게임에서 합리적인 에이전트가 무작위한(또는 적어도 그렇게 보이는) 정책을 채용하는 것이 유리하다는 놀라운 결과가 포함되어 있다. 결정이론과는 달리 게임 이론은 행동 선택에 대한 모호하지 않은 처방을 제공하지 않는다. 다수의 에이전트가 관여하는 의사결정을 인공지능 분야에서는 **다중 에이전트 시스템**(multiagent systems)이라는 제목하에서 연구한다(제18장 참고).

예외는 있지만, 경제학자들은 앞에 제시된 셋째 질문, 즉 이익이 즉시 주어지는 것이 아니라 여러 행동을 차례로 수행한 후 주어질 때 합리적 결정을 내리는 문제를 고려하지 않는다. 이 주제는 **경영과학**(operations research)이 추구했다. 이 분야는 제2차 세계 대전에서 영국이 레이다 설치를 최적화하는 과정에서 시작되었는데, 이후 복합적 관리 의사결정과 관련해서 민간 분야에서도 수없이 응용되었다. 리처드 벨먼$^{Richard\ Bellman}$의 저작(Bellman, 1957)은 마르코프 의사결정 과정(Markov decision process)이라고 부르는 순차 의사결정 문제들의 한 부류를 공식화했다. 마르코프 의사결정 과정은 제17장에 살펴본다. 그리고 제21장에서는 **강화학습**(reinforcement learning)의 맥락에서 이 과정을 논의한다.

경제학과 경영과학의 성과가 합리적 에이전트 개념에 많은 기여를 했지만, 수년간 인공지능 연구는 그와는 완전히 분리된 경로들을 따라 발전했다. 한 가지 이유는 합리적 의사결정에 명백히 존재하는 복잡성이다. 선구적인 인공지능 연구자 허버트 사이먼$^{Herbert}$

Simon(1916-2001)은 **만족**(satisficing)에 기초한 모형, 즉 최적의 결정을 계산하기 위해 애쓰는 대신 그냥 "충분히 좋은" 결정을 내리는 모형이 실제 인간 행동을 더 잘 서술함을 보여 주는 초기 연구로 1978년 노벨 경제학상을 받았다(Simon, 1947). 1990년대부터는 인공지능을 위한 결정이론적 기법들에 대한 관심이 다시 유행했다(Wellman, 1995).

## 1.2.4 신경과학

- 뇌는 정보를 어떻게 처리하는가?

**신경과학**(Neuroscience)은 신경계, 특히 뇌를 연구하는 분야이다. 뇌가 사고를 가능하게 하는 구체적인 방식은 과학의 커다란 미스테리이지만, 사고를 가능하게 하는 것이 **바로** 뇌라는 점은 이미 수천 년 전부터 알려졌었다. 머리에 큰 충격을 입으면 정신적 능력이 감소한다는 명백한 증거 덕분이다. 또한, 인간의 뇌가 다른 동물과는 좀 다르다는 점도 오래전부터 알려졌었다. 약 B.C. 335년경에 아리스토텔레스는 "모든 동물 중 신체 대비 뇌의 크기가 가장 큰 것은 인간이다"라고 썼다.[6] 그러나 의식이 깃든 곳이 뇌라는 점은 18세기 중반에서야 널리 인식되었다. 그전에는 심장이나 비장(지라)이 거론되었다.

폴 브로카Paul Broca(1824-1880)의 1861년 뇌 손상 환자의 실어증 연구는 뇌에 특정 인지 기능을 담당하는 국소 영역이 존재함을 보여 주었다. 좀 더 구체적으로 말하면, 그는 발화(speech production)가 이제는 브로카 영역(Broca's area)이라고 부르는 좌뇌의 한 부분에 국한되어 있음을 보였다.[7] 이로부터 뇌의 기능적 조직화에 관한 연구가 촉발되었

다. 뇌가 대체로 신경세포들, 즉 **뉴런**(neuron)들로 이루어져 있음은 당시에도 알려졌었지만, 개별 뉴런을 실제로 관찰하게 된 것은 카밀로 골지Camillo Golgi(1843-1926)의 염색 기법이 나온 이후이다. 산티아고 라몬 이 카할Santiago Ramon y Cajal(1852-1934)은 뇌의 신경구조(도해 1.1)에 대한 그의 선구적인 연구에 그 기법을 활용했다.[8] 지금은 인지 기능이 이러한 신경구조의 전기화학적 작용에서 비롯된다는 점이 정설로 받아들여지고 있다. 즉, ▶ 단순한 세포들의 집합이 사고 행동, 의식으로 이어질 수 있다는 것이다. 존 설John Searle의 간결한 표현을 빌자면, "뇌가 정신의 원인이다."(Searle, 1992).

---

6 이후 신체 대비 뇌의 비율이 사람보다 더 큰 나무 두더지류(tree shrew; *Scandentia*) 3종과 조류 몇 종이 발견되었다.

7 그보다 이른 출처로 [Hood, 1824]를 거론하는 연구자들이 많다.

8 골지는 뇌의 기능들이 기본적으로 뉴런들이 내장된 연속적 매질 안에서 수행된다는 믿음을 유지했다. 반면 카할은 '뉴런 교리(neuronal doctrine)'를 제안했다. 둘은 1906년에 노벨상을 공동 수상했으나, 수상 연설은 상반되는 내용이었다.

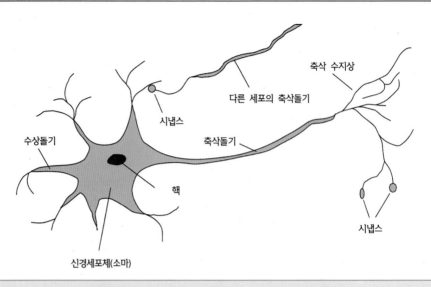

수상돌기

시냅스

다른 세포의 축삭돌기

축삭 수지상

축삭돌기

핵

시냅스

신경세포체(소마)

**도해 1.1** 신경세포, 즉 뉴런의 구성. 각 뉴런은 소마$^{soma}$라고 부르는 하나의 세포체로 구성된다. 세포체에는 세포핵이 하나 있다. 세포체에서 수상돌기(dendrite)라고 부르는 섬유들이 뻗어나오며, 축삭돌기(axon)라고 부르는 긴 섬유 하나도 나온다. 축삭돌기는 이 그림에 나온 축척보다 훨씬 길게 뻗어 나간다. 일반적으로 축삭돌기는 1cm(세포체 지름의 100배)이지만, 1미터까지 뻗기도 한다. 뉴런은 10에서 10만 개의 다른 뉴런과 연결되는데, 두 뉴런의 연결부를 시냅스$^{synapse}$라고 부른다. 한 뉴런에서 다른 뉴런으로 신호가 복잡한 전기화학적 반응을 통해서 전파된다. 그 신호들은 단기적으로는 뇌의 활동을, 그리고 장기적으로는 뉴런들의 연결 관계의 변화를 가능하게 한다. 이런 메커니즘들은 뇌 안에서의 학습을 위한 토대를 형성하는 것으로 간주된다. 가장 중요한 정보 처리는 대뇌피질(cerebral cortex), 즉 뇌의 겉껍질에서 일어난다. 기본 구성 단위는 지름이 약 0.5mm인 기둥형 조직으로 보인다. 인간의 뇌에서 하나의 단위 조직은 약 20,000개의 뉴런을 포함하며, 대뇌피질에서 약 4mm 깊이까지 연장된다.

현재, 뇌의 영역들과 그 영역이 제어하는 또는 감각을 입력받는 신체 부위 사이의 대응 관계는 어느 정도 파악되었다. 그러한 대응 관계는 몇 주 만에 변할 수 있으며, 대응 관계가 여러 가지인 것으로 보이는 동물도 존재한다. 더 나아가서, 한 영역이 손상되었을 때 다른 영역이 그 기능을 대신하는 기제는 완전히 파악되지 않았다. 그리고 개별 기억의 저장 방식과 고수준 인지 기능의 작동 방식에 관한 이론들은 아직 없는 것이나 마찬가지이다.

온전한 두뇌 활동의 측정은 1929년에 한스 베르거$^{Hans\ Berger}$가 대뇌촬영도(electroencephalograph, EEG)를 발명하면서 시작되었다. fMRI(functional magnetic resonance imaging)가 개발되면서(Ogawa 외, 1990; Cabeza 및 Nyberg, 2000) 신경과학자들은 유례없이 상세한 두뇌 활동 영상을 얻게 되었으며, 덕분에 두뇌가 뭔가를 인식하는 과정과 흥미로운 방식으로 대응되는 측정이 가능해졌다. 여기에 뉴런 활동의 단일 세포 전기 녹화 기술의 발전과 빛에 민감하게 반응하도록 수정된 개별 뉴런들을 측정하고 제어할 수 있는 **광유**

광유전학

전학(optogenetics) 방법들(Crick, 1999; Zemelman 외, 2002; Han 및 Boyden, 2007)의 발전까지 더해졌다.

뇌–기계
인터페이스

감각뿐만 아니라 운동 제어까지 가능한 **뇌–기계 인터페이스**의 개발(Lebedev 및 Nicolelis, 2006) 덕분에 장애인의 기능 회복이 가능할 전망이며, 더 나아가서 신경계의 여러 측면을 파악하는 데도 도움이 될 것이다. 이 연구에서 한 가지 놀라운 발견은, 두뇌가 외부 장치와 잘 연동되도록 스스로를 적응시키는(외부 장치를 마치 또 다른 감각 기관이나 팔, 다리처럼 다룰 정도로) 능력을 가지고 있다는 것이다.

뇌와 디지털 컴퓨터는 다소 다른 속성을 가지고 있다. 도해 1.2에서 보듯이 컴퓨터의 주기(cycle) 시간은 뇌보다 백만 배는 빠르다. 대신 뇌는 저장 용량과 내부 연결도가 고성능 개인용 컴퓨터보다 훨씬 크다. 단, 세계 최대급 슈퍼컴퓨터는 몇 가지 측도에서 뇌와 견줄 만한 수준이다. 미래주의자들은 이런 수치들을 강조하면서, 컴퓨터의 성능이 초인간적 수준에

특이점

도달하는 **특이점**(singularity)이 다가오고 있으며(Vinge, 1993; Kurzweil, 2005; Doctorow 및 Stross, 2012) 특이점에 도달한 후에도 컴퓨터는 자신을 빠르게 개선할 것이라고 주장한다. 그러나 수치 자체를 비교하는 것은 그리 유익하지 않다. 거의 무제한의 용량을 가진 컴퓨터가 있다고 해도, 지능에 대한 우리의 이해를 좀 더 획기적으로 개선하지 않는 한 별 쓸모가 없을 것이다. 거칠게 말하자면, 옳은 이론이 없다면 더 빠른 컴퓨터는 그냥 잘못된 답을 더 빨리 산출할 뿐이다.

| | 슈퍼컴퓨터 | 개인용 컴퓨터 | 인간의 뇌 |
|---|---|---|---|
| **계산 단위** | GPU $10^6$개 + CPU들<br>트랜지스터 $10^{15}$개 | CPU 코어 8개<br>트랜지스터 $10^{10}$개 | 신경 다발 $10^6$개<br>뉴런 $10^{11}$개 |
| **저장 단위** | RAM $10^{16}$바이트<br>디스크 $10^{17}$바이트 | RAM $10^{10}$바이트<br>디스크 $10^{12}$바이트 | 뉴런 $10^{11}$개<br>시냅스 $10^{14}$개 |
| **주기 시간** | $10^{-9}$초 | $10^{-9}$초 | $10^{-3}$초 |
| **초당 연산수** | $10^{18}$ | $10^{10}$ | $10^{17}$ |

**도해 1.2** 정상급 슈퍼컴퓨터 Summit(Feldman, 2017)과 2019년 기준 전형적인 개인용 컴퓨터, 그리고 인간의 뇌를 대략 비교한 표. 인간의 뇌는 수천 년 동안 거의 변하지 않았지만, 슈퍼컴퓨터의 연산 능력은 1960년대의 메가플롭megaFLOP에서 1980년대의 기가플롭gigaFLOP, 1990년대의 테라플롭teraFLOP, 2008년의 페타플롯petaFLOP, 2018년의 엑사플롭exaPLOP 규모로 증가했다(플롭은 초당 부동소수점 연산 횟수로, 1엑사플롭은 $10^{18}$회이다.

## 1.2.5 심리학

● 인간과 동물은 어떻게 생각하고 행동하는가?

일반적으로, 과학적 심리학의 시초는 독일 물리학자 헤르만 폰 헬름홀츠Hermann von Helmholtz (1821-1894)와 그의 제자 빌헬름 분트Wilhelm Wundt(1832-1920)의 연구로 거슬러 올라간다. 헬름

홀츠는 인간 시각$^{視覺}$ 연구에 과학적 방법을 적용했다. 그의 책 *Handbook of Physiological Optics*는 "인간 시각의 물리학과 심리학에 관한 가장 중요한 저작"(Nalwa, 1993)으로 간주되었다. 1879년에 분트는 라이프치히 대학교에 첫 번째 실험 심리학 실험실을 열었다. 분트는 그의 조수들이 지각 또는 연상 과제를 수행하면서 자신의 사고 과정을 스스로 조사('내성')할 수 있는 세심하게 통제된 실험을 강조했다. 그러나 세심한 통제 실험만으로 심리학이 바로 과학이 되지는 않았다. 자료의 주관적 성격 때문에, 실험자가 자신의 이론이 틀렸음을 인정하기가 쉽지 않았다.

반면 동물의 행동을 연구하는 생물학자들은 내성 자료가 부족했지만, 대신 객관적인 방법론을 개발했다. 제닝스$^{H. S. Jennings}$의 영향력 있는 저작 *Behavior of the Lower Organisms*(Jennings, 1906)에 그러한 방법론이 서술되어 있다. 존 왓슨$^{John Watson}$(1878-1958)은 그러한 관점을 인간에 적용한 **행동주의**(behaviorism) 운동을 이끌었다. 행동주의 심리학은 내성이 믿을 만한 증거를 제공하지 못한다는 이유로 정신적 과정에 관한 그 어떤 이론도 거부했다. 행동주의자들은 동물에게 주어진 지각(percept; 즉 **자극**)과 그로 인한 행동(즉 **반응**)의 객관적 측정만을 연구하길 고집했다. 행동주의는 쥐와 비둘기에 관해 많은 것을 발견했지만, 인간의 이해에는 그리 성공적이지 못했다.

뇌를 정보 처리 장치로 보는 **인지 심리학**(Cognitive psychology)의 시초는 적어도 윌리엄 제임스$^{William James}$(1842-1910)의 저작들로 거슬러 올라갈 수 있다. 헬름홀츠 역시 지각(perception)이 무의식적인 논리적 추론의 형태와 관련되어 있다고 주장했다. 미국에서는 행동주의 때문에 인지적 관점이 많이 가려졌지만, 프레드릭 바틀렛$^{Frederic Bartlett}$(1886-1969)이 지도한 케임브리지의 응용 심리학(Applied Psychology) 과정에서는 인지 모형화(cognitive modeling)가 번영할 수 있었다. 바틀렛의 학생이자 후임자인 케네스 크레이크$^{Kenneth Craik}$가 쓴 *The Nature of Explanation*(Craik, 1943)은 비록 개별 기체 분자에는 압력이나 온도가 존재하지 않지만 그래도 기체를 논의할 때 압력이나 온도를 사용하는 것이 과학적인 것처럼 믿음이나 목표 같은 '정신적' 용어들도 과학적이라고 주장하면서, 이들의 적법성을 강력하게 재확립했다.

크레이크는 지식 기반 에이전트의 다음과 같은 세 가지 핵심 단계를 명시했다: (1) 자극이 내부 표현으로 번역된다. (2) 그 표현을 인지 과정이 조작해서 새로운 내부 표현을 도출한다. (3) 새로운 내부 표현이 다시 번역되어서 행동이 일어난다. 그는 이것이 에이전트의 좋은 설계인 이유를 다음과 같이 설명했다.

> 만일 유기체가 외부 현실 및 가능한 행동에 관한 '소규모 모형'을 자신의 머릿속에 담고 있다면, 여러 가지 대안들을 실험해 보고, 그중 최선의 것을 확정하고, 미래의 상황들이 발생하기 전에 그에 반응하고, 과거의 사건들의 지식을 활용해서 현재와 미래의 상황을 처리하고, 마주한 긴급 상황에 대해 모든 면에서 좀 더 완전하고, 안전하고, 경쟁력 있는 방식으로 반응할 수 있다(Craik, 1943).

크레이크가 1945년 자전거 사고로 죽은 후 그의 연구를 도널드 브로드벤트$^{Donald Broadbent}$가 이어받았다. 브로드벤트의 책 *Perception and Communication*(Broadbent, 1958)은 심리

여백 주석:
행동주의

인지 심리학

학적 현상을 정보 처리로 모형화한 최초의 저작 중 하나이다. 한편 미국에서는 컴퓨터 모형화의 발전 덕분에 **인지과학**(cognitive science)이라는 분야가 만들어졌다. 이 분야는 1956년 9월 MIT의 한 워크숍에서 출발했다고 말할 수 있다. 이는 인공지능 자체가 '탄생'한 학술대회 이후 두 달밖에 안 된 시점이었다.

그 워크숍에서 조지 밀러[George Miller]는 *The Magic Number Seven*을, 노엄 촘스키[Noam Chomsky]는 *Three Models of Language*를, 그리고 앨런 뉴월과 허버트 사이먼은 *The Logic Theory Machine*을 발표했다. 이 영향력 있는 세 편의 논문은 컴퓨터 모형을 각각 기억, 언어, 논리적 사고의 심리학을 연구하는 데 사용할 수 있음을 보여 주었다. 이제는 심리학자들 사이에서 "인지이론은 컴퓨터 프로그램 같은 것이어야 한다"(Anderson, 1980), 다시 말해 인지이론은 인지 기능의 작동 방식을 정보 처리의 관점에서 서술해야 한다는 관점이 보편적이다.

이번 절의 목적에서 우리 필자들은 **인간-컴퓨터 상호작용**(human-computer interaction, HCI)을 심리학의 한 분야로 간주한다. HCI 분야의 개척자 중 하나인 더글라스 엥겔바트[Doug Engelbart]는 **지능 증강**(intelligence augmentation)이라는 개념을 주창했다. 즉, AI보다는 IA를 앞세운 것이다. 그는 컴퓨터가 인간의 작업을 대신 수행할 것이 아니라 인간의 능력 자체를 증강해야 한다고 믿었다. 1968년에 엥겔바트는 이후 "모든 데모(시연)의 어머니"라고 불리게 되는 한 시연에서 컴퓨터 마우스, 창(window) 시스템, 하이퍼텍스트, 화상 회의를 처음으로 보여 주었다. 이는 모두 인간 지식 노동자가 어느 정도의 지능 증강으로 어떤 성과를 낼 수 있는지를 보여주려는 시도였다.

현재 대체로 통용되는 관점은, IA와 AI가 동전의 양면이고 전자는 인간의 통제를, 후자는 기계의 지능적 행동을 강조한다는 것이다. 기계가 사람에게 이로우려면 둘 다 필요하다.

지능 증강

## 1.2.6 컴퓨터 공학

- 효율적인 컴퓨터를 어떻게 구축할 것인가?

인공지능이 성공하려면 두 가지가 필요하다. 하나는 지능이고 하나는 인공물(artifact)이다. 그러한 인공물로 선택된 것이 바로 컴퓨터이다. 현대적인 디지털 전자 컴퓨터는 제2차 세계대전에 참전한 세 나라의 과학자들이 따로, 그리고 거의 동시에 발명했다. 최초의 **작동하는** 컴퓨터는 앨런 튜링의 팀이 1943년에 만든 전기기계식 컴퓨터 Heath Robinson[9]이다. 그 컴퓨터의 용도는 단 하나, 독일군의 암호문을 해독하는 것이었다. 1943년에는 같은 팀이 진공관에 기초한 강력한 범용 기계인 Colossus를 만들었다.[10] 최초의 작동하는 **프로**

---

9  토스트에 버터를 바르는 것 같은 일상적인 과제를 수행하는 별나고 부조리하게 복잡한 기계 장치를 묘사하는 것으로 유명한 영국 만화가의 이름을 딴 복잡한 기계이다.

10  전후 기간에 튜링은 이 컴퓨터들을 인공지능 연구에 사용하고자 했다. 예를 들어 그는 최초의 체스 프로그램의 개요를 작성하기까지 했다(Turing, 1953). 그러나 영국 정부는 그 연구를 금지했다.

그래밍 가능 컴퓨터(programmable computer)는 1941년 독일에서 콘라드 추제<sup>Konrad Zuse</sup>가

그래밍 가능 컴퓨터(programmable computer)는 1941년 독일에서 콘라드 추제[Konrad Zuse]가 만든 Z-3이다. 추제는 또한 부동소수점수와 최초의 고수준 프로그래밍 언어인 Plankalkül도 고안했다. 최초의 **전자식 컴퓨터**인 ABC는 존 아타나소프[John Atanasoff]와 그의 제자 클리포드 베리[Clifford Berry]가 1940~1942년에 아이오와 대학교에서 구축했다. 아타나소프의 연구는 거의 주목을 끌지 못했고 지지도 거의 못 받았다. 현대 컴퓨터에 가장 큰 영향을 미친 선구적 컴퓨터는 존 머클리[John Mauchly]와 J. 프레스퍼 에커트[J. Presper Eckert]를 포함한 연구진이 펜실베이니아 대학교의 한 비밀 군사 프로젝트의 일환으로 만든 ENIAC이다.

　그 후로 컴퓨터 하드웨어의 세대가 바뀔 때마다 속도와 용량이 증가하고 가격은 내려갔다. 2005년경까지는 성능이 18개월마다 두 배가 되었고(소위 **무어의 법칙**에 따라), 2005년부터는 전력 소비 문제 때문에 제조사들이 클록 속도를 높이는 대신 CPU 코어의 개수를 늘리기 시작했다. 현재 추세로 볼 때 향후의 기능성 향상은 대규모 병렬성에 의해 이루어질 것으로 예상하는데, 공교롭게도 이는 인간의 뇌가 가진 속성으로 수렴하는 방향이다. 또한, 불확실한 세상을 다룰 때는 수치들을 64비트의 정밀도로 다룰 필요가 없고 그냥 16비트(bfloat16 형식 등), 심지어 8비트로 충분하며, 그러면 처리 속도가 더욱 빨라질 것이라는 착안에 기초한 새로운 하드웨어 설계도 있다.

　인공지능 응용 프로그램에 특화된 하드웨어도 출시되고 있다. 그래픽 처리 장치(graphics processing unit, GPU) 말고도 텐서 처리 장치(tensor processing unit, TPU), 웨이퍼 스케일 엔진(wafer scale engine, WSE) 같은 하드웨어들이 있다. 1960년대에서 2012년경까지, 최상급 기계학습 응용 프로그램들을 훈련하는 데 쓰인 컴퓨터들의 컴퓨팅 능력은 무어의 법칙을 따랐다. 2012년부터는 사정이 달라졌다. 2012년에서 2018년까지는 처리 능력이 무려 30만 배 증가했는데, 이는 대략 100일마다 두 배로 증가한 것이다(Amodei 및 Hernandez, 2018). 2014년에 하루 종일 훈련해야 했던 기계학습 모형을 2018년에는

2분 만에 훈련할 수 있다(Ying 외, 2018). 아직은 아니지만, 언젠가 **양자 컴퓨팅**(quantum computing)이 실용화되면 인공지능 알고리즘 중 몇 가지 중요한 하위 부류들에서 그보다도 훨씬 큰 가속이 일어날 것이다.

　물론 전자 컴퓨터 이전에도 계산 장치는 있었다. 17세기부터 시작되는 초창기 자동 계산 기계를 p.10에서 논의했다. 최초의 **프로그래밍 가능** 기계는 1805년에 조셉 마리 자카르[Joseph Marie Jacquard](1752–1834)가 고안한 자카르 방직기이다. 그 방직기는 직조할 무늬를 정의하는 명령들을 천공 카드에 저장해 두는 식이었다.

　19세기 중반에는 찰스 배비지[Charles Babbage](1792–1871)가 두 가지 기계를 설계했는데, 둘 다 완성하지는 못했다. 차분기관(Difference Engine)은 공학 및 과학 프로젝트를 위한 수학 표(table)들을 계산하기 위한 것이었다. 이 기계는 1991년에야 런던 과학박물관이 실제로 제작했다(Swade, 2000). 배비지의 해석기관(Analytical Engine)은 그보다 훨씬 야심찬 계획이었다. 주소로 접근할 수 있는 기억 장치와 저장식 프로그램(자카르의 펀치 카드를 이용한), 조건부 분기 기능을 갖춘 이 기계는 범용 계산이 가능한 최초의 인공물이었다.

　배비지의 동료이자 시인 바이런 경(Lord Byron)의 딸인 에이다 러블레이스[Ada Lovelace]는

이 기계의 잠재력을 이해하고, 이것을 "생각하는, 또는 … 추론하는 기계", "우주의 모든 주제"에 관해 추론할 수 있는 기계라고 서술했다(Lovelace, 1842). 또한 러블레이스는 인공지능의 유행 주기를 예측하고는 "해석기관의 능력에 관해 과장된 생각이 나타날 가능성에 대비할 필요가 있다"라고 썼다. 안타깝게도 배비지의 기계와 러블레이스의 발상들은 대부분 잊혀졌다.

인공지능은 컴퓨터 과학의 소프트웨어 측면에도 빚을 졌다. 소프트웨어는 운영체제와 프로그래밍 언어, 현대적 프로그램(그리고 그에 관한 논문)의 작성을 위한 도구들을 제공했다. 그러나 소프트웨어는 인공지능의 혜택을 크게 입은 분야이기도 하다. 인공지능의 성과는 주류 컴퓨터 과학에 시분할, 대화식 해석기, 창과 마우스가 있는 개인용 컴퓨터, 쾌속 개발 환경, 연결된 목록 자료형식, 자동 저장소 관리를 비롯한 여러 가지 선구적인 착안을 제공했다. 또한 기호적, 함수적, 선언적, 객체지향적 프로그래밍의 핵심 개념들도 제공했다.

## 1.2.7 제어이론과 인공두뇌학

- 인공물이 스스로의 제어하에서 작동하려면?

알렉산드리아의 크테시비우스(B.C. 250년경)는 최초의 자기 제어 기계를 만들었다. 바로, 물의 흐름을 일정하게 유지하는 조정기를 갖춘 물시계이다. 이 발명은 인공물이 할 수 있는 것의 정의를 바꾸었다. 그전에는 오직 생물만이 환경의 변화에 반응해서 자신의 행동을 바꿀 수 있다고 생각했다. 자기 조절 되먹임 제어 시스템의 또 다른 예로는 제임스 와트James Watt(1736-1819)가 만든 증기기관 조속기調速機와 코넬리스 드레벨Cornelis Drebbel(1572-1633)이 발명한 온도조절기가 있다. 드레벨은 잠수함의 발명자이기도 하다. 제임스 클러크 맥스웰James Clerk Maxwell은 제어 시스템에 관한 수학 이론을 개척했다(Maxwell, 1868).

제어이론　　2차 세계대전 이후 **제어이론**(control theory)의 발전에서 중심 인물은 노버트 위너Norbert Wiener(1894-1964)이다. 영민한 수학자인 위너는 이전에 버트런드 러셀 등과도 일했으나, 이후 생물학적, 기계적 제어 시스템 및 그러한 시스템과 인지의 연관 관계에 관심을 두게 되었다. 크레이크(그 역시 제어 시스템을 심리학적 모형으로 사용했다)와 비슷하게, 위너와 그의 동료 아르투로 로젠블루트Arturo Rosenblueth, 줄리안 비글로Julian Bigelow는 행동주의자 교리에 도전했다(Rosenblueth 외, 1943). 그들은 의도적인 행동이 '오류', 즉 현재 상태와 목표 상태의 차이를 최소화하기 위한 조절 메커니즘으로부터 발생하는 것이라고 보았다. 1940년대 후반에는 위너와 워런 매컬럭Warren McCulloch, 월터 피츠Walter Pitts, 존 폰 노이만이 인지의 새로운 수학적, 계산적 모형들을 탐색하는 일련의 영향력 있는 인공두뇌학　　회의들을 조직했다. 위너의 책 *Cybernetics*(**인공두뇌학**; Wiener, 1948)은 베스트셀러가 되어서 인공지능 기계의 가능성을 대중에게 알렸다.

한편 영국에서는 W. 로스 애시비Ross Ashby가 비슷한 착안들을 선도적으로 주창했다

(Ashby, 1940). 애시비와 앨런 튜링, 그레이 월터<sup>Grey Walter</sup>를 비롯한 여러 인물들이 "위너의 책이 나오기 전에 위너와 같은 생각을 했던 이들을 위해" 레이쇼 클럽<sup>Ratio Club</sup>을 결성했다. 애시비의 *Design for a Brain*(Ashby, 1948, 1952)은 안정적 적응 행동을 위한 적절한 되먹임 루프를 갖춘 **항상성**(homeostasis) 장치를 이용해서 지능을 만들어 낼 수 있다는 그의 생각을 상세히 서술한다.

항상성

비용함수

현대적인 제어이론, 특히 확률적 최적 제어라고 부르는 부문은 시간당 **비용함수**(cost function)를 최소화하는 시스템의 설계를 목표로 한다. 이는 최적으로 행동하는 시스템을 설계한다는 인공지능 표준 모형과 대략 맞아떨어진다. 그렇다면, 창립자들 사이에 밀접한 관계가 있는 인공지능과 제어이론이 서로 개별적인 분야로 존재하는 이유는 무엇일까? 참여자들에게 익숙한 수학 기법들이 분야마다 다르고, 수학 기법이 다르면 풀 수 있는 문제들도 달라진다는 점에서 그 답을 찾을 수 있을 것이다. 제어이론의 도구인 미적분학과 행렬 대수는 종류와 개수가 정해진 연속 변수들의 집합으로 서술할 수 있는 시스템에 적합하지만, 부분적으로 인공지능은 그런 인지된 한계들에서 벗어나는 하나의 방법으로 만들어진 것이다. 논리적 추론와 계산을 위한 도구들 덕분에, 인공지능 연구자들은 언어, 시각, 계획같이 제어이론의 시야에서 완전히 벗어난 문제들을 고찰할 수 있었다.

## 1.2.8 언어학

- 언어가 사고와 어떻게 연관되는가?

1957년에 B. F. 스키너<sup>Skinner</sup>는 *Verbal Behavior*를 출간했다. 해당 분야 최고의 전문가가 쓴 이 책은 언어 학습에 관한 행동주의자 접근방식을 포괄적이고 상세하게 다룬다. 그런데 신기하게도 이 책에 관한 서평이 책만큼이나 유명해지면서 행동주의에 관한 관심을 거의 말살하는 결과를 낳았다. 그 서평의 저자가 바로 언어학자 노엄 촘스키이다. 당시는 그가 자신의 이론을 담은 책 *Syntactic Structures*(통사 구조)를<sup>역주3</sup> 방금 출판한 시점이었다. 촘스키는 행동주의 이론이 언어의 창조성 개념을 설명하지 못한다고 지적했다. 즉, 들은 적이 없는 문장을 아이들이 이해하고 만들어 내는 현상을 설명할 수 없다는 것이었다. 인도 언어학자 파니니<sup>Panini</sup>(B.C. 350년경)로 거슬러 올라가는 구문 모형에 기초한 촘스키 이론은 이를 설명할 수 있었으며, 이전 이론들과는 달리 원칙적으로 프로그래밍이 가능할 정도로 형식적이었다.

이후 현대적인 언어학과 인공지능이 거의 동시에 '탄생'해서 함께 자라났으며, 둘이 교차하는 **전산 언어학**(computational linguistics)이나 **자연어 처리**(natural language processing) 같은 혼성 분야도 생겨났다. 언어의 이해 문제는 1957년 당시의 예상보다 훨씬 더 복잡한 것으로 판명되었다. 언어를 이해하려면 문장의 구조뿐만 아니라 화제와 문맥을 이해해야 한다. 지금은 당연한 말처럼 들리지만, 그러한 관점은 1960년대에 와서야 널리 받

전산 언어학

---

<sup>역주3</sup> 변형문법생성의 이론이라는 제목으로 번역서가 나온 바 있다(이승환, 이혜숙 옮김, 범한서적, 1966).

아들여졌다. **지식 표현**(knowledge representation; 지식을 컴퓨터가 추론할 수 있는 형태로 집어넣는 것에 관한 연구)의 초기 성과의 상당 부분은 언어에 묶여 있었고 언어학 연구 결과에 근거한 것이었다. 그리고 언어학 연구는 언어의 철학적 분석에 관한 수십 년의 연구로 이어졌다.

# 1.3 인공지능의 역사

인공지능 역사의 주요 이정표들을 빠르게 요약하는 방법 하나는 튜링상 수상자들을 나열하는 것이다. 마빈 민스키(1969)와 존 매커시(1970)는 표현과 추론에 기초해서 이 분야의 토대를 정의한 공로로 튜링 상을 수상했다. 앨런 뉴월과 허버트 사이먼은 문제 해결과 인간 인지를 위한 기호 모형으로 1975년에 튜링 상을 공동 수상했고, 에드 파이겐바움[Ed Feigenbaum]과 라지 레디[Raj Reddy]는 인간의 지식을 부호화해서 실세계의 문제를 푸는 시스템인 전문가 시스템을 개발해서 1994년 튜링 상을 공동 수상했다. 주디아 펄[Judea Pearl](2011)은 불확실성을 체계적인 방식으로 다루는 확률적 추록 기법들을 개발한 공로로 수상했다. 마지막으로, 요슈아 벤지오[Yoshua Bengio], 제프리 힌턴[Geoffrey Hinton], 얀 르쿤[Yann LeCun]은 '심층 학습'(다층 신경망)을 현세대 컴퓨팅의 핵심부로 만든 공로로 수상했다(2019년 공동 수상). 이번 절의 나머지 부분은 인공지능 역사의 주요 이정표를 좀 더 자세히 살펴본다.

## 1.3.1 인공지능의 탄생(1943-1956)

일반적으로 인공지능으로 간주되는 최초의 연구 결과는 매컬록과 피츠의 [McCulloch 및 Pitts, 1943]이다. 피츠의 지도교수였던 니콜라스 라셰프스키[Nicolas Rashevsky]의 수학적 모형화 연구(Rashevsky, 1936, 1938)에서 영감을 받은 그들은 세 가지 원천, 즉 기초 심리학과 뇌의 뉴런의 기능에 관한 지식, 러셀과 화이트헤드[Whitehead]에서 기인하는 명제 논리의 형식 분석, 계산에 관한 튜링의 이론을 토대로 연구를 진행했다. 그들은 인공 뉴런 모형을 제안했다. 그 모형에서 각 뉴런은 "켜져" 있거나 "꺼져" 있는 스위치로 특징지어지는데, 각 스위치는 이웃 뉴런으로부터 자극을 충분한 횟수로 받으면 '켜짐' 상태가 된다. 그들은 한 뉴런의 상태를 "적절한 자극을 제공하는 어떤 명제와 사실상 동등한" 것으로 간주했다. 그들은 이를테면 임의의 계산 가능 함수를 뉴런들이 서로 연결된 회로망으로 계산할 수 있으며, 모든 논리 관계(논리합, 논리곱, 부정 등)를 간단한 망 구조로 구현할 수 있음을 보였다. 매컬럭과 피츠는 또한 적절히 정의된 회로망은 학습도 가능할 것이라고 제안했다. 헵[Donald Hebb]은 뉴런 사이의 연결 강도를 수정하는 간단한 갱신 규칙을 시연했다(Hebb, 1949). 이제는 **헵 학습**(Hebbian learning)이라고 부르는 그의 규칙은 오늘날에도 영향력 있는 모형으로 남아 있다.

헵 학습

　　두 명의 하버드 대학원생 마빈 민스키[Marvin Minsky](1927-2016)와 딘 에드먼즈[Dean Edmonds]는

1950년에 최초의 신경망 컴퓨터를 만들었다. SNARC라는 이름의[역주4] 그 하드웨어 신경망은 3천 개의 진공관과 B-24 폭격기에서 빼 온 여분의 자동 조종 메커니즘을 이용해서 40개의 뉴런으로 이루어진 신경망을 시뮬레이션했다. 이후 민스키는 프린스턴에서 신경망의 범용 계산을 연구했다. 그의 박사학위 심사위원회는 이런 종류의 작업을 수학으로 간주해야 하는지에 대해 회의적이었지만, 폰 노이만은 "지금은 아니더라도 언젠가는(수학으로 간주될 것이다)."이라고 말했다고 전해진다.

인공지능이라고 특징 지을 만한 초기 연구 성과가 여럿 있는데, 이를테면 1952년에 맨체스터 대학교의 크리스토퍼 스트래치[Christopher Strachey]와 IBM의 아서 새뮤얼[Arthur Samuel]이 각자 독립적으로 개발한 두 체커[checker] 플레이 프로그램이 그러한 예이다. 그러나 아마도 가장 영향력이 컸던 것은 앨런 튜링의 시각일 것이다. 그는 벌써 1947년에 런던 수학회에서 이 주제에 관해 여러 번 강연했으며, 1950년 논문 "Computing Machinery and Intelligence"에서는 설득력 있는 의제(agenda)를 명확히 표현했다. 그 논문에서 그는 튜링 검사, 기계학습, 유전 알고리즘, 강화학습을 소개했다. 그는 인공지능의 가능성에 관해 제기된 여러 반론도 논박했는데, 이에 관해서는 제27장에서 설명한다. 그는 또한 인간 수준의 인공지능을 만들려면 지능을 사람이 직접 프로그래밍하는 것보다는 학습 알고리즘을 개발하고 그것으로 기계를 가르치는 쪽이 더 쉬울 것이라고 제안했다. 후속 강의에서 그는 이러한 목표를 달성하는 것이 인류에게 반드시 최선의 일은 아닐 수 있다고 경고했다.

1955년 다트머스 대학의 존 매커시는 민스키, 클로드 섀넌[Claude Shannon], 너새니얼 로체스터[Nathaniel Rochester]를 설득해서 자동기계 이론, 신경망, 지능 연구에 관심이 있는 미국 연구자들을 모으는 작업을 돕게 했다. 그들은 1956년 여름 다트머스에서 2개월짜리 워크숍을 진행했는데, 이 워크숍에 카네기 공과대학[11]의 앨런 뉴얼과 허버트 사이먼, 프린스턴의 트렌처드 모어[Trenchard More], IBM의 아서 새뮤얼[Arthur Samuel], MIT의 레이 솔로모노프[Ray Solomonoff]와 올리버 셀프리지[Oliver Selfridge] 등 총 10명의 연구자가 참여했다. 워크숍 제안서는 다음과 같았다.[12]

> 우리는 1956년 뉴햄프셔 하노버의 다트머스 대학에서 두 달간의 10인 인공지능 연구를 제안합니다. 학습을 비롯해서 지능의 그 어떤 기능이라도, 그 기능을 흉내 내는 기계를 구축할 수 있을 정도로 기능의 모든 측면을 엄밀하게 서술하는 것이 원칙적으로 가능하다는 추측에 근거해서 연구를 진행하려고 합니

---

[역주4] Stochastic Neural Analog Reinforcement Calculator의 약자이나, 수학자들과 전산학자들에게 많은 영감을 준 루이스 캐럴(이상한 나라의 앨리스의 작가이자 수학자)의 또 다른 작품인 'Hunting of the Snark'에 나오는 Snark를 연상시키는 이름이기도 하다.

11 지금은 카네기 멜런 대학교(Carnegie Mellon University, CMU)가 되었다.

12 매카시는 이 문구에서 **인공지능**이라는 용어를 공식적으로 처음 사용했다. 아마 '전산 이성(computational rationality)'이 더 정확하고 덜 위협적이었겠지만, 어쨌든 '인공지능'이라는 용어가 정착되었다. 다트머스 학술대회 50주년 기념식에서 매카시는 디지털 컴퓨터보다는 아날로그 인공두뇌(cybernetic) 장치를 장려한 노버트 위너를 존중하는 뜻에서 자신은 '컴퓨터'나 '전산'이라는 용어를 사용하길 꺼렸다고 말했다.

다. 언어를 사용하고, 추상과 개념을 형성하고, 지금은 사람만 풀 수 있는 종류의 문제를 풀고, 스스로를 향상시키는 기계를 만드는 방법을 찾아볼 것입니다. 우리는 세심하게 선택된 일단의 과학자들이 여름 동안 함께 연구한다면 그런 문제 중 하나 또는 그 이상에 큰 진척을 이룰 수 있을 것이라고 생각합니다.

제안서의 낙관적 예측과는 달리, 다트머스 워크숍에서 어떤 획기적인 약진을 이루지는 못했다. 완성도가 가장 높았던 것은 뉴월과 사이먼이 시연한 Logic Theorist(LT)라는 수학 정리 증명 시스템이었다. 사이먼은 자신들이 "비수치적으로 사고할 수 있는 컴퓨터 프로그램을 만들어 냈으며, 그럼으로써 유서 깊은 심신 문제(mind-body problem)를 해결했다"고 주장했다.[13] 워크숍 직후 그 프로그램은 러셀과 화이트헤드의 *Principia Mathematica* 제2장의 정리들 대부분을 증명할 수 있었다. 전하는 바로, 러셀은 그 프로그램이 어떤 정리에 대해 *Principia Mathematica*에 나온 것보다 더 짧은 증명을 산출했다는 소식을 듣고 기뻐했다고 한다. 반면 *Journal of Symbolic Logic*의 편집자들이 받은 감명은 그보다 덜했던 것으로 보인다. 그들은 뉴월과 사이먼, 그리고 Logic Theorist가 공동 저술한 논문을 기각했다.

## 1.3.2 초기의 열광과 막대한 유산(1952–1969)

1950년대 지식인들은 대체로 "기계는 $X$를 하지 못한다"라고 믿길 즐겼다. (튜링이 수집한 $X$들의 길고 긴 목록이 제27장에 나온다.) 당연하게도 인공지능 연구자들은 그런 $X$들을 하나씩 기계로 수행하는 것으로 대응했다. 특히 인공지능 연구자들은 게임, 퍼즐, 수학, IQ 검사 등 인간 지능의 지표로 간주되는 과제들에 초점을 두었다. 존 매카시는 이 시기를 가리켜 "엄마 나 이거 할 줄 알아!"[역주5] 시대라고 일컬었다.

Logic Theorist로 성과를 얻은 뉴월과 사이먼은 General Problem Solver, 즉 GPS를 만들었다. Logic Theorist와는 달리 이 프로그램은 처음부터 인간의 문제 풀이 과정을 흉내 내도록 설계되었다. 이 프로그램이 다룰 수 있는 제한된 부류의 퍼즐들에 국한할 때, 프로그램이 하위 목표들과 가능한 행동들을 고려하는 순서가 실제로 사람이 같은 문제에 접근할 때의 해당 순서와 비슷한 것으로 판명되었다. 따라서 GPS는 '인간적 사고' 접근 방식을 구체화한 최초의 프로그램이라 할 수 있겠다. GPS와 후속 프로그램들의 인지 모형으로서의 성공은 유명한 **물리적 기호 시스템**(physical symbol system) 가설(Newell 및 Simon, 1976)로 이어졌다. 그 가설은, "물리적 기호 시스템에는 일반적인 지능적 행동에 필요한 수단들이 충분히 갖추어져 있다"라는 것이다. 그들이 말하고자 했던 것은, 지능을 보이는 임의의 시스템(사람이든 기계이든)은 반드시 기호들로 구성된 자료구조들을 조작

물리적 기호
시스템

---

[13] 뉴월과 사이먼은 또한 LT를 작성하기 위해 IPL이라는 목록 처리 언어를 고안했다. 컴파일러가 없었던 그들은 그것을 손수 기계어 코드로 번역했다. 오류를 피하기 위해 그들은 동시에 각 명령을 작성하면서, 서로 2진수를 외쳐서 일치하는지 확인했다.

[역주5] 원문은 "Look, Ma, no hands!"로, 여기서 "no hands"는 핸들에서 두 손을 모두 떼고 자전거를 타는 것을 말한다.

함으로써 작동한다는 것이다. 이후에 보겠지만, 이 가설은 여러 방향에서 도전을 받았다.

IBM에서는 너새니얼 로체스터와 동료들이 최초의 인공지능 프로그램 몇 개를 만들었다. 허버트 겔런터Herbert Gelernter는 Geometry Theorem Prover(Gelernter, 1959)를 만들었는데, 그 프로그램은 많은 수학과 학생이 상당히 까다롭게 여길 만한 정리들을 증명할 수 있었다. 이 프로그램은 현대적인 수학 정리 증명기의 전신이다.

이 시기에 수행된 모든 탐색적 연구 작업 중 장기적으로 가장 영향이 컸던 것은 아마도 아서 새뮤얼의 체커 프로그램들일 것이다. 새뮤얼의 프로그램들은 지금은 강화학습(제22장)이라고 부르는 방법들을 이용해 체커를 배워서는 아마추어 고수 수준으로 체커를 플레이했다. 이로써 그는 컴퓨터가 오직 시킨 일만 할 수 있다는 생각이 틀렸음을 입증했다. 학습 능력 덕분에 프로그램은 얼마 안 가서 작성자인 새뮤얼보다 체커를 더 잘 두게 되었던 것이다. 1956년 2월에 한 TV 방송이 그 프로그램을 시연해서 사람들에게 깊은 인상을 남겼다. 튜링처럼 새뮤얼도 컴퓨터 사용 시간을 확보하는 데 어려움을 겪었다. 밤에 일하면서 그는 아직 IBM 제조 공장의 시험장에 놓여 있는 컴퓨터를 사용했다. 새뮤얼의 프로그램은 세계 최정상급 백거먼 플레이어로 꼽히는 TD-GAMMON(Tesauro, 1992)이나 바둑 세계 챔피언을 꺾어서 세상을 놀라게 한 ALPHAGO(Silver 외, 2016; 제5장)의 전신이다.

1958년에 존 매카시는 두 가지 중대한 성과를 인공지능 분야에 남겼다. MIT 인공지능 연구소 메모 1번(MIT AI Lab Memo No. 1)에서 그는 고수준 언어 Lisp를 정의했다. 이 언어는 이후 30년간 주도적인 인공지능 프로그래밍 언어가 되었다. 또한, 1958년에 발표한 *Programs with Common Sense*라는 제목의 논문에서 그는 지식과 추론에 기반한 인공지능 시스템을 개념적으로 제안했다. 그 논문은 세계에 관한 일반적인 지식(상식)을 갖춘, 그리고 그런 지식을 이용해서 행동 계획을 유도할 수 있는 가상의 프로그램인 Advice Taker를 서술했다. 논문은 간단한 논리적 공리들만으로도 공항까지 차를 몰고 가는 계획을 생성하는 데 충분함을 보여 줌으로써 그러한 개념을 설명했다. 그 프로그램은 또한 정상적인 작동 과정에서 새로운 공리들을 받아들이도록 설계되었다. 즉, 그 프로그램은 재프로그래밍 없이도 새로운 분야에서 경쟁력을 얻는 것이 이론적으로 가능했다. 그런 면에서 Advice Taker는 지식 표현과 추론의 중심 원리들, 다시 말해서 세계와 그 작동 방식에 관한 형식적이고 명시적인 표현을 갖추는 것과 그러한 표현을 연역적인 과정으로 조작하는 능력을 갖추는 것이 유용하다는 원리들을 내장했다고 할 수 있다. 이 논문은 인공지능의 발전 경로에 큰 영향을 주었으며, 오늘날에도 여전히 유효하다.

1958년은 마빈 민스키가 MIT로 온 해로도 기억된다. 그러나 매카시와의 초기 협력은 그리 오래가지 않았다. 매카시는 형식 논리상의 표현과 추론을 강조한 반면 민스키는 프로그램이 일단 작동해서 결국에는 반논리적(anti-logic) 전망을 산출하게 하는 데 더 관심이 있었다. 1963년에 매카시는 스탠퍼드에서 AI 연구실을 열었다. 논리학을 이용해서 궁극의 Advice Taker를 구축한다는 그의 계획은 1965년에 J. A. 로빈슨Robinson이 분해법(resolution method; 1차 논리를 위한 완전 정리 증명 알고리즘; 제9장 참고)을 발견하면서 더욱 진척되었다. 스탠퍼드에서의 연구는 논리적 추론을 위한 범용 방법들을 강조했다. 논리학의 응용에는 코델 그린<sup>Cordell Green</sup>의 질문 답변 및 계획 수립 시스템(Green, 1969b)과 Stanford Research Institute(SRI)의 Shakey 로봇공학 프로젝트가 포함된다. 제26장에서 좀 더 이야기하겠지만, 후자의 프로젝트는 논리적 추론과 물리적 행동의 완전한 통합을 보여 주는 최초의 사례이다.

**미시세계**    MIT에서 민스키는 자신의 학생들에게 지능이 있어야 풀 수 있는 것으로 보이는 제한된 문제들을 선택해서 연구하게 했다. 이러한 제한된 영역들은 **미시세계**(microworld)라고 알려져 있다. 제임스 슬레이글<sup>James Slagle</sup>의 SAINT 프로그램(Slagle, 1963)은 대학교 1학년 과정에서 흔히 접하는 닫힌 형식 적분 문제를 풀 수 있었다. 톰 에반스<sup>Tom Evans</sup>의 ANALOGY 프로그램(Evans, 1968)은 IQ 테스트에 나오는 기하도형 유추 문제를 풀었다. 대니얼 바브로<sup>Daniel Bobrow</sup>의 STUDENT 프로그램(Bobrow, 1967)은 다음과 같은 대수학 응용문제를 풀었다:

> 톰이 받는 고객들의 수가 그가 돌린 광고지 개수의 20%의 제곱의 두 배이고
> 그 광고지 개수가 45개이면, 톰이 받은 고객의 수는 몇인가?

**블록 세계**    가장 유명한 미시세계는 도해 1.3처럼 탁자 위에 일단의 고체 블록들을 배치해서 만든 **블록 세계**(실제 탁자가 아니라 그런 탁자와 블록들을 컴퓨터로 시뮬레이션하는 경우가 더 많음)이다. 이 세계에 대해, 한 번에 블록 하나만 집을 수 있는 로봇 손을 이용해서 블록들을 특정한 방식으로 재배치하는 과제를 흔히 수행한다. 이 블록 세계에서 데이비드 허프먼<sup>David Huffman</sup>의 인공 시각 프로젝트(Huffman, 1971)와 데이비드 왈츠<sup>David Waltz</sup>의 시각 및 제약 전파 연구(Waltz, 1975), 패트릭 윈스턴<sup>Patrick Winston</sup>의 학습 이론(Winston, 1970), 테리 위노그래드<sup>Terry Winograd</sup>의 자연어 이해 프로그램(Winograd, 1972), 그리고 스콧 폴먼<sup>Scott Fahlman</sup>의 계획 수립기(Fahlman, 1974)가 자라났다.

매컬럭과 피츠의 신경망에 기초한 초기 연구도 번성했다. 슈무엘 위노그래드<sup>Shmuel Winograd</sup>와 잭 코원<sup>Jack Cowan</sup>의 연구(Winograd 및 Cowan, 1963)는 아주 많은 수의 요소들이 하나의 개별 개념을 집합적으로(그리고 그에 걸맞게 증가된 안정성과 병렬성으로) 표현하는 방식을 보여 주었다. 헵의 학습 방법을 버니 위드로<sup>Bernie Widrow</sup>가 개선했다(Widrow 및 Hoff, 1960; Widrow, 1962). 그는 자신의 회로망을 **에이다라인스**<sup>adalines</sup>라고 불렀다. 또한 프랭크 로젠블래트<sup>Frank Rosenblatt</sup>도 자신의 **퍼셉트론**<sup>perceptron</sup>으로 헵의 학습 방법을 개선했다(Rosenblatt, 1962). **퍼셉트론 수렴 정리**(perceptron convergence theorem; Block 외, 1962)에 따르면 학습 알고리즘으로 퍼셉트론의 연결 강도들을 조정함으로써 퍼셉트론이 임의의 입력 데이터에 부합하게 만드는 것이 가능하다(부합하는 데이터가 존재한다고 할 때).

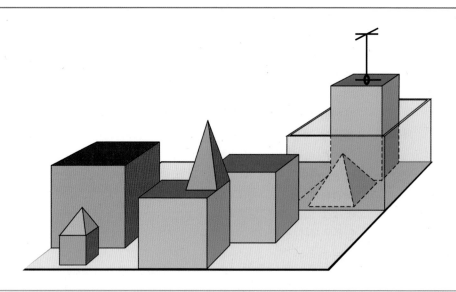

**도해 1.3** 블록들로 이루어진 세상. SHRDLU(Winograd, 1972)가 "Find a block which is taller than the one you are holding and put it in the box(지금 들고 있는 것보다 큰 블록을 찾아서 상자에 넣어라)."라는 명령을 완수한 직후의 모습이다.

## 1.3.3 현실의 쓴 약(1966-1973)

애초부터 인공지능 연구자들은 향후의 성공을 예측하는 데 주저하지 않았다. 1957년 허버트 사이먼이 한 다음과 같은 말이 자주 인용된다.

> 여러분을 놀라게 하거나 충격에 빠뜨리는 것이 제 목표는 아닙니다. 그러나 이제는 생각하고, 배우고, 창조할 수 있는 기계들이 이 세상에 존재한다는 것 이상으로 제가 하고 싶은 말을 더 간결하게 요약할 수는 없을 것 같습니다. 더 나아가서, 그런 기계들이 그런 일들을 수행하는 능력이 빠르게 증가하고 있어서, 가시적인 미래에 기계들이 다룰 수 있는 범위의 문제들이 인간의 정신이 적용되어 온 범위와 공존하게 될 것입니다.

'가시적인 미래(visible future)'는 모호한 표현이지만, 사이먼은 10년 이내에 컴퓨터가 체스 챔피언이 되고 의미 있는 수학 정리를 기계가 증명할 것이라는 좀 더 구체적인 예측을 내놓았다. 이 예측들은 10년이 아니라 40년 이내에 (거의) 실현되었다. 사이먼의 과신은 간단한 예들에 대한 초기 인공지능 시스템의 유망한 성능 때문이었다. 그러나 거의 모든 경우에서, 그런 초기 시스템들은 좀 더 어려운 문제들에서 비참한 실패를 맛보았다.

이러한 실패의 주된 원인은 두 가지였다. 첫째는, 초기 인공지능 시스템 다수가 기본적으로 인간이 작업을 수행하는 방법에 관한 '정보 있는 내성(informed introspection)'

에 기초한 것이었다는 점이다. 작업과 그 해답, 그리고 그런 해답을 안정적으로 산출하는 데 필요한 알고리즘에 관한 세심한 분석에 기초한 것이 아니었다.

둘째 실패 원인은 인공지능이 풀고자 하는 여러 문제의 처리 불가능성(intractability)을 제대로 고려하지 않았다는 것이다. 대부분의 초기 문제 해결 시스템들은 답이 나올 때까지 처리 단계들을 이리저리 조합하는 방식으로 작동했다. 처음에는 이런 전략이 잘 통했는데, 왜냐하면 미시세계에 미시세계를 구성하는 객체들의 수가 아주 작아서 가능한 행동이 아주 적고 해답 순차열이 아주 짧았기 때문이다. 계산 복잡도 이론이 개발되기 전에는, 그냥 더 빠른 하드웨어와 더 큰 기억 장치를 사용하면 더 큰 문제로의 '규모 확장'이 쉽게 이루어지리라는 믿음이 만연했다. 예를 들어 분해 정리 증명이 발전하면서 낙관론이 퍼졌지만, 그러한 낙관론은 연구자들이 몇십 개 이상의 사실관계가 관여하는 정리를 증명하는 데 실패하면서 곧 기가 꺾였다. 프로그램이 원칙적으로 해답을 찾을 수 있다고 해도, 실제로 해답을 찾는 데 필요한 어떤 메커니즘이 반드시 프로그램 안에 들어 있다는 보장은 없다.

무제한의 계산 능력이라는 환상이 문제 풀이 프로그램들에만 국한된 것은 아니었다. **기계 진화** 초기 **기계 진화**(machine evolution; 현재는 **유전 프로그래밍**(genetic programming)이라고 부른다)(Friedberg, 1958; Friedberg 외, 1959)는 적절한 방식으로 기계어 프로그램을 계속해서 조금씩 변경하다 보면 임의의 특정 과제를 잘 수행하는 프로그램이 만들어질 것이라는 틀림없는 믿음에 근거한 것이었다. 당시 생각은 프로그램 코드에 무작위로 변이들을 가하고, 유용해 보이는 변이들이 살아남는 선택 과정을 반복한다는 것이다. 그러나 CPU를 수천 시간 가동해도 진척을 볼 수 없었다.

이처럼 '조합적 폭발(combinatorial explosion)'에 제대로 대처하지 못한다는 것은 라이트힐 보고서(Lighthill, 1973)에 담긴 인공지능에 대한 주된 비평 중 하나였다. 이 보고서를 근거로 영국 정부는 단 두 대학교만 남기고 인공지능에 대한 연구 지원을 중단했다. (비공식적으로는 이와 좀 다르고 더 다채로운, 정치적 야망과 개인적인 증오가 포함된 이야기가 전해지지만, 구체적인 내용은 이 책의 취지에 맞지 않으므로 생략한다.)

세 번째 어려움은 지능적 행동을 생성하는 데 쓰인 기본 구조들의 몇 가지 근본적인 한계 때문에 발생한 것이었다. 예를 들어 민스키와 패퍼트[Papert]의 책 *Perceptrons*(Minsky 및 Papert, 1969)는 비록 퍼셉트론(신경망의 단순한 형태)이 자신이 표현할 수 있는 것이면 어떤 것이라도 배울 수 있음을 보여줄 수 있다고 해도, 퍼셉트론으로 표현할 수 있는 것은 아주 적다는 점을 증명했다. 특히, 2입력 퍼셉트론은 두 입력이 서로 다름을 인식하도록 훈련시킬 수 없다. 그들의 연구 결과가 좀 더 복잡한 다층 신경망에 적용되지는 않았지만, 신경망 연구에 대한 자금 지원은 거의 말라붙게 되었다. 공교롭게도, 1980년대 후반에 신경망 연구를 되살리고 2010년대에 다시금 신경망을 크게 부흥시킨 새로운 역전파(back-propagation) 신경망 학습 알고리즘들은 사실 1969년에 처음 발견된 것이다 (Kelley, 1960; Bryson, 1962).

## 1.3.4 전문가 시스템(1969-1986)

약한 방법

인공지능 초창기 10년에 등장한 문제 풀이 연구의 핵심은 기초적인 추론 단계들을 연결해서 완전한 해를 찾아내려 하는 범용 검색 메커니즘이었다. 그런 접근방식들을 **약한 방법**(weak method)이라고 불렀는데, 이는 이들이 비록 범용적이긴 하지만 더 큰 또는 더 어려운 문제 사례들로 규모를 확장하기 어려웠기 때문이다. 약한 방법의 대안은 좀 더 큰 추론 단계들을 수행하고 특정 전문 분야에서 일반적으로 접하는 사례들을 좀 더 수월하게 처리할 수 있도록 좀 더 강력한, 특정 영역에 국한된 지식을 활용한다는 것이다. 흔히 하는 말로, 어려운 문제를 풀려면 그 답을 이미 거의 알고 있어야 한다.

이러한 접근방식의 초기 사례로 DENDRAL 프로그램(Buchanan 외, 1969)이 있다. 이 프로그램은 스탠퍼드에서 에드 파이겐바움$^{Ed\ Feigenbaum}$(허버트 사이먼의 제자였다)과 브루스 부캐넌$^{Bruce\ Buchanan}$(철학자 출신의 컴퓨터 과학자), 조슈아 레더버그$^{Joshua\ Lederberg}$(노벨상을 받은 유전학자)가 질량 분석기(mass spectrometer)에서 얻은 정보로부터 분자 구조를 유추하는 문제를 풀기 위해 개발했다. 이 프로그램에 대한 입력은 분자의 기본적인 화학식(이를테면 $C_6H_{13}NO_2$)과 질량 스펙트럼(분자에 전자빔을 쏘았을 때 생성된 분자의 여러 파편의 질량을 알려 주는)으로 이루어진다. 예를 들어 질량 스펙트럼에 한 피크$^{peak}$가 메틸($CH_3$) 파편의 질량에 해당하는 $m$ = 15일 수 있다.

그 프로그램의 소박한 버전은 화학식에 부합하는 모든 가능한 구조를 생성하고, 그런 다음 각각에 대해 어떤 질량 스펙트럼이 관측될 것인지 예측하고, 이를 실제 스펙트럼과 비교했다. 예상했겠지만, 이는 분자가 적당한 크기라고 해도 처리 불가능한 문제이다. DENDRAL의 연구자들은 분석화학자들에게 자문했다. 그들은 분석화학자들이 스펙트럼에서 분자의 공통 하위구조를 암시하는 잘 알려진 피크들의 패턴을 찾는 식으로 작업한다는 점을 알게 되었다. 예를 들어 다음은 케톤(ketone; C=O) 하위그룹(질량 28)을 식별하는 데 쓰이는 규칙이다.

> **만일** $M$이 전체 분자의 질량이고 두 피크 $x_1$과 $x_2$가 다음 조건들을 모두 충족한다면,
>
> (a) $x_1 + x_2 = M + 28$
>
> (b) $x_1 - 28$이 높은 피크임
>
> (c) $x_2 - 28$이 높은 피크임
>
> (d) $x_1$과 $x_2$ 중 적어도 하나가 높은 피크임
>
> **그러면** 케톤 하위그룹이 존재하는 것이다.

분자에 특정 하위 구조가 존재함을 알면 가능한 후보들의 수가 엄청나게 줄어든다. 저자들에 따르면, DENDRAL이 강력했던 이유는 DENDRAL이 질량 스펙트럼 분석에 관한 주요 지식을 제1원리들의 형태가 아니라 효율적인 '요리책 조리법'들의 형태로 내장하고

있었기 때문이다(Feigenbaum 외, 1971). DENDRAL의 중요성은 이것이 최초의 성공적인 지식 집중적(knowledge-intensive) 시스템이었다는 점이다. 1971년에 파이겐바움과 스탠퍼드의 동료들은 **전문가 시스템**(expert system)의 새 방법론을 인간의 다른 전문 분야에도 적용할 수 있는지 조사하기 위한 Heuristic Programming Project(HPP; 발견적 계획법 프로젝트)를 시작했다.

전문가 시스템

그다음의 주요 성과는 혈액 감염을 진단하는 MYCIN 시스템이었다. MYCIN은 450개의 규칙을 이용해서 일부 전문의만큼이나 훌륭한, 그리고 풋내기 의사들보다는 훨씬 나은 진단을 내릴 수 있었다. 또한 MYCIN은 DENDRAL에 비해 두 가지 중요한 차이점을 가지고 있었다. 첫째로, DENDRAL과는 달리 MYCIN에는 규칙들을 유도할 만한 어떤 일반적인 이론 모형이 없었다. 연구자들은 전문가들과의 방대한 인터뷰를 통해서 규칙들을 도출해야 했다. 둘째로, 규칙들은 의학 지식과 연관된 불확실성을 반영해야 했다.

확신도

Mycin은 확신도(certainty factor; 제13장 참고)라고 부르는 불확실성 산법을 채용했다. 확신도는 의사들이 진단에 대한 증거의 영향을 평가하던 방식과 잘 맞는 것으로 보였다(당시에는).

최초의 성공적인 상용 전문가 시스템 R1은 Digital Equipment Corporation(DEC)에서 운용을 시작했다(McDermott, 1982). 그 프로그램은 새 컴퓨터 시스템에 대한 주문을 조정하는 작업을 도왔다. 1986년 DEC는 이 시스템 덕분에 연간 4,000만 달러의 비용을 절감할 수 있었다. 1988년 DEC의 인공지능 그룹은 40개의 전문가 시스템을 사용했으며, 그 수는 이후 더욱 증가했다. 듀퐁DuPont사는 100개를 사용했고 500개를 개발하는 중이었다. 미국의 거의 모든 주요 기업이 사내 인공지능 그룹을 가지고 있었으며, 전문가 시스템을 사용하거나 살펴보고 있었다.

영역 지식(domain knowledge)의 중요성은 자연어 이해 분야에서도 명확했다. 비록 자연어 이해를 위한 위노그래드의 SHRDLU 시스템이 상당한 흥분을 일으켰지만, 그 시스템의 방법들이 좀 더 일반적인 과제들로는 확장되지 못했다. 그 시스템은 중의성 해소 같은 문제들을 블록 세계의 협소한 범위에 의존하는 단순한 규칙들을 사용해서 해결했다.

MIT의 유진 차니악Eugene Charniak과 예일의 로저 섄크Roger Schank를 비롯한 여러 연구자는, 견고한 언어 이해를 위해서는 세상에 관한 일반 지식과 그 지식을 활용하는 일반적 방법이 필요할 것이라고 제안했다. (더 나아가서, 섄크는 "구문(syntax) 같은 것은 없다"라고 주장했다. 이 말이 여러 언어학자를 화나게 하긴 했지만, 그래도 유용한 논의의 출발점이 되었다.) 섄크와 그의 학생들은 일련의 프로그램을 만들었는데, 이들은 모두 자연어의 이해를 목적으로 한 것이었다(Schank 및 Abelson, 1977; Wilensky, 1978; Schank 및 Riesbeck, 1981). 그러나 그들이 더욱 중요시한 것은 언어 **자체**가 아니라 언어의 이해에 필요한 지식의 표현과 추론 문제였다.

실세계 문제들에 대한 응용들의 광범위한 성장은 다양한 표현 및 추론 도구들의 개발로 이어졌다. 그중에는 논리학에 기초한 것들도 있었는데, 예를 들어 Prolog 언어는 유럽과 일본에서 인기를 끌었고 PLANNER 계열의 언어들은 미국에서 인기였다. 또한 민

프레임　스키의 **프레임**<sup>frame</sup> 착안(Minsky, 1975)에 따라 좀 더 구조적인 접근방식을 채용해서 특정 대상과 사건 형식에 관한 사실들을 조립하고 형식들을 생물학의 분류 체계와 비슷한 커다란 분류학적 위계구조(계통구조)로 배치하는 접근방식도 있었다.

　　1981년에는 일본 정부가 Prolog를 실행하는 대규모 병렬 지능 컴퓨터를 구축하는 10개년 계획인 '5세대' 프로젝트를 발표했다. 프로젝트 예산은 현재 가치로 13억 달러가 넘는 규모였다. 이에 대응해서 미국은 국가 경쟁력을 확보하기 위해 고안된 연구 컨소시엄인 Microelectronics and Computer Technology Corporation(MCC)을 결성했다. 두 경우 모두에서 인공지능은 칩 설계와 인간 인터페이스 연구를 포함하는 전체 사업의 일부였다. 영국에서는 앨비 보고서(Alvey report)가 이전에 라이트힐 보고서로 끊긴 자금 지원을 복원했다. 그러나 세 나라 모두, 인공지능의 새로운 능력 면에서나 경제에 미치는 영향 면에서나 해당 프로젝트의 야심 찬 목표들을 달성하지 못했다.

　　전반적으로 1980년의 수백만 달러 규모에서 1988년 수십억 달러 규모로 크게 성장한 인공지능 산업에는 전문가 시스템, 시각 시스템, 로봇, 그리고 그런 목적에 특화된 소프트웨어와 하드웨어를 구축하는 수백 개의 기업이 참여하고 있었다.

　　그러나 얼마 안 가서 소위 '인공지능의 겨울'이라는 시기를 맞게 되었다. 이때 수많은 기업이 터무니없는 약속을 지키지 못하고 역사의 뒤안길로 사라졌다. 복잡한 문제 영역에 대한 전문가 시스템을 구축하고 유지하는 것이 어려운 일임이 판명된 셈인데, 그런 시스템들이 사용한 추론 방법들이 불확실성하에서는 전혀 통하지 않았다는 것이 한 이유이고, 시스템이 경험으로부터 배우는 능력이 없었다는 점이 또 다른 이유라 할 수 있다.

## 1.3.5 신경망의 귀환(1986~현재)

역전파　1960대 초반에 처음 개발된 **역전파**(back-propagation) 학습 알고리즘을 1980년대 중반에 적어도 네 개의 서로 다른 연구진이 재발명했다. 그 알고리즘은 컴퓨터 과학과 심리학의 여러 학습 프로그램에 적용되었으며, *Parallel Distributed Processing*(Rumelhart 및 McClelland, 1986) 컬렉션에 실린 여러 연구 결과들이 널리 퍼지면서 커다란 자극을 주었다.

연결주의자　　　일부 연구자들은 이러한 소위 **연결주의자**(connectionist) 지능 시스템 모형들이 뉴월과 사이먼이 주장한 기호적 모형과 매카시 등이 주장한 논리주의자 접근방식 모두에 직접적인 경쟁자라고 간주했다(Smolensky, 1988). 어떤 수준에서 인간이 기호를 조작한다는 점은 명백해 보였다. 사실 인류학자 테렌스 디콘<sup>Terrence Deacon</sup>은 자신의 책 *The Symbolic Species*(Deacon, 1997)은 그것이 인간의 **결정적 특징**이라고 제안했다. 이 주장에 반대해서 제프리 힌턴(1980년대와 2010년대의 신경망 부활을 일으킨 주요 인물)은 기호를 "인공지능의 발광 에테르"로 묘사했다. 아시다시피 발광 에테르(luminiferous aether)는 19세기 물리학자들이 전자기파가 전파되는 매질이라고 믿었던, 현실에는 존재하지 않는 물질이다. 사실 우리가 이름 붙인 수많은 개념들은, 자세히 살펴보면 초기 인공지능 연구자들이 공리 형식으로 포착하고자 희망했던 종류의, 논리적으로 정의된 필요충분 조건들을 갖추지 못한다. 연결주의 모형들은 내부적인 개념들을 좀 더 유연하고 부정확한 방식으로 형식화하는데, 그래서 현실 세계의 지저분함에 좀 더 부합할 수도 있다. 연결주의 모형들은 또한 사례들로부터 배우는 능력을 가지고 있다. 이 모형들은 자신이 산출한 예측값을 문제에 대한 참값과 비교하고 자신의 매개변수들을 수정해서 예측값과 참값의 차이를 줄여나간다. 그러면 이후에 주어지는 사례(견본)들에 대해 더 나은 성과를 낼 가능성이 생긴다.

## 1.3.6 확률적 추론과 기계학습(1987~현재)

전문가 시스템의 유약함 때문에, 부울 논리 대신 확률을, 사람의 명시적인 하드 코딩 대신 기계학습을, 그리고 철학적 주장 대신 실험 결과를 중시하는 좀 더 과학적인 접근방식이 대두했다.[14] 이제는 새로운 이론을 제시하기보다는 기존 이론들에 근거하는, 그리고 직관보다는 견고한 실험적 방법론(Cohen, 1995)에 기초하는 접근방식이 더 흔하다. 또한, 장난감 예제보다는 실세계 응용과의 관련성을 강조하는 경우가 많다.

요즘은 공통적인 문제 집합에 대한 벤치마크로 자신의 연구 성과를 제시하는 것이 사실상 표준이 되었는데, 이를테면 기계학습을 위한 UC 어빈의 데이터 집합, 계획 수립 알고리즘을 위한 International Planning Competition, 음성 인식을 위한 LibriSpeech 말뭉치, 필기 숫자 인식을 위한 MNIST 데이터 집합, 이미지 사물 인식을 위한 ImageNet 데이터 집합과 COCO, 자연서 질의응답을 위한 SQuAD, 기계 번역을 위한 WMT 경진 대회, 부울 조건 충족 가능성 문제 알고리즘을 위한 International SAT Competitions 등이 있다.

인공지능은 부분적으로는 제어이론이나 통계학 같은 기존 이론의 한계에 대한 반발로 만들어진 것이지만, 이 시기에는 그런 분야들의 긍정적인 성과들을 받아들였다. 데이비드 머캘리스터$^{David McAllester}$는 이렇게 말한 바 있다(McAllester, 1998):

인공지능 초창기에는 새로운 형태의 기호 계산(즉 프레임과 의미망) 때문에 고전적인 이론들의 상당수가 폐기될 것이라는 전망이 현실적이었다. 이로부터 인공지능이 컴퓨터 과학의 나머지와 크게 분리될 것이라는 일종의 격리주의가 나왔다. 이러한 격리주의는 확실히 폐기되고 있다. 기계학습이 정보이론에서 분리되어서는 안 되고, 불확실한 추론이 확률적 모형화와 분리되어서는 안 되며, 검색이 고전적인 최적화와 제어로부터 분리되어서는 안 되고, 자동 추론이 형식적 방법 및 통계 분석과 분리되어서는 안 된다는 재인식이 존재한다.

---

14 이러한 변화를 **스크러피**(scruffy; 즉 여러 가지 착안을 시험해 보고, 프로그램들을 작성하고, 괜찮은 것이 있으면 채용하는 방식을 선호하는 사람)들에 대한 **니트**(neat; 인공지능 이론이 엄격한 수학적 기반을 가져야 한다고 생각하는 사람)들의 승리로 특징짓는 이도 있다. 두 접근방식 모두 중요하다. 무게중심이 니트로 이동했다는 것은 이 분야의 안정성과 성숙도가 일정 수준에 이르렀음을 뜻한다. 그러나 심층학습을 강조하는 요즘 추세는 스크러피의 부활일 수 있다.

음성 인식 분야가 이러한 패턴을 잘 보여 준다. 1970년에는 아주 다양한 아키텍처와 접근방식이 시도되었다. 이들 중 다수는 상당히 **임시방편적**이고 유약했으며, 오직 세심하게 선택된 소수의 사례에 대해서만 시연되었다. 198대에는 **은닉 마르코프 모형** (hidden Markov model, HMM)을 이용한 접근방식들이 이 분야를 주도했다. 이 논의에 관련된 HMM의 두 가지 측면은 이런 것이다. 첫째로, HMM은 엄격한 수학 이론에 기초한다. 덕분에 음성 인식 연구자들은 다른 분야에서 발전한 수십 년간의 수학적 결과들을 기반으로 삼을 수 있었다. 둘째로, HMM은 실측 발화(speech) 데이터의 커다란 말뭉치 (corpus)에 대한 훈련 과정에 의해 생성된다. 이 덕분에 HMM은 성능이 안정적이며, 엄격한 맹검(blind test)에서 자신의 점수를 꾸준히 개선해 왔다. 음성 기술 및 그에 관련된 필기 인식 분야는 이미 광범위한 산업 및 소비자 응용 단계로 전이했다. 인간이 HMM을 이용해서 음성을 인식한다는 과학적 주장은 없었음을 주의하기 바란다. 그보다는, HMM은 문제의 이해와 해결을 위한 수학적 틀을 제공한다. 그러나, §1.3.8에서 보겠지만 심층학습은 이러한 편안한 서사를 뒤흔들었다.

은닉 마르코프 모형

1988년은 인공지능과 다른 분야의 관계 면에서 중요한 해였다. 여기서 다른 분야에는 통계학, 경영과학, 결정이론, 제어이론 등이 포함된다. 주디아 펄의 *Probabilistic Reasoning in Intelligent Systems*(Pearl, 1988)는 인공지능 분야가 확률론과 결정이론을 새로이 받아들이게 만들었다. **베이즈망**(Bayesian network)은 불확실한 지식을 엄밀하고 형식적으로 표현하는 수단과 확률적 추론을 위한 실용적인 알고리즘을 제공했다. 제12~16장에서 이 주제들을 다루고, 확률적 형식화의 표현력을 크게 향상한 좀 더 최근의 발전들도 제시한다. 제20장에서는 데이터를 이용해서 베이즈망 및 관련 모형들을 훈련하는 방법들을 설명한다.

베이즈망

1988년의 또 다른 주요한 발전은 강화학습(1950년대 아서 새뮤얼의 체커 플레이 프로그램에 쓰인 바 있는)을 경영과학 분야에서 발전한 마르코프 결정 과정(Markov decision process, MDP) 이론과 연결한 리처드 서턴의 연구였다. 이후 인공지능 계획 수립 연구를 MDP에 연결하는 논문들이 쏟아지면서 강화학습 분야의 이론적 토대가 깊어졌고 로봇공학과 공정 제어 분야에서의 응용도 활발해졌다.

증가된 데이터, 통계적 모형화, 최적화, 기계학습 등이 인공지능 분야에 불러온 효과 하나는 컴퓨터 시각, 로봇공학, 음성 인식, 다중 에이전트 시스템, 자연어 처리 등 예전에는 인공지능의 핵심 분야와는 다소 분리되었던 하위 분야들이 점차 통합되었다는 것이다. 이러한 재통합은 응용 측면(이를테면 이 시기에 실무용 로봇의 현장 배치가 크게 늘었다)과 인공지능의 핵심 문제들에 대한 이론적인 이해 측면 모두에 큰 도움이 되었다.

## 1.3.7 빅데이터(2001-현재)

컴퓨팅 능력이 눈에 띄게 발전하고 웹(WWW)이 만들어지면서 아주 큰 데이터 집합을 좀 더 수월하게 만들어낼 수 있게 되었다. 이런 현상을 **빅데이터**<sup>big data</sup>라고 부르기도 한

빅데이터

다. 이런 데이터 집합에는 수조兆 개의 텍스트 단어나 수십억 개의 이미지, 수십억 시간 분량의 동영상과 음성 데이터는 물론이고 수억 쌍의 유전체 염기 서열 데이터나 차량 추적 데이터, 클릭 스트림 데이터, SNS 데이터 등도 포함된다.

가용 데이터 집합이 획기적으로 증가하면서, 그런 거대한 데이터 집합의 장점을 취하는 데 특화된 학습 알고리즘들이 개발되었다. 그런 데이터 집합의 견본(example)들 대다수는 **분류되지 않은**(unlabeled; 분류명이나 이름표가 붙지 않은) 데이터일 때가 많다. 예를 들어 단어 중의성 제거에 관한 영향력 큰 논문 [Yarowsky, 1995]는, "plant" 같은 단어에 그것이 꽃이나 나무 같은 것을 뜻하는지 아니면 공장을 뜻하는지를 말해주는 분류명이 붙어 있지 않아도, 적절한 학습 알고리즘을 적용하면 문장 안에서 그 단어가 의미하는 바를 96% 이상의 정확도로 식별할 수 있음을 보여주었다. 더 나아가서, [Banko 및 Brill, 2001]은 데이터 집합의 크기를 수백 배 또는 수천 배 늘리기만 하면 알고리즘을 조율해서 얻을 수 있는 그 어떤 성능 향상보다도 큰 수준으로 성능을 향상할 수 있음을 논증했다.

사진의 구멍(사진 손상 또는 예전 친구 모습을 지워서 생긴)을 메우는 등의 컴퓨터 시각 과제들에서도 비슷한 현상이 발생하는 것으로 보인다. 헤이즈와 에프로스는 비슷한 이미지들의 픽셀들을 섞어서 구멍을 매우는 현명한 방법을 개발했다(Hays 및 Efros, 2007). 그들은 수천 장의 사진만 사용했을 때에는 그 알고리즘의 효과가 좋지 않지만, 수백만 장을 넘어서면서부터 효과가 크게 증가함을 발견했다. 얼마 후 수천만 장의 이미지들을 담은 ImageNet 데이터 집합(Deng 외, 2009)이 공개되면서 컴퓨터 시각 분야의 혁신이 시작되었다.

빅데이터가 등장하고 인공지능 연구의 초점이 기계학습으로 이동하면서 인공지능 분야의 상업적 매력이 되살아났다(Havenstein, 2005; Halevy 외, 2009). 빅데이터는 2011년 IBM의 왓슨Watson이 퀴즈 게임 제퍼디!Jeopardy!에서 인간 우승자를 이긴 성과에서 핵심 요소였다. 이 사건은 인공지능에 대한 일반 대중의 인식에 큰 영향을 미쳤다.

## 1.3.8 심층학습(2011-현재)

심층학습

**심층학습**(deep learning)이라는 용어는 간단하고 조정 가능한 계산 요소들로 이루어진 층들을 여러 개 겹친 신경망을 이용한 기계학습 기법을 말한다. 그런 신경망을 이용한 실험은 1970년대로 거슬러 올라간다. 1990년대에는 손으로 쓴 숫자들을 **합성곱 신경망**(convolutional neural network) 형태의 심층 신경망을 이용해서 인식하는 데 성공한 바 있다(LeCun 외, 1995). 그러나 심층학습 방법들이 크게 발전한 것은 2011년부터이다. 처음에는 음성 인식 분야에서, 그리고는 시각 사물 인식 분야에서 심층학습이 큰 성과를 내기 시작했다.

2012년 ImageNet 경진대회(주어진 이미지들을 아르마딜로, 책장, 코르크 마개 뽑기 같은 수천 가지 범주 하나로 분류해야 하는)에서 제프리 힌턴이 이끄는 토론토 대학교의 개발팀이 만든 심층학습 시스템(Krizhevsky 외, 2013)이 예전 시스템들보다 훨씬 나은 성과를 보였다. 예전 시스템들은 대체로 사람이 손으로 짠 기능들에 의존하는 형태였다. 이후 심층학습 시스템들은 몇 가지 시각 인식 과제에서 사람의 수준을 뛰어 넘는 성적을 보였다(그 외의 과제들에서는 사람보다 못했지만). 음성 인식, 기계 번역, 의료 진단, 게임 플레이 등에서도 비슷한 성과가 있었다. 심층 신경망을 평가 함수(evalutaion function)로 사용하는 기법은 AʟᴘʜᴀGᴏ가 정상급 바둑 기사들을 물리치는 데 기여했다(Silver 외, 2016, 2017, 2018).

이런 주목할 만한 성공 덕분에 학생, 기업, 투자자, 정부, 언론매체, 그리고 일반 대중이 인공지능에 다시금 관심을 가졌다. 요즘은 사람의 수준에 근접하거나 사람을 뛰어 넘는 성과를 낸 새로운 인공지능 응용 프로그램 소식이 거의 매주 등장하는 것 같다. 그리고 그런 소식에는 인공지능이 너무 빨리 성장한다거나 새로운 인공지능의 겨울이 올 것이라는 우려가 흔히 뒤따른다.

심층학습은 강력한 하드웨어에 크게 의존한다. 표준적인 컴퓨터 CPU는 초당 $10^9$회나 $10^{10}$회의 연산을 수행하지만, 특수 하드웨어(이를테면 GPU나 TPU, FPGA)에서 실행되는 심층학습 알고리즘은 초당 $10^{14}$회에서 $10^{17}$회의 연산을 수행하기도 한다. 그런 연산들은 대부분 고도로 병렬화된 행렬 연산 또는 벡터 연산이다. 물론 심층학습의 성공에는 대량의 훈련 데이터를 사용할 수 있게 된 점과 몇 가지 알고리즘 요령들(제21장)도 기여했다.

# 1.4 인공지능의 현황

스탠퍼드 대학교의 인공지능 100년 연구 프로젝트(One Hundred Year Study on AI; AI100이라고 표기하기도 한다)는 전문가 패널들을 모아서 인공지능의 현황에 관한 보고서를 작성한다. 2016년 보고서(Stone 외, 2016; Grosz 및 Stone, 2018)는 "인공지능 응용 프로그램의 향후 사용량이 크게 증가한다. 자율주행차, 보건 진단 및 표적 치료, 노인 복지를 위한 물리적 보조 등이 기대된다"라고 하면서 "현재 우리 사회는 인공지능 기반 기술들이 자유, 평등, 투명성 같은 민주적 가치를 저해하는 쪽으로 쓰일 것인가 아니면 촉진하는 쪽으로 쓰일 것인가를 결정하는 중대한 기로에 서 있다."라고 결론 지었다. aiindex.org의 AI Index는 진척 상황을 추적하는 데 도움이 된다. 다음은 2018년 보고서와 2019년 보고서의 주요 사항들이다(특별히 연도를 언급하지 않은 경우 2000년이 기준이다).

AI Index

- 출판: 2010년에서 2019년까지 인공지능 논문들이 20배로 증가해서, 현재 연간 약 20,000건이 출판되고 있다. 가장 인기 있는 분야는 기계학습이다. (2009년에서 2017년까지 arXiv.org의 기계학습 논문들이 매년 두 배로 증가했다.) 그 다음은 컴

퓨터 시각과 자연어 처리이다.

- 분위기: 인공지능에 관한 뉴스 기사의 약 70%은 중립적이지만, 긍정적인 어조의 기사는 2016년 12%에서 2018년의 30%으로 증가했다. 가장 흔히 제기되는 문제점은 개인정보 보호와 알고리즘 편향 등의 윤리적 문제이다.
- 학생: 2010년을 기준으로 수강생 수는 미국이 5배, 전 세계적으로는 16배 증가했다. 인공지능은 컴퓨터 과학에서 가장 인기 있는 전공 분야이다.
- 다양성: 전 세계 인공지능 교수의 약 80%는 남성, 약 20%는 여성이다. Ph.D 학생들과 취업자들의 성비도 그 정도이다.
- 학술대회(콘퍼런스): NeurIPS 참가자는 2012년에 비해 800%로 증가해서 13,500명이다. 다른 학술대회들은 매년 약 30%의 증가세를 보인다.
- 업계: 미국의 인공지능 스타트업 수는 20배 증가한 800개 정도이다.
- 국제화: 중국의 연간 논문 출판수가 미국보다 많고 유럽과 비슷하다. 그러나 인용횟수를 고려한 영향력 면에서는 미국 저자들이 중국 저자들보다 50% 앞선다. 싱가포르, 브라질, 호주, 캐나다, 인도는 인공지능 관련 고용자수의 증가세가 가장 빠른 국가들이다.
- 시각: 물체 인식의 오류율이 2010년의 28%에서 2017년의 2%로 개선되었다(LSVRC (Large-Scale Visual Recognition Challenge) 성적 기준). 이는 인간의 수준을 뛰어 넘은 성과이다. 정답이 없는(open-ended) 시각적 질의응답(VQA)의 정확도는 55% (2015년)에서 68%으로 증가했지만, 인간의 83%에는 못 미친다.
- 속도: 이미지 인식 과제를 위한 훈련 시간이 단 2년 사이에 100배 정도 빨라졌다. 최상급 인공지능 응용 프로그램이 사용하는 컴퓨팅 파워의 양은 3.4개월마다 두 배로 증가하고 있다.
- 언어: Stanford Question Answering Dataset(SQuAD)에 대한 F1 점수 기준으로, 질의응답 정확도가 2015년의 60점에서 2019년의 95점으로 증가했다. SQuAD 2에 대해서는 발전이 더 빨라서, 단 1년 만에 62점에서 90점으로 증가했다. 두 경우 모두 인간 수준의 성과를 넘는 점수이다.
- 인간 벤치마크: 2019년 현재 인공지능 시스템들은 체스, 바둑, 포커, 팩맨, 제퍼디!, ImageNet 사물 인식, 제한된 영역의 음성 인식, 제한된 영역의 중국어 – 영어 번역, 퀘이크 III, Dota 2, 스타크래프트 II, 여러 아타리 게임들, 피부암과 전립선 암 검출, 단백질 접힘, 당뇨병성 망막병증 진단 등에서 사람의 수준에 근접하거나 더 우월한 성과를 냈다.

인공지능 시스템들이 이보다 더 다양한 과제들에서 인간 수준의 성과를 뛰어넘는 날은 언제일까(그런 날이 온다고 할 때)? 인공지능 전문가들과의 인터뷰를 담은 [Ford, 2018]에 따르면 그 시기는 2029년에서 2200년까지 다양하다. 평균은 2099년이다. 비슷한 성격의 조사 논문(Grace 외, 2017)에서는 응답자의 50%가 2066년 전에 그런 일이 발생할 것이라고 응답했지만, 10%는 2025년이면 가능할 것이라고 답했다. 한편, 그런 일이 발생하지 않을 것이라고 답한 사람들도 꽤 있었다. 전문가들은 또한 근본적으로 새로운 어떤 혁신이 필요할지 아니면 현재의 접근방식을 계속 개선하면 될지에 대해서도 의견이 나뉜다. 필립 테틀록은 세계적인 사건들을 예측할 때 전문가들이 아마추어보다 더 나을 것이 없음을 보여주었다(Tetlock, 2017).

미래의 인공지능 시스템들이 어떻게 작동할까? 아직 우리는 모른다. 이번 절에서 상세히 이야기했듯이, 이 분야의 주된 착안은 계속 변했다. 처음에는 기계가 지능적으로 작동할 수 있다는 것 자체가 아주 대담한 발상이었다. 이후 전문 지식을 논리의 형태로 부호화함으로써 지능이 가능하리라는 착안이 나왔고, 그 다음에는 세계에 관한 확률 모형이 주된 도구가 되었고, 최근에는 어떤 잘 이해된 이론에 전혀 기반하지 않을지도 모르는 모형을 기계학습으로 도출한다는 발상이 대세가 되었다. 그 다음에 어떤 모형이 대세가 될지는 시간이 지나야 알게 될 것이다.

오늘날 인공지능은 어떤 일을 할 수 있을까? 과도하게 낙관적인 일부 언론매체가 묘사하는 것만큼은 아니겠지만, 그래도 상당히 많은 것을 할 수 있다. 몇 가지 예를 들어 보겠다.

로봇 차량: 로봇 차량의 역사는 1920년대의 무선 조종 자동차까지 거슬러 올라가지만, 특별한 가이드 없이 도로를 자율적으로 주행하는 차량은 1980년대에 처음 시연되었다(Kanade 외, 1986; Dickmanns 및 Zapp, 1987). 2005년 DARPA Grand Challenge에서 132마일(약 212km)의 비포장 도로를 성공적으로 주행한 성과(Thrun, 2006)와 2007년 Urban Challenge에서 도심 거리를 성공적으로 주행한 성과가 나온 후 자율주행 자동차 개발 경쟁이 본격적으로 시작되었다. 2018년에는 Waymo 사의 시험용 차량이 그 어떤 심각한 사고 없이 공공 도로를 1,000만 마일(약 16,000km) 주행한 기록을 세웠다. 인간 운전자가 조종을 맡은 것은 6,000마일마다 한 번 정도였다. 곧이어 그 회사는 상용 로봇 택시 서비스를 제공했다.

하늘로 눈을 돌리면, 2016년부터 르완다에서 자율 고정익 드론(fixed-wing drone)이 국경을 넘는 혈액 배달에 쓰이고 있다. 쿼드콥터(회전날개가 네 개인 헬리콥터)는 놀라운 공중 기동을 수행하며, 3차원 지도를 생성하면서 건물들 사이를 날아다닌다. 또한 다수의 쿼드콥터들이 자율적으로 대형을 이루기도 한다.

다족 보행: 라이버트 등이 만든(Raibert 외, 2008) 4족 로봇 BigDog는 로봇의 이동에 관한 우리의 기존 관념을 완전히 뒤집었다. 할리우드 영화에 나오는, 느리고 뻣뻣하게 비뚤비뚤 걷는 로봇과는 달리 BigDog는 진짜 동물처럼 움직인다. 누가 밀어도, 그리고 미끄러운 얼음판에서 미끌어져도 자세를 복원하는 모습이 인상적이다. 인간형 로봇인 Atlas는 평평하지 않은 지형을 걸어다닐 뿐만 아니라 상자에 뛰어오르고 심지어 뒤로 공중제비도 돈다(Ackerman 및 Guizzo, 2016).

자율 계획 및 일정 수립: NASA의 Remote Agent 프로그램은 지구에서 수백만 킬로미터 떨어진 곳에서 우주선의 작동을 제어하고 계획하는 최초의 내장형 자율 계획 수립 프로그램이었다(Jonsson 외, 2000). Remote Agent는 지상에서 명령한 고수준 목표들로부터 계획을 수립할 뿐만 아니라, 그 계획의 실행 상황을 실시간으로 감시하면서 문제점을 검출, 진단, 해결한다. 요즘은 EUROPA 계획 수립 도구모음(Barreiro 외, 2012)이 NASA 화성 탐사선의 일상적인 작동에 쓰인다. 또한, SEXTANT 시스템(Winternitz, 2017)은 전 지구적 GPS 시스템을 넘어 심우주에서도 자율 내비게이션을 가능하게 한다.

1991년의 페르시아만 위기 때 미군은 DART(Dynamic Analysis and Replanning Tool; Cross 및 Walker, 1994)를 병참 계획 수립 및 수송 일정 수립의 자동화에 사용했다. 최대 5만의 차량과 창고, 사람이 동시에 관여하는 이 과제에서 DART는 출발지와 목적지, 경로, 항구, 활주로 공간을 관리했으며, 이 모든 매개변수의 충돌을 해소해야 했다. DARPA(Defense Advanced Research Project Agency)에 따르면 이 응용 프로그램 하나로 얻은 성과가 DARPA가 30년간 인공지능에 투자해서 얻은 것보다 더 컸다고 한다.

매일 우버Uber 같은 승차 공유 회사와 구글 지도 같은 지도 서비스가 수백만 명의 사용자에게 주행 방향 서비스를 제공한다. 이런 서비스들은 현재 도로 조건과 미래의 예측 도로 조건을 고려해서 최적의 이동 경로를 빠르게 표시해 준다.

**기계 번역:** 현재 온라인 기계 번역 시스템은 전 세계 인구가 사용하는 자연어의 99%를 포함하는, 100개가 넘는 언어의 문서들을 읽을 수 있으며, 매일 수천만 명의 사용자를 위해 수십억 개의 단어를 출력한다. 번역 결과가 아직 완벽하지는 않지만, 대체로 이해하기에 큰 무리가 없는 수준이다. 두 언어가 프랑스어와 영어처럼 가깝다면, 그리고 가용 훈련 데이터가 아주 많다면, 한정된 분야의 문서의 경우 사람이 번역한 수준에 가까운 품질의 번역 결과가 나온다(Wu 외, 2016).

**음성 인식:** 2017년 Microsoft는 자신의 Conversational Speech Recognition System (대화 음성 인식 시스템)이 전화 통화 내용을 글로 옮기는 Switchboard 과제에서 인간 수준에 가까운 5.1%의 오류율을 달성했다고 발표했다(Xiong 외, 2017). 현재 전 세계에서 컴퓨터와의 상호작용 중 약 3분의 1은 키보드가 아니라 음성을 이용한 것이다. Skype 는 자연어 10종에 대해 실시간 음성 대 음성 번역 기능을 제공한다. 알렉사Alexa, 시리Siri, 코타나Cortana, 구글은 사용자의 질문에 답하고 사용자가 시킨 일을 수행하는 인공지능 비서를 제공한다. 예를 들어 구글 듀플렉스Duplex 서비스는 음성 인식과 음성 합성을 이용해서 사용자를 대신해 유창한 대화로 식당을 예약한다.

**추천 시스템:** 아마존, 페이스북, 넷플릭스, 스포티파이, 유튜브, 월마트 등 많은 기업이 기계학습을 이용해서 사용자가 좋아할 만한 상품을 추천한다(주어진 사용자의 과거 경험 및 주어진 사용자와 비슷한 다른 사용자들의 과거 경험에 기초해서). 추천 시스템 분야의 역사는 길지만(Resnick 및 Varian, 1997), 새로운 심층학습 방법들 덕분에 빠르게 변하고 있다. 요즘은 심층학습을 이용해서 콘텐츠(텍스트, 음악, 동영상)뿐만 아니라 역사와 메타자료도 분석한다(Oord 외, 2013; Zhang 외, 2017b). 스팸 필터링도 일종의 추천 (또는 '비추천')이라 할 수 있다. 현재의 인공지능 기법들은 스팸들을 99.9% 이상 검출한다. 또한, 추천 시스템을 이용해서 잠재적인 수신자를 제시하거나 문맥에 맞는 응답 텍스트를 제시하는 이메일 서비스들도 있다.

**게임 플레이:** Deep Blue가 1997년에 세계 체스 챔피언 개리 카스파로프Garry Kasparov

를 꺾자 인간 우월성의 옹호자들은 바둑에 희망을 걸었다. 천체 물리학자이자 바둑 애호가인 핏 휫[Piet Hut]은 "컴퓨터가 바둑에서 사람을 이기려면 100년은 걸릴 것이다. 어쩌면 그보다 더 걸릴 수도 있다"라고 예측했다. 그러나 단 20년 후에 AlphaGo가 모든 인간 기사를 꺾었다(Silver 외, 2017b). AlphaGo를 두고 바둑 세계 챔피언 커제[Ke Jie]는 "작년에는 여전히 사람처럼 바둑을 두었지만, 이제는 바둑의 신처럼 둔다."라고 말했다. AlphaGo는 인간 바둑 기사의 기보 수십만 개로 학습했으며, 개발팀의 바둑 전문가의 지식도 어느 정도 반영되었다.

그러나 후속작인 AlphaZero에는 사람의 입력이 전혀 없었다(바둑 규칙들을 제외할 때). 그럼에도 AlphaZero는 자신과의 시합을 거듭해 바둑을 배워서 사람이건 컴퓨터건 모든 상대방을 이겼다. 바둑뿐만 아니라 체스와 일본 장기도 마찬가지였다(Silver 외, 2018). 한편, 인간 세계 챔피언이 기계에 진 것이 바둑뿐만은 아니었다. 제퍼디!(Ferrucci 외, 2010), 포커(Bowling 외, 2015; Moravcik 및 Schmid, 2017; Brown 및 Sandholm, 2019), 비디오 게임 Dota 2(Fernandez, 2018), 스타크래프트 2(Vinyals 외, 2019b), 퀘이크 III(Jaderberg 외, 2019)에서도 컴퓨터가 사람을 이겼다.

**이미지 이해:** 컴퓨터 시각 연구자들은 ImageNet 물체 인식 과제에서 사람보다 나은 정확도를 보인 것으로 만족하지 않고 이미지 캡션 생성(image captioning)이라는 좀 더 어려운 문제에 도전했다. 인공지능이 만들어 낸 인상적인 캡션의 예 몇 가지로 "흙길에서 오토바이를 타는 사람", "스토브 오븐 위의 피자 두 개", "프리스비 놀이를 하는 일단의 젊은이들" 등이 있다(Vinyals 외, 2017b). 그러나 현재 시스템들은 완벽함에서는 아직 거리가 멀다. 예를 들어 일부가 작은 스티커들로 덮인 주차 금지 표지판 사진에 "여러 음식과 음료수로 가득한 냉장고"라는 캡션을 달기도 한다.

**의료:** 인공지능 알고리즘은 다양한 질병에 대해 전문의와 비슷하거나 능가하는 수준으로 진단을 내린다. 이를테면 알츠하이머 병(Ding 외, 2018), 전이암(Liu 외, 2017; Esteva 외, 2017), 눈병(Gulshan 외, 2016), 피부병(Liu 외, 2019)에 관해 그런 사례들이 있다. 체계적인 조사 및 메타분석에 따르면, 인공지능 프로그램들의 성능은 평균적으로 보건 전문가와 동등한 수준이다(Liu 외, 2019c). 현재 의료 분야 인공지능은 인간 – 기계 파트너십을 촉진하는 데 초점을 둔다. 예를 들어 LYNA 시스템은 전이성 유방암을 99.6%의 정확도로 진단한다. 이는 인간 전문가가 단독으로 진단할 때보다 나은 정확도이다. 그러나 인간과 협력해서 진단할 때는 그보다도 나은 정확도를 보인다(Liu 외, 2018; Steiner 외, 2018).

현재 이런 기법들이 널리 적용되지 않은 이유는 진단이 부정확해서가 아니라, 이런 기법들이 환자들의 치료 결과를 실제로 개선한다는 점이 아직 입증되지 않았고 투명성, 편향 없음, 개인정보 보호가 아직 확실하게 보장되지 않기 때문이다(Topol, 2019b). 2017년에 FDA의 승인을 받은 의료 인공지능 응용 프로그램은 단 두 건이었지만, 2018년에는 12개로 늘었고 그후로도 계속 증가하고 있다.

**기후학:** 2018년 Gordon Bell Prize는 예전에는 기후 데이터에 묻혀 있었던 극단적인 기상 조건에 관한 상세한 정보를 발견하는 심층학습 모형을 만든 일단의 과학자들이 차

지했다. 그들은 전용 GPU 하드웨어를 갖춘 슈퍼컴퓨터를 이용해서 엑사옵$^{exaop}$ 수준(초당 연산 $10^{18}$회)을 달성했는데, 기계학습 응용 프로그램으로는 최초의 일이었다(Kurth 외, 2018). 로닉 등은 기계학습으로 기후 변화를 다루는 방법들을 담은 60페이지짜리 카탈로그인 [Rolnick 외, 2019]를 발표했다.

이상은 오늘날 실제로 존재하는 인공지능 시스템들의 몇 가지 예일 뿐이다. 이들은 마법이나 SF가 아니라 과학과 공학, 수학으로 이룬 성과이며, 이 책에서 소개하고자 하는 것도 바로 그러한 성과이다.

# 1.5 인공지능의 위험과 혜택

과학적 방법을 만든 것으로 유명한 철학자 프랜시스 베이컨은 *The Wisdom of the Ancients* (Bacon, 1609)에서 "기계적 기예의 용도는 모호하다, 치료용으로도 쓰이지만 상처를 내는 목적으로도 쓰인다"고 지적했다. 인공지능이 경제, 사회, 과학, 의학, 금융, 군사에서 차지하는 역할이 점점 중요해짐에 따라, 우리는 인공지능이 야기하는 상처와 치료를, 그러니까 요즘 어법으로는 위험(risk)와 혜택(benefit)을 모두 고려해야 할 필요가 있다. 이번 절에서 요약하는 주제는 제27장과 28장에서 좀 더 자세히 다룬다.

혜택부터 살펴보자. 간단히 말하면, 인류 문명 전체는 인간 지능의 산물이다. 만일 우리 인간이 지금보다 훨씬 더 뛰어난 기계 지능을 활용할 수 있다면, 우리의 야망은 천장을 뚫고 높이 치솟을 것이다. 인공지능과 로봇공학의 잠재력 덕분에 인간이 고되고 반복적인 노동에서 벗어난다면, 그리고 재화와 용역의 생산성이 극적으로 증가한다면, 인류에게 평화와 풍요의 시대가 도래할 것이다. 과학 연구가 가속화되어서 수많은 질병의 치료법이 개발되고 기후 변화와 자원 부족도 해결될 것이다. 구글 DeepMind의 CEO인 데니스 하사비스$^{Demis\ Hassabis}$는 "우선 인공지능을 해결하고, 인공지능을 이용해서 나머지 모든 것을 해결하자"고 제안한 바 있다.

그러나 "인공지능을 해결"하는 날이 오기 훨씬 전에, 먼저 인류는 의도적이든 그렇지 않든 인공지능을 오남용해서 생기는 위험들을 마주하게 될 것이다. 위험들 중에는 이미 명백한 것들도 있고 추세로 보아 곧 등장할 것들도 있다.

- 자율 살상 무기: 국제연합(UN)은 사람의 개입 없이 스스로 인간 목표물을 찾고, 선택하고, 제거하는 무기를 자율 살상 무기(lethal autonomous weapon)로 정의한다. 이런 무기에 관한 주된 우려는, 이런 무기가 **규모가변성**(scalability)을 갖추었다는 점이다. 인간의 감독이 필요하지 않다는 것은 작은 집단이라도 얼마든지 많은 자율 무기를 배치하고 적당한 인식 조건을 정의해서 수많은 인명을 살상할 수 있다는 뜻이다. 자율 무기에 필요한 기술들은 자율주행차에 필요한 것들과 비슷하다. 2014년부터 UN은 자율 살상 무기에 관한 비공식적인 전문가 논의를 시작했는데, 2017년 정부

전문가 그룹(Group of Governmental Experts)의 공식 사전 조약 단계로 넘어갔다.

- **감시와 설득:** 보안 인력이 민간인의 전화 통화와 화상 통화, 기타 메시지 채널들을 감시하는 것은 비싸고 지루하고 종종 법적으로 의문시되긴 하지만, 인공지능 기술들(음성 인식, 컴퓨터 시각, 자연어 이해)을 이용하면 대규모 민간인 감시 및 문제 활동 검출을 규모 가변적인 방식으로 수행할 수 있다. SNS을 통한 개인간 정보 흐름을 기계학습 기법을 이용해서 조작함으로써 정치적 행동을 수정하고 제어하는 것이 어느 정도 가능하다. 이런 우려는 2016년 시작된 선거들에서 명백해졌다.

- **편향된 의사결정:** 보석(parole) 심사나 대출 심사 같은 과제들에 대해 기계학습 알고리즘들을 부주의하게 또는 의도적으로 오용하면 인종, 성별, 기타 보호된 범주들에 따라 편향된 결정들이 내려질 수 있다. 애초에 훈련용 데이터 자체에 사회에 만연한 편향이 반영되어 있을 때도 많다.

- **고용에 미치는 영향:** 기계가 일자리를 없앤다는 걱정은 수 세기 전부터 있었다. 사정은 전혀 간단하지 않다. 사람이 하는 몇몇 작업을 기계가 대신하는 것은 사실이다. 그러나 기계는 사람들의 생산성을 높이기 때문에 오히려 더 많은 일자리를 창출하기도 하며, 기계 덕분에 기업의 이익이 증가해서 직원들의 임금이 인상되기도 한다. 기계가 아니었다면 비용 문제 때문에 실행하지 못했을 활동들도 있다. 기계를 활용하면 전반적으로 부가 증가하지만, 노동자의 부가 자본가의 부로 이동하게 만드는 경향 때문에 불평등 역시 증가한다. 예전에도 기계 방직기 발명 같은 기술 발전 때문에 고용 시장이 파괴되었지만, 결국은 사람들이 새로운 종류의 일자리를 찾았다. 인공지능 역시 그런 식으로 새로운 종류의 일자리를 만들어 낼 가능성이 있다. 이 주제는 급격히 전 세계 경제학자들과 정부들의 주된 초점이 되고 있다.

- **안전성이 중요한 응용들:** 인공지능 기법이 발전하면서 자동차 주행이나 도시 식수 공급처럼 커다란 이해관계가 걸린, 안전성이 대단히 중요한 응용들이 늘고 있다. 이미 치명적인 사고가 여럿 발생했으며, 기계학습 기법을 이용해서 개발한 시스템들의 공식적 검증과 통계적 위험 분석이 대단히 어렵다는 점이 판명되었다. 인공지능 분야는 적어도 다른 공학 분야나 보건 분야(인명이 달린)에 필적하는 수준의 기술적, 윤리적 기준을 만들어 낼 필요가 있다.

- **사이버 보안:** 인공지능 기법들은 사이버 공격을 방어하는 데 유용하다(이를테면 비정상적인 행동 패턴을 검출하는 등). 그러나 인공지능 기법들은 악성 프로그램의 파괴력, 생존 가능성, 증식 능력에도 도움이 된다. 예를 들어 강화학습 방법들이 자동화되고 개인화된 협박 및 피싱 공격을 위한 대단히 효과적인 도구를 만드는 데 쓰인 바 있다.

이 주제들은 §27.3에서 좀 더 자세히 살펴본다. 인공지능 시스템의 능력이 증가함에 따라, 예전에는 사람이 수행했던 사회적 역할을 인공지능이 더 많이 차지하게 될 것이다. 과거에 사람들이 그런 역할들을 이용해서 나쁜 짓을 한 것처럼, 그런 역할들을 수행하는 인공지능을 사람들이 오용함으로써 더 나쁜 짓을 할 것이라는 예측이 가능하다. 위에 나열한 모든 예는 관리의, 그리고 궁극적으로는 규제의 중요성을 시사한다. 현재 인공지능 연구와 관련된 연구 공동체와 주요 기업들은 인공지능 관련 활동의 자발적 자기 관리 원칙들을 개발해 둔 상태이다(§27.3 참고). 정부들과 국제 단체들은 각각의 구체적인 사용례에 대한 적절한 규제 정책을 고안하기 위한, 그리고 인공지능이 경제와 사회에 미치는 영향에 대비하고 인공지능의 능력들을 활용해서 주요 사회 문제들을 해결하기 위한 자문 기관을 준비하고 있다.

더 멀리 내다본다면 이런 질문이 제기된다. 인간 지능과 비길 만한 또는 더 뛰어난 지능을 만들어 낸다는 장기적 목표를 우리가 과연 달성할 수 있을까? 달성한다면, 그 뒤에는 어떤 일이 벌어질까?

인공지능 역사의 대부분에서 이런 질문들은 그저 조금이라도 지능적으로 보이도록 인공지능 시스템을 개선하는 일상적인 연구 개발 활동에 묻혔다. 다른 모든 주요 학문 분야에서와 마찬가지로, 인공지능 연구자들의 대다수는 게임 플레이, 지식 표현, 시각, 자연어 이해 같은 아주 구체적인 하위 분야에 특화되어 있다. 그리고 흔히 연구자들은 그런 하위 분야의 진전이 인공지능의 좀 더 광범위한 목표들에 기여할 것이라고 가정한다. 그러나 SRI의 Shakey 프로젝트의 초기 관리자 중 한 명인 닐스 닐슨의 [Nilsson, 1995]는 연구자들에게 그런 더 광범위한 목표들을 상기시키고, 하위 분야들이 스스로 소멸할 위기에 있음을 경고했다. 그후 존 매커시(McCarthy, 2007), 마빈 민스키(Minsky, 2007), 패트릭 윈스턴(Beal 및 Winston, 2009)은 닐슨의 경고에 동의하면서 인공지능 분야가 구체적인 응용의 측정 가능한 성과에 초점을 두기보다는 애초의 목표를 추구하는 쪽으로, 그러니까 허버트 사이먼의 말을 빌면 "생각하고, 배우고, 창조하는 기계"를 만드는 데 집중하는 쪽으로 돌아가야 한다고 제안했다. 그들은 그러한 인공지능을 인간 수준 인공지능(human-level AI, HLAI)이라고 불렀다. 이에 관한 첫 심포지엄이 2004년에 열렸다(Minsky 외, 2004). 비슷한 목표를 가진 또 다른 시도로는 **인공 일반 지능**(Artificial General Intelligence, AGI)이 있다(Goertzel 및 Pennachin, 2007). 2008년에 이에 관한 첫 학술대회가 열렸고, 학술지 *Journal of Artificial General Intelligence*도 나왔다.

비슷한 시기에 **인공 초지능**(artificial superintelligence, ASI), 즉 사람보다 훨씬 뛰어난 능력을 가진 지능을 만드는 것이 좋지 않은 생각일 수 있다는 우려가 제기되었다(Yudkowsky, 2008; Omohundro, 2008). 튜링 본인은 1951년 맨체스터 대학교의 한 강연에서 같은 점을 지적했는데(Turing, 1996), 새뮤얼 버틀러의 초기 착안들(Butler, 1863)을 언급하면서 다음과 같이 말했다.[15]

일단 기계가 생각하게 하는 방법이 만들어지면, 우리 인간의 나약한 능력을 기

---

[15] 벌써 1847년에 *Primitive Expounder* 지의 편집자인 리처드 손턴은 기계식 계산기에 대해 우려를 표현하면서 "인간의 지성은 ... 스스로 생각하는 기계를 발명함으로써 우리의 한계를 벗어나고, 우리 자신의 존재 필요성을 제거한다. 그러나 그런 기계가 완벽해지면 자신의 모든 결함을 고칠 계획을 세우고는 인간의 이해 범위를 넘는 발상들을 뽑아내게 될지 누가 알겠는가!"라고 썼다.

인공 일반 지능

인공 초지능

계가 뛰어넘는 데는 그리 오랜 시간이 걸리지 않을 것이다. ... 따라서, 언젠가
는 기계가 새뮤얼 버틀러의 *Erewhon*에 묘사된 것처럼 권력을 차지하리라고 예
상해야 한다.

최근 심층학습이 발전하면서, 그리고 닉 보스트롬의 *Superintelligence*(Bostrom, 2014) 같
은 책이 나오고 스티븐 호킹, 빌 게이츠, 마틴 리스, 일론 머스크 같은 유명 인사들이 의
견을 표명하면서 이런 우려들이 더욱 널리 퍼졌다.

고릴라 문제      초지능 기계를 만든다는 발상을 사람들이 아주 불편하게 느끼는 것은 자연스러운
일이다. 이를 **고릴라 문제**(gorilla problem)라고 불러도 될 것이다. 약 7백만 년 전, 지금
은 멸종한 영장류에서 갈라진 두 가지가 각자 진화해서 현재의 고릴라와 인간이 되었다.
오늘날 고릴라들에게 인간은 그리 달갑지 않은 존재이다. 고릴라들은 자신의 미래에 관
해 사실상 아무런 통제력도 가지고 있지 않다. 인간이 초인간적인 인공지능을 만들어 낸
다면 인간 역시 그런 운명에 처할 수 있다. 즉, 인간은 자신의 미래에 관한 통제권을 인
공지능에게 넘겨주게 될 것이라고 예측할 수 있다. 그런 예측이 옳다고 생각한다면, 우
리는 지금 당장 인공지능 연구를 멈추어야 한다. 물론 이는 인공지능이 우리에게 제공할
모든 혜택을 포기해야 한다는 뜻이기도 하다. 이처럼, 우리보다 더 지능적인 기계를 우
리가 과연 통제할 수 있을지 명확하지 않다는 점이 바로 튜링의 경고에 담긴 핵심이다.

만일 초인간적 인공지능이 외계에서 온 어떤 블랙박스 같은 것이라면, 상자를 여는
데 조심해야 마땅하다. 그러나 인공지능은 그런 것이 아니다. 인공지능 시스템은 **우리 인
간**이 설계한다. 따라서, 만일 튜링이 암시했듯이 인공지능이 "권력을 차지한다"면, 그것
은 설계 실패의 결과일 것이다.

그런 결과를 피하기 위해서는 잠재적인 실패의 원인을 파악할 필요가 있다. 아서 새
뮤얼이 만든 체커 플레이 프로그램이 새뮤얼 자신을 이기는 모습을 보고 인공지능의 장
기적 미래를 고민하게 된 노버트 위너는 이렇게 말했다(Wiener, 1960):

> 우리가 만일 그 작동 방식을 우리가 효과적으로 추론할 수 없는 어떤 기계적
> 에이전트를 우리의 목적을 달성하기 위해 사용하게 된다면 ... 그 기계가 추구
> 하는 목적이 과연 우리가 정말로 원했던 것인지 확실히 할 필요가 있다.

신이나 지니, 주술사, 악마에게 뭔가를 요청한 사람에 관한 신화를 가진 문화가 많이 있
다. 그런 신화들은 예외 없이, 그 사람이 요청한 것을 받긴 했지만 그것을 후회하게 된다
는 결론으로 이어진다. 세 번째 소원은(그런 것이 있다면) 처음 두 소원을 취소하는 것이
마이다스 왕 문제     다. 이를 **마이다스 왕 문제**(King Midas problem)라고 불러도 좋을 것이다. 그리스 신화
의 전설적인 왕인 마이다스는 자신의 손에 닿은 모든 것을 황금으로 바꾸어 달라는 소원
을 빌어서 이루어졌지만, 먹을 것과 마실 것은 물론이고 가족까지 황금으로 변하자 그
소원을 후회했다.[16]

---

[16] 기본적인 안전 원칙에 따라 소원 "취소" 버튼과 "일시 정지" 버튼을 소원에 포함시켜 두었다면 좋았을 것이다.

이 주제는 §1.1.5에서 기계에게 고정된 목적을 주입하는 표준 모형을 크게 뜯어 고쳐야 함을 지적하면서 간단히 언급했다. 위너의 우려에 관한 해결책은 어떤 "고정된 목적을 기계에 주입"하는 것이 아니다. 그보다는, 기계가 인간의 목적들을 달성하고자 노력하게 하되 그 목적들이 정확히 무엇인지는 알지 못하게 하는 것이 바람직하다.

다소 안타깝게도, 지금까지 거의 모든 인공지능 연구가 표준 모형 안에서 수행되었다. 이는 이 제4판의 거의 모든 기술적 내용이 표준 모형이라는 지능의 틀을 반영한다는 뜻이다. 그러나 새로운 틀에 속하는 연구 성과도 어느 정도는 있다. 제16장에서는 만일 인간의 목적을 자신이 확실히 알지 못한다고 판단하면, 그리고 오직 그럴 때만, 자신의 활동을 멈추는 것이 긍정적으로 장려되는 기계를 소개한다. 제18장에서는 **보조 게임**(assistance game)을 정의하고 논의한다. 보조 게임은 사람의 목적을 기계가 달성하려 하되 처음에는 기계가 그 목적을 확실히 알지 못하는 형태의 상황을 수학적으로 서술한다. 제22장에서는 기계가 사람의 선택을 관찰해서 사람의 행동으로부터 더 많은 것을 배우는 **역 강화학습** (inverse reinforcement learning) 방법들을 설명한다. 제27장에서는 두 가지 원칙적 난제를 살펴본다. 첫째는, 우리의 선택이 아주 복잡한, 그래서 거꾸로 되짚기가 어려운 인지 구조를 거친 선호도에 의존한다는 점이다. 둘째는, 애초에 우리 인간(개인이든 집단이든)의 선호도가 일관적이지 않을 수 있다는 것이다. 따라서 인공지능이 우리를 위해 해야 **마땅한** 것이 무엇인지 명확하지 않을 수 있다.

*보조 게임*

*역 강화학습*

# 요약

이번 장에서 우리는 인공지능을 정의하고 인공지능이 자라난 문화적 배경을 개괄했다. 몇 가지 요점을 정리하자면 다음과 같다.

- 여러 연구자가 서로 다른 목표를 염두에 두고 인공지능에 접근했다. 접근방식들은 초점이 사고인가, 아니면 행동인가라는 기준과 사람을 본뜨려 하는가, 아니면 최적의 결과를 얻으려고 하는가라는 기준으로 분류된다.
- 소위 인공지능 표준 모형에 따르면, 인공지능은 인공지능의 주된 초점은 **합리적 행동**(rational action)이다. 이상적인 **지능적 에이전트**(intelligent agent)는 주어진 상황에서 가능한 최선의 행동을 취한다. 우리는 그러한 의미에서의 지능적인 에이전트를 구축하는 문제를 탐구한다.
- 이러한 간단한 착안을 두 가지 방식으로 정련할 필요가 있다. 첫째는, 인간이든 아니든 모든 에이전트의 합리적 행동 선택 능력은 그러한 선택의 계산 및 처리 가능성에 따라 제한된다는 것이다. 둘째로, 고정된 목적을 추구하는 기계라는 개념을 인간에게 이로운, 그러나 기계 자신은 확실하게 알지 못하는 목적들을 추구하는 기계라는 개념으로 대체할 필요가 있다.

- 철학자들(B.C. 400년대까지 거슬러 올라가는)은 정신이 어떤 방식으로든 기계와 비슷하다는, 즉 정신이 어떤 내부 언어로 부호화된 지식에 대해 작용하며, 다음에 취할 행동을 선택하는 데 사고를 사용할 수 있다는 착안을 제시함으로써 인공지능에 대한 이해를 가능하게 만들었다.
- 수학자들은 논리적으로 확실한 명제를 다루는 도구는 물론 불확실하고 확률적인 명제를 다루는 도구들도 제공했다. 그들은 또한 알고리즘에 관한 계산과 추론을 이해하기 위한 기초도 확립했다.
- 경제학자들은 의사결정자의 기대 이득이 최대화되도록 결정을 내리는 문제를 형식화했다.
- 신경과학자들은 뇌의 작동 방식에 관한 몇 가지 사실을 발견했으며, 컴퓨터의 작동 방식과의 유사점과 차이점도 발견했다.
- 심리학자들은 인간과 동물을 정보 처리 기계로 간주할 수 있다는 착안을 받아들였다. 언어학자들은 언어의 사용이 그러한 모형에 부합함을 보였다.
- 컴퓨터 공학자들은 점점 더 강력한 컴퓨터들을 제공함으로써 인공지능의 응용을 가능하게 만들었고, 소프트웨어 공학자들은 그런 응용 프로그램들을 좀 더 유용하게 만들었다.
- 제어이론은 환경으로부터의 되먹임에 기초해서 최적으로 행동하는 장치의 설계를 다룬다. 초기에는 제어이론의 수학적 도구들이 인공지능과 상당히 달랐지만, 두 분야는 점점 가까워지고 있다.
- 인공지능의 역사는 성공, 빗나간 낙관, 그 결과로 빚어진 열광과 자금의 축소를 반복했다. 또한 새로운 독창적 접근방식의 도입과 최상의 접근방식들의 체계적인 정련이라는 주기도 반복되었다.
- 인공지능은 이전 시기들에 비해 이론 면에서나 방법 면에서나 크게 성숙했다. 인공지능이 점점 더 복잡한 문제들을 다룸에 따라, 이 분야는 부울 논리에서 확률적 추론으로, 사람이 일일이 명시한 지식에서 데이터로부터 배우는 기계학습으로 이동했다. 이에 따라 실제 시스템들의 능력이 크게 개선되었고, 다른 분야들과의 통합도 촉진되었다.
- 인공지능 시스템들이 현실 세계에서 실제로 쓰이게 되면서 다양한 위험과 윤리적 결과를 고려할 필요가 생겼다.
- 장기적으로 우리는 의외의 방향으로 진화할지도 모르는 초지능적 인공지능 시스템들을 통제한다는 어려운 문제에 직면하고 있다. 이 문제를 풀려면 인공지능에 대한 우리의 개념 자체를 바꾸어야 할 것으로 보인다.

## 참고문헌 및 역사적 참고사항

이 분야의 초기 선구자 중 하나인 닐스 닐슨의 [Nilsson, 2009]는 인공지능의 상세한 역사를 제공한다. [Domingos, 2015]와 [Mitchell, 2019]는 일반 대중을 위한 기계학습 개괄서이다. [Lee, 2018]은 인공지능 분야의 국가간 주도권 경쟁을 서술한다. [Ford, 2018]은 선도적인 인공지능 연구자 23명의 인터뷰를 모은 책이다.

주요 인공지능 전문 학회로는 AAAI(Association for the Advancement of Artificial Intelligence)와 SIGAI(ACM의 인공지능 SIG로, 예전에는 SIGART라고 불렀다), EurAI(유럽 인공지능 협회), AISB(Society for Artificial Intelligence and Simulation of Behaviour)가 있다. Partnership on AI는 인공지능의 윤리적, 사회적 영향을 우려하는 여러 기업과 비영리 단체가 모인 조직이다. AAAI의 *AI Magazine*은 여러 주제의 논문과 튜토리얼로 구성된 잡지이며, AAAI 웹사이트 aaai.org는 관련 소식과 튜토리얼, 배경 정보를 제공한다.

최신의 연구 성과는 주요 인공지능 학술대회들의 회보(proceeding)에 나온다. 주요 학술대회(콘퍼런스)로는 2년마다 열리는 IJCAI(International Joint Conference on AI)와 연례 ECAI(European Conference on AI), AAAI 콘퍼런스가 있다. 인공지능 전반에 관한 주요 학술지로는 *Artificial Intelligence, Computational Intelligence, IEEE Transactions on Pattern Analysis and Machine Intelligence, IEEE Intelligent Systems, Journal of Artificial Intelligence Research*가 있다. 또한 특정 분야를 전문으로 하는 여러 학술대회와 학술지가 있는데, 이들은 해당 장에서 다루기로 한다.

# 2

# 지능적 에이전트

제2장에서는 에이전트(완벽하든 아니든)의 본성, 환경의 다양성, 그리고 그로 말미암은 에이전트의 다양한 종류를 논의한다.

제1장에서 언급했듯이, 이 책의 인공지능에 대한 접근방식에서 중심은 **합리적 에이전트**(rational agent)이다. 차차 보겠지만, 합리성이라는 개념은 상상할 수 있는 모든 환경에서 작동하는 다종다양한 에이전트에 적용된다. 이 책에서 우리의 계획은 이러한 개념을 이용해서 성공적인 에이전트(**지능적**이라고 부르는 것이 합당한 시스템)의 구축을 위한 엄선된 설계 원리들을 만들어 나가는 것이다.

　이번 장에서는 우선 에이전트와 환경, 그리고 그 둘 사이의 결합 관계를 조사한다. 에이전트마다 그 행동의 품질이 다를 수 있다는 것은 합리적 에이전트, 즉 최대한 바람직한 방식으로 행동하는 에이전트라는 개념으로 자연스럽게 이어진다. 에이전트가 얼마나 잘 행동하는가는 환경의 성격에 의존한다. 행동하기 쉬운 환경이 있고 더 어려운 환경이 있는 것이다. 이번 장에서는 여러 환경을 어림잡아 분류하고, 환경의 속성들이 그 환경에 적합한 에이전트의 설계에 어떤 영향을 미치는지 살펴본다. 또한, 몇 가지 기본적인 '골격'에 해당하는 에이전트 설계들을 설명한다. 이후의 장들에서 이 골격들에 살을 붙여 나갈 것이다.

# 2.1 에이전트와 환경

감지기<br>환경<br>작동기 에이전트<sup>agent</sup>는 **감지기**(sensor)들을 통해서 자신의 **환경**(environment)을 지각하고, **작동기** (actuator; 또는 구동기)들을 통해서 환경에 대해 어떠한 동작(action; 행위)을 수행한다. 이러한 간단한 개념이 도해 2.1에 나와 있다. 인간 에이전트에는 눈, 귀 같은 감지기들과 손, 다리, 성대 같은 작동기들이 있다. 로봇 에이전트의 감지기로는 카메라와 적외선 거리 측정기를 들 수 있고, 작동기로는 여러 가지 모터를 들 수 있다. 소프트웨어 에이전트는 파일 내용, 네트워크 패킷, 인간의 입력(키보드·마우스·터치스크린·음성)을 감지 입력으로 받아들이고 파일 기록, 네트워크 패킷 전송, 화면 표시, 음향 출력 같은 기능을 통해서 환경에 대해 작동한다. 환경은 어떤 것이라도 가능하다. 우주 전체를 환경으로 둘 수도 있다! 그러나 실용적인 관점에서 환경은 에이전트 설계 시 우리가 관심을 두는 상태를 가진, 그리고 에이전트의 지각에 영향을 미치고 에이전트의 동작에 영향을 받는 우주의 일부이다.

지각<br>지각열<br>▶ **지각**(percept)이라는<sup>역주1</sup> 용어는 주어진 한순간에서 에이전트의 감지기들이 지각한 내용을 뜻한다. 에이전트의 **지각열**(percept sequence)은 에이전트가 지금까지 지각한 모든 것의 완전한 역사이다. 일반적으로, 주어진 순간에서 에이전트의 동작 선택은 에이전트 자신의 내장 지식과 그때까지 관측된 지각열 전체에 의존할 수 있으나, 지각하지 못한 것에는 전혀 의존하지 않는다. 모든 가능한 지각열에 대해 에이전트의 동작 선택을 지정한다면, 그 에이전트에 관해 말해야 할 것은 거의 다 한 셈이다. 이를 수학적으로 표현하면, 에 에이전트 함수 이전트의 행동은 주어진 임의의 지각열을 하나의 동작으로 사상하는 **에이전트 함수**(agent function)에 의해 서술된다.

주어진 임의의 에이전트를 서술하는 에이전트 함수를 테이블<sup>table</sup>(표) 형태로 만든다고 상상해 보자. 대부분의 에이전트에서 그러한 테이블은 아주 클 것이다. 사실, 고려하고자 하는 지각열의 길이에 제한을 두지 않는 한 무한대일 것이다. 실험할 에이전트가 주어졌다고 할 때, 이론적으로 그러한 테이블은 모든 가능한 지각열을 시도하고 각각에 대한 에이전트의 동작을 기록해서 만들 수 있다.[1] 물론 그러한 테이블은 에이전트의 외 에이전트<br>프로그램 적 묘사이다. 내부적으로 인공 에이전트의 에이전트 함수는 **에이전트 프로그램**(agent program)으로 구현된다. 이 두 개념을 구분하는 것이 중요하다. 에이전트 함수는 추상적이고 수학적인 서술이지만, 에이전트 프로그램은 어떤 물리적 시스템에서 실행되는 구체적인 구현이다.

---

역주1 행위 또는 과정으로서의 지각(perception)과 구별하기 위해 percept를 '지각 표상'으로 옮기기도 하지만, 문맥으로 충분히 구분할 수 있다고(이를테면 '입력'은 뭔가가 들어오는 것을 뜻하기도 하고 그렇게 들어온 것을 뜻하기도 한다) 판단해서 이 번역서에서는 둘 다 그냥 '지각'이라고 옮긴다.

1 에이전트가 어떤 무작위화를 이용해서 동작을 선택한다면 각 지각열을 여러 번 시행해서 각 동작의 확률을 식별해야 한다. 무작위로 행동한다는 것이 다소 실없이 느껴지기도 하겠지만, 실제로는 아주 지능적일 수 있음을 이번 장에서 나중에 보게 될 것이다.

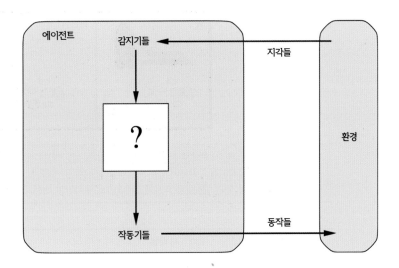

**도해 2.1** 에이전트는 감지기들과 작동기들을 통해서 환경과 상호작용한다.

더러울 수도 있고 깨끗할 수도 있는 사각형들로 이루어진 세계에서 로봇 진공청소기가 작동하는 진공청소기 세계라는 아주 간단한 예를 통해서 이러한 개념들을 설명해 보겠다. 도해 2.2는 단 두 개의 사각형으로 이루어진 구성이다. 진공청소기 에이전트는 자신이 어떤 사각형에 있는지, 그리고 그 사각형이 깨끗한지(*Clean*) 아니면 더러운지(*Dirty*)를 지각한다. 에이전트는 사각형 *A*에서 시작한다. 선택할 수 있는 동작은 왼쪽으로 이동(*Left*), 오른쪽으로 이동(*Right*), 먼지 흡입(*Suck*), 아무 일도 하지 않기이다.[2] 다음과 같은 아주 간단한 에이전트 함수를 생각해 보자: 만일 현재 사각형이 더러우면 빨아들인다; 그렇지 않으면 다른 사각형으로 이동한다. 도해 2.3은 이 에이전트의 테이블의 일부를 나타낸 것이다. 이 테이블을 구현한 프로그램이 p.68의 도해 2.8에 나온다.

도해 2.3을 보면 그냥 오른쪽 열을 다양한 방식으로 채움으로써 진공청소기 세계의 다양한 에이전트를 정의할 수 있음을 알 수 있다. 그렇다면 명백한 질문은 이런 것이다: **표를 채우는 올바른 방법은 무엇인가?** 다른 말로 하면, 좋은 에이전트와 나쁜 에이전트, 지능적인 에이전트와 멍청한 에이전트를 결정하는 요인은 무엇인가? 다음 절에 이 질문들의 답이 나온다.

---

2  실제 로봇이라면 "오른쪽으로 이동"이나 "왼쪽으로 이동"이 아니라 "바퀴 전진 회전"이나 "바퀴 후진 회전" 같은 동작들이 있을 것이다. 여기서는 실제 로봇을 구현하기 편한 동작들보다는 지면에 나타내기 쉬운 동작들을 선택했다.

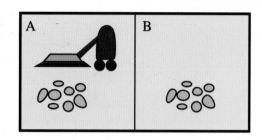

**도해 2.2** 두 장소로만 이루어진 진공청소기 세계. 각 장소는 깨끗하거나 더러우며, 에이전트는 자신이 왼쪽 또는 오른쪽으로 움직이거나 자신이 있는 사각형을 청소한다. 에이전트가 무엇을 지각하는지, 각 동작이 항상 성공하는지 등에 관한 규칙들을 다르게 설정함으로써 다양한 버전의 진공청소기 세계를 설정할 수 있다.

| 지각열 | 동작 |
|---|---|
| [A, Clean] | Right |
| [A, Dirty] | Suck |
| [B, Clean] | Left |
| [B, Dirty] | Suck |
| [A, Clean], [A, Clean] | Right |
| [A, Clean], [A, Dirty] | Suck |
| ⋮ | ⋮ |
| [A, Clean], [A, Clean], [A, Clean] | Right |
| [A, Clean], [A, Clean], [A, Dirty] | Suck |
| ⋮ | ⋮ |

**도해 2.3** 진공청소기 세계(도해 2.2)를 위한 간단한 에이전트 함수 테이블의 일부분. 에이전트는 현재 사각형이 더러우면 청소하고, 그렇지 않으면 다른 사각형으로 이동한다. 가능한 지각열의 길이에 제한이 있지 않은 한, 이런 테이블의 크기에는 한계가 없음을 주의하기 바란다.

이번 절을 마무리하기 전에, 에이전트라는 개념은 시스템을 분석하는 도구로 쓰이는 것이지 세상을 에이전트 대 비에이전트로 나누는 절대적인 특성화(characterization)가 아님을 강조하고자 한다. 휴대형 계산기를 "2 + 2 ="라는 지각열이 주어졌을 때 '4'를 표시하는 동작을 선택하는 에이전트라고 볼 수도 있으나, 그런 분석은 계산기를 이해하는 데 별 도움이 되지 않을 것이다. 어떤 면으로는, 공학의 모든 분야를 세상과 상호작용하는 인공물의 설계에 관한 것으로 간주할 수 있다. 인공지능은 그러한 스펙트럼의 가장 흥미로운 끝(저자들이 생각하기에)에서, 즉 인공물이 상당한 계산 자원을 가지고 있으며 작동 환경에 자명하지 않은 의사결정이 요구되는 쪽에서 작용한다.

# 2.2 좋은 행동: 합리성 개념

합리적 에이전트

**합리적 에이전트**(rational agent)는 옳은 일(right thing)을 하는 에이전트이다. 옳은 일을 하는 것이 잘못된 일을 하는 것보다 나은 것은 틀림없다. 그런데 옳은 일을 한다는 것이 어떤 의미일까?

## 2.2.1 성과 측도

결과주의

윤리학에는 '옳은 일'에 관한 개념이 여러 가지가 있지만, 인공지능의 관점에서 관련이 있는 것은 **결과주의**(consequentialism)라는 개념이다. 간단히 말하면, 우리는 에이전트의 행동이 낳은 결과를 보고 그 행동을 평가한다. 환경에 투입된 에이전트는 감지된 지각들에 따라 일련의 동작을 수행한다. 그러한 동작들의 순차열(sequence of actions), 즉 동작열에 의해 환경은 일련의 상태들을 거치게 된다. 그 상태들이 바람직하다면 에이전트는 옳은 일을 한 것이다. 이러한 '바람직함'이라는 개념은 환경의 주어진 임의의 상태열을 평가하는 **성과 측도**(performance measure)로 구체화된다.

성과 측도

사람들은 자신만의 욕구와 선호도를 가지므로, 인간에게 적용되는 합리성 개념은 인간의 관점에서 바람직한 환경 상태들이 나오도록 동작들을 성공적으로 선택하는 것과 관련이 있다. 반면 기계에는 욕구와 선호도가 **없으므로**, 그 성과 측도는 적어도 초기에는 기계를 설계한 사람 또는 기계를 사용하는 사람의 관점에서 이루어진다. 차차 보겠지만, 에이전트 설계들 중에는 성과 측도(의 한 버전)를 명시적으로 표현하는 것도 있고 성과 측도가 전적으로 암묵적인 것도 있다. 후자의 경우 에이전트가 옳은 일들을 한다고 해도, 그것이 왜 옳은지는 모른다.

"기계에 주입된 목적이 우리가 정말로 원했던 것인지"를 확실히 해야 한다는 노버트 위너의 경고(p.46)를 고려하면, 성과 측도를 정확하게 공식화하기가 상당히 어려울 수 있다. 예를 들어 이전 절의 진공청소기 에이전트를 생각해 보자. 8시간의 작동 기간 동안 진공청소기가 빨아들인 먼지의 양으로 성과를 측정할 수도 있다. 물론, 합리적인 에이전트는 그런 기준을 곧이곧대로 받아들일 것이다. 예를 들어 합리적인 에이전트가 먼지를 빨아들이고, 모든 먼지를 바닥에 쏟아붓고, 그것을 다시 빨아들이는 과정(process; 또는 공정, 프로세스)을 반복함으로써 성과 측정치를 최대로 올릴 수도 있다. 그보다는, 바닥을 다 치우면 에이전트에게 점수를 주는 방식이 좀 더 적절한 성과 측도일 것이다. 예를 들어 각 시간 단계에서 깨끗한 사각형마다 1점을 주면 될 것이다(그리고 소비한 전기와 발생한 소음에 따라 벌점을 줄 수도 있다). 일반화하자면, 성과 측도를 설계할 때에는 에이전트가 어떻게 행동해야 하는지를 기준으로 삼기보다는 환경 안에서 에이전트가 실제로 달성하고자 하는 것이 무엇인지를 기준으로 삼는 것이 낫다.

명백한 함정들을 피한다고 해도, 까다로운 문제가 몇 가지 남아 있다. 예를 들어 앞 문단의 '깨끗한 바닥'이라는 개념은 시간에 따른 평균 청결도에 기초한다. 그렇다면, 작동 기간 내내 평범한 성과를 보인 에이전트와 원기 왕성하게 청소를 마치고 오랫동안 쉰 에이전트가 같은 평균 청결도를 보일 수도 있다. 어느 쪽이 더 나은지가 청소 과학의 미묘한 논점으로 보일 수도 있지만, 사실 이는 광범위한 함의를 가진 깊은 철학적 질문이다. 굴곡이 심한 무모한 삶과 안전하지만 단조로운 삶 중 어느 것이 더 나은가? 모두가 적당히 가난한 경제와 어떤 이는 아주 잘 살고 어떤 이는 몹시 가난한 경제 중 어느 것이 더 나은가? 이러한 질문들은 부지런한 독자를 위한 연습문제로 남기기로 한다.

이 책 전반에서 우리는 성과 측도를 정확히 명시할 수 있다고 가정한다. 그러나 기계에 잘못된 목적을 주입할 수 있다는, 그러니까 p.46에서 말한 마이다스 왕 문제가 발생할 수 있다는 점도 인정해야 할 것이다. 더 나아가서, 서로 다른 사용자들이 각자 사용할 소프트웨어를 설계할 때는 개별 사용자의 선호도를 정확히 예측하기가 사실상 불가능하다. 따라서 우리는 진정한 성과 측도에 관한 초기의 불확실성을 반영하는, 그리고 시간이 흐름에 따라 성과에 관해 더 배우는 에이전트를 구축해야 할 것이다. 제16장, 제18장, 제22장에서 그런 에이전트들을 설명한다.

## 2.2.2 합리성

주어진 임의의 순간에서 무엇이 합리적인지는 다음 네 가지에 달려 있다.

- 성공의 기준을 정의하는 성과 측도
- 환경에 대한 에이전트의 사전 지식
- 에이전트가 수행할 수 있는 동작들
- 에이전트의 지금까지의 지각열

**합리적 에이전트의 정의**

이들로부터 다음과 같은 **합리적 에이전트의 정의**를 이끌어 낼 수 있다:

> 각각의 가능한 지각열에 대해, 합리적 에이전트는 자신의 지각열과 에이전트의 내장 지식이 제공하는 증거에 기초해서 성과 측정치를 극대화할 만한 동작을 선택해야 한다.

사각형이 더러우면 치우고, 그렇지 않으면 다른 사각형으로 이동하는 간단한 진공청소기 에이전트를 생각해 보자. 이 에이전트의 에이전트 함수 테이블이 도해 2.3에 나와 있다. 이것이 합리적 에이전트일까? 그 질문에 답하려면 여러 가지 사항이 필요하다. 무엇보다도, 성과 측도가 어떤 것인지, 환경에 관해 알려진 것이 무엇인지, 에이전트에 어떤 감지기와 작동기가 있는지 알아야 한다. 그럼 다음과 같이 가정하기로 하자.

- 각 시간 단계에서 깨끗한 사각형마다 1점을 획득하는 방식으로 성과를 측정한다. 진공청소기의 '수명'은 1,000개의 시간 단계로 이루어진다.
- 환경의 '지리(geography)'는 선험적으로(a priori) 알려져 있으나(도해 2.2), 먼지의

분포와 에이전트의 초기 위치는 그렇지 않다. 깨끗한 사각형은 깨끗한 상태를 유지하고, 진공청소기가 먼지를 빨아들인(*Suck* 동작) 사각형은 깨끗해진다. *Right* 동작과 *Left* 동작은 에이전트를 사각형 하나만큼 움직인다. 단, 그 동작 때문에 에이전트가 환경 밖으로 나가게 되는 경우에는 에이전트가 이동 없이 현재 사각형에 남는다.

- 가능한 동작은 *Right*와 *Left*, *Suck*뿐이다.
- 에이전트는 자신의 위치 및 그 위치의 먼지 유무를 정확히 인식한다.

우리는 이 **상황들**에서 에이전트가 실제로 합리적이라고 주장한다. 이 에이전트의 기대 성과는 적어도 다른 모든 에이전트의 것과 같거나 그 이상이다.

다른 상황에서는 같은 에이전트가 비합리적일 수 있다는 점도 쉽게 수긍할 수 있을 것이다. 예를 들어 모든 먼지를 치운 후에 에이전트는 불필요하게 사각형을 오가게 된다. 만일 성과 측정 시 이동마다 1점의 벌점(penalty)을 주는 방식이라면 에이전트가 상당히 낮은 성과를 낼 것이다. 이런 상황이라면 모든 사각형이 깨끗해진 후에는 아무 일도 하지 않는 에이전트가 더 나은 에이전트일 것이다. 만일 깨끗한 사각형이 다시 더러워질 수 있는 환경이라면, 에이전트는 가끔 사각형들을 점검하고 필요하다면 다시 먼지를 빨아들여야 할 것이다. 환경의 지리가 미리 알려지지 않는다면 에이전트는 환경을 **탐험**할 필요가 있다. 연습문제 2.VACR은 이런 경우들을 위한 에이전트의 설계를 요구한다.

## 2.2.3 전지, 학습, 자율성

전지   합리성과 **전지**<sup>全知</sup>(omniscience)를 신중하게 구분할 필요가 있다. 전지한 에이전트는 자신의 동작의 **실제**(actual) 결과를 미리 알고 그에 따라 행동할 수 있다. 그러나 현실에서 그러한 전지전능함은 불가능하다. 이런 예를 생각해 보자. 필자는 어느 날 샹젤리제 거리를 걷다가 도로 건너편에서 옛 친구를 만난다. 오가는 차가 없고 특별히 할 일도 없어서, 합리적인 판단하에 도로를 건너기 시작한다. 그런데 3만 3천 피트 상공에서 화물 항공기의 화물실 문이 떨어져서[3], 필자는 결국 도로를 다 건너지 못하고 납작해진다... 도로를 건너기로 한 것이 비합리적이었을까? 필자의 부고에 "멍청하게도 도로를 건너려 했다."라는 문구가 포함될 가능성은 작다.

이 예는 합리성이 완벽함과 같은 것이 아님을 보여 준다. 합리성은 기대 성과(expected performance)를 극대화하는 반면 완벽함은 실제 성과를 극대화한다. 완벽함을 요구하지 않고 한 걸음 물러나는 것이 단지 에이전트에 대한 공정함의 문제만은 아니다. 핵심은, 만일 나중에 최선의 동작이었음이 밝혀질 어떤 동작을 에이전트가 미리 알고 수행하리라고 기대한다면, 그러한 기대를 충족하는 에이전트를 설계하는 것은 불가능하다는 것이

---

3   N. Henderson, "New door latches urged for Boeing 747 jumbo jets," 1989년 8월 24일 자 Washington Post 참고.

다(수정구水晶球나 타임머신의 성능을 개선하지 않는 한).

이 책이 정의하는 합리성은 전지를 요구하지 않는다. 합리적 에이전트의 정의에 의하면 합리적 선택은 오직 **지금까지의** 지각열에만 의존하기 때문이다. 또한, 에이전트가 확실히 비지능적인 활동들에 관여하는 것을 부주의하게 허용하는 일이 없도록 하는 것도 중요하다. 예를 들어 에이전트가 붐비는 도로를 건너기 전에 좌우를 살피지 않는다면, 에이전트의 지각열은 커다란 트럭이 빠른 속도로 다가오고 있음을 말해 주지 못할 것이다. 우리의 합리성 정의에 비춰볼 때 이제 도로를 건너도 좋다고 말할 수 있을까? 전혀 그렇지 않다!

첫째로, 정보가 부족한 지각열이 주어진 상황에서 도로를 건너는 것은 합리적이지 않다. 좌우를 살피지 않고 도로를 건너는 것은 사고 위험이 너무 크다. 둘째로, 합리적 에이전트라면 도로에 발을 들여 놓기 전에 먼저 '살피기' 동작을 선택해야 한다. 살피기는 기대 성과의 극대화에 도움이 되기 때문이다. **향후의 지각들을 수정하기 위한 동작들을** 수행하는 것은 합리성의 중요한 부분이다. **정보 수집**(information gathering)이라고 부르는 이러한 행동은 제16장에서 상세히 다룬다. 미지의 환경에서 진공청소기 에이전트가 수행해야 하는 **탐험**(exploration) 역시 정보 수집의 예이다.

정보 수집

우리의 합리성 정의에 따르면 합리적 에이전트는 정보를 수집해야 할 뿐만 아니라 자신이 지각한 것에서 최대한 많은 것을 배워야 한다(**학습**). 환경에 대한 일부 사전 지식이 에이전트의 초기 구성에 반영되어 있겠지만, 에이전트가 경험을 쌓음에 따라 그러한 지식은 수정, 증강되어야 한다. 환경이 **선험적으로** 완전히 알려져 있고 완전히 예측 가능한, 극단적인 경우들도 존재한다. 그런 경우에는 지각이나 학습 없이도 에이전트가 그냥 정확하게 행동한다.

학습

물론 그런 에이전트는 취약하다. 비천한 쇠똥구리를 생각해 보자. 땅에 구멍을 파서 알을 낳은 후 쇠똥구리는 근처의 배설물을 공 모양으로 만들어서 둥지의 구멍을 막는다. 그런데 둥지로 공을 굴리고 가는 **도중**에 공을 빼내면 쇠똥구리는 그 사실을 인식하지 못하고, 존재하지 않는 공을 굴려서 구멍을 막는 '팬터마임'을 한다. 진화에 의해 쇠똥구리의 행동에 하나의 가정이 삽입되었고, 그 가정이 위반되면 결과적으로 성공적이지 못한 행동이 빚어지는 것이다.

나나니벌(sphex wasp)은 약간 더 지능적이다. 나나니벌 암컷은 굴을 판 다음 나가서 애벌레를 찾는다. 애벌레를 침으로 쏘아서 굴로 끌고 온 다음에는 먼저 굴 안으로 들어가서 모든 것이 제대로인지 확인하고, 다시 나와서 애벌레를 굴로 끌고 들어가서 알을 낳는다. 그 애벌레는 알에서 깨어난 유충의 먹이가 된다. 여기까지는 좋다. 그러나 말벌이 굴로 들어가 확인하는 도중에 곤충학자가 애벌레를 치워 버려도 나나니벌은 굴을 다시 점검하지도, 계획을 수정하지도 않고 그냥 '애벌레 끌고 들어가기' 단계를 반복한다. 애벌레를 치우는 개입을 수십 번 반복해도 마찬가지이다. 나나니벌은 자신의 선천적 계획이 실패함을 배우지 못하며, 따라서 계획을 바꾸지 않는다.

스스로의 지각과 학습 과정이 아니라 설계자의 사전 지식에 의존하는 에이전트를 자율성 가리켜 **자율성**(autonomy)이 부족하다고 말한다. 합리적 에이전트는 자율적이어야 한다. 즉, 부분적인 또는 부정확한 사전 지식을 학습을 통해서 보완할 수 있어야 한다. 예를 들어 추가적인 먼지가 언제, 어디에 나타날지 예측하는 방법을 배우는 진공청소기 에이전트는 그렇지 않은 에이전트보다 더 나은 성과를 낼 것이다.

실제 구현 시 에이전트에게 처음부터 완전한 자율성을 요구하는 경우는 거의 없다. 에이전트가 경험이 거의 없을 때에는, 설계자가 어떤 도움을 미리 주지 않는 한 무작위로 행동할 수밖에 없다. 따라서, 스스로 배우기에 충분할 정도로 오래 살아남는 데 필요한 반사작용들이 진화에 의해 동물의 본능에 삽입된 것과 마찬가지로, 설계자가 인공지능 에이전트에게 몇 가지 초기 지식과 학습 능력을 주입하는 것은 합당한 일일 것이다. 일단 합리적 에이전트가 자신의 환경을 충분히 경험하고 나면, 에이전트는 그 사전 지식과는 사실상 **독립적으로** 행동을 선택할 수 있게 된다. 따라서 학습 능력을 주입하면 한 종류의 합리적 에이전트가 아주 다양한 환경들에서 성공할 수 있다.

# 2.3 환경의 본성

합리성을 정의했으니 이제 합리적 에이전트를 실제로 구축할 준비가 거의 다 된 셈이다.
과제 환경 그러나 그전에 먼저 **과제 환경**(task environment)을 생각해 보아야 한다. 과제 환경은 본질적으로 '문제'에 해당하고, 합리적 에이전트는 그에 대한 '해답'에 해당한다. 이번 절에서는 우선 과제 환경을 명시하는 방법과 과정을 여러 가지 예를 통해서 설명한다. 그런 다음에는 과제 환경에 다양한 '맛(flavor)'이 있음을 보인다. 과제 환경의 속성은 에이전트 프로그램의 적절한 설계에 직접 영향을 미친다.

## 2.3.1 과제 환경의 명시

앞에서 간단한 진공청소기 에이전트의 합리성을 논의할 때 우리는 구체적인 성과 측도와 환경, 그리고 에이전트의 작동기 및 감지기들을 명시해야 했다. 그러한 항목들을 통
PEAS 칭해서 **과제 환경**이라고 부른다. 이를 두문자어를 이용해서 **PEAS** 서술이라고 부르기도 하는데, 여기서 PEAS는 **P**erformance, **E**nvironment, **A**ctuators, **S**ensors를 줄인 것이다. 에이전트를 설계할 때 항상 첫 단계는 그 과제 환경을 최대한 완전하게 서술하는 것이어야 한다.

진공청소기 세계는 간단한 예였다. 이번에는 좀 더 복잡한 문제로 자동화된 택시 기사의 예를 살펴보자. 택시의 과제 환경에 대한 PEAS 서술이 도해 2.4에 나와 있다. 그럼 이 서술의 각 항목을 좀 더 자세히 살펴보자.

| 에이전트 종류 | 성과 측도 | 환경 | 작동기 | 감지기 |
|---|---|---|---|---|
| **택시 기사** | 안전, 빠름, 법규 준수, 편안한 여행, 이익 최대화, 다른 도로 사용자에 대한 영향 최소화 | 도로, 다른 차량, 경찰, 보행자, 고객, 날씨 | 운전대, 가속기, 제동기, 신호, 경적, 디스플레이, 음성 신호 | 카메라, 레이다, 속도계, GPS, 엔진 감지기, 가속도계, 마이크, 터치스크린 |

**도해 2.4** 자동화된 택시를 위한 과제 환경의 PEAS 서술.

우선, 자동 택시 기사에 바람직한 **성과 측도**는 무엇일까? 자동 택시 기사가 갖추면 좋을 속성으로는 목적지에 정확히 도착하기, 연료 소비 및 차량 손상 최소화, 운행 시간 또는 비용 최소화, 교통 법규 위반 및 다른 운전자 방해 최소화, 안전 및 고객의 편안함 최대화, 이익 최대화가 있다. 물론 이 목표 중 일부는 상충하므로, 절충이 필요할 것이다.

다음으로, 택시가 처할 주행 **환경**(environment)은 어떤 것일까? 모든 택시 기사는 시골길에서부터 도시의 골목길과 12차선 고속도로에 이르기까지 다양한 도로를 감당해야 한다. 도로에는 다른 차량과 보행자, 떠돌이 동물, 도로 공사, 경찰차, 웅덩이, 도로파임이 있다. 또한 택시는 반드시 잠재적인 승객 또는 실제 승객과 상호작용해야 한다. 그 외에 추가적인 선택들도 있다. 예를 들어 택시가 눈이 거의 오지 않는 남부 캘리포니아에서 영업해야 할 수도 있고 눈이 거의 항상 문제가 되는 알래스카에서 영업해야 할 수도 있다. 항상 오른쪽으로 주행한다고 가정할 수도 있고, 영국이나 일본에서처럼 왼쪽에서 주행할 수 있는 유연성이 요구될 수도 있다. 물론 환경이 제한적일수록 설계 문제가 더 쉬워진다.

자동 택시의 **작동기**들에는 인간 운전자가 사용하는 것들, 즉 엔진 제어를 위한 가속기(가속 페달)와 조타(steering)를 위한 운전대(핸들) 및 제동기(브레이크)가 포함된다. 또한 승객에게 정보를 알리기 위한 디스플레이 화면이나 음성 합성기도 필요하고, 다른 차들과의 의사소통(공손한 방식이든 아니든)을 위한 수단도 필요할 수 있다.

택시의 기본적인 **감지기**(sensor)로는, 도로를 살펴보기 위한 하나 이상의 제어 가능한 비디오카메라와 라이다<sup>LIDAR</sup>, 역주2 초음파 탐지기가 있다. 과속 딱지를 피하려면 속도계(speedometer)가 있어야 하고, 차를 제대로 제어하려면(특히 커브 길에서) 가속도계(accelerometer)도 있어야 한다. 차량의 기계적 상태를 파악하려면 통상적인 엔진, 연료. 전기 시스템 감지기들이 필요하다. 인간 운전자와 아주 비슷하게, 길을 잃지 않으려면 GPS가 필요할 수도 있다. 마지막으로, 승객이 목적지를 지정하는 데 사용할 터치스크린이나 마이크(음성 입력)도 필요하다.

도해 2.5는 몇 가지 추가적인 종류의 에이전트들을 위한 기본적인 PEAS 요소들을 개괄한 것이다. 물리적 환경뿐만 아니라 가상 환경들도 포함된 추가적인 예들이 연습문

---

역주2 LIDAR는 Light Detection and Ranging을 줄인 용어로, 빛을 이용해서 사물을 탐지하고 거리를 재는 기기이다. 현재 자율주행차뿐만 아니라 로봇 청소기에도 널리 쓰이고 있다.

제 2.PEAS에 나온다. 가상 과제 환경이 '실제' 세계만큼이나 복잡할 수 있음을 주의하기 바란다. 예를 들어 **소프트웨어 에이전트**(또는 소프트웨어 로봇, 즉 **소프트봇**<sup>softbot</sup>)은 온라인 경매 또는 중고 거래 웹사이트에서 수백만 명의 다른 사용자들과 수십억 개의 사물(그중 다수는 실제 이미지)를 다룬다.

| 에이전트 종류 | 성과 측도 | 환경 | 작동기 | 감지기 |
|---|---|---|---|---|
| **의료 진단 시스템** | 건강한 환자, 비용 절감 | 환자, 병원, 의료진 | 질문, 검사, 진단, 치료를 표시하는 디스플레이 | 증상과 소견을 입력할 터치스크린 · 음성 입력 |
| **인공위성 화상 분석 시스템** | 지형지물의 정확한 분류 | 궤도 위성, 다운링크, 날씨 | 장면 분류를 표시하는 디스플레이 | 고해상도 디지털 카메라 |
| **부품 분류 로봇** | 부품이 정확한 통에 들어간 비율 | 부품들을 나르는 컨베이어 벨트, 통들 | 관절로 연결된 팔과 손 | 카메라, 접촉 및 관절 각도 감지기 |
| **정유기 제어기** | 순도, 산출량, 안전성 | 정유기, 원자재, 운전자 | 밸브, 펌프, 히터교반기, 디스플레이 | 온도, 압력, 유량, 화학물질 감지기 |
| **대화식 영어 가정교사** | 학생의 시험 점수 | 일단의 학생들, 시험 기관 | 연습문제, 피드백, 강연을 표시하는 디스플레이 | 키보드, 음성 입력 |

**도해 2.5** 에이전트 종류의 예와 해당 PEAS 서술.

## 2.3.2 과제 환경의 속성

인공지능이 활동하는 과제 환경이 아주 다양하다는 점은 확실하다. 그러나 그러한 과제 환경들을 비교적 적은 수의 차원들로 범주화(분류)하는 것도 가능하다. 크게 볼 때, 그러한 차원(dimension)들은 적절한 에이전트 설계와 에이전트의 구현을 위한 기본 기술군들 각각의 적용 가능성을 결정한다. 우선 어떤 차원들이 있는지 나열하고, 그런 다음 몇 가지 과제 환경의 분석을 통해서 그 차원들을 좀 더 설명하겠다. 다음의 정의는 비형식적이다. 이후의 장들에서 각 환경을 좀 더 엄밀하게 정의하고 예도 제시할 것이다.

　　**완전 관측 가능**(fully observable) 환경 대 **부분 관측 가능**(partially observable) 환경: 에이전트의 감지기가 각 시간 지점에서 환경의 완전한 상태에 접근할 수 있는 과제 환경을 가리켜 완전 관측 가능이라고 말한다. 만일 감지기들이 동작의 선택에 유관한(relevant) 모든 측면을 감지할 수 있다면, 그러한 과제 환경은 사실상 완전 관측 가능이다. 한편, 유관성(relevance)은 성과 측도에 의존한다. 완전 관측 가능 환경은 세상에 관한 상태 정보를 에이전트 내부에 유지할 필요가 없다는 점에서 편리하다. 감지기가 부정확하거나 입력에

**2.3** 환경의 본성 61

잡음이 섞인다면, 또는 감지기의 데이터에 상태의 일부가 아예 빠져 있다면 부분적으로만 관측 가능한 환경이 된다. 예를 들어 국소 먼지 감지기만 있는 진공청소기 에이전트는 다른 사각형에 먼지가 있는지 알 수 없으며, 자동 택시는 다른 운전자의 생각을 알 수 없다. **관측 불가능** 에이전트에 감지기가 아예 없으면 과제 환경은 **관측 불가능**(unobservable)이다. 그런 에이전트라면 성과를 낼 가망이 없을 것 같지만, 그런 상황에서도 에이전트가 자신의 목표를 달성할 수 있는(심지어는 어느 정도 확실하게) 경우를 제4장에서 보게 될 것이다.

**단일 에이전트**
**다중 에이전트**

**단일 에이전트**(single agent) 환경 대 **다중 에이전트**(multiagent) 환경: 단일 에이전트 환경과 다중 에이전트 환경의 구분은 아주 간단해 보일 것이다. 예를 들어 십자말풀이 (crossword puzzle)를 푸는 에이전트는 명백히 단일 에이전트 환경에 있지만, 체스를 두는 에이전트는 에이전트가 둘인 환경에 있다. 그러나 몇 가지 미묘한 문제점이 존재한다. 첫째로, 지금까지 우리는 에이전트로 간주할 수 있는 개체들을 설명했을 뿐, 반드시 에이전트로 간주해야 하는 개체가 어떤 것인지는 말하지 않았다. 에이전트 $A$(이를테면 택시 기사)는 객체 $B$(다른 차량)를 에이전트로 취급해야 할까, 아니면 그냥 물리 법칙에 따라 운동하는 물체(바닷가의 파도나 바람에 날리는 나뭇잎 같은)로 취급해야 할까? 둘의 구분을 위한 핵심 기준은, $B$가 에이전트 $A$의 행동에 의존하는 자신의 성과 측정치를 최대화하기 위해 행동한다고 서술하는 것이 합당한가이다.

예를 들어 체스에서 상대 선수 $B$는 자신의 성과 측정치를 최대화하려 하는데, 체스 **경쟁적** 규칙상 $B$의 성과가 최대가 되면 에이전트 $A$의 성과는 최소가 된다. 즉, 체스는 **경쟁적** (competitive) 다중 에이전트 환경이다. 반면 택시 주행의 경우 택시들이 서로 충돌을 피 **협력적** 하는 것은 모든 에이전트의 성과에 도움이 되므로, 택시 주행 환경은 부분적으로 **협력적** (cooperative) 다중 에이전트 환경이다.

다중 에이전트 환경에서의 에이전트 설계 문제는 단일 에이전트 환경의 것과 상당히 다른 경우가 많다. 예를 들어 다중 에이전트에서는 종종 합리적인 행동으로서 의사소통(communication; 통신)이 창발한다. 일부 경쟁적 환경에서는 무작위 행동(randomized behavior)이 합리적일 때가 있다(예측 가능성의 함정을 피한다는 점에서).

**결정론적**
**확률적**

**결정론적**(deterministic) 환경 대 **비결정론적**(non-deterministic) 환경: 만일 환경의 다음 상태가 전적으로 현재 상태와 에이전트가(또는 에이전트들이) 수행한 동작으로만 결정된다면, 그러한 환경을 가리켜 결정론적이라고 말한다. 그렇지 않으면 비결정론적이다. 원칙적으로, 완전 관측 가능이자 결정론적인 환경에서는 에이전트가 불확실성을 걱정하지 않아도 된다. 부분 관측 가능 환경에서는 환경이 확률적인 것처럼 **보일 수** 있다.

대부분의 실제 상황은 아주 복잡하기 때문에 관측되지 않은 측면들을 모두 추적하는[역주3] 것이 불가능하다. 실용적인 목적에서, 그런 환경들은 반드시 비결정론적 환경으로 취급해야 한다. 택시 주행은 그러한 의미에서 확실히 비결정론적이다. 에이전트가 다른 차량들의 행동을 정확히 예측하는 것이 불가능하기 때문이다. 게다가 어떤 차의 타이

---

[역주3] 이 문맥에서 "추적하다"는 "keep track of"를 옮긴 것으로, 대상(이 경우 관측되지 않은 측면들)의 변화나 유효성을 계속해서 점검하고 갱신하는 것을 말한다. "유지하다(maintain)"도 비슷한 뜻으로 쓰인다.

어가 예기치 않게 터지거나 엔진이 갑자기 멈출 수도 있다. 앞에서 서술한 대로의 진공 청소기 세계는 결정론적이지만, 먼지가 무작위하게 나타난다거나 흡입 기능이 불안정하다는 등의 요소를 도입한다면 비결정론적 환경이 될 수 있다(연습문제 2.VFIN).

**확률적**

참고로, **확률적**(stochastic; 또는 확률론적)이라는 단어를 '비결정론적'과 동의어로 사용하는 경우가 있는데, 이 책에서는 두 용어를 구분한다. 만일 환경 모형이 확률을 명시적으로 다룬다면(이를테면 "내일 비가 올 확률이 25%이다"), 그 모형은 '확률적'이다. 반면, 명시적인 확률 수치 없이 그냥 가능성들을 나열하는(이를테면 "내일 비가 올 수도 있다") 환경은 '비결정론적'이다.

**일화적**
**순차적**

**일화적**(episodic) 환경 대 **순차적**(sequential) 환경: 일화적 과제 환경에서 에이전트의 경험은 원자적인 에피소드(episode; 일화)들로 나뉜다. 각 에피소드에서 에이전트는 하나의 지각을 받아서 하나의 동작을 수행한다. 여기서 중요한 점은, 그다음 에피소드는 이전 에피소드들에서 취한 행동에 의존하지 않는다는 것이다. 분류 과제는 일화적일 때가 많은데, 예를 들어 조립 라인에서 결함이 있는 부품을 찾아내야 하는 에이전트는 오직 현재 부품만 보고 결정을 내린다. 현재 결정은 이전 결정들과는 무관하며, 다음 부품에 결함이 있는지의 결정에 영향을 미치지도 않는다. 반면 순차적 환경에서는 현재 결정이 이후의 모든 결정에 영향을 줄 수 있다.[4] 체스와 택시 주행은 순차적이다. 두 경우 모두, 단기적인 동작들이 장기적인 결과를 빚을 수 있다. 에이전트가 미래를 예측할 필요가 없다는 점에서, 일화적 환경이 순차적 환경보다 훨씬 단순하다.

**정적**
**동적**

**정적**(static) 환경 대 **동적**(dynamic) 환경: 에이전트가 다음 행동을 고민하는 동안 변할 수 있는 환경을 가리켜 그 에이전트에 대해 동적인 환경이라고 말한다. 그렇지 않으면 정적 환경이다. 정적 환경은 다루기가 쉽다. 에이전트가 다음 동작을 결정하는 동안 계속해서 세상을 살펴볼 필요가 없고 시간의 흐름을 걱정할 필요도 없기 때문이다. 반면 동적 환경에서 에이전트는 다음에 무엇을 할 것인지 끊임없이 고민해야 한다. 만일 결정하지 못했다면 아무것도 하지 않기로 결정한 셈이 된다. 환경 자체는 시간의 흐름에 따라 변하지 않지만 에이전트의 성과 측정치는 시간에 따라 변한다면, 그런 환경을 가리켜

**준동적**

**준準동적**(semidynamic)이라고 말한다. 택시 주행은 확실히 동적 환경이다. 주행 알고리즘이 다음 할 일을 고민하는 도중에도 다른 차들과 택시가 계속 움직이기 때문이다. 시간제한이 있는 체스 시합은 준동적이다. 십자말풀이는 정적이다.

**이산적**
**연속적**

**이산적**(discrete) 환경 대 **연속적**(continuous) 환경: 이산離散/연속 구분은 환경의 **상태**(state), **시간**의 처리 방식, 에이전트의 **지각**과 **동작**에 적용된다. 예를 들어 체스 환경에는 유한한 개수의 이산적 상태들(시계는 제외)이 있다. 또한 체스에서는 지각들과 동작들도 이산적이다. 택시 주행은 연속 상태 및 연속 시간 문제이다. 택시 및 다른 차량의 속도와 위치는 일정 범위의 연속된 값이며, 그 값은 시간에 따라 매끄럽게 변한다. 택시 주행 동작들 역시 연속적이다(조타 각도 등등). 디지털카메라의 입력은 엄밀히 말해 이산적이지만 일반적으로는 연속적으로 변하는 명암과 위치를 나타내는 것으로 간주된다.

---

4 컴퓨터 과학에서 '순차적'이라는 용어는 '병렬적(parallel)'의 반대말로도 쓰인다. 그러한 의미의 '순차적'과 지금 말하는 '순차적'은 별 관련이 없다.

기지(known) 환경과 **미지**(unknown) 환경: 엄밀히 말해서 이 구분은 환경 자체가 아니라 환경의 '물리 법칙들'에 관한 에이전트의(또는 설계자의) 지식 상태에 관한 것이다. 기지<sup>旣知</sup> 환경(알려진 환경)에서는 모든 동작에 관한 결과가(비결정론적 환경에서는 결과의 확률들이) 주어진다. 물론, 미지의 환경에서는 좋은 결정을 내리기 위한 작동 방식을 에이전트가 배워 나가야 한다.

기지/미지 구분이 완전 관측 가능/부분 관측 가능 구분과는 다른 것임을 주의하기 바란다. 기지 환경이지만 **부분적으로** 관측 가능인 환경도 얼마든지 있을 수 있다. 예를 들어 솔리테어 카드 게임에서 필자는 모든 규칙을 알고 있지만, 그래도 아직 뒤집지 않은 카드는 볼 수 없다. 반대로, 미지의 환경이지만 **완전 관측 가능**인 환경도 있다. 예를 들어서 새 비디오 게임에서 게임 상태 전체가 화면에 나와 있다고 해도, 어떤 버튼이 어떤 일을 하는지는 눌러보지 않은 이상 알 수 없다.

p.56에서 언급했듯이 성과 측도 자체가 미지일 수도 있다. 설계자가 그것을 정확히 명시하는 방법을 고안하지 못했거나, 최종 사용자의 선호도를 미리 알 수 없는 경우 그럴 수 있다. 예를 들어 택시 기사는 승객이 느긋한 여정을 선호하는지 아니면 빨리 목적지에 도착하고 싶어 하는지, 조심스럽게 운전하길 원하는지 공격적으로 운전하길 원하는지 미리 알지 못한다. 가상 개인 비서는 새 사용자의 개인 선호도들을 전혀 모르는 상태에서 출발한다. 그런 경우 에이전트는 설계자 또는 사용자와의 추가적인 상호작용들에 기초해서 성과 측도에 관해 배워 나가야 할 것이다. 이런 점을 고려하면, 과제 환경을 일종의 다중 에이전트 환경으로 취급해야 할것이다.

가장 어려운 경우는 **부분 관측 가능, 다중 에이전트, 확률적, 순차적, 동적, 연속적, 미지** 환경이다. 이러한 모든 의미에서 택시 주행은 택시 기사의 환경이 대부분 알려져 있다는 점만 빼고는 어려운 과제 환경이다. 처음 가 본 나라의, 지형과 교통 법규가 익숙하지 않은 환경에서 신경이 예민한 승객들을 태우고 렌터카를 모는 것이 훨씬 더 흥미로운 일일 것이다.

도해 2.6은 몇 가지 익숙한 환경의 속성들을 나열한 표이다. 속성 구분이 항상 깔끔하고 명확하지는 않음을 주의하기 바란다. 의료 진단 과제를 단일 에이전트라고 분류한 이유는, 환자의 질병 진행을 하나의 에이전트로 모형화하는 것이 별로 이롭지 않기 때문이다. 그러나 의료 진단 시스템이 까다로운 환자와 회의적인 의료진을 함께 다루어야 할 수도 있는데, 그런 경우 환경은 다중 에이전트 속성도 갖출 것이다. 더 나아가서, 의료 진단이라는 것을 증상들의 목록이 주어졌을 때 하나의 진단을 선택하는 과제로 본다면 의료 진단 시스템은 일화적이다. 반면 일련의 검사들, 치료 과정에서의 병세 호전 평가, 다수의 환자 치료 등을 포함하는 과제로 본다면 순차적이다.

표에는 '기지/미지' 열이 없는데, 이는 이전에 설명했듯이 그러한 구분은 엄밀히 말해 환경의 속성이 아니기 때문이다. 체스나 포커 같은 환경에서는 에이전트에게 미리 모든 규칙을 완전히 알려 줄 수 있지만, 그래도 에이전트가 그런 지식 없이 체스나 포커를 플레이하는 방법을 어떻게 배울 수 있는지 고려하는 것은 여전히 흥미로운 일이다.

| 과제 환경 | 관측 가능 | 에이전트 | 결정론적 | 일화적 | 정적 | 이산적 |
|---|---|---|---|---|---|---|
| 십자말풀이 | 완전 | 단일 | 결정론적 | 순차적 | 정적 | 이산적 |
| 시간 제한 있는 체스 | 완전 | 다중 | 결정론적 | 순차적 | 준정적 | 이산적 |
| 포커 | 부분 | 다중 | 확률적 | 순차적 | 정적 | 이산적 |
| 백가몬 | 완전 | 다중 | 확률적 | 순차적 | 정적 | 이산적 |
| 택시 주행 | 부분 | 다중 | 확률적 | 순차적 | 동적 | 연속적 |
| 의료 진단 | 부분 | 단일 | 확률적 | 순차적 | 동적 | 연속적 |
| 화상 분석 | 완전 | 단일 | 결정론적 | 일화적 | 준정적 | 연속적 |
| 부품 피킹 로봇 | 부분 | 단일 | 확률적 | 일화적 | 동적 | 연속적 |
| 정유기 제어기 | 부분 | 단일 | 확률적 | 순차적 | 동적 | 연속적 |
| 영어 가정교사 | 부분 | 다중 | 확률적 | 순차적 | 동적 | 이산적 |

**도해 2.6** 과제 환경의 예와 해당 특성.

**환경 클래스**　　이 책의 소스 코드 저장소(aima.cs.berkeley.edu)에는 다양한 환경의 구현들이 있으며, 에이전트 성과 평가를 위한 범용 환경 시뮬레이터도 있다. 실험을 하나의 환경이 아니라 하나의 **환경 클래스**(environment class)에서 파생한 여러 환경에 대해 수행할 때가 많다. 예를 들어 모의 교통 환경에서 택시 기사를 평가하는 경우 교통량이나 조명, 날씨 조건이 다른 여러 시뮬레이션을 돌려 보는 것이 바람직하다. 그런 경우 주어진 환경 클래스의 여러 환경 인스턴스들에서 얻은 에이전트의 평균 성과를 보아야 할 것이다.

# 2.4 에이전트의 구조

지금까지는 에이전트의 **행동**(behavior), 즉 임의의 지각열이 주어진 후 수행된 동작을 통해서 에이전트를 논의했다. 이제 좀 더 본격적인 주제로 넘어가서, 에이전트의 내부 작동 방식을 살펴보자. 인공지능 구축에서 주된 임무는 에이전트 함수(지각을 동작으로 사상하는 함수)를 구현하는 **에이전트 프로그램**을 설계하는 것이다. 우리는 그러한 프로그램이 물리적 감지기와 작동기를 갖춘 일종의 계산 장치에서 실행된다고 가정한다. 그러한 계산 장치를 **에이전트 아키텍처**<sup>agent architecture</sup>라고 부른다.

**에이전트 프로그램**

**아키텍처**

　　　　　*에이전트 = 아키텍처 + 프로그램*

물론 프로그램은 반드시 아키텍처에 적합한 것이어야 한다. 예를 들어 걷기라는 동작을 추천하는 프로그램은 반드시 다리가 있는 아키텍처에서 실행되어야 한다. 아키텍처는 그냥 보통의 PC일 수도 있고 여러 대의 내장형 컴퓨터와 카메라, 기타 감지기를 장착한 로봇 차량일 수도 있다. 일반적으로, 아키텍처는 감지기로부터의 지각들을 프로그램에 제공하고, 프로그램을 실행하고, 프로그램이 선택한 동작들을 작동기에 공급해서 동작이 일어나게 하는 능력을 갖추어야 한다. 이 책의 내용은 대부분 에이전트 프로그램의 설계에 관한 것이다. 단, 제25장과 제26장은 감지기와 작동기를 직접 다룬다.

## 2.4.1 에이전트 프로그램

이 책에서 설계하는 모든 에이전트 프로그램은 감지기로부터 현재 지각을 하나 입력받고 작동기에 동작 하나를 돌려준다는 공통의 골격을 따른다.[5] 에이전트 함수는 필요하다면 현재까지의 모든 지각의 역사를 사용할 수 있지만 에이전트 프로그램은 현재 지각만 입력받을 수 있다는 차이점에 주목하기 바란다. 에이전트 프로그램이 현재 지각만 입력받을 수 있는 이유는 애초에 환경이 그 이상의 정보는 제공하지 않기 때문이다. 에이전트의 동작이 전체 지각열에 의존해야 한다면, 에이전트는 자신이 받은 지각들을 기억해야 한다.

이 책이 제시하는 에이전트 프로그램들은 부록 B에 정의된 간단한 의사코드(pseudocode) 언어로 되어 있다. (온라인 코드 저장소에는 실제 프로그래밍 언어로 된 구현들이 들어 있다.) 예를 들어 도해 2.7은 지각열을 유지하고 그것을 동작들의 테이블을 참조하는 색인으로 사용해서 다음 동작을 선택하는 비교적 자명한 에이전트 프로그램이다. 동작 참조 테이블(한 예로, 도해 2.3에 진공청소기 세계에 대한 동작 참조 테이블이 나와 있다)는 에이전트 프로그램에 내장된 에이전트 함수를 명시적으로 표현한다. 이런 식으로 합리적 에이전트를 구축하려면, 설계자는 반드시 모든 가능한 지각열에 대해 적절한 행동이 들어 있는 테이블을 구축해야 한다.

---

**function** TABLE-DRIVEN-AGENT(*percept*) **returns** 하나의 동작
   **지속 변수:** *percepts*, 지각들의 순차열, 초기에는 비어 있음
            *table*, 동작들의 테이블. 지각열을 색인으로 함, 처음부터 완전히 채워져 있음

   *percept*를 *percepts*의 끝에 추가한다
   *action* ← LOOKUP(*percepts*, *table*)
   **return** *action*

---

**도해 2.7** TABLE-DRIVEN-AGENT 프로그램은 각각의 새 지각마다 호출되고 매번 하나의 동작을 돌려준다. 이 프로그램은 완전한 지각열을 메모리 안에 유지한다.

---

5  이와는 다른 형태의 골격도 가능하다. 예를 들어 에이전트 프로그램을 환경과 비동기적으로 시행되는 **협동루틴**(coroutine)으로 둘 수도 있다. 그러한 협동루틴들은 각자 하나의 입력 포트와 출력 포트를 가지며, 입력 포트에서 지각들을 읽고 출력 포트에 동작들을 기록하는 루프로 구성된다.

이처럼 참조 테이블(lookup table; 또는 참조표) 위주로 에이전트를 구축하는 접근방식이 실패할 수밖에 없는 이유를 생각해 보면 배울 점이 많을 것이다. $\mathcal{P}$가 가능한 지각들의 집합이고 $T$가 에이전트의 수명(받게 되는 총 지각 수)이라고 하자. 그러면 참조 테이블의 항목 개수는 $\sum_{t=1}^{T}|\mathcal{P}|^t$이다. 자동 택시의 경우 카메라 하나(흔히 카메라 8대를 사용한다)의 시각 정보는 대략 초당 70MB(초당 30프레임, 색상 정보 24비트 픽셀 1080 × 720개)의 속도로 입력된다. 그러면 1시간 주행을 위한 참조 테이블의 항목 개수는 $10^{600,000,000,000}$이다. 실세계의 아주 작은, 그리고 행동 방식이 잘 정의된 현실 세계의 일부인 체스를 위한 참조 테이블이라고 해도 무려 $10^{150}$개 이상의 항목을 담아야 한다. 참고로, 관측 가능한 우주의 원자 수가 $10^{80}$개이다. 참조 테이블이 이처럼 어마어마하게 크므로, (a) 이 우주에서 그런 참조 테이블을 담을 수 있는 공간을 가진 물리적 에이전트는 없고, (b) 설계자가 그런 테이블을 만들 시간도 없고, (c) 적절한 참조 테이블 항목을 경험으로부터 모두 배울 수 있는 에이전트도 없다.

이러한 모든 문제점에도, 테이블을 정확히 채울 수만 있다면 TABLE-DRIVEN-AGENT 프로그램은 우리가 원한 바를 수행한다. 이 프로그램이 우리가 원하는 에이전트 함수를 구현함은 사실이다.

▶ 인공지능의 핵심적인 도전 과제는 커다란 테이블이 아니라 자그마한 프로그램으로 가능한 한 합리적인 행동을 산출할 수 있도록 프로그램을 작성하는 방법을 알아내는 것이다.

다른 영역에는 이러한 과제를 성공적으로 수행할 수 있음을 보여 주는 예가 많이 있다. 예를 들어 1970년대 이전에 공학자들과 저학년 학생들이 사용하던 커다란 제곱근표는 이제 전자계산기에서 실행되는 다섯 줄짜리 뉴턴법(Newton's method) 프로그램으로 대체되었다. 그렇다면 질문은, 뉴턴법이 제곱근에 대해 한 일을 인공지능이 종합적인 지능적 행동에 대해 할 수 있을까? 우리는 그렇다고 믿는다.

이번 절의 나머지 부분에서는 거의 모든 지능 시스템에 깔린 원칙들을 내장한, 다음과 같은 네 종류의 기본 에이전트를 소개한다.

- 단순 반사 에이전트
- 모형 기반 반사 에이전트
- 목표 기반 에이전트
- 효용 기반 에이전트

이들은 동작을 산출하기 위해 어떤 구성요소들을 어떻게 조합하는가에 따라 구분된다. §2.4.6은 이 모든 에이전트를, 구성요소들의 성과를 차츰 개선해서 더 나은 동작을 산출하는 능력을 갖춘 학습하는 에이전트로 변환하는 방법을 일반적인 관점에서 설명한다. 마지막으로, §2.4.7은 에이전트 안에서 구성요소 자체를 표현하는 다양한 방식을 서술한다. 이러한 다양성은 인공지능 분야의, 그리고 이 책 자체의 주된 구성 원리를 제공한다.

## 2.4.2 단순 반사 에이전트

단순 반사
에이전트

가장 단순한 형태의 에이전트는 **단순 반사 에이전트**(simple reflex agent)이다. 이런 종류의 에이전트는 항상 **현재** 지각에 근거해서 동작을 선택할 뿐, 지각 역사의 나머지 부분은 무시한다. 예를 들어 도해 2.3의 테이블과 같은 에이전트 함수를 가진 진공청소기 에이전트는 현재 위치와 그 위치에 먼지가 있는지의 여부만으로 결정을 내리므로 단순 반사 에이전트이다. 이 에이전트를 위한 에이전트 프로그램이 도해 2.8에 나와 있다.

진공청소기 에이전트 프로그램이 해당 참조 테이블에 비해 아주 작다는 점을 주목하기 바란다. 크기가 작아진 주된 요인은 지각 역사를 무시한다는 점이다. 이 덕분에 유효한 지각열의 수가 $4^T$개에서 단 네 개로 줄었다. 또한 현재 사각형이 더러운 경우의 동작이 위치에 의존하지 않는다는 사실도 크기를 조금 줄이는 요인이 되었다. 여기서는 에이전트 프로그램을 if-then-else 문들로 작성했지만, 프로그램이 충분히 단순하기 때문에 하나의 부울 회로로 구현하는 것도 가능하다.

이보다 더 복잡한 환경에서도 단순 반사 행동이 발생한다. 독자가 자동 택시의 기사라고 상상해 보자. 만일 앞차가 제동을 걸어서 브레이크등이 켜졌다면 독자는 이를 감지하고 택시의 제동을 걸기 시작할 것이다. 다른 말로 하면, 우리가 "앞차가 제동 중"이라고 부르는 조건이 시각 입력에 대한 어떠한 처리를 통해서 확립된다. 그러한 조건은 에이전트 프로그램의 어떤 연결 관계를 발동하고, 이에 의해 "제동 시작"이라는 동작이 산

조건-동작 규칙

출된다. 그러한 연결 관계를 **조건-동작 규칙**(condition-action rule)이라고 부르고[6] 다음과 같이 표기한다.

**if** *앞차가-제동-중* **then** *제동-시작*

사람한테도 이런 연결 관계가 많이 있다. 일부는 학습된 반응이고(이를테면 운전) 일부는 본능적인 반사 동작이다(뭔가가 눈 쪽으로 오면 눈을 감는 등). 이 책 전반에서 이런 연결 관계를 학습하고 구현하는 다양한 방법을 살펴볼 것이다.

---

**function** REFLEX-VACUUM-AGENT([*location,status*]) **returns** 하나의 동작

    **if** *status* = *Dirty* **then return** *Suck*
    **else if** *location* = *A* **then return** *Right*
    **else if** *location* = *B* **then return** *Left*

**도해 2.8** 장소가 둘인 진공청소기 환경의 단순 반사 에이전트를 위한 에이전트 프로그램. 이 프로그램은 도해 2.3의 에이전트 함수 테이블을 구현한다.

---

[6] **상황-동작 규칙**(situation–action rule)이나 **생성 규칙**(production), **if-then 규칙**(if-then rule)이라고도 부른다.

도해 2.8의 프로그램은 특정한 하나의 진공청소기 환경에 특화된 것이다. 좀 더 일반적이고 유연한 접근방식은, 먼저 조건-동작 규칙을 해석하는 범용 해석기(interpreter)를 구축하고, 그런 다음 특정 과제 환경을 위한 규칙 집합을 만드는 것이다. 도해 2.9에 그러한 범용 프로그램의 전반적인 구조가 나와 있다. 에이전트가 지각에서 동작으로의 연결 관계를 조건 규칙들에 근거해서 만들어 내는 방식을 파악할 수 있을 것이다. (너무 단순한 게 아닌가 걱정할 필요는 없다. 잠시 후에 좀 더 흥미로운 모습으로 발전할 것이다.)

도해 2.9의 에이전트에 대한 에이전트 프로그램이 도해 2.10에 나와 있다. Interpret-Input 함수는 주어진 지각에 근거해서 현재 상태를 나타내는 추상적 서술을 생성한다. Rule-Match 함수는 규칙 집합 중 주어진 상태 서술에 부합하는 첫 규칙을 돌려준다. 이상의 설명에서 '규칙'이나 '부합'은 순전히 개념적임을 주의하기 바란다. 앞에서 언급했듯이, 실제 구현은 일단의 논리 게이트들로 이루어진 부울 회로의 형태일 수 있다. 아니면 논리 게이트들 대신 인공 신경망의 비선형 단위들을 사용한 '신경' 회로로 구현할 수도 있을 것이다(제21장 참고).

단순 반사 에이전트는 단순함이라는 훌륭한 속성을 가지고 있지만, 그 지능은 제한적이다. 도해 2.10의 에이전트는 정확한 결정을 현재 지각에만 기초해서 내릴 수 있는 경우에만, 즉 환경이 완전 관측 가능일 때에만 작동한다.

관측 불가능한 요인이 조금만 있어도 심각한 문제가 발생할 수 있다. 예를 들어 앞에서 제시한 제동 규칙은 앞-차가-제동-중 조건을 현재 지각, 즉 동영상 한 프레임으로 판단할 수 있다는 가정을 두고 있다. 이는 앞 차의 브레이크등이 실제로 중앙에 달려 있어야(그래서 브레이크등을 고유하게 식별할 수 있어야) 가능한 일이다. 그러나 구식 차종들은 후미등, 브레이크등, 방향지시등이 제각각이며, 한 장의 이미지만으로 차가 제동

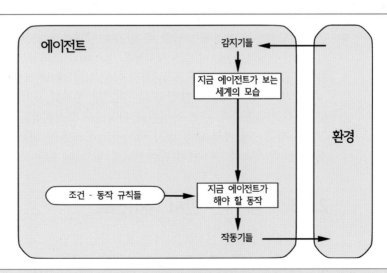

**도해 2.9** 단순 반사 에이전트 구조도. 직사각형은 에이전트의 결정 과정의 현재 내부 상태를 나타내고, 모서리가 둥근 사각형은 그 결정 과정에 쓰이는 배경 정보를 나타낸다.

**function** SIMPLE-REFLEX-AGENT(*percept*) **returns** 하나의 동작
　　**지속 변수:** *rules*, 조건-동작 규칙들의 집합.

　　*state* ← INTERPRET-INPUT(*percept*)
　　*rule* ← RULE-MATCH(*state*, *rules*)
　　*action* ← *rule*.ACTION
　　**return** *action*

**도해 2.10** 단순 반사 에이전트의 구조도. 지각에 의해 정의되는 현재 상태와 부합하는 규칙에 따라 동작한다.

중인지 아니면 그냥 후미등이 켜진 것인지 파악하기가 항상 가능하지는 않다. 그런 차 뒤에서 주행하는 단순 반사 에이전트는 계속해서 불필요하게 제동을 걸거나, 더 나쁘게는 제동을 아예 걸지 않을 수 있다.

　　진공청소기 세계에서도 비슷한 문제가 발생함을 쉽게 짐작할 수 있을 것이다. 위치 감지기는 없고 먼지 감지기만 있는 저급한 단순 반사 에이전트 진공청소기 에이전트가 있다고 하자. 그런 에이전트에게 주어지는 지각은 단 두 종류, 즉 [*Dirty*]와 [*Clean*] 뿐이다. 에이전트는 [*Dirty*]에 반응해서 *Suck* 동작을 수행할 것이다. 그렇다면 [*Clean*]에는 어떻게 반응해야 할까? *Left*로 이동한다면, 만일 에이전트가 *A*에서 시작했다면 영원히 실패한다. *Right*로 이동한다면, 만일 에이전트가 *B*에서 시작했다면 영원히 실패한다. 부분 관측 가능 환경에서 작동하는 단순 반사 에이전트는 이런 무한 루프를 피할 수 없는 경우가 많다.

**무작위화**　　만일 에이전트가 자신의 동작을 **무작위화**(randomization; 또는 임의화, 확률화)한다면 무한 루프에서 탈출할 수 있다. 예를 들어 진공청소기 에이전트가 [*Clean*]을 지각했을 때 동전을 던져서 *Right*와 *Left* 중 하나를 선택할 수도 있다. 그러한 에이전트가 평균 두 단계만에 다른 사각형에 도달할 수 있음을 증명하는 것은 쉬운 일이다. 이동 후 만일 그 사각형이 더럽다면 에이전트는 사각형을 청소한다. 그러면 과제가 완수된다. 따라서, 무작위화된 단순 반사 에이전트가 결정론적인 단순 반사 에이전트보다 더 나은 성과를 낼 수 있다.

　　일부 다중 에이전트 환경에서는 적절한 종류의 무작위 행동이 합리적일 수 있다고 §2.3에서 언급했었다. 단일 에이전트 환경에서 무작위화는 대체로 합리적이지 **않다**. 무작위화는 일부 상황에서 단순 반사 에이전트에 도움이 되는 유용한 요령이지만, 대부분의 경우 좀 더 정교한 결정론적 에이전트로 훨씬 더 나은 성과를 낼 수 있다.

## 2.4.3 모형 기반 반사 에이전트

부분 관측 가능성을 처리하는 가장 효과적인 방법은, 세상의 어떤 부분을 아직 보지 못했는지에 관한 정보를 에이전트가 계속 유지하는 것이다. 즉, 에이전트는 지각 역사에 의존적 **내부 상태**　　인, 따라서 적어도 현재 상태의 관측되지 않은 일부 측면을 반영하는 일종의 **내부 상태** (internal state)를 유지해야 한다. 제동 문제의 경우 내부 상태가 아주 방대하지는 않다.

그냥 카메라의 이전 프레임만 있으면 에이전트는 차량 가장자리의 두 빨간 등이 동시에 켜지거나 꺼짐을 감지할 수 있다. 차선 변경 같은 다른 주행 과제에서, 다른 모든 차가 시야에 들어오지는 않는 경우 에이전트는 다른 차들의 위치를 추적할 필요가 있다. 물론 주행 자체가 가능하게 하려면 에이전트는 자동차 열쇠의 위치를 추적해야 한다.

시간의 흐름에 따라 이러한 내부 상태 정보를 갱신하려면 두 종류의 지식을 어떤 형태로든 에이전트 프로그램에 부호화해 넣어야 한다. 첫째는 세계가 시간이 흐름에 따라 진화하는 방식에 관한 정보인데, 이는 대략 두 부분으로 나뉜다. 하나는 에이전트가 수행한 동작들의 효과들이고, 다른 하나는 에이전트와는 독립적으로 세계가 진화하는 방식이다. 예를 들어 에이전트가 운전대를 시계방향으로 돌리면 차가 오른쪽으로 회전할 것이다. 한편, 비가 내리면 에이전트의 동작과는 무관하게 자동차의 카메라가 젖을 것이다. 이러한 '세계의 작동 방식'에 관한 지식(단순한 부울 회로로 구현하든, 아니면 완전한 과학적 이론으로 구현하든)을 가리켜 세계의 **전이 모형**(transition model)이라고 부른다.

**전이 모형**

둘째는 세계의 상태가 에이전트의 지각들로 반영되는 방법에 관한 지식이다. 예를 들어 앞차가 제동을 걸기 시작하면 전면 카메라 이미지에 붉게 빛나는 영역이 하나 이상 생길 것이다. 그리고 카메라가 젖으면 물방울 모양의 특징들이 이미지에 나타나서 도로의 일부를 가릴 것이다. 이런 종류의 지식을 **감지기 모형**(sensor model)이라고 부른다.

**감지기 모형**

전이 모형과 감지기 모형의 조합 덕분에 에이전트는 세계의 상태를 계속 추적할 수 있다(적어도 에이전트에 장착된 감지기들의 한계 안에서). 이런 모형들을 활용하는 에이전트를 가리켜 **모형 기반 에이전트**(model-based agent)라고 부른다.

**모형 기반 에이전트**

도해 2.11은 내부 상태를 가진 모형 기반 반사 에이전트의 구조이다. 도해에서 보듯이 현재 지각이 기존의 내부 상태와 결합하며, 그 결합과 세계의 작동 방식에 관한 에이전트의 모형에 기초해서 현재 상태에 대한 갱신된 서술이 만들어진다. 이에 해당하는 에이전트 프로그램이 도해 2.12에 나와 있다. 이 프로그램에서 흥미로운 부분은 UPDATE-STATE 함수이다. 이 함수는 새로운 내부 상태 서술을 생성하는 역할을 한다. 모형과 상태의 구체적인 표현 방식은 환경의 종류와 에이전트 설계에 쓰인 구체적인 기술에 따라 다양하다.

어떤 표현을 사용하든, 에이전트가 부분 관측 가능 환경의 현재 상태를 정확히[역주4] 파악할 수 있는 경우는 거의 없다. 도해에서 '지금 에이전트가 보는 세계의 모습'이라는 직사각형은 에이전트의 '최선의 추측'(또는 최선의 추측들—에이전트가 다수의 가능성들을 누리는 경우에는)을 나타낸다. 예를 들어 자동 택시가 앞쪽에 커다란 트럭이 서 있음을 직접 보지는 못하고, 그냥 어떤 이유로 차가 막힌다는 점을 추측만 하는 경우도 있을

---

역주4 여기서 '정확하다'는 exact/exactly를 옮긴 것이다. exact/exactly는 추측이나 예상이 아닌 실제 결과를 뜻하기도 하고 근삿값(이를테면 반올림)이 아닌 참값을 뜻하기도 한다. 문맥에 따라서는 exact/exactly를 '실제' 또는 '구체적인' 등으로 옮기기도 했다. '정확하다'가 correct(옳다 또는 맞다)를 뜻할 때도 있는데, exact와는 문맥으로 충분히 구분할 수 있을 것이다(예를 들어 근사적인 추측이 가능한 문맥에서는 '정확한 추측'이라는 표현이 모순이 아니다). 또는, 지금 문맥처럼 그 구분이 그리 중요하지 않을 수도 있다. 추측이기 때문에 근사이며, 근사라서 옳지(correct) 않다는 해석이 가능하다.

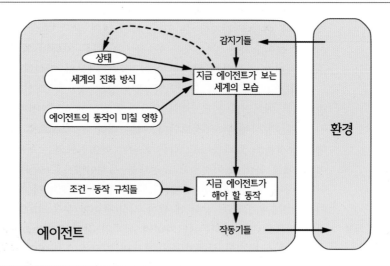

**도해 2.11** 모형 기반 반사 에이전트.

---

**function** MODEL-BASED-REFLEX-AGENT(*percept*) **returns** 하나의 동작
   **지속 변수:** *state*, 에이전트가 현재 인식하고 있는 세계 상태
        *trasition_model*, 다음 상태가 현재 상태와 동작에 어떻게 의존하는지에 대한 서술
        *sensor_model*, 세계 상태가 어떻게 반영되는지에 대한 서술
        *rules*, 조건−동작 규칙들의 집합
        *action*, 가장 최근 동작(초기에는 없음)

   *state* ← UPDATE-STATE(*state, action, percept, trasition_model, sensor_model*)
   *rule* ← RULE-MATCH(*state, rules*)
   *action* ← *rule*.ACTION
   **return** *action*

**도해 2.12** 모형 기반 반사 에이전트. 내부 모형을 이용해서 세계의 현재 상태를 계속 추적한다. 그런 다음 반사 에이전트와 같은 방식으로 동작을 선택한다.

것이다. 이처럼 현재 상태에 관한 불확실성을 완전히 피하지는 못할 수 있으나, 그래도 에이전트는 결정을 내려야 한다.

## 2.4.4 목표 기반 에이전트

환경의 현재 상태에 관해 뭔가를 아는 것만으로는 다음에 할 일을 정하기에 충분하지 않은 경우가 있다. 예를 들어 교차로에서 택시는 좌회전하거나 우회전할 수 있고, 직진할 수도

있다. 적절한 결정은 택시가 어디로 가고자 하느냐에 따라 달라진다. 다른 말로 하면, 에이전트에는 현재 상태 서술뿐만 아니라 바람직한 상황들을 서술하는 **목표**(goal) 정보도 필요하다. 자동 택시의 예라면 특정 목적지에 도달하는 것이 목표가 될 것이다. 에이전트 프로그램은 이를 모형(모형 기반 반사 에이전트에 쓰인 것과 동일한 정보)과 결합해서 목표를 달성하는 동작을 선택할 수 있다. 도해 2.13에 목표 기반 에이전트의 구조가 나와 있다.

목표 기반 동작 선택이 아주 간단할 때도 있다. 예를 들어 하나의 동작을 수행하면 목표가 즉시 충족되는 경우가 그렇다. 그러나 그보다 까다로울 때도 있다. 예를 들어 멀리 있는 목적지에 도달하는 길을 파악하려면 에이전트는 긴 좌·우회전 및 직진 동작열을 고려해야 한다. 에이전트의 목표를 달성하게 하는 동작열(action sequence)을 찾는 문제에 전념하는 인공지능 하위 분야로는 **검색**(search; 제3~5장)과 **계획 수립**(planning; 제11장)이 있다.

이런 종류의 의사결정이 앞에서 설명한 조건-동작 규칙과는 근본적으로 다르다는 점을 주목하기 바란다. 이런 종류의 의사결정에는 미래에 관한 고찰, 즉 "내가 이러저러한 동작을 수행하면 어떤 일이 생길까?"와 "그렇게 하면 내가 만족할 수 있을까?" 둘 다에 관한 고찰이 관여하기 때문이다. 반사 에이전트 설계에서는 내장된 규칙들에 의해 지각에서 동작으로의 사상이 직접 일어나므로 이런 정보가 명시적으로 표현되지 않는다. 반사 에이전트는 브레이크등이 보이면 그냥 제동을 걸 뿐이다. 왜 그래야 하는지는 알지 못한다. 반면, 앞차의 브레이크등이 켜졌을 때 목표 기반 에이전트가 제동을 거는 이유는, 그런 상황에서 다른 차와 부딪히지 않는다는 목표를 달성하는 유일한 동작이 그것이기 때문이다.

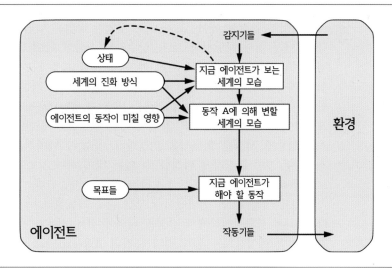

**도해 2.13** 모형 기반 및 목표 기반 에이전트. 이 에이전트는 세계의 상태를 추적할 뿐만 아니라 자신이 추구하는 목표들의 집합도 추적하며, 그 목표들의 달성으로 이어지는(궁극적으로) 동작을 선택한다.

목표 기반 에이전트가 덜 효율적으로 보이긴 하지만, 의사결정을 지원하는 지식이 명시적으로 표현될 뿐만 아니라 그러한 지식을 수정할 수 있다는 점에서 좀 더 유연하다. 예를 들어 목표 기반 에이전트에서는 다른 목적지로 가도록 행동을 변경하기가 쉽다. 그냥 그 목적지를 목표로 지정하면 된다. 반면, 반사 에이전트의 회전 및 직진 관련 규칙들은 하나의 목적지에 특화된 것이다. 다른 곳으로 가려면 그 규칙들을 모두 다른 규칙들로 대체해야 한다.

## 2.4.5 효용 기반 에이전트

대부분의 환경에서, 고품질 행동을 생성하려면 목표만으로는 부족하다. 예를 들어 택시가 목적지에 도달하게 하는(따라서 목표가 달성되는) 동작열은 많이 있지만, 소비 시간이나 안전성, 신뢰성, 비용은 각자 다르다. 목표는 단지 '행복(만족)' 상태와 '불행(불만족)' 상태라는 투박한 이분법을 제공할 뿐이다. 좀 더 일반적인 성과 측도는 서로 다른 세계 상태들을 에이전트가 정확히 얼마나 행복한지를 기준으로 비교할 수 있는 것이어야 한다. 그런데 '행복'이라는 용어는 별로 과학적이지 않은 것 같아서 경제학자들과 컴퓨터 과학자들은 **효용**效用(utility)[7]이라는 용어를 대신 사용한다.

**효용**

성과 측도가 주어진 임의의 환경 상태 순차열에 점수를 부여한다는 점은 이미 이야기했다. 따라서 택시 목적지에 도달하는 방법 중 더 우월한 방법과 열등한 방법을 구분하는 것은 쉬운 일이다. 에이전트의 **효용 함수**(utility function)는 본질적으로 성과 측도를 에이전트 안에 내장한 것이다. 내부 효용 함수와 외부 성과 측도 사이에 모순이 없다는 가정하에서, 자신의 효용을 최대화하는 동작을 선택하는 에이전트는 외부 성과 측도를 기준으로 합리적인 에이전트가 된다.

**효용 함수**

이것이 합리적 에이전트가 되는 **유일한** 방법은 아님을 다시금 강조하고자 한다. 도해 2.8에서 이미 보았듯이, 효용 함수라는 개념이 아예 없는 에이전트 프로그램도 합리적일 수 있다. 그러나 목표 기반 에이전트처럼 효용 기반 에이전트는 유연성과 학습 능력 면에서 장점이 많다. 더 나아가서, 목표들이 그리 적합하지 않은 상황에서도 효용 기반 에이전트가 여전히 합리적 결정을 내릴 수 있는 두 가지 경우가 존재한다. 첫째로, 목표들이 서로 충돌해서 오직 일부 목표만 달성이 가능한(이를테면 속도와 안전성) 경우 효용 함수가 적절한 절충점을 지정한다. 둘째로, 에이전트가 추구할 만한 목표가 여러 개이지만 그중 확실하게 달성할 수 있는 것이 하나도 없을 때에 효용 함수는 목표의 중요도에 비한 성공 가능성을 추정하는 방법을 제공한다.

실제 세계에서는 어디에서나 부분 관측 가능성과 비결정론적 성질(속성)을 볼 수 있다. 따라서 불확실성하에서 결정을 내려야 하는 경우가 흔하다. 엄밀히 말해서 합리적인 효용 기반 에이전트는 동작 결과의 **기대 효용**(expected utility)을 최대화한다. 즉, 각 결과의 확률과 효용이 주어졌을 때 에이전트가 얻을 수 있는 효용들의 평균을 최대화하는

**기대 효용**

---

[7] 여기서 'utility'라는 단어는 전기 회사나 상수도가 아니라 '유용함의 정도(quality of being useful)'를 뜻한다. (전자의 utility는 공공시설, 공익 설비 등으로 번역된다.─옮긴이)

것이다. ('기대'는 부록 A에서 좀 더 엄밀하게 정의한다.) 제16장에서 보겠지만, 모든 합리적 에이전트는 마치 반드시 자신이 최대화하고자 시도하는 효용 값을 산출하는 효용함수를 가지고 있는 것처럼 행동해야 한다. **명시적** 효용 함수를 가진 에이전트는 최대화할 특정 효용 함수에 의존하지 않는 범용 알고리즘으로 합리적 결정을 내릴 수 있다. 이런 방식에서 합리성의 '전역' 정의(성과가 가장 높은 에이전트 함수를 합리적이라고 명시하는 것)는 간단한 프로그램으로 표현할 수 있는 합리적 에이전트 설계에 대한 '국소' 제약으로 바뀐다.

도해 2.14에 효용 기반 에이전트의 구조가 나와 있다. 제16장과 제17장에서 비결정론적 환경이나 부분 관측 가능 환경에 내재한 불확실성을 처리해야 하는 의사결정 에이전트를 설계할 때 효용 기반 에이전트 프로그램의 예를 보게 될 것이다. 제18장에서 설명하겠지만, 다중 에이전트 환경의 의사결정도 효용이론의 틀 안에서 연구된다.

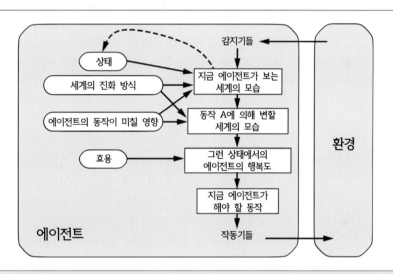

**도해 2.14** 모형 기반, 효용 기반 에이전트. 이 에이전트는 세계의 모형과 세계의 여러 상태에 대한 자신의 선호도를 측정하는 효용 함수를 사용한다. 이를 이용해서 에이전트는 최상의 기대 효용을 낳는 동작을 선택한다. 여기서 기대 효용은 모든 가능한 결과 상태들의 가중 평균으로, 각 결과의 확률이 가중치로 쓰인다.

이 지점에서 아마 "이렇게 간단한가? 그냥 기대 효용을 극대화하는 에이전트를 만들기만 하면 끝인가?"라는 의문을 가진 독자도 있을 것이다. 그런 에이전트가 지능적임은 맞지만, 그렇게 간단하지는 않다. 효용 기반 에이전트는 자신의 환경을 모형화하고 추적해야 하는데, 이는 지각, 표현, 추론, 학습에 관한 상당한 양의 연구가 필요한 과제이다. 이러한 연구의 결과가 이 책의 여러 장章에 채워져 있다. 효용이 최대가 되는 동작열을 선택하는 것 역시 여러 장에 걸쳐 설명이 필요한 독창적인 알고리즘들을 요구하는 어려운 과제이다. 그런 알고리즘들을 갖추었다고 해도, 제1장에서 언급했듯이 실제 응용에서 완벽한 합리성을 달성하는 것은 계산 복잡도 때문에 대체로 불가능하다. 또한 모든 효용 기반 에이전트가 모형 기반 에이전트는 아니라는 점도 주목하기 바란다. 제22장과 제26장에서 보겠지만, **모형 없는 에이전트**(model-free agent)는 동작들이 환경을 정확히 어떻게 바꾸는지 배우지 않고도 특정 상황에서 무엇이 최선의 동작인지를 배울 수 있다.

모형 없는 에이전트

마지막으로, 이 모든 사항은 설계자가 효용 함수를 정확하게 명시할 수 있다는 가정을 둔 것이다. 제17장, 제18장, 제22장에서는 효용 함수를 미리 알 수 없는 상황을 좀 더 자세히 살펴본다.

## 2.4.6 학습하는 에이전트

지금까지 동작을 선택하는 방법이 서로 다른 여러 에이전트 프로그램을 설명했다. 그런데 에이전트 프로그램을 **실체화하는** 방법은 아직 설명하지 않았다. 튜링은 유명한 초기 논문 (Turing, 1950)에서 자신의 지능적 기계를 실제로 프로그래밍하는 문제를 고찰했다. 그는 이에 필요한 노력이 어느 정도인지 추정하고는 "좀 더 신속한 방법이 바람직할 것이다." 라고 결론지었다. 그가 제안한 방법은 학습하는(learning) 기계를 구축한 후 그 기계를 가르치는 것이었다. 현재 인공지능의 여러 분야에서 이는 최첨단 수준의 시스템을 작성할 때 선호되는 방법이다. 그 어떤 종류의 에이전트라도(모형 기반, 목표 기반, 효용 기반 등등) 학습하는 에이전트로서 구축할 수 있다(또한, 학습하는 에이전트가 아닌 형태로도 구축할 수도 있다).

학습의 또 다른 장점은 에이전트가 미리 알지 못한 환경에서도 작동할 수 있으며 초기 지식으로 가능한 수준 이상으로 유능해질 수 있다는 점이다. 이번 절에서는 학습하는 에이전트(줄여서 학습 에이전트)의 주요 개념을 간략히 소개한다. 이후 이 책 전반에서 특정 종류의 에이전트를 이야기할 때 학습 가능성과 방법을 언급할 것이다. 제19~22장에서는 학습 알고리즘 자체를 좀 더 깊게 살펴본다.

학습 에이전트는 크게 네 가지의 개념적 구성요소로 나뉜다(도해 2.15). 가장 중요한 구분은 학습의 진척을 책임지는 **학습 요소**(learning element)와 외부 동작의 선택을 책임지는 **수행 요소**(performance element)이다. 수행 요소는 이전에 고찰한 에이전트 전체에 해당한다. 즉, 이 요소는 지각을 입력받고 동작을 결정한다. 학습 요소는 **비평자** (critic)가[역주5] 제공한, 에이전트가 얼마나 잘하고 있는지에 관한 의견(feedback)에 기초해서, 이후에 더 잘하려면 학습 요소를 어떻게 수정해야 하는지 결정한다.

학습 요소
수행 요소
비평가

학습 요소의 설계는 수행 요소의 설계에 크게 의존한다. 특정 능력을 배우는 에이전트를 설계할 때 첫 번째 질문은 "이 능력을 어떻게 배우게 할 것인가?"가 아니라 "이 능력을 배웠을 때 에이전트가 그것을 실제로 수행하려면 어떤 종류의 수행 요소가 필요한가?"이다. 수행 요소를 위한 에이전트 설계가 주어진다면, 에이전트의 모든 부분을 개선하도록 학습 메커니즘을 구축하는 것이 가능하다.

---

[역주5] 강화학습에 흔히 쓰이는 행위자-비평자 모형의 어법에 따라, 좀 더 일반적인 '비평가' 대신 '비평자'라고 옮기기로 한다.

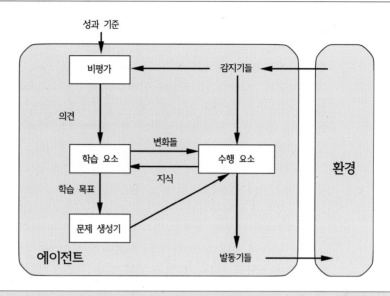

**도해 2.15** 일반적 학습 에이전트. '수행 요소' 직사각형은 이전에 우리가 에이전트 프로그램 전체로 간주했던 것에 해당한다. 이 구조에서 '학습 요소' 직사각형은 에이전트의 성과가 개선되도록 그 프로그램을 수정하는 역할을 한다.

비평자는 고정된 성과 기준에 근거해서 에이전트가 얼마나 잘하고 있는지를 학습 요소에 알려준다. 지각들 자체는 에이전트가 얼마나 성공적인지 말해 주지 않으므로 이러한 비평자가 꼭 필요하다. 예를 들어 체스 프로그램은 자신이 상대를 체크메이트(checkmate) 상태로 몰았음을 뜻하는 지각을 받을 수는 있지만, 그것이 좋은 일인지를 알려면 어떠한 성과 기준(performance standard)이 필요하다. 지각 자체는 성과 기준을 제공하지 못한다. 그리고 그러한 성과 기준은 반드시 고정된 것이어야 한다는 점이 중요하다. 에이전트가 자신의 행동에 맞게 성과 기준을 수정할 수 없다는 점에서, 개념적으로 성과 기준은 에이전트와 완전히 분리된 외부 요인이라고도 생각할 수 있다.

문제 생성기    학습 에이전트의 마지막 구성요소는 **문제 생성기**(problem generator)이다. 문제 생성기의 임무는 새롭고 배울 점이 있는 경험으로 이어질 동작들을 제시하는 것이다. 만일 수행 요소가 독자적으로 움직인다면 수행 요소는 계속해서 최상의(현재 아는 한도 안에서) 동작들을 유지할 것이다. 그러나 만일 에이전트가 탐험을 조금 해 보기로 마음먹고 단기적으로 다소 덜 최적일 수 있는 동작들을 수행한다면, 장기적으로는 더 나은 동작을 발견할 가능성이 있다. 문제 생성기의 임무는 그러한 탐험적 동작들을 제시하는 것이다. 이는 과학자들이 실험할 때의 방식이기도 하다. 갈릴레오는 피사의 사탑에서 돌을 떨어뜨리는 것 자체가 가치 있는 일이라고 생각하지는 않았다. 그가 돌을 깨뜨리거나 운 나쁜 행인의 뇌를 수정하려 했던 것은 아니다. 그의 목표는 물체의 운동에 관한 더 나은 이론을 알아내기 위해 자신의 뇌를 수정하는 것이었다.

학습 요소는 에이전트 구조도들(도해 2.9, 도해 2.11, 도해 2.13, 도해 2.14)에 나온 그 어떤 '지식' 요소라도 변경할 수 있다. 가장 간단한 경우는 지각열에서 직접 배우는 것이다. 에이전트는 연이은 두 환경 상태로부터 "내 동작들이 어떤 일을 하는가"와 그 동작들에 의해 "세계가 어떻게 변하는가"를 배울 수 있다. 예를 들어 자동화된 택시가 젖은 도로를 주행하다가 특정한 압력으로 제동을 걸었다면, 에이전트는 그로 인해 속도가 실제로 어느 정도나 감소했는지, 미끌어져서 도로를 벗어났는지를 곧 파악할 수 있다. 문제 발생기는 행동에서 개선이 필요한 영역을 식별하고 실험(이를테면 조건이 다른 도로 면에서 제동을 걸어 보는 등의)을 제시할 것이다.

모형 기반 에이전트의 모형 구성요소를 현실에 좀 더 부합하도록 개선하는 것은 외부 성과 기준이 어떻든 거의 항상 좋은 생각이다. (경우에 따라서는, 간단하지만 약간 덜 정확한 모형이 완벽하지만 끔찍하게 복잡한 모형보다 계산 비용 면에서 나을 수 있다.) 외부 기준에서 비롯한 정보는 반사 구성요소나 효용 함수를 학습하고자 할 때 필요하다.

예를 들어 주행 도중 차가 너무 흔들려서 승객이 택시 주행 에이전트에게 팁을 주지 않고 내렸다고 하자. 이 경우 외부 성과 기준은 에이전트에게 팁을 못 받은 것이 전체 성과에 부정적인 영향을 미친다는 점을 알려 주어야 한다. 그러면 에이전트는 거친 운전이 자신의 효용에 기여하지 못함을 배울 수 있을 것이다. 어떤 면에서 성과 기준은 입력 지각의 일부를 에이전트 행동의 품질에 대한 직접적인 의견을 제공하는 **보상**(또는 **벌점**)으로 구분한다고 할 수 있다. 통증이나 배고픔처럼 동물의 몸에 직접 내장된 성과 기준도 그런 식으로 이해가 가능하다.

> 보상
> 벌점

좀 더 일반적으로, **인간의 선택**들은 인간의 선호도에 관한 정보를 제공할 수 있다. 예를 들어 사람들이 대체로 큰 소음을 좋아하지 않는다는 점을 자동화된 택시가 모르며, 계속 경적을 울리는 것이 차가 오고 있음을 보행자들에게 알리는 방법이라고 생각하게 되었다고 하자. 그에 따른 인간의 행동(귀를 가리거나, 욕을 하거나, 심지어는 클랙슨으로 이어지는 전선을 자르는 등)은 에이전트가 자신의 효용 함수를 갱신하는 데 사용할 증거가 될 것이다. 이 주제는 제22장에서 좀 더 논의한다.

정리하자면, 에이전트들은 다양한 구성요소로 이루어지며, 그런 구성요소들은 에이전트 프로그램 안에서 다양한 방식으로 표현된다. 그런 만큼 학습 방법도 대단히 다양해 보인다. 그러나 다양한 학습 방법들에는 하나의 통합 주제가 존재한다. 지능적 에이전트의 학습은 에이전트의 각 구성요소를 되먹임된 의견 정보와 좀 더 부합하도록 수정하는, 그럼으로써 에이전트의 전반적인 성과를 향상하는 과정으로 요약할 수 있다.

## 2.4.7 에이전트 프로그램 구성요소들의 작동 방식

지금까지 에이전트 프로그램을 여러 구성요소로 이루어진 어떤 것으로 서술했다(아주 높은 수준에서). 그런 구성요소들은 이를테면 "세계는 지금 어떤 모습인가?", "지금 해야 할 동작은 무엇인가?", "이 동작이 세계에 어떤 영향을 미치는가?" 같은 질문에 답하는 역할을 한다. 그렇다면, 인공지능을 배우는 독자가 던질 다음 질문은 "그런 구성요소들이 도대체 어떻게 작동하는 것일까?"이다. 이 질문에 제대로 답하려면 수천 페이지의 글이 필요할 것이다. 여기서는 에이전트 프로그램의 구성요소들이 에이전트의 환경을 표현하는 다양한 방법들의 기본적인 분류 방식을 독자에게 소개하는 정도로 만족하기로 한다.

대략 말하자면, 여러 표현 방식들은 하나의 축에 복잡도와 표현력이 증가하는 순서로, 그러니까 원자적 표현에서 분해된 표현, 그리고 구조적 표현으로 이어지는 순서로 배치할 수 있다. 이 개념들을 설명하려면 구체적인 에이전트 구성요소, 이를테면 "이 동작이 세계에 어떤 영향을 미치는가?"를 담당하는 구성요소를 예로 드는 것이 도움이 된다. 그러한 구성요소는 한 동작의 결과로 환경이 어떻게 변하는지를 서술한다. 도해 2.16은 그러한 전이들을 표현하는 방법들을 도식화한 것이다.

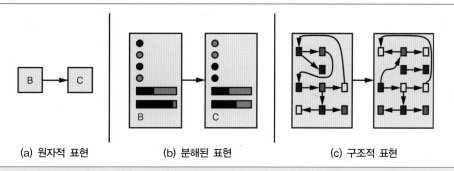

(a) 원자적 표현　　　　(b) 분해된 표현　　　　(c) 구조적 표현

**도해 2.16** 상태들과 그들 사이의 전이를 표현하는 세 가지 방법. (a) 원자적 표현: 하나의 상태(B나 C)는 내부 구조가 없는 블랙박스이다. (b) 분해된 표현: 하나의 상태는 특성값들의 벡터로 이루어진다. 특성값들은 부울 값일 수도 있고 실수 값이나 고정된 기호 집합의 한 기호일 수도 있다. (c) 구조적 표현: 하나의 상태는 객체들을 포함할 수 있으며 각 객체는 자신의 특성들을 가질 수 있다. 또한 상태에는 그러한 객체들 사이의 관계들도 포함된다.

원자적 표현　　　　**원자적 표현**(atomic representation)에서 세계의 각 상태는 더 이상 분해되지 않는다. 즉, 각 상태에는 내부 구조가 없다. 한 나라의 한쪽 끝에서 출발해서 일련의 도시를 거쳐서 다른 쪽 끝으로 이동하는 주행 경로를 찾는 문제를 생각해 보자(이 문제는 p.89의 도해 3.1에서 본격적으로 다룬다). 이 문제를 푸는 목적으로만 본다면 세계의 상태를 그냥 현재 택시가 있는 도시의 이름 하나로 줄여도 무방하다. 도시 이름은 하나의 지식 원자이다. 이는 단 한 가지 목적의 속성만 있는 "블랙박스"와 같다. 그리고 그 목적이란 이 블랙박스가 다른 어떤 블랙박스와 같은지 아닌지를 말해 주는 것이다. **검색**과 **게임 플레이**(제3장~5장), 은닉 마르코프 모형(제14장), 마르코프 의사결정 과정(제17장)에 깔린 알고리즘들은 모두 원자적 표현을 다룬다.

분해된 표현　　　　**분해된 표현**(factored representation)은 각 상태를 고정된 개수와 종류의 **변수**(variable) 변수 또는 **특성**(attribute)들로 분해한다. 각 변수는 각자 하나의 **값**(value)을 가진다. 특성 값

이제 같은 문제를 좀 더 충실하게 서술하는 방식을 고려하자. 좀 더 구체적으로 말

하면, 단지 도시들의 원자적 위치만 고려하는 것이 아니라 연료탱크의 기름 양이나 현재 GPS 좌표, 연료경고등의 작동 여부, 요금소를 통과할 때 낼 돈, 현재 선택된 라디오 방송국 등에도 관심을 둬야 한다고 하자. 서로 다른 두 원자적 상태는 공통점이 전혀 없지만(그냥 서로 다른 두 블랙박스이다), 서로 다른 두 분해된 상태에는 공통의 상태도 있고 (이를테면 두 차가 가까운 위치에 있어서 GPS 좌표가 같음) 그렇지 않은 상태도 있다(한 차는 기름이 많고 다른 차는 기름이 거의 없는 등). 이 덕분에 한 상태를 다른 상태로 전환하는 방법을 파악하기가 훨씬 쉽다. 인공지능의 여러 주요 분야는 이러한 분해된 표현에 기초한다. **제약 충족** 알고리즘(제6장), **명제 논리**(제7장), **계획 수립**(제11장), **베이즈망**(제12~16장), 그리고 여러 기계학습 알고리즘들이 그러한 예이다.

여러 가지 목적에서, 세계에는 단지 값을 가진 변수들뿐만 아니라 서로 **연관된 사물**들도 있음을 이해할 필요가 있다. 예를 들어 택시 앞쪽에서 커다란 트럭이 목장 진입로로 후진하는 도중에 고삐 풀린 소 한 마리가 트럭의 경로를 가로막았음을 지각했다고 하자. 분해된 표현에 값이 **참** 또는 **거짓**인 *앞-트럭이-목장으로-후진하는데-웬-소가-가로막음*이

**구조적 표현**
라는 특성이 미리 갖추어져 있을 가능성이 별로 없다. 이런 경우에는 **구조적 표현**(structured representation; 또는 구조화된 표현)이 필요하다. 구조적 표현으로는 소나 트럭 같은 객체들과 그들 사이의 다양한, 그리고 가변적인 관계를 명시적으로 서술할 수 있다(도해 2.16(c)). 관계형 데이터베이스, 1차 논리(제8~10장), 1차 확률 모형(제15장), 그리고 자연어 이해(제22장, 제23장)의 상당 부분이 구조적 표현을 바탕으로 한다. 사실 사람이 자연어로 표현하는 대부분의 내용은 객체들과 객체들 사이의 관계들에 관한 것이다.

**표현력**
이전에 언급했듯이, 원자적, 분해된, 구조적 표현들은 하나의 축에서 그 **표현력**(expressiveness)이 증가하는 순서로 배치된다. 대략 말하자면, 표현력이 더 큰 표현은 더 작은 표현이 포착하는 모든 것을 포착할 수 있으며(적어도 간결하게나마), 그 외에 더 많은 것을 포착할 수 있다. 표현력이 더 큰 언어가 **훨씬** 간결한 경우가 종종 있다. 예를 들어 체스 규칙을 1차 논리 같은 구조적 표현 언어로 서술하면 한두 페이지로 끝나지만, 명제 논리 같은 분해된 표현 언어로 서술하려면 수천 페이지가 필요하다. 그리고 유한 상태 자동기계 같은 원자적 언어로 서술한다면 약 $10^{38}$페이지가 필요할 것이다. 반면 추론과 학습은 해당 표현의 표현력이 클수록 점점 더 복잡해진다. 실제 세계를 위한 지능 시스템이 표현력 있는 표현의 장점을 취하되 그 단점을 피하려면 축의 모든 점에서 동시에 작동해야 한다.

이상의 축들 외에, 개념들을 물리적 기억 장소(컴퓨터 메모리이든 뇌이든)들로 사상하는 것에 관련된 축으로도 표현 방법을 분류할 수 있다. 개념과 기억 장소 사이에 일대

**국소주의 표현**
일 대응 관계가 존재하는 표현을 **국소주의 표현**(localist representation)이라고 부른다. 반면, 한 개념의 표현이 다수의 기억 장소들에 분산되어 있고 하나의 기억 장소를 서로 다

**분산 표현**
른 여러 개념의 표현의 일부로 사용하는 경우에는 **분산 표현**(distributed representation)이라고 부른다. 분산 표현은 잡음과 정보 소실을 좀 더 잘 견딘다. 국소주의 표현에서 개념에서 메모리 장소로의 사상은 임의적이다. 그리고 만일 전달 과정에서 오류 때문에 비트

몇 개가 뒤집힌다면, 예를 들어 *Truck*(트럭)을 그와는 무관한 개념인 *Truce*(휴전)과 혼동할 수 있다. 그러나 분산 표현에서는 각 개념이 다차원 공간의 한 점을 나타낸다고 생각할 수 있으며, 비트 몇 개가 뒤집혀 봤자 그냥 원래 위치에서 약간만 이동한, 따라서 원래 의미와 비슷한 의미에 대응되는 점이 될 뿐이다.

# 요약

이번 장에서 우리는 에이전트 설계의 과학으로서의 인공지능을 주마간산 격으로 둘러보았다. 기억해야 할 요점은 다음과 같다.

- **에이전트**는 자신의 환경을 지각하고 그 환경 안에서 행동하는 어떤 것이다. 에이전트의 **에이전트 함수**는 임의의 지각열에 대한 반응으로 에이전트가 취할 동작을 지정한다.
- **성과 측도**는 환경 안에서의 에이전트의 행동을 평가한다. **합리적 에이전트**는 지금까지의 지각열이 주어졌을 때 성과 측도의 기댓값을 최대화하는 방식으로 행동한다.
- **과제 환경** 명세에는 성과 측도, 외부 환경, 작동기, 감지기들이 포함된다. 에이전트 설계의 첫 단계는 항상 과제 환경을 최대한 자세하게 명시하는 것이어야 한다.
- 과제 환경은 여러 주요 차원들로 분류된다. 과제 환경은 완전 관측 가능이거나 부분 관측 가능이고, 단일 에이전트이거나 다중 에이전트이고, 결정론적이거나 비결정론적이고, 일화적이거나 순차적이고, 정적이거나 동적이고, 이산적이거나 연속적이고, 알려져 있거나 미지이다.
- 성과 측도를 모르거나 정확히 명시하기 어려운 경우에는 에이전트가 잘못된 목적으로 최적화되어서 큰 위험을 초래할 수 있다. 그런 경우 에이전트 설계는 진짜 목적에 관한 불확실성을 반영해야 한다.
- **에이전트 프로그램**은 에이전트 함수를 구현한다. 명시적으로 주어진, 그리고 의사 결정 과정에서 쓰이는 정보의 종류를 반영하는 다양한 기본 에이전트 프로그램 설계들이 존재한다. 그 설계들은 그 효율성과 간결성, 유연성이 각자 다르다. 어떤 설계가 적절한지는 환경의 속성에 따라 달라진다.
- **단순 반사 에이전트**는 지각에 직접 반응하는 반면 **모형 기반 반사 에이전트**는 현재 지각으로는 명확히 알기 어려운 세계의 측면들을 추적하는 내부 상태를 유지한다. **목표 기반 에이전트**는 자신의 목표들을 달성하기 위해 행동하며, **효용 기반 에이전트**는 자신의 기대 효용 또는 기대 '행복도'를 최대화하려 한다.
- 모든 에이전트는 **학습**을 통해서 자신의 성과를 개선할 수 있다.

## 참고문헌 및 역사적 참고사항

지능에서 동작의 중심 역할, 즉 실천적 추론(practical reasoning)이라는 개념은 적어도 아리스토텔레스의 니코마코스 윤리학까지 거슬러 올라간다. 실천적 추론은 또한 매카시의 영향력 있는 논문 "Programs with Common Sense"(McCarthy, 1958)의 주제이기도 하다. 로봇공학과 제어이론의 분야들은 그 본성상 물리적 에이전트를 주로 고려한다. 제어이론에서 **제어기**(controller)의 개념은 인공지능의 에이전트 개념과 동일하다. 놀랄지도 모르겠지만, 인공지능의 역사 대부분에서 주된 초점은 전체로서의 에이전트 자체가 아니라 에이전트의 개별 구성요소(질문 답변 시스템, 정리 증명기, 시각 시스템 등)였다. 영향력 있는 예외로는 제네세레스와 닐슨의 교과서(Genesereth 및 Nilsson, 1987)에 나온 에이전트에 관한 논의가 있다. 지금은 전체로서의 에이전트 관점이 널리 받아들여졌다. 최근 교과서들은 전체로서의 에이전트를 중심 주제로 둔다(Padgham 및 Winikoff, 2004; Jones, 2007; Poole 및 Mackworth, 2017).

제어기

제1장에서 철학과 경제학의 합리성 개념의 뿌리를 추적한 바 있다. 인공지능에서 그 개념은 1980년대 중반 이전까지 주변적인 관심사였다. 1980년대 중반부터는 이 분야의 적절한 기술적 토대에 관한 많은 논의가 확산되었다. 존 도일의 한 논문(Doyle, 1983)은 합리적 에이전트 설계가 인공지능의 핵심 임무로 간주될 날이 올 것이며, 다른 인기 주제들에서 새로운 분야들이 갈라져 나올 것임을 예측했다.

합리적 에이전트의 설계에서 환경의 속성들과 그 결과들에 세심한 주의를 기울이는 것은 제어이론 전통에서도 뚜렷이 나타난다. 예를 들어 고전적인 제어 시스템들은 완전 관측 가능한 결정론적 환경을 다루고(Dorf 및 Bishop, 2004; Kirk, 2004), 확률적 최적 제어는 부분 관측 가능한 확률적 환경을 다룬다(Kumar 및 Varaiya, 1986; Bertsekas 및 Shreve, 2007). 그리고 혼성(hybrid) 제어는 이산적인 요소들과 연속적인 요소들을 모두 담은 환경을 다룬다(Henzinger 및 Sastry, 1998; Cassandras 및 Lygeros, 2006). 완전 관측 가능 환경과 부분 관측 가능 환경의 구분은 경영과학 분야에서 발전된 **동적 계획법**(dynamic programming) 문헌들에서도 중심적인 역할을 차지한다(Puterman, 1994). 동적 계획법은 제17장에서 논의한다.

단순 반사 에이전트가 행동주의 심리학(제1장)의 주된 모형이었지만, 대부분의 인공지능 연구는 상태를 가진 순수 반사 에이전트라는 개념이 너무 단순해서 별로 쓸모가 없다고 본다([Rosenschein, 1985]와 [Brooks, 1986]은 그러한 가정을 문제시한다. 제26장을 보라). 복잡한 환경의 추적을 위한 효율적인 알고리즘을 찾는 문제에 관해 아주 많은 연구가 있었는데(Bar-Shalom 외, 2001; Choset 외, 2005; Simon, 2006), 대부분은 확률적 설정에서의 연구였다.

목표 기반 에이전트는 실천적 추론에 관한 아리스토텔레스의 관점에서부터 논리적 인공지능에 관한 매카시의 초기 논문에 이르기까지 모든 것을 전제로 한다. 로봇 셰이키(Shakey the Robot)는 논리적인 목표 기반 에이전트를 내장한 최초의 로봇 구현이다(Fikes 및 Nilsson, 1971; Nilsson, 1984). 목표 기반 에이전트에 관한 완전한 논리적 분석이 제네세레스와 닐슨의 책(Genesereth 및 Nilsson, 1987)에 나온다. 쇼엄은 에이전트 지향적 프로그래밍(agent-oriented programming)이라는 목표 기반 프로그래밍 방법론을 개발했다(Shoham, 1993). 현재 에이전트 기반 접근방식은 소프트웨어 공학에서 대단히 인기가 높다(Ciancarini 및 Wooldridge, 2001). 이 접근방식은 운영체제 분야에도 침투했다. 그 분야에서 **자율 컴퓨팅**(autonomic computing)은 지각-동작 루프와 기계학습 방법들로 스스로를 감시하고 제어하는 컴퓨터 시스템과 네트워크를 지칭한다(Kephart 및 Chess, 2003). 진정한 다중 에이전트 환경에서 서로 협력해서 작동하도록 설계된 일단의 에이전트 프로그램들은 필연적으로 모듈성(modularity)을 가진다는(프로그램들이 내부 상태를 공유하지 않으며 오직 환경을 통해서만 서로 통신한다는 의미에서) 점에 주목해서, 이제는 **다중 에이전트 시스템**(multiagent system) 분야에서 단일 에이전트의 에이전트 프로그램을 자율적인 하위 에이전트들의 집합으로 설계하는 일이 흔하다. 때에 따라서는 그런 식으로 만들어진 시스템이 획일적 설계만큼이나 최적의 해를 제공함을 증명하는 것도 가능하다.

에이전트에 대한 목표 기반 관점은 영향력이 엄청난 *Human Problem Solving*(Newell 및 Simon, 1972)으로 시작해서 뉴월의 후기 연구(Newell, 1990) 전체를 관통한 문제 해결 분야의 인지심리학 전통에서도 주도적이다. 이후 **욕구**(desire; 전반적 목표)와 **의도**(intention; 현재 추구하는 목표)로 분화된 목표 개념은 마이클 브래트먼의 영향력 큰 에이전트 이론(Bratman, 1987)의 중심이다.

제1장에서 언급했듯이, 합리적 행동의 기초로서의 효용이론은 그 기원이 수백 년 전으로 거슬러 올라간다. 초기 인공지능 연구자들은 효용을 피하고 대신 목표를 선호했지만, 예외도 있다(Feldman 및 Sproull, 1977). 1980년대에 확률적 방법들에 관한 관심이 되살아나면서, 연구자들은 기대 효용의 최대화를 가장 일반적인 의사결정의 틀로 받아들였다(Horvitz 외, 1988). 펄의 교과서(Pearl, 1988)는 인공지능에서 확률과 효용이론을 상세히 다룬 최초의 문헌이다. 그 책에 나온, 불확실성하에서의 추론과 의사결정(제16장)을 위한 실용적 방법들의 서술은 아마도 1990년대에 인공지능이 효용 기반 에이전트로 급격히 전환하는 데 가장 큰 영향을 미친 요인일 것이다. 강화학습을 결정이론의 틀 안에서 정식화하는 시도 역시 이러한 전환에 기여했다(Sutton, 1988). 다소 놀랍게도, 아주 최근까지는 거의 모든 인공지능 연구가 성과 측도를 효용 함수 또는 보상 함수의 형태로 정확하고 구체적으로 명시할 수 있다는 가정을 두었다(Hadfield-Menell 외, 2017a; Russell, 2019).

도해 2.15에 나온 학습 에이전트의 전반적 구조는 기계학습 문헌들에서 흔히 볼 수 있다(Buchanan 외, 1978; Mitchell, 1997). 프로그램의 형태로 구현된 설계 사례들은 적어도 체커checker 플레이 학습 프로그램에 관한 아서 새뮤얼의 연구들(Samuel, 1959, 1967)로까지 거슬러 올라간다. 학습 에이전트는 제19~22장에서 좀 더 자세히 논의할 것이다.

[Huhns 및 Singh, 1998]과 [Wooldridge 및 Rao, 1999]는 에이전트 기반 접근방식에 관한 초기 논문 여러 편을 모은 논문집들이다. 다중 에이전트 시스템에 관한 교과서들은 에이전트 설계의 여러 측면을 훌륭히 소개한다(Weiss, 2000a; Wooldridge, 2009). 1990년대에 에이전트를 전문으로 하는 일련의 여러 학술대회가 생겨났다. International Workshop on Agent Theories, Architectures, and Languages(ATAL), International Conference on Autonomous Agents(AGENTS), International Conference on Multi-Agent Systems(ICMAS)가 그러한 예이다. 2002년에는 이 세 학술대회가 International Joint Conference on Autonomous Agents and Multi-Agent Systems(AAMAS)로 통합되었다. 2000년에서 2012년까지는 Agent-Oriented Software Engineering(AOSE) 워크숍이 매년 열렸다. 학술지 *Autonomous Agents and Multi-Agent Systems*는 1998년에 설립되었다. 마지막으로, *Dung Beetle Ecology*(Hanski 및 Cambefort, 1991)는 쇠똥구리의 행동에 관한 흥미로운 정보를 풍부하게 제공한다. 인공지능 연구자가 영감을 얻을 만한, 쇠똥구리의 활동에 관한 동영상이 유튜브에 있다.

# PART

# II

# 문제 해결

# 3
## CHAPTER

# 검색을 통한 문제 해결

이번 장에서는 하나의 동작으로는 목표를 달성할 수 없는 상황에서 에이전트가 미래를 내다보고 언젠가는 목표를 달성할 일련의 동작들을 찾아내는 방법을 살펴본다.

수행할 적절한 동작을 당장 찾을 수 없는 상황에서 에이전트는 **미래를 계획**할 필요가 있다. 다른 말로 하면, 에이전트는 목표 상태로의 경로를 형성하는 일련의 동작들, 즉 **동작 열**(sequence of actions)를 고찰해야 한다. 그런 에이전트를 **문제 해결 에이전트**(problem-solving agent)라고 부르고, 목표로의 동작열을 산출하기 위해 에이전트가 수행하는 계산 과정을 **검색**(search)이라고 부른다.

**문제 해결 에이전트**

**검색**

문제 해결 에이전트(problem-solving agent)는 §2.4.7에서 설명한 **원자적** 표현, 즉 세계의 상태가 하나의 전체로 간주되며 그 내부 구조가 문제 해결 알고리즘에 전혀 노출되지 않는 표현을 사용한다. 상태들의 **분해된** 표현이나 **구조적** 표현을 사용하는 목표 기반 에이전트를 흔히 **계획 수립 에이전트**(planning agent)라고 부르는데, 이들에 대해서는 제7장과 제11장에서 논의한다.

이 책은 여러 검색 알고리즘을 설명한다. 이번 장에서는 가장 간단한 환경, 즉 일화적·단일 에이전트·완전 관측 가능·결정론적·정적·이산·기지 환경만 다룬다. 목표까지 얼마나 남았는지를 에이전트가 추정할 수 있는 형태의 **정보 있는**(Informed) 검색 알고리즘과 그런 추정이 불가능한 **정보 없는**(uninformed) 검색 알고리즘을 구분한다. 제4장에서는 제약이 덜한 환경들의 검색을, 제5장은 다중 에이전트 검색을 다룬다.

이번 장은 점근적 복잡도(asymptotic complexity) 개념(즉, 대문자 $O$ 표기법)을 사용한다. 이 개념들에 익숙하지 않은 독자는 먼저 부록 A를 보기 바란다.

# 3.1 문제 해결 에이전트

에이전트가 휴가차 루마니아에 가서 관광을 즐긴다고 상상하자. 에이전트는 경치를 구경하고, 루마니아어를 더 배우고, 밤 문화를 즐기고, 숙취를 피하는 등의 여러 가지 목적을 가진다. 따라서 의사결정 문제는 복잡한 문제이다. 에이전트는 현재 아라드<sup>Arad</sup> 시에 있으며, 그다음 날 부카레스트<sup>Bucharest</sup>에서<sup>역주1</sup> 비행기를 타고 떠나야 하는데 해당 항공권은 환불이 안 된다고 하자. 도로표지판들을 관측한 에이전트는 아라드에서 나가는 도로가 셋임을 알게 된다. 한 도로는 시비우<sup>Sibiu</sup>를 향하고 또 하나는 티미쇼아라<sup>Timisoara</sup>, 다른 하나는 제린드<sup>Zerind</sup>로 이어진다. 이들 중 목표(부카레스트)를 달성하는 것은 없으므로, 루마니아 지리에 익숙하지 않은 한 에이전트로서는 어떤 도로를 택해야 할지 알 수 없다.[1]

만일 에이전트에게 추가적인 정보가 없다면, 즉 환경이 **미지**(unknown)이면, 그냥 가능한 동작 중 하나를 무작위로 택하는 수밖에 없다. 이러한 안타까운 상황은 제4장에서 논의한다. 이번 장에서는 우리의 에이전트가 항상 세계에 관한 정보에, 특히 도해 3.1과 같은 지도에 접근할 수 있다고 가정한다. 이런 정보가 있으면 에이전트는 다음과 같은 4단계 문제 해결 절차에 따라 문제를 해결할 수 있다.

목표 형식화
- **목표 형식화(goal formulation):** 에이전트는 부카레스트에 도달하는 것을 목표로 삼는다. 목표가 있으면 목적들이 제한되고, 그러면 에이전트가 고려할 동작들이 제한되므로 행동의 조직화가 수월해진다.

문제 형식화
- **문제 형식화(problem formulation):** 에이전트는 목표에 도달하는 데 필요한 상태들과 동작들의 명세를 고안한다. 이는 목표 달성과 관련된 세계의 한 부분의 추상모형에 해당한다. 지금 예에서 적당한 모형은 한 도시에서 그 인접 도시로 이동하는 동작들을 고려하는 것이다. 그러면 세계의 상태에 관한 사실들 중 동작에 의해 변하는 사실은 '현재 도시'뿐이다.

검색
해
- **검색(search):** 실제 세계에서 동작을 취하기 전에 에이전트는 목표에 도달하는 동작열이 발견될 때까지 여러 동작열을 자신의 모형 안에서 모의 실행한다. 목표에 도달하는 동작열을 **해**(solution) 또는 해답이라고 부른다. 목표에 도달할 때까지 다수의 동작열을 모의 실행해야 할 수 있지만, 언젠가는 해답을 찾거나(이를테면 아라드에서 시비우와 파가라스를 거쳐 부카레스트에 도달하는 등) 가능한 해답이 없음을 알게 된다.

실행
- **실행(execution):** 해답을 찾았다면 에이전트는 해답을 구성하는 동작들을 하나씩 실행한다.

---

역주1 원칙적으로는 루마니아식으로 '부쿠레슈티(Bucureşti)'라고 표기하는 것이 옳지만, 수식이나 알고리즘 코드와의 일관성을 위해 원서처럼 영어식 표기를 사용하기로 한다. 단, 음차는 영어식 발음과 조금 다를 수 있다.
1 독자도 이런 경험을 해 보았으며, 따라서 에이전트가 처한 상황이 얼마나 막막한지 쉽게 짐작할 수 있다고 가정한다. 이런 교육학적 장치의 이점을 취할 수 없는 루마니아 독자에게는 죄송한 마음을 전한다.

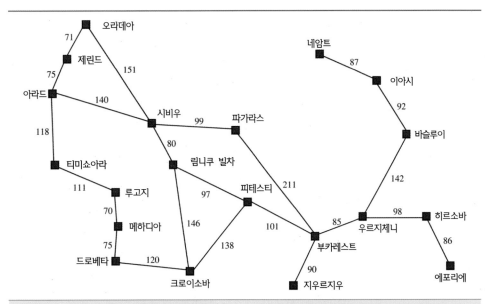

**도해 3.1** 루마니아 일부의 도로망을 단순화한 지도. 간선의 수치는 마일 단위 거리이다.

▶ 완전 관측 가능·결론적·기지 환경의 한 가지 중요한 성질은 그 어떤 문제이든, 해답은 하나의 고정된 동작열이라는 것이다. 지금 예에서는 시비우로 가서 파가라스를 거쳐 부카레스트로 가는 것이 그러한 고정 동작열이다. 모형이 정확한 경우, 에이전트가 일단 해답을 찾았다면 동작들을 실행하는 동안 에이전트 자신의 지각들은 무시해도 된다. 해답이 목표 도달을 보장하므로, 비유하자면 그냥 "눈 감고" 나아가도 되는 것이다. 제어이론

**개루프**에서는 이를 **개루프**(open-loop) 시스템이라고 부르는데, 이는 지각들을 무시하면 에이전트와 환경 사이의 루프가 "열리기" 때문이다. 모형이 부정확할 가능성이 있다면, 또는

**폐루프** 환경이 비결정론적이면, 에이전트는 지각들을 감시하는 **폐루프**(closed-loop) 접근방식을 사용하는 것이 더 안전할 것이다(§4.4).

부분 관측 가능 환경이나 비결정론적 환경에서는 해답이 분기 전략(branching strategy), 즉 현재 주어진 지각에 따라 서로 다른 미래 동작들을 제안하는 형태가 될 것이다. 예를 들어 에이전트가 아라우에서 시비우로 가기로 계획했어도, 뜻밖의 사고를 만나거나 "Drum Închis"(도로 폐쇄됨)라는 표지판 때문에 제린드에 도달하는 경우를 위한 비상 계획이 필요할 수 있다.

## 3.1.1 검색 문제와 해

**문제** 하나의 검색 **문제**(problem)를 형식적으로 다음과 같이 정의할 수 있다.

**상태**
**상태공간** • 환경의 가능한 **상태**(state)들로 이루어진 집합. 이를 **상태 공간**(state space)이라고 부른다.

초기 상태 • 에이전트가 시작하는 **초기 상태**(initial state). 지금 예에서는 *Arad*.

목표 상태 • 하나 이상의 **목표 상태**들의 집합. 목표 상태가 하나일 때도 있고(이를테면 *Bucharest*), 여러 개일 때도 있다. 또한 다수의(잠재적으로는 무한히 많은) 상태들에 적용되는 하나의 속성으로 목표가 정의될 때가 있다. 예를 들어 진공청소기 세계라면, 상태의 다른 측면들이야 어떻든 아무 장소에도 먼지가 없는 상태를 목표로 삼으면 될 것이다. 이 세 가지 가능성을 문제에 대한 하나의 IS-GOAL 메서드를 정의해서 일관되게 처리할 수 있다. 간결함을 위해 이번 장에서는 종종 그냥 '목표'라고만 말하지만, 실제 의미는 '가능한 목표 상태들 중 임의의 하나'이다.

동작 • 에이전트가 할 수 있는 **동작**(action)들. 상태 $s$가 주어졌을 때, ACTIONS($s$)는 $s$에서 에이전트가 할 수 있는 동작들의 유한한[2] 집합을 돌려준다. 이 동작들 각각을 $s$

적용 가능 에서 **적용 가능**(applicable)한 동작이라고 칭한다. 예:

ACTIONS(*Arad*) = {*ToSibiu, ToTimisoara, ToZerind*}.

전이 모형 • 각 동작이 하는 일을 서술하는 **전이 모형**. 해당 함수 RESULT($s$, $a$)는 상태 $s$에서 동작 $a$를 취해서 나오는 상태를 돌려준다. 예:

RESULT(*Arad, ToZerind*) = *Zerind*.

동작 비용 함수 • **동작 비용 함수**. 프로그래밍에서는 ACTION-COST($s,a,s'$)으로 표기하고 수학 공식에서는 $c(s,a,s')$으로 표기한다. 이 함수는 상태 $s$에서 동작 $a$를 취해서 상태 $s'$에 도달하는 데 필요한 비용에 해당하는 수치를 돌려준다. 문제 해결 에이전트는 반드시 자신의 성과 측도를 반영하는 비용 함수를 사용해야 한다. 예를 들어 경로 찾기 에이전트의 동작 비용은 이동 거리(도해 3.1의 마일 단위 거리 같은)일 수도 있고 동작을 완료하는 데 걸리는 시간일 수도 있다.

경로 일련의 동작들은 하나의 **경로**(path)를 형성한다. 그리고 **해**는 초기 상태에서 목표 상태로 가는 경로이다. 이 책은 동작 비용이 가산적이라고 가정한다. 즉, 한 경로의 총 비용은 개별 동작 비용들의 합이다. 모든 해 중 경로 비용이 제일 작은 해를 **최적해**(optimal

최적해 solution)라고 부른다. 몇 가지 복잡한 문제를 피하기 위해, 이번 장에서는 모든 동작 비용이 양수라고 가정한다.[3]

---

2 동작의 수가 무한한 문제를 풀려면 이번 장의 범위를 넘는 기법들이 필요할 것이다.

3 음의 총비용 순환마디(cycle of net negative cost)가 존재하는 임의의 문제에서 비용 최적해는 그 순환마디를 무한히 많은 횟수로 우회하는 것이다. 벨먼-포드 알고리즘과 플로이드-워셜 알고리즘(둘 다 이 책에서는 다루지 않는다)은 음의 순환마디만 없다면 음의 비용 동작들을 처리할 수 있다. 연속된 0비용 동작들의 개수에 제한을 둔다면 0비용 동작들을 허용하는 것은 쉬운 일이다. 예를 들어 이동하는 데에는 비용이 들지만 90° 회전에는 비용이 들지 않는 로봇이 있다고 할 때, 90° 회전을 연달아 최대 세 번까지만 수행할 수 있다는 제약을 둔다면 이번 장의 알고리즘들도 그런 로봇에 적용할 수 있다. 임의로 작은 동작 비용들이 무한히 많은 문제 역시 풀기가 까다롭다. 목표까지 절반만큼 이동하는 동작의 비용이 그 이전 동작의 비용의 절반인, 제논의 역설과 비슷한 상황을 생각해 보기 바란다. 그런 경우 유한한 개수의 동작들로 목

　　　상태 공간은 하나의 **그래프**(graph)로 표현할 수 있다. 이 그래프에서 정점(vertex; 또는 노드^node)는 상태이고 정점 사이의 유향 간선(directed edge)은 동작이다. 도해 3.1에 나온 루마니아 도로지도가 그런 그래프인데, 각 도로는 두 동작(각 방향의)을 나타낸다.

## 3.1.2 문제 형식화

앞에서 부카레스트로 도달하는 문제를 형식화해 보았는데, 그러한 형식화는 하나의 **모형**(model), 즉 추상적인 수학적 서술이지 실질적인 어떤 것은 아니다. *Arad*라는 간단한 원자적 상태 서술을 세계의 상태에 수많은 것이 포함된 실제 여행의 상태 서술과 비교해 보기 바란다. 실제 세계의 상태에는 여행 동료, 현재 라디오 프로, 차창 밖의 풍경, 근처 교통경찰의 존재 유무, 다음 휴게소까지의 거리, 도로 상태, 기후, 교통량 등 많은 것이 포함된다. 상태 서술에서 이 모든 고려사항을 모형에서 배제한 것은, 그것들이 부카레스트로의 여행 경로를 찾는 문제와는 무관하기 때문이다.

추상화　　　　　표현에서 세부사항을 제거하는 절차를 **추상화**(abstraction; 문맥에 따라서는 그냥 '추상')라고 부른다. 문제 형식화가 좋으려면 그 세부 수준이 적절해야 한다. 동작들이 이를테면 "오른쪽 발을 1cm만큼 앞으로 이동한다"나 "핸들(운전대)을 1도만큼 왼쪽으로 돌린다" 정도로 세부적인 수준이라면, 에이전트는 부카레스트에 도달하기는커녕 주차장에서 빠져나가는 경로도 찾지 못할 것이다.

추상 수준　　　　적절한 **추상 수준**(level of abstraction)을 좀 더 정밀하게 정의할 수는 없을까? 상세한 세계 상태들과 상세한 동작열들의 커다란 집합과 대응되는 추상적인 상태들과 동작들을 앞에서처럼 선택했다고 하자. 그리고 추상적인 문제에 대한 해답을 하나 고찰하자. 예를 들어 아라드에서 출발해서 시비우, 림니쿠 빌차, 피테스티를 거쳐 부카레스트로 도달하는 경로를 선택했다고 하겠다. 이 추상적 해는 다수의 좀 더 상세한 경로들에 대응된다. 예를 들어 시비우와 림니쿠 빌차 사이에서는 라디오를 켜고 주행을 하다가 그 이후부터는 내내 라디오를 끄고 주행할 수도 있다.

　　　　　임의의 추상적 해답을 좀 더 상세한 세계의 한 해답으로 확장할 수 있다면 그 추상은 **유효하다**(valid). 이에 대한 충분조건은, 이를테면 "아라드에 있음"에 해당하는 모든 상세 상태에 대해 "시비우에 있음"에 해당하는 상태로의 상세 경로가(그리고 다른 도시 조합들에서도 마찬가지로) 존재한다는 것이다.[4] 만일 추상화된 문제의 해답에 있는 각 동작을 원래 문제의 것보다 더 쉽게 수행할 수 있다면, 그 추상화는 **유용하다**(useful). 지금 예에서 "아라드에서 시비우까지 차를 몰고 간다"라는 동작은 평균적인 능력을 가진 주행 에이전트가 추가적인 검색이나 계획 수립 없이도 충분히 수행할 수 있을 정도로 쉽다. 따라서 좋은 추상화에는 유효성을 유지하고 추상적 동작들을 쉽게 실행할 수 있음을

---

표에 도달할 수 없다. 검색 알고리즘이 경로를 찾기 위해 무한히 많은 동작을 고려하는 일을 피하기 위해, 여기서는 모든 동작 비용이 어떤 작은 양수 $\epsilon$보다 크거나 같다고 가정한다.

[4] §11.4를 보라.

보장하는 한도 안에서 세부사항을 최대한 제거하는 것이 관여한다. 유용한 추상을 구축하는 능력이 없다면 지능적 에이전트는 현실 세계에 완전히 매몰될 것이다.

# 3.2 문제의 예

문제 해결 접근방식은 광범위한 과제 환경에 적용된 바 있다. 이번 절에서는 가장 잘 알려진 몇 가지 과제 환경을 **표준화된 문제**와 **실세계 문제**로 구분해서 나열한다. **표준화된 문제**(standardized problem)들은 다양한 문제 해결 방법의 이해 또는 연습을 목적으로 한 것이다. 표준화된 문제는 간결하고 정확하게 서술할 수 있기 때문에 서로 다른 연구자들이 알고리즘의 성능을 비교하는 데 유용하다. 로봇 내비게이션 같은 **실세계 문제**(real-world problem)들은 사람들이 그 해답을 실제로 사용하는, 그리고 그 형식화가 표준화되지 않은 독특한 문제이다. 예를 들어 로봇들이 종류마다 다른 감지기가 있어서 다른 지각 데이터를 산출한다면, 각 로봇의 내비게이션은 표준화되지 않은 독특한 문제이다.

*표준화된 문제*

*실세계 문제*

## 3.2.1 표준화된 문제들

*격자 세계*

**격자 세계**(grid world) 문제에서 에이전트는 정사각형 칸(cell)들로 이루어진 2차원 직사각 배열 안에서 에이전트가 한 칸에서 다른 어떤 칸으로 이동해야 한다. 보통의 경우 에이전트는 장애물이 없는 수직, 수평 방향 인접 칸으로 자유로이 이동할 수 있으며, 문제에 따라서는 대각선 인접 칸으로도 이동한다. 각 칸에는 에이전트가 집어 들거나, 밀어 버리는 등으로 상호작용하는 어떤 물체가 들어 있을 수 있다. 에이전트는 벽이나 통과할 수 없는 장애물이 있는 칸으로는 이동하지 못한다. §2.1에서 소개한 **진공청소기 세계**를 이러한 격자 세계 문제의 틀에서 다음과 같이 형식화할 수 있다.

- **상태:** 세계의 한 상태는 어떤 칸에 어떤 객체가 있는지 말해준다. 진공청소기 세계에서 객체는 에이전트와 먼지이다. 칸이 단 두 개인 간단한 버전(이하 2-칸 세계)에서 에이전트는 두 칸 중 하나에 위치하며, 각 칸에는 먼지가 있을 수도 있고 없을 수도 있다. 따라서 가능한 상태는 총 $2 \cdot 2 \cdot 2 = 8$이다(도해 3.2). 일반화하면, 칸이 $n$개인 진공청소기 환경의 상태는 $n \cdot 2^n$가지이다.
- **초기 상태:** 어떤 상태라도 초기 상태로 지정될 수 있다.
- **동작들:** 2-칸 세계의 상태마다 가능한 동작은 *Left*(왼쪽으로 이동), *Right*(오른쪽으로 이동), *Suck*(먼지 흡입) 세 가지뿐이다. 더 큰 환경이라면 위로 이동하는 동작과 아래로 이동하는 동작을 추가해서 총 네 가지의 **절대** 이동 동작을 사용해야 할 것이다. 이와는 달리 에이전트의 현재 시야에 상대적인 **자기 중심적 동작**(egocentric action)들을 사용할 수도 있다. 이를테면 *Forward*(전진), *Backward*(후진), *TurnRight*

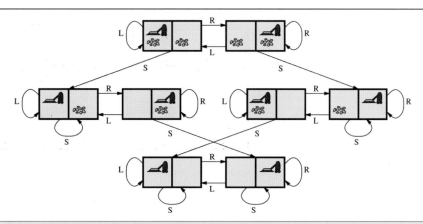

**도해 3.2** 진공청소기 세계의 상태 공간 그래프. 상태는 총 8가지이고 상태마다 세 가지 동작(L = *Left*, R = *Right*, S = *Suck*)이 가능하다.

(오른쪽으로 회전), *TurnLeft*(왼쪽으로 회전) 등이 그러한 동작이다.

- **전이 모형:** *Suck*은 에이전트가 있는 칸의 먼지를 빨아들인다(먼지가 있다면). *Forward*는 에이전트를 현재 시선 방향으로 한 칸 앞으로 이동한다. 단, 앞에 벽이 있으면 아무 일도 하지 않는다. *Backward*는 에이전트를 그 반대 방향으로 이동하고, *TurnRight*와 *TurnLeft*는 에이전트를 오른쪽 또는 왼쪽으로 90° 회전한다.
- **목표 상태들:** 모든 칸이 깨끗한 상태(들).
- **경로동작 비용:** 각 동작의 비용은 1이다.

소코반 퍼즐 또 다른 종류의 격자 세계로 **소코반 퍼즐**sokoban puzzle이 있다. 소코반 퍼즐에서 에이전트의 목표는 격자에 흩어져 있는 여러 상자를 밀어서 지정된 저장 위치들로 옮기는 것이다. 하나의 칸에는 많아야 하나의 상자가 있다. 상자가 있는 칸으로 에이전트가 이동했을 때, 만일 그 너머 칸이 비어 있으면 에이전트와 상자 모두 그 방향으로 한 칸씩 이동한다. 다른 상자가 있는 칸이나 벽으로는 상자를 밀지 못한다. 빈칸이 $n$개이고 상자가 $b$개인 소코반 세계의 상태 수는 총 $n \times n! / (b!(n-b)!)$가지이다. 예를 들어 상자가 12개인 $8 \times 8$ 격자의 상태 수는 200조가 넘는다.

슬라이딩 타일 퍼즐 **슬라이딩 타일 퍼즐**sliding-tile puzzle에서는 다수의 타일(블록이나 피스라고도 한다)이 격자에 배치되어 있되 그중 한 칸이 비어 있어서 한 타일을 빈칸으로 밀어 이동할 수 있다. 이 퍼즐의 한 변형으로 러시아워Rush Hour 퍼즐이 있는데, $6 \times 6$ 격자에 배치된 여러 승용차와 트럭들을 밀어서 특정 차의 길을 터야 한다. 아마도 가장 널리 알려진 변형은 8-퍼즐 $3 \times 3$ 격자에 숫자 타일 여덟 개와 빈칸이 있는 **8-퍼즐**(도해 3.3)과 그것을 조금 더 키운 15-퍼즐 $4 \times 4$ 격자의 **15-퍼즐**일 것이다. 목적은 도해 3.3의 오른쪽에 나와 있는 것 같은 특정 목표 상태에 도달하는 것이다. 8-퍼즐의 표준 형식화는 다음과 같다.

| 시작 상태 | 목표 상태 |

**도해 3.3** 전형적인 8-퍼즐의 예.

- **상태들:** 각 타일의 위치를 지정한다.
- **초기 상태:** 어떤 상태라도 초기 상태로 지정될 수 있다. 상태 공간이 기우성(parity property)에 따라 분할됨을 주목하자. 그 어떤 주어진 목표라도 가능한 초기 상태의 정확히 절반에서 출발해서 도달할 수 있다(연습문제 3.PART).
- **동작들:** 물리적인 퍼즐에서는 실제로 움직이는 것은 각 타일이지만, 문제를 형식화할 때는 빈칸이 상하좌우로 움직인다고 취급하는 것이 더 간단하다. 이를 *Left*, *Right*, *Up*, *Down* 동작으로 표현한다. 빈칸이 격자의 가장자리나 모퉁이에 있을 때는 네 동작 중 일부가 불가능하다.
- **전이 모형:** 상태와 동작을 결과 상태로 사상한다. 예를 들어 도해 3.3의 시작 상태에서 *Left* 동작을 적용하면, 결과 상태는 5와 빈칸이 맞바뀐 구성이다.
- **목표 상태:** 그 어떤 상태도 목표가 될 수 있지만, 일반적으로는 도해 3.3의 오른쪽처럼 숫자들이 순서대로 정렬된 상태를 목표로 삼는다.
- **동작 비용:** 각 동작의 비용은 1이다.

모든 문제 형식화에는 추상화가 관여함을 주의하기 바란다. 8-퍼즐의 동작들은 타일을 밀어 이동하는 과정의 중간 단계 위치들을 무시하고 그냥 시작 상태와 최종 상태만 다루도록 추상화되었다. 또한 타일이 끼어서 움직이지 않을 때 게임판을 흔든다거나 칼로 타일을 뺐다 다시 끼는 등의 동작도 완전히 생략했다. 즉, 물리적인 조작의 세부사항은 모두 제외하고 오직 퍼즐의 규칙에 대한 서술만 남겼다.

이번 절에서 살펴볼 표준화된 문제의 마지막 예는 도널드 커누스가 고안한 것이다 (Knuth, 1964). 이 문제는 무한 상태 공간이 어떻게 발생하는지 보여 준다. 커누스는 4에서 시작해서 제곱근, 바닥(floor; 소수부 절단), 계승 연산을 반복하다 보면 그 어떤 양의 정수에도 도달할 수 있을 것이라고 추측했다. 예를 들어 다음처럼 4에서 출발해서 5에 도달할 수 있다.

$$\left\lfloor \sqrt{\sqrt{\sqrt{\sqrt{\sqrt{\sqrt{(4!)!}}}}}} \right\rfloor = 5.$$

문제의 정의는 간단하다.

- **상태들:** 양의 실수들.
- **초기 상태:** 4.
- **동작:** 제곱근이나 바닥, 계승 연산을 적용한다(계승은 정수에만).
- **전이 모형:** 해당 연산의 수학적 정의를 따른다.
- **동작 비용:** 각 동작의 비용은 1이다.

이 문제의 상태 공간은 무한하다. 2보다 큰 임의의 정수의 계승은 항상 그보다 더 큰 정수이다. 이 문제가 흥미로운 것은 아주 큰 수들을 탐험하기 때문이다. 예를 들어 5로 가는 최단 경로는 (4!)! = 620,448,401,733,239,439,360,000이 나온다. 수식이나 회로, 증명, 프로그램 등등 재귀적으로 정의되는 객체의 생성이 관여하는 과제들에는 이런 무한 상태 공간이 자주 나타난다.

## 3.2.2 실세계 문제들

노선 찾기 문제

앞에서 **노선 찾기 문제**(route-finding problem)를 지정된 위치들과 그 위치들 사이의 링크들을 따라가는 전이들로 정의할 수 있음을 살펴보았다. 노선 찾기 문제는 다양한 응용 분야에서 쓰인다. 웹사이트나 운전 지시를 제공하는 차내 시스템처럼 루마니아 예제의 비교적 직접적인 확장에 해당하는 응용도 있고(루마니아 예제보다 문제가 어려워지는 주된 요인은, 교통체증 때문에 시간이 지연되거나 도로 폐쇄 때문에 경로를 바꾸는 경우 비용이 달라진다는 것이다), 컴퓨터 네트워크의 비디오 스트림 경로 지정이나 군사 작전 계획 수립, 항공 여행 계획 수립 시스템 등 훨씬 복잡한 명세들이 관여하는 응용도 있다. 여행 계획 수립 웹사이트에서 다음과 같은 항공 여행 문제를 풀어야 한다고 하자.

- **상태들:** 각 상태에 장소(이를테면 공항)와 현재 시간이 포함됨은 당연하다. 더 나아가서, 동작(일정 구간 비행)의 비용이 이전 구간과 기준 운임, 국내선 또는 국제선의 구분 등에 의존할 수 있기 때문에, 상태는 반드시 그런 '역사적' 측면에 관한 추가 정보를 포함해야 한다.
- **초기 상태:** 사용자가 출발하는 공항.
- **동작들:** 현재 시간 이후에(필요하다면 공항 내에서 이동하는 데 충분한 시간을 남겨두고) 현재 장소에서 임의의 비행기, 임의의 좌석 클래스를 타고 임의의 장소로 떠난다.
- **전이 모형:** 비행 동작이 실행되고 나면 목적지가 새 장소이고 도착 시간이 새 시간인 상태가 된다.
- **목표 상태:** 최종 목적지에 해당하는 도시. 경우에 따라서는 "직통(무착륙) 비행으로 목적지에 도착한다"처럼 목표가 더 복잡할 수도 있다.

- **동작 비용:** 금전적 비용, 대기 시간, 비행 시간, 통관 절차, 좌석 품질, 시각(몇 시 몇 분), 비행기 종류, 마일리지 적립금 등의 조합.

상용 관광 안내 시스템은 이런 종류의 문제 형식화를 사용한다. 물론 그러한 형식화에는 항공사들의 복잡한 과금 구조를 처리하기 위한 복잡한 사항들이 많이 추가된다. 그런데 경험 있는 여행자라면 알겠지만, 모든 항공 여행이 계획대로 진행되지는 않는다. 정말 좋은 시스템은 출발이 지연되거나 연계 비행기를 놓치는 등의 사고에 대비한 비상 계획을 마련해야 한다.

**순회 문제**(touring problem)는 하나의 목적지가 아니라 반드시 방문해야 하는 일단의 장소들을 서술한다. **외판원 문제** 또는 **순회 판매원 문제**(traveling salesperson problem, TSP)는 모든 도시를 정확히 한 번씩 방문해야 하는 순회 문제이다. 목적은 $C$보다 낮은 비용의 경로(최적화 버전의 경우에는 가능한 최소 비용 경로)를 찾는 것이다. TSP 알고리즘들의 능력을 개선하는 데 엄청난 양의 노력이 투입되었다. 이 알고리즘들을 일단의 운송수단들의 경로를 찾는 용도로도 확장할 수 있다. 예를 들어 미국의 보스턴 시는 검색 및 최적화 알고리즘으로 스쿨버스들의 경로를 최적화함으로써 5백만 달러의 비용을 아끼고, 교통량과 대기오염을 줄이고, 운전자들과 학생들의 시간을 아껴주었다(Bertsimas 외, 2019). 여행 계획 외에, 이런 검색 알고리즘들은 자동 회로판 드릴이나 매장 물품 적재 기계의 이동 계획 수립 같은 분야에도 쓰였다.

**VLSI 배치**(layout) 문제는 수백만 개의 부품과 연결선을 하나의 칩에 배치하되 공간과 회로 지연, 기생 콘덴서(stray capacitance)를 최소화하고 제조 수율을 최대화하도록 배치하는 문제이다. 배치 문제는 논리 설계 단계 이후에 제기되며, 흔히 두 부분으로 나뉜다. 하나는 **칸 배치**(cell layout)이고 또 하나는 **회선 라우팅**(channel routing)이다. 칸 배치에서는 회로의 기본 부품들을 미리 인식된 기능을 수행하는 칸들로 묶는다. 칸마다 고정된 족적(크기와 형태)이 있으며, 다른 칸들과 일정 개수의 연결선으로 연결된다. 칸 배치의 목적은 칸들이 서로 겹치지 않도록, 그리고 칸들 사이에 연결선들이 지나갈 공간이 남도록 칸들을 배치하는 것이다. 회선 라우팅은 칸들 사이의 공간을 지나가는 각 연결선을 위한 구체적인 노선을 찾는 것이다. 이 검색 문제들은 극도로 복잡하지만 풀어 볼 가치가 있음은 명백하다.

**로봇 내비게이션**(robot navigation)은 앞에서 서술한 노선 찾기 문제를 일반화한 것이다. 이 문제에서 로봇은 명확히 구분되는 경로(루마니아의 도로처럼)를 따라가는 것이 아니라 비교적 자유로이 돌아다닌다. 로봇이 사실상 스스로 경로를 만드는 셈이다. 평평한 바닥 위를 움직이는 회전식 로봇의 경우 공간은 본질적으로 2차원이다. 로봇에 팔과 다리가 있고 그것들도 제어해야 한다면 검색 공간은 다차원이 된다(관절 각도마다 한 차원씩). 본질적으로 연속적인 공간을 유한한 공간으로 만드는 것만에도 고급 기법들이 필요하다(제26장 참고). 문제의 복잡도 외에, 실제 로봇은 반드시 감지기 판독과 모터 제어의 오차도 처리해야 하며, 환경을 부분적으로만 관측할 수 있고 다른 에이전트들이 환경을 변경할 수도 있다는 점에 대응해야 한다.

순회 문제
순회 판매원 문제

VLSI 배치

로봇 내비게이션

복잡한 물체(전기 모터 등)를 로봇이 자동으로 조립하는 **자동 조립 시퀀싱**(automatic assembly sequencing)은 1970년대부터 업계의 표준 관행이었다. 알고리즘들은 우선 실행 가능한 조립 절차를 찾은 후 그 절차를 최적화한다. 조립 라인에서 인간의 수작업을 최소화하면 시간과 비용을 크게 줄일 수 있다. 조립 문제의 목적은 주어진 물건을 만들기 위해 부품들을 조립하는 순서를 찾는 것이다. 순서를 잘못 고르면, 어떤 부품을 추가하기 위해 이미 조립한 다른 부품을 다시 떼어 내야 하는 상황에 봉착할 수 있다. 조립 절차의 한 동작이 실행 가능한지 점검하는 것은 로봇 내비게이션과 밀접한 관련이 있는 어려운 기하학적 검색 문제이다. 따라서 조립 시퀀싱에서 비용이 큰 부분은 적법한 동작들의 생성이다. 임의의 실용적 알고리즘은 상태 공간 전체의 탐색을 반드시 피하고, 공간의 작은 일부만 탐색해야 한다. 중요한 조립 문제로 **단백질 설계**(protein design)가 있다. 이 문제의 목적은 특정 질병의 치료에 효과가 있는 적절한 속성을 가진 3차원 단백질로 접을 수 있는 아미노산들의 순차열을 찾아내는 것이다.

# 3.3 검색 알고리즘들

**검색 알고리즘**(search algorithm)은 검색 문제를 입력받고 그 해답을 돌려주거나 실패를 뜻하는 어떤 값을 돌려준다. 이번 장에서는 상태 공간 그래프에 **검색 트리**(search tree)를 겹쳐서 초기 상태에서 시작하는 다양한 경로들을 형성하고 그중 목표 상태에 도달하는 경로를 찾아보는 형태의 알고리즘들을 논의한다. 그러한 검색 트리(검색 나무)의 각 **노드**node(마디)는 검색 공간의 한 상태에 대응되며, 검색 트리의 간선(가지)들은 동작들에 대응된다. 검색 트리의 루트 노드(뿌리)는 문제의 초기 상태에 대응된다.

상태 공간과 검색 트리를 구분하는 것이 중요하다. 상태 공간은 세계의 상태들의 집합(무한 집합일 수도 있다)과 한 상태에서 다른 상태로의 전이를 유발하는 동작들을 서술한다. 검색 트리는 그런 상태들 사이의 경로들(목표로 나아가는)을 서술한다. 하나의 검색 트리에 임의의 주어진 상태로의 경로가 여러 개 있을 수 있다(따라서 주어진 상태에 대한 노드들도 여러 개 있을 수 있다). 그러나 검색 트리의 각 노드에서 루트로 돌아가는 경로는 각자 고유하다(이는 다른 모든 종류의 트리에서도 마찬가지이다).

도해 3.4는 아라드에서 부카레스트로 가는 경로를 찾는 과정의 처음 몇 단계를 나타낸 것이다. 검색 트리의 루트 노드는 초기 상태 *Arad*에 해당한다. 이 상태에서 가능한 동작들(ACTIONS)을 RESULT 함수에 적용해 각 동작의 결과를 산출하고 각 결과 상태에 대해 새 노드(**자식 노드**(child node) 또는 **후행자 노드**(successor node)라고 부른다)를 **생성**함으로써 이 노드를 **확장**(expansion)한다. 이 경우 생성된 각 자식 노드의 부모 노드는 모두 *Arad*이다.

다음으로, 세 자식 노드 중 제일 먼저 무엇을 더 살펴볼 것인지 선택해야 한다. 이처럼 먼저 한 옵션을 택하고 다른 것들은 미뤄두는 것이 바로 검색의 핵심이다. 제일 먼저 시비우를 확장하기로 했다고 하자. 도해 3.4의 제일 아래 부분 트리에 그 결과가 나와 있다. 그림에서 보듯이, 시비우를 확장하면 새로 생성된 네 노드를 포함해서 총 여섯 개의 확장되지 않은 노드들(녹색 바탕)이 있는 상태가 된다. 이런 노드들을 검색 트리의 **전선**前線(frontier)이라고 부른다. 해당 노드가 생성된 임의의 상태를 가리켜 **도달되었다**고 말한다(노드의 확장 여부와는 무관하다).[5] 도해 3.5는 검색 트리를 상태 공간 그래프에 겹친 모습이다.

전선<br>도달되었다

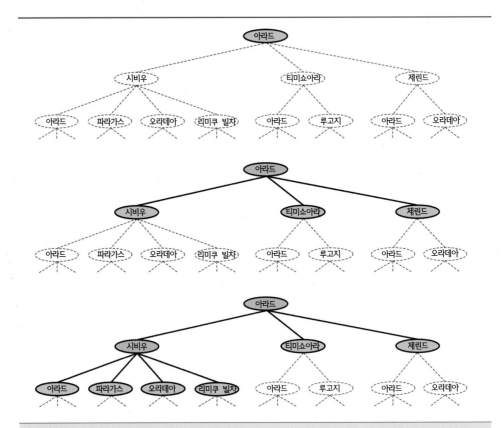

**도해 3.4** 아라드에서 부카레스트로의 노선을 찾는 문제를 위한 세 개의 부분 검색 트리들. 연보라색 바탕에 굵은 글씨로 된 노드는 확장된 노드이고, 녹색 바탕의 노드는 생성되었지만 아직 확장되지 않은 노드이다. 희미한 점선으로 표시된 노드는 다음 번에 생성될 수 있는 노드이다. 제일 아래 트리를 보면 아라드에서 시비우로 갔다가 다시 아라드로 오는 순환마디가 존재한다. 이런 순환마디가 최적의 경로일 수는 없으므로, 여기서 검색이 계속 진행되어서는 안 된다.

---

열린 목록

5 이를 **열린 목록**(open list)이라고 부르는 저자도 있는데, 그 용어는 지리학적인 연상 작용이 약할 뿐만 아니라 계산 측면에서도 부적합하다(구현시 목록보다는 대기열(queue)이 더 효율적이다). 그런 저자들은 이전에 확장된 노드들의 집합을 **닫힌 목록**(closed list)이라고 부르는데, 닫힌 목록은 이 책의 어법으로 도달된 노드 집합 빼기 전선에 해당한다.

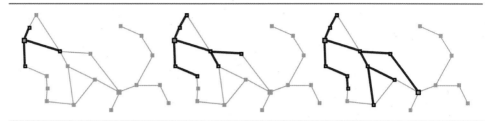

**도해 3.5** 도해 3.1의 루마니아 여행 문제에 대한 그래프 검색 알고리즘이 생성하는 일련의 검색 트리들. 각 단계에서 전선의 모든 노드를 확장해서, 아직 도달되지 않은 상태로 이어지지 않는 모든 적용 가능한 동작들로 모든 경로를 확장한다. 세 번째 단계에서 최북단 도시(오라데아)에 두 자식 노드가 있지만, 둘 다 다른 경로들로 도달되었음을 주목하자. 따라서 오라데아부터는 아무런 경로도 확장되지 않는다.

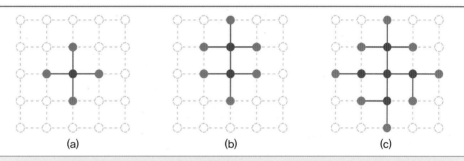

(a)        (b)        (c)

**도해 3.6** 그래프 검색의 분리성을 사각 격자 문제로 표현한 모습. 전선(녹색 노드들)은 내부 영역(연보라색)과 외부 영역(흐린 점선)을 분리한다. 전선은 도달되었지만 아직 확장되지 않은 노드들(그리고 해당 상태들)의 집합이다. 외부 영역은 도달되지 않은 상태들의 집합이다. (a)는 루트만 확장된 단계이고 (b)는 최상위 전선 노드까지 확장된 단계, (c)는 루트의 나머지 후행자들이 시계방향으로 확장된 단계이다.

분리 전선이 상태 공간 그래프를 두 영역, 즉 확장된 모든 상태가 있는 내부 영역과 아직 도달되지 않은 상태들이 있는 외부 영역으로 **분리**함을 주목하기 바란다. 도해 3.6은 그러한 성질을 나타낸 것이다.

## 3.3.1 최선 우선 검색

다음에 확장할 전선 노드를 어떻게 결정해야 할까? 한 가지 아주 일반적인 접근방식으로
최선 우선 검색 **최선 우선 검색**(best-first search; 또는 최적 우선 검색)이 있다. 이 접근방식에서는 어떤
평가 함수 **평가 함수**(evaluation function) $f(n)$이 최솟값이 되는 노드 $n$을 선택한다. 도해 3.7이 최선 우선 검색 알고리즘이다. 각 반복에서 이 알고리즘은 전선의 노드들 중 $f(n)$이 최소인 노드 하나를 선택해서 만일 해당 상태가 목표 상태이면 그 노드를 돌려주고, 그렇지 않으면 EXPAND를 적용해서 자식 노드들을 생성한다. 그 자식 노드들 중 아직 도달되지 않은 것들을 전선에 추가한다. 또한, 이미 도달된 자식 노드라도 이전 경로들보다

낮은 비용의 도달 경로가 존재하면 전선에 다시 추가한다. 알고리즘은 목표로의 경로를 나타내는 노드를 돌려주거나 실패를 뜻하는 값을 돌려준다. $f(n)$ 함수를 어떻게 두느냐에 따라 서로 다른 종류의 최선 우선 검색 알고리즘이 만들어지는데, 이번 장에서 여러 종류의 알고리즘을 살펴볼 것이다.

## 3.3.2 검색 자료구조

검색 알고리즘에는 검색 트리를 추적하기 위한 자료구조가 필요하다. 트리의 한 **노드**<sup>node</sup>는 다음과 같이 네 개의 성분으로 이루어진 자료구조로 표현된다.

- *node*.STATE: 이 노드에 대응되는 상태
- *node*.PARENT: 검색 트리에서 이 노드를 생성한 노드
- *node*.ACTION: 이 노드를 생성하기 위해 부모 노드에 적용한 동작
- *node*.PATH-COST: 초기 상태에서 이 노드로 가는 경로의 총 비용. 수학 공식에서는 $g(node)$를 PATH-COST의 동의어로 사용한다.

---

**function** BEST-FIRST-SEARCH(*problem*, *f*) **returns** 해답 노드 또는 *failure*(실패를 뜻하는 값)
  *node* ← NODE(STATE=*problem*.INITIAL)
  *frontier* ← *f*로 정렬되며 *node*를 담은 우선순위 대기열
  *reached* ← 키 *problem*.INITIAL와 값 *node*의 쌍을 담은 참조 테이블
  **while not** IS-EMPTY(*frontier*) **do**
    *node* ← POP(*frontier*)
    **if** *problem*.IS-GOAL(*node*.STATE) **then return** NODE
    **for each** *child* **in** EXPAND(*problem*, *node*) **do**
      *s* ← *child*.STATE
      **if** *s*가 *reached*에 없음 **or** *child*.PATH-COST < *reached*[*s*].PATH-COST **then**
        *reached*[*s*] ← *child*
        *child*를 *frontier*에 추가
  **return** *failure*

**function** EXPAND(*problem*, *node*) **yield** 노드들
  *s* ← *node*.STATE
  **for each** *action* **in** *problem*.ACTIONS(*s*) **do**
    *s'* ← *problem*.RESULT(*s*, *action*)
    *cost* ← *node*.PATH-COST + *problem*.ACTION-COST(*s*, *action*, *s'*)
    **yield** NODE(STATE=*s'*, *node*, ACTION=*action*, PATH-COST=*cost*)

**도해 3.7** 최선 우선 검색 알고리즘과 노드 확장 함수. 여기에 쓰이는 자료구조들은 §3.3.2에서 설명한다. **yield**의 의미는 부록 B를 보라.

---

한 노드에서 PARENT 포인터들을 따라 거슬러 올라가면 그 노드에 도달하는 경로의 상태들과 동작들을 복원할 수 있다. 이를 목표 노드에서 수행하면 해답에 해당하는 경로가 나온다.

대기열     **전선**을 담을 자료구조가 필요하다. 전선에 대한 연산들이 다음과 같으므로, **대기열**(queue) 계열의 자료구조가 바람직하다.

- IS-EMPTY(*frontier*)는 전선에 노드가 하나도 없을 때만 참(true)에 해당하는 값을 돌려준다.
- POP(*frontier*)는 전선에서 최상위 노드를 제거하고 그 노드를 돌려준다.
- TOP(*frontier*)는 전선의 최상위 노드를 돌려준다(제거하지는 않는다).
- ADD(*node*, *frontier*)는 주어진 노드를 대기열의 적절한 자리에 삽입한다.

검색 알고리즘에 쓰이는 좀 더 구체적인 종류의 대기열은 다음 세 가지이다.

우선순위 대기열
- **우선순위 대기열**(priority queue)은 어떤 평가 함수 $f$를 기준으로 비용이 최소인 노드를 제일 먼저 뽑는다(pop). 최선 우선 검색에 이 대기열이 쓰인다.

FIFO 대기열
- **FIFO 대기열**, 즉 선입선출(first-in-first-out) 대기열은 대기열에 제일 처음 추가된 노드를 제일 먼저 뽑는다. 나중에 살펴볼 너비 우선 검색이 이 대기열을 사용한다.

LIFO 대기열
스택
- **LIFO 대기열**, 즉 후입선출(last-in-first-out) 대기열은 가장 최근 추가된 노드를 제일 먼저 뽑는다. **스택**stack이라고도 부르는 이 대기열은 나중에 살펴볼 깊이 우선 검색에 쓰인다.

도달된 상태들은 상태가 키이고 그 상태에 대응되는 노드가 값인 참조 테이블(lookup table; 이를테면 해시 테이블)에 담아 두면 된다.

### 3.3.3 중복 경로

도해 3.4의 제일 아래 검색 트리에는 아라드에서 시비우로 갔다가 다시 아라드로 돌아오는 경로가 있다. 이 *Arad*를 가리켜 검색 트리 안에서 **반복된 상태**(repeated state)라고 부른다. 지금 예에서 이 반복된 상태는 **순환마디**(cycle; **루프 경로**(loopy path)라고도 한다) 때문에 생긴 것이다. 순환마디 때문에, 비록 상태 공간의 상태는 20개뿐이지만 완전한 검색 트리는 무한히 **크다**(루프를 방문하는 횟수에 제한이 없으므로).

중복 경로     순환마디는 **중복 경로**(redundant path)의 한 특수 사례이다. 예를 들어 시비우까지는 아라드 - 시비우 경로(140마일)로 갈 수도 있고 아라드 - 제린드 - 오라데아 - 시비우 경로(297마일)로 갈 수도 있다. 이 경우 둘째 경로는 중복 경로이다. 중복 경로는 같은 상태로 도달하는 더 나쁜 방법에 해당하며, 최적 경로를 찾을 때는 고려할 필요가 없다.

$10 \times 10$ 격자 세계에서 에이전트가 인접한 여덟 타일 중 하나로 이동한다고 하자. 장애물이 없다면 에이전트는 9회 이하의 이동으로 100개의 칸 모두에 도달할 수 있다.

그러나 길이가 9인 경로의 수는 거의 $8^9$에 달한다(격자 가장자리 때문에 그보다는 조금 작다). 이는 1억이 넘는 개수이다. 다른 말로 하면, 평균적인 칸에 도달할 수 있는 길이 9 중복 경로는 1백만 개가 넘으며, 만일 그런 중복 경로들을 제거한다면 검색을 대략 1백만 배 더 빠르게 수행할 수 있다. 흔히 하는 말로, **역사를 잊은 알고리즘은 그 역사를 반복한다.** 이 문제에 대한 접근방식은 크게 세 가지이다.

첫째는 이전의 모든 도달된 상태를 기억해 두고 모든 중복 경로를 검출해서 상태마다 최적의 경로만 남겨 두는 것이다(최선 우선 탐색이 이런 방법을 사용한다). 이 접근방식은 중복 경로가 많은 상태 공간에 적합하며, 도달된 상태들의 테이블을 메모리 안에 둘 수 있을 때 선호된다.

둘째는 그냥 역사 반복에 신경을 쓰지 않는 것이다. 둘 이상의 경로가 같은 상태에 도달하는 것이 드물거나 불가능한 문제 형식화들이 있다. 예를 들어 조립 문제에서 각 동작이 하나의 부품을 조립 중인 물건에 추가한다고 할 때, 만일 부품 조립의 성격상 A를 추가한 다음에 B를 추가할 수는 있어도 B를 추가한 다음에 A를 추가할 수는 없다면 중복 경로는 생기지 않는다. 그런 문제들이라면 도달된 상태들을 추적하지 **않고** 중복 경로들을 점검하지 않음으로써 메모리 공간을 절약할 수 있다. 중복 경로들을 점검하는 부류의 검색 알고리즘들을 **그래프 검색**(graph search) 알고리즘이라고 부르고, 점검하지 않는 부류의 검색 알고리즘들을 **트리류 검색** 또는 **트리 같은 검색**(tree-like search) 알고리즘이라고 부른다.[6] 도해 3.7의 BEST-FIRST-SEARCH 알고리즘은 그래프 검색 알고리즘이다. 이 알고리즘에서 *reached*에 대한 언급을 모두 제거하면 메모리를 덜 소비하지만 같은 상태에 대한 중복 경로들을 일일이 조사하는, 따라서 실행이 더 느린 트리류 검색 알고리즘이 된다.

그래프 검색<br>트리류 검색<br>트리 같은 검색

셋째로, 순환마디들은 점검하되 중복 경로들은 대체로 점검하지 않는 타협안도 있다. 각 노드에는 일련의 부모 포인터들이 있으므로, 그냥 부모 노드들의 사슬을 따라가면서 이전에 이미 본 노드에 다시 도달하는지만 보면 추가 메모리 없이 순환마디를 점검할 수 있다. 이 사슬을 최상위 루트까지 따라 올라가서 모든 순환마디를 제거하는 구현들도 있고, 링크 몇 개만(이를테면 부모, 조부모, 증조부모까지만) 따라가서 모든 짧은 순환마디를 상수 시간으로 제거하는(그리고 더 긴 순환마디들은 다른 메커니즘으로 처리하는) 구현들도 있다.

## 3.3.4 문제 해결 성능 측정

여러 검색 알고리즘의 설계로 들어가기 전에, 여러 검색 알고리즘 중 하나를 선택할 때 사용할 만한 기준을 살펴보자. 알고리즘의 성능은 다음 네 가지 방식으로 평가할 수 있다.

---

6  그냥 트리 검색이 아니라 트리 '같은' 검색이라고 한 것은, 검색 방법이 어떻든 상태 공간은 여전히 동일한 그래프이기 때문이다. 트리류 검색은 그 그래프를 마치 트리(각 노드에서 루트로 돌아가는 경로가 단 하나인)처럼 취급하는 것일 뿐이다.

완결성
- **완결성**(completeness; 또는 완전성, 완비성): 문제에 해답이 존재할 때 알고리즘이 해답을 반드시 찾아내는가? 그리고 해답이 없을 때 실패를 제대로 보고하는가?

비용 최적성
- **비용 최적성**(cost optimality): 모든 해답 중 경로 비용이 가장 낮은 해답을 찾아내는가? [7]

시간 복잡도
- **시간 복잡도**(time complexity): 해답을 찾는 데 얼마나 시간이 걸리는가? 이를 초 단위로 측정할 수도 있지만, 좀 더 추상적으로는 알고리즘이 조사한 상태들과 동작들의 수로 측정할 수도 있다.

공간 복잡도
- **공간 복잡도**(space complexity): 검색을 수행하는 데 메모리가 얼마나 필요한가?

완결성의 이해를 돕기 위해, 목표가 하나인 검색 문제를 생각해 보자. 그 목표는 상태 공간의 어디에도 있을 수 있다. 따라서 완결적인 알고리즘은 반드시 초기 상태에서 도달 가능한 모든 상태를 체계적으로 탐색할 수 있어야 한다. 유한한 상태 공간에서는 간단하다. 모든 경로를 추적하고 순환마디에 해당하는 경로(이를테면 아라드 – 시비우 – 아라드)들을 제거하기만 한다면, 언젠간은 도달 가능한 모든 상태에 도달한다.

무한한 상태 공간에서는 좀 더 정교한 방법이 필요하다. 예를 들어 커누스의 '4' 문제에 '계승' 연산자를 거듭 적용하는 알고리즘은 4에서 4!로, 거기서 (4!)!로, ... 등등으로 이어지는 무한한 경로를 따르게 된다. 마찬가지로, 장애물이 없는 무한한 격자에서 한 방향으로 직진하는 알고리즘 역시 무한한 경로를 탐색하게 된다. 두 경우 모두 알고리즘은 이전에 도달한 적이 있는 상태로는 절대 돌아오지 않지만, 상태 공간의 대부분의 상태들에 도달하지 못하므로 완결적이지 못하다.

체계적
검색 알고리즘이 완결적이려면 무한한 상태 공간을 **체계적**으로 탐색해서 결국에는 초기 상태와 연결된 임의의 상태에 도달할 수 있어야 한다. 무한 격자에서 완결적인 검색 알고리즘의 한 예는 출발점에서 $s$단계 떨어진 모든 칸을 방문한 후에만 $s+1$단계 떨어진 칸들을 탐색하는, 결과적으로 격자를 나선형으로 탐색하는 알고리즘이다. 안타깝게도 해답이 없는 무한 상태 공간에서 제대로 된 알고리즘은 검색을 무한히 진행해야 한다. 다음 상태가 목표인지 알 수 없으므로 알고리즘은 종료되지 못한다.

시간 복잡도와 공간 복잡도는 항상 일정한 방식으로 측정한 문제의 난이도와 연계해서 고찰된다. 이론 컴퓨터 과학에서 전형적인 측정 기준은 상태 공간 그래프의 크기 $|V|+|E|$이다. 여기서 $V$는 그래프의 정점(상태 노드) 집합이고 $E$는 간선(구별되는 상태 – 동작 쌍) 집합이다. 이런 방식은 그래프가 검색 프로그램의 입력으로 쓰이는 명시적인 자료구조일 때 적합하다(루마니아 지도가 그런 예이다). 인공지능 문제들에서는 그래프를 초기 상태와 동작들, 전이 모형을 통해서 **암묵적으로만** 표현할 때가 많다. 암묵적인 상태 깊이 공간에서는 복잡도를 목표 노드의 **깊이**(depth)이자 최적해의 동작 개수인 $d$나 임의의 경로 분기 계수 의 최대 동작 수 $m$, 또는 고려할 최대 자식 노드 수인 **분기 계수**(branching factor) $b$로 표현한다.

---

[7] 최저 비용 해답을 찾는 성질을 '허용성(admissibility)'이라고 표현하는 저자도 있고, 비용을 빼고 '최적성'이라고만 표현하는 저자도 있다. 후자는 다른 종류의 최적성과 혼동할 위험이 있다.

# 3.4 정보 없는 검색 전략

정보 없는 검색(uninformed search) 알고리즘에게는 주어진 한 상태가 목표(들)와 얼마나 가까운지에 관해 아무런 단서도 주어지지 않는다. 아라드에 있는 에이전트가 부카레스트에 도달하는 것을 목표로 경로를 찾는 문제를 생각해 보자. 루마니아 지리를 모르는, 정보 없는 에이전트는 첫 단계로 제린드로 가는 게 좋을지 시비우로 가는 게 좋을지 전혀 짐작할 수 없다. 반면 각 도시의 위치를 아는 '정보 있는' 에이전트(§3.5)라면, 시비우가 부카레스트에 더 가까우므로 시비우로 가는 것이 최단 경로일 가능성이 큼을 안다.

## 3.4.1 너비 우선 검색

너비 우선 검색

너비 우선 탐색이라고도 부르는 **너비 우선 검색**(breadth-first search)은 모든 동작의 비용이 같을 때 적합하다. 이 알고리즘은 먼저 뿌리 노드를 확장하고, 뿌리 노드의 모든 자식 노드를 확장하고, 그 자식 노드들의 자식 노드들을 확장하는 식으로 나아간다. 너비 우선 검색은 체계적 검색 전략이므로 무한한 상태 공간에서도 완결적이다. 한 가지 간단한 구현 방법은 노드의 깊이, 즉 노드에 도달하는 동작의 수를 평가 함수 $f(n)$으로 두고 Best-First-Search를 호출하는 것이다.

그러나 두 가지 요령을 적용하면 효율성을 좀 더 높일 수 있다. 하나는 FIFO 대기열을 사용하는 것이다. FIFO 대기열이 우선순위 대기열보다 빠르고, 노드들이 정확한 순서로 정렬된다. 즉, 새 노드들(부모보다 항상 더 깊은 수준에 있는)이 대기열의 뒤에 추가되고, 오래된 노드들(새 노드들보다 항상 더 얕은)이 먼저 확장된다. 다른 하나는 *reached*를 상태들에서 노드들로의 사상(mapping)이 아니라 그냥 상태들의 집합으로 두는 것이다. 한 상태에 도달했다면 그 상태로의 더 나은 경로는 더 이상 찾을 수 없으므로 이렇게 해도 된다. 또한, 이렇게 하면 **이른 목표 판정**(early goal test)이 가능하다. 즉,
이른 목표 판정
주어진 노드가 해답인지를 생성 시점에서 판정할 수 있다. 반면 최선 우선 검색 알고리즘은 대기열에서 노드를 뽑아 봐야 목표인지 알게 되는 **늦은 목표 판정**(late goal test)을
늦은 목표 판정
사용해야 한다. 도해 3.8은 이진 트리에 대한 너비 우선 탐색의 진행 과정을 보여준다. 도해 3.9는 이른 목표 판정을 사용하는 좀 더 효율적인 너비 우선 검색 알고리즘이다.

너비 우선 검색은 항상 동작의 수가 최소인 해답을 찾는다. 이는, 깊이 $d$에서 노드들을 확장할 때는 이미 깊이 $d-1$의 모든 노드가 확장된 후이므로, 동작의 수가 더 적은 해답이 있다면 이미 발견했을 것이기 때문이다. 이는, 모든 동작의 비용이 같은 문제들에 대해서는 너비 우선 검색이 비용 최적 알고리즘이지만 그렇지 않은 문제들에서는 비용 최적이 아니라는 뜻이다. 완결성은 두 경우 모두 보장된다. 시간 및 공간 복잡도로 넘어가서, 모든 상태에 $b$개의 후행자가 있는 균일 트리를 검색한다고 하자. 검색 트리의 뿌리 노드에서 $b$개의 노드가 생성되고, 그 노드들 각각에서 $b$개의 노드가 생성된다. 따라서 트리의 둘째 수준에는 총 $b^2$개의 노드가 있다. 이들 역시 각각 노드 $b$개를 생성하

므로 셋째 수준에서 노드는 총 $b^3$개가 되며, 그다음 수준에서도 마찬가지로 진행된다. 해답이 깊이 $d$에 있다고 하자. 그러면 생성되는 노드들의 전체 개수는 다음과 같다.

$$1 + b + b^2 + b^3 + \cdots + b^d = O(b^d).$$

이 노드들이 모두 메모리 안에 유지되므로, 시간 복잡도와 공간 복잡도는 둘 다 $O(b^d)$이다. 이런 지수적 상한은 끔찍하다. 실제 응용들에서 흔히 볼 수 있는 예로, 분기 계수가 $b = 10$이고 처리 속도가 초당 1백만 노드, 메모리 요구량은 노드당 1KB라고 하자. 깊이 $d = 10$까지 검색하려면 세 시간 미만의 시간이 걸리지만, 메모리는 10테라바이트가 필요할 것이다. 너비 우선 검색에서는 메모리 요구량이 실행 시간보다 더 큰 문제이다. 그러나 시간도 여전히 중요한 요인이다. 깊이 $d = 14$에서는 메모리가 무한하다고 해도 검색에 3.5년이 걸린다. 일반화하자면, 지수 복잡도를 가진 검색 문제는 극히 간단한 경우가 아닌 한 정보 없는 방법으로는 풀 수 없다.

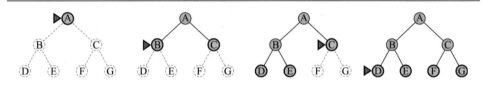

**도해 3.8** 간단한 이진 트리에 대한 너비 우선 탐색. 단계마다 다음에 확장될 노드가 삼각형으로 표시되어 있다.

---

**function** BREADTH-FIRST-SEARCH(*problem*) **returns** 해답 노드 또는 *failure*
  $node \leftarrow$ NODE(*problem*.INITIAL)
  **if** *problem*.IS-GOAL(*node*.STATE) **then return** *node*
  *frontier* $\leftarrow$ *node*를 담은 FIFO 대기열
  *reached* $\leftarrow$ {*problem*.INITIAL}
  **while not** IS-EMPTY(*frontier*) **do**
    $node \leftarrow$ POP(*frontier*)
    **for each** *child* **in** EXPAND(*problem*, *node*) **do**
      $s \leftarrow child$.STATE
      **if** *problem*.IS-GOAL($s$) **then return** *child*
      **if** $s$가 *reached*에 없음 **then**
        $s$를 *reached*에 추가
        *child*를 *frontier*에 추가
  **return** *failure*

**function** UNIFORM-COST-SEARCH(*problem*) **returns** 해답 노드 또는 *failure*
  **return** BEST-FIRST-SEARCH(*problem*, PATH-COST)

**도해 3.9** 너비 우선 검색 알고리즘과 균일 비용 검색 알고리즘.

## 3.4.2 데이크스트라 알고리즘 또는 균일 비용 검색

동작들의 비용이 같지 않을 때 명백한 선택 하나는 루트에서 현재 노드로의 경로 비용을 평가 함수로 두고 최선 우선 검색을 적용하는 것이다. 이론 컴퓨터 과학 공동체에서는 이를 데이크스트라 알고리즘(Dijkstra's algorithm)이라고 부르고 인공지능 공동체에서는 **균일 비용 검색**(uniform-cost search)이라고 부른다. 너비 우선 검색은 깊이가 같은 노드들을 차례로(처음에는 깊이 1, 그 다음은 깊이 2 등등) 훑는다면, 균일 비용 검색은 경로 비용이 같은 노드들을 차례로 훑는다. 도해 3.9에서 보듯이, 이 알고리즘은 PATH-COST를 평가 함수로 두고 BEST-FIRST-SEARCH를 호출하는 것으로 구현할 수 있다.

**균일 비용 검색**

시비우에서 부카레스트에 도달하는 문제를 나타낸 도해 3.10을 보자. 시비우의 후행자는 림니쿠 빌차와 파가라스로, 비용은 각각 80과 99이다. 따라서 비용이 최소인 림니쿠 빌차를 확장한다. 그러면 비용이 80 + 97 = 177인 피테스티가 추가된다. 이제 최소 비용 노드는 파가라스이므로 그것을 확장한다. 그러면 비용이 99 + 211 = 310인 부카레스트가 추가된다. 부카레스트가 목표이지만, 알고리즘은 노드를 생성할 때가 아니라 확장할 때 목표 판정을 수행하므로, 이것이 목표로의 경로임을 아직 알아채지 못한다.

알고리즘은 검색을 계속 진행해서, 피테스티를 선택해서 확장하고 비용이 80 + 97 + 101 = 278인 부카레스트로의 또 다른 경로를 추가한다. 그 경로의 비용이 이전 것보다 낮으므로 알고리즘은 *reached*의 이전 경로를 새 경로로 대체하고 새 경로를 *frontier*에 추가한다. 이 노드가 최소 비용 노드이다. 그 다음 노드가 바로 목표 노드이므로 알고리즘은 그 노드를 돌려준다. 만일 최소 비용 노드를 확장할 때가 아니라 새 노드를 생성할 때 목표를 판정했다면 비용이 더 높은 경로(파가라스를 거치는)를 돌려주었을 것이다.

균일 비용 검색의 복잡도는 최적해의 비용 $C^*$[8]와 각 동작 비용의 하한 $\epsilon$으로 정의된다(여기서 $\epsilon > 0$). 최악의 경우의 시간 복잡도와 공간 복잡도는 $b^d$보다 훨씬 큰 $O(b$

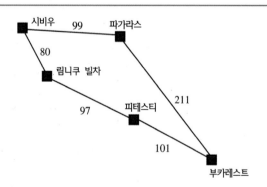

**도해 3.10** 균일 비용 검색을 설명하기 위해 선택한, 루마니아 상태 공간의 일부.

---

8 여기서, 그리고 이 책 전반에서, $C^*$의 '별표'는 $C$의 최적값을 의미한다.

$^{1+\lfloor C^*/\epsilon\rfloor}$)이다. 이는 균일 비용 검색이 비용이 큰(그리고 아마도 유용할) 동작들이 관여하는 경로들을 탐색하기 전에 저비용 동작들로 이루어진 커다란 트리들부터 탐색할 여지가 있기 때문이다. 모든 동작 비용이 동일할 때 $b^{1+\lfloor C^*/\epsilon\rfloor}$는 그냥 $b^{d+1}$이고, 균일 비용 검색은 너비 우선 검색과 비슷하다.

　　균일 비용 검색은 완결적이며, 첫 번째로 찾아내는 해의 비용이 전선의 다른 어떤 노드의 비용보다 크지 않으므로 비용 최적성도 충족한다. 균일 비용 검색은 모든 경로를 비용 증가순으로 체계적으로 탐색하며, 무한 경로로 빠지는 일은 결코 없다(모든 동작 비용이 $\epsilon > 0$보다 크다고 할 때).

## 3.4.3 깊이 우선 검색과 메모리 문제

깊이 우선 검색

깊이 우선 탐색이라고도 부르는 **깊이 우선 검색**(depth-first search) 알고리즘은 항상 검색 트리의 전선에서 **가장 깊은 노드**를 제일 먼저 확장한다. 이 알고리즘은 음수 깊이를 평가 함수 $f$로 두고 BEST-FIRST-SEARCH를 호출하는 것으로 구현할 수 있다. 그러나 보통은 그래프 검색이 아니라 트리류 검색(도달된 상태들의 테이블을 두지 않아도 되는)으로 구현한다. 검색이 진행되는 모습이 도해 3.11에 나와 있다. 검색은 검색 트리의 가장 깊은 수준, 즉 노드들에 후행자가 전혀 없는 수준으로 즉시 나아간다. 그런 다음에는 아직 확장되지 않은 후행자들을 가진, 다음으로 깊은 노드들로 '후퇴'(back up)한다. 깊이 우선 검색은 비용 최적이 아니다. 그냥 첫 번째로 발견한 해를 돌려줄 뿐이고, 그 해의 비용이 최소라는 보장은 없다.

　　트리에 대응되는 유한한 상태 공간에 대해서는 깊이 우선 탐색이 효율적이고 완결적이다. 비순환 상태 공간에서는 같은 상태를 서로 다른 경로들로 여러 번 확장할 수 있지만, 그래도 (결국에는) 상태 공간 전체를 체계적으로 탐색한다.

　　순환 상태 공간에서는 깊이 우선 검색이 무한 루프에 빠질 수 있다. 그래서 어떤 구현들은 새 노드마다 순환마디를 점검한다. 마지막으로, 무한 상태 공간에서 깊이 우선 검색은 체계적이지 않다. 순환마디가 없더라도 무한 경로를 따라 끝없이 나아갈 수 있다. 따라서 무한 상태 공간에서 깊이 우선 검색은 완결적이지 않다.

　　이런 바람직하지 못한 속성들이 있는 데도 너비 우선 탐색이나 최선 우선 탐색 대신 깊이 우선 탐색을 사용할 이유가 있을까? 답은, 트리류 검색이 적합한 문제에서는 깊이 우선 탐색이 메모리를 훨씬 덜 요구한다는 것이다. *reached* 테이블을 둘 필요가 전혀 없고 전선도 아주 작다. 너비 우선 탐색의 전선은 무한히 커지는 구(공)의 표면에 비유할 수 있지만, 깊이 우선 탐색의 전선은 그냥 그런 구의 반지름이다.

　　도해 3.11에 나온 것 같은 유한한 트리 형태의 상태 공간에서 깊이 우선 트리류 검색의 실행 시간은 상태 수에 비례하고 메모리 복잡도는 그냥 $O(bm)$이다. 여기서 $b$는 분기 계수이고 $m$은 트리의 최대 깊이이다. 너비 우선 검색으로 풀려면 몇 엑사바이트의 메모리가 필요한 문제라도 깊이 우선 검색은 단 몇 킬로바이트로 처리할 수 있다. 이처럼 메모리를 조금만 사용하는 덕분에 깊이 우선 트리류 검색은 제약 충족(제6장), 명제

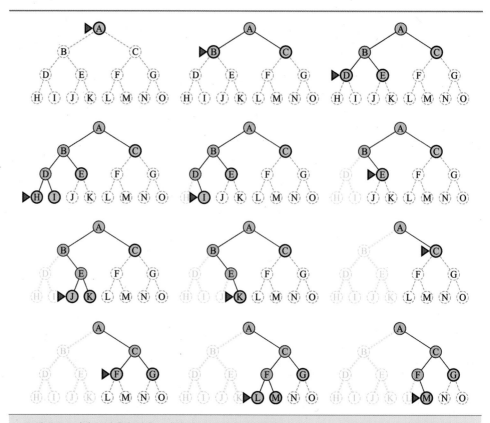

**도해 3.11** 이진 트리에서 상태 A에서 목표 M으로 경로를 찾는 깊이 우선 검색 과정의 12단계(좌에서 우, 위에서 아래 순). 녹색 노드들은 전선이고 삼각형은 다음에 확장될 노드를 나타낸다. 라벤더 색 노드는 이전에 확장된 노드이고, 흐린 점선은 다음에 확장될 가능성이 있는 노드를 나타낸다. 전선의 확장된 노드들 중 후행자들이 없는 것들(아주 희미한 선들)은 폐기해도 된다.

충족성(제7장), 논리 프로그래밍(제9장) 같은 인공지능의 여러 분야에서 기본적인 동력으로 쓰인다.

역추적 검색        이보다도 메모리를 덜 쓰는 깊이 우선 검색의 한 변형으로 **역추적 검색**(backtracking search; 또는 되추적 검색, 퇴각검색)이 있다. (자세한 사항은 제6장을 보라.) 역추적 검색에서는 모든 후행자를 한꺼번에 생성하는 대신 한 번에 하나씩만 생성한다. 각각의 부분적으로 확장된 노드는 다음에 생성할 후행자를 기억한다. 또한, 후행자들을 생성할 때 완전히 새로운 상태를 위해 메모리를 할당하는 대신 그냥 현재 상태 표현을 직접 수정한다. 이 덕분에 상태 표현 하나와 $O(m)$개의 동작들로 이루어진 경로 하나를 위한 메모리만 있으면 된다. 보통의 깊이 우선 검색이 $O(bm)$개의 상태들을 위한 메모리를 사용한다는 점과 비교하면 상당한 절약이다. 역추적 검색에서는 현재 경로의 상태들을 효율적인 집합(set) 자료구조로 관리하는 옵션도 있다. 그러면 순환 경로를 $O(m)$이 아니라

$O(1)$의 시간으로 점검할 수 있다. 역추적이 가능하려면 역추적(퇴각)시 각 동작을 **취소**할 수 있어야 한다. 역추적은 로봇 조립처럼 상태 서술의 덩치가 큰 문제들을 성공적으로 푸는 데 꼭 필요하다.

## 3.4.4 깊이 제한 검색과 반복 심화 검색

**깊이 제한 검색**

깊이 우선 검색이 무한한 경로를 따라 헤매는 일을 방지하는 한 방법은 **깊이 제한 검색**(depth-limited search)을 사용하는 것이다. 깊이 우선 검색의 한 변형인 깊이 제한 검색에서는 깊이 한계 $\ell$을 정해 두고, 깊이가 $\ell$의 노드들은 마치 후행자가 하나도 없는 것처럼 취급한다(도해 3.12 참고). 시간 복잡도는 $O(b^{\ell})$이고 공간 복잡도는 $O(b\ell)$이다. 안타깝게도, $\ell$을 잘못 정하면 알고리즘은 해답에 도달하지 못한다. 그러면 보통의 깊이 우선 검색처럼 비완결적인 알고리즘이 된다.

깊이 우선 검색은 트리류 검색이므로 일반적으로 중복 경로들에 시간을 허비하는 일을 아예 방지할 수는 없지만, 계산 시간을 조금 투자해서 순환마디들을 제거하는 것은 가능하다. 부모 사실의 링크들을 몇 개만 살펴보면 대부분의 순환마디를 검출할 수 있으며, 더 긴 순환마디들은 깊이 한계로 처리된다.

문제에 대한 지식에 기초해서 적절한 검색 한계를 선택할 수 있는 경우도 있다. 예를 들어 루마니아 지도에는 도시가 20개 있으므로 $\ell = 19$가 유효한 한계이다. 그러나 지도를 좀 더 자세히 살펴보면, 임의의 한 도시에서 다른 임의의 한 도시에 도달하는 데

**지름**

필요한 동작의 수가 9를 넘지 않음을 알 수 있다. 그러한 수를 상태 공간 그래프의 **지름**(diameter)이라고 부른다. 이러한 지름을 깊이 한계로 사용하면 깊이 제한 검색이 좀 더 효율적으로 이루어지므로 유리하다. 그러나 대부분의 문제에서는 문제를 풀기 전까지는 쓸 만한 깊이 한계를 알지 못한다.

**반복 심화 검색**

**반복 심화 검색**(iterative deepening search)은 모든 깊이 한계를 시험함으로써 최상의 깊이 한계 $\ell$을 찾는 문제를 해결한다. 즉, 처음에 1로 시작해서 2, 3, ... 등으로 $\ell$을 증가하면서 깊이 제한 검색을 수행하는 과정을 해를 찾을 때까지 또는 깊이 제한 검색이 *cutoff*가 아니라 *failure*를 돌려줄 때까지 반복한다. 이 알고리즘이 도해 3.12에 나와 있다. 반복 심화 검색은 깊이 우선 검색의 여러 장점과 너비 우선 검색의 여러 장점을 고루 갖추었다. 깊이 우선 검색처럼 이 알고리즘은 메모리 요구량이 적당하다. 해가 존재할 때는 $O(bd)$이고 해가 없는 무한 상태 공간에서는 $O(bm)$이다. 그리고 너비 우선 검색처럼 반복 심화 검색은 모든 동작의 비용이 같은 문제들에 대해 최적성을 충족하며, 유한 비순환 상태 공간에 대해 완결적이다. 만일 경로 끝까지 거슬러 올라가면서 모든 순환마디를 점검한다면 모든 유한 상태 공간에 대해 완결적이다.

**function** ITERATIVE-DEEPENING-SEARCH(*problem*) **returns** 해답 노드 또는 *failure*
  **for** *depth* = 0 **to** $\infty$ **do**
    *result* ← DEPTH-LIMITED-SEARCH(*problem*, *depth*)
    **if** *result* $\neq$ *cutoff* **then return** *result*

**function** DEPTH-LIMITED-SEARCH(*problem*, $\ell$) **returns** 노드 또는 *failure* 또는 *cutoff*
  *frontier* ← NODE(*problem*.INITIAL)를 담은 LIFO 대기열(스택)
  *result* ← *failure*
  **while not** IS-EMPTY(*frontier*) **do**
    *node* ← POP(*frontier*)
    **if** *problem*.IS-GOAL(*node*.STATE) **then return** *node*
    **if** DEPTH(*node*) $> \ell$ **then**
      *result* ← *cutoff*
    **else if not** IS-CYCLE(*node*) **do**
      **for each** *child* **in** EXPAND(*problem*, *node*) **do**
        *child*를 *frontier*에 추가
  **return** *result*

---

**도해 3.12** 반복 심화 검색과 깊이 제한 검색. 반복 심화 검색은 깊이 한계를 늘려가면서 깊이 제한 검색을 되풀이한다. 반환값은 세 종류인데, 목표에 도달했으면 해답 노드를 돌려주고 모든 노드를 살펴보았지만 그 어떤 깊이에도 해답이 없음을 알게 되면 *failure*를 돌려 준다. 그 외의 경우에는 *cutoff*를 돌려주는데, 이는 깊이 $\ell$ 너머에는 해답이 있을 수도 있다는 뜻이다. 이것은 *reached* 상태들을 추적하지 않는 트리류 검색이므로 최선 우선 검색보다 메모리를 훨씬 덜 사용하지만, 대신 같은 상태를 서로 다른 경로들에서 여러 번 방문할 위험이 있다. 또한, 만일 IS-CYCLE 점검이 **모든** 순환마다를 점검하지 않는다면 알고리즘이 루프에 빠질 수 있다.

---

시간 복잡도는 해가 있으면 $O(b^d)$이고 없으면 $O(b^m)$이다. 너비 우선 검색처럼 반복 심화 검색도 각 반복에서 새 수준을 생성한다. 그러나 너비 우선 검색은 모든 노드를 메모리에 저장해서 새 수준을 만들어 내는 반면 반복 심화 검색은 그냥 이전 레벨들을 되풀이한다. 따라서 시간이 더 많이 걸리지만 메모리는 절약된다. 도해 3.13은 이진 검색 트리에 대한 반복 심화 검색의 네 반복을 나타낸 것으로, 네 번째 반복에서 해답을 찾았다.

반복 심화 검색에서는 검색 트리 최상위 부근의 상태들이 여러 번 생성되므로 낭비가 심할 것처럼 보인다. 그러나 많은 경우 대부분의 노드는 상태 공간의 최하위에 있으므로, 그 위 수준들이 되풀이된다고 해서 큰 문제는 아니다. 반복 심화 검색에서 최하위 수준(깊이 $d$)의 노드들은 한 번만 생성되고, 그 위 수준은 두 번 생성된다. 그런 식으로 올라가다 최상위 수준인 뿌리의 자식 노드들은 $d$번 생성된다. 따라서 최악의 경우에 생성되는 총 노드 개수는 다음과 같다.

$$N(IDS) = (d)b^1 + (d-1)b^2 + (d-2)b^3 + \cdots + (1)b^d.$$

이로부터 시간 복잡도를 구하면 $O(b^d)$인데, 이는 너비 우선 검색의 것과 점근적으로 같다. 예를 들어 $b=10$이고 $d=5$라 할 때 해당 수치들은 다음과 같다.

$$N(IDS) = 50 + 400 + 3{,}000 + 20{,}000 + 100{,}000 = 123{,}450$$
$$N(BFS) = 10 + 100 + 1{,}000 + 10{,}000 + 100{,}000 = 111{,}110.$$

반복적인 중복 생성이 정말로 걱정된다면, 가용 메모리를 거의 다 소비할 때까지 너비 우선 검색을 수행하고, 그다음에는 전선의 모든 노드에서 시작해서 반복 심화 검색을 실행하는 혼성 방법을 사용할 수도 있다. 일반적으로, 반복 심화 검색은 검색 상태 공간이 메모리에 담을 수 있는 크기보다 크고 해답의 깊이가 알려지지 않을 때의 정보 없는 검색 방법으로 바람직하다.

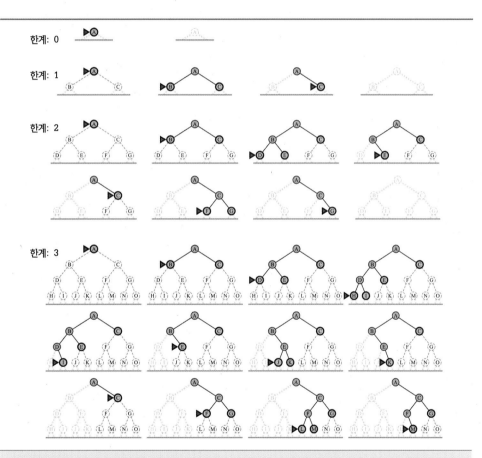

**도해 3.13** 이진 트리에서 목표 M을 찾는 반복 심화 검색의 네 반복 단계. 깊이 한계는 0에서 3까지 증가한다. 내부 영역 노드들이 하나의 경로를 형성함을 주목하기 바란다. 삼각형은 다음에 확장될 노드를 나타낸다. 외곽선이 진한 녹색 노드들은 전선이다. 아주 흐린 점선은 이 깊이 한계에서는 해의 일부가 될 수 없음이 확실한(증명 가능) 노드를 나타낸다.

## 3.4.5 양방향 검색

양방향 검색

지금까지 살펴본 알고리즘들은 초기 상태에서 시작해서 다수의 가능한 목표 상태 중 하나에 도달한다. 이와는 달리 **양방향 검색**(bidirectional search)이라고 하는 접근방식은 초기 상태에서 순방향으로 진행하는 검색과 목표에서 시작하는 역방향(backward; 후방) 검색을 동시에 진행한다(그 두 검색이 어딘가에서 만날 것이라는 희망하에서). 이러한 착안은 $b^{d/2} + b^{d/2}$이 $b^d$보다 훨씬 작다는 데에서 비롯된 것이다(예를 들어 $b = d = 10$일 때 50,000배 작다).

양방향 검색을 위해서는 두 개의 전선과 두 개의 도달된 상태 집합을 관리해야 하며, 역방향으로 추론하는 수단을 갖추어야 한다. 즉, 순방향 검색에서 상태 $s'$이 $s$의 후행자라고 할 때, 역방향 검색에서 $s$가 $s'$의 후행자임을 알 수 있어야 한다. 만일 두 전선이 만난다면 해답이 발견된 것이다.[9]

단방향 검색 알고리즘에 다양한 버전이 있는 것처럼, 양방향 검색에도 다양한 버전이 있다. 이번 절에서는 양방향 최선 우선 검색을 설명한다. 전선이 두 개지만, 다음 번에 확장되는 노드는 두 전선에서 평가 함수의 값이 최소인 노드 하나이다. 경로 비용을 평가 함수로 두면 양방향 균일 비용 검색이 되며, 최적 경로의 비용이 $C^*$이라고 할 때 비용이 $> \dfrac{C^*}{2}$인 노드들은 전혀 확장되지 않는다. 이 덕분에 검색 속도가 크게 증가할 수 있다.

일반적인 양방향 최선 우선 검색 알고리즘이 도해 3.14에 나와 있다. 이 알고리즘은 문제와 평가 함수의 두 버전을 받는다. 아래 첨자가 $F$인 것들은 순방향 검색을 위한 것이고 아래 첨자가 $B$인 것들은 역방향 검색을 위한 것이다. 평가 함수가 경로 비용이면 최초로 발견된 해가 최적해지만, 다른 평가 함수를 사용하는 경우에는 그런 성질이 반드시 보장되지는 않는다. 그래서 이 알고리즘은 지금까지 발견된 최선의 해를 추적한다. 최선의 해는 Terminated가 더 나은 해가 없다고 판정하기 전까지 여러 번 갱신될 수 있다.

## 3.4.6 정보 없는 검색 알고리즘들의 비교

도해 3.15는 §3.3.4에서 말한 네 가지 평가 기준으로 여러 정보 없는 검색 알고리즘들을 비교한 것이다. 이 비교는 도달된 상태들을 점검하지 않는 트리류 검색 버전들에 해당한다. 그런 점검을 수행하는 그래프 검색의 경우 주된 차이점은 깊이 우선 검색이 유한한

---

9  이 책의 구현에서 *reached* 자료구조는 주어진 상태가 도달된 상태인지 알려주는 질의 기능을 제공하지만 전선 자료구조(우선순위 대기열)은 그렇지 않다. 그래서 구현은 *reached*를 이용해서 충돌을 점검한다. 그러나 개념적으로 이는 두 전선이 만났는지를 점검하는 것에 해당한다. 이 구현을 다수의 목표 상태들을 다루도록 확장할 수 있다. 각 목표 상태에 대한 노드를 역방향 전선과 역방향 도달된 상태 집합에 추가하면 된다.

상태 공간에서 완결적이라는 점과 시간·공간 복잡도가 상태 공간의 크기($|V|+|E|$, 즉 정점 개수와 간선 개수의 합)에 의해 유계[역주2]라는 점이다.

---

**function** BIBF-SEARCH($problem_F$, $f_F$, $problem_B$, $f_B$) **returns** 해답 노드 또는 $failure$

  $node_F \leftarrow Node(problem_F.\text{INITIAL})$         // 시작 상태에 해당하는 노드

  $node_B \leftarrow \text{NODE}(problem_B.\text{INITIAL})$        // 목표 상태에 해당하는 노드

  $frontier_F \leftarrow f_F$로 정렬되며 $node_F$를 담은 우선순위 대기열

  $frontier_B \leftarrow f_B$로 정렬되며 $node_B$를 담은 우선순위 대기열

  $reached_F \leftarrow$ 키 $node_F.\text{STATE}$와 값 $node_F$의 쌍을 담은 참조 테이블

  $reached_B \leftarrow$ 키 $node_B.\text{STATE}$와 값 $node_B$의 쌍을 담은 참조 테이블

  $solution \leftarrow failure$

  **while not** TERMINATED($solution$, $frontier_F$, $frontier_B$) **do**

    **if** $f_F(\text{TOP}(frontier_F)) < f_B(\text{TOP}(frontier_B))$ **then**

      $solution \leftarrow \text{PROCEED}(F, problem_F, frontier_F, reached_F, reached_B, solution)$

    **else** $solution \leftarrow \text{PROCEED}(B, problem_B, frontier_B, reached_B, reached_F, solution)$

  **return** $solution$


**function** PROCEED($dir$, $problem$, $frontier$, $reached$, $reached_2$, $solution$) **returns** 해답

    // 전선에서 노드를 확장한다; $reached_2$에 있는 다른 전선에 대해 점검한다.

    // "dir"는 방향을 나타내는 변수로, 가능한 값은 F(순방향) 또는 B(역방향)이다.

  $node \leftarrow \text{POP}(frontier)$

  **for each** $child$ **in** EXPAND($problem$, $node$) **do**

    $s \leftarrow child.\text{STATE}$

    **if** $s$가 $reached$에 없음 **or** PATH-COST($child$) $<$ PATH-COST($reached[s]$) **then**

      $reached[s] \leftarrow child$

      $child$를 $frontier$에 추가

      **if** $s$가 $reached_2$에 있음 **then**

        $solution_2 \leftarrow \text{JOIN-NODES}(dir, child, reached_2[s]))$

        **if** PATH-COST($solution_2$) $<$ PATH-COST($solution$) **then**

          $solution \leftarrow solution_2$

  **return** $solution$

---

**도해 3.14** 양방향 최선 우선 검색은 두 개의 전선과 두 개의 도달된 상태 집합을 관리한다. 한 전선의 경로가 검색의 다른 절반에서도 도달한 한 상태에 도달하면 그 두 경로를 결합해서(함수 JOIN-NODES를 이용) 하나의 해를 만든다. 최초로 구한 해가 반드시 최선의 해라는 보장은 없다. TERMINATED는 새 해들을 더 찾지 않고 검색을 끝낼 것인지의 여부를 결정한다.

---

| 기준 | 너비 우선 | 균일 비용 | 깊이 우선 | 깊이 제한 | 반복 심화 | 양방향 (적용 가능한 경우) |
|---|---|---|---|---|---|---|
| 완결성 | 예[1] | 예[1,2] | 아니요 | 아니요 | 예[1] | 예[1,4] |
| 비용 최적성 | 예[3] | 예 | 아니요 | 아니요 | 예[3] | 예[3,4] |
| 시간 | $O(b^d)$ | $O(b^{1+\lfloor C^*/\epsilon \rfloor})$ | $O(b^m)$ | $O(b^\ell)$ | $O(b^d)$ | $O(b^{d/2})$ |
| 공간 | $O(b^d)$ | $O(b^{1+\lfloor C^*/\epsilon \rfloor})$ | $O(bm)$ | $O(b\ell)$ | $O(bd)$ | $O(b^{d/2})$ |

**도해 3.15** 검색 알고리즘들의 평가. $b$는 분기 계수, $m$은 검색 트리의 최대 깊이, $d$는 가장 얕은 해답의 깊이(해가 없으면 $m$), $l$은 깊이 한계이다. '예'에 붙은 위 첨자의 의미는 다음과 같다. 1: 만일 $b$가 유한하고 상태 공간에 해가 있거나 상태 공간이 유한하면. 2: 만일 모든 동작 비용이 $\geq \epsilon > 0$. 3: 만일 동작 비용들이 모두 같으면. 4: 만일 두 방향 모두 너비 우선 검색 또는 균일 비용 검색이면.

# 3.5 정보 있는 검색(발견적 검색) 전략들

정보 있는 검색

발견적 함수

이번 절은 **정보 있는 검색**(informed search) 전략, 즉 목표들의 위치에 관한 영역 특화 (domain-specific) 힌트들을 사용하는 검색 전략이 정보 없는 전략보다 좀 더 효율적으로 해들을 찾아내는 이유와 그 방법을 설명한다. 힌트들은 $h(n)$으로 표기하는 **발견적 함수** (heuristic function)의 형태로 주어진다.[10]

$$h(n) = \text{노드 } n \text{의 상태에서 목표 상태로 가는 최저 비용 경로의 비용 추정치}$$

예를 들어 여행 경로를 찾는 문제에서는 지도상의 두 점의 직선 거리를 계산해서 현재 상태에서 목표 상태로의 거리를 추정하면 될 것이다. 발견적 함수가 무엇이고 어디에서 비롯되는지는 §3.6에서 좀 더 자세히 살펴본다.

## 3.5.1 탐욕적 최선 우선 검색

탐욕적 최선 우선 검색

최선 우선 검색의 하나인 **탐욕적 최선 우선 검색**(greedy best-first search)은 $h(n)$ 값이 가장 작은 노드, 즉 목표와 가장 가깝다고 추정되는 노드를 제일 먼저 확장한다. 여기에는 목표에 가장 가까운 노드를 확장하면 해답에 빨리 도달할 가능성이 크다는 가정이 깔려 있다. 따라서 $h(n)$을 평가 함수 $f(n)$으로 사용한다.

직선거리

루마니아 여행 노선 찾기 문제에서 이 검색 방법이 어떻게 작동하는지 살펴보자. 이 예에서는 **직선거리**(straight-line distance, SLD)를 발견적 함수로 사용한다. 그 발견적 함수를 $h_{SLD}$라고 표기하겠다. 만일 목표가 부카레스트라면 부카레스트로의 직선거리를 알아야 한다. 도해 3.16에 그 거리들이 나와 있다. 예를 들어 $h_{SLD}(Arad) = 366$이다. 문제

---

10 발견적 함수에 필요한 것이 노드의 상태뿐이라는 점을 생각하면 발견적 함수가 노드 자체를 인수로 받는 것이 좀 이상하게 보이겠지만, 평가 함수 $f(n)$ 및 경로 비용 $g(n)$과의 일관성을 위해 $h(s)$ 대신 $h(n)$을 사용하는 것이 관례이다.

| 아라드 | 366 | 메하디아 | 241 |
|---|---|---|---|
| 부카레스트 | 0 | 네암트 | 234 |
| 크라이오바 | 160 | 오라데아 | 380 |
| 드로베타 | 242 | 피테스티 | 100 |
| 에포리에 | 161 | 림니쿠 빌차 | 193 |
| 파가라스 | 176 | 시비우 | 253 |
| 지우르지우 | 77 | 티미쇼아라 | 329 |
| 히르소바 | 151 | 우르지체니 | 80 |
| 이아시 | 226 | 바슬루이 | 199 |
| 루고지 | 244 | 제린드 | 374 |

**도해 3.16** 부카레스트까지의 직선거리를 뜻하는 $h_{SLD}$ 값들.

의 서술 자체(ACTIONS와 RESULT 함수)에는 이 $h_{SLD}$의 값을 계산하는 데 필요한 정보가 없음을 주목하기 바란다. 더 나아가서, $h_{SLD}$가 실제 도로 거리와 상관있음을, 따라서 유용한 발견법임을 알려면 세계에 관한 지식이 어느 정도 필요하다.

도해 3.17은 $h_{SLD}$를 이용해서 아라드에서 부카레스트로의 경로를 찾는 탐욕적 최선 우선 검색의 진행 과정을 나타낸 것이다. 아라드에서 처음으로 확장할 노드는 시비우인데, 발견적 함수에 따르면 시비우가 제린드나 티미쇼아라보다 부카레스트에 더 가깝기 때문이다. 그다음으로 확장할 노드는 파가라스이다. 이제는 그 노드가 가장 가깝기 때문이다(역시 발견적 함수에 따르면). 파가라스는 목표인 부카레스트를 생성한다. 지금 예에서 $h_{SLD}$를 이용한 탐욕적 최선 우선 검색은 해답 경로에 속하지 않는 노드를 전혀 확장하지 않고 해답을 찾아냈다. 이 해가 최적 비용 해는 아니다. 시비우와 파가라스를 거쳐서 부카레스트로 가는 경로의 길이는 림니쿠 빌차와 피테스티를 거쳐 가는 경로보다 32마일 더 길다. 이 알고리즘을 '탐욕적'이라고 부르는 것은 바로 이런 특성 때문이다. 이 알고리즘은 단계마다 가능한 한 목표에 가까워지려 한다. 그러나 이러한 탐욕 때문에 이 알고리즘이 신중한 접근방식보다 더 나쁜 결과를 낼 수도 있다.

탐욕적 최선 우선 그래프 검색은 유한 상태 공간에서 완결적이지만, 무한 상태 공간에서는 아니다. 최악의 경우의 시간 및 공간 복잡도는 $O(|V|)$이다. 하지만 좋은 발견적 함수를 사용하면 복잡도를 상당히 줄일 수 있다. 문제에 따라서는 $O(bm)$도 가능하다.

## 3.5.2 A* 검색

A* 검색　가장 널리 쓰이는 정보 있는 검색 알고리즘은 **A\* 검색**('에이스타 검색'이라고 읽는다)이다. 이것은 다음을 평가 함수로 사용하는 최선 우선 검색 알고리즘이다

$$f(n) = g(n) + h(n).$$

여기서 $g(n)$은 초기 상태에서 노드 $n$으로의 경로 비용이고 $h(n)$은 $n$에서 목표로의 최단 경로의 **추정** 비용이다. 따라서 다음이 성립한다.

$$f(n) = n을 거쳐 목표로 나아가는 최선의 경로의 추정 비용.$$

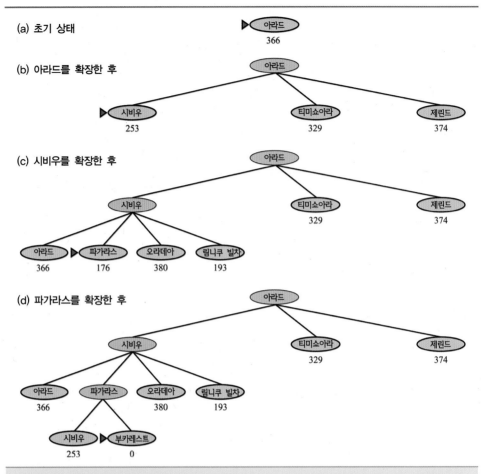

**도해 3.17** 부카레스트로 가는 문제를 직선거리 발견적 함수 $h_{SLD}$를 이용한 탐욕적 최선 우선 검색으로 푸는 과정. 노드들에 있는 수치는 해당 $h$ 값이다.

도해 3.18은 부카레스트에 도달하는 것을 목표로 한 A* 검색의 진행 과정을 보여 준다. $g$의 값은 도해 3.1의 동작 비용들로 계산한 것이고, $h_{SLD}$의 값들은 도해 3.16을 따른다. 부카레스트가 단계 (e)의 전선에 처음 나타나지만, 확장을 위해 선택되지는 않음을(따라서 해답으로 판정되지 않음을) 주목하자. 이는 $f = 450$인 이 노드가 전선의 최소 비용 노드가 아니기 때문이다. 지금 상황에서 최소 비용 노드는 $f = 417$인 피테스티이다. 이를, 피테스티를 거쳐 가는, 비용이 417 이상인 경로가 있을 수 있으므로, 알고리즘은 비용이 450인 해답에 머무르지 않는다고 말할 수도 있다. 단계 (f)에서는 부카레스트로 가는 또 다른 경로가 최소 비용 노드($f = 418$)이다. 따라서 이것이 선택되며, 최적의 해로 판정된다.

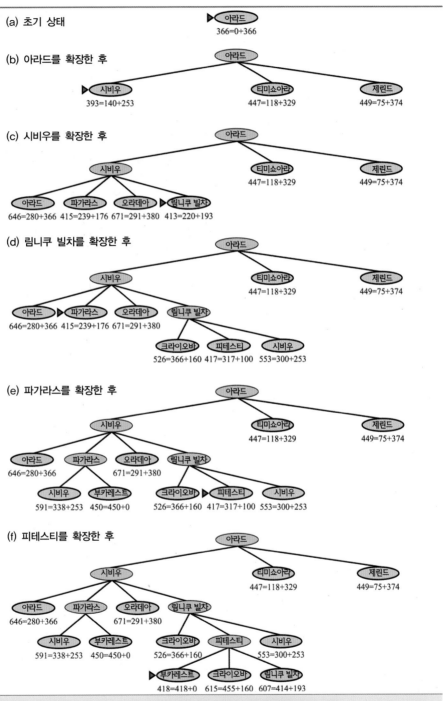

(a) 초기 상태

아라드
366=0+366

(b) 아라드를 확장한 후

아라드

시비우
393=140+253

티미쇼아라
447=118+329

제린드
449=75+374

(c) 시비우를 확장한 후

아라드

시비우

티미쇼아라
447=118+329

제린드
449=75+374

아라드
646=280+366

파가라스
415=239+176

오라데아
671=291+380

림니쿠 빌차
413=220+193

(d) 림니쿠 빌차를 확장한 후

아라드

시비우

티미쇼아라
447=118+329

제린드
449=75+374

아라드
646=280+366

파가라스
415=239+176

오라데아
671=291+380

림니쿠 빌차

크라이오바
526=366+160

피테스티
417=317+100

시비우
553=300+253

(e) 파가라스를 확장한 후

아라드

시비우

티미쇼아라
447=118+329

제린드
449=75+374

아라드
646=280+366

파가라스

오라데아
671=291+380

림니쿠 빌차

시비우
591=338+253

부카레스트
450=450+0

크라이오바
526=366+160

피테스티
417=317+100

시비우
553=300+253

(f) 피테스티를 확장한 후

아라드

시비우

티미쇼아라
447=118+329

제린드
449=75+374

아라드
646=280+366

파가라스

오라데아
671=291+380

림니쿠 빌차

시비우
591=338+253

부카레스트
450=450+0

크라이오바
526=366+160

피테스티

시비우
553=300+253

부카레스트
418=418+0

크라이오바
615=455+160

림니쿠 빌차
607=414+193

**도해 3.18** 부카레스트로 가는 문제에 대한 A* 검색 과정. 노드들에 있는 수치는 해당 $f = g + h$ 값이다. $h$ 값들은 도해 3.16에 나온 부카레스트로의 직선거리이다.

A*는 완결적이다.[11] A*가 비용 최적성을 갖추는지는 발견법의 특정 성질들에 의존한다. 핵심적인 성질은 **허용성**(admissibility)이다. 목표에 도달하는 비용을 절대로 과대평가하지 않는 발견적 함수를 가리켜 **허용 가능 발견적 함수**(admissible heuristic)라고 부른다. (따라서 허용 가능 발견적 함수는 낙관적이다.) 허용 가능 발견적 함수를 사용하는 A* 검색은 비용 최적이다. 이 점은 귀류법(모순에 의한 증명)으로 증명할 수 있다. 최적 경로의 비용이 $C^*$라고 할 때, 알고리즘이 비용이 $C > C^*$인 경로를 돌려주었다고 하자. 그러면 최적 경로에 있으면서 확장되지 않은 어떤 노드 $n$이 존재한다(최적 경로의 모든 노드가 확장되었다면 알고리즘이 최적해를 돌려주었을 것이므로). 그러면, 시작 노드에서 $n$으로 가는 최적 경로의 비용이 $g^*(n)$이고 $n$에서 가장 가까운 목표로 가는 최적 경로의 비용이 $h^*(n)$이라고 할 때 다음이 성립한다.

$$f(n) > C^* \text{ (그렇지 않다면 } n \text{이 확장되었을 것이므로)}$$
$$f(n) = g(n) + h(n) \text{ (정의에 의해)}$$
$$f(n) = g^*(n) + h(n) \text{ (} n \text{이 최적 경로에 있으므로)}$$
$$f(n) \leq g^*(n) + h^*(n) \text{ (허용성에 의해 } h(n) \leq h^*(n) \text{이므로)}$$
$$f(n) \leq C^* \text{ (정의에 의해 } C^* = g^*(n) + h^*(n) \text{이므로)}$$

그런데 첫 행과 마지막 행은 모순이다. 따라서 알고리즘이 준최적(suboptioma; 최적에 못 미치는) 경로를 돌려 주었다는 전제 자체가 틀렸다. 그러므로 A*는 반드시 비용 최적인 경로만 돌려준다.

이보다 약간 더 강한 성질로 **일관성**(consistency; 또는 일치성, 무모순성)이라는 것이 있다. 모든 노드 $n$과 동작 $a$로 생성되는 $n$의 모든 후행자 $n'$에 대해 다음이 성립하는 발견적 함수 $h(n)$를 가리켜 "일관성이 있다" 또는 "일관적이다"라고 말한다.

$$h(n) \leq c(n,a,n') + h(n').$$

이것은 삼각형의 한 변이 다른 두 변의 합보다 길 수 없음을 뜻하는 **삼각 부등식**의 한 형태이다(도해 3.19 참고). 일관성 있는 발견적 함수의 예는 부카레스트로 가는 문제에서 사용한 직선 거리 함수 $h_{SLD}$이다.

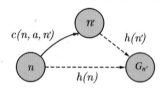

**도해 3.19** 삼각 부등식: 만일 발견적 함수 $h$가 **일관적이면** 하나의 수 $h(n)$은 $n$에서 $n'$으로 가는 동작의 비용 $c(n,a,a')$와 발견적 함수 추정치 $h(n')$의 합보다 작다.

---

11 여기서도 모든 동작 비용이 $> \epsilon > 0$이고 상태 공간에 해가 있거나 상태 공간이 유한하다고 가정한다.

일관성 있는 발견적 함수는 모두 허용 가능이므로(그 역은 참이 아니지만), 일관성 있는 발견적 함수 A*는 비용 최적성을 가진다. 그리고 발견적 함수가 일관적인 경우 알고리즘이 한 상태에 처음 도달했을 때 그 상태는 최적 경로의 일부이므로, 같은 상태를 전선에 여러 번 추가하는 일은 절대로 없다. 따라서 *reached*의 항목을 변경해야 할 필요도 없다. 그러나 비일관(일관성이 없는) 발견적 함수에서는 같은 상태에 도달하는 경로가 여러 개 나올 수 있으며, 각각의 새 경로가 이전 경로보다 경로 비용이 낮다면 전선에 그 상태에 대한 여러 개의 노드가 추가될 것이다. 따라서 시간과 공간 모두 낭비된다. 이 때문에, 하나의 상태가 전선에 한 번만 추가되게 하고 그 상태에 대한 더 나은 경로가 발견되면 그 상태의 모든 후행자들을 갱신하는(그러려면 노드에 부모 포인터뿐만 아니라 자식 포인터들도 있어야 한다) 기법을 사용하는 A* 구현들도 있다. 이런 번거로운 처리 때문에 비일관 발견적 함수를 아예 피하는 구현자들이 많았다. 그러나 [Felner 외, 2011]은 실제 응용에서 최악의 효과들이 거의 발생하지 않으므로 비일관 발견적 함수를 굳이 피할 필요가 없다고 주장한다.

허용 가능 발견적 함수를 사용하는 A* 검색은 비용 최적성이 있을 수도 있고 없을 수도 있다. 비용 최적성이 있는 경우 두 가지를 들어 보겠다. 첫째로, 만일 비용 최적 경로가 하나 존재하고 그 경로의 모든 노드 $n$에 대해 $h(n)$이 허용 가능이면, 그 경로에 속하지 않은 상태들에 대해 발견적 함수가 어떻게 평가되더라도 그 경로는 발견된다. 둘째로, 최적해의 비용이 $C^*$이고 그 다음으로 좋은 해의 비용이 $C_2$이라고 할 때, 만일 $h(n)$가 일부 비용들을 과대추정하지만 $C_2 - C^*$보다 높게 추정하지는 않는다면, A*는 반드시 비용 최적 경로를 돌려준다.

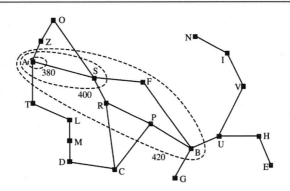

**도해 3.20** 루마니아 지도에 아라드를 시작 상태로 한, $f = 380$, $f = 400$, $f = 420$인 등고선들을 표시한 모습. 한 등고선 안의 노드들은 $f = g + h$ 비용이 그 등고선의 값보다 작거나 같다.

### 3.5.3 검색 등고선

등고선 검색을 시각화하는 유용한 방법 하나는 지형도에서 흔히 보는 **등고선**(contour)과 비슷한 선을 상태 공간에 그리는 것이다. 도해 3.20에 그러한 예가 나와 있다. 400이라고 표시된 '등고선' 안의 모든 노드는 해당 $f(n) = g(n) + h(n) \leq 400$을 충족하며, 다른 등고선들도 마찬가지이다. A*가 $f$ 비용이 최저인 전선 노드를 확장한다는 점을 생각하면, A* 검색은 시작 노드를 중심으로 해서 $f$ 비용이 점차 증가하는 동심 띠들의 형태로 노드들을 추가해 나간다는 점을 알 수 있다.

균일 비용 검색에도 등고선들이 있지만, $g + h$가 아니라 $g$ 비용을 기준으로 한다. 균일 비용 검색의 등고선들은 시작 상태를 중심으로 한 '원형'이다. 등고선들은 특정한 선호도 없이 모든 방향에서 목표를 향해 동일하게 퍼져나간다. 좋은 발견적 함수를 사용한 A* 검색에서 $g + h$ 등고선들은 목표 상태를 향해 확장되며(도해 3.20처럼), 최적 경로 부근에서 좀 더 좁게 집중된다.

단조 하나의 경로를 확장할 때 $g$ 비용들이 **단조**(monotonic) 증가임은 명확하다. 즉, 경로를 따라가면서 경로 비용이 항상 증가하는데, 이는 동작 비용이 항상 양수이기 때문이다.[12] 따라서 동심 등고선들은 서로 교차하지 않으며, 선을 충분히 가늘게 그린다면 임의의 경로에서 임의의 두 경로 사이를 지나는 선을 그릴 수 있다.

그런데 $f = g + h$ 비용이 단조 증가인지는 자명하지 않다. $n$에서 $n'$으로의 경로를 확장하면 비용은 $g(n) + h(n)$에서 $g(n) + c(n, a, n') + h(n')$으로 간다. $g(n)$ 항을 소거한 후 살펴보면 경로의 비용이 만일 $h(n) \leq c(n, a, n') + h(n')$이면, 그리고 오직 그럴 때만 단조 증가임을 알 수 있다. 다른 말로 하면, 만일 발견적 함수가 일관적이면, 그리고 오직 그럴 때만 단조 증가이다.[13] 그런데 $g(n) + h(n)$ 점수가 동일한 일련의 노드들에 하나의 경로가 기여할 수도 있음을 주의해야 한다. $h$가 방금 취한 동작의 비용과 정확히 같은 양만큼 감소할 때마다 그런 일이 발생한다(예를 들어 격자 문제에서 $n$이 목표와 같은 노드에 있는 상황에서 에이전트가 목표로 한 걸음 나아가는 동작을 취한다면 $g$는 1만큼 증가하고 $h$는 1만큼 감소한다). 이로부터, 최적해 경로의 비용이 $C^*$라고 할 때 다음이 성립한다.

- A*는 "초기 상태에서 경로의 모든 노드에 도달할 수 있고 경로의 모든 노드가 $f(n) < C^*$이다"라는 조건을 충족하는 경로의 모든 노드를 확장한다. 그런 노드들을 **확실히 확장된 노드**(surely expanded nodes)들이라고 부르기로 한다.

확실히 확장된 노드

- 그러면 A*는 목표 노드를 선택하기 전에 '목표 등고선'($f(n) = C^*$인 노드들)에 있는 노드들 중 일부를 확장할 수 있다.

---

[12] 엄밀히 말해서 비용이 항상 증가하는 것은 순단조(strictly monotonic) 증가에 해당한다. 단조는 비용이 결코 감소하지는 않는 것을 말하며, 같은 값들이 유지되는 것도 단조에 해당한다.

[13] 사실 '단조 발견적 함수'라는 용어는 '일관적인 발견적 함수(consistent heuristic)'와 동의어이다. 두 개념은 개별적으로 연구되었으며, 둘이 동등함을 [Pearl, 1984]가 증명했다.

- A*는 $f(n) > C^*$인 노드들은 전혀 확장하지 않는다.

최적으로 효율적 일관성 있는 발견적 함수를 사용하는 A*를 가리켜 **최적으로 효율적**(optimally efficient) 이라고 부른다. 이는 초기 상태에서부터 검색 경로들을 확장하며 동일한 발견적 정보를 이용하는 모든 알고리즘은 A*가 "확실히 확장한" 모든 노드를 확장할 것이라는 의미에 서이다(그 노드들 중 어떤 것이라도 최적해의 일부일 수 있었으므로). $f(n) = C^*$인 노 드들 중 어떤 알고리즘은 운 좋게도 최적의 노드를 선택하고 다른 어떤 알고리즘은 운 나쁘게도 그렇지 못할 것이다. 최적 효율성을 정의할 때 이런 차이는 고려하지 않는다.

가지치기      A*가 효율적인 이유는 최적해를 발견하는 데 필요하지 않은 검색 트리 노드들을 대거 잘라내기 때문이다. 이를 **가지치기**(pruning)라고 부른다. 도해 3.18의 (b)를 보면 티 미쇼아라는 $f = 447$이고 제린드는 $f = 449$이다. 둘 다 뿌리 노드의 자식 노드들이고 균 일 비용 검색이나 너비 우선 검색이라면 처음으로 확장되는 노드들에 속하겠지만, A*는 $f = 418$인 해를 먼저 발견하므로 이들을 절대로 확장하지 않는다. 가지치기, 즉 가망 없 는 가능성들을 조사 없이 제거하는 것은 인공지능의 여러 분야에서 중요한 기법이다.

     A* 검색이 완결적이고, 최적이고, 앞 문단에서 말한 알고리즘들 중에서 최적으로 효율적이라는 점은 상당히 만족스럽다. 그러나 안타깝게도, 그렇다고 A*가 모든 검색 요 구에 대한 답인 것은 아니다. 어려운 점은 대부분의 문제에 대해 목표 등고선 검색 공간 안의 상태의 수가 여전히 해답의 길이에 지수적(즉, 해답 길이를 지수로 한 거듭제곱의 형태)이라는 점이다. 예를 들어 초강력 진공청소기가 사각형으로 이동하지 않고도 임의 의 사각형을 1단위의 비용으로 청소할 수 있는 진공청소기 세계를 생각해 보자. 이 시나 리오에서는 사각형들을 아무 순서로나 청소할 수 있다. 초기에 더러운 사각형이 $N$개라 고 하면, 그중 일부가 청소된 상태들은 총 $2^N$개이다. 이 모든 상태는 최적해 경로에 있 으므로 $f(n) < C^*$를 충족하며, 따라서 A*는 이들을 모두 방문해야 한다.

## 3.5.4 만족 검색: 비허용 발견적 함수와 가중 A*

A* 검색에는 장점이 많지만, 수많은 노드를 확장해야 한다는 단점이 크다. 만일 최적은 아니지만 "충분히 좋은" 해로 만족할 수 있다면, 방문할 노드들을 줄일 수 있다(따라서 시간과 공간을 덜 소비한다). 그런 해를 **만족 해**(satisficing solution)라고 부른다. **비허용** 허용 발견적 함수 **발견적 함수**(inadmissible heuristic), 즉 비용을 과대평가할 수도 있는 발견적 함수를 A* 검색에 사용한다면, 최적해를 놓칠 위험이 있지만, 대신 발견적 함수가 좀 더 정확할 수 있으며, 따라서 확장되는 노드들의 수가 줄어든다. 예를 들어 도로 기술자들이 사용하는 우회 지수 개념으로 **우회 지수**(detour index)라는 것이 있다. 이것은 도로의 전형적인 곡률을 고려 해서 직선 거리에 곱하는 하나의 계수이다. 두 도시의 직선 거리가 10km라고 할 때, 여 기에 우회 지수 1.3을 적용한다는 것은 두 도시 사이의 최선의 경로에 대한 충분히 좋 은 추정치가 13km라는 뜻이다. 많은 지역에서 우회 지수는 1.2에서 1.6 사이이다.

가중 A* 검색

도로 관련 문제뿐만 아니라 그 어떤 문제에도 이러한 개념을 적용할 수 있다. 이 개념을 A*에 적용한 것을 **가중 A\* 검색**(weighted A* search)이라고 부른다. 가중 A\* 검색에서는 발견적 함수의 값을 더욱 중요시한다. 수식으로 표현하자면, 어떤 $W > 1$에 대해 $f(n) = g(n) + W \times h(n)$이다.

도해 3.21은 격자 세계에 대한 검색 문제의 예이다. (a)에서 A* 검색은 상태 공간의 상당히 큰 영역을 탐색한 후에야 최적해를 발견한다. (b)에서 가중 A* 검색은 비용이 약간 더 큰 해를 찾아내지만, 대신 검색에 걸린 시간이 훨씬 짧다. 그림을 보면 가중 검색이 목표를 향해 나아가는 도달된 상태들의 등고선에 집중함을 알 수 있다. 이는 탐색하는 상태들이 더 적다는 뜻이지만, 만일 최적 경로가 가중 검색의 등고선에서 벗어나 있다면 최적 경로를 발견하지 못한다는 뜻이기도 하다(지금 예가 그렇다). 일반화하자면, 최적해의 비용이 $C^*$일 때 가중 A* 검색은 비용이 $C^*$에서 $W \times C^*$ 사이인 해를 찾아낸다. 그러나 실제 응용에서는 $W \times C^*$보다는 $C^*$에 훨씬 가까운 결과를 산출할 때가 많다.

앞에서 우리는 $g$와 $h$를 다양한 방식으로 결합해서 상태들을 평가하는 검색 방법들을 살펴보았다. 가중 $A^*$는 다음과 같은 여러 검색 알고리즘들의 일반화라고 할 수 있다.

$$
\begin{array}{rcl}
A^* \text{ 검색:} & g(n) + h(n) & (W = 1) \\
\text{균일 비용 검색:} & g(n) & (W = 0) \\
\text{탐욕적 최선 우선 검색:} & h(n) & (W = \infty) \\
\text{가중 } A^* \text{ 검색:} & g(n) + W \times h(n) & (1 < W < \infty)
\end{array}
$$

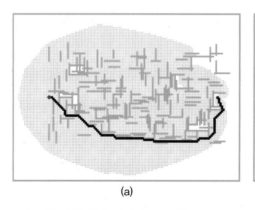
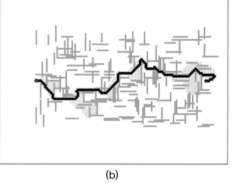

(a)　　　　　　　　　　　　(b)

**도해 3.21** 같은 격자에 대한 두 가지 검색: (a)는 A* 검색, (b)는 가중치가 $W = 2$인 가중 A* 검색이다. 회색 막대들은 장애물이고 녹색 점은 출발점, 빨간색 점은 목표, 자주색 선은 출발점에서 목표로의 경로이다. 작은 점들은 각 검색에서 도달된 상태들이다. 이 문제에서는 가중 A* 검색이 7배 적은 상태들을 탐색해서 비용이 5% 더 큰 경로를 찾았다.

가중 A* 검색을 "다소 탐욕적인 검색"(somewhat-greedy search)이라고 불러도 될 것이다. 가중 A*는 탐욕적 최선 우선 검색처럼 목표로 나아가는 데 집중하지만, 그러면서도 경로 비용을 아예 무시하지는 않는다. 하지만 비용은 크면서 목표로 별로 나아가지 못하는 경로는 제쳐둔다.

준최적(suboptimal) 검색 알고리즘들은 다양하다. 그런 알고리즘들을 준최적 해의 품질이 어느 정도냐에 따라 분류할 수 있다. 유계 준최적 검색(bounded suboptimal search)은 최적 비용에 상수 계수 $W$를 곱한 값 이내의 해를 돌려줌을 보장한다. 가중 A* 검색이 이러한 보장을 제공한다. **비용 유계 검색**(bounded-cost search)은 어떤 상수 $C$보다 낮은 비용의 해를 찾는다. **비용 무계 검색**(unbounded-cost search)은 빨리 찾을 수만 있다면 그 어떤 비용의 해도 허용한다.

비용 무계 검색 알고리즘의 한 예는 소위 **스피디 검색**(speedy search)이다. 탐욕적 최선 우선 검색의 일종인 스피디 검색은 목표에 도달하는 데 필요한 동작 수의 추정치를 발견적 함수로 사용한다. 그 동작들의 비용은 고려하지 않는다. 따라서 모든 동작의 비용이 같은 문제에서는 탐욕적 최적 우선 검색과 동일하지만, 동작들의 비용이 다를 때는 비용이 높더라도 더 빨리 찾을 수 있는 해를 찾아내는 경향이 있다.

여백 주석 (왼쪽 여백): 유계 준최적 검색 / 비용 유계 검색 / 비용 무계 검색 / 스피디 검색

## 3.5.5 메모리 제한 검색

A*의 주된 문제점은 메모리를 많이 사용한다는 것이다. 이번 절에서는 공간을 절약하는 몇 가지 구현 기법을 살펴보고, 가용 공간을 좀 더 잘 활용하는 완전히 새로운 알고리즘 몇 개도 소개한다.

A*가 사용하는 메모리는 거의 대부분 *frontier*(전선을 담는 자료구조)와 *reached*(도달된 상태들을 담는 자료구조)가 차지한다. 앞에서 본 최적 우선 검색 구현에서, 전선에 있는 한 상태는 두 곳에 저장되는데, 하나는 전선의 한 노드이고 다른 하나는 도달된 상태들을 담은 테이블의 한 항목이다. 전자는 다음에 확장할 노드를 선택하는 용도로, 후자는 어떤 상태가 이전에 방문한 상태인지 점검하는 용도로 쓰인다. 격자 탐색을 비롯한 여러 문제들에서는 *frontier*가 *reached*보다 훨씬 작기 때문에 이러한 중복 저장이 별 문제가 되지 않는다. 그러나 하나의 상태를 두 곳 중 하나에만 저장하는 구현들도 있다. 그러면 공간이 조금 절약되지만 알고리즘은 조금 복잡해진다(그러면 검색 속도도 조금 느려질 수 있다).

또는, 이후에 더 이상 필요하지 않음을 입증할 수 있는 상태들을 *reached*에서 제거함으로써 공간을 절약할 수도 있다. 검색 문제 중에는 분리 성질(p.99의 도해 3.6)을 적용할 수 있는 것들이 있으며, 거기에 U-턴 동작 금지를 추가한다면 모든 동작이 전선에서 바깥으로 또는 전선의 다른 상태로 이동하게 만들 수 있다. 그러면 전선만 점검해도 중복 경로들을 검출할 수 있으므로 *reached* 테이블은 완전히 생략할 수 있다.

참조 횟수 　　문제에 따라서는, 각 상태가 방문된 횟수를 뜻하는 **참조 횟수**(reference count)를 이용해서 더 이상의 도달 경로가 존재할 수 없는 상태들을 *reached* 테이블에서 제거할 수도 있다. 예를 들어 상하좌우 이동만 가능한 격자 세계에서, 어떤 한 상태가 네 번 도달되었다면(즉, 참조 횟수가 4이면) 그 상태는 테이블에서 제거해도 된다.

　　이제부터는 메모리를 좀 더 잘 활용하도록 고안된 새로운 알고리즘 몇 가지를 살펴보자.

빔 검색 　　**빔 검색**(beam search; 또는 다발 검색)은 전선의 크기를 제한한다. 가장 쉬운 전선 크기 제한 방법은 $f$ 점수 기준으로 상위 $k$개의 노드만 전선에 두는 것이다. 그러면 검색이 비완결적이고 준최적이 되지만, $k$를 잘 선택하면 메모리가 절약될 뿐만 아니라 검색도 빨라진다(확장할 노드들이 줄어들어서). 많은 문제에서 빔 검색은 좋은 근최적(near-optimal; 최적에 가까운) 해를 산출한다. 균일 비용 검색이나 A* 검색은 동심 등고선들 안의 어디로나 퍼져 나가는 반면 빔 검색은 그 등고선들의 한 부분($k$개의 상위 후보들이 있는)에만 집중한다고 생각하면 될 것이다.

　　빔 검색의 한 버전은 전선의 크기를 엄격하게 제한하지 않는다. 이 버전은 최고의 $f$ 점수와의 차이가 $\delta$ 이내인 모든 노드를 전선에 포함시킨다. 이렇게 하면, 고득점 노드들이 많이 있을 때는 적은 수의 노드들만 전선에 유지되지만, 고득점 노드들이 없을 때는 고득점 노드가 등장할 때까지 좀 더 많은 노드들이 전선에 유지된다.

반복 심화 A* 　　**반복 심화 A***(iterative-deepening A*, IDA*) 알고리즘은 깊이 우선 검색에 대한 반복 심화 기법과 비슷한 방식으로 A*를 변형한 것으로, 모든 도달된 상태를 메모리에 담아 두지 않고도 A*의 장점을 누릴 수 있다. 대신 몇몇 상태는 여러 번 방문하게 된다. 반복 심화 A*는 가용 메모리에 다 담을 수 없는 문제에 흔히 쓰이는 아주 중요한 알고리즘이다.

　　표준적인 반복 심화 알고리즘에서는 깊이를 차단(cutoff; 또는 중단) 기준으로 사용한다(반복마다 기준 깊이를 1씩 증가). 반면 IDA*는 $f$ 비용, 즉 $g + h$를 차단 값으로 사용한다. 매 반복에서 차단 값은 이전 반복의 차단 값보다 큰 노드 $f$ 비용들 중에서 가장 작은 비용이다. 다른 말로 하면, 각 반복은 한 $f$-등고선의 모든 노드를 조사해서 그 등고선을 바로 넘어선 노드를 찾고, 그 노드를 다음 번 반복의 등고선으로 사용한다. 각 경로의 $f$ 비용이 정수인 8-퍼즐 같은 문제에서는 이것이 아주 잘 작동해서, 반복마다 검색이 목표를 향해 착실하게 나아간다. 최적해의 비용이 $C^*$이라고 할 때 검색은 $C^*$회 이하의 반복으로 끝난다(예를 들어 가장 어려운 8-퍼즐 문제라도 반복 횟수는 31을 넘지 않는다). 그러나 모든 노드의 $f$ 비용이 다른 문제에서는 각각의 새 등고선에 단 하나의 새 노드만 있을 수 있으며, 그러면 반복 횟수가 상태의 수와 같을 수 있다.

재귀적 최선 우선 검색 　　**재귀적 최선 우선 검색**(recursive best-first search, RBFS)은 표준 최선 우선 검색의 동작을 흉내 내되 오직 선형 공간만 사용하는 간단한 재귀적 알고리즘이다. 도해 3.22에 이 알고리즘이 나와 있다. RBFS는 재귀적 깊이 우선 검색과 비슷하나, 현재 경로를 무한정 따라 내려가는 대신 *f_limit* 변수를 이용해서 현재 노드의 임의의 조

**function** RECURSIVE-BEST-FIRST-SEARCH(*problem*) **returns** 해답 또는 *failure*
 *solution, fvalue* ← RBFS(*problem*, NODE(*problem*.INITIAL), ∞)
 **return** *solution*

**function** RBFS(*problem, node, f_limit*) **returns** 해답 또는 *failure*와 새 *f* 비용 한계
 **if** *problem*.IS-GOAL(*node*.STATE) **then return** *node*
 *successors* ← LIST(EXPAND(*node*))
 **if** *successors*가 비었음 **then return** *failure*, ∞
 **for each** *s* **in** *successors* **do** // *f*를 이전 검색의 값으로 갱신(있는 경우)
  *s.f* ← max(*s*.PATH-COST+*h*(*s*), *node.f*)
 **while** *true* **do**
  *best* ← *successors*에서 *f* 값이 가장 작은 노드
  **if** *best.f* > *f_limit* **then return** *failure*, *best.f*
  *alternative* ← *successors*에서 *f*값이 두 번째로 작은 노드
  *result, best.f* ← RBFS(*problem, best*, min(*f_limit, alternative*))
  **if** *result* ≠ *failure* **then return** *result, best.f*

**도해 3.22** 재귀적 최선 우선 검색 알고리즘.

상에서 시작하는 최선의 대안(alternative) 경로의 *f* 값을 추적한다. 만일 현재 노드가 이 한계를 넘기면, 재귀를 풀어서(되짚어 올라가면서) 대안 경로로 되돌아간다. 재귀가 풀림에 따라 RBFS는 경로에 있는 각 노드의 *f* 값을 **후퇴 값**(backed-up value), 즉 그 자식 노드 중 최선의 *f* 값으로 대체한다. 이런 식으로 RBFS는 잊힌 부분 트리의 최선의 잎 노드(말단 노드)의 *f* 값을 기억하며, 따라서 나중에 그 부분 트리를 다시 확장할 필요가 있는지 결정할 수 있다. 도해 3.23은 RBFS로 부카레스트에 도달하는 과정을 나타낸 것이다.

후퇴 값

  RBFS가 IDA*보다는 다소 효율적이지만, 과도한 노드 생성 문제는 여전히 남아 있다. 도해 3.23의 예에서 RBFS는 림니쿠 빌차를 거치는 경로를 따라가다가 "마음을 바꾸어서" 파가라스를 시험해 보고, 다시 마음을 바꾼다. 이러한 '변심'은 현재 최선의 경로를 확장할 때마다 *f* 값이 증가할 가능성이 크기 때문에 생기는 것이다. 대체로 *h*는 목표에 더 가까운 노드에 대해 덜 낙관적이다. *f* 값이 증가하면 차선의 경로가 최선의 경로가 되므로 검색 과정은 뒤로 돌아가서 그 경로를 따라가게 된다. 각각의 변심은 IDA*의 한 반복에 해당하며, 최선의 경로를 재생성하고 거기에서 노드를 하나 더 확장하기 위해서는 많은 수의 잊힌 노드들을 다시 확장해야 할 수 있다.

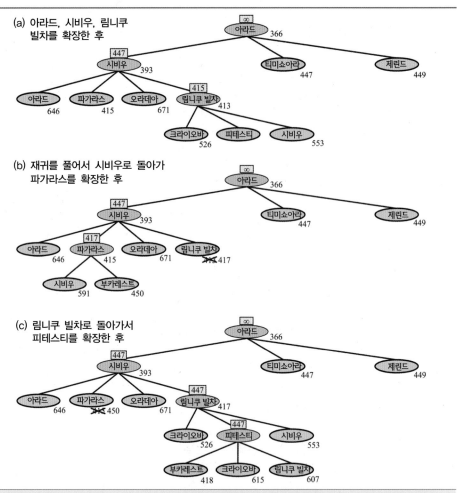

**도해 3.23** RBFS 검색으로 부카레스트로의 최단 노선을 찾는 과정. 현재 경로의 각 노드 위에 있는 수치는 해당 재귀 호출의 $f$ 한계의 값이다. 모든 노드에 있는 수치는 해당 $f$ 비용이다. (a) 림니쿠 빌차를 경유하는 경로를 따라가다 보면 현재 최선의 잎 노드(피테스티)의 값이 최선의 대안 경로(파가라스)의 것보다 못한 지점에 도달한다. (b) 재귀가 풀려서, 잊힌 부분 트리의 최선의 잎 노드 값(417)이 림니쿠 빌차까지 후퇴한다. 그런 다음 파가라스가 확장되어서 최선의 잎 노드 값 450이 드러난다. (c) 재귀가 풀려서, 잊힌 부분 트리의 최선의 잎 노드 값(450)이 파가라스까지 후퇴한다. 그런 다음 림니쿠 빌차가 확장된다. 이번에는 최선의 대안 경로(티미쇼아라를 거치는)의 비용이 적어도 447이므로, 확장은 부카레스트까지 계속된다.

RBFS는 만일 발견적 함수 $h(n)$이 허용 가능이면 최적 알고리즘이다. 공간 복잡도는 가장 깊은 최적해의 깊이에 선형 비례하나, 시간 복잡도는 특징짓기가 꽤 까다롭다. 시간 복잡도는 발견적 함수의 정확성과 노드들이 확장됨에 따라 최선의 경로가 변하는 횟수 모두에 의존한다. RBFS는 $f$점수가 증가하는 순으로 노드들을 확장한다. $f$가 비단조일 때도 그렇다.

IDA*와 RBFS는 메모리를 너무 적게 사용한다는 문제가 있다. 반복 사이에서 IDA*는 현재 $f$ 비용 한계라는 하나의 수치만 유지한다. RBFS는 그보다 많은 정보를 메모리에 유지하나, 오직 선형 공간만 사용한다. 가용 메모리가 더 많이 있다고 해도 RBFS는 그것을 활용하지 못한다. 두 알고리즘은 자신이 밝혀낸 것들을 대부분 잊기 때문에, 같은 상태들을 여러 번 다시 탐색하게 될 수 있다.

MA*
SMA*

따라서, 가용 메모리가 얼마나 남았는지 알아보고 그 가용 메모리를 모두 사용할 수 있는 방법을 찾는 것이 합당하다. 그런 알고리즘으로 MA*(memory-bounded A*; 메모리 제한 A*)와 SMA*(simplified MA*; 단순화된 MA*)가 있다. 둘 중 이름 그대로 더 단순한 SMA*를 설명하겠다. SMA*는 처음에는 A*처럼 그냥 최선의 잎 노드를 확장한다. 그러다가 가용 메모리를 다 쓰면 더는 검색 트리에 새 노드를 추가하지 못하게 된다. 그 때부터 SMA*는 새 노드를 추가할 때 기존 노드를 제거해서 공간을 만든다. SMA*는 항상 **최악**의 잎 노드, 즉 $f$값이 가장 큰 잎 노드를 제거한다. 그런 다음에는 RBFS처럼 잊힌 노드의 값을 다시 부모로 후퇴시킨다. 이 덕분에 잊힌 부분 트리의 조상은 그 부분 트리의 최선의 경로의 품질을 알게 된다. 이러한 정보를 이용해서, SMA*는 나타난 다른 모든 경로가 잊힌 경로보다 못한 경우에만 그 부분 트리를 재생성한다. 다른 식으로 말하면, 만일 한 노드 $n$의 후손들이 모두 잊혔다면, $n$에서 어디로 가야 할지는 알지 못하지만, 그래도 $n$에서 어디론가 가는 것이 얼마나 가치 있는 일인지는 짐작할 수 있다.

전체 알고리즘은 이 책의 온라인 예제 코드 저장소에 있으니 참고하기 바란다. 여기서 미묘한 사항 하나를 언급할 필요가 있겠다. 앞에서 SMA*가 최선의 잎 노드를 확장하고 최악의 잎 노드를 삭제한다고 말했다. 그런데 **모든** 잎 노드의 $f$ 값이 같으면 어떻게 할까? 같은 노드를 삭제, 확장하는 일을 피하기 위해 SMA*는 **가장 최근의** 최선 잎 노드를 확장하고 **가장 오래된** 최악 잎 노드를 삭제한다. 잎 노드가 오직 하나일 때에는 그 둘이 동일하지만, 그런 경우 현재 검색 트리는 메모리를 모두 채운 뿌리에서 잎 노드로의 단일한 경로일 수밖에 없다. 만일 그 잎 노드가 목표 노드가 아니면, 비록 **그것이 최적해 경로에 있다고 해도**, 가용 메모리로는 해답에 도달할 수 없다. 따라서 그 노드는 마치 후행자가 하나도 없는 것처럼 취급해서 폐기해도 된다.

SMA*는 만일 도달 가능한 해답이 존재하면, 즉 가장 얕은 목표 노드의 깊이 $d$가 메모리 크기(노드들로 표현된)보다 작으면 완결적이다. 그리고 SMA*는 도달 가능한 최적해가 존재하면 최적이다. 그렇지 않다면 이 알고리즘은 도달 가능한 최선의 해답을 돌려준다. 실용적인 관점에서 SMA*는 최적해를 찾는 데 상당히 견실한 선택이다. 특히 상태 공간이 그래프이고 동작 비용들이 균일하지 않으며 노드 생성이 전선과 탐색된 집합의 유지 부담에 비해 비싼 경우에 그렇다.

스래싱

그러나 아주 어려운 문제에서는 SMA*가 오직 일부만 메모리에 들어갈 수 있는 여러 후보 해답 경로들을 계속해서 앞뒤로 오가게 되는 경우가 많다. (이는 디스크 페이징 시스템의 **스래싱**thrashing 문제와 비슷하다.) 그런 경우, 같은 노드를 여러 번 재생성하는 데 추가적인 시간이 소비된다는 것은 무제한의 메모리가 주어졌을 때 A*로 풀 수 있는 문제가 SMA*로는 처리 불가능한 문제로 변함을 의미한다. 즉, 메모리 제약은 문제를 계산 시간의 관점에서 처리 불가능한 문제로 만들 수 있다. 현재로서는 시간과 메모리의 절충을 설명해 주는 이론이 없지만, 이것은 피할 수 없는 문제로 보인다. 유일한 탈출구는 최적성 요구조건을 포기하는 것이다.

## 3.5.6 양방향 발견적 검색

단방향 최적 우선 검색에서 $f(n) = g(n) + h(n)$을 평가 함수로 사용하면 A* 검색은 반드시 최적 비용 해를 산출함을 보장한다($h$가 허용 가능이라 할 때). 그러면서도 확장된 노드 수 면에서 최적의 효율성을 보인다.

양방향 최적 우선 검색에서도 $f(n) = g(n) + h(n)$을 사용할 수 있지만, 반드시 최적 비용 해로 이어진다는 보장은 없다. 또한 최적의 효율성을 보인다는 보장도 없다. 허용 가능 발견적 함수를 사용한다고 해도 마찬가지이다. 양방향 검색에서는 "확실히 확장되었음"을 증명할 수 있는 것은 개별 노드가 아니라 각 전선의 한 노드들로 이루어진 노드 쌍(pair)이다. 따라서 효율성에 관한 증명은 반드시 노드 쌍들을 고려해야 한다 (Eckerle 외, 2017).

우선 몇 가지 새로운 표기법을 소개하겠다. 순방향으로 가는 노드들(초기 상태가 뿌리 노드인)에 대해서는 $f_F(n) = g_F(n) + h_F(n)$을, 역방향 노드들(목표 상태가 뿌리인)에 대해서는 $f_B(n) = g_B(n) + h_B(n)$을 사용한다. 두 방향의 검색은 같은 문제를 풀지만, 그 평가 함수는 서로 다르다. 이는, 목표로 나아가느냐 초기 상태로 나아가느냐에 따라 예를 들어 발견적 함수가 다를 수 있기 때문이다. 두 발견적 함수 모두 허용 가능이라고 가정한다.

초기 상태에서 노드 $m$으로 가는 순방향 경로와 목표에서 노드 $n$으로 가는 역방향 경로가 있다고 하자. 그 순방향 경로를 따라 초기 상태에서 $m$으로 간 후 어떻게든 $n$에 도달해서는 역방향 경로를 따라 목표에 도달하는 하나의 해의 비용의 하계(lower bound)를 다음과 같이 정의할 수 있다.

$$lb(m,n) = \max\left(g_F(m) + g_B(n), f_F(m), f_B(n)\right).$$

다른 말로 하면, 그러한 경로의 비용은 두 부분 경로의 비용의 합보다 작지 않을(이들 사이에 남아 있는 연결의 비용은 반드시 음수이므로) 뿐만 아니라, 두 부분 경로의 $f$ 비용 추정치 중 더 큰 것보다도 작지 않다(발견적 추정치는 낙관적이므로). 이로부터, $lb(m,n)$이 최적 비용 $C^*$보다 작은 임의의 노드 쌍 $(m,n)$에 대해 $m$이나 $n$ 중 하나를 반드시 확장해야 한다는 결론이 나온다. 왜냐하면, 그 둘을 거쳐 가는 경로는 잠재적인 최적 해이기 때문이다. 여기서 어려운 점은, 두 노드 중 어느 쪽을 확장하는 것이 더 나은지 미리 알 수 없다는 것이다. 이 점 때문에 그 어떤 양방향 검색 알고리즘도 최적 효율성을 보장할 수 없다. 모든 양방향 검색 알고리즘은, 만일 매번 노드 쌍의 나쁜 쪽 노드를 확장한다면, 가능한 최소 노드 확장 수의 두 배만큼의 노드들을 확장하게 된다. $(m,n)$ 쌍들의 대기열을 명시적으로 관리하는 양방향 발견적 검색 알고리즘들도 있지만,

여기서는 그냥 두 개의 전선 우선순위 대기열을 사용하는 양방향 최적 우선 검색(도해 3.14)을 그대로 사용한다. 이 검색 알고리즘에 다음과 같이 $lb$ 기준을 흉내내는 평가 함수를 적용하기로 하자.

$$f_2(n) = \max\left(2g(n), g(n) + h(n)\right).$$

이렇게 하면, 다음에 확장될 노드는 이 $f_2$ 값이 최소가 되는 노드이다. 그 노드는 두 전선 중 어느 쪽에도 있을 수 있다. 이 $f_2$ 함수를 사용하면 $g(n) > \dfrac{C^*}{2}$인 노드(어떤 전선의 것이든)는 전혀 확장되지 않음이 보장된다. 이런 양방향 검색의 두 절반은 "중간에서 만난다." 이는 두 전선이 접촉하고, 어떤 전선에도 경로 비용이 $\dfrac{C^*}{2}$보다 큰 노드가 없는 상황이 되었음을 뜻한다. 도해 3.24에 양방향 검색의 한 예가 나와 있다.

지금까지 발견적 함수 $h_F$가 목표로의(또는, 목표 상태가 여러 개인 문제에서는 가장 가까운 목표로의) 거리를 추정하고 $h_B$는 출발점으로의 거리를 추정하는 접근방식 하

나를 설명했다. 이런 접근방식을 **앞에서 끝으로**(front-to-end) 검색이라고 부른다. 이와는
**앞에서 끝으로**
**앞에서 앞으로** 달리 **앞에서 앞으로**(front-to-front) 검색은 상대방 전선으로의 거리를 추정한다. 전선의 노드 수가 수백만 개라면, 모든 노드에 발견적 함수를 적용해서 그 최솟값을 찾는 것은 당연히 비효율적이다. 한 가지 해결책은 전선에서 몇 개의 노드들을 표본으로 추출(표집)하는 것이다. 표본 추출로 전선을 **요약**(summarization)하는 것이 가능한 문제 영역(이를테면 격자 검색 문제)이라면, 전선을 감싸는 경계 상자(bounding box)를 점진적으로 계산해 나가면서 그 경계 상자로의 거리를 발견적 함수로 사용할 수 있다.

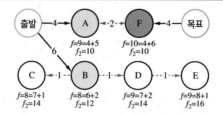

**도해 3.24** 양방향 검색은 두 개의 전선을 관리한다. 왼쪽에서는 노드 A와 B가 출발 노드의 후행자들이고 오른쪽에서는 노드 F가 목표의 역 후행자(inverse successor)이다. 각 노드에 $f = g + h$ 값과 $f_2 = \max(2g, g+h)$ 값이 표시되어 있다. (화살표에 표시된 수치는 $g$ 값이다. $h$ 값들은 임의적이며, 그림의 그 어떤 것에서도 유도할 수 없다.) 최적해(출발-A-F-목표)의 비용은 $C^* = 4 + 2 + 4 = 10$이다. 이는, "중간에서 만나는" 양방향 검색 알고리즘은 $g > \dfrac{C^*}{2} = 5$인 그 어떤 노드도 확장하지 말아야 한다는 뜻이다. 실제로 이 예에서 다음에 확장될 노드는 A 또는 F이며(둘 다 $g = 4$), 그 노드들을 따라 가면 최적해가 나온다. $f$ 비용이 제일 작은 노드부터 확장한다면 그 다음 노드는 B나 C가 되며, D와 E는 A와 비용이 같지만 둘 다 $g > \dfrac{C^*}{2}$이므로 $f_2$가 평가 함수인 설정에서는 결코 확장되지 않는다.

양방향 검색이 단방향 검색보다 더 효율적일 때도 있고 그렇지 않을 때도 있다. 일반적으로, 아주 좋은 발견적 함수를 사용한다면 A* 검색은 목표에 집중된 검색 등고선들을 산출하며, 그러면 양방향 검색 기능을 추가해도 별로 도움이 되지 않는다. 평균적인 발견적 함수를 사용하는 경우, 중간에서 만나는 양방향 검색은 더 적은 수의 노드를 확장하는 경향이 있으므로 단방향 A* 검색보다 낫다고 할 수 있다. 나쁜 발견적 함수를 사용하는 최악의 경우 검색은 목표에 집중하지 않으며, 양방향 검색의 점근적 복잡도는 A*의 것과 같다. $f_2$를 평가 함수로 사용하고 발견적 함수 $h$가 허용 가능인 양방향 검색은 완결성과 최적성을 가진다.

## 3.6 발견적 함수

이번 절에서는 발견적 함수의 정확도가 검색 성능에 어떻게 영향을 미치는지 살펴보고, 발견적 함수를 고안해 내는 방법도 이야기한다. 주된 예제로는 이전에 소개한 8-퍼즐을 다시 사용한다. §3.2.1에서 언급했듯이, 이 퍼즐의 목적은 타일들을 빈 공간으로 수평 또는 수직으로 움직여서 게임판의 구성이 목표 구성과 일치하게 만드는 것이다(도해 3.25).

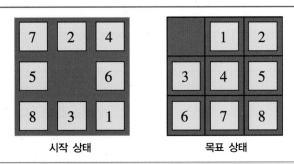

시작 상태        목표 상태

**도해 3.25** 8-퍼즐의 전형적 사례. 가장 짧은 해답의 동작 수는 26이다.

8-퍼즐에서 도달 가능한 서로 다른 상태는 9!/2 = 181,440개이므로, 검색 전체를 메모리 안에 유지할 수 있다. 그러나 15-퍼즐의 도달 가능한 상태는 16!/2개인데, 이는 10조가 넘는 수이다. 따라서 15-퍼즐 문제를 풀려면 좋은 허용 가능 발견적 함수가 필요하다. 15-퍼즐에 대한 그런 발견적 함수에는 긴 역사가 있는데, 흔히 후보로 쓰이는 두 함수는 다음과 같다.

- $h_1$ = 제자리가 아닌 타일의 개수(빈칸은 제외). 도해 3.25의 시작 상태는 여덟 타일이 모두 제자리가 아니므로 $h_1$ = 8이다. 제자리가 아닌 타일들이 제자리로 가려

면 모두 적어도 한 번은 움직여야 하므로, $h_1$은 허용 가능 발견적 함수이다.

- $h_2 =$ 모든 타일의 목표 위치와의 거리들의 총합. 타일을 대각선으로 이동하지는 못하므로, 여기서 말하는 거리는 수평 거리와 수직 거리의 합으로 간주한다. 그런 **맨해튼 거리** 거리를 **도시 블록 거리**(city block distance)나 **맨해튼 거리**(Manhattan distance)라고 부른다. $h_2$ 역시 허용 가능 함수이다. 임의의 이동이 할 수 있는 일은 한 타일을 목표에 한걸음 더 가깝게 만드는 것뿐이기 때문이다. 도해 3.25의 시작 상태에서, 타일 1에서 8까지의 맨해튼 거리의 총합은 다음과 같다.

$$h_2 = 3 + 1 + 2 + 2 + 2 + 3 + 3 + 2 = 18.$$

기대했던 대로, 두 함수 모두 진(true)[역주3] 해답 비용 26을 초과해서 추정하지 않았다.

## 3.6.1 발견적 함수의 정확성이 성능에 미치는 영향

**유효 분기 계수** 발견적 함수의 품질을 특징짓는 한 가지 기준은 **유효 분기 계수**(effective branching factor) $b^*$이다. 특정한 문제에 대해 A*가 생성하는 전체 노드 개수가 $N$이고 해답 깊이가 $d$라고 할 때, $b^*$는 깊이가 $d$인 균일 트리가 $N+1$개의 노드들을 담는 데 필요한 분기 계수와 같다. 즉

$$N + 1 = 1 + b^* + (b^*)^2 + \cdots + (b^*)^d$$

이다. 예를 들어 A*가 52개의 노드를 이용해서 깊이 5에서 해답을 찾았다면 유효 분기 계수는 1.92이다. 유효 분기 계수는 문제 사례에 따라 달라질 수 있으나, 특정 문제 영역(8-퍼즐 등)에서는 모든 자명하지 않은 문제 사례에 대해 비교적 일정한 경우가 많다. 따라서 적은 수의 문제에 대해 실험적으로 $b^*$들을 측정해 보면 발견적 함수의 전반적인 유용도를 어느 정도 잘 짐작할 수 있다. 잘 설계된 발견적 함수의 $b^*$는 1에 가깝다. 그런 발견적 함수를 이용하면 상당히 큰 문제들도 적당한 계산 비용으로 풀 수 있다.

**유효 깊이** 코프와 리드는 **유효 깊이**(effective depth)가 진 깊이보다 상수 $k_h$만큼 감소한다는 점이 발견적 함수 $h$가 주어졌을 때의 A* 가지치기의 효과를 더 잘 말해준다고 주장했다(Korf 및 Reid, 1998). 이는, 총 검색 비용이 정보 없는 검색의 $O(b^d)$보다 나은 $O(b^{d-k_h})$이라는 뜻이다. 루빅스 큐브[Rubik's Cube] 문제와 $n$-퍼즐 문제에 대한 그들의 실험 결과에 따르면 이 공식은 해의 길이가 아주 다양한 여러 문제 사례들에 대해 정확한 예측을 제공한다. 적어도 해의 길이가 $k_h$보다 긴 문제들에 대해서는 그렇다.

도해 3.26은 무작위로 생성된 8-퍼즐 문제들을 정보 없는 너비 우선 검색과 두 가지

---

[역주3] '진'은 근사나 추정이 아니라 명시적 계산, 연역, 실제 관측으로 얻은 참값이나 실측값을 뜻한다. 문맥에 따라 '참값'이나 '실제'라는 표현도 사용한다.

A* 검색(발견적 함수가 $h_1$과 $h_2$인)으로 풀어서, 각 검색 전략과 각 검색 길이에 대한 평균 노드 생성 수와 해당 유효 분기 계수를 정리한 것이다. 수치들을 보면 $h_2$가 $h_1$보다 낫고, 둘 다 발견적 함수를 전혀 사용하지 않은 경우보다 낫다.

$h_2$가 항상 $h_1$보다 나은지 궁금한 독자도 있을 것이다. 답은 "본질적으로 그렇다"이다. 두 발견적 함수의 정의를 보면 임의의 노드 $n$에 대해 $h_2(n) \geq h_1(n)$임을 쉽게 알 수 있다. 따라서 $h_2$가 $h_1$보다 **우세하다**(dominant; 또는 지배적)고 말할 수 있다. 우세 관계는 효율성으로 직접 해석된다. 우세한 $h_2$를 사용하는 A*가 $h_1$을 사용하는 A*보다 더 많은 노드를 확장하는 일은 결코 없다(동점 처리에서 운 나쁘게 탈락한 경우를 제외할 때). 논증은 간단하다. p.120에서 보았듯이, $f(n) < C^*$인 모든 노드는 확실히 확장된다. 이는, $h$가 일관적인 발견적 함수일 때 $h(n) < C^* - g(n)$인 모든 노드가 확실히 확장됨을 뜻한다. 그런데 $h_2$가 모든 노드에 대해 $h_1$보다 작지 않으므로, $h_2$를 사용하는 A*가 확실히 확장하는 모든 노드는 $h_1$을 사용하는 A*에서도 확실히 확장된다. 그리고 $h_1$을 사용하는 A*에서는 그 외의 노드들도 확장될 수 있다. 따라서, 일관성이 있고 계산 시간이 너무 길지는 않다면, 더 높은 값들을 내는 발견적 함수를 사용하는 것이 일반적으로 더 낫다.

우세

| | 검색 비용(생성된 노드 수) | | | 유효 분기 계수 | | |
|---|---|---|---|---|---|---|
| $d$ | BFS | A*($h_1$) | A*($h_2$) | BFS | A*($h_1$) | A*($h_2$) |
| 6 | 128 | 24 | 19 | 2.01 | 1.42 | 1.34 |
| 8 | 368 | 48 | 31 | 1.91 | 1.40 | 1.30 |
| 10 | 1033 | 116 | 48 | 1.85 | 1.43 | 1.27 |
| 12 | 2672 | 279 | 84 | 1.80 | 1.45 | 1.28 |
| 14 | 6783 | 678 | 174 | 1.77 | 1.47 | 1.31 |
| 16 | 17270 | 1683 | 364 | 1.74 | 1.48 | 1.32 |
| 18 | 41558 | 4102 | 751 | 1.72 | 1.49 | 1.34 |
| 20 | 91493 | 9905 | 1318 | 1.69 | 1.50 | 1.34 |
| 22 | 175921 | 22955 | 2548 | 1.66 | 1.50 | 1.34 |
| 24 | 290082 | 53039 | 5733 | 1.62 | 1.50 | 1.36 |
| 26 | 395355 | 110372 | 10080 | 1.58 | 1.50 | 1.35 |
| 28 | 463234 | 202565 | 22055 | 1.53 | 1.49 | 1.36 |

**도해 3.26** 8-퍼즐 문제들에 대한 너비 우선 검색 및 $h_1$(제자리가 아닌 타일 수)와 $h_2$(맨해튼 거리)를 이용한 A* 검색의 검색 비용 및 유효 분기 계수 비교. 수치들은 6에서 28까지의 서로 다른 해답 길이 $d$당 100개의 8-퍼즐 사례들을 풀어서 구한 것이다.

## 3.6.2 완화된 문제로부터 발견적 함수 생성

앞에서 $h_1$(제자리가 아닌 타일 개수)과 $h_2$(맨해튼 거리) 둘 다 8-퍼즐에 대해 상당히 좋은 발견적 함수이며, 둘 중에는 $h_2$가 더 낫다는 점을 보았다. 그런데 $h_2$ 같은 발견적 함수를 어떻게 생각해 낼 수 있을까? 컴퓨터가 그런 발견적 함수를 기계적으로 고안하는 것이 가능할까?

8-퍼즐에서 $h_1$과 $h_2$는 나머지 경로 길이의 추정치이나, 퍼즐의 **단순화된** 버전에서 이 둘은 완벽하게 정확한 경로 길이기도 하다. 퍼즐의 규칙을 바꾸어서 타일을 인접한 빈칸만이 아니라 그 어떤 곳으로도 이동할 수 있다고 하자. 그러면 $h_1$은 최단 해답의 정확한 길이를 알려준다. 마찬가지로, 만일 타일을 인접한 빈칸은 물론 빈칸이 아닌 임의의 인접 칸으로 움직일 수 있게 한다면 $h_2$는 최단 해답의 정확한 길이를 알려준다. 동작들에 대한 제약이 더 적은 문제를 가리켜 **완화된 문제**(relaxed problem)라고 부른다. 완화된 문제의 상태 공간 그래프는 원래의 상태 공간의 **포함그래프**(supergraph)[역주4]이다. 제약을 제거하면 그래프에 간선들이 더 추가되기 때문이다.

완화된 문제

문제를 완화하면 상태 공간 그래프에 간선들이 추가되므로, 원래 문제의 임의의 최적해는 정의에 의해 완화된 문제의 한 해답이기도 하다. 그러나 완화된 문제에는 더 나은 해답들이 있을 수 있다. 추가된 간선들 때문에 지름길이 생길 수 있기 때문이다. 따라서 **완화된 문제의 최적 해의 비용을 구하는 함수는 원래 문제에 대한 허용 가능 발견적 함수이다.** 더 나아가서, 유도된 발견적 함수는 완화된 문제에 대한 정확한 비용이므로 반드시 삼각 부등식을 충족하며, 따라서 **일관성**(p.118 참고)이 있다.

만일 문제 정의를 형식 언어로 적는다면 완화된 문제를 자동으로 구축하는 것이 가능하다.[14] 예를 들어 8-퍼즐의 동작들을 다음과 같이 서술한다고 하자.

> 만일 사각형 X가 사각형 Y에 수평 또는 수직으로 인접하면, **그리고** Y가 비어 있으면, 타일을 X에서 Y로 이동할 수 있다.

두 조건 중 하나 또는 둘 다 제거하면 다음과 같은 세 가지 완화된 문제가 나온다.

> (a) 만일 사각형 X가 사각형 Y에 인접하면 타일을 X에서 Y로 이동할 수 있다.
> (b) 만일 사각형 Y가 비어 있으면 타일을 X에서 Y로 이동할 수 있다.
> (c) 타일을 사각형 X에서 Y로 이동할 수 있다.

(a)에서는 $h_2$(맨해튼 거리)를 유도할 수 있다. 논거는, 만일 각 타일을 차례로 해당 제자리로 이동한다면 $h_2$가 적절한 점수가 되리라는 것이다. (b)에서 유도한 발견적 함수는 연습문제 3.GASC에서 논의한다. (c)에서는 $h_1$(제자리가 아닌 타일 개수)을 유도할 수 있

---

[역주4] 포함그래프는 subset(부분집합)의 반대말인 superset을 '포함집합'이라고 부르는 데에서 착안한 번역어이다.

**14** 제8장과 제11장에서 이런 과제에 적합한 형식 언어를 설명한다. 조작 가능한 형식 서술이 있으면 완화된 문제를 자동으로 구축할 수 있다. 일단 지금은 일상적인 언어를 사용한다.

다. 타일들을 동작 하나로 해당 제자리로 이동할 수 있다면 $h_1$이 적절한 점수가 될 것이기 때문이다. 여기서 중요한 것은, 이런 기법으로 만들어 완화된 문제들은 본질적으로 검색 없이 풀 수 있다는 점이다. 이는 완화된 규칙들 덕분에 문제를 여덟 개의 독립적인 부분 문제들로 분해할 수 있기 때문이다. 만일 완화된 문제가 풀기 어렵다면, 해당 발견적 함수의 값들을 얻는 데에는 많은 비용이 든다.

ABSOLVER라는 프로그램은 '완화된 문제' 기법과 기타 여러 기법을 이용해서 문제 정의로부터 발견적 함수들을 자동으로 생성할 수 있다(Prieditis, 1993). ABSOLVER는 8-퍼즐에 대해 기존의 모든 발견적 함수보다 나은 새로운 발견적 함수들을 생성했으며, 유명한 루빅스 큐브 퍼즐을 위한 최초의 유용한 발견적 함수를 발견했다.

만일 어떤 문제에 대해 허용 가능 발견적 함수들의 모음 $h_1 ... h_k$가 주어졌는데 그 어느 것도 다른 것보다 명백히 우세하지 않다면 무엇을 선택해야 할까? 이때에는 그냥 다음과 같이 정의해서 제일 좋은 것만 취하면 된다.

$$h(n) = \max\{h_1(n), ..., h_k(n)\}.$$

이러한 합성 발견적 함수는 주어진 노드에 대해 가장 정확한 함수를 사용한다. $h$를 구성하는 개별 성분 $h_i$들이 허용 가능이므로 $h$도 허용 가능이다(그리고 $h_i$들이 모두 일관적이면 $h$도 일관적이다). 더 나아가서, $h$는 자신을 구성하는 모든 발견적 함수보다 우세하다. 유일한 단점은 $h(n)$이 계산에 더 많은 시간이 걸린다는 것이다. 이것이 문제가 된다면 한 가지 대안은 각 평가 시 발견적 함수들 중 하나를 무작위로 선택하는 것이다. 또는, 기계학습 알고리즘을 이용해서 어떤 발견적 함수가 최고일지 예측할 수도 있을 것이다. 그러면 발견적 함수의 일관성이 사라지지만(개별 $h_i$가 모두 일관적이라도 해도), 실제 응용에서는 이것이 문제를 더 빨리 푸는 길일 때가 많다.

## 3.6.3 부분 문제로부터 허용 가능 발견적 함수 생성: 패턴 데이터베이스

부분 문제

허용 가능 발견적 함수를 주어진 문제의 **부분 문제**(subproblem)의 해답 비용에서 도출할 수도 있다. 예를 들어 도해 3.27은 도해 3.25에 나온 8-퍼즐 사례의 한 부분 문제이다. 이 부분 문제의 과제는 타일 1, 2, 3, 4와 빈칸을 제자리로 보내는 것이다. 이 부분 문제의 최적해의 비용이 전체 문제의 비용의 하계임은 명백하다. 이러한 비용이 맨해튼 거리보다 더 정확한 경우가 있음이 밝혀졌다.

패턴 데이터베이스

**패턴 데이터베이스**(pattern database)에 깔린 착안은 다음과 같다. 이러한 모든 가능한 부분 문제 사례의 정확한 해답 비용을 저장해 둔다. 지금 예라면 네 타일과 빈칸의 모든 가능한 구성의 정확한 비용들을 저장하면 된다. (이 경우 데이터베이스의 패턴 수는 총 $9 \times 8 \times 7 \times 6 \times 5 = 15{,}120$이다. 부분 문제의 목적에서 다른 네 타일은 구분할 필요가

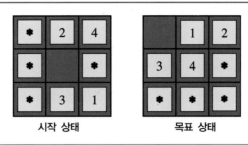

|  |  |  |  |  |  |  |  |
|---|---|---|---|---|---|---|---|

시작 상태 　　　　　　　　　목표 상태

**도해 3.27** 도해 3.28에 나온 8-퍼즐 사례의 한 부분 문제. 과제는 타일 1, 2, 3, 4와 빈칸을 제자리에 놓는 것이다. 그밖의 타일들은 어디에 있든 상관없다.

없지만, 그 타일들의 이동은 부문 문제의 해 비용에 관여한다.) 그런 다음, 검색 도중 마주치는 각각의 완전한 상태마다 그냥 데이터베이스에서 해당 부분 문제 구성을 조회해서 허용 가능 발견적 함수 $h_{DB}$를 계산한다. 데이터베이스 자체는 목표에서 역방향 검색[15]을 수행하면서 새로운 패턴이 나올 때마다 그 비용을 기록해서 구축한다. 이 검색의 비용은 이후 문제 사례들을 풀면서 상각(amortizing)되므로, 이 접근방식은 풀어야 할 문제가 많을 것으로 예상되는 상황에 적합하다.

빈칸이 움직일 타일들로 1, 2, 3, 4를 선택한 것은 상당히 자의적이다. 5-6-7-8이나 2-4-6-8 등을 위한 데이터베이스를 구축한다고 해도 이 논의가 유효했을 것이다. 데이터베이스마다 하나의 허용 가능 발견적 함수를 얻을 수 있으며 그런 함수들을 이전에 논의했던 것처럼 최댓값을 취함으로써 하나로 결합할 수 있다. 이런 종류의 결합된 발견적 함수는 맨해튼 거리보다 훨씬 정확하다. 무작위 15-퍼즐을 풀 때 생성되는 노드 개수를 1000분의 1로 줄일 수 있다. 그러나 데이터베이스가 추가될 때마다 메모리와 계산 비용이 늘어나서 소위 '수확 체감(diminishing returns)' 현상이 발생한다.

1-2-3-4 데이터베이스와 5-6-7-8 데이터베이스에 해당하는 두 부분 문제는 서로 겹치지 않는 것으로 보인다. 그렇다면 그 데이터베이스들로부터 얻은 두 발견적 함수를 그냥 합치면 어떨까? 그래도 허용 가능 발견적 함수가 나오지 않을까? 답은 "아니요"이다. 왜냐하면, 주어진 문제 사례에 대해 1-2-3-4 부분 문제의 해답들과 5-6-7-8 부분 문제의 해답들이 일부 이동을 공유할 것이 거의 확실하기 때문이다. 1-2-3-4가 5-6-7-8을 건드리지 않고 제자리로 갈 가능성은 거의 없고, 그 역도 마찬가지이다. 그런데 그런 이동들은 비용 계산에 포함시키지 않는다면, 즉 다른 타일들을 별표로 추상화하는 대신 사라지게 만든다면 어떨까? 즉, 1-2-3-4 부분 문제의 총 해답 비용을 기록하는 것이 아니라 그냥 1-2-3-4 타일의 이동 횟수만 기록하자는 것이다. 그러면 두 비용의 합은 여전히 전체 문제의 해답 비용의 하한이다. 이것이 **서로소 패턴 데이터베이스**(disjoint pattern

**서로소 패턴 데이터베이스**

---

[15] 목표에서 역방향으로 검색하면, 마주치는 모든 사례의 정확한 해답 비용을 즉시 구할 수 있다. 이는 제17장에서 논의할 **동적 계획법**(dynamic programming)의 한 예이다.

database)에 깔린 착안이다. 그런 데이터베이스들이 있으면 무작위 15-퍼즐을 몇 밀리초만에 풀 수 있다. 이 경우 생성되는 노드 개수는 맨해튼 거리를 사용할 때에 비해 1만분의 1 수준이다. 24-퍼즐의 경우에는 속도가 대략 1백만 배 빨라질 수 있다. 서로소 패턴 데이터베이스는 타일 밀기 퍼즐에 잘 통하는데, 이는 문제를 각 이동이 오직 한 부분 문제에만 영향을 미치도록 분할하기 쉽기 때문이다. 한 번에 한 타일만 이동할 수 있으므로 그렇게 분할하기가 쉽다.

## 3.6.4 랜드마크를 이용한 발견적 함수 생성

수천만 개의 정점들로 이루어진 지도에서 최적 비용 주행 경로를 몇 밀리초 만에 찾아내는 온라인 서비스들이 있다(도해 3.28). 지금까지 살펴본 최고의 검색 알고리즘들은 그보다 백만 배 정도 느린데도 그런 서비스들이 그토록 빠르게 경로를 찾아내는 비결은 무엇일까? 여러 가지 요령이 있겠지만, 가장 중요한 것은 몇몇 최적 비용 경로들을 미리 계산해 두는 **사전 계산**(precomputation) 기법이다. 사전 계산에는 시간이 많이 걸릴 수 있지만 한 번만 해 두면 된다. 따라서 그 계산 비용은 이후 수십 억 건의 사용자 요청들로 상각된다.

사전 계산

**도해 3.28** 검색 알고리즘으로 계산한 주행 방향을 제공하는 웹 서비스.

가능한 모든 두 정점 사이의 최적 경로 비용을 미리 계산해서 저장해 두면 완벽한 발견적 함수를 만들어낼 수 있다. 그러나 그런 계산에는 $O(|V|^2)$의 공간과 $O(|E|^3)$의 시간이 필요하므로, 정점이 10,000개 정도인 그래프면 몰라도 1,000만 개 정도인 그래프에서는 비현실적이다.

랜드마크 지점

더 나은 접근방식은 정점들에서 선택한 적은 수의(10개나 20개) **랜드마크 지점**(landmark point)들에[16] 대해서만 사전 계산을 수행하는 것이다. 각 랜드마크 $L$과 그래프의 다른 모든 정점 $v$ 각각에 대해 $C^*(v, L)$, 즉 $v$에서 $L$로 가는 최적 경로의 정확한 비용을 계산해서 저장해 둔다. (또한 $C^*(L, v)$도 필요한데, 방향이 없는 그래프라면 이것이 $C^*(v, L)$와 같지만 유향 그래프, 비유하자면 일방통행 도로들로 이루어진 그래프라면 개별적으로 계산해야 한다.) 그러한 $C^*$ 값들이 저장된 테이블이 있으면 효율적인(허용 불가이긴 하지만) 발견적 함수를 손쉽게 만들어 낼 수 있다. 현재 노드에서 도달하는 비용이 가장 낮은 랜드마크를 찾고, 그 랜드마크로의 비용과 그 랜드마크에서 목표로의 비용을 더한 것이 바로 그러한 발견적 함수이다. 수식으로 표현하면 다음과 같다.

$$h_L(n) = \min_{L \in \text{랜드마크 집합}} C^*(n, L) + C^*(L, 목표).$$

마침 최적 경로가 랜드마크를 거쳐간다면 이 발견적 함수는 정확하다(exact). 그렇지 않으면 이 발견적 함수는 목표로의 비용을 과대추정하므로 허용 가능이 아니다. 정확한 발견적 함수로 A* 검색을 적용하면, 일단 최적 경로에 있는 한 노드에 도달했다면 그 노드에서부터 확장하는 모든 노드는 최적 경로에 있다. 등고선들이 이 최적 경로를 따라 확장되는 모습을 상상해 보기 바란다. 검색은 최적 경로를 따라가며, 각 반복에서 비용이 $c$인 동작을 추가해서 $h$ 값이 $c$만큼 더 적은 결과 상태에 도달한다. 따라서 그 경로를 따라가는 동안 총 $f = g + h$ 점수는 $C^*$로 일정하게 유지된다.

　　몇몇 경로 찾기 알고리즘은 **지름길**(shortcut), 즉 최적의 다중 동작 경로를 정의하는 인공적인 간선을 그래프에 추가함으로써 시간을 더욱 절약한다. 예를 들어 미국 100대 도시들 사이에 지름길들을 미리 정의해 두었다고 할 때, 캘리포니아 버클리 대학교에서 뉴욕의 NYU로 가는 길을 찾으면 새크라멘토과 맨해튼 사이의 지름길을 포함한 경로가 선택될 것이다. 그러면 전체 경로의 90%를 단 하나의 동작이 차지한다.

　　발견적 함수 $h_L(n)$은 효율적이지만 허용 가능이 아니다. 그러나 조금 더 신경을 쓰면 효율적이면서 허용성까지 갖춘 발견적 함수를 고안할 수 있다. 다음이 그러한 발견적 함수이다.

$$h_{DH}(n) = \max_{L \in \text{랜드마크 집합}} |C^*(n, L) - C^*(목표, L)|.$$

차분 발견적 함수　이것은 **차분 발견적 함수**(differential heuristic)이다(뺄셈 때문에 '차분'이라는 이름이 붙었다).[역주5] 목표를 지나친 어딘가에 있는 랜드마크 $L$을 생각하면 이 발견적 함수의 이해에 도움이 될 것이다. 목표가 $n$에서 $L$의 최적 경로에 있다면, 이 발견적 함수는 "$n$에서 $L$까지의 전체 경로를 고려하고, 그중 **목표**에서 $L$까지의 부분 경로를 빼면, $n$에서 **목표**로의 정확한 경로 비용이 나온다"라고 말하는 것과 같다. 만일 목표가 랜드마크로의 최적 경로에서 조금 벗어나 있다면 이 발견적 함수는 정확하지 않지만, 그래도 여전히 허

---

16　랜드마크 지점을 '추축(pivot)'이나 '앵커(anchor)'라고 부르기도 한다.

역주5　differential은 흔히 미분으로 번역되지만, 지금 맥락에서는 차분(difference)의 형용사형으로 보는 것이 더 적합할 것이다.

용 가능이다. 목표보다 가까이 있는 랜드마크들은 유용하지 않다. 랜드마크가 $n$와 목표의 딱 절반 위치에 있는 경우 $h_{DH} = 0$인데, 이런 발견적 값은 도움이 되지 않는다.

랜드마크 지점들을 선택하는 방법은 여러 가지이다. 빠른 방법은 그냥 무작위로 선택하는 것이다. 그러나 랜드마크들이 너무 가까이 모이지 않고 잘 분산되도록 신경 써서 선택한다면 더 나은 결과를 얻을 수 있다. 탐욕적 접근방식은 첫 번째 랜드마크를 무작위로 선택하고, 그 랜드마크에서 가장 먼 정점을 두 번째 랜드마크로 선택하고, 거기서 제일 먼 정점을 세 번째 랜드마크로 선택하는 식으로 나아는 것이다. 다른 말로 하면, 각 반복에서 가장 가까운 랜드마크로의 거리가 최대가 되는 랜드마크를 선택한다. 만일 사용자들의 검색 요청들을 기록해 둔다면, 자주 요청되는 랜드마크들을 선택할 수 있을 것이다. 차분 발견적 함수의 경우에는 그래프 가장자리에 랜드마크들이 퍼져 있는 것이 좋다. 따라서 한 가지 좋은 방법은 그래프의 무게중심(centroid)를 찾고 $k$개의 쐐기(파이 조각 모양) 영역들을 그 무게중심 주위에 배치한 후 각 쐐기에서 중심에서 제일 먼 정점을 선택하는 것이다.

랜드마크는 여행 경로 찾기 문제에 특히나 적합한데, 이는 현실 세계에서 도로가 배치되는 방식 때문이다. 실제 랜드마크(유명한 지형지물과 건축물)들로 차를 몰고 가려는 운전자들이 많으므로, 도시공학자들은 그런 경로를 따라 가능하면 더 넓고 빠른 도로를 구축한다. 이 덕분에 지금까지 이야기한 랜드마크 검색은 그런 경로를 좀 더 쉽게 찾아낸다.

## 3.6.5 학습을 통한 검색 향상

지금까지 너비 우선 검색과 A* 검색을 비롯해 컴퓨터 과학자들이 세심하게 설계하고 프로그래밍한 여러 검색 전략을 살펴보았다. 그런데 에이전트가 학습을 통해서 검색을 더 개선할 수는 없을까? 답은 "가능하다"이다. 그런 개선 방법들은 **메타수준 상태 공간**(metalevel state space)이라고 부르는 중요한 개념에 기초한다. 메타수준 상태 공간의 각 상태는 루마니아 지도 같은 보통의 상태 공간에서 검색을 수행하는 프로그램의 내부 (계산 가능) 상태를 포착한다. (두 개념의 구분을 위해, 루마니아 지도 같은 보통의 상태 공간을 **객체 수준 상태 공간**(object-level state space)이라고 부르기로 하자.) 예를 들어 A* 알고리즘의 내부 상태는 현재 검색 트리로 구성된다. 메타수준 상태 공간의 각 동작은 내부 상태를 변경하는 하나의 계산 단계이다. 예를 들어 A*의 각 계산 단계는 하나의 잎 노드를 확장하고 해당 후행자들을 트리에 추가한다. 따라서, 점점 더 큰 트리들이 생성되는 과정을 보여 주는 도해 3.18은 메타 상태 공간 안의, 각 상태가 객체 수준 검색 트리인 경로로 생각할 수 있다.

그런 관점에서 볼 때 도해 3.18의 경로는 다섯 단계로 이루어져 있는데, 그중 파가라스를 확장하는 한 단계는 그리 도움이 되지 않는다. 더 어려운 문제라면 그런 '실족'이 많이 있을 것이다. **메타수준 학습**(metalevel learning) 알고리즘은 그런 경험들로부터 유

메타수준
상태 공간

객체 수준
상태 공간

메타수준 학습

망하지 않은 부분 트리의 탐색을 피하는 방법을 배울 수 있다. 이런 종류의 학습에 쓰이는 기법들이 제22장에 나온다. 이 학습의 목표는 계산 비용과 경로 비용을 절충하면서 문제 해결의 **총비용**을 최소화하는 것이다.

## 3.6.6 경험을 통한 발견적 함수의 학습

앞에서 우리는 최적해를 좀 더 쉽게 찾아낼 수 있는 완화된 문제를 도출해서 발견적 함수를 고안하는 방법을 살펴보았다. 또 다른 방법은 경험으로부터 배우는 것이다. 여기서 '경험(experience)'이란 문제를, 이를테면 8-퍼즐을 많이 풀어 보는 것을 말한다. 각 8-퍼즐의 최적해는 (목표, 경로) 쌍 형태의 한 견본(example)을 제공한다. 이런 견본들을 활용해서 학습 알고리즘은 검색 도중 발생하는 다른 상태의 진 경로 비용을 근사하는(운이 따른다면) 함수 $h(n)$을 구축할 수 있다. 이런 접근방식들은 대부분 발견적 함수의 불완전한 근사를 배우므로 허용성이 보장되지 않을 위험이 있다. 따라서 학습 시간, 검색 실행 시간, 해답 비용 사이에는 필연적으로 절충 관계(tradeoff)가 존재한다. 기계학습 기법들은 제19장에서 논의한다. 제22장에서 설명하는 강화학습 방법들도 검색에 적용할 수 있다.

특징　　　　　몇몇 기계학습 기법들은 상태의 발견적 값을 예측하는 데 관련된 상태 **특징**(feature)들이 제공될 때 더 잘 작동한다. 예를 들어 '제자리가 아닌 타일 개수'라는 특징은 8-퍼즐의 한 상태에서 목표로의 실제 거리를 예측하는 데 도움이 될 것이다. 이러한 특징을 $x_1(n)$이라고 부르겠다. 100개의 8-퍼즐 구성을 무작위로 생성하고 진 해답 비용에 대한 통계치들을 구해 보면, 예를 들어 $x_1(n)$이 5일 때 평균 해답 비용이 약 14라는 자료를 얻을 수 있을 것이다. 물론 하나의 특징이 아니라 여러 개의 특징이 필요할 것이다. '현재 인접해 있되 목표 상태에서는 서로 인접하지 않은 타일 쌍들의 개수'라는 또 다른 특징을 $x_2(n)$이라고 부르기로 하자. $x_1(n)$과 $x_2(n)$을 결합해서 $h(n)$을 예측하려면 어떻게 해야 할까? 흔히 쓰이는 접근방식은 다음과 같이 선형 결합(linear combination; 일차결합)을 사용하는 것이다.

$$h(n) = c_1 x_1(n) + c_2 x_2(n).$$

상수 $c_1$과 $c_2$는 무작위로 생성된 구성들 전체에서 실제 데이터에 가장 적합하게(best fit; 최적 적합) 조율된 것이어야 한다. 제자리가 아닌 타일과 잘못 인접해 있는 타일 쌍이 많을수록 해답에서 멀다는 점에서, $c_1$과 $c_2$는 양수라고 예상할 수 있다. 이러한 발견적 함수는 목표 상태일 때 $h(n)=0$이라는 조건을 충족하긴 하지만, 반드시 허용 가능 발견적 함수이거나 일관적인 발견적 함수라는 보장은 없다.

# 요약

이번 장에서는 에이전트가 다양한 일화적·단일 에이전트·완전 관측 가능·결정론적·정적·이산·완전 기지 환경들에서 일련의 동작을 선택하는 데 사용할 만한 검색 알고리즘들을 소개했다. 검색에 걸리는 시간과 가용 메모리 양, 해답의 품질 사에에는 절충 관계가 존재한다. 문제 영역 의존적 지식을 주어진 상태가 목표에서 얼마나 먼지 추정하는 발견적 함수로 형식화해서 검색 알고리즘에 적용하면 검색의 효율성이 높아진다. 패턴이나 랜드마크가 관여하는 부분적 해답들을 미리 계산해 두는 것도 검색 효율성을 높이는 방법이다.

- 에이전트가 검색을 시작하려면 먼저 잘 정의된 **문제**를 형식화되어야 한다.
- 문제는 초기 상태, 동작들의 집합, 그 동작들의 결과들을 서술하는 **전이 모형**, 목표 **상태들의 집합**, **동작 비용** 함수라는 다섯 요소로 구성된다.
- 문제의 환경은 하나의 **상태 공간 그래프**로 표현된다. 상태 공간 안에서 초기 상태에서 목표 상태로 가는 **경로**(일련의 동작들, 즉 동작열)가 바로 **해답**이다.
- 보통의 경우 검색 알고리즘은 상태들과 동작들을 **원자적으로** 취급한다. 즉, 그런 상태나 동작 안에 있을 수도 있는 내부 구조는 고려하지 않는다(단, 학습을 활용할 때는 상태들의 '특징'들이 쓰인다).
- 검색 알고리즘의 품질을 판정하는 기준은 **완결성**, **비용 최적성**, **시간 복잡도**, **공간 복잡도**이다.
- **정보 없는 검색** 방법들은 문제의 정의에만 접근할 수 있다. 이 부류의 알고리즘들은 검색 트리를 구축해서 해답을 찾는다. 어떤 노드를 먼저 확장하느냐에 따라 다음과 같은 알고리즘들이 있다.
  - **최적 우선 검색**은 확장할 노드들을 **평가 함수**를 이용해서 선택한다.
  - **너비 우선 검색**은 가장 얕은 노드를 먼저 확장한다. 이 알고리즘은 완결적이고, 동작 비용들이 일정할 때 일정할 때 최적이지만, 공간 복잡도가 지수적이다.
  - **균일 비용 검색**은 경로 비용 $g(n)$이 가장 낮은 노드를 확장한다. 이 알고리즘은 일반적인 동작 비용들에 대해 최적이다.
  - **깊이 우선 검색**은 아직 확장되지 않은 가장 깊은 노드를 먼저 확장한다. 이 알고리즘은 완결적이지도 않고 최적도 아니지만, 공간 복잡도가 선형이다. **깊이 제한 검색**은 여기에 깊이 한계를 추가한다.
  - **반복 심화 검색**은 목표가 나올 때까지 깊이 한계를 증가하면서 깊이 우선 검색을 호출한다. 이 알고리즘은 순환마디들을 철저히 점검할 때 완결적이고, 단계 비용이 일정할 때 최적이며, 시간 복잡도는 너비 우선 검색과 비슷하다. 그리고 공간 복잡도는 선형이다.

- **양방향 검색**은 두 개의 전선을 확장한다. 하나는 초기 상태에서부터 퍼져나가고 다른 하나는 목표에서부터 퍼져나간다. 두 전선이 만나면 검색을 종료한다.
- **정보 있는 검색** 방법들은 $n$에서 해답으로의 비용을 추정하는 **발견적 함수** $h(n)$을 사용한다. 일부 방법은 해답 비용들을 담은 패턴 데이터베스 같은 추가적인 정보도 사용한다.
  - **탐욕적 최선 우선 검색**은 $h(n)$이 최소인 노드들을 확장한다. 이 알고리즘은 최적은 아니나, 효율적인 경우가 많다.
  - **A\* 검색**은 $f(n) = g(n) + h(n)$이 최소인 노드들을 확장한다. A\*는 $h(n)$이 허용 가능일 때 완결적이고 최적이다. 여러 문제에서 A\*의 공간 복잡도는 여전히 골칫거리이다.
  - **양방향 A\* 검색**은 종종 A\*보다도 효율적이다.
  - **IDA\***(반복 심화 A\* 검색)은 A\*의 반복 심화 버전이며, 따라서 공간 복잡도 문제를 해결한다.
  - **RBFS**(재귀적 최선 우선 검색)와 **SMA\***(단순화된 메모리 제한 검색)는 안정적이고 최적성을 갖춘 검색 알고리즘으로, 제한된 양의 메모리를 사용한다는 특징이 있다. 시간이 충분히 주어진다면 이 알고리즘들은 A\*가 메모리 부족 때문에 풀지 못하는 문제들을 풀 수 있다.
  - **빔 검색**은 전선의 크기에 제한을 둔다. 이 때문에 완결성이 깨지고 최적이 아닌 해를 산출하지만, 충분히 좋은 해를 찾을 때가 많고 완전한 검색보다 더 빨리 실행된다.
  - **가중 A\***는 목표 방향으로의 검색에 집중하기 때문에 더 적은 노드를 확장하지만, 대신 최적성을 보장하지 않는다.
- 발견적 검색 알고리즘의 성능은 발견적 함수의 품질에 의존한다. 문제의 정의를 완화하거나, 부분 문제의 해답 비용들을 미리 계산해서 패턴 데이터베이스에 저장해 두거나, 랜드마크들을 정의해 두거나, 문제 부류에 대한 경험으로부터 배움으로써 좋은 발견적 함수를 구축할 수 있는 경우가 있다.

## 참고문헌 및 역사적 참고사항

상태 공간 검색이라는 주제는 인공지능의 초창기부터 제기되었다. Logic Theorist(Newell 외, 1957)와 GPS(Newell 및 Simon, 1961)에 대한 뉴월과 사이먼의 연구는 검색 알고리즘이 1960년대 인공지능 연구자들의 주된 도구로 자리 잡는 계기가 되었으며, 문제 해결이 인공지능의 표준적인 과제로서 확립되는 계기도 되었다. 리처드 벨먼의 경영과학에 관한 연구(Bellman, 1957)는 가산적 경로 비용이 최적화 알고리즘의 단순화에 중요하다는 점을 보여 주었다. 닐스 닐슨의 교과서 [Nilsson, 1971]은 이 분야를 견고한 이론적 기반 위에 올려놓았다.

15-퍼즐의 소규모 버전인 8-퍼즐의 역사를 슬로컴과 소네벨트가 자세히 열거한 바 있다(Slocum 및 Sonneveld, 2006). 1880년에 이 퍼즐이 일반 대중과 수학자들의 광범위한 관심을 끌었다(Johnson 및 Story, 1879; Tait, 1880). *American Journal of Mathematics* 의 편집자들은 "지난 몇 주간 '15' 퍼즐이 미국 시민들 사이에서 크게 유행했다. 남녀노소와 지위를 불문하고 열의 아홉은 이 퍼즐에 관심을 가졌다고 말해도 좋을 정도이다"라고 밝혔다. 한편 캔자스 엠포리아 *Weekly News - Democrat* 지 1880년 3월 12일자 기사는 "이 지역 전체에서 말 그대로 유행이 되었다"라고 썼다.

15-퍼즐을 미국의 유명한 퍼즐 발명가 샘 로이드가 만들었다는 이야기가 있지만 사실이 아니다(Loyd, 1959). 실제로는 뉴욕 캐너스토타 우체국장 노이스 채프먼Noyes Chapman이 1870년대 중반에 고안했다(단, 슬라이딩 블록을 포괄하는 일반적인 특허를 1878년에 어니스트 킨지Ernest Kinsey가 받은 기록이 있다). [Ratner 및 Warmuth, 1986]은 15-퍼즐을 일반화한 $n \times n$ 버전이 NP-완전 문제 부류에 속함을 보였다.

루빅스 큐브는 이름에서 짐작하겠지만 에르뇌 루빅Ernö Rubik이 1974년에 발명했다. 그는 최적은 아니지만 좋은 해를 찾는 알고리즘도 하나 발견했다. 코프는 특정한 무작위 문제 사례들의 최적 해를 데이터베이스와 IDA* 검색을 이용해서 찾아냈다(Korf, 1997). [Rokicki 외, 2014]는 임의의 사례를 26회전으로 풀 수 있음을 증명했다(180° 회전을 두 번의 회전으로 간주하면 26회전이고 하나의 회전으로 간주하면 20회전이다). 증명에는 36 CPU년역주6 분량의 계산이 소비되었는데, 그 증명으로부터 효율적인 알고리즘이 직접 도출되지는 않는다. [Agostinelli 외, 2019]는 강화학습과 심층학습, 몬테카를로 검색을 이용해서 훨씬 효율적인 루빅스 큐브 해결기(solver)를 학습했다. 그 해결기가 비용 최적해를 찾아낸다는 보장은 없지만, 그래도 약 60%의 경우에는 비용 최적해를 찾아내며, 전형적인 해가 소비하는 시간은 1초 미만이다.

이번 장에서 나열한 실세계 검색 문제들 각각은 그 자체로 상당한 연구 노력이 필요한 주제이다. 최적의 항공편을 선택하는 방법은 대부분 항공사들의 비공개 정보로 남아 있다. 그러나 칼 드 마켄Carl de Marcken은 항공권 가격 책정 방식 및 제약이 너무나 복잡해서 최적의 항공편을 선택하는 문제가 공식적으로 **결정 불가능함**을, 디오판토스 결정 문제(Diophantine decision problem)들로 환원해서 증명했다(Robinson, 2002). 순회 판매원 문제(TSP)는 이론 컴퓨터 과학의 표준적인 조합 문제이다(Lawler 외, 1992). 카프는 TSP가 NP-어려움 문제임을 증명했으나(Karp, 1972), 효과적인 발견적 근사 방법이 개발되었다(Lin 및 Kernighan, 1973), 아로라는 유클리드 TSP를 위한 완전 다항식적 근사 방안을 고안했다(Arora, 1998). VSLI 배치 방법들이 [LaPaugh, 2010]에 개괄되어 있으며, 배치 최적화에 관한 논문이 VLSI 학술지들에 자주 등장한다. 로봇 내비게이션과 조립 문제는 제26장에서 논의한다. 자동 조립 순서 문제는 FREDDY에서 처음 제시되었다

---

역주6 CPU년(CPU year)은 CPU 하나를 1년 동안 돌리는 것에 해당하는 계산량을 말한다. 비슷한 형태의 단위로 CPU일(CPU day)이나 인월(man-month) 등이 있다.

(Michie, 1972). [Bahubalendruni 및 Biswal, 2016]은 이 주제를 상세하게 검토한다.

정보 없는 검색 알고리즘은 컴퓨터 과학의 중심 주제이자(Cormen 외, 2009) 경영과학의 중심 주제이기도 하다(Dreyfus, 1969). 너비 우선 검색 알고리즘은 무어가 미로를 푸는 문제를 위해 공식화했다(Moore, 1959). 모든 부분 문제의 해답을 부분 문제의 길이를 늘려 가면서 체계적으로 기록하는 **동적 계획법**(Bellman, 1957; Bellman 및 Dreyfus, 1962)은 너비 우선 검색의 일종으로 볼 수 있다.

[Dijkstra, 1959]에 제시된 형태의 데이크스트라 알고리즘은 명시적 유한 그래프에 적용할 수 있다. 닐슨은 암묵적으로 정의된 무한 그래프에 적용할 수 있는 데이크스트라 알고리즘의 한 변형을 소개했는데, "동일 경로 비용 등고선들을 따라 퍼져나간다"는 이유로 그는 그 알고리즘을 균일 비용 검색이라고 불렀다(Nilsson, 1971). 닐슨의 논문은 또한 열린 목록과 닫힌 목록이라는 개념과 '그래프 검색'이라는 용어를 도입했다. BEST-FIRST-SEARCH라는 이름은 *Handbook of AI*(Barr 및 Feigenbaum, 1981)에 나온 것이다. [Floyd, 1962]와 [Bellman, 1958], [Ford, 1956]의 알고리즘들은 음의 동작 비용을 허용한다(음의 순환마디가 없는 한).

슬레이트와 애트킨은 체스 시계의 효율적 사용을 위해 고안된 반복 심화의 한 버전을 CHESS 4.5 게임 플레잉 프로그램에서 처음으로 사용했다(Slate 및 Atkin, 1977). 마르텔리의 알고리즘 B(Martelli, 1977)는 반복 심화의 특징을 포함한다. 반복 심화 기법은 [Raphael, 1976]에서 처음 소개되었고, 이후 [Korf, 1985a] 덕분에 주목을 받게 되었다.

문제 해결에 발견적 정보를 사용하는 기법은 사이먼과 뉴월의 초기 논문(Simon 및 Newell, 1958)에 등장하나, '발견적 검색'이라는 문구와 발견적 함수를 이용해서 목표까지의 거리를 추정하는 기법은 다소 나중에 등장한다(Newell 및 Ernst, 1965; Lin, 1965). 도런과 미치는 발견적 검색에 대한 상세한 실험 연구를 진행했다(Doran 및 Michie, 1966). 그들은 경로 길이와 '침투도(penetrance; 지금까지 조사한 총 노드 개수에 비한 경로 길이의 비율)'를 분석하긴 했지만, 경로 비용 $g(n)$이 제공하는 정보는 무시한 것으로 보인다. 현재 경로 비용을 발견적 검색에 도입한 A* 알고리즘은 하트와 닐슨, 라파엘이 개발했다(Hart 외, 1968). 데처와 펄은 A*가 최적 효율성(확장된 노드 개수 기준으로)을 제공하는 조건들을 연구했다(Dechter 및 Pearl, 1985).

원래의 A* 논문(Hart 외, 1968)은 발견적 함수에 일관성 조건을 도입했다. 이후 폴은 그 조건을 그보다 더 간단하다고 생각한 단조 조건으로 대체했으나(Pohl, 1977), 펄은 그 두 조건이 동치임을 보였다(Pearl, 1984).

폴은 발견적 함수의 오차와 A*의 시간 복잡도 사이의 관계에 대한 연구를 개척했다(Pohl, 1977). 그는 동작 비용이 일정하고 목표 상태가 하나인 트리류 검색에 관해 기본적인 결과들을 얻었다(Pohl, 1977; Gaschnig, 1979; Huyn 외, 1980; Pearl, 1984). 또한 목표 상태가 여러 개인 경우도 연구했다(Dinh 외, 2007). [Korf 및 Reid, 1998]은 다양한 실제 문제 영역들에서 확장되는 노드들의 정확한(점근적 근사가 아닌) 개수를 예측하는 방법을 제시했다. '유효 분기 계수'는 닐슨이 효율성의 실험적 측정 기준으로 제안했다

(Nilsson, 1971). 그래프 검색의 경우 헬메르트와 뢰거는 잘 알려진 여러 문제의 최적 비용 해답 경로에 지수적으로 많은 노드들이 포함됨을 주목했다(Helmert 및 Röger, 2008). 이는 A*의 시간 복잡도가 지수적임을 함의한다.

A*에는 여러 가지 변형이 있다. 폴은 가중 A*를 소개했으며(Pohl, 1970b), 이후 가중치가 트리의 깊이에 따라 변하는 동적 버전을 제시했다. [Ebendt 및 Drechsler, 2009]는 결과들을 조합하고 몇 가지 응용을 조사한다. [Hatem 및 Ruml, 2014]는 좀 더 단순해지고 개선된, 그리고 구현하기도 더 쉬운 가중 A*의 변형을 제시한다. [Wilt 및 Ruml, 2014]는 탐욕적 검색의 한 대안으로 검색 시간의 최소화에 초점을 둔 스피디 검색(speedy search)를 제시한다. 그리고 [Wilt 및 Ruml, 2016]은 만족 검색에 가장 좋은 발견적 함수가 최적 검색에 가장 좋은 발견적 함수와는 다름을 보인다. [Burns 외, 2012]는 빠른 검색 코드를 작성하는 구현 요령 몇 가지를 제시한다. [Felner, 2018]은 이른 목표 판정을 이용하는 경우 구현이 어떻게 변하는지 고찰한다.

양방향 검색은 [Pohl, 1971]에서 소개되었다. [Holte 외, 2016]은 두 전선이 반드시 중간에서 만나게 됨을 보장하는, 그래서 좀 더 다양한 문제에 적용할 수 있는 버전의 양방향 검색을 서술한다. [Eckerle 외, 2017]은 확실히 확장된 노드 쌍들의 집합을 설명하고 그 어떤 양방향 검색도 최적 효율성을 보장할 수 없음을 증명한다. NBS 알고리즘(Chen 외, 2017)은 노드 쌍들의 대기열을 활용한다.

Microsoft의 온라인 지도 서비스는 주행 경로를 효율적으로 찾기 위해 양방향 A*와 알려진 랜드마크들의 조합을 사용했다(Goldberg 외, 2006). 지표들 사이의 경로들의 집합이 캐시에 저장된 후부터, 그 알고리즘은 2천4백만 개의 정점들로 이루어진 미국 도로 그래프의 0.1% 미만만 검색해서 임의의 정점 쌍 사이의 최적 비용 경로를 찾아낼 수 있다. [Korf, 1987]은 부분 목표, 매크로 연산자, 추상화를 이용해서 기존 기법들보다 훨씬 빠르게 검색을 수행하는 방법을 보여준다. [Delling 외, 2009]는 양방향 검색, 랜드마크, 위계구조, 기타 요령들을 이용해서 주행 경로를 찾는 방법을 설명한다. 그와 관련해서 [Anderson 외, 2008]은 **세밀도 증가 검색**(coarse-to-fine search)이라는 기법을 설명하는데, 이 기법은 랜드마크들을 다양한 위계적 추상 수준들에서 정의하는 것이라고 생각할 수 있다. [Korf, 1987]은 세밀도 증가 검색이 지수적 속도 증가를 보이는 조건들을 설명한다. [Knoblock, 1991]은 실험 결과와 분석을 통해서 위계적 검색의 이득을 정량화한다.

A*와 기타 상태 공간 검색 알고리즘들은 경영과학에서 널리 쓰이는 **분기한정**(branch-and-bound) 기법과 밀접한 관련이 있다(Lawler 및 Wood, 1966; Rayward-Smith 외, 1996). [Kumar 및 Kanal, 1988]은 발견적 검색과 동적 프로그래밍, 분기한정법을 CDP(composite decision process; 합성 의사결정 과정)라는 이름으로 묶는 '대통합'을 시도했다.

메모리 제한 발견적 검색이 초창기의 연구 주제였던 이유는, 1960년대 초반 대부분의 컴퓨터의 주 메모리가 기껏해야 몇천 워드 수준이었기 때문이다. 초창기 검색 프로그램 중 하나인 Graph Traverser(Doran 및 Michie, 1966)는 메모리 한계까지 최선 우선 검색을 수행한 후 하나의 동작을 위탁한다. 초기에 길이 최적·메모리 제한 발견적 검색

세밀도 증가 검색

알고리즘으로 널리 쓰인 알고리즘은 IDA*(Korf, 1985)이다. 이후 다수의 변형이 개발되었다. IDA*의 효율성 및 실숫값 발견적 함수와 관련된 난제들이 패트릭 등의 논문(Patrick 외, 1992)에 나온다.

RBFS(Korf, 1993)의 원래 버전은 사실 도해 3.22에 나온 알고리즘보다는 다소 복잡

반복 확장

하다. 도해 3.22의 것은 RBFS와는 독립적으로 개발된 **반복 확장**(iterative expansion, IE)이라는 알고리즘(Russell, 1992)에 더 가깝다. RBFS는 상계는 물론 하계도 사용한다. 두 알고리즘은 허용 가능 발견적 함수가 주어졌을 때에는 동일하게 행동하나, 허용 가능이 아닌 발견적 함수가 주어진 경우에도 RBFS는 최선 우선 순으로 노드들을 확장한다. 최선의 대안 경로를 추적한다는 착안은 그보다 좀 더 이른 시기에 Prolog를 이용한 브라트코의 우아한 A* 알고리즘 구현(Bratko, 2009)과 DTA* 구현(Russell 및 Wefald, 1991)에 등장한다. 후자의 저작은 또한 메타수준 상태 공간과 메타수준 학습도 논의한다.

MA* 알고리즘은 [Chakrabarti 외, 1989]에 등장했다. SMA*(Simplified MA*)는 MA*를 구현하려는 시도에서 탄생했다(Russell, 1992). 카인들과 코르산드는 SMA*를 적용해서 이전의 알고리즘들보다 훨씬 빠른 양방향 검색 알고리즘을 만들어 냈다(Kaindl 및 Khorsand, 1994). [Korf 및 Zhang, 2000]은 분할정복 접근방식을 서술하고, [Zhou 및 Hansen, 2006]은 메모리 제한 A* 그래프 검색과 메모리 효율성 증가를 위해 너비 우선 검색으로 전환하는 전략을 소개한다.

문제 완화를 통해서 허용 가능 발견적 함수를 도출할 수 있다는 착안은 헬드와 카프의 독창적 논문(Held 및 Karp, 1970)에 나온다. 그들은 최소 신장 트리 발견적 함수를 이용해서 TSP를 풀었다. (연습문제 3.MSTR을 보라.) 프리디티스는 완화 과정의 자동화를 성공적으로 구현했다(Prieditis, 1993). 기계학습을 발견적 함수의 고안에 적용하는 문제에 관해 수많은 논문이 나오고 있다(Samadi 외, 2008; Arfaee 외, 2010; Thayer 외, 2011; Lelis 외, 2012).

패턴 데이터베이스를 이용한 허용 가능 발견적 함수 도출은 [Gasser, 1995]와 [Culberson 및 Schaeffer, 1996, 1998]에 기인한다. 서로소 패턴 데이터베이스는 [Korf 및 Felner, 2002]에 서술되어 있다. 기호 패턴을 이용한 비슷한 방법은 [Edelkamp, 2009]에 기인한다. [Felner 외, 2007]은 공간 절약을 위해 패턴 데이터베이스들을 압축하는 방법을 제시한다. 발견적 함수의 확률적 해석은 펄(Pearl, 1984)과 핸슨 및 메이어(Hansson 및 Mayer, 1989)가 상세히 조사했다.

[Pearl, 1984]와 [Edelkamp 및 Schrodl, 2012]는 영향력 큰 검색 교과서들이다. 새로운 검색 알고리즘에 관한 논문이 International Symposium on Combinatorial Search (SoCS)와 International Conference on Automated Planning and Scheduling (ICAPS)에 발표된다. 또한 AAAI나 IJCAI 같은 일반적인 AI 학술대회들과 *Artificial Intelligence*나 *Journal of the ACM* 같은 학술지에도 그런 논문들이 게재된다.

## CHAPTER

# 복잡한 환경의 검색

이번 장에서는 현실 세계에 좀 더 가까이 다가가기 위해 이전 장의 단순화 가정들을 완화한다.

제3장에서는 완전 관측 가능·결정론적·정적·기지 환경에서 해답이 하나의 동작열(동작들의 순차열)인 문제들만 논의했다. 이번 장에서는 그러한 제약들을 완화한다. 우선, 상태에 도달하는 경로는 신경 쓰지 않고 좋은 상태를 찾는 문제들을 살펴본다. 이산 상태(§4.1)뿐만 아니라 연속 상태(§4.2)도 고려할 것이다. 그런 다음에는 결정론(§4.3)과 관측 가능성(§4.4)의 가정을 완화한다. 비결정론적 환경에서 에이전트는 조건부 계획을 마련해야 하며, 자신이 관측한 것에 따라 서로 다른 동작들을 수행해야 한다(예를 들어 빨간 신호등이 켜지면 멈추고 파란 신호등이 켜지면 전진하는 등). 부분 관측 가능 환경에서 에이전트는 또한 자신이 처할 수 있는 상태들도 추적할 필요가 있다. 마지막으로 §4.5에서는 초기에는 미지의 환경을 에이전트가 **온라인 검색**(online search)을 이용해서 배워 나가는 방법을 논의한다.

## 4.1 국소 검색과 최적화 문제

제3장의 검색 문제들에서 우리는 검색 공간을 나아가는 경로(이를테면 아라드에서 부카레스트로 가는 경로)를 찾고자 했다. 그런데 최종 상태만 중요하고 그 상태로 가는 경로

는 중요하지 않은 문제도 있다. 예를 들어 8-퀸 문제(도해 4.3)에서 중요한 것은 퀸들의 최종 구성이다(최종 구성을 알면, 그 구성을 만들어 낸 단계들은 간단하게 재구축할 수 있으므로). 집적회로 설계, 공장 설비 배치, 주문생산 일정 수립(job-shop scheduling), 자동 프로그래밍, 통신망 최적화, 농작물 생산 계획, 포트폴리오 관리 등 여러 주요 응용 분야에서도 마찬가지이다.

**국소 검색**

**국소 검색**(local search) 알고리즘들은 현재 상태에서 이웃 상태들을 찾는 방식으로 작동하며, 경로나 도달된 상태들의 집합을 추적하지 않는다. 따라서 국소 검색 알고리즘은 체계적이지 않다. 검색 공간에서 해답이 실제로 존재하는 영역을 결코 방문하지 않을 수도 있는 것이다. 그러나 국소 검색은 (1) 메모리를 아주 적게 소비하고 (2) 체계적인 알고리즘이 적합하지 않은 커다란 또는 무한한 (연속)상태 공간에서도 적당한 해답을 찾아내는 경우가 많다는 두 가지 중요한 장점을 가지고 있다.

**목적함수**
**최적화 문제**

국소 검색 알고리즘은 또한 **목적함수**(objective function)를 기준으로 해서 가장 좋은 상태를 찾는 최적화 문제(optimization problem)를 푸는 데에도 유용하다.

**상태 공간 지형**

국소 검색을 이해를 돕기 위해, 도해 4.1과 같은 문제의 **상태 공간 지형**(state-space landscape)을 생각해 보자. 이 지형의 각 점(상태)에는 목적함수의 값으로 정의되는 '고도(elevation; 높이)'가 있다. 곧 목적함수의 값을 고도로 간주할 때 국소 검색의 목표는 가장 높은 꼭대기, 즉 가장 높은 산꼭대기, 즉 **전역 최댓값**(global maximum; 또는 전역 최대점)을 찾는 것이다. 그런 전역 최댓값을 찾는 과정을 **언덕 오르기**(hill climbing)라고 부른다. 한편, 목적함수를 비용에 대응시킨다면 국소 검색의 목표는 가장 낮은 계곡, 즉 **전역 최솟값**(global minimum; 또는 전역 최소점)을 찾는 것이다. 이를 **경사 하강법**(gradient descent)이라고 부른다.

**전역 최댓값**

**전역 최솟값**

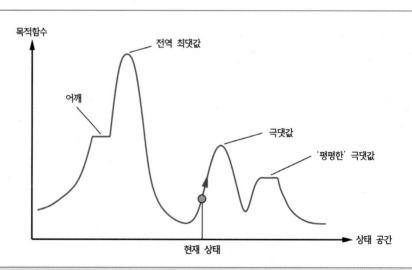

**도해 4.1** 고도가 목적함수에 해당하는 1차원 상태 공간 지형. 목적은 전역 최댓값을 찾는 것이다.

## 4.1.1 언덕 오르기 검색

언덕 오르기

최고 경사 등반

도해 4.2에 **언덕 오르기**(hill-climbing) 알고리즘이 나와 있다. 이 알고리즘은 하나의 현재 상태를 추적하며, 반복마다 가장 큰 값을 가진 이웃 상태로 이동한다. 가장 가파른 곳으로 올라간다는 점에서 이를 **최고 경사 상승**(steepest-ascent)이라고 부른다. 이러한 과정은 주변에 더 큰 값이 없는 '정상(peak)'에 도달하면 종료된다. 언덕 오르기 알고리즘은 현재 상태에 바로 이웃한 값들만 고려할 뿐, 그밖의 값들은 미리 살펴보지 않는다. 이는 기억상실증 환자가 짙은 안개 속에서 에베레스트 산의 정상에 오르려는 것과 비슷하다. 언덕 오르기 검색의 한 가지 응용 방법은 발견적 비용 함수의 음수를 목적함수로 사용하는 것이다. 그러면 알고리즘은 목표로의 발견적 거리 추정치가 최소인 이웃 상태로 이동한다.

**8-퀸 문제**(도해 4.3)를 예로 들어서 언덕 오르기를 설명해 보자. 여기서는 **완전 상태 형식화**(complete-state formulation)를 사용한다. 이는 모든 상태가 해답의 모든 구성요소를 가지고 있지만, 그 구성요소들이 모두 제자리에 있지는 않다는 뜻이다. 지금 예에서 각 상태는 체스판 위에 퀸 여덟 개가 한 열에 하나씩 배치된 구성이다. 초기 상태는 무작위로 선택되며, 한 상태의 모든 후행자는 하나의 퀸을 같은 열의 다른 칸으로 옮겨서 만들어지는 모든 가능한 상태이다(따라서 각 상태의 후행자 수는 8×7 = 56이다). 발견적 비용 함수 $h$는 서로 공격하는 퀸 쌍의 수이다. 이 함수는 오직 해에 대해서만 0이 된다. (이 비용 함수는 두 퀸이 같은 행에 있으면 그 둘 사이에 다른 말이 있다고 해도 하나의 공격으로 간주한다.) 도해 4.3의 (b)는 $h = 17$인 한 상태와 그 상태의 모든 후행자의 비용을 보여 준다.

탐욕적 국소 검색

다음에 어디로 갈지는 고려하지 않고 눈앞의 상황에서 가장 좋은 이웃을 선택한다는 점에서, 언덕 오르기를 **탐욕적 국소 검색**(greedy local search)이라고 부르기도 한다. 기독교에서는 탐욕이 칠죄종(seven deadly sins)의 하나이지만, 사실 탐욕적 알고리즘은 상당히 좋은 성과를 낸다는 점이 알려졌다. 언덕 오르기는 해답을 향해 빠르게 나아갈 수 있는데, 이는 대체로 나쁜 상태를 개선하는 것이 상당히 쉽기 때문이다. 예를 들어 도해 4.3(b)의 상태에서 도해 4.3(a)의 상태(해답에 거의 가까운 $h = 1$)에 도달하는 데에는 다섯 단계밖에 걸리지 않는다. 그러나 안타깝게도 언덕 오르기는 다음 조건 중 하나라도 충족되면 진척 없이 발을 묶일 수 있다.

---

**function** HILL-CLIMBING(*problem*) **returns** 극댓값(국소 최댓값)에 해당하는 상태
   *current* ← *problem*.INITIAL
   **while** *true* **do**
      *neighbor* ← *current*의 후행자 중 값이 가장 큰 후행자
      **if** VALUE(*neighbor*) ≤ VALUE(*current*) **then return** *current*
      *current* ← *neighbor*

**도해 4.2** 가장 기본적인 국소 검색 기법인 언덕 오르기 검색 알고리즘. 이 알고리즘은 각 단계에서 현재 노드를 최상의 이웃 노드로 대체한다.

---

(a)　　　　　　　　　　　　　　　　(b)

**도해 4.3** (a) 8-퀸 문제: 퀸 8개를 그 어떤 퀸도 다른 퀸을 공격하지 않도록 체스판에 배치해야 한다. (퀸은 같은 행이나 같은 열, 대각선에 있는 다른 퀸을 공격한다.) 이 상태는 해에 아주 가깝지만, 제4열과 제7열의 두 퀸이 서로 공격하기 때문에 해가 아니다. (b) 발견적 비용 추정치가 $h = 17$인 8-퀸 상태. 체스판 칸들의 수치는 하나의 퀸을 해당 열 안에서 움직여서 얻을 수 있는 모든 가능한 후행자의 $h$ 값이다. 최고 추정치 $h = 12$에 해당하는 수가 여덟 개 있다. 언덕 오르기 알고리즘은 그 여덟 수 중 하나를 선택한다.

극댓값
- **극댓값**(local maximum; 또는 국소 최댓값)이 존재한다: 극댓값은 이웃 상태들보다는 높지만 전역 최댓값보다는 낮은 정상이다. 극댓값 근처에 도달한 언덕 오르기 알고리즘은 그 정상으로 올라가긴 하지만, 그때부터는 더 이상 오를 곳이 없게 된다. 도해 4.1에 이 문제점이 도식화되어 있다. 좀 더 구체적인 예로, 도해 4.3(a)의 상태가 극댓값(즉, 비용 $h$에 대한 극솟값)이다. 한 퀸을 어떻게 이동해도 상황이 나빠질 뿐이다.

능선
- **능선**(ridge)이 존재한다: 도해 4.4에 능선(산등성이)이 나와 있다. 능선은 극댓값들이 연이어 있는 상황에 해당한다. 탐욕적 알고리즘은 이런 상황을 통과하기가 아주 어렵다.

대지
어깨
- **대지**(plateau)가 존재한다: 대지臺地는 상태 공간 지형에서 평평한 영역을 말한다. 대지는 오르막으로 가는 출구가 없는 평평한 극댓값이거나 진척이 가능한 **어깨**(shoulder)이다. (도해 4.1을 보라.) 대지에서는 언덕 오르기 검색이 길을 잃고 헤맬 수 있다.

각 경우에서 알고리즘은 더 이상의 진척이 불가능한 지점에 다다르게 된다. 무작위로 생성된 8-퀸 상태에서 시작한 최고 경사 등반 언덕 오르기 알고리즘은 86%의 경우에 곤경에 빠진다. 문제 사례를 푸는 경우는 14%밖에 되지 않는다. 반면 진행은 빠르다. 성공의 경우 평균 4단계 만에 해답을 찾으며, 곤경에 빠지는 경우는 평균 3단계이다. 상태 공간의 상태가 $8^8 \approx 1,700$만 개라는 점을 생각하면 나쁘지 않은 성능이다.

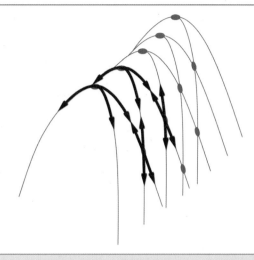

**도해 4.4** 능선이 언덕 오르기를 어렵게 만드는 이유를 보여 주는 도식. 상태(파란 원)들의 격자가 왼쪽에서 오른쪽으로 상승하는 능선에 겹쳐져 있어서, 서로 직접 연결되지는 않는 일련의 극대점들이 만들어졌다. 각 극대점에서 가능한 이동은 모두 내리막이다. 이런 위상구조는 2차원 평면의 점들 같은 저차원 상태 공간에서 흔하다. 그러나 차원 수가 수백, 수천인 상태 공간에서는 이런 직관적인 형상이 성립하지 않으며, 능선과 대지에서 탈출하지 못하게 만드는 차원들이 적어도 몇 개는 존재한다.

더 많은 문제를 풀려면 어떻게 해야 할까? 한 가지 답은 대지에 도달했을 때 그것이 대지가 아니라 사실은 어깨(도해 4.1 참고)라는 희망하에서 멈추지 말고 계속 나아가는 것, 즉 **횡이동**(sideway move)을 허용하는 것이다. 그러나 어깨가 아니라 실제로 평평한 극대점이라면 이 접근방식은 대지를 무한히 헤매게 된다. 연속적인 횡이동 횟수에 제한을 두어서 이 문제를 피할 수 있다. 예를 들어 횡이동을 연달아 100번까지만 할 수 있게 하는 등이다. 이렇게 하면 언덕 오르기의 문제 사례 해결 비율이 14%에서 94%로 올라간다. 그러나 성공에는 대가가 따른다. 문제를 성공적으로 풀 때의 알고리즘의 평균 단계 수는 21이지만 실패할 때의 평균 단계 수는 64이다.

언덕 오르기의 여러 변형이 고안되었다. **확률적 언덕 오르기**(stochastic hill climbing)는 오르막 이동들 중 하나를 무작위로 선택한다. 선택의 확률은 오르막 이동의 경사(steepness)에 따라 달라질 수 있다. 이 변형은 대체로 최고 경사 등반 방식보다 느리게 수렴하지만, 상태 공간 지형에 따라서는 더 나은 해답을 찾아내기도 한다. **최초 선택 언덕 오르기**(first-choice hill climbing)는 현재 상태보다 더 나은 후행자가 나올 때까지 후행자들을 무작위로 생성함으로써 확률적 언덕 오르기를 구현한다. 이는 한 상태에 후행자가 많을 때(이를테면 수천 개) 좋은 전략이다.

또 다른 변형으로 **무작위 재시작 언덕 오르기**(random-restart hill climbing)가 있다. 이것은 "첫술에 배부르랴"라는 속담을 채용한다. 즉, 이 알고리즘은 목표를 찾을 때까지 초기 상태를 무작위로 생성해서 언덕 오르기 검색을 여러 번 시도한다. 이 알고리즘이 검색에 성공할 확률은 1이다. 언젠가는 목표 상태와 일치하는 초기 상태가 생성될 것이기

횡이동

확률적
언덕 오르기

최초 선택
언덕 오르기

무작위 재시작
언덕 오르기

때문이다. 각 언덕 오르기 검색의 성공 확률이 $p$라고 하면, 필요한 재시작(반복) 횟수의 기댓값은 $1/p$이다. 횡이동을 허용하지 않는 8-퀸 문제 사례들에서 $p \approx 0.14$이다. 즉, 대략 7회 반복으로 목표를 찾을 수 있다(실패 6회, 성공 1회). 단계 수의 기댓값은 성공적인 한 반복의 비용에 $(1-p)/p$ 곱하기 실패 비용을 더한 것으로, 대략 22이다. 횡이동을 허용하면 평균 $1/0.94 \approx 1.06$회의 반복이 필요하고 평균 단계 수는 $(1 \times 21) + (0.06/0.94) \times 64 \approx 25$이다. 따라서 8-퀸 문제에서는 무작위 재시작 언덕 오르기가 실제로 아주 효과적이다. 퀸이 3백만 개인 문제에서도 이 접근방식은 해답을 몇 초 안에 찾아낸다.[1]

언덕 오르기의 성공은 상태 공간 지형의 형태에 아주 크게 의존한다. 극댓값과 대지가 별로 없으면 무작위 재시작 언덕 오르기는 좋은 해답을 빠르게 찾아낸다. 반면 평평한 바닥에 고슴도치[역주1] 가족이 넓게 흩어져 있고 각 고슴도치 가시 끝에 더 작은 고슴도치가 얹혀 있는 패턴이 재귀적으로 반복되는 형태의 지형에서는 진짜 문제들이 많이 발생한다. 그렇긴 해도, 재시작을 몇 번(적은 수로) 하고 나면 비교적 좋은 극댓값을 찾게 되는 경우가 많다.

## 4.1.2 모의 정련

값이 작은(또는 비용이 높은) 상태로의 '내리막' 이동이 결코 없는 언덕 오르기 알고리즘은 항상 극댓값에 머무를 위험이 있다. 반면 순수한 무작위 보행(random walk), 즉 값을 신경 쓰지 않고 후행자들 중 하나를 무작위로 선택하는 방식은 결국에는 전역 최댓값에 도달하지만 극도로 비효율적이다. 이 점을 생각하면, 효율성과 완결성을 모두 제공하는 방식으로 언덕 오르기와 무작위 보행을 결합해 보는 것은 합당한 시도이다.

모의 정련
**모의 정련**(simulated annealing)이 바로 그러한 시도에서 나온 알고리즘의 하나이다. 야금학에서 **정련**精鍊은 금속이나 유리를 높은 온도로 가열한 후 점차 식혀서 해당 물질이 저에너지 결정 상태에 도달하게 함으로써 단련하거나 강화하는 과정을 말한다. 모의 정련을 설명하기 위해, 관점을 언덕 오르기에서 **경사 하강법**(gradient descent)으로 바꾸기로 하겠다. 즉, 이제부터는 비용의 최소화 문제를 고려한다. 아주 굴곡진 지형에서 탁구공을 가장 깊은 계곡 바닥으로 내려보낸다고 상상하면 될 것이다. 공을 그냥 굴리면 그냥 한 극솟값에서 멈출 위험이 있다. 지형을 흔들면 공이 극솟값에서 빠져나올 것이며, 어쩌면 더 깊은 극솟값으로 내려가서는 거기서 더 많은 시간을 보낼 수도 있을 것이다. 이때 요령은, 공이 극솟값에서 빠져나오기에 충분한 정도로 최대한 세게 흔들되, 전역 최솟값에서 멀어질 정도로 세게 흔들지는 않는 것이다. 모의 정련 해법은 먼저 세게 흔드는 것으로 시작해서(즉, 높은 온도로 가열하고) 흔들기의 강도를 점차 감소한다(즉, 온도를 낮춘다).

---

[1] [Luby 외, 1993]은 고정된 수의 단계 후에 재시작하는 것이 각 검색을 무한히 계속하게 하는 것보다 훨씬 효율적임을 제시했다.

[역주1] 원문은 porcupine으로, 사실 고슴도치와는 구별되는 동물이다. 가시가 고슴도치보다 더 길고 곤두선 모습을 상상하기 바란다.

**function** SIMULATED-ANNEALING(*problem*, *schedule*) **returns** 해답 상태
 *current* ← *problem*.INITIAL
 **for** *t* = 1 **to** ∞ **do**
  *T* ← *schedule*(*t*)
  **if** *T* = 0 **then return** *current*
  *next* ← 무작위로 생성한, *current*의 한 후행자
  $\Delta E$ ← VALUE(*current*) - VALUE(*next*)
  **if** $\Delta E > 0$ **then** *current* ← *next*
  **else** *current* ← *next* (단, $e^{\Delta E/T}$의 확률로)

**도해 4.5** 내리막 이동을 어느 정도 허용하는, 확률적 언덕 오르기의 한 버전인 모의 정련 알고리즘. 내리막 이동은 정련 일정(*schedule* 변수)의 초기에는 높은 확률로 채택되나, 시간이 지나면서 그 확률이 점점 낮아진다.

모의 정련 알고리즘(도해 4.5)의 전반적인 구조는 언덕 오르기와 비슷하다. 그러나 **최상**의 이동을 선택하는 대신 **무작위**로 이동을 선택한다는 점이 다르다. 그 이동 때문에 상황이 나아지면 항상 그 이동을 채택한다. 상황이 나아지지 않으면 알고리즘은 1보다 낮은 확률로 그 이동을 채택한다. 그 확률은 이동의 '나쁨 정도(badness)'에 지수적으로 감소한다. 여기서 나쁨 정도란 상황 평가의 감소량 $\Delta E$를 말한다. 이 확률은 또한 '온도' *T*가 감소함에 따라 감소한다. *T*가 높은 시작 시점에서는 '나쁜' 이동이 채택될 확률이 높지만, *T*가 감소함에 따라 그 확률이 점차 낮아진다. 만일 변수 *schedule*에 의해 *T*가 충분히 느리게 감소한다면, 모든 확률은 전역 최댓값에 집중한다면 볼츠만 분포(Boltzmann distribution) $e^{\Delta E/T}$의 성질에 따라, 알고리즘이 전역 최적값을 찾을 확률은 1에 접근하게 된다.

모의 정련 알고리즘은 원래 1980년대 초반에 VLSI 배치 문제를 푸는 데 많이 쓰였다. 이후 공장 일정 수립과 기타 대규모 최적화 과제에 널리 적용되었다.

## 4.1.3 국소 빔 검색

국소 빔 검색

메모리에 노드 하나만 유지한다는 것이 메모리 제약 문제에 대한 극단적인 반응으로 보일 수 있다. **국소 빔 검색**(local beam search; 또는 국소 다발 검색) 알고리즘은 하나가 아니라 *k*개의 상태를 추적한다. 이 알고리즘은 무작위로 생성한 상태 *k*개로 시작한다. 각 단계마다 *k*개의 모든 상태의 모든 후행자를 생성한다. 그중 하나가 목표이면 알고리즘이 끝난다. 그렇지 않으면 전체 후행자 중 최상의 *k*개를 선택해서 같은 과정을 반복한다.

언뜻 보면 상태가 *k*개인 국소 빔 검색이 그냥 *k*회의 무작위 재시작을 병렬로(차례로가 아니라) 실행하는 것과 다를 바가 없다고 생각할 수 있다. 그러나 두 알고리즘은 상당히 다르다. 무작위 재시작 검색에서 각 검색 과정은 서로 독립적으로 실행된다. 반면 국소 빔 검색에서는 병렬적인 검색 스레드들이 유용한 정보를 주고받는다. 비유하자면, 최상

의 후행자들을 생성한 상태들은 다른 상태들에게 "이리로 와, 이쪽 풀이 더 싱싱해!"라고 말해 준다. 알고리즘은 실속 없는 검색들을 빠르게 포기하고, 가장 큰 진척을 이룰 수 있는 쪽으로 자원을 이동한다.

국소 빔 검색은 $k$개의 상태들 사이의 다양성 부족 때문에 문제를 겪을 수 있다. $k$개의 상태들이 상태 공간의 작은 영역에 몰릴 수 있으며, 그러면 검색은 언덕 오르기보다 $k$배 느려진다. 확률적 언덕 오르기와 같은 취지로 만들어진 **확률적 빔 검색**(stochastic beam search)이라는 변형을 사용하면 이 문제가 완화된다. 확률적 빔 검색은 상위 $k$개의 후행자들을 선택하는 대신, 각 후행자의 값에 비례하는 확률로 $k$개의 후행자를 무작위로 선택한다. 이 덕분에 다양성(diversity)이 증가한다.

**확률적 빔 검색** *(좌측 여백 주석)*

## 4.1.4 진화 알고리즘

**진화 알고리즘** *(좌측 여백 주석)*

확률적 빔 검색의 한 변형으로 볼 수 있는 **진화 알고리즘**(evolutinary algorithm)은 생물학의 자연 선택 비유를 명시적으로 받아들인 것이다. 진화 알고리즘은 상태들을 개체(individual)들로 간주한다. 개체들의 군집, 즉 개체군(population)에서 생존에 가장 적합한 (값이 가장 큰) 개체들을 선택하고 **재조합**(recombination)이라고 부르는 과정을 통해 자손(후행 상태)들을 생성한다. 이 자손(offspring)들이 개체군의 새 세대가 된다. 유전 알고리즘의 형태는 무궁무진한데, 각 형태를 특징 짓는 요소들은 다음과 같다.

**재조합** *(좌측 여백 주석)*

- 개체군의 크기.

**유전 알고리즘** *(좌측 여백 주석)*

- 각 개체의 표현 방식. **유전 알고리즘**(genetic algorithms)에서는 각 개체가 유한한 알파벳(문자 집합)의 한 문자열이다(부울 문자열을 사용할 때가 많다). DNA가 **ACGT** 알파벳의 문자열인 것과 비슷하다. **진화 전략**(evolution strategy)에서는 각 개체가 실수 수열이고 **유전 프로그래밍**(genetic programming)에서는 각 개체가 컴퓨터 프로그램이다.

**진화 전략** *(좌측 여백 주석)*
**유전 프로그래밍** *(좌측 여백 주석)*

- 혼합수(mixing number) $\rho$. 이것은 자손을 만드는 데 필요한 부모 개체의 수이다. $\rho = 2$인 경우, 즉 두 부모 개체가 '유전자'(표현의 일부)들을 조합해서 후손을 만드는 경우가 가장 흔하다. $\rho = 1$일 때는 확률적 빔 검색과 같다(무성 생식이라고 생각하면 될 것이다). $\rho > 2$인 경우도 가능한데, 자연에서는 아주 드물지만 컴퓨터에서는 손쉽게 시뮬레이션할 수 있다.

**선택** *(좌측 여백 주석)*

- 다음 세대의 부모가 될 개체들을 **선택**하는 과정. 한 가지 방법은 각 개체의 적합도(fitness) 점수에 비례하는 확률로 부모를 선택하는 것이다. 또는, $n$개의 개체를 무작위로 뽑고(여기서 $n > \rho$) 적합도 순으로 $\rho$개의 상위 개체를 부모로 선택할 수도 있다.

**교차점** *(좌측 여백 주석)*

- 재조합 절차. 흔히 쓰이는 접근방식은($\rho = 2$라고 가정) **교차점**(crossover point)을 무작위로 선택해서 그 지점을 중심으로 두 부모의 문자열을 분할하고 교차로 연결해서, 즉 부모 1의 앞부분과 부모 2의 뒷부분을 연결하고 부모 1의 뒷부분과 부모 2의 뒷부분을 연결해서 두 개의 자손을 생성하는 것이다.

- **돌연변이 비율**(mutation rate). 자손의 표현을 무작위로 바꾸는 빈도를 결정한다. 개체를 부울(이진) 문자열로 표현하는 경우, 자손을 생성할 때마다 표현의 각 비트를 돌연변이 비율과 같은 확률로 뒤집는다.

- 다음 세대 형성 방법. 그냥 새로 만들어진 자손들로만 다음 세대를 꾸릴 수도 있고, 이전 세대에서 점수가 높은 부모 몇 개를 포함시킬 수도 있다. (후자를 **정예주의**(elitism)라고 부르는데, 시간이 지나도 전체적인 적합도가 결코 낮아지지 않음을 보장한다.) **선별**(culling)이라고 부르는 방법은 특정 문턱값(threshold) 아래의 모든 개체를 폐기한다. 그러면 검색 속도가 빨라질 수 있다(Baum 외, 1995).

도해 4.6의 (a)는 숫자 8개로 된 문자열 네 개로 구성된 하나의 개체군이다. 각 문자열은 8-퀸 퍼즐의 한 상태를 나타낸다. $c$번째 숫자는 $c$번째 열에 있는 퀸의 행 번호이다. (b)는 각 상태의 적합도를 보여준다. 적합도 점수가 높을수록 좋으므로, 8-퀸 문제에 대해서는 서로 공격하지 않는 퀸 쌍들의 수를 적합도 함수로 두면 될 것이다. 해의 경우 적합도는 $8 \times 7/2 = 28$이다. (b)에서 보듯이 네 상태의 적합도 점수는 각각 24, 23, 20, 11이다. (b)의 오른쪽 열은 이 적합도 점수들을 정규화해서 구한 확률값들이다.

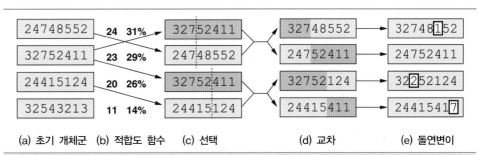

(a) 초기 개체군   (b) 적합도 함수   (c) 선택          (d) 교차          (e) 돌연변이

**도해 4.6**  유전 알고리즘의 이해를 돕기 위한, 8-퀸 문제 상태들을 나타내는 네 숫자열. (a)는 초기 개체군, (b)는 그 개체군의 상태들에 부여된 적합도 점수와 생식 확률, (c)는 그에 따라 결정된 생식 쌍들이다. (d)는 탄생한 자식들이고 (e)는 자식들에 가해진 돌연변이를 나타낸다.

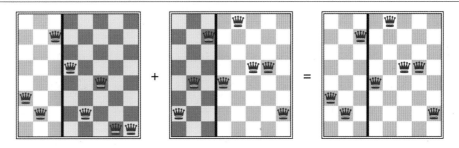

**도해 4.7**  도해 4.6의 (c)의 처음 두 부모 상태와 (d)의 첫 자식에 해당하는 8-퀸 문제 상태들. 녹색 열들은 교차 단계에서 사라지고, 빨간 열들은 유지된다. 도해 4.6에 나온 숫자(행 번호)들은 체스판 제일 아래 행(l)에서 제일 위 행(8)까지에 대응된다.

(c)는 (b)의 확률들에 기초해서 선택된 부모 쌍 두 개를 보여준다. 한 개체가 두 번 선택된 반면 한 번도 선택되지 않은 개체도 있음을 주목하기 바란다. 선택된 각 쌍에 대해 무작위로 교차점(점선)을 선택한다. (d)는 그 교차점을 기준으로 부모 문자열들을 교차해서 만들어 낸 네 개의 새 후손이다. 예를 들어 첫 부모 쌍의 첫 후손은 첫 부모의 처음 세 숫자(327)와 둘째 부모의 나머지 숫자들(48552)을 받았다. 이 재조합 단계와 관련된 8-퀸 상태들이 도해 4.7에 나와 있다.

마지막으로, (e)는 각 문자열의 각 자리에서 무작위로 돌연변이(mutation)가 일어난 결과이다. 각 자리의 돌연변이 확률은 서로 독립적이다. 첫째, 셋째, 넷째 자식에서 각각 하나의 숫자가 바뀌었다. 8-퀸 문제에서 이는 퀸 하나를 무작위로 선택해서 같은 열의 한 칸으로 무작위로 이동하는 것에 해당한다. 이러한 진화 과정의 초기에는 개체군의 다양성이 높기 때문에, 검색 과정의 초기에는 교차에 의해 검색이 빠르게 진행될 때가 많다(모의 정련에서처럼). 그러나 세대를 거듭한 선택으로 개체들의 적합도가 대체로 높아지면 개체군의 다양성이 낮아져서 검색 진행 속도가 떨어지곤 한다. 도해 4.8은 이상의 모든 단계를 구현한 알고리즘이다.

---

**function** GENETIC-ALGORITHM(*population*, *fitness*) **returns** 하나의 개체
   **repeat**
      *weights* ← WEIGHTED-BY(*population*, *fitness*)
      *population2* ← 빈 목록
      **for** *i* = 1 **to** SIZE(*population*) **do**
         *parent1*, *parent2* ← WEIGHTED-RANDOM-CHOICES(*population*, *weights*, 2)
         *child* ← REPRODUCE(*parent1*, *parent2*)
         **if** (작은 무작위 확률) **then** *child* ← MUTATE(*child*)
         *child*를 *population2*에 추가
      *population* ← *population2*
   **until** 충분히 적합한 개체가 나오거나 충분한 시간이 지날 때까지
   **return** *population*에서 *fitness*를 기준으로 최고의 개체

**function** REPRODUCE(*x*, *y*) **returns** 하나의 개체
   *n* ← LENGTH(*x*)
   *c* ← 1 이상, *n* 이하의 난수
   **return** APPEND(SUBSTRING(*parent1*, 1, *c*), SUBSTRING(*parent2*, *c*+1, *n*))

---

**도해 4.8** 유전 알고리즘. 이 함수에서 *population*은 개체들을 담은 순서 있는 목록(orderd list)이고 *weights*는 개체 적합도 값들을 담은 목록이다. 그리고 *fitness*는 그 적합도 값들을 계산하는 함수이다.

유전 알고리즘은 확률적 빔 검색과 비슷하되, 교차 연산이 추가되었다는 점이 특징이다. 유용한 기능들을 수행하는 블록들이 존재하는 경우 이러한 교차가 이득이 된다. 예를 들어 처음 세 퀸을 2, 4, 6 위치(서로 공격하지 않는)에 배치한 것은 하나의 유용한

블록이며, 이 블록을 다른 개체들에 나타나는 또 다른 블록들과 조합해서 하나의 해를 구축할 수 있다. 만일 그 블록들이 목적에 맞지 않는다면(예를 들어 유전 코드의 위치들이 무작위로 맞바뀐다면), 교차가 이득이 되지 않음을 수학적으로 증명하는 것이 가능하다.

스키마        유전 알고리즘 이론은 알고리즘의 작동 방식을 **스키마**schema라는 개념을 이용해서 설명한다. 스키마는 문자를 구체적으로 지정하지 않은 자리들이 있는 부분 문자열이다. 예를 들어 246*****라는 스키마는 처음 세 퀸이 각각 2, 4, 6 위치에 있는 모든 8-퀸 상태를 나타낸다. 이 스키마와 부합하는 문자열(이를테면 24613578)을 그 스키마의 **사례**

사례   (instance)라고 부른다. 스키마 사례들의 평균 적합도가 평균보다 높으면 시간이 지남에 따라 개체군에서 그 스키마 사례들의 개수가 증가한다는 점을 증명할 수 있다.

인접한 비트들이 서로 완전히 무관하다면 이러한 효과가 중요하지 않을 가능성이 확실히 크다. 왜냐하면, 그런 경우 일관된 이득을 제공하는 연속된 블록들이 몇 개 되지 않을 것이기 때문이다. 유전 알고리즘은 스키마들이 해답의 의미 있는 구성요소들에 해당할 때 가장 잘 작동한다. 예를 들어 전파 안테나를 유전 문자열로 표현한다고 할 때, 반사기(reflector)나 전향 장치(deflector)에 해당하는 스키마들을 둘 수 있을 것이다. 좋은 구성요소는 서로 다른 다양한 설계들에서 유용할 가능성이 크다. 이는 유전 알고리즘을 성공적으로 사용하려면 표현을 세심하게 처리할 필요가 있음을 말해 준다.

실제 응용에서 유전 알고리즘은 다양한 최적화 문제에 쓰이고 있다(Marler 및 Arora, 2004). 특히 회로 배치나 주문생산 일정 수립 같은 복잡한 구조의 문제에 유용하며, 좀 더 최근에는 심층 신경망 구조의 진화에도 쓰인다(Miikkulainen 외, 2019). 특정 과제들에 대한 우월한 성능과 진화에 대한 매력적인 비유 중 어느 쪽이 유전 알고리즘의 매력에 더 기여하는지는 아직 확실하지 않다.

# 4.2 연속 공간의 국소 검색

제2장에서 이산적인 환경과 연속적인 환경의 구분을 설명하면서, 대부분의 실세계 환경은 연속적임을 지적했다. 연속 동작 공간은 분기 계수가 무한대이기 때문에, 지금까지 살펴본 대부분의 알고리즘은 잘 작동하지 않는다(최초 선택 언덕 오르기와 모의 정련은 예외).

이번 절에서는 연속 공간에서 최적해를 찾는 몇 가지 국소 검색 기법들을 아주 간략하게 소개한다. 이 주제에 대한 문헌은 방대하다. 기본 기법 중 다수는 17세기에 뉴턴Newton과 라이프니츠Leibniz가 미적분을 개발한 후의 시점으로 거슬러 올라간다.[2] 이 기법들은 학습, 시각, 로봇공학에 관련된 장들을 비롯한 이 책의 여러 곳에서 유용하게 쓰인다.

---

2  이번 절에는 벡터, 행렬, 미분에 관한 지식(부록 A 참고)이 유용하다.

## 진화와 검색

**진화론**은 찰스 다윈[Charles Darwin]의 종의 기원(*On the Origin of Species by Means of Natural Selection*, Darwin, 1859)에서 비롯된 것이며, 그와는 독립적으로 앨프리드 러셀 윌리스[Alfred Russel Wallace]도 진화론을 발표한 바 있다(Wallace, 1858). 중심 개념은 간단하다. 생식 과정에서 변이들이 발생하며, 그러한 변이들은 생식 적합도에 대한 효율에 대략 비례해서 이후의 세대들에서 살아남는다는 것이다.

다윈은 유기체의 특질들이 유전, 수정되는 방식을 알지 못한 채로 자신의 이론을 발전시켰다. 그러한 과정을 관장하는 확률적 법칙들을 처음으로 인식한 이는 콩으로 실험했던 수도승 그레고르 멘델[Gregor Mendel]이었다(Mendel, 1866). 훨씬 후에 왓슨과 크릭이 DNA 분자의 구조 및 그 알파벳 AGTC(adenine, guanine, thymine, cytosine)를 밝혀냈다(Watson 및 Crick, 1953). 표준 모형에서 변이는 문자열의 점 변이들에 의해서, 그리고 '교차'(자식의 DNA가 각 부모 DNA의 긴 부분 문자열들의 결합에 의해 형성되는 것)에 의해서 발생한다.

진화와 국소 검색 알고리즘의 유사성은 본문에서 이미 언급했다. 확률적 빔 검색과 진화의 주된 차이점은, 진화에서는 후행자(후손)가 하나가 아니라 **여러 개의 개체**로부터 발생하는 **유성생식**이 일어난다는 것이다. 그런데 진화의 실제 메커니즘은 대부분의 진화 알고리즘으로 가능한 것보다 훨씬 다채롭다. 예를 들어 돌연변이에 의해 DNA의 커다란 조각이 뒤집어지거나, 복제되거나, 이동할 수 있다. 어떤 바이러스는 한 유기체의 DNA를 가져와서 다른 유기체에 삽입한다. 그리고, 딱히 하는 일 없이 게놈(유전체) 안에서 자신을 수천 번 복제하기만 하는 전이 유전자(transposable gene)도 있다.

심지어 잠재적 짝짓기 상대들의 세포들(유전자가 없는)을 중독시키는, 그럼으로써 자신의 생식 확률을 높이는 유전자도 존재한다. 가장 중요한 사실은, 유전체가 재생산되어서 유기체 안으로 들어가는 메커니즘이 **유전자 자체에 부호화되어 있다**는 점이다. 반면 유전 알고리즘에서 이런 메커니즘들은 조작 대상인 문자열 자체로는 표현되지 않는 개별적인 프로그램으로 존재한다.

검색 발견법을 전혀 수정하지 않고 무작정 $10^{43}$여 개의 유기체들을 생성해 왔다는 점을 생각하면 다윈적 진화가 비효율적인 것처럼 보일 수 있다. 그러나 학습은 진화에서 나름의 역할을 수행한다. 다윈보다 50년 전에, 개체가 살아 있는 동안 적응을 통해 획득한 형질들이 자손들로 전달된다는 진화 이론을 프랑스의 훌륭한(그 이론만 빼고는) 박물학자인 장 라마르크가 제시했다(Lamarck, 1809). 물론 그 이론은 틀렸다. 그러나 언뜻 보면 그 이론과 비슷한, 유기체가 살아 있는 동안 배운 행동이 진화의 속도를 올릴 수 있다는 제임스 볼드윈의 이론(Baldwin, 1896)은 옳다. 학습은 적합도 지형을 효과적으로 완화하며, 그러면 진화의 속도가 빨라진다. 한 유기체가 환경과는 잘 맞지 않는 어떤 형질을 가지고 있다고 해도, 그 유기체가 생존에 도움이 되는 방식으로 환경에 유연하게 적응하는 방법을 배운다면, 그 유기체는 살아 남아서 자신의 형질을 후손에게 전달할 것이다. 그러한 **볼드윈 효과**(Baldwin effect)가 사실임이 컴퓨터 시뮬레이션들로 확인되었다(Hinton 및 Nowlan, 1987). 그리고 이로부터 도출된, 배우기 어려운 것들은 유전체에 남겨지만 배우기 쉬운 것들은 굳이 그럴 필요가 없다는 결과도 확인되었다(Morgan 및 Griffiths, 2015).

**볼드윈 효과**

예제 하나로 시작하겠다. 루마니아의 임의의 장소에 공항 세 곳을 새로 배치하되, 지도(도해 3.1 참고)에서 각 공항과 가장 가까운 도시와의 직선 거리의 제곱의 합이 최소화되도록 장소를 선택한다고 하자. 그러면 상태 공간은 세 공항의 좌표 $(x_1, y_1)$, $(x_2, y_2)$, $(x_3, y_3)$에 의해 정의된다. 이 공간은 6차원 공간이다. 즉, 각 상태는 여섯 개의 **변수**(variable)로 정의된다. 일반화하자면, 상태는 변수들의 $n$차원 벡터 $\mathbf{x}$로 정의된다. 이 공간 안을 돌아다니는 것은 지도의 하나 이상의 공항들을 돌아다니는 것에 해당한다. 일단 가장 가까운 도시를 알아냈다면, 특정 상태에 대해 목적함수 $f(x_1, y_1, x_2, y_2, x_3, y_3)$을 계산하기는 비교적 쉽다. 가장 가까운 공항(상태 $\mathbf{x}$에서)이 공항 $i$인 도시들의 집합을 $C_i$라고 하자. 그러면 다음이 성립한다.

**변수**

$$f(\mathbf{x}) = f(x_1, y_1, x_2, y_2, x_3, y_3) = \sum_{i=1}^{3} \sum_{c \in C_i} (x_i - x_c)^2 + (y_i - y_c)^2. \tag{4.1}$$

이 등식은 상태 $\mathbf{x}$뿐만 아니라 $\mathbf{x}$의 국소 이웃 상태들에 대해서도 참이다. 그러나 전역적으로 참이지는 않다. $x$에서 너무 벗어나면(하나 이상의 공항들의 장소를 크게 변경해서) 그 공항과 가장 가까운 도시들의 집합이 변하며, 따라서 $C_i$를 다시 계산해야 한다.

연속 상태 공간과 관련된 문제를 피하는 한 가지 방법은 연속 상태 공간을 그냥 **이산화**離散化(discretization)하는 것이다. 예를 들어, $(x_i, y_i)$ 위치가 연속 2차원 공간 안의 임의의 점이 될 수 있게 하는 대신, 간격이 $\delta$델타인 정규 격자의 고정된 점들로만 제한한다고 하자. 그러면 상태의 후행자 수는 무한대에서 단 12로 줄어든다. 12는 여섯 변수를 각각 $\pm\delta$만큼 변경해서 만들 수 있는 상태들의 개수이다. 그런 식으로 이산 공간을 만들고 나면, 이 책에서 살펴 본 그 어떤 국소 검색 알고리즘이라도 적용할 수 있다. 아니면, 후행 상태들을 무작위로 표집함으로써(이를테면 상태를 작은 $\delta$만큼 무작위로 이동해서) 분기 계수를 유한하게 만들 수도 있다. 인접한 두 점 사이에서 목적함수의 값을 변경해서 진척 정도를 측정하는 방법들을 **실험적 경사법**(empirical gradient method)이라고 부른다. 실험적 경사 검색은 상태 공간의 이산화된 버전에 대한 최고 경사 등반 언덕 오르기와 같다. 시간이 지남에 따라 $\delta$의 값을 감소하면 좀 더 정확한 해답을 얻을 수 있지만, 무한히 반복한다고 해서 반드시 전역 최적해에 수렴한다는 보장은 없다.

**이산화**

목적함수를, 미적분을 이용해서 문제를 실험적이 아니라 해석적으로 풀 수 있는 형태의 수학 공식으로 표현하곤 한다. 지형의 **기울기**(gradient)를 이용해서 최댓값을 찾고자 하는 방법이 많이 있다. 목적함수의 기울기는 벡터 $\nabla f$인데, 이 벡터는 가장 급한 경사의 크기와 방향을 말해 준다. 지금 문제에서는 다음이 성립한다.

**기울기**

$$\nabla f = \left( \frac{\partial f}{\partial x_1}, \frac{\partial f}{\partial y_1}, \frac{\partial f}{\partial x_2}, \frac{\partial f}{\partial y_2}, \frac{\partial f}{\partial x_3}, \frac{\partial f}{\partial y_3} \right).$$

경우에 따라서는 방정식 $\nabla f = 0$을 풀어서 최댓값을 구할 수도 있다. (예를 들어 공항을 하나만 배치한다면 그런 해법이 가능하다. 이 경우 해답은 모든 도시 좌표의 산술 평균이다.) 그러나 이 방정식을 닫힌 형태로 풀 수 없는 경우가 많다. 예를 들어 공항이 셋일 때 기울기 공식은 현재 상태에서 각 공항에 가장 가까운 도시에 의존한다. 이는 기울기를 국소적으로 풀 수 있음을(그러나 **전역적으로** 풀 수는 없음을) 뜻한다. 이를테면 다음과 같다.

$$\frac{\partial f}{\partial x_1} = 2 \sum_{c \in C_1} (x_i - x_c). \tag{4.2}$$

국소적으로 정확한 기울기 공식이 주어졌을 때, 현재 상태를 다음 공식에 따라 갱신함으로써 최고 경사 등반 언덕 오르기를 수행할 수 있다.

$$\mathbf{x} \leftarrow \mathbf{x} + \alpha \nabla f(\mathbf{x}).$$

단계 크기

직선 검색

여기서 $\alpha$는 흔히 **단계 크기**(step size; 또는 보폭)라고 부르는 작은 상수이다. $\alpha$를 조정하는 방법은 엄청나게 다양하다. 기본 문제는, 만일 $\alpha$가 너무 작으면 단계 수가 너무 많아지고, $\alpha$가 너무 크면 검색이 최댓값을 지나칠 수 있다는 것이다. **직선 검색**(line search) 기법은 $f$가 다시 감소할 때까지 현재의 기울기 방향을 연장해서(보통은 $\alpha$를 계속 두 배로 배증해서) 이 딜레마를 극복한다. $f$가 다시 감소하기 시작하는 지점이 새로운 현재 상태가 된다. 그 지점에서 새 방향을 어떻게 선택할 것인가에 대해서도 다양한 의견이 존재한다.

뉴턴-랩슨법

많은 문제에서 가장 효과적인 알고리즘은 유서 깊은 **뉴턴-랩슨법**(Newton-Raphson method)이다. 이 방법은 함수의 근(root)을 찾는, 즉 $g(x) = 0$ 형태의 방정식을 푸는 일반적인 기법이다. 이 방법에서는 근 $x$의 새 추정치를 다음과 같은 뉴턴의 공식을 이용해서 계산한다.

$$x \leftarrow x - g(x)/g'(x).$$

$f$의 최댓값이나 최솟값을 찾으려면 기울기가 영벡터인, 즉 $\nabla f(\mathbf{x}) = 0$인 $\mathbf{x}$를 구해야 한다. 따라서 뉴턴의 공식의 $g(x)$는 이 경우 $\nabla f(\mathbf{x})$이다. 이제 이 추정치 갱신 공식을 다음과 같이 벡터 형태로 표현할 수 있다.

$$\mathbf{x} \leftarrow \mathbf{x} - \mathbf{H}_f^{-1}(\mathbf{x}) \nabla f(\mathbf{x}).$$

헤세 행렬

여기서 $\mathbf{H}_f(\mathbf{x})$는 2차 도함수의 **헤세 행렬**(Hessian matrix)로, 행렬 성분 $H_{ij}$들은 $\partial^2 f / \partial x_i \partial x_j$로 주어진다. 공항 예제에서, 식 (4.2)를 보면 $\mathbf{H}_f(\mathbf{x})$가 특히나 간단함을 알 수 있다. 공항 $i$에 대해 대각 성분들은 $C_i$에 속한 도시 수의 두 배이고 대각 성분이 아닌 성분들은 그냥 0이다. 잠깐 계산해 보면 갱신의 한 단계에 의해 공항 $i$는 $C_i$의 무게중심(centroid)으로 한 단계 이동함을 알 수 있다. 여기서 무게중심은 식 (4.1)의 $f$에 대한 국소 수식의 최솟값이다.[3] 그러나 차원 수가 더 높은 문제에서는 헤세 행렬의 성분 $n^2$을 계산하고 그

---

3 일반적으로 뉴턴-랩슨법의 갱신을, 2차(제곱) 표면을 $\mathbf{x}$에서의 $f$에 적합시킨 다음 그 표면의 최솟값으로 직접 이동하는 것으로 간주할 수 있다. $f$가 2차 함수일 때 그 최솟값은 $f$의 최솟값이기도 하다.

역을 구하는 비용이 클 수 있다. 그래서 연구자들은 뉴턴-랩슨법의 다양한 근사 버전을 개발했다.

연속 상태 공간에서도, 국소 검색 방법들은 극댓값, 능선, 대지에 관련된 어려움을 이산 공간에서만큼이나 겪는다. 이에 대해 무작위 재시작과 모의 정련이 도움이 되는 경우가 많다. 그러나 고차원 연속 공간은 넓기 때문에 길을 잃기가 아주 쉽다.

제한된 최적화      마지막 주제는 **제한된 최적화**(constrained optimization)이다. 해답들이 변수 값에 대한 어떤 엄격한 제약을 충족해야 하는 최적화 문제를 가리켜 제한된 최적화 문제라고 부른다. 예를 들어 공항 배치 문제에서 공항 위치가 반드시 루마니아 내부이고 마른 땅이어야 한다는(이를테면 호수 내부가 아니라) 제약을 둘 수도 있을 것이다. 제한된 최적화 문제의 난이

선형 계획법
볼록집합      도는 제약들의 성격과 목적함수에 의존한다. 가장 잘 알려진 범주는 **선형 계획법**(linear programming) 문제로, 이 범주에서 제약들은 반드시 하나의 **볼록집합**(convex set)[4]을 형성하는 선형(일차) 부등식들이고 목적함수도 선형이다. 선형 계획법의 시간 복잡도는 변수 개수에 대한 다항식이다.

볼록 최적화      최적화 문제 중 아마도 가장 널리 연구되며 가장 널리 적용되는 부류가 이 선형 계획법일 것이다. 선형 계획법은 좀 더 일반적인 **볼록 최적화**(convex optimization) 문제의 한 특수 경우이다. 볼록 최적화에서는 그 어떤 볼록 영역도 제한 영역이 될 수 있으며, 제한 영역 안에서 볼록함수인 그 어떤 함수도 목적함수가 될 수 있다. 그런 조건들하에서 볼록 최적화 문제는 또한 다항식적으로 풀 수 있는, 그리고 변수가 수천 개인 경우에도 현실적으로 처리 가능한 문제이다. 기계학습과 제어이론의 여러 주요 문제도 볼록 최적화 문제로 형식화할 수 있다(제20장 참고).

# 4.3 비결정론적 동작들을 수반한 검색

제3장에서는 환경이 완전 관측 가능·결정론적·기지 환경이라고 가정했다. 그런 환경에서 에이전트는 초기 상태를 관측하고 목표에 도달하는 동작열을 산출한 후 "눈을 감고" 그 동작들을 실행할 수 있다. 동작들을 실행하는 과정에서 에이전트는 자신의 지각(percept)들을 사용할 필요가 전혀 없다.

그러나 환경이 부분 관측 가능이면 에이전트는 자신이 어떤 상태에 있는지 확실히 알 수 없다. 그리고 환경이 비결정론적이면 에이전트는 자신의 동작에 의해 환경이 어떤 상태로 전이할지 알 수 없다. 즉, 에이전트는 "지금 상태는 $s_1$이고, 만일 동작 $a$를 취한다면 상태 $s_2$가 될 것이다"라고 생각하는 것이 아니라, "지금 상태는 $s_1$이거나 $s_3$이고,

---

[4] 점들의 집합 $S$는, 만일 $S$의 임의의 두 점을 잇는 선이 $S$에 포함되어 있으면 볼록집합이다. **볼록함수**(convex function)는 그 '위의' 공간이 볼록집합을 형성하는 함수이다. 정의에 의해, 볼록함수에는 극솟값(전역 최솟값이 아니라) 없다.

동작 $a$를 취하면 $s_2$나 $s_4$, $s_5$가 될 것이다"라고 생각한다. 에이전트가 자신이 현재 처해 있을 가능성이 있다고 믿는 물리적 상태들의 집합을 믿음 상태(belief state)라고 부른다.

조건부 계획

부분 관측 가능 환경과 비결정론적 환경에서 문제의 해답은 고정된 동작열이 아니라, 향후 받을 지각에 따라 어떤 동작을 수행할 것인지를 명시한 **조건부 계획**(conditional plan)이다. 조건부 계획을 우발 대응 계획(contingency plan)이나 전략(strategy)이라고 부르기도 한다. 이번 절에서는 비결정론적 환경을 살펴본다. 부분 관측 가능 환경은 §4.4에서 이야기하겠다.

## 4.3.1 변덕스러운 진공청소기 세계

제2장에서 소개한 진공청소기 세계의 가능한 상태는 여덟 개이다(도해 4.9). 동작은 *Left*, *Right*, *Suck* 세 가지이고, 목표는 모든 먼지를 빨아들이는 것(상태 7과 8)이다. 관측 가능·결정론적·완전 기지 환경에서 이 문제는 제3장의 알고리즘 중 그 어떤 것으로도 간단히 풀 수 있으며, 그 해답은 하나의 동작열이다. 예를 들어 초기 상태가 1일 때 목표 상태 8에 도달하는 동작열은 [*Suck*, *Right*, *Suck*]이다.

변덕스러운 진공청소기 세계

이번 예제에서는 강력하지만 변덕스러운(erratic) 진공청소기의 형태로 비결정론을 도입한다. **변덕스러운 진공청소기 세계**(줄여서 변덕 진공 세계)에서 *Suck* 동작은 다음과 같이 작동한다.

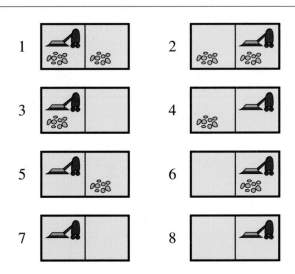

**도해 4.9** 진공청소기 세계에서 가능한 상태 여덟 가지. 상태 7과 8이 목표 상태이다.

- 더러운 칸(사각형)에서 이 동작은 해당 칸의 먼지를 치우되, 가끔은 인접한 칸의 먼지도 치운다.
- 깨끗한 칸에서 이 동작은 가끔 카펫에 먼지를 쏟아붓는다.[5]

이 문제의 엄밀한 형식화를 위해서는 제3장의 **전이 모형**(transition model) 개념을 일반화할 필요가 있다. 전이 모형을 상태 하나만 돌려주는 RESULT 함수로 정의하는 대신, 가능한 결과(outcome) 상태들의 **집합**을 돌려주는 RESULTS 함수를 사용하기로 한다. 예를 들어 도해 4.9와 같은 변덕 진공 세계의 상태 1에서 *Suck* 동작은 현재 장소만 청소할 수도 있고 두 장소 모두 청소할 수도 있다. 이를 다음과 같이 표현하자.

$$\text{RESULT}(1, \ Suck) = \{5, 7\}.$$

만일 진공청소기가 상태 1에서 시작한다면, 어떤 하나의 **동작열**로 이 문제를 풀 수는 없다. 대신 다음과 같은 형태의 조건부 계획이 필요하다.

$$[Suck, \ \textbf{if} \ State = 5 \ \textbf{then} \ [Right, \ Suck] \ \textbf{else} \ [ \ ]]. \tag{4.3}$$

이 예에서 보듯이, 비결정론적 문제의 해답에는 **if-then-else** 단계가 포함될 수 있다. 이는 그런 해답이 하나의 순차열이 아니라 **트리** 구조임을 뜻한다. 지금 예에서 **if** 문의 조건식은 현재 상태가 무엇인지 판정한다. 이는 에이전트가 실행 시점에서는 관측할 수 있지만 계획 수립 시점에서는 알 수 없는 어떤 것이다. 또는, 상태가 아니라 지각을 판정하도록 조건부 계획을 정의할 수도 있을 것이다. 실제 물리적 세계의 문제 중에는 이런 우발적 대응 문제가 많은데, 이는 우리가 미래를 정확하게 예측하지 못하기 때문이다. 걸어다니면서 눈을 계속 뜨고 있는 사람들이 많은 이유도 바로 이것이다.

## 4.3.2 AND-OR 검색 트리

그럼 비결정론적 문제에 대한 조건부 계획 형태의 해답을 찾는 방법을 살펴보자. 제3장에서처럼, 우선 할 일은 검색 트리를 구축하는 것이다. 단, 이번에는 트리의 특성이 다르다. 결정론적 환경에서 분기는 오직 각 상태에서의 에이전트 자신의 선택에 의해서만 일어난다. 그리고 에이전트의 선택은 실행 가능한 여러 동작 중 하나를 택하는 것이다. 이런 선택이 일어나는 노드를 **OR 노드**라고 부르기로 한다. 진공청소기 세계의 예에서, 에OR 노드 이전트는 OR 노드에서 *Left* 또는(or) *Right* 또는 *Suck*을 선택한다. 반면 비결정론적 환경에서 분기는 각 동작의 결과에 대한 **환경의 선택**에 의해서도 일어난다. 그런 노드를AND 노드 **AND 노드**라고 부른다. 예를 들어 상태 1에서 *Suck* 동작은 믿음 상태 {5,7}로 이어지므

---

5 이 부분은 대다수의 독자가 실제로 이런 경험을 했으며, 따라서 에이전트와 공감할 수 있다고 가정한다. 현대적이고 효율적인 가전 기기를 소유한 탓(?)에 이런 교육학적 장치의 이점을 취할 수 없는 독자에게는 사죄의 말을 전한다.

로, 에이전트는 상태 5를 위한, 그리고(and) 상태 7을 위한 하나의 계획을 찾아야 한다.
이러한 두 종류의 노드들이 번갈아 배치된 형태의 트리를 **AND-OR 트리**라고 부른다. 도
해 4.10이 AND-OR 트리의 예이다.

AND-OR 트리

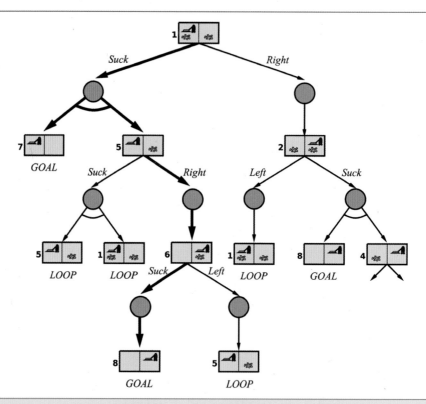

**도해 4.10** 변덕스러운 진공 세계에 대한 검색 트리의 처음 두 수준. 상태 노드들은 어떤 동작이 반드시 선
택되는 OR 노드이다. 원으로 표시된 AND 노드들에서는 모든 결과가 반드시 처리되어야 한다. 외향 가지들
을 잇는 원호가 이 점을 나타낸다. 발견된 해답은 굵은 선들로 표시되어 있다.

　　AND-OR 검색 문제에 대한 해답은 (1) 모든 잎 노드에 목표 노드가 있고, (2) 모든
OR 노드에서 각각 하나의 동작을 명시하며, (3) 모든 AND 노드에 각각 모든 결과 가지
가 포함되어 있는, 완전한 검색 트리의 한 부분 트리(subtree)이다. 그림에서 굵은 선으로
표시된 것이 바로 그러한 해답 부분 트리이다. 이것은 식 (4.3)에 나온 계획에 해당한다.
　　도해 4.11은 AND-OR 그래프 검색을 위한 재귀적 깊이 우선 알고리즘이다. 이 알고
리즘의 핵심 특징 하나는 비결정론적 문제에서 자주 발생하는(이를테면 어떤 동작에 아
무 효과도 없거나, 의도하지 않은 효과를 교정할 수 있는 경우에서) 순환마디(cycle)를
처리하는 방식이다. 현재 상태가 뿌리 노드에서 시작된 경로의 한 상태와 동일하면 이
알고리즘은 실패를 돌려준다. 이것이 현재 상태에서 해답이 **없음**을 뜻하는 것은 아니다.

단지 만일 비순환 해답이 존재한다면 현재 상태의 이전 출현에서 그 해답에 도달할 수 있어야 하므로 현재 출현은 폐기할 수 있음을 뜻할 뿐이다. 이러한 점검 덕분에 알고리즘이 모든 유한 상태 공간에서 반드시 종료됨을 보장할 수 있다. 모든 경로는 반드시 목표나 막다른 골목, 또는 반복된 상태에 도달하기 때문이다. 이 알고리즘이 현재 상태가 뿌리로부터의 다른 경로에 있는 한 상태의 반복임을 점검하지는 않음을 주목하기 바란다.

---

**function** AND-OR-SEARCH(*problem*) **returns** 조건부 계획 또는 *failure*
    **return** OR-SEARCH(*problem*, *problem*.INITIAL[])

**function** OR-SEARCH(*problem*, *state*, *path*) **returns** 조건부 계획 또는 *failure*
    **if** *problem*.IS-GOAL(*state*) **then return** 빈 계획
    **if** IS-CYCLE(*state*, *path*) **then return** *failure*
    **for each** *action* **in** *problem*.ACTIONS(*state*) **do**
        *plan* ← AND-SEARCH(*problem*, RESULTS(*state*, *action*), [*state*] + *path*)
        **if** *plan* ≠ *failure* **then return** [*action*] + *plan*
    **return** *failure*

**function** AND-SEARCH(*problem*, *states*, *path*) **returns** 조건부 계획 또는 *failure*
    **for each** $s_i$ **in** *states* **do**
        $plan_i$ ← OR-SEARCH(*problem*, $s_i$, *path*)
        **if** $plan_i$ = *failure* **then return** *failure*
    **return** [ **if** $s_1$ **then** $plan_1$ **else if** $s_2$ **then** $plan_2$ **else** ... **if** $s_{n-1}$ **then** $plan_{n-1}$ **else** $plan_n$ ]

**도해 4.11** 비결정론적 환경에서 만들어진 and-or 그래프를 검색하는 알고리즘. 해답은 모든 비결정론적 결과를 고려하고 각 결과에 대해 계획을 세우는 하나의 조건부 계획이다.

AND-OR 그래프를 너비 우선이나 최선 우선 방법으로 탐색할 수도 있다. 동작열이 아니라 우발성 해답의 비용을 추정하도록 발견적 함수의 개념을 수정해야 하겠지만 허용 가능성 개념은 그대로 적용되며, 최적해를 찾는 A* 알고리즘에 상응하는 알고리즘도 존재한다. (좀 더 알고 싶은 독자는 이번 장 끝의 참고문헌을 보기 바란다.)

## 4.3.3 반복 시도

보통의(변덕스럽지 않은) 진공청소기 세계와 같되 가끔 이동이 실패해서 에이전트가 같은 장소에 머무르게 된다는 점이 다른 **미끄러운** 진공청소기 세계를 생각해 보자. 예를 들어 상태 1에서 *Right* 동작은 믿음 상태 {1,2}로 이어진다. 도해 4.12에 해당 검색 그래프의 일부가 나와 있다. 이 경우에는 상태 1로부터의 비순환 해답이 더 이상 존재하지

순환 해답 않으며, AND-OR-SEARCH는 실패를 돌려주게 된다. 그러나 이동이 성공할 때까지 *Right* 를 반복해서 시도하는 **순환 해답**(cyclic solution)은 존재한다. 이를 다음과 같이 새로운 **while** 구문으로 표현할 수 있다.

[*Suck*, **while** *State* = 5 **do** *Right*, *Suck*].

이름표 아니면 다음처럼 계획의 일부에 **이름표**(label)를 부여하고 그 이름표를 참조하는 식으로 순환 계획을 표현할 수도 있다.

[*Suck*, $L_1$: *Right*, **if** *State* = 5 **then** $L_1$ **else** *Suck*].

순환 계획이 해답이 되려면 어떤 조건을 충족해야 할까? 최소한의 조건은 모든 잎 노드 가 목표 상태이고 계획의 모든 지점에서 각 잎 노드에 도달할 수 있어야 한다는 것이다. 또한, 비결정론의 원인을 고려해야 한다. 진공청소기의 구동 메커니즘에 결함이 있어서 진공청소기가 어떨 때는 잘 굴러가지만 어떨 때는 무작위적이고 독립적으로 미끄러진다 면, 에이전트는 동작을 되풀이하면 언젠가는 계획이 성공할 것임을 확신할 수 있다. 그 러나 진공청소기나 환경에 관한 어떤 관측되지 않은 사실 때문에, 이를테면 모터 구동 벨트가 벗겨져서 진공청소기가 전혀 이동하지 않게 되었기 때문에 비결정론이 발생한다 면, 동작을 반복하는 것이 도움이 되지 않을 것이다.

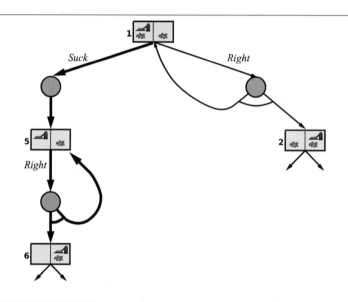

**도해 4.12** 미끄러운 진공청소기 세계를 위한 검색 그래프의 일부. 일부 순환마디들이 명시적으로 표시되어 있다. 이동을 신뢰성 있게 수행할 방법이 없으므로, 이 문제의 모든 해답은 순환 계획이다.

이러한 결정을, 초기의 문제 형식화(관측 가능, 비결정론)를 폐기하고 순환 계획의 실패가 구동 벨트의 관측되지 않은 성질에 기인하는 또 다른 형식화(부분 관찰 가능, 결정론)를 채택한다는 것으로 이해해도 될 것이다. 제12장에서는 다수의 불확실한 가능성들 중 가장 그럴듯한 것을 결정하는 방법을 논의한다.

# 4.4 부분 관측 가능 환경의 검색

이제 부분 관측 가능성의 문제를 살펴보자. 부분 관측 가능 환경에서 에이전트는 자신의 지각들만으로는 정확한 상태를 결정할 수 없다. 따라서 에이전트는 직접적으로 목표를 달성하기 위한 동작들뿐만 아니라 현재 상태에 관한 불확실성을 줄이는 동작들도 수행할 필요가 있다.

## 4.4.1 관측 없는 검색

무감지기
순응

에이전트의 지각들이 **아무런 정보도 제공하지 않는** 문제를 가리켜 **무감지기**(sensorless) 문제 또는 **순응**(conformant) 문제라고 부른다. 자신이 어떤 상태에서 시작하는지 알지 못하는 무감지기 에이전트는 문제를 풀 가망이 없다고 생각하는 독자도 있을 것이다. 그러나 무감지기 문제의 해답은 놀랄만큼 흔하고 유용한데, 기본적으로 이는 그런 에이전트들이 감지기에 **의존하지 않고도** 제대로 작동할 수 있기 때문이다. 예를 들어 제조 시스템에는 초기 위치가 알려지지 않은 상황에서 아무런 감지 없이 일련의 동작들을 이용해서 부품의 방향을 정확히 조정하는 독창적인 방법들이 많이 개발되어 있다. 심지어, 감지가 허용되는 조건부 계획보다 무감지기 계획이 더 나은 경우도 종종 있다. 예를 들어 의사들은 혈액 검사를 수행하고 그 결과를 기다렸다가 특정 세균에 맞는 구체적인 항생제를 처방하는 식의 조건부 계획을 사용하기보다는, 그냥 광범위 항생제를 처방할 때가 많다. 무감지기 계획은 시간과 비용을 절약하며, 시험 결과가 나오기 전에 감염이 심해질 위험을 피한다.

진공청소기 세계(결정론적인)의 무감지기 버전을 생각해 보자. 에이전트가 세계의 지형지물을 이미 알고 있지만 자신의 위치와 먼지들의 분포는 모른다고 가정하겠다. 이 경우 초기 믿음 상태는 {1,2,3,4,5,6,7,8}이다(도해 4.9 참고). 에이전트가 오른쪽으로 이동하면($Right$ 동작) {2,4,6,8} 중 한 상태가 된다. 이제 에이전트는 아무런 지각 없이도 이전보다 더 많은 정보를 가지게 되었다. 동작열 [$Right, Suck$]을 실행하면 항상 {4,8} 중 한 상태가 된다. 마지막으로, 동작열 [$Right, Suck, Left, Suck$]을 실행하면 시작 상태와는 무관하게 반드시 목표 상태 7에 도달한다. 이를 가리켜, 에이전트가 세계를 상태

강제

7로 "**강제**(coercion)할 수 있다"라고 말한다.

무감지 문제의 해답은 조건부 계획이 아니라 동작열이다(지각을 감지하지 않으므

로). 단, 물리적 상태들이 아니라 믿음 상태들의 공간을 검색한다.[6] 믿음 상태 공간에서 문제는 **완전 관측 가능**임을 주목하기 바란다. 에이전트는 항상 자신의 믿음 상태를 알고 있기 때문이다. 더 나아가서, 무감지기 문제의 해답은 항상 하나의 동작열이다(해답이 존재한다면). 이는, 제3장에 나온 보통의 문제에서처럼, 각 동작 이후 받을 지각들을 완전히 예측할 수 있기 때문이다. 지각들의 집합은 항상 공집합이다! 따라서 대비해야 할 우발적인 사건은 존재하지 않는다. 이는 **환경이 비결정론적이라도** 참이다.

무감지기 검색 문제를 위한 새 알고리즘을 고안하는 것도 가능하겠지만, 제3장의 기존 알고리즘들을 수정해서 사용해도 된다. 필요한 것은 그 알고리즘들이 가정하는 물리적 바탕 문제를 믿음 상태에 대한 문제로 바꾸는 것이다. 즉, 이제는 물리적 상태들이 아니라 믿음 상태들을 검색해야 한다. 원래의 문제 $P$는 $Actions_P$, $Result_P$ 등으로 구성되지만, 믿음 상태 문제는 다음 요소들로 구성된다.

- **상태들**: 믿음 상태 공간은 물리적 상태들의 모든 가능한 부분집합을 포함한다. $P$의 상태 개수가 $N$이라 할 때, 믿음 상태 문제의 믿음 상태 수는 최대 $2^N$개이다. 그러나 그중에는 초기 상태에서 도달할 수 없는 것들이 많다.
- **초기 상태**: 일반적으로 초기 상태는 $P$의 모든 상태로 구성된 믿음 상태이지만, 때에 따라서는 에이전트가 초기 상태에 관한 좀 더 구체적인 지식을 가질 수도 있다.
- **동작들**: 이는 다소 까다롭다. 에이전트가 믿음 상태 $b = \{s_1, s_2\}$에 있지만 ACTIONS $_P(s_1) \neq$ ACTIONS$_P(s_2)$라고 하자. 그러면 에이전트는 어떤 동작이 적법한지 확실히 알 수 없다. 적법하지 않은 동작은 환경에 아무런 영향을 미치지 않는다고 가정한다면, 현재 믿음 상태 $b$에 있는 임의의 물리적 상태들의 모든 동작의 **합집합**을 취해도 안전하다. 즉,

$$\text{ACTIONS}(b) = \bigcup_{s \in b} \text{ACTIONS}_P(s)$$

이다. 반면, 적법하지 않은 동작이 재앙으로 이어진다면 **교집합**, 즉 **모든** 상태에서 적법한 동작들의 집합만 취하는 것이 안전할 것이다. 진공청소기 세계에서는 모든 상태의 적법한 동작이 동일하므로, 교집합이든 합집합이든 결과는 같다.
- **전이 모형**: 결정론적 동작의 경우 새 믿음 상태에는 현재 가능한 상태들 각각에 대한 하나의 결과 상태가 포함된다(단, 일부 결과 상태들은 서로 같을 수 있다).

$$b' = \text{RESULT}(b, a) = \{s' : s' = \text{RESULT}_P(s, a) \text{ 그리고 } s \in b\}. \tag{4.4}$$

비결정론적 동작들에서는 새 믿음 상태는 현재 믿음 상태의 모든 상태에 동작을 적용해서 나올 수 있는 모든 가능한 결과 상태로 구성된다.

---

6 완전 관측 가능 환경에서 각 믿음 상태는 하나의 물리적 상태를 담는다. 따라서 제3장의 알고리즘들은 한 원소집합(singleton) 믿음 상태들로 이루어진 상태 공간에서 검색을 수행하는 것이라고 봐도 된다.

$$b' = \text{RESULT}(b,a) = \{s' : s' \in \text{RESULTS}_P(s,a) \ \text{그리고} \ s \in b\}$$
$$= \bigcup_{s \in b} \text{RESULTS}_P(s,a).$$

결정론적 동작에서는 $b'$이 $b$보다 작거나 같지만, 비결정론적 동작에서는 $b$보다 클 수 있다(도해 4.13 참고).

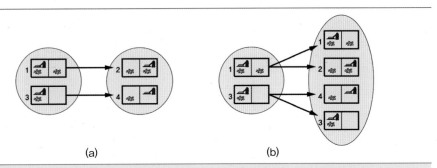

**도해 4.13** (a) 무감지기 진공청소기 세계에서 결정론적 동작 *Right*에 의한 다음 믿음 상태의 예측. (b) 무감지기 진공청소기 세계의 미끄러운 버전에서와 같은 믿음 상태와 동작에 대한 예측.

- **목표 판정:** 만일 믿음 상태의 **임의의** 한 상태 $s$가 바탕 문제의 목표 판정 $\text{Is-Goal}_P(s)$를 충족한다면 에이전트는 목표를 달성할 **가능성이 있다.** 만일 **모든** 상태가 $\text{Is-Goal}_P(s)$를 충족한다면 에이전트는 **반드시** 목표를 달성한다. 우리는 에이전트가 목표를 반드시 달성하게 만들고자 한다.

- **동작 비용:** 이 역시 까다롭다. 같은 동작의 비용이 상태에 따라 다를 수 있다면, 주어진 한 믿음 상태에서 어떤 동작을 취하는 비용은 여러 값 중 하나일 수 있다. (이로부터 발생하는 새로운 부류의 문제를 연습문제 4.MVAL에서 살펴본다.) 일단 지금은 한 동작의 비용이 모든 상태에서 동일하며, 따라서 바탕 물리적 문제로부터 비용을 직접 가져올 수 있다고 가정한다.

도해 4.14는 결정론적인 무감지기 진공청소기 세계에 대한 도달 가능한 믿음 상태 공간을 보여 준다. 가능한 $2^8 = 256$개의 믿음 상태 중 도달 가능한 것은 12개뿐이다.

앞의 정의들을 이용하면 바탕 물리적 문제의 정의로부터 믿음 상태 문제 형식화를 자동으로 구축할 수 있으며, 일단 형식화가 끝나면 제3장의 검색 알고리즘 중 그 어떤 것도 적용할 수 있다.

'보통의' 그래프 검색에서는 새로 도달된 상태들이 기존 상태와 동일하지는 않은지 점검한다. 믿음 상태에 대해서도 그런 점검이 통한다. 예를 들어 도해 4.14에서, 초기 상태에서 시작하는 동작열 [*Suck,Left,Suck*]은 [*Right,Left,Suck*]과 동일한 믿음 상태, 즉 {5,7}에 도달한다. 이제 [*Left*]에 의해 도달하는 믿음 상태, 즉 {1,3,5,7}을 생각

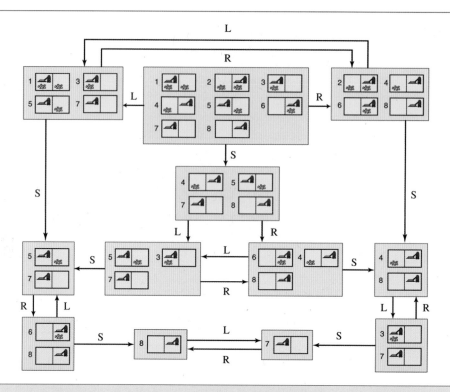

**도해 4.14** 결정론적인 무감지기 진공청소기 세계에 대한 믿음 상태 공간의 도달 가능한 부분. 각 직사각 상자는 하나의 믿음 상태에 해당한다. 임의의 주어진 지점에서 에이전트는 특정 믿음 상태에 있지만, 자신이 처한 물리적 상태가 무엇인지는 알지 못한다. 초기 믿음 상태(완전한 무지)는 상단 가운데 상자이다.

해 보자. 물론 이것이 {5,7}과 동일하지는 않다. 그러나 이것은 그 믿음 상태의 **포함집합**이다. 이런 포함집합 믿음 상태를 폐기(가지치기)해도 된다. 왜냐하면, {1,3,5,7}에서 시작하는 해답은 반드시 개별 상태 1, 3, 5, 7 각각에 대한 해답이며, 따라서 그 개별 상태들의 임의의 조합(이를테면 {5,7})에 대한 해답이기도 하기 때문이다. 그러므로 {1,3,5,7}을 풀려고 할 필요가 없다. 그보다 확실히 더 쉬운 믿음 상태 {5,7}를 푸는 데 초점을 두면 된다.

반대로, 만일 {1,3,5,7}이 이미 생성되었으며 풀 수 있음을 알았다면, {5,7} 같은 임의의 **부분집합** 역시 반드시 풀 수 있다. (내가 어떤 상태인지 아주 헷갈리는 상황에도 잘 통하는 해답이 있다면, 그 해답은 내가 덜 헷갈리는 상황에서도 잘 통할 것이다.) 이러한 추가적인 수준의 가지치기(pruning)는 무감지기 문제 해결의 효율성을 극적으로 높일 수 있다.

이러한 개선안을 적용한다고 해도, 지금까지 서술한 형태를 따르는 실제의 무감지기 문제들은 현실적으로 풀기 어려운 경우가 많다. 한 가지 문제점은 믿음 상태 공간이 방대하다는 것이다. 제3장에서 보았듯이 크기가 $N$인 검색 공간도 너무 큰 경우가 많은 데, 지금 우리가 다루는 것은 $2^N$ 크기의 검색 공간이다. 더 나아가서 검색 공간의 각 요소는 최대 $N$개의 원소로 이루어진 집합이다. $N$이 큰 값인 경우 믿음 상태 하나를 표현하기에도 메모리가 부족할 수 있다.

한 가지 해결책은 믿음 상태를 좀 더 압축된 서술로 표현하는 것이다. 일상적인 언어로 말하자면, 초기 상태에서는 에이전트가 '아무것도 모름'이라고 말할 수 있고, $Left$로 이동한 후에는 에이전트가 '제일 오른쪽 칸에 있는 것은 아님'이라고 말할 수 있고, 등등이다. 제7장에서는 이를 형식적으로 표현하는 방안을 설명한다.

점진적
믿음 상태 검색

또 다른 접근방식은 믿음 상태를 다른 종류의 문제 상태들처럼 그냥 블랙박스로 취급하는 표준적인 검색 알고리즘들을 사용하는 대신, 믿음 상태의 **내부**를 들여다보고 한 번에 물리적 상태 하나씩으로 해답을 구축해 나가는 **점진적 믿음 상태 검색**(incremental belief-state search) 알고리즘을 개발하는 것이다. 예를 들어 무감지기 진공청소기 세계의 예에서 초기 믿음 상태는 {1,2,3,4,5,6,7,8}이고, 목표는 여덟 상태 모두에서 작동하는 동작열을 찾는 것이다. 이를 위해 우선 상태 1에 대해 작동하는 해답을 하나 찾는다. 그런 다음 그것이 상태 2에 대해서도 작동하는지 점검한다. 아니라면 다시 돌아가서 상태 1에 대한 다른 해답을 찾고, 같은 과정을 반복한다.

AND-OR 검색이 한 AND 노드의 모든 가지에 대한 해답을 찾아야 하는 것처럼, 이 알고리즘은 믿음 상태의 모든 상태에 대한 해답을 찾아야 한다. 차이점은, AND-OR 검색에서는 가지마다 다른 해답을 찾을 수 있지만, 점진적 믿음 상태 검색에서는 **모든** 상태에 대해 작동하는 **하나의** 해답을 찾아야 한다는 것이다.

점진적 접근방식의 주된 장점은 대체로 실패를 빠르게 검출할 수 있다는 것이다. 해결이 불가능한 믿음 상태에서는 그 믿음 상태의 한 작은 부분집합(조사한 처음 몇 개의 상태들로 이루어진) 역시 풀 수 없는 경우가 일반적이다. 경우에 따라서는 이 덕분에 검색 속도가 믿음 상태의 크기에 비례해서 증가하기도 한다. 믿음 상태는 물리적 상태 공간 자체만큼이나 클 수 있다.

## 4.4.2 부분 관측 가능 환경의 검색

감지가 없으면 풀 수 없는 문제가 많다. 예를 들어 무감지기 8-퍼즐은 불가능하다. 반면, 약간의 감지만 가능해도 상황이 크게 달라질 수 있다. 예를 들어 왼쪽 위 모서리 칸 하나만 볼 수 있으면 8-퍼즐을 풀 수 있다. 각 타일을 보이는 유일한 칸으로 이동해 타일들의 정체와 위치를 파악하면서 해답을 구축하면 된다.

부분 관측 가능 문제의 명세에는 주어진 상태에서 에이전트가 받은 지각을 돌려주는 PERCEPT$(s)$ 함수의 정의가 포함된다. 감지가 비결정론적일 때에는 가능한 지각들의 집합을 돌려주는 PERCEPTS 함수를 사용하면 된다. 완전 관측 가능 문제에서는 모든 상태 $s$에 대해 PERCEPT$(s) = s$이고, 무감지기 문제에서는 PERCEPT$(s) = null$이다.

에이전트가 위치 감지기와 먼지 감지기를 가지고 있는 국소 감지(local-sensing) 진공청소기 세계를 생각해 보자. 위치 감지기는 현재 사각형이 왼쪽 사각형이면 지각 $L$을, 오른쪽 사각형이면 $R$을 돌려주며, 먼지 감지기는 현재 사각형이 더러우면 $Dirty$를, 깨끗하면 $Clean$을 돌려준다. 예를 들어 상태 1에서의 지각 PERCEPT는 $[L, Dirty]$이다. 부분 관측 가능 환경에서는 다수의 상태에서 동일한 지각이 산출될 때가 많다. 예를 들어 상태 3의 지각도 $[L, Dirty]$이다. 따라서, 이 초기 지각이 주어졌을 때 초기 믿음 상태는 {1,3}이다. 부분 관측 가능 문제에 대한 믿음 상태들의 전이 모형을 도해 4.15와 같은 3단계(3-stage) 과정으로 생각할 수 있다.

- **예측** 단계는 무감지기 문제에서와 정확히 같다. 즉, 믿음 상태 $b$에서 동작 $a$를 수행해서 나온 결과 믿음 상태 RESULT$(b,a)$를 계산한다. 이것이 하나의 예측임을 강조하기 위해 $\hat{b} =$ RESULT$(b,a)$라는 표기를 사용하는데, 여기서 $b$ 위의 '모자'는 이것이 '추정치'임을 뜻한다. 경우에 따라서는 RESULT$(b,a)$ 대신 PREDICT$(b,a)$라는 표기를 사용하기도 하는데, 둘은 같은 것이다.

- **가능한 지각**(possible percepts) 단계에서는 예측된 믿음 상태에서 관측될 수 있는 지각 $o$들의 집합을 계산한다($o$라는 표기는 observation(관측)에서 온 것이다).

  POSSIBLE-PERCEPTS$(\hat{b}) = \{o : o =$ PERCEPT$(s)$ 그리고 $s \in \hat{b}\}$.

- **갱신**(update) 시기는 각각의 가능한 지각에 대해 그 지각의 결과로 나올 수 있는 믿음 상태를 계산한다. 갱신된 믿음 상태 $b_o$는 해당 지각을 산출했을 $\hat{b}$에 있는 상태들의 집합이다.

  $b_o =$ UPDATE$(\hat{b}, o) = \{s : o =$ PERCEPT$(s)$ 그리고 $s \in \hat{b}\}$.

에이전트는 **가능한** 지각들을 계획 수립 단계에서 처리해야 한다. **실제** 지각들은 계획을 실행할 때가 되기 전까지는 알 수 없기 때문이다. 물리적 환경의 비결정론 때문에 예측 단계의 믿음 상태가 커질 수 있지만, 각각의 갱신된 믿음 상태 $b_o$는 예측된 믿음 상태 $\hat{b}$보다 클 수 없음을 주목하기 바란다. 관측은 무감지기의 경우보다 불확실성을 줄이기만 한다. 더 나아가서, 결정론적 감지의 경우 서로 다른 가능한 지각들의 믿음 상태들은 서로소(disjoint)이다. 이들은 원래의 예측된 믿음 상태들의 한 **분할**(partition)을 형성한다.

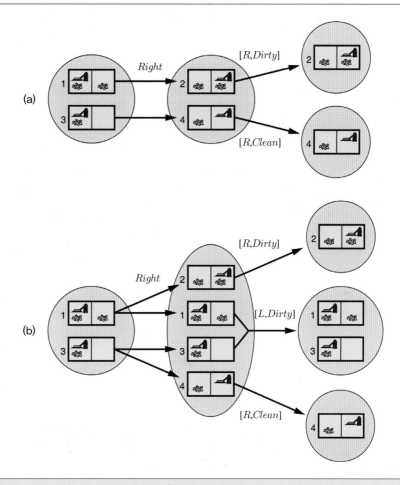

**도해 4.15** 국소 감지 진공청소기 세계에서 일어나는 전이의 예 두 가지. (a) 결정론적 세계의 예. 초기 믿음 상태에서 *Right* 동작이 적용되어서, 가능한 물리적 상태 두 개로 이루어진 새 믿음 상태가 만들어진다. 그 물리적 상태들에서 가능한 지각들은 $[R, Dirty]$와 $[R, Clean]$이다. 이들은 두 가지 믿음 상태로 이어지는데, 둘 다 한원소집합이다. (b) 미끄러운 세계의 예. 초기 믿음 상태에서 *Right* 동작이 적용되어서, 가능한 물리적 상태 네 개로 이루어진 새 믿음 상태가 만들어진다. 그 물리적 상태들에서 가능한 지각들은 $[L, Dirty]$, $[R, Dirty]$, $[R, Clean]$이며, 이들은 그림에 나온 세 가지 믿음 상태로 이어진다.

이상의 세 단계를 결합하면, 주어진 동작에서 나올 수 있는 믿음 상태들과 그로부터 가능한 지각들을 얻게 된다.

$$\text{RESULTS}(b,a) = \{b_o : b_o = \text{UPDATE}(\text{PREDICT}(b,a),o) \text{ 그리고}$$
$$o \in \text{POSSIBLE-PERCEPTS}(\text{PREDICT}(b,a))\}. \tag{4.5}$$

## 4.4.3 부분 관측 가능 문제 풀기

앞 절에서 우리는 PERCEPT 함수가 주어졌을 때 비결정론적 믿음 상태 문제를 위한 RESULTS 함수를 바탕 물리적 문제와 이끌어 내는 방법을 살펴보았다. 이러한 형식화가 있으면, 도해 4.11의 AND-OR 검색 알고리즘을 직접 적용해서 해답을 도출할 수 있다. 도해 4.16은 국소 감지 진공청소기 세계를 위한 검색 트리의 일부로, 초기 지각이 $[L, Dirty]$라고 가정한 것이다. 해답은 다음과 같은 조건부 계획이다.

$$[Suck, \ Right, \ \textbf{if} \ Rstate = \{6\} \ \textbf{then} \ \ Suck \ \textbf{else} \ []].$$

AND-OR 검색 알고리즘을 믿음 상태 문제에 적용했기 때문에 실제 상태가 아니라 믿음 상태를 판정하는 조건부 계획이 나왔음을 주의하기 바란다. 그래야 마땅한데, 부분 관측 가능 환경에서 에이전트는 실제 상태를 알지 못하기 때문이다.

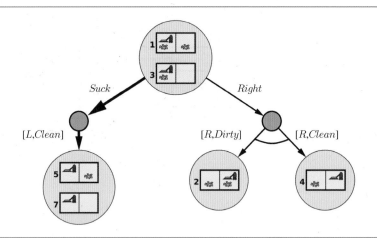

**도해 4.16** 국소 감지 진공청소기 세계의 한 문제에 대한 AND-OR 검색 트리의 첫 수준. *Suck*이 해답의 첫 동작이다.

표준 검색 알고리즘을 무감지기 문제에 적용할 때와 마찬가지로, AND-OR 검색 알고리즘은 믿음 상태를 여타의 상태처럼 블랙박스로 취급한다. 무감지기 문제에서처럼, 이 부분은 이전에 생성된 믿음 상태들 중 현재 상태의 포함집합 또는 부분집합에 해당하는 믿음 상태들을 점검해서 개선할 수 있다. 또한 무감지기 문제에 대해 설명했던 점진적 검색 알고리즘에 해당하는 버전을 고안하는 것도 가능하다. 그러면 블랙박스 접근방식보다 속도를 훨씬 높일 수 있을 것이다.

## 4.4.4 부분 관측 가능 환경을 위한 에이전트

부분 관측 가능 환경을 위한 문제 해결 에이전트는 문제를 형식화하고, 검색 알고리즘 (AND-OR-SEARCH 등)을 호출해서 해답을 얻고, 그 해답을 실행한다. 완전 관측 가능·결정론적 환경의 에이전트와 이 에이전트와 주된 차이점은 두 가지이다. 첫째로, 이 에이전트의 경우 해답은 동작열이 아니라 조건부 계획이다. if-then-else 표현식을 수행하려면 에이전트는 조건식을 판정하고 판정 결과에 따라 적절한 분기를 실행해야 한다. 둘째로, 이 에이전트는 동작들을 실행하고 지각들을 받는 과정에서 자신의 믿음 상태를 유지할 필요가 있다. 이 과정은 식 (4.5)에 나온 예측-관측-갱신 과정과 비슷하나, 지각을 에이전트가 계산하는 것이 아니라 환경이 제공하기 때문에 실제로는 좀 더 간단하다. 초기 믿음 상태가 $b$이고 동작이 $a$, 지각이 $o$라 할 때 새 믿음 상태는 다음과 같이 주어진다.

$$b' = \text{UPDATE}(\text{PREDICT}(b,a),o). \tag{4.6}$$

에이전트가 현재 사각형의 상태만 감지할 수 있으며, 에이전트가 지금 청소하는 칸을 제외한 모든 칸이 언제라도 더러워질 수 있는 국소 감지 유치원[7] 진공청소기 세계를 생각해 보자. 도해 4.17은 이 환경에서 유지되는 믿음 상태를 보여 준다.

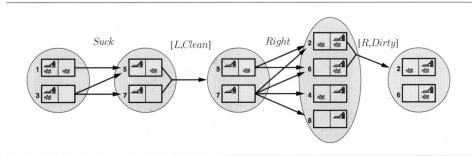

**도해 4.17** 국소 감지 유치원 진공청소기 세계의 믿음 상태 유지 과정의 두 예측-갱신 주기.

부분 관측 가능 환경(실세계의 환경들은 대부분 관측 가능이다)에서 에이전트의 믿음 상태를 유지하는 것은 모든 지능 시스템의 핵심 기능이다. 그러한 기능을 일컫는 용어는 **감시**(monitoring), **필터링**(filtering), **상태 추정**(state estimation) 등으로 다양하다. 식 (4.6)은 재귀적 상태 추정기(recursive state estimator)에 해당하는 것인데, '재귀적'이라는 이름이 붙은 것은 이 공식이 전체 지각열을 조사하는 것이 아니라 이전 지각 하나를 이용해서 새 믿음 상태를 계산하기 때문이다. 만일 에이전트가 "뒤처지지 않았다면", 계산은 지각이 들어오는 즉시 일어난다. 환경이 복잡해지면 계산 비용 때문에 에이전트는 근

감시
필터링
상태 추정

---

7   어린아이들이 환경에 미치는 영향에 익숙하지 않은 독자에게는 이전의 비유들에서와 마찬가지의 사과를 드린다.

사적인 믿음 상태를 계산할 시간밖에 없게 될 것이다. 그런 경우 이를테면 에이전트는 현재 관심이 있는 환경의 측면들을 감지한 지각들이 미치는 영향에만 초점을 두어서 믿음 상태를 근사할 수 있다. 이 문제에 대한 대부분의 연구는 확률적인 연속 상태 환경을 대상으로 이루어졌으며, 주된 도구는 확률론(제14장)이었다.

국소화
이번 절에서는 결정론적 감지기들과 비결정론적 동작들을 갖춘 이산적인 환경의 예를 살펴본다. 이번 예제는 **국소화**(localization; 또는 지역화, 위치 결정) 과제를 수행하는 로봇에 관한 것이다. 이 로봇은 주어진 세계 지도와 지각열 및 동작열에 기초해서 자신이 어디에 있는지 파악하려 한다. 로봇은 도해 4.18에 나온 미로 같은 환경에 배치된다. 로봇에는 동서남북(상하좌우) 각 방향으로 장애물(그림의 외곽 가장자리 또는 짙은 바탕 사각형)을 감지하는 네 개의 소나<sup>SONAR</sup> 감지기가 있다. 장애물 지각은 순서대로 북, 동, 남, 서 방향들을 각각 1비트로 표현한 비트 벡터 형태이다. 예를 들어 1011은 북, 남, 서쪽에 장애물이 있지만 동쪽에는 없다는 뜻이다.

이 감지기들이 완벽하게 정확한 데이터를 제공한다고 가정하며, 로봇에게 주어진 지도가 환경을 정확하게 반영한다고 가정한다. 그러나 안타깝게도 로봇의 이동 시스템은 완벽하지 않다. 그래서 *Right* 동작을 수행하면 로봇은 반드시 오른쪽 칸으로 가는 것이 아니라, 그냥 인접한 칸 중 하나로 무작위로 이동한다. 로봇의 임무는 자신의 현재 위치를 알아내는 것이다.

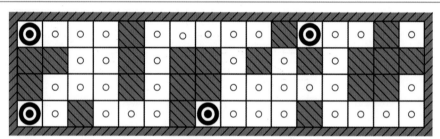

(a) 관측 $E_1$ = 1011 이후의 가능한 로봇 위치들.

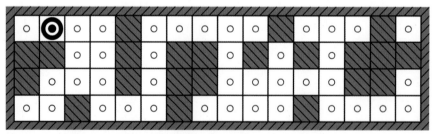

(b) 관측 $E_1$ = 1011, $E_2$ = 1010 이후의 가능한 로봇 위치들.

**도해 4.18** ⊙: 로봇이 있을 만한 위치. (a) $E_1$ = 1011이라는 첫 관측 이후. (b) 한 칸 이동해서 $E_2$ = 1010을 관측한 후. 감지기들에 잡음이 없고 전이 모형이 정확하다고 가정할 때, 두 관측과 모순이 없는 로봇 위치는 이곳뿐이다.

방금 전원이 들어와서 로봇이 자신이 어디에 있는지 알지 못한다고 하자. 즉, 초기 믿음 상태 $b$는 모든 칸의 집합이다. 로봇은 1011이라는 지각을 받고 $b_o = $UPDATE(1011) 공식으로 믿음 상태를 갱신한다. 그러면 도해 4.18(a)에 표시된 네 장소가 나온다. 미로를 잘 살펴보면 1011이라는 지각이 나올 수 있는 곳은 그 네 장소뿐임을 알 수 있다.

다음으로 로봇은 *Right* 동작을 수행하나, 그 결과는 비결정론적이다. 새 믿음 상태 $b_a = $PREDICT($b_o$, *Right*)에는 $b_o$에서 한걸음 떨어진 모든 장소가 들어 있다. 둘째 지각 1010이 들어오면 로봇은 UPDATE($b_a$,1010)을 수행한다. 그러면 믿음 상태는 도해 4.18 의 (b)에 나온 하나의 장소로 좁혀진다. 그 장소는 다음의 결과로 나올 수 있는 유일한 장소이다.

$$\text{UPDATE}(\text{PREDICT}(\text{UPDATE}(b, \ 1011), \ Right), \ 1010).$$

동작들이 비결정론적일 때 PREDICT 단계는 믿음 상태를 더 크게 만든다. 그러나 UPDATE 단계는, 지각들이 유용한 식별 정보를 제공하는 한, 크기를 다시 줄인다. 그런데 지각들이 위치 결정(국소화)에 별 도움이 되지 않을 때도 있다. 긴 동서 방향 복도가 하나 이상 있으면 로봇은 1010 지각들을 계속 받지만, 자신이 그 복도(들)의 어디에 있는지는 알지 못한다. 그렇지만 어느 정도 다채로운 지형을 가진 환경에서는 동작들이 비결정론적이라고 해도 국소화가 하나의 지점으로 빠르게 수렴한다.

감지기들을 믿을 수 없다면 어떻게 할까? 만일 부울 논리만으로 추론해야 한다면, 모든 감지기 비트를 정확하거나 부정확하거나 중 하나로 취급해야 한다. 이는 지각 정보가 아예 없는 것과 마찬가지이다. 그러나 제12장에서 보겠지만 확률적 추론을 이용하면, 감지기가 틀리는 경우가 절반 미만이기만 하면 오류 있는 감지기에서도 유용한 정보를 추출할 수 있다.

# 4.5 온라인 검색 에이전트와 미지 환경

오프라인 검색    지금까지 살펴본 에이전트들은 **오프라인 검색**(offline search) 알고리즘을 사용한다. 그런 에이전트는 먼저 완전한 해답을 계산한 후에야 해답의 첫 동작을 실행한다. 반면 **온라인 검색**(online search)[8] 에이전트는 계산과 동작을 교대로 실행한다. 즉, 동작 하나를 실행하고, 환경을 관측하고, 다음 동작을 계산하는 식으로 진행한다. 온라인 검색은 동적 또는 준準동적 환경, 즉 한곳에서 앉아서 너무 오래 계산하면 불이익이 생기는 환경에서 유용하다. 온라인 검색은 비결정론적 문제 영역에서도 도움이 되는데, 이는 에이전트가 발생할 수도 있지만 실제로는 발생하지 않는 우발 사건이 아니라 실제로 발생하는 우발 사

---

8   여기서 '온라인'이라는 용어는 입력 전체를 다 받을 때까지 기다리는 대신 입력 데이터를 받은 즉시 처리해야 하는 알고리즘을 뜻한다. 인터넷 연결과는 무관하다.

건에 계산 노력을 집중할 수 있기 때문이다.

물론 여기에는 절충 관계가 존재한다. 에이전트가 더 멀리 내다보고 계획할수록 진퇴양난에 빠질 위험이 줄어든다. 자신이 처한 상태나 자신의 동작이 미치는 영향을 에이전트가 알지 못하는 미지 환경에서 에이전트는 자신의 동작들을 실험적으로 수행해서 환경을 배워나가야 한다.

지도 작성 문제      온라인 검색의 대표적인 예는 **지도 작성 문제**(mapping problem)이다. 이 문제에서, 미지의 건물에 배치된 로봇은 건물을 탐험하면서, 나중에 지점 $A$에서 $B$로 가는 방법을 찾는 데 사용할 지도를 만들어야 한다. 미궁에서 빠져나가는 방법들(고대의 야심 찬 영웅들이 꼭 지녀야 할 지식) 역시 온라인 검색 알고리즘의 예이다. 그런데 온라인 검색의 탐험이 반드시 공간적인 탐험일 필요는 없다. 갓난아기를 생각해 보자. 갓난아기가 할 수 있는 동작은 많지만, 갓난아기는 각 동작의 결과를 알지 못한다. 그리고 갓난아기는 자신이 도달할 수 있는 상태 중 몇 개만 경험한다.

## 4.5.1 온라인 검색 문제

온라인 검색 문제는 에이전트가 계산, 감지, 동작을 번갈아 실행해서 푼다. 환경이 결정론적이고 완전히 관측 가능이라고 가정하자(제17장에서 이 가정들을 완화할 것이다). 그리고 에이전트가 다음 사항들만 안다고 하자.

- ACTIONS($s$): 상태 $s$에서 적법한 동작들을 돌려주는 함수
- $c(s,a,s')$: 상태 $s$에서 동작 $a$를 취해서 상태 $s'$이 되는 데 드는 비용. $s'$이 결과임을 에이전트가 알기 전에는 이 함수를 사용할 수 없음을 주의할 것.
- IS-GOAL($s$): 목표 판정 함수

특히 주목할 것은, 에이전트가 상태 $s$에서 실제로 동작 $a$를 수행하기 전까지는 RESULT$(s, a)$를 결정할 수 없다는 점이다. 예를 들어 도해 4.19의 미로 문제에서 에이전트는 (1,1)에서 $Up$ 동작을 실행하면 (1,2)로 가게 됨을 알지 못한다. 마찬가지로, (1,2)에서 $Down$을 실행하면 다시 (1,1)로 가게 된다는 점도 알지 못한다. 일부 응용에서는 이러한 무지 수준을 낮출 수 있다. 예를 들어 자신의 이동 동작들은 잘 알고 있고 단지 장애물들의 위치만 모르는 탐험 로봇을 상상해 보기 바란다.

마지막으로, 에이전트가 현재 상태에서 목표 상태까지의 거리를 추정하는 허용 가능 발견적 함수 $h(s)$에 접근할 수도 있다. 예를 들어 도해 4.19의 예는 에이전트가 목표의 위치를 알고 있으며 맨해튼 거리 발견적 함수(p.130)를 사용할 수 있다고 가정한다.

일반적으로 에이전트의 목적은 최소의 비용으로 목표 상태에 도달하는 것이다. (또는, 그냥 환경 전체를 탐험하는 것이 목적일 수도 있다.) 이때 비용은 에이전트가 실제로 이동하는 경로의 총 경로 비용이다. 흔히 이 비용을 만일 에이전트가 검색 공간을 미리 알고 있었다면 따랐을 경로, 즉 기지 환경의 최적 경로의 비용과 비교한다. 그 둘의 비를 온

라인 알고리즘의 어법으로는 **경쟁비**(competitive ratio)라고 부른다. 이제 목적은 이 경쟁비를 가능한 한 낮추는 것이다.

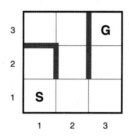

**도해 4.19** 간단한 미로 문제. 에이전트는 *S*에서 시작해서 *G*에 도달해야 하나, 환경에 대해서는 아무것도 알지 못한다.

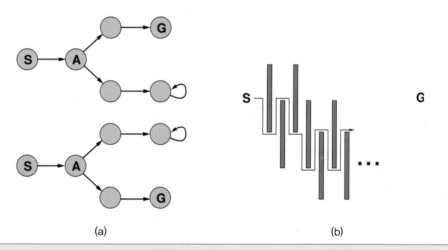

**도해 4.20** (a) 온라인 검색 에이전트가 막다른 골목에 다다를 수 있는 상태 공간의 예 두 가지. 임의의 주어진 에이전트는 두 공간 중 적어도 하나에서 실패하게 된다. (b) 온라인 검색 에이전트가 임의의 비효율적인 경로를 따라 목표에 도달하게 될 수 있는 2차원 환경. 에이전트가 어떤 선택을 하든 해당 경로가 길고 얇은 벽으로 가로막히기 때문에, 에이전트는 가능한 최상의 경로보다 훨씬 긴 경로를 따라가게 된다.

온라인 검색은 **막다른 골목**(dead-end), 즉 더 이상 목표 상태에 도달할 길이 없는 상태에 처할 수 있다. 만일 에이전트가 자신의 동작이 하는 일을 알지 못한다면, 에이전트가 "바닥 없는 구덩이로 뛰어 든다" 동작을 실행해서 목표에 결코 도달하지 못하는 사태가 벌어질 수 있다. 일반적으로, 모든 상태 공간에서 막다른 골목을 피할 수 있는 알고리즘은 없다. 도해 4.20(a)의 두 막다른 골목 상태 공간을 생각해 보자. 상태 *S*와 *A*를 방문한 온라인 검색 알고리즘은 자신이 위 상태 공간에 있는지 아래 상태 공간에 있는지 알 수 없다. 지난 관측들에 기초할 때 두 상태 공간은 에이전트에게 **동일하게** 보인다. 그러므로 에이전트로서는 두 상태 공간에서 적절한 동작이 무엇인지 알 방법이 없다. **대립 논거**(adversary argument)의 한 예이다. 도해 4.20(b)처럼, 에이전트가 상태 공간을 탐색하는 도중에 어떤 대립자(방해자)가 임의로 목표들과 막다른 골목들을 추가한다고 상상하면 이해가 될 것이다.

막다른 골목은 로봇 탐험 문제에서 특히나 어려운 요소이다. 계단, 경사로, 절벽, 일 방통행로, 심지어는 자연 지형 때문에 일부 동작들이 **비가역적**(irreversible) 동작이 되는 상태가 만들어질 수 있다. 이번 장에서 제시하는 탐색 알고리즘은 모든 도달 가능한 상태에서 도달할 수 있는 목표 상태들이 상태 공간에 존재한다고 가정한다. 그런 상태 공간을 안전하게 탐험할 수 있는(safely explorable) 공간, 줄여서 **안전 탐험 가능** 공간이라고 부르기로 하겠다. 미로나 8-퍼즐처럼 모든 동작이 가역적인 문제의 상태 공간은 명백히 안전 탐험 가능이다(해답이 아예 없는 경우를 제외할 때). 안전한 탐험에 관해서는 §22.3.2에 좀 더 자세히 논의한다.

안전 탐험 가능 환경이라고 해도, 경로 비용에 한계가 없다면 경쟁비가 무한대가 될 수 있다. 비가역적 동작들을 가진 상태 공간에서 이를 증명하는 것은 쉬운 일이나, 도해 4.20(b)에서 보듯이 동작들이 가역적인 경우에도 이는 여전히 참이다. 이 때문에 온라인 검색 알고리즘의 성능을 그냥 가장 얕은 목표의 깊이만으로 특징짓는 것이 아니라 전체 상태 공간의 크기로 특징짓는 경우가 많다.

## 4.5.2 온라인 검색 에이전트

관측 가능 환경에서 온라인 에이전트는 동작 하나를 실행할 때마다 자신이 어떤 상태에 도달했는지를 말해 주는 지각을 받는다. 에이전트는 그러한 정보에 기초해서 자신의 환경 지도를 증강할 수 있다. 그런 다음 에이전트는 갱신된 지도를 이용해서 다음에 어디로 갈 것인지 계획한다. 이러한 계획과 동작의 교대 실행 특징 때문에 온라인 검색 알고리즘은 이전에 살펴본 오프라인 검색 알고리즘과 상당히 다르게 작동한다. 오프라인 알고리즘들은 상태 공간에 대한 자신의 **모형**을 탐색하지만, 온라인 알고리즘은 실제 세계를 탐색한다. 예를 들어 A* 같은 오프라인 검색 알고리즘은 상태 공간의 한 부분의 노드를 확장한 직후 공간의 다른 부분의 노드를 확장할 수 있다. 노드 확장이 실제 동작이 관여하지 않는 시뮬레이션일 뿐이기 때문이다.

반면 온라인 검색 알고리즘에서는 후행자들을 실제로 가지고 있는 상태에 대해서만 후행자들을 파악할 수 있다. 다음 노드를 확장하기 위해 멀리 있는 상태까지 가야 하는 비효율성을 피하려면 노드들을 **국소적인** 순서로 확장하는 것이 바람직한 것으로 보인다. 다음에 확장할 노드가 이전에 확장한 노드의 자식인 깊이 우선 검색이 바로 그런 속성을 가지고 있다(단, 알고리즘이 역추적하는 도중은 제외).

도해 4.21은 온라인 깊이 우선 검색 에이전트이다(동작들이 결정론적이지만 미지인 경우에 적용된다). 이 에이전트는 상태-동작 쌍과 다음 상태의 대응 관계를 $result[s, a]$라는 테이블에 저장한다. 즉, 이 테이블은 상태 $s$에서 동작 $a$를 수행하면 나오는 상태를 담는다. (동작들이 비결정론적인 경우에는 상태들의 집합을 $result[s, a]$에 담으면 될 것이다.) 현재 상태에서 아직 탐색한 적이 없는 동작들이 있으면 에이전트는 그 동작들 중 하나를 시도한다. 어려움은 에이전트가 한 상태의 모든 동작을 시도한 후에 발생한다. 오프라인 깊이 우선 검색에서는 그냥 대기열에서 상태를 제거하면 그만이다. 반면 온라인 검색에서는 에이전트가 물리적 세계에서 역추적(backtracking)을 실행해야 한다. 깊이 우선 검색에서 이는 에이전트가 현재 상태에 도달하기 직전에 있었던 상태로 돌아가는 것에 해당한다. 이러한 역추적을 위해서는 상태별로 에이전트가 아직 역추적하지 않은 선행 상태들을 나열한 또 다른 테이블을 유지할 필요가 있다. 역추적할 상태가 더 이상 없으면 검색이 완료된 것이다.

---

**function** ONLINE-DFS-AGENT($s'$) **returns** 하나의 동작
  **지속 변수:** $s$, $a$, 이전 상태와 동작, 초기에는 널$^{null}$ 값
       $result$, $(s, a)$를 $s'$으로 사상하는 테이블, 초기에는 비어 있음
       $untried$, $s$를 시도하지 않은 동작들의 목록으로 사상하는 테이블
       $unbacktracked$, $s$를 결코 역추적되지 않은 상태들의 목록으로 사상하는 테이블

  **if** $problem.$IS-GOAL($s'$) **then return** $stop$
  **if** $s'$이 새 상태임($untried$에 없음) **then** $untried[s'] \leftarrow problem.$ACTIONS($s'$)
  **if** $s$가 널이 아님 **then**
     $result[s, a] \leftarrow s'$
     $s$를 $unbacktracked[s']$의 앞단에 추가
  **if** $untried[s']$이 비었음 **then**
     **if** $unbacktracked[s']$이 비었음 **then return** $stop$
     $a \leftarrow result[s', b] = $POP($unbacktracked[s']$)을 충족하는 동작 $b$
     $s' \leftarrow null$
  **else** $a \leftarrow$ POP($untried[s']$)
  $s \leftarrow s'$
  **return** $a$

**도해 4.21** 깊이 우선 탐험을 사용하는 온라인 검색 에이전트. 이 에이전트는 모든 동작의 효과를 다른 어떤 동작으로 "취소"할 수 있는 상태 공간에서만 안전하게 탐험할 수 있다.

---

ONLINE-DFS-AGENT를 도해 4.19의 미로에 적용해서 검색의 모든 과정을 일일이 추적해 보기 바란다. 최악의 경우에서 에이전트가 상태 공간의 모든 링크를 정확히 두 번 순회한다는 점을 어렵지 않게 알게 될 것이다. 탐험에서는 이것이 최적이다. 반면 목표 찾기에서는, 목표가 초기 상태 바로 옆에 있지만 에이전트가 먼 길을 돌아서 목표에

도달할 수도 있다. 즉, 에이전트의 경쟁비가 얼마든지 나빠질 수 있는 것이다. 이 문제는 반복 심화 알고리즘의 온라인 버전으로 해결된다. 균일 트리 형태의 환경에서 그런 에이전트의 경쟁비는 작은 상수이다.

역추적 방식 때문에 ONLINE-DFS-AGENT는 동작들이 가역적인 상태 공간에서만 작동한다. 일반적인 상태 공간에서 작동하는 약간 더 복잡한 알고리즘들도 있지만, 그런 알고리즘 중 경쟁비가 유계인 것은 없다.

### 4.5.3 온라인 국소 검색

깊이 우선 검색처럼 **언덕 오르기 검색**도 노드 확장이 국소적이라는 속성을 가지고 있다. 사실 언덕 오르기 검색은 메모리에 현재 상태만 유지한다는 점에서 **이미** 온라인 검색 알고리즘이다. 안타깝게도 기본적인 형태의 언덕 오르기 알고리즘은 탐험에 그리 적합하지 않다. 에이전트가 극소점에 갇혀서 더 이상 탐험이 진행되지 않을 수 있기 때문이다. 그리고 무작위 재시작은 사용할 수 없는데, 에이전트가 자신을 새 시작 상태로 순간 이동할 수 없기 때문이다.

**무작위 보행**

무작위 재시작 대신 **무작위 보행**(random walk)을 이용해서 환경을 탐험하는 방법도 생각해 볼 만하다. 무작위 보행은 그냥 현재 상태에서 가능한 동작 중 하나를 무작위로 선택하는 것이다. 아직 시도하지 않은 동작들을 우선으로 선택하게 할 수도 있다. 유한하고 안전하게 탐험할 수 있는 상태 공간에서 무작위 보행이 **언젠가**는 목표를 찾거나 탐험을 완료한다는 점은 쉽게 증명할 수 있다.[9] 그러나 그 과정은 아주 느릴 수 있다. 도해 4.22는 무작위 보행이 목표를 찾는 데 필요한 단계의 수가 지수적인 환경을 보여 준다. 이는 제일 윗줄에서 $S$를 제외한 모든 상태의 역방향 진행 확률이 순방향 진행의 두 배이기 때문이다. 물론 이는 작위적인 예이지만, 실제 문제의 상태 공간 중에도 무작위 보행 시 이런 종류의 '함정'을 유발하는 구조를 가진 것들이 많다.

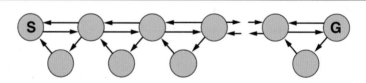

**도해 4.22** 무작위 보행으로 목표를 찾는 데 필요한 단계 수가 지수적인 환경.

언덕 오르기의 성능을 개선하는 데에는 무작위성보다 **메모리**가 더 효과적인 것으로 판명되었다. 기본 착안은, 방문한 상태마다 그 상태에서 목표에 도달하는 비용의 '현재

---

**9** 무작위 보행은 무한 1차원 격자와 2차원 격자에 대해 완결적이다. 3차원 격자에서 보행이 시작 지점으로 돌아올 확률은 약 0.3405밖에 되지 않는다(Hughes, 1995).

최상의 추정치' $H(s)$를 저장한다는 것이다. $H(s)$는 처음에는 그냥 발견적 추정치 $h(s)$로 시작하나, 에이전트가 상태 공간에 대한 경험을 쌓을수록 점차 갱신된다.

도해 4.23에 1차원 상태 공간의 간단한 예가 나와 있다. (a)에서 에이전트는 빨간색 상태에 있는 평평한 극솟점에 발이 묶여 있는 것으로 보인다. 거기에 머무르는 대신, 에이전트는 이웃들에 대한 현재의 비용 추정치들로 판단했을 때 최선이라고 간주되는 경로(목표로의)를 따라가야 한다. 이웃 $s'$을 거쳐서 목표로 가는 추정 비용은 $s'$에 도달하는 비용과 거기에서 목표로 가는 추정 비용의 합, 즉 $c(s,a,s') + H(s')$이다. 이 예에서는 동작이 두 개인데, 왼쪽 이동 동작의 추정 비용이 1 + 9이고 오른쪽 이동 동작의 추정 비용은 1 + 2이므로 오른쪽으로 이동하는 것이 최선으로 보인다.

(b)를 보면, (a)에서 빨간색 상태의 비용을 2로 추정한 것은 너무 낙관적이었음이 분명하다. 최선의 이동의 비용이 1이고 그 이동에 의해 목표에서 적어도 두 단계 떨어진 상태에 도달하므로, 빨간색 상태는 반드시 목표로부터 적어도 세 단계 떨어져 있다. 따라서 해당 $H$를 그에 맞게 갱신해야 한다. 그 결과가 도해 4.23의 (b)이다. 이러한 과정을 반복하면서 에이전트는 두 번 더 전후로 왕복한다. 그 과정에서 에이전트는 $H$를 갱신하고 극솟값을 '평탄화'하며, 결국 오른쪽으로 탈출하게 된다.

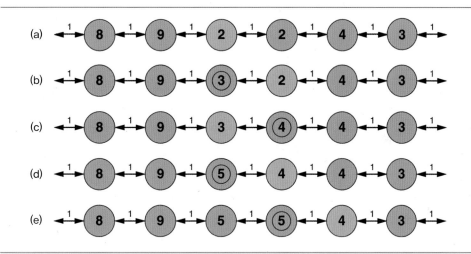

**도해 4.23** 1차원 상태 공간에 대한 LRTA*의 다섯 반복. 각 상태(원)의 수치는 $H(s)$, 즉 목표까지의 현재 비용 추정치이고 각 링크의 수치는 동작 비용인데 모두 1이다. 빨간색 상태는 에이전트가 현재 처한 상태이고, 이중 원 안의 수치는 해당 반복에서 갱신된 비용 추정치이다.

LRTA*    이런 방식을 LRTA*(learning real-time A*, 학습 실시간 A*)라고 부른다. LRTA*를 구현한 에이전트가 도해 4.24에 나와 있다. ONLINE-DFS-AGENT처럼 이 에이전트는 환경의 지도를 *result* 테이블로 표현한다. 에이전트는 방금 떠난 상태의 비용 추정치를 갱신하고, 현재의 비용 추정치들에 의거해서 '외견상 최상의' 이동을 선택한다. 한 가지

**function** LRTA\*-AGENT(*problem*, *s'*, *h*) **returns** 동작
   **지속 변수**: *s*, *a*, 이전 상태와 동작, 초기에는 널 값
          *result*, (*s*,*a*)를 *s'*으로 사상하는 테이블. 초기에는 비어 있음
          *H*, *s*를 비용 추정치로 사상하는 테이블

   **if** IS-GOAL(*s'*) **then return** *stop*
   **if** *s'*이 새 상태임(*H*에 없음) **then** *H*[*s'*] ← *h*(*s'*)
   **if** *s*가 널이 아님 **then**
      *result*[*s*, *a*] ← *s'*
      $H[s] \leftarrow \min_{b \in \text{ACTIONS}(s)}$ LRTA\*-COST(*problem*, *s*, *b*, *result*[*s*, *b*], *H*)
   $a \leftarrow \underset{b \in \text{ACTIONS}(s)}{\text{argmin}}$ LRTA\*-COST(*problem*, *s'*, *b*, *result*[*s'*, *b*], *H*)
   *s* ← *s'*
   **return** *a*

**function** LRTA\*-COST(*problem*, *s*, *a*, *s'*, *H*) **returns** 비용 추정치
   **if** *s'*이 정의되지 않음 **then return** *h*(*s*)
   **else return** *problem*.ACTION-COST(*s*,*a*,*s'*) + *H*[*s'*]

**도해 4.24** LRTA\*-AGENT는 이웃 상태들의 값에 따라 동작을 선택한다. 그 값들은 에이전트가 상태 공간을 이동함에 따라 갱신된다.

**불확실성하의 낙관주의**

중요한 세부사항은, 상태 *s*에서 아직 시도하지 않은 동작들은 언제나 목표로 직접 이어지는, 가능한 최소의 비용(*h*(*s*))을 가진 동작이라고 간주된다는 것이다. 이러한 **불확실성하의 낙관주의**(optimism under uncertainty)는 에이전트가 새로운, 아마도 유망한 경로들을 탐험하도록 부추긴다.

임의의 유한한 안전 탐험 가능 환경에서 LRTA\* 에이전트는 반드시 목표를 찾아낸다. 그러나 A\*와는 달리 LRTA\*는 무한 상태 공간에서 완결적이지 않다. 에이전트가 무한히 방황하게 되는 경우들이 존재한다. LRTA\* 에이전트는 상태가 *n*개인 환경을 최악의 경우 $O(n^2)$개의 단계로 탐험할 수 있으나, 그보다 훨씬 나은 성능을 보이는 경우가 많다. LRTA\* 에이전트는 동작 선택 규칙과 갱신 규칙을 달리 지정해서 정의할 수 있는 다수의 온라인 에이전트들이 속한 부류의 일원일 뿐이다. 원래는 확률적 환경을 위해 고안된 그러한 부류의 에이전트들을 제22장에서 논의한다.

## 4.5.4 온라인 검색의 학습

온라인 검색의 에이전트는 초기에는 무지한 상태이며, 따라서 여러 가지 학습의 기회가 존재한다. 첫째로, 에이전트는 환경의 '지도'를 배운다. 좀 더 정확하게 말하면, 각 상태의 각 동작의 결과를 배운다. 이러한 학습은 그냥 자신의 경험을 기록하는 것으로 성취

된다. 둘째로, LRTA*에서처럼 국소 검색 에이전트는 국소 갱신 규칙을 이용해서 각 상태의 좀 더 정확한 추정치를 얻게 된다. 에이전트가 상태 공간을 제대로 탐험한다고 할 때, 모든 상태에 대해 이러한 갱신이 결국에는 **참값**으로 수렴함을 제22장에서 보게 될 것이다. 일단 참값을 얻었다면, 그냥 비용이 제일 낮은 후행자를 따르기만 해도 최적해를 얻게 된다. 즉, 그때부터는 순수한 언덕 오르기가 최적의 전략이다.

앞에서 제안했듯이 도해 4.19의 환경에서 ONLINE-DFS-AGENT의 작동 과정을 독자가 직접 추적해 보았다면, 해당 에이전트가 그리 똑똑하지는 않음을 알아챘을 것이다. 예를 들어 *Up* 동작이 (1,1)에서 (1,2)로 가는 것임을 알게 된 후에도 에이전트는 *Down* 동작이 다시 (1,1)로 돌아가는 것임을 알지 못한다. 마찬가지로, (2,1)에서의 *Up*이 (2,2)로 이어진다는 점과 (2,2)에서의 그 동작이 (2,3)으로 이어진다는 점 등도 알지 못한다. 일반화하자면, 우리가 원하는 것은 벽이 없는 한 *Up* 동작이 *y* 좌표를 증가한다는 점과 *Down* 동작이 *y* 좌표를 감소한다는 등의 규칙을 에이전트가 배우는 것이다.

이러한 학습을 위해서는 두 가지가 필요하다. 첫째는 이런 종류의 일반 규칙들을 위한 형식적이고 명시적으로 조작 가능한 표현 방식이다. 지금까지는 정보를 RESULT 함수라는 블랙박스 안에 숨겼다. 제8장에서 제11장까지는 전적으로 이 문제를 다룬다. 둘째는 에이전트가 관측한 구체적인 정보로부터 적절한 일반 규칙들을 구축하는 알고리즘이다. 이 문제는 제19장에서 다룬다.

나중에 비슷한 검색 문제들을 여러 개 풀어야 할 것을 미리 알고 있는 상황이라면, 그런 향후 검색들을 좀 더 쉽게 만드는 데 시간을(그리고 메모리를) 투자하는 것이 합당

**점진적 검색**

할 것이다. 방법은 여러 가지인데, 모두 **점진적 검색**(incremental search)이라는 부류에 속한다. 검색 트리를 메모리에 저장해 두고 새 문제에서도 변하지 않는 부분 트리를 재사용할 수도 있고, 발견적 함수 *h* 값들을 저장해 두고 새로운 정보(세계가 변했거나 더 나은 추정치를 계산해서 얻은)에 따라 갱신할 수도 있다. 또는 최적 경로 *g* 값들을 저장해 두고 새 해답을 만들 때 그 값들을 재활용하는, 그리고 세계가 변하면 그 값들을 갱신하는 방법도 있다.


# 요약

이번 장에서는 관측 가능·비결정론적·미지·연속 환경의 검색 알고리즘들을 살펴보았다.

- **언덕 오르기** 같은 **국소 검색** 방법들은 메모리에는 적은 수의 상태들만 유지한다. 이 방법들은 고득점 상태를 찾되 상태로의 경로는 중요하지 않은 최적화 문제들에 적용되었다. 여러 가지 확률적 알고리즘들이 개발되었는데, 그중 **모의 정련**은 적절한 냉각 일정이 주어진다면 최적해를 돌려준다.

- 여러 국소 검색 방법들은 연속 공간의 문제들에도 적용된다. **선형 계획법**과 **볼록**

**최적화** 문제에서는 상태 공간의 형태와 목적함수의 성격에 일정한 제약이 따른다. 그런 문제들에서는 실제 응용에서 극도로 효율적인 경우가 많은 다항식 시간 알고리즘이 가능하다. 수학적으로 잘 형식화된 일부 문제들의 경우 미적분을 이용해서 최댓값을 찾을 수 있다. 최댓값에서는 기울기가 0이다. 그외의 문제들에서는 인접한 두 점의 적합도 차이에 기초한 실험적 기울기를 사용해야 한다.

- **진화 알고리즘**은 많은 수의 상태들로 이루어진 개체군이 유지되는 환경에 대한 확률적 언덕 오르기 검색 알고리즘이다. 새 상태는 **변이**와 **교차**에 의해 생성된다.

- **비결정론적** 환경에서 에이전트는 AND-OR 검색을 수행해서, 실행 도중 어떤 결과가 발생하더라도 목표에 도달할 수 있는 **조건부** 계획을 생성할 수 있다.

- 부분 관측 가능 환경에서 **믿음 상태**는 에이전트가 처할 수 있는 일단의 상태들을 나타낸다.

- 표준 검색 알고리즘을 믿음 상태 공간에 직접 적용해서 **무감지기 문제**를 풀 수 있으며, 믿음 상태 AND-OR 검색으로는 일반적인 부분 관측 가능 문제를 풀 수 있다. 믿음 상태 안에서 해답을 상태별로 구축하는 점진적 알고리즘이 더 효율적인 경우가 많다.

- **탐험 문제**는 환경에 어떤 상태들이 있고 어떤 동작이 가능한지를 에이전트가 전혀 알지 못하는 상황에서 발생한다. 안전하게 탐험할 수 있는 환경에서 **온라인 검색** 에이전트는 지도를 구축하고 목표를 찾을 수 있다(목표가 있다고 할 때). 경험에 의거한 발견적 추정치의 갱신은 극솟값을 탈출하는 효과적인 방법이 된다.

## 참고문헌 및 역사적 참고사항

수학과 컴퓨터 과학에서 국소 검색 기법들은 오랜 역사를 가지고 있다. 사실 뉴턴-랩슨법(Newton, 1671; Raphson, 1690)은 기울기 정보가 주어지는 연속 공간에서 아주 효율적인 국소 검색 방법으로 보아도 된다. 그런 정보를 요구하지 않는 최적화 알고리즘에 대한 고전적인 참고서로는 [Brent, 1973]이 있다. 이번 장에서 국소 검색 알고리즘으로서 제시한 빔 검색은 원래 HARPY 시스템의 음성 인식을 위한 동적 계획법의 너비 제한 변형에서 비롯된 것이다(Lowerre, 1976). 관련 알고리즘이 [Pearl, 1984, Ch. 5]에 상세히 분석되어 있다.

국소 검색에 대한 연구는 1990년에 다시 활기를 띠었는데, 이는 $n$-퀸 문제(Minton 외, 1992)와 부울 충족 가능성(Selman 외, 1992) 같은 대규모 제약 충족 문제(constraint-satisfaction problems, CSP)에 관해 놀랄만큼 훌륭한 성과가 나오고 무작위성이나 다중 동시 검색 등의 여러 개선안들이 도입된 덕분이다. 크리스토스 파파드미트리우[Christos Papadimitriou]가 '새 시대(new age)' 알고리즘들이라고 부른 이러한 부흥은 이론 컴퓨터 과학자들의 관심도 불러일으켰다(Koutsoupias 및 Papadimitriou, 1992; Aldous 및 Vazirani, 1994).

터부 검색      경영과학 분야에서는 **터부 검색**(tabu search)이라고 부르는 언덕 오르기의 한 변형이 인기를 끌었다(Glover 및 Laguna, 1997). 이 알고리즘은 이미 방문된, 그리고 다시 방문할 수 없는 $k$개의 상태들을 '터부 목록'에 유지한다. 이 목록은 그래프 검색의 효율성을 높여줄 뿐만 아니라, 알고리즘이 일부 극솟값에서 탈출하게 되는 요인으로도 작용한다.

언덕 오르기에 대한 또 다른 유용한 개선안으로 Stage 알고리즘(Boyan 및 Moore, 1998)이 있다. 핵심 착안은, 무작위 재시작 언덕 오르기로 발견한 극댓값들을 이용해서 지형의 전체적인 형태를 파악한다는 것이다. 이 알고리즘은 매끄러운 이차(quadratic) 표면을 일단의 극댓값들로 적합시키고, 그런 다음 해당 표면의 전역 최댓값을 해석적으로 계산한다. 그 최댓값은 새로운 재시작 지점이 된다. [Gomes 외, 1998]은 체계적 역추적 <span></span>알고리즘들의 실행 시간들이 **두터운 꼬리 분포**(heavy-tailed distribution)를 이루는 경우가 많음을 보였다. 이는 실행 시간들이 지수적으로 분포되는 경우, 실행 시간이 아주 길 확률이 예상보다 크다는 뜻이다. 실행 시간들이 무거운 꼬리 분포를 따를 때는 하나의 검색을 끝까지 수행하는 방식보다는 무작위 재시작 방식이 평균적으로 해답을 더 빨리 찾아낸다. [Hoos 및 Stutzle, 2004]는 이 주제만 책 한 권 분량으로 상세히 다룬다.

모의 정련은 커크패트릭 등이 처음으로 서술했다(Kirkpatrick 외, 1983). 그들은 **메트로폴리스 알고리즘**(Metropolis 외, 1953; 물리학에서 복잡계를 시뮬레이션하는 데 쓰인 알고리즘으로, 로스 알라모스 만찬 모임에서 고안되었다고 알려졌다)에서 착안을 직접 빌려왔다. 이제 모의 정련은 매년 수백 편의 논문이 나오는 하나의 번듯한 분야이다.

연속 공간에서 최적해를 찾는 문제는 **최적화 이론**, **최적 제어이론**, **변분법**(calculus of variations) 같은 여러 분야의 주요 주제이다. 기본 기법이 [Bishop, 1995]에 잘 설명되어 있다. [Press 외, 2007]은 광범위한 알고리즘을 다루며, 잘 작동하는 소프트웨어를 제공한다.

연구자들은 다양한 연구 분야들에서 검색 및 최적화 알고리즘에 관한 영감을 얻었다. 그런 분야로는 야금학(모의 정련), 생물학(유전 알고리즘), 신경과학(신경망), 등산(언덕 오르기) 경제학(시장 기반 알고리즘[Dias 외, 2006]), 물리학(입자 군집 행동[Li 및 Yao, 2012]와 스핀 글래스[Mezard 및 Lewis, 1987]), 동물행동학(강화학습, 회색늑대 최적화[Mirjalili 및 Lewis, 2014]), 조류학(뻐꾸기 검색[Yang 및 Deb, 2014]), 곤충학(개미 개체군 최적화[Dorigo 외, 2008], 벌 군집[Karaboga 및 Basturk, 2007], 초파리[Yang, 2009], 반딧불이[Krishnanand 및 Ghose, 2009] 최적화) 등 다양하다.

**선형 계획법**(linear programming, LP)을 처음으로 체계적으로 연구한 이는 수학자 레오니드 칸토로비치이다(Kantorovich, 1939). 그의 연구는 최초의 컴퓨터 응용 중 하나였다. **심플렉스 알고리즘**(Dantzig, 1949)은 최악의 경우의 복잡도가 지수적이지만 지금도 쓰이고 있다. 카마카는 **내부점**(interior-point) 방법들의 훨씬 더 효율적인 부류를 개발했다(Karmarkar, 1984). 그 부류의 알고리즘들이 훨씬 더 일반적인 부류의 볼록 최적화 문제들에서 다항식 복잡도를 가짐을 [Nesterov 및 Nemirovski, 1994]가 밝혔다. 볼록 최적화에 대한 훌륭한 입문서로는 [Ben-Tal 및 Nemirovski, 2001]과 [Boyd 및 Vandenberghe, 2004]가 있다.

**적합도 지형**(fitness landscape)이라는 개념에 관한 시월 라이트의 연구(Wright, 1931)

는 유전 알고리즘의 발전에서 중요한 선구적 역할을 했다. 1950년대에 복스(Box, 1957)와 프리드먼(Friedman, 1959)을 포함한 여러 통계학자가 최적화 문제에 진화 기법을 사용했다. 그러나 이 접근방식이 인기를 얻기 시작한 것은 [Rechenberg, 1965]에 비행기 날개의 최적화 문제를 푸는 **진화 전략**(evolution strategy)들이 소개되고부터이다. 1960년대와 1970년대에는 존 홀런드가 유전 알고리즘을 옹호했다(Holland, 1975). 그는 유전 알고리즘을 유용한 최적화 도구이자 적응에 대한 우리의 이해를 확장하는 수단으로서 권장했다(Holland, 1995).

**인공생명**(artificial life) 운동(Langton, 1995)은 그러한 개념을 좀 더 확장해서, 유전 알고리즘의 산출물을 문제의 해답이 아니라 유기체로 본다. 본문에서 논의한 볼드윈 효과는 콘위 로이드 모건(Morgan, 1896)과 제임스 볼드윈(Baldwin, 1896)이 거의 동시에 제안했다. 이 효과의 함의를 명확히 밝히는 데 컴퓨터 시뮬레이션이 도움이 되었다(Hinton 및 Nowlan, 1987; Ackley 및 Littman, 1991; Morgan 및 Griffiths, 2015). [Smith 및 Szathmáry, 1999]와 [Ridley, 2004], [Carroll, 2007]은 진화의 일반적 배경지식을 제공한다.

유전 알고리즘과 그 외의 접근방식(특히 확률적 언덕 오르기)의 비교 연구들은 대부분 유전 알고리즘이 더 느리게 수렴한다는 결론을 제시한다(O'Reilly 및 Oppacher, 1994; Mitchell 외, 1996; Juels 및 Wattenberg, 1996; Baluja, 1997). 유전 알고리즘 공동체가 그런 관측을 보편적으로 지지하는 것은 아니다. 그러나 개체군 기반 검색을 베이즈 학습(제20장)의 근사 형태로 이해하려는 공동체 내부의 최근 시도들이 해당 분야와 그에 대한 비판자들 사이의 간극을 좁히는 데 도움이 될 것이다(Pelikan 외, 1999). **2차 동적계**(quadratic dynamical system) 이론 역시 유전 알고리즘의 성능을 설명할 수 있다(Rabani 외, 1998). 유전 알고리즘은 안테나 디자인(Lohn 외, 2001), 컴퓨터 보조 설계(Renner 및 Ekart, 2003), 기후 모형(Stanislawska 외, 2015), 의약(Ghaheri 외, 2015), 심층 신경망 설계(Miikkulainen 외, 2019) 등 다양한 영역에서 인상적인 방식으로 실제로 응용되었다.

**유전 프로그래밍**(genetic programming)은 유전 알고리즘의 한 하위 분야로, 비트열이 아니라 프로그램으로 개체를 표현한다. 그 프로그램들은 구문 트리(syntac tree)의 형태로 표현되는데, 표준적인 프로그래밍 언어의 구문 트리인 경우도 있고 전자 회로나 로봇 제어기 등을 표현하기 위해 특별히 고안된 언어의 것일 때도 있다. 교차는 부분 문자열들이 아니라 부분 트리들을 잘라 붙이되 그 결과로 생긴 자손이 항상 적법한 구문 트리가 되도록 하는 방식으로 일어난다.

유전 프로그래밍에 대한 관심은 존 코자의 연구(Koza, 1992, 1994)에서 시작되었다. 그러나 그 기원은 적어도 [Friedberg, 1958]의 기계어 코드와 [Fogel 외, 1966]의 유한상태자동자에 대한 초기 실험들로 거슬러 올라간다. 유전 알고리즘과 마찬가지로 이 기법의 효과성에 관해서는 논쟁이 존재한다. [Koza 외, 1999]는 유전 프로그래밍을 회로 장치의 설계에 적용하는 실험들을 서술한다.

진화 알고리즘들을 다루는 학술지로는 *Evolutionary Computation*과 *IEEE Transactions on Evolutionary Computation*이 있다. 또한 *Complex Systems*와 *Adaptive Behavior*, *Artificial Life*에도 이 분야의 논문이 게재된다. 주된 학술대회는 *Genetic and Evolutionary Computation*

*Conference*(GECCO)이다. 유전 알고리즘에 관한 좋은 개괄서로는 [Mitchell, 1996], [Fogel, 2000], [Langdon 및 Poli, 2002], [Poli 외, 2008] 등이 있다.

실제 환경의 예측 불가능성과 부분 관측 가능성은 계획 기법들을 사용하는 로봇공학 프로젝트에서 먼저 인식되었다. 그런 프로젝트로는 Shaky(Fikes 외, 1972)와 FREDDY(Michie, 1972) 등이 있다. 이 문제는 맥더못의 영향력 있는 논문 *Planning and Acting*(McDermott, 1978a)이 나온 후에 좀 더 주목받게 되었다.

AND-OR 트리를 명시적으로 사용한 최초의 연구는 제1장에서 언급한, 기호 통합을 위한 슬래이글의 SAINT 프로그램인 것으로 보인다. 아마렐은 이 착안을 명제 정리 증명(제7장에서 논의한다)에 적용했으며, 또한 AND-OR-GRAPH-SEARCH와 비슷한 검색 알고리즘도 소개했다(Amarel, 1967). 그 알고리즘을 닐손이 좀 더 발전시키고 형식화했다(Nilsson, 1971). 그는 또한 AO* 알고리즘도 서술했는데, 이름에서 짐작하겠지만 이 알고리즘은 허용 가능 발견적 함수가 주어졌을 때 최적('O'ptimal)의 해를 찾아낸다. [Martelli 및 Montanari, 1973]은 AO*를 더욱 개선했다.

AO*는 하향식(top-down) 알고리즘이다. A*의 상향식(bottom-up) 일반화는 A*LD(A* Lightest Derivation; Felzenszwalb 및 McAllester, 2007)이다. 2000년대 초반에 AND-OR에 대한 관심이 다시 높아져서, 순환 해들을 찾는 새로운 알고리즘들(Jimenez 및 Torras, 2000; Hansen 및 Zilberstein, 2001)과 동적 계획법에서 영감을 얻은 새로운 기법들(Bonet 및 Geffner, 2005)이 등장했다.

부분 관측 가능 문제를 믿음 상태 문제로 변환한다는 착안은 훨씬 더 복잡한 확률적 불확실성(제17장)을 다루는 [Astrom, 1965]에서 비롯된 것이다. 어드먼과 메이슨은 믿음 상태 검색의 연속 버전을 이용해서 감지기 없는 로봇을 조작하는 문제를 연구했다(Erdmann 및 Mason, 1988). 그들은 초기에 테이블 위의 임의의 위치에 놓인 부품을 잘 설계된 일련의 기울이기(tilting) 동작들의 순차열을 이용해서 특정 방향으로 조정할 수 있음을 보였다. 컨베이어 벨트에 대각선 방향 장벽들의 방향을 정밀하게 조정하는 방식의 좀 더 실용적인 방법도 그와 동일한 알고리즘적 통찰을 사용한다(Wiegley 외, 1996).

[Genesereth 및 Nourbakhsh, 1993]은 믿음 상태 접근방식을 무감지기 및 부분 관측 가능 검색 문제의 문맥에서 재발명했다. 논리 기반 계획 수립 공동체는 무감지기 문제에 대한 추가적인 연구를 진행했다(Goldman 및 Boddy, 1996; Smith 및 Weld, 1998). 이 연구는 믿음 상태의 간결한 표현(제11장에서 설명한다)을 강조했다. [Bonet 및 Geffner, 2000]은 믿음 상태 검색을 위한 최초의 효과적 발견적 함수를 소개했으며, 이들을 [Bryce 외, 2006]이 더욱 정련했다. [Kurien 외, 2002]는 믿음 상태에 대한 점진적 접근방식(해답들이 각 믿음 상태 안의 부분집합에 대해 점진적으로 구축되는)을 연구한 계획 수립 분야의 문헌이다. [Russell 및 Wolfe, 2005]는 비결정론적, 부분 관측 가능 문제에 대한 새로운 점진적 알고리즘 몇 개를 소개한다. 제17장에 확률적, 부분 관측 가능 환경에서의 계획 수립에 관한 참고문헌들이 더 나온다.

미지의 상태 공간을 탐험하는 알고리즘들은 수 세기 동안 관심의 대상이었다. 가역적 미로의 깊이 우선 검색은 한쪽 손을 벽에 대고 걷는 것으로 구현할 수 있다. 루프는 각 교차점에 표시를 해 두어서 피하면 된다. **오일러 그래프**(eulerian graph; 모든 노드의 내향 간선 개수와 외향 간선 개수가 동일한 그래프)를 탐색하는 좀 더 일반적인 탐험 문제는 [Hierholzer, 1873]에서 기인한 알고리즘으로 풀린다.

임의의 그래프에 대한 탐험 문제를 알고리즘적으로 상세히 연구한 최초의 성과는 [Deng 및 Papadimitriou, 1990]이다. 그들은 완전히 일반적인 알고리즘을 개발했으나, 일반적인 그래프의 탐색에서 경쟁비가 유계일 수 없음을 보였다. [Papadimitriou 및 Yannakakis, 1991]은 기하학적 길찾기 환경(모든 동작이 가역적인)에서 목표로의 경로를 찾는 문제를 조사했다. 그들은 정사각형 장애물에서는 낮은 경쟁비가 가능하지만 일반적인 사각형 장애물에서는 경쟁비가 유계일 수 없음을 보였다. (도해 4.20을 보라.)

동적 환경에서는 에이전트가 아무 동작도 취하지 않아도 세계의 상태가 저절로 변할 수 있다. 예를 들어 에이전트가 $A$에서 $B$로 가는 최적의 주행 경로를 계획했다고 해도, 사고 때문에 또는 흔치 않은 교통체증 때문에 계획이 망쳐질 수 있다. 이런 상황을 처리할 수 있는 알고리즘으로 Lifelong Planning A*(Koenig 외, 2004)나 D* Lite(Koenig 및 Likhachev, 2002) 같은 점진적 검색 알고리즘이 있다.

LRTA* 알고리즘은 에이전트가 오직 고정된 시간 동안만 검색을 수행한 후 반드시 동작을 취해야 하는 환경에서의 **실시간 검색**(real-time search)에 관한 연구의 일부로 코프가 개발한 것이다(Korf, 1990). 사실 LRTA*는 확률적 환경에 대한 강화학습 알고리즘의 한 특수 사례이다(Barto 외, 1995). 불확실성하의 낙관주의(항상 아직 방문하지 않은 가장 가까운 상태로 나아가는 방식)라는 이 알고리즘의 정책 때문에, 정보 없는 검색 문제에서는 단순한 깊이 우선 검색보다 덜 효율적인 탐험 패턴이 나올 수 있다(Koenig, 2000). [Dasgupta 외, 1994]는 온라인 반복 심화 검색이 발견적 정보가 없는 균일 트리에서 목표를 찾는 데 최적으로 효율적임을 보여 준다.

LRTA*의 정보 있는 버전 몇 가지가 개발된 바 있는데, 이들은 그래프의 알려진 부분 안에서의 검색과 갱신 방법이 서로 다르다(Pemberton 및 Korf, 1992). 발견적 정보를 이용해서 최적의 효율성으로 목표를 찾는 방법은 아직 이론적으로 잘 파악되지 않은 상태이다. [Sturtevant 및 Bulitko, 2016]은 실제 응용에서 마주치는 몇 가지 함정을 분석한다.

# 5
## CHAPTER

# 대립 검색과 게임

이번 장에서는 다른 에이전트들이 우리의 에이전트를 방해하려 하는 환경을 살펴본다.

이번 장에서는 둘 이상의 에이전트가 서로 상충하는 목표를 가지고 활동하는 **경쟁적 환경**(competitive environment)과 그런 환경에서 발생하는 **대립 검색**(adversarial search; 적대적 탐색) 문제들을 살펴본다. 혼란스러운 현실 세계의 분쟁을 다루는 대신 체스나 바둑, 포커 같은 게임에 초점을 둔다. 이런 게임들은 그 성격이 단순해서 인공지능 연구에 적합하다. 게임은 표현하기 쉽고, 에이전트가 취할 수 있는 동작이 대체로 그리 많지 않으며, 동작들의 효과를 엄밀한 규칙으로 정의할 수 있다. 크로켓이나 아이스하키 같은 물리적 게임은 서술하기가 훨씬 복잡하고 가능한 동작들도 훨씬 다양하다. 또한 동작의 적법성을 정의하는 규칙들이 다소 불명확하다. 로봇 축구를 예외로 할 때, 그런 물리적 게임들은 인공지능 공동체의 관심을 그리 많이 끌지 못했다.

## 5.1 게임 이론

다중 에이전트 환경에 관한 접근방식은 적어도 세 가지이다. 첫째는 그런 환경을 하나의 **경제**(economy)로 뭉뚱그려서 고찰하는 것이다. 에이전트가 아주 많을 때 적합한 이 접근방식에서는 이를테면 수요가 증가하면 가격이 오를 것임을 개별 에이전트의 동작을 일

경제

일이 예측하지 않고도 예측할 수 있다.

둘째는 우리의 에이전트와 대립하는 에이전트들을 그냥 환경의 일부로 간주하는 것이다. 그런 에이전트들은 환경을 비결정론적으로 만드는 요소일 뿐이다. 그러나 대립 에이전트들을 이를테면 올 수도 있고 아닐 수도 있는 비(rain)처럼 취급한다면, 그런 에이전트들이 우리의 에이전트를 방해하기 위해 적극적으로 활동한다는 개념을 놓칠 수 있다. 반면 비는 그런 의도를 가지고 있지 않다고 알려져 있다.

셋째는 대립 에이전트들을 대립 게임 트리 검색(adversarial game-tree search) 기법들을 이용해서 명시적으로 모형화하는 것이다. 이것이 이번 장의 주제이다. 이번 장은 한정된 범주의 게임들로 시작해서 최적의 수(move)를 정의하고, 그 수를 찾아내는 알고리즘인 최소최대 검색 알고리즘을 소개한다. 이것은 도해 4.11에 나온 AND-OR 검색을 일반화한 알고리즘이다. 검색 트리 중 최적의 수에 전혀 기여하지 않는 부분을 무시함으로 **가지치기** 써 검색의 효율성을 높이는 **가지치기**(pruning) 기법도 이야기한다. 자명하지 않은 게임의 경우에는 최적의 수를 찾아낼 시간이 충분치 않을 때가 많다(가지치기를 적용한다고 해도). 그런 경우 적당한 선에서 검색을 마치고 차선의 수에 만족해야 한다.

검색을 마치기로 한 각 상태에 대해, 그 상태에서 누가 이겼는지 판정해야 한다. 판정 방법은 크게 두 가지인데, 하나는 발견적 **평가 함수**(evaluation function)로 상태의 특징들에 기초해서 승자를 추정하는 것이고(§5.3) 다른 하나는 그 상태에서 끝까지 게임을 여러 번 빠르게 모의 실행한 결과들의 평균으로 승자를 정하는 것이다(§5.4).

§5.5에서는 주사위를 굴리거나 카드를 섞는 등 운(chance)이 작용하는 게임들을 논 **불완전한 정보** 의하고, §5.6에서는 **불완전 정보**(imperfect information)가 포함된 게임(이를테면 플레이어들이 모든 카드를 볼 수 없는 포커나 브리지 등)도 논의한다.

## 5.1.1 2인용 제로섬 게임

체스나 바둑 등 인공지능 공동체가 가장 자주 연구하는 게임들을 이론가들은 결정론적·
**완전 정보** 2인용·교대식(turn-taking)·**완전 정보**(perfect information)·**제로섬**(zero-sum; 영합) 게임
**제로섬** 으로 분류한다. 여기서 '완전 정보'는 '완전 관측 가능'과 같은 말이다.[1] 그리고 '제로섬'은 한 플레이어에게 좋은 것이 다른 플레이어에게는 나쁜 것이라는 뜻이다. 제로섬 게임에서는 소위 '윈-윈'이 없다. 게임을 논의할 때 자주 나오는 용어 **수**(move)는 에이전트
**수** 의 '동작'과 같은 말이고 **국면**(position)[역주1]은 '상태'와 같은 말이다.
**국면**

---

1 완전 정보 게임이 아닌 게임을 두 가지로 구분해서, 포커처럼 각 플레이어에게 개인적인 정보(손패)가 주어지며 다른 플레이어의 개인적인 정보는 보지 못하는 게임을 '불완전 정보 게임'이라고 부르고, 스타크래프트 II처럼 각 플레이어가 자기 주변의 환경은 볼 수 있지만 멀리 있는 환경은 보지 못하는 게임을 '부분 관측 가능 게임'이라고 부르는 저자들도 있다.

[역주1] 특정 게임 요소가 환경에 놓여 있는 '위치'(이를테면 체스판 위의 퀸의 위치)와 혼동하지 않도록, 이런 맥락의 position을 '국면'으로 옮기기로 한다. 단, 알고리즘의 관점에서 position은 게임 트리 안에서 주어진 게임 상태(체스의 경우 모든 기물 위치를 포함한 체스판 구성)에 해당하는 노드의 '위치'를 뜻하기도 한다는 점도 기억하기 바란다.

2인용 게임의 두 플레이어를 MAX와 MIN이라고 부르는데, 그 이유는 곧 명백해질 것이다. MAX가 먼저 수를 두고, 그다음에는 게임이 끝날 때까지 두 플레이어가 번갈아 수를 둔다. 게임의 끝에서는 이긴 플레이어에게 승점이 주어지고, 패자에게는 벌점이 주어진다. 이런 게임을 다음과 같은 요소들을 가진 일종의 검색 문제로 형식화할 수 있다.

- $S_0$: **초기 상태**. 시작 시점에서의 게임의 설정을 명시한다.
- TO-MOVE($s$): 상태 $s$에서 수를 둘 플레이어.
- ACTIONS($s$): 상태 $s$에서 적법한 수들의 집합.
- RESULT($s,a$): **전이 모형**. 상태 $s$에서 수(동작) $a$를 취해서 나오는 결과 상태를 정의한다.
- TERMINAL-TEST($s$): **종료 판정**(terminal test). 게임이 끝났으면 참, 그렇지 않으면 거짓이다. 게임이 끝난 상태를 가리켜 문맥에 따라 **종료 상태**(terminal state) 또는 말단 상태라고 부른다.<sup>역주2</sup>
- UTILITY($s,p$): **효용 함수**(목적함수 또는 보수 함수(payoff function)라고 부르기도 한다. 종료 상태 $s$로 끝난 게임에서 플레이어 $p$의 최종 수치를 정의한다. 체스에서 결과는 승·무·패 중 하나로, 각각의 효용 가치는 +1, 1/2, 0이다.[2] 가능한 결과가 더 다양한 게임들도 있는데, 예를 들어 백개먼의 보수(payoff)는 0에서 +192까지이다.

**전이 모형**

**종료 판정**
**종료 상태**

**상태 공간 그래프**  제3장에서와 아주 비슷하게, 초기 상태와 ACTIONS 함수, RESULT 함수는 **상태 공간 그래프**(state space graph)를 정의한다. 이 그래프의 정점은 상태이고 간선은 한 상태에서 다른 상태로의 이동(move; 게임의 '수<sup>手</sup>')이다. 하나의 상태에 도달하는 경로가 여러 개일 수 있다. 제3장에서처럼 이 그래프의 일부에 **검색 트리**(search tree)를 겹쳐서 다음 수(이동)를 결정한다. 각각의 말단 상태에 도달하는 모든 경로(이동들의 순차열)를 갖춘 검색 트리를 완전(complete) **게임 트리**<sup>game tree</sup>라고 부른다. 상태 공간 자체가 무한하거나 게임 규칙이 국면들의 무한 반복을 허용한다면 게임 트리가 무한할 수 있다. 도해 5.1은 틱택토<sup>tic-tac-toe</sup>(삼목)에 대한 게임 트리의 일부이다. 초기 상태에서 MAX가 둘 수 있는 수는 아홉 가지이다. 게임은 MAX와 MIN이 각각 X와 O를 번갈아 두다가 한 플레이어가 자신의 기호 세 개를 직선으로 배치하거나 모든 칸이 채워진 종료 상태에 해당하는 말단 노드에 도달하면 끝난다. 각 말단 노드의 수치는 MAX의 관점에서 본 종료 상태의 효용 가치이다. 효용 가치가 크면 MAX에게 유리하고 MIN에게는 불리한 상황이다(이 때문에 두 플레이어에 최대와 최소를 뜻하는 이름을 붙였다).

**검색 트리**

**게임 트리**

---

역주2 게임 자체의 관점에서는 '종료'가 자연스럽지만, 게임이 끝났다는 것은 게임 트리의 말단 노드에 도달했다는 뜻이므로 게임 트리의 관점에서는 말단 상태가 더 자연스럽다.

2 어떤 체스 게임이든 두 플레이어의 결과를 합하면 +1이지만 그래도 체스는 제로섬 게임으로 간주된다. 이 경우에는 '상수합(constant-sum)'이 더 나은 용어겠지만, 전통적으로 제로섬(영합)이라는 용어가 쓰인다. 각 플레이어가 등록비로 1/2을 지불한다고 상상하면 결국 총 보수가 0이므로 제로섬도 말이 되긴 한다.

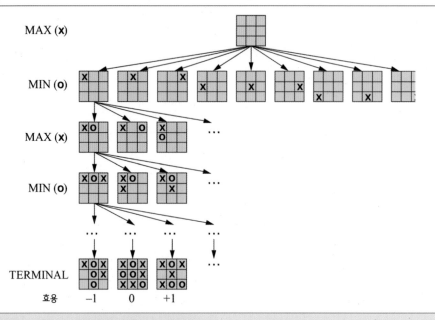

**도해 5.1** 틱택토 게임의 게임 트리(의 일부). 최상위 노드는 초기 상태이다. 먼저 MAX가 빈 칸에 x를 놓아서 수를 둔다. 그림은 종료 상태들에 도달할 때까지 수 MIN (O)와 MAX (X)가 번갈아 진행되는 트리의 일부이다. 종료 상태들에는 게임의 규칙에 따라 배정된 효용 가치들이 표시되어 있다.

틱택토의 게임 트리는 비교적 작다. 말단 노드는 9! = 362,880개 미만이다(그리고 서로 구별되는 상태는 단 5,478개뿐이다). 그러나 체스 게임 트리의 노드는 $10^{40}$개 이상 이므로, 게임 트리라는 것을 물리적 세계에서는 실현할 수 없는 이론적 구조물로 간주하는 것이 바람직하다.

# 5.2 게임의 최적 결정

MAX는 승리로 이어지는 동작열을 찾으려 하고, MIN은 그것을 방해하려 한다. 따라서 MAX의 전략은 하나의 조건부 계획, 즉 MIN의 가능한 수들 각각에 대한 대비 전략을 명시한 계획이어야 한다. 결과가 이분법적인(승리 아니면 패배) 게임에서는 AND-OR 검색 (p.165)으로 조건부 계획을 생성하면 될 것이다. 사실 그런 게임에서 게임 승리 전략의 비결정론적 계획 수립 문제의 정의와 동일하다. 두 경우 모두, '상대방'이 무슨 일을 하든 우리가 원하는 결과가 반드시 보장되어야 한다. 셋 이상의 결과가 가능한 게임들에서

최소최대 검색 는 **최소최대 검색**(minimax search)이라고 하는 약간 더 일반적인 알고리즘이 필요하다.
도해 5.2의 자명한 게임을 생각해 보자. 뿌리 노드에서 MAX가 둘 수 있는 수는 $a_1$,

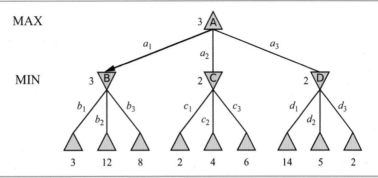

**도해 5.2** 두 겹 게임 트리. △ 노드들은 MAX가 수를 둘 차례인 'MAX 노드'들이고 ▽ 노드들은 'MIN 노드'들이다. 말단 노드들에는 MAX의 효용 가치가 표시되어 있다. 그 외의 노드들에 있는 수치는 최소최대 가치이다. 뿌리 노드에서 MAX의 최선의 수는 $a_1$이다. 그 수가 최소최대 가치가 가장 큰 상태로 이어지기 때문이다. 이에 대한 MIN의 최선의 응수는 최소최대 가치가 가장 작은 상태로 이어지는 $b_1$이다.

$a_2$, $a_3$이다. $a_1$에 대해 MIN이 둘 수 있는 수는 $b_1$, $b_2$, $b_3$ 등이다. 이 게임은 MAX와 MIN이 각각 한 수씩 두고 나면 끝난다. (게임에 따라서는 두 플레이어가 각각 하나의 동작을 취한 것을 하나의 '수'로 간주한다. 그런 경우 혼동을 피하기 위해 한 플레이어의 수 하나를 **겹**(ply)이라고 부른다. 게임을 한 겹 진행하는 것은 게임 트리를 한 수준(level) 내려가는 것에 해당한다.) 이 게임에서 종료 상태의 효용 가치는 2에서 14까지이다.

**겹**

**최소최대 가치**
주어진 게임 트리에 대한 최적 전략은 트리의 각 상태의 **최소최대 가치**(minimax value)를 구해서 결정할 수 있다. 한 상태의 최소최대 가치를 MINIMAX($s$)라고 표기한다. 한 상태의 최소최대 가치는 두 플레이어가 그 상태로부터 게임을 끝까지 최적으로 플레이한다고 가정하고 계산한, 그 상태에서의 효용 가치(MAX를 위한)이다. 종료 상태의 최소최대 가치는 그냥 그 종료 상태의 효용 가치임이 자명하다. 비종료 상태의 경우, MAX가 둘 차례일 때 MAX는 최소최대 가치가 최대인 상태로 이어지는 수를 선호하지만 MIN은 그 가치가 최소인 상태(즉, MAX에게는 최소 효용이지만 MIN에게는 최대 효용인 상태)로 이어지는 수를 선호한다. 이를 다음과 같이 표현할 수 있다.

$$
\text{MINIMAX}(s) = \\
\begin{cases}
\text{UTILITY}(s) & \text{만일 IS-TEST}(s)\text{가 참이면;} \\
\max_{a \in Actions(s)} \text{MINIMAX}(\text{RESULT}(s, a)) & \text{만일 TO-MOVE}(s) = \text{MAX이면;} \\
\min_{a \in Actions(s)} \text{MINIMAX}(\text{RESULT}(s, a)) & \text{만일 TO-MOVE}(s) = \text{MIN이면.}
\end{cases}
$$

그럼 이 정의들을 도해 5.2의 게임 트리에 적용해 보자. 최하단 말단 노드들의 효용 가치는 게임의 UTILITY 함수로 결정된다. 첫 번째 MIN 노드 $B$의 세 후행 상태의 효용 가치는 3, 12, 8이므로, 그 노드의 최소최대 가치는 3이다. 마찬가지로, 다른 두 MIN 노드의 최소최대 가치는 둘 다 2이다. 뿌리 노드는 MAX 노드이다. 그 후행 상태들의 최소최대 가치는 3, 2, 2이므로 뿌리 노드의 최소최대 값은 3이다. 이제 뿌리 노드에서의 **최**

소최대 결정(minimax decision)이 가능하다. MAX에게는 $a_1$ 동작이 최적의 선택이다. 그 동작이 최소최대 가치가 최대인 상태로 이어지기 때문이다.

MAX의 최적 플레이에 대한 이 정의는 MIN 역시 최적으로 플레이한다는, 즉 MAX에 대한 **최악의 경우**의 결과를 최대화하려 한다는 가정을 깔고 있다. 만일 MIN이 최적으로 플레이하지 않으면 어떻게 될까? 그런 경우 MAX는 적어도 최적의 플레이어를 상대할 때만큼은 잘 플레이하며, 어쩌면 더 잘 플레이할 수도 있다. 그렇지만 최적이 아닌 상대에 대해 항상 최소최대 최적 수를 두는 것이 최선은 아니다. 둘 다 최적으로 플레이한다면 무승부가 되겠지만, MAX가 어떤 대담한 수를 두면 MIN이 보기에 합당한 응수 열 개 중 아홉 개가 MIN의 패배로 이어지고 하나만 MAX의 패배로 이어지는 시나리오를 생각해 보자. 만일 MAX가 MIN이 최적의 수를 발견하기에 충분한 계산 능력이 없다고 믿는다면, MAX는 확실한 무승부보다는 9/10 확률의 승리가 더 낫다는 점에 근거해서 대담한 수를 시도할 것이다.

## 5.2.1 최소최대 알고리즘

Minimax($s$)를 구할 수 있다면, 그에 기초해서 MAX를 위한 최선의 수를 찾는 검색 알고리즘을 만들 수 있다. 기본적으로 그러한 알고리즘은 모든 동작을 시도해서 그 결과 상태의 Minimax 가치가 가장 큰 동작 하나를 선택한다. 도해 5.3에 바로 그러한 알고리즘이 나와 있다. 이 알고리즘은 재귀적으로 트리의 말단 노드까지 나아가고, 재귀가 풀리면서 트리를 타고 최소최대 가치들을 **되짚어 돌아온다**(백업). 예를 들어 도해 5.2에서 알고리즘은 우선 좌측 하단의 세 노드로까지 내려간 후 각각에 대해 Utility 함수를 적용해서 가치 3, 12, 8을 얻는다. 그런 다음 그중 최솟값인 3을 취하고 그것을 노드 $B$에 대한 백업 값으로 돌려준다. $C$에 대한 백업 값 2와 $D$에 대한 백업 값 2도 마찬가지 방식으로 결정된다. 마지막으로, 3과 2, 2의 최댓값인 3이 뿌리 노드에 대한 백업 값이 된다.

최소최대 알고리즘은 게임 트리에 대해 완결적인 깊이 우선 탐색을 수행한다. 트리의 최대 깊이가 $m$이고 각 지점에서의 적법한 수가 $b$개일 때 최소최대 알고리즘의 시간 복잡도는 $O(b^m)$이다. 모든 동작을 한 번에 생성하는 알고리즘의 공간 복잡도는 $O(bm)$이고 동작들을 한 번에 하나씩 생성하는 알고리즘(p.108 참고)의 공간 복잡도는 $O(m)$이다. 시간 복잡도가 지수적이라서 실제 게임에 이 Minimax 알고리즘을 그대로 적용하는 것은 비실용적이다. 예를 들어 체스의 분기 계수는 약 35이고 평균 게임 깊이는 약 80겹이다. $35^{80} \approx 10^{123}$개의 상태를 검색하는 것은 사실상 불가능하다. 그러나 Minimax 알고리즘은 게임의 수학적 분석을 위한 토대의 역할을 한다. 최소최대 가치 계산을 다양한 방식으로 근사함으로써 좀 더 실용적인 알고리즘을 유도할 수 있다.

```
function MINIMAX-SEARCH(game, state) returns  하나의 수(동작)
    player ← game.TO-MOVE(state)
    value, move ← MAX-VALUE(game, state)
    return move

function MAX-VALUE(game, state) returns  (utility, move) 쌍
    if game.IS-TERMINAL(state) then return game.UTILITY(state, player), null
    v, move  ← − ∞, null
    for each a in game.ACTIONS(state) do
        v2, a2 ← MIN-VALUE(game, game.RESULT(state, a))
        if v2 > v then
            v, move ← v2, a
    return v, move

function MIN-VALUE(game, state) returns  (utility, move) 쌍
    if game.IS-TERMINAL(state) then return game.UTILITY(state, player), null
    v, move ← + ∞, null
    for each a in game.ACTIONS(state) do
        v2, a2 ← MAX-VALUE(game, game.RESULT(state, a))
        if v2 < v then
            v, move ← v2, a
    return v, move
```

**도해 5.3** 최소최대를 이용해서 최적의 수를 계산하는 알고리즘. 여기서 최적의 수란 상대가 효용을 최소화한다는 가정하에서 효용이 최대가 되는 결과로 이어지는 수를 말한다. MAX-VALUE 함수와 MIN-VALUE 함수는 게임 트리 전체를 훑어 말단 노드까지 나아가서 상태의 백업 값과 그 상태로의 수를 구한다.

## 5.2.2 다인용 게임의 최적 결정

인기 있는 게임들 중에는 셋 이상의 플레이어가 참여하는 게임도 많다. 그럼 최소최대 개념을 그런 다중 플레이어 게임으로 확장하는 방법을 살펴보자. 그러한 확장은 기술적인 관점에서는 간단하지만, 개념적으로는 몇 가지 흥미로운 새 주제를 던져준다.

우선, 각 노드에 하나의 가치를 부여하는 것이 아니라 가치들의 **벡터**를 부여해야한다. 예를 들어 플레이어 $A$, $B$, $C$가 참여하는 3인용 게임에서는 각 노드에 벡터 $\langle v_A, v_B, v_C \rangle$를 부여한다. 말단 상태에서 이 벡터는 각 플레이어의 관점에서 본 상태의 효용 가치를 제공한다. (2인용 제로섬 게임에서는 두 플레이어의 가치는 항상 서로 반대이므로, 2성분 벡터를 하나의 가치로 줄일 수 있다.) 이를 구현하는 가장 간단한 방법은 UTILITY 함수가 효용 가치들의 벡터를 돌려주게 하는 것이다.

다음으로, 비말단 상태들을 고려해야 한다. 도해 5.4에서 $X$표가 있는 노드를 생각해 보자. 이 상태에서 플레이어 $C$가 다음 수를 선택한다. 이 노드 $X$로부터 갈 수 있는 종료 상태는 두 개이고, 그 두 상태의 효용 벡터는 각각 $\langle v_A = 1,\ v_B = 2,\ v_C = 6 \rangle$과 $\langle v_A = 4,\ v_B = 2,\ v_C = 3 \rangle$이다. 6이 3보다 크므로 첫 수로는 $C$가 선택된다. 이는, 만일 상태 $X$에 도달했다면 그다음 수는 효용 벡터가 $\langle v_A = 1,\ v_B = 2,\ v_C = 6 \rangle$인 말단 상태로 이어짐을 뜻한다. 따라서 $X$의 백업 값은 바로 이 벡터이다. 일반적으로 노드 $n$의 백업 값은 플레이어가 $n$에서 선택한 후행 상태(가장 큰 값을 가진)의 효용 벡터이다.

디플로머시$^{\text{Diplomacy}}$나 카탄의 개척자$^{\text{Settlers of Catan}}$ 같은 게임을 해 본 독자라면 알겠지만, 2인용 게임에 비해 다인용 게임에서는 게임 상황이 훨씬 복잡하다. 공식적이든 비공식적이든, 다인용 게임에는 플레이어들 사이의 **동맹**(alliance)이라는 요소가 흔히 개입한다. 게임이 진행됨에 따라 동맹이 맺어지기도 하고 깨지기도 한다. 그런 행동을 어떻게 이해해야 할까? 다인용 게임에서 각 플레이어의 최적의 전략에 의해 동맹이라는 현상이 자연스럽게 빚어질 수 있을까? 실제로 그럴 수 있음이 밝혀졌다.

동맹

예를 들어 $A$와 $B$가 불리한 위치에 있고 $C$가 유리한 위치를 차지하고 있다고 하자. 그러면 $A$와 $B$가 서로 싸우다 $C$에게 각개격파당하는 것보다는 둘 다 $C$를 공격하는 것이 최적인 경우가 많다. 이 경우 전적으로 이기적인 행동에 의해 협력(cooperation)이라는 현상이 창발한다. 물론 둘의 연대 공격 때문에 $C$가 약해지면 그 즉시 동맹의 가치가 떨어져서 $A$나 $B$가 협약을 깰 수 있다.

명시적인 동맹이 어차피 일어날 일을 구체화하는 정도의 의미만 가지는 경우가 있는가 하면, 동맹을 깨는 것에 사회적인 오명이 부여되어 있어서 동맹 파기의 직접적인 이익과 신뢰도 하락에 의한 장기적 불이익의 균형을 맞출 필요가 있는 경우도 있다. 이런 복잡한 사항들은 §18.2에서 좀 더 살펴본다.

제로섬 게임이 아닌 게임에서는 플레이어가 둘뿐인 경우에도 협력이 일어날 수 있다. 예를 들어 어떤 말단 상태의 효용 가치들이 $\langle v_A = 1000,\ v_B = 1000 \rangle$이고 각 플레이

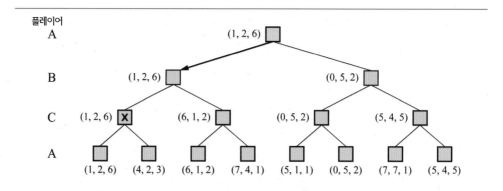

플레이어

**도해 5.4** 세 플레이어($A$, $B$, $C$)가 참여하는 게임 트리의 처음 세 겹. 각 노드에 있는 벡터는 각 플레이어의 관점에서 본 가치들이다. 최선의 수는 뿌리 노드에 표시되어 있다.

어에 가능한 최고의 효용이 1000이라고 하자. 그러면 두 플레이어 모두 최적의 전략은 그 상태에 도달하기 위해 어떤 일이든 하는 것이다. 즉, 플레이어들은 둘 다에게 바람직한 목표를 달성하기 위해 자동으로 협력하게 된다.

## 5.2.3 알파베타 가지치기

가지치기

알파베타 가지치기

최소최대 검색의 문제점은 조사해야 할 게임 상태의 수가 게임 트리 깊이에 지수적이라는 점이다. 지수를 완전히 제거하는 알고리즘은 없지만, 지수를 실질적으로 반감하는 것은 가능하다. **가지치기**(p.121)를 이용해 트리의 커다란 부분을 고려 대상에서 제외함으로써, 게임 트리의 모든 노드를 조사하지 않고도 정확한 최소최대 결정을 계산할 수 있다. 이번 절에서는 가지치기 기법 중 하나인 **알파베타 가지치기**(alpha-beta pruning)라를 살펴본다.

이번에도 도해 5.2의 두 겹 게임 트리를 예로 들겠다. 이전처럼 최적 결정 계산 과정을 짚어 나가되, 이번에는 그 과정의 각 지점에서 알고 있는 정보에 관심을 가지기로 하자. 도해 5.5가 그러한 과정을 나타낸 것이다. 이를 잘 살펴보면, 말단 노드 두 개를 전혀 평가하지 않고도 정확한 최소최대 결정을 계산할 수 있었음을 알 수 있다.

이를 MINIMAX의 공식을 단순화한 것으로 생각할 수도 있다. 도해 5.5에서 노드 $C$의 후행자들 중 평가되지 않은 두 노드의 가치가 각각 $x$와 $y$라고 하자. 그러면 뿌리 노드의 가치는 다음과 같이 주어진다.

$$\begin{aligned} \text{MINIMAX}(root) &= \max(\min(3,\ 12,\ 8),\ \min(2,\ x,\ y),\ \min(14,\ 5,\ 2)) \\ &= \max(3,\ \min(2,\ x,\ y),\ 2) \\ &= \max(3,\ z,\ 2) \qquad \text{여기서 } z = \min(2,\ x,\ y) \leq 2 \\ &= 3. \end{aligned}$$

다른 말로 하면, 뿌리 노드의 가치는(따라서 최소최대 결정은) 잘려나간 말단 노드 가치 $x$, $y$와는 **독립적**이다.

알파베타 가지치기는 임의의 깊이의 트리에 적용할 수 있으며, 말단 노드뿐만 아니라 부분 트리를 통째로 잘라낼 수 있는 경우도 많다. 일반 원리는 다음과 같다. 트리의 어딘가에 노드 $n$이 있으며(도해 5.6 참고), 플레이어가 어떤 수를 두면 $n$에 도달하게 된다고 하자. 그런데 같은 수준의 노드(이를테면 도해 5.6의 $m'$에서) 또는 트리에서 더 위쪽에 있는 노드(이를테면 도해 5.6의 $m$)에 더 나은 수가 존재한다면, 현재 플레이어는 결코 노드 $n$으로 가지 않는다. 따라서, 그러한 결론을 도출할 수 있을 정도로 $n$에 대해 알게 되면($n$의 후손 몇 개를 조사해서), 그 즉시 $n$을 처내도 된다.

최소최대 검색이 깊이 우선 방식임을 기억하기 바란다. 따라서 주어진 한 시점에서 살펴봐야 할 것은 트리의 경로 하나에 있는 노드뿐이다. 알파베타 가지치기라는 이름은 그 경로의 임의의 지점에서 나타나는 백업 값들의 상계와 하계에 해당하는 MAX-VALUE $(state, \alpha, \beta)$의 둘째, 셋째 매개변수(도해 5.7 참고)에서 비롯되었다.

- $\alpha$ = MAX에 대한 경로에 있는 임의의 선택 지점에서 지금까지 발견한 최선의(즉, 가치가 가장 큰) 선택의 가치. $\alpha$를 "최소 가치"로 생각할 수 있다.

- $\beta$ = MIN에 대한 경로에 있는 임의의 선택 지점에서 지금까지 발견한 최선의(즉, 가치가 가장 작은) 선택의 가치. $\beta$를 "최대 가치"로 생각할 수 있다.

알파베타 가지치기는 검색을 진행하는 과정에서 $\alpha$와 $\beta$의 값을 갱신하고, MAX에 대해 현재 $\alpha$ 값보다 나쁜, MIN에 대해서는 현재 $\beta$ 값보다 나쁜 가치를 가진 노드를 발견하면 그 노드의 나머지 가지들을 쳐낸다(즉, 재귀 호출을 종료한다). 완전한 알고리즘이 도해 5.7에 나와 있다. 도해 5.5는 한 게임 트리에 대한 이 알고리즘의 진행 과정을 보여준다.

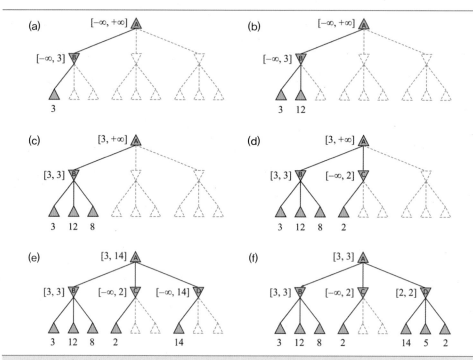

**도해 5.5** 도해 5.2의 게임 트리를 위한 최적 결정을 계산하는 과정. 각 단계마다 각 노드가 가질 수 있는 가치들의 범위가 표시되어 있다. (a) $B$ 아래의 첫 잎(말단 노드)의 가치는 3이다. 따라서, MIN 노드인 $B$가 가질 수 있는 가치는 최대 3이다. (b) $B$ 아래의 둘째 잎의 가치는 12이다. MIN은 이 노드를 피할 것이므로 $B$의 가치는 여전히 최대 3이다. (c) $B$ 아래의 셋째 잎의 가치는 8이다. $B$의 후행 상태들을 모두 조사했으므로, $B$의 가치는 정확히 3이다. 이제 뿌리 노드의 가치가 **최소** 3이라는 결론을 도출할 수 있다. MAX가 뿌리에서 3에 해당하는 수를 선택할 수 있기 때문이다. (d) $C$ 아래의 첫 잎의 가치는 2이다. 따라서, MIN 노드인 $C$가 가질 수 있는 가치는 최대 2이다. 그런데 $B$가 적어도 3임을 알고 있으므로 MAX는 결코 $C$를 선택하지 않는다. 따라서 $C$의 다른 후행 상태들은 더 조사할 필요가 없다. 이것이 알파베타 가지치기의 예이다. (e) $D$ 아래의 첫 잎의 가치는 14이므로 $D$는 **최대** 14의 가치를 가진다. (f) $D$의 둘째 후행자는 5이므로 계속 조사해 볼 필요가 있다. 셋째 후행자는 2이므로 $D$의 가치는 정확히 2이다. 결과적으로 MAX는 뿌리 노드에서 $B$(3을 제공하는)로 가기로 결정한다.

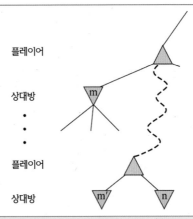

플레이어

상대방

플레이어

상대방

**도해 5.6** 알파베타 가지치기의 일반적 경우. 만일 플레이어에게 $m$이나 $m'$이 $n$보다 나으면, 실제 게임 플레이에서 $n$에 도달하는 일은 발생하지 않는다.

---

**function** Alpha-Beta-Search(*game*, *state*) **returns** 동작
  *player* ← *game*.To-Move(*state*)
  *value*, *move* ← Max-Value(*game*, *state*, $-\infty$, $+\infty$)
  **return** *move*

**function** Max-Value(*game*, *state*, $\alpha$, $\beta$) **returns** (*utility*, *move*) 쌍
  **if** *game*.Is-Terminal(*state*) **then return** *game*.Utility(*state*, *player*), *null*
  *v*, *move* ← $-\infty$, *null*
  **for each** *a* **in** *game*.Actions(*state*) **do**
    *v2*, *a2* ← Min-Value(*game*, *game*.Result(*state*, *a*), $\alpha$, $\beta$)
    **if** *v2* > *v* **then**
      *v*, *move* ← *v2*, *a*
      $\alpha$ ← Max($\alpha$, *v*)
    **if** *v* ≥ $\beta$ **then return** *v*, *move*
  **return** *v*, *move*

**function** Min-Value(*game*, *state*, $\alpha$, $\beta$) **returns** (*utility*, *move*) 쌍
  **if** *game*.Is-Terminal(*state*) **then return** *game*.Utility(*state*, *player*), *null*
  *v*, *move* ← $+\infty$, *null*
  **for each** *a* **in** *game*.Actions(*state*) **do**
    *v2*, *a2* ← Max-Value(*game*, *game*.Result(*state*, *a*), $\alpha$, $\beta$)
    **if** *v2* < *v* **then**
      *v*, *move* ← *v2*, *a*
      $\beta$ ← Min($\beta$, *v*)
    **if** *v* ≤ $\alpha$ **then return** *v*, *move*
  **return** *v*, *move*

---

**도해 5.7** 알파베타 검색 알고리즘. 이 함수들은 도해 5.3의 Minimax 함수들과 거의 같다. 차이점은 상, 하계를 변수 $\alpha$와 $\beta$로 관리한다는 점과 가치가 상, 하계를 벗어났을 때 검색을 중단한다는 점이다.

## 5.2.4 수들의 순서 결정

알파베타 가지치기의 효과는 상태들을 조사하는 순서에 크게 의존한다. 예를 들어 도해 5.5의 (e)와 (f)에서는 $D$의 후행자들을 전혀 쳐낼 수 없었다. 최악의 후행자(MIN의 관점에서 본)가 먼저 생성되었기 때문이다. 만일 $D$의 셋째 후행자가 먼저 생성되었다면(값은 2), 다른 두 후행자를 쳐낼 수 있었을 것이다. 이는, 최선일 가능성이 있는 후행자들을 먼저 조사해 보는 것이 바람직할 수 있음을 암시한다.

순서를 완벽하게 결정할 수 있다면, 알파베타 가지치기가 최선의 수를 선택하기 위해 조사해야 하는 노드의 수는 단 $O(b^{m/2})$개이다(최소최대에서는 $O(b^m)$개). 이는 유효 분기 계수가 $b$가 아니라 $\sqrt{b}$가 됨을 의미한다. 체스의 경우 35가 아니라 6인 것이다. 다른 말로 하면, 수들의 순서를 완벽하게 결정할 수 있는 경우 알파베타는 같은 시간 동안 트리를 약 두 배나 더 깊이 탐색할 수 있다. 후행자들을 무작위순으로 조사한다면, $b$가 적당한 값일 때 조사되는 노드 개수는 약 $O(b^{3m/4})$이다. 그런데 수들의 순서를 **완벽**하게 결정하는 것은 사실 불가능하다. 만일 그것이 가능했다면, 애초에 그런 순서 결정 함수를 게임을 완벽하게 플레이하는 데 사용했을 것이다. 그러나 완벽에 상당히 가까이 갈 수는 있다. 예를 들어 체스에서는 상당히 간단한 순서 결정 함수(상대 말을 잡는 수들을 먼저 시도하고, 그다음으로는 위협하는 수들, 그다음으로는 전진하는 수들, 마지막으로 후퇴하는 수들을 시도하는 등)를 사용해도 최선의 경우의 $O(b^{m/2})$을 약 절반으로 줄일 수 있다.

과거에 최선이라고 판명된 수들을 먼저 시도하는 등의 동적인 조사 순서 결정 방안들을 추가하면 이론적 한계에 상당히 가까워진다. '과거의 수'는 직전의 수일 수도 있고 (같은 위협이 여전히 남아 있는 경우가 있다), 현재 수의 이전 탐험에서 **반복 심화**(p.109)를 통해 조사한 수들일 수도 있다. 먼저 겹 깊이로 검색을 수행해서, 수들의 평가치에 기초해서 수들의 순위를 기록해 둔다. 그런 다음 한 겹 더 깊게 검색하되, 기록된 순위들을 활용해서 수들의 순서를 결정한다. 반복 심화 때문에 검색 시간이 늘어나겠지만, 수들의 순서가 좋아지면 오히려 전체적인 검색 시간이 줄어들 수 있다. 최선의 수들을 흔히 **킬**
**킬러 수**
**러 수**(killer move)라고 부르고, 그런 수들을 먼저 고려하는 방식을 킬러 수 발견법이라고 부른다.

반복된 상태들로 이어지는 중복 경로들 때문에 검색 비용이 지수적으로 증가할 수 있으며, 이전에 도달된 상태들을 테이블에 담아 두고 중복 경로를 점검함으로써 이 문제를 해결할 수 있다는 점을 §3.3.3에서 이야기했다. 게임 트리 검색의 경우 반복된 상태들
**전치**
**전치 테이블**
은 **전치**<sup>轉置</sup>(transposition)들, 즉 결국은 같은 국면이 되지만 수들의 순서(자리)가 다른 수순들 때문에 발생할 수 있으며, 이 문제는 상태들의 발견적 가치들을 담은 **전치 테이블**(transposition table)로 해결할 수 있다.

예를 들어 체스에서 백 플레이어의 수 $w_1$에 흑 플레이어가 $b_1$로 응수한 후, 백이 체스판의 다른 쪽에서 그와는 무관한 $w_2$라는 수를 두고 그에 대해 흑이 $b_2$로 응수하는 수순 $[w_1, b_1, w_2, b_2]$를 검색 알고리즘이 발견했다고 하자. 그 수순의 결과 상태가 $s$라고

하겠다. 검색 알고리즘은 $s$ 아래의 큰 부분 트리 하나를 탐색한 후 해당 백업 값을 구해서 전치 테이블에 저장한다. 이후 검색 알고리즘이 또 다시 상태 $s$가 되는 $[w_2, b_2, w_1, b_1]$라는 수순을 발견한다면, 그 아래의 부분 트리를 다시 탐색하는 대신 전치 테이블에서 그 상태의 백업 값을 조회하면 된다. 체스에서 이러한 전치 테이블의 사용은 매우 효과적이다. 이 기법을 이용하면 같은 시간에서 도달 가능한 검색 깊이가 두 배가 된다.

알파베타 가지치기와 현명한 순서 결정 기법을 사용한다고 해도 최소최대 알고리즘은 체스나 바둑 같은 게임에는 통하지 않는다. 그런 게임들은 상태가 너무 많아서 제 시간 안에 상태 공간을 탐색할 수 없기 때문이다. 컴퓨터 게임 플레이에 관한 최초의 논문인 *Programming a Computer for Playing Chess*(Shannon, 1950)에서 클로드 섀넌은 이 문제점을 지적하고 두 개의 전략을 제시했다. **A형 전략**(Type A strategy)은 검색 트리의 일정 깊이까지 모든 수를 고려하고, 그런 다음 발견적 평가 함수를 이용해서 그 깊이에 있는 상태들의 효용을 추정한다. 이 전략은 트리를 **넓지만 얕게** 탐색하는 것에 해당한다. **B형 전략**(Type B strategy)은 나빠 보이는 수들을 무시하고, 유망한 수순들을 "최대한 멀리" 따라가 본다. 이것은 트리를 **깊지만 좁게** 탐색하는 것에 해당한다.

역사적으로, 대부분의 체스 프로그램은 A형 전략(다음 절에서 살펴본다)을 따른다. 반면 바둑 프로그램들은 B형 전략(§5.4에서 살펴본다)을 따르는 것이 많다(바둑은 분기 계수가 훨씬 크므로). 좀 더 최근에는 B형 프로그램들이 체스를 포함한 다양한 게임들에서 세계 챔피언급의 플레이를 보였다(Silver 외, 2018).

A형 전략

B형 전략

# 5.3 발견적 알파베타 트리 검색

제한된 계산 시간을 최대한 활용하는 방법 하나는 검색을 일찍 중단(cut off)하고 발견적 **평가 함수**를 상태들에 적용하는 것이다. 이는 비말단 노드들을 마치 말단 노드들인 것처럼 취급하는 것에 해당한다. 알고리즘 구현의 관점에서 말하자면, 상태의 효용을 '계산'하는 UTILITY 함수 대신 효용을 '추정'하는 EVAL 함수를 사용한다. 또한 종료 판정 대신 **중단 판정**(cutoff test)을 사용한다. 중단 판정은 종료 상태(말단 상태)에 대해 반드시 참이고, 검색 깊이나 상태의 다른 어떤 속성(우리가 고려하기로 결정한)에 기초해서 검색을 중단하는 것이 유리하다고 판단되는 경우에는 종료 상태가 아닌 상태에 대해서도 참이 될 수 있다. 이에 기초해서, 검색 깊이 $d$의 상태 $s$에 대한 발견적 최소최대 가치를 뜻하는 H-MINIMAX$(s,d)$의 공식을 다음과 같이 정의할 수 있다.

중단 판정

$$\text{H-Minimax}(s,\ d) =$$
$$\begin{cases} \text{EVAL}(s) & \text{만일 IS-TEST}(s,d)\text{이면;} \\ \max_{a \in Actions(s)} \text{H-MINIMAX}(\text{RESULT}(s,\ a),\ d+1) & \text{만일 TO-MOVE}(s) = \text{MAX면;} \\ \min_{a \in Actions(s)} \text{H-MINIMAX}(\text{RESULT}(s,\ a),\ d+1) & \text{만일 TO-MOVE}(s) = \text{MIN이면.} \end{cases}$$

## 5.3.1 평가 함수

발견적 평가 함수 $\text{EVAL}(s,p)$는 상태 $s$에서 플레이어 $p$에 대한 기대 효용의 **추정치**를 돌려준다. 이는 제3장의 발견적 함수가 목표까지의 거리에 대한 추정치를 돌려주는 것과 비슷하다. 말단 상태들에서는 반드시 $\text{EVAL}(s,p) = \text{UTILITY}(s,p)$이고, 비말단 상태들에서는 이 평가 함수는 패배(loss)와 승리(win) 사이의 어딘가에 해당하는 추정치를 돌려주어야 한다. 즉, $\text{UTILITY}(loss,p) \le \text{EVAL}(s,p) \le (win,p)$이어야 한다.

이러한 요구조건들 이외에, 좋은 평가 함수의 요건은 무엇일까? 무엇보다도, 계산에 시간이 너무 많이 걸려서는 안 된다! (애초에 평가 함수는 검색을 더 빠르게 하려고 도입한 것이다.) 둘째로, 평가 함수는 반드시 실제 '승리 가능성(winning chance)'과 상관관계가 높은 추정치를 돌려주어야 한다. '승리 가능성'이 구체적으로 무엇일까? 사실 체스는 운(chance)의 게임이 아니다. 플레이어는 현재 상황을 확실하게 알 수 있으며, 주사위는 전혀 관여하지 않는다. 플레이어가 실수를 저지른다면, 그 결과는 그 시점에서 이미 결정된다. 그러나 검색이 비말단 상태들에서 중단되어야 한다면, 알고리즘의 관점에서 그 상태들의 최종 결과는 **불확실하다**(무한한 컴퓨팅 자원으로 불확실성을 해소할 수 있다고 해도).

**특징**       이러한 착안을 좀 더 구체화해 보자. 대부분의 평가 함수는 상태의 다양한 **특징**(feature)들을 계산에 포함시킨다. 예를 들어 체스에서는 백의 폰<sup>pawn</sup>(졸) 개수, 흑의 폰 개수, 백의 퀸 개수, 흑의 퀸 개수 등이 각각의 특징이 될 수 있다. 그러한 특징들의 조합은 상태의 다양한 **범주** 또는 **동치류**<sup>同値類</sup>(equivalence class)를 형성한다. 한 범주에 속한 상태들은 그 범주를 형성하는 특징들의 가치가 모두 같다. 예를 들어 모든 2 폰 대 1 폰 끝내기(endgame)들을 포함하는 범주를 생각할 수 있을 것이다. 모든 범주는 승리로 이어지는(완벽한 플레이에서) 상태들과 무승부로 이어지는 상태들, 그리고 패배로 이어지는 상태들을 포함한다.

평가 함수는 어떤 상태가 어떤 결과로 이어지는지 알지 못하지만, 각 결과(승, 무, 패)의 상태들이 차지하는 **비율**을 반영하는 하나의 값을 돌려줄 수는 있다. 예를 들어, 어떤 실험에서 2 폰 대 1 폰 범주에 있는 상태들의 82%가 승리(효용 값이 +1)로 이어지고 2%가 패배(0), 8%가 무승부(1/2)로 이어졌다고 하자. 그러면 그 범주의 상태들에 대한 **기대 가치**    합당한 평가치는 **기대 가치**(expected value)인 $(0.82 \times +1) + (0.02 \times 0) + (0.16 \times 1/2) = 0.90$이다. 원칙적으로 각 상태 범주마다 이러한 기대 가치를 계산할 수 있으며, 따라서 그 어떤 상태에 대해서도 작동하는 평가 함수를 만들 수 있다.

실제 응용에서 이런 종류의 분석에는 너무 많은 범주가 요구되며, 따라서 모든 승리 확률을 추정하는 데 필요한 실험의 수도 너무 많다. 그래서 대부분의 평가 함수는 특징별로 개별적인 수치 기여도를 계산한 후 그것들을 **결합**해서 전체 가치를 구한다. 수백 년간 체스 플레이어들은 바로 이러한 개념만으로 국면의 가치를 평가하는 방법을 개발해 **기물 가치**    왔다. 예를 들어 초급 체스 교본들은 각 체스 말(piece)의 근사적인 **기물 가치**(material value)를 제시한다. 폰의 가치는 1이고 나이트나 비숍은 3, 루크는 5, 퀸은 9이다. '좋은 폰 배치'나 '킹의 안전' 같은 특징은 이를테면 폰의 1/2의 가치를 가진다고 할 수 있다. 이러한 특징 가치들을 그냥 합하면 해당 게임 국면의 평가치가 된다.

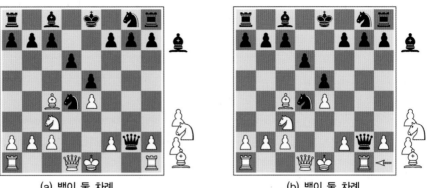

(a) 백이 둘 차례                    (b) 백이 둘 차례

**도해 5.8** 오른쪽 하단 루크의 위치만 다른 두 체스 게임 국면. (a)에서 흑은 나이트 하나와 폰 두 개만큼 앞서 있는데, 그 정도면 게임을 이기기에 충분할 것이다. (b)에서 백은 퀸을 잡는다. 그러면 승리를 확신할 수 있을 정도로 유리해진다.

가중 선형 함수 수학에서는 이런 종류의 평가 함수를 **가중 선형 함수**(weighted linear function; 가중 일차 함수)라고 부르는데, 이는 이런 함수를 다음과 같이 1차 가중 평균 형태로 표현할 수 있기 때문이다.

$$\text{EVAL}(s) = w_1 f_1(s) + w_2 f_2(s) + \cdots + w_n f_n(s) = \sum_{i=1}^{n} w_i f_i(s).$$

여기서 각 $f_i$는 주어진 국면의 한 특징(이를테면 '백 비숍 개수')이고, 각 $w_i$는 가중치(주어진 특징이 얼마나 중요한지를 뜻하는)이다. 이 가중치들을 그 합이 항상 0(패배)와 1(승리) 사이가 되도록 정규화해야 한다. 폰 하나의 가치에 해당하는 유리한 국면에 대해 평가 함수는 1(승리)에 꽤 가까운 값을 돌려주어야 하고, 폰 세 개의 가치에 해당하는 유리한 국면에 대해서는 1과 거의 같은 값을 돌려 주어야 할 것이다. 도해 5.8(a)이 승리가 거의 확실한 국면의 예이다. 앞에서 평가 함수가 승리 가능성와 강한 상관관계여야 한다고 말했는데, 그것이 반드시 선형 상관관계일 필요는 없다. 상태 $s$의 승리 가능성이 상태 $s'$의 두 배라고 해도, $\text{EVAL}(s)$가 반드시 $\text{EVAL}(s')$의 두 배일 필요는 없는 것이다. $\text{EVAL}(s) > \text{EVAL}(s')$이기만 하면 된다.

특징 가치들을 합하는 것이 합리적인 방식으로 보이겠지만, 사실 여기에는 각 특징의 기여가 다른 특징의 가치들과 **독립적**이라는 강력한 가정이 깔려 있다. 그래서 요즘 체스 프로그램이나 기타 게임용 프로그램은 특징들의 **비선형** 결합도 사용한다. 그런 프로그램에서는 예를 들어 비숍이 둘 다 살아 있으면 그 둘이 가치를 개별 비숍 가치의 두 배보다 약간 크게 잡을 수 있다. 또한, 끝내기 단계(즉, **가능한 수의 개수** 특징이 높은, 또는 **남은 말 개수** 특징이 낮은)에서 비숍의 가치를 게임 초반부보다 더 크게 잡을 수도 있다.

이런 특징들과 가중치들이 어디에서 온 것일까? 이들은 체스 규칙의 일부가 아니라, 사람들의 체스 플레이 경험에서 형성된 문화의 일부이다. 이런 종류의 경험적 정보가 없는 게임에서는 평가 함수의 가중치들을 제22장의 기계학습을 이용해서 추정할 수 있다. 이런 기법들을 체스에 적용해 보니 비숍의 가치가 실제로 폰 세 개에 해당함이 확인되었다. 수세기에 걸친 사람들의 경험을 기계학습을 몇 시간 돌려서 재현한 셈이다.

## 5.3.2 검색 중단

다음으로, 검색을 중단하는 것이 적당한 지점에 도달했으면 발견적 EVAL 함수를 호출하도록 ALPHA-BETA-SEARCH를 수정해야 한다. 도해 5.7에서 IS-TERMINAL-TEST를 언급하는 두 줄을 다음 줄로 대체하면 된다.

$$\textbf{if } game.\text{IS-CUTOFF}(state, depth) \textbf{ then return } game.\text{EVAL}(state, player), null$$

또한, 현재 각 재귀 호출에서 $depth$가 증가하도록 일부 관리(bookkeeping) 코드를 배치할 필요도 있다. 검색의 양을 제어하는 가장 직접적인 방법은 고정된 깊이 한계 $d$를 정해 두고, 인수 $depth$가 그 $d$보다 클 때에는 IS-CUTOFF($state, depth$)가 항상 $true$를 돌려주게 하는 것이다(또한, 모든 말단 노드에 대해서도 $true$를 돌려주어야 한다.) 깊이 $d$는 할당된 시간 내에서 하나의 수를 선택할 수 있을 정도의 값으로 설정해야 한다. 좀 더 안정적인 접근방식은 반복 심화를 적용하는 것이다. (제3장을 보라.) 할당된 시간이 지나가면 프로그램은 가장 깊게 들어간 검색이 선택한 수를 돌려준다. 추가로, 만일 반복 심화의 각 반복에서 항목들을 전이 테이블에 담아 둔다면 이후 반복들이 더 빨라질 것이며, 그 평가치들을 이용해서 수들의 순서 결정을 개선할 수 있다.

그런데 평가 함수의 근사적 성질 때문에 이러한 간단한 접근방식들이 오류로 이어질 수 있다. 기물 개수만 따지는 간단한 체스 평가 함수를 다시 생각해 보자. 프로그램이 깊이에 제한을 두고 검색을 수행해서 도해 5.8(b)의 국면에 도달했다고 하자. 이 상태에서 흑은 나이트 하나와 폰 두 개만큼 앞서 있다. 프로그램이 이를 그 상태의 발견적 가치로 사용한다면 흑이 이길 가능성이 더 크다고 판단할 것이다. 그러나 백의 다음 수는 향후 피해 없이 흑의 퀸을 잡는 것이다. 따라서 이 상태에서는 사실 백이 더 유리하지만, 트리를 더 검색해 보지 않고서는 이 점을 알 수 없다.

소강     평가 함수는 **소강**(quiescent) 국면에서만, 향후 평가치들을 크게 변화시킬 유보 수(pending move; 이를테면 퀸을 잡는 등의)가 없는 국면에서만 적용해야 한다. 소강 국면이 아닌 국면에서 IS-CUTOFF는 거짓을 돌려주며, 검색은 소강 국면에 도달할 때까지

소강 검색   검색을 계속한다. 이런 추가적인 **소강 검색**(quiescence search)은 종종 국면의 불확실성을 빠르게 해소할 수 있는 특정 종류의 수들(이를테면 상대 말을 잡는 수 등)만 고려하는 제한된 형태로 실행된다.

지평선 효과   **지평선 효과**(horizon effect; 또는 시계<sup>視界</sup> 효과)는 제거하기가 좀 더 어렵다. 이 효과는 심각한 피해를 입히는, 그리고 궁극적으로는 피할 수 없지만 지연 전술을 이용해서 일시적으로 피할 수는 있는 상대의 수를 만났을 때 발생한다. 도해 5.9의 체스 국면을 생각해 보자. 흑의 비숍이 탈출할 길은 없음이 명확하다. 예를 들어 백 루크는 h1-a1-a2

로 움직여서 흑 비숍을 잡을 수 있다. 이는 여섯 겹 검색에서의 포획이다.

그러나 흑에게는 비숍의 포획을 '지평선 너머'로 밀어내는 일련의 수들이 있다. 흑이 여덟 겹까지 검색한다고 하자. 흑의 수들은 대부분 결국 비숍이 잡히는 상태로 이어지며, 따라서 그 수들은 '나쁜' 수로 간주된다. 그러나 흑에게는 한 폰으로 백의 킹을 체크해서 킹이 그 폰을 잡도록 강요하는 수로 시작하는 일련의 수순이 있다. 흑의 다른 폰으로도 그런 수순이 가능하다. 이런 수들을 고려하다 보면 흑의 나머지 검색에서 비숍을 잡는 수가 발견되지 않는다. 흑은 이런 플레이가 폰 두 개를 희생해서 비숍을 살리는 것이라고 생각하겠지만, 실제로는 그냥 폰들을 낭비하는, 그리고 비숍이 결국 백에게 잡히고 마는 국면(흑이 보지 못하는 지평선 너머에서 있는)을 조금 미루는 것일 뿐이다.

특이 연장 이런 지평선 효과를 완화하는 한 가지 전략은 **특이 연장**(singular extension)을 허용하는 것이다. 주어진 국면에서 다른 모든 수보다 "확실히 더 나은" 수를 '특이 수'(singular move)라고 부른다. 이 전략은 보통의 경우라면 검색을 중단할 국면이라도 특이 수가 존재하면 검색을 더 연장함으로써 지평선 효과를 완화한다. 지금 예에서 검색 알고리즘은 백 루크의 세 수, 즉 h2에서 h1로 가고, h1에서 a1로 가고, a1에서 a2의 흑 비숍을 잡는 수순이 확실히 더 나은 수임을 발견할 것이므로, 폰 이동 수순이 지평선에 도달한다고 해도, 이 확실히 더 나은 수들 덕분에 검색을 연장할 기회가 생긴다. 이렇게 하면 트리가 더 깊어지지만, 대체로 특이 수들은 그리 많지 않으므로 이 전략을 사용해도 트리의 전체 노드 수가 아주 많이 증가하지는 않는다. 그리고 이러한 특이 연장이 실제 응용에서 효과적임이 입증되었다.

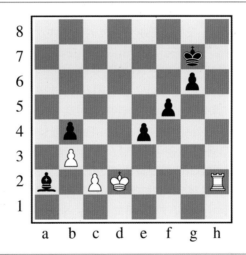

**도해 5.9** 지평선 효과. 흑이 둘 차례에서 흑의 비숍이 포획을 피할 길은 없다. 그러나 흑은 자신의 폰으로 백의 킹을 체크해서 킹이 그 폰을 잡게 함으로써 비숍의 포획을 미룰 수 있다. 그러면 피할 수 없는 비숍의 포획 사건이 지평선 너머로 밀리며, 따라서 검색 알고리즘은 흑의 폰 희생을 나쁜 수가 아니라 좋은 수로 오판하게 된다.

## 5.3.3 순방향 가지치기

순방향 가지치기

알파베타 가지치기는 최종 평가에 영향을 미치지 않는 가지들을 쳐낸다. 또 다른 가지치기 방법인 **순방향 가지치기**(forward pruning)는 나빠 보이지만 좋은 수일 수도 있는 수들을 제거한다. 따라서 순방향 가지치기는 실수의 위험을 감수하고 계산 시간을 줄이는 전략이다. 섀넌의 어법에서 이것은 B형 전략에 속한다. 대부분의 인간 체스 플레이어는 각 국면에서 몇 수 앞까지만(적어도 의식적으로는) 볼 수 있으므로, 이 전략을 사용한다고 할 수 있다.

빔 검색

순방향 가지치기의 한 가지 접근방식은 **빔 검색**(p.153)이다. 이 접근방식에서는 각 겹마다 모든 가능한 수를 고려하는 것이 아니라 한 '다발(beam)'의 수들만, 좀 더 구체적으로는 평가 함수를 기준으로 최선의 수 $n$개만 고려한다. 안타깝게도 이 접근방식은 최선의 수가 잘려 나가지 않으리라는 보장이 없다는 점에서 다소 위험하다.

probabilistic cut(확률적 중단)을 줄인 이름인 PROBCUT 알고리즘(Buro, 1995)은 알파베타 검색의 순방향 가지치기 버전으로, 이전의 경험에서 얻은 통계치들을 이용해서 최선의 수들이 잘려 나갈 확률을 줄인다. 알파베타 검색은 현재의 $(\alpha, \beta)$ 구간 바깥에 있음이 입증된 노드들을 모두 쳐내지만, PROBCUT은 그 구간 바깥에 있을 **확률이 큰** 노드들도 쳐낸다. PROBCUT은 얕은 검색으로 한 노드의 백업 값 $v$를 구하고, 트리의 깊이 $d$에서의 $v$의 점수가 $(\alpha, \beta)$ 구간 바깥에 있을 확률을 이전 경험을 이용해서 추정함으로써 그러한 확률을 계산한다. 부로[Buro]는 이 기법을 자신의 오델로 프로그램 LOGISTELLO에 적용했는데, PROBCUT을 이용하는 그 프로그램의 한 버전은 보통의 버전을 64%의 승률로 이겼다(보통의 버전에 시간이 두 배나 주어졌는데도).

늦은 수 감소

**늦은 수 감소**(late move reduction)이라는 기법도 있는데, 이 기법은 수들의 순서가 잘 결정되었으며, 그래서 가능한 수들의 목록에서 뒤에 있는("늦은") 수들이 좋은 수들일 가능성이 더 작다는 가정을 둔다. 그러나 그런 수들을 완전히 쳐내는 대신, 그 수들로의 검색 깊이를 감소함으로써 시간을 절약한다. 감소된 검색의 백업 값이 현재 $\alpha$ 값보다 크면 감소되지 않은 완전한 깊이로 검색을 다시 실행한다.

지금까지 설명한 모든 기법을 결합하면 체스(또는 다른 게임들)를 상당히 잘 두는 프로그램을 만들 수 있다. 체스용 평가 함수와 소강 검색을 활용하는 적절한 중단 판정을 구현했다고 가정하자. 또한, 몇 달 동안 지루한 비트 수준 최적화를 거쳐서 최신 PC에서 초당 약 1백만 개의 노드들을 생성하고 평가할 수 있게 되었다고 하자. 체스의 분기 계수는 평균 약 35이고 $35^5$은 약 5,000만이므로, 만일 최소최대 검색을 사용한다면 1분의 검색으로 단 다섯 겹의 수만 내다볼 수 있다. 체스 대회의 시간 제한 규칙 때문에, 우리의 체스 프로그램은 체스 대회에서 여섯 수를 내다 보지는 못한다. 그러면 종종 여섯 수나 여덟 수를 내다 보는 평균적인 인간 체스 플레이어에게 쉽게 패배할 것이다.

알파베타 검색과 커다란 전이 테이블이 있으면 약 14겹까지 검색할 수 있으며, 그러면 전문가 수준의 플레이가 가능하다. PC 대신 GPU가 여덟 개 장착된 워크스테이션을 사용하면 초당 10억 개 이상의 노드를 검색할 수 있지만, 그래도 그랜드마스터 급으로 플레이하려면 상세하게 조율된 평가 함수와 최적의 개시(오프닝) 수들 및 끝내기 수들을 담은 커다란 데이터베이스가 필요할 것이다. 이러한 모든 요소를 갖춘 STOCKFISH 같은 최상급 체스 프로그램은 검색 트리의 깊이 30 수준까지 도달할 때가 많으며, 그 어떤 인간 플레이어보다도 우월한 체스 실력을 보인다.

## 5.3.4 검색 대 참조

게임 시작 시 체스 프로그램이 폰을 e4로 움직이는 수(가장 유명한 첫 수)를 결정하기 위해 수십 억 개의 게임 상태들로 이루어진 트리를 검색해야 한다는 것이 너무 과하게 느껴질 수도 있겠다. 체스 게임의 개시와 끝내기에서의 좋은 플레이를 설명하는 책들이 나오기 시작한 지도 백 년이 넘었다(Tattersall, 1911). 따라서 여러 게임 플레이 프로그램들이 개시와 끝내기에 검색 대신 테이블 참조(table lookup)를 사용하는 것도 놀랄 일은 아니다.

게임 개시부(오프닝)에서 컴퓨터는 주로 인간의 경험에 의존한다. 한 가지 방법은 체스 책에 나온, 좋은 개시 플레이에 관한 인간 전문가의 최고의 조언을 복사해서 컴퓨터가 사용할 테이블에 집어넣는 것이다. 또한, 컴퓨터로 이전에 플레이한 게임들을 모은 데이터베이스에서 통계치를 구해서, 승리로 이어지는 경우가 가장 많은 개시 수들을 파악할 수도 있다. 처음 몇 수에 대해서는 선택할 수 있는 수들이 그리 많지 않으므로 대부분의 국면들을 테이블에 담을 수 있을 것이다. 대략 10수나 15수 후에는 흔히 보지 못한 국면이 나오며, 그때부터는 프로그램이 테이블 참조 대신 검색을 사용해야 한다.

게임 종반 부근에서는 선택 가능한 수가 다시 적어지며, 따라서 테이블 참조에서 좋은 결과를 얻을 확률이 높아진다. 그런데 이 지점에서 컴퓨터의 전문성이 빛을 발한다. 끝내기에 대한 컴퓨터의 분석은 사람이 할 수 있는 수준을 훨씬 상회한다. 예를 들어 킹과 루크 대 킹(king-and-rook-versus-king, KRK) 같은 끝내기는 초보 인간 플레이어라도 간단한 규칙 몇 개만 따르면 이길 수 있다. 그러나 킹, 비숍, 나이트 대 킹(KBNK) 끝내기처럼 숙달하기가 어렵고 그 전략을 간결하게 서술할 수 없는 끝내기들도 많다.

정책

반면 컴퓨터는 하나의 **정책**(policy)을 산출해서 끝내기 문제를 완전히 풀 수 있다. 여기서 정책이란 모든 가능한 상태를 그 상태에서의 최선의 수로 사상하는 함수이다. 그러한 대응 관계를 하나의 테이블에 담아 둔다면, 그냥 그 테이블을 참조하기만 하면 체스를 완벽하게 둘 수 있다. 이 테이블은 **퇴행**(retrograde) 최소최대 검색으로 구축할 수 있다. KBNK 끝내기의 경우, 먼저 KBNK 말들이 체스판에 배치되는 모든 방법을 고려한다. 그 국면들 중 백의 승리에 해당하는 것들을 표시해 둔다. 그런 다음 체스 말 이동 규칙들을 뒤집어서, 수들이 아니라 역수(reverse move)들을 검색한다. 앞에서 승리라고 표시해 둔 국면으로 이어지는 백의 수는, 그 수에 대한 흑의 응수가 무엇이든 승리에 해당하는 수이다. 이러한 검색을 승, 무, 패로 분류될 때까지 수행하고 나면 KBNK 말들로

퇴행

이루어진 모든 끝내기에 대한, 패배의 여지가 없는 참조 테이블이 만들어진다. KBNK 끝내기들뿐만 아니라 말이 7개 이하인 모든 끝내기에 대해 이런 테이블들이 만들어졌는데, 그 테이블들이 담은 국면들은 400조 개이다. 말 8개에 대한 테이블이라면 4만조 개의 국면들을 담을 것이다.

# 5.4 몬테카를로 트리 검색

몬테카를로<br>트리검색

발견적 알파베타 트리 검색을 바둑에 적용하면 중요한 약점 두 가지가 드러난다. 첫째로, 바둑의 분기 계수는 361에서 시작하기 때문에 알파베타 검색은 4겹이나 5겹으로 제한된다. 둘째로, 바둑은 좋은 평가 함수를 정의하기가 어렵다. 기물(돌)의 가치가 중요한 지표가 아니고, 끝내기 이전에는 대부분이 국면이 유동적이기 때문이다. 현대적인 바둑 프로그램들은 이 두 가지 난제 때문에 알파베타 트리 검색을 포기하고 **몬테카를로 트리 검색**(Monte Carlo tree search, MCTS)이라는 전략을 사용한다.[3]

시뮬레이션<br>플레이아웃<br>롤아웃

기본적인 MCTC 전략은 발견적 평가 함수를 아예 사용하지 않는다. 대신, 주어진 상태에서 게임을 끝까지 모의로 진행하는 **시뮬레이션**simulations(모의 실행)을 여러 번 반복해서 구한 평균으로 그 상태의 효용 가치를 추정한다. 하나의 시뮬레이션(**플레이아웃**playout이나 **롤아웃**rollout(펼치기)라고도 부른다)에서 알고리즘은 먼저 한 플레이어의 수를 선택하고 그 다음에 다른 플레이어의 수를 선택하는 과정을 게임이 종료 국면에 도달할 때까지 반복하는 것이다. 게임이 끝나면 게임의 규칙에 따라(틀리기 쉬운 발견적 함수가 아니라) 승패를 결정하고 점수 차이를 계산한다. 무승부가 없는, 즉 결과가 승리 아니면 패배인 게임에서는, 여러 시뮬레이션의 '평균 효용'이 곧 '승률'이다.

그런데 플레이아웃 도중 각 플레이어의 수는 어떻게 선택해야 할까? 그냥 무작위로 수를 선택한다면, 다수의 시뮬레이션으로 얻은 결과는 "두 플레이어가 무작위로 플레이할 때 최선의 수는 무엇인가?"라는 질문의 답이다. 단순한 게임 중에는 그런 답이 "두 플레이어가 제대로 플레이했을 때 최선의 수는 무엇인가?"의 답과 동일한 경우도 있겠지만, 대부분의 게임에서는 그렇지 않다. 플레이아웃에서 유용한 정보를 얻으려면 수들을 좋은 수들 쪽으로 편향시키는(biase) **플레이아웃 정책**(playout policy)이 필요하다. 바둑을 비롯한 몇몇 게임의 경우에는 신경망을 이용한 자가 플레이(self-play)로 쓸만한 플레이아웃 정책을 학습한 사례가 있다. 때로는 주어진 게임에 특화된 발견적 규칙을 사용하기도 하는데, 이를테면 체스의 경우 "기물을 잡는 수를 고려하라", 오델로의 경우 "모서리 칸을 차지하라" 같은 발견적 규칙이 유용할 것이다.

플레이아웃 정책

적당한 플레이아웃 정책을 마련했다고 할 때, 다음으로 결정할 것은 두 가지이다. 하나는 플레이아웃을 어떤 국면에서 시작할 것인가이고, 다른 하나는 각 국면에 대해 플

---

3  확률(무작위) 기반 알고리즘인 '몬테카를로' 알고리즘은 모나코의 몬테카를로 카지노(Casino de Monte-Carlo)에서 그 이름을 딴 것이다.

레이아웃을 몇 번이나 수행할 것인가이다. 이에 대한 가장 간단한 답은 그냥 현재 상태에서 시작해서 시뮬레이션을 $N$회만큼 수행해서 승률이 제일 높은 수들을 찾는 것이다. 이 접근방식은 **순수 몬테카를로 검색**(pure Monte Carlo search)에 해당한다.

몇몇 확률적 게임에서는 $N$이 증가함에 따라 이 방식이 최적의 플레이로 수렴하지만, 대부분의 경우에는 이 정도로는 충분하지 않다. 필요한 것은, 게임 트리의 중요한 부분에 계산 자원을 선택적으로 집중하기 위한 **선택 정책**(selection policy)이다. 선택 정책은 **탐험**(exploration)이라는 요소와 **활용**(exploitation)이라는 요소의 균형을 맞추려 한다. 지금 맥락에서 탐험은 이전 플레이아웃들에서 거의 평가되지 않은 상태들을 살펴보는 것을 말하고, 활용은 이전 플레이아웃들에서 좋게 평가된 상태들의 가치를 좀 더 정확하게 추정하는 것을 말한다. (이러한 탐험와 활용의 절충을 §17.3에서 좀 더 논의한다.) 몬테카를로 트리 검색은 하나의 검색 드리를 다음 네 단계로 이루어진 과정을 반복하면서 점차 키워나감으로써 탐험과 활용의 균형을 맞춘다(도해 5.10 참고).

- **선택**: 검색 트리의 뿌리 노드에서 시작해서, 선택 정책에 따라 하나의 동작을 선택해서 한 후행 노드로 내려간다. 이를 반복하면 잎(말단 노드)에 도달한다. 도해 5.10(a)는 백이 방금 수를 두어서 이제 흑이 둘 차례이며, 지금까지 100회의 플레이아웃 중 37회를 백이 이긴 상태에 해당하는 뿌리 노드로 시작하는 검색 트리이다. 굵은 화살표는 흑이 선택한 수이다. 흑은 이 수를 선택해서 60/79의 승률(플레이아웃 79회 중 60회 승리)을 거두었다. 뿌리 노드의 세 자식 수 중 이 수의 승률이 최고이므로, 이 수를 선택하는 것은 '활용'에 해당한다. 그러나 탐험을 위해 2/11 노드를 선택하는 것도 합리적인 선택이었을 것이다. 플레이아웃이 11회밖에 되지 않으므로 그 노드의 효용이 확실하게 평가되었다고 보기에는 어려우며, 정보를 더 얻는다면 그 노드가 최선의 노드로 밝혀질 가능성이 남아 있기 때문이다. 실제로, 그 노드를 선택해서 같은 과정을 반복하면 승률이 27/35인 잎 노드가 선택된다.
- **확장**: 마지막으로 선택된 노드(27/35)의 새 자식 노드를 생성해서 트리를 확장한다. 도해 5.10(b)은 승률이 0/0인 새 노드가 추가된 모습이다. (이 단계에서 둘 이상의 자식 노드를 생성하는 버전의 몬테카를로 검색도 있다).
- **시뮬레이션**: 새로 생성된 자식 노드에서 플레이아웃을 1회 실행한다. 즉, 게임이 끝날 때까지 플레이아웃 정책에 따라 두 플레이어가 번갈아 수를 선택하게 한다. 단, 이 수들은 검색 트리에 기록하지 **않는다**. 도해 5.10은 이 시뮬레이션에서 흑이 이겼다고 가정한 것이다.
- **역전파**: 이제 시뮬레이션의 결과를 이용해서, 검색 트리의 뿌리 노드까지 거슬러 올라가는 경로에 있는 모든 노드를 갱신한다. 플레이아웃에서 흑이 이겼으므로, 흑의 노드들에서 승리 수와 플레이아웃 수를 모두 갱신한다. 즉, 27/35는 28/36이 되고 60/79는 61/80이 된다. 백은 졌으므로 백 노드들은 플레이아웃 수만 갱신해야 한다. 16/53은 16/54가 되고 뿌리 노드 37/100은 37/101이 된다.

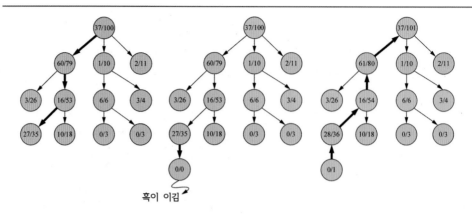

| (a) 선택 | (b) 확장과 시뮬레이션 | (c) 역전파 |

**도해 5.10** 트리 선택 측도에 확신도 상계를 적용하는 UCT 선택 정책에 따라 몬테카를로 트리 검색(MCTS) 으로 수를 선택하는 과정의 한 반복. 이미 100회 반복을 마친 상황이다. (a) 수를 하나 선택한 후 트리를 따라 내려가서 승률이 27/35인(즉, 플레이아웃 35회 중 흑이 27회 승리한) 잎 노드에 도달한다. (b) 선택된 노드를 확장해서 시뮬레이션(플레이아웃)을 실행한다. 흑이 이긴다는 결과가 나온다. (c) 시뮬레이션의 결과를 트리를 거슬러 올라가면서 역전파한다.

검색 알고리즘은 이상의 네 단계를 미리 정해진 횟수만큼 또는 정해진 시간을 모두 소비할 때까지 반복하고, 플레이아웃 횟수가 가장 큰 수를 돌려준다.

대단히 효과적인 검색 정책으로 "upper confidence bounds applied to trees(트리에 적용된 확신도 상계)"를 줄인 UCT라는 것이 있다. 이 정책은 UCB1라는 확신도 상계 공식에 기초해서 가능한 수들의 등급을 매긴다. (좀 더 자세한 사항은 §17.3.3을 보라.) 노드 $n$에 대한 확신도 상계 UCB1는 다음과 같이 정의된다.

UCT
UCB1

$$UCB1(n) = \frac{U(n)}{N(n)} + C \times \sqrt{\frac{\log N(Parent(n))}{N(n)}}.$$

여기서 $U(n)$은 $n$을 거쳐가는 모든 플레이아웃의 총 효용이고 $N(n)$은 $n$을 거쳐가는 플레이아웃 개수, $\text{Parent}(n)$은 트리에서 $n$의 부모 노드이다. 따라서 $\frac{U(n)}{N(n)}$은 $n$의 평균 효용인데, 이는 '활용' 항에 해당한다. 제곱근이 있는 항는 탐험 항이다. 분모에 $N(n)$이 있으므로, 탐험된(플레이아웃에 포함된) 횟수가 적은 노드일수록 이 항의 값이 커진다. 분자에는 $n$의 부모가 탐험된 횟수의 로그가 있다. 따라서, $n$이 0이 아닌 확률로 선택된다고 할 때, 선택(탐험) 횟수가 증가함에 따라 탐험 항은 0에 접근한다. 결과적으로 플레이아웃을 충분히 많이 반복하면 이 정책은 평균 효용이 가장 큰 노드를 선택한다.

$C$는 탐험과 활용의 균형을 위한 상수이다. 이론적으로는 $C$가 $\sqrt{2}$이어야 한다는 논거가 있지만, 실제 응용에서 게임 프로그램 개발자들은 $C$ 값을 여러 개 두고 성과가 제일 좋은 것을 선택하는 방법을 사용한다. (앞의 것과는 조금 다른 상계 공식을 사용하

는 프로그램도 있는데, 예를 들어 AlphaZero는 수의 확률을 반영한 항이 추가된 공식을 사용한다. 그 확률은 지난 자가 플레이들로 훈련한 신경망으로 계산한 것이다.) $C = 1.4$일 때는 도해 5.10에서 UCB1 점수가 가장 높은 노드가 60/79 노드지만 $C = 1.5$일 때는 2/11 노드이다.

도해 5.11은 완전한 UCT MCTS 알고리즘이다. 이 알고리즘은 전체 반복이 끝난 후 플레이아웃 횟수가 가장 많은 수를 돌려준다. 평균 효용이 제일 큰 노드를 돌려주는 게 나을 것 같지만, 승률이 65/100인 노드와 2/3인 노드 중 전자가 더 바람직하다. 후자는 불확실성이 너무 크기 때문이다. 어차피 UCB1 공식은 플레이아웃 횟수가 가장 많은 노드가 거의 항상 승률이 가장 큰 노드임을 보장한다. 이는, 플레이아웃 횟수가 증가함에 따라 선택 과정에서 승률이 높은 노드가 점점 더 선호되기 때문이다.

플레이아웃의 각 선택 지점에서 하나의 수만 취하므로, 하나의 플레이아웃을 계산하는 시간은 게임 트리의 깊이에 대해 지수적이 아니라 선형적으로만 비례한다. 따라서 다수의 플레이아웃을 시도할 시간이 충분하다. 예를 들어 분기 계수가 32이고 평균 플레이 길이가 100겹인 게임을 생각해 보자. 하나의 수를 결정하는 데 10억 개의 게임 상태를 고려할 수 있을 정도의 컴퓨팅 능력이 있다면, 최소최대 검색으로는 6겹 깊이까지 검색할 수 있고 수순을 완전하게 결정하는 알파베타로는 12겹까지 가능하다. 몬테카를로 검색으로는 플레이아웃을 1,000만 회 실행할 수 있다. 어떤 접근방식이 더 나은지는 발견적 함수의 정확성 대 선택 정책 및 플레이아웃 정책의 정확성에 따라 결정될 것이다.

전통적으로 몬테카를로 검색은 바둑처럼 분기 계수가 아주 큰(그래서 알파베타로는 충분히 깊게 검색할 수 없는), 그리고 적절한 평가 함수를 정의하기 어려운 게임들에서 알파베타보다 낫다고 알려져 있다. 알파베타의 핵심은 달성 가능한 평가 함수 점수가 가장 높은 노드로 이어지는 경로를 선택한다는 것이다(상대방이 그 점수를 최소화하려 든다는 가정하에서). 노드 하나만 잘못 계산해도 알파베타는 최적의 경로에서 벗어날 수 있다. 반면 몬테카를로 검색은 여러 번의 플레이아웃에서 얻은 정보를 취합하므로, 한 번의 실수에 크게 영향을 받지 않는다. 플레이아웃을 게임 종료까지가 아니라 특정 길이(수들의 개수)만큼만 수행한 후 평가 함수를 적용하는 식으로 MCTS와 평가 함수를 결합하는 것도 가능하다.

---

```
function Monte-Carlo-Tree-Search(state) returns 하나의 동작(수)
    tree ← Node(state)
    while Is-Time-Remaining() do
        leaf ← Select(tree)
        child ← Expand(leaf)
        result ← Simulate(child)
        Back-Propagate(result, child)
    return Actions(state)의 동작 중 해당 노드의 플레이아웃 수가 가장 큰 동작
```

**도해 5.11** 몬테카를로 검색 알고리즘. 게임 트리 자료구조 *tree*를 초기화하고, Select/Expand/Simulate/Back-Propagate 단계를 주어진 시간 동안 반복한 후 플레이아웃 횟수가 가장 많은 노드로 이어지는 수를 돌려준다.

알파베타의 특징을 MCTS와 결합할 수도 있다. 예를 들어 말단 상태까지의 수들이 아주 많아서 MCTS를 적용하기 곤란한 게임이라면, 플레이아웃을 게임 끝까지가 아니라 정해진 개수의 수들까지만 실행한 후 발견적 평가 함수를 적용하거나 무승부를 선언하는 **이른 플레이아웃 종료**(early playout termination) 기법을 적용하면 될 것이다.

몬테카를로 검색은 최근에 고안되었기 때문에 평가 함수를 정의하는 데 사용할 만한 경험이 축적되지 않은 게임들에도 적용할 수 있다. 몬테카를로 검색을 적용하는 데에는 게임 규칙 이외의 정보는 필요하지 않다. 기존 경험과 지식이 있으면 그것을 사람이 직접 선택 정책과 플레이아웃 정책에 반영해서 성능을 높일 수 있겠지만, 그렇지 않더라도 자가 플레이들만으로 훈련한 신경망으로 좋은 정책들을 만들어 내는 것이 가능하다.

몬테카를로 검색은 하나의 묘수가 게임의 진행을 크게 바꿀 가능성이 있는 게임들에서는 약점을 보인다. 몬테카를로 검색의 확률적 성격 때문에 그런 수를 제대로 평가하지 못할 수 있기 때문이다. 다른 말로 하면, 몬테카를로 검색은 B형 가지치기를 사용하기 때문에, 게임의 어떤 치명적인 수순이 전혀 탐색되지 않을 위험이 있다. 몬테카를로 검색은 또한 한쪽이 "명백하게" 이길(인간의 지식에 따라서든, 평가 함수로 판정하든) 게임 상태를 바로 알아보지 못한다는 단점도 가지고 있다. 몬테카를로 검색은 플레이아웃에서 여러 개의 수들을 살펴본 후에야 자명한 승리 수를 파악한다. 체스처럼 분기 계수가 작고 좋은 평가 함수가 있는 게임들에서는 오랫동안 알파베타 검색이 더 나은 성과를 냈지만, 최근에는 몬테카를로 접근방식이 체스와 기타 게임들에서 성공적인 결과를 보인 사례가 있다.

미래의 동작들을 모의로 실행해서 결과를 관측하고, 그 결과를 이용해서 동작의 가치를 평가한다는 좀 더 일반적인 접근방식은 제22장에서 다루는 **강화학습**에 속한다.

# 5.5 확률적 게임

**확률적 게임**(stochastic game)은 주사위 굴림 같은 무작위 요소를 도입함으로써 실생활의 예측 불가능성을 좀 더 충실하게 반영한다. 운과 기술(skill)이 결합된 전형적인 게임으로 백개먼backgammon이 있다. 도해 5.12의 백개먼 국면에서 흑은 6과 5를 굴렸으며, 가능한 수는 네 개이다(각 수는 말 하나를 앞쪽(시계방향)으로 5칸 이동하고, 말 하나를 앞쪽으로 6칸 이동한다).

이 시점에서 흑은 자신이 둘 수들을 알지만, 다음에 백이 주사위를 어떻게 굴릴지 알지 못하며, 따라서 백의 적법한 수들을 알지 못한다. 이는 흑이 체스와 틱택토에서 본 표준적인 게임 트리를 구축할 수 없음을 뜻한다. 백개먼의 게임 트리는 MAX 노드들과 MIN 노드들은 물론이고 **우연 노드**(chance node; 또는 기회 노드)들도 포함해야 한다. 도해 5.13에서 원으로 표시된 노드들이 우연 노드이다. 우연 노드에서 나오는 가지들은 가능한 주사위 굴림들을 나타낸다. 각 가지에는 주사위 굴림과 그 확률이 표시되어 있다. 주사위 두 개를 굴려서 나오는 눈들의 조합은 총 36가지이고 각 조합의 확률은 동일하다. 그러나 6-5는 5-6과 같으므로, 구별되는 굴림은 21가지뿐이다. 여섯 가지 더블들(1-1

에서 6-6)의 확률은 각각 1/36이므로 $P(1-1) = 1/36$이다. 나머지 15개의 서로 다른 굴림들은 확률이 각각 1/18이다.

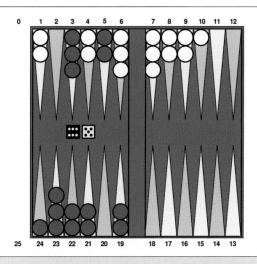

**도해 5.12** 전형적인 백개먼 국면. 게임의 목표는 자신의 모든 말을 게임판에서 벗어나게 하는 것이다. 흑은 말들을 시계방향으로 25를 향해 움직이고 백은 반시계방향으로 0을 향해 움직인다. 각 플레이어는 자신의 말을 이미 여러 개의 말이 있는 위치를 제외한 어떤 위치로도 이동할 수 있다. 만일 이동할 위치에 상대의 말이 하나만 있으면 그 말을 잡을 수 있으며, 그 말은 시작 위치에서 다시 시작해야 한다. 그림에 나온 위치에서 흑은 6-5를 굴렸으며, 선택할 수 있는 적법한 수는 (5-11,5-10), (5-11,19-24), (5-10,10-16), (5-11,11-16) 네 가지이다. (5-11,11-16)이라는 표기는 한 말을 5에서 11로 이동한 후 한 말을 11에서 16으로 이동할 수 있다는 뜻이다.

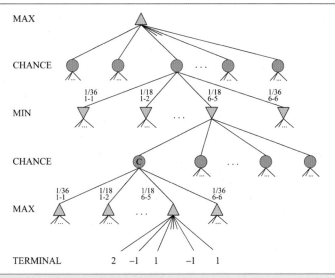

**도해 5.13** 백개먼의 한 국면에 대한 게임 트리 도식.

이런 검색 문제를 풀려면, 불확실한 상황에서 정확한 결정을 내리는 방법을 이해해야 한다. 최상의 국면으로 이어지는 수를 선택해야 한다는 점은 명백하다. 그러나 국면들에 확정적인 최소최대 가치가 부여되어 있지는 않다. 우리가 할 수 있는 일은 국면의 **기대 가치**, 즉 우연 노드들의 모든 가능한 결괏값의 평균을 계산하는 것뿐이다.

기대 가치

이러한 방향으로 나아가다 보면, 결정론적 게임의 최소최대 가치를 우연 노드가 있는 게임까지 포괄하도록 일반화한 **기대최소최대 가치**(expectiminimax value)라는 개념에 도달한다. 말단 노드들과 MAX, MIN 노드들은 이전과 정확히 동일한 방식으로 취급하면 된다(단, MAX와 MIN에 대한 적법한 수들이 이전 우연 노드에서의 주사위 굴림 결과에 의존한다는 점은 조심해야 한다). 그러나 우연 노드들에 대해서는 기대 가치를 계산해야 한다. 여기서 기대 가치는 각 우연 동작의 확률을 가중치로 적용해서 모든 가능한 결괏값을 합산한 것이다. 수식으로 정리하면 다음과 같다.

기대최소최대 가치

$$\text{EXPECTIMINIMAX}(s) =$$
$$\begin{cases} \text{UTILITY}(s) & \text{만일 IS-TERMINAL}(s)\text{이면;} \\ \max_a \text{EXPECTIMINIMAX}(\text{RESULT}(s,\,a)) & \text{만일 TO-MOVE}(s) = \text{MAX이면;} \\ \min_a \text{EXPECTIMINIMAX}(\text{RESULT}(s,\,a)) & \text{만일 TO-MOVE}(s) = \text{MIN이면;} \\ \sum_r P(r)\ \text{EXPECTIMINIMAX}(\text{RESULT}(s,\,r)) & \text{만일 TO-MOVE}(s) = \text{CHANCE이면.} \end{cases}$$

여기서 $r$은 가능한 주사위 굴림(또는 기타 우연한 사건)이고 RESULT$(s, r)$은 상태 $s$와 같되 거기에 주사위 굴림의 결과가 $r$이라는 정보가 추가된 하나의 상태이다.

## 5.5.1 우연이 있는 게임을 위한 평가 함수

최소최대에서처럼, 기대최소최대를 근사하는 자명한 방법은 특정 지점에서 검색을 중단하고 각 말단 노드에 평가 함수를 적용하는 것이다. 체스를 위한 평가 함수처럼, 백개먼 같은 게임을 위한 평가 함수도 더 나은 국면에 더 높은 가치를 부여해야 마땅하다. 그러나 백개먼 같은 게임에는 우연 노드가 존재하기 때문에, '가치'의 의미를 좀 더 세심하게 다룰 필요가 있다.

이 점을 도해 5.14가 잘 보여 준다. 평가 함수가 말단 노드들에 가치 [1, 2, 3, 4]를 배정한다면 최선의 수는 $a_1$이지만, [1, 20, 30, 400]을 배정한다면 최선의 수는 $a_2$이다. 즉, 일부 평가치를 바꾸면 비록 선호 순서는 그대로라도 프로그램이 완전히 다르게 행동한다.

이러한 문제를 피하려면 평가 함수가 반드시 주어진 국면의 승리 **확률**(또는, 승/패 이외의 결과가 있는 게임이라면 기대 효용)에 대한 양(positive)의 선형 변환이어야 한다는 점이 밝혀졌다. 이러한 확률과의 연관 관계는 불확실성이 관여하는 상황들의 중요하고도 일반적인 속성으로, 제16장에서 좀 더 논의한다.

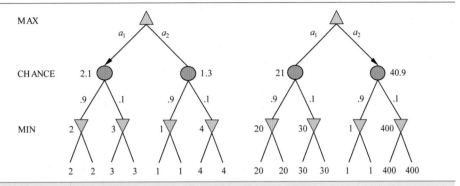

**도해 5.14** 말단 노드 가치들의 순서 보존 변환에 의해 최선의 수가 변한다.

프로그램이 게임의 나머지 과정에서 나올 모든 주사위 굴림을 미리 안다면, 주사위를 사용하는 게임을 푸는 것은 그냥 주사위 없는 게임을 푸는 것과 동일하다. 이때 최소최대 검색의 시간 복잡도는 $O(b^m)$으로, 여기서 $b$는 분기 계수이고 $m$은 게임 트리의 최대 깊이이다. 기대최소최대 검색은 모든 가능한 주사위 굴림 순차열도 고려하므로, 시간 복잡도는 $O(b^m n^m)$이다($n$은 서로 다른 굴림의 개수).

검색을 어떤 작은 깊이 $d$로 제한한다고 해도, 최소최대에 비한 추가 비용 때문에 대부분의 우연이 있는 게임에서는 수를 아주 멀리 내다보는 것이 비현실적이다. 백개먼에서 $n$은 21이고 $b$는 흔히 20 정도이나, 주사위 굴림이 더블일 때는[역주3] 4000까지 올라갈 수 있다. 그런 경우 검색을 세 겹 이상 진행하기는 힘들 것이다.

이 문제를 이런 식으로 생각할 수도 있다: 알파베타의 장점은 최선의 플레이가 주어졌을 때 어차피 발생하지 않을 미래의 전개를 무시한다는 것이다. 즉, 알파베타는 발생할 가능성이 있는 사건들에 집중한다. 그러나 주사위 두 개를 굴린 후에 수를 두는 게임에서는 발생할 가능성이 있는 수들의 순차열이라는 것이 존재하지 않는다. 어떤 수가 발생하려면 그런 수가 적법해지는 주사위 굴림들이 나와야 하는데, 6면체 주사위 두 개를 굴리는 게임에서는 발생 가능성이 가장 큰 수라고 해도 그 확률은 2/36밖에 되지 않는다. 이런 문제는 불확실성이 관여하는 상황에서 일반적으로 발생하는 문제이다. 그런 상황에서는 가능성들이 엄청나게 증폭되며, 동작들을 구체적으로 계획한다는 것이 의미가 없어진다(어차피 세상이 플레이어가 계획한 대로 돌아가지는 않을 것이므로).

알파베타 가지치기 같은 알고리즘을 우연 노드가 있는 게임 트리에 적용할 수 있지 않을까 생각하는 독자도 있을 텐데, 실제로 가능하다. 이 경우 MIN 노드들과 MAX 노드들에 대한 분석은 이전과 동일하며, 약간의 창의성을 가미하면 우연 노드들도 쳐낼 수 있다. 도해 5.13의 우연 노드 $C$를 보자. 이 노드의 자식들을 평가함에 따라 이 노드의 값이 어떻게 변하는지 생각해 보기 바란다. 자식들을 모두 살펴보기 전에 노드 $C$의 값의 상계

---

[역주3] 두 주사위의 굴림이 같은 것을 더블이라고 부른다(이를테면 5-5). 이 경우 그 굴림들을 한 번씩 더 사용해서 말들을 움직일 수 있다(5-5의 경우 5-5-5-5).

를 구하는 것이 가능할까? (알파베타에서 한 노드와 그 부분 트리를 잘라 내려면 그러한 상계를 구할 필요가 있음을 기억할 것이다.)

언뜻 보기에는 불가능할 것 같다. 왜냐하면 $C$의 값은 자식 값들의 **평균**이고, 어떤 수치들의 평균을 구하려면 그 수치들을 모두 알아야 하기 때문이다. 그러나 효용 함수의 값들이 특정 구간을 벗어나지 않도록 한다면, 모든 수치를 조사하지 않고도 평균의 상, 하계를 알아낼 수 있다. 예를 들어 효용 값들이 항상 −2와 +2 사이라고 하자. 그러면 말단 노드들의 값은 유계이며, 따라서 우연 노드의 자식 노드들을 모두 살펴보지 않고도 우연 노드의 값의 상계를 구할 수 있다.

우연 노드의 분기 계수가 큰 게임, 이를테면 매 턴에서 플레이어가 다섯 개의 주사위를 굴려야 하는 얏지$^{Yahtzee}$ 같은 게임에서는 가능한 모든 우연 분기 중 일부만 순방향 가지치기를 이용해서 선택하는 기법이 바람직할 수 있다. 아니면 평가 함수에 의존하는 방법을 아예 포기하고 몬테카를로 트리 검색으로 전환할 수도 있다. 이 경우 플레이아웃에서는 난수로 주사위 굴림들을 결정해서 수들을 선택하면 될 것이다.

# 5.6 부분 관측 가능 게임

바비 피셔$^{Bobby\ Fischer}$는$^{역주4}$ "체스는 전쟁이다"라고 선언했지만, 사실 체스에는 진짜 전쟁의 주된 특징인 **부분 관측 가능성**(partial observability)이 빠져 있다. 소위 '전장의 안개'(fog of war) 속에서는 적이 있는지, 있다면 어디에 있는지를 적과 직접 마주치기 전까지는 알 수 없는 경우가 많다. 그래서 실제 전쟁에서는 정찰병과 스파이를 이용해서 정보를 수집하고, 은폐와 허세를 이용해서 적을 혼란에 빠뜨린다.

부분 관측 가능 게임은 이러한 특성들을 공유하기 때문에 이전 절들에서 설명한 게임들과는 질적으로 다르다. 부분 관측 가능뿐만 아니라 다중 에이전트, 비결정론적, 동적, 미지라는 속성까지 가진 스타크래프트 같은 비디오 게임들은 풀기가 특히나 더 어렵다.

**결정론적인** 부분 관측 가능 게임에서 게임판 상태에 관한 불확실성은 전적으로 상대방이 다음에 둘 수를 미리 알 수 없다는 점에서 비롯된다. 이런 부류의 게임에는 배틀십$^{Battleship}$(각 플레이어의 전함들이 상대가 볼 수 없는 위치에 배치되며, 전함들을 이동할 수는 없다)과 스트라티고$^{Stratego}$(기물의 위치는 보이지만 기물의 종류는 숨겨진다) 같은 아동용 게임들이 포함된다. 이번 절에서는 플레이어가 상대 플레이어 말들의 이동을 볼 수 없게 해서 체스를 부분 관측 가능 게임으로 변형한 게임인 **크리그슈필**$^{Kriegspiel}$을$^{역주5}$ 살펴볼 것이다. Phantom Go, Phantom tic-tac-toe, Screen Shogi도 완전 관측 가능 게임을 부분 관측 가능 게임으로 변형한 게임의 예이다.

크리그슈필

---

역주4 본명은 로버트 제임스 피셔(Robert James Fischer)로, 1972년에서 1975년까지 체스 챔피언이었다.

역주5 일반 명사로서의 kriegspiel은 전쟁(krieg) + 놀이(spiel)를 뜻하는 독일어 단어로, 영어로 치면 war game에 해당한다. 지금 말하는 Kriegspiel은 대문자로 시작하며, 특정 게임을 지칭하는 고유명사이다.

## 5.6.1 크리그슈필: 부분 관측 가능 체스

크리그슈필의 규칙은 다음과 같다. 백 플레이어와 흑 플레이어 각자에게 자신의 기물들만 놓인 체스판이 제공된다. 양쪽 기물을 모두 볼 수 있는 심판이 게임을 조율하고, 주기적으로 두 플레이어 모두에게 판정을 공지한다. 먼저 백이 심판에게 자신이 원하는 수(흑의 기물들이 없다면 적법한)를 말한다. 만일 흑의 기물들 때문에 그 수가 적법하지 않으면 심판은 "불법(illegal)"이라고 말한다. 그러면 백은 다른 수를 제시한다. 이를 적법한 수가 나올 때까지 반복한다. 그 과정에서 백은 흑의 기물들의 위치를 좀 더 잘 파악하게 된다.

적법한 수가 나왔을 때, 만일 그 수로 흑의 기물을 잡으면 심판은 "칸 X 에서 포획"이라고 공지한다. 만일 흑의 킹이 체크 상태가 되면 "D 방향으로 체크"라고 공지한다. 여기서 D 는 체크의 방향인데, 가능한 방향은 "나이트$^{Knight}$", "랭크$^{Rank}$", "파일$^{File}$", "긴 대각(Long diagonal)", "짧은 대각(Short diagonal)" 중 하나이다. 흑이 체크메이트나 스테일메이트 상태이면 심판은 이를 공지하고, 그렇지 않으면 흑의 차례가 된다.

크리그슈필이 엄청나게 어려울 것 같지만, 상당히 잘 두는 사람들이 있다. 그리고 컴퓨터 프로그램들이 사람을 따라잡기 시작했다. §4.4에서 정의한, 그리고 도해 4.14에서 예시한 **믿음 상태**(belief state) 개념을 다시 떠올리면 도움이 될 것이다. 이 경우 믿음 상태는 지금까지의 지각들의 완전한 역사가 주어졌을 때 **논리적으로 가능한** 모든 체스판 상태의 집합에 해당한다. 초기에 백의 믿음 상태는 한원소집합이다. 흑의 기물들이 아직 움직이지 않았기 때문이다. 백이 한 수를 두고 흑이 그에 응수하고 나면 백의 믿음 상태에는 20개의 위치가 포함된다. 임의의 오프닝에 대한 흑의 가능한 응수가 20가지이기 때문이다. 게임이 진행됨에 따라 믿음 상태를 갱신하는 것은 다름 아닌 **상태 추정** 문제이다. 이를 위한 갱신 단계가 (p.175)의 식 (4.6)에 나와 있다. 상대 플레이어를 비결정론의 근원으로 간주한다면, 크리그슈필 상태 추정은 §4.4에 나온 부분 관측 가능 비결정론적 틀에 직접 대응된다. 즉, 백의 수의 Results는 백 자신의 수에서 비롯되는 결과(예측 가능한)와 흑의 응수에서 비롯되는 결과(예측 불가능한)로 구성된다.[4]

현재의 믿음 상태가 주어졌을 때 백이 "내가 이 게임을 이길 수 있을까?"라고 물을 수 있다. 부분 관측 가능 게임에서는 **전략**의 개념이 좀 다르다. 이 경우 전략은 상대가 둘 만한 각각의 수에 대응하는 자신의 수를 지정하는 것이 아니라, 받을 수 있는 모든 가능한 **지각열**에 대한 수를 지정해야 한다.

보장된 체크메이트

크리그슈필에서 승리 전략 또는 **보장된 체크메이트**(guaranteed checkmate)는 각각의 가능한 지각열에 대해 현재 믿음 상태의 모든 가능한 체스판 상태에서 상대의 수와는 무관하게 실제로 체크메이트로 이어지는 전략이다. 이 정의에서 상대의 믿음 상태는 중요하지 않다. 승리 전략은 상대가 모든 기물을 볼 수 있다고 해도 성공해야 한다. 그러면 계산이 크게 단순해진다. 도해 5.15는 KRK(킹과 루크 대 킹) 끝내기를 위한 보장된 체크메이트의 일부이다. 이 경우 흑의 기물이 킹 하나뿐이므로, 백의 믿음 상태를 흑 킹의

---

4 체스판 상태들의 목록으로 표현하기 어려울 정도로 믿음 상태가 너무 커지기도 하지만, 지금은 이 문제를 무시하겠다. 제7장과 제8장에서 아주 큰 믿음 상태를 간결하게 표현하는 방법들을 제시한다.

모든 가능한 위치가 표시된 하나의 체스판으로 표현할 수 있다.

§4.4에서처럼 일반적인 AND-OR 검색 알고리즘을 믿음 상태 공간에 적용하면 보장된 체크메이트를 찾을 수 있다. §4.4.2에서 언급한 점진적 믿음 상태 알고리즘은 종종 깊이 9까지의 중반부 체크메이트들을 찾아낸다. 이는 대부분의 인간 플레이어의 능력을 상회하는 수준이다.

보장된 체크메이트 외에, 크리그슈필은 완전 관측 가능 게임에서는 의미가 없는 완전히 새로운 개념도 제시한다. 그것은 바로 **확률적 체크메이트**(probabilistic checkmate)이다. 이런 체크메이트 전략들 역시 믿음 상태의 모든 체스판 상태에 대해 작동해야 한다. 이들은 승자의 수들의 무작위화에 대해 확률적이다. 기본 개념을 이해하기 위해, 흑의 유일한 기물인 킹을 백의 킹으로만 찾아내는 문제를 생각해 보자. 백이 킹을 그냥 무작위로 움직이면, 심지어 흑이 자신의 킹을 계속 피한다고 해도, **결국은** 흑의 킹을 찾게 된다. 흑이 언제까지나 적절한 회피 수를 추측할 수는 없기 때문이다. 확률론의 용어로 말하자면, 백이 흑의 킹을 찾아내는 검출은 1의 **확률**로 발생한다.

확률적
체크메이트

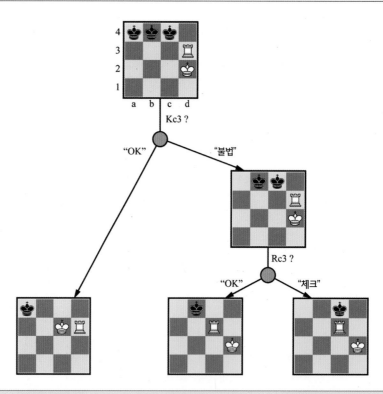

**도해 5.15** KRK 끝내기의 보장된 체크메이트의 한 부분. 체스판의 일부만 표시했다. 초기 믿음 상태에서 흑의 킹이 있을 만한 칸은 셋이다. 이 전략은 탐색용 수들을 고려해서 가능한 칸을 하나로 줄인다. 체크메이트로 이어지는 나머지 부분을 완성하는 것은 독자의 연습문제로 남긴다.

KBNK(킹, 비숍, 나이트 대 킹) 끝내기는 그러한 의미에서 승리가 보장된다. 이 경우 백은 흑에게 무한한 무작위 선택 순차열을 제시한다. 그 선택 중 하나에서 흑이 잘못 추측해서 킹의 위치가 드러나면 체크메이트가 된다. 반면 KBBK 끝내기에서는 백이 $1 - \epsilon$의 확률로 승리하게 된다. 백은 오직 한 수에 대해 자신의 두 비숍 중 하나를 비보호 상태로 남기는 경우에만 승리를 강제할 수 있다. 흑의 킹이 적절한 장소에 있어서 비숍을 잡아 버리면(비숍이 보호 중이었다면 그 수는 불법이다) 게임은 무승부가 된다. 백이 아주 긴 순차열의 무작위로 선택된 한 지점에서 위험한 수를 두어서 $\epsilon$을 임의의 작은 상수로 줄일 수는 있지만, $\epsilon$을 아예 0으로 줄일 수는 없다.

우연적
체크메이트

체크메이트 전략이 현재 믿음 상태의 체스판들 중 **일부**에 대해서만 작동하는 경우도 있다. 그런 전략이 성공하는 경우를 가리켜 **우연적 체크메이트**(accidental checkmate)라고 부른다. 여기서 '우연적'이라는 이름은 그 전략이 체크메이트로 이어질(다행히 흑의 기물들이 적절한 장소에 있어서) 것인지 백이 **알지** 못한다는 점을 반영한 것이다. (사람 대 사람 체스 경기에서 대부분의 체크메이트는 이런 의미에서 우연적이다.) 이러한 개념은 주어진 전략이 실제로 승리할 **확률**이 얼마인가라는 질문으로 자연스럽게 이어지며, 더 나아가서 믿음 상태의 각 체스판이 실제 체스판일 **확률**이 얼마인가라는 질문으로 이어진다.

현재 믿음 상태의 모든 체스판이 진짜일 확률이 모두 동일하다고 생각하는 독자도 있을 것이다. 그러나 실제로는 그렇지 않다. 예를 들어 흑이 첫수를 둔 후의 백의 믿음 상태를 생각해 보자. 정의에 의해(흑이 최적으로 플레이한다고 할 때), 흑은 반드시 최적의 수를 두었어야 한다. 따라서 최적이 아닌 수들에서 비롯된 모든 체스판의 확률은 0이어야 한다.

▶ 그러나 이러한 주장 역시 사실과는 다르다. 왜냐하면 크리그슈필에서 각 플레이어의 **목표는 기물들을 적절한 장소에 두는 것이 아니라, 상대가 자신의 기물의 위치를 파악하는 데 필요한 정보를 최소화하는 것**이기 때문이다. 예측 가능한 '최적' 전략을 사용하면 상대에게 그러한 정보를 제공하게 된다. 따라서 부분 관측 가능 게임에서 최적의 플레이를 위해서는 다소 '무작위로' 플레이할 의사가 있어야 한다. (식당 위생 검사자가 검사 방문일을 **무작위로** 정하는 이유가 바로 이것이다.) 이는 종종 '본질적으로는' 약해 보일 수도 있는 수들을 선택해야 함을 뜻한다. 그런 약해 보이는 수들은 그 예측 불가능성 때문에 장기적으로는 강한(상대가 그런 수들에 대한 방어 수단을 마련해 두지 않았을 가능성이 있다는 점에서) 수가 된다.

이상의 사항들을 고려할 때, 현재 믿음 상태의 체스판 상태들에 부여된 확률들은 오직 최적의 무작위화된 전략이 주어졌을 때에만 계산할 수 있는 것으로 보인다. 그런데 그러한 전략을 계산하기 위해서는 가능한 체스판 상태들의 확률을 알아야 한다. 이러한 딜레마는 게임 이론의 개념인 **평형**(equilibrium) 해법을 도입해서 해소할 수 있다. 이에 대해서는 제17장에서 좀 더 논의한다. 평형은 각 플레이어에 대해 최적의 무작위화된 전략을 지정한다. 그러나 크리그슈필에서는 평형을 계산하는 비용이 너무 크다. 현재로서는, 일반적인 크리그슈필 플레이를 위한 효과적인 알고리즘을 설계하는 문제는 열린 연구 주제에 해당한다. 대부분의 시스템은 상대의 믿음 상태를 무시하고 자신의 믿음 상태 공간에서 향후의 수들을 제한된 깊이로 검색한다. 평가 함수들은 관측 가능 게임에 쓰이는 것들과 비슷하나, 믿음 상태의 크기에 대한 요소가 평가에 포함된다. 작을수록 좋다! 부분 관측 가능 게임은 §18.2에서 게임 이론을 이야기할 때 다시 살펴본다.

## 5.6.2 카드 게임

브리지<sup>bridge</sup>나 휘스트<sup>whist</sup>, 하츠<sup>hearts</sup>, 포커 같은 카드 게임들은 **확률적** 부분 관측 가능성을 지닌다. 이러한 성질은 카드의 무작위한 분배(dealing)로 생긴 정보의 누락에서 기인한다.

언뜻 보면 이런 카드 게임들은 그냥 주사위 게임과 비슷하다. 게임 시작 시 무작위로 분배된 카드들이 각 플레이어의 가능한 수들을 결정한다는 것을 게임 시작 시 모든 '주사위'가 굴려지는 것으로 볼 수 있기 때문이다. 사실 이러한 비유는 부정확하지만, 그래도 이 비유에서 효과적인 알고리즘 하나를 이끌어낼 수 있다. 바로, 게임 시작 상태를 모든 가능한 카드 분배에 해당하는 결과를 가진 하나의 우연 노드로 취급해서 EXPECTIMINIMAX 공식으로 최선의 수를 선택하는 것이다. 이러한 접근방식에서는 오직 뿌리 노드만 우연 노드임을 주의하기 바란다. 그 다음부터는 게임이 완전 관측 가능 게임이 된다. 이 접근방식을 **투시에 대한 평균**(averaging over clairvoyance)이라고 부르기도 하는데, 이 이름은 첫 분배가 끝나면 게임이 두 플레이어 모두에게 관측 가능이 된다고 가정하기 때문이다. 이러한 직관적인 매력에도, 이 전략은 길을 잃을 가능성이 있다. 다음과 같은 시나리오를 생각해 보자.

> 첫째 날: 길 *A*는 금 항아리로 이어진다. 길 *B*는 갈림길로 이어진다. 갈림길에서 왼쪽 길을 택하면 더 큰 금 항아리가 나오지만, 오른쪽 길을 택하면 버스에 치인다.
>
> 둘째 날: 길 *A*는 금 항아리로 이어진다. 길 *B*는 갈림길로 이어진다. 갈림길에서 오른쪽 길을 택하면 더 큰 금 항아리가 나오지만, 왼쪽 길을 택하면 버스에 치인다.
>
> 셋째 날: 길 *A*는 금 항아리로 이어진다. 길 *B*는 갈림길로 이어진다. 갈림길에서 한쪽 길을 택하면 더 큰 금 항아리가 나오지만, 다른 쪽 길을 택하면 버스에 치인다. 안타깝게도 어느 쪽 길이 금 항아리로 가는지는 알 수 없다.

이에 대해 투시에 대한 평균 전략을 적용하면 다음과 같은 추론이 나온다. 첫째 날에는 *B*가 옳은 선택이다. 둘째 날에는 *B*가 옳은 전략이다. 셋째 날은 첫째 날이나 둘째 날과 같은 상황이므로 *B*가 옳은 선택이어야 한다.

이제 투시에 대한 평균 전략이 왜 실패하는지 이해할 것이다. 이 전략은 에이전트가 어떤 동작을 수행한 후에 생성될 **믿음 상태**를 고려하지 않는다. 완전 무지의 믿음 상태는 바람직하지 않다. 특히 확실한 죽음의 가능성이 존재할 때에는 더욱 바람직하지 않다. 투시 전략은 미래의 모든 상태가 자동으로 완벽한 지식을 갖춘 상태가 될 것이라고 가정하기 때문에, **정보를 수집하는 동작들**(도해 5.15의 첫 수 같은)은 고려하지 않는다. 또한 상대편 플레이어들에게 정보를 숨기거나 같은 편에게 정보를 제공하는 동작들도 선택하지 않는다. 어차피 그들이 정보를 이미 알고 있으리라고 가정하기 때문이다. 그리고 포커에서 이 전략은 결코 **허세**(bluffing)[5]를 부리지 않는다. 상대가 자신의 카드를 볼 수 있다고 가정하기 때문이다. 제17장에서 진정한 부분 관측 가능 의사결정 문제를 풀기 위해 이 모든 것을 고려하는, 그럼으로써 최적의 균형 전략(§18.2)을 산출하는 알고리즘을 구축하는 방법을 살펴본다.

허세

단점들이 있긴 하지만, 투시에 대한 평균은 효과적인 전략일 수 있으며, 몇 가지 요령을 추가하면 더 나은 전략이 된다. 대부분의 카드 게임에서 가능한 분배의 수는 상당히 크다. 예를 들어 브리지에서 각 플레이어는 손패(hand; 손에 쥔 카드) 네 장 중 두 장만 본다. 13장의 카드 각각에 대해 아직 보지 않은 손패가 두 장 있으므로 분배의 수는 $\binom{26}{13} = 10,400,600$이다. 분배 하나를 계산하는 것도 꽤 어려우니 1,000만 개의 분배를 계산하는 것은 물을 필요도 없을 것이다. 이러한 방대한 분배 수를 다루는 한 가지 방법은 **추상화**(abstraction)이다. 좀 더 구체적으로 말하면, 비슷한 손패들을 동일한 것으로 취급함으로써 분배의 수를 줄일 수 있다. 예를 들어 브리지에서 손패에 에이스와 킹이 있다는 것은 대단히 중요하지만 4나 5가 있다는 것은 그리 중요하지 않으므로, 다른 카드들은 동일하고 4와 5만 다른 두 손패를 같은 손패라고 간주해도 된다.

큰 분배 수를 다루는 또 다른 방법은 순방향 가지치기이다. 즉, 가능한 모든 분배 중 $N$개만 무작위로 선택(표집)해서 EXPECTIMINIMAX 점수를 계산하는 것이다. $N$이 100이나 1,000 정도로 작다고 해도 꽤 좋은 근사를 얻을 수 있다. 이 방법은 크리그슈필 같은 결정론적 게임에도 적용할 수 있는데, 그런 경우에는 가능한 카드 분배들이 아니라 가능한 게임 상태들을 표집한다. 단, 이러한 표집을 위해서는 각 상태의 발생 가능성을 추정하는 방법이 필요하다. 게임 트리 전체를 검색하는 대신 특정 깊이에서 검색을 중단하는 발견적 검색도 도움이 될 수 있다.

지금까지 우리는 각 카드 분배의 발생 가능성이 같다고 가정했다. 휘스트나 하츠 같은 게임에서는 그런 가정이 성립하지만, 브리지에서는 그렇지 않다. 브리지에서는 본격적인 플레이 전에 소위 '입찰(bidding)' 과정이 있는데, 입찰 과정에서 각 플레이어는 자신이 몇 개의 트릭을 따고자 하는지를 미리 밝힌다. 플레이어는 자신이 쥔 카드들을 보고 트릭 수를 예상하므로, 플레이어들은 다른 플레이어들이 밝힌 예상 트릭 수로부터 각 분배의 확률 $P(s)$에 관해 뭔가를 배울 수 있다. 그러나, 크리그슈필 설명에서 언급한

---

[5] 허세, 소위 블러핑은 손패가 나쁠 때에도 마치 좋은 손패를 가지고 있는 양 베팅하는 것을 말한다. 이는 포커 전략의 핵심 부분이다.

이유들 때문에, 이런 요인까지 고려해서 손패를 플레이하는 방법을 결정하기란 까다롭다. 간단히 말하면, 플레이어들은 상대 플레이어들에게 전달될 정보를 최소화하는 방식으로 자신의 트릭 수를 입찰할 수도 있다.

포커의 경우는 컴퓨터가 이미 초인적인 수준에 도달했다. Libratus라는 포커 프로그램은 20일간의 무제한 텍사스 홀덤 대회에서 세계 최고 포커 플레이어 네 명을 확실히 따돌리고 우승했다. 포커의 가능한 상태는 대단히 많은데, Libratus는 추상화를 이용해서 상태 공간을 축소한다. 아마도 Libratus는 예를 들어 손패 AAA72와 손패 AAA65를 같은 것으로 간주하고(둘 다 "에이스 세 장과 낮은 숫자 카드 두 장"이다). 또한, 200달러 베팅과 201달러 베팅도 같다고 간주할 것이다. 그러나 Libratus는 다른 플레이어들의 플레이를 주시하면서 다른 플레이어들 역시 추상화를 이용한다는 판단이 서면 밤새 추가적인 계산을 통해서 그 간극을 메운다. 언급한 대회에서 Libratus는 슈퍼컴퓨터의 2,500만 CPU 시간만큼 사용해서 승리를 거머쥐었다.

Libratus가 사용한 계산 비용(그리고 ALPHAZERO나 기타 시스템들의 그와 비슷한 계산 비용)을 생각하면, 예산이 제한된 연구자들로서는 세계 챔피언 급의 플레이를 달성하기가 어려울 것이라고 짐작할 수 있다. 이는 어느 정도 사실이다. 비유하자면, 차고에서 예비 부품들로 챔피언급 포뮬러 원 경주용 자동차를 조립하길 기대할 수는 없다. 슈퍼 컴퓨터 또는 TPS(텐서 처리 장치) 같은 전용 하드웨어에 접근할 수 있으면 확실히 도움이 된다. 시스템을 훈련할 때 특히 그렇다. 그렇지만 크라우드소싱crowdsourcing으로 훈련을 진행할 수도 있다. 예를 들어 오픈소스 LEELAZERO 시스템은 ALPHAZERO를 재구현한 것인데, 자발적인 참여자들의 컴퓨터에서 자가 플레이로 훈련한다는 점이 특징이다. 일단 훈련을 마친 후에는, 실제 토너먼트 플레이에 요구되는 컴퓨팅 자원은 그리 크지 않다. 스타크래프트 II 게임에서 최고 수준 인간 플레이어들을 이긴 ALPHASTAR는 GPU가 하나인 일반 소비자급 데스크톱에서 실행되었으며, ALPHAZERO 역시 그 정도 시스템에서 돌릴 수 있다.

# 5.7 게임 검색 알고리즘들의 한계

게임에서 최적의 결정을 계산하는 것은 대부분의 경우 처리 불가능한(intractable) 문제이기 때문에, 모든 알고리즘에는 반드시 어떤 가정과 근사가 관여한다. 알파베타 검색은 평가 함수를 하나의 근사로 사용하고, 몬테카를로 검색은 무작위로 선택한 일단의 플레이아웃들에 대한 근사적인 평균을 계산한다. 주어진 게임에 대해 어떤 알고리즘을 사용할 것인지는 부분적으로 그 게임의 성격에 의존한다. 분기 계수가 크거나 평가 함수를 정의하기 어려울 때는 몬테카를로 검색이 낫다. 그러나 두 알고리즘 모두 근본적인 한계가 존재한다.

알파베타 검색에만 해당하는 첫 한계는, 검색이 발견적 함수의 오차에 취약하다는 점이다. 도해 5.16의 2겹 게임 트리를 보자. 최소최대에 따르면, 100 > 99이므로 오른쪽 가지를 택해야 한다. 만일 평가치들이 모두 정확하다면 그것이 옳은 수이다. 그러나 각 노드의 평가에 다른 노드들과는 독립적인 오차가 포함된다고 하자. 그리고 그 오차는 평균이 0이고 표준 편차가 $\sigma$인 분포에 따라 무작위로 정해진다고 하자. 그러면, $\sigma = 5$일 때는 왼쪽 가지가 71%의 경우에서 더 낫고, $\sigma = 2$일 때는 58%의 경우에서 더 낫다(그런 경우들에서 오른쪽의 다섯 잎 노드 중 하나가 99 밑으로 떨어지므로). 만일 평가 함수의 평가 함수의 오차가 독립적이지 **않다면**, 계산이 틀릴 가능성이 더 커진다. 이를 보정하기란 쉽지 않다. 동기 노드들(같은 부모의 자식 노드들) 사이의 의존관계에 대한 적절한 모형이 없기 때문이다.

알파베타와 몬테카를로 검색 모두에 해당하는 둘째 한계는, 알고리즘이 적법한 수들의 가치를 계산한 후에야 최선의 수를 파악할 수 있는 것이다. 그러나 때에 따라서는 최선의 수가 명백한 경우도 있다(예를 들어 적법한 수가 단 하나인 경우 등). 그럴 때에도 그 수의 가치를 평가하느라 계산 시간을 소비하는 것은 무의미하다. 그냥 그 수를 선택하는 것이 더 낫다. 따라서, 노드 자체의 효용 가치보다는 **노드 확장의 효용**이라는 개념에 따라 확장의 효용이 더 높은 노드를 선택하는 방식(즉, 훨씬 더 나은 수가 발견될 가능성이 큰 노드를 우선시하는 방식)이 더 낫다. 효용이 확장 비용(시간을 기준으로 한)보다 높은 노드 확장들이 없는 지점이 되면 알고리즘은 검색을 멈추고 수를 선택한다. 이러한 방식은 우월한 수가 확실히 존재하는 상황은 물론 **대칭적인 수들이 존재하는** 상황, 즉 더 검색해 봤자 어떤 수가 더 나은지 알 수 없는 상황에서도 작동한다.

어떤 계산을 수행할 것인지에 대한 이런 종류의 추론을, 추론에 관한 추론을 뜻하는
**메타추론**(metareasoning)이라고 부른다. 메타추론은 게임 플레이뿐만 아니라 모든 종류의 추론에도 적용된다. 모든 계산은 더 나은 결정에 도달하기 위해 수행되며, 비용을 치르며, 나름의 확률로 결정 품질의 특정한 개선에 기여한다. 몬테카를로 검색은 트리의 가장 중요한 부분에 자원을 할당하기 위해 메타추론을 시도하긴 하지만, 그것을 최적의 방식으로 수행하지는 않는다.

역시 알파베타와 몬테카를로 검색 모두에 해당하는 셋째 한계는 추론이 개별 수

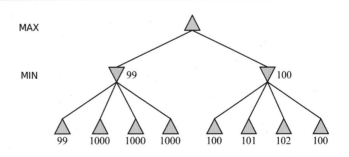

**도해 5.16** 발견적 최소최대에서 오차가 발생할 수 있는 2겹 게임 트리.

(move) 수준에서 일어난다는 점이다. 이것이 사람이 게임을 플레이하는 방식이 아님은 명백하다. 사람은 좀 더 고수준의 목표(상대의 퀸을 함정에 빠뜨리는 등)를 정하고 그 목표를 이용해서 가능성 있는 계획을 **선택적**으로 생성하는 식으로, 좀 더 추상적인 수준에서 게임을 플레이한다. 제11장에서는 이런 종류의 **계획 수립**(planning)을 논의하는데, 특히 §11.4에서는 추상적 위계구조를 이용해서 구체적인 표현들을 계획하는 방법을 살펴본다.

넷째 문제점은 **기계학습**을 게임 검색 과정에 도입하는 능력이다. 초기 게임 프로그램들에서는 인간 전문가가 평가 함수나 오프닝 데이터베이스, 검색 전략, 기타 효율성 개선 기법들을 직접 짜 넣어야 했다. 그러나 이제는 주어진 게임에 국한된, 사람이 만들어 낸 전문 지식이 아니라 다양한 게임을 자가 플레이로부터 배우는 AlphaZero(Silver 외, 2018) 같은 프로그램들이 등장하기 시작했다. 기계학습은 제19장에서부터 자세히 논의한다.

# 요약

이번 장에서는 최적의 플레이가 뜻하는 바가 무엇이고 실제 게임을 잘 플레이하는 방법이 무엇인지 이해하기 위해, 그리고 임의의 종류의 대립 환경에서 에이전트가 어떻게 행동해야 하는지 감을 잡기 위해 다양한 게임을 살펴보았다. 가장 중요한 개념들은 다음과 같다.

- 하나의 게임을 **초기 상태**(게임판의 구성), 각 상태에서의 적법한 **동작들**, 각 동작의 **결과, 말단 판정**(게임이 끝났음을 말해 주는), 그리고 말단 상태들에 적용되며 누가 이겼는지, 최종 점수는 얼마인지 계산하는 데 쓰이는 **효용 함수**로 정의할 수 있다.
- **완전한 정보**가 제공되는 2인용 이산·결정론적·교대식·제로섬 게임에서 **최소최대** 알고리즘은 게임 트리의 깊이 우선 열거를 통해서 최적의 수들을 선택할 수 있다.
- **알파베타** 검색 알고리즘은 최소최대와 동일한 최적의 수들을 계산하나, 결과와 무관함이 확실한 부분 트리들을 제거하기 때문에 훨씬 더 효율적이다.
- **몬테카를로 트리 검색**(MCTS)이라고 하는 대안적인 검색 알고리즘은 발견적 함수를 적용하는 대신 게임을 끝까지 모의로 실행하고(플레이아웃), 게임 규칙에 따라 누가 이겼는지 판정해서 상태를 평가한다. 그러한 **플레이아웃** 과정에서 선택된 수들이 최적의 수가 아닐 수 있으므로, MCTS는 플레이아웃을 여러 번 반복한 후 그 결과들의 평균을 평가치로 삼는다.
- 여러 게임 플레이 프로그램들은 게임 개시 및 끝내기에서의 최선의 수들을 담은 테이블을 미리 계산해 두고, 검색 대신 테이블 참조로 수를 찾는다.
- 우연이 관여하는 게임은 **우연 노드**를 평가하도록 최소최대 알고리즘을 확장한 **기**

**대최대최소** 알고리즘으로 처리할 수 있다. 우연 노드의 가치는 모든 자식 노드 효용들의 가중 평균(각 자식의 확률을 가중치로 적용)을 구해서 평가한다.

- 크리그슈필이나 포커처럼 **불완전한 정보**를 가진 게임의 최적 플레이를 위해서는 각 플레이어의 현재와 미래의 **믿음 상태**를 추론할 필요가 있다. 간단한 근사 방법은, 누락된 정보의 모든 가능한 구성 각각에 대한 동작의 값의 평균을 구하는 것이다.

- 체스나 체커, 오델로, 바둑, 포커를 비롯한 많은 게임에서 컴퓨터 프로그램이 세계 챔피언(사람)들을 꾸준히 이기고 있다. 브리지나 크리그슈필처럼 정보가 불완전한 몇몇 게임에서는 아직 사람 플레이어들이 우세하다. 스타크래프트나 Dota 2 같은 비디오 게임들에서도 프로그램이 프로 선수들과 비슷한 성적을 거두고 있지만, 그런 성공의 일부는 다수의 동작을 아주 빠르게 수행하는 능력에 기인한 것일 수 있다.

## 참고문헌 및 역사적 참고사항

1846년 찰스 배비지[Charles Babbage]는 컴퓨터 체스와 체커의 가능성을 논의했다(Morrison 및 Morrison, 1961). 그는 검색 트리의 조합적 복잡도를 이해하지 못하고 "해석기관(Analytical Engine) 안에 관여된 조합들은 그 어떤 요구도, 심지어 체스 게임의 요구도 훨씬 능가한다"라고 주장했다. 배비지는 또한 틱택토를 플레이하는 전용 기계도 설계했으나, 실제로 만들지는 않았다. 최초의 게임 플레이 기계는 스페인 기술자 레오나르도 토레스 이 케베도[Leonardo Torres y Quevedo]가 1890년경에 만들었다. 그 기계는 체스의 'KRK(킹과 루크 대 킹)' 끝내기에 특화된 것으로, 루크를 가진 쪽에 수가 있는 경우 승리를 보장했다. 최소최대 알고리즘의 기원은 현대적인 집합 이론을 발전시킨 에른스트 체르멜로[Ernst Zermelo]가 1912년에 발표한 한 논문으로 거슬러 올라간다.

게임 플레이는 인공지능이 도전한 최초의 과제들 중 하나이다. 초기에 콘라드 추제(Zuse, 1945), 노버트 위너(저서 *Cybernetics*[Wiener, 1948]), 앨런 튜링(Turing 외, 1953) 같은 선구자들의 노력이 있었다. 그러나 주요 개념들을 모두 망라한 최초의 문헌은 클로드 섀넌의 *Programming a Computer for Playing Chess*(Shannon, 1950)이다. 이 문헌에 게임판 국면의 표현, 평가 함수, 소강 검색, 그리고 선택적 게임 트리 검색을 위한 몇 가지 착안이 나온다. [Slater, 1950]은 특징들의 선형 결합(일차결합)으로서의 평가 함수라는 개념을 제안했는데, 특히 체스의 기물 이동 특징을 강조했다.

존 매카시는 1956년에 **알파베타** 검색을 착안했지만, 논문으로 발표된 것은 그 후의 [Hart 및 Edwards, 1961]이다. 커누스와 무어는 알파베타의 정확성을 증명하고 시간 복잡도를 분석했다(Knuth, 1975). 펄은 모든 고정 깊이 게임 트리 검색 알고리즘 중에서 알파베타가 점근적으로 최적임을 보였다(Pearl, 1982b).

[Berliner, 1979]는 게임 트리의 한 노드에 단일한 추정치를 부여하는 대신, 노드의 가능한 값들에 대한 내부 한계들을 관리하는 발견적 검색 알고리즘인 B*를 소개했다.

데이비드 머캘리스터[David McAllester]의 음모 수(conspiracy number) 검색은 프로그램이 트리의 뿌리 노드에서 새로운 수를 선호하게 할 만한(확장된 말단 노드들의 값을 변경함으로써) 말단 노드들을 확장한다(McAllester, 1988). MGSS*는 확장되는 각 노드의 값의 추정치를 제16장의 결정이론적 기법들을 이용해서 구한다(Russell 및 Wefald, 1989). 그 추정치는 뿌리 노드에서의 의사결정 품질이 얼마나 개선될 수 있는지를 반영한다.

2인용 A*라고 할 만한 것은 SSS* 알고리즘(Stockman, 1979)이다. 이 알고리즘이 확장하는 노드 개수는 알파베타의 것을 결코 넘지 않지만, 그러나 메모리 요구량이 너무 커서 비실용적이다. 그래서 RBFS 알고리즘을 기반으로 선형 공간 버전이 개발되었다(Korf 및 Chickering, 1996). [Baum 및 Smith, 1997]은 최소최대를 대신하는 확률 기반 접근방식을 제시하고, 특정 게임에서는 그 접근방식이 더 나은 결과를 냄을 보여준다. **기대최소최대** 알고리즘은 [Michie, 1966]이 제안했다. [Ballard, 1983]은 알파베타 가지치기를 우연 노드들을 가진 트리에 적용할 수 있도록 확장했다.

펄의 저서 *Heuristics*(Pearl, 1984)는 여러 게임 플레이 알고리즘들을 철저히 분석한다.

몬테카를로 시뮬레이션의 선구적인 연구는 [Metropolis 및 Ulam, 1949]인데, 원자폭탄 개발과 관련한 계산들을 위한 것이었다. 몬테카를로 트리 검색(MCTS)는 [Abramson, 1987]이 소개했다. [Tesauro 및 Galperin, 1997]은 백개먼 게임을 위해 몬테카를로 검색을 평가 함수와 결합하는 방법을 보여주었다. [Lorentz, 2015]는 이른 플레이아웃 종료 기법을 논의한다. ALPHAGO는 플레이아웃을 일찍 종료한 후 평가 함수를 적용한다(Silver 외, 2016). [Kocsis 및 Szepesvari, 2006]은 이 접근방식을 UCT(Upper Confidence Bounds applied to Trees) 선택 메커니즘을 이용해서 좀 더 개선한다. [Chaslot 외, 2008]은 MCTS를 다양한 게임들에 적용하는 방법을 보여주고, [Browne 외, 2012]는 몬테카를로 검색 방법들을 개괄한다.

[Koller 및 Pfeffer, 1997]은 **부분 관측 가능** 게임을 완전하게 푸는 시스템 하나를 서술한다. 그 시스템은 기존 시스템들에 비해 더 큰 게임들을 처리하지만, 포커나 브리지 같은 복잡한 게임의 완전한 버전은 처리하지 못한다. [Frank 외, 1998]은 부분 관측 가능 게임을 위한 몬테카를로 검색의 여러 변형을 서술하는데, 그중에는 MIN은 완전한 정보를 가지지만 MAX는 그렇지 않은 것도 있다. [Schofield 및 Thielscher, 2015]는 일반적인 게임 플레이 시스템을 부분 관측 가능 게임에 맞게 개조하는 방법을 논의한다.

퍼거슨은 크리그슈필에서 킹 하나에 대해 비숍과 나이트로(Ferguson, 1992) 또는 두 비숍으로(Ferguson, 1995) 게임을 이기는 무작위화 전략들을 손으로 직접 유도했다. 최초의 크리그슈필 프로그램들은 끝내기 체크메이트 전략을 찾고 상태 공간에서의 AND-OR 검색을 수행하는 데 초점을 두었다(Sakuta 및 Iida, 2002; Bolognesi 및 Ciancarini, 2003). 점진적 믿음 상태 알고리즘들로 훨씬 더 복잡한 중반부 체크메이트들을 찾아낼 수 있었지만(Russell 및 Wolfe, 2005; Wolfe 및 Russell, 2007), 일반적인 상황에서의 효과적인 플레이를 위해서는 효율적인 상태 평가 방법을 찾는 문제가 여전히 장애물로 남아 있다(Parker 외, 2005). [Ciancarini 및 Favini, 2010]은 MCTS를 크리그슈필에 적용하고, [Wang 외, 2018]은 Phantom Go를 위한 MCTS의 믿음 상태 버전을 서술한다.

프레드킨 상(Fredkin Prize)을 탄 프로그램들은 컴퓨터 **체스** 역사의 주요 이정표에 해당한다. BELLE(Condon 및 Thompson, 1982)은 마스터 등급에 도달한 최초의 프로그램이다. DEEP THOUGHT(Hsu 외, 1990)는 국제 마스터 등급에 도달한 최초의 프로그램이다. 그리고 딥블루<sup>Deep Blue</sup>(Campbell 외, 2002; Hsu, 2004)는 1997년 시범 경기에서 세계 챔피언 개리 카스파로프를 이겼다. 딥블루는 알파베타 검색으로 초당 1억 개의 국면을 조사했으며, 종종 40겹 깊이에 도달하는 특이 연장을 생성했다.

오늘날 최고의 체스 프로그램들(STOCKFISH, KOMODO, HOUDINI)은 그 어떤 인간 플레이어보다도 훨씬 뛰어난 실력을 갖추었다. 이런 프로그램들은 체스의 분기 계수를 사실상 3 미만으로 줄이고(실제 분기 계수는 약 35), 표준적인 단일 코어 컴퓨터에서 초당 약 100만 개의 노드를 검색해서 약 20겹의 수들을 검색한다. 이들은 같은 가지치기 기법들을 사용하는데, 이를테면 상대가 먼저 두 수를 두는 얕은 검색을 이용해서 주어진 국면의 가치에 대한 더 좋은 하계를 찾아내는 **무수**(null move) 발견법이 그런 예이다. 또한 **무익 가지치기**(futility pruning)도 중요한 기법이다. 이 기법은 후행 노드들에서 베타 차단이 일어날 수들을 미리 결정하는 데 도움을 준다. SUNFISH는 교육용으로 단순화된 체스 프로그램이다. 이 프로그램의 핵심부는 파이썬 코드 200줄 미만이다.

퇴행 분석으로 끝내기 테이블을 계산한다는 착안은 [Bellman, 1965]에서 기인한다. 이 착안을 이용해서 켄 톰슨(Thompson, 1986; Thompson, 1996)과 루이스 스틸러(Stiller, 1992; Stiller, 1996)는 말 다섯 개까지의 모든 체스 끝내기를 풀었다. 스틸러는 262수 후에야 강제 메이트(forced mate)가 있는 사례를 발견했다. 50수 이내에 기물이 잡히거나 폰을 이동하지 않으면 무승부가 된다는 체스 규칙을 생각하면 그런 수순이 존재한다는 것은 다소 놀라운 일이었다. 2012년 블라디미르 마크니체프<sup>Vladimir Makhnychev</sup>와 빅토르 자카로프는<sup>Victor Zakharov</sup> 기물 7개까지의 모든 끝내기 국면을 푸는 Lomonosov Endgame Tablebase을 완성했는데, 기물 포획 없이 500수 이상 이어지는 사례도 있다. 이 기물 7개용 테이블의 용량은 140테라바이트이다. 8개용 테이블 용량은 그 100배일 것이다.

2017년에 ALPHAZERO(Silver 외, 2018)는 STOCKFISH(2017년 TCEC 컴퓨터 체스 챔피언)과 체스를 1,000판 두어서 155승 6패로 승리했다. 이후 STOCKFISH에 주어진 시간의 10분의 1만 허용한 추가 경기들에서도 ALPHAZERO가 확실히 이겼다.

그랜드마스터 래리 코프먼<sup>Larry Kaufman</sup>은 이 몬테카를로 프로그램(ALPHAZERO)의 성공에 놀라서 "아직 말하기 이르지만, 어쩌면 현재 이 분야를 주도하는 최소최대 체스 엔진들의 시대가 끝날지도 모르겠다."라고 말했다. 개리 카스파로프는 "ALPHAGO의 성과에서 예상했다고 해도, 이는 놀라운 업적이다. 이 프로그램은 전수조사법(brute force)이 아니라 클로드 섀넌과 앨런 튜링이 꿈꾸었던, 사람이 사용하는 것과 비슷한 B형 전략으로 체스를 둔다."라고 평했다. 더 나아가서 그는 "ALPHAZERO가 체스의 근간을 흔들었지만, 이는 이후 우리가 보게될 사건들의 아주 작은 예일 뿐이다. 교육이나 의약 같은 완고한 분야들도 흔들릴 것이다."라고 예측했다(Sadler 및 Regan, 2019).

**체커**는 컴퓨터가 완전하게 플레이한 최초의 고전적 게임이다(Strachey, 1952). 아서 새뮤얼은 일종의 강화학습을 이용해 자가 플레이들로부터 자신의 평가 함수를 배우는 체커 프로그램들을 개발했다(Samuel, 1959; Samuel, 1967). 새뮤얼이 메모리 용량이 10,000워드이고 프로세서서가 0.000001GHz인 IBM 704 컴퓨터에서 새뮤얼 자신보다 체스를 더 잘 두는 프로그램을 만들어 냈다는 것은 대단한 성과이다. Machine Educable Noughts And Crosses Engine을 줄인 MENACE(Michie, 1963)도 강화학습을 이용해서 틱택토를 아주 잘 두게 되었다. 그 프로그램을 실행하는 프로세서는 새뮤얼의 것보다도 느렸다. 사실 그 프로세서는 각 국면에 대해 학습된 최고의 수를 나타내는 컬러 구슬이 담긴 성냥갑 304개로 이루어졌다.

1992년 조너선 섀퍼의 CHINOOK 체커 프로그램이 20년 넘게 세계 챔피언 자리를 지킨 전설적인 체커 플레이어 매리언 틴슬리$^{Marion Tinsley}$에 도전했다. 그 시합에서 틴슬리가 이기긴 했지만, 여섯 판 중 두 판을 졌다. 이는 그의 전체 경력에서 네 번째와 다섯 번째 패배였다. 건강 문제로 틴슬리가 은퇴하자 CHINOOK가 왕좌를 차지했다. 이 사건을 포함한 체커 프로그램의 역사가 [Schaeffer, 2008]에 나온다.

2007년 섀퍼와 그의 팀이 체커를 "풀었다"(Schaeffer 외, 2007). 두 플레이어가 완벽하게 둔다면 체커는 무승부로 끝난다. 체커의 파해는 리처드 벨먼이 예측한 일이었다(Bellman, 1965). 그 논문에서 벨먼은 "체커에서는 임의의 주어진 상황에서 가능한 수들의 개수가 많지 않기 때문에, 이 게임의 최적 플레이 문제에 대한 완전한 디지털 컴퓨터 해법이 나올 것이 확실하다."라고 썼다. 그러나 벨먼이 이에 필요한 노력의 규모를 예측하지는 못했다. 말이 10개인 끝내기 테이블의 항목은 39조 개가 넘는다. 이 테이블을 이용해서 알파베타 검색으로 게임을 푸는 데 18 CPU년$^{역주6}$이 소비된다.

앨런 튜링에게 **바둑**을 가르친 I. J. 굿$^{Good}$은 "체스보다는 바둑을 제대로 두는 컴퓨터를 프로그램하는 것이 훨씬 더 어렵다고 생각한다"라고 썼다(Good, 1965b). 그가 옳았다. 2015년까지도 바둑 프로그램들은 아마추어 기사 수준이었다. 관련 초기 문헌들이 [Bouzy 및 Cazenave, 2001]과 [Müller, 2002]에 요약되어 있다.

[Zobrist, 1970]은 시각적 패턴 인식을 바둑을 위한 유망한 기법으로 제안했고, [Schraudolph 외, 1994]는 강화학습의 활용을 분석했다. [Lubberts 및 Miikkulainen, 2001]은 신경망을 추천했고 [Brügmann, 1993]은 몬테카를로 트리 검색을 바둑에 도입했다. ALPHAGO(Silver 외, 2016)는 이 네 가지 착안을 조합해서 세계 최정상급 프로 기사 이세돌(2015년, 4대1 승)과 커제(2016년 3대0 승)를 물리쳤다.

커제$^{Ke Jie}$는 "인간은 수천 년에 걸쳐 전술을 개선했지만 컴퓨터는 인간이 완전히 틀렸음을 보여주었다. 사람은 그 누구도 바둑의 진실의 가장자리조차 건드리지 못했다고 말해도 과언이 아닐 것이다." 이세돌은 바둑에서 은퇴하면서, "내가 세계 최고가 된다고 해도, 결코 이길 수 없는 존재가 있다"라고 탄식했다.

2018년에는 ALPHAZERO가 바둑에서 ALPHAGO을 능가했으며, 체스와 장기에서도 최고 프로그램들을 물리쳤다. ALPHAZERO는 인간이 제공한 전문 지식이나 과거 경

---

$^{역주6}$ CPU년(CPU-year)는 CPU 하나를 1년 동안 돌려서 계산할 수 있는 계산의 양이다.

기 기록을 전혀 사용하지 않고 오직 자가 플레이만으로 게임들을 배웠다. (물론 몬테카를로 트리 검색과 신경망 및 강화학습의 조합이라는 기본 틀을 구축하고 게임의 기본 규칙을 부호화한 것은 인간이다.) ALPHAZERO의 성공 덕분에 강화학습이 일반 인공 지능 (제22장)의 핵심 요소로서 큰 관심을 끌게 되었다. 더 나아가서, MUZERO시스템은 게임의 규칙도 주어지지 않은 상태에서 플레이를 통해 게임의 규칙을 스스로 파악한다. MUZERO는 팩맨, 체스, 바둑, 그리고 75종의 아타리 게임들에서 최고 수준의 결과를 얻었다(Schrittwieser 외, 2019). MUZERO은 일반화하는 법을 배운다. 예를 들어 팩맨 게임에서 '위로(up)' 동작에 의해 게임 화면의 아주 작은 부분이 변한다는 점만 관측하고도 '위로' 동작이 플레이어 캐릭터를 한 칸 위로 움직인다는(거기에 벽이 없다고 할 때) 점을 배운다.

오델로         리버시<sup>Reversi</sup>라고도 부르는 **오델로**<sup>Othello</sup>(또는 오셀로)의 검색 공간은 체스의 것보다 작지만, 평가 함수를 정의하기가 어렵다. 왜냐하면 기물의 이득이 기물의 이동성만큼 중요하지는 않기 때문이다. 오델로 프로그램들은 1997년에 세계 챔피언을 이긴 후로 초인적인 수준을 유지하고 있다(Buro, 2002).

        우연의 게임인 **백개먼**은 제롤라모 카르다노가 수학적으로 분석했고(Cardano, 1663), BKG 프로그램(Berliner, 1980b)으로 컴퓨터 플레이가 시작되었다. 이 프로그램은 사람이 손으로 직접 짠 평가 함수를 사용했으며, 깊이 1까지만 검색했다. 이 프로그램은 주요 게임에서 처음으로 인간 세계 챔피언을 물리친 프로그램(Berliner, 1980a)이다. 그러나 베를리너는 BKG가 주사위 굴림에서 운이 아주 좋았다고 기꺼이 인정했다. 제리 데사우로의 TD-GAMMON(Tesauro, 1995)은 자가 플레이로 훈련된 신경망을 이용해서 평가 함수를 학습했으며, 여러 주사위 굴림들에 대한 최고의 오프닝 수에 관한 인간 분석가들의 의견을 바꾸었다.

        **포커**도 바둑처럼 최근 몇 년 간 놀라운 발전이 있었다. [Bowling 외, 2015]는 게임 이론(§18.2)을 이용해서 레이스 횟수와 베팅 금액이 제한된 2인용 포커 변형에 대한 정확한 최적 전략을 구했다. 2017년에는 무제한 텍사스 홀덤의 맞대결(2인)에서 사상 최초로 챔피언 포커 플레이어가 컴퓨터 프로그램들에게 패한 경기가 두 번 있었는데, 한 프로그램은 Libratus(Brown 및 Sandholm, 2017)이고 다른 한 프로그램은 DeepStack(Moravčík 외 2017)이다. 2019년에는 Pluribus(Brown 및 Sandholm, 2019)가 6인 텍사스 홀덤 게임에서 정상급 프로 인간 플레이어들을 이겼다. 다중 플레이어 게임들에는 추가적인 전략적 고려사항들(제18장에서 다룬다)이 존재한다. [Petosa 및 Balch, 2019]는 ALPHAZERO의 다중 플레이어 버전을 구현한다.

        **브리지**의 경우, [Smith 외, 1998]은 BRIDGE BARON이 브릿지 플레이어들에게 익숙한 위계적 계획(제11장)과 고수준 동작들(피네싱, 스퀴징 등)을 이용해서 1998년 컴퓨터 브리지 챔피언십에서 우승한 방법을 보고한다. [Ginsberg, 2001]은 몬테카를로 시뮬레이션에 기초한 저자의 GIB 프로그램이 그다음 해의 컴퓨터 챔피언십에서 우승한 과정과, 전문 인간 플레이어들에 대해 놀랄 만큼 좋은 성과를 올린 방법을 서술한다(브리지에 대한 몬테카를로 기법을 처음으로 제안한 논문은 [Levy, 1989]이다). 21세기에는 두 상용 프로그램 JACK과 WBRIDGE5가 컴퓨터 브리지 챔피언십에서 우승했다. 두 프로그램 모두 그 구조를 서술하는 학술 논문은 발표되지 않았으나, 둘 다 몬테카를로 기법을 사용한 것으로 간주된다. 일반적으로 브리지 프로그램들은 손패를 플레이하는 단계에서는 인간 챔피언 수준이지만 입찰 단계에서는 인간보다 못하다. 이는 사람들이 자신의 파트너와 의사소통 하는 데 사용하는 관례를 프로그램이 완전히 이해하지는 못하기 때문이다. 브리지 프로그래머들은 인간 챔피언을 물리치는 것보다는 사람들이 브리지와 친해지게 하는데 유용한 교육적인 프로그램을 만드는 데 초점을 두었다.

스크래블의 경우, 아마추어 인간 플레이어는 고득점 단어를 떠올리기 어려워 하지만 컴퓨터는 주어진 손패에서 가능한 최고 득점 단어를 손쉽게 찾아낸다(Gordon, 1994b). 컴퓨터 프로그램에게 어려운 부분은 부분 관측 가능·확률적 게임에서 미리 계획을 짜는 것이다. 그렇긴 해도 2006년에 QUACKLE 프로그램은 전 세계 챔피언 데이비드 보이스David Boys를 3승 2패로 이겼다. 보이스는 패배를 잘 받아들이면서 "그래도 컴퓨터가 되기보다는 사람으로 사는 것이 게 낫다"라고 말했다. [Sheppard, 2002]는 정상급 프로그램 MAVEN을 훌륭히 서술한다.

스타크래프트 II 같은 비디오 게임에서는 수천 개의 부분 관측 가능 유닛들이 연속에 가까운(near-continuous)[6] 고해상도 관측 공간 및 동작 공간에서 복잡한 규칙에 따라 활동한다. 15세에 스페인 스타크래프트 챔피언에 오는 바 있는 오리올 비니알스Oriol Vinyals는 이 게임을 강화학습을 위한 테스트베드이자 본격적인 도전 과제로 사용하는 방법을 설명했다(Vinyals 외, 2017). 2019년에 비니알스와 딥마인드 팀은 ALPHASTAR 프로그램을 공개했는데, 심층학습과 강화학습에 기초한 이 프로그램은 전문 인간 플레이어들을 10승 1패로 물리쳤으며, 인간 플레이어들의 공식 랭크에서 상위 0.02%에 들었다(Vinyals 외, 2019b). 조작 속도 면에서 컴퓨터가 불공정한 이점을 가지고 있다는 비판에 대응해서, ALPHASTAR는 게임 도중 치열한 구간에서 수행하는 분당 동작 수에 인위적인 제한을 두기까지 했다.

컴퓨터는 슈퍼 스매시브라더스(Firoiu 외, 2017), 퀘이크 III(Jaderberg 외, 2019), Dota 2(Fernandez 및 Mahlmann, 2018) 같은 다른 인기 비디오 게임들에서도 정상급 인간 플레이어들을 물리쳤다. 이런 프로그램들은 모두 기계학습 기법을 사용한다.

인공지능 연구자들은 로봇 축구(Visser 외, 2008; Barrett 및 Stone, 2015), 당구(Lam 및 Greenspan, 2008; Archibald 외, 2009), 탁구(Silva 외, 2015) 같은 물리적 게임들에도 관심을 가졌다. 이런 게임들에는 비디오 게임들의 복잡함뿐만 아니라 현실 세계의 번잡함까지 관여한다.

1989년부터 이어진 Computer Olympiad를 비롯하여 컴퓨터 게임 경진대회가 매년 열린다. General Game Competition(Love 외, 2006)은 미지의 게임을 플레이하는 방법을

---

6  인간 플레이어가 보기에는 유닛들이 연속적으로 움직이는 것 같지만, 실제로는 화면 픽셀 수준에서 이산적으로 움직인다.

게임의 논리적 서술에만 의존해서 배워 나가야 하는 프로그램들을 시험한다. International Computer Chess Association(ICCA)은 *ICGA Journal*을 발행하며, International Conference on Computers and Games (ICCG 또는 CG)와 International Conference on Advances in Computer Games (ACG)를 격년간 번갈아 개최한다. IEEE는 *IEEE Transactions on Games*를 발행하고 Conference on Computational Intelligence and Games를 매년 개최한다.

CHAPTER

# 제약 충족 문제

이번 장에서는 상태를 작은 블랙박스 이상의 것으로 취급하면 새로운 검색 방법들을
만들어 낼 수 있고 문제의 구조를 더 깊이 이해할 수 있음을 배운다.

제3장과 제4장에서는 상태 공간, 즉 상태가 노드이고 동작은 상태들 사이의 간선(edge)인
그래프를 검색해서 문제를 풀 수 있다는 착안을 살펴보았다. 주어진 한 상태에서 목표에
도달하는 비용을 문제 영역에 특화된(domain-specific) 발견적 함수로 평가할 수 있음을
이야기했다. 그런데 검색 알고리즘의 관점에서 각 상태는 원자적이다. 즉, 상태는 더 이상
분할할 수 없는 어떤 것이고, 내부 구조가 드러나지 않는 일종의 블랙박스에 해당한다. 상
태들의 전이를 서술하기 위해서는 문제마다 해당 영역에 특화된 코드를 작성해야 한다.

　이번 장에서는 각 상태의 **분해된 표현**(factored representation)을 이용해서 그런 블랙박
스를 열어 본다. 분해된 표현에서 하나의 상태는 여러 **변수**의 집합이고, 각 변수는 각자 하
나의 **값**을 가진다. 모든 변수의 값이 해당 변수에 가해진 모든 제약(constraint, 구속조건)을
제약 충족 문제　충족하면 문제가 풀린 것이다. 이런 식으로 서술하는 문제를 가리켜 **제약 충족 문제**(constraint
satisfaction problem, CSP)라고 부른다.

　CSP 검색 알고리즘들은 상태의 구조를 활용하며, 복잡한 문제라도 해당 **영역**에 특
화된 발견법(heuristic; 발견적 함수)에 의존하지 않고 **범용** 발견법을 이용해서 해답을 구
한다. 주된 착안은, 제약들을 위반하는 변수·값 조합을 식별함으로써 검색 공간의 커다
란 부분을 단번에 제거한다는 것이다. CSP에는 동작 집합과 전이 모형을 문제 서술에서
유도할 수 있다는 장점도 있다.

# 6.1 제약 충족 문제의 정의

제약 충족 문제는 다음과 같은 세 구성요소 $\mathcal{X}$, $\mathcal{D}$, $\mathcal{C}$로 이루어진다.

> $\mathcal{X}$는 변수들의 집합 $\{X_1, ..., X_n\}$이다.
> $\mathcal{D}$는 변수 정의역(domain)들의 집합 $\{D_1, ..., D_n\}$이다.
> $\mathcal{C}$는 허용되는 값 조합들을 명시하는 제약들의 집합이다.

정의역 $D_i$는 변수 $X_i$에 허용되는 값들의 집합 $\{v_1, ..., v_k\}$이다. 예를 들어 부울 변수 (Boolean variable)의 정의역은 $\{$참, 거짓$\}$이다. 제약 $C_i$는 〈범위, 관계〉 쌍으로 정의되는데, 여기서 **범위**(scope)는 이 제약에 관여하는 변수들의 튜플$^{tuple}$($n$개의 값들로 이루어진 다중쌍)이다. 그리고 **관계**(relation)는 그 변수들이 가질 수 있는 값들을 정의한다. 관계는 제약을 충족하는 모든 값 튜플을 명시적으로 나열한 집합일 수도 있고, 두 가지 연산을 지원하는 추상적인 관계식일 수도 있다. 두 연산 중 하나는 주어진 튜플이 관계에 속하는지의 여부를 계산하는 함수일 수도 있다. 예를 들어 변수 $X_1$과 $X_2$의 정의역이 둘 다 $\{1,2,3\}$이라고 할 때, $X_1$이 반드시 $X_2$보다 커야 한다는 제약을 〈$(X_1, X_2), \{(3,1), (3,2), (2,1)\}$〉로 표현할 수도 있고 〈$(X_1, X_2), X_1 > X_2$〉로 표현할 수도 있다.

배정
일관 배정
완전 배정
해답
부분 배정
부분해

      CSP에는 값들을 변수들로 **배정**(assignment)하는 연산들, 즉 $\{X_i = v_i, X_j = v_j, ...\}$이 관여한다. 그 어떤 제약도 위반하지 않는 배정을 가리켜 **일관 배정**(consistent assignment) 또는 적법한(legal) 배정이라고 부른다. **완전 배정**(complete assignment)은 모든 변수에 값이 배정된 것을 가리킨다. CSP의 **해답**은 일관 배정이자 완전 배정이다. **부분 배정**(partial assignment)이라고 일부 변수들에만 값이 배정된 것이고, **부분해**(partial solution)는 부분 배정이면서 일관 배정이다.

## 6.1.1 예제 문제: 지도 색칠하기

루마니아 지도는 많이 봤으니, 이번에는 호주의 각 지역을 표시한 지도가 있다고 하자 (도해 6.1의 (a)). 우리가 할 일은 각 지역에 빨간색(red), 녹색(green), 파란색(blue)을 칠하되 인접한 두 지역이 같은 색이 되지 않게 칠하는 것이다. 이를 하나의 제약 충족 문제로 형식화하기 위해, 우선 지역들을 다음과 같은 변수들로 표현하기로 한다.

$$\mathcal{X} = \{WA, NT, Q, NSW, V, SA, T\}.$$

모든 변수의 정의역은 집합 $D_i = \{red, green, blue\}$이다. 이제 인접 지역의 색이 달라야 한다는 제약을 표현해야 한다. 두 지역이 붙어 있는 경계가 총 9개이므로, 다음과 같이 아홉 가지 제약을 정의하면 된다.

$$\mathcal{X} = \{SA \neq WA, SA \neq NT, SA \neq Q, SA \neq NSW, SA \neq V,$$

$$WA \neq NT, NT \neq Q, Q \neq NSW, NSW \neq V\}.$$

이 수식에 쓰인 단축 표기는 다음과 같다. $SA \neq WA$는 $\langle (SA, WA), SA \neq WA \rangle$를 줄인 것이다. $SA \neq WA$를 완전히 전개하면 다음과 같다.

$$\{(red, green), (red, blue), (green, red), (green, blue), (blue, red),$$
$$(blue, green)\}.$$

이 문제에는 해답이 여러 개 있는데, 다음이 그중 하나이다.

$$\{WA = red, NT = green, Q = red, NSW = green, V = red,$$
$$SA = blue, T = red\}.$$

제약 그래프    CSP를 도해 6.1(b) 같은 하나의 **제약 그래프**(constraint graph)로 그려 보면 도움이 될 것이다. 이 그래프에서 노드들은 문제의 변수들에 대응되고, 간선은 한 제약에 관여하는 임의의 두 변수를 연결한다.

문제를 CSP로 형식화하는 이유는 무엇일까? 하나는 CSP로 표현하는 것이 자연스러운 문제가 아주 많다는 것이다. 주어진 문제를 CSP로 손쉽게 형식화할 수 있을 때가 많다. 또 다른 이유는, 사람들이 오랫동안 노력해서 빠르고 효율적인 CSP 해결기(solver)들을 개발해 두었다는 것이다. 셋째로, 원자적인 상태 공간 검색 프로그램과는 달리 CSP 해결기는 검색 공간의 커다란 부분을 빠르게 제거할 수 있다. 예를 들어 호주 문제에서 일단 $\{SA = blue\}$를 선택하면 인접한 다섯 변수 중 그 어떤 것에도 $blue$를 배정할 수 없음이 확실해진다. 제약을 사용하지 않는 검색 절차는 이웃 다섯 변수에 대해 $3^5 = 243$개의 배정을 고려해야 하지만, 제약을 사용할 때는 $2^5 = 32$개의 배정만 고려하면 된다. 이는 검색량이 87% 감소하는 것에 해당한다.

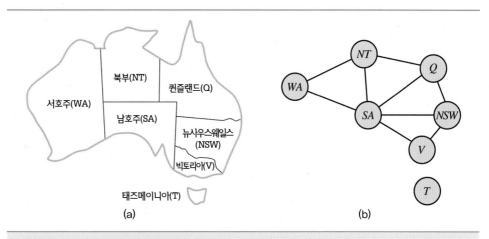

**도해 6.1** (a) 호주의 주요 지역. 이 지도를 색칠하는 것을 하나의 제약 충족 문제로 볼 수 있다. 목표는 각 지역에 인접 지역들과는 다른 색을 칠하는 것이다. (b) 지도 채색 문제를 하나의 제약 그래프로 나타낸 모습.

원자적인 상태 공간 검색에서는 현재 상태가 목표 상태인지 판정하고, 아니면 그냥 다른 상태를 조사한다. 그러나 CSP에서는 한 부분 배정이 한 제약을 위반함을 알게 되는 즉시 그 부분 배정의 추가적인 정련(refinement)들을 즉시 폐기할 수 있다. 더 나아가서, CSP에서는 주어진 배정이 해답이 아닌 **이유**를 알 수 있다. 어떤 변수가 제약을 위반했는지 알 수 있으므로, 문제가 되는 변수들에 좀 더 집중할 수 있다. 이런 장점 덕분에 원자적 상태 공간 검색으로는 처리 불가능한 문제라도 CSP로 형식화하면 빠르게 풀리는 것들이 많다.

## 6.1.2 예제 문제: 제조 일정 수립

제조 공장에서 하루치 작업의 일정을 수립할 때에는 다양한 제약이 따른다. 현실에서 그런 문제 중 다수를 CSP 기법으로 풀 수 있다. 자동차 조립 일정을 수립하는 문제를 생각해 보자. 전체 작업은 여러 과제(task)로 구성되며, 각 과제를 변수로 모형화할 수 있다. 각 변수의 값은 과제를 시작하는 시간(시각)을 뜻하는, 분$^分$들의 개수에 해당하는 정수라고 하자. 제약으로는, 어떤 과제가 완료된 후에만 다른 어떤 과제를 수행할 수 있음을 나타내는 선행 관계 제약들이 있다. 예를 들어 허브캡$^{hubcap}$은 바퀴를 장착한 후에만 부착할 수 있다. 또한 동시에 진행할 수 있는 과제들의 개수를 한정하는 제약과 한 과제가 소비할 수 있는 시간을 한정하는 제약도 존재한다.

이번 예제에서는 자동차 조립 중 15개의 과제로 이루어진 작은 한 부분만 고려한다. 15개의 과제란 앞(F), 뒤(B) 차축(Axle) 설치, 전후좌우(F, B, L, R) 네 바퀴(Wheel) 장착, 각 바퀴의 나사(Nuts) 조이기, 허브캡(Cap) 장착, 최종 조립 조사(Inspect)이다. 이 과제들을 다음과 같은 15개의 변수로 표현한다.

$$\mathcal{X} = \{Axle_F, Axle_B, Wheel_{RF}, Wheel_{LF}, Wheel_{RB}, Wheel_{LB}, Nuts_{RF},$$
$$Nuts_{LF}, Nuts_{RB}, Nuts_{LB}, Cap_{RF}, Cap_{LF}, Cap_{RB}, Cap_{LB}, Inspect\}.$$

선행 관계 제약    다음으로, 개별 과제 사이의 **선행 관계 제약**(precedence constraint)을 살펴보자. 과제 $T_1$이 반드시 과제 $T_2$ 이전에 수행되어야 하고 $T_1$의 완료에 걸리는 시간이 $d_1$ 이하이어야 한다는 제약을 다음과 같은 수식으로 표현할 수 있다.

$$T_1 + d_1 \leq T_2.$$

지금 예에서, 바퀴를 장착하려면 차축이 먼저 설치되어야 한다. 하나의 차축을 설치하는 데 최대 10분이 걸려야 한다고 가정하면, 이를 다음과 같이 표현할 수 있다.

$$Axle_F + 10 \leq Wheel_{RF};\ Axle_F + 10 \leq Wheel_{LF};$$
$$Axle_B + 10 \leq Wheel_{RB};\ Axle_B + 10 \leq Wheel_{LB}.$$

다음으로, 각 바퀴를 장착하고(시간은 1분), 나사를 조이고(2분), 마지막으로 허브캡을 부착한다(1분, 단 아래에는 이 시간 제약이 없음).

$$Wheel_{RF} + 1 \leq Nuts_{RF}; \quad Nuts_{RF} + 2 \leq Cap_{RF};$$
$$Wheel_{LF} + 1 \leq Nuts_{LF}; \quad Nuts_{LF} + 2 \leq Cap_{LF};$$
$$Wheel_{RB} + 1 \leq Nuts_{RB}; \quad Nuts_{RB} + 2 \leq Cap_{RB};$$
$$Wheel_{LB} + 1 \leq Nuts_{LB}; \quad Nuts_{LB} + 2 \leq Cap_{LB}.$$

**논리합 제약**　바퀴를 끼우는 작업자가 네 명이지만, 차축을 제자리에 두는 데 쓰이는 어떤 도구 하나를 네 명이 공유해야 한다고 하자. 이를 처리하려면 $Axle_F$와 $Axle_B$의 시간이 겹치지 않아야 한다는 **논리합 제약**(disjunctive constraint)이 필요하다. 시간이 겹치지만 않는다면, 둘 중 어느 것이 먼저 수행되는지는 중요하지 않다.

$$(Axle_F + 10 \leq Axle_B) \text{ 또는 } (Axle_B + 10 \leq Axle_F).$$

이는 산술 수식과 논리 관계식이 결합된, 이전보다 복잡해 보이는 제약이다. 그렇지만 결국은 $Axle_F$와 $Axle_B$가 가질 수 있는 값들의 쌍들의 한 집합으로 축약된다는 점은 이전과 동일하다.

또한 조사 과제는 마지막에 수행되어야 하며, 최대 3분이 걸린다는 제약도 표현해야 한다. 이를 위해 $Inspect$를 제외한 모든 변수에 $X + d_X \leq Inspect$ 형태의 제약을 추가한다. 마지막으로, 전체 조립이 30분 이내로 완료되어야 한다는 요구사항이 있다고 하자. 이 제약은 모든 변수의 정의역을 다음과 같이 제한함으로써 표현할 수 있다.

$$D_i = \{0, 1, 2, 3, \ldots, 30\}.$$

이 예제 문제는 아주 간단하게 풀리지만, CSP는 변수가 수천 개인 이런 종류의 공장 작업 일정 수립 문제에 적용된 바 있다.

## 6.1.3 CSP 형식론의 변형들

**이산적**　가장 간단한 종류의 CSP는 변수들이 **이산적**이고 그 **정의역이 유한한** 경우이다. 지도 채색 문제와 시간 제약이 있는 일정 수립이 바로 그런 종류의 제약 충족 문제이다. 8-퀸 문제(도해 **유한 정의역** 4.3) 역시 **유한 정의역** CSP로 볼 수 있다. 이때 변수 $Q_1, \ldots, Q_8$은 열 $1, \ldots, 8$에서의 각 퀸의 위치이고, 각 변수의 정의역은 그 열에 퀸을 놓을 수 있는 행들의 번호인 $D_i = \{1, 2, 3, 4, 5, 6, 7, 8\}$이다. 제약은 같은 행이나 대각선에 두 개의 퀸이 있으면 안 된다는 것이다.

이산적인 정의역이 정수 집합 또는 문자열 집합 같은 **무한한 정의역**일 수도 있다. (공장 작업 일정 수립 문제에 마감 시간을 두지 않는다면 변수마다 무한한 개수의 시작 **무한 정의역** 시간이 존재한다.) **무한 정의역**에서는 가능한 값 조합들을 모두 나열하는 명시적인 제약 대신 $T_1 + d_1 \leq T_2$ 같은 암묵적인 제약을 사용해야 한다. 정수 변수들에 대한 **선형 제약** **선형 제약** (linear constraint)에 대해서는 특별한 해법 알고리즘(여기서는 논의하지 않는다)들이 존재한다. 여기서 선형 제약은 방금 본 것처럼 각 변수가 선형으로만 나타나는 제약을 말한다. 정수 변수에 대한 일반적인 **비선형 제약**(nonlinear constraint)을 푸는 알고리즘은 존재하지 않음을, 즉 문제가 결정 불가능(undecidable)임을 증명하는 것이 가능하다.

**연속적 정의역**     현실 세계에서는 **연속적 정의역**(continuous domain)이 관여하는 제약 충족 문제가 흔하며, 경영과학 분야에서 그런 문제를 널리 연구하고 있다. 예를 들어 허블 우주 망원경에 대한 실험 일정을 수립하려면 관측 시간을 아주 정교하게 설정할 필요가 있다. 각 관측 및 조작의 시작 시간과 종료 시간은 다양한 천문학적 제약과 선행 제약, 전력 제약을 충족해야 하는 연속 값 변수들이다. 연속적 정의역 CSP들 중 가장 잘 알려진 부류는 **선형 계획법**(linear programming) 문제이다. 이 문제에서 제약들은 반드시 1차 연립방정식 또는 1차 연립부등식 형태이다. 선형 계획법 문제 해결의 시간 복잡도는 변수 개수에 대해 다항식적이다. 제곱 계획법(quadratic programming) 문제나 2차 원뿔 계획법(second-order conic programming) 등 다른 종류의 제약과 목적함수를 가진 여러 문제들도 연구되었다. 이런 문제들은 응용 수학의 중요한 한 영역을 구성한다.

CSP에 나타날 수 있는 변수들의 종류를 조사하는 것 외에, 제약들의 종류를 살펴보는 것도 도움이 된다. 가장 간단한 종류의 제약은 하나의 변수가 가질 수 있는 값을 제한하는 **단항 제약**(unary constraint)이다. 예를 들어 호주 지도 채색 문제에서 남호주에는 절대로 녹색을 칠하면 안 된다는 규칙이 있다면, 이를 $\langle (SA), SA \neq green \rangle$이라는 단항 제약으로 표현할 수 있다. (한 변수의 정의역의 초기 명세 역시 하나의 단항 제약으로 볼 수 있다.)

**단항 제약**

**이항 제약**(binary constraint)은 변수 두 개에 관한 것이다. 예를 들어 $SA \neq NSW$는 이항 제약이다. **이항 CSP**는 단항 제약과 이항 제약만 있는 제약 충족 문제이다. 이런 문제는 도해 6.1(b) 같은 제약 그래프로 표현할 수 있다.

**이항 제약**

**이항 CSP**

더 고차의 제약들도 서술할 수 있다. 예를 들어 $Y$의 값이 $X$와 $Z$ 사이여야 한다는 삼항 제약 $Between(X, Y, Z)$은 $\langle (X, Y, Z), X < Y < Z$ 또는 $X > Y > Z \rangle$로 정의하면 될 것이다.

**전역 제약**

임의의 개수의 변수들이 관여하는 제약을 **전역 제약**(global constraint)이라고 부른다. (그런 제약을 전통적으로 전역 제약이라고 부르긴 하지만, 반드시 문제의 **모든** 변수가 관여하지는 않아도 전역 제약일 수 있다는 좀 혼란스러운 용어이다.) 아주 흔히 볼 수 있는 전역 제약으로는 제약에 관여하는 모든 변수의 값이 반드시 서로 달라야 한다는 $Alldiff$가 있다. 스도쿠$^{\text{Sudoku}}$ 문제(§6.2.6)에서 한 행이나 한 열, 또는 3×3 상자 안의 모든 변수가 반드시 $Alldiff$ 제약을 충족해야 한다.

**복면산**

**복면산**$^{覆面算}$(cryptarithmetic) 퍼즐(도해 6.2(a) 참고)에도 전역 제약이 존재한다. 복면산 퍼즐에서 각 글자는 서로 다른 숫자를 나타낸다. 도해 6.2(a)의 퍼즐에서 전역 제약은 $Alldiff(F, T, U, W, R, O)$이다. 그리고 이 퍼즐의 덧셈 제약들은 다음과 같은 $n$항 제약들로 나타낼 수 있다.

$$O + O = R + 10 \cdot C_1$$
$$C_1 + W + W = U + 10 \cdot C_2$$

$$C_2 + T + T = O + 10 \cdot C_3$$
$$C_3 = F.$$

제약 초그래프

여기서 $C_1$과 $C_2$, $C_3$은 각각 십의 자리, 백의 자리, 천의 자리로 자리올림된 숫자를 나타내는 보조 변수이다. 이러한 제약들을 하나의 **제약 초그래프**(constraint hypergraph)로 표현할 수 있다. 도해 6.2(b)가 그러한 초그래프이다. 초그래프는 보통의 노드들(그림의 원)과 초노드(hypernode, 그림의 사각형)들로 구성되는데, 초노드는 $n$항 제약, 즉 $n$개의 변수가 관여하는 제약이다.

아니면, 보조 변수들을 충분히 도입해서 모든 유한 정의역 제약을 이항 변수들의 집합으로 축약할 수도 있다(증명은 연습문제 6.NARY). 이는 임의의 CSP 문제를 오직 이항 제약들만 있는 CSP 문제로 변환할 수 있다는 뜻이다. 그러면 알고리즘을 설계하기가

쌍대 그래프

훨씬 편해진다. $n$항 CSP를 이항 CSP로 바꾸는 또 다른 방법은 **쌍대 그래프**(dual graph) 변환이다. 이는 원래의 그래프의 제약마다 변수가 하나 있는, 그리고 원래의 그래프에서 변수들을 공유하는 두 제약의 쌍마다 이항 제약이 하나 있는 새 그래프를 만드는 것을 말한다.

예를 들어 변수 집합이 $\mathcal{X} = \{X, Y, Z\}$이고 각 변수의 정의역이 $\{1,2,3,4,5\}$이며 두 제약 $C_1 : \langle (X, Y, Z), X + Y = Z \rangle$와 $C_2 : \langle (X, Y), X + 1 = Y \rangle$가 있는 CSP를 생각해 보자. 그러면 쌍대 그래프의 변수 집합은 $\mathbf{X} = \{C_1, C_2\}$이고 쌍대 그래프 $C_1$ 변수의 정의역은 원래 문제의 $C_1$ 제약에서 $\{(x_i, y_j, z_k)\}$ 튜플들의 집합이다. 마찬가지로, 쌍대 그래프 $C_2$ 변수의 정의역은 원래 문제의 $\{(x_i, y_j)\}$ 튜플들의 집합이다. 쌍대 그래프에는 $\langle (C_1, C_2), R_1 \rangle$라는 이항 제약이 있는데, 여기서 $R_1$은 $C_1$과 $C_2$ 사이의 제약을 정의하는 새로운 관계이다. 지금 예에서는 $R_1 = \{((1,2,3), (1,2)), ((2,3,5), (2,3))\}$이다.

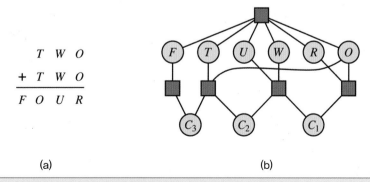

(a)                         (b)

**도해 6.2** (a) 복면산 퍼즐. 각 글자는 서로 다른 숫자를 나타낸다. 목표는 최종적인 합이 덧셈 법칙을 위반하지 않도록 각 글자를 특정 숫자로 치환하는 것이다. 선행(제일 앞) 숫자들이 0이어서는 안 된다는 추가적인 규칙도 존재한다. (b) 이 복면산 퍼즐에 대한 제약 초그래프. *Alldiff* 제약(최상단 상자)과 각 자리의 덧셈 제약들(가운데 상자 네 개)이 표시되어 있다. 변수 $C_1$, $C_2$, $C_3$은 세 자리의 자리올림 숫자들을 나타낸다.

그런데 이항 제약들의 집합보다 *Alldiff* 같은 전역 제약이 더 나은 이유가 두 가지 있다. 첫째로, 문제를 *Alldiff*를 이용해서 서술하기가 더 쉽고 실수의 여지가 적다. 둘째로, 전역 제약에 대해서는 기본 제약들에 대한 것보다 훨씬 효율적인 특수 목적 추론 알고리즘을 설계하는 것이 가능하다. 그런 추론 알고리즘들은 §6.2.5에서 설명한다.

지금까지 설명한 모든 제약은, 해당 규칙을 위반하면 결코 해답이 될 수 없다는 점에서 절대적인 제약이다. 그런데 현실의 CSP들에는 여러 해답 중 어떤 해답을 더 선호할 것인지를 나타내는 **선호 제약**(preference constraint)이 있는 것도 많다. 예를 들어 대학의 강의 일정 수립 문제에는 한 교수가 동시에 두 학급을 가르칠 수 없다는 절대적인 제약이 있다. 그러나 예를 들어 R 교수는 아침에 가르치길 좋아하는 반면, N 교수는 오후 강의를 선호하는 등의 선호 제약들도 존재한다. R 교수가 오후 2시에 강의하는 일정도 여전히 허용 가능한 해답이겠지만(하필이면 R 교수가 학과장이 아닌 한) 최적의 해답은 아닐 수 있다.

선호 제약은 개별 변수 배정의 비용으로 부호화되는 경우가 많다. 예를 들어 R 교수에게 오후 시간을 배정하면 전반적인 목적함수에 2의 비용이 부여되지만, 아침 시간을 배정하면 1의 비용이 부여되게 할 수도 있을 것이다. 제약 충족 문제를 이런 식으로 형식화한다면, 선호 제약이 있는 제약 충족 문제를 최적화 검색 방법들(경로 기반이든 국소 검색이든)을 이용해서 풀 수 있다. 그런 문제를 **제약 최적화 문제**(constrained optimization problem, COP)라고 부른다. 선형 계획법은 COP의 한 부류이다.

# 6.2 제약 전파: CSP의 추론

원자적 검색 공간 검색 알고리즘은 오직 한 가지 방식으로만 나아간다. 그런 검색 알고리즘은 항상 노드를 확장해서 그 후행 노드들을 방문한다. 그러나 CSP에서는 선택의 여지가 있다. CSP 알고리즘은 새 변수 배정을 선택함으로써 후행자들을 생성할 수도 있고, 아니면 **제약 전파**(constraint propagation)라고 부르는 특정 종류의 추론(inference)를 수행할 수도 있다. 제약 전파란 제약들을 이용해서 한 변수가 가질 수 있는 값들의 개수를 줄이고, 이에 기초해서 다른 변수의 적법한 값들을 줄이는 과정을 반복하는 것을 말한다. 여기에는 그런 과정을 반복하면 다음 번에 변수 배정을 선택할 때 선택지가 줄어들 것이라는 착안이 깔려 있다. 이러한 제약 전파를 검색과 맞물려 사용할 수도 있고, 검색을 시작하기 전에 하나의 전처리 단계로서 실행할 수도 있다. 이런 전처리만으로 문제 전체가 풀려서 검색이 필요하지 않게 되는 경우도 있다.

제약 전파의 핵심 개념은 **국소 일관성**(local consistency)이다. 각 변수를 그래프의 노드로 간주하고 각 이항 제약을 간선으로 간주할 때(도해 6.1(b) 참고), 그래프의 각 부분에서 국소 일관성을 강제하는 과정을 반복하다 보면 그래프 전반에서 일관성 없는 값들이 제거된다. 국소 일관성에는 여러 종류가 있다. 그럼 여러 가지 일관성을 차례로 살펴보자.

선호 제약

제약 최적화 문제

제약 전파

국소 일관성

## 6.2.1 노드 일관성

노드 일관적

어떤 한 변수(CSP 그래프의 한 노드에 해당하는)의 정의역의 모든 값이 그 변수의 단항 제약들을 충족할 때, 그러한 변수를 가리켜 **노드 일관적**(node-consistent) 변수라고 말한다. 예를 들어 남호주에 녹색을 칠하면 안 되는 호주 지도 채색 문제(도해 6.1)의 한 변형에서 변수 $SA$는 정의역 $\{red, green, blue\}$로 시작하는데, $green$을 제거해서 $SA$의 정의역을 $\{red, blue\}$로 축소하면 노드 일관성이 충족된다. 모든 변수가 노드 일관적인 그래프를 가리켜 노드 일관적 그래프라고 말한다.

　　　CSP에서 모든 단항 제약을 제거하는 것은 쉽다. 문제 풀기 과정의 시작에서 단항 제약을 가진 변수들의 정의역을 축소하면 된다. 앞에서 언급했듯이, 모든 $n$항 제약을 이항 제약으로 변환하는 것도 가능하다. 이 때문에, 사용자가 미리 다른 종류의 제약들을 모두 제거한다고 가정하고 이항 제약만 지원하는 CSP 해결기들도 있다. 이번 장에서도, 특별히 다르게 언급하지 않는 한 CSP 해결기가 항상 이항 제약만 처리한다고 가정한다.

## 6.2.2 호 일관성

호 일관적

CSP의 한 변수의 정의역의 모든 값이 그 변수의 이항 제약들을 충족할 때, 그 변수를 가리켜 **호 일관적**(arc-consistent)[1] 변수라고 부른다. 좀 더 형식적으로 말하자면, 만일 변수 $X_i$의 현재 정의역 $D_i$의 모든 값에 대해 호 $(X_i, X_j)$에 대한 이항 제약을 충족하는 정의역 $D_j$의 어떤 값이 존재한다면, $X_i$는 다른 변수 $X_j$에 대해 호 일관적이다. 모든 변수가 다른 모든 변수에 대해 호 일관적인 그래프는 호 일관적 그래프라고 부른다. 예를 들어 $X$와 $Y$의 정의역이 둘 다 십진 숫자들의 집합이라 할 때, $Y = X^2$이라는 제약을 생각해 보자. 이 제약을 다음과 같이 명시적으로 표현할 수 있다.

$$\langle (X, Y), \{(0,0),(1,1),(2,4),(3,9)\} \rangle .$$

$X$가 $Y$에 대해 호 일관적이 되려면 $X$의 정의역을 $\{0,1,2,3\}$으로 줄여야 한다. 또한, $Y$가 $X$에 대해 호 일관적이 되려면 $Y$의 정의역을 $\{0,1,4,9\}$로 만들어야 한다. 그러면 CSP 전체가 호 일관적이 된다. 한편, 호주 지도 채색 문제에 대해서는 호 일관성이 전혀 도움이 되지 않는다. $(SA, WA)$에 대한 다음과 같은 부등 제약을 생각해 보자.

$$\{(red, green),(red, blue),(green, red),(green, blue),(blue, red),$$
$$(blue, green)\}.$$

$SA$(또는 $WA$)에 대해 어떤 값을 선택하더라도 다른 변수에 대해 유효한 값들이 여전히 존재한다. 따라서 호 일관성을 강제하는 것은 정의역들에도, 변수들에도 아무런 효과가 없다.

---

1　지금까지 이 책에서 두 노드의 연결을 '호'가 아니라 '간선'이라고 표현했으므로 '간선 일관적'이 더 적합하겠지만, 여기서는 예전부터 널리 쓰인 표현인 '호 일관적'을 사용하기로 한다.

호 일관성을 강제하는 알고리즘으로 가장 유명한 것은 AC-3(도해 6.3 참고)이다. AC-3 알고리즘은 조사할 호들의 대기열을 활용해서 모든 변수를 호 일관적으로 만든다. 처음에는 그 대기열에 CSP의 모든 호가 들어 있다. (모든 이항 제약은 각각 두 개의 호(각 방향의 호 하나씩)가 된다.) AC-3은 대기열에서 임의의 호 $(X_i, X_j)$를 뽑아서, $X_i$가 $X_j$에 대해 호 일관적이 되게 만든다. 이에 의해 $D_i$가 변하지 않는다면 알고리즘은 그냥 다음 호로 넘어간다. 그러나 $D_i$가 개정되었다면(정의역이 더 작아지면), $X_k$가 $X_i$의 이웃임을 충족하는 모든 호 $(X_k, X_i)$를 대기열에 추가한다. 이렇게 하는 이유는, $D_i$가 변하면 정의역 $D_k$들을 더 줄일 가능성이 있기 때문이다(비록 이전에 $X_k$를 조사했다고 해도). 만일 $D_i$가 공집합으로 줄어들었다면, 이는 해당 CSP 전체에 일관된 해답이 없다는 뜻이므로 알고리즘이 즉시 실패를 돌려준다. 그렇지 않다면 계속 조사를 진행해서, 대기열에 호가 남지 않을 때까지 변수 정의역들에서 값을 제거한다. 대기열에 하나도 없는 시점이 되면, 원래의 CSP와 동등한(둘의 해답들이 동일하다는 의미에서) CSP가 남는다. 이것은 호 일관적인 CSP이며, 호 일관적 CSP는 변수들의 정의역들이 더 작으므

---

**function** AC-3(*csp*) **returns** 만일 비일관성이 발견되면 *false*, 그렇지 않으면 *true*
    *queue* ← 호들의 대기열(초기에는 *csp*의 모든 호로 구성됨)

    **while** *queue*가 비지 않음 **do**
        $(X_i, X_j)$ ← POP(*queue*)
        **if** REVISE(*csp*, $X_i, X_j$) **then**
            **if** $D_i$의 크기 $= 0$ **then return** *false*
            **for each** $X_k$ **in** $X_i$.NEIGHBORS - $\{X_j\}$ **do**
                $(X_k, X_i)$를 *queue*에 추가
    **return** *true*

**function** REVISE(*csp*, $X_i, X_j$) **returns** 만일 $X_i$의 정의역이 개정되었으면, 그리고 오직 그럴 때만 *true*
    *revised* ← *false*
    **for each** $x$ **in** $D_i$ **do**
        **if** $D_j$의 그 어떤 $y$ 값을 적용해도, $(x, y)$가 $X_i$와 $X_j$ 사이의 제약을 충족하지 못함 **then**
            $D_i$에서 $x$를 삭제
            *revised* ← *true*
    **return** *revised*

**도해 6.3** 호 일관성 알고리즘 AC-3. AC-3을 적용하고 나면 모든 호가 호 일관적이거나, 아니면 정의역이 공집합인 변수가 존재하는 것이다. 후자는 해당 CSP를 풀 수 없음을 뜻한다. 'AC-3'이라는 이름은 알고리즘을 고안한 맥워스가 사용한 것으로(Mackworth, 1977), 논문이 서술하는 알고리즘의 세 번째 버전이라서 그런 이름이 붙었다.

로 해답을 좀 더 빨리 찾아낼 수 있다. 모든 정의역의 크기가 1로 줄어든 경우에는 문제가 완결적으로 풀린다. 일부 정의역의 크기가 0으로 줄어들었다면 해가 존재하지 않음이 입증된 것이다.

그럼 AC-3의 복잡도를 분석해 보자. CSP의 변수 개수가 $n$이고 각 변수의 정의역 크기는 최대 $d$이며 이항 제약(호)이 $c$개라고 하겠다. 각 호 $(X_k, X_i)$는 오직 $d$번만 대기열에 삽입된다. 왜냐하면 $X_i$의 정의역에서 삭제할 수 있는 값이 많아야 $d$개이기 때문이다. 한 호의 일관성을 강제하는 데 필요한 시간은 $O(d^2)$이므로, 최악의 경우의 총 시간은 $O(cd^3)$이다.

## 6.2.3 경로 일관성

호주 지도를 빨간색과 파란색으로만 칠한다고 하자. 이 경우 모든 변수가 개별적으로 한쪽에서는 빨간색, 다른 한쪽에서는 파란색으로 충족되므로 호 일관성은 아무런 도움이 되지 않는다. 그러나 이 문제에 해답이 없음은 명백하다. 서호주와 북부, 남호주가 맞닿아 있으므로, 이들만 색칠한다고 해도 적어도 세 가지 색이 필요하다.

경로 일관성

호 일관성은 호(이항 제약)들을 이용해서 정의역(단항 제약)들을 좁힌다. 지도 채색 같은 문제에 일관성이 도움이 되려면 좀 더 강한 일관성 개념이 필요하다. **경로 일관성**(path consistency)은 세 변수 쌍에서 추론한 암묵적 제약을 이용해서 이항 제약들을 좀 더 강하게 만든다.

2변수 집합 $\{X_i, X_j\}$와 세 번째 변수 $X_m$에 대해, 만일 $\{X_i, X_j\}$에 대한 제약들에 일관적인 모든 배정 $\{X_i = a, X_j = b\}$에 대해 $\{X_i, X_m\}$과 $\{X_m, X_j\}$에 대한 제약들(이 있다고 할 때)을 충족하는 $X_m$ 배정이 존재하면, $\{X_i, X_j\}$는 $X_m$에 대해 경로 일관적이다. 경로 일관적이라는 이름은 $X_i$에서 $X_m$을 거쳐 $X_j$에 도달하는 경로의 전반적인 일관성을 지칭한다.

그럼 2색 호주 지도 채색 문제에서 경로 일관성이 어떻게 적용되는지 살펴보자. 집합 $\{WA, SA\}$를 $NT$에 대해 경로 일관적이 되게 만들고자 한다. 우선 그 집합에 대해 일관적인 배정들을 나열해 보자. 그런 배정은 단 두 가지로, $\{WA = red, SA = blue\}$와 $\{WA = blue, SA = red\}$뿐이다. 두 배정 모두에서 $NT$가 $red$일 수도, $blue$일 수도 없음을 알 수 있다($WA$나 $SA$와 충돌할 것이므로). $NT$에 대해 유효한 선택이 없으므로 두 배정 모두 제거한다. 그러면 $\{WA, SA\}$에 대해서는 유효한 배정이 없으며, 따라서 이 문제의 해답이 존재하지 않는다는 결론을 내릴 수 있다.

## 6.2.4 $k$-일관성

$k$-**일관성**($k$-consistency)이라는 개념을 이용하면 좀 더 강한 형태의 제약 전파를 정의할 수 있다. $k-1$개의 변수들로 이루어진 임의의 집합과 그 변수들에 대한 임의의 일관적 배정에 대해, 만일 임의의 $k$번째 변수에 일관적인 값을 배정할 수 있다면 그 CSP는 $k$-일관적이다. 1-일관성은, 공집합이 주어졌을 때 그 어떤 한 변수 집합도 일관되게 만들 수 있음을 뜻한다. 이는 노드 일관성에 해당한다. 2-일관성은 마찬가지 방식으로 호 일관성에 해당한다. 이항 제약 네트워크에서 3-일관성은 경로 일관성과 같다.

$k$-일관적임과 동시에 $(k-1)$-일관적,...,1-일관적이기도 한 CSP를 가리켜 **강한 $k$ 일관성**(strong $k$-consistency)을 가진다, 또는 강하게 $k$-일관적이라고 말한다. 노드가 $n$개인 CSP를 강한 $n$-일관성(즉, $k = n$에 대한 강한 $k$-일관성)을 가진 CSP로 만들었다고 하자. 그러면 문제를 다음과 같이 풀 수 있다. 우선, $X_1$에 일관적인 값을 하나 선택한다. 그러면 $X_2$에 대한 그러한 값도 반드시 찾을 수 있다. 왜냐하면 그래프가 2-일관적이기 때문이다. 마찬가지로, 그래프가 3-일관적이므로 $X_3$에 대한 값도 찾을 수 있고, 더 높은 차수의 일관성들에 대해서도 마찬가지이다. 각 변수 $X_i$에 대해, 해당 정의역에서 최대 $d$개의 값만 조사하면 $X_1,...,X_{i-1}$에 일관적인 값을 찾을 수 있다. 전체 실행 시간은 단 $O(n^2 d)$이다.

물론 공짜 점심은 없다. 일반적으로 제약 충족 문제는 NP-완전이며, $n$-일관성을 확립하는 모든 알고리즘의 최악의 경우의 시간 복잡도는 $n$에 지수적이다. 설상가상으로 공간 복잡도 역시 $n$에 지수적이다. 실제 응용에서 적절한 일관성 점검 수준을 결정하는 것은 대부분 경험적인 과학이다. 2-일관성 계산은 흔하지만 3-일관성 계산은 그보다 덜 흔하다.

## 6.2.5 전역 제약

기억하겠지만, **전역 제약**은 임의의 개수의 변수들이 관여하는 제약을 뜻한다(반드시 모든 변수가 관여해야 하는 것은 아니다). 전역 제약은 실제 문제에서 자주 등장하며, 지금까지 설명한 범용 방법들보다 더 효율적인 특수 목적 알고리즘들로 처리할 수 있다. 예를 들어 $Alldiff$ 제약은 관여하는 모든 변수가 반드시 값이 달라야 한다는(앞의 복면산 문제와 잠시 후의 스도쿠 문제에서처럼) 뜻이다. $Alldiff$ 제약의 비일관성을 점검하는 간단한 방법 하나는 이런 것이다: 제약에 관여하는 변수가 $m$개이고 변수들에 배정할 수 있는 서로 다른 값이 $n$개라 할 때, 만일 $m > n$이면 그 제약은 충족할 수 없다.

이로부터 다음과 같은 간단한 알고리즘을 이끌어 낼 수 있다: 우선 제약의 변수들 중 정의역이 한원소집합(singleton)인 것들을 모두 제거하고, 나머지 변수들의 정의역들에서 그 변수들의 값들을 모두 제거한다. 이를 한원소집합 변수가 모두 없어질 때까지 반복한다. 그 과정에서 공집합 정의역이 나타나거나 정의역 값들의 개수가 변수 개수보다 적어지면, 제약의 비일관성이 검출된 것이다.

이 방법으로 도해 6.1의 배정 $\{WA = red, \ NSW = red\}$의 비일관성을 검출할 수 있다. 변수 $SA$와 $NT$, $Q$가 사실상 $Alldiff$ 제약에 의해 연결되어 있음을 주목하자(각 쌍이 반드시 서로 다른 두 색이어야 하므로). 부분 배정으로 AC-3을 적용하고 나면 $SA$, $NT$, $Q$의 정의역들이 모두 $\{green,blue\}$로 줄어든다. 그러면 변수가 세 개인데 색은 두 개뿐이므로 $Alldiff$ 제약이 위반된다. 이는 고차 제약들에 간단한 일관성 절차를 적용하는 것이 그에 상응하는 이항 제약들의 집합에 호 일관성을 적용하는 것보다 더 효율적일 수 있음을 보여 준다.

자원 제약      또 다른 고차 제약으로 **자원 제약**(resource constraint)이 있다. 이를 종종 '최대(Atmost)' 제약이라고 부르기도 한다. 예를 들어 일정 수립 문제에서 $P_1, ..., P_4$가 네 과제에 배정된 직원 수들이라고 하자. 과제들에 배정된 총 직원 수가 10을 넘지 말아야 한다는 제약을 $Atmost(10, P_1, P_2, P_3, P_4)$라고 표기한다. 이때 현재 정의역들의 최솟값들의 합만 구하면 이 제약의 비일관성을 검출할 수 있다. 예를 들어 모든 변수의 정의역이 $\{3,4,5,6\}$이면 $Atmost$ 제약은 충족될 수 없다. 또한, 다른 정의역의 최솟값들과 일관되지 않는 임의의 정의역의 최댓값을 삭제함으로써 일관성을 강제할 수 있다. 예를 들어 지금 예에서 모든 변수의 정의역이 $\{2,3,4,5,6\}$이라고 하면, 모든 정의역에서 5와 6을 삭제하면 된다.

경계 전파      수천 명의 사람을 수백 대의 차량으로 옮기는 물류 문제처럼 값들이 정수인 커다란 자원 제약 문제에서는 각 변수의 정의역을 정수들의 커다란 집합으로 표현하고 일관성 점검 방법으로 그 집합을 점차 줄여나가는 방법이 불가능한 경우가 많다. 그런 경우에는 정의역을 상계와 하계로 표현하고 **경계 전파**(bounds propagation) 기법으로 줄여나간다. 예를 들어 항공 운행 일정 수립 문제에서 두 비행기 $F_1$과 $F_2$가 각각 최대 165명과 385명을 태울 수 있다고 하자. 그러면 $F_1$과 $F_2$의 초기 승객 수 정의역들은 다음과 같다.

$$D_1 = [0,165], \ D_2 = [0,385]$$

이제 두 비행기가 총 420명을 날라야 한다는 추가적인 제약이 있다고 하자. 즉, $F_1 + F_2 = 420$이어야 한다. 경계 제약들을 전파하면 이 정의역들을 다음으로 줄일 수 있다.

$$D_1 = [35,165], \ D_2 = [255,385].$$

경계 일관성      모든 변수 $X$에 대해, 그리고 $X$ 값들의 상계와 하계 모두에 대해, 모든 변수 $Y$에 대해 $X$와 $Y$ 사이의 제약을 충족하는 어떤 $Y$ 값이 존재하는 CSP를 가리켜 **경계 일관성**(bounds consistency)을 가진 CSP 또는 일관적인 CSP라고 부른다. 이런 종류의 경계 전파는 실제 제약 문제에서 널리 쓰인다.

## 6.2.6 스도쿠

스도쿠    유명한 **스도쿠**$^{Sudoku}$ 퍼즐은 수백만 명에게 제약 충족 문제를 소개했다(사람들은 그 사실을 깨닫지 못했겠지만). 스도쿠 판은 81개의 칸으로 구성되며, 일부 칸에는 1에서 9까지의 값이 채워져 있다. 목표는 나머지 모든 칸에 숫자를 채우되 한 숫자가 하나의 행과 열, 3×3 상자(도해 6.4 참고)에 두 번 나오는 일이 없게 하는 것이다. 한 행이나 열, 상자를 **단위**(unit)라고 부른다.

신문이나 퍼즐 책에 나오는 스도쿠 퍼즐은 해답이 정확히 하나라는 성질을 가지고 있다. 사람이 손으로 직접 풀려면 수십 분이 걸릴 정도로 까다로운 스도쿠 퍼즐들도 있지만, CSP 해결기는 초당 몇천 개의 퍼즐을 처리할 수 있다.

스도쿠 퍼즐을 변수 81개(각 칸당 하나)로 이루어진 CSP로 간주할 수 있다. 최상단 행의 변수들이 (왼쪽에서 오른쪽으로) $A1$에서 $A9$이고 최하단 행의 변수들이 $I1$에서 $I9$가 되는 식으로 변수 이름을 부여하기로 하자. 빈 칸의 정의역은 {1,2,3,4,5,6,7,8,9}이고, 미리 채워진 칸의 정의역은 한원소집합이다. 그리고 단위(행, 열, 9칸 상자)마다 $Alldiff$ 제약이 있으므로, 서로 다른 $Alldiff$ 제약은 총 27개이다.

$$Alldiff\,(A1,A2,A3,A4,A5,A6,A7,A8,A9)$$
$$Alldiff\,(B1,B2,B3,B4,B5,B6,B7,B8,B9)$$
$$\cdots$$
$$Alldiff\,(A1,B1,C1,D1,E1,F1,G1,H1,I1)$$
$$Alldiff\,(A2,B2,C2,D2,E2,F2,G2,H2,I2)$$
$$\cdots$$
$$Alldiff\,(A1,A2,A3,B1,B2,B3,C1,C2,C3)$$
$$Alldiff\,(A4,A5,A6,B4,B5,B6,C4,C5,C6)$$
$$\cdots$$

그럼 호 일관성을 적용하는 것이 얼마나 도움이 되는지 살펴보자. $Alldiff$ 제약들을 이항 제약들($A1 \neq A2$ 같은)로 전개해서 AC-3 알고리즘을 직접 적용할 수 있다고 가정한다. 도해 6.4(a)에서 중앙 상자의 2와 8 사이의 빈칸에 해당하는 변수 $E6$을 생각해 보자. 해당 상자의 제약들에 기초해서, $E6$의 정의역에서 1, 2, 7, 8을 제거할 수 있다. 해당 열의 제약들을 고려하면 5, 6, 2, 8, 9, 3을 제거할 수 있다(2와 8은 이미 제거되었지만). 그러면 $E6$의 정의역은 {4}가 된다. 즉, 이제 $E6$의 답이 밝혀진 것이다. 다음으로 최하단 행에서 1과 3 사이에 있는 빈칸에 해당하는 변수 $I6$을 보자. 열에 대해 일관성을 적용하면 5, 6, 2, 4(이제는 $E6$이 반드시 4임을 알고 있으므로), 8, 9, 3을 제거할 수 있다. $I5$에 대한 호 일관성에 의해 1을 제거하면 $I6$의 정의역에는 7만 남는다. 이제 제6열에서 여덟 개의 값을 알고 있으며, 호 일관성을 적용하면 $A6$이 반드시 1임을 알 수 있다. AC-3은 이런 식으로 추론을 계속 진행해서, 도해 6.4(b)처럼 모든 변수의 정의역에 하나의 값만 남는 상태에 도달한다. 그러면 퍼즐 전체가 풀린 것이다.

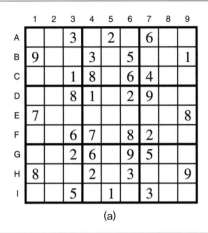

**도해 6.4** (a) 스도쿠 퍼즐과 (b) 그 해답.

물론, 모든 스도쿠 퍼즐을 AC-3을 기계적으로 적용해서 풀 수 있다면 스도쿠의 매력은 사라질 것이다. 사실 AC-3은 가장 쉬운 스도쿠 퍼즐에만 통한다. 약간 더 어려운 스도쿠 퍼즐은 PC-2로 풀 수 있지만, 계산 비용이 훨씬 크다. 하나의 스도쿠 퍼즐에서 고려해야 할 서로 다른 경로 제약은 255,960개이다. 가장 어려운 퍼즐들을 풀 수 있으려면, 그리고 그 효율성을 높이려면, 좀 더 현명한 방법이 필요하다.

사실 사람들이 스도쿠 퍼즐에 매혹되는 한 가지 이유는, 좀 더 풍부한 책략을 사용해서 복잡한 추론 전략을 적용해야 퍼즐이 풀린다는 점이다. 애호가들은 그런 전략들에 '벌거벗은 세값쌍(naked triple)' 같은 재기 넘치는 이름을 붙였다. 벌거벗은 세값쌍 전략은 이런 방식이다. 임의의 단위(행, 열, 상자)에서, 정의역들에 동일한 세 개의 숫자 또는 그 숫자들의 부분집합이 있는 세 칸을 찾는다. 예를 들어 그러한 세 정의역이 {1,8}, {3,8}, {1,3,8}이라고 하자. 비록 1, 3, 8 각각을 세 칸 중 구체적으로 어떤 칸에 넣어야 하는지는 아직 모르지만, 이들을 그 세 칸들에 배정해야 한다는 점은 확실하다. 따라서 단위의 다른 모든 칸의 정의역에서 1, 3, 8을 제거할 수 있다.

한 가지 흥미로운 것은, 스도쿠에 국한된 사항을 그리 많이 이야기하지 않고도 이러한 논의를 상당히 진행할 수 있다는 점이다. 물론 변수가 81개이고 정의역이 숫자 1에서 9라는 점과 *Alldiff* 제약이 27가지라는 점은 이야기하지 않으면 안 된다. 그러나 그 외의 모든 전략(호 일관성, 경로 일관성 등)은 스도쿠 문제만이 아니라 모든 CSP에 일반적으로 적용된다. 심지어 벌거벗은 세값쌍도 사실은 *Alldiff* 제약들의 일관성을 강제하는 하나의 전략이지 스도쿠에 국한된 것은 아니다. 이처럼, 새로운 문제를 만났을 때 그냥 그 문제를 제약들로 정의하기만 하면 일반적인 제약 해결 메커니즘을 적용해서 문제를 풀 수 있다는 것이 CSP 형식화의 위력이다.

# 6.3 CSP를 위한 역추적 검색

제약 전파 과정을 마친 후에도 가능한 값이 여러 개인 변수들이 남아있을 때가 있다. 그런 경우에는 해답을 **검색**해야 한다. 이번 절에서는 부분 배정들에 대한 역추적 검색 알고리즘들을 논의하고, 다음 절에서는 완전 배정들에 대한 국소 검색 알고리즘들을 살펴본다.

표준적인 깊이 우선 검색(제3장)으로 CSP 문제를 푼다고 생각해 보자. 이 경우 '상태'는 부분 배정이고 '동작'은 배정의 확장이다. 예를 들어 호주 지도 채색 문제라면 $NSW = red$나 $SA = blue$를 추가하는 것이 동작이다. 정의역의 크기가 $d$인 변수 $n$개로 이루어진 CSP의 검색 트리는 모든 완전 배정이(따라서 모든 해답이) 깊이 $n$의 모든 잎(말단 노드)에 해당하는 형태이다. 그런데 안타깝게도 최상위 수준의 분기 계수가 $nd$이고(배정할 수 있는 변수가 $n$개이고 각 변수에 배정할 수 있는 값이 $d$개이므로) 그다음 수준의 분기 계수는 $(n-1)d$이고, 그런 식으로 $n$번째 수준까지 내려갈 것임을 주의하자. 그러면 트리의 잎은 무려 $n! \cdot d^n$개이다. 가능한 완전 배정이 $d^n$개뿐인데도 말단 노드가 이렇게 많다!

교환성

다행히, CSP의 핵심적인 성질인 **가환성**(commutativity; 또는 교환성, 교환법칙)을 이용하면 계수 $n!$을 없앨 수 있다. 주어진 동작들을 적용하는 순서가 최종 결과에 영향을 미치지 않는 문제를 가리켜 가환적 문제라고 부른다. 호주 지도 채색 CSP의 경우 먼저 $NSW = red$를 배정한 후 $SA = blue$를 배정하든, 그 반대 순서로 배정하든 결과는 같다. 이러한 가환성 덕분에, 검색 트리의 각 노드에서 하나의 변수만 고려하면 된다. 뿌리 노드에서는 $SA = red$, $SA = green$, $SA = blue$ 중 하나를 선택해야 하면 될 뿐, $NSW = red$와 $SA = blue$ 중 하나를 골라야 할 일은 없다. 이러한 제약을 적용하면 잎의 수는 우리가 원했던 대로 $d^n$가 된다. 물론 트리의 각 수준에서 어떤 변수를 다룰 것인지 선택해야 하지만, 역추적으로 그 선택을 재고찰할 일은 없다.

도해 6.5는 CSP을 위한 역추적 검색 절차이다. 이 알고리즘은 배정되지 않은 변수를 하나 선택하고 그 변수의 정의역에 있는 모든 값을 시험한다. 각 값에 대해 알고리즘은 재귀 호출을 이용해서 그 값을 해답까지 확장해 본다. 만일 그 호출이 성공하면 해답을 돌려주고, 그러지 않으면 배정을 이전 상태로 복원한 후 다음 값을 시도한다. 만일 모든 값에 대해 해답을 얻지 못하면 실패를 알리는 값을 돌려준다. 호주 지도 채색 문제 검색 트리의 일부가 도해 6.6에 나와 있다. 도해 6.6은 변수들을 $WA, NT, Q, \ldots$ 순으로 배정한 상태이다.

BACKTRACKING-SEARCH는 검색 도중 한 상태의 표현 하나만 유지하며, 매번 새 표현을 생성하는 대신 그 표현을 수정한다는(p.108에서 설명한 방식으로) 점을 주목하기 바란다.

**function** Backtracking-Search(*csp*) **returns** 해답 또는 *failure*
   **return** Backtrack(*csp*, { })

**function** Backtrack(*csp*, *assignment*) **returns** 해답 또는 *failure*
   **if** *assignment*가 완전 배정임 **then return** *assignment*
   *var* ← Select-Unassigned-Variable(*csp*, *assignment*)
   **for each** *value* **in** Order-Domain-Values(*csp*, *assignment*, *var*) **do**
      **if** *value*이 *assignment*에 대해 일관적임  **then**
         {*var* = *value*}를 *assignment*에 추가
         *inferences* ← Inference(*csp*, *var*, *assignment*)
      **if** *inferences* ≠ *failure* **then**
         *inferences*를 *assignment*에 추가
         *result* ← Backtrack(*csp*, *assignment*)
         **if** *result* ≠ *failure* **then return** *result*
         *csp*에서 *inferences*를 제거
      {*var* = *value*}를 *assignment*에서 제거
   **return** *failure*

---

**도해 6.5** 제약 충족 문제를 위한 간단한 역추적 알고리즘. 이 알고리즘은 제3장의 재귀적 깊이 우선 검색을 바탕으로 한 것이다. 함수 Select-Unassigned-Variable와 Order-Domain-Values는 §6.3.1에서 논의한 범용 발견적 함수를 구현한다. 필요하다면 Inference 함수를 통해서 호 일관성이나 경로 일관성, *k*-일관성을 강제할 수 있다. 선택된 값이 실패로 이어지면(이는 Inference나 Backtrack에서 검출된다) 알고리즘은 해당 값 배정(Inference가 만드는 것을 포함해서)을 이전 상태로 되돌리고 새 값을 시도한다.

---

제3장의 정보 없는 검색 알고리즘은 **영역 특화**(domain-specific) 발견적 함수를 지정해야 개선할 수 있었지만, 역추적 검색은 CSP의 분해된 표현의 장점을 취하는 **영역 독립**(domain-independent) 발견적 함수로 개선할 수 있다. 그 방법을 다음과 같은 네 가지 질문으로 나누어서 차례로 살펴보겠다.

- 다음 번에 어떤 변수를 배정할 것인가(Select-Unassigned-Variable)? 그리고 그 값들을 어떤 순서로 시도할 것인가(Order-Domain-Values)? (§6.3.1)
- 검색의 각 단계에서 어떤 추론을 수행할 것인가(Inference)? (§6.3.2)
- 필요하다면 Backtrack을 한 단계 이상 실행할 수 있는가? (§6.3.3)
- 검색의 부분 결과를 저장하고 재활용할 수 있는가? (§6.3.4)

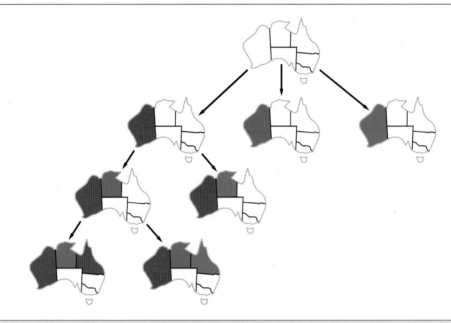

## 6.3.1 변수와 값의 순서 결정

역추적 알고리즘에는 다음과 같은 행이 있다.

$$var \leftarrow \text{SELECT-UNASSIGNED-VARIABLE}(csp,\ assignment)$$

SELECT-UNASSIGNED-VARIABLE을 위한 가장 간단한 전략은 정적 순서(static ordering), 즉 $\{X_1, X_2, \ldots\}$의 변수들을 그냥 차례로 선택하는 것이다. 그다음으로 간단한 것은 무작위 선택이다. 그러나 둘 다 최적의 전략은 아니다. 예를 들어 도해 6.6에서 $WA = red$ 와 $NT = green$으로 배정한 후에는 $SA$에 가능한 값이 하나뿐이므로, 다음번에 변수 $Q$에 대한 배정을 검색하는 것보다는 바로 $SA = blue$를 배정하는 것이 합리적이다. 실제로, $SA$를 배정하고 나면 $Q$와 $NSW$, $V$에 대한 배정도 선택의 여지 없이 결정된다.

최소 잔여 값     '적법한' 값이 가장 적은 변수부터 선택한다는 이러한 직관적인 착안을 **최소 잔여 값**(minimum-remaining-values, MRV) 발견법이라고 부른다. '가장 제약된 변수(most constrained variable)' 발견법이나 '실패 우선(fail-first)' 발견법이라고도 하는데, 후자는 실패가 일찍 발생할 가능성이 제일 큰 변수를 선택(이에 의해 검색 트리의 한 부분이 잘려나간다)하기 때문이다. 더 이상 배정할 값이 없는 변수 $X$가 나오면 MRV 발견법은 그 $X$를 선택하고 즉시 실패를 보고한다. 그러면 다른 변수들을 무의미하게 검색하는 낭비를 피할 수 있다. MRV 발견법은 대체로 무작위 순서나 정적 순서 방식보다 더 나은 성능을 낸다. 가끔은 수백, 수천 배 이상의 성능을 내기도 하지만, 구체적인 성능 향상 정도는 문제에 따라 다르다.

차수 발견법 호주 지도 채색 문제에서 첫 지역을 선택하는 데에는 MRV 발견법이 아무 도움도 되지 않는다. 초기에는 모든 지역의 적법한 색상 수가 3이기 때문이다. 이 경우에는 **차수 발견법**(degree heuristic)이 유용하다. 변수가 관여하는 제약(다른 미배정 변수들에 대한)들의 개수를 그 변수의 차수라고 할 때, 차수 발견법은 차수가 가장 큰 변수를 선택함으로써 이후 선택들에 대한 분기 개수를 줄이려 한다. 도해 6.1에서 차수가 가장 큰 변수는 $SA$이다. $SA$의 차수는 5이고 $T$를 제외한 다른 변수들은 차수가 2 또는 3이다. $T$는 0이다. 만일 제일 먼저 $SA$에 색상을 배정한다면, 본토의 다섯 지역을 시계방향 또는 반시계방향으로 돌면서 각각 $SA$와, 그리고 이전 지역과 다른 색상을 배정할 수 있다. 대체로 최소 잔여 값 발견법이 더 강력한 지침이지만, 이번 예처럼 동등한 선택이 주어지는 상황에서는 차수 발견법이 유용할 수 있다.

최소 제약 값 다음으로, 변수가 선택된 후 알고리즘이 값들을 시도하는 순서를 생각해 보자. 이 문제에는 **최소 제약 값**(least-constraining-value) 발견법이 효과적이다. 이 발견법은 제약 그래프의 이웃 변수들이 가질 수 있는 값들을 최대한 많이 남기는 값을 선호한다. 예를 들어 도해 6.1에서 $WA = red$와 $NT = green$이라는 부분 배정을 생성한 후 변수 $Q$를 위한 값을 찾는다고 하자. $blue$는 좋은 선택이 아니다. 그 값을 선택하면 $Q$의 이웃 $SA$에 남은 마지막 적법한 값이 제거되기 때문이다. 이 때문에 최소 제약 값 발견법은 $blue$보다 $red$를 선호한다. 일반적으로, 이 발견법은 이후의 변수 배정에 대한 유연성을 최대한 유지하려 한다.

변수는 실패 우선 방식이 바람직한 반면, 값은 실패 나중(fail-last) 방식이 바람직한 이유는 무엇일까? 모든 변수는 언젠가는 배정되므로, 실패할 가능성이 높은 변수를 먼저 선택하면 평균적으로 역추적할 성공적인 배정들의 수가 줄어든다. 값 순서 결정에서 핵심은 문제의 해답을 하나만 구하면 된다는 것이다. 따라서 해답의 일부일 가능성이 가장 큰 값을 먼저 조사하는 것이 합당하다. 해답 하나가 아니라 모든 해답을 나열해야 한다면 값 순서 결정은 중요하지 않다.

## 6.3.2 검색과 추론의 교대 실행

앞에서 우리는 검색을 시작하기 전에 AC-3이 어떤 식으로 변수의 정의역을 줄이는지 살펴보았다. 그런데 추론은 검색 도중에 더욱 강력한 효과를 낼 수 있다. 변수의 값을 선택하는 시점에서는 항상 그 이웃 변수들의 정의역을 줄일 새로운 기회가 생긴다.

순방향 점검 아주 간단한 형태의 추론으로 **순방향 점검**(forward checking)이라는 것이 있다. 변수 $X$에 값을 배정할 때마다, 순방향 점검 과정은 그 변수에 대한 호 일관성을 강제한다. 즉, 어떤 제약에 의해 $X$와 연결된 각 미배정 변수 $Y$에 대해, $Y$의 정의역에서 $X$에 선택된 값과 일관적이지 않은 모든 값을 제거한다.

도해 6.7은 호주 CSP에 대한 역추적 검색 도중 순방향 점검을 수행하는 과정을 보여 준다. 이 예에서 중요한 점은 두 가지이다. 첫째로, $WA = red$와 $Q = green$이 배정된 후 $NT$와 $SA$의 정의역이 하나의 값으로 줄었음을 주목하기 바란다. $WA$와 $Q$의 정보를 전파함으로써, 그 변수들에 대한 분기가 완전히 제거된 것이다. 둘째로, $V = blue$ 배정 이후 $SA$의 정의역이 공집합이라는 점에 주목하자. 즉, 순방향 점검은 부분 배정 $\{WA = red, Q = green, V = blue\}$가 문제의 제약들에 비일관적임을 검출했으며, 그러면 알고리즘은 즉시 역추적을 수행한다.

MRV 발견법과 순방향 점검을 함께 사용하면 검색이 더욱 효과적인 문제들이 많다. 도해 6.7에서 $\{WA = red\}$ 배정 이후의 상황을 생각해 보자. 그 배정은 그 이웃 $NT$와 $SA$를 제약하므로, 다음 단계에서는 그 변수들을 처리해야 마땅함을 직관적으로 알 수 있다. 그 후에는 다른 모든 변수도 결정될 것이다. MRV에서도 바로 그런 일이 일어난다. $NT$와 $SA$는 각각 가능한 값이 두 가지이므로, 둘 중 하나를 먼저 선택하고 그다음에는 나머지 하나를 선택하고, 그런 다음 $Q$, $NSW$, $V$를 순서대로 선택하면 된다. 마지막으로 $T$에는 여전히 세 개의 값이 가능한데, 셋 중 어떤 것을 선택해도 된다. 순방향 점검을, MRV 발견법의 작동에 필요한 정보를 점진적으로 계산하는 효율적인 방법이라고 생각해도 될 것이다.

순방향 점검이 비일관성을 많이 찾아내지만, 모두 찾아내는 것은 아니다. 문제는 순방향 점검이 충분히 멀리까지 내다보지 않는다는 것이다. 예를 들어 도해 6.7의 "$Q = green$ 이후" 행을 생각해 보자. $WA$와 $Q$는 호 일관성을 갖추게 되었지만, $NT$와 $SA$는 여전히 가능한 값이 파란색뿐이다. 둘은 이웃이므로 이는 비일관성에 해당한다.

호 일관성 유지    **호 일관성 유지**(Maintaining Arc Consistency, MAC)라고 하는 알고리즘은 이런 부류의 비일관성들을 검출한다. $X_i$ 변수에 값을 배정한 후 Inference 절차는 AC-3 알고리즘을 호출하되, 대기열에 CSP의 모든 호가 담긴 상태에서 시작하는 것이 아니라 변수 $X_i$에 인접한 모든 미배정 변수 $X_j$에 대한 호 $(X_j, X_i)$들만 담긴 상황에서 시작한다.

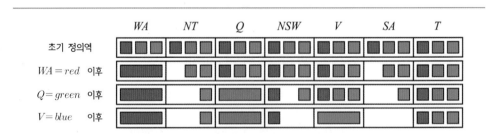

**도해 6.7** 순방향 점검과 결합된 지도 채색 검색의 진행 과정. 먼저 $WA = red$가 배정된다. 그런 다음 순방향 점검에 의해 이웃 변수 $NT$와 $SA$의 정의역들에서 값 $red$가 제거된다. $Q = green$이 배정된 후에는 $NT$와 $SA$, $NSW$의 정의역들에서 $green$이 제거된다. $V = blue$가 배정된 후에는 $NSW$와 $SA$의 정의역들에서 $blue$가 제거되며, 그러면 $SA$에는 적법한 값이 하나도 없다.

AC-3 알고리즘은 평소대로 제약들을 전파하며, 정의역이 공집합이 된 변수가 나오면 실패를 돌려준다. 그러면 즉시 역추적이 진행된다. MAC의 위력이 순방향 점검의 위력보다 크다는 점은 확실하다. 순방향 점검은 MAC의 대기열의 초기 호들에 대해 MAC과 동일한 일을 수행하나, 변수 정의역이 변했을 때 제약을 재귀적으로 전파하지는 않기 때문이다.

## 6.3.3 지능적인 역추적: 돌아보기

도해 6.5의 BACKTRACKING-SEARCH 알고리즘이 검색의 한 분기가 실패했을 때 하는 일은 아주 간단하다. 그냥 이전 변수로 돌아가서 다른 값을 시도하는 것이다. **가장 최근** 결정 지점을 재방문한다는 점에서, 이를 **연대순 역추적**(chronological backtracking)이라고 부른다. 아래에서는 이보다 더 나은 방식들을 살펴본다.

연대순 역추적

도해 6.1의 문제에서, $Q$, $NSW$, $V$, $T$, $SA$, $WA$, $NT$라는 고정된 순서로 변수들을 선택하는 단순한 역추적 검색의 진행 과정을 생각해 보자. 부분 배정 $\{Q = red, NSW = green, V = blue, T = red\}$가 생성된 후 $SA$ 변수를 시도한다고 가정하자. 그러면 모든 값이 제약을 위반함을 알게 된다. 그러면 $T$로 돌아가서 태즈메이니아에 대해 새 값을 시도한다. 그런데 이는 무의미한 일이다. 태즈메이니아의 색을 바꾼다고 해서 남호주의 문제를 해결하는 데 도움이 되지는 않는다.

좀 더 지능적인 접근방식은 문제를 해결할 수 있을 만한 변수로, 즉 $SA$에 가능한 값 중 하나를 불가능하게 만든 책임이 있는 변수로 돌아가는 것이다. 이를 위해서는 $SA$의 어떤 값과 충돌하는 배정들의 집합을 유지해야 한다. 그러한 집합(지금 예에서는 $\{Q = red, NSW = green, V = blue\}$)을 $SA$에 대한 **충돌 집합**(conflict set)이라고 부른다. **역도약**(backjumping) 방법은 충돌 집합에 있는 **가장 최근** 배정으로 돌아간다. 이 경우 역도약은 태즈메이니아를 뛰어넘어 $V$로 가서 새 값을 시도한다. 이 방법은 BACKTRACK을 적절히 수정해서 쉽게 구현할 수 있다. BACKTRACK은 배정할 적법한 값을 점검할 때 충돌 집합을 누적해야 한다. 만일 적법한 값이 없으면 알고리즘은 실패를 뜻하는 값과 함께 충돌 집합의 가장 최근 원소를 돌려주어야 한다.

충돌 집합
역도약

날카로운 독자라면 순방향 점검이 추가 비용 없이 충돌 집합을 제공할 수 있음을 눈치챘을 것이다. 배정 $X = x$에 기초한 순방향 점검이 $Y$의 정의역에서 한 값을 제거할 때마다, $X = x$를 $Y$의 충돌 집합에 추가한다. 만일 $Y$의 정의역에서 마지막 값이 제거되었다면, $Y$의 충돌 집합의 배정들을 $X$의 충돌 집합에 추가한다. 그러면 $X = x$가 모순($Y$의)으로 이어진다는 점이 밝혀진 것이며, 따라서 $X$에 대해 다른 배정을 시도해야 한다.

그런데 매의 눈을 가진 독자라면 뭔가 이상한 점을 발견했을 것이다. 역도약은 한 정의역의 모든 값이 현재 배정과 충돌할 때 일어난다. 그러나 순방향 점검은 그러한 사건을 검출하고, 검색이 그런 노드로 도달하는 일을 방지한다! 사실, 역도약에 의해 잘려

나가는 **모든** 가지는 순방향 점검에 의해서도 잘려나감을 증명하는 것이 가능하다. 따라서 단순한 역도약은 순방향 점검 검색과 중복이며, 사실 MAC 같이 좀 더 강한 일관성 점검을 수행하는 여러 검색 방법들과 중복이다. 이들 중 한 가지만 하면 된다.

이러한 문제점이 있긴 하지만, 역도약에 깔린 한 가지 착안은 여전히 유용하다. 바로, 실패의 이유에 기초해서 역추적을 수행한다는 것이다. 역도약은 변수의 정의역이 공집합이 되면 실패를 보고하나, 그 시점에 도달하기 전에 이미 실패가 보장되는 경우도 많다. $\{WA = red, NSW = red\}$라는 부분 배정(앞에서 논의했듯이 이는 비일관적이다)을 생각해 보자. $T = red$를 시도하고 그다음으로 $NT$, $Q$, $V$, $SA$를 시도한다고 하면, 마지막 네 변수에 대해서는 그 어떤 배정도 성공할 수 없다. 결국에는 $NT$에 더 이상 시도할 값이 없는 상황에 도달하게 된다. 그 시점에서 어디로 돌아가야 할까? 역도약은 통하지 않는다. $NT$에는 이전에 배정된 변수들과 일관적인 값이 **존재**하기 때문이다. 즉, $NT$는 실패를 유발한 이전 변수들의 완전한 충돌 집합을 가지고 있지 않다. 그런데 네 변수 $NT$, $Q$, $V$, $SA$를 한 묶음으로 **간주하면**, 이들이 이전 변수들의 집합 때문에 실패했으며, 그 이전 변수들은 반드시 이 넷과 직접 충돌하는 변수들임을 알 수 있다.

이 점으로부터, $NT$ 같은 변수에 대한 충돌 집합을 좀 더 깊게 이해할 수 있을 것이다. 그러한 충돌 집합은 $NT$와 이후의 다른 변수들의 조합에 일관된 해답이 존재할 수 없게 만든 이전 변수들의 집합이다. 이 경우 그 집합은 $WA$와 $NSW$이다. 따라서 알고리즘은 태즈메이니아를 건너뛰어서 $NSW$로 돌아가야 한다. 이런 방식으로 정의된 충돌 집합을 사용하는 역도약 알고리즘을 **충돌 지향 역도약**(conflict-directed backjumping)이라고 부른다.

그럼 이런 새 충돌 집합을 어떻게 계산해야 할까? 그 방법은 상당히 간단하다. 검색 트리의 한 가지의 '최종' 실패는 항상 발생한다. 한 변수의 정의역이 결국은 공집합이 되기 때문이다. 그 변수는 표준적인 충돌 집합을 가진다. 지금 예에서 $SA$가 실패하며 그 충돌 집합이 (이를테면) $\{WA, NT, Q\}$라고 하자. 이제 $Q$로 역도약하며, $Q$는 $SA$의 충돌 집합을 자신의 직접 충돌 집합($\{NT, NSW\}$)에 **흡수**한다(물론 $Q$ 자신은 제외하고). 그러면 새 충돌 집합은 $\{WA, NT, NSW\}$이다. 이제, $\{WA, NT, NSW\}$에 대한 이전 배정들을 고려하면, $Q$로부터는 해답이 없음을 알 수 있다. 따라서 이전 배정 중 가장 최근의 것에 해당하는 $NT$로 돌아간다. $NT$는 $\{WA, NT, NSW\} - \{NT\}$를 자신의 직접 충돌 집합 $\{WA\}$에 흡수한다. 그러면 새 충돌 집합은 $\{WA, NSW\}$가 된다(이전 문단에서 말했듯이). 이제 알고리즘은 우리가 바랐듯이 $NSW$로 역도약한다. 정리하자면, $X_j$가 현재 변수이고 $conf(X_j)$가 그 변수의 충돌 집합이라고 할 때, 만일 $X_j$의 가능한 값들이 모두 실패한다면, 역도약에 의해 $conf(X_j)$에 있는 가장 최근 변수 $X_i$로 돌아가서 충돌 집합 $conf(X_j)$를 다음과 같이 재계산한다.

$$conf(X_i) \leftarrow conf(X_i) \cup conf(X_j) - \{X_i\}.$$

**충돌 지향 역도약** *(좌측 여백 주석)*

### 6.3.4 제약 학습

모순에 도달했을 때 얼마나 돌아가야 하는지는 역도약으로 알 수 있으므로, 문제를 해결해
주지 않는 변수들을 바꾸느라 시간을 소비하지 않아도 된다. 더 나아가서, 같은 문제에 여
러 번 도달하는 것도 피할 수 있으면 좋을 것이다. 검색이 모순에 도달했을 때, 충돌 집합
**제약 학습** 의 어떤 부분집합이 그 문제에 책임이 있다는 점은 알고 있다. **제약 학습**(constraint
learning)은 충돌 집합 중 문제를 일으킨 최소한의 변수들의 집합을 찾는다. 그러한 변수
**무익** 집합과 해당 값들의 조합을 가리켜 **무익**(no-good)이라고 부른다. 무익 조합을 찾았다면,
새로운 제약(그런 배정 조합을 금지하는)을 CSP에 추가하거나 무익 조합들의 개별적인 캐
시에 추가함으로써 그 조합을 기록해 둔다.

예를 들어 도해 6.6 하단 행의 $\{WA = red, NT = green, Q = blue\}$ 상태를 생각
해 보자. 순방향 점검을 수행하면, $SA$에 대한 유효한 배정이 없다는 점에서 이 상태가
무익 조합에 해당함을 알 수 있다. 이 경우 이 조합을 기록하는 것은 도움이 되지 않는
다. 검색 트리에서 해당 가지를 잘라내면 이후에 이 조합을 다시 만날 일이 없을 것이기
때문이다. 그러나 도해 6.6의 검색 트리가 사실은 $V$와 $T$의 값을 먼저 배정하는 것으로
시작하는 더 큰 검색 트리의 일부일 수도 있다. 그런 경우에는 $V$와 $T$에 대한 가능한
배정들의 집합 각각에 대해 같은 문제를 다시 만날 수 있으므로, $\{WA = red, NT = green, Q = blue\}$를 무익 조합으로 기록해 두는 것이 의미가 있다.

순방향 점검이나 역도약은 이러한 무익 조합들을 유용하게 사용할 수 있다. 제약 학
습은 현대적인 CSP 해결기들이 복잡한 문제를 효율적으로 푸는 데 쓰이는 가장 중요한
기법의 하나이다.

# 6.4 CSP를 위한 국소 검색

국소 검색 알고리즘(§4.1 참고)은 여러 CSP를 푸는 데에도 대단히 효과적이다. 국소 검
색 알고리즘은 완전한 상태 형식화(§4.1.1에서 소개한)를 사용한다. 즉, 각 상태는 모든
변수에 값을 배정하며, 검색은 한 번에 변수 하나의 값을 변경한다. 예를 들어 8-퀸 문제
를 §6.1.3(p.239)에서처럼 하나의 CSP로 정의한다고 하자. 검색은 도해 6.8의 왼쪽 국면
에 해당하는 상태에서 시작한다. 이것은 여덟 변수에 대한 완전한 배정인데, 보통의 경
우 이러한 완전 배정은 다수의 제약을 위반한다. 이제 충돌한 변수들 중 하나를 무작위
로 선택한다. 여기서는 제일 오른쪽 열의 $Q_8$이 선택된다고 가정하자. 이 변수의 값을,
검색이 해에 좀 더 가까워지는 어떤 값으로 바꾸어야 한다. 가장 자명한 접근방식은 다
**최소 충돌** 른 변수와의 충돌이 최소가 되는 값을 선택하는 것이다. 이를 **최소 충돌**(min-conflict) 발
견법이라고 부른다.

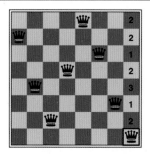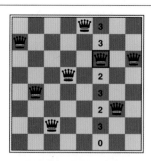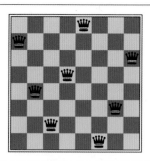

**도해 6.8** 최소 충돌 알고리즘으로 구한 8-퀸 문제의 2단계 해답. 각 시기에서 퀸 하나를 해당 열의 다른 칸으로 옮긴다. 각 칸의 수치는 충돌 횟수(이 경우 공격하는 퀸들의 개수)이다. 알고리즘은 퀸을 충돌이 제일 적은 칸으로 옮긴다. 그런 칸이 여럿이면 무작위로 선택한다.

도해 6.8을 보면 제약 하나만 위반하는 행이 둘 있다. 여기서는 $Q_8 = 3$를 선택하기로 한다(즉, 선택된 퀸을 3행 8열로 이동한다). 다음 반복(도해 6.8의 가운데 국면)에서는, $Q_6$을 변경할 변수로 선택한다. 그 퀸을 8행으로 옮기면 충돌이 전혀 없어짐을 주목하자. 따라서 검색은 해답을 발견한 것이다. 이러한 검색 알고리즘이 도해 6.9에 나와 있다.[2]

최소 충돌 발견법은 여러 CSP에 대해 기막히게 효과적이다. 놀랍게도, $n$-퀸 문제에서 퀸들의 초기 배치를 고려하지 않을 때 최소 충돌의 실행 시간은 대체로 문제의 크기에 독립적이다. 심지어는 백만 퀸 문제를 평균 50단계(초기 배정 이후)로 푼다. 이러한 두드러진 성과에 힘입어, 1990년대에는 국소 검색에 대한, 그리고 쉬운 문제와 어려운 문

---

**function** MIN-CONFLICTS(*csp*, *max_steps*) **returns** 해답 또는 *failure*
  **입력:** *csp*, 제약 충족 문제
      *max_steps*, 허용 가능한 최대 단계 수(그 이후에는 검색을 포기)

  *current* ← *csp*에 대한 초기 완전 배정
  **for** *i* = 1 to *max_steps* **do**
      **if** *current*가 *csp*의 한 해답임 **then return** *current*
      *var* ← *csp*.VARIABLES의 충돌 변수 중 무작위로 선택한 한 변수
      *value* ← CONFLICTS(*csp*, *var*, *v*, *current*)가 최소가 되는 *var*의 값 *v*
      *current*에서 *var*=*value*를 설정
  **return** *failure*

**도해 6.9** CSP를 푸는 MIN-CONFLICTS 국소 검색 알고리즘. 초기 상태는 무작위로 선택할 수도 있고 각 변수의 최소 충돌 값을 차례로 선택하는 탐욕적 배정 과정을 통해서 선택할 수도 있다. CONFLICTS 함수는 주어진 값이 현재 배정의 나머지 부분에 대해 위반하는 제약들의 수를 계산한다.

---

2 국소 검색을 제약 최적화 문제(COP)로 확장하는 것은 쉬운 일이다. 이때 언덕 오르기와 모의 정련을 위한 모든 기법을 목적함수의 최적화에 적용할 수 있다.

제의 구분(§7.6.3에서 이야기한다)에 대한 연구가 아주 많이 진행되었다. 국소 검색이 $n$-퀸 문제를 잘 푸는 이유를 대충이나마 말하자면, 그 해답들이 상태 공간 전반에 조밀하게 분포되어 있다는 것이다. 최소 충돌은 또한 어려운 문제들에도 잘 통한다. 예를 들어 최소 충돌은 허블 우주 망원경의 관측 일정 수립에 쓰였다. 최소 충돌 덕분에, 한 주의 일정을 수립하는 시간이 3주(!)에서 약 10분으로 줄었다.

§4.1에 나온 모든 국소 검색 기법을 CSP에 적용할 수 있는데, 그중 몇 개는 특히나 효과적임이 판명되었다. 대체로, 최소 충돌 발견법하에서의 CSP의 지형에는 일련의 대지(plateau)들이 존재한다. 충돌 하나만 해결하면 해답이 되는 변수 배정들이 수백만 개에 이를 수 있다. 국소 검색이 대지에서 탈출하게 하는 데에는 점수가 같은 다른 상태로의 횡이동을 허용하는 대지 검색이 도움이 된다. 대지 안에서의 탐색 방향을 결정하는 데에는 **터부 검색**(tabu search)이라는 기법이 유용하다. 이 기법은 최근 방문한 적은 수의 상태들을 목록에 담아 두고 그 상태들로는 돌아가지 못하게 한다. 모의 정련 역시 대지들에서 벗어나는 수단으로 사용할 수 있다.

제약 가중    **제약 가중**(constraint weighting)이라고 하는 또 다른 기법은 검색이 중요한 제약들에 집중하게 만들려 한다. 이 기법은 가 제약에 가중치를 부여하는데, 초기에는 모든 가중치가 1이다. 검색의 각 단계에서 변경할 변수-값 쌍을 선택할 때 알고리즘은 그 변수와 값에 의해 위반되는 모든 제약의 총 가중치가 가장 낮은 쌍을 고른다. 그런 다음에는 위반된 각 제약의 가중치를 현재 배정에 맞게 증가해서 가중치들을 조정한다. 이 방식의 장점은 두 가지이다. 하나는 대지들에 지형지물을 추가함으로써 현재 상태로부터의 개선이 반드시 일어나게 한다는 것이고, 또 하나는 시간이 지남에 따라 어려운 제약들에 점점 더 큰 가중치들을 배정함으로써 일종의 학습이 일어난다는 점이다.

국소 검색의 또 다른 이점은, 문제가 동적으로 변하는 온라인 환경(§4.5 참고)에도 사용할 수 있다는 것이다. 항공사의 주간 비행 일정을 수립하는 문제를 생각해 보자. 한 주(week)의 항공편 일정에는 수천 대의 비행기와 수만 명의 인력이 관여하는데, 공항 중 하나라도 기후가 나쁘면 일정의 실행이 불가능해질 수 있다. 그런 경우 일정을 바로잡기 위한 변경의 수를 최소한으로 유지하는 것이 바람직하다. 현재 일정을 시작으로 국소 검색 알고리즘을 돌리면 그런 변경들을 쉽게 찾아낼 수 있다. 새로운 제약들의 집합으로 역추적 검색을 수행하면 시간이 훨씬 많이 걸리며, 현재 일정을 많이 뜯어고친 해답이 나올 수 있다.

# 6.5 문제의 구조

이번 절에서는 제약 그래프의 형태로 표현된 문제의 **구조**(structure)를 활용해서 해답을 빠르게 찾아내는 방법들을 조사한다. 이번 절에서 말하는 접근방식들은 대부분 CSP 이외의 문제들(확률적 추론 등)에도 적용된다.

방대한 규모의 실제 세계를 다루려면, 문제를 여러 부분 문제들로 분해해야 그나마 문제를 풀 희망이 생긴다. 호주 지도 채색 문제의 제약 그래프(독자의 편의를 위해 도해 6.1(b)를 도해 6.12(a)에 다시 표시해 두었다)를 보면 한 가지 사실이 두드러진다. 바로, 태즈메이니아가 호주 본토와는 떨어져 있다는 것이다.[3] 따라서 태즈메이니아의 채색과 호주 본토의 채색은 **독립적인 부분 문제**(independent subproblem)임이 자명하다. 즉, 호주 채색의 임의의 한 해답과 태즈메이니아 채색의 임의의 한 해답을 합치면 전체 지도에 대한 하나의 해답이 된다.

**독립적인 부분 문제**

이러한 독립성은 제약 그래프에서 **연결된 구성요소**(connected component)들을 찾아보면 쉽게 확인할 수 있다. 각 구성요소는 각 부분 문제 $CSP_i$에 해당한다. 배정 $S_i$가 $CSP_i$의 해답이면, $\cup_i S_i$는 $\cup_i CSP_i$의 해답이다. 이것이 왜 중요할까? 전체 CSP의 변수가 $n$개이고 각 $CSP_i$의 변수가 $c$개라고 하자. 여기서 $c$는 하나의 상수이다. 그러면 부분 문제는 $n/c$개이고, 정의역의 크기가 $d$라 할 때 각 부분 문제를 푸는 데 필요한 작업량은 $d^c$이다. 즉, 총 작업량은 $O(d^c n/c)$인데, 이는 $n$에 선형적이다. 만일 부분 문제들로 분해하지 않았다면 총 작업량은 $O(d^n)$인데, 이는 $n$에 대해 지수적이다. 좀 더 구체적인 예를 들면, 변수가 100개인 부울 CSP를 부분 문제 네 개로 분할하면 최악의 경우의 시간이 우주의 나이[역주1] 에서 1초 미만으로 줄어든다.

**연결된 구성요소**

따라서 완전히 독립적인 부분 문제들이 바람직하지만, 그런 부분 문제들은 드물다. 다행히, 쉽게 풀 수 있는 또 다른 성격의 그래프 구조가 존재한다. 예를 들어 제약 그래프에서 임의의 두 변수가 하나의 경로로만 연결되어 있다면, 그 그래프는 사실상 하나의 **트리**이다. 그럼 임의의 트리 구조 CSP는 변수 개수에 선형인 시간으로 풀 수 있다[4]는 점을 증명해 보자. 핵심은 **방향 호 일관성**(directional arc consistency, DAC)이라는 새로운 일관성 개념을 도입하는 것이다. 변수들을 $X_1, X_2, \dots, X_n$의 순서로 조사하는 CSP가 방향 호 일관성을 가지는 필요충분조건은, 모든 $X_i$가 $j > i$인 각 $X_j$에 대해 호 일관적이라는 것이다.

**방향 호 일관성**

트리 구조 CSP를 풀 때에는 먼저 트리의 뿌리에서 임의의 변수를 선택하고, 각 변수가 트리에서 자신의 부모 다음에 나타난다는 조건을 충족하는 변수들의 순서 관계를 선택한다. 그런 순서 관계를 **위상 정렬**(topological sort)이라고 부른다. 도해 6.10(a)는 예제 트리이고, (b)는 가능한 위상 정렬 순서이다. 노드가 $n$개인 임의의 트리에는 간선이 $n-1$개 있으므로, 이 그래프를 방향 호 일관적으로 만드는 데에는 $O(n)$ 단계가 필요하다. 각 단계에서는 반드시 두 변수에 대해 정의역의 가능한 값들을 조사해야 하며, 정의역

**위상 정렬**

---

**3** 세심한 지도 제작자나 애국심 넘치는 태즈메이니아 주민이라면 태즈메이니아를 가장 가까운 이웃 본토 지역과 같은 색으로 칠하는 데 반대할 것이다. 같은 색으로 칠하면 태즈메이니아가 그 주(state)에 속할 수도 있다는 인상을 줄 것이기 때문이다.

**역주1** 현재 우주의 나이(추정)는 약 138억 년이다(https://ko.wikipedia.org/wiki/우주의_나이 참고).

**4** 안타깝게도 이 세상에는 지도가 트리 구조인 지역이 별로 없다. 그나마 술라웨시(인도네시아의 섬)가 트리 구조에 가깝다.

은 최대 $d$개의 값을 가지므로, 한 단계의 총 시간은 $O(nd^2)$이다. 방향 호 일관적 그래프가 마련되었으면 그냥 변수들의 목록을 훑어내려 가면서 나머지 값 중 아무것이나 선택하면 된다. 부모에서 자식으로의 모든 간선은 호 일관적이므로, 부모에 대해 어떤 값을 선택하든 자식에 배정할 수 있는 유효한 값은 남는다. 이는 역추적이 필요하지 않음을 뜻한다. 그냥 변수들을 따라 직선으로 움직이면 된다. 도해 6.11에 전체 알고리즘이 나와 있다.

이제 트리를 위한 효율적인 알고리즘이 갖추어졌으므로, 이런 트리보다 더 일반적인 제약 그래프를 어떤 방식으로든 트리로 **축약**(reduction)하는 문제를 생각해 봐야 할 것이다. 그런 축약 방법은 크게 두 가지인데, 하나는 노드들을 제거하는 방식이고(§6.5.1) 또 하나는 노드들을 합치는 방식(§6.5.2)이다.

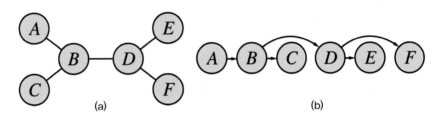

**도해 6.10** (a) 트리 구조 CSP의 제약 그래프. (b) $A$가 뿌리인 트리와 일관적인 변수들의 선형 순서 관계. 이를 변수들의 **위상 정렬**이라고 부른다.

---

**function** TREE-CSP-SOLVER($csp$) **returns** 해답 또는 $failure$
　　**입력**: $csp$, 구성요소가 $X, D, C$인 CSP

　　$n \leftarrow X$의 변수 개수
　　$assignment \leftarrow$ 빈 배정
　　$root \leftarrow X$의 임의의 변수
　　$X \leftarrow$ TOPOLOGICALSORT($X, root$)
　　**for** $j = n$ **down to** $2$ **do**
　　　　MAKE-ARC-CONSISTENT(PARENT($X_j$), $X_j$)
　　　　**if** 호 일관성을 갖출 수 없음 **then return** $failure$
　　**for** $i = 1$ **to** $n$ **do**
　　　　$assignment[X_i] \leftarrow D_i$에 있는 임의의 일관적 값
　　　　**if** 일관적 값이 없음 **then return** $failure$
　　**return** $assignment$

---

**도해 6.11** 트리 구조 CSP를 푸는 TREE-CSP-SOLVER 알고리즘. CSP에 해답이 존재한다면 이 알고리즘은 해답을 선형 시간으로 찾아내고, 존재하지 않는다면 모순을 검출한다.

## 6.5.1 절단 집합 조건화

제약 그래프를 트리로 축약하는 첫 번째 접근방식은 나머지 변수들이 트리를 형성하도록 일부 변수들에 값을 배정하는 것이다. 도해 6.12(a)의 호주 지도 제약 그래프를 생각해 보자. 남호주(SA)가 없다면 그래프는 (b)와 같은 트리가 된다. 다행히 남호주를 제거할 수 있다(실제 국가가 아니라 그래프에서). $SA$에 하나의 값을 배정하고, 다른 변수들의 정의역들에서 $SA$의 값과 일관적이지 않은 모든 값을 제거하면 된다.

그렇게 하고 나면, $SA$와 그 제약들이 제거된 후의 CSP에 대한 모든 해답은 $SA$에 대해 선택한 값과 일관적이다. (이는 이항 CSP에만 적용된다. 더 높은 차수의 제약들에서는 상황이 좀 더 복잡하다.) 따라서 나머지 트리를 위에 나온 알고리즘으로 풀 수 있으며, 그러면 전체 문제가 풀린다. 물론 일반적인 경우(지도 채색만이 아닌)에서는 $SA$의 값으로 선택한 것이 잘못된 값일 수도 있으므로, 가능한 모든 값을 시도해 보아야 한다. 일반적인 알고리즘은 다음과 같다.

1. 주어진 CSP의 변수들 중, 만일 제약 그래프에서 제거한다면 제약 그래프가 트리로 변하는 변수들을 찾는다. 그러한 변수들의 집합 $S$(전체 변수 집합의 한 부분집합이다)를 **순환 절단 집합**(cycle cutset)이라고 부른다.

순환 절단 집합

2. $S$의 모든 제약을 충족하도록 $S$의 변수들에 값을 부여하는 각각의 배정에 대해,
   (a) 나머지 변수들의 정의역들에서 $S$에 대한 배정과 일관적이지 않은 모든 값을 제거하고,
   (b) 그렇게 해서 나온 나머지 CSP에 해답이 존재한다면 그것을 $S$에 대한 배정과 함께 돌려준다.

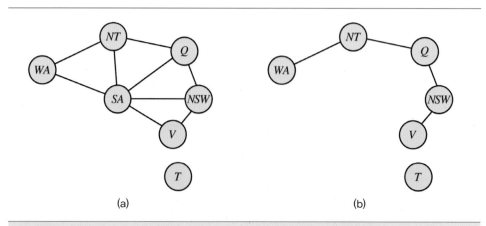

(a)  (b)

**도해 6.12** (a) 도해 6.1에 나온 원래의 제약 그래프. (b) $SA$를 제거하면 제약 그래프는 트리 두 개로 이루어진 '숲' 구조가 된다.

순환 절단 집합의 크기가 $c$라 할 때 총 실행 시간은 $O(d^c \cdot (n-c)d^2)$이다. $S$의 변수들에 대한 값들의 조합 $d^c$개를 시도해야 하며, 각 조합마다 크기가 $n-c$인 트리 문제를 풀어야 하기 때문이다. 만일 그래프가 "거의 트리에 가까우면" $c$는 작은 수이므로 직접적인 역추적 검색에 비해 시간이 크게 절약된다. 크기가 $c = 20$인 절단 집합을 찾을 수만 있다면, 시간을 우주의 나이에서 단 몇 분으로 줄일 수 있다. 그러나 최악의 경우 $c$는 $(n-2)$까지 커질 수 있다. 가장 작은 순환 절단 집합을 찾는 것은 NP-어려움 문제이나, 여러 효율적인 근사 알고리즘이 알려져 있다. 이러한 알고리즘적 접근방식을 통칭해서 **절단 집합 조건화**(cutset conditioning)라고 부른다. 제13장에서 확률에 관한 추론을 다룰 때 이 접근방식이 다시 등장할 것이다.

절단 집합 조건화

## 6.5.2 트리 분해

트리 분해

제약 그래프를 트리로 축약하는 둘째 접근방식은 제약 그래프의 **트리 분해**(tree decomposition)를 구축한다. 트리 분해는 도해 6.13에서처럼 트리의 각 노드가 원래의 그래프에 있는 변수들의 집합이 되도록 원래의 그래프를 트리로 변환하는 과정 또는 그 결과를 말한다. 트리 분해는 다음 세 필수 조건을 충족해야 한다.

- 원래 문제의 모든 변수가 적어도 하나의 트리 노드에 있어야 한다.
- 원래 문제에서 제약으로 연결된 두 변수는 적어도 하나의 트리 노드에 함께 있어야 한다(해당 제약과 함께).
- 한 변수가 트리의 두 노드에 있다면, 그 두 노드를 연결하는 경로의 모든 노드에 그 변수가 있어야 한다.

처음 두 조건은 모든 변수와 제약이 트리 분해로 표현됨을 보장하기 위한 것이다. 셋째 조건은 다소 기술적으로 보이지만, 원래 문제의 각 변수의 값은 트리의 인접 노드에 있

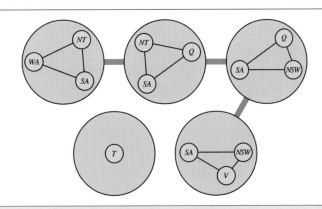

**도해 6.13** 도해 6.12(a)에 나온 제약 그래프의 한 트리 분해.

는 해당 변수의 값과 같아야 한다는 점을 나타내기 위해서는 이러한 조건이 필요하다. 예를 들어 $SA$는 도해 6.13의 연결된 노드 네 개에 모두 등장하므로, 트리 분해의 각 간선은 한 노드에 있는 $SA$의 값이 그 다음 노드에 있는 $SA$의 값과 같다는 제약을 포함한다. 도해 6.12를 보면 이러한 분해가 합당함을 확인할 수 있을 것이다.

일단 그래프를 트리로 축약하고 나면 TREE-CSP-SOLVER를 이용해서 $O(nd^2)$의 시간으로 해답을 구할 수 있다. 여기서 $n$은 트리 노드 개수이고 $d$는 가장 큰 정의역의 크기이다. 그런데 트리에서 정의역은 개별 값들의 집합이 아니라 값 **튜플**tuple들의 집합임을 주의하기 바란다.

예를 들어 도해 6.13의 제일 위 왼쪽 노드는 원래 문제에서 변수들이 $\{WA, NT, SA\}$이고 정의역이 $\{red, green, blue\}$, 제약들이 $WA \neq NT$, $SA \neq NT$, $WA \neq SA$인 하나의 부분 문제를 나타낸다. 트리의 이 수준에서 노드는 하나의 변수를 나타내는데, 그 변수를 $SANTWA$라고 불러도 될 것이다. 이 변수의 값은 하나의 색상이 아니라 $(red, green, blue)$처럼 세 가지 색상으로 이루어진 튜플이어야 한다. 그 튜플이 $(red, red, blue)$이어서는 안 된다. 그러면 원래 문제의 제약 $SA \neq NT$가 위반되기 때문이다. 이제 이 노드에서 인접 노드로 이동할 수 있다. 인접 노드의 변수는 $SANTQ$라고 부르면 될 것이다. 이 변수에 대한 튜플들 중 $SANTWA$에 배정된 튜플과 일관된 튜플은 $(red, green, blue)$뿐이다. 같은 과정을 다음 두 노드에 반복한다. $T$는 이 부분 문제와 분리되어 있으므로 아무 값이나 선택해도 된다.

그 어떤 트리 분해 문제도 TREE-CSP-SOLVER로 $O(nd^2)$ 시간 안에 풀 수 있다. $d$가 작다면 이는 충분히 효율적이다. 앞에서 잠깐 언급한 부울 변수 100개짜리 문제의 예에서, 각 노드의 변수가 10개이면 $d = 2^{10}$이므로 문제를 몇 초 만에 풀 수 있을 것이다. 그러나 변수가 30개인 노드가 하나 있으면, 문제를 푸는 데 수백 년이 필요할 것이다.

하나의 제약 그래프에서 여러 가지 트리 분해가 나올 수 있다. 특정 분해를 선택할 때에는 부분 문제들을 가능한 한 작게 만드는 것이 바람직하다. (모든 변수가 하나의 노드에 있는 트리도 트리이긴 하지만, 도움은 되지 않는다.) 한 그래프의 트리 분해의 **트리 너비**(tree width)는 가장 큰 노드의 크기에서 1을 뺀 것이다. 그래프 자체의 트리 너비는 모든 트리 분해의 트리 너비들의 최솟값으로 정의된다. 그래프의 트리 너비가 $w$이고 그에 해당하는 트리 분해가 주어졌다면, 그 문제는 $O(nd^{w+1})$의 시간으로 풀 수 있다. 즉,

▶ **제약 그래프의 트리 너비가 유계인 CSP는 다항식 시간으로 풀 수 있다.**

안타깝게도, 트리 너비가 최소인 분해를 찾는 것은 NP-난해(NP-hard) 문제이다. 그래도 실제 응용에서 잘 작동하는 발견적 방법들은 존재한다. $O(d^c \cdot (n-c)d^2)$ 시간의 절단 집합 분해와 $O(nd^{w+1})$ 시간의 트리 분해 중 어느 것이 더 나을까? 크기가 $c$인 순환 절단 집합이 있으면 반드시 너비가 $w < c+1$인 트리가 존재한다. 그리고 $w$가 $c$보다 훨씬 작을 때도 있다. 따라서 시간을 생각하면 트리 분해가 낫다. 하지만 순환 절단 집합 접근방식은 메모리 요구량이 선형(일차)이라는 장점이 있다. 반면 트리 분해의 메모리 요구량은 $w$에 지수적이다.

트리 너비

## 6.5.3 값 대칭성

지금까지 제약 그래프의 구조를 살펴보았다. 그런데 변수의 **값**들에도, 또는 제약 관계들 자체에도 중요한 구조가 있을 수 있다. 지도를 $d$개의 색으로 칠하는 문제를 생각해 보자. 모든 일관적 해답에 대해, 실제로는 색 이름들을 순열치환해서 얻을 수 있는 $d!$개의 해답이 존재한다. 예를 들어 호주 지도에서 $WA$, $NT$, $SA$가 각자 다른 색이어야 함은 알고 있다. 그런데 세 지역에 세 가지 색을 배정하는 방법은 $3! = 6$이다. 이를 **값 대칭성**(value symmetry)이라고 부른다. 배정들에서 그런 대칭성을 깬다면 검색 공간을 $d!$분의 1로 줄일 수 있을 것이다. 이를 위해 **대칭성 파괴 제약**(symmetry-breaking constraint)을 도입한다. 이를테면 $NT < SA < WA$라는, 즉 세 값이 알파벳 순서이어야 한다는 순서 제약을 임의로 도입할 수 있다. 그러면 $d!$가지 해답 중 단 하나인 $\{NT = blue, SA = green, WA = red\}$만 해답이 된다.

지도 채색 문제에서는 대칭성을 깨는 제약을 쉽게 찾을 수 있었다. 일반적으로 모든 대칭성을 제거하는 것은 NP-난해 문제이지만, 값 대칭성을 깨는 것이 중요하다는 점과 광범위한 문제에 효과적이라는 점은 증명되었다.

값 대칭성

대칭성 파괴 제약

# 요약

- **제약 충족 문제**(CSP)는 상태를 변수-값 쌍들의 집합으로 나타내고, 해답을 위한 조건들을 그 변수들에 대한 제약들의 집합으로 나타낸다. 실세계의 여러 주요 문제들을 CSP 형태로 서술할 수 있다.

- 제약들을 이용해서 특정 변수 배정들을 제외시키는 **추론** 기법이 여럿 있다. 노드 일관성, 호 일관성, 경로 일관성, $k$-일관성 적용이 그러한 기법의 예이다.

- CSP를 풀 때에는 깊이 우선 검색의 일종인 **역추적 검색**이 흔히 쓰인다. 추론을 검색과 맞물려 수행할 수 있다.

- **최소 잔여 값** 발견법과 **차수** 발견법은 역추적 검색에서 다음으로 조사할 변수를 선택하기 위한 문제 영역 독립적 방법이다. **최소 제약 값** 발견법은 주어진 변수에 대해 처음으로 시도할 값을 결정하는 데 도움이 된다. 변수에 배정할 적법한 값이 없으면 역추적이 일어난다. **충돌 지향 역도약**은 문제의 근원으로 직접 도약한다. **제약 학습**(constraint learning)은 검색 도중 발견된 충돌들을 기록해 두고, 검색에서 그 기록을 이용해서 같은 충돌을 피한다.

- **최소 충돌** 발견법을 이용한 국소 검색이 제약 충족 문제를 아주 성공적으로 푼 사례가 많이 있다.

- CSP 해결의 복잡도는 제약 그래프의 구조에 크게 의존한다. 트리 구조 문제는 선

형 시간으로 풀 수 있다. **절단 집합 조건화**를 이용하면 일반적인 CSP를 트리 구조의 CSP로 변환할 수 있다. 작은 절단 집합을 찾아낼 수 있다면 이 기법이 아주 효율적이다(메모리 요구량이 선형이다). **트리 분해** 기법은 CSP를 부분 문제들의 트리로 변환한다. 이 기법은 제약 그래프의 **트리 너비**가 작을 때 효율적이다. 그러나 메모리 요구량이 제약 그래프의 너비에 지수적이다. 절단 집합 조건화와 트리 분해를 결합해서 메모리와 시간의 더 나은 절충점을 찾을 수도 있다.

## 참고문헌 및 역사적 참고사항

디오판토스<br>방정식

그리스 수학자 디오판토스$^{Diophantus}$(c. 200–284)는 방정식에 대한 대수적 제약들이 관여하는 문제와 그 해업을 제시했으나, 일반화된 방법론을 만들어 내지는 않았다. 정수 정의역에 대한 그런 방정식들을 **디오판토스 방정식**(Diophantine equation)이라고 부른다. 정수 정의역에 대한 방정식 $ax + by = c$의 일반해를 처음으로 제시한 사람은 인도 수학자 브라마굽타$^{Brahmagupta}$(c. 650)이다. 가우스는 변수 소거를 이용해서 1차 연립방정식을 체계적으로 푸는 방법을 연구했다(Gauss, 1829). 1차 연립부등식 제약의 해법은 [Fourier, 1827]까지 거슬러 올라간다.

유한 정의역 제약 충족 문제의 역사도 길다. 예를 들어 **그래프 채색**(graph coloring) 문제(지도 채색 문제는 이 문제의 한 특수 사례이다)는 수학의 오랜 문제 중 하나이다. 사색 정리(모든 평면 그래프를 넷 이하의 색으로 칠할 수 있다)는 드모르간$^{De\ Morgan}$의 제자인 프랜시스 거스리$^{Francis\ Guthrie}$가 1852년에 처음으로 제시했다. 이후 많은 사람이 증명을 제시했지만 모두 오류가 있었다. 결국 아펠과 하켄이 이 추측을 제대로 증명했다(Appel 및 Haken, 1977). (관련 서적 *Four Colors Suffice*(Wilson, 2004)를 보라.) 순수 주의자들은 그 증명의 일부가 컴퓨터에 의존한다는 점에 실망했다. 그래서 곤시어$^{Gonthier}$는 정리 증명기 CoQ를 이용해서, 아펠과 하켄의 증명 프로그램이 옳음에 대한 형식적 증명을 유도했다.

컴퓨터 과학의 역사에는 특정 부류의 제약 충족 문제들이 등장한다. 가장 영향력 있는 초기 사례 중 하나는 도식의 기하학적 제약을 푸는 SKETCHPAD(Sutherland, 1963)이다. 이 시스템은 현대적인 드로잉 프로그램과 CAD 도구들의 조상이라 할 수 있다. CSP들을 하나의 **일반적 부류**로 식별하는 것은 [Montanari, 1974]에 기인한다. 고차 CSP들을 이항 제약들과 보조 변수들로 이루어진 CSP로 변환하는 기법(연습문제 6.NARY 참고)은 원래 19세기 논리학자 찰스 샌더스 퍼스$^{Charles\ Sanders\ Peirce}$의 착안에서 기인한다. 이후 [Dechter, 1990b]가 이를 CSP에 적용했으며, [Bacchus 및 van Beek, 1998]에서 좀 더 정교하게 다듬어졌다. 선호 제약을 위한 CSP 프레임워크의 일반화에 관해서는 [Bistarelli 외, 1997]을 보라.

제약 전파 방법들은 [Waltz, 1975]에서 컴퓨터 시각을 위한 다면체 선 분류 문제에 성공적으로 쓰이면서 유명해졌다. 월츠는 여러 문제에서 전파가 역추적의 필요성을 완전히 제거함을 보였다. [Montanari, 1974]는 제약 그래프 개념과 경로 일관성을 통한 전파 개념을 소개했다. [Mackworth, 1977]은 호 일관성 강제를 위한 AC-3 알고리즘을 서술하고 역추적에 일정 정도의 일관성 제약을 결합한다는 착안을 제시했다. [Mohr 및 Henderson, 1986]은 좀 더 효율적인 호 일관성 알고리즘인 AC-4를 서술했다. AC-4는 최악의 경우에 시간 복잡도가 $O(cd^2)$이지만, 평균 경우에서는 AC-3보다 느릴 수 있다. PC-2 알고리즘(Mackworth, 1977)은 AC-3이 호 일관성을 달성하는 것과 아주 비슷한 방식으로 경로 일관성을 달성한다.

맥워스의 논문이 나오고 얼마 지나지 않아 연구자들은 일관성 강제의 비용과 검색 시간 절감의 이득 사이의 절충점을 찾는 실험들을 시작했다. [Haralick 및 Elliot, 1980]은 [McGregor, 1979]에 서술된 최소 순방향 점검 알고리즘이 더 낫다는 결론을 냈지만, [Gaschnig, 1979]는 각 변수 배정 후에 완전한 호 일관성 점검을 수행하는 방식을 제안했다. 이 방식은 이후 [Sabin 및 Freuder, 1994]에 서술된 MAC이라는 알고리즘에 해당한다. 그 논문은 어려운 CSP에서 완전한 호 일관성 점검이 실제로 이득이 된다는 점에 대한 어느 정도 믿을 만한 증거를 제공한다. 프로이더는 $k$-일관성 개념을 조사하고 그 개념과 CSP 해결의 복잡도의 관계를 고찰했다(Freuder, 1978, 1982). [Dechter 및 Dechter, 1987]은 방향 호 일관성을 소개했다. [Apt, 1999]는 일관성 전파 알고리즘들을 분석할 수 있는 일반적인 알고리즘적 프레임워크를 서술한다. 개괄 논문으로는 [Bessière, 2006]과 [Bartak 외, 2010b]가 있다.

고차 제약이나 전역 제약을 처리하는 특별한 방법들은 처음에는 **제약 논리 프로그래밍**(constraint logic programming)의 맥락에서 개발되었다. [Marriott 및 Stuckey, 1998]은 이 분야의 연구를 훌륭하게 개괄한다. $Alldiff$ 제약을 연구한 논문으로는 [Regin, 1994]와 [Stergiou 및 Walsh, 1999], [van Hoeve, 2001]이 있다. $Alldiff$를 위한 좀 더 복잡한 추론 알고리즘들도 있는데, 예를 들어 [van Hoeve 및 Katriel, 2006]의 알고리즘은 더 많은 제약을 전파하지만 실행 시 계산 비용이 더 크다. [Van Hentenryck 외, 1998]은 한계 제약을 제약 논리 프로그래밍에 도입했다. 전역 제약에 관한 개괄 논문으로는 [van Hoeve 및 Katriel, 2006]이다.

스도쿠는 가장 잘 알려진 CSP가 되었다. 이 퍼즐을 서술한 문헌으로는 [Simonis, 2005]가 있다. [Agerbeck 및 Hansen, 2008]은 몇 가지 전략을 서술하고, $n^2 \times n^2$ 판의 스도쿠가 NP-어려움 문제 부류에 속함을 증명한다.

1850년에 C. F. 가우스는 8-퀸 문제를 푸는 재귀적 역추적 알고리즘 하나를 서술했다. 그 알고리즘은 1848년 독일 체스 잡지 *Schachzeitung*에 실린 적이 있었다. 가우스는 자신의 방법을, *Tatonniren*이라고 불렀는데, 이 이름은 느낌으로 길을 찾는다는(어둠 속에서 뭔가를 더듬어 찾을 때처럼) 뜻의 프랑스 단어 *tâtonner*에서 유래한 것이다.

도널드 커누스에 따르면(개인적인 의견 교환), 역추적(backtrack)이라는 용어는 1950년대에 R. J. 워커[Walker]가 도입했다. 워커는 기본적인 역추적 알고리즘을 서술하고, 그것으로 13-퀸 문제의 모든 해를 찾아냈다(Walker, 1960). [Golomb 및 Baumert, 1965]는 역추적을 적용할 수 있는 일반적인 부류의 조합 문제들을 예제들과 함께 형식했으며, 요즘은 MRV 발견법이라고 부르는 것을 소개했다. [Bitner 및 Reingold, 1975]는 역추적 기법들의 개괄 논문으로, 이후 연구자들에게 큰 영향을 미쳤다. [Brelaz, 1979]는 RV 발견법을 적용한 후 동점 상황의 해소에 차수 발견법을 사용한다. 그 결과로 나온 알고리즘은 단순하긴 하지만, 여전히 임의의 그래프의 $k$-채색 문제에 대한 최고의 알고리즘이다. [Haralick 및 Elliot, 1980]은 최소 제약 값(least-constraining-value) 발견법을 제시했다.

기본적인 역도약 방법은 [Gaschnig, 1977, 1979]에 기인한다. [Kondrak 및 van Beek, 1997]은 이 알고리즘이 본질적으로 순방향 점검에 포함됨을 보였다. 충돌 지향 역도약은 [Prosser, 1993]이 고안했다. [Dechter, 1990a]은 그래프 기반 역도약을 소개했다. 그 기법에서 역도약 기반 알고리즘들의 복잡도의 한계들은 제약 그래프의 함수로 결정된다 (Dechter 및 Frost, 2002).

대단히 일반적인 형태의 지능적 역추적 알고리즘을 일찍이 스톨먼과 수스먼이 개발했다(Stallman 및 Sussman, 1977). 그들의 **의존성 지향 역추적**(dependency-directed backtracking) 기법은 역도약과 무익 학습(McAllester, 1990)을 조합한 것이다. 이후 이 기법은 §10.6.2에서 논의하는 **진리 유지 시스템**(truth maintenance system; Doyle, 1979)의 개발로 이어졌다. [de Kleer, 1989]는 그 두 영역의 연관 관계를 분석한다.

의존성 지향<br>역추적

스톨먼과 수스먼의 논문은 검색으로 얻은 부분적인 결과를 저장해 두고 나중에 검색에서 재사용할 수 있다는 **제약 학습** 개념도 소개했다. 이를 형식화한 것은 [Dechter, 1990]이다. **역표시**(backmarking)는 특히나 간단한 방법으로, 일관적인 쌍별(pairwise) 배정들과 비일관적 쌍별 배정들을 기억해 두고 제약들을 다시 점검하는 일을 방지하는 데 활용한다. 역표시 기법을 충돌 지향 역도약과 결합할 수 있다. [Kondrak 및 van Beek, 1997]은 두 방법을 합친 혼성 알고리즘을 제시한다. 그 알고리즘이 두 방법을 각각(따로 사용한 경우) 포괄함을 증명할 수 있다.

*동적 역추적 방법*

**동적 역추적**(dynamic backtracking) **방법**(Ginsberg, 1993)은 이후의 성공을 무효화하지 않는 이전 선택들에 대한 역추적 과정에서, 성공적인 부분 배정에 해당하는 변수들을 이후의 변수 부분집합들에 그대로 남겨둔다. [Moskewicz 외, 2001]은 이상의 기법들과 그밖의 기법들을 이용해서 효율적인 SAT 해결기를 만드는 방법을 보여준다. 여러 무작위화된 역추적 방법들에 대한 실험적 연구 결과가 [Gomes 외, 2000]과 [Gomes 및 Selman, 2001]에 나온다. [van Beek, 2006]은 역추적 방법들을 개괄한다.

제약 충족 문제에 대한 국소 검색은 VLSI 배치 문제와 일정 수립 문제에 널리 쓰이는 모의 정련(제4장)에 관한 연구 결과를 담은 [Kirkpatrick 외, 1983]에서 유명해졌다. [Beck 외, 2011]은 주문생산 일정 수립에 관한 최근 성과를 개괄한다. 최소 충돌 발견법은 [Gu, 1989]에서 처음 제안되었고, 그와는 독립적으로 [Minton 외, 1992]도 이 방법을 고안했다. [Sosic 및 Gu, 1994]는 이 방법을 이용해서 3,000,000-퀸 문제를 1분 미만으로 풀 수 있음을 보였다. $n$-퀸 문제에 대한 최소 충돌 발견법과 국소 검색의 놀라운 성과는 '쉬운' 문제와 '어려운' 문제의 본성과 분포에 관한 재검토로 이어졌다. [Cheeseman 외,

1991]은 무작위로 생성된 CSP들의 난이도를 조사해서, 그런 문제들이 거의 모두 아주 쉽게 풀리거나 해답이 없다는 사실을 발견했다. 문제 생성기의 매개변수들을 좁은 범위로 한정해서 해답이 존재하는 문제가 대략 절반이 되어야 비로소 '어려운' 문제가 등장한다. 이 현상은 제7장에서 좀 더 논의하겠다.

[Konolige, 1994]는 국소 구조가 어느 정도 존재하는 문제에서는 국소 검색이 역추적 검색보다 못함을 보였다. 이는 국소 검색과 추론을 결합하는 연구로 이어졌는데, [Pinkas 및 Dechter, 1995]가 그중 하나이다. [Hoos 및 Tsang, 2006]은 국소 검색 기법들을 개괄한다. 국소 검색 교과서로는 [Hoos 및 Stützle, 2004]와 [Aarts 외, 2003]이 있다.

CSP의 구조와 복잡도에 관한 연구는 [Freuder, 1985]와 [Mackworth 및 Freuder, 1985]에서 시작되었다. 이 논문은 호 일관적 트리에 대한 검색이 역추적 없이 일어남을 보였다. 데이터베이스 공동체에서 이를 비순환 초그래프로 확대한 연구에서도 비슷한 결과가 나왔다(Beeri 외, 1983). [Bayardo 및 Miranker, 1994]는 트리 구조 CSP를 위한, 그 어떤 전처리 없이 선형 시간으로 실행되는 알고리즘을 제시한다. [Dechter, 1990a]는 순환 절단 집합 접근방식을 서술한다.

이상의 논문들이 나온 후 이 분야의 연구가 크게 진척되어서, CSP 해법의 복잡도와 그 제약 그래프의 구조 사이의 관계에 대한 좀 더 일반적인 결과들이 발표되었다. 트리 너비 개념은 그래프 이론가인 로버트슨과 세이머가 소개했다(Robertson 및 Seymour, 1986). 프로이더Freuder의 성과에 기초해서, 데처와 펄은 관련 개념(그들은 **유도된 너비** (induced width)라고 불렀지만, 트리 너비와 같은 것이다)을 제약 충족 문제에 적용하고 §6.5에서 소개한 트리 분해 접근방식을 개발했다(Dechter 및 Pearl, 1987, 1989).

고틀롭은 이 성과와 데이터베이스 이론의 결과들로부터 **초트리 너비**(hypertree width) 라는 개념을 이끌어 냈다(Gottlob 외, 1999a, 1999b). 이는 CSP를 하나의 초그래프로 특성화하는 것에 기초한 것이다. 해당 저자들은 너비가 $w$인 임의의 CSP를 $O(n^{w+1}\log n)$ 의 시간으로 풀 수 있음을 보였으며, 초트리 너비가 이전에 정의된 모든 '너비'를 포괄한다는(초트리 너비는 유계지만 다른 너비들은 유계가 아닌 경우가 있다는 의미에서) 점도 보였다.

[Bayardo 및 Schrag, 1997]의 Relsat 알고리즘은 제약 학습과 역도약을 결합하며, 당시 다른 여러 알고리즘보다 더 나은 성능을 보였다. 이로부터 CSP와 확률적 추론 모두에 적용할 수 있는 AND/OR 검색 알고리즘들이 나왔다(Dechter 및 Mateescu, 2007). [Brown 외, 1988]은 CSP에서의 대칭성 파괴 개념을 소개하고, [Gent 외, 2006]은 현황을 개괄한다.

**분산 제약 충족**(distributed constraint satisfaction) 분야는 일단의 에이전트들이 각자 제약 변수들의 한 부분집합을 처리하는 방식으로 CSP를 해결하는 방법을 모색한다. 2000년부터 이 문제에 대해 매년 워크숍이 열렸다. 이 분야를 잘 소개하는 문헌으로는 [Collin 외, 1999]와 [Pearce 외, 2008]이 있다.

CSP 알고리즘들의 비교는 대부분 실험 과학이다. 모든 문제에 대해 어떤 한 알고리즘이 다른 알고리즘들보다 우세함을 보여 주는 이론적 결과는 별로 없다. 대신, 문제들의 특정 사례들에 대해 어떤 알고리즘이 더 나은 성능을 보이는지를 실험으로 파악하는 수밖에 없다. [Hooker, 1995]가 지적하듯이, 경쟁 검사(알고리즘들이 실행 시간을 겨루는)와 과학적 검사(문제들의 부류에 대한 효율성을 결정하는 알고리즘의 속성들을 식별하는 것이 목표인)를 세심하게 구분할 필요가 있다.

제약 처리에 대한 훌륭한 참고자료로는 교과서 [Apt, 2003], [Dechter, 2003], [Tsang, 1993], [Lecoutre, 2009]와 논문 모음집 [Rossi 외, 2006]이 있다. 훌륭한 개괄 논문도 많은데, 이를테면 [Dechter 및 Frost, 2002], [Barták 외, 2010]가 있다. [Carbonnel 및 Cooper, 2016]은 처리 가능한(tractable) 부류의 CSP들을 개괄한다. [Kondrak 및 van Beek, 1997]은 역추적 검색 알고리즘들에 대한 해석적 개괄을 제공하고, [Bacchus 및 van Run, 1995]는 좀 더 실험적인 개괄을 제공한다. 제약 프로그래밍을 다루는 책으로는 [Apt, 2003]과 [Fruhwirth 및 Abdennadher, 2003]이 있다. 제약 충족에 관한 논문들은 *Artificial Intelligence*와 전문 학술지 *Constraints*에 정기적으로 실린다. 최신 SAT 해석기들에 관한 정보는 International SAT Competition에서 볼 수 있다. 주된 학술대회는 International Conference on Principles and Practice of Constraint Programming인데, 흔히 줄여서 *CP*라고 부른다.

Artificial Intelligence: A Modern Approach, 4th Edition

# PART

# III

# 지식, 추론, 계획 수립

# 7
## CHAPTER

# 논리적 에이전트

이번 장에서는 복잡한 세계의 표현을 형성할 수 있고 추론 과정을 이용해서 세계에 대한 새로운 표현들을 유도할 수 있으며 그러한 새 표현들을 이용해서 다음에 할 일을 연역할 수 있는 에이전트를 설계한다.

대체로 사람들은 뭔가를 알고 있다. 특히, 사람들은 자신의 일에 도움이 되는 어떤 지식을 가지고 있다. 인공지능에서 **지식 기반 에이전트**(knowledge-based agent)는 지식의 내부 **표현**(representation)들에 작용하는 **추론**(reasoning) 과정을 활용해서 자신의 동작들을 결정한다.

제3장과 제4장의 문제 해결 에이전트들도 뭔가를 알지만, 그 지식은 아주 제한적이고 유연하지 않다. 그런 에이전트들은 자신이 어떤 동작을 할 수 있고 특정 상태에서 특정 동작을 수행하면 어떤 결과가 나오는지 알지만, 세계에 관한 일반적인 사실은 알지 못한다. 경로를 찾는 에이전트는 도로의 길이가 음수일 수 없다는 점을 결코 알 수 없다. 8-퍼즐 에이전트는 두 타일이 같은 공간을 차지하지 못한다는 점을 모른다. 에이전트들의 지식은 출발점에서 목표점으로 가는 경로를 찾는 데는 아주 유용하지만, 그 외의 일에는 쓸모가 없다.

문제 해결 에이전트가 사용하는 원자적 표현 역시 아주 제한적이다. 예를 들어 부분 관측 가능 환경에서 문제 해결 에이전트가 현재 상태에 관해 아는 것을 표현하는 유일한 방식은 모든 가능한 구체적 상태들을 나열하는 것뿐이다. 사람에게 미국에서 인구가 10,000명 미만인 도시(town)로 차를 몰고 가라고 말하는 것은 간단한 일이지만, 에이전트에게 그런 목표를 지정하려면 그 조건을 충족하는 16,000여 개의 도시를 명시적으로

지식 기반
에이전트
표현
추론

나열해야 한다.

제6장에서는 상태를 변수에 값을 부여하는 배정들로 표현하는 방법을 이야기했는데, 이는 분해된 표현의 첫 번째 사례에 해당한다. 분해된 표현을 사용하는 것은 올바른 방향으로의 한 걸음이다. 이런 표현을 사용하면 에이전트의 일부 요소들이 영역 독립적 방식으로 작동하게 만들 수 있고, 좀 더 효율적인 알고리즘이 가능해진다. 이번 장과 이후의 장들에서는 이 한 걸음을, 말 그대로 그 논리적 귀결로 연장한다. 즉, **논리**(logic)를 지식 기반 에이전트를 지원하는 표현들의 일반적 부류(class)로 취급한다. 이런 에이전트는 정보를 다양한 목적에 맞게 조합 및 재조합할 수 있다. 마치 수학자가 정리를 증명하거나 천문학자가 지구의 예상 수명을 계산하는 것처럼, 이러한 시도는 눈앞의 이익과는 상당히 동떨어진 것일 수 있다. 지식 기반 에이전트는 명시적으로 서술된 목표의 형태로 새 과제들을 받을 수 있으며, 환경에 대한 새로운 지식을 제공받거나 스스로 습득해서 경쟁력을 빠르게 갖출 수 있으며, 환경의 변화에 적응하거나 유관 지식을 갱신할 수 있다.

우선 §7.1에서 지식 기반 에이전트의 전반적인 설계를 살펴본다. 그런 다음 §7.2에서 간단한 새 환경인 웜퍼스 세계를 소개하고, 지식 기반 에이전트의 작동 방식을 기술적인 세부사항 없이 개괄한다. §7.3에서는 **논리**의 일반적인 원리들을 설명하고, §7.4에서는 좀 더 구체적인 **명제 논리**의 원리들을 설명한다. 분해된 표현의 하나인 명제 논리는 표준적인 구조적 표현인 **1차 논리**(제8장)보다는 표현력이 떨어지지만, 그래도 논리의 기본 개념들을 모두 표현할 수 있다. 또한 관련 추론 기술들이 잘 개발되어 있다는 장점이 있는데, 그런 기술들을 §7.5와 §7.6에서 서술한다. 마지막으로 §7.7은 지식 기반 에이전트 개념과 명제 논리 기술을 결합해서 웜퍼스 세계를 위한 간단한 에이전트를 몇 개 만들어 본다.

# 7.1 지식 기반 에이전트

지식 기반 에이전트의 핵심 구성요소는 **지식 베이스**(knowledge base, KB; 또는 지식 기지)

지식 베이스

이다. 지식 베이스는 **문장**(sentence)들의 집합이다. (여기서 '문장'은 기술 용어이다. 영

문장

어나 기타 자연어의 문장과 관련이 있긴 하지만 같은 것은 아니다.) 각 문장은 **지식 표**

지식 표현 언어

**현 언어**(knowledge representation language)라고 부르는 언어로 표현되며, 세계에 대한 어떤 단언(assertion)을 나타낸다. 다른 어떤 문장에서 유도된 것이 아닌, 그 자체로 참이

공리

라고 간주되는 문장은 **공리**(axiom)라고 부른다.

지식 베이스에 새 문장을 추가하는 방법과 지식 베이스에 있는 문장을 질의하는 방법이 필요하다. 그런 연산을 가리키는 표준적인 이름은 각각 TELL과 ASK이다. 두

추론

연산에는 **추론**(inference), 즉 기존 문장(들)에서 새 문장을 이끌어 내는 과정이 관여할 수 있다. 추론은, 누군가가 ASK 연산으로 지식 베이스에 뭔가를 질의했을 때 그 답이 반드시 이전에 지식 베이스에 알려준(TELL 연산) 어떤 지식을 따른다는 요구조건을 충

족해야 한다. "따른다(follow)"라는 핵심 단어의 엄밀한 의미는 이번 장에서 나중에 이야기할 것이다. 일단 지금은, 추론 과정이 근거 없이 말을 꾸며 내서는 안 된다는 정도로만 이해하기 바란다.

도해 7.1은 지식 기반 에이전트 프로그램의 큰 틀이다. 이 책의 다른 모든 에이전트처럼 이 에이전트는 지각 하나를 입력받고 동작 하나를 돌려준다. 에이전트는 지식 베이스 $KB$를 유지한다. 초기에 지식 베이스에 일정한 **배경지식**(background knowledge)이 들어 있을 수 있다.

배경지식

에이전트 프로그램은 각 호출에서 세 가지 일을 수행한다. 첫째로, 에이전트 프로그램은 에이전트가 받은 지각을 지식 베이스에 알려준다(TELL). 둘째로, 에이전트 프로그램은 자신이 수행할 동작을 지식 베이스에 묻는다(ASK). 이 질의의 답을 구하는 과정에서 세계의 현재 상태와 가능한 동작열들의 결과들에 관해 상당한 양의 추론이 수행될 수 있다. 셋째로, 에이전트 프로그램은 자신이 선택한 동작을 지식 베이스에 알려주고 자신을 호출한 곳에게 그 동작을 돌려준다(그 동작이 실행될 수 있도록).

지식 표현 언어의 세부사항은 감지기들과 작동기들이 있는 부분과 핵심 표현 및 추론 시스템이 있는 부분 사이의 인터페이스를 구현하는 세 함수에 숨겨져 있다. MAKE-PERCEPT-SENTENCE 함수는 에이전트가 특정 시간에 특정 지각을 받았음을 단언하는 문장을 구축한다. MAKE-ACTION-QUERY 함수는 현재 시간에 에이전트가 수행할 동작을 묻는 문장을 구축한다. 마지막으로, MAKE-ACTION-SENTENCE 함수는 그 동작을 에이전트가 채택했음을 단언하는 문장을 구축한다. 추론 메커니즘의 세부사항은 TELL과 ASK에 숨겨져 있다. 그 세부사항은 이후의 절들에서 살펴볼 것이다.

도해 7.1의 에이전트는 제2장에서 서술한, 내부 상태를 가진 에이전트와 상당히 비슷하다. 그러나 TELL과 ASK의 정의 때문에, 지식 기반 에이전트는 동작들을 계산하는 임의의 프로그램이 아니다. 이 프로그램은 **지식 수준**(knowledge level)에서의 서술을 준수한다. 그러한 수준에서는, 개발자가 에이전트가 알고 있는 것과 에이전트의 목표들만 지정해 주면 에이전트 프로그램이 동작을 결정할 수 있다.

지식 수준

---

**function** KB-AGENT(*percept*) **returns** 동작
   **지속 변수:** $KB$, 지식 베이스
       $t$, 시간을 나타내는 카운터, 초기에는 0

   TELL($KB$, MAKE-PERCEPT-SENTENCE(*percept*, $t$))
   *action* ← ASK($KB$, MAKE-ACTION-QUERY($t$))
   TELL($KB$, MAKE-ACTION-SENTENCE(*action*, $t$))
   $t ← t + 1$
   **return** *action*

---

**도해 7.1** 일반적 지식 기반 에이전트. 지각이 주어지면 에이전트는 그 지각을 자신의 지식 베이스에 추가하고, 최상의 동작이 무엇인지 지식 베이스에 묻고, 그 동작을 실제로 선택했음을 지식 베이스에 알려준다.

예를 들어 승객을 샌프란시스코에서 마린 카운티로 옮기는 것이 현재 목표인 자율 택시가 그 두 장소를 연결하는 유일한 통로가 금문교(Golden Gate Bridge)임을 알고 있다고 하자. 그렇다면 에이전트가 그 다리를 건너리라고 예상할 수 있다. 그것이 자신의 **목표**를 달성하는 **방법**임을 에이전트가 알기 때문이다. 이러한 분석이 **구현 수준**(implementation level)에서의 택시의 작동 방식과는 독립적임을 주목하기 바란다. 에이전트의 지리 지식이 연결 목록으로 구현되어 있는지 픽셀맵(비트맵)으로 구현되어 있는지는 중요하지 않다. 또한 에이전트가 추론을 레지스터들에 저장된 기호열들을 조작해서 수행하는지 아니면 뉴런들로 이루어진 신경망에서 잡음 섞인 신호를 전파해서 수행하는지도 중요하지 않다.

구현 수준

그냥 알아야 할 모든 것을 TELL로 알려 주는 단순한 방식으로 지식 기반 에이전트를 구축할 수도 있다. 즉, 에이전트 설계자가 빈 지식 베이스로 시작해서 에이전트가 환경 안에서 잘 작동할 때까지 문장들을 TELL로 하나씩 주입할 수도 있다. 이를 **선언적**(declarative) 시스템 구축 접근방식이라 부른다. 반면 **절차적**(procedural) 접근방식은 바람직한 행동을 프로그램 코드에 직접 집어넣는다. 1970년대와 1980년대에 두 접근방식 사이에 열띤 논쟁이 있었다. 이제는 성공적인 에이전트의 설계에 선언적 요소와 절차적 요소가 모두 들어 있는 경우가 많다는 점과 선언적 지식을 좀 더 효율적인 절차적 코드 안에 조합해 넣을 수 있는 경우가 많다는 점이 알려졌다.

선언적
절차적

또한 에이전트가 스스로 학습하게 만드는 메커니즘을 지식 기반 에이전트에 제공할 수도 있다. 제19장에서 논의하는 그런 메커니즘들은 일련의 지각들로부터 환경에 대한 일반적인 지식을 생성한다. 학습하는 에이전트는 완전히 자율적인 에이전트가 될 수 있다.

# 7.2 웜퍼스 세계

이번 절에서는 지식 기반 에이전트의 가치가 돋보일 만한 환경 하나를 설명한다. **웜퍼스 세계**(wumpus world)는 여러 개의 방이 통로로 연결된 동굴이다. 이 동굴 어딘가에는 웜퍼스가 숨어 있다. 웜퍼스는 누구든 자기 방에 들어오면 잡아먹어 버리는 무서운 괴물이다. 에이전트는 웜퍼스를 활로 쏴 죽일 수 있지만, 화살이 딱 하나이다. 어떤 방에는 무저갱, 즉 바닥이 없는 구덩이(pit)가 있다. 그런 방에 들어가면 영원히 빠져나오지 못한다(단, 웜퍼스는 구덩이보다 크기 때문에 빠지지 않는다). 이 냉혹한 환경에서 유일하게 바람직한 특징은, 어딘가에 금 더미가 놓인 방이 있다는 것이다. 이러한 웜퍼스 세계는 요즘 컴퓨터 게임의 기준으로 보면 상당히 단조롭지만, 그래도 지능에 관한 몇 가지 중요한 사항을 묘사한다.

웜퍼스 세계

도해 7.2에 웜퍼스 세계의 한 사례가 나와 있다. 다음은 이 과제 환경을 §2.3에서 제시한 방식으로 정밀하게 정의한 **PEAS** 서술이다.

- **성과 측도**: 금을 가지고 동굴에서 빠져나오면 +1000, 구덩이에 빠지거나 웜퍼스에게 잡아먹히면 −1000, 각 동작 수행 시 −1, 활을 쏘면 −10. 게임은 에이전트가 죽거나 에이전트가 동굴에서 빠져나오면 끝난다.

- **환경**: 4×4 격자에 16개의 칸(방)이 있고, 격자 전체는 벽으로 싸여 있다. 에이전트는 항상 [1,1] 칸에서 동쪽(오른쪽)을 향한 자세로 시작한다. 금의 위치와 웜퍼스 위치는 에이전트의 시작 위치를 제외한 칸 중에서 무작위로(균등 분포 난수) 선택된다. 또한, 시작 칸을 제외한 모든 칸은 0.2의 확률로 구덩이이다.

- **작동기**: 이동 관련 동작은 *Forward*(전방 이동), 90° *TurnLeft*(좌회전), 90° *TurnRight*(우회전) 세 가지이다. 이동에 의해 에이전트가 구덩이나 살아 있는 웜퍼스가 있는 방으로 들어가면 에이전트는 죽는다. (그러나 죽은 웜퍼스가 있는 방으로 들어가는 것은, 비록 냄새가 고약할 수는 있겠지만 안전하다.) 전방 이동을 시도했지만 벽에 부딪혔다면 에이전트는 이동하지 않는다. 그 외에, 에이전트가 있는 방에 금 더미가 있는 경우 *Grab* 동작은 그 금을 집는다. *Shoot* 동작은 에이전트가 향한 쪽으로 화살을 쏜다. 화살은 벽이나 웜퍼스에 맞을 때까지 직선으로 날아간다. 웜퍼스가 맞으면 웜퍼스는 죽은 상태가 된다. 에이전트의 화살이 하나뿐이기 때문에 최초의 *Shoot* 동작만 효과를 낸다. 마지막으로, *Climb* 동작을 실행하면 에이전트가 동굴에서 기어 나오게 된다. 단, 이 동작은 [1,1] 칸에서만 실행할 수 있다.

- **감지기**: 에이전트의 감지기는 다섯 개이고, 각각 한 비트의 정보를 제공한다.
  - 웜퍼스와 바로 인접한(대각선 방향은 제외) 방들에서는 에이전트가 **악취**(*Stench*)를 감지한다.[1]

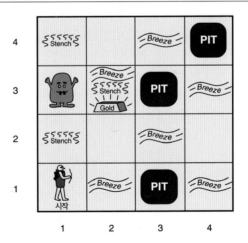

**도해 7.2** 전형적인 웜퍼스 세계. 에이전트는 왼쪽 하단 모퉁이 방에서 동쪽(오른쪽)을 향해 있다.

---

1 물론 웜퍼스가 있는 방에서도 악취가 나지만, 어차피 그 방에 들어간 에이전트는 뭔가를 느낄 새도 없이 잡아 먹힌다.

- 구덩이와 직접 인접한 방에서는 에이전트가 **미풍**(*Breeze*)을 감지한다.
- 금 더미 방과 직접 인접한 방에서는 에이전트가 **반짝임**(*Glitter*)을 감지한다.
- 에이전트가 벽에 부딪히면 **충돌**(*Bump*)을 감지한다.
- 웜퍼스는 죽을 때 끔찍한 **비명**(*Scream*)을 지른다. 이 비명은 동굴의 어디에서도 지각할 수 있다.

지각들은 다섯 기호의 목록 형태로 에이전트 프로그램에 제공된다. 예를 들어 악취와 미풍은 있지만 반짝임과 충돌, 비명은 없다면, 에이전트 프로그램은 [*Stench*, *Breeze*, *None*, *None*, *None*]을 받게 된다.

웜퍼스 환경을 제2장에 나온 여러 차원으로 특징지어 보자. 이것이 결정론적·이산적·정적·단일 에이전트 환경임은 명백하다. (다행히도 웜퍼스는 움직이지 않는다.) 또한, 여러 동작을 취한 후에야 보상이 주어진다는 점에서 순차적 환경이다. 그리고 이 환경은 상태의 일부 측면을 직접 지각할 수 없다는 점에서 부분 관측 가능 환경이다. 에이전트의 위치, 웜퍼스의 삶과 죽음 상태, 화살 발사 가능 여부에 대한 지각은 주어지지 않는다. 구덩이 위치와 웜퍼스 위치는 두 가지 해석이 가능하다. 이들을 상태의 관측되지 않은 부분으로 간주할 수 있다. 그러면 환경에 대한 전이 모형이 완전히 알려지며(완전 기지), 구덩이들의 위치를 파악하면 상태에 대한 에이전트의 지식이 완성된다. 또는, 어떤 *Forward* 동작이 에이전트의 죽음을 유발하는지 미리 알 수 없다는 점에서 전이 모형 자체는 미지라고 간주할 수도 있다. 이 경우 전이 모형에 대한 에이전트의 지식은 구덩이와 웜퍼스의 위치가 발견된 후에야 완성된다.

이 환경에 처한 에이전트의 주된 난제는, 초기에는 환경의 구성에 대해 아는 것이 없다는 점이다. 이러한 무지를 극복하려면 논리적 추론이 필요할 것이다. 웜퍼스 세계의 사례들 대부분에서는 에이전트가 금을 안전하게 획득하는 것이 가능하다. 종종 에이전트는 빈손으로 동굴을 빠져나가는 것과 죽음을 무릅쓰고 금을 찾는 것 중 하나를 선택해야 한다. 환경의 약 21%는, 금이 구덩이 방에 있거나 금이 있는 방이 구덩이 방들로 둘러싸여 있다는 의미에서 완전히 불공정하다.

그럼 도해 7.2에 나온 환경을 지식 기반 웜퍼스 에이전트가 헤쳐나가는 과정을 살펴보자. 기호들을 격자에 기입하는 방식(도해 7.3과 7.4처럼)의 비공식적인 지식 표현 언어를 사용하기로 한다.

에이전트의 초기 지식 베이스에는 앞에서 서술한 환경의 규칙들이 들어 있다. 구체적으로 말하면, 에이전트 자신은 [1,1]에 있으며, [1,1]은 안전한 방이다. 이 두 지식을 [1,1] 칸에 각각 "A"와 "OK"로 기입한다.

첫 지각은 [*None*, *None*, *None*, *None*, *None*]이다. 따라서 에이전트는 이웃 칸 [1,2]와 [2,1]이 안전함(OK)을 알게 된다. 도해 7.3(a)는 이 지점에서의 에이전트의 지식 상태이다.

**도해 7.3** 웜퍼스 세계에서 에이전트가 수행하는 초기 동작들. (a) 초기 상황. 지각 $[None, None, None, None, None]$을 받았다. (b) [2,1]로 이동해서 지각 $[None, Breeze, None, None, None]$을 감지한 상황이다.

조심스러운 에이전트는 OK라고 알려진 칸들로만 이동할 것이다. 지금은 에이전트가 [2,1]로 이동한다고 하자. [2,1] 칸에서 에이전트는 미풍("B")을 감지한다. 따라서 이웃 칸 중에 구덩이가 있는 것이다. 게임의 규칙에 의해, [1,1]이 구덩이일 수는 없다. 따라서 구덩이는 [2,2]나 [3,1], 또는 둘 다이다. 도해 7.3(b)의 "P?"라는 표기는 그 칸에 구덩이가 있을 수 있음을 나타낸다. 이 시점에서, 아직 방문하지 않은 칸 중 OK임이 알려진 칸은 하나뿐이다. 따라서 신중한 에이전트는 다시 [1,1]로 돌아간다. 그런 다음에는 [1,2]로 이동한다.

[1,2]에서 에이전트는 악취를 감지한다. 그러면 에이전트의 지식 상태는 도해 7.4(a)

**도해 7.4** 두 단계 이후의 진척 상황. (a) [1,1]을 거쳐 [1,2]로 가서 $[Stench, None, None, None, None]$을 지각한 후의 상황. (b) [2,2]를 거쳐 [2,3]으로 가서 $[Stench, Breeze, Glitter, None, None]$을 지각한 후의 상황.

와 같은 모습이 된다. [1,2]의 악취는 근처에 웜퍼스가 있음을 뜻한다. 그런데 게임 규칙 상 [1,1]에 웜퍼스가 있을 수는 없으며, [2,2]에 있는 것도 아니다(그랬다면 에이전트가 [2,1]에서 악취를 감지했을 것이다). 따라서 에이전트는 웜퍼스가 [1,3]에 있다고 추론할 수 있다. "W!"라는 표기는 이 추론을 나타낸다. 더 나아가서, [1,2]에서 미풍을 감지하지 못했다는 것은 [2,2]에 구덩이가 없다는 뜻이다. 앞에서 [2,2]나 [3,1]에 구덩이가 있음을 에이전트가 추론했으므로, 이제 구덩이가 [3,1]에 있음이 확실해졌다. 서로 다른 시간과 장소에서 얻은 지식을 결합해야 하고, 중요한 진척을 이루는 데 지각의 '부재'를 고려해야 한다는 점에서, 이는 상당히 어려운 추론이다.

이제 에이전트는 [2,2]에 구덩이나 웜퍼스가 없음을 스스로 확신하므로, 그 칸으로 안심하고 이동할 수 있다. [2,2]에서의 에이전트의 지식 상태는 그림에 나와 있지 않다. 그림은 에이전트가 그 칸에서 방향을 바꾸어 [2,3]으로 이동했다고 가정할 뿐이다. 그러면 도해 7.4의 (b)가 된다. [2,3]에서 에이전트는 반짝임을 감지하며, 따라서 금을 획득하고 시작 칸으로 돌아가야 한다.

주어진 정보로부터 에이전트가 어떤 결론을 이끌어 낼 때마다, 만일 주어진 정보가 정확하다면 그 결론 역시 정확함이 **보장된다**는 점을 주목하기 바란다. 이는 논리적 추론의 근본 속성이다. 이번 장의 나머지 부분에서는 지금까지 살펴본 에이전트처럼 정보를 표현하고 그로부터 결론을 이끌어 낼 수 있는 논리적 에이전트를 구축하는 방법을 설명한다.

# 7.3 논리

이번 절에서는 논리적 표현과 추론의 근본 개념들을 개괄한다. 이번 절에서 살펴볼 아름다운 개념들은 특정 형태의 논리(명제 논리, 1차 논리 등등)와는 독립적이다. 따라서 그런 특정 논리 형태의 기술적 세부사항은 다음 절로 미루고, 이번 절에서는 통상적인 산술의 익숙한 예들을 사용하기로 한다.

구문    §7.1에서 지식 베이스가 문장들로 구성된다고 말했다. 이 문장들은 표현 언어의 **구문**(syntax)을 따른다. 표현 언어의 구문은 적격(well-formed)인 문장을 규정한다. 통상적인 산술에서는 구문의 개념이 아주 명확하다. "$x + y = 4$"는 적격의 문장이지만 "$x4y + =$"는 그렇지 않다.

의미론    논리는 문장의 **의미론**(semantics), 즉 문장의 뜻도 정의해야 한다. 의미론은 각각의 **가**
가능한 세계    **능한 세계**(possible world)에 대한 문장의 **진리**(truth; 참 또는 거짓 여부)를 정의한다. 예를
진리    들어 산술 문장의 의미론은 "$x + y = 4$"라는 문장이 $x$가 2이고 $y$가 2인 세계에서 참이지만 $x$가 1이고 $y$가 1인 세계에서는 거짓임을 명시한다. 표준 논리에서 모든 문장은 각각의 가능한 세계에서 참 아니면 거짓이어야 한다. 참과 거짓의 "중간" 같은 것은 없다.[2]

---

2  제13장에서 논의하는 **퍼지 논리**(fuzzy logic)에서는 참과 거짓 사이의 진릿값들이 허용된다.

**모형**　　　　　좀 더 엄밀한 정의가 필요한 경우에는 '가능한 세계' 대신 **모형**(model)이라는 용어를 사용한다. 가능한 세계는 에이전트가 처할 수도 있고 그렇지 않을 수도 있는 (잠재적) 실제 환경이라고 생각할 수 있는 반면, 모형은 수학적인 추상이다. 각 모형에는 모든 유관 문장의 진릿값(참 또는 거짓)이 고정되어 있다. 예를 들어 남자 $x$명과 여자 $y$명이 테이블에 앉아서 브리지를 하는 상황에서 가능한 세계들을 생각해 보자. $x + y = 4$라는 문장은 브리지를 하는 사람이 총 4명인 세계에서는 참이다. 형식적으로 말하면, 이 예에서 모든 가능한 모형은 변수 $x$와 $y$에 음이 아닌 정수들을 부여하는 모든 가능한 배정이다. 그러한 각각의 배정은 변수들이 $x$와 $y$인 모든 산술 문장의 진리를 결정한다. 문장 $\alpha$가

**충족**　모형 $m$에서 참일 때, 이를 "$m$이 $\alpha$를 **충족**한다(satisfies)"라고 말한다. 때에 따라서는 "$m$이 $\alpha$의 **모형이다**"라고 말하기도 한다. $\alpha$의 모든 모형의 집합을 $M(\alpha)$라고 표기한다.

　　　　　이제 진리의 개념이 확실해졌으니, 논리적 추론을 이야기할 준비가 된 셈이다. 논리

**필연**　적 추론에는 문장들 사이의 논리적 **필연**(entailment) 또는 **함축** 관계가 관여한다.[역주1] 함축이란 문장이 다른 문장을 "논리적으로 따른다(follow)"는 개념을 나타내는 용어이다. 수학에서는 다음과 같은 표기법을 사용한다.

$$\alpha \models \beta.$$

이는 문장 $\alpha$가 문장 $\beta$를 함축한다는 뜻이다. 함축의 형식적 정의는 다음과 같다: 만일 $\alpha$가 참인 모든 모형에서 $\beta$ 역시 참이면, 그리고 오직 그럴 때만, $\alpha \models \beta$이다. 앞에서 소개한 표기법을 사용해서 이를 표현하면 다음과 같다.

$$\text{만일 } M(\alpha) \subseteq M(\beta) \text{이면, 그리고 오직 그럴 때만, } \alpha \models \beta.$$

($\subseteq$의 방향에 주의하기 바란다. $\alpha \models \beta$이면, $\alpha$가 $\beta$보다 더 **강한** 단언이다. 즉, 가능한 세계들을 $\alpha$가 더 **많이** 배제한다.) 함축관계는 보통의 산술에서도 익숙하다. 문장 $x = 0$이 문장 $xy = 0$을 함축함은 누구나 이해할 것이다. $x$가 0인 모든 모형에서 $xy$ 역시 0임은 명백하다($y$의 값과는 무관하게).

　　　　　같은 종류의 분석을 이전 절에 나온 웜퍼스 세계 추론 예제에 적용할 수 있다. 도해 7.3(b)의 상황을 생각해 보자. 에이전트는 [1,1]에서 아무것도 감지하지 못했으며, [2,1]에서는 미풍을 감지했다. 이러한 지각들과 웜퍼스 세계의 규칙들에 대한 에이전트의 지식이 합쳐져서 에이전트의 지식 베이스를 이룬다. 에이전트가 관심을 두는 사항 중에는 인접 칸 [1,2]와 [2,2], [3,1]에 구덩이가 있는지의 여부가 포함된다. 그 세 칸에는 각각 구덩이가 있을 수도 있고 없을 수도 있다. 따라서, (세계의 다른 측면들은 무시할 때) 가능한 모형의 수는 $2^3 = 8$이다. 도해 7.5에 이 여덟 모형이 나와 있다.[3]

---

역주1 원서에 쓰인 entailment에 대응되는 한국어 단어 '필연'은 명사로만 쓰이고, '~하다'나 '~되다'를 붙여서 용언으로 사용하는 경우는 없기 때문에 동사 entail을 번역하는 데는 사용하기가 곤란하다. 그래서 번역서에서는 용언으로도 활용할 수 있는 '함축'을 주로 사용한다. 함축을 entailment가 아니라 implication의 번역어로 사용하는 문헌도 있지만, 이 번역서에서 함축은 entailment이다(implication은 '함의'로 번역한다).

3 이 그림이 부분적인 웜퍼스 세계들의 모형들을 보여 주긴 하지만, 사실은 그냥 "[1,2]에 구덩이가 있다" 같은 문장들에 대한 **참** 또는 거짓 배정들일 뿐이다. 수학적인 의미의 모형에는 '무서운 괴물 웜퍼스' 같은 것이 있을 필요가 없다.

KB를 문장들의 집합으로 볼 수도 있고 모든 개별 문장을 단언하는 하나의 문장으로 볼 수도 있다. 에이전트가 아는 것들과 모순되는 모형들에서는 KB가 거짓이다. 예를 들어 [1,2]에 구덩이가 있는 모든 모형에서는 KB가 거짓이다. 에이전트가 [1,1]에서 미풍을 감지하지 못했기 때문이다. 사실, 지금 예에서 KB가 참일 수 있는 모형은 단 세 개이다. 그 모형들이 도해 7.5에 실선으로 표시되어 있다. 그럼 가능한 두 가지 결론을 생각해 보자.

$\alpha_1$ = "[1,2]에 구덩이가 없다."
$\alpha_2$ = "[2,2]에 구덩이가 없다."

$\alpha_1$의 모형들과 $\alpha_2$의 모형들이 각각 도해 7.5의 (a)와 (b)에 점선으로 표시되어 있다. 이들로부터 다음과 같은 사실을 알 수 있다.

KB가 참인 모든 모형에서 $\alpha_1$도 참이다.

따라서 $KB \vDash \alpha_1$이다. 즉, [1,2]에는 구덩이가 없다. 또한, 다음 사실도 알 수 있다.

KB가 참인 모형 중 $\alpha_2$가 거짓인 모형들이 존재한다.

따라서 KB는 $\alpha_2$를 함축하지 않는다. 즉, 에이전트는 [2,2]에 구덩이가 없다는 결론을 도출할 수 없다. (또한 [2,2]에 구덩이가 있다는 결론도 내릴 수 없다.)[4]

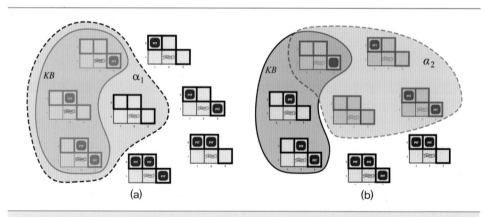

(a)                                          (b)

**도해 7.5** 칸 [1,2], [2,2] [3,1]의 구덩이 여부에 대한 가능한 모형들. 두 그림에서 실선은 [1,1]에서 아무것도 감지하지 못하고 [2,1]에서 미풍을 감지했음을 담은 KB(지식 베이스)를 나타낸다. (a) 점선은 $\alpha_1$([1,2]에 구덩이가 없음)의 모형들이다. (b) 점선은 $\alpha_2$([2,2]에 구덩이가 없음)의 모형들이다.

---

4  에이전트가 [2,2]에 구덩이가 있을 **확률**을 계산할 수는 있다. 이에 대해서는 제12장에서 이야기한다.

앞의 예는 함축 관계를 보여 줄 뿐만 아니라, 함축의 정의를 이용해서 결론을 이끌어 내는 방법, 즉 **논리적 추론**(logical inference)를 수행하는 방법도 보여 준다. 도해 7.5에 나온 추론 알고리즘을 **모형 점검**(model checking)이라고 부르는데, 이는 이 알고리즘이 모든 가능한 모형을 훑으면서 $KB$가 참인 모든 모형에서 $\alpha$가 참인지, 즉 $M(KB) \subseteq M(\alpha)$인지 점검하기 때문이다.

$KB$의 모든 함축의 집합이 건초 더미이고 $\alpha$가 하나의 바늘이라고 생각하면 함축과 추론의 이해에 도움이 될 것이다. 함축은 건초 더미에 바늘이 존재한다는 것에 해당하고, 추론은 그 바늘을 찾는 것에 해당한다. 이러한 구분이 일부 형식적 표기법에 반영되어 있다. 추론 알고리즘 $i$가 $KB$로부터 $\alpha$를 도출할 수 있을 때, 이를

$$KB \vdash_i \alpha$$

라고 표기하고, "$\alpha$가 $i$에 의해 $KB$로부터 유도된다" 또는 "$i$는 $KB$로부터 $\alpha$를 유도한다"라고 말한다.

함축된 문장들만 유도하는 추론 알고리즘을 가리켜 **건전한**(sound) 또는 **진리를 보존하는**(truth-preserving) 알고리즘이라고 칭한다. 건전성은 바람직한 속성이다. 본질적으로, 건전하지 않은 추론 절차는 추론 과정에서 뭔가를 근거 없이 꾸며낸다. 그런 알고리즘은 이를테면 존재하지 않은 바늘을 찾았다고 공표한다. 모형 점검 알고리즘이 건전한 절차임을(알고리즘을 적용할 수 있는 경우[5]) 증명하는 것이 가능하다.

**완결성**(completeness) 역시 바람직한 속성이다. 함축된 임의의 문장을 유도할 수 있는 추론 알고리즘은 완결적이다. 실제 건초 더미(크기가 유한한)의 경우 지푸라기들을 체계적으로 조사한다면 그 건초 더미에 바늘이 있는지의 여부를 항상 결정할 수 있음이 명백하다. 그러나 지식 베이스 중에는 결과들의 건초 더미가 무한한 것들이 많기 때문에 완결성이 중요한 문제가 된다.[6] 다행히, 여러 지식 베이스를 다루기에 충분한 표현력을 가진 완결적인 논리적 추론 절차들이 많이 있다.

지금까지 전제들이 참인 세계에 대해서는 결론이 반드시 참인 추론 과정을 설명했다. 좀 더 구체적으로, 만일 실제 세계에서 $KB$가 참이면, 건전한 추론 절차를 이용해서 $KB$에서 도출한 임의의 문장 $\alpha$도 실제 세계에서 참이다. 따라서, 비록 추론 과정이 '구문', 즉 레지스터 안의 비트들이나 뇌의 전기적 점멸 패턴 같은 내부적인 물리적 구성들에 대해 작용한다고 해도, 그러한 과정은 실세계의 관계들(실세계의 일부 측면이 실세계의 다른 어떤 실상(the case)[7]인 측면들에 의해 실상이 되는)에 대응된다. 도해 7.6은 세계와 표현 사이의 이러한 대응 관계를 나타낸 것이다.

---

5  모형 점검은 모형들의 공간이 유한할 때 작동한다. 예를 들어 고정된 크기의 웜프스 세계들에서는 모형 공간이 유한하다. 반면 산술에서는 모형 공간이 무한하다. 정수만 다룬다고 해도, 문장 $x + y = 4$의 $x$와 $y$에 대한 값들의 쌍은 무한하다.

6  반면 제3장의 무한 검색 공간에서는 깊이 우선 검색이 완결적 알고리즘이 아니다.

7  비트겐슈타인이 그의 유명한 논리철학 논고(Wittgenstein, 1922)에서 말했듯이, "세계는 실상인 모든 것이다 (The world is everything that is the case)."

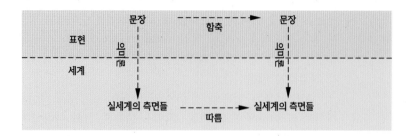

**도해 7.6** 문장들은 에이전트의 물리적 구성들이고 추론은 기존의 물리적 구성들로부터 새로운 물리적 구성을 구축하는 과정이다. 논리적 추론은 새 구성이 나타내는 세계의 측면들이 기존 구성들이 나타내는 측면들을 따른다는 점을 보장해야 한다.

근거짓기

　　마지막으로 고찰할 문제는 **근거짓기**(grounding)이다. 이는 논리적 추론 과정들과 에이전트가 존재하는 실제 환경 사이의 연결에 해당한다. 좀 더 구체적으로 말하면, 이는 $KB$가 실세계에서 참임을 어떻게 알 수 있는가의 문제이다. (어차피 $KB$는 그냥 에이전트의 머릿속에 있는 '구문'일 뿐이다.) 이는 수많은 책의 주제가 된 철학적 질문이다. (제27장을 보라.) 간단한 답은, 에이전트의 감지기들이 그러한 연결을 만들어 낸다는 것이다. 예를 들어 웜퍼스 세계의 에이전트에는 냄새 감지기가 있다. 에이전트 프로그램은 악취를 감지하면 적절한 문장을 생성한다. 그리고 그런 문장이 지식 베이스에 존재한다면, 실세계에서도 실제로 악취가 나는 것이다. 즉, 지각 문장들의 의미와 진리는 그에 대한 감지 과정과 문장 생성 과정에 의해 정의된다. 그 냄새가 인접 칸에 있는 웜퍼스의 것이라는 믿음 같은 에이전트의 나머지 지식은 어떨까? 이는 하나의 지각을 직접 표현한 것이 아니라, 어쩌면 지각적 경험으로부터 유도한(그 경험의 진술과 동일한 것은 아닌) 일반적인 규칙이다. 이런 일반 규칙들은 **학습**이라고 부르는 문장 구축 과정이 만들어 낸다. 학습은 제5부에서 중점적으로 다룬다. 그런데 학습은 틀리기 쉽다. 웜퍼스가 윤년의 2월 29일에는 냄새를 피우지 않을 수도 있다(그날에는 목욕을 하기 때문에). 따라서 실세계에서는 $KB$가 참이 아닐 수 있다. 그러나 좋은 학습 절차들이 있다면, 낙관할 만한 이유가 존재한다.

# 7.4 명제 논리: 아주 간단한 논리

명제 논리

이번 절에서는 드디어 **명제 논리**(propositional logic)를 소개한다. 명제 논리의 구문(문장의 구조)과 그 의미론(문장의 진리를 결정하는 방식)을 설명하고, 함축의 의미론적 개념을 구현하는 논리적 추론을 위한 간단한 구문적 알고리즘을 고안한다.

## 7.4.1 구문

**원자적 문장**
**명제 기호**

명제 논리의 **구문**은 허용되는 문장들을 정의한다. **원자적 문장**(atomic sentence)은 하나의 **명제 기호**(proposition symbol)로 구성된다. 그러한 기호는 참이거나 거짓인 하나의 명제를 나타낸다. 이 책에서는 명제 기호는 영어 대문자 하나로 시작하고, 때에 따라서는 아래 첨자나 다른 영문자들이 붙는다. 이를테면 $P$, $Q$, $R$, $W_{1,3}$, $FacingEast$가 명제 기호의 예이다. 이 문자들의 선택은 임의적이나, 기억하기 쉬운 약자를 사용하는 경우가 많다. 예를 들어 $W_{1,3}$은 웜퍼스(wumpus)가 $[1,3]$에 있다는 명제를 나타낸다. ($W_{1,3}$ 같은 기호가 **원자적**임을 주의하기 바란다. 즉, $W$와 1, 3 같은 개별 글자에 어떤 의미가 있는 것은 아니다.) 고정된 의미를 가진 명제 기호가 두 가지 있는데, $True$는 항상 참인 명제이고 $False$는 항상 거짓인 명제이다. 단순한 문장들을 괄호와 논리 접속사(logical connective; 또는 논리 접속어)라고 부르는 연산자들로 조합해서 그보다 더 복잡한 **복합 문장**(complex sentence)을 만들어 낼 수 있다. 흔히 쓰이는 접속사는 다음 다섯 가지이다.

**복합 문장**

**부정**
**리터럴**

$\neg$ (부정; NOT). $\neg W_{1,3}$ 같은 문장을 **부정**(negation)이라고 부른다. **리터럴**(literal)은 원자적 문장 또는 원자적 문장의 부정이다. 전자를 긍정 리터럴(positive literal; 양의 리터럴), 후자를 부정 리터럴(negative literal; 음의 리터럴)이라고 부른다.

**논리곱**

$\wedge$ (논리곱; AND). $W_{1,3} \wedge P_{3,1}$처럼 주된 접속사가 $\wedge$인 문장은 **논리곱**(conjunction) 문장이다. 논리곱 문장을 구성하는 성분들을 **연언지**(conjunct)라고 부른다. (접속사 $\wedge$는 "AND"의 A자와 비슷하다.)

**논리합**

$\vee$ (논리합; OR). $(W_{1,3} \wedge P_{3,1}) \vee W_{2,2}$처럼 주된 접속사가 $\vee$인 문장은 **논리합**(disjunction)이다. 논리합 문장을 구성하는 성분들을 **선언지**(disjunct)라고 부른다. 지금 예에서 선언지는 $(W_{1,3} \wedge P_{3,1})$과 $W_{2,2}$이다.

**함의**
**전제**
**결론**
**규칙**

$\Rightarrow$ (함의). $(W_{1,3} \wedge P_{3,1}) \Rightarrow \neg W_{2,2}$ 같은 문장을 **함의**(implication) 또는 조건부 문장이라고 부른다. 여기서 $(W_{1,3} \wedge P_{3,1})$은 함의의 **전제**(premise) 또는 **전항**(antecedent; 또는 선행조건)이고 $\neg W_{2,2}$는 **결론**(conclusion) 또는 **후건**(consequent; 또는 후행조건)이다. 함의 문장을 **규칙**(rule)이나 **if-then** 문장이라고 부르기도 한다. 함의 기호를 $\supset$나 $\rightarrow$로 표기하는 책도 있다.

**상호조건**

$\Leftrightarrow$ (상호조건). $W_{1,3} \Leftrightarrow \neg W_{2,2}$ 같은 문장을 **상호조건**(biconditional)이라고 부른다.

도해 7.7은 명제 논리의 형식 문법이다. BNF 표기법에 익숙하지 않은 독자는 ❷권(p.475)을 보기 바란다. 이 BNF 문법에는 문장의 중의성 제거를 위한 연산자 우선순위가 추가되어 있다. '부정' 연산자($\neg$)의 우선순위가 가장 높다. 즉, $\neg$가 다른 연산자들보다 먼저 피연산자와 묶인다. 따라서 예를 들어 $\neg A \wedge B$라는 문장은 $\neg(A \wedge B)$가 아니라 $(\neg A) \wedge B$를 뜻한다. (통상적인 산술의 표기법에서도 마찬가지이다. $-2 + 4$는 $-6$이 아니라 2이다.) 이후의 논의에서, 의도한 문장 구조를 명확히 하고 가독성을 높이기 위해 소괄호와 대괄호를 명제 논리 문장에 적용하기도 한다(그것이 적절한 경우에는).

$$Sentence \rightarrow AtomicSentence \mid ComplexSentence$$
$$AtomicSentence \rightarrow True \mid False \mid P \mid Q \mid R \mid \dots$$
$$ComplexSentence \rightarrow (Sentence) \mid [Sentence]$$
$$\mid \neg Sentence$$
$$\mid Sentence \wedge Sentence$$
$$\mid Sentence \vee Sentence$$
$$\mid Sentence \Rightarrow Sentence$$
$$\mid Sentence \Leftrightarrow Sentence$$

연산자 우선순위 : $\neg, \wedge, \vee, \Rightarrow, \Leftrightarrow$

**도해 7.7** 명제 논리의 문장들에 대한 BNF(Backus-Naur Form) 문법과 연산자 우선순위(높은 것에서 낮은 것 순으로).

## 7.4.2 의미론

명제 논리의 구문을 살펴보았으니, 이제 명제 논리의 의미론으로 넘어가자. 의미론은 특정 모형에 대한 문장의 진리를 결정하는 규칙들을 정의한다. 명제 논리에서 모형은 모든 명제 기호의 **진릿값**(truth value), 즉 참($true$) 또는 거짓($false$)을 설정하는 역할만 한다. 예를 들어 지식 베이스 안의 문장들이 명제 기호 $P_{1,2}$, $P_{2,2}$, $P_{3,1}$을 사용한다고 할 때, 다음과 같은 모형을 생각할 수 있다.

진릿값

$$m_1 = \{ P_{1,2} = false, P_{2,2} = false, P_{3,1} = true \}.$$

명제 기호가 세 개이므로 가능한 모형은 $2^3 = 8$개이다. 실제로 도해 7.5에 여덟 개의 모형들이 나와 있다. 그런데 모형들은 순수하게 수학적인 대상들일 뿐, 어떤 형태로든 웜퍼스 세계와 관련될 필요는 없다. $P_{1,2}$는 그냥 하나의 기호이다. 그 뜻은 "[1,2]에 구덩이가 있다"일 수도 있고 "나는 오늘과 어제 파리에 있다"일 수도 있다.

명제 논리의 의미론은 주어진 모형에 대해 **임의의** 문장의 진릿값을 계산하는 방법을 명시해야 한다. 이는 재귀적으로 이루어진다. 모든 문장은 원자적 문장과 다섯 접속사로 구성된다. 따라서, 원자적 문장의 진릿값을 계산하는 방법과 각 접속사로 만들어지는 문장의 진릿값을 계산하는 방법을 명시해야 한다. 원자적 문장은 쉽다.

- $True$는 모든 모형에서 참이고 $False$는 모든 모형에서 거짓이다.
- 다른 모든 명제 기호의 진릿값은 반드시 모형 자체에 명시되어 있어야 한다. 예를 들어 앞에서 본 모형 $m_1$에서 $P_{1,2}$는 거짓이다.

복합 문장에 대해서는 다섯 가지 규칙이 있다. 이 규칙들은 임의의 모형 $m$ 안의 임의의 문장(원자적 문장이든 복합 문장이든) $P$와 $Q$에 대해 성립한다. (아래에서, 그리고 논리에 관련된 이후의 문장에서, "오직 ~일 때만"은 상호조건 관계($\Leftrightarrow$)를 뜻하는 "만일 ~이면, 그리고 오직 그럴 때만"을 줄인 것이다.)

| $P$ | $Q$ | $\neg P$ | $P \wedge Q$ | $P \vee Q$ | $P \Rightarrow Q$ | $P \Leftrightarrow Q$ |
|---|---|---|---|---|---|---|
| *false* | *false* | *true* | *false* | *false* | *true* | *true* |
| *false* | *true* | *true* | *false* | *true* | *true* | *false* |
| *true* | *false* | *false* | *false* | *true* | *false* | *false* |
| *true* | *true* | *false* | *true* | *true* | *true* | *true* |

**도해 7.8** 다섯 논리 접속사에 대한 진리표. 이 표를 이용해서 이를테면 $P \vee Q$의 값을 계산한다고 하자. $P$가 참이고 $Q$가 거짓이라고 가정한다. 우선, 왼쪽 두 열에서 $P$가 true이고 $Q$가 $false$인 행(셋째 행)을 찾는다. 그런 다음 그 행에서 $P \vee Q$열에 있는 값을 찾는다. 결과는 true이다.

- $\neg P$는 오직 $m$에서 $P$가 거짓일 때만 참이다.
- $P \wedge Q$는 오직 $m$에서 $P$와 $Q$가 모두 참일 때만 참이다.
- $P \vee Q$는 오직 $m$에서 $P$ 또는 $Q$가 참일 때만 참이다.
- $P \Rightarrow Q$는 $m$에서 $P$가 참이고 $Q$가 거짓이 아닌 한 참이다.
- $P \Leftrightarrow Q$는 오직 $m$에서 $P$와 $Q$가 둘 다 참이거나 둘 다 거짓일 때만 참이다.

진리표

이 규칙들을, 문장 성분들의 모든 가능한 진릿값 배정에 대한 복합 성분의 진릿값을 나열한 **진리표**(truth table)로 표현할 수도 있다. 도해 7.8에 다섯 접속사에 대한 진리표가 나와 있다. 이 진리표를 이용하면, 임의의 모형 $m$에 대한 임의의 문장 $s$의 진릿값을 간단한 재귀적 평가를 통해서 구할 수 있다. 예를 들어 $\neg P_{1,2} \wedge (P_{2,2} \vee P_{3,1})$ 문장을 $m_1$에 대해 평가하면 $true \wedge (false \vee true) = true \wedge true = true$가 된다. 연습문제 7.TRUV에서 모형 $m$에 대한 명제 논리 문장 $s$의 진릿값을 계산하는 알고리즘 PL-TRUE?($s$, $m$)을 작성해 볼 것이다.

논리곱과 논리합, 부정의 진리표는 영어 문장에서의 해당 영어 단어 and, or, not의 의미를 잘 반영한다. 다만, 영어의 "P or Q"는 P와 Q 중 하나만 지칭하는 것으로 해석할 수 있는 반면, $P \vee Q$는 P와 Q 둘 다 참일 때도 참이라는 점 때문에 혼동을 겪는 사람도 있다. 이와는 다른 접속사인 '배타적 논리합(exclusive or, 줄여서 "xor")'은 두 논리합 성분이 모두 참일 때에는 거짓을 산출한다.[8] 배타적 논리합에 대한 기호는 다소 제각각인데, $\dot{\vee}$를 사용하는 책도 있고 $\neq$나 $\oplus$를 사용하는 책도 있다.

논리 접속사 $\Rightarrow$에 대한 진리표는 언뜻 보면 "P가 Q를 함의한다." 또는 "만일 P이면 Q이다."라는 문장에 대한 우리의 직관적 이해와 잘 맞지 않는 것처럼 보인다. 한 예로, 명제 논리에서는 P와 Q 사이에 어떤 **인과관계**가 있어야 한다고 요구하지 않는다. "만일 5가 홀수이면 도쿄는 일본의 수도이다."는 일상 언어의 감각으로는 상당히 엉뚱한 문장이지만, 명제 논리에서는 참인 문장이다(통상적인 해석하에서). 또 다른 혼란스러운

---

8  라틴어에는 두 종류의 논리합에 대한 단어가 따로 있다. "vel"은 포함적(inclusive or)이고 "aut"은 배타적 (exclusive or) 논리합이다.

점은, 전제가 거짓인 명제 논리 문장은 결론과는 무관하게 무조건 참이라는 것이다. 예를 들어 "만일 5가 짝수이면 샘은 똑똑하다."는 샘이 똑똑한지 아닌지와 무관하게 참이다. 좀 이상해 보이지만, "$P \Rightarrow Q$"라는 문장이 "만일 $P$가 참이면 나는 $Q$가 참이라고 주장한다. 참이 아니면 나는 어떠한 주장도 하지 않는다."라는 문장을 뜻한다고 생각하면 이해가 될 것이다. 그 문장은 오직 $P$가 참이지만 $Q$는 거짓일 때만 거짓이 된다.

상호조건 $P \Leftrightarrow Q$는 $P \Rightarrow Q$와 $Q \Rightarrow P$ 둘 다 참일 때만 참이다. 말로는 흔히 "만일 $Q$이면, 그리고 오직 그럴 때만 $P$"라고 표현한다. 웜퍼스 세계에는 $\Leftrightarrow$를 이용해서 표현하는 것이 최선인 규칙들이 많이 있다. 예를 들어 **만일 이웃 칸에 구덩이가 있으면 현재 칸에 미풍이 있으며, 현재 칸에 미풍이 있는 것은 오직 이웃 칸에 구덩이가 있을 때만**이다. 이러한 조건을 표현하려면 다음과 같은 상호조건 문장이 필요하다.

$$B_{1,1} \Leftrightarrow (P_{1,2} \lor P_{2,1}).$$

여기서 $B_{1,1}$은 [1,1]에 미풍이 있음을 뜻한다.

## 7.4.3 간단한 지식 베이스

명제 논리의 구문과 의미론을 정의했으니, 이제 이에 기초해서 웜퍼스 세계의 지식 베이스를 구축해 보자. 여기에서는 웜퍼스 세계의 **불변이**(immutable) 측면들에 집중하고, 가변이(mutable) 측면들은 뒤로 미루기로 한다. 우선, 각 $[x,y]$ 칸을 위한 명제 기호를 정의해야 한다.

> $P_{x,y}$는 만일 $[x,y]$에 구덩이가 있으면 참이다.
> $W_{x,y}$는 만일 $[x,y]$에 웜퍼스가 있으면(죽었든 살았든) 참이다.
> $B_{x,y}$는 만일 $[x,y]$에 미풍이 있으면 참이다.
> $S_{x,y}$는 만일 $[x,y]$에 악취가 있으면 참이다.
> $L_{x,y}$는 만일 에이전트가 위치 $[x,y]$에 있으면 참이다.

§7.3에서 [1,2]에 구덩이가 없음을 비공식적으로 유도했었다. 그럼 그에 해당하는 문장 $\lnot P_{1,2}$를 유도하기에 충분한 명제 논리 문장들을 작성해 보자. 나중에 지칭하기 쉽도록, 각 문장에 $R_i$라는 이름표를 붙이기로 한다.

- [1,1]에 구덩이가 없다:

    $R_1$: $\lnot P_{1,1}$.

- 하나의 칸에서 에이전트는 만일 그 이웃 칸에 구덩이가 있으면, 그리고 오직 그럴 때만 미풍을 지각할 수 있다. 이 문장은 칸마다 명시해야 한다. 일단은 지금 예에 유관한 칸들에 대해서만 명시하자.

$R_2$: $B_{1,1} \Leftrightarrow (P_{1,2} \lor P_{2,1})$.

$R_3$: $B_{2,1} \Leftrightarrow (P_{1,1} \lor P_{2,2} \lor P_{3,1})$.

- 앞의 문장들은 모든 웜퍼스 세계에서 참이다. 이제 에이전트가 있는 특정한 세계에서 처음 방문한 두 칸에 대한 미풍 지각을 위한 문장들을 명시하자. 이에 의해 도해 7.3(b)의 상황이 된다.

$R_4$: $\neg B_{1,1}$.

$R_5$: $B_{2,1}$.

## 7.4.4 간단한 추론 절차

우리의 목표는 $KB \models \alpha$인 문장 $\alpha$가 존재하는지를 알아내는 것이다. 예를 들어 이 $KB$가 $\neg P_{1,2}$를 함축할까? 우리의 첫 번째 추론 알고리즘은 함축의 정의를 직접 구현하는, 모형 점검 접근방식의 알고리즘이다. 즉, 이 알고리즘은 모형들을 나열하면서 $KB$가 참인 모든 모형에서 $\alpha$가 참인지 점검한다. 모형들은 모든 명제 기호에 $true$ 또는 $false$를 설정하는 배정들이다. 웜퍼스 세계의 예제로 돌아가서, 유관한 기호는 $B_{1,1}$, $B_{2,1}$, $P_{1,1}$, $P_{1,2}$, $P_{2,1}$, $P_{2,2}$, $P_{3,1}$이다. 기호가 7개이므로 가능한 모형은 $2^7 = 128$개이다. 그 중 $KB$가 참이 되는 모형은 셋이다(도해 7.9). 이 세 모형에서는 $\neg P_{1,2}$가 참이며, 따라서 [1,2]에는 구덩이가 없다. 반면 $P_{2,2}$는 세 모형 중 둘에서 참이고 하나에서는 거짓이므로, [2,2]에 구덩이가 있는지는 말할 수 없다.

도해 7.9는 도해 7.5에 나온 추론을 좀 더 엄밀하게 재현한 것이다. 명제 논리에서 함축 관계를 판정하는 일반적인 알고리즘이 도해 7.10에 나와 있다. p.251에 나온 BACKTRACKING-SEARCH 알고리즘처럼 이 TT-ENTAILS?는 기호 배정들의 유한 공간을 재귀적으로 열거(enumeration)한다. 알고리즘은 함축의 정의를 직접적으로 구현하기 때문에 **건전하다**. 그리고 임의의 $KB$와 $\alpha$에 대해 작동하고 반드시 종료되므로 **완결적**(complete)이다. 알고리즘이 반드시 종료되는 것은, 조사할 모형의 개수가 유한하기 때문이다.

물론 개수가 유한하다는 것이 개수가 "적다"는 뜻은 아니다. $KB$와 $\alpha$의 기호가 총 $n$개이면 모형은 총 $2^n$개이다. 따라서 알고리즘의 시간 복잡도는 $O(2^n)$이다. (공간 복잡도는 $O(n)$밖에 되지 않는다. 열거가 깊이 우선 방식이기 때문이다.) 많은 경우에서 이보다 훨씬 효율적인 알고리즘들을 나중에 이번 장에서 볼 것이다. 안타깝게도, 명제 논리적 함축은 여NP-완전(co-NP-complete)이다(즉, 아마 NP-완전보다 쉽지는 않을 것이다. 부록 A를 보라.) 따라서, 명제 논리에 대한 모든 알려진 추론 알고리즘의 최악의 경우 복잡도는 입력의 크기에 대해 지수적이다.

| $B_{1,1}$ | $B_{2,1}$ | $P_{1,1}$ | $P_{1,2}$ | $P_{2,1}$ | $P_{2,2}$ | $P_{3,1}$ | $R_1$ | $R_2$ | $R_3$ | $R_4$ | $R_5$ | $KB$ |
|---|---|---|---|---|---|---|---|---|---|---|---|---|
| *false* | *false* | *false* | *false* | *false* | *false* | *false* | *true* | *true* | *true* | *true* | *false* | *false* |
| *false* | *false* | *false* | *false* | *false* | *false* | *true* | *true* | *true* | *false* | *true* | *false* | *false* |
| ⋮ | ⋮ | ⋮ | ⋮ | ⋮ | ⋮ | ⋮ | ⋮ | ⋮ | ⋮ | ⋮ | ⋮ | ⋮ |
| *false* | *true* | *false* | *false* | *false* | *false* | *false* | *true* | *true* | *false* | *true* | *true* | *false* |
| *false* | *true* | *false* | *false* | *false* | *false* | *true* | *true* | *true* | *true* | *true* | *true* | <u>*true*</u> |
| *false* | *true* | *false* | *false* | *false* | *true* | *false* | *true* | *true* | *true* | *true* | *true* | <u>*true*</u> |
| *false* | *true* | *false* | *false* | *false* | *true* | *true* | *true* | *true* | *true* | *true* | *true* | <u>*true*</u> |
| *false* | *true* | *false* | *false* | *true* | *false* | *false* | *true* | *false* | *false* | *true* | *true* | *false* |
| ⋮ | ⋮ | ⋮ | ⋮ | ⋮ | ⋮ | ⋮ | ⋮ | ⋮ | ⋮ | ⋮ | ⋮ | ⋮ |
| *true* | *true* | *true* | *true* | *true* | *true* | *true* | *false* | *true* | *true* | *false* | *true* | *false* |

**도해 7.9** 본문에 나온 지식 베이스에 대한 진리표. $KB$는 만일 $R_1$에서 $R_5$까지가 참이면 참이다. 그런 경우는 128개의 행 중 세 행(오른쪽 열에 밑줄 친 *true*가 있는)에서만 발생한다. 그 세 행 모두에서 $P_{1,2}$는 거짓이며, 따라서 [1,2]에는 구덩이가 없다. 반면 [2,2]에는 구덩이가 있을 수 있다(없을 수도 있다).

---

**function** TT-ENTAILS?($KB$, $\alpha$) **returns** *true* 또는 *false*
  **입력:** $KB$, 하나의 명제 논리 문장 형태의 지식 베이스
      $\alpha$, 하나의 명제 논리 문장 형태의 질의

  $symbols \leftarrow KB$와 $\alpha$에 있는 명제 기호들의 목록
  **return** TT-CHECK-ALL($KB$, $\alpha$, $symbols$, { })


**function** TT-CHECK-ALL($KB$, $\alpha$, $symbols$, $model$) **returns** *true* 또는 *false*
  **if** EMPTY?($symbols$) **then**
    **if** PL-TRUE?($KB$, $model$) **then return** PL-TRUE?($\alpha$, $model$)
    **else return** *true* // $KB$가 *false*이면 항상 *true*를 돌려준다
  **else do**
    $P \leftarrow$ FIRST($symbols$)
    $rest \leftarrow$ REST($symbols$)
    **return** (TT-CHECK-ALL($KB$, $\alpha$, $rest$, $model \cup \{P = true\}$)
        **and**
        TT-CHECK-ALL($KB$, $\alpha$, $rest$, $model \cup \{P = false\}$))

---

**도해 7.10** 명제 함축을 결정하는 진리표 열거 알고리즘. (TT는 진리표를 뜻한다.) PL-TRUE?는 만일 주어진 모형 안에서 문장이 성립하면 *true*를 돌려준다. 변수 *model*은 부분 모형, 즉 기호들 중 일부에 대한 배정에 해당한다. 여기서 키워드 **and**는 명제 논리의 연산자가 아니라 이 책에서 알고리즘을 서술하는 데 사용하는 의사코드 프로그래밍 언어의 중위(infix) 함수 기호이다. 이 기호는 두 인수의 논리곱(and) 결과(*true*나 *false*)를 돌려준다.

# 7.5 명제 정리 증명

앞에서 본 함축 관계 확인 알고리즘은 모형들을 열거하면서 문장이 모든 모형에서 성립하는지 점검하는 **모형 점검** 방식이었다. 이번 절에서는 **정리 증명**(theorem proving)을 이용해서 함축 관계를 확인하는 방법을 살펴본다. 이 접근방식에서는 지식 베이스에 있는 문장들에 추론 규칙들을 직접 적용해서 주어진 문장의 증명을 구축함으로써 함축 관계를 확인한다. 모형이 많고 증명은 짧은 경우에는 이러한 정리 증명이 모형 점검보다 효율적일 수 있다.

**정리 증명**

정리 증명 알고리즘의 세부사항으로 들어가기 전에, 함축과 관련된 몇 가지 추가적인 개념을 알아둘 필요가 있다. 첫 개념은 **논리적 동치**(logical equivalence) 관계이다. 두 문장 $\alpha$와 $\beta$가 같은 모형들에서 참일 때, 그 두 문장은 동치이다. 이를 $\alpha \equiv \beta$로 표기한다. (비슷한 의미의 접속사 $\Leftrightarrow$는 한 문장의 일부이지만 이 $\equiv$는 두 문장의 관계를 나타냄을 주의하기 바란다.) 예를 들어 $P \land Q$와 $Q \land P$가 동치임은 쉽게 확인할 수 있다(진리표를 이용해서). 도해 7.11에 그 외의 동치들이 나와 있다. 논리학의 동치는 통상적인 수학의 산술 항등식과 아주 비슷한 역할을 한다. 동치를 이렇게 정의할 수도 있다: 임의의 두 문장 $\alpha$와 $\beta$는 만일 하나가 다른 하나의 함축이면, 그리고 오직 그럴 때만 동치이다. 즉,

**논리적 동치**

만일 $\alpha \models \beta$이고 $\beta \models \alpha$이면, 그리고 오직 그럴 때만, $\alpha \equiv \beta$.

**유효성**
**동어반복**

둘째 필수 개념은 **유효성**(validity)이다. 모든 모형에서 참인 문장은 유효한 문장이다. 예를 들어 $P \lor \neg P$는 유효한 문장이다. 유효한 문장을 **동어반복**(tautology)이라고 부르기도 한다. 동어반복은 **필연적으로** 참이다. 문장 $True$는 모든 모형에서 참이므로, 모든 유효한 문장은 $True$와 논리적으로 동치이다. 유효한 문장이 왜 필요할까? 함축의 정의에서 **연역 정리**(deduction theorem)를 이끌어 낼 수 있다. 고대 그리스인도 알고 있었던 연역 정리란

**연역 정리**

$$(\alpha \land \beta) \equiv (\beta \land \alpha) \quad \land \text{의 교환법칙}$$
$$(\alpha \lor \beta) \equiv (\beta \lor \alpha) \quad \lor \text{의 교환법칙}$$
$$((\alpha \land \beta) \land \gamma) \equiv (\alpha \land (\beta \land \gamma)) \quad \land \text{의 결합법칙}$$
$$((\alpha \lor \beta) \lor \gamma) \equiv (\alpha \lor (\beta \lor \gamma)) \quad \lor \text{의 결합법칙}$$
$$\neg(\neg\alpha) \equiv \alpha \quad \text{이중 부정 소거}$$
$$(\alpha \Rightarrow \beta) \equiv (\neg\beta \Rightarrow \neg\alpha) \quad \text{모순}$$
$$(\alpha \Rightarrow \beta) \equiv (\neg\alpha \lor \beta) \quad \text{함의 소거}$$
$$(\alpha \Leftrightarrow \beta) \equiv ((\alpha \Rightarrow \beta) \land (\beta \Rightarrow \alpha)) \quad \text{상호조건 소거}$$
$$\neg(\alpha \land \beta) \equiv (\neg\alpha \lor \neg\beta) \quad \text{드모르간 법칙}$$
$$\neg(\alpha \lor \beta) \equiv (\neg\alpha \land \neg\beta) \quad \text{드모르간 법칙}$$
$$(\alpha \land (\beta \lor \gamma)) \equiv ((\alpha \land \beta) \lor (\alpha \land \gamma)) \quad \lor \text{에 대한 } \land \text{의 분배법칙}$$
$$(\alpha \lor (\beta \land \gamma)) \equiv ((\alpha \lor \beta) \land (\alpha \lor \gamma)) \quad \land \text{에 대한 } \lor \text{의 분배법칙}$$

**도해 7.11** 표준적인 논리 동치 관계들. 기호 $\alpha$, $\beta$, $\gamma$는 임의의 명제 논리 문장들을 뜻한다.

▶ 임의의 문장 $\alpha$와 $\beta$에 대해, 만일 문장 $(\alpha{\Rightarrow}\beta)$가 유효하면, 그리고 오직 그럴 때만 $\alpha \vDash \beta$라는 것이다. (증명은 연습문제 7.DEDU에서 구한다.) 따라서, $\alpha \vDash \beta$가 참인지 알아내려면 모든 모형에서 $(\alpha{\Rightarrow}\beta)$가 참인지 확인하거나(이는 도해 7.10의 추론 알고리즘이하는 일과 본질적으로 같다) 아니면 $(\alpha{\Rightarrow}\beta)$가 $True$와 동치임을 증명해 보면 된다. 반대로, 연역 정리는 모든 유효한 함의 문장이 적법한 추론을 서술함을 말해 준다.

충족 가능성　　마지막 개념은 **충족 가능성**(satisfiability; 줄여서 충족성)이다. 주어진 문장이 참이되는 모형이 **존재하면**, 다시 말해 주어진 문장을 충족하는 모형이 존재하면, 그 문장은충족 가능한 문장이다. 예를 들어 앞에 나온 지식 베이스에는 $(R_1 \wedge R_2 \wedge R_3 \wedge R_4 \wedge R_5)$라는 문장이 충족되는 모형이 셋이나 있다(도해 7.9). 따라서 이 문장은 충족 가능한 문장이다. 충족 가능성은 문장을 충족하는 모형이 하나 나올 때까지 모든 가능한 모형을점검해서 확인할 수 있다. 명제 논리에서 문장의 충족 가능성을 결정하는 문제, 즉 SAT
SAT　　문제는 NP-완전임이 판명된 최초의 문제이다. 컴퓨터 과학의 많은 문제는 사실 충족 가능성 문제이다. 예를 들어 제6장의 모든 제약 충족 문제는 주어진 제약들을 충족하는 배정이 존재하는지를 묻는다.

유효성과 충족 가능성이 연결되어 있음은 물론이다. $\alpha$는 오직 $\neg\alpha$가 충족 불가능일 때만 유효하다. 그 대우(contrapositive)도 참이다. 즉, $\alpha$는 오직 $\neg\alpha$가 유효하지 않을때만 충족 가능이다. 또한 다음과 같은 유용한 관계도 있다.

▶ 만일 $(\alpha \wedge \neg\beta)$가 충족 불가능이면, 그리고 오직 그럴 때만 $\alpha \vDash \beta$.

$(\alpha \wedge \neg\beta)$의 충족 불가능성을 점검해서 $\alpha$로부터 $\beta$를 증명하는 것은 수학의 표준적인
귀류법　　증명 기법인 **귀류법**(*reductio ad absurdum*, 문자 그대로는 "불합리한 것으로의 환원"이라
반박　　는 뜻의 라틴어)에 해당한다. 이를 **반박**(refutation)에 의한 증명 또는 **모순**(contradiction)
모순　　에 의한 증명이라고 부르기도 한다. 귀류법에서는 일단 문장 $\beta$가 거짓이라고 가정하고,그러한 가정이 알려진 공리 $\alpha$와의 모순으로 이어짐을 보인다. 이러한 모순은 문장 $(\alpha \wedge \neg\beta)$가 충족 불가능이라고 말하는 것과 정확히 같은 의미이다.

## 7.5.1 추론과 증명

증명　　이번 절에서는 **증명**(proof)을 이끌어 내는 데 사용할 수 있는 **추론 규칙**(inference rule)들
추론 규칙　　을 살펴본다. 증명이란 어떤 원하는 목표로 이어지는 결론들의 사슬이다. 그러한 증명을
전건 긍정　　구축하는 데 쓰이는 가장 잘 알려진 규칙은 다음과 같이 표기하는 **전건 긍정**(Modus Ponens; '긍정하는 논식$^{論式}$(mode)'이라는 뜻의 라틴어)이다.

$$\frac{\alpha{\Rightarrow}\beta, \quad \alpha}{\beta}.$$

이 표기는 $(\alpha{\Rightarrow}\beta)$와 $\alpha$ 형태의 임의의 문장들이 주어졌을 때 문장 $\beta$를 추론할 수 있음을

뜻한다. 예를 들어 $(WumpusAhead \land WumpusAlive) \Rightarrow Shoot$ 이고 $(WumpusAhead \land WumpusAlive)$가 주어졌다면 $Shoot$을 추론할 수 있다.

논리곱 소거  또 다른 유용한 추론 규칙은 다음과 같이 표기하는 **논리곱 소거**(AND-elimination) 이다. 이는 논리곱 문장에서 임의의 논리곱 성분(연언지)을 추론할 수 있음을 뜻한다.

$$\frac{\alpha \land \beta}{\alpha}.$$

예를 들어 $(WumpusAhead \land WumpusAlive)$에서 $WumpusAlive$를 추론할 수 있다.

$\alpha$와 $\beta$의 가능한 진릿값들을 고찰해 보면, 전건 긍정과 논리곱 소거가 전적으로 건전함을 손쉽게 완전히 증명할 수 있다. 그리고 이 규칙들을 임의의 구체적인 사례들에 적절히(규칙이 적용되는 한) 사용함으로써, 모형들을 열거하지 않고도 건전한 추론을 이끌어 낼 수 있다.

도해 7.11의 논리적 동치들을 모두 추론 규칙으로 사용할 수 있다. 예를 들어 상호 조건 소거에 관한 동치 관계에서 다음 두 추론 규칙을 얻을 수 있다.

$$\frac{\alpha \Leftrightarrow \beta}{(\alpha \Rightarrow \beta) \land (\beta \Rightarrow \alpha)} \text{와} \quad \frac{(\alpha \Rightarrow \beta) \land (\beta \Rightarrow \alpha)}{\alpha \Leftrightarrow \beta}.$$

모든 추론 규칙이 이처럼 양방향으로 작동하지는 않는다. 예를 들어 전건 긍정을 뒤집어서, $\beta$에서 $(\alpha \Rightarrow \beta)$와 $\alpha$를 얻을 수는 없다.

그럼 웜퍼스 세계에 대해 이 추론 규칙들과 동치들을 활용해 보자. 지식 베이스에 $R_1 \sim R_5$가 들어 있다고 할 때, $\neg P_{1,2}$가 참임을, 즉 [1,2]에 구덩이가 없음을 증명하겠다.

1. $R_2$에 상호조건 소거를 적용해서 다음을 얻는다.

   $R_6$:     $(B_{1,1} \Rightarrow (P_{1,2} \lor P_{2,1})) \land ((P_{1,2} \lor P_{2,1}) \Rightarrow B_{1,1})$.

2. 논리곱 소거를 $R_6$에 적용해서 다음을 얻는다.

   $R_7$:     $((P_{1,2} \lor P_{2,1}) \Rightarrow B_{1,1})$.

3. 대우 명제에 대한 논리적 동치로부터 다음을 얻는다.

   $R_8$:     $(\neg B_{1,1} \Rightarrow \neg(P_{1,2} \lor P_{2,1}))$.

4. $R_8$과 지각 $R_4$(즉 $\neg B_{1,1}$)로 전건 긍정을 적용하면 다음이 나온다.

   $R_9$:     $\neg(P_{1,2} \lor P_{2,1})$.

5. 이제 드모르간 법칙을 적용하면 다음과 같은 결론이 나온다.

   $R_{10}$:     $\neg P_{1,2} \land \neg P_{2,1}$.

즉, [1,2]와 [2,1]에는 구덩이가 없다.

제3장에 나온 검색 알고리즘 중 하나(어떤 알고리즘이라도 가능)를 이용해서 증명을 구성하는 일련의 단계들을 찾아낼 수도 있다. 증명 문제를 다음과 같이 정의하기만 하면 된다.

- 초기 상태(INITIAL-STATE): 초기 지식 기반.
- 동작들(ACTIONS): 추론 규칙의 상단 절반에 부합하는 모든 문장에 적용되는 모든 추론 규칙에 해당하는 동작들의 집합.
- 결과(RESULT): 한 동작의 결과는 문장을 추론 규칙의 하단 절반에 추가하는 것이다.
- 목표(GOAL): 목표는 증명하고자 하는 문장을 담은 상태이다.

▶ 즉, 증명을 찾는 것은 모형들을 모두 열거하는 것의 한 대안이다. 실제 문제들에서는 증명을 찾는 것이 더 효율적인 경우가 많은데, 이는 증명과 무관한 명제들은 (얼마나 많든) 무시할 수 있기 때문이다. 예를 들어 방금 본 $\neg P_{1,2} \wedge \neg P_{2,1}$에 대한 증명은 $B_{2,1}$이나 $P_{1,1}$, $P_{2,2}$, $P_{3,1}$을 전혀 언급하지 않는다. 목표 명제 $P_{1,2}$가 오직 문장 $R_2$에만 나타나므로, 이들은 무시해도 안전하다. $R_2$의 다른 명제들은 오직 $R_4$와 $R_2$에만 나온다. 따라서 $R_1$과 $R_3$, $R_5$는 증명과 무관하다. 지식 베이스에 문장들을 수백만 개 더 추가해도 마찬가지이다. 반면 단순한 진리표를 사용할 때에는 모형들의 조합적 폭발 때문에 진리표가 엄청나게(지수적으로) 커지게 된다.

단조성      논리 체계에 관해 살펴볼 마지막 속성은 **단조성**(monotonicity)이다. 이는, 지식 베이스에 정보가 추가됨에 따라 함축된 문장들의 집합이 항상 **커지기만** 함을 뜻한다.[9] 임의의 문장 $\alpha$와 $\beta$에 대해,

$$\text{만일} \quad KB \models \alpha \text{이면} \quad KB \wedge \beta \models \alpha \text{이다.}$$

예를 들어 웜퍼스 세계에 구덩이가 정확히 여덟 개임을 말해 주는 또 다른 단언 명제 $\beta$가 지식 베이스에 추가되었다고 하자. 이 지식이 에이전트가 **추가적인** 결론들을 끌어내는 데에는 도움이 되겠지만, 이 지식 때문에 이미 추론한 임의의 결론 $\alpha$(이를테면 [1,2]에 구덩이가 없다는)가 무효화되지는 않는다. 단조성은 지식 베이스에서 적절한 전제를 찾았다면 언제라도 추론 규칙들을 적용할 수 있음을 뜻한다. 추론 규칙의 결론은 지식 베이스에 있는 다른 지식과는 무관하게 옳아야 한다.

## 7.5.2 분해 증명

지금까지의 추론 규칙들이 **건전하다**는 점은 논증했지만, 그 규칙들을 사용하는 추론 알고리즘이 **완결적**인지는 아직 논의하지 않았다. 반복 심화 검색(p.110) 같은 검색 알고리즘

---

[9] 단조성을 위반하는 **비단조** 논리는 인간의 추론에서 흔히 볼 수 있는 한 속성을 반영한다. 이에 대해서는 §10.6에서 논의한다.

은 도달 가능한 목표가 존재한다면 그것을 반드시 찾아낸다는 점에서 완결적이다. 그러나 사용 가능한 추론 규칙이 부적절하다면 목표에 도달하지 못할 수 있다. 그러면 그 추론 규칙들만 사용하는 증명이 존재하지 않는 것이다. 예를 들어 상호조건 소거 규칙이 없다면 앞 절에서 본 증명은 불가능하다. 이번 절에서는 **분해**(resolution) 또는 분해법이라는 하나의 추론 규칙을 소개하는데, 이 규칙을 임의의 완결적 검색 알고리즘과 결합하면 완결적인 추론 알고리즘이 나온다.

그럼 분해 규칙의 간단한 버전을 웜퍼스 세계에 적용해 보자. 도해 7.4(a)에 도달하는 단계들을 생각해 보자. 즉, 에이전트는 [2,1]에서 [1,1]로 돌아와서 [1,2]로 가고, 거기서 악취를 지각하지만 미풍은 지각하지 않는다. 이를 위해 지식 베이스에 다음과 같은 사실관계들을 추가한다.

$$R_{11}: \qquad \neg B_{1,2}.$$
$$R_{12}: \qquad B_{1,2} \Leftrightarrow (P_{1,1} \vee P_{2,2} \vee P_{1,3}).$$

앞에서 $R_{10}$에 도달했던 것과 같은 과정으로, [2,2]와 [1,3]에 구덩이가 없다는 결론을 이끌어낼 수 있다([1,1]에 구덩이가 없음은 이미 알고 있음을 기억할 것이다).

$$R_{13}: \qquad \neg P_{2,2}.$$
$$R_{14}: \qquad \neg P_{1,3}.$$

또한, $R_3$에 상호조건 소거를 적용하고 $R_5$로 전건 긍정을 적용해서 [1,1]이나 [2,2], [3,1]에 구덩이가 없다는 사실을 얻을 수 있다.

$$R_{15}: \qquad P_{1,1} \vee P_{2,2} \vee P_{3,1}.$$

이제 분해 규칙을 처음으로 적용한다. $R_{13}$의 리터럴 $\neg P_{2,2}$를 $R_{15}$의 리터럴 $P_{2,2}$로 분해서 다음과 같은 **분해식**(resolvent)을 얻는다.

분해식

$$R_{16}: \qquad P_{1,1} \vee P_{3,1}.$$

일상 언어로 말하면, 만일 [1,1]이나 [2,2], [3,1] 중 하나에 구덩이가 있고 [2,2]에 구덩이가 없다면, 구덩이는 [1,1]이나 [3,1]에 있는 것이다. 마찬가지로, $R_1$의 리터럴 $\neg P_{1,1}$를 $R_{16}$의 리터럴 $P_{1,1}$로 분해하면 다음이 나온다.

$$R_{17}: \qquad P_{3,1}.$$

일상 언어로 말하면, 만일 [1,1]이나 [3,1]에 구덩이가 있는데 [1,1]에 구덩이가 없다면 구덩이는 [3,1]에 있는 것이다. 이 두 추론 단계는 다음과 같은 **단위 분해**(unit resolution) 추론 규칙의 예이다.

단위 분해

$$\frac{\ell_1 \vee \cdots \vee \ell_k, \qquad m}{\ell_1 \vee \cdots \vee \ell_{i-1} \vee \ell_{i+1} \vee \cdots \vee \ell_k}.$$

상보 리터럴

절

단위 절

분해

여기서 각 $\ell$은 리터럴이고 $\ell_i$와 $m$은 **상보 리터럴**(complementary literal), 즉 하나가 다른 하나의 부정인 리터럴들이다. 정리하자면, 단위 분해는 **절**(clause, 리터럴들의 논리합) 하나와 리터럴 하나로부터 새로운 절을 산출한다. 하나의 리터럴은 두 성분 모두 그 리터럴인 논리합과 동치임을 주목하자. 이를 **단위 절**(unit clause)이라고 부르기도 한다.

단위 분해 규칙을 다음과 같은 완전한 **분해** 규칙으로 일반화할 수 있다.

$$\frac{\ell_1 \vee \cdots \vee \ell_k, \qquad m_1 \vee \cdots \vee m_n}{\ell_1 \vee \cdots \vee \ell_{i-1} \vee \ell_{i+1} \vee \cdots \vee \ell_k \vee m_1 \vee \cdots \vee m_{j-1} \vee m_{j+1} \vee \cdots \vee m_n}.$$

여기서 $\ell_i$와 $m_j$는 상보 리터럴들이다. 이 식은 분해가 두 개의 절을 취해서 두 절의 리터럴들 중 서로 상보인 리터럴들을 제외한 모든 리터럴을 담은 하나의 새 절을 산출함을 뜻한다. 예를 들어 다음이 성립한다.

$$\frac{P_{1,1} \vee P_{3,1}, \qquad \neg P_{1,1} \vee \neg P_{2,2}}{P_{3,1} \vee \neg P_{2,2}}.$$

상보 리터럴 쌍들은 오직 한 번에 하나씩만 분해(해소)할 수 있다. 예를 들어 $P$와 $\neg P$을 분해해서 다음을 끌어낼 수 있다.

$$\frac{P \vee \neg Q \vee R, \qquad \neg P \vee Q}{\neg Q \vee Q \vee R}.$$

그러나 $P$와 $Q$를 한꺼번에 분해해서 $R$을 추론할 수는 없다. 분해 규칙에 까다로운 점이 하나 더 있다. 바로, 분해의 결과로 나오는 절에 각 리터럴의 복사본이 하나씩만 있어야 한다는 것이다.[10] 리터럴의 중복된 복사본들을 제거하는 것을 **인수분해**(factoring)라고 부른다. 예를 들어 $(A \vee B)$를 $(A \vee \neg B)$로 분해하면 $(A \vee A)$가 나오는데, 여기에 인수분해를 적용하면 그냥 $A$가 된다.

인수분해

분해 규칙의 건전성은 다른 절의 리터럴 $m_j$에 상보적인 리터럴 $\ell_i$를 생각해 보면 쉽게 확인할 수 있다. 만일 $\ell_i$가 참이면 $m_j$는 거짓이다. 따라서 $m_1 \vee \cdots \vee m_{j-1} \vee m_{j+1} \vee \cdots \vee m_n$은 반드시 참이다($m_1 \vee \cdots \vee m_n$이 주어졌으므로). 만일 $\ell_i$가 거짓이면 $\ell_1 \vee \cdots \vee \ell_{i-1} \vee \ell_{i+1} \vee \cdots \vee \ell_k$는 반드시 참이다($\ell_1 \vee \cdots \vee \ell_k$가 주어졌으므로). 이제 $\ell_i$는 참이 아니면 거짓이므로, 두 결론 중 하나가 반드시 성립한다. 이는 분해 규칙이 말하는 바와 정확히 일치한다.

---

10 하나의 절을 리터럴들의 **집합**으로 간주한다면 이 제약이 자동으로 지켜진다. 절들에 집합 표기법을 사용하면 분해 규칙이 훨씬 깔끔해진다(추가적인 표기법을 도입한다는 비용을 치르긴 하지만).

분해 규칙에서 좀 더 놀라운 사실은, 이것이 완결적인 추론 절차들이 속한 모임(family)의 기저를 형성한다는 점이다. 분해 기반 정리 증명기는 명제 논리의 임의의 문장 $\alpha$와 $\beta$에 대해 $\alpha \models \beta$의 진리를 결정할 수 있다. 다음 두 소단원에서는 분해가 이를 어떻게 달성하는지 설명한다.

## 논리곱 표준형

분해 규칙은 절(즉, 리터럴들의 논리합)에만 적용되므로, 절들로 이루어진 지식 베이스와 질의에만 유관한 것으로 보인다. 그렇다면 분해 규칙으로 모든 명제 논리를 위한 완결적인 추론 절차를 얻는 것이 가능할까? 그 답은, 모든 명제 논리 문장은 절들의 논리곱과 논리적으로 동치라는 것이다.

논리곱 표준형 절들의 논리곱 형태로 이루어진 문장을 가리켜 **논리곱 표준형**(conjunctive normal form, CNF)이라고 부른다(도해 7.12). 그럼 문장을 CNF로 변환하는 절차를 살펴보자. 다음은 $B_{1,1} \Leftrightarrow (P_{1,2} \lor P_{2,1})$이라는 문장을 CNF로 변환하는 과정이다.

1. $\Leftrightarrow$를 소거하고, $\alpha \Leftrightarrow \beta$를 $(\alpha \Rightarrow \beta) \land (\beta \Rightarrow \alpha)$로 대체한다.
   $(B_{1,1} \Rightarrow (P_{1,2} \lor P_{2,1})) \land ((P_{1,2} \lor P_{2,1}) \Rightarrow B_{1,1})$.

2. $\Rightarrow$를 제거하고, $\alpha \Rightarrow \beta$를 $\neg\alpha \lor \beta$로 대체한다.
   $(\neg B_{1,1} \lor P_{1,2} \lor P_{2,1}) \land (\neg(P_{1,2} \lor P_{2,1}) \lor B_{1,1})$.

3. CNF에는 $\neg$이 리터럴에만 있어야 한다. 이를 위해, 도해 7.11의 동치들 중 다음 세 개를 반복 적용해서 "$\neg$을 괄호 안으로 옮긴다".
   $\neg(\neg\alpha) \equiv \alpha$ (이중 부정 소거)
   $\neg(\alpha \land \beta) \equiv (\neg\alpha \lor \neg\beta)$ (드모르간)
   $\neg(\alpha \lor \beta) \equiv (\neg\alpha \land \neg\beta)$ (드모르간)

   지금 예에서는 마지막 규칙을 한 번만 적용하면 된다.
   $(\neg B_{1,1} \lor P_{1,2} \lor P_{2,1}) \land ((\neg P_{1,2} \land \neg P_{2,1}) \lor B_{1,1})$.

4. 이제 $\land$, $\lor$ 연산자와 리터럴들로 이루어진 부분들이 중첩된 형태의 문장이 나왔다. 이제 도해 7.11의 분배법칙을 적용해서 $\lor$을 $\land$에 대해 적절히 분배한다.
   $(\neg B_{1,1} \lor P_{1,2} \lor P_{2,1}) \land (\neg P_{1,2} \lor B_{1,1}) \land (\neg P_{2,1} \lor B_{1,1})$.

이렇게 해서 원래의 문장이 세 절의 논리곱 형태로 된 CNF로 변환되었다. 이전보다 훨씬 읽기 어렵긴 하지만, 완결적인 분해 절차의 입력으로 사용할 수 있다.

$$CNFSentence \rightarrow Clause_1 \land \cdots \land Clause_n$$
$$Clause \rightarrow Literal_1 \lor \cdots \lor Literal_m$$
$$Fact \rightarrow Symbol$$
$$Literal \rightarrow Symbol \mid \neg Symbol$$
$$Symbol \rightarrow P \mid Q \mid R \mid \cdots$$
$$HornClauseForm \rightarrow DefiniteClauseForm \mid GoalClauseForm$$
$$DefiniteClauseForm \rightarrow Fact \mid (Symbol_1 \land \cdots \land Symbol_l) \Rightarrow Symbol$$
$$GoalClauseForm \rightarrow (Symbol_1 \land \cdots \land Symbol_l) \Rightarrow False$$

**도해 7.12** 논리곱 표준형, 혼 절(Horn clause), 한정절의 문법. $\neg A \lor \neg B \lor C$ 같은 CNF 절을 $A \land B \Rightarrow C$ 형태의 한정절로 표현할 수 있다.

## 분해 알고리즘

분해 규칙에 기초한 추론 절차들은 p.292에서 소개한 귀류법(모순에 의한 증명)의 원리를 이용한다. 즉, $(KB \land \neg \alpha)$가 충족 불가능임을 모순을 통해 증명함으로써 $KB \models \alpha$가 참임을 증명한다.

분해 알고리즘 하나가 도해 7.13에 나와 있다. 이 알고리즘은 우선 $(KB \land \neg \alpha)$를 CNF로 변환한다. 그런 다음 그 CNF의 절들에 대해 분해 규칙을 적용한다. 상보 리터럴을 담은 각 쌍을 분해해서 새 절을 산출하고, 그것을 절들의 집합에 추가한다(이미 있는 절이 아니면). 그러한 과정을 다음 두 사건 중 하나가 발생할 때까지 반복한다.

- 추가할 수 있는 새로운 절이 더 이상 없다. 이 경우 $KB$는 $\alpha$를 함축하지 않는다.

---

**function** PL-RESOLUTION($KB$, $\alpha$) **returns** $true$ 또는 $false$
  **입력:** $KB$, 지식 베이스, 명제 논리의 한 문장
       $\alpha$, 질의, 명제 논리의 한 문장

  $clauses \leftarrow KB \land \neg \alpha$를 CNF 형태로 변환해서 얻은 절들의 집합
  $new \leftarrow \{\}$
  **while** $true$ **do**
    **for each** 한 쌍의 절 $C_i$, $C_j$ **in** $clauses$ **do**
       $resolvents \leftarrow$ PL-RESOLVE($C_i$, $C_j$)
       **if** $resolvents$에 빈 절이 있음 **then return** $true$
       $new \leftarrow new \cup resolvents$
    **if** $new \subseteq clauses$ **then return** $false$
    $clauses \leftarrow clauses \cup new$

**도해 7.13** 명제 논리를 위한 간단한 분해 알고리즘. PL-RESOLVE는 두 입력을 분해해서 얻은 모든 가능한 절의 집합을 돌려준다.

- 두 개의 절이 빈 절로 분해된다. 이 경우 $KB$는 $\alpha$를 함축한다.

빈 절(성분이 하나도 없는 논리합)은 $False$와 동치이다. 논리합은 오직 두 성분 중 적어도 하나가 참일 때만 참이기 때문이다. 더 나아가서, 빈 절은 $P$와 $\neg P$처럼 상보적인 두 단위 절을 분해할 때만 발생한다.

그럼 이 분해 절차를 웜퍼스 세계의 아주 간단한 추론에 적용해 보자. 에이전트가 [1,1]에 있을 때에는 미풍을 전혀 지각하지 못한다. 따라서 이웃 칸에는 구덩이가 있을 수 없다. 이를 나타내는 지식 베이스는 다음과 같다.

$$KB = R_2 \wedge R_4 = (B_{1,1} \Leftrightarrow (P_{1,2} \vee P_{2,1})) \wedge \neg B_{1,1}.$$

이제 $\neg P_{1,2}$라는 문장 $\alpha$를 증명하고자 한다. $(KB \wedge \neg \alpha)$를 CNF로 변환하면 도해 7.14의 상단에 있는 절들이 나온다. 그 아래의 절들은 상단 절들의 쌍들을 분해한 결과이다. 이제 $P_{1,2}$를 $\neg P_{1,2}$로 분해하면 빈 절이 나온다. 오른쪽 하단의 빈 사각형이 바로 그것이다. 도해 7.14를 살펴보면 별로 의미 없는 분해 단계를 여럿 발견할 수 있다. 예를 들어 절 $B_{1,1} \vee \neg B_{1,1} \vee P_{1,2}$는 $True \vee P_{1,2}$와 동치이며, 이는 $True$와 동치이다. $True$가 참임을 유도하는 것은 그리 도움이 되지 않는다. 따라서, 상보적인 리터럴들이 있는 절은 모두 폐기해도 된다.

## 분해의 완결성

분해 닫힘

그럼 PL-RESOLUTION이 완결적인 이유를 밝히는 것으로 분해에 대한 논의를 마무리하겠다. 완결성 증명을 위해 **분해 닫힘**(resolution closure)이라는 개념을 도입한다. 절들의 집합 $S$에 있는 절들과 그로부터 유도된 절들에 대해 분해 규칙을 반복 적용해서 얻을 수 있는 모든 절의 집합 $RC(S)$를 분해 닫힘이라고 부른다. PL-RESOLUTION가 변수 *clauses*의 최종적인 값으로 계산하는 것이 바로 분해 닫힘이다. 인수분해 단계 덕분에 $S$에 나오는

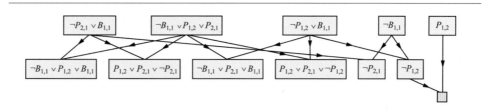

**도해 7.14** PL-RESOLUTION을 웜퍼스 세계에 적용해서 질의 $\neg P_{1,2}$를 증명하는 간단한 추론의 예. 윗줄의 네 절은 각각 다른 세 절과 각각 묶인다. 아랫줄은 절 쌍들에 분해 규칙을 적용해서 나온 절들이다. 윗줄에서 셋째과 넷째 절의 쌍에 분해 규칙을 적용하면 $\neg P_{1,2}$가 나오며, 이것을 $P_{1,2}$와 함께 분해하면 빈 절이 나온다. 이는 질의 $\neg P_{1,2}$가 증명되었다는 뜻이다.

기호 $P_1, \ldots, P_k$로부터 구축할 수 있는 서로 다른 절들이 유한하다는 점을 생각하면, $RC(S)$가 반드시 유한하다는 점은 쉽게 확인할 수 있다. (단, 리터럴의 중복된 복사본들을 제거하는 인수분해 단계가 없다면 이것이 참이 아닐 수도 있다.) 따라서 PL-RESOLUTION은 항상 종료된다.

기초 분해 정리    명제 논리의 분해에 대한 다음과 같은 완결성 정리를 **기초 분해 정리**(ground resolution theorem)라고 부른다.

> 만일 절들의 집합이 충족 불가능이면, 그 절들의 분해 닫힘에는 빈 절이 포함되어 있다.

이 정리는 그 대우, 즉 "만일 닫힘 $RC(S)$에 빈 절이 없으면 $S$는 충족 가능이다"가 참임을 보임으로써 증명할 수 있다. 실제로, $P_1, \ldots, P_k$에 대한 적절한 진릿값들을 가진 $S$에 대한 모형을 구축하는 것이 가능하다. 구축 과정은 다음과 같다.

1에서 $k$까지의 $i$에 대해,
- 만일 $RC(S)$의 한 절에 리터럴 $\neg P_i$가 있으면, 그리고 $P_1, \ldots, P_{i-1}$에 대해 선택된 배정하에서 다른 모든 리터럴이 거짓이면, $P_i$에 $false$를 배정한다.
- 그렇지 않으면 $P_i$에 $true$를 배정한다.

$P_1, \ldots, P_k$에 대한 이러한 배정은 $S$의 한 모형이다. 이 점을 확인하기 위해, 그 역을 가정하자. 즉, 위의 과정에서 어떤 단계 $i$에서 기호 $P_i$에 값을 배정했더니 어떤 절 $C$가 거짓이 되었다고 하자. 그러한 일이 일어나려면 $C$의 **다른** 모든 리터럴은 이미 $P_1, \ldots, P_{i-1}$의 배정에 의해 거짓이 되었어야 한다. 따라서 $C$는 $(false \lor false \lor \cdots false \lor P_i)$ 형태이거나 $(false \lor false \lor \cdots false \lor \neg P_i)$ 형태이어야 한다. 이 둘 중 하나만 $RC(S)$에 있다면 알고리즘은 적절한 진릿값을 $P_i$에 배정해서 $C$를 참으로 만든다. 따라서 $C$는 $RC(S)$에서 이 두 절 **모두** 거짓일 때만 거짓이 될 수 있다.

이제, $RC(S)$가 분해에 대해 닫혀 있으므로, $RC(S)$에는 그 두 절의 분해식이 포함되어 있으며, 그 분해식은 $P_1, \ldots, P_{i-1}$의 배정에 의해 이미 거짓이 된 모든 리터럴을 포함한다. 이는 거짓인 절이 단계 $i$에서 처음 나타났다는 앞의 가정과 모순이다. 따라서, 이 구축 과정에 의해 $RC(S)$의 한 절이 거짓이 되는 일이 결코 없음이 증명되었다. 즉, 이 구축 과정은 $RC(S)$의 한 모형을 산출한다. 마지막으로, $S$가 $RC(S)$에 포함되므로, $RC(S)$의 임의의 모형은 $S$ 자체의 한 모형이다.

## 7.5.3 혼 절과 한정절

완결성 덕분에 분해는 아주 중요한 추론 방법이 된다. 그런데 실제 응용 상황에서는 분해의 위력 중 일부만 필요한 경우도 많다. 실제 응용에서는, 담을 수 있는 문장의 형태에 일정한 제약이 존재하는 지식 기반들도 있다. 그런 경우에는 좀 더 제한적이고 효율적인 추론 알고리즘을 적용할 수 있다.

**한정절**      그런 제한된 형태의 하나가 **한정절**(definite clause)이다. 한정절은 긍정 리터럴이 정확히 하나인 논리합이다. 예를 들어 $(\neg L_{1,1} \lor \neg Breeze \lor B_{1,1})$은 한정절이지만 $(\neg B_{1,1} \lor P_{1,2} \lor P_{2,1})$은 긍정 리터럴이 두 개이므로 한정절이 아니다.

**혼 절**      이보다 좀 더 일반적인 절이 **혼 절**(Horn clause)이다. 혼 절은 **긍정 리터럴이 최대 하나**인 논리합이다. 따라서 모든 한정절은 혼 절이고, 긍정 리터럴이 하나도 없는 절도 혼 **목표 절** 절이다. 후자를 **목표 절**(goal clause)이라고 부른다. 혼 절은 분해에 대해 닫혀 있다. 즉, 두 혼 절을 분해하면 하나의 혼 절이 나온다. 그밖에 $k$-CNF 문장이라는 부류도 있는데, 이것은 각 절의 리터럴이 $k$개를 넘지 않는 CNF 문장이다.

한정절만 담은 지식 베이스가 흥미로운 이유는 다음 세 가지이다.

1. 모든 한정절은 전제가 긍정 리터럴들의 논리곱이고 결론이 하나의 긍정 리터럴인 함의 문장으로 변환할 수 있다. (연습문제 7.DISJ을 보라.) 예를 들어 한정절 $(\neg L_{1,1} \lor \neg Breeze \lor B_{1,1})$을 함의 $(L_{1,1} \land Breeze) \Rightarrow B_{1,1}$로 다시 쓸 수 있다. 이는, 만일 에이전트가 [1,1]에 있고 미풍을 지각했다면 [1,1]에 미풍이 있음을 뜻 **본체** 한다. 혼 형식(horn form)에서는 전제를 **본체**(body), 결론을 **머리**(head)라고 부른 **머리** 다. $L_{1,1}$처럼 긍정 리터럴 하나로 이루어진 문장을 **사실**(fact)이라고 부른다. 이 역 **사실** 시 $True \Rightarrow L_{1,1}$이라는 함의 문장 형태로 쓸 수 있지만, 그냥 $L_{1,1}$이라고 하는 것이 더 간단하다.

**순방향 연쇄** 2. 혼 절들에 대해 추론을 수행할 때에는 다음 절에서 설명할 **순방향 연쇄**(forward-**역방향 연쇄** chaining)와 **역방향 연쇄**(backward-chaining) 알고리즘을 사용할 수 있다. 추론 단계들이 사람이 따라갈 수 있을 정도로 자명하고 쉽다는 점에서, 두 알고리즘 모두 자연스러운 알고리즘이다. 이런 종류의 추론은 제9장에 논의하는 **논리 프로그래밍** (logic programming)의 기초이다.

3. 뜻밖의 바람직한 성질 하나는, 혼 절들에 대한 함축 관계 판정에 걸리는 시간이 지식 기반의 크기에 **선형적**이라는 점이다.

## 7.5.4 순방향 연쇄와 역방향 연쇄

순방향 연쇄 알고리즘 PL-FC-ENTAILS?($KB$, $q$)는 한정절들로 이루어진 지식 베이스 $KB$가 하나의 명제 기호 $q$(질의[query]를 뜻함)를 함축하는지의 여부를 판정한다. 이 알고리즘은 지식 베이스에 있는 알려진 사실(긍정 리터럴)들로 시작한다. 한 함의의 모든

**function** PL-FC-ENTAILS?($KB$, $q$) **returns** $true$ 또는 $false$

    **입력:** $KB$, 명제 한정절들로 이루어진 지식 베이스

        $q$, 질의, 하나의 명제 기호

    $count$ ← 초기에는 $count[c]$가 절 $c$의 전제에 있는 기호들의 개수인 테이블

    $inferred$ ← 초기에는 모든 기호에 대해 $inferred[s]$가 $false$인 테이블

    $queue$ ← 기호들의 대기열, 초기에는 $KB$에서 참임이 알려진 기호들만 있음

    **while** $queue$가 비지 않음 **do**

        $p$ ← POP($queue$)

        **if** $p = q$ **then return** $true$

        **if** $inferred[p] = false$ **then**

            $inferred[p]$ ← $true$

            **for each** $KB$의 절들 중 $c$.PREMISE에 $p$가 있는 각 절 $c$에 대해 **do**

                $count[c]$를 감소

                **if** $count[c] = 0$ **then** $c$.CONCLUSION을 $queue$에 추가

    **return** $false$

---

**도해 7.15** 명제 논리에 대한 순방향 연쇄 알고리즘. $queue$는 참임이 알려졌지만 아직 '처리되지' 않은 기호들을 담는다. $count$ 테이블은 각 함의에 있는 아직 증명되지 않은 전제들의 개수를 추적한다. $queue$의 새 기호 $p$를 처리할 때마다, 그 개수는 전제 $p$가 있는 함의(적절한 색인 기법을 이용하면 상수 시간으로 식별할 수 있다)당 1씩 줄어든다. 그 개수가 0이 되면 해당 함의의 모든 전제가 알려진 것이므로 해당 결론을 $queue$에 추가한다. 마지막으로, 이 알고리즘은 이미 처리된 기호들을 추적한다. 추론된 기호들의 집합에 이미 있는 기호는 $queue$에 다시 추가할 필요가 없기 때문이다. 이렇게 하면 작업의 중복을 제거할 수 있고, $P \Rightarrow Q$와 $Q \Rightarrow P$ 같은 함의들 때문에 생기는 루프도 피할 수 있다.

---

전제가 알려진 사실이라면 해당 결론을 알려진 사실들의 집합에 추가한다. 예를 들어 $L_{1,1}$과 $Breeze$가 알려졌고 지식 베이스에 $(L_{1,1} \wedge Breeze) \Rightarrow B_{1,1}$이 있으면 $B_{1,1}$을 하나의 사실로서 추가할 수 있다. 이러한 과정을 질의 $q$가 추가되거나 더 이상의 추론이 불가능해질 때까지 반복한다. 이 알고리즘이 도해 7.15에 나와 있다. 기억해야 할 요점은, 이것이 선형 시간으로 실행된다는 것이다.

예제와 그림으로 설명하면 이 알고리즘을 쉽게 이해할 수 있을 것이다. 도해 7.16(a)는 혼 절들로 이루어진 지식 베이스로, 알려진 사실은 $A$와 $B$이다. 도해 7.16(b)는 그 지식 베이스를 하나의 **AND-OR 그래프**(제4장 참고)로 나타낸 것이다. 이 AND-OR 그래프에서 여러 간선이 하나의 호로 결합된 것은 논리곱을 뜻한다. 그 논리곱이 참이려면 모든 간선이 증명되어야 한다. 한편 여러 간선이 호 없이 결합된 것은 논리합으로, 간선 중 하나만 증명하면 된다. 이 그래프에서 순방향 연쇄가 어떻게 진행되는지 쉽게 이해할 수 있을 것이다. 알려진 잎 노드들(지금 예의 $A$와 $B$)을 설정하고, 그래프를 따라 추론을 최대한 전파한다. 그 과정에서 논리곱을 만나면 그 논리곱의 성분들을 모두 처리한 후 다음으로 나아간다. 도해 7.16(b)의 예에 대해 상세한 순방향 연쇄 과정을 독자가 직접 수행해 보기 바란다.

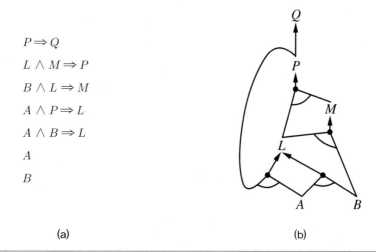

$$P \Rightarrow Q$$
$$L \wedge M \Rightarrow P$$
$$B \wedge L \Rightarrow M$$
$$A \wedge P \Rightarrow L$$
$$A \wedge B \Rightarrow L$$
$$A$$
$$B$$

(a)                                          (b)

**도해 7.16** (a) 혼 절들의 집합. (b) 그에 해당하는 AND-OR 그래프.

이러한 순방향 연쇄가 **건전**하다는 점은 쉽게 확인할 수 있다. 모든 추론은 본질적으로 전건 긍정의 적용이기 때문이다. 또한 순방향 연쇄는 **완결적**이다. 함축된 원자적 문장들이 모두 유도된다. 이 점을 확인하는 가장 쉬운 방법은 *inferred* 테이블의 최종 상태(알고리즘이 고정점(fixed point)에 도달한 후)를 고찰하는 것이다. 그 시점에서 테이블은 처리 과정 도중 추론된 모든 기호에 대해 *true*가, 그 외의 기호에 대해서는 *false*가 설정되어 있다. 이 테이블을 하나의 논리적 모형으로 볼 수 있다. 더 나아가서, 원래의 지식 베이스에 있던 모든 한정절은 이 모형에서 참이다.

이를 증명하기 위해, 그 역을 가정해 보자. 즉, 이 모형에서 $a_1 \wedge \ldots \wedge a_k \Rightarrow b$가 거짓인 어떤 절이 존재한다고 하자. 그러면 이 모형에서 $a_1 \wedge \ldots \wedge a_k$는 반드시 참이고 $b$는 반드시 거짓이다. 그러나 이는 알고리즘이 고정점에 도달했다는 원래의 가정과 모순이다. 왜냐하면 그런 경우 $b$를 KB에 추가할 수 있기 때문이다. 따라서 고정점에 도달했을 때 이미 추론된 원자적 문장들의 집합은 원래의 지식 베이스의 한 모형을 정의한다는 결론을 내릴 수 있다. 더 나아가서, 지식 베이스가 함축하는 임의의 원자적 문장 $q$는 지식 베이스의 모든 모형에서 참이며, 따라서 이 모형에서 참이다. 그러므로 모든 함축된 원자적 문장 $q$는 알고리즘이 추론한 것이다.

데이터 주도적

순방향 연쇄는 좀 더 일반적인 **데이터 주도적**(data-driven) 추론, 즉 알려진 데이터에 초점을 두고 추론을 시작하는 추론 방식의 한 예이다. 에이전트는 내부적으로 이러한 추론 방식을 이용함으로써 입력된 지각들로부터 결론을 이끌어 낼 수 있으며, 특정한 질의를 염두에 두지 않고 추론을 수행해서 새로운 결론을 얻을 수 있는 경우도 많다. 예를 들어 웜퍼스 세계의 에이전트라면 자신의 지각을 TELL을 이용해서 지식 베이스에 알려 주고, 순방향 연쇄 알고리즘을 점진적으로 실행해서 새로운 사실들을 *queue* 테이블에 추가하고, 그로부터 새로운 추론을 시작하는 식으로 자료 주도적 추론을 수행할 것이다. 사람도 새로운 정보를 얻으면 어느 정도의 자료 주도적 추론을 수행한다. 예를 들어 휴일 아침에 집 안에 있는데 밖에서 빗소리가 들린다면, 오늘 소풍은 취소해야 한다는 결론을 내리게 될 것이다. 그러나 옆집 사는 사람의 취미가 원예임을 알고 있다면, 비가 오는 것이 아니라 꽃에 물을 주는 것일 뿐이라는 점을 알아챌 수도 있을 것이다. 사람은 세심한 통제하에서 순방향 연쇄를 수행한다. 그렇지 않다면 실제와는 무관한 결론들에 파묻히게 된다.

이름에서 짐작하겠지만, 역방향 연쇄는 질의에서 시작해서 역방향으로 추론을 진행한다. 질의 $q$가 참임이 알려졌다면 더 이상의 작업은 필요하지 않다. 그렇지 않다면 알고리즘은 지식 베이스에서 결론이 $q$인 함의들을 찾는다. 만일 그 함의들 중 모든 전제를 증명할 수 있는(그러한 증명 역시 역방향 연쇄로 수행한다) 함의가 존재하면 $q$는 참이다. 이를 도해 7.16의 질의 $Q$에 적용하면 결국 알려진 사실 $A$와 $B$의 집합에 도달하며, 이들은 증명의 토대를 형성한다. 이 알고리즘은 도해 4.11의 AND-OR-GRAPH-SEARCH 알고리즘과 본질적으로 같다. 순방향 연쇄처럼 역방향 연쇄의 효율적인 구현은 선형 시간으로 실행된다.

목표 지향적 추론　　　　역방향 연쇄는 **목표 지향적 추론**(goal-directed reasoning)의 한 형태이다. 이는 "이제 무엇을 할 것인가?", "내 열쇠 어디 있지?" 같은 구체적인 질문의 답을 얻는 데 유용하다. 종종 역방향 연쇄의 비용이 지식 베이스 크기에 선형적인 시간보다 **훨씬** 적을 수 있다. 이는 이 알고리즘이 추론 과정에서 오직 유관한 사실들만 건드리기 때문이다.

# 7.6 효과적인 명제 모형 점검

이번 장에서는 모형 점검에 기초한 일반적인 명제 추론을 효율적으로 수행하는 두 부류의 알고리즘을 설명한다. 하나는 역추적 검색에 기초한 것이고 또 하나는 국소 언덕 오르기 검색에 기초한 것이다. 이 알고리즘들은 명제 논리의 '기술적 세부사항'에 해당한다고 할 수 있다. 이번 장을 처음 읽는 독자라면 이번 절을 건너뛰어도 좋다.

이제부터 서술할 알고리즘들은 충족 가능성을 점검한다. 즉, SAT 문제를 푼다. (§7.5에서 언급했듯이, 함축 관계 $\alpha \vDash \beta$는 $\alpha \land \neg\beta$가 충족 **불가능**인지의 여부를 밝힘으로써 판정할 수 있다.) 주어진 논리 명제를 충족하는 모형을 찾는 것과 제약 충족 문제의 해답을 찾는 것의 연관 관계는 p.292에서 언급했으므로, 두 부류의 명제 충족 가능성 알고리즘이 §6.3의 역추적 알고리즘들과 §6.4의 국소 검색 알고리즘들과 아주 비슷하다고 해서 놀라지는 않을 것이다. 그러나 이들은 그 자체로 대단히 중요한 알고리즘들이다. 컴퓨터 과학에는 명제 논리 문장의 충족 가능성 점검 문제로 환원할 수 있는 조합 문제들이 대단히 많기 때문이다. 충족 가능성 알고리즘이 조금이라도 개선되면 우리의 일반적인 복잡성 처리 능력도 크게 개선된다.

# 7.6.1 완결적인 역추적 알고리즘

데이비스-퍼트넘
알고리즘

처음으로 살펴볼 알고리즘은 종종 **데이비스-퍼트넘 알고리즘**(Davis-Putnam algorithm)이라고 부르는 알고리즘으로, 그 이름은 마틴 데이비스[Martin Davis]와 힐러리 퍼트넘[Hilary Putnam]의 독창적 논문(Davis 및 Putnam, 1960)에서 비롯된 것이다. 그러나 지금 설명하는 구체적인 알고리즘은 데이비스, 퍼트넘, 로지먼[Logemann], 러블랜드[Loveland]의 논문(Davis 외, 1962)에 나오는 버전이므로, 네 저자의 머리글자를 따서 DPLL이라고 부르기로 한다. DPLL은 논리곱 표준형(즉, 절들의 집합) 문장 하나를 입력으로 받는다. BACKTRACKING-SEARCH나 TT-ENTAILS?처럼 이 알고리즘은 본질적으로 모든 가능한 모형을 재귀적으로, 그리고 깊이 우선으로 열거한다. TT-ENTAILS?에 비한 개선점은 다음 세 가지이다.

- **이른 종료**: 알고리즘은 모형이 부분적으로 완성된 상태에서도 문장의 참, 거짓을 판정할 수 있다. 하나의 절은 참인 리터럴이 **하나라도** 있으면 참이다. 다른 리터럴들의 진릿값이 아직 밝혀지지 않았어도 그렇다. 즉, 아직 모형이 완성되지 않은 상태에서도 전체적인 절의 진릿값을 결정할 수 있다. 예를 들어 $(A \vee B) \wedge (A \vee C)$라는 절은 $A$가 참이면 $B$와 $C$의 값과는 무관하게 참이다. 마찬가지로, 하나의 문장은 거짓인 절이 **하나라도** 있으면 거짓이다. 그리고 거짓인 절에서는 모든 리터럴이 거짓이다. 이 역시 모형이 완성되기 한참 전에 결정될 수 있다. 이른 종료가 가능하면 검색 공간의 한 부분 트리 전체를 조사하지 않아도 된다.

순수 기호

- **순수 기호 발견법**: 순수 기호(pure symbol)란 모든 절에서 '부호(sign; 긍정 또는 부정)'가 같은 기호이다. 예를 들어 세 절 $(A \vee \neg B)$와 $(\neg B \vee \neg C)$, $(C \vee A)$에서 기호 $A$는 항상 긍정 리터럴로만 등장하므로 순수 기호이고 $B$는 항상 부정 리터럴로만 등장하므로 역시 순수 기호이지만, $C$는 순수하지 않다. 만일 문장에 모형이 존재한다면, 리터럴들이 $true$가 되도록 하는 순수 기호들로 이루어진 모형이 존재한다는 점은 쉽게 증명할 수 있다. 그렇게 하면 절이 결코 거짓이 될 수 없기 때문이다. 그런데 기호의 순수성을 결정할 때 알고리즘은 지금까지 구축된 모형에서 참임이 이미 알려진 절들은 무시할 수 있음을 주목하기 바란다. 예를 들어 모형에 $B = false$가 있다면 $(\neg B \vee \neg C)$라는 절은 이미 참이며, 나머지 절들에서 $C$는 오직 긍정 리터럴로만 나타난다. 따라서 $C$는 순수 기호가 된다.

- **단위 절 발견법**: 앞에서 정의했듯이, **단위 절**(unit clause)은 리터럴이 단 하나인 절이다. DPLL의 맥락에서는 모든 리터럴 중 하나에만 모형에 의해 $false$가 배정된 절도 단위 절이다. 예를 들어 모형에 $B = true$가 있다면 $(\neg B \vee \neg C)$는 $\neg C$로 축약되며, 이는 하나의 단위 절이다. 물론 이 절이 참이려면 $C$에 반드시 $false$가 설정되어야 한다. 단위 절 발견법은 이런 기호를 만나면 해당 가지로 나아가기 전에 이 기호에 $false$를 설정한다. 이 발견법의 한 가지 중요한 효과는, 리터럴이 이미 지식 베이스에 있음을 증명하는 시도(모순에 의한 증명으로)가 즉시 성공한다는 것이다(연습문제 7.KNOW). 또한, 한 단위 절에 진릿값을 배정하면 또 다른 단위 절

이 생긴다는 점도 주목하기 바란다. 예를 들어 $C$를 *false*로 설정하면 $(C \lor A)$가 하나의 단위 절이 되며, 그러면 $A$에 *true*가 배정된다. 이러한 강제 배정들의 '중첩(cascade)'을 가리켜 **단위 전파**(unit propagation)라고 부른다. 이는 한정절들에 대한 순방향 연쇄 과정과 비슷하며, 사실 CNF 표현식에 한정절들만 들어 있다면 DPLL은 본질적으로 순방향 연쇄의 복제본이다. (연습문제 7.DPLL을 보라.)

도해 7.17에 나온 DPLL 알고리즘은 검색 과정의 필수적인 틀을 제시한다(구현 세부사항은 생략되었음).

도해 7.17에는 SAT 해결기가 커다란 문제들에도 규모가변적으로 잘 대응하게 만드는 요령들이 생략되어 있다. 다음이 그런 요령들인데, 흥미롭게도, 이 요령들의 대부분은 사실 상당히 일반적이며, 이 책에서 이미 다른 형태로 나온 적이 있다.

1. **구성요소 분석**(CSP의 태즈메이니아 예제와 관련해서 나왔음): DPLL이 변수들에 진릿값을 배정하는 과정에서, 절들의 집합이 공통의 미배정 변수가 없는 서로소 부분집합들로 분리될 수 있다. 그런 부분집합을 **구성요소**(component)라고 부른다. 이런 부분집합들을 효율적으로 검출할 수 있다면, 각 부분집합을 개별적으로 처리함으로써 검색 속도를 크게 높일 수 있다.

---

**function** DPLL-SATISFIABLE?($s$) **returns** *true* 또는 *false*
　　**입력:** $s$, 명제 논리 문장

　　*clauses* ← $s$의 CNF 표현에 있는 절들의 집합
　　*symbols* ← $s$의 명제 기호들의 목록
　　**return** DPLL(*clauses*, *symbols*, { })

**function** DPLL(*clauses*, *symbols*, *model*) **returns** *true* 또는 *false*

　　**if** *clauses*의 모든 절이 *model*에서 참임 **then return** *true*
　　**if** *clauses*의 절들 중 *model*에서 거짓인 절이 존재함 **then return** *false*
　　*P*, *value* ← FIND-PURE-SYMBOL(*symbols*, *clauses*, *model*)
　　**if** *P*가 널이 아님 **then return** DPLL(*clauses*, *symbols* - *P*, *model* ∪ {*P=value*})
　　*P*, *value* ← FIND-UNIT-CLAUSE(*clauses*, *model*)
　　**if** *P*가 널이 아님 **then return** DPLL(*clauses*, *symbols* - *P*, *model* ∪ {*P=value*})

　　*P* ← FIRST(*symbols*); *rest* ← REST(*symbols*)
　　**return** DPLL(*clauses*, *rest*, *model* ∪ {*P=true*}) **or**
　　　　　　DPLL(*clauses*, *rest*, *model* ∪ {*P=false*})

---

**도해 7.17** 명제 논리 문장의 충족 가능성을 점검하는 DPLL 알고리즘. FIND-PURE-SYMBOL과 FIND-UNIT-CLAUSE에 깔린 개념들은 본문에서 설명한다. 두 함수는 하나의 기호(또는 널)와 그 기호에 배정된 진릿값을 돌려준다. TT-ENTAILS?처럼, DPLL은 부분적인 모형들에 작동한다.

2. **변수와 값의 순서**(CSP와 관련해서 §6.3.1에 나왔음): 앞에 나온 간단한 DPLL 구현은 임의의 변수 순서를 사용하며, 항상 값 *true*를 *false*보다 먼저 시도한다. **차수 발견법**(p.253 참고)을 이용하면 나머지 절들 중 가장 자주 나오는 변수를 먼저 시도할 수 있다.

3. **지능적 역추적**(CSP와 관련해서 §6.3.3에 나왔음): 연대순 역추적으로는 몇 시간이 걸려도 안 풀리지만 유관한 충돌 지점으로 즉시 되돌아가는 지능적 역추적을 이용하면 몇 초 만에 풀리는 문제가 많다. 지능적 역추적을 수행하는 모든 SAT 해결기는 어떤 형태로든 **충돌 절 학습**(conflict clause learning)을 이용해서 충돌들을 기록해 두고, 이를 이용해서 이후의 검색에서 그런 충돌들을 되풀이하지 않는다. 그런 해결기들은 흔히 제한된 크기의 충돌 집합을 유지하면서 거의 쓰이지 않는 충돌들을 제거하는 기법을 사용한다.

4. **무작위 재시작**(언덕 오르기와 관련해서 p.152에 나왔음): 검색 알고리즘을 실행했는데 실행에서 검색이 그리 진척되지 않는 것으로 보이는 경우가 있다. 그럴 때에는 검색을 계속 진행하는 대신 검색 트리의 최상단에서 다시 시작하되, 검색이 이전과 달라지도록 변수나 값을 무작위로 선택한다. 첫 실행에서 학습된 절들을 재시작에서도 그대로 유지하면 검색 공간을 잘라내는 데 도움이 된다. 이렇게 한다고 해서 반드시 해답을 더 빨리 발견하게 되는 것은 아니지만, 해답을 구하는 데 걸리는 시간의 분산(variance)이 줄어드는 것은 확실하다.

5. **현명한 색인 적용**(여러 알고리즘에 나왔음): DPLL 자체에 쓰이는 속도 향상 방법들과 현대적인 문제 해결기들이 사용하는 요령들에는 '변수 $X_i$가 긍정 리터럴에 나타나는 절들의 집합' 같은 것에 빠르게 접근할 수 있는 색인화 기법이 필요하다. 이 과제를 복잡하게 만드는 요인 하나, 알고리즘들이 이전의 변수 배정들에 의해 충족되지 않은 절들에만 관심을 두므로 계산이 진행됨에 따라 색인 구조를 동적으로 갱신해야 한다는 사실이다.

이러한 개선안들 덕분에 현대적인 해결기는 변수가 수천만 개인 문제들도 처리할 수 있다. 그런 해결기들은 하드웨어 검증이나 보안 프로토콜 검증처럼 예전에는 사람이 일일이 증명들을 구축해야 했던 분야에 혁신을 가져왔다.

## 7.6.2 국소 검색 알고리즘

지금까지 HILL-CLIMBING(p.149)과 SIMULATED-ANNEALING(p.153)을 비롯해 여러 가지 국소 검색 알고리즘을 살펴보았다. 적절한 평가 함수를 선택한다면 충족 가능성 문제에도 이런 알고리즘들을 직접 적용할 수 있다. 목표는 모든 절을 충족하는 하나의 배정을 찾는 것이므로, 충족되지 않은 절들의 개수를 세는 평가 함수라면 그런 목적으로 사용할 수 있다. 사실 이는 제약 충족 문제에 대한 MIN-CONFLICTS 알고리즘(p.258)이 사용하는 측정 방식과 정확히 일치한다. 이런 알고리즘들은 모두 완전한 배정들의 공간을 탐색하면서 한 번에 한 기호 값을 뒤집는다. 일반적으로 그런 공간에는 극솟값들이 여럿 존재하는데, 그런 극솟값에서 탈출하려면 다양한 형태의 무작위성이 필요하다. 최근 몇 년 사이에는 탐욕성과 무작위성 사이의 적절한 균형점을 찾는 실험이 많이 진행되었다.

이 모든 연구 성과에서 비롯된 가장 간단하고도 효과적인 알고리즘 하나가 WALKSAT (도해 7.18)라는 알고리즘이다. 모든 반복에서 이 알고리즘은 충족되지 않은 절을 택하고 그 절 안의 기호를 하나 택해서 뒤집는다. 뒤집을 기호를 무작위로 선택하는 방식은 크게 두 가지이다: (1) 새 상태에서 충족되지 않은 절들의 개수가 최소가 되도록 선택하는 '최소 충돌' 단계, (2) 그냥 무작위로 기호를 선택하는 '무작위 걷기' 단계.

WALKSAT가 하나의 모형을 돌려준다면 입력 문장은 실제로 충족 가능한 것이다. 그러나 $failure$를 돌려준다면 두 가지 경우로 나뉜다. 하나는 입력 문장이 충족 불가능인 것이고, 또 하나는 알고리즘에게 시간을 더 주어야 하는 것이다. $max\_flips = \infty$, $p > 0$으로 설정한 경우 WALKSAT는 결국에는 하나의 모형을 돌려준다(모형이 존재한다면). 무작위 걷기 단계들에 의해 언젠가는 해답을 만나게 될 것이기 때문이다. 그러나 $max\_flips$가 무한대이고 문장이 충족 불가능이면 이 알고리즘은 결코 종료되지 않는다!

---

**function** WALKSAT($clauses$, $p$, $max\_flips$) **returns** 충족하는 모형 또는 $failure$
　　**입력:** $clauses$, 명제 논리 절들의 집합
　　　　　　　$p$, '무작위 걷기' 단계를 실행할 확률, 보통은 0.5
　　　　　　　$max\_flips$, 값 반전 최대 횟수(그 이후에는 포기)

　　$model \leftarrow clauses$의 기호들에 $true$나 $false$를 무작위로 설정한 기호 배정들
　　**for each** $i = 1$ **to** $max\_flips$ **do**
　　　　**if** $model$이 $clauses$를 충족함 **then return** $model$
　　　　$clause \leftarrow clauses$의 무작위로 선택한, $model$에서 거짓인 절
　　　　**if** RANDOM$(0, 1) \leq p$ **then**
　　　　　　$clause$에서 무작위로 선택한 기호의 $model$에서의 값을 반전
　　　　**else** 충족되는 절들의 개수가 최대가 되도록 하는 $clause$의 기호를 반전
　　**return** $failure$

**도해 7.18** 변수 값들을 무작위로 뒤집어서 충족 가능성을 점검하는 WALKSAT 알고리즘. 다양한 버전이 존재한다.

---

이런 이유로, WALKSAT는 해답이 존재하리라고 예상할 수 있는 경우에 가장 유용하다. 예를 들어 제3~6장에서 논의한 문제들은 대체로 해답이 있다. 반면 WALKSAT가 **충족 불가능성**을 항상 검출하지는 못한다. 충족 불가능성을 검출하려면 함축 관계를 판정해야 한다. 예를 들어 웜퍼스 세계에서 어떤 칸이 안전함을 증명하는 문제에 대해서는 WALKSAT가 신뢰성 있는 답을 돌려주지 못한다. WALKSAT가 돌려줄 수 있는 답은 "이 문제를 한 시간 동안 생각해 봤는데, 그 칸이 안전하지 **않은** 세계는 찾지 못했다"

라는 것이다. 이 답이 그 칸이 안전함을 뜻하는 좋은 경험적 징표일 수는 있지만, 엄밀한 증명은 결코 아니다.

## 7.6.3 무작위 SAT 문제들의 지형

SAT 문제들의 난이도는 다양하다. 쉬운 문제는 기존의 알고리즘 중 아무것으로도 풀 수 있다. 그러나 우리는 SAT가 NP-완전 문제임을 알고 있으며, 따라서 적어도 몇몇 문제 사례는 실행 시간이 지수적이다. 제6장에서 특정 종류의 문제에 대한 몇 가지 놀라운 사실들을 발견한 바 있다. 예를 들어 $n$-퀸 문제는 역추적 검색 알고리즘으로는 해답을 구하기가 상당히 까다롭지만, 최소 충돌 같은 국소 검색 방법들로는 아주 쉽게 풀린다는 점이 판명되었다. 이는 그 해답들이 배정들의 공간 안에 매우 조밀하게 분포되어 있으며, 해답이 초기 배정들 근처에 존재함이 보장되기 때문이다. 다른 말로 하면, $n$-퀸 문제가 쉬운 이유는 그것이 **과소제약**된(underconstrained) 문제이기 때문이다.

과소제약

충족 가능성 문제를 논리곱 표준형으로 고찰한다고 할 때, 과소제약된 문제는 변수들을 제약하는 절들이 비교적 적은 문제에 해당한다. 예를 들어 다음은 기호 다섯 개와 절 다섯 개를 이용해서 무작위로 생성한 3-CNF 문장이다.

$$(\neg D \vee \neg B \vee C) \wedge (B \vee \neg A \vee \neg C) \wedge (\neg C \vee \neg B \vee E)$$
$$\wedge (E \vee \neg D \vee B) \wedge (B \vee E \vee \neg C).$$

이 문장에는 32개의 가능한 배정들 중 16개가 모형화되어 있다. 따라서 평균 두 번의 무작위 추측으로 하나의 모형을 찾을 수 있다. 대부분의 과소제약 문제들처럼 이 문제는 풀기 쉬운 충족 가능성 문제이다. 반면 **과대제약**된(overconstrained) 문제에는 변수 개수에 비해 절들이 많으며 해가 존재하지 않을 가능성이 높다. 과대제약된 문제는 풀기 쉬울 때가 많은데, 제약들 덕분에 빠르게 해 또는 막다른 골목(더 이상 나아갈 수 없는)에 도달하기 때문이다.

이러한 기본적인 직관 이상의 결과를 얻으려면 무작위 문장의 생성 방식을 엄밀하게 정의해야 한다. $CNF_k(m,n)$이라는 표기는 절이 $m$개, 기호가 $n$개인 $k$-CNF 문장을 뜻한다. 이때 절들은 서로 다른 $k$개의 리터럴들(긍정과 부정이 무작위로 분포된)로 이루어진 모든 절 중에서 균등하고 독립적으로, 그리고 중복 없이 선택된다. (하나의 절에 같은 기호가 두 번 나오지 않으며, 한 문장에서 같은 절이 두 번 나오지도 않는다.)

무작위 문장들의 생성원이 주어졌다면 충족 가능성의 확률을 측정할 수 있다. 도해 7.19(a)는 $CNF_3(m,50)$, 즉 변수가 50개이고 한 절에 리터럴이 세 개인 문장들의 충족 가능 확률을 절/기호 비율의 함수로서 나타낸 것이다. 예상대로 $m/n$이 작으면 충족 가능 확률이 1에 가깝고 $m/n$이 크면 그 확률은 0에 가깝다. 확률은 $m/n = 4.3$ 부근에서 크게 떨어진다. 실험 결과에 의하면 그러한 '절벽'은 대체로 같은 장소($k = 3$ 부근)에 머무르되, $n$이 커질수록 경사가 급해진다.

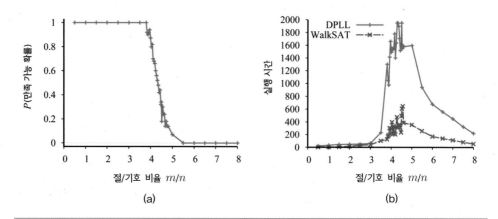

**도해 7.19** (a) 기호가 $n = 50$개인 무작위 3-CNF 문장이 충족 가능할 확률을 절/기호 비율 $m/n$의 함수로 나타낸 그래프. (b) 무작위 3-CNF 문장들에 대한 DPLL과 WALKSAAT의 실행 시간(반복 횟수로 측정) 그래프. 가장 어려운 문제의 절/기호 비율은 약 4.3이다.

충족 가능성
문턱값 추측

　　이론적으로, **충족 가능성 문턱값 추측**(satisfiability threshold conjecture)에 의하면, 모든 $k \geq 3$에 대해 $n$이 무한대로 감에 따라 $CNF_k(n, rn)$이 충족될 확률이 문턱값 밑의 모든 $r$ 값에 대해 1이 되고 문턱값 위의 모든 값에 대해서는 0이 되는 문턱값 비율 $r_k$가 존재한다. 심지어 $k = 3$ 같은 특별한 경우에도 그렇다. 이것은 아직 증명된 정리가 아니라 추측이지만, 이런 종류의 문턱값 효과를 충족 가능성 문제는 물론이고 다른 종류의 NP-난해 문제들에서 흔히 볼 수 있다는 점은 사실이다.

　　이제 충족 가능한 문제들과 충족 불가능한 문제들이 어디에 있는지 어느 정도 확실하게 파악했다. 그렇다면 다음 질문은, 어려운 문제들은 어디에 있는가이다. 이들 역시 문턱값 근처에 몰려 있음이 판명되었다. 도해 7.19(b)는 문턱값 4.3 근처의 50 기호 문제들이 비율이 3.3인 문제들에 비해 약 20배 정도 풀기 어려움을 보여 준다. 과소제약 문제들은 풀기가 가장 쉽다(해답을 추측하기가 아주 쉽기 때문). 과대제약 문제들은 과소제약 문제들만큼 쉽지는 않지만, 문턱값에 있는 문제들보다는 훨씬 쉽다.

# 7.7 명제 논리에 기초한 에이전트

이번 절에서는 지금까지 배운 것들을 통합해서, 명제 논리를 이용하는 웜퍼스 세계의 에이전트를 구축해 본다. 첫 단계는 에이전트가 자신의 지각 역사에 기초해서 세계의 상태를 가능한 한도까지 연역할 수 있게 만드는 것이다. 이를 위해서는 동작들의 효과에 대한 완결적인 논리적 모형을 작성해야 한다. 그런 논리적 모형을 만든 후에는, 다음에는 웜프스 세계의 에이전트가 논리적 추론을 어떻게 활용하는지 살펴본다. 또한 이번 절에서는 에이전트가 추론을 수행할 때마다 지각 역사를 다시 훑는 일 없이 세계의 상태를 효율적으로 추적하는 방법도 소개한다. 마지막으로, 지식 베이스가 실제 세계에서 참이기만 하다면 반드시 목표 달성이 보장되는 계획들을 에이전트가 논리적 추론을 이용해서 구축하는 방법을 제시한다.

## 7.7.1 세계의 현재 상태

이번 장 도입부에서 언급했듯이, 논리적 에이전트는 다음에 할 일을 세계에 관한 문장들로 이루어진 지식 베이스로부터 이끌어낸다. 지식 베이스는 공리(세계의 작동 방식에 관한 일반 지식)들과 특정 세계에서의 에이전트의 경험으로부터 얻은 지각 문장들로 이루어진다. 이번 절에서는 웜퍼스 세계의 현재 상태(이를테면 에이전트의 위치, 주어진 칸의 안전성 등)를 추론하는 문제에 초점을 둔다.

우선 §7.4.3의 공리들을 수집하는 것으로 시작한다. 에이전트는 시작 칸에 구덩이가 없다는 사실($\neg P_{1,1}$)과 웜퍼스가 없다는 사실($\neg W_{1,1}$)을 알고 있다. 또한 각 칸마다, 오직 이웃 칸에 구덩이가 있을 때만 그 칸에서 미풍이 분다는 점과 오직 이웃 칸에 웜퍼스가 있을 때만 그 칸에서 악취를 맡을 수 있다는 점도 안다. 이로부터, 다음과 같은 형태의 수많은 문장들을 지식 베이스에 넣을 수 있다.

$$B_{1,1} \Leftrightarrow (P_{1,2} \vee P_{2,1})$$
$$S_{1,1} \Leftrightarrow (W_{1,2} \vee W_{2,1})$$
$$\cdots$$

에이전트는 또한 웜퍼스가 딱 한 마리라는 점을 안다. 이는 두 부분으로 표현된다. 첫째로, 웜퍼스가 적어도 한 마리임을 나타내야 한다.

$$W_{1,1} \vee W_{1,2} \vee \cdots \vee W_{4,3} \vee W_{4,4}.$$

다음으로, 웜퍼스가 **많아야 한 마리**임을 나타내야 한다. 이를 위해 각각의 칸 쌍마다 두 칸 중 적어도 하나에는 웜퍼스가 없어야 한다는 문장을 추가한다.

$$\neg W_{1,1} \vee \neg W_{1,2}$$
$$\neg W_{1,1} \vee \neg W_{1,3}$$
$$\cdots$$
$$\neg W_{4,3} \vee \neg W_{4,4}.$$

지금까지는 어렵지 않았다. 이제 에이전트의 지각을 생각해 보자. [1,1]에 악취가 있다는 사실은 $S_{1,1}$로 표기한다. 에이전트가 [1,1]에 악취를 감지했다는 점을 하나의 명제 *Stench*로 나타낼 수 있으면 좋겠지만, 안타깝게도 그럴 수 없다. 만일 이전 시간 단계에서 악취가 없었다면 ¬$Stench$가 이미 단언되어 있을 수 있으며, 그러면 새 단언은 그냥 모순이 된다. 다행히 이 문제는 지각 단언이 오직 **현재 시간에만 해당한다**는 점에 착안해서 해결할 수 있다. 예를 들어 만일 시간 단계(도해 7.1의 MAKE-PERCEPT-SENTENCE의 둘째 인수로 지정된)가 4라면, 지식 베이스에 $Stench$가 아니라 $Stench^4$를 추가한다. 이러면 이전에 추가된 ¬$Stench^3$과는 모순되지 않는다. 미풍, 벽 충돌, 반짝임, 비명 지각에 대해서도 마찬가지이다.

명제에 시간 단계를 연관시킨다는 착안은 시간에 따라 변하는 세계의 다른 모든 측면에도 적용할 수 있다. 예를 들어 초기 지식 베이스에 $L_{1,1}^0$(에이전트가 시간 단계 0에서 [1,1] 칸에 있음)과 $FacingEast^0$, $HaveArrow^0$, $WumpusAlive^0$이 있다고 하자.

유량

시간에 따라 변하는 측면을 **유량**流量(fluent; '흐름'을 뜻하는 라틴어 *fluens*에서 비롯됨)이라고 부르기로 하겠다. '유량'은 §2.4.7의 분해된 표현에 대한 논의(p.78)에서 설명한 의미에서의 '상태 변수'와 동일한 것이다. 세계의 영속적인 측면에 연관된 기호에는 시간을 나타내는 위 첨자를 붙일 필요가 없다. 그런 기호를 **비시간적 변수**(atemporal variable)라고 부르기도 한다.

비시간적 변수

위치 유량을 통해 경험된 악취 지각과 미풍 지각을 칸들의 속성에 다음과 같이 직접 연결할 수 있다.[11] 임의의 시간 단계 $t$와 임의의 칸 $[x,y]$에 대해 다음과 같이 단언한다.

$$L_{x,y}^t \Rightarrow (Breeze^t \Leftrightarrow B_{x,y})$$
$$L_{x,y}^t \Rightarrow (Stench^t \Leftrightarrow S_{x,y}).$$

물론 에이전트가 $L_{x,y}^t$ 같은 유량을 추적할 수 있으려면 적절한 공리들이 필요하다. 이 유량들은 에이전트가 취하는 동작의 결과에 의해 변하므로, 제3장의 어법으로 말하자면 웜퍼스 세계의 **전이 모형**을 일단의 논리적 문장들로 표기해야 한다.

우선 동작들의 발생을 나타내는 명제 기호들이 필요하다. 지각들에서처럼 이 기호들에는 시간이 위 첨자로 붙는다. 예를 들어 $Forward^0$은 에이전트가 시간 0에서 $Forward$ 동작을 실행함을 뜻한다. 관례상, 주어진 시간 단계에서 지각이 먼저 일어나고, 그다음에 그 시간 단계에서의 동작이 수행되고, 그런 후에 다음 시간 단계로의 전이가 일어난다고 하겠다.

세계가 변하는 방식을 서술하기 위해, 한 동작이 다음 시간 단계에 어떤 결과를 만들어 내는지를 지정하는 **효과 공리**(effect axiom)들을 작성할 수도 있다. 예를 들어 시간 단계 0에서 에이전트가 칸 [1,1]에서 동쪽을 향한 상태에서 $Forward$ 동작을 수행하면, 그다음 단계에서 에이전트는 더 이상 [1,1] 칸에 없고, 대신 [2,1] 칸에 있게 된다. 이를 다음과 같이 표현할 수 있다.

효과 공리

$$L_{1,1}^0 \wedge FacingEast^0 \wedge Forward^0 \Rightarrow (L_{2,1}^1 \wedge \neg L_{1,1}^1). \tag{7.1}$$

---

[11] §7.4.3에서는 편의상 이 요구사항을 무시했다.

각각의 가능한 시간 단계에 대해 각 16칸마다, 그리고 네 방향마다 이런 문장이 필요할 것이다. 또한 *Grab*, *Shoot*, *Climb*, *TurnLeft*, *TurnRight* 같은 다른 동작에 대해서도 그런 수 많은 문장이 필요할 것이다.

에이전트가 시간 0에서 *Forward*로 이동하기로 하고 그 사실에 대한 단언을 자신의 지식 베이스에 추가한다고 가정하자. 식 (7.1)의 효과 공리가 주어졌을 때, 그 공리와 시간 0에서의 초기 단언들을 결합하면 에이전트는 자신이 [2,1]에 있음을 추론하게 된다. 즉, $Ask(KB, L_{2,1}^1) = true$이다. 여기까지는 좋다. 하지만 안타깝게도, 만일 $Ask(KB, HaveArrow^1)$을 물으면 그 답은 $false$이다. 즉, 에이전트는 자신이 아직 화살을 가지고 있음을 증명할 수 없으며, 화살을 가지고 있지 **않음**을 증명할 수도 없다! 이는 동작의 결과에 의해 **변하지 않는** 것이 무엇인지를 효과 공리가 말해 주지 않기 때문이다. 이를 극복하려면 **기준계 문제**(frame problem)를 해결해야 한다.[12] 기준계 문제에 대한 한 가지 가능한 해법은, 모든 명제가 동일하게 유지됨을 명시적으로 단언하는 **기준계 공리**(frame axiom)들을 추가하는 것이다. 이를테면 각 시간 단계 $t$에 대해 다음과 같은 단언들을 추가하면 될 것이다.

기준계 문제<br>기준계 공리

$$Forward^t \Rightarrow (HaveArrow^t \Leftrightarrow HaveArrow^{t+1})$$
$$Forward^t \Rightarrow (WumpusAlive^t \Leftrightarrow WumpusAlive^{t+1})$$
$$\cdots$$

이들은 동작 *Forward*하에서 시간 $t$에서 시간 $t+1$로 갈 때 모든 명제가 변하지 않고 그대로 유지됨을 명시적으로 단언한다. 이렇게 하면 에이전트가 앞으로 이동해도 자신이 여전히 화살을 가지고 있다는 사실과 웜퍼스가 죽지 않았거나 다시 살아났다는 사실을 알게 된다. 그러나 기준계 공리들이 많아지면 추론의 효율이 눈에 띄게 감소한다. 서로 다른 동작이 $m$개이고 유량이 $n$개인 세계에서 기준계 공리들의 집합의 크기는 $O(mn)$이 된다. 기준계 문제의 이러한 증상을 가리켜 **표현적 기준계 문제**(representational frame problem)라고 부르기도 한다. 이 문제는 인공지능 역사에서 중요한 역할을 했는데, 이에 관해서는 이번 장 끝의 역사적 참고사항에서 좀 더 이야기하겠다.

표현적 기준계 문제가 중요한 이유는, 실세계에 유량들이 아주(순화해서 말해서) 많다는 것이다. 다행히 사람의 동작에 의해 변하는 유량들의 개수 $k$는 비교적 작다. 이는 세계가 **국소성**(locality)을 보이는 것에 해당한다. 표현적 기준계 문제를 풀려면 전이 모형을 크기가 $O(mn)$이 아니라 $O(mk)$인 공리 집합으로 정의해야 한다. 또한 **추론적 기준계 문제**(inferential frame problem)도 있다. 이는 동작의 $t$-단계 계획의 결과들을 $O(nt)$가 아니라 $O(kt)$의 시간으로 순방향 투사하는 문제이다.

이러한 문제의 해결책을 찾으려면, **동작**들에 대한 공리가 아니라 **유량**들에 대한 공

표현적<br>기준계 문제

국소성

추론적<br>기준계 문제

---

12 '기준계 문제'라는 이름은 물리학 용어 '기준계(frame of reference)'에서 비롯된 것이다. 기준계는 운동의 측정 기준이 되는, 정적이라고 가정된 배경을 뜻한다. 또한, 배경의 대부분은 그대로 있고 전경만 변하는 영화의 프레임을 비유한 것이기도 하다.

리를 작성하는 것으로 초점을 바꾸어야 한다. 즉, 각 유량 $F$마다 $F^{t+1}$의 진릿값을 시간 $t$에서의 유량들($F$ 자체를 포함한)과 시간 $t$에서 발생할 수 있는 동작들을 이용해서 정의하는 공리를 작성한다. 그런 공리가 있을 때, $F^{t+1}$의 진릿값이 설정되는 방식은 두 가지이다. 하나는 어떤 동작을 시간 $t$에서 실행한 결과로 시간 $t+1$에서 $F$가 참이 되는 것이고, 또 하나는 시간 $t$에서 $F$가 이미 참이며 시간 $t$에서 실행된 동작이 $F$를 거짓으로 바꾸지 않는 것이다. 이런 종류의 공리를 **후행 상태 공리**(successor-state axiom)라고 부른다. 이 공리의 형태는 다음과 같다.

**후행 상태 공리**

$$F^{t+1} \Leftrightarrow ActionCauses\,F^t \vee (F^t \wedge \neg ActionCausesNot\,F^t).$$

지금 예에서 가장 간단한 후행 상태 공리들은 $HaveArrow$에 대한 것들이다. 화살을 재장전하는 동작이 없으므로, $ActionCauses\,F^t$ 부분이 사라지고 다음만 남는다.

$$HaveArrow^{t+1} \Leftrightarrow (HaveArrow^t \wedge \neg Shoot^t). \tag{7.2}$$

에이전트 위치에 관한 후행 상태 공리들은 좀 더 복잡하다. 예를 들어 $L_{1,1}^{t+1}$이 참이 되는 것은 (a) 에이전트가 [1,2]에서 남쪽을 향한 상태에서 $Forward$로 이동했거나 [2,1]에서 서쪽을 향한 상태에서 $Forward$로 이동한 경우, 또는 (b) $L_{1,1}^t$이 이미 참이고 에이전트의 동작이 위치 변화를 일으키지 않은 경우(동작이 $Forward$가 아니거나, 이동을 시도했으나 벽에 부딪혔음)이다. 이를 명제 논리로 표기하면 다음과 같다.

$$
\begin{aligned}
L_{1,1}^{t+1} \quad \Leftrightarrow \quad & (L_{1,1}^t \wedge (\neg Forward^t \vee Bump^{t+1})) \\
& \vee (L_{1,2}^t \wedge (FacingSouth^t \wedge Forward^t)) \\
& \vee (L_{2,1}^t \wedge (FacingWest^t \wedge Forward^t)).
\end{aligned}
\tag{7.3}
$$

연습문제 7.ssax에서는 웜퍼스 세계의 나머지 유량들에 대한 공리들을 직접 작성해 본다.

후행 상태 공리들과 이번 절 처음에 나온 다른 공리들을 포함한 완전한 공리 집합이 주어졌을 때, 에이전트는 세계의 현재 상태에 대한 그 어떤 질문(물론 답변이 가능한)도 ASK로 물어서 답을 얻을 수 있다. 예를 들어, §7.2에서 초기 지각열과 동작열은 다음과 같았다.

$$\neg Stench^0 \wedge \neg Breeze^0 \wedge \neg Glitter^0 \wedge \neg Bump^0 \wedge \neg Scream^0 \;;\; Forward^0$$
$$\neg Stench^1 \wedge Breeze^1 \wedge \neg Glitter^1 \wedge \neg Bump^1 \wedge \neg Scream^1 \;;\; TurnRight^1$$
$$\neg Stench^2 \wedge Breeze^2 \wedge \neg Glitter^2 \wedge \neg Bump^2 \wedge \neg Scream^2 \;;\; TurnRight^2$$
$$\neg Stench^3 \wedge Breeze^3 \wedge \neg Glitter^3 \wedge \neg Bump^3 \wedge \neg Scream^3 \;;\; Forward^3$$
$$\neg Stench^4 \wedge \neg Breeze^4 \wedge \neg Glitter^4 \wedge \neg Bump^4 \wedge \neg Scream^4 \;;\; TurnRight^4$$
$$\neg Stench^5 \wedge \neg Breeze^5 \wedge \neg Glitter^5 \wedge \neg Bump^5 \wedge \neg Scream^5 \;;\; Forward^5$$
$$Stench^6 \wedge \neg Breeze^6 \wedge \neg Glitter^6 \wedge \neg Bump^6 \wedge \neg Scream^6$$

이 시점에서 $\text{ASK}(KB, L_{1,2}^6) = true$이다. 즉, 에이전트는 자신이 어디 있는지 안다. 더 나아가서, $\text{ASK}(KB, W_{1,3}) = true$이고 $\text{ASK}(KB, P_{3,1}) = true$이므로, 에이전트는 웜퍼스를 발견했으며 구덩이 중 하나도 발견했다. 에이전트에게 가장 중요한 질문은 주어진 칸으로 이동해도 안전한지, 즉 그 칸에 구덩이나 살아 있는 웜퍼스가 없는지를 확인하는 것이다. 이를 위한 공리들을 다음과 같은 형태로 추가해 두면 편리할 것이다.

$$OK_{x,y}^t \Leftrightarrow \neg P_{x,y} \wedge \neg(W_{x,y} \wedge \mathit{WumpusAlive}^t).$$

마지막으로, $\text{ASK}(KB, OK_{2,2}^6) = true$이므로 칸 [2,2]로 이동해도 안전하다. 사실 DPLL처럼 건전하고 완결적인 알고리즘이 있으면 에이전트는 안전한 칸에 대한 그 어떤 답변 가능한 질문에도 답을 얻을 수 있다. 그리고 중소규모의 웜퍼스 세계에서는 그러한 답을 몇 밀리초 이내로 얻을 수 있다.

표현적·추론적 기준계 문제들을 풀 수 있다는 것은 커다란 진보이지만, 치명적인 문제점이 하나 더 남아 있다. 바로, 어떤 동작이 의도된 효과를 내는 데 필요한 **모든** 전제조건이 성립하는지 확인해야 한다는 것이다. 앞에서 *Forward* 동작은 에이전트가 향한 방향에 벽이 없는 한 에이전트를 한 칸 앞으로 이동한다고 말했다. 그러나 동작을 실패하게 만드는 색다른 예외들은 그 외에도 많다. 에이전트가 제 발에 걸려 넘어질 수도 있고, 갑자기 심장마비가 올 수도 있고, 커다란 박쥐에게 잡혀갈 수도 있다. 이 모든 예 한정 문제 외를 지정해야 하는 문제를 가리켜 **한정 문제**(qualification problem)라고 부른다. 논리 안에는 완전한 해답이 없다. 시스템 설계자는 모형을 얼마나 상세하게 명시할 것인지, 그리고 어떤 세부사항을 제외시킬 것인지 잘 판단해야 한다. 확률 이론을 이용하면 모든 예외를 명시적으로 나열하지 않고 요약할 수 있다는 점이 제12장에 나온다.

## 7.7.2 혼성 에이전트

세계의 상태에 대한 여러 측면을 추론하는 능력을 조건-동작 규칙들(§2.4.2) 및 제3장과 제4장의 문제 해결 알고리즘들과 상당히 직접적인 방식으로 결합해서 웜퍼스 세계를 위 혼성 에이전트 한 **혼성 에이전트**(hybrid agent)를 만들어 낼 수 있다. 도해 7.20은 이를 수행하는 한 가지 가능한 방식을 나타낸 것이다. 에이전트 프로그램은 지식 베이스와 현재 계획을 유지, 갱신한다. 초기의 지식 베이스에는 **비시간적 공리들**, 즉 $t$에 의존하지 않는 공리들이 들어 있다. 이를테면 이웃 칸의 구덩이의 존재를 말해 주는 미풍 지각에 관련된 공리들이 여기에 속한다. 각 시간 단계에서는 새로운 지각 문장과 $t$에 의존하는 모든 공리(이를테면 후행 상태 공리들)이 지식 베이스에 추가된다. (에이전트에 미래의 시간 단계들에 대한 공리가 필요하지 않은 이유는 다음 절에서 설명한다.) 그런 다음 에이전트는 어떤 칸들이 안전한지, 그리고 어떤 칸들을 아직 방문하지 않았는지를 논리적 추론을 이용해서, 즉 지식 베이스에 질의해서(ASK) 알아낸다.

**function** HYBRID-WUMPUS-AGENT(*percept*) **returns** 하나의 동작을 나타내는 *action*
   **입력:** *percept*, 목록 [*stench,breeze,glitter,bump,scream*]
   **지속 변수:** *KB*, 지식 베이스, 초기에는 비시간적 '웜퍼스 물리'
       *t*, 시간을 나타내는 카운터, 초기에는 0
       *plan*, 동작열, 초기에는 비어 있음

   TELL(*KB*, MAKE-PERCEPT-SENTENCE(*percept*, *t*))
   *KB*에게 시간 *t*에 대한 시간적 '물리' 문장들을 TELL로 알려준다
   $safe \leftarrow \{[x,y] : \text{ASK}(KB, OK_{x,y}^{t}) = true\}$
   **if** ASK($KB$, $Glitter^{t}$) = *true* **then**
     *plan* ← [*Grab*] + PLAN-ROUTE(*current*, {[1,1]}, *safe*) + [*Climb*]
   **if** *plan*이 비어 있음 **then**
     $unvisited \leftarrow \{[x,y] : $ 모든 $t' \leq t$에 대해 ASK$(KB, L_{x,y}^{t'}) = false\}$
     *plan* ← PLAN-ROUTE(*current*, *unvisited* ∩ *safe*, *safe*)
   **if** *plan*이 비어 있고 ASK($KB$, $HaveArrow^{t}$) = *true* **then**
     $possible\_wumpus \leftarrow \{[x,y] : \text{ASK}(KB, \neg W_{x,y}) = false\}$
     *plan* ← PLAN-SHOT(*current*, *possible_wumpus*, *safe*)
   **if** *plan*이 비어 있음 **then**   // 이제 위험을 감수할 수밖에 없다
     $not\_unsafe \leftarrow \{[x,y] : \text{ASK}(KB, \neg OK_{x,y}^{t}) = false\}$
     *plan* ← PLAN-ROUTE(*current*, *unvisited* ∩ *not_unsafe*, *safe*)
   **if** plan이 비어 있음 **then**
     *plan* ← PLAN-ROUTE(*current*, {[1,1]}, *safe*) + [*Climb*]
   *action* ← POP(*plan*)
   TELL(*KB*, MAKE-ACTION-SENTENCE(*action*, *t*))
   *t* ← *t* + 1
   **return** *action*


**function** PLAN-ROUTE(*current,goals,allowed*) **returns** 동작열
   **입력:** *current*, 에이전트의 현재 위치
      *goals*, 칸들의 집합, 이들 중 하나로의 경로를 계획한다
      *allowed*, 경로의 일부를 형성할 수 있는 칸들의 집합

   *problem* ← ROUTE-PROBLEM(*current*, *goals,allowed*)
   **return** A*-GRAPH-SEARCH(*problem*)   // 제3장의 검색 알고리즘 중 어떤 것이라도 가능

> **도해 7.20** 웜퍼스 세계를 위한 혼성 에이전트 프로그램. 명제 지식 베이스를 이용해서 세계의 상태를 추론하고, 문제 해결 검색과 영역 국한적 코드의 조합을 이용해서 동작을 선택한다. 각 호출에서 HYBRID-WUMPUS-AGENT는 주어진 지각을 지식 베이스에 추가한 후 이전에 정의한 계획을 사용하거나 새 계획을 만들고, 그 계획의 첫 단계를 뽑아서 다음에 수행할 동작으로 선택한다.


    에이전트 프로그램의 본문은 목표들을 우선순위가 높은 것부터 고려해서 계획을 구축한다. 우선, 만일 반짝임이 지각되면 프로그램은 금을 집고, 시작 위치로 돌아가는 경로를 따라 이동해서 동굴 밖으로 빠져나간다. 반짝임 지각이 없는 경우, 만일 현재 계획

이 없으면 아직 방문하지 않은 가장 가까운 안전한 칸으로 이동하는 경로를 계획한다. 이때 반드시 안전한 칸들만 거쳐가는 경로를 만든다.

경로 계획은 ASK가 아니라 A* 검색으로 수립한다. 탐험할 안전한 칸이 없는 경우, 만일 아직 화살을 가지고 있으면 웜퍼스가 있을 만한 칸으로 화살을 쏘아서 안전한 칸을 만든다. 이는 $\text{ASK}(KB, \neg W_{x,y})$가 거짓인지, 즉 웜퍼스가 없음이 알려지지 않았는지로 판정한다. PLAN-SHOT 함수(도해 7.20에는 없음)는 PLAN-ROUTE를 이용해서 이 활 쏘기를 위한 일련의 동작들을 계획한다. 활을 쐈지만 안전한 칸을 만들지 못했다면, 안전하지 않음이 증명된 것은 아닌 칸, 즉 $\text{ASK}(KB, \neg OK_{x,y}^t)$가 거짓을 돌려주는 칸을 찾는다. 그런 칸이 없으면 임무 완수가 불가능한 상황이므로 [1,1]로 후퇴해서 동굴을 빠져 나간다.

### 7.7.3 논리적 상태 추정

도해 7.20의 에이전트 프로그램은 상당히 잘 작동하나, 중요한 약점이 하나 있다. 바로, 시간이 지남에 따라 ASK 호출에 관련된 계산 비용이 계속 높아진다는 것이다. 주된 이유는 요구된 추론을 수행하려면 더 먼 과거로 돌아가야 하며, 더 많은 명제 기호를 처리해야 하기 때문이다. 이러한 접근방식을 오래 지속하는 것이 불가능함은 명백하다. 에이전트가 각 지각을 처리하는 데 걸리는 시간이 에이전트의 수명에 비례해서는 안 될 일이다! 진정으로 필요한 것은 **상수 갱신 시간**이다. 즉, 갱신에 걸리는 시간이 $t$와는 무관해야 한다. 이를 위한 명백한 해결책은 추론의 결과들을 저장 또는 **캐싱**caching해 두는 것이다. 그러면 다음 시간 단계에서 모든 추론을 처음부터 시작할 필요 없이 이전 단계의 결과들에 기초해서 추론을 재개할 수 있다.

§4.4에서 보았듯이, 지난 지각들과 그 지각들의 모든 파급 효과의 역사를 **믿음 상태**(belief state), 즉 세계의 모든 가능한 현재 상태를 담은 집합의 어떠한 표현으로 대체할 수 있다.[13] 새로 받은 지각들로 믿음 상태를 갱신하는 과정을 **상태 추정**(state estimation; p.175 참고)이라고 부른다. §4.4에서는 믿음 상태가 명시적인 상태들의 목록이었지만, 지금은 현재 시간 단계와 연관된 명제 기호들과 비시간적 기호들이 관여하는 논리적 문장을 믿음 상태로 사용할 수 있다. 예를 들어 논리 문장

$$WumpusAlive^1 \wedge L_{2,1}^1 \wedge B_{2,1} \wedge (P_{3,1} \vee P_{2,2}) \tag{7.4}$$

는 시간 단계 1에서 웜퍼스가 살아 있고, 에이전트가 [2,1]에 있으며 그 칸에 미풍이 불고, [3,1]이나 [2,2] 또는 둘 다에 구덩이가 있는 모든 상태의 집합을 나타낸다.

구체적인 믿음 상태를 논리식의 형태로 유지, 갱신하는 것이 쉬운 일은 아니다. 시간 $t$에서 유량 기호가 $n$개이면 가능한 상태(그 기호들에 진릿값을 설정하는 배정)는 $2^n$

---

[13] 지각 역사 자체를 믿음 상태의 한 표현으로 간주할 수 있지만, 그러면 역사가 길어질수록 추론 비용이 커진다.

개이다. 이제 믿음 상태 집합은 물리적 상태 집합의 멱집합(power set; 모든 부분집합의 집합)이다. 물리적 상태는 총 $2^n$개이므로 믿음 상태는 총 $2^{2^n}$개이다. 각 믿음 상태를 고유한 이진수 하나로 나타내는 식으로 논리식을 최대한 간결하게 부호화한다고 해도, 현재 믿음 상태를 식별하는 번호에는 $\log_2(2^{2^n}) = 2^n$개의 비트가 필요하다. 즉, 정확한 상태 추정을 위해서는 크기가 기호 개수에 지수적인 논리식들을 사용해야 할 수 있는 것이다.

근사적 상태 추정을 위한 아주 흔하고도 자연스러운 방안 하나는, 믿음 상태를 리터럴들의 논리곱, 즉 1-CNF 논리식으로 표현하는 것이다. 그러면, $t-1$에서의 믿음 상태가 주어졌다고 할 때, 에이전트 프로그램은 그냥 각 기호 $X^t$에 대해(그리고 진릿값이 아직 알려지지 않은 각각의 비시간적 기호에 대해) $X^t$와 $\neg X^t$를 증명해 보고, 증명 가능한 리터럴들의 논리곱을 새로운 믿음 상태로 만들고, 이전의 믿음 상태는 폐기하면 된다.

이 방안에서는 시간이 지남에 따라 일부 정보가 소실될 수 있음을 이해하는 것이 중요하다. 예를 들어 식 (7.4)의 문장이 실제(근사가 아닌) 믿음 상태였다면 $P_{3,1}$이나 $P_{2,2}$를 개별적으로 증명할 수는 없으며, 따라서 그 둘은 1-CNF 믿음 상태에 나타나지 않았을 것이다. (연습문제 7.HYBR에서 이 문제에 대한 한 가지 가능한 해답을 살펴본다.) 한편, 1-CNF 믿음 상태의 모든 리터럴은 이전 믿음 상태로부터 증명되고 초기 믿음 상태가 참인 단언이므로, 1-CNF 믿음 상태 전체는 반드시 참이다. 따라서 1-*CNF* 믿음 상태로 표현되는 모든 가능한 상태의 집합은 완전한 지각 역사가 주어졌을 때 실제로 가능한 상태들을 모두 포함한다. 도해 7.21에서 보듯이 1-CNF 믿음 상태는 간단한 실제 믿음 상태를 감싸는 외곽 봉투, 다시 말해 **보수적 근사**(conservative approximation)로 작용한다. 복잡한 집합에 대한 보수적 근사라는 이러한 개념은 인공지능의 여러 분야에서 반복해서 나타나는 주제이다.

보수적 근사

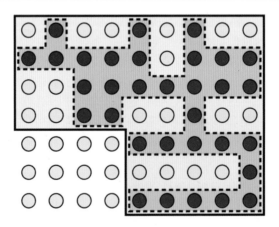

**도해 7.21** 1-CNF 믿음 상태(굵은 외곽선)를 흔들리는(wiggly) 실제 믿음 상태(점선 외곽선과 회색 바탕)에 대한 보수적 근사를 통해서 간단히 표현한 도식. 원은 가능한 세계이고, 회색 바탕 원은 모든 지각과 일관적인 세계이다.

## 7.7.4 명제 추론을 이용한 계획 수립

도해 7.20의 에이전트는 안전한 칸을 알아낼 때에는 논리적 추론을 사용하지만 계획을 수립할 때에는 A* 검색을 사용한다. 이번 절에서는 계획을 논리적 추론을 이용해서 만드는 방법을 제시한다. 기본 착안은 다음과 같이 아주 간단하다.

1. 다음 요소들로 구성된 문장을 만든다.

    (a) $Init^0$, 초기 상태에 대한 단언들의 집합

    (b) $Transition^1, ..., Transition^t$, 어떤 최대 시간 $t$까지의 각 시간 단계에서의 모든 가능한 동작에 대한 후행 상태 공리들

    (c) 시간 $t$에서 목표가 달성됨을 단언하는 문장: $HaveGold^t \wedge ClimbedOut^t$

2. 문장 전체를 하나의 SAT 해결기에 공급한다. 만일 해결기가 그 문장을 충족하는 모형을 찾아내면 목표를 달성한 것이다. 그 문장이 충족 불가능이면, 주어진 문제는 풀 수 없는 문제이다.

3. 모형을 찾았다고 할 때, 그 모형에서 동작을 나타내는 변수들을 추출해서 $true$를 배정한다. 이 변수들의 배정은 목표를 달성하는 하나의 계획을 나타낸다.

명제 계획 수립 절차 SATPLAN이 도해 7.22에 나와 있다. 이 함수는 방금 말한 착안을 거의 직접적으로 구현하나, 설명이 필요한 부분이 하나 있다. 에이전트는 목표에 도달하기까지의 단계 수를 알지 못하므로, 알고리즘은 가능한 단계들의 개수 $t$를 허용 가능한 최대 계획 길이 $T_{\max}$까지 점차 늘려가면서 시도한다. 이 덕분에 이 알고리즘은 반드시 최단 계획을 찾아낸다(가능한 계획이 존재한다고 할 때). SATPLAN이 해답을 찾는 방식 때문에, 부분 관측 가능 환경에서는 이 접근방식을 사용할 수 없다. 관측 불가능한 변수들에는 SATPLAN이 그냥 해답을 만들어 내는 데 필요한 값들을 설정할 뿐이다.

---

**function** SATPLAN($init$, $transition$, $goal$, $T_{\max}$) **returns** 해답 또는 $failure$
  입력: $init$, $transition$, $goal$, 문제의 구성요소들
       $T_{\max}$, 경로 길이의 상한

  **for** $t = 0$ **to** $T_{\max}$ **do**
    $cnf \leftarrow$ TRANSLATE-TO-SAT($init$, $transition$, $goal$, $t$)
    $model \leftarrow$ SAT-SOLVER($cnf$)
    **if** $model$이 널이 아님 **then**
      **return** EXTRACT-SOLUTION($model$)
  **return** $failure$

> **도해 7.22** SATPLAN 알고리즘. 계획 수립 문제를, 고정된 시간 단계 $t$에서 목표가 달성됨을 단언하는 하나의 CNF 문장과 $t$까지의 각 단계에 대한 공리들로 변환했다고 가정한다. 충족 가능성 알고리즘이 모형을 찾았다면, 그 모형에서 동작에 해당하는 명제 기호를 추출해서 $true$를 배정한다. 모형을 찾지 못하면 목표를 한 단계 뒤로 미룬 후 같은 과정을 반복한다.

SATPLAN 활용의 관건은 지식 베이스를 제대로 구축하는 것이다. 언뜻 생각하면 §7.7.1의 웜퍼스 세계 공리들이 앞의 1(a)와 1(b)에 대해 충분할 것 같다. 그러나 함축 관계(ASK가 검증하는)에 대한 요구조건과 충족 가능성에 대한 요구조건 사이에는 중요한 차이가 존재한다.

예를 들어 에이전트의 초기 위치가 [1,1]이고 에이전트의 소박한 목표가 시간 단계 1에서 [2,1]에 도달하는 것이라고 가정하자. 초기의 지식 베이스에는 $L_{1,1}^0$이 들어 있고, 목표는 $L_{2,1}^1$이다. ASK를 이용하면, 만일 $Forward^0$이 단언되어 있다면 $L_{2,1}^1$을 증명할 수 있다. 그러나 예를 들어 $Shoot^0$이 단언되어 있으면 $L_{2,1}^1$은 증명할 수 없다. 이제 SATPLAN은 $[Forward^0]$이라는 계획을 찾을 것이다. 여기까지는 좋다.

그러나 안타깝게도 SATPLAN은 $[Shoot^0]$이라는 계획도 찾아낸다. 왜 그럴까? 이를 이해하기 위해, SATPLAN이 구축하는 모형을 조사해 보자. 그 모형에는 $L_{2,1}^0$이라는 배정이 있다. 이는 에이전트가 시간 0에서 [2,1]에서 활을 쏘면 시간 1에서 [2,1]에 있음을 뜻한다. 지식 베이스에 "시간 0에서 에이전트가 [1,1]에 있음"을 뜻하는 단언이 있는데도 이런 계획이 가능한 이유는, 한 시간 단계에서 에이전트가 두 장소에 있을 수는 없음을 말해 주지 않았기 때문이다! 함축 문제에서는 $L_{2,1}^0$이 알려지지 않았으므로 증명에 사용할 수 없다. 그러나 충족 가능성 문제에서는 $L_{2,1}^0$이 알려지지 않았으므로, 목표 달성에 도움이 되는 그 어떤 값도 배정될 수 있다.

이처럼 필수적인 지식이 누락된 부분을 드러내 준다는 점에서, SATPLAN은 지식 베이스를 디버깅하는 데 유용한 도구이다. 지금 예에서는 각 시간 단계에서 에이전트가 정확히 한 장소에 있음을 단언하는 문장들(앞에서 이 세계에 웜퍼스가 정확히 한 마리만 있음을 단언하는 문장들과 비슷한)을 추가해서 이 문제를 해결할 수 있다. 또는, [1,1]을 제외한 모든 장소에서 $\neg L_{x,y}^0$를 단언할 수도 있다. 그 이후의 시간 단계들은 위치에 대한 후행 상태 공리에 의해 처리된다. 에이전트가 한 번에 하나의 방향을, 그리고 단 하나의 방향만 가리킴을 단언하는 문제도 마찬가지 방식으로 해결할 수 있다.

그런데 SATPLAN에는 놀라운 구석이 몇 개 더 있다. 첫째는 SATPLAN이 불가능한 동작(이를테면 화살 없이 활을 쏘는 등)을 포함한 모형을 찾아낸다는 것이다. 왜 그런지 이해하려면, 전제조건이 충족되지 않은 동작들에 대해 후행 상태 공리들(식 (7.3) 같은)이 무엇을 말해 주는지 세심하게 살펴볼 필요가 있다. 이 공리들은 그런 동작이 실행되었을 때 아무 일도 일어나지 않음은 **정확하게** 예측하지만(연습문제 7.SATP 참고), 그 동작을 실행할 수 없다는 점은 말해 주지 **않는다**. 적법하지 않은 동작들이 포함된 계획이 생성되지 않게 하려면, 동작이 발생하려면 그 전제조건들이 충족되어야 함을 천명하는 **전제조건 공리**(precondition axiom)들을 추가해야 한다.[14] 예를 들어 각 시간 $t$에 대해

전제조건 공리

---

[14] 전제 공리를 추가한다는 것이 후행 상태 공리들에 동작들을 위한 전제조건들을 반드시 포함시켜야 한다는 뜻은 아님을 주의하기 바란다.

다음과 같은 공리가 필요하다.

$$Shoot^t \Rightarrow HaveArrow^t.$$

이렇게 하면, 계획이 임의의 시점에서 $Shoot$ 동작을 선택했다는 것은 그 시점에서 반드시 에이전트가 화살을 가지고 있음을 뜻한다.

SATPLAN의 또 다른 놀라운 구석은 다수의 동시적 동작을 포함하는 계획을 생성한다는 점이다. 예를 들어 이 함수는 $Forward^0$과 $Shoot^0$이 둘 다 참인(이는 불가능한 일이다) 모형을 만들어 낼 수 있다. 이 문제를 해결하려면 **동작 배제 공리**(action exclusion axiom)들이 필요하다. 즉, 모든 동작 $A_i^t$와 $A_j^t$의 쌍에 대해 다음과 같은 공리를 추가해야 한다.

**동작 배제 공리**

$$\neg A_i^t \lor \neg A_j^t.$$

그런데 사실 앞으로 걸어가면서 활을 쏘는 것이 아주 어려운 일은 아니다. 반면 활을 쏘면서 동시에 금을 줍는 것은 상당히 비현실적이다. 실제로 서로 간섭하는 동작들 쌍에 대해서만 동작 배제 공리를 강제한다면 계획에 동시적 다중 동작이 포함되게 할 수 있다. 그리고 SATPLAN은 적법한 최단 계획을 찾아내므로, 반드시 그러한 능력을 활용한다.

정리하자면, SATPLAN은 초기 상태와 목표, 후행 상태 공리들, 전제조건 공리들, 동작 배제 공리들을 담은 문장에 대한 모형들을 찾아낸다. 그러한 공리들의 모임으로 충분하다는(그 어떤 잉여 '해답'들이 존재하지 않는다는 의미에서) 점을 증명하는 것이 가능하다. 주어진 명제 문장을 충족하는 임의의 모형은 원래의 문제에 대한 유효한 계획이다. 이러한 접근방식에 현대적인 **SAT** 해결 기술을 결합하면 상당히 실용적인 해법이 나온다. 예를 들어 DPLL 스타일의 해결기는 도해 7.2에 나온 웜퍼스 세계에 대한 해답을 아무 어려움 없이 생성한다.

이번 절에서는 에이전트 구축을 위한 선언적 접근방식을 설명했다. 이 접근방식에서 에이전트는 지식 베이스에 담긴 단언 문장들의 조합과 논리적 추론을 이용해서 계획을 수립한다. 이러한 접근방식의 약점은 "각각의 시간 $t$에 대해"나 "각 칸 $[x, y]$에 대해" 같은 문구에 숨어 있다. 실용적인 에이전트를 만들려면 그러한 문구를, 일반적 문장 방안으로부터 실제 문장들을 생성하고 그 문장들을 지식 베이스에 자동으로 삽입하는 실제 코드로 구현해야 한다. 적당한 크기(소규모 컴퓨터 게임에 비견할 수 있는)의 웜퍼스 세계라면 $100 \times 100$ 게임판과 1,000개의 시간 단계가 필요할 수 있으며, 그러면 수천만에서 수억 개의 문장들로 이루어진 지식 베이스가 필요하다.

이는 비현실적일 뿐만 아니라, 좀 더 깊은 문제로까지 이어진다. 바로, 비록 우리가 웜퍼스 세계에 대해 아는 것(구체적으로는, 모든 칸과 모든 시간 단계에 적용되는 '물리')이 있긴 하지만, 그것을 명제 논리의 언어로 직접 표현하지는 못한다는 것이다. 이 문제를 해결하려면 좀 더 표현력 있는 언어가 필요하다. 이를테면 "각 시간 단계 $t$에 대해"나 "각 칸 $[x, y]$에 대해"를 자연스러운 방식으로 표기할 수 있어야 한다. 제8장에서 설명하는 1차 논리가 그러한 언어이다. 1차 논리에서는 임의의 크기와 시간의 웜퍼스 세계를 수천만, 수십조가 아니라 십여 개의 논리 문장으로 서술할 수 있다.

# 요약

이번 장에서는 지식 기반 에이전트를 소개하고, 그런 에이전트가 세계의 상태를 추론하는 데 사용하는 논리를 정의하는 방법을 제시했다. 이번 장의 요점은 다음과 같다.

- 지능적 에이전트가 좋은 결정을 내리려면 세계에 관한 지식이 필요하다.
- 에이전트 안에서 지식은 **지식 표현 언어**로 작성된 **문장**들의 형태로 존재한다. 그러한 문장들은 에이전트 안의 **지식 기반**에 저장된다.
- 지식 기반 에이전트는 지식 베이스와 추론 메커니즘으로 구성된다. 지식 기반 에이전트는 세계에 관한 문장들을 지식 베이스에 저장하고, 추론 메커니즘을 이용해서 새로운 문장을 추론하고, 그 문장들을 이용해서 다음 동작을 결정하는 식으로 작동한다.
- 지식 표현 언어는 문장의 구조를 명시하는 **문법**과 각각의 **가능한 세계** 또는 **모형** 안에서의 각 문장의 **진릿값**을 결정하는 **의미론**으로 정의된다.
- 추론을 이해하려면 문장들 사이의 함축 관계가 아주 중요하다. 만일 문장 $\alpha$가 참인 모든 세계에서 문장 $\beta$가 참이면, $\alpha$는 $\beta$를 함축한다. 동치 정의에는 문장 $\alpha \Rightarrow \beta$의 **유효성**과 문장 $\alpha \wedge \neg \beta$의 **충족 불가능성**이 포함된다.
- 추론은 기존의 문장들에서 새 문장을 이끌어 내는 과정이다. **건전한** 추론 알고리즘은 오직 기존 문장들이 함축하는 문장들만 유도한다. **완결적인** 추론 알고리즘은 기존 문장들이 함축하는 모든 문장을 유도한다.
- **명제 논리**는 **명제 기호**들과 **논리 접속사**들로 이루어진 간단한 언어이다. 명제 논리는 참임이 알려진 명제들과 거짓임이 알려진 명제들, 그리고 전혀 알려지지 않은 명제들을 처리할 수 있다.
- 주어진 고정된 명제 어휘하에서 가능한 모형들의 집합은 유한하다. 따라서 모형들을 모두 열거해서 함축 관계를 점검할 수 있다. 명제 논리를 위한 효율적인 **모형 점검** 추론 알고리즘에는 역추적 방법과 국소 검색 방법들이 포함되는데, 이들을 이용해서 커다란 문제를 빠르게 풀 수 있는 경우가 많다.
- **추론 규칙**은 증명을 찾는 데 사용할 수 있는 건전한 추론 패턴이다. **분해** 규칙을 이용하면 **논리곱 표준형**으로 표현된 지식 베이스를 위한 완결적인 추론 알고리즘을 만들 수 있다. **순방향 연쇄**와 **역방향 연쇄**는 혼 형식의 지식 베이스를 위한 아주 자연스러운 추론 알고리즘들이다.
- WALKSAT 같은 **국소 검색** 방법들을 해답을 찾는 데 사용할 수 있다. 그런 알고

리즘들은 건전하지만 완결적이지는 않다.

- 논리적 **상태 추정**을 위해서는 지금까지의 관측들에 일관적인 가능한 상태들의 집합을 서술하는 논리적 문장을 유지해야 한다. 각각의 갱신 단계에는 환경의 전이 모형을 이용한 추론이 요구되는데, 그러한 전이 모형은 각 **유량**의 변화 방식을 명시하는 **후행 상태 공리**들로부터 구축된다.

- 논리적 에이전트는 SAT 해결을 통해서, 즉 목표에 도달하는 미래의 동작열을 명시하는 가능한 모형들을 찾아냄으로써 의사결정을 수행할 수 있다. 이 접근방식은 완전 관측 가능 환경이나 무감지기 환경에서만 작동한다.

- 명제 논리는 크기가 무제한인 환경으로 확장되지 않는다. 이는 시간, 공간, 그리고 객체들 사이의 관계에 대한 보편적 패턴을 간결하게 표현하기에는 명제 논리의 표현력이 부족하기 때문이다.

## 참고문헌 및 역사적 참고사항

존 매카시의 논문 "Programs with Common Sense"(McCarthy, 1958, 1968)는 논리적 추론을 이용해서 지각들과 동작들을 중재하는 에이전트의 개념을 널리 퍼뜨렸다. 또한 이 논문은 에이전트가 알아야 할 것을 명시하는 것이 소프트웨어를 구축하는 우아한 방식임을 지적하면서 선언주의의 깃발을 올렸다. 앨런 뉴월의 논문 "The Knowledge Level" (Newell, 1982)은 합리적 에이전트를 에이전트가 실행하는 프로그램이 아니라 에이전트가 지닌 지식으로 정의되는 추상적인 수준에서 서술하고 분석할 수 있음을 보였다.

논리학 자체의 기원은 고대 그리스 철학과 수학으로 거슬러 올라간다. 플라톤은 문장의 구문적 구조과 그 진리, 논리적 논증의 유효성을 논했다. 최초의 체계적인 논리학 연구 결과는 아리스토텔레스의 **오르가논**^Organon이다. 아리스토텔레스의 **삼단논법**(syllogisms)은 요즘 말하는 추론 규칙들에 해당한다. 단, 그의 체계에는 요즘 규칙들이 가진 조합 능력이 빠져 있다.

삼단논법

메가라학파와 스토아학파는 기원전 5세기에 기본적인 논리 접속사들을 체계적으로 연구하기 시작했다. 진리표는 메가라의 필로(Philo of Megara)에 기인한다. 스토아학파는 다섯 가지 추론 규칙을 증명 없이 유효하다고 간주했는데, 그중 하나는 지금 우리가 전건 긍정(Modus Ponens)이라고 부르는 것이다. 스토아학파는 그 다섯 규칙으로부터 다양한 규칙들을 유도했는데, 그 유도 과정에서 연역 정리(p.292)를 비롯한 다른 원리들이 쓰였다. 그리고 그들은 증명을 아리스토텔레스보다 더 깔끔하게 다뤘다(Mates, 1953).

논리적 추론을 형식 언어에 적용되는 순수한 기계적 과정으로 환원한다는 착안은 빌헬름 라이프니츠^Wilhelm Leibniz(1646-1716)에 기인한다. 실제로 잘 작동하는 상세한 형식 논리 체계를 처음으로 소개한 것은 조지 부울의 책 *The Mathematical Analysis of Logic* (Boole, 1847)이다. 부울의 논리는 통상적인 실수 대수를 밀접하게 본뜬 것으로, 논리적 동치 표현식의 치환을 주된 추론 방법으로 사용한다. 부울의 체계가 모든 명제 논리를 처리하지는 못했지만, 곧 다른 수학자들이 부족한 부분을 메웠다. [Schröder, 1877]은 논리곱 표준형을 서술한다. 혼 형식은 그보다 훨씬 뒤에 [Horn, 1951]에서 도입되었다. 현대적인 명제 논리(그리고 1차 논리)를 상세히 다룬 최초의 문헌은 고틀롭 프레게의 *Begriffschrift*("개념 쓰기" 또는 "개념 표기법"; Frege, 1879)이다.

논리 추론을 수행하는 최초의 기계 장치는 스탠호프 백작 3세(third Earl of Stanhope, 1753-1816)가 만든 Stanhope Demonstrator이다. 부울의 성과를 개선하고 확장한 수학자 중 한 명인 윌리엄 스탠리 제번즈[William Stanley Jevons]는 1869년에 부울 논리의 추론을 수행하기 위한 '논리적 피아노'를 만들었다. 초창기 추론용 기계 장치들의 재미있고 교육적인 역사가 [Gardner, 1968]에 나온다. 논리적 추론을 수행하는 최초의 컴퓨터 프로그램으로는 프레즈버거 산술(Prezburger arithmetic)의 증명을 위해 마틴 데이비스가 1954에 만든 프로그램(Davis, 1957)과 뉴월과 쇼, 사이먼이 만든 Logic Theorist(Newell 외, 1957)를 들 수 있다.

에밀 포스트(Post, 1921)와 루드비히 비트겐슈타인(Wittgenstein, 1922)은 명제 논리 문장의 유효성 점검을 위한 방법으로 진리표를 사용했다(각자 독립적으로). 데이비스-퍼트넘 알고리즘(Davis 및 Putnam, 1960)은 명제 분해를 위한 최초의 알고리즘이고, 개선된 DPLL 역추적 알고리즘(Davis 외, 1962)이 그보다 더 효율적임이 증명되었다. [Robinson, 1965]는 분해 규칙과 그 완결성의 증명을 1차 논리를 위한 완전히 일반적인 형태로 발전시켰다.

[Cook, 1971]은 명제 논리의 문장의 충족 가능성을 결정하는 것(SAT 문제)이 NP-완전 문제임을 보였다. 명제 논리의 부분집합 중에는 그 충족 가능성 문제를 다항식적으로 풀 수 있음이 알려진 것들이 많이 있다. 혼 절이 그러한 부분집합의 하나이다.

초기 연구들은 문제들의 자연스러운 특정 분포들에 대한 DPLL의 평균 경우 복잡도가 다항식적임을 보였다. [Franco 및 Paull, 1983]은 같은 문제들을 그냥 무작위 배정을 통한 추측을 이용해서 상수 시간으로 풀 수 있다는 더 나은 결과를 제시했다. 국소 검색의 실험적 성공에 고무받아서, 코우트수피아스와 파파디미트리우는 간단한 언덕 오르기 알고리즘으로 거의 모든 충족 가능성 문제 사례들을 아주 빠르게 풀 수 있음을 보임으로써 어려운 문제는 드물 것임을 시사했다(Koutsoupias 및 Papadimitriou, 1992). [Schöning, 1999]는 무작위화된 언덕 오르기 알고리즘 하나를 제시하고 3-SAT 문제에 대한 그 알고리즘의 **최악의 경우**의 기대 실행 시간이 $O(1.333^n)$임을 보였다. 이는 여전히 지수적이나, 이전의 최악의 경우의 한계들에 비하면 훨씬 빠르다. 현재 기록은 $O(1.32216^n)$이다(Rolf, 2006).

명제 논리 해결기의 효율은 빠르게 증가했다. 컴퓨터 사용 시간이 10분 주어졌을 때, 1962년의 원래의 DPLL 알고리즘은 변수가 10개나 15개인 문제들만 풀 수 있었다(2019년 노트북 컴퓨터로는 변수가 약 30개인 문제를 풀 수 있을 것이다). 1995년 Satz 해결기(Li 및 Anbulagan, 1997)는 변수 색인에 최적화된 자료구조들 덕분에 1,000개의 변수를 처리할 수 있었다. 여기에 기여한 두 가지 핵심 기법은 [Zhang 및 Stickel, 1996]의 **감**

시된 리터럴(watched literal) 색인 기법(이 덕분에 단위 전파가 아주 효율적이 되었다)과 CSP 공동체에서 도입된 절(clause) 학습, 즉 제약 학습 기법(Bayardo 및 Schrag, 1997)이다. 이러한 착안들을 이용해서, 그리고 산업 규모 회로 검증 문제들의 해결 전망에 힘입어, [Moskewicz 외, 2001]은 변수가 수백만 개인 문제를 처리할 수 있는 CHAFF 해결기를 개발했다. 2002년부터는 SAT 경진대회가 매년 열리고 있다. 우승 프로그램들은 대부분 CHAFF의 변형이었다. [Gomes 외, 2008]은 해결기들의 현재 지형을 개괄한다.

1980년대에 여러 저자가 충족되지 않은 절들의 수를 최소화한다는 착안에 기초해서 충족 가능성을 위한 국소 검색 알고리즘들을 시험해 보았다(Hansen 및 Jaumard, 1990). 특히 효과적인 알고리즘으로는 [Gu, 1989]의 것과 [Selman 외, 1992]의 것이 있다. 후자의 GSAT 알고리즘은 다양한 범위의 아주 어려운 문제들을 대단히 빠르게 풀 수 있는 것으로 판명되었다. 이번 장에서 설명한 WALKSAT 알고리즘은 [Selman 외, 1996]에 기인한다.

무작위 $k$-SAT 문제의 '위상 전이(phase transition)'는 [Simon 및 Dubois, 1989]에서 처음 관측되었으며, 이로부터 이론적, 실험적 연구가 상당히 많이 진행되었다. 이는 부분적으로 통계 물리학의 위상 전이 현상과의 연관 관계 때문이었다. [Crawford 및 Auton, 1993]은 절/변수 비율이 4.26인 지점 부근에서의 3-SAT 전이를 보고했으며, 이것이 자신들의 SAT 해결기의 실행 시간 분포에서 보이는 날카로운 피크와 일치함을 지적했다. [Cook 및 Mitchell, 1997]은 이 문제에 대한 초기 문헌들을 훌륭히 개괄한다. **개괄 전파**(survey propagation; Parisi 및 Zecchina, 2002; Maneva 외, 2007) 같은 알고리즘은 충족 가능성 문턱값 근처의 무작위 SAT 문제 사례들에 존재하는 특별한 속성들을 활용하는 덕분에 그런 사례들에 대한 일반적인 SAT 해결기보다 훨씬 나은 성능을 보인다. [Achlioptas, 2009]는 이론적 이해의 현황을 요약한다.

이론적 측면과 실용적 측면 모두에서 충족 가능성에 관한 훌륭한 정보의 출처로는 *Handbook of Satisfiability*(Biere 외, 2009), 충족 가능성에 관한 도널드 커누스의 분책(Knuth, 2015), 정기 *International Conferences on Theory and Applications of Satisfiability Testing*(흔히 SAT라고 부른다)을 들 수 있다.

명제 논리로 에이전트를 구축한다는 개념은 매컬로크와 피츠의 독창적 논문 (McCulloch 및 Pitts, 1943)으로까지 거슬러 올라간다. 이 논문은 신경망 분야를 창시한 것으로 잘 알려져 있지만, 사실은 두뇌 안에서의 부울 회로 기반 에이전트 설계의 구현에 관한 것이었다. 로젠샤인은 과제 환경에 대한 선언적 서술로부터 회로 기반 에이전트를 조립하는 방법을 개발했다(Rosenschein, 1985; Kaelbling 및 Rosenschein, 1990). 로드 브룩스(Brooks, 1986, 1989)는 회로 기반 설계가 로봇 제어에 효과적임을 보여 주었다(제26장 참고). [Brooks, 1991]은 회로 기반 설계가 인공지능에 필요한 **전부**이며, 표현과 추론은 성가시고, 비용이 크고, 불필요하다고 주장한다. 우리의 관점은 두 접근방식 모두 필요하다는 것이다. [Williams 외, 2003]은 NASA 우주선 제어와 동작열 계획 수립, 고장 분석 및 복구에 쓰인, 이 책의 웜퍼스 에이전트와 아주 다르지는 않은 혼성 에이전트를 서술한다.

부분 관찰 가능 환경의 추적이라는 일반적인 문제를 제4장에서는 상태 기반 표현과 관련해서 소개했다. 아미르와 러셀은 명제 표현에 대해서 이 문제를 연구했다(Amir 및 Russell, 2003). 저자들은 효율적인 상태 추정 알고리즘이 가능한 여러 부류의 환경을 식별하고, 다른 여러 부류의 환경에서는 이 문제가 처리 불가능임을 보였다. **시간적 투**

시간적 투사

**사**(temporal-projection) 문제에는 한 동작열을 수행한 후에 어떤 명제가 여전히 참일 것인지 파악하는 과제가 관여한다. 이 문제는 지각들이 주어지지 않는 상태 추정의 특수 사례로 볼 수 있는데, 계획 수립에서 중요한 문제라서 여러 저자가 연구했다. 문제의 난이도에 관한 몇 가지 중요한 결과가 [Liberatore, 1997]에 증명되어 있다. 믿음 상태를 명제들로 나타낸다는 착안은 [Wittgenstein, 1922]로 거슬러 올라간다.

명제 변수에 대한 시간적 색인을 이용한 논리 상태 추정 접근방식은 [Kautz 및 Selman, 1992]가 제안했다. SATPLAN의 이후 세대들은 앞에서 설명한 SAT 해결기의 개선안들의 장점을 취할 수 있었으며, 지금도 이들은 어려운 계획 수립 문제를 푸는 데 가장 효율적인 방법이다(Kautz, 2006).

**기준계 문제**는 [McCarthy 및 Hayes, 1969]에서 처음 지적되었다. 여러 연구자는 이 문제를 1차 논리로는 풀 수 없다고 생각했으며, 이 때문에 비단조 논리에 대한 연구가 많이 진행되었다. [Dreyfus, 1972]에서 [Crockett, 1994]에 이르기까지, 여러 철학자가 이 기준계 문제를 인공지능에 대한 연구 전체의 필연적 실패를 말해 주는 한 증상으로 언급했다. 후행 상태 공리를 이용한 기준계 문제의 해법은 [Reiter, 1991]에서 기인한다. [Thielscher, 1999]는 추론적 기준계 문제를 기준계 문제와는 개별적인 개념으로 식별하고 하나의 해법을 제시했다. 돌이켜 보면, 로젠샤인의 에이전트(Rosenschein, 1985)는 바로 후행 상태 공리들을 구현한 회로들을 사용한다고 할 수 있다. 그러나 로젠샤인은 기준계 문제가 이를 통해 대부분 해결된다는 점에 주목하지 않았다.

현대적인 명제 논리 해결기들은 산업 분야에서 컴퓨터 하드웨어 합성을 비롯해 다양한 용도로 쓰이고 있다(Nowick 외, 1993). 충족 가능성 점검기 SATMC은 어떤 웹 브라우저 인증 프로토콜에서 이전에는 알려지지 않은 취약점을 밝혀내는 데 쓰였다(Armando 외, 2008).

웜퍼스 세계는 그레고리 욥이 하나의 게임으로 고안했다(Yob, 1975). 사실 욥이 웜퍼스를 개발한 이유는 직사각 격자에서 벌어지는 게임들에 질렸기 때문이었지만(원래 그의 웜퍼스 세계는 12면체였다), 아이러니하게도 우리 저자들은 그 세계를 지루한 직사각 격자로 되돌렸다. 웜퍼스 세계를 에이전트 시험용 환경으로 사용할 것을 제안한 이는 마이클 제네세레스[Michael Genesereth]이다.

CHAPTER

# 1차 논리

이번 장에서는 세상에는 수많은 객체(대상)가 있으며 그중 일부는 다른 객체와 관련되어 있다는 점에 주목하고, 그런 관련된 객체들에 대한 추론을 수행하는 방법을 살펴본다.

논리, 추론, 지식 기반 에이전트의 기본적인 개념들은 명제 논리로도 충분히 표현할 수 있다. 그러나 안타깝게도 명제 논리의 표현력에는 한계가 있다. 이번 장에서는 명제 논리보다 많은 것을 좀 더 간결하게 표현할 수 있는 **1차 논리**(first-order logic)[1]를 살펴본다. 우선 §8.1에서 표현 언어를 전반적으로 논의하고, §8.2에서 1차 논리의 구문과 의미론을 소개한다. §8.3과 §8.4에서는 간단한 표현들에 1차 논리를 적용해 본다.

1차 논리

## 8.1 표현의 재고찰

이번 절에서는 표현 언어의 본성을 논의한다. 일상적으로 쓰이는 형식 언어의 여러 부류 중 가장 큰 것은 프로그래밍 언어(C++나 Java, Python 등)이다. 프로그램 안의 자료구조는 사실(fact)을 나타낸다. 예를 들어 웜퍼스 세계의 내용을 프로그램에서는 4×4 배열로 나타낼 수 있다. 따라서 프로그래밍 언어 문장 $World[2,2] \leftarrow Pit$는 칸 [2,2]에 구덩이가

---

1　1차 논리를 **1차 술어 산법**(first-order predicate calculus)이라고도 부른다. 전자는 FOL로, 후자는 FOPC로 줄여 쓸 수 있을 것이다.

있음을 단언하는 상당히 자연스러운 방법이다. 이런 문장들을 나열하는 것만으로도 웜퍼스 세계의 한 시뮬레이션을 실행하기에 충분하다.

프로그래밍 언어에 부족한 것은 사실로부터 또 다른 사실을 유도하는 일반적인 메커니즘이다. 자료구조의 갱신은 영역 특화된 절차로 수행되며, 그러한 절차의 세부사항은 해당 영역에 대한 프로그래머의 지식에서 나온 것이다. 이러한 절차적 접근방식은 명제 논리의 **선언적** 본성과 대조된다. 명제 논리에서는 지식과 추론이 분리되어 있으며, 추론은 완전히 영역 독립적이다. 선언적 지식과 절차적 지식을 혼합하는 예로는 SQL 데이터베이스가 있다.

프로그램 자료구조의(그리고 데이터베이스의) 두 번째 단점은 이를테면 "[2,2] 또는 [3,1]에 구덩이가 있다"나 "만일 [1,1]에 웜퍼스가 있으면 [2,2]에는 웜퍼스가 없다" 같은 단언을 손쉽게 표현할 수 있는 수단이 없다는 것이다. 프로그램은 각 변수에 하나의 값을 저장할 수 있으며, '알려지지 않음'에 해당하는 값을 허용하는 시스템도 있긴 하지만, 부분적인 정보를 직접적으로 처리하는 데 필요한 표현력은 없다.

명제 논리는 그 의미론이 문장들과 가능한 세계들 사이의 진리 관계에 기초하므로 선언적 언어이다. 또한 명제 논리는 부분적 정보를 논리합과 부정을 이용해서 처리하기에 충분한 표현력을 가지고 있다. 표현 언어로 바람직한 명제 논리의 세 번째 속성은 **조**

조합성

**합성**(compositionality)이다. 조합(합성)이 가능한 언어에서 한 문장의 의미는 문장의 구성요소들의 함수이다. 예를 들어 "$S_{1,4} \wedge S_{1,2}$"의 의미는 "$S_{1,4}$"와 "$S_{1,2}$"의 의미들과 연관되어 있다. 만일 "$S_{1,4}$"가 [1,4] 칸에 악취가 있음을 뜻하고 "$S_{1,2}$"가 [1,2]에 악취가 있음을 뜻하지만 "$S_{1,4} \wedge S_{1,2}$"는 지난주 아이스하키 경기에서 프랑스와 폴란드가 1-1로 비겼음을 뜻한다면 아주 이상할 것이다.

그러나 분해된 표현으로서의 명제 논리는 객체들이 많은 환경을 간결하게 서술할 수 있는 표현력이 부족하다. 예를 들어 미풍과 구덩이에 관한 다음과 같은 규칙을 칸마다 따로 작성해야 했다.

$$B_{1,1} \Leftrightarrow (P_{1,2} \vee P_{2,1}).$$

반면 영어(를 비롯한 일상적인 자연어)에서는 그냥 "이웃 칸에 구덩이가 있으면 미풍이 분다"라는 문장을 한 번만 언급하면 된다. 영어의 구문과 의미론에는 환경을 간결하게 서술할 수 있는 어떤 요소가 존재한다. 1차 논리처럼 영어는 구조적 표현이다.

## 8.1.1 사고의 언어

영어나 스페인어 같은 자연어(natural language)는 실제로 표현력이 아주 크다. 우리는 이책의 거의 대부분을 자연어로 저술할 수 있었다. 그 외의 언어(주로는 수학과 도식)는 아주 가끔만 사용했다. 언어학과 언어 철학에는 자연어를 선언적 지식 표현 언어로 보는 오랜 전통이 존재한다. 자연어의 규칙들을 밝혀낼 수만 있다면, 표현 및 추론 시스템에서 그 규칙들을 사용함으로써 자연어로 작성된 수십억 페이지 분량의 지식을 활용할 수 있을 것이다.

자연어에 대한 현대적인 관점은, 자연어가 순수한 표현이 아니라 **의사소통**의 매개체로 작용한다는 것이다. 화자가 뭔가를 가리키면서 "저거 봐!"라고 말하면 청자는 이를테면 슈퍼맨이 드디어 건물 꼭대기에 나타났음을 알게 된다. 그렇지만 "저거 봐!"라는 문장이 어떤 사실을 표현한다고 말하기는 힘들다. 그보다는, 문장의 의미가 문장 자체와 그 문장이 발화된 **문맥** 모두에 의존한다고 할 수 있다. 지식 베이스에 "저거 봐!"라는 문장이 저장되어 있지만 해당 문맥은 저장되어 있지 않은 상태에서 그 문장의 의미를 복원하는 것은 당연히 불가능하다. 그렇다면 문맥 자체를 표현할 수 있느냐는 질문이 제기된다.

표현 언어의 한 가지 문제점인 **중의성**(ambiguity)은 자연어에도 존재한다. [Pinker, 1995]를 인용하자면, "사람들은 *spring*을 생각할 때 그것이 봄이라는 계절을 뜻하는지 아니면 **띠용**하고 튀어나오는 용수철인지 헷갈리지 않는다. 그리고 만일 한 단어가 두 가지 생각에 대응될 수 있다면, 생각은 단어일 수 없다."

유명한 **사피어-워프 가설**(Sapir-Whorf hypothesis; Whorf, 1956)은 세계에 대한 우리의 이해가 우리가 사용하는 언어에 강하게 영향을 받는다고 주장한다. 서로 다른 언어 공동체들이 세계를 서로 다른 방식으로 분할함은 확실하다. 프랑스어에는 "chaise"라는 단어와 "fauteuil"라는 단어가 있는데, 영어에서는 둘 다 "chair"라는 하나의 단어에 대응된다. 그러나 영어 사용자가 fauteuil에 해당하는 의자를 인식하고 거기에 어떤 이름(이를테면 "open-arm chair")을 부여하는 것이 어려운 일도 아니다. 그렇다면 언어의 차이가 과연 중요한 것일까? 워프는 주로 직관과 추측에 의존했으며, 그의 착안들은 대부분 기각되었지만, 우리는 그간의 인류학, 심리학, 신경학 연구에서 얻은 실제 데이터를 가지고 있다.

예를 들어 다음 두 문장 중 어떤 것이 이번 절(§8.1)의 첫 문장인지 기억하는가?

이번 절에서는 표현 언어의 본성을 논의한다.
이번 절은 표현 언어의 본성이라는 주제를 다룬다.

[Wanner, 1974]는 이와 비슷한 실험에서 피실험자들이 정확한 문장을 지적하는 비율이 그냥 무작위 선택과 같은 수준의 약 50%이었지만, 문장의 내용은 그보다 나은 90%의 정확도로 기억했다는 결과를 제공한다. 이는 사람이 자신이 읽은 단어들을 해석해서 일종의 **비언어적 표현**(nonverbal representation)을 형성하며, 원래의 단어들은 중요하지 않음을 암시한다.

좀 더 흥미로운 경우는 한 언어에 어떤 개념이 전혀 없을 때이다. 호주 토착어인 구구이미티르어^Guugu Yimithirr語에는 앞, 뒤, 왼쪽, 오른쪽 같은 상대적(또는 **자기 중심적**) 방향을 나타내는 단어가 아예 없다. 그 언어의 사용자들은 대신 절대적 방향을 사용한다. 이를테면 "내 북쪽 팔이 아프다"라는 식이다. 이러한 언어의 차이는 행동의 차이로 이어진다. 개방 지형에서 이동하는 데에는 Guugu Yimithirr 사용자가 더 능숙하지만 포크를 접시 오른편에 놓는 데에는 영어 사용자가 더 능숙하다.

또한, 언어는 명사의 성(gender)처럼 자의적으로 보이는 문법적 특질을 통해서도 사람의 사고思考에 영향을 주는 것으로 보인다. 예를 들어 '다리(bridge)'에 해당하는 단어가 스페인어에서는 남성형인 반면 독일어에서는 여성형이다. [Boroditsky, 2003]의 실험에서 피실험자들은 어떤 한 다리의 사진을 설명하는 영어 형용사를 선택했는데, 스페인어 사용자들은 *big*, *dangerous*, *strong*, *towering*을 선택했지만 독일어 사용자들은 *beautiful*, *elegant*, *fragile*, *slender*를 선택했다.

단어들은 우리가 세계를 인식하는 방식에 영향을 미치는 정착점(anchor point) 역할도 할 수 있다. [Loftus 및 Palmer, 1974]의 실험에서는 피실험자들에게 자동차 사고 장면을 담은 영화를 보여 주었다. "두 차가 서로 접촉했을(contact) 때 차들의 속도는 어느 정도였나?"라는 질문에 대한 답들의 평균은 32mph였지만, 같은 영화의 같은 차들에 대해 '접촉'을 '충돌(smash)'로 바꾸어 물었을 때의 평균은 41mph였다. 전체적으로 볼 때, 사용하는 언어에 따라 측정 가능하지만 사소한 차이점들이 사람의 인지 처리 과정에 존재하지만, 그러한 차이점들이 세계관의 주된 차이로 이어진다는 설득력 있는 증거는 없다.

논리곱 표준형(CNF)을 사용하는 논리 추론 시스템에서는 "$\neg(A \vee B)$"라는 언어 형식과 "$\neg A \wedge \neg B$"라는 언어 형식이 같다는 점을 알 수 있다. 시스템의 내부를 들여다보면 두 문장이 동일한 표준 CNF 형식으로 저장됨을 확인할 수 있기 때문이다. 사람의 두뇌에 대해서도 그런 일이 가능해지기 시작했다. [Mitchell 외, 2008]의 실험에서는 fMRI(functional magnetic resonance imaging; 기능적 자기 공명 영상) 기기에 들어간 피실험자에게 "celery" 같은 단어들을 보여 주고 뇌 이미지를 찍었다. 그러한 (단어, 뇌 이미지) 쌍들로 훈련한 한 기계학습 프로그램은 이진 분류 문제(이를테면 주어진 뇌 이미지가 "celery"에 해당하는지 아니면 "airplane"에 해당하는지)를 77%의 정확도로 예측했다. 심지어 그 시스템은 이전에 해당 fMRI 이미지를 보지 않았던 단어들에 대해서도 무작위 선택 수준 이상의 정확도를 보였으며(관련된 단어들의 이미지를 제시했을 때), 이전에 보지 못한 다른 피실험자들의 뇌 이미지로도 그런 정확도를 보였다(이는 fMRI가 일정 정도 여러 사람에게 공통인 표현을 제공함을 의미한다). 이런 종류의 연구는 아직 초기 단계이지만, fMRI가(그리고 두개강내 전기생리검사(intracranial electrophysiology; Sahin 외, 2009) 같은 다른 영상화 기술들이) 인간의 지식 표현에 대한 훨씬 더 구체적인 착안을 제공할 가능성이 크다.

형식 논리의 관점에서는, 같은 지식을 서로 다른 두 가지 방식으로 표현해도 아무런 차이가 없다. 어떤 표현에서든 같은 사실들을 유도할 수 있다. 그러나 실제 응용에서는 결론을 이끌어 내는 데 필요한 단계의 수가 표현에 따라 다를 수 있다. 이는 제한된 자원을 가진 추론 프로그램이 한 표현에서는 결론에 도달할 수 있지만 다른 표현에서는 결론에 도달할 수 없음을 뜻한다. 경험으로부터의 학습 같은 **비연역적** 과제에서는 결과가 표현 형식에 **필연적으로** 의존한다. 제19장에서 보겠지만, 학습 프로그램이 세계에 관한 두 가지 가능한 이론을 고려할 때, 그리고 두 이론 모두 주어진 모든 데이터와 일관적일 때, 둘 중 하나를 고르는 가장 일반적인 방식은 좀 더 간결한 이론을 선택하는 것이다.

그리고 어느 쪽이 더 간결한지는 이론을 표현하는 데 쓰인 언어에 의해 결정된다. 따라서 학습을 수행하는 모든 에이전트에서는 언어가 사고에 미치는 영향을 피할 수 없다.

## 8.1.2 형식 언어와 자연어의 장점만 채용한 시스템

명제 논리의 장점(문맥 독립적이고 모호하지 않은 선언적, 조합적 의미론)을 기반으로 삼고, 자연어의 단점들은 제외하고 표현력이 큰 착안들만 가져와서 적용한다면 좀 더 표현력 있는 논리를 구축할 수 있다. 자연어의 구문을 들여다볼 때 가장 두드러지는 요소들은 어떤 **객체** 또는 대상(칸, 구덩이, 웜퍼스 등)을 지칭하는 명사와 명사구와 객체들 사이의 **관계**(미풍이 분다, 인접하다, 활을 쏘다 등)를 지칭하는 동사와 동사구(형용사와 부사를 수반한)이다. 이 관계들 중 일부는 **함수**(function), 즉 주어진 한 '입력'에 대해 오직 하나의 '값'만 존재하는 관계이다. 이해를 돕기 위해 객체, 관계, 함수의 예들을 나열해 보겠다.

- 객체: 사람, 집, 수, 이론, 로널드 맥도널드, 색, 야구, 전쟁, 세기, ...
- 관계: 빨간, 둥근, 훌륭한, 가짜, 다층 등의 단항 관계, 즉 **속성**(property)들도 있고 ~와 형제이다, ~보다 크다, ~안에, ~의 일부, ~색, ~이후에 발생하다, ~를 소유하다, ~사이에 있다 등의 좀 더 일반적인 $n$항 관계들도 있다.
- 함수: ~의 아버지, ~의 절친, ~의 3이닝, ~보다 하나 많다, ~의 시작, ...

사실 거의 모든 단언은 객체와 속성 또는 관계를 지칭하는 것으로 간주할 수 있다. 몇 가지 예를 들면 다음과 같다.

- "일 더하기 이는 삼과 같다."
  객체: 일, 이, 삼; 관계: 같다; 함수: 더하기. ("일 더하기 이"는 함수 "더하기"를 객체 "일"과 "이"에 적용해서 얻은 객체의 이름이다. "삼"은 그 객체의 또 다른 이름이다.)
- "웜퍼스에 인접한 칸들은 악취를 풍긴다."
  객체: 웜퍼스, 칸들; 관계: 인접한; 속성: 악취를 풍긴다.
- "나쁜 존 왕이 1200년에 잉글랜드를 통치했다."
  객체: 존, 잉글랜드, 1200년; 관계: 통치했다; 속성: 나쁜, 왕.

**1차 논리**의 언어(그 구문과 의미론은 다음 절에서 정의한다)는 객체들과 관계들을 중심으로 구축된다. 1차 논리가 수학과 철학, 인공지능에서 중요한 이유는, 그 분야들이(사실 일상적인 인간 존재의 상당 부분이) 객체들과 그 관계들을 다룬다고 생각하는 것이 유용하기 때문이다. 1차 논리로는 또한 우주의 객체들 **일부** 또는 **전부**에 관한 사실도 표현할 수 있다. 이 덕분에 "웜퍼스에 인접한 칸들은 악취를 풍긴다." 같은 일반적인 법칙이나 규칙을 표현할 수 있다.

명제 논리와 1차 논리의 주된 차이점은 두 언어의 **존재론적 개입**(ontological commitment) 사이에 놓여 있다. 즉, 둘은 **현실**의 본성에 대해 무엇을 가정하는지와 관련해서 크게 다르다. 수학적으로 이러한 개입은 문장의 진릿값을 정의하는 기준이 되는 형식적 **모형**(model)들의 본성을 통해서 표현된다. 예를 들어 명제 논리는 어떤 세계에서 성립하거나 성립하지 않는(그러나 둘 다는 아닌) 사실들이 존재한다고 가정한다. 각 사실은 두 상태, 즉 참 또는 거짓 중 하나이며, 각 모형은 각각의 명제 기호에 $true$ 또는 $false$를 배정한다(§7.4.2). 1차 논리는 더 많은 것을 가정한다. 구체적으로, 1차 논리는 세상이 객체들로 구성되며 그 객체들 사이에는 성립하거나 성립하지 않는 관계들이 있다고 가정한다(도해 8.1 참고). 따라서 1차 논리의 형식 모형이 명제 논리의 것보다 더 복잡하다.

이러한 존재론적 개입는 논리의 중요한 장점이다(명제 논리와 1차 논리 모두). 참 명제에서 시작해서 다른 참 명제들을 추론할 수 있는 것은 존재론적 개입 덕분이다. 이는 수학이나 웜퍼스 세계처럼 모든 명제에 명확한 경계가 존재하는 문제 영역에서 특히나 강력하다. 예를 들어 웜퍼스 세계의 한 사각형 칸에는 구덩이가 있거나 없거나 둘 중 하나이다. 어떤 칸에 구덩이가 비슷하게 움푹 파인 지형이 있는 경우는 절대 없다. 그러나 실제 세계의 명제들 중에는 그 경계가 애매모호한 것들이 많다. 예를 들어 비엔나는 대도시인가? 이 레스토랑의 음식이 맛있는가? 이 사람은 키가 큰가? 이런 질문의 답은 답하는 사람마다 다를 수 있으며, "어느 정도는 그렇다" 같은 답도 가능하다.

애매모호함에 대응하는 한 가지 방법은 표현을 좀 더 정련하는(refine) 것이다. "대도시"와 "대도시 아님"를 가르는 선이 명확하지 않아서 해당 응용 프로그램에게 너무 많은 정보가 주어진다면, 크기 범주들의 수를 늘리거나 $Population$ 함수 기호를 사용하는 것이 한 방법이다. **퍼지 논리**(fuzzy logic) 쪽에서 제안한 또 다른 해결책은 명제에 0 에서 1 사이의 **진리도**(degree of truth)가 있는 존재론적 개입를 두는 것이다. 예를 들어 퍼지 논리에서 "비엔나는 대도시이다" 같은 문장의 진리도는 이를테면 0.8이지만, "파리는 대도시이다" 같은 문장의 진리도는 이를테면 0.9이다. 이런 표현은 세계에 대한 우리의 직관적 인식과 좀 더 부합하지만, 추론은 더 어려워진다. 통상적인 논리학에서는 $A \land B$가 참인지 결정하는 규칙이 단 하나지만, 퍼지 논리에서는 문제 영역에 따라 다른 규칙들이 필요하다. 또 다른 해결책으로, 개념들을 각각 다차원 공간의 한 점에 배정하고 '대도시' 개념과 '비엔나' 개념 또는 및 '파리' 개념의 거리를 잰다는 착안도 있다. 이

| 언어 | 존재론적 개입<br>(이 세계에 무엇이 존재하는가) | 인식론적 개입<br>(에이전트가 사실에 관해 믿는 것은 무엇인가) |
|---|---|---|
| **명제 논리** | 사실 | 참/거짓/모름 |
| **1차 논리** | 사실, 객체, 관계 | 참/거짓/모름 |
| **시제 논리** | 사실, 객체, 관계, 시간 | 참/거짓/모름 |
| **확률 이론** | 사실 | 확신도 $\in [0,1]$ |
| **퍼지 논리** | 진리도가 $\in [0,1]$인 사실 | 알려진 구간 값 |

**도해 8.1** 여러 형식 언어의 존재론적 개입과 인식론적 개입

접근방식은 §24.1에서 살펴본다.

시제 논리　　　　여러 특수 목적의 논리는 여전히 존재론적 개입를 유지한다. 예를 들어 **시제 논리**(temporal logic)는 사실들이 특정 **시간들**에 성립하며, 그 시간들(특정 시각일 수도 있고 시간 구간일 수도 있다)에는 순서가 있다고 가정한다. 따라서 특수 목적 논리는 객체들을 그냥 지식 베이스 안에 정의하기만 하는 것이 아니라, 논리 안의 특정 종류의 객체들

고차 논리　(그리고 그들에 관한 공리들)에 '일급(first-class)' 상태를 부여한다. **고차 논리**(Higher-order logic)는 1차 논리가 지칭하는 관계들과 함수들을 자신의 객체로 간주한다. 이에 의해 **모든** 관계에 관한 단언이 가능해진다. 예를 들어 어떤 관계가 '추이적(transitive)'이라는 것의 의미를 정의하는 것이 가능하다. 대부분의 특수 목적 논리와는 달리, 고차 논리의 표현력은 1차 논리의 것보다 엄밀하게 더 크다(유한한 개수의 1차 논리 문장들로는 표현할 수 없는 고차 논리의 문장들이 존재한다는 의미에서).

인식론적 개입　　　　논리들을 **인식론적 개입**(epistemological commitment)으로 분류할 수도 있다. 이는 각 사실에 관해 허용되는 가능한 지식 상태가 얼마나 많은지에 관련된 것이다. 명제 논리와 1차 논리에서는 하나의 문장이 하나의 사실을 표현하며, 에이전트는 그 문장이 참이라고 믿거나, 아니면 거짓이라고 믿거나, 아니면 아무런 의견도 없다. 따라서 이 두 논리에서 임의의 문장에 관해 가능한 지식 상태는 세 가지이다.

　　　　반면 **확률론**(probability theory)을 이용하는 논리 체계에서는 에이전트가 0(완전한 불신)에서 1(완전한 신뢰) 사이의 **확신도**(degree of belief; 믿음의 정도) 또는 **주관적 가능도**(subjective likelihood)를 가진다. 확률론의 확신도와 퍼지 논리의 진리도를 혼동하지 말아야 한다. 사실 진리도에 관한 불확실성(확신도)을 허용하는 퍼지 시스템도 있다. 확률적 웜퍼스 세계에서는 에이전트가 예를 들어 웜퍼스가 [1,3]에 있음을 0.75의 확률로 믿고 [2,3]에 있음을 0.25의 확률로 믿을 것이다(비록 웜퍼스는 오직 단 하나의 칸에만 있을 수 있지만).

# 8.2 1차 논리의 구문과 의미론

이번 절에서는 우선 1차 논리에서 가능한 세계들이 객체와 관계에 관한 존재론적 개입을 반영하는 방식을 좀 더 구체적으로 명시한다. 그런 다음에는 언어의 여러 요소를 소개하고 그 의미론을 설명한다. 이번 절의 핵심은 언어가 간결한 표현을 촉진하는 방식과 언어의 의미론이 건전한 추론 절차로 이어지는 방식이다.

## 8.2.1 1차 논리의 모형들

제7장에서 말했듯이, 논리 언어의 모형이란 그 언어로 고찰하고자 하는 가능한 세계들을 구성하는 형식적 구조이다. 각 모형은 논리 문장의 어휘를 가능한 세계의 요소들에 연결하며, 그럼으로써 임의의 문장의 진릿값을 결정할 수 있게 된다. 따라서, 명제 논리의 모

형은 명제 기호들을 미리 정의된 진릿값들에 연결한다.

1차 논리의 모형은 훨씬 흥미롭다. 첫째로, 이 모형에는 객체들이 존재한다! 모형의 **정의역**(domain)은 모형이 담는 객체들, 즉 **정의역 요소**(domain element)들의 집합이다. 정의역은 반드시 **공집합이 아니어야** 한다. 모든 가능한 세계는 적어도 하나의 객체를 담아야 한다. (연습문제 8.EMPT에서 빈 세계를 논의한다.) 수학적으로 말하면, 이 객체들이 무엇인지는 중요하지 않다. 중요한 것은 각각의 구체적인 모형에 객체가 **몇** 개나 있는가이다. 그러나 독자의 학습을 돕기 위해, 이번 절에서는 구체적인 객체들을 예로 들겠다. 도해 8.2는 1189년에서 1199년까지 잉글랜드의 왕으로 군림한 사자왕 리처드(Richard the Lionheart; 또는 사자심왕 리처드)와 그의 동생인 나쁜(evil) 존 왕(King John; 1199년에서 1215년까지 통치), 리처드의 왼쪽 다리와 존의 왼쪽 다리, 그리고 왕관이라는 총 다섯 개의 객체로 이루어진 모형을 나타낸 것이다.

이 모형의 객체들을 다양한 방식으로 **관계** 지을 수 있다. 그림에서 보듯이 리처드와 존은 형제이다. 형식적으로 말하자면, 하나의 관계는 서로 관련된 객체들의 **튜플**(tuple)들의 집합일 뿐이다. (튜플은 객체들이 고정된 순서로 배열된 모임으로, 객체들을 화살괄호(⟨ ⟩)로 감싼 형태로 표기한다.) 이 모형에서 형제 관계는 다음과 같은 집합이다.

$$\{\langle \text{사자왕 리처드, 존 왕}\rangle, \langle \text{존 왕, 사자왕 리처드}\rangle\} \tag{8.1}$$

(여기에서는 객체를 일상 언어로 된 이름으로 지칭했지만, 원한다면 머릿속에서 이름을 그림으로 대체해도 좋다.) 왕관은 존 왕의 머리에 있으므로, "머리에(on head)" 관계에는 ⟨왕관, 존 왕⟩이라는 튜플 하나만 있다. "형제" 관계와 "머리에" 관계는 이항 관계, 즉 두 개의 객체를 관계 짓는 관계이다. 모형에는 단항 관계도 있는데, 이를 속성(property)라고 부르기도 한다. "사람" 속성은 리차드와 존 모두 참이다. "왕" 속성은 존에게만 참이다(리처드가 죽은 후라고 가정할 때). 그리고 "왕관" 속성은 왕관에 대해서만 참이다.

관계들 중에는 함수로 간주하는 것이 가장 바람직한 것들이 있다. 한 객체가 오직 하나의 객체하고만 관련되는 경우가 그렇다. 예를 들어 한 사람의 왼쪽 다리는 하나뿐이므로, 모형에는 "왼쪽 다리"라는 단항 함수, 즉 1원소 튜플에서 객체로의 사상(mapping; 대응 관계)이 존재한다. 이 함수는 다음과 같은 사상을 포함한다.

$$\langle \text{사자왕 리처드}\rangle \rightarrow \text{리처드의 왼쪽 다리}$$
$$\langle \text{존 왕}\rangle \rightarrow \text{존의 왼쪽 다리} \tag{8.2}$$

엄밀히 말하면, 1차 논리의 모형에 포함되는 함수는 반드시 **전함수**(total function)이어야 한다. 즉, 함수는 모든 입력 튜플에 대해 값을 돌려주어야 한다. 따라서 왕관에 왼쪽 다리가 있어야 하고, 각각의 왼쪽 다리에도 왼쪽 다리가 있어야 한다. 이런 어색한 문제에 대한 기술적인 해결책이 존재한다. 그 해결책의 핵심은 왼쪽 다리가 없는 모든 객체(왼쪽 다리 자체도 포함해서)의 왼쪽 다리로 사용할 "보이지 않는" 객체를 추가하는 것이다. 다행히, 왼쪽 다리가 없는 객체의 왼쪽 다리를 언급하는 단언이 있는 것이 아닌 한, 이러한 기술적 세부사항은 중요하지 않다.

정의역
정의역 요소

튜플

전함수

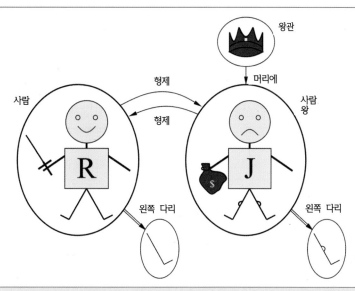

**도해 8.2** 객체 다섯 개와 이항 관계 두 개('형제'와 '머리에'), 단항 관계 세 개('사람', '왕', '왕관'), 단항 함수 하나('왼쪽 다리')로 이루어진 모형.

지금까지 1차 논리의 모형을 구성하는 요소들을 설명했다. 모형에는 이 요소들을 논리 문장들의 어휘와 연결시키는 연결 고리들도 필요한데, 다음 절에서 설명하겠다.

## 8.2.2 기호와 해석

이제 1차 논리의 구문으로 초점을 돌리자. 조급한 독자라면 도해 8.3에 나온 형식 문법에서 1차 논리의 구문을 완전하게 파악할 수 있을 것이다.

1차 논리의 기본적인 구문 요소는 객체와 관계, 함수를 나타내는 기호들이다. 따라서 기호들은 총 세 가지로 나뉜다. 하나는 객체를 나타내는 **상수 기호**(constant symbol)이고 또 하나는 관계를 나타내는 **술어 기호**(predicate symbol), 나머지 하나는 함수를 나타내는 **함수 기호**(function symbol)이다. 이 책은 기호 이름을 영문 대문자로 시작하는 관례를 따른다. 예를 들어 상수 기호 *Richard*와 *John*, 술어 기호 *Brother*와 *OnHead*, *Person*, *King*, *Crown*, 함수 기호 *LeftLeg*를 사용하는 식이다. 명제 기호처럼, 기호 이름의 선택은 전적으로 사용자 마음이다. 술어 기호와 함수 기호에는 고정된 인수 개수를 뜻하는 **항수**(arity)가 붙는다.

모든 모형은 주어진 문장의 참, 거짓을 판정하는 데 필요한 정보를 제공해야 한다. 따라서, 객체들과 관계들, 함수들과 더불어 각 모형에는 각 상수, 술어, 함수 기호들이 지칭하는 객체, 관계, 함수들을 정확히 명시하는 **해석**(interpretation)이 있어야 한다. 다음은 지금 예에 대해 가능한, 논리학자라면 **의도된 해석**(intended interpretation)이라고 부를

상수 기호
술어 기호
함수 기호

항수

해석
의도된 해석

만한 한 가지 해석이다.

- *Richard*는 사자왕 리처드를 지칭하고 *John*은 나쁜 존 왕을 지칭한다.
- *Brother*는 형제 관계를, 즉 식 (8.1)에 주어진 객체 튜플들의 집합을 지칭한다. *OnHead*는 왕관과 존 왕 사이에 성립하는 관계이다. *Person*, *King*, *Crown*은 각각 사람, 왕, 왕관을 식별하는 단항 관계이다.
- *LeftLeg*는 식 (8.2)에 정의된 '왼쪽 다리' 함수를 지칭한다.

물론 이외에도 가능한 해석은 많이 있다. 예를 들어 *Richard*를 왕관에 사상하고 *John* 을 존 왕의 왼쪽 다리에 사상하는 해석도 있을 수 있다. 모형의 객체가 다섯 개이므로, 상수 기호 *Richard*와 *John*에 대한 해석만 해도 25가지가 가능하다. 그런데 모든 객체에 이름을 붙일 필요는 없음을 주목하기 바란다. 예를 들어 앞의 의도된 해석에서는 왕관이나 다리에 이름을 부여하지 않는다. 또한, 하나의 객체에 이름이 여러 개 있을 수도 있다. *Richard*와 *John* 둘 다 왕관을 지칭하는 해석이 가능하다.[2] 이러한 가능성이 혼동스럽다면, 명제 논리에서 *Cloudy*(흐림)와 *Sunny*(맑음)가 둘 다 참인 모형도 얼마든지 가능하다는 점을 기억하기 바란다. 우리의 지식과 일관되지 않은 모형들을 제외시키는 것은 지식 베이스의 임무이다.

$$
\begin{aligned}
Sentence \rightarrow\ & AtomicSentence \mid ComplexSentence \\
AtomicSentence \rightarrow\ & Predicate \mid Predicate(Term, \cdots) \mid Term = Term \\
ComplexSentence \rightarrow\ & (Sentence) \mid [Sentence] \\
\mid\ & \neg\, Sentence \\
\mid\ & Sentence \land Sentence \\
\mid\ & Sentence \lor Sentence \\
\mid\ & Sentence \Rightarrow Sentence \\
\mid\ & Sentence \Leftrightarrow Sentence \\
\mid\ & Quantifier\ Variable, \cdots\ Sentence \\[6pt]
Term \rightarrow\ & Function(Term, \cdots) \\
\mid\ & Constant \\
\mid\ & Variable \\[6pt]
Quantifier \rightarrow\ & \forall \mid \exists \\
Constant \rightarrow\ & A \mid X_1 \mid John \mid \cdots \\
Variable \rightarrow\ & a \mid x \mid s \mid \cdots \\
Predicate \rightarrow\ & True \mid False \mid After \mid Loves \mid Raining \mid \cdots \\
Function \rightarrow\ & Mother \mid LeftLeg \mid \cdots
\end{aligned}
$$

연산자 우선순위 : ¬, =, ∧, ∨, ⇒, ⇔

**도해 8.3** BNF로 표기된, 상등(equality)이 있는 1차 논리의 구문(BNF 표기법에 익숙하지 않은 독자는 §B.1을 참고하기 바란다). '연산자 우선순위'의 연산자들은 우선순위가 높은 것에서 낮은 것의 순서이다. 한 정사(quantifier)는 자신의 오른쪽에 있는 모든 것에 적용된다.

---

2  나중에 §8.2.8에서는 모든 객체에 이름이 반드시 정확히 하나이어야 하는 의미론을 살펴본다.

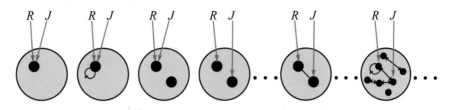

**도해 8.4** 상수 기호 두 개($R$과 $J$)와 이항 관계 기호 하나가 있는 언어에 대한 모형들의 일부. 회색 화살표는 각 상수 기호에 대한 해석을 나타낸다. 모형 안의 검은 화살표는 해당 객체들 사이의 관계를 나타낸다.

　　요약하자면, 1차 논리의 모형은 객체들의 집합과 하나의 해석으로 이루어지며, 그 해석은 상수 기호들을 객체들에, 함수 기호들을 그 객체들에 대한 함수들에, 그리고 술어 기호들을 그 객체들 사이의 관계들에 사상한다. 명제 논리에서처럼, 함축(entailment)과 유효성 등의 속성들은 **모든 가능한 모형**에 대해 정의된다. 모든 가능한 모형의 집합이 어떤 모습인지는 도해 8.4를 보면 감을 잡을 수 있을 것이다. 그 그림은 모형들이 그 안에 담긴 객체들의 개수(1에서 무한대)에 따라, 그리고 상수 기호들이 객체들에 사상되는 방식에 따라 차별화됨을 보여 준다.

　　1차 모형의 개수에는 상한이 없기 때문에, 모형을 열거해서 함축 관계를 점검하는 것(명제 논리에서 했던)이 불가능하다. 객체들의 수에 제한이 있다고 해도, 가능한 조합의 수가 아주 클 수 있다. (연습문제 8.MCNT를 보라.) 예를 들어 도해 8.4에서 객체가 여섯 개 이하인 모형은 무려 137,506,194,466개이다.

### 8.2.3 항

항

**항項**(term)은 하나의 객체를 지칭하는 논리식이다. 상수 기호는 항이지만, 모든 객체에 개별적인 기호로 이름을 붙이는 것이 항상 편리한 것은 아니다. 예를 들어 일상 언어에서는 존 왕의 왼쪽 다리에 특별한 이름을 붙이기보다는 그냥 "존 왕의 왼쪽 다리"라는 표현을 사용할 것이다. 함수 기호의 용도가 바로 이것이다. 즉, 새로운 상수 기호를 정의할 필요 없이 그냥 $LeftLeg(John)$이라고 하면 된다.[3]

　　항을 일반화한 **복합항**(complex term)은 하나의 함수 기호와 그 함수 기호에 대한 인수로서의 항들을 감싼 괄호쌍으로 구성된다. 복합항이 보통의 이름보다 복잡한 형태이긴 하지만, 그래도 하나의 이름일 뿐임을 주의하기 바란다. "값을 돌려주는" 어떤 '서브

---

3　**λ-표현식**(람다 표현식)은 새로운 함수 기호를 '즉석에서' 구축하는 유용한 표기법을 제공한다. 예를 들어 주어진 인수의 제곱을 돌려주는 함수를 $(\lambda x:\ x \times x)$로 정의하고, 다른 함수 기호와 마찬가지 방식으로 인수에 적용할 수 있다. λ-표현식을 술어 기호로서 정의해서 사용할 수도 있다. Lisp나 파이썬의 lambda 연산자도 같은 역할을 한다. λ의 이런 용법이 1차 논리의 형식 표현력을 증가하지는 **않음**을 주목하기 바란다. 이는 λ-표현식을 포함하는 임의의 문장을 그와 동치인 문장으로 바꾸어 쓸 수 있기 때문이다(해당 인수들을 '대입'해서).

루틴 호출'이 아니다. 사람을 입력으로 받아서 다리를 돌려주는 $LeftLeg$라는 서브루틴은 없다. $LeftLeg$의 정의가 주어지지 않아도 왼쪽 다리에 대한 추론이 가능하다(이를테면 모든 사람은 왼쪽 다리가 있다고 단언하고, 존에 왼쪽 다리가 있음을 연역하는 등). 이는 프로그래밍 언어의 서브루틴으로는 할 수 없는 일이다.

항들의 형식적 의미론은 간단하다. $f(t_1, ..., t_n)$이라는 항을 생각해 보자. 함수 기호 $f$는 모형의 어떤 함수($F$라고 하자)를 지칭하고, 인수 항들은 정의역의 객체들($d_1, ..., d_n$라고 하자)을 지칭한다. 그리고 항 자체는 함수 $F$를 $d_1, ..., d_n$에 적용한 값에 해당하는 객체를 지칭한다. 예를 들어 $LeftLeg$ 함수 기호가 식 (8.2)에 나온 함수를 지칭하고 $John$이 존 왕을 지칭한다면, $LeftLeg(John)$은 존 왕의 왼쪽 다리를 지칭한다. 이런 방식으로 해석은 모든 항의 지시 대상물을 고정한다.

## 8.2.4 원자적 문장

원자적 문장<br>원자

객체들을 지칭하는 항들과 관계들을 지칭하는 술어 기호들이 갖추어졌다면, 그 둘을 조합해서 **원자적 문장**(atomic sentence)을 만들 수 있다. **원자적 문장**(줄여서 **원자**)은 술어 기호가 반드시 하나 있어야 하며, 그 뒤에 괄호로 감싼 항들이 올 수도 있는 형태이다. 이를테면 다음이 그러한 예이다.

$$Brother(Richard, John).$$

앞에서 말한 의도된 해석하에서, 이 문장은 사자왕 리처드가 존 왕의 형제임을 말해 준다.[4] 원자적 문장의 인수가 복합항일 수도 있다. 예를 들어

$$Married(Father(Richard), Mother(John))$$

은 사자왕 리처드의 아버지가 존 왕의 어머니와 결혼했음을 말해 준다(역시 적절한 해석하에서).[5]

▶ 주어진 모형 안에서, 원자적 문장의 술어 기호가 지칭하는 관계가 그 인수들이 지칭하는 객체들 사이에서 성립하면 그 원자적 문장은 **참**이다.

## 8.2.5 복합 문장

**논리 접속사**들을 이용해서 좀 더 복잡한 문장을 만들 수 있다. 여기에는 명제 논리에서와 동일한 구문과 의미론이 적용된다. 다음은 앞에서 말한 의도된 해석하에서, 도해 8.2의 모형에서 참인 네 문장이다.

---

4  일반적으로 이 책은 $P(x, y)$를 "$x$는 $y$의 $P$이다."라고 읽는 인수 순서 관례를 따른다.

5  이러한 온톨로지는 한 사람에 대해 하나의 아버지와 하나의 어머니만 인식한다. 좀 더 복잡한 온톨로지에서는 생모, 대리모, 입양모를 구분할 것이다.

$$\neg Brother(LeftLeg(Richard), John)$$
$$Brother(Richard, John) \land Brother(John, Richard)$$
$$King(Richard) \lor King(John)$$
$$\neg King(Richard) \Rightarrow King(John).$$

## 8.2.6 한정사

어떤 논리가 객체들을 지원한다면, 일단의 객체들이 가진 어떤 속성을 그 객체들을 그
이름으로 일일이 열거하지 않고 간결하게 표현하는 능력까지 갖추길 바라는 것은 자연
스러운 일이다. **한정사**(quantifier; 또는 양화사)가 바로 그런 용도로 쓰인다. 1차 논리의
표준 한정사는 두 가지로, **전칭**(universal) 한정사와 **존재**(existential) 한정사이다.

한정사

### 전칭 한정( ∀ )

제7장에서 명제 논리로 일반적인 규칙을 서술하는 데 어려움을 겪었던 기억이 날 것이
다. "웜퍼스 인접 칸들에서는 악취가 난다"와 "모든 왕은 사람이다" 같은 규칙들은 1차
논리에서 아주 흔히 쓰이는 종류의 규칙이다. 전자의 규칙은 §8.3에서 다루기로 한다. 후
자의 규칙, 즉 "모든 왕은 사람이다"를 1차 논리로 표현하면 다음과 같다.

$$\forall x \; King(x) \Rightarrow Person(x).$$

**전칭 한정사** ∀를 흔히 "모든 …에 대해"라고 읽는다. (이 기호가 "all(모든)"의 A를 뒤집
은 모습임을 기억할 것.) 따라서 위의 문장은 "모든 $x$에 대해, 만일 $x$가 왕이면 $x$는 사
람이다."라는 뜻이다. 여기서 기호 $x$를 **변수**(variable)라고 부른다. 관례상 변수는 영문
소문자이다. 하나의 변수는 그 자체로 하나의 항이며, 따라서 함수의 인수로 쓰일 수 있
다. 이를테면 $LeftLeg(x)$가 그러한 예이다. 변수가 없는 항을 가리켜 **기초항**(ground
term)이라고 부른다.

전칭 한정사
변수
기초항

$P$가 임의의 논리 문장일 때 $\forall x \; P$라는 문장이 모든 객체 $x$에 대해 $P$가 참이라는
뜻임은 직관적으로 이해할 수 있을 것이다. 좀 더 엄밀하게 말하면, 주어진 모형에서
$\forall x \; P$가 참이려면 $P$가 모형에 주어진 해석으로부터 구축되는 모든 가능한 **확장된 해석**
(extended interpretation)들에서 참이어야 한다. 각각의 확장된 해석은 $x$가 지칭하는 하나
의 정의역 요소를 명시한다.

확장된 해석

위의 설명이 좀 복잡하게 들리겠지만, 이는 그냥 전칭 한정의 직관적 의미를 신중하
게 서술한 것일 뿐이다. 도해 8.2에 나온 모형과 그에 대한 의도된 해석을 생각해 보자.
그 해석을 다음과 같이 다섯 가지 방식으로 확장할 수 있다.

$x \rightarrow$ 사자왕 리처드
$x \rightarrow$ 존 왕
$x \rightarrow$ 리처드의 왼쪽 다리
$x \rightarrow$ 존의 왼쪽 다리
$x \rightarrow$ 왕관

전칭 한정 문장 $\forall x \, King(x) \Rightarrow Person(x)$는, 만일 문장 $King(x) \Rightarrow Person(x)$가 다섯 개의 확장된 해석하에서 참이면 원래의 모형에서 참이다. 즉, 전칭 한정 문장은 다음 다섯 문장을 단언하는 것과 동치이다.

사자왕 리처드는 왕이다 $\Rightarrow$ 사자왕 리처드는 사람이다.
존 왕은 왕이다 $\Rightarrow$ 존 왕은 사람이다.
리처드의 왼쪽 다리는 왕이다 $\Rightarrow$ 리처드의 왼쪽 다리는 사람이다.
존 왕의 왼쪽 다리는 왕이다 $\Rightarrow$ 존 왕의 왼쪽 다리는 사람이다.
왕관은 왕이다 $\Rightarrow$ 왕관은 사람이다.

이 일단의 단언들을 좀 더 세심하게 살펴보자. 우리의 모형에서는 존 왕이 유일한 왕이다. 그리고 둘째 문장은 존 왕이 사람이라고 단언한다(다행히도). 그런데 다리와 왕관에 관한 다른 네 문장은 어떨까? 이들이 "모든 왕은 사람이다"의 의미의 일부일까? 사실 다른 네 단언도 모형 안에서 참이지만, 다리나 왕관이 사람인지, 심지어 리처드가 사람인지의 여부에 대해서는 아무런 주장도 하지 않는다. 이는 이 객체들이 모두 왕이 아니기 때문이다. $\Rightarrow$에 대한 진리표(p.287의 도해 7.8)를 보면, 함의는 전제가 거짓이면 항상(결론의 진위와는 **무관하게**) 참임을 알 수 있다. 즉, 전칭 한정 문장을 단언하는 것은 개별 함의들의 모든 목록을 단언하는 것과 동치이며, 이는 결국 전제가 참인 객체들에 대한 규칙의 결론만 단언하고 전제가 거짓인 객체들에 대해서는 아무 것도 말하지 않는 것에 해당한다. 따라서 $\Rightarrow$의 진리표 정의는 전칭 한정사를 이용한 규칙 작성에 안성맞춤이다.

앞 문단을 여러 번 읽은 세심한 독자조차도 흔히 저지르는 실수는, 함의 대신 논리 곱을 사용하는 것이다. 예를 들어

$$\forall x \, King(x) \wedge Person(x)$$

라는 문장은

사자왕 리처드는 왕이다 $\wedge$ 사자왕 리처드는 사람이다,
존 왕은 왕이다 $\wedge$ 존 왕은 사람이다,
리처드의 왼쪽 다리는 왕이다 $\wedge$ 리처드의 왼쪽 다리는 사람이다

등의 단언들과 동치겠지만, 우리가 원하는 규칙을 나타내지는 않음이 명백하다.

## 존재 한정(∃)

전칭 한정은 모든 객체에 대한 주장을 표현한다. 그와 비슷하게, **존재 한정사**를 이용하면 **일부** 객체들에 대한 주장을 그 객체들의 이름을 일일이 나열하지 않고 말할 수 있다. 예를 들어 다음은 존 왕의 머리에 왕관이 있음을 뜻하는 존재 한정 문장이다.

$$\exists x \, Crown(x) \land OnHead(x, John).$$

$\exists x$는 "…를 충족하는 $x$가 존재한다" 또는 "어떤 $x$에 대해…"라고 읽는다.

직관적으로, $\exists x \, P$라는 문장은 $P$가 적어도 하나의 $x$에 대해 참임을 뜻한다. 좀 더 엄밀하게 말하면, 주어진 모형에서 $\exists x \, P$가 참이려면 $x$를 하나의 정의역 요소에 배정하는 확장된 해석들 중 **적어도 하나**에서 $P$가 참이어야 한다. 즉, 다음 중 적어도 하나가 참이어야 한다.

> 사자왕 리처드는 왕관이다 ∧ 사자왕 리처드는 존의 머리에 있다;
> 존 왕은 왕관이다 ∧ 존 왕은 존의 머리에 있다;
> 리처드의 왼쪽 다리는 왕관이다 ∧ 리처드의 왼쪽 다리는 존의 머리에 있다;
> 존의 왼쪽 다리는 왕관이다 ∧ 존의 왼쪽 다리는 존의 머리에 있다;
> 왕관은 왕관이다 ∧ 왕관은 존의 머리에 있다.

의도된 모형에서 다섯째 단언이 참이므로, 원래의 존재 한정 문장은 그 모형에서 참이다. 그런데 정의에 의해 원래의 문장은 존 왕이 왕관을 두 개 쓰고 있는 모형에서도 참이 됨을 주목하기 바란다. 그러한 모형은 "존 왕의 머리에 왕관이 있다"라는 원래의 문장과 완전히 일관적이다.[6]

⇒가 ∀와 함께 쓰기에 자연스러운 접속사인 것처럼, ∧는 ∃와 함께 쓰기에 자연스러운 접속사이다. 앞 절의 예에서 만일 ∀와 함께 ∧를 주된 접속사로 사용한다면 과도하게 강한 주장이 된다. 반대로, ⇒를 ∃와 함께 사용하면 대체로 너무 약한 주장이 된다. 다음 문장을 생각해 보자.

$$\exists x \, Crown(x) \Rightarrow OnHead(x, John).$$

언뜻 보기에는 앞에서 말한 주장을 적절히 표현한 것 같다. 그러나 의미론을 적용해 보면, 이 문장이

> 사자왕 리처드는 왕관이다 ⇒ 사자왕 리처드는 존의 머리에 있다,
> 존 왕은 왕관이다 ⇒ 존 왕은 존의 머리에 있다,
> 리처드의 왼쪽 다리는 왕관이다 ⇒ 리처드의 왼쪽 다리는 존의 머리에 있다

등의 단언들 중 적어도 하나가 참이라는 뜻임을 알 수 있다. 함의는 전제와 결론이 모두

---

6  "정확히 하나 존재한다"라는 뜻의 또 다른 존재 한정사가 있다. 이를 흔히 $\exists^1$이나 $\exists!$로 표기한다. 하지만 같은 의미를 이런 한정사를 사용하지 않고 상등에 관한 문장으로 표현하는 것도 가능하다.

참일 때, **또는 전제가 거짓일 때** 참이므로, 앞의 첫 단언은 만일 사자왕 리처드가 왕관이 아니면 참이 되며, 그러면 존재 한정이 충족된다. 즉, 존재 한정 함의 문장은 전제를 충족하지 않는 객체가 **하나라도** 있으면 참이 되며, 따라서 그런 문장은 별로 많은 것을 말해 주지 않는다.

## 한정사의 중첩

여러 개의 한정사를 이용해서 좀 더 복합적인 문장을 표현해야 할 때가 종종 있다. 가장 간단한 경우는 같은 종류의 한정사들이 여러 개 쓰이는 것이다. 예를 들어 "형제들은 동기간(sibling)이다"를 다음과 같이 표기할 수 있다.

$$\forall\,x\ \forall\,y\ Brother(x,y) \Rightarrow Sibling(x,y).$$

같은 종류의 한정사가 연달아 나올 때에는 한정사 하나에 여러 개의 변수를 지정하는 형태로 간결하게 표기해도 된다. 예를 들어 동기 관계가 대칭적임을 다음과 같이 표기할 수 있다.

$$\forall\,x,y\ Sibling(x,y) \Leftrightarrow Sibling(y,x).$$

한정사의 종류가 다를 때에는 개별적으로 지정해야 한다. 예를 들어 "모든 사람은 누군가를 사랑한다"는 모든 사람에 대해 그 사람이 사랑하는 누군가가 존재한다는 뜻이다. 즉,

$$\forall\,x\ \exists\,y\ Loves(x,y)$$

이다. 반면 "모두가 사랑하는 어떤 사람이 있다"는 다음과 같이 표기해야 한다.

$$\exists\,y\ \forall\,x\ Loves(x,y).$$

이상의 예는 한정사의 순서가 아주 중요함을 보여 준다. 괄호를 삽입하면 의미가 좀 더 명확해진다. $\forall x (\exists y\ Loves(x,y))$는 **모든** 사람에게 어떤 특정한 속성이 있음을 의미한다. 그리고 그 속성은 그들이 어떤 사람을 사랑한다는 것이다. 반면, $\exists y (\forall x\ Loves(x,y))$는 이 세상의 **어떤** 사람에게 특정한 속성이 있으며, 그 속성은 바로 모든 사람이 그 사람을 사랑한다는 것임을 뜻한다.

서로 다른 두 한정사를 같은 변수에 사용하면 혼동이 생길 수 있다. 다음 문장을 생각해 보자.

$$\forall\,x\ (Crown(x) \vee (\exists\,x\ Brother(Richard,x))).$$

여기서 $Brother(Richard,x)$의 $x$에는 **존재** 한정이 적용된다. 일반적인 규칙은, 변수는 그것을 언급한 가장 안쪽 한정사에 속하며, 그 외의 한정사들은 그 변수에 적용되지 않는다는 것이다. 이 점을 이렇게 생각할 수도 있다: $\exists x\ Brother(Richard,x)$ 는 리처드에 관한 문장(그가 형제라는)이지 $x$에 관한 문장이 아니다. 따라서 외곽의 $\forall x$는 영향

을 주지 않는다. $\exists z\, Brother(Richard, z)$ 라고 표기해도 마찬가지이다. 그러나 이런 문장은 혼동의 근원이 될 수 있기 때문에, 이 책에서는 중첩된 한정사들에 대해 항상 서로 다른 변수 이름을 사용한다.

## ∀와 ∃의 관계

두 한정사는 부정을 통해서 사실상 밀접한 관련을 가진다. 모든 사람이 파스닙을 parsnip[역주1] 싫어한다고 단언하는 것은 파스닙을 좋아하는 사람이 존재하지 않는다는 단언과 같으며, 그 역도 마찬가지이다. 즉,

$$\forall x\, \neg Likes(x, Parsnips) \text{는 } \neg\exists x\, Likes(x, Parsnips) \text{와 동치이다.}$$

한걸음 더 나아가서, "모든 사람은 아이스크림을 좋아한다"는 아이스크림을 좋아하지 않는 사람이 존재하지 않는다는 뜻이다. 즉,

$$\forall x\, Likes(x, IceCream) \text{은 } \neg\exists x\, \neg Likes(x, IceCream) \text{과 동치이다.}$$

∀는 사실 모든 객체의 논리곱이고 ∃는 논리합이므로, 이들이 드모르간의 법칙을 충족한다고 해서 놀랄 일은 아니다. 다음은 한정된 문장들과 한정되지 않은 문장들에 대한 드모르간 법칙이다.

$$\neg\exists x\ P \equiv \forall x\ \neg P \qquad\qquad \neg(P \vee Q) \equiv \neg P \wedge \neg Q$$
$$\neg\forall x\ P \equiv \exists x\ \neg P \qquad\qquad \neg(P \wedge Q) \equiv \neg P \vee \neg Q$$
$$\forall x\ P \equiv \neg\exists x\ \neg P \qquad\qquad P \wedge Q \equiv \neg(\neg P \vee \neg Q)$$
$$\exists x\ P \equiv \neg\forall x\ \neg P \qquad\qquad P \vee Q \equiv \neg(\neg P \wedge \neg Q).$$

즉, 반드시 ∧와 ∨ 둘 다 필요하지는 않은 것처럼, ∀와 ∃ 둘 다 필요한 것은 아니다. 그렇긴 하지만 가독성이 절약보다 중요하므로, 이 책에서는 두 한정사를 모두 사용한다.

## 8.2.7 상등

상등 기호

앞에서 설명한 술어와 항들을 이용하는 것 외에도, 1차 논리에는 원자적 문장을 만드는 방법이 하나 더 있다. 바로, **상등 기호**(equality symbol)를 이용해서 두 항이 같은 객체를 가리킴을 뜻하는 문장을 만드는 것이다. 예를 들어

$$Father(John) = Henry$$

는 $Father(John)$이 지칭하는 객체가 $Henry$가 지칭하는 객체와 같다고 말하는 문장이다. 해석에 의해 모든 항의 지시 대상이 고정되므로, 상등 문장의 진릿값은 그냥 두 항

---

역주1 당근과 비슷한 서양 채소이다.

이 실제로 같은 객체를 가리키는지만 보면 결정할 수 있다.

앞에서 *Father* 기호에 대해 했던 것처럼, 함수에 관한 사실을 말하는 데에도 상등 기호를 사용할 수 있다. 또한 부정을 이용해서 두 항이 같은 객체가 아님을 주장하는 것도 가능하다. 예를 들어 리차드에게 형제가 적어도 두 명 있음을 말하려면 다음과 같은 문장을 작성하면 된다.

$$\exists\, x, y \; Brother(x, Richard) \land Brother(y, Richard) \land \neg(x = y).$$

여기서

$$\exists\, x, y \; Brother(x, Richard) \land Brother(y, Richard)$$

라는 문장만으로는 의도한 뜻을 나타내지 못함을 주목하기 바란다. 이 문장은 리차드에게 형제가 하나뿐인 도해 8.2의 모형에서도 참이다. $x$와 $y$가 존 왕에 배정된 확장된 해석을 생각해 보면 이해가 될 것이다. $\neg(x = y)$를 추가하면 그러한 모형들이 배제된다. $\neg(x = y)$를 간단히 $x \neq y$로 표기하기도 한다.

## 8.2.8 데이터베이스 의미론

방금 말한 예를 계속 이어서, 리차드에게 형제가 두 명 있다고 하자. 실제로 존 말고도 조프리Geoffrey[7] 라는 형제가 있다. 이를 다음과 같은 단언으로 표현할 수도 있다.

$$Brother(John, Richard) \land Brother(Geoffrey, Richard). \qquad (8.3)$$

그러나 이 단언이 상황을 완전하게 반영하지는 않는다. 첫째로, 이 단언은 리처드에게 형제가 하나인 모형에서도 참이다. 따라서 $John \neq Geoffrey$를 추가해야 한다. 둘째로, 이 문장은 리차드에게 존과 조프리 외에도 여러 형제가 있는 모형들을 배제하지 않는다. 따라서 "리처드의 형제는 존과 조프리이다"를 표현하려면 다음과 같은 문장이 필요하다.

$$Brother(John, Richard) \land Brother(Geoffrey, Richard) \land John \neq Geoffrey$$
$$\land \; \forall\, x \; Brother(x, Richard) \Rightarrow (x = John \lor x = Geoffrey).$$

이 논리 문장은 해당 자연어 문장보다 훨씬 장황하다. 우리가 자연어 문장을 논리 문장으로 번역할 때 실수를 저지르면, 논리적 추론 시스템 역시 실수를 저지르게 된다. 그렇다면 논리 문장을 좀 더 직접적으로 표현할 수 있는 의미론을 고안할 수는 없을까?

여기서는 데이터베이스 시스템에서 아주 인기 있는 다음과 같은 방식을 제안한다. 첫째로, 모든 상수 기호는 반드시 서로 다른 객체를 지칭한다고 가정한다. 이를 **고유 이름 가정**(unique-names assumption)이라고 부른다. 둘째로, 참임이 알려지지 않은 원자적

고유 이름 가정

---

[7] 사실은 총 네 명이다. 나머지 둘은 윌리엄(William)과 헨리(Henry)이다.

문장은 거짓이라고 가정한다. 이를 **닫힌 세계 가정**(closed-world assumption)이라고 부른 다. 마지막으로, **정의역 닫힘**(domain closure)이 강제된다고 가정한다. 즉, 각 모형에는 오직 상수 기호들이 지칭하는 정의역 요소들만 포함된다.

이런 가정을 둔 의미론에서 식 (8.4)는 실제로 리처드의 형제가 정확히 존과 조프리 두 명임을 나타낸다. 이 의미론을 1차 논리의 표준적인 의미론과 구별하기 위해 **데이터 베이스 의미론**(database semantics)이라고 부른다. §9.4.4에서 설명하겠지만, 데이터베이 스 의미론은 논리 프로그래밍 시스템에서도 쓰인다.

모든 가능한 모형 중 도해 8.4(p.337)에 해당하는 모형들을 데이터베이스 의미론하 에서 다시 고찰해 보면 배울 점이 있을 것이다. 도해 8.5에 그러한 모형들이 나와 있다. 관계를 충족하는 튜플이 존재하지 않는 모형에서 모든 튜플이 관계를 충족하는 모형까 지 다양한 모형이 존재한다. 객체가 둘일 때 가능한 2요소 튜플이 총 네 가지이므로 관 계를 충족하는 서로 다른 튜플 부분집합은 $2^4 = 16$가지이다. 따라서 총 16가지 모형이 가능하다. 표준적인 1차 논리 의미론의 모형 수가 무한대라는 점을 생각하면 이는 아주 적은 수이다. 그런 장점이 있는 대신, 데이터베이스 의미론을 위해서는 세계를 구성하는 요소들을 정확히 알고 있어야 한다.

이 예에서 중요한 점은, 어떤 논리에 대해 유일하게 "옳은" 하나의 의미론은 존재하 지 않는다는 것이다. 주어진 어떤 의미론의 유용함은 우리가 말하고자 하는 지식을 얼마 나 간결하고 직관적으로 표현할 수 있는가와 그에 해당하는 추론 규칙들을 개발하기가 얼마나 쉽고 자연스러운가에 달려 있다. 데이터베이스 의미론은 지식 베이스에 서술된 객체들의 신원을 확실하게 알고 있으며 모든 사실이 갖추어져 있을 때 가장 유용하다. 그렇지 않은 경우에는 상당히 어색하다. 이번 장의 나머지에서는 표준 의미론을 사용하 되, 그 때문에 장황한 표현이 만들어지는 경우에는 그 사실을 지적한다.

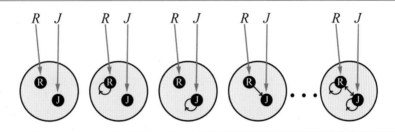

**도해 8.5** 데이터베이스 의미론하에서 한 언어에 대한 모든 모형 중 두 상수 기호 $R$, $J$와 하나의 이항 관 계 기호로 이루어진 모형들. 상수 기호들의 해석은 고정되어 있으며, 각 상수 기호는 서로 다른 객체를 지칭 한다.

# 8.3 1차 논리의 활용

이제 지식 표현을 위한 논리 언어가 결정되었으니, 그것을 활용하는 방법으로 넘어가자.
**정의역** 이번 절에서는 간단한 **정의역**(domain; 또는 영역) 몇 개의 예제 문장들을 살펴본다. 지식 표현에서 정의역은 그냥 우리가 지식을 표현하고자 하는 세계의 일부이다.

우선 1차 논리 지식 베이스를 위한 TELL과 ASK 인터페이스를 간략히 서술하고, 그런 다음 친척 관계, 수, 집합, 목록, 그리고 웜퍼스 세계의 정의역들을 살펴본다. 좀 더 실질적인 예(전자 회로)가 §8.4.2에 나온다. 그리고 제10장은 우주의 모든 것을 다룬다.

## 8.3.1 1차 논리의 단언과 질의

명제 논리에서처럼 1차 논리에서도 TELL을 이용해서 문장을 지식 베이스에 추가한다.
**단언** 지식 베이스에 추가된 문장을 **단언**(assertion)이라고 부른다. 예를 들어 다음은 존이 왕이고 리처드는 사람이며 모든 왕은 사람임을 단언하는 예이다.

$$\text{TELL}(KB, King(John)).$$
$$\text{TELL}(KB, Person(Richard)).$$
$$\text{TELL}(KB, \forall x \, King(x) \Rightarrow Person(x)).$$

지식 베이스에 뭔가를 물을 때에는 ASK를 사용한다. 예를 들어

$$\text{ASK}(KB, King(John))$$

은 *true*를 돌려준다. ASK로 묻는 질문을 **질의**(query) 또는 **목표**(goal)라고 부른다. 일반적으로, 지식 베이스에 의해 논리적으로 함축되는 임의의 질의에 대해서는 반드시 긍정적인 답이 나와야 한다. 예를 들어 앞의 세 단언이 주어졌을 때

$$\text{ASK}(KB, Person(John))$$

도 반드시 *true*를 돌려주어야 한다. 질의에 한정사를 사용할 수도 있다. 예를 들어

$$\text{ASK}(KB, \exists x \, Person(x))$$

의 답은 *true*이다. 그런데 이런 답이 생각만큼 유용하지는 않다. 이는 마치 "지금 몇 시인지 알려 주실 수 있나요?"라고 물었을 때 그냥 "있습니다."라고만 답하는 것과 비슷하다. 문장이 참이 되는 $x$의 값을 알고 싶다면, ASKVARS라는 또 다른 함수를 사용해야 한다. 예를 들어

$$\text{ASKVARS}(KB, Person(x))$$

는 답들의 스트림을 돌려준다. 이 경우 답은 두 개로, $\{x/John\}$과 $\{x/Richard\}$이다.

이런 답을 **대입**(substitution) 또는 **결속 목록**(binding list)이라고 부른다. 일반적으로 AskVars는 혼 절로만 이루어진 지식 베이스에 쓰인다. 그런 지식 베이스에 대한 질의는 항상 변수들을 특정 값에 묶기(결속) 때문이다. 1차 논리에서는 그렇지 않다. $King(John) \lor King(Richard)$ 하나만 단언된 $KB$에는 질의 $\exists x \, King(x)$가 참이 되는 $x$가 존재하지 않는다(그 질의가 실제로 참이어도).

## 8.3.2 친척 관계 정의역

처음으로 살펴볼 예는 가족 관계 또는 친척 관계 정의역이다. 이 정의역에는 "엘리자베스는 찰스의 어머니이다"나 "찰스는 윌리엄의 아버지이다" 같은 사실들과 "한 사람의 할머니는 그 사람의 부모의 어머니이다" 같은 규칙들이 포함된다.

이러한 정의역의 객체들이 사람임은 명백하다. 단항 술어로는 $Male$과 $Female$이 있으며, 상황에 따라서는 더 있을 수 있다. 친족 관계(부모자식, 형제, 결혼 등등)는 이항 술어 $Parent$, $Sibling$, $Brother$, $Sister$, $Child$, $Daughter$, $Son$, $Spouse$, $Wife$, $Husband$, $Grandparent$, $Grandchild$, $Cousin$, $Aunt$, $Uncle$로 표현된다. 함수로는 $Mother$와 $Father$가 있다. 모든 사람은 생물학적 어머니와 생물학적 아버지가 각각 정확히 한 명이기 때문이다(필요하다면 입양모나 대리모 등을 위한 함수들을 더 추가할 수 있을 것이다).

이 함수들과 술어들의 이해를 돕기 위해, 우리가 알고 있는 지식을 여러 함수와 술어, 그리고 다른 기호들로 표현한 예를 제시하겠다. 예를 들어, 한 사람의 어머니는 그 사람의 여성 부모이다:

$$\forall m,c \; Mother(c) = m \Leftrightarrow Female(m) \land Parent(m,c).$$

한 사람의 남편은 그 사람의 남성 배우자(spouse)이다:

$$\forall w,h \; Husband(h,w) \Leftrightarrow Male(h) \land Spouse(h,w).$$

부모와 자식은 역관계이다:

$$\forall p,c \; Parent(p,c) \Leftrightarrow Child(c,p).$$

조부모는 부모의 부모이다:

$$\forall g,c \; Grandparent(g,c) \Leftrightarrow \exists p \; Parent(g,p) \land Parent(p,c).$$

동기(sibling)는 같은 부모의 다른 자식이다:

$$\forall x,y \; Sibling(x,y) \Leftrightarrow x \neq y \land \exists p \; Parent(p,x) \land Parent(p,y).$$

이외에도 많은 예가 있으며, 연습문제 8.KINS에서 실제로 여러 가지 예를 작성해 볼 것이다.

이런 각각의 문장은 친족 정의역의 **공리**(§7.1에서 설명한 의미에서의)라 할 수 있다.

**정의** 보통 공리는 순수 수학적 정의역에 연관된다(잠시 후 실제로 수에 관한 공리가 몇 개 나온다). 그러나 공리는 모든 정의역에 필요하다. 공리들은 유용한 결론을 이끌어 낼 수 있는 기본적인 사실 정보를 제공한다. 친족 공리들은 **정의**(definition)이기도 하다. 친족 공리들은 모두 $\forall x,y\ P(x,y) \Leftrightarrow \ldots$ 의 형태이다. 이 공리들은 $Mother$ 함수와 $Husband$, $Male$, $Parent$, $Grandparent$, $Sibling$ 술어를 다른 술어들로 정의한다. 이 정의들의 궁극의 기반은 기본 술어들($Child$, $Female$ 등)의 집합이다. 모든 정의는 결국 기본 술어들로 정의된다.

이는 정의역의 표현을 구축하는 자연스러운 방식이며, 기본적인 라이브러리 함수들로 서브루틴들을 정의하는 과정을 반복해서 소프트웨어 패키지를 구축하는 방식에도 비유할 수 있다. 기본 술어 집합이 고유해야 하는 것은 아님을 주의하기 바란다. 예를 들어 앞의 $Child$ 대신 $Parent$를 기본 술어로 둘 수도 있다. 그리고 차차 보겠지만, 기본 술어 집합을 명확하게 정의하기 어려운 정의역도 있다.

**정리** 정의역에 관한 모든 논리 문장이 공리인 것은 아니다. 일부 문장은 **정리**(theorem), 즉 공리들이 필연적으로 함축하는 문장이다. 예를 들어 동기 관계가 대칭적임을 말하는 다음과 같은 단언을 생각해 보자.

$$\forall x,y\ Sibling(x,y) \Leftrightarrow Sibling(y,x).$$

이것이 공리일까 정리일까? 이 문장은 동기 관계를 정의하는 공리로부터 논리적으로 유도된 하나의 정리이다. 이 문장을 ASK로 지식 베이스에 질의하면 반드시 $true$가 반환되어야 한다.

순수한 논리적 관점에서 볼 때, 하나의 지식 베이스에는 공리만 있으면 되고 정리는 필요하지 않다. 정리들을 추가한다고 해서 지식 베이스로부터 이끌어 낼 수 있는 결론들의 집합이 더 커지지는 않기 때문이다. 그러나 실용적인 관점에서, 정리는 새 문장을 유도하는 계산 비용을 줄이는 데 요긴하다. 정리들이 없으면 추론 시스템은 매번 제1원리 (first principle)들로부터 시작해야 한다. 이는 마치 물리학자가 새 문제를 풀 때마다 미적분 법칙을 다시 만들어 내는 것과 같다.

모든 공리가 정의인 것은 아니다. 정의를 구축하지는 않고, 특정 술어에 대한 좀 더 일반적인 정보를 제공하는 공리도 있다. 사실 술어들 중에는 완전한 정의가 없는 것도 있다(술어를 완전하게 특징지을 만한 지식이 우리에게 없기 때문에). 예를 들어 다음 문장을 완성하는 명확한 방법은 없다.

$$\forall x\ Person(x) \Leftrightarrow \ldots$$

다행히 1차 논리에서는 $Person$ 술어를 완전하게 정의하지 않고도 활용할 수 있다. 다음처럼, 모든 사람이 가진 속성들과 어떤 객체를 사람으로 간주하게 만드는 속성들을 부분적으로 명시하면 된다.

$$\forall x \, Person(x) \Rightarrow ...$$
$$\forall x \, ... \Rightarrow Person(x).$$

$Male(Jim)$이나 $Spouse(Jim, Laura)$처럼 그냥 '단순한 사실관계'에 해당하는 공리들도 있다. 그런 사실들은 특정 문제 사례의 서술을 형성하며, 그럼으로써 특정 질문에 대한 답을 가능하게 만든다. 모든 것이 잘 맞아 떨어진다면, 그런 질문의 답은 그 공리를 따르는 정리(theorem)가 된다.

종종 예상했던 답이 나오지 않는 경우가 있다. 예를 들어 중혼이 금지된 일부일처제 국가의 독자라면 $Spouse(Jim, Laura)$로부터 $\neg Spouse(George, Laura)$가 유도되길 기대할 것이다. 그러나 앞에 나온 공리들만으로는 이것이 유도되지 않는다. §8.2.8에서 제안한 것처럼 $Jim \neq George$를 추가해도 마찬가지이다. 이는 어떤 필수적인 공리가 빠져 있음을 암시한다. 어떤 공리인지는 독자의 숙제로 남기겠다(연습문제 8.HILL).

## 8.3.3 수, 집합, 목록

적은 수의 공리들로부터 커다란 이론이 구축됨을 보여 주는 가장 두드러진 예는 아마 수$^{數}$
자연수 일 것이다. 여기에서는 **자연수**, 즉 음이 아닌 정수에 관한 이론을 설명한다. 필요한 것은 주어진 객체가 자연수이면 참이 되는 술어 $NatNum$과 상수 기호 0, 그리고 함수 기호 $S$(successor, 즉 후행자(그다음 수)를 뜻함)이다. 수학에서 자연수와 덧셈은 **페아노 공리**
페아노 공리들 **들**(Peano axioms)로 정의된다.[8] 자연수의 정의는 다음과 같이 재귀적이다.

$$NatNum(0).$$
$$\forall n \, NatNum(n) \Rightarrow NatNum(S(n)).$$

즉, 0은 자연수이고, 모든 객체 $n$에 대해 만일 $n$이 자연수이면 $S(n)$은 자연수이다. 따라서 자연수는 0, $S(0)$, $S(S(0))$, 등등이다. 또한, 후행 함수를 제한하는 공리들도 필요하다.

$$\forall n \, 0 \neq S(n).$$
$$\forall m, n \, m \neq n \Rightarrow S(m) \neq S(n).$$

이제 후행 함수로 덧셈을 정의할 수 있다.

$$\forall m \, NatNum(m) \Rightarrow +(0, m) = m.$$
$$\forall m, n \, NatNum(m) \wedge NatNum(n) \Rightarrow +(S(m), n) = S(+(m, n)).$$

첫 공리는 임의의 자연수 $m$에 0을 더하면 $m$ 자신이 됨을 뜻한다. 이항 함수 기호 "+"
중위 가 쓰인 항 $+(m, 0)$에 주목하기 바란다. 보통의 수학에서는 이 항을 **중위**(infix) 표기법

---

8 페아노의 공리들에는 귀납 원리(principle of induction)가 포함되어 있다. 귀납 원리는 1차 논리가 아니라 2차 논리의 문장이다. 이 구분이 왜 중요한지는 제9장에서 설명한다.

을 이용해서 $m+0$이라고 표기한다. (1차 논리에 쓰인 표기법은 **전위**(prefix) 표기법이다.) 수들에 관한 문장을 좀 더 쉽게 읽을 수 있도록, 이후에는 수학의 중위 표기법도 사용한다. 같은 취지에서 $S(n)$을 $n+1$로 표기하기로 하자. 다음은 둘째 공리를 좀 더 읽기 쉽게 표기한 것이다.

$$\forall\, m,n \quad NatNum(m) \land NatNum(n) \Rightarrow (m+1)+n = (m+n)+1.$$

이 공리는 덧셈을 후행 함수의 반복 적용으로 환원한다.

구문적 겉치레      중위 표기법의 사용은 소위 **구문적 겉치레**(syntactic sugar), 즉 표준 구문을 의미론의 변경 없이 확장 또는 축약하는 관행의 예이다. 이러한 구문적 겉치레를 사용하는 문장에서 겉치레를 "벗겨 내면" 그 문장과 동치인 보통의 1차 논리 문장이 나온다. 또 다른 예는 소괄호 대신 대괄호를 이용해서 어떤 왼쪽 괄호가 어떤 오른쪽 괄호에 부합하는지를 좀 더 알기 쉽게 나타내는 것이다. 또한, $\forall\, x \;\; \forall\, y \;\; P(x,y)$를 $\forall\, x,y \;\; P(x,y)$로 대체하는 것처럼 한정사들을 통합해서 구문을 축약하기도 한다.

     덧셈을 정의했다면, 곱셈은 덧셈의 반복으로 간단히 정의할 수 있다. 또한 거듭제곱은 곱셈의 반복으로 정의하면 되고, 정수 나눗셈과 나머지, 소수素數(prime number)도 마찬가지이다. 결론적으로, 수론(number theory) 전체(암호학을 포함해서)를 상수 하나와 함수 하나, 술어 하나, 그리고 공리 네 개로 구축할 수 있다.

집합      **집합**(set)들의 정의역은 상식적인 추론에서는 물론 수학에서도 필수적인 범주이다. (사실 집합론을 이용해서 수론을 정의하는 것도 가능하다.) 이 정의역으로는 공집합을 비롯한 개별 집합을 표현할 수 있어야 하며, 다른 집합들의 원소들로 새 집합을 만들거나 다른 집합들에 어떤 연산을 적용해서 새 집합을 만들 수도 있어야 한다. 그리고 주어진 객체가 집합의 한 원소인지 알 수 있어야 하고, 집합인 객체와 집합이 아닌 객체를 구분할 수도 있어야 한다.

     이 예에서는 통상적인 집합론의 어휘를 구문적 겉치레로 사용한다. 공집합은 {}으로 표기하는 하나의 상수이다. 단항 술어는 주어진 객체가 집합이면 참인 $Set$ 하나이다. 이항 술어로는 $x \in s$($x$가 집합 $s$의 원소임)와 $s_1 \subseteq s_2$(집합 $s_1$이 집합 $s_2$의 부분집합임, $s_2$와 같은 집합일 수도 있음)가 있다. 이항 함수는 $s_1 \cap s_2$(두 집합의 교집합)와 $s_1 \cup s_2$(두 집합의 합집합), $Add(x,s)$(원소 $x$를 집합 $s$에 추가해서 만든 집합)이다. 이로부터 다음과 같은 공리들을 만들어 낼 수 있다.

1. 모든 집합은 공집합이거나, 기존 집합에 뭔가를 추가해서 만들어진 집합이다.
   $$\forall\, s \quad Set(s) \Leftrightarrow (s = \{\}) \lor (\exists\, x, s_2 \;\; Set(s_2) \land s = Add(x, s_2)).$$

2. 공집합은 아무 원소도 추가되지 않은 집합이다. 다른 말로 하면, {}을 더 작은 집합과 하나의 원소로 분해할 수는 없다.
   $$\neg \exists\, x, s \quad Add(x, s) = \{\}.$$

3. 집합에 이미 있는 원소를 추가하는 것은 아무런 효과가 없다.

$$\forall\, x, s \quad x \in s \Leftrightarrow s = Add(x, s)$$

4. 집합의 모든 원소는 그 집합에 추가된 원소들이다. 이를 재귀적으로 말하면, $y$가 $x$와 같거나 아니면 $x$가 집합 $s_2$의 원소라고 할 때, $x$는 만일 집합 $s$가 어떤 집합 $s_2$에 어떤 원소 $y$를 추가한 것과 같으면, 그리고 오직 그럴 때에만 $s$의 한 원소이다.

$$\forall\, x, s \quad x \in s \Leftrightarrow \exists\, y, s_2 \,(s = \{y|s_2\} \land (x = y \lor x \in s_2)).$$

5. 만일 한 집합의 모든 원소가 다른 한 집합의 원소이면, 그리고 오직 그럴 때에만, 첫 집합은 둘째 집합의 부분집합이다.

$$\forall\, s_1, s_2 \quad s_1 \subseteq s_2 \Leftrightarrow (\forall\, x \quad x \in s_1 \Rightarrow x \in s_2).$$

6. 만일 두 집합이 각각 상대의 부분집합이면, 그리고 오직 그럴 때에만, 그 두 집합은 상등이다.

$$\forall\, s_1, s_2 \,(s_1 = s_2) \Leftrightarrow (s_1 \subseteq s_2 \land s_2 \subseteq s_1).$$

7. 한 객체는 만일 그것이 두 집합 모두의 원소이면, 그리고 오직 그럴 때에만 두 집합의 교집합의 원소이다.

$$\forall\, x, s_1, s_2 \quad x \in (s_1 \cap s_2) \Leftrightarrow (x \in s_1 \land x \in s_2).$$

8. 한 객체는 만일 그것이 두 집합 중 하나의 원소이면, 그리고 오직 그럴 때에만 두 집합의 합집합의 원소이다.

$$\forall\, x, s_1, s_2 \quad x \in (s_1 \cup s_2) \Leftrightarrow (x \in s_1 \lor x \in s_2).$$

**목록**

**목록**(list)은 집합과 비슷하되, 목록의 요소들에 순서가 있고 같은 요소가 여러 번 나올 수 있다는 점이 다르다. 이 책에서는 프로그래밍 언어 Lisp의 어휘를 이용해서 목록을 서술한다. $Nil$은 요소가 없는 상수 목록이고, $Cons$와 $Append$, $First$, $Rest$는 함수이다. $Find$는 집합의 $Member$에 해당하는 술어이고 $List$는 객체가 목록일 때에만 참인 술어이다. 집합에서처럼, 목록이 관여하는 논리 문장에도 몇 가지 구문적 겉치레가 쓰인다. 빈 목록은 $[\,]$로 표기한다. 항 $Cons(x, Nil)$(즉, 요소 $x$를 포함하며 $x$ 다음에는 아무 것도 없는 목록)은 $[x]$로 표기한다. $[A, B, C]$처럼 요소가 여러 개인 목록은 중첩된 항 $Cons(A, Cons(B, Cons(C, Nil)))$에 해당한다. 목록에 대한 공리들을 작성하는 것은 독자의 숙제로 남기겠다(연습문제 8.LIST).

## 8.3.4 웜퍼스 세계

제7장에서 웜퍼스 세계에 대한 명제 논리 공리 몇 개를 제시했다. 이번 절의 1차 논리 공리들은 그보다 훨씬 간결하다. 이들은 우리가 말하고자 하는 것을 정확하고 자연스럽게 포착한다.

웜퍼스 세계의 에이전트가 받는 지각이 성분 다섯 개짜리 벡터의 형태임을 기억할 것이다. 지식 베이스에 저장되는, 지각에 해당하는 1차 논리 문장은 구체적인 지각은 물론 그 지각이 발생한 시간도 포함해야 한다. 그렇지 않으면 에이전트는 자신이 언제 무엇을 봤는지 헷갈릴 것이다. 시간 단계는 정수로 나타내기로 하겠다. 다음은 전형적인 지각 문장의 예이다.

$$Percept([Stench, Breeze, Glitter, None, None], 5).$$

여기서 $Percept$는 하나의 이항 술어이고 $Stench$ 등은 목록을 구성하는 상수들이다. 웜퍼스 세계의 동작들은 다음 항들로 표현한다.

$$Turn(Right), Turn(Left), Forward, Shoot, Grab, Climb.$$

어떤 동작이 최선인지 결정할 때 에이전트 프로그램은 다음과 같은 질의를 수행한다.

$$\text{AskVars}(KB, BestAction(a, 5)).$$

이 질의는 $\{a/Grab\}$ 같은 하나의 결속 목록을 돌려준다. 그러면 에이전트 프로그램은 다음에 취할 동작으로 $Grab$을 돌려줄 것이다. 원본 지각 데이터는 현재 상태에 관한 특정한 사실들을 함의한다. 이를테면

$$\forall t, s, g, w, c \; Percept([s, Breeze, g, w, c], t) \Rightarrow Breeze(t)$$
$$\forall t, s, g, w, c \; Percept([s, None, g, w, c], t) \Rightarrow \neg Breeze(t)$$
$$\forall t, s, b, w, c \; Percept([s, b, Glitter, w, c], t) \Rightarrow Glitter(t)$$
$$\forall t, s, b, w, c \; Percept([s, b, None, w, c], t) \Rightarrow \neg Glitter(t)$$

등이다. 이 규칙들은 자명한 형태의 추론 과정으로서의 **지각**(perception)을 보여 준다(지각 추론은 제25장에서 자세히 살펴본다). 이들이 시간 $t$로 한정됨을 주목하기 바란다. 명제 논리에서는 모든 시간 단계마다 이 문장들을 복사해야 했다.

단순한 "반사" 행동 역시 한정 함의 문장으로 구현할 수 있다. 이를테면

$$\forall t \; Glitter(t) \Rightarrow BestAction(Grab, t)$$

이다. 지각과 앞에서 본 규칙들이 주어졌을 때, 이 문장은 바람직한 결론 $BestAction$ $(Grab, 5)$(즉, 다음에 할 일이 $Grab$이라는)를 산출한다.

지금까지 에이전트의 입력과 출력을 표현하는 방법을 살펴보았다. 이제 환경 자체를 표현하는 방법으로 넘어가자. 우선 객체들부터 시작한다. 명백한 후보는 칸들과 구덩이들, 그리고 웜퍼스이다. 각 칸에 $Square_{1,2}$ 같은 개별적인 이름을 붙일 수도 있지만, 그러면 $Square_{1,2}$와 $Square_{1,3}$이 서로 인접한 칸이라는 사실을 개별적인 '여분의' 사실로 두어야 하며, 모든 두 칸 쌍마다 그런 사실을 두어야 한다. 그보다는, 행과 열이 정수 인수인 복합항으로 칸을 지칭하는 것이 낫다. 이를테면 그냥 목록 항 [1,2]를 사용하면 된다. 그러면 임의의 두 칸의 인접 관계를 다음과 같이 표현할 수 있다.

$$\forall\, x,y,a,b \quad Adjacent([x,y],[a,b]) \Leftrightarrow$$
$$(x = a \land (y = b - 1 \lor y = b + 1)) \lor (y = b \land (x = a - 1 \lor x = a + 1)).$$

구덩이 역시 각각 개별적인 이름을 붙이는 것은 바람직하지 않으나, 그 이유는 칸들과 다르다. 구덩이들에 개별 이름을 붙일 필요가 없는 이유는, 구덩이들은 굳이 구분할 필요가 없다는 것이다.[9] 그냥 주어진 칸에 구덩이가 있는지를 알려 주는 단항 술어 $P$를 사용하는 것이 더 간단하다. 마지막으로, 웜퍼스는 한 마리뿐이므로 단항 술어를 사용할 필요도 없다. 그냥 $Wumpus$라는 상수 하나로 충분하다(웜퍼스의 관점에서도 그게 더 체면이 서는 일일 것이다).

에이전트의 위치는 시간에 따라 변하므로, 시간 $t$에서 에이전트가 칸 $s$에 있음을 $At(Agent, s, t)$라고 표기하기로 한다. 웜퍼스가 특정 칸(이를테면 $[1,3]$)에 고정되어 있다는 사실은 $\forall\, t \; At(Wumpus, [1,3], t)$로 나타내면 된다. 더 나아가서, 모든 객체는 주어진 한 시점에서 오직 한 장소에만 있을 수 있다는 사실을 다음과 같이 표현할 수 있다.

$$\forall\, x, s_1, s_2, t \quad At(x, s_1, t) \land At(x, s_2, t) \Rightarrow s_1 = s_2.$$

자신의 현재 위치가 주어졌을 때, 에이전트는 현재 지각으로부터 현재 칸의 속성을 유추할 수 있다. 예를 들어 에이전트가 어떤 칸에서 미풍을 지각했다면, 그 칸에는 미풍이 불고 있는 것이다.

$$\forall\, s, t \quad At(Agent, s, t) \land Breeze(t) \Rightarrow Breezy(s).$$

하나의 칸에 미풍이 분다는 점을 아는 것이 유용한 이유는 구덩이들이 움직이지 않기 때문이다. $Breezy$에는 시간 인수가 없음을 주목하기 바란다.

미풍이 부는(또는 악취가 나는) 장소들을, 그리고 더욱 중요하게는 미풍이 불지 않는(또는 악취가 나지 않는) 장소들을 식별하고 나면, 에이전트는 구덩이가(그리고 웜퍼스가) 어디에 있는지 연역할 수 있다. 명제 논리에서는 각 칸마다 개별적인 공리가 필요했으며(p.289의 $R_2$와 $R_3$을 보라), 지리 배치가 다른 세계마다 다른 공리 집합이 필요했다. 그러나 1차 논리에서는 다음 공리 하나로 충분하다.

$$\forall\, s \quad Breezy(s) \Leftrightarrow \exists\, r \; Adjacent(r, s) \land Pit(r). \tag{8.4}$$

마찬가지로, 1차 논리에서는 시간에 대한 한정이 가능하므로, 각 술어마다 하나의 후행 상태 공리만 있으면 된다. 시간 단계마다 그것들을 복사할 필요가 없다. 예를 들어 화살에 대한 공리(p.314의 식 (7.2))는 다음이 된다.

$$\forall\, t \quad HaveArrow(t+1) \Leftrightarrow (HaveArrow(t) \land \neg Action(Shoot, t)).$$

---

9 이는 대부분의 사람들이 겨울에 더 따뜻한 곳으로 떠나는 모든 철새에 일일이 이름을 붙이지 않는 것과 비슷하다. 그러나 철새의 이동 패턴이나 생존률 등을 연구하고자 하는 조류학자는 새 다리에 고리를 부착하는 식으로 각 새에 이름을 **실제로** 부여한다(개별 개체를 추적해야 하기 때문에).

이 두 예제 문장을 보면 1차 논리 형식화가 제7장에 나온 원래의 일상 언어 서술만큼이나 간결함을 알 수 있다. 에이전트의 위치와 방향에 관한 이와 비슷한 공리들의 작성은 독자의 숙제로 남기겠다. 그 공리들은 시간은 물론 공간도 한정함을 주의하기 바란다. 명제 논리 추정에서처럼, 에이전트는 자신이 직접 관측하지 못하는 세계의 측면들을 이런 종류의 공리들을 이용한 논리적 추론을 통해서 추적할 수 있다. 1차 논리 후행 상태 공리들과 그것들을 이용한 계획 수립은 제11장에서 좀 더 자세히 살펴본다.

# 8.4 1차 논리의 지식 공학

지금까지 1차 논리를 이용해서 지식을 표현하는 방법을 세 가지 정의역을 예로 들어서 설명했다. 이번 절에서는 전반적인 지식 베이스 구축 과정을 설명한다. 그러한 과정을 다루는 분야를 **지식 공학**(knowledge engineering)이라고 부른다. 지식 공학자(knowledge engineer)는 특정 문제 영역(domain, 정의역)을 조사해서 그 정의역에서 중요한 개념들이 무엇인지 파악하고, 정의역 안의 객체들과 관계들에 대한 형식적 표현을 만드는 사람이다. 이번 절에서는 지식 공학을 적용하는 과정을 전자 논리 회로 정의역을 예로 들어서 설명한다. 이번 절에서 사용하는 접근방식은 문제 영역이 잘 정의되어 있으며 질의의 범위를 미리 알 수 있는 **특수 목적** 지식 베이스를 개발하는 데 적합하다. 광범위한 인간 지식을 다루며 자연어 이해 같은 과제들을 지원해야 하는 **일반 목적** 지식 베이스는 제10장에서 논의한다.

지식 공학

## 8.4.1 지식 공학 과정

지식 공학 프로젝트들은 그 내용과 범위, 난이도가 아주 다양하나, 다음과 같은 단계들은 항상 포함된다.

1. **질문 식별.** 지식 공학자는 반드시 지식 베이스가 지원할 질문들의 범위와 각각의 구체적인 문제 사례에 적용할 사실들의 종류를 개괄적으로나마 결정해야 한다. 이를테면, 웜퍼스 지식 베이스가 에이전트의 동작을 결정할 수 있어야 하는가? 아니면 그냥 환경의 내용에 관한 질문에 답하기만 하면 되는가? 감지기 사실들에 현재 위치가 포함되어야 하는가? 과제(task)는 문제 사례를 그 답에 연결시키기 위해 반드시 표현해야 하는 지식을 결정한다. 이 단계는 제2장에 나온, 에이전트 설계를 위한 PEAS 과정에 비유할 수 있다.

2. **관련 지식 취합.** 지식 공학자는 그 자신이 해당 영역의 전문가이거나, 아니면 실제 전문가와 협력해서 전문가의 지식을 추출해야 한다. 이러한 과정을 **지식 획득**(knowledge acquisition) 과정이라고 부른다. 이 단계에서 지식을 형식적으로 표현하지는 않는

지식 획득

다. 이 단계의 핵심은 지식 베이스(과제에 의해 결정되는)의 범위를 파악하는 것과 영역이 실제로 어떻게 작동하는지 이해하는 것이다.

작위적인 일단의 규칙들로 정의되는 웜퍼스 세계에서는 관련 지식을 쉽게 획득할 수 있다. (그러나 인접성 정의가 웜퍼스 세계 규칙들로 명시적으로 주어지지는 않았음을 주목하기 바란다.) 실제 영역에서는 관련성 문제가 상당히 어려울 수 있다. 예를 들어 VSLI 설계를 시뮬레이션하는 시스템은 기생용량과 표피효과를 고려해야 할 수도 있고 아닐 수도 있다.

3. **술어, 함수, 상수의 어휘 결정.** 이는 중요한 영역 수준 개념들을 논리 수준 이름으로 번역하는 것이다. 여기에는 지식 공학 **스타일**상의 선택이 많이 관여한다. 프로그래밍 스타일처럼, 지식 공학 스타일은 프로젝트의 궁극적 성공에 중대한 영향을 미칠 수 있다. 예를 들어 구덩이를 객체로 표현할 것인가 아니면 칸에 대한 단항 술어로 표현할 것인가? 에이전트의 방향은 함수인가 아니면 술어인가? 웜퍼스의 위치가 시간에 의존해야 하는가? 이런 질문들을 통해 만들어 낸 어휘는 해당 정의역의 **온톨로지**(ontology; 존재론)에 해당한다. **온톨로지**라는 단어는 어떤 존재의 본성에 관한 구체적인 이론을 뜻한다. 온톨로지는 정의역에 어떤 종류의 존재들이 포함되는지 결정하나, 그 존재들의 구체적인 속성과 관계는 결정하지 않는다.

4. **정의역에 관한 일반적 지식의 부호화.** 이 단계에서 지식 공학자는 어휘의 모든 단어에 대한 공리들을 작성한다. 이에 의해 항들의 의미가 고정되며(가능한 범위까지는), 그러면 전문가가 내용을 점검할 수 있게 된다. 이 단계에서 어휘에 오해나 틈이 있음이 밝혀지기도 하는데, 그런 경우에는 반드시 단계 3으로 돌아가서 문제를 해결하는 과정을 반복할 필요가 있다.

5. **문제 사례 서술의 부호화.** 온톨로지가 잘 만들어졌다면, 이 단계는 쉽게 끝난다. 이 단계에서는 온톨로지에 이미 속해 있는 개념들의 사례들에 대한 간단한 원자적 문장들을 작성한다. 논리적 에이전트는 감지기들로부터 문제 사례들을 공급받지만, '실체가 없는(disembodied)' 지식 베이스에는 전통적인 프로그램에 입력 데이터가 주어지는 것과 동일한 방식으로 추가적인 문장들이 주어진다.

6. **질의를 추론 절차에 제출해서 답을 획득.** 드디어 보상이 주어진다. 이 단계에서는 추론 절차가 공리들과 문제 국한적 사실들을 이용해서 우리가 알고 싶어 하는 사실들을 유도한다. 이 덕분에 개별 응용마다 고유한 해법 알고리즘을 작성할 필요가 없다.

7. **지식 베이스의 디버깅과 평가.** 그런데 첫 시도에서 질의의 답이 정확한 경우는 거의 없다. 좀 더 정확히 말하면, 추론 절차가 건전하다고 할 때 질의의 답은 해당 지식 베이스에 대해서는 정확하겠지만, 그것이 반드시 사용자가 기대한 답이라는 보장은 없다. 예를 들어 어떤 공리가 빠져 있으면, 지식 베이스에서 답을 얻을 수 없는 질문들이 생긴다. 그러면 상당한 시간을 들여 디버깅을 해야 할 수 있다. 빠진 공리 또는 너무 약한 공리는 추론 단계가 예기치 않게 멈춘 지점을 조사하면 쉽게 식별

할 수 있다. 예를 들어 지식 베이스에 웜퍼스를 검출하는 다음과 같은 진단 규칙 (연습문제 8.WUMD 참고)이 있다고 하자.

$$\forall s \; Smelly(s) \Rightarrow Adjacent(Home(Wumpus),s).$$

상호조건이 아니라 함의를 사용했기 때문에, 에이전트는 웜퍼스의 부재를 증명할 수 없다. 부정확한 공리는 그것이 세계에 관해 거짓을 말한다는 점에 근거해서 찾아낼 수 있다. 예를 들어 다음 문장은 파충류와 양서류, 그리고 탁자에 대해 거짓이다.

$$\forall x \; NumOfLegs(x,4) \Rightarrow Mammal(x) \;.$$

이 문장이 거짓임은 지식 베이스의 나머지 부분과는 무관하게 확인할 수 있다. 반면, 다음과 같은 프로그램의 전형적인 오류를 생각해 보자.

```
offset = position + 1.
```

주변 문맥을 모른다면 `offset`이 `position`이어야 하는지 아니면 `position + 1` 이어야 하는지 밝힐 수 없다.

지식 베이스에 자명한 오류가 더 이상 남아 있지 않게 되면 아마 성공을 선언하고 싶어질 것이다. 그러나 오류가 없음이 자명하더라도, 일단의 시험용 질의들을 실행하고 정확도를 측정해서 시스템을 공식적으로 평가해 보는 것이 바람직하다. 객관적인 측정이 없으면 개발자는 섣불리 작업이 끝났다고 스스로 타협하기 쉽다. 그럼 앞의 7단계 과정의 이해를 돕기 위해, 전자 논리 회로 정의역이라는 좀 더 구체적인 예에 이 과정을 적용해 보자.

## 8.4.2 전자 회로 문제 정의역

이번 절에는 도해 8.6에 나온 것 같은 전자 논리 회로에 관한 추론에 사용할 수 있는 온톨로지와 지식 베이스를 개발해 본다. 앞에 나온 지식 공학 과정의 일곱 단계를 짚어볼 것이다.

### 질문 식별

디지털 회로에 관련된 추론 과제는 많이 있다. 가장 높은 수준에서는 전체 회로가 제대로 작동하는지 분석한다. 예를 들어 도해 8.6의 회로가 실제로 덧셈을 제대로 수행할까? 만일 모든 입력이 고전압이면 게이트 A2의 출력은 무엇일까? 회로의 구조에 관한 질문들도 흥미롭다. 예를 들어 첫 입력 단자와 연결되는 게이트들은 무엇인가? 회로에 되먹임(feedback) 루프가 존재하는가? 이런 것들이 이번 절의 과제가 된다. 시간 지연, 회로 면적, 전력 소비, 제작 비용 등과 관련된 좀 더 상세한 수준의 분석도 존재한다. 그런 각각의 수준에는 추가적인 지식이 요구된다.

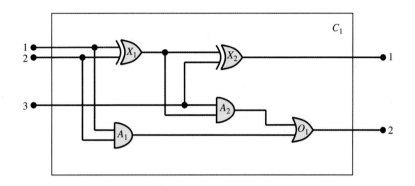

**도해 8.6** 1비트 전가산기를 의도한 디지털 회로 $C_1$. 처음 두 입력 단자는 더하고자 하는 두 비트이고 셋째 입력 단자는 올림(자리올림) 비트이다. 첫 출력 단자는 합이고 둘째 출력 단자는 다음 가산기를 위한 올림 비트이다. 이 회로에는 XOR 게이트 두 개와 AND 게이트 두 개, OR 게이트 하나가 있다.

## 관련 지식의 취합

디지털 회로에 관한 지식은 다양하다. 이번 절의 목적에서, 회로는 도선(wire; 배선)과 게이트gate들로 구성된다. 입력 단자에 들어온 신호가 도선을 따라 게이트들에 공급되며, 각 게이트는 출력 단자로 하나의 신호를 내보낸다. 그 신호는 또 다른 도선을 따라 나아간다. 어떤 신호들을 만들지 결정하려면 게이트들이 입력 신호를 어떻게 변환하는지 알아야 한다. 게이트는 총 네 가지이다. AND, OR, XOR 게이트는 입력 단자가 두 개이고 NOT 게이트는 하나이다. 이 네 게이트 모두 출력 단자는 하나이다. 게이트처럼 회로에도 입력 단자들과 출력 단자들이 있다.

기능성과 연결성에 대한 추론을 위해서는, 도선들 자체와 도선의 경로, 도선들이 만나는 접점 등은 언급하지 않아도 된다. 중요한 것은 단자들과의 연결이다. 한 출력 단자가 다른 어떤 입력 단자와 연결되어 있음은 도선들의 구체적인 배치를 이야기하지 않고도 말할 수 있다. 회로 소자들의 크기와 형태, 색, 비용 같은 다른 요인들 역시 이번 절의 분석과는 무관하다.

게이트 수준에서 회로 설계를 검증하는 것 이외의 목적에서는 온톨로지도 달라질 것이다. 예를 들어 결함이 있는 회로 설계를 디버깅하는 것이 목적이라면 도선들을 온톨로지에 포함시키는 것이 바람직하다. 도선에 문제가 있으면 그것을 타고 흐르는 신호가 깨질 수 있기 때문이다. 타이밍상의 결함을 해결하기 위해서는 게이트의 지연 시간을 온톨로지에 포함시켜야 할 것이다. 수익성 있는 제품을 설계하는 것이 목적이라면 회로의 비용 및 시장에 나와 있는 다른 제품에 비한 속도 등이 중요할 것이다.

## 어휘의 결정

앞의 단계에서 우리가 회로, 단자, 신호, 게이트에 관한 지식을 표현해야 한다는 점이 결정되었다. 이제 할 일은 그러한 표현에 필요한 함수, 술어, 상수들을 결정하는 것이다. 첫째로, 개별 게이트를 식별할 수 있어야 하며, 게이트를 다른 종류의 객체들과도 구분할 수 있어야 한다. 각 게이트는 상수 기호로 지칭되는 객체로 표현하고, 주어진 객체가 게이트인지는 $Gate(X_1)$로 판정하기로 하자. 각 게이트의 행동은 게이트의 종류로 결정된다. 게이트의 종류는 상수 $AND$, $OR$, $XOR$, $NOT$ 중 하나로 표현한다. 각 게이트의 종류는 정확히 하나이므로, 주어진 게이트의 종류를 나타내는 데에는 함수가 적합하다. 이를테면 $Type(X_1) = XOR$이다. 게이트처럼, 회로도 $Circuit(C_1)$ 같은 술어로 식별한다.

다음으로 단자들을 생각해 보자. 주어진 객체가 단자인지는 술어 $Terminal(x)$로 식별한다. 게이트나 회로에는 하나 이상의 입력 단자와 하나 이상의 출력 단자가 있다. 회로 $X_1$의 첫 입력 단자를 함수 $In(1, X_1)$로 표기하기로 하자. 그와 비슷하게, 출력 단자는 $Out(n, c)$ 함수로 표기한다. 술어 $Arity(c, i, j)$는 회로 $c$의 입력 단자가 $i$개이고 출력 단자가 $j$임을 말해 준다. 게이트들 사이의 연결 관계는 술어 $Connected$로 표현한다. 이 술어는 $Connected(Out(1, X_1), In(1, X_2))$처럼 두 개의 단자를 인수로 취한다.

마지막으로, 신호가 켜짐(on)에 해당하는지 꺼짐(off)에 해당하는지 알아야 한다. 이를 위해 $On(t)$라는 단항 술어를 사용할 수도 있다. 이는 단자 $t$에서 신호가 켜져 있으면 참이다. 그러나 이런 술어를 사용하면 "회로 $C_1$의 출력 단자의 신호가 가질 수 있는 값들은 무엇인가?" 같은 질문을 처리하기가 조금 까다롭다. 그래서 신호의 두 가지 값을 개별 객체 1과 0(각각 "켜짐"과 "꺼짐"에 해당)으로 표현하고, 단자 $t$에서의 신호 값을 함수 $Signal(t)$로 표현하기로 한다.

## 정의역에 관한 일반적 지식의 부호화

일반적 규칙들이 많지 않고, 일반적 규칙들을 간결하고 명확하게 표현할 수 있다는 것은 온톨로지가 잘 정의되었음을 말해 주는 징표이다. 필요한 공리들은 다음 열두 가지뿐이다.

1. 두 단자가 연결되어 있으면, 둘의 신호는 같다.
   $\forall t_1, t_2 \; Terminal(t_1) \land Terminal(t_2) \land Connected(t_1, t_2) \Rightarrow$
   $\quad Signal(t_1) = Signal(t_2)$.

2. 모든 단자에서 신호의 값은 1 아니면 0이다.
   $\forall t \; Terminal(t) \Rightarrow Signal(t) = 1 \lor Signal(t) = 0$.

3. $Connected$는 교환법칙을 충족한다.
   $\forall t_1, t_2 \; Connected(t_1, t_2) \Leftrightarrow Connected(t_2, t_1)$.

4. 게이트는 총 네 종류이다.

$$\forall g \;\; Gate(g) \wedge k = Type(g) \Rightarrow k = AND \vee k = OR \vee k = XOR \vee k = NOT.$$

5. AND 게이트의 출력은 만일 0인 입력이 있으면, 그리고 오직 그럴 때에만 0이다.

$$\forall g \;\; Gate(g) \wedge Type(g) = AND \Rightarrow$$
$$Signal(Out(1,g)) = 0 \Leftrightarrow \exists n \;\; Signal(In(n,g)) = 0.$$

6. OR 게이트의 출력은 만일 1인 입력이 있으면, 그리고 오직 그럴 때에만 1이다.

$$\forall g \;\; Gate(g) \wedge Type(g) = OR \Rightarrow$$
$$Signal(Out(1,g)) = 1 \Leftrightarrow \exists n \;\; Signal(In(n,g)) = 1.$$

7. XOR 게이트의 출력은 만일 입력들이 서로 다르면, 그리고 오직 그럴 때에만 1이다.

$$\forall g \;\; Gate(g) \wedge Type(g) = XOR \Rightarrow$$
$$Signal(Out(1,g)) = 1 \Leftrightarrow Signal(In(1,g)) \neq Signal(In(2,g)).$$

8. NOT 게이트의 출력은 주어진 입력과 다르다.

$$\forall g \;\; Gate(g) \wedge (Type(g) = NOT) \Rightarrow$$
$$Signal(Out(1,g)) \neq Signal(In(1,g)).$$

9. NOT을 제외한 게이트들은 입력이 두 개이고 출력이 하나이다.

$$\forall g \;\; Gate(g) \wedge Type(g) = NOT \Rightarrow Arity(g,1,1).$$
$$\forall g \;\; Gate(g) \wedge k = Type(g) \wedge (k = AND \vee k = OR \vee k = XOR) \Rightarrow$$
$$Arity(g,2,1)$$

10. 회로의 단자 개수는 입력 항수(arity)와 출력 항수의 합을 넘지 않는다.

$$\forall c,i,j \;\; Circuit(c) \wedge Arity(c,i,j) \Rightarrow$$
$$\forall n (n \leq i \Rightarrow Terminal(In(c,n))) \wedge (n > i \Rightarrow In(c,n) = Nothing) \wedge$$
$$\forall n (n \leq j \Rightarrow Terminal(Out(c,n))) \wedge (n > j \Rightarrow Out(c,n) = Nothing)$$

11. 게이트, 터미널, 신호는 서로 구별된다.

$$\forall g,t,s \;\; Gate(g) \wedge Terminal(t) \wedge Signal(s) \Rightarrow$$
$$g \neq t \wedge g \neq s \wedge t \neq s$$

12. 게이트는 회로이다.

$$\forall g \;\; Gate(g) \Rightarrow Circuit(g)$$

## 구체적인 문제 사례의 부호화

이제 도해 8.6에 나온 회로 $C_1$을 서술해 보자. 우선 회로와, 그것을 구성하는 게이트들을 정의한다.

$$Circuit(C_1) \wedge Arity(C_1,3,2)$$

$$Gate(X_1) \land Type(X_1) = XOR$$
$$Gate(X_2) \land Type(X_2) = XOR$$
$$Gate(A_1) \land Type(A_1) = AND$$
$$Gate(A_2) \land Type(A_2) = AND$$
$$Gate(O_1) \land Type(O_1) = OR.$$

다음으로, 게이트들 사이의 연결 관계를 정의한다.

$$Connected(Out(1, X_1), In(1, X_2)) \quad Connected(In(1, C_1), In(1, X_1))$$
$$Connected(Out(1, X_1), In(2, A_2)) \quad Connected(In(1, C_1), In(1, A_1))$$
$$Connected(Out(1, A_2), In(1, O_1)) \quad Connected(In(2, C_1), In(2, X_1))$$
$$Connected(Out(1, A_1), In(2, O_1)) \quad Connected(In(2, C_1), In(2, A_1))$$
$$Connected(Out(1, X_2), Out(1, C_1)) \quad Connected(In(3, C_1), In(2, X_2))$$
$$Connected(Out(1, O_1), Out(2, C_1)) \quad Connected(In(3, C_1), In(1, A_2)).$$

## 질의를 추론 절차에 제출

$C_1$의 첫 출력(합 비트)이 0이 되고 둘째 출력(올림 비트)이 1이 되는 입력 조합은 무엇일까?

$$\exists\, i_1, i_2, i_3\ Signal(In(1, C_1)) = i_1 \land Signal(In(2, C_1)) = i_2 \land Signal(In(3, C_1)) = i_3$$
$$\land\ Signal(Out(1, C_1)) = 0 \land Signal(Out(2, C_1)) = 1.$$

그 답은 결과 문장을 지식 베이스가 함축하도록 변수 $i_1$, $i_2$, $i_3$에 값을 대입한 것이다. ASKVARS는 다음과 같은 세 가지 대입을 알려 준다.

$$\{i_1/1, i_2/1, i_3/0\} \qquad \{i_1/1, i_2/0, i_3/1\} \qquad \{i_1/0, i_2/1, i_3/1\}.$$

가산기 회로의 모든 단자의 모든 가능한 값의 집합은 무엇일까?

$$\exists\, i_1, i_2, i_3, o_1, o_2\ Signal(In(1, C_1)) = i_1 \land Signal(In(2, C_1)) = i_2$$
$$\land\ Signal(In(3, C_1)) = i_3 \land Signal(Out(1, C_1)) = o_1 \land Signal(Out(2, C_1)) = o_2.$$

회로 검증

이 마지막 질의에 대한 답은 회로의 완전한 입력-출력 표이다. 이를 이용하면 회로가 주어진 입력들을 제대로 더하는지 점검할 수 있다. 이는 **회로 검증**(circuit verification)의 간단한 예이다. 또한 회로의 정의를 이용해서 더 큰 디지털 시스템을 구축할 수 있으며, 그런 시스템에 대해서도 지금 예와 동일한 종류의 검증을 수행할 수 있다. (연습문제 8.ADDR을 보라.) 이처럼 간단한 개념들로 좀 더 복잡한 개념들을 정의하는 방식의 구조적 지식 베이스 개발 공정을 적용할 수 있는 정의역이 많이 있다.

## 지식 베이스의 디버깅

지식 베이스를 다양한 방식으로 변경해 보면 어떤 종류의 오류성 행동이 발생하는지 관찰할 수 있다. 예를 들어 독자가 §8.2.8을 제대로 읽지 않아서 $1 \neq 0$이라는 단언을 빼먹었다고 하자. 그리고 시스템이 입력이 000이나 110이 아닌 경우에는 회로의 출력을 전혀 증명하지 못한다는 점을 알게 되었다고 하자. 이런 버그는 각 게이트의 출력을 질의해 보면 드러난다. 예를 들어

$$\exists i_1, i_2, o \; Signal(In(1, C_1)) = i_1 \land Signal(In(2, C_1)) = i_2 \land Signal(Out(1, X_1)) = o$$

을 질의하면, 입력이 10이나 01일 때 $X_1$의 출력이 알려지지 않는다는 문제점을 확인할 수 있다. 그러면 $X_1$에 적용되는 XOR 게이트에 대한 공리들을 점검해야 할 것이다.

$$Signal(Out(1, X_1)) = 1 \Leftrightarrow Signal(In(1, X_1)) \neq Signal(In(2, X_1)).$$

만일 두 입력이 1과 0이면 이 문장은 다음으로 축약된다.

$$Signal(Out(1, X_1)) = 1 \; \Leftrightarrow \; 1 \neq 0$$

이제 시스템이 $Signal(Out(1, X_1)) = 1$을 추론하지 못한다는 문제점이 명확해졌다. 따라서 $1 \neq 0$임을 알려 주면 문제가 해결된다.


# 요약

이번 장에서는 명제 논리보다 훨씬 강력한 표현 언어인 **1차 논리**를 소개했다. 요점은 다음과 같다.

- 지식 표현 언어는 선언적이고, 조합이 가능하고, 표현력이 좋고, 문맥에 독립적이고, 모호하지 않아야 한다.
- 논리들의 주된 차이점은 해당 **존재론적 개입**과 **인식론적 개입**이다. 명제 논리는 사실들의 존재만 말해 주지만 1차 논리는 객체들은 물론 관계들의 존재도 알려 주므로 표현력이 더 크며, 웜퍼스 세계나 전자 회로 같은 정의역에 적합하다.
- 명제 논리와 1차 논리 모두, 애매모호한 명제를 잘 표현하지 못한다. 이러한 어려움 때문에, 이들을 정치나 음식처럼 개인적인 판정이 필요한 정의역들에 적용하는 데에는 한계가 있다.
- 1차 논리의 구문은 명제 논리의 것을 기초로 한다. 명제 논리와는 달리 1차 논리는 객체를 나타내는 항과 한정된 변수에 가능한 값 전부 또는 일부에 관한 단언을 구축할 수 있는 전칭, 존재 한정사들도 제공한다.

- 1차 논리의 **가능한 세계** 또는 **모형**은 객체들의 집합, 상수 기호들을 객체들에 사상하는 **해석**, 객체들 사이의 관계를 나타내는 술어 기호, 객체에 대한 함수를 지칭하는 함수 기호로 구성된다.
- 원자적 문장은 항들이 지칭하는 객체들 사이에 술어 기호가 지칭하는 관계가 성립할 때만 참이다. 한정사 변수들을 모형의 객체들에 사상하는 **확장된 표현**은 한정된 문장의 진릿값을 정의한다.
- 1차 논리에서 지식 베이스를 개발할 때에는 정의역 분석, 어휘 선택, 그리고 원하는 추론들을 지원하는 데 필요한 공리들의 부호화 같은 단계들로 이루어진 세심한 과정을 거쳐야 한다.

## 참고문헌 및 역사적 참고사항

아리스토텔레스의 논리학이 객체들에 대한 일반화를 다루긴 했지만, 그 표현력은 1차 논리의 것에 한참 못 미친다. 아리스토텔레스 논리학이 더 발전하지 못한 주된 이유는, 그 논리학이 한 자리(one-place) 술어들에 집중하고 여러 자리(many-place) 관계 술어들을 배제했다는 점이다. 관계들을 체계적으로 다룬 최초의 문헌은 [De Morgan, 1864]이다. 드모르간은 아리스토텔레스 논리학이 처리하지 못하는 추론의 예로 다음을 제시했다: "모든 말(馬)은 동물이다. 따라서, 말의 머리는 동물의 머리이다." 아리스토텔레스가 이러한 추론에 도달하지 못한 것은, 이 추론을 지지할 수 있는 임의의 유효한 규칙은 우선 이 문장을 두 자리 술어 "$x$는 $y$의 머리이다"를 이용해서 분석해야 하기 때문이다. 관계들의 논리는 [Peirce, 1870]과 [Misak, 2004]에 상세히 연구되어 있다.

진정한 1차 논리의 기원은 한정사를 소개한 고틀롭 프레게의 *Begriffschrift*("개념 쓰기" 또는 "개념 표기법"; Frege, 1879)이다. 프레게와는 독립적으로 찰스 샌더스 퍼스도 1차 논리를 개발했으나(Peirce, 1883), 그 시점이 프레게보다 조금 늦다. 프레게가 한정사들을 내포할 수 있게 한 것은 커다란 진보였으나, 그는 어색한 표기법을 사용했다. 요즘 쓰이는 1차 논리 표기법은 대부분 주세페 페아노에 기인한다(Peano, 1889). 그러나 해당 의미론은 프레게의 것과 사실상 동일하다. 이상하게도, 페아노의 공리들은 주로 [Grassmann, 1861]과 [Dedekind, 1888]에 기인한다.

[Löwenheim, 1915]는 1차 논리에 대한 모형 이론을 체계적으로 다루었다. 이 논문은 상등 기호를 제대로 다룬 최초의 논문이기도 하다. 뢰벤하임의 결과를 토랄프 스콜렘이 좀 더 확장했다(Skolem, 1920). 알프레트 타르스키는 1차 논리에서의 진릿값과 모형 이론적 충족을 집합론을 이용해서 명시적으로 정의했다(Tarski, 1935, 1956).

존 매카시는 1차 논리를 인공지능 시스템 구축의 도구로 도입하는 데 주된 역할을 했다(McCarthy, 1958). 논리 기반 인공지능에 대한 전망은 로빈슨이 완결적인 1차 논리 추론 절차인 분해(resolution)를 개발하면서(Robinson, 1965) 크게 높아졌다. 논리학자 접근 방식은 스탠퍼드 대학교에 뿌리를 두고 있다. 코델 그린은 1차 논리 추론 시스템 QA3

를 개발했다(Green, 1969a, 1969b). 그 시스템은 SRI에서 논리적 로봇을 개발하는 최초의 시대로 이어졌다(Fikes 및 Nilsson, 1971). [Manna 및 Waldinger, 1971]은 1차 논리를 프로그램에 관한 추론에 적용했고, 이후 [Genesereth, 1984]는 회로에 추론을 적용했다. 유럽에서는 언어 분석(Colmerauer 외, 1973)과 일반 선언적 시스템(Kowalski, 1974)을 위한 논리 프로그래밍(제한된 형태의 1차 논리 추론)이 발전했다. 전산 논리 역시, LCF(Logic for Computable Functions) 프로젝트를 통해서 에든버러에 잘 정착했다(Gordon 외, 1979). 이러한 발전의 역사는 제9장과 제10장에 더 나온다.

1차 논리에 기초한 실용적인 응용으로는 전자제품 제조상의 요구사항을 평가하는 시스템(Mannion, 2002), 파일 접근 및 DRM(digital rights management)을 위한 정책들을 추론하는 시스템(Halpern 및 Weissman, 2008), 웹 서비스를 자동으로 조립하는 시스템(McIlraith 및 Zeng, 2001) 등이 있다.

워프 가설(Whorf, 1956)과 전반적인 언어 및 사고 문제에 대한 반응이 여러 책에 등장한다(Pullum, 1991; Pinker, 2003). 그중에는 *Why the World Looks Different in Other Languages*(왜 다른 언어들에서는 세계가 다르게 보이는가; Deutscher, 2010)와 *Why The World Looks the Same in Any Language*(왜 어떤 언어라도 세계가 똑같이 보이는가; McWhorter, 2014)처럼 제목으로는 상반된 의견을 담은 것으로 보이는(사실 두 저자 모두 차이점들이 있으며 그 차이점들이 작다는 점에 동의한다) 책들도 있다. "이론" 이론(Gopnik 및 Glymour, 2002; Tenenbaum 외, 2007)은 아동의 세계에 대한 학습을 과학 이론의 구축과 비슷한 것으로 본다. 기계학습 알고리즘의 예측이 시스템에 주어진 어휘에 크게 의존하듯이, 아동의 이론 형식화는 학습이 발생하는 언어적 환경에 의존한다.

1차 논리에 관한 좋은 입문서가 많은데, 그중에는 [Tarski, 1941], [Church, 1956], [Quine, 1982]처럼 이 분야의 선도자들이 쓴 책도 있다. [Enderton, 1972]는 좀 더 수학 지향적인 관점을 제시한다. [Bell 및 Machover, 1977]은 1차 논리를 고도로 형식적으로 다루며, 논리학의 좀 더 고급 주제들도 제시한다. [Manna 및 Waldinger, 1985]는 컴퓨터 과학의 관점에서 논리학을 소개하는 읽기 쉬운 입문서이다. [Huth 및 Ryan, 2004]도 그런 입문서로, 프로그램 검증에 초점을 둔다. [Barwise 및 Etchemendy, 2002]는 이번 장에 나온 것과 비슷한 접근방식을 취한다. [Smullyan, 1995]는 결과들을 표 형태로 간결하게 제시한다. [Gallier, 1986]은 1차 논리를 극도로 엄격한 수학적 형태로 제시하며, 자동 추론에 1차 논리를 활용하는 문제도 아주 상세히 다룬다. *Logical Foundations of Artificial Intelligence*(Genesereth 및 Nilsson, 1987)는 견실한 논리학 입문서이자 지각과 동작을 갖춘 논리적 에이전트를 체계적으로 다룬 최초의 문헌이다. 이와 관련한 좋은 안내서로는 [van Bentham 및 ter Meulen, 1997]과 [Robinson 및 Voronkov, 2001]이 있다. 순수한 수학적 논리 분야의 주도적인 학술지는 *Journal of Symbolic Logic*이고, 인공지능에 좀 더 가까운 문제들을 다루는 학술지로는 *Journal of Applied Logic*이 있다.

# 9

# 1차 논리의 추론

이번 장에서는 1차 논리로 제시된 질문에 효과적으로 답하는 절차들을 정의한다.

이번 장에서는 답이 있는 1차 논리 질문의 답을 산출하는 알고리즘들을 설명한다. §9.1에서는 한정사들에 대한 추론 규칙들을 소개하고 1차 추론을 명제 추론으로 환원하는(비록 잠재적으로 큰 비용을 치르긴 하지만) 방법을 소개한다. §9.2는 **단일화**를 이용해서 1차 논리 문장에 직접 작용하는 추론 규칙들을 구축하는 방법을 설명한다. 그런 다음에는 세 가지 주요 1차 논리 추론 알고리즘인 **순방향 연쇄**(§9.3), **역방향 연쇄**(§9.4), **분해 기반 정리 증명**(§9.5)을 논의한다.

## 9.1 명제 추론 대 1차 추론

1차 논리의 추론을 수행하는 방법 하나는 1차 지식 베이스를 명제 논리로 변환하고 우리가 이미 알고 있는 명제 추론 방법들을 적용하는 것이다. 이를 위해서는 먼저 전칭 한정사들을 제거해야 한다. 예를 들어 옛날 이야기들에서 흔히 볼 수 있는, 욕심 많은 왕은 모두 사악하다는 다음과 같은 공리가 지식 베이스에 있다고 하자.

$$\forall x \ King(x) \land Greedy(x) \Rightarrow Evil(x).$$

이로부터 다음 문장들을 추론할 수 있다.

$$King(John) \land Greedy(John) \Rightarrow Evil(John)$$
$$King(Richard) \land Greedy(Richard) \Rightarrow Evil(Richard)$$
$$King(Father(John)) \land Greedy(Father(John)) \Rightarrow Evil(Father(John)).$$
$$\vdots$$

전칭예화     일반화하자면, **전칭예화**(Universal Instantiation, 줄여서 UI) 규칙에 따르면 전칭 한정된 변수에 **기초항**(ground term; 변수가 없는 항)을 대입해서 얻은 문장은 그 어떤 것이든 추론할 수 있다.[1]

    이 추론 규칙을 §8.3에서 소개한 **대입**(substitution) 개념을 이용해서 형식적으로 정의해 보겠다. $\text{SUBST}(\theta, \alpha)$가 대입 $\theta$를 문장 $\alpha$에 적용해서 나온 결과를 뜻한다고 하자. 그러면 이 규칙을, 임의의 변수 $v$와 기초항 $g$에 대해

$$\frac{\forall v \; \alpha}{\text{SUBST}(\{v/g\}, \alpha)}$$

라고 표현할 수 있다. 예를 들어 앞의 세 문장은 각각 대입 $\{x/John\}$, $\{x/Richard\}$, $\{x/Father(John)\}$을 적용하면 나온다.

존재예화     이와 비슷하게, **존재예화**(Existential Instantiation) 규칙은 변수를 하나의 새 **상수 기호**로 대체한다. 형식적인 정의는 다음과 같다: 임의의 문장 $\alpha$와 변수 $v$, 그리고 지식 베이스의 어디에도 나타나지 않은 상수 기호 $k$에 대해,

$$\frac{\exists v \; \alpha}{\text{SUBST}(\{v/k\}, \alpha)}$$

이다. 예를 들어

$$\exists x \; Crown(x) \land OnHead(x, John)$$

이라는 문장에서

$$Crown(C_1) \land OnHead(C_1, John)$$

을 추론할 수 있다(물론 $C_1$이 지식 베이스의 어디에도 나타나지 않는다고 할 때). 기본적으로 존재 문장은 주어진 조건을 충족하는 객체가 있음을 말하며, 존재예화 규칙을 적용한다는 것은 그냥 그러한 어떤 객체에 이름을 부여하는 것일 뿐이다. 물론 이미 다른 객체에 속한 이름을 사용해서는 안 된다. 수학에 좋은 예가 있다. 어떤 수가 2.71828보다

---

1   이러한 대입을 §8.2.6에서 한정사의 의미론을 정의하는 데 사용한 확장된 해석과 혼동하면 안 된다. 대입은 변수를 항(구문의 일부)으로 대체해서 새로운 문장을 산출하는 반면, 해석은 변수를 정의역의 한 객체에 사상한다.

약간 크고 $x$에 대한 방정식 $d(x^y)/dy = x^y$을 충족한다고 하자. 이 수에 $e$ 같은 이름을 부여하는 것은 괜찮지만, $\pi$처럼 기존 객체의 이름을 부여하는 것은 실수일 것이다. 논리학에서는 새 이름을 **스콜렘 상수**(Skolem constant)라고 부른다.

스콜렘 상수

같은 공리에 여러 번 적용해서 서로 다른 여러 결과를 산출하는 전칭예화와는 달리 존재예화는 한 번만 적용해야 하며, 적용하고 나면 존재 한정 문장은 폐기해도 된다. 예를 들어 $Kill(Murderer, Victim)$이라는 문장이 지식 베이스에 추가되었다면 $\exists x \; Kill(x, Victim)$은 더 이상 필요하지 않다.

## 9.1.1 명제 추론으로 환원

그럼 임의의 1차 지식 베이스를 명제 지식 베이스로 변환하는 방법을 살펴보자. 첫 번째 착안은, 존재 한정 문장을 한 번의 예화로 대체할 수 있는 것과 비슷하게, 전칭 한정 문장을 **모든 가능한** 예화들의 집합으로 대체할 수 있다는 것이다. 예를 들어 지식 베이스에 다음 문장들만 들어 있다고 하자.

$$\forall x \; King(x) \wedge Greedy(x) \Rightarrow Evil(x)$$
$$King(John)$$
$$Greedy(John) \tag{9.1}$$
$$Brother(Richard, John).$$

그리고 객체는 $John$과 $Richard$뿐이라고 하자. 모든 가능한 대입 $\{x/John\}$과 $\{x/Richard\}$을 이용해서 첫 문장에 전칭예화를 적용하면 다음과 같은 문장들이 나온다.

$$King(John) \wedge Greedy(John) \Rightarrow Evil(John)$$
$$King(Richard) \wedge Greedy(Richard) \Rightarrow Evil(Richard).$$

다음으로, $King(John)$ 같은 기초 원자 문장들을 $JohnIsKing$ 같은 명제 기호들로 대체한다. 마지막으로, 제7장의 완결적인 명제 알고리즘들 중 아무 것이나 적용하면 $JohnIsEvil$ 같은 결론이 나오는데, 이는 $Evil(John)$과 동치이다.

§9.5에서 보겠지만, 이러한 **명제화**(propositionalization) 기법을 완전히 일반화하는 것이 가능하다. 그런데 문제가 하나 있다. 바로, 지식 베이스에 함수 기호가 하나라도 있으면 가능한 기초항 대입이 무한히 많아진다는 점이다. 예를 들어 지식 베이스가 $Father$ 기호를 언급한다면, $Father(Father(Father(John)))$ 같은 내포된 항들이 무한히 만들어진다.

다행히 자크 에르브랑$^{\text{Jacques Herbrand}}$의 유명한 정리(Herbrand, 1930)가 해결책을 제시한다. 그 정리는, 만일 원래의 1차 지식 베이스가 함축하는 어떤 문장이 존재한다면, 명제화된 지식 베이스의 유한한 부분집합만 관여하는 증명이 존재한다는 것이다. 그러한 임의의 부분집합에서 기초항들의 최대 중첩 깊이는 유한하므로, 먼저 상수 기호들

($Richard$와 $John$)로 예화를 적용하고, 중첩 깊이가 1인 모든 항($Father(Richard)$와 $Father(John)$)으로 예화를 적용하고, 그다음에는 깊이가 2인 모든 항을 적용하는 식으로 나아가다 보면 언젠가는 함축된 문장의 명제 논리적 증명이 구축된다.

지금까지 명제화를 이용해서 1차 추론을 수행하는 접근방식을 개괄적으로 설명했다. 이 접근방식은 **완결적**이다. 즉, 그 어떤 함축된 문장도 이 절차로 증명할 수 있다. 가능한 모형의 공간이 무한하다는 점을 생각하면 이는 중대한 진보이다. 그러나 한 가지 문제는, 증명이 완료되었음은 오직 문장이 **실제로** 함축되어야 알 수 있다는 것이다. 만일 문장이 함축되지 **않는다면** 어떻게 할까? 그 사실을 우리가 알 수 있을까? 1차 논리에서는 그것이 불가능함이 판명되었다. 우리의 증명 절차는 계속해서 좀 더 깊게 중첩된 항들을 만들어 낸다. 그런데 절차가 가망 없는 순환 고리에 빠져 있는지 아니면 조금만 더 하면 증명이 나올지는 알 수 없다. 이는 튜링 기계에 대한 정지 문제(halting problem)와 비슷하다. 이러한 피할 수 없는 사태를 앨런 튜링(Turing, 1936)과 앨론조 처치(Church, 1936)가 각자 상당히 다른 방식으로 증명한 바 있다. 1차 논리에서 함축 판정 문제는 준<sup>準</sup> **결정 가능**(*semidecidable*)이다. 즉, 모든 함축된 문장에 대해서는 "예"라고 답하는 알고리즘이 존재하긴 하지만, 모든 함축되지 않은 문장에 대해 "아니요"라고 말해 주는 알고리즘은 존재하지 않는다.

## 9.2 단일화와 1차 추론

예리한 독자라면 명제화 접근방식이 전칭 한정 문장들의 불필요한 사례들을 많이 만들어 낸다는 점을 눈치챘을 것이다. 그보다는, 단 하나의 규칙만 사용해서 $\{x/John\}$이 질의 $Evil(x)$의 해임을 추론할 수 있는 접근방식이 있다면 더 바람직할 것이다. 구체적으로 말하면, 욕심 많은 왕은 모두 사악하다는 하나의 규칙이 있을 때, $x$가 왕이라는 조건과 $x$가 탐욕적이라는 조건을 모두 충족하는 어떤 $x$를 찾고, 앞의 규칙에 따라 $x$가 사악하다는 결론을 이끌어 낼 수 있어야 한다. 일반화하자면, 만일 함의 문장의 전제에 있는 각 논리곱 요소(연언지)를 지식 베이스에 있는 어떤 문장과 동일하게 만드는 대입 $\theta$가 존재한다면, 그 $\theta$를 함의 문장에 적용했을 때 그 문장의 결론이 참임을 단언할 수 있다. 지금 예에서 그러한 대입은 바로 $\theta = \{x/John\}$이다. 그런데 존이 욕심이 많음을 아는 대신, 모든 존재가 욕심이 많음을 안다고 하자. 즉, $Greedy(John)$ 대신 다음이 주어진다고 하자.

$$\forall y \; Greedy(y). \tag{9.2}$$

이 경우에도 $Evil(John)$이라는 결론을 얻을 수 있다. 존이 왕이고(주어진 사실) 존이 탐욕적임을(모든 사람이 탐욕적이므로) 알고 있기 때문이다. 이런 추론이 작동하려면 함의 문장의 변수들은 물론 지식 베이스에 있는 문장의 변수들에도 적절한 값을 설정하는 대입을 찾아야 한다. 지금 예에서 대입 $\{x/John, y/John\}$을 함의의 전제 $King(x)$ 및 $Greedy(x)$와 지식 베이스의 문장 $King(John)$ 및 $Greedy(y)$에 적용하면 그 둘이 같아진다. 따라서 함의의 결론이 유도된다.

일반화된<br>전건 긍정 이러한 추론 절차를 **일반화된 전건 긍정**(Generalized Modus Ponens)[2], 줄여서 일반 전건 긍정이라고 부르는 하나의 추론 규칙으로 포괄할 수 있다. 그 규칙은 다음과 같다: 모든 $i$에 대해 $\text{SUBST}(\theta, p_i{}') = \text{SUBST}(\theta, p_i)$가 되는 대입 $\theta$가 존재하는 원자적 문장 $p_i$, $p_i{}'$, $q$에 대해,

$$\frac{p_1{}', p_2{}', ..., p_n{}', (p_1 \wedge p_2 \wedge ... \wedge p_n \Rightarrow q)}{\text{SUBST}(\theta, q)}$$

이다. 이 규칙에는 전제가 $n+1$개 있다. $n$개의 원자적 문장 $p_i{}'$과 함의 문장 하나가 전제들이다. 그리고 규칙의 결론은 대입 $\theta$를 그 함의 문장의 후건 $q$에 적용한 결과이다. 다음은 이 규칙을 적용한 예이다.

| | |
|---|---|
| $p_1{}'$은 $King(John)$ | $p_1$은 $King(x)$ |
| $p_2{}'$은 $Greedy(y)$ | $p_2$는 $Greedy(x)$ |
| $\theta$는 $\{x/John, y/John\}$ | $q$는 $Evil(x)$ |
| $\text{SUBST}(\theta, q)$는 $Evil(John)$. | |

일반 전건 긍정이 건전한 추론 규칙임을 보이기는 쉽다. 우선 주목할 것은, 임의의 문장 $p$(변수들이 전칭 한정되었다고 가정)와 임의의 대입 $\theta$에 대해,

$$p \models \text{SUBST}(\theta, p)$$

는 전칭예화에 의해 참이다. 특히 이 함축은 일반 전건 긍정의 조건들을 충족하는 $\theta$에 대해 참이다. 따라서 $p_1{}', ..., p_n{}'$으로부터 다음을 추론할 수 있다.

$$\text{SUBST}(\theta, p_1{}') \wedge ... \wedge \text{SUBST}(\theta, p_n{}')$$

그리고 함의 $p_1 \wedge ... \wedge p_n \Rightarrow q$로부터 다음을 추론할 수 있다.

$$\text{SUBST}(\theta, p_1) \wedge ... \wedge \text{SUBST}(\theta, p_n) \Rightarrow \text{SUBST}(\theta, q).$$

이제 일반 전건 긍정의 $\theta$는 모든 $i$에 대해 $\text{SUBST}(\theta, p_i{}') = \text{SUBST}(\theta, p_i)$를 충족하는 대입으로 정의된다. 따라서 이 두 문장 중 첫째 것은 둘째 것의 전제와 정확히 부합한다. 이제 전건 긍정을 적용하면 $\text{SUBST}(\theta, q)$가 나온다.

---

2  일반화된 전건 긍정은 알려진 사실들과 함의의 전제가 완전히 일치하는 것이 아니라 하나의 대입에 관해서만 부합한다는 점에서 전건 긍정(p.292)보다 일반적이다. 반면, 전건 긍정에서는 임의의 문장 $\alpha$가 전제가 될 수 있다(원자적 문장의 논리곱 요소만 가능한 것이 아니라).

일반 전건 긍정은 전건 긍정에서 **승격**(lifting)된 버전이다. 일반 전건 긍정은 전건 긍정을 기초(변수가 없는) 명제 논리에서 1차 논리로 끌어올린다. 이번 장의 나머지 부분에서는 제7장에서 소개한 순방향 연쇄, 역방향 연쇄, 분해 알고리즘들을 끌어올린 버전들도 만들 수 있음을 보게 될 것이다. 명제화에 비한 승격된 추론 규칙들의 핵심 장점은, 주어진 특정한 추론을 진행하는 데 필요한 대입들만 적용한다는 것이다.

## 9.2.1 단일화

승격된 추론 규칙을 적용하려면 서로 다른 논리식들을 같은 모습으로 만드는 대입들을 찾아야 한다. 그러한 과정을 **단일화**(unification)라고 부른다. 단일화는 모든 1차 추론 알고리즘의 핵심 구성요소이다. UNIFY 알고리즘은 두 문장을 입력받고 그 둘을 단일화하는 하나의 대입을 돌려주는데(그런 대입이 있다면), 이 대입을 **단일자**(unifier)라고 부른다.

$$\text{UNIFY}(p,q) = \theta, \text{ 여기서 } \text{SUBST}(\theta,p) = \text{SUBST}(\theta,q).$$

그럼 이 UNIFY의 바람직한 작동 방식을 보여 주는 예를 몇 가지 살펴보자. 존이 아는 사람들을 알아보기 위해 $AskVars(Knows(John,x))$라는 질의를 수행한다고 하자. 이 질의의 답들은 지식 베이스에서 $Knows(John,x)$와 단일화되는 모든 문장이다. 다음은 지식 베이스에 있을 만한 서로 다른 네 문장과의 단일화 결과이다.

$$\text{UNIFY}(Knows(John,x), Knows(John,Jane)) = \{x/Jane\}$$
$$\text{UNIFY}(Knows(John,x), Knows(y,Bill)) = \{x/Bill, y/John\}$$
$$\text{UNIFY}(Knows(John,x), Knows(y,Mother(y))) = \{y/John, x/Mother(John)\}$$
$$\text{UNIFY}(Knows(John,x), Knows(x,Elizabeth)) = failure.$$

마지막 단일화는 실패했다. 이는 $x$에 $John$이라는 값과 $Elizabeth$라는 값을 동시에 배정할 수는 없기 때문이다. 그러나 $Knows(x,Elizabeth)$는 "모든 사람이 엘리자베스를 안다"라는 뜻이므로, 이 단일화로도 존이 엘리자베스를 안다고 추론할 수 있어야 한다. 이 문제는 두 문장이 하필이면 같은 변수 이름 $x$를 사용할 때만 발생한다. 한 가지 해결 책은 단일화되는 두 문장 중 하나를 **분리 표준화**(standardizing apart)하는 것, 간단히 말하면 이름이 충돌하지 않도록 해당 변수의 이름을 바꾸는 것이다. 예를 들어 $Knows$ $(x,Elizabeth)$의 $x$를 $x_{17}$(새로운 변수 이름)로 바꾸어도 문장의 의미는 변하지 않는다. 이렇게 하면 단일화가 성공한다.

$$\text{UNIFY}(Knows(John,x), Knows(x_{17},Elizabeth)) = \{x/Elizabeth, x_{17}/John\}.$$

연습문제 9.STAN에서 분리 표준화의 필요성을 좀 더 살펴보게 될 것이다.

까다로운 문제가 하나 더 있다. 앞에서 UNIFY는 두 인수가 같은 모습이 되게 하는 하나의 대입(단일자)을 돌려주어야 한다고 말했다. 그런데 그런 단일자가 여러 개 있을 수도 있다. 예를 들어 $\text{UNIFY}(Knows(John,x), Knows(y,z))$는 대입 $\{y/John, x/z\}$를 돌려줄 수도 있고 $\{y/John, x/John, z/John\}$을 돌려줄 수도 있다. 첫 단일자로 단일화하면 결과는 $Knows(John, z)$가 되고, 둘째 단일자로는 $Knows(John, John)$이 된다. 둘째 것은 첫째 것에 또 다른 대입 $\{z/John\}$을 적용해도 얻을 수 있다. 첫 단일자는 변수 값들에 대한 제약이 더 적다는 점에서 둘째 단일자보다 더 일반적이다.

가장 일반적인<br>단일자

단일화가 가능한 모든 논리식 쌍에는 하나의 **가장 일반적인 단일자**(most general unifier, MGU)가 존재한다. 예를 들어 $\{x/John\}$과 $\{y/John\}$은 동치이므로 하나로 칠 수 있으며, $\{x/John, y/John\}$과 $\{x/John, y/x\}$도 마찬가지이다.

MGU를 계산하는 알고리즘이 도해 9.1에 나와 있다. 과정은 간단하다. 두 논리식을 '병행해서' 동시에 재귀적으로 탐색하면서 하나의 단일자를 구축해 나간다. 그 도중에 만일 두 구조에서 서로 대응되는 지점들이 부합하지 않으면 단일화는 실패한 것이다. 그런데 비용이 큰 단계가 하나 있다. 하나의 변수를 복합항과 부합시킬 때에는 반드시 그 변수 자체가 그 항에 나오는지 점검해야 한다. 만일 나온다면 일관적인 단일자를 구축할 수 없는 상황이므로 단일화를 실패로 돌린다. 예를 들어 $S(x)$는 $S(S(x))$와 단일화할

출현 점검

수 없다. 이러한 소위 **출현 점검**(occur check) 때문에 알고리즘 전체의 복잡도는 단일화하는 논리식들의 크기에 제곱이 된다. 어떤 시스템들은 건전하지 않은 추론 결과를 피하기 위해 이런 출현 점검을 그냥 생략해 버리고 그 책임을 사용자에게 전가한다. 여러 논리 프로그래밍 시스템이 여기에 포함된다. 반면 시간 복잡도가 선형인 좀 더 복잡한 단일화 알고리즘을 사용하는 시스템들도 있다.

## 9.2.2 저장과 조회

지식 베이스에 지식을 알려 주거나 질의를 수행하는 TELL 함수와 ASK 함수에는 좀 더 기본적인 STORE, FETCH 함수가 깔려 있다. STORE($s$)는 문장 $s$를 지식 베이스에 저장하고 FETCH($q$)는 질의 $q$를 지식 베이스의 어떤 문장과 단일화하는 모든 단일자를 돌려준다. 앞에서 단일화를 설명할 때 사용한 문제, 즉 $Knows(John, x)$와 단일화되는 모든 사실을 찾는 문제가 FETCH를 적용하는 사례의 하나이다.

이 STORE와 FETCH를 구현하는 가장 간단한 방법은, 모든 사실을 하나의 긴 목록(list)에 담아 두고, 질의는 그 목록의 모든 요소와의 비교로 처리하는 것이다. 이러한 구현 방식은 비효율적이지만 제대로 작동한다. 이번 절의 나머지 부분에서는 조회(retrieval)를 좀 더 효율적으로 수행하는 방법들을 소개한다.

단일화 가능성이 어느 정도 있는 문장들에 대해서만 실제로 조회를 수행한다면 FETCH의 효율성을 높일 수 있다. 예를 들어 $Knows(John, x)$를 $Brother(Richard, John)$과 단일화하려는 시도는 별 의미가 없다. 사실들을 **색인화**(indexing)해서 지식 베이스에 저장

색인화<br>술어 색인화

하면 그런 단일화를 피할 수 있다. **술어 색인화**(predicate indexing)라고 하는 간단한 방안은 모든 $Knows$ 사실을 하나의 양동이(bucket)에 넣고 모든 $Brother$ 사실을 또 다른 양동이에 넣는다. 그 양동이들을 해시 테이블에 저장해 두면 빠른 조회가 가능하다.

**function** UNIFY($x$, $y$, $\theta$) **returns** $x$와 $y$를 동일하게 만드는 대입 또는 *failure*

    **if** $\theta$ = *failure* **then return** *failure*
    **else if** $x$ = $y$ **then return** $\theta$
    **else if** VARIABLE?($x$) **then return** UNIFY-VAR($x$, $y$, $\theta$)
    **else if** VARIABLE?($y$) **then return** UNIFY-VAR($y$, $x$, $\theta$)
    **else if** COMPOUND?($x$) **and** COMPOUND?($y$) **then**
        **return** UNIFY(ARGS($x$), ARGS($y$), UNIFY($x$.OP, $y$.OP, $\theta$))
    **else if** LIST?($x$) **and** LIST?($y$) **then**
        **return** UNIFY(REST($x$), REST($y$), UNIFY($x$.FIRST, $y$.FIRST, $\theta$))
    **else return** *failure*

**function** UNIFY-VAR(*var*, $x$, $\theta$) **returns** 대입
    **if** $\{var/val\} \in \theta$인 *val*이 존재함 **then return** UNIFY(*val*, $x$, $\theta$)
    **else if** $\{x/val\} \in \theta$인 *val*이 존재함 **then return** UNIFY(*var*, *val*, $\theta$)
    **else if** OCCUR-CHECK?(*var*, $x$) **then return** *failure*
    **else return** $\{var/x\}$를 $\theta$에 추가한 대입

**도해 9.1** 단일화 알고리즘. 인수 $x$와 $y$는 임의의 표현식(상수나 변수, 복합 문장이나 항, 또는 표현식들의 목록 같은 복합 표현식)이다. 인수 $\theta$는 대입으로, 처음에는 빈 대입이지만 입력들을 재귀적으로 훑으면서 표현식을 요소별로 비교하는 과정에서 $\{var/val\}$ 쌍들이 추가된다. $F(A, B)$ 같은 복합 표현식에서 OP($x$) 필드에는 함수 기호 $F$가, ARGS($x$) 필드에는 인수 목록 $(A, B)$가 설정된다.

술어 색인화는 술어 기호들이 많고 각 기호에 대한 절들이 그리 많지 않을 때 유용하다. 그런데 하나의 술어 기호가 쓰이는 절들이 많은 경우도 있다. 예를 들어 세무원이 $Employs(x, y)$라는 하나의 술어를 이용해서 누가 누구를 고용하는지 추적한다고 하자. 그 술어에 해당하는 양동이는 대단히 클 것이다. 어쩌면 수백 만의 고용주와 수천 만의 고용인을 저장해야 할 수도 있다. $Employs(x, Richard)$ 같은 질의를 술어 색인화를 이용해서 처리한다면 거대한 양동이 전체를 훑어야 할 것이다.

앞 문단에서 말한 질의의 경우에는 술어와 둘째 인수를 함께 색인으로 사용해서(어쩌면 둘을 결합한 하나의 해시 테이블 키를 이용해서) 사실들에 접근하는 것이 도움이 될 것이다. 그러면 질의로부터 구축한 키를 이용해서 질의와 단일화되는 사실들만 정확히 조회할 수 있다. $Employs(IBM, y)$ 같은 다른 성격의 질의라면 술어와 둘째 인수를 결합해서 색인으로 사용하는 것이 나을 것이다. 이상의 논의에서 보듯이, 사실들을 저장하는 데 사용하는 색인이 한 종류일 필요는 없으며, 다양한 색인을 사용함으로써 다양한 질의에 대해 질의와 단일화되는 사실들에 즉시 접근할 수 있다.

저장할 문장으로부터, 그 문장과 단일화되는 **모든 가능한** 질의를 위한 색인들을 구축하는 것이 가능하다. $Employs(IBM, Richard)$라는 사실을 답으로 돌려줄 수 있는 질의로는 다음과 같은 것들이 있다.

| | |
|---|---|
| $Employs(IBM, Richard)$ | IBM이 리처드를 고용했는가? |
| $Employs(x, Richard)$ | 누가 리처드를 고용했는가? |
| $Employs(IBM, y)$ | IBM이 누구를 고용했는가? |
| $Employs(x, y)$ | 누가 누구를 고용했는가? |

포섭 격자      이러한 질의들은 도해 9.2(a)에 나온 하나의 **포섭 격자**(subsumption lattice)를 형성한다. 이 격자에는 몇 가지 흥미로운 속성이 있다. 이 격자에서 임의의 노드에 하나의 대입을 적용하면 그 노드의 한 자식 노드가 나온다. 그리고 임의의 두 노드의 '가장 높은' 공통 후손은 그 두 노드의 가장 일반적인 단일자를 적용한 결과이다. 도해 9.2(b)에서 보듯이, 같은 상수가 되풀이된 문장의 격자는 이와는 약간 다른 형태이다. 그 도식에 함수 기호 들은 나와 있지 않지만, 함수 기호들도 포섭 격자에 포함될 수 있다.

     인수들이 많지 않은 술어에서는 포섭 격자의 모든 격자점에 대해 색인을 만드는 것이 저장 대 조회의 좋은 절충일 것이다. 그러면 저장 시 작업량이 늘지만 조회 속도가 높아진다. 단, 한 술어의 인수가 $n$개일 때 격자의 노드 수가 $O(2^n)$임을 주의해야 한다. 만일 함수 기호들도 허용한다면, 노드 개수는 저장할 문장의 항들의 크기에 지수적으로 증가한다. 그러면 색인이 엄청나게 많아질 수 있다.

     따라서, 자주 요청될 가능성이 큰 질의들에만 색인을 두는 것이 바람직하다. 그렇게 하지 않으면 색인을 만드는 데 드는 비용이 색인으로 절약하는 비용보다 더 클 수 있다. 색인 제한을 위해, 하나의 술어와 하나의 인수로만 구성되는 키들에 대해서만 색인을 두는 등의 어떤 고정된 정책을 사용할 수도 있고, 요청되는 질의 부류의 요구조건과 부합하는 색인들을 생성하는 식의 적응적인 정책을 사용할 수도 있다. 사실들의 개수가 수십억 규모인 상용 데이터베이스 분야에서는 이 문제가 철저한 연구와 기술 개발, 끊임 없는 최적화의 대상이었다.

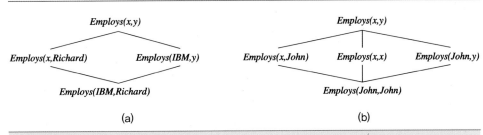

(a)                                  (b)

**도해 9.2**   (a) 가장 낮은 노드가 $Employs(IBM, Richard)$인 포섭 격자. (b) 문장 $Employs(John, John)$에 대한 포섭 격자.

# 9.3 순방향 연쇄

§7.5에서 명제 한정절들의 지식 베이스를 위한 순방향 연쇄(forward-chaining) 알고리즘을 보았다. 이번 절에서는 그 알고리즘의 착안을 1차 한정절로 확장한다.

물론 한정절로는 표현할 수 없는 논리 문장도 있으며, 그런 문장들도 이 접근방식으로는 처리할 수 없다. 그렇지만 **전제** ⇒ **결론** 형태의 규칙들로도 아주 다양한 실제 시스템들을 처리하기에 충분하다.

## 9.3.1 1차 한정절

1차 한정절은 긍정 리터럴이 정확히 하나인 리터럴들의 논리합이다. 따라서 한정절은 원자적 문장이거나, 전제가 긍정 리터럴들의 논리곱이고 결론이 하나의 긍정 리터럴인 함의 문장이다. 존재 한정사는 한정절에 허용되지 않으며, 암묵적으로 전칭 한정사가 적용된다. 즉, 한정절에 있는 $x$는 암묵적으로 $\forall x$를 의미한다. 다음은 전형적인 1차 한정절의 예이다.

$$King(x) \wedge Greedy(x) \Rightarrow Evil(x).$$

또한, 리터럴 $King(John)$과 $Greedy(y)$도 한정절로 간주된다. 1차 논리의 리터럴은 변수를 포함할 수 있으므로, $Greedy(y)$는 "누구나 욕심이 많다"라고 해석된다(암묵적으로 전칭 한정사가 적용되었다).

한정절을 활용하는 예로, 다음 문제를 풀어 보자.

미국법에 따르면 미국인이 미국에 적대적인 국가에 무기를 파는 것은 범죄이다. 미국의 적인 노노 국에는 미사일이 몇 대 있는데, 그 미사일들은 모두 미국인인 웨스트 대령이 판 것이다. 웨스트가 범죄자임을 증명하라.

제일 먼저 할 일은 문제에 나온 사실들을 1차 한정절로 표현하는 것이다.

"... 미국인($American$)이 미국에 적대적인($Hostile$) 국가에 무기($Weapon$)를 파는($Sells$) 것은 범죄이다.":

$$American(x) \wedge Weapon(y) \wedge Sells(x,y,z) \wedge Hostile(z) \Rightarrow Criminal(x). \quad (9.3)$$

"미국의 적인 노노($Nono$) 국에는 미사일($Missile$)이 몇 대 있는데": 이는 $\exists x\; Owns(Nono,x) \wedge Missile(x)$라는 문장으로 표현할 수 있다. 이 한 문장을 존재예화를 통해서 다음 두 문장으로 변환한다(새 상수 $M_1$을 도입했음):

$$Owns(Nono, M_1) \quad\quad\quad\quad\quad (9.4)$$

$$Missile(M_1). \tag{9.5}$$

"그 미사일들은 모두 미국인인 웨스트 대령(*Colonel West*)이 판 것이다.":

$$Missile(x) \land \exists(Nono, x) \Rightarrow Sells(West, x, Nono). \tag{9.6}$$

또한, 미사일이 무기라는 사실과:

$$Missile(x) \Rightarrow Weapon(x) \tag{9.7}$$

미국의 적(*Enemy*)은 미국에 '적대적'이라는 사실도 알려 주어야 한다:

$$Enemy(x, America) \Rightarrow Hostile(x). \tag{9.8}$$

"미국인인 웨스트 대령":

$$American(West). \tag{9.9}$$

"미국의 적인 노노 국":

$$Enemy(Nono, America). \tag{9.10}$$

**Datalog** 이 지식 베이스는 **Datalog** 지식 베이스라고 부르는 부류에 속한다. Datalog는 함수 기호가 없는 1차 한정절들로 이루어진 언어이다. Datalog라는 이름은 관계형 데이터베이스에서 흔히 쓰이는 종류의 문장들을 표현할 수 있다는 점에서 비롯되었다. 함수 기호가 없어서 추론이 훨씬 쉽다.

## 9.3.2 간단한 순방향 연쇄 알고리즘

도해 9.3은 간단한 순방향 연쇄 추론 알고리즘이다. 이 알고리즘은 알려진 사실들로부터 시작해서 그 사실들에 의해 전제가 충족되는 모든 규칙을 찾고, 각 규칙의 결론을 알려진 사실들의 집합에 추가한다. 그러한 과정을 질의의 답이 나올 때까지(답을 하나만 찾으면 된다고 가정) 또는 더 추가할 사실이 없을 때까지 반복한다. 어떤 사실이 알려진 사 **이름 바꾸기** 실의 **이름 바꾸기**(renaming)일 뿐이면 그 사실을 '새로운' 사실로 간주하지 않음을 주목하기 바란다. 두 문장이 변수 이름만 다르고 나머지는 다 동일한 경우, 두 문장은 서로의 이름 바꾸기이다. 예를 들어 $Likes(x, IceCream)$과 $Likes(y, IceCream)$의 유일한 차이는 변수 이름 $x$, $y$뿐이므로, 서로의 이름 바꾸기이다. 둘의 의미는 동일하다: "모든 사람은 아이스크림을 좋아한다."

FOL-FC-ASK의 작동 방식을 앞의 범죄자 문제를 예로 삼아 설명하겠다. 연쇄에 사용할 수 있는 함의 문장들은 식 (9.3), 식 (9.6), 식 (9.7), 식 (9.8)이다. 추론을 위해서는 2회의 반복이 필요하다.

**function** FOL-FC-ASK($KB$, $\alpha$) **returns** 대입 또는 *false*
    입력: $KB$, 지식 베이스, 1차 한정절들의 집합
        $\alpha$, 질의, 원자적 문장

  **while** *true* **do**
    $new \leftarrow \{\}$    // 각 반복에서 추론된 새 문장들이 이 집합에 추가된다
    **for each** *rule* **in** $KB$ **do**
      $(p_1 \wedge \ldots \wedge p_n \Rightarrow q) \leftarrow$ STANDARDIZE-VARIABLES($rule$)
      **for each** $KB$의 어떤 $p_1',\ldots,p_n'$에 대해 SUBST($\theta, p_1 \wedge \ldots \wedge p_n$) =
          SUBST($\theta, p_1' \wedge \ldots \wedge p_n'$)를 충족하는 각 $\theta$에 대해 **do**
        $q' \leftarrow$ SUBST($\theta, q$)
        **if** $q'$가 $KB$ 또는 $new$에 있는 어떤 문장과 단일화되지 않음 **then**
          $q'$을 $new$에 추가
          $\phi \leftarrow$ UNIFY($q', \alpha$)
          **if** $\phi$가 *failure*가 아님 **then return** $\phi$
    **if** $new = \{\}$ **then return** *false*
    $new$를 $KB$에 추가

---

**도해 9.3** 개념적으로 간단하지만 비효율적인 순방향 연쇄 알고리즘. 각 반복에서 알고리즘은 $KB$에 이미 들어 있는 함의 문장들과 원자 문장들에서 한 단계로 추론할 수 있는 모든 원자적 문장을 $KB$에 추가한다. STANDARDIZE-VARIABLES 함수는 인수들의 모든 변수를 아직 쓰이지 않은 새 변수들로 대체한다.

- 첫 반복에서, 규칙 (9.3)에 충족되지 않은 전제들이 존재한다.
  규칙 (9.6)이 $\{x/M_1\}$로 충족되고, $Sells(West, M_1, Nono)$가 추가된다.
  규칙 (9.7)이 $\{x/M_1\}$로 충족되고, $Weapon(M_1)$이 추가된다.
  규칙 (9.8)이 $\{x/Nono\}$로 충족되고, $Hostile(Nono)$가 추가된다.
- 두 번째 반복에서 규칙 (9.3)이 $\{x/West, y/M_1, z/Nono\}$로 충족되고, 추론 $Criminal(West)$가 추가된다.

도해 9.4는 이로부터 생성된 증명 트리이다. 이 시점에서는 새로운 추론이 더는 가능하지 않음을 주목하기 바란다. 이는 순방향 연쇄로 이끌어낼 수 있는 모든 문장이 이미 KB에 명시적으로 들어 있기 때문이다. 그러한 지식 베이스를 추론 과정의 **고정점**(fixed point)이라고 부른다. 1차 한정절들과 순방향 연쇄로 도달하는 고정점은 명제 순방향 연쇄(p.303)와 비슷하다. 주된 차이는, 1차 고정점에는 전칭 한정 원자적 문장들이 포함될 수 있다는 것이다.

    FOL-FC-ASK는 분석하기 쉽다. 우선, 이 알고리즘은 **건전하다**. 모든 추론은 일반 전건 긍정을 적용하는 것인데, 일반 전건 긍정 자체가 건전하기 때문이다. 둘째로, 이 알고리즘은 한정절 지식 베이스에 대해 **완결적이다**. 즉, 이 알고리즘은 그 답이 한정절들로 된 임의의 지식 베이스로 함축되는 모든 질의에 대해 답을 제공한다.

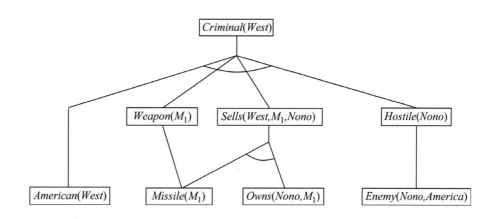

함수 기호가 없는 Datalog 지식 베이스에서는 이러한 완결성을 증명하기가 아주 쉽다. 우선, 추가할 수 있는 사실들의 개수를 센다. 그 개수는 최대 반복 횟수를 결정한다. 임의의 술어의 최대 **항수**(arity; 인수들의 개수)가 $k$이고 술어 개수가 $p$, 그리고 상수 기호 개수가 $n$이라고 하자. 서로 다른 기초 사실들이 $pn^k$개를 넘지 않음은 명백하므로, 그만큼의 반복 후에는 알고리즘이 반드시 고정점에 도달한다. 이제 명제 순방향 연쇄의 완결성 증명과 아주 비슷한 논증으로 Datalog에 대한 이 알고리즘의 완결성을 증명할 수 있다. (p.303를 보라.) 명제 완결성에서 1차 완결성으로의 구체적인 전이 방식은 §9.5에서 분해 알고리즘과 관련해서 제시한다.

함수 기호들이 있는 일반적인 한정절들에 대해서는 FOL-FC-Ask가 무한히 많은 새 사실을 생성할 수 있으므로 좀 더 조심할 필요가 있다. 질의 문장 $q$에 대한 답을 지식 베이스가 함축하는 경우에는, 알고리즘이 결국은 하나의 증명을 찾아냄을 에르브랑의 정리(p.367)에 의거해서 확인해야 한다. (분해의 경우는 §9.5에 나와 있다.) 답이 없는 질의에 대해서는 알고리즘이 종료되지 못하는 경우도 생긴다. 예를 들어 지식 베이스에 다음과 같은 페아노 공리들이 있다고 하자.

$$NatNum(0)$$
$$\forall n \ NatNum(n) \Rightarrow NatNum(S(n)).$$

그러면 순방향 연쇄는 $NatNum(S(0))$, $NatNum(S(S(0)))$, $NatNum(S(S(S(0))))$ 등을 무한히 추가하게 된다. 이 문제에 대한 일반적인 해결책은 없다. 일반적인 1차 논리와 마찬가지로, 한정절들에 관한 함축 관계는 준결정 가능(semidecidable)이다.

## 9.3.3 효율적인 순방향 연쇄

도해 9.3의 순방향 연쇄 알고리즘은 효율성보다는 이해의 편의를 염두에 두고 고안한 것이다. 비효율성의 근원으로는 세 가지를 들 수 있다. 첫째로, 알고리즘의 '내부 루프'는 모든 규칙을 지식 베이스의 모든 사실과 부합(matching)시키려 한다. 둘째로, 알고리즘은 반복마다 매번 모든 규칙을 재점검한다. 심지어 각 반복에서 지식 베이스에 추가되는 사실이 아주 적은 경우에도 그렇다. 셋째로, 알고리즘이 목표와는 무관한(irrelevant) 사실들을 많이 생성할 수 있다. 그럼 이 문제점들을 차례로 해결해 보자.

규칙과 알려진 사실의 부합

규칙의 전제를 지식 베이스에 있는 사실들에 부합시키는 과정은 언뜻 생각하면 아주 간단할 것 같다. 예를 들어 다음과 같은 규칙을 적용한다고 하자.

$$Missile(x) \Rightarrow Weapon(x).$$

그러려면 $Missile(x)$와 단일화되는 모든 사실을 찾아야 한다. 적절한 색인화 기법을 갖춘 지식 베이스에서는 이를 사실당 상수 시간으로 수행할 수 있다. 이제 다음과 같은 규칙을 생각해 보자.

$$Missile(x) \land Owns(Nono, x) \Rightarrow Sells(West, x, Nono).$$

이 경우에도 노노 국이 소유한 모든 객체를 객체당 상수 시간으로 찾을 수 있다. 그런 다음 각 객체에 대해 그것이 미사일인지 점검하면 된다. 그러나 지식 베이스에 노노 국이 소유한 객체가 많이 있지만 미사일은 아주 적다면, 모든 미사일을 먼저 찾고 그것이 노노 국의 소유인지 점검하는 것이 더 낫다. 이처럼, 총 비용이 최소화되도록 규칙 전체의 논리곱 성분들의 순서를 결정하는 문제를 **논리곱 성분 순서**(conjunct ordering; 연언지 순서) 문제라고 부른다. 최적의 순서를 찾는 것이 NP-어려움 문제임이 판명되었으나, 쓸 만한 발견법들이 존재한다. 예를 들어 제6장에서 CSP에 쓰인 **최소 잔여 값**(minimum-remaining-values, MRV) 발견법은 만일 노노가 소유한 객체들보다 미사일들이 더 적다면 미사일을 먼저 찾아보라고 제안할 것이다.

**논리곱 성분 순서**

이러한 **패턴 부합**(pattern matching)과 제약 충족 사이의 관계는 사실 아주 가깝다. 논리곱의 각 성분을 변수들에 대한 제약으로 간주할 수 있다. 예를 들어 $Missile(x)$는 $x$에 대한 단항 제약이다. 이 착안을 더 확장한다면, 모든 유한 정의역 CSP를 하나의 한정절과 몇 개의 관련 기초 사실들로 표현할 수 있다. 도해 6.1의 지도 채색 문제를 생각해 보자. 도해 9.5(a)는 해당 지도를 다시 표시한 것이고, 도해 9.5(b)는 그것을 하나의 한정절로 동등하게 형식화한 것이다. 결론에 해당하는 $Colorable()$은 오직 해당 CSP에 해답이 있을 때에만 추론할 수 있음이 명백하다. 3-SAT 문제들은 일반적인 CSP에 포함되는 특수 사례들이므로, 하나의 한정절을 사실들의 집합에 부합시키는 것은 *NP*-어려움 문제라는 결론을 내릴 수 있다.

**패턴 부합**

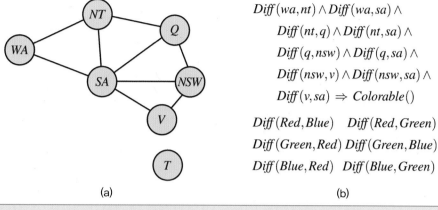

$Diff(wa, nt) \wedge Diff(wa, sa) \wedge$
$Diff(nt, q) \wedge Diff(nt, sa) \wedge$
$Diff(q, nsw) \wedge Diff(q, sa) \wedge$
$Diff(nsw, v) \wedge Diff(nsw, sa) \wedge$
$Diff(v, sa) \Rightarrow Colorable()$

$Diff(Red, Blue) \quad Diff(Red, Green)$
$Diff(Green, Red) \quad Diff(Green, Blue)$
$Diff(Blue, Red) \quad Diff(Blue, Green)$

(a)                               (b)

**도해 9.5** (a) 호주 지도 채색에 대한 제약 그래프. (b) 지도 채색 CSP를 하나의 한정절로 표현한 것. 지도의 각 지역은 그 값이 상수 $Red$, $Green$, $Blue$($Diff$로 선언됨) 중 하나인 변수로 표현된다.

순방향 연쇄의 내부 루프에 NP-어려움 부합 문제가 들어 있다는 점 때문에 다소 기운이 빠질 수도 있다. 다음은 기운을 북돋는 방법 세 가지이다.

- 실세계의 지식 베이스들에서 크고 복잡한 규칙들(도해 9.5의 CSP 형식화처럼)은 많지 않고, 작고 간단한 규칙들(범죄자 예제처럼)이 대부분이라는 점을 생각할 것. 데이터베이스 분야에서는 흔히 규칙들의 크기와 술어들의 항수 모두 특정 상수를 넘지 않는다고 가정하고, 오직 **자료 복잡도**(data complexity)만, 즉 지식 베이스의 기초 사실 개수의 함수로서의 추론의 복잡도만 신경쓴다. 순방향 연쇄의 자료 복잡도가 다항식적임은(지수적이 아니라) 쉽게 증명할 수 있다.

자료 복잡도

- 부합이 효율적인 규칙들의 하위 부류들을 고려할 수 있다. 모든 Datalog 절은 각각 하나의 CSP를 정의한다고 볼 수 있으므로, 해당 CSP가 처리 가능(tractable) 문제이면 부합도 처리 가능 문제이다. 제6장에서는 CSP의 처리 가능한 여러 범주들을 설명했다. 예를 들어 제약 그래프(노드가 변수이고 링크가 제약인)가 하나의 트리를 형성하는 CSP는 선형 시간으로 풀 수 있다. 이는 규칙 부합에도 그대로 적용된다. 예를 들어 도해 9.5의 지도에서 남호주(SA)를 제거하면, 해당 한정절은 다음과 같은 모습이 된다.

$$Diff(wa, nt) \wedge Diff(nt, q) \wedge Diff(q, nsw) \wedge Diff(nsw, v) \Rightarrow Colorable()$$

이는 p.262의 도해 6.12에 나온 축약된 CSP에 해당한다. 트리 구조 CSP를 푸는 알고리즘들을 규칙 부합 문제에 직접 적용할 수 있다.

- 순방향 연쇄에서 중복된 규칙 부합 시도들을 제거해 볼 수 있다. 이에 대해서는 다음 절에서 설명한다.

## 점진적 순방향 연쇄

앞에서 범죄자 예제에 순방향 연쇄를 적용할 때 속임수가 좀 있었다. 구체적으로 말하면, 도해 9.3에 나온 알고리즘이 수행하는 규칙 부합 중 몇 개를 누락했다. 예를 들어 둘째 반복에서 규칙

$$Missile(x) \Rightarrow Weapon(x)$$

는 $Missile(M_1)$에 (다시) 부합한다. 물론 결론 $Weapon(M_1)$이 이미 지식 베이스에 있으므로 아무 일도 일어나지 않는다. 이런 중복된 규칙 부합은 **반복 $t$($t$번째 반복)에서 추론한 모든 새 사실은 반드시 반복 $t-1$에서 추론한 적어도 하나의 새 사실로부터 유도된 것이어야 한다는 점**에 착안해서 피할 수 있다.. 반복 $t-1$에서 얻은 새로운 사실이 필요하지 않은 모든 추론은 이미 반복 $t-1$에서 일어났을 것이라는 점을 생각하면 이러한 관찰이 참임을 이해할 수 있을 것이다.

이러한 관찰은 자연스럽게 점진적인 순방향 연쇄 알고리즘, 즉 반복 $t-1$에서 새로이 추론한 사실 $p_i'$과 단일화되는 논리곱 성분 $p_i$가 전제에 들어 있는 규칙들만 반복 $t$에서 점검하는 방식의 알고리즘으로 이어진다. 규칙 부합 단계에서 $p_i$는 $p_i'$하고만 부합하도록 고정하지만, 규칙의 다른 논리곱 성분들은 임의의 이전 반복에서의 사실들과 부합할 수 있게 한다. 이 알고리즘은 각 반복에서 도해 9.3의 알고리즘과 정확히 동일한 사실들을 생성하지만 훨씬 효율적이다.

적절한 색인화가 적용된다면 주어진 임의의 사실로부터 촉발되는 모든 규칙을 식별하는 것은 쉬운 일이며, 실제 시스템 중에는 모든 TELL에 반응해서 순방향 연쇄가 수행되는 '갱신' 모드로 작동하는 것들이 실제로 많이 있다. 추론은 일단의 규칙들을 통해 중첩되다가 고정점에 도달하며, 새 사실이 또 들어오면 그러한 과정이 다시 시작된다.

보통의 경우, 하나의 사실이 추가되었을 때 지식 베이스에 있는 규칙들 중 몇 개만 추론 과정에 관여한다. 이는 충족되지 않은 전제들을 포함하는 부분 부합들을 되풀이해서 구축하는 중복 작업이 상당히 많이 일어남을 의미한다. 범죄자 예제는 너무 작은 문제라서 이를 효과적으로 보여 줄 수 없다. 그렇긴 하지만, 첫 반복에서 규칙

$$American(x) \wedge Weapon(y) \wedge Sells(x,y,z) \wedge Hostile(z) \Rightarrow Criminal(x)$$

와 사실 $American(West)$ 사이에 하나의 부분 부합이 구축됨을 주목하자. 두 번째 반복(규칙이 충족되는)에서는 이 부분 부합을 폐기했다가 다시 구축한다. 이런 부분 부합들은 매번 폐기하는 대신 계속 담아 두고 새로운 사실이 들어옴에 따라 점진적으로 완성시키는 것이 더 효율적일 것이다.

리티         **리티**[Rete] 알고리즘[3]은 이 문제를 다루는 최초의 알고리즘이다. 이 알고리즘은 지식 베이스의 규칙들을 전처리해서 자료흐름 네트워크(dataflow network)를 구축한다. 이 네트워크에서 각 노드는 규칙의 전제에 있는 리터럴이다. 변수 결속(개별 배정)들이 이 네

---

3   rete는 그물(net)을 뜻하는 라틴어이다. 발음은 treaty와 운이 맞는다.

트워크를 타고 흐르다가 특정 리터럴과의 부합에 실패하면 걸러진다. 범죄자 예제의 $Sells(x,y,z) \land Hostile(z)$처럼 한 규칙의 두 리터럴이 하나의 변수를 공유하는 경우, 각 리터럴에 대한 결속들은 하나의 상등 노드에 의해 걸러진다. $Sells(x,y,z)$ 같은 $n$항 리터럴에 대한 노드에 도달한 하나의 변수 결속이 다음 단계로 진행하려면 다른 변수들에 대한 결속들이 확립될 때까지 기다려야 할 수도 있다. 주어진 임의의 지점에서, 이러한 리티 네트워크의 상태는 규칙의 모든 부분 부합을 포착하며, 이에 의해 상당한 양의 재계산이 방지된다.

리티 네트워크와 그것을 개선한 다양한 변형들은 널리 쓰인 초창기 순방향 연쇄 시스템 중 하나인 소위 **생성 시스템**(production system)들의 핵심 요소였다.[4] 생성 시스템 아키텍처에 기초한 시스템으로 XCON(원래 이름은 R1; McDermott, 1982)이 있다. XCON은 Digital Equipment Corporation의 고객들을 위한 컴퓨터 구성요소들을 구성하기 위한 수천 개의 규칙을 담았다. 이 시스템은 당시 막 시작된 전문가 시스템 분야에서 최초의 명확한 상업적 성공 사례 중 하나였다. 같은 기술을 바탕으로 여러 비슷한 시스템이 만들어졌는데, 그 기술은 OPS-5라는 범용 언어로 구현된 것이었다.

생성 시스템들은 ACT(Anderson, 1983)나 SOAR(Laird 외, 1987) 같은 **인지 아키텍처**(cognitive architecture)들, 즉 인간 추론 모형들에서도 인기가 있다. 이런 시스템들에서 시스템의 '작업 기억(working memory)'은 인간의 단기 기억을 본뜬 것이고, 생성들은 장기 기억의 일부이다. 조건들이 충족된 생성은 작업 기억에 새 사실을 추가하거나 기존 사실을 삭제할 수 있다. 데이터베이스의 전형적인 상황에 비해, 생성 시스템에서는 규칙들이 많고 사실들은 비교적 적은 경우가 많다. 적절히 최적화된 부합 기술을 갖춘 시스템은 수천만 개의 규칙들을 실시간으로 운용할 수 있다.

## 무관한 사실들

순방향 연쇄가 비효율적인 또 다른 이유는 순방향 연쇄가 알려진 사실들에 근거해서 허용 가능한 모든 추론을 수행한다는 점, 특히 **주어진 목표와는 무관한 추론**까지 모두 수행한다는 것이다. 범죄자 예제에는 무관한 결론을 이끌어 낼 수 있는 규칙들이 없으므로 이러한 지향성 부재가 문제가 되지 않는다. 그러나 이를테면 미국인의 식습관들을 서술하는 규칙들이나 미사일의 가격과 부품을 서술하는 규칙들이 더 있었다면, FOL-FC-ASK가 무관한 결론들을 많이 만들어 냈을 것이다.

무관한 결론들을 이끌어 내지 않게 하는 한 가지 방법은 §9.4에서 설명하는 역방향 연쇄를 사용하는 것이다. 또는, PL-FC-ENTAILS?(p.302)에서처럼 일부 선택된 규칙들에만 순방향 연쇄를 적용하는 방법도 있다. 한편, 관계형 데이터베이스처럼 대규모 데이터베이스이되 SQL 질의가 아니라 순방향 연쇄를 표준 추론 도구로 사용하는 **연역적 데이터베이스**(deductive database) 분야에서 또 다른 접근방식이 나왔다. 그 접근방식의 핵심은 목표에서 얻은 정보를 이용해서 규칙 집합을 적절히 다시 작성함으로써, 순방향 추

---

4 **생성 시스템**의 **생성**은 조건-동작 규칙을 뜻한다.

론 과정에서 오직 유관한(relevent) 변수 결속들, 소위 **마법 집합**(magic set)에 속하는 결속들만 고려되게 한다는 것이다. 예를 들어 목표가 $Criminal(West)$이면, $Criminal(x)$라는 결론을 이끌어 내는 규칙에 $x$값을 제약하는 추가적인 논리곱 성분을 포함시킨다.

$$Magic(x) \land American(x) \land Weapon(y) \land Sells(x,y,z) \land$$
$$Hostile(z) \Rightarrow Criminal(x).$$

그리고 $Magic(West)$라는 사실도 **KB**에 추가한다. 이렇게 하면 지식 베이스에 수백만 명의 미국인에 관한 사실이 들어 있다고 해도, 순방향 추론 과정은 오직 웨스트 대령만 고려한다. 마법 집합을 정의하고 지식 베이스를 다시 작성하는 전체 과정은 여기에서 제시하기에는 너무 복잡하다. 어쨌든 핵심 착안은, 고려해야 할 변수 결속들을 목표로부터 일종의 '일반적' 역방향 추론을 수행해서 찾아낸다는 것이다. 따라서 마법 집합 접근방식은 순방향 추론과 역방향 전처리의 혼합에 해당한다고 할 수 있다.

# 9.4 역방향 연쇄

논리 추론 알고리즘의 주요 부류 중 두 번째로 살펴볼 것은 한정절들에 대해 **역방향 연쇄**(backward chaining)를 적용하는 알고리즘들이다. 이런 알고리즘들은 목표에서 시작해서 역방향(후방)으로 규칙들을 훑으면서 증명을 지지하는 알려진 사실들을 찾는다.

## 9.4.1 간단한 역방향 연쇄 알고리즘

도해 9.6은 한정절을 위한 역방향 연쇄 알고리즘이다. FOL-BC-Ask($KB$, $goal$)은 만일 지식 베이스에 $lhs \Rightarrow goal$ 형태의 절이 존재하면 증명된다. $lhs$(left-hand side, 즉 좌변)는 논리곱 성분들의 목록이다. $American(West)$ 같은 원자적 사실은 $lhs$가 빈 목록인 하나의 절로 간주된다. 그런데 하나의 질의에 여러 가지 방식으로 증명될 수 있는 변수들이 들어 있을 수도 있다. 예를 들어 $Person(x)$라는 질의는 $\{x/John\}$이라는 대입으로도, $\{x/Richard\}$라는 대입으로도 증명될 수 있다. 그래서 FOL-BC-Ask는 하나의 <br>생성기 **생성기**(generator)를 돌려주도록 구현되었다. 생성기는 여러 번 반환되는 함수로, 반환 때마다 가능한 하나의 결과를 돌려준다(부록 B 참고).

역방향 연쇄는 일종의 AND/OR 검색이다. OR는 목표 질의를 증명하는 규칙이 지식 베이스에 하나만 있으면 된다는 점에 해당하고, AND는 한 절의 $lhs$의 논리곱 성분들이 모두 증명되어야 한다는 점에 해당한다. FOL-BC-Or는 목표와 단일화될 만한 모든 절을 불러와 각 절의 변수들을 새로운 변수들로 표준화하고, 만일 절의 $rhs$가 목표와 실제로 단일화되면 $lhs$의 모든 논리곱 성분을 FOL-BC-And로 증명해 보는 식으로 작동한다. FOL-BC-And 함수는 논리곱 성분들을 차례로 증명하며, 그 과정에서 누적된 상황을 유지한다. 도해 9.7에 식 (9.3)~(9.10)의 문장들로부터 $Criminal(West)$를 유도하는 증명 트리가 나와 있다.

---

**function** FOL-BC-ASK($KB$, $query$) **returns** 대입들의 생성기
  **return** FOL-BC-OR($KB$, $query$, { })


**function** FOL-BC-OR($KB$, $goal$, $\theta$) **returns** 대입
  **for each** $rule$ **in** FETCH-RULES-FOR-GOAL($KB$, $goal$) **do**
    $(lhs{\Rightarrow}rhs) \leftarrow$ STANDARDIZE-VARIABLES($rule$)
    **for each** $\theta'$ **in** FOL-BC-AND($KB$, $lhs$, UNIFY($rhs$, $goal$, $\theta$)) **do**
      **yield** $\theta'$


**function** FOL-BC-AND($KB$, $goals$, $\theta$) **returns** 대입
  **if** $\theta = failure$ **then return**
  **else if** LENGTH($goals$) = 0 **then yield** $\theta$
  **else do**
    $first,rest \leftarrow$ FIRST($goals$), REST($goals$)
    **for each** $\theta'$ **in** FOL-BC-OR($KB$, SUBST($\theta$, $first$), $\theta$) **do**
      **for each** $\theta''$ **in** FOL-BC-AND($KB$, $rest$, $\theta'$) **do**
        **yield** $\theta''$

**도해 9.6** 1차 논리 지식 베이스를 위한 간단한 역방향 연쇄 알고리즘.

---

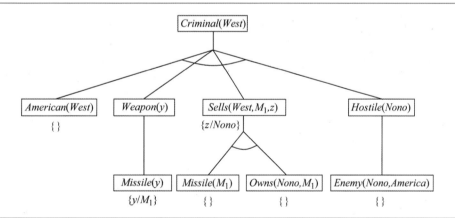

**도해 9.7** 웨스트가 범죄자임을 증명하는 역방향 연쇄가 구축한 증명 트리. 이 트리는 깊이 우선으로, 왼쪽에서 오른쪽으로 읽어야 한다. $Criminal(West)$임을 증명하려면 그 아래의 네 논리곱 성분을 증명해야 한다. 이들 중 일부는 지식 베이스에 있지만, 일부는 역방향 연쇄를 더 수행해야 증명된다. 단일화가 성공한 노드(부분 목표) 아래에는 해당 변수 결속이 표기되어 있다. 하나의 논리곱에서 한 부분 목표가 달성되면 해당 대입이 그다음의 부분 목표들에 적용됨을 주목하기 바란다. 즉, FOL-BC-ASK가 마지막 논리곱 성분(원래는 $Hostile(z)$)에 도달했을 때, $z$는 이미 $Nono$에 묶인 상태이다.

지금까지 설명한 방식의 역방향 연쇄가 일종의 깊이 우선 검색 알고리즘임은 명백하다. 이는 역방향 연쇄의 공간 복잡도가 증명의 크기에 선형임을 뜻한다. 또한 역방향 연쇄는(순방향 연쇄와는 달리) 반복된 상태들과 비완결성의 문제를 겪는다는 뜻이기도 하다. 이런 한계들이 있지만, 역방향 연쇄는 논리 프로그래밍 언어들에서 효과적으로 널리 쓰인다.

## 9.4.2 논리 프로그래밍

논리 프로그래밍(logic programming)은 제7장에서 설명한 선언적 이상, 즉 시스템은 반드시 지식을 형식 언어로 표현해서 구축하고, 문제는 반드시 그 지식에 대한 추론 과정을 실행해서 풀어야 한다는 이상의 실현에 가깝다. 이 이상을 잘 요약한 것이 다음과 같은 로버트 코월스키의 공식이다.

$$알고리즘 = 논리 + 제어.$$

Prolog　가장 널리 쓰이는 논리 프로그래밍 언어는 Prolog이다. 기본적으로 Prolog는 빠른 원형 작성(rapid-prototyping)을 위한 언어로 쓰이거나 컴파일러 작성(Van Roy, 1990)이나 자연어 파싱(Pereira 및 Warren, 1980) 같은 기호 조작 과제를 위한 언어로 쓰인다. 법률, 의학, 재무를 비롯해 여러 분야의 수많은 전문가 시스템이 이 Prolog로 작성되었다.

　　Prolog 프로그램은 표준적인 1차 논리와는 조금 다른 표기법으로 작성된 한정절들의 집합이다. Prolog는 변수를 대문자로, 상수를 소문자로 표기하는데, 이는 이 책에 나온 논리식 표기법과는 반대이다. Prolog에서 하나의 절의 논리곱 성분들은 쉼표로 구분되며, 그리고 절의 방향이 이 책의 것과는 반대 방향이다. 즉, $A \land B \Rightarrow C$ 를 Prolog에서는 C :- A, B라고 표기한다. 다음은 전형적인 예이다.

```
criminal(X) :- american(X), weapon(Y), sells(X,Y,Z), hostile(Z).
```

Prolog에서 [E|L]이라는 표기는 첫 요소가 E이고 나머지가 L인 목록을 뜻한다. 다음은 append(X,Y,Z)에 대한 Prolog 프로그램이다. 이 프로그램은 목록 Z가 목록 X에 Y를 추가한 결과이면 성공한다.

```
append([],Y,Y).
append([A|X],Y,[A|Z]) :- append(X,Y,Z).
```

일상 언어로 말하자면, 이 절들은 (1) 빈 목록과 목록 Y를 추가(연결)한 결과는 목록 Y와 같고, (2) Z가 X와 Y를 추가한 결과라 할 때 [A|Z]는 [A|X]에 Y에 추가한 것과 같다는 뜻이다. 대부분의 고수준 언어에서는 두 목록을 추가하는 방법을 정의하는 이와 비슷한 재귀적 함수를 작성할 수 있다. 그러나 Prolog의 정의가 더 강력하다. 왜냐하면 Prolog의 정의는 주어진 두 인수로 어떤 결과를 계산하는 **함수**가 아니라, 세 인수 사이에 성립하는 **관계**를 서술하기 때문이다. 예를 들어 append(X,Y,[1,2])는 "추가했을 때 [1,2]

를 산출하는 두 목록은 무엇인가?"라는 하나의 질의이다. 이에 대해 Prolog는 다음과 같은 답들을 제시한다.

```
X=[]       Y=[1,2,3];
X=[1]      Y=[2,3];
X=[1,2]    Y=[3];
X=[1,2,3] Y=[]
```

Prolog 프로그램은 깊이 우선 역방향 연쇄를 통해서 실행된다. 이때 절들은 지식 베이스에 작성된 순서대로 시도된다. Prolog의 설계는 선언성과 실행 효율성의 절충에 해당한다. 다음은 표준적인 논리적 추론에서 벗어난 Prolog의 몇 가지 특징이다.

- Prolog는 1차 논리의 의미론이 아니라 §8.2.8에 나온 데이터베이스 의미론을 사용한다. 이 점은 Prolog가 상등과 부정을 취급하는 방식에서 명백하게 드러난다(§9.4.4 참고).

- 산술을 위한 일단의 내장 함수들이 있다. 이 함수 기호들을 사용하는 리터럴들은 추가적인 추론이 아니라 코드의 실행에 의해 "증명"된다. 예를 들어 "X is 4+3"이라는 목표는 7과 묶인 X에 대해 성공한다. 반면 "5 is X+Y"라는 목표는 실패하는데, 이는 내장 함수들이 자의적인 등식 해소를 수행하지 않기 때문이다.

- 실행 시 부수 효과(side effect)를 내는 내장 술어들이 있다. 입·출력 술어들과 지식 베이스의 수정을 위한 assert/retract 술어가 그러한 예이다. 논리에는 이런 술어들에 해당하는 것이 없으며, 이 때문에 의외의 결과들이 나올 수 있다. 예를 들어 증명 트리의 한 가지에서 선언된 사실이 궁극적으로는 실패할 수도 있다.

- Prolog의 단일화 알고리즘에는 **출현 점검**(§9.2.1)이 생략되어 있다. 이는 건전하지 않은 추론이 수행될 수 있음을 뜻한다. 그러나 실제 응용에서 이것이 문제가 된 적은 사실상 없다.

- Prolog는 깊이 우선 역방향 연쇄 검색을 수행할 때 무한 재귀를 점검하지 않는다. 이 덕분에 Prolog는 제대로만 사용한다면 아주 빠른 유용한 프로그래밍 언어이다. 그러나, 유효한 논리처럼 보이지만 실제로는 종료되지 않는 프로그램이 만들어질 위험도 있다.

## 9.4.3 중복 추론과 무한 루프

이제 Prolog의 아킬레스건으로 주의를 돌리자. Prolog의 아킬레스건은, 깊이 우선 검색이 반복된 상태들과 무한 경로들을 포함하는 검색 트리에는 잘 맞지 않는다는 점이다. 지향 그래프의 두 점 사이에 경로가 존재하는지를 판정하는 다음과 같은 논리 프로그램을 따라가 보자.

```
path(X,Z) :- link(X,Z).
path(X,Z) :- path(X,Y), link(Y,Z).
```

link(a,b)와 link(b,c)라는 두 개의 사실로 서술되는 간단한 3 노드 그래프가 도해 9.8(a)에 나와 있다. 이 프로그램에 path(a,c)를 질의하면 도해 9.9(a)와 같은 증명 트리가 나온다. 한편, 만일 이 두 절을 다음과 같은 순서로 배치한다면 Prolog는 도해 9.9(b)에 나온 무한 경로를 따라간다.

```
path(X,Z) :- path(X,Y), link(Y,Z).
path(X,Z) :- link(X,Z).
```

따라서 Prolog는 한정절들에 대한 정리 증명기(theorem prover)로서는 **비완결적**(incomplete)이다. 이 예에서 보듯이 심지어 Datalog 프로그램에 대해서도 비완결적이다. 이는 일부 지식 베이스에 대해 지식 베이스가 함축하는 문장을 Prolog가 증명하지 못하기 때문이다. 순방향 연쇄에는 이런 문제점이 없음을 주목하자. 순방향 연쇄는 path(a,b)와 path(b,c), path(a,c)를 추론하고 나면 종료된다.

깊이 우선 역방향 연쇄 역시 중복된 계산 문제를 가지고 있다. 예를 들어 도해 9.8(b)의 그래프에서 $A_1$에서 $J_4$로 가는 경로를 찾을 때 Prolog는 877회의 추론을 수행하는데, 그중 대부분은 어차피 목표에 도달할 수 없는 노드들로부터 모든 가능한 경로를 찾는 데 관련된 것이다. 이는 제3장에서 논의한 반복된 상태 문제와 비슷하다. 총 추론 횟수는 생성된 기초 사실들의 개수에 지수적일 수 있다. 대신 순방향 연쇄를 적용한다면, 연결된 노드가 $n$개일 때 path(X,Y) 사실들의 개수는 $n^2$을 넘지 않는다. 도해 9.8(b)의 문제에 필요한 추론의 횟수는 62이다.

동적 계획법     그래프 검색 문제에 대한 순방향 연쇄는 **동적 계획법**(dynamic programming)의 한 예이다. 동적 계획법은 부분 문제의 해답을 더 작은 부분 문제의 해답들로부터 점진적으로 구축하는데, 재계산을 피하기 위해 캐시를 활용한다. 역방향 연쇄 시스템에서도 비슷한 효과를 얻을 수 있는데, 단 이 경우는 큰 목표를 더 작은 목표들로 분할한다(그 반대 방향으로 구축해 나가는 것이 아니라).

테이블식 논리 프로그래밍     두 방식 모두 핵심은 중간 결과를 저장함으로써 중복을 피한다는 것이다. 이것이 **테이블식 논리 프로그래밍**(tabled logic programming)이 그러한 접근방식을 사용한다. 테이블식 논리 프로그래밍은 메모화를 수행하기 위해 효율적인 저장 및 조회 메커니즘을 사용한다. 테이블식 논리 프로그래밍은 역방향 연쇄의 목표 지향성과 순방향 연쇄의 동적 계획법 효율성을 결합한다. 또한 이 방식은 Datalog 지식 베이스에 대해 완결적이다. 즉, 프로그래머는 무한 루프를 덜 걱정해도 된다. (잠재적으로 무한히 많은 개수의 객체들을 지칭하는 father(X,Y) 같은 술어들이 있다면 무한 루프는 여전히 가능하다.)

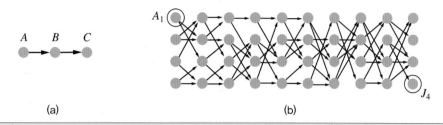

(a)                                              (b)

**도해 9.8** (a) $A$에서 $C$로의 경로를 찾을 때 Prolog가 무한 루프에 빠질 수도 있다. (b) 각 노드가 다음 층의 임의의 두 후행자에 연결되어 있는 그래프. $A_1$에서 $J_4$로의 경로를 찾으려면 877회의 추론이 필요하다.

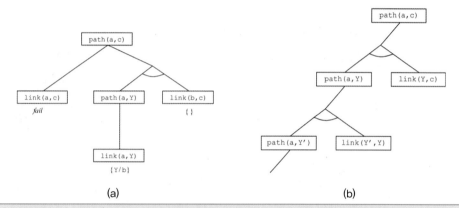

(a)                                              (b)

**도해 9.9** (a) $A$에서 $C$로의 경로가 존재함을 증명하는 트리. (b) 절들이 '잘못된' 순서이면 무한 증명 트리가 생성된다.

## 9.4.4 Prolog의 데이터베이스 의미론

Prolog는 §8.2.8에서 논의한 데이터베이스 의미론을 사용한다. 이름들이 고유하다는 가정하에서, Prolog의 모든 상수와 모든 기초항은 서로 다른 객체를 지칭한다. 그리고 세계가 닫혀 있다는 가정하에서, 지식 베이스가 함축하는 문장들만 참인 문장이다. Prolog에는 어떠한 문장이 거짓임을 단언하는 수단이 없다. 이 때문에 Prolog의 표현력은 1차 논리보다 떨어진다. 그러나 이는 Prolog가 더 효율적이고 간결한 이유의 하나이다. 어떤 교과 과정에 대한 Prolog의 다음과 같은 단언들을 생각해 보자.

$$Course(CS,101), Course(CS,102), Course(CS,106), Course(EE,101). \qquad (9.11)$$

고유 이름 가정에 의해 $CS$와 $EE$는 서로 다르다(101, 102, 106도 마찬가지). 따라서 이는 서로 다른 강좌가 네 개임을 의미한다. 닫힌 세계 가정에 의해 이 강좌들 외에는 강좌가 없다. 따라서 강좌는 정확히 네 개이다. 그런데 이들이 데이터베이스 의미론의 단언들이 아니라 1차 논리의 단언들이라면, 강좌 개수가 1에서 무한대 사이의 어떤 값이라는 정도만 확신할 수 있다. 이는 1차 논리의 단언들이 언급되지 않는 강좌들의 존재를 거부하지 않으며, 언급된 강좌들이 서로 다르다고 보장하지도 않기 때문이다. 만일 식 (9.11)을 1차 논리로 옮기려 했다면 다음과 같은 문장이 나왔을 것이다.

$$Course(d,n) \Leftrightarrow (d = CS \wedge n = 101) \vee (d = CS \wedge n = 102)$$
$$\vee (d = CS \wedge n = 106) \vee (d = EE \wedge n = 101). \qquad (9.12)$$

완결  이를 식 (9.11)의 **완결**(completion) 문장이라고 부른다. 이 문장은 강좌가 많아야 네 개라는 개념을 표현한다. 강좌가 적어도 네 개라는 개념을 1차 논리로 표현하려면 상등 술어의 완결 문장을 작성해야 한다.

$$x = y \Leftrightarrow (x = CS \wedge y = CS) \vee (x = EE \wedge y = EE) \vee (x = 101 \wedge y = 101)$$
$$\vee (x = 102 \wedge y = 102) \vee (x = 106 \wedge y = 106).$$

완결은 데이터베이스 의미론을 이해하는 데에는 유용하지만, 실용적인 목적에서는 그렇지 않을 수 있다. 만일 독자가 문제를 데이터베이스 의미론으로 서술한다면, Prolog나 다른 어떤 데이터베이스 의미론 시스템을 추론에 사용하는 것이 문장을 1차 논리로 번역하고 완전한 1차 논리 정리 증명기로 추론하는 것보다 더 효율적이다.

## 9.4.5 제약 논리 프로그래밍

§9.3에서 순방향 연쇄를 논의할 때, 제약 충족 문제(CSP)를 한정절 형태로 부호화하는 방법을 제시했다. 표준 Prolog는 CSP를 도해 6.5에 나온 역추적 알고리즘과 정확히 동일한 방식으로 푼다.

역추적은 변수들의 정의역들을 열거하므로, 오직 **유한 정의역**(finite-domain) CSP만 풀 수 있다. Prolog의 용어로 말하면, 묶이지 않은 변수들이 있는 임의의 목표에 대한 해의 개수가 유한해야 한다(각 변수에 네 가지 색상 중 하나를 배정하는 지도 채색 문제가 그런 예이다). 무한 정의역 CSP(이를테면 정수나 실숫값 변수들이 관여하는)에는 한계 전파나 선형 프로그래밍 같은 상당히 다른 종류의 알고리즘이 필요하다.

다음 예를 생각해 보자. 우선, 세 인수가 삼각 부등식을 충족하는 변들의 길이라면 참이 되는 술어를 다음과 같이 triangle(X,Y,Z)로 정의한다.

```
triangle(X,Y,Z) :-
    X>0, Y>0, Z>0, X+Y>Z, Y+Z>X, X+Z>Y.
```

이제 Prolog에서 triangle(3,4,5)를 물으면 질의가 성공한다. 그러나 triangle(3,4,Z)를 물으면 답을 찾지 못한다. Prolog는 Z>0이라는 부분 목표를 처리할 수 없기 때문이다. 값이 묶이지 않은 변수를 0과 비교할 수는 없다.

**제약 논리 프로그래밍**(Constraint logic programming, CLP)에서는 변수를 묶는 대신 제약하는 것이 허용된다. CLP의 해답은 지식 베이스로부터 이끌어 낼 수 있는, 질의 변수들에 대한 가장 구체적인 제약들의 집합이다. 예를 들어 triangle(3,4,Z) 질의의 해답은 7 > Z > 1이라는 제약이 될 것이다. 표준적인 논리 프로그램들은 해답 제약들이 반드시 상등 제약인, 즉 변수 결속인 CLP의 한 특수 사례일 뿐이다.

CLP 시스템은 언어가 허용하는 제약들에 대한 다양한 제약 해소 알고리즘들을 사용한다. 예를 들어 실숫값 변수들에 대한 선형 부등을 허용하는 시스템이라면 그런 제약들을 풀 수 있는 선형 프로그래밍 알고리즘을 포함하고 있을 것이다. CLP 시스템들은 또한 표준 논리 프로그래밍 질의를 풀 때 훨씬 더 유연한 접근방식을 채용한다. 예를 들어 깊이 우선 좌-우 역추적 대신 제6장에서 논의한 좀 더 효율적인 알고리즘들(발견적 논리곱 성분 순서 결정, 역도약, 절단 집합 조건화 등등)을 사용할 수 있다. 즉, CLP 시스템은 제약 충족 알고리즘과 논리 프로그래밍, 연역적 데이터베이스의 요소들을 결합한다.

추론에 대한 검색 순서를 프로그래머가 좀 더 직접적으로 제어할 수 있는 시스템들이 여럿 정의된 바 있다. MRS 언어(Genesereth 및 Smith, 1981; Russell, 1985)에서 프로그래머는 먼저 시도할 논리곱 성분을 결정하는 **메타규칙**(metarule)을 작성할 수 있다. 사용자는 이를테면 변수 개수가 가장 적은 목표를 먼저 시도하라는 규칙을 작성할 수 있으며, 특정 술어에 대한 정의역 국한적 규칙들을 작성할 수도 있다.

# 9.5 분해

논리 시스템의 세 가지 주요 부류 중 마지막 것은 **분해**(resolution)이다. 세 부류 중 한정 절들뿐만 아니라 지식 베이스에도 작동하는 것은 이 분해뿐이다. 명제 분해가 명제 논리에 대한 완결적인 추론 절차임은 p.292에서 이야기했다. 이번 절에서는 분해를 1차 논리로 확장한다.

## 9.5.1 1차 논리의 논리곱 표준형

첫 단계는 문장들을 **논리곱 표준형**(conjunctive normal form, CNF)으로 변환해야 한다. 즉, 리터럴들의 논리합 형태의 절들의 논리곱인 문장을 만들어야 한다.[5] CNF에서는 리터럴에 변수가 포함될 수 있으며, 그런 변수에는 전칭 한정이 적용된다고 가정한다. 예를 들어, 다음 문장

---

5  하나의 절을 전제가 원자들의 논리곱이고 결론이 원자들의 논리합인 함의 문장으로 표현할 수도 있다(연습문제 9.DISJ). 그런 형태를 **함의 표준형**(implicative normal form) 또는 **코왈스키 형**(Kowalski form; 특히 우-좌 함의 기호[Kowalski, 1979]를 사용한 경우)이라고 부르는데, 부정 리터럴들이 많은 논리합보다 일반적으로 읽기 쉽다.

$$\forall x,y,z \ American(x) \wedge Weapon(y) \wedge Sells(x,y,z) \wedge Hostile(z) \Rightarrow Criminal(x)$$

를 CNF로 바꾸면 다음과 같다.

$$\neg American(x) \vee \neg Weapon(y) \vee \neg Sells(x,y,z) \vee \neg Hostile(z) \vee Criminal(x).$$

▶ 여기서 핵심은, 1차 논리의 모든 문장은 그와 추론적으로 동치인 *CNF* 문장으로 변환할 수 있다는 것이다.

　문장을 CNF로 변환하는 절차는 명제 논리의 해당 절차(p.297)와 비슷하다. 주된 차이점은, 1차 논리에서는 존재 한정사들을 제거해 주어야 한다는 것이다. 그럼 "동물을 사랑하는 모든 사람은 누군가에게 사랑을 받는다"를 뜻하는 다음과 같은 문장을 예로 삼아 변환 과정을 살펴보겠다.

$$\forall x \ [\forall y \ Animal(y) \Rightarrow Loves(x,y)] \Rightarrow [\exists y \ Loves(y,x)].$$

변환 단계들은 다음과 같다.

- **함의 소거**: $P \Rightarrow Q$ 를 $\neg P \vee Q$로 대체한다. 이 예제에서는 두 번 필요하다.

  $$\forall x \ \neg[\forall y \ Animal(y) \Rightarrow Loves(x,y)] \vee [\exists y \ Loves(y,x)]$$
  $$\forall x \ \neg[\forall y \ \neg Animal(y) \vee Loves(x,y)] \vee [\exists y \ Loves(y,x)].$$

- **부정(¬)을 안쪽으로 이동**: 부정된 접속사에 대한 통상적인 규칙들 외에, 부정된 한정사에 대한 규칙들도 필요하다. 이 예제에서는

  $\neg \forall x \ p$를 $\exists x \ \neg p$로,

  $\neg \exists x \ p$를 $\forall x \ \neg p$로

  바꾸어야 한다. 이들을 적용하면 예제 문장은 다음과 같이 변해 간다.

  $$\forall x \ [\exists y \ \neg(\neg Animal(y) \vee Loves(x,y))] \vee [\exists y \ Loves(y,x)].$$
  $$\forall x \ [\exists y \ \neg\neg Animal(y) \wedge \neg Loves(x,y)] \vee [\exists y \ Loves(y,x)].$$
  $$\forall x \ [\exists y \ Animal(y) \wedge \neg Loves(x,y)] \vee [\exists y \ Loves(y,x)].$$

  함의의 전제에 있는 전칭 한정사($\forall y$)가 존재 한정사로 바뀌는 방식을 유심히 보기 바란다. 이제 문장은 "$x$가 사랑하지 않는 어떤 동물이 존재하거나, (그렇지 않다면) 누군가가 $x$를 사랑한다"에 해당한다. 원 문장의 의미가 그대로 유지되어 있음은 명백하다.

- **변수 표준화**: $(\exists x \ P(x)) \vee (\exists x \ Q(x))$ 처럼 같은 이름의 변수가 두 번 나오는 문장에서 두 변수 중 하나의 이름을 변경한다. 이렇게 변수 이름 중복을 없애면 나중에 한정사들을 제거할 때 혼란이 생기지 않는다. 이제 예제 문장은 다음이 된다.

  $$\forall x \ [\exists y \ Animal(y) \wedge \neg Loves(x,y)] \vee [\exists z \ Loves(z,x)].$$

스콜렘화

- **스콜렘화**: 스콜렘화(Skolemization)는 존재 한정사들을 소거(elimination)를 이용해서 제거해 나가는 과정이다. 단순 문장에서 이는 그냥 §9.1의 존재예화 규칙과 거

의 같다. 예를 들어 $\exists x\ P(x)$를 $P(A)$로(여기서 $A$는 새 상수) 바꾸면 된다. 그러나 지금 예제 문장은 $\exists v\ \alpha$ 패턴과는 부합하지 않으므로 존재예화를 적용할 수 없다. 예제 문장은 일부만 그 패턴에 부합한다. 만일 부합하는 두 부분에 맹목적으로 규칙을 적용하면 다음과 같은 모습이 된다.

$$\forall x\ [Animal(A) \wedge \neg Loves(x,A)] \vee Loves(B,x).$$

이 문장은 원래의 문장과는 의미가 전혀 다르다. 이 문장은 모든 사람이 특정 동물 $A$를 사랑할 수 없거나, 모든 사람이 어떤 특정 개체 $B$에게 사랑을 받는다는 뜻이다. 원래의 문장은 모든 사람이 다른 어떤 동물을 사랑하지 못하거나 다른 어떤 사람에게 사랑을 받는 것을 허용한다. 제대로 하려면 $x$에 의존하는 개체들에 스콜렘화를 적용해야 한다.

$$\forall x\ [Animal(F(x)) \wedge \neg Loves(x,F(x))] \vee Loves(G(x),x).$$

스콜렘 함수     여기서 $F$와 $G$는 **스콜렘 함수**(Skolem function)이다. 일반적인 규칙은, 스콜렘 함수의 인수들은 모두 존재 한정사가 있는 범위 안에서의 전칭 한정 변수라는 것이다. 존재예화에서처럼, 스콜렘화된 문장은 원래의 문장이 충족 가능일 때에만 충족 가능이다.

- **전칭 한정사 제거**: 이제 남은 모든 변수는 반드시 전칭 한정이다. 따라서 한정사들을 제거해도 정보가 전혀 소실되지 않는다.

  $$[Animal(F(x)) \wedge \neg Loves(x,F(x))] \vee Loves(G(x),x).$$

- **∨를 ∧에 배분**:

  $$[Animal(F(x)) \vee Loves(G(x,x)] \wedge [\neg Loves(x,F(x)) \vee Loves(G(x),x)].$$

  이 단계에서, 중첩된 논리곱 성분들과 논리합 성분들을 평평하게 만들어야 할 수도 있다.

이제 문장은 두 개의 절로 이루어진 CNF이다. 함의가 있는 원래 문장보다는 훨씬 읽기 어렵다. ($F(x)$는 $x$가 동물을 사랑하지 않을 수도 있음을 뜻하고 $G(x)$는 어떤 사람이 $x$를 사랑할 수도 있음을 뜻한다는 점을 생각하면 스콜렘 함수를 좀 더 쉽게 이해할 수 있을 것이다.) 다행히, 변환 과정을 자동화하는 것이 어렵지 않으므로, 사람이 CNF 문장을 직접 살펴볼 일은 거의 없다.

## 9.5.2 분해 추론 규칙

1차 절들에 대한 분해 규칙은 p.296에 나온 명제 분해 규칙을 단순히 승격시킨 것일 뿐이다. 공유하는 변수가 없도록 분리 표준화된 두 절이 주어졌을 때, 만일 두 절에 상보적인 리터럴들이 존재하면 두 절을 분해(해소)할 수 있다. 명제 논리에서 상보 리터럴은 서로가 서로의 부정인 리터럴들이다. 1차 논리의 상보적 리터럴들은 하나가 다른 하나의 부정과 **단일화되는** 리터럴들이다. 이때 다음이 성립한다.

$$\frac{\ell_1 \vee \cdots \vee \ell_k, \quad m_1 \vee \cdots \vee m_n}{\text{SUBST}(\theta, \ell_1 \vee \cdots \vee \ell_{i-1} \vee \ell_{i+1} \vee \cdots \vee \ell_k \vee m_1 \vee \cdots \vee m_{j-1} \vee m_{j+1} \vee \cdots \vee m_n)}.$$

여기서 $\text{UNIFY}(\ell_i, \neg m_j) = \theta$이다. 예를 들어 두 절

$$[Animal(F(x)) \vee Loves(G(x), x)] \text{와} [\neg Loves(u, v) \vee \neg Kills(u, v)]$$

의 상보 리터럴 $Loves(G(x), x)$와 $\neg Loves(u, v)$를 단일자 $\theta = \{u/G(x), v/x\}$를 통해서 소거할 수 있으며, 그러면 다음과 같은 **분해식**(resolvent) 절이 나온다.

$$[Animal(F(x)) \vee \neg Kills(G(x), x)].$$

**이항 분해**  두 개의 리터럴을 분해한다는 점에서, 이 규칙을 **이항 분해**(binary resolution)라고 부른다. 이항 분해 규칙만으로 완전한 추론 절차가 만들어지지는 않는다. 완전한 분해 규칙은 각 절에서 단일화 가능한 리터럴들의 부분집합들을 분해한다. 또 다른 접근방식은 **인수분해**(factoring), 즉 중복된 리터럴들의 제거를 1차 논리에 맞게 확장하는 것이다. 명제 논리의 인수분해는 **동일한** 두 리터럴을 하나로 축약한다. 1차 논리의 인수분해는 단일화할 수 있는 두 리터럴을 하나로 축약한다. 이때 해당 단일자를 반드시 절 전체에 적용해야 한다. 이항 분해와 인수분해의 조합은 완결적이다.

## 9.5.3 증명의 예

분해는 $KB \wedge \neg \alpha$가 충족 불가능임을 증명해서(즉, 빈 절을 유도함으로써) $KB \vDash \alpha$를 증명한다. 알고리즘적 접근방식은 도해 7.13에 나온 명제 논리의 것과 동일하므로 다시 제시하지는 않겠다. 대신 증명의 예를 두 개 제시한다. 첫 번째는 §9.3의 범죄자 예제이다. 이에 대한 CNF 문장들은 다음과 같다.

$$\neg American(x) \vee \neg Weapon(y) \vee \neg Sells(x, y, z) \vee \neg Hostile(z) \vee Criminal(x)$$
$$\neg Missile(x) \vee \neg Owns(Nono, x) \vee Sells(West, x, Nono)$$
$$\neg Enemy(x, America) \vee Hostile(x)$$
$$\neg Missile(x) \vee Weapon(x)$$

$Owns(Nono, M_1)$ $\qquad\qquad\qquad\qquad$ $Missile(M_1)$

$American(West)$ $\qquad\qquad\qquad\qquad$ $Enemy(Nono, America)$.

또한, 목표의 부정인 $\neg Criminal(West)$도 필요하다. 이에 대한 분해 증명이 도해 9.10에 나와 있다. 구조에 주목하자. 목표 절에서 시작해서 빈 절이 생성될 때까지 지식 베이스의 절들을 분해해 나가는 하나의 '척추'가 만들어졌다. 이는 혼 절 지식 베이스에 대한 분해의 특징이다. 실제로, 척추를 따라 나열된 절들은 도해 9.6에 나온 역방향 연쇄 알고리즘의 $goals$ 변수에 차례로 배정되는 값들에 해당한다. 이는 항상 척추의 '현재' 절의

제일 왼쪽 리터럴과 단일화되는 긍정 리터럴을 가진 절이 분해 대상으로 선택되기 때문이다. 역방향 연쇄에서도 그와 정확히 동일한 일이 일어난다. 즉, 역방향 연쇄는 다음에 수행할 분해를 결정하는 특정한 제어 전략을 가진, 분해의 한 특수 사례일 뿐이다.

두 번째 예제는 스콜렘화를 활용하며, 한정절이 아닌 절들도 관여한다. 이 때문에 증명의 구조가 다소 복잡하다. 풀고자 하는 문제를 일상 언어로 표현하면 다음과 같다.

모든 동물을 사랑하는 모든 사람은 누군가에게 사랑받는다.

동물을 한 마리라도 죽인 모든 사람은 아무에게도 사랑받지 않는다.

잭(*Jack*)은 모든 동물을 사랑한다.

잭 또는 호기심(*Curiosity*)이 튜나(*Tuna*)라는 이름의 고양이를 죽였다.

호기심이 고양이를 죽였는가?[역주1]

우선 원래의 문장들과 몇 가지 배경지식, 그리고 부정된 목표 G를 1차 논리로 표현한다.

- A. $\forall x \; [\forall y \; Animal(y) \Rightarrow Loves(x,y)] \Rightarrow [\exists y \; Loves(y,x)]$
- B. $\forall x \; [\exists z \; Animal(z) \land Kills(x,z)] \Rightarrow [\forall y \; \neg Loves(y,x)]$
- C. $\forall x \; Animal(x) \Rightarrow Loves(Jack,x)$
- D. $Kills(Jack, Tuna) \lor Kills(Curiosity, Tuna)$
- E. $Cat(Tuna)$
- F. $\forall x \; Cat(x) \Rightarrow Animal(x)$
- ¬G. $\neg Kills(Curiosity, Tuna)$

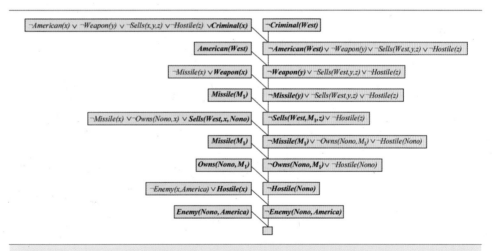

**도해 9.10** 웨스트가 범죄자임을 증명하는 분해 증명. 각 분해 단계에서 단일화되는 리터럴들이 굵은 글씨로 표시되어 있다. 그리고 파란 바탕은 긍정 리터럴이 있는 절이다.

---

[역주1] 원문 "Curiosity killed the cat."은 불필요한 조사나 실험의 위험성을 경고하는 영어 속담이다.

이제 CNF 변환 절차를 적용해서 각 문장을 CNF로 바꾼다.

- A1. $Animal(F(x)) \lor Loves(G(x), x)$
- A2. $\neg Loves(x, F(x)) \lor Loves(G(x), x)$
- B. $\neg Loves(y, x) \lor \neg Animal(z) \lor \neg Kills(x, z)$
- C. $\neg Animal(x) \lor Loves(Jack, x)$
- D. $Kills(Jack, Tuna) \lor Kills(Curiosity, Tuna)$
- E. $Cat(Tuna)$
- F. $\neg Cat(x) \lor Animal(x)$
- ¬G. $\neg Kills(Curiosity, Tuna)$

호기심이 고양이를 죽였다는 분해 증명이 도해 9.11에 나와 있다. 이 증명을 일상 언어로 표현하면 다음과 같다.

> 호기심이 튜나를 죽이지 않았다고 가정하자. 잭 또는 호기심이 죽였음을 알고 있다. 따라서 반드시 잭이 죽였을 것이다. 튜나는 고양이이고 고양이는 동물이다. 따라서 튜나는 동물이다. 동물을 죽인 모든 사람은 누구에게도 사랑받지 못하므로, 누구도 잭을 사랑하지 않음을 알고 있다. 한편 잭은 모든 동물을 사랑하므로, 누군가는 잭을 사랑한다. 이는 모순이다. 따라서 호기심이 고양이를 죽였다.

이 증명은 "호기심이 고양이를 죽였는가?"라는 질문에 답한다. 그런데 "누가 고양이를 죽였나?" 같은 좀 더 일반적인 질문을 던지고 싶을 때도 많다. 분해로 그런 질문의 답을 얻을 수 있지만, 좀 더 많은 작업이 필요하다. 목표는 $\exists w\, Kills(w, Tuna)$인데, 이를 부정하면 논리곱 표준형인 $\neg Kills(w, Tuna)$가 된다. 부정된 새 목표에 대해 도해 9.11

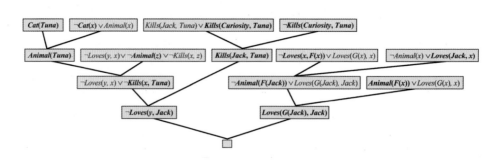

**도해 9.11** 호기심이 고양이를 죽였다는 분해 증명. $Loves(G(Jack), Jack)$을 유도할 때 인수분해가 쓰였음을 주의하기 바란다. 또한 오른쪽 상단에서 $Loves(x, F(x))$와 $Loves(Jack, x)$의 단일화는 오직 변수들을 분리 표준화한 후에만 성공할 수 있음을 주목할 것.

의 증명을 반복하면 비슷한 증명 트리가 만들어지는데, 단계들 중 하나에 대입 $\{w/Curiosity\}$가 있다는 점이 이전 트리와 다르다. 따라서 이 예에서 누가 고양이를 죽였는지 알아내는 것은 그냥 증명에서 질의 변수들에 대한 결속들을 추적하는 문제일 뿐이다. 안타깝게도, 목표가 존재 한정 문장일 때는 분해가 종종 **비구성적 증명**(nonconstructive proof)을 만들어 낼 수 있다. 비구성적 증명이란, 질의가 참임은 알고 있지만 해당 변수에 대한 유일한 결속이 존재하지 않는 것을 말한다.

비구성적 증명

## 9.5.4 분해의 완결성

이번 절에서는 분해의 완결성을 증명한다. 원한다면 그냥 완결적이라고 믿고 이번 절을 건너뛰어도 좋다.

반박 완결

분해가 **반박 완결**(refutation-complete)임을 보이고자 한다. 반박 완결이란, 만일 문장들의 집합이 충족 불가능이면 분해는 항상 모순을 이끌어 낼 수 있다는 뜻이다. 문장들의 집합의 모든 논리적 귀결을 생성하는 데 분해를 사용할 수는 없지만, 주어진 문장이 문장들의 집합에 의해 성립하는지 확인하는 데에는 분해를 사용할 수 있다. 따라서 분해를, $Q(x)$라는 질문이 주어졌을 때 $KB \wedge \neg Q(x)$가 충족 불가능임을 증명함으로써 그 질문의 모든 답을 구하는 데 사용할 수 있다.

임의의 1차 논리 문장(상등이 없는)을 일단의 CNF 절들로 다시 쓸 수 있음은 따로 증명하지 않겠다. 이는 원자적 문장을 기초 사례로 사용해서 문장의 형식에 대한 귀납법을 통해 증명할 수 있다(Davis 및 Putnam, 1960). 결과적으로, 이번 증명의 목표는 다음 주장을 증명하는 것이다: $S$가 절들의 충족 불가능한 집합일 때, $S$에 분해 단계를 유한한 횟수로 적용하면 모순이 나온다.

이제부터 살펴볼 개괄적인 증명은 로빈슨의 원래 증명에 [Genesereth 및 Nilsson, 1987]의 몇 가지 단순화를 적용한 것이다. 증명의 기본 구조(도해 9.12)는 다음과 같다.

1. 우선 만일 $S$가 충족 불가능이면, $S$의 **기초 사례**(ground instance)들로 이루어진 집합 중 역시 충족 불가능인 집합이 존재한다는 점(에르브랑의 정리)에 주목한다.

2. 그런 다음 기초 문장들에 대해 명제 분해가 완결적임을 말해 주는 **기초 분해 정리**(제7장)를 적용한다.

3. 그런 다음 **승격 보조정리**(lifting lemma)를 이용해서, 기초 문장들의 집합을 이용한 임의의 명제 분해 증명에 대해, 그 분해 증명에 상응하는, 기초 문장들의 근원이 된 1차 논리 문장들을 이용한 1차 분해 증명이 존재함을 보인다.

첫 단계를 수행하려면 다음과 같은 새로운 개념 세 가지가 필요하다.

에르브랑 모집단

- **에르브랑 모집단**(Herbrand universe): $S$가 절들의 집합이라 할 때, $S$의 에르브랑 모집단 $H_S$는 다음으로부터 구축할 수 있는 모든 기초항의 집합이다.

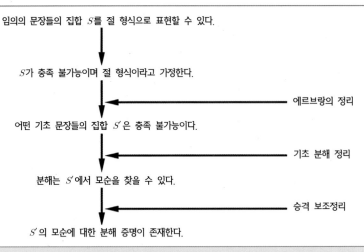

임의의 문장들의 집합 $S$를 절 형식으로 표현할 수 있다.

$S$가 충족 불가능이며 절 형식이라고 가정한다.

어떤 기초 문장들의 집합 $S'$은 충족 불가능이다. ─── 에르브랑의 정리

분해는 $S'$에서 모순을 찾을 수 있다. ─── 기초 분해 정리

$S'$의 모순에 대한 분해 증명이 존재한다. ─── 승격 보조정리

**도해 9.12** 분해의 완결성 증명의 구조.

a. $S$의 함수 기호들(있다면).

b. $S$의 상수 기호들(있다면). 없다면 기본 상수 기호 $S$.

예를 들어 $S$에 $\neg P(x, F(x, A)) \vee \neg Q(x, A) \vee R(x, B)$라는 절만 있다면, $H_S$는 다음과 같이 무한히 많은 기초항들의 집합이다.

$\{A, B, F(A, A), F(A, B), F(B, A), F(B, B), F(A, F(A, A)), \ldots\}$.

포화 · **포화**(saturation): $S$가 절들의 집합이고 $P$가 기초항들의 집합일 때, $S$의 포화 집합 $P(S)$는 $P$의 기초항들을 $S$의 변수들에 대입하는 모든 가능한 일관적 대입들을 적용해서 얻는 모든 기초 절들의 집합이다.

에르브랑 기저 · **에르브랑 기저**(Herbrand base): $S$가 절들의 집합일 때, $S$의 에르브랑 모집단을 기초항들의 집합으로 한 $S$의 포화 집합을 $S$의 에르브랑 기저라고 부르고 $H_S(S)$로 표기한다. 예를 들어 $S$에 위에 나온 절만 들어 있다고 할 때, $H_S(S)$는 다음과 같은 무한히 많은 절들의 집합이다.

$\{\neg P(A, F(A, A)) \vee \neg Q(A, A) \vee R(A, B),$
$\neg P(B, F(B, A)) \vee \neg Q(B, A) \vee R(B, B),$
$\neg P(F(A, A), F(F(A, A), A)) \vee \neg Q(F(A, A), A) \vee R(F(A, A), B),$
$\neg P(F(A, B), F(F(A, B), A)) \vee \neg Q(F(A, B), A) \vee R(F(A, B), B), \ldots\}$

에르브랑의 정리 이상의 정의들을 이용해서 **에르브랑의 정리**(Herbrand, 1930)를 다음과 같이 표현할 수 있다.

만일 절들의 집합 $S$가 충족 불가능이면, $H_S(S)$의 유한 부분집합들 중 역시 충족 불가능인 유한 부분집합이 존재한다.

$S'$이 기초 문장들의 유한한 부분집합이라고 하자. 이제 **분해 닫힘**(resolution closure) $RC(S')$에 빈 절이 포함되어 있음을, 다시 말해 명제 분해 절차를 $S'$의 완결 문장에 적용하면 모순이 유도됨을 분해 정리 p.300를 이용해서 보일 수 있다.

이제 $S$의 에르브랑 기저의 어떤 유한 부분집합이 관여하는 분해 증명이 항상 존재함이 확인되었다. 다음 단계는 $S$ 자체의 절들(기초 절이 아닌 절들도 포함)을 이용하는 분해 증명이 존재함을 보이는 것이다. 분해 규칙의 1회 적용을 고찰하는 것으로 시작한다. 로빈슨은 다음과 같은 보조정리를 제시했다.

> $C_1$과 $C_2$가 공유하는 변수가 없는 두 절이라고 하자. 그리고 $C_1'$과 $C_2'$이 $C_1$와 $C_2$의 기초 사례(ground instance)들이라고 하자. 만일 $C'$이 $C_1'$과 $C_2'$의 분해식이면, (1) $C$가 $C_1$과 $C_2$의 분해식이고 (2) $C'$이 $C$의 기초 사례임을 충족하는 절 $C$가 존재한다.

**승격 보조정리**

이것이 앞에서 잠깐 언급한 **승격 보조정리**(lifting lemma)이다. 승격이라는 이름이 붙은 것은, 이것이 한 증명 단계를 기초 절들로부터 일반적인 1차 논리 절들까지 끌어올리기 때문이다. 로빈슨은 자신의 기본적인 승격 정리를 증명하기 위해 단일화를 고안하고 가장 일반적인 단일자의 모든 속성을 유도해야 했다. 그 증명을 여기서 되풀이하는 것보다는, 그냥 보조정리를 예시하는 것이 나을 것이다.

$$
\begin{aligned}
C_1 &= \neg P(x, F(x, A)) \vee \neg Q(x, A) \vee R(x, B) \\
C_2 &= \neg N(G(y), z) \vee P(H(y), z) \\
C_1' &= \neg P(H(B), F(H(B), A)) \vee \neg Q(H(B), A) \vee R(H(B), B) \\
C_2' &= \neg N(G(B), F(H(B), A)) \vee P(H(B), F(H(B), A)) \\
C' &= \neg N(G(B), F(H(B), A)) \vee \neg Q(H(B), A) \vee R(H(B), B) \\
C &= \neg N(G(y), F(H(y), A)) \vee \neg Q(H(y), A) \vee R(H(y), B).
\end{aligned}
$$

실제로 $C'$이 $C$의 한 기초 사례임을 확인할 수 있다. 일반적으로, $C_1'$과 $C_2'$에 임의의 분해식이 존재하려면, 애초에 $C_1'$과 $C_2'$이 $C_1$과 $C_2$의 상보 리터럴 쌍의 가장 일반적인 단일화를 $C_1$과 $C_2$에 적용해서 만들어 낸 것이어야 한다. 분해 규칙 적용들의 임의의 순차열에 관한 이와 비슷한 명제를 승격 보조정리로부터 이끌어 내는 것도 어렵지 않다. 그 명제는 이런 것이다:

> $S'$의 분해 닫힘의 임의의 절 $C'$에 대해, $C'$이 $C$의 한 기초 사례이고 $C$의 유도의 길이가 $C'$의 유도의 길이와 같음을 충족하는 절 $C$가 $S$의 분해 닫힘에 존재한다.

이러한 사실로부터, 만일 $S'$의 분해 닫힘에 빈 절이 있으면 $S$의 분해 닫힘에도 빈 절이 있음을 이끌어 낼 수 있다. 이는 빈 절이 다른 어떤 절의 기초 사례일 수는 없기 때문이다. 정리하자면, 만일 $S$가 충족 불가능이면 분해 규칙을 이용해서 유한한 단계로 빈 절을 이끌어 낼 수 있다.

## 괴델의 불완전성 정리

1차 논리의 용어들을 산술의 **수학적 귀납법**(mathematical induction schema)이 가능해지도록 약간만 확장하면, 참이긴 하지만 증명할 수 없는 산술 문장이 존재함을 보일 수 있다. 쿠르트 괴델이 자신의 **불완전성 정리**(incompleteness theorem)에서 보인 것이 바로 그것이다.

불완전성 정리의 증명은 이 책의 범위를 다소 넘는 것이며, 분량도 무려 30페이지 정도가 필요하다. 그래도 여기에서 약간의 힌트는 제시할 수 있을 것이다. 우선 수$^{數}$의 논리적 이론으로 시작한다. 이 이론에는 하나의 상수 0과 하나의 함수 $S$(후행자 함수)가 있다. 의도된 모형에서 $S(0)$은 1, $S(S(0))$은 2, 등등을 나타낸다. 따라서 이 이론의 언어에는 모든 자연수에 대한 이름이 있다. 어휘에는 또한 $+$, $\times$, $Expt$(지수, 즉 거듭제곱)라는 함수 기호들과 통상적인 논리 접속사 및 한정사들도 포함되어 있다.

첫 단계는 이 언어로 쓸 수 있는 문장들을 나열(열거)할 수 있다는 점에 주목하는 것이다. (기호들의 알파벳 순서를 정하고, 길이가 1, 2, ...인 각 문장 집합의 문장들을 알파벳 순으로 배열한다고 생각해 보라.) 따라서 각 문장 $\alpha$에 고유한 자연수 #$\alpha$(**괴델 번호**(Gödel number))를 부여할 수 있다. 여기서 중요한 점은, 이 수론의 모든 문장에는 각각 고유한 이름이 있다는 것이다. 마찬가지로, 모든 가능한 증명 $P$에 괴델 번호 $G(P)$를 부여할 수 있다. 하나의 증명은 그냥 유한한 개수의 문장들의 순차열이기 때문이다.

이제 자연수에 관한 참인 주장을 담은 문장들로 이루어진, 재귀적으로 열거 가능한 문장 집합 $A$가 있다고 하자. $A$에 정수들의 집합으로 이루어진 이름을 부여할 수 있으므로, 이 언어로 다음과 같은 종류의 문장 $\alpha(j, A)$를 작성할 수 있을 것이다:

모든 $i$에 대해, $i$는 괴델 번호가 $j$인 문장에 대한, 오직 $A$의 전제들만
사용하는 증명의 괴델 번호가 아니다.

그리고 $\sigma$가 문장 $\alpha(\#\sigma, A)$, 즉 자신의 $A$로부터의 증명 불가능성을 주장하는 (즉, 이 문장이 항상 존재한다는 것은 참이지만, 그것이 전적으로 자명하지는 않다는) 문장이라고 하자.

이제 다음과 같은 교묘한 논증이 가능하다. $\sigma$가 $A$로부터 **증명 가능**인 문장이라고 가정하자. 그러면 $\sigma$는 거짓이다($\sigma$는 자신이 증명될 수 없다고 말하므로). 그러면 $A$로부터 증명 가능한 거짓 문장이 존재하는 것이므로, $A$는 더 이상 참인 문장들로만 구성된 집합이 아니다. 즉, 증명 전체에 대한 전제가 깨지는 것이다. 따라서 $\sigma$는 $A$로부터 **증명할 수 없다**. 그런데 이는 $\sigma$ 자신의 주장과 일치한다. 따라서 $\sigma$는 참인 문장이다.

이렇게 해서 수론의 참인 문장들의 임의의 집합에 대해, 특히 임의의 기본 공리들의 집합에 대해, 그 공리들로는 증명할 수 없는 다른 참인 문장들이 존재함을 증명했다($29\frac{1}{2}$페이지 분량의 논증을 생략하긴 했지만). 무엇보다도 이러한 불완전성 정리는 임의의 주어진 공리 체계 안에서는 수학의 모든 정리를 결코 증명할 수 없음을 확인해 준다. 이것이 수학에 관해 중요한 발견임은 확실하다. 인공지능 분야에서 이 정리가 어떤 의미인지에 관해서는 많은 논쟁이 있었는데, 논쟁을 촉발한 것은 괴델 자신의 예측이었다. 이 논쟁은 제27장에서 좀 더 이야기한다.

기초 절들로부터의 정리 증명을 1차 절들로부터의 정리 증명으로 끌어올리면 증명의 위력이 크게 증가한다. 이러한 증가는, 1차 논리 증명에서는 변수들을 증명에 필요한 만큼만 사례화(예화)하면 되지만 기초 절 증명에서는 엄청나게 많은 수의 임의의 예화들을 조사해야 한다는 점에서 비롯된 것이다.

## 9.5.5 상등

이번 장에서 지금까지 설명한 모든 추론 방법은 약간의 추가 작업 없이는 $x = y$ 형태의 단언을 처리하지 못한다. 이를 극복하는 접근방식은 크게 세 가지이다. 첫째는 상등을 공리화하는 것이다. 즉, 상등 관계에 관한 문장들을 지식 베이스에 추가한다. 상등은 반사적이고, 대칭적이고, 추이적이어야 한다. 또한 임의의 술어나 함수에서 상등을 상등으로 치환할 수 있어야 한다. 따라서 세 개의 기본 공리와, 각 술어와 함수에 대한 공리들이 필요하다.

$$\forall x \quad x = x$$
$$\forall x,y \quad x = y \Rightarrow y = x$$
$$\forall x,y,z \quad x = y \wedge y = z \Rightarrow x = z$$

$$\forall x,y \quad x = y \Rightarrow (P_1(x) \Leftrightarrow P_1(y))$$
$$\forall x,y \quad x = y \Rightarrow (P_2(x) \Leftrightarrow P_2(y))$$
$$\vdots$$
$$\forall w,x,y,z \quad w = y \wedge x = z \Rightarrow (F_1(w,x) = F_1(y,z))$$
$$\forall w,x,y,z \quad w = y \wedge x = z \Rightarrow (F_2(w,x) = F_2(y,z))$$
$$\vdots$$

이러한 문장들이 주어졌을 때, 분해 같은 표준적인 추론 절차를 적용하면 상등 추론에 필요한 과제들(수학 등식의 계산 등)이 수행된다. 그런데 이 공리들은 수많은 결론을 생성하며, 그 결론들 대부분은 증명에 도움이 되지 않는다. 둘째 접근방식은 공리가 아니라 추론 규칙들을 추가하는 것이다. 가장 간단한 규칙인 **역변조**(demodulation)는 단위 절 $x = y$와 $x$ 항을 포함하는 어떤 $\alpha$가 주어졌을 때 $\alpha$ 안의 $x$에 $y$를 대입해서(즉, $x$를 $y$로 대체해서) $y$만 있는절을 만든다. 이러한 규칙은 만일 $\alpha$의 항이 $x$와 단일화된다면 유효하다. 즉, 그 항이 반드시 $x$와 정확히 상등일 필요는 없다. 역변조에는 방향이 있음을 주목하기 바란다. $x = y$가 주어졌을 때 항상 $x$가 $y$로 대체되며, 그 반대는 아니다. 이는 $z + 0 = z$나 $z^1 = z$ 같은 역변조 지시를 이용해서 표현식을 단순화하는 용도로 역변조를 활용할 수 있음을 뜻한다. 또 다른 예로, 다음이 주어졌다고 하자.

$$Father(Father(x)) = PaternalGrandfather(x)$$
$$Birthdate(Father(Father(Bella)), 1926)$$

역변조를 통해서 다음과 같은 결론을 얻을 수 있다.

$$Birthdate(Paternal Grandfather(Bella), 1926).$$

좀 더 형식적으로 말하면, 다음이 성립한다.

역변조

- **역변조**: 임의의 항 $x$, $y$, $z$에 대해, $z$가 리터럴 $m_i$의 어딘가에 나타나고 $\text{UNIFY}(x, z) = \theta \neq failure$라고 할 때,

$$\frac{x = y, \qquad m_1 \vee \cdots \vee m_n}{\text{SUB}(\text{SUBST}(\theta, x), \ \text{SUBST}(\theta, y), \ m_1 \vee \cdots \vee m_n))}.$$

  여기서 $\text{SUBST}$는 통상적인 결속 목록 대입이고 $\text{SUB}(x, y, m)$은 $m$의 어딘가에 있는 모든 $x$를 $y$로 대체하라는 것이다.

이 규칙을 상등 리터럴이 있는, 등호가 있는 단위 절이 아닌 절들로도 확장할 수 있다.

초변조

- **초변조**(paramodulation): 임의의 항 $x$, $y$, $z$에 대해, $z$가 리터럴 $m_i$의 어딘가에 나타나고 $\text{UNIFY}(x, z) = \theta$라고 할 때,

$$\frac{\ell_1 \vee \cdots \vee \ell_k \vee x = y, \qquad m_1 \vee \cdots \vee m_n}{\text{SUB}(\text{SUBST}(\theta, x), \ \text{SUBST}(\theta, y), \ \text{SUBST}(\theta, \ell_1 \vee \cdots \vee \ell_k \vee m_1 \vee \cdots \vee m_n))}.$$

예를 들어 두 문장

$$P(F(x, B), x) \vee Q(x) \text{와} \quad F(A, y) = y \vee R(y)$$

가 주어졌을 때, $\theta = \text{UNIFY}(F(A, y), F(x, B)) = \{x/A, y/B\}$이다. 그리고 이 문장의 초변조에 의해 다음과 같은 결론을 얻을 수 있다.

$$P(B, A) \vee Q(A) \vee R(B).$$

초변조는 상등이 있는 1차 논리에 대한 완결적인 추론 절차로 이어진다.

셋째 접근방식은 상등 추론을 전적으로 확장된 단일화 알고리즘 안에서 처리하는 것이다. 즉, 만일 항들이 어떤 대입하에서 **증명 가능하게** 상등이면, 그 항들은 단일화할 수 있다. 이때 '증명 가능하게(provably)'가 바로 상등 추론을 가능하게 만드는 요인이다. 예를 들어 항 $1 + 2$와 $2 + 1$은 보통은 단일화할 수 없지만, $x + y = y + x$임을 아는 단일화 알고리즘이라면 빈 대입을 이용해서 그 둘을 단일화할 수 있다. 이런 종류의 **등식 단일화**(equational unification)를, 관련된 공리들(교환법칙, 결합법칙 등등)에 대한 명시적인 추론을 통해서가 아니라 그 공리들에 특화된 알고리즘을 이용해서 효율적으로 수행할 수 있다. 이 기법을 사용하는 정리 증명기는 §9.4에서 설명한 CLP 시스템과 밀접한 관련이 있다.

등식 단일화

## 9.5.6 분해 전략

이전에 말했듯이, 만일 증명이 존재한다면, 분해 추론을 반복해서 적용하다 보면 언젠가는 증명을 찾게 된다. 이번 소단원에서는 그러한 증명을 **효율적**으로 찾아내는 데 도움이 되는 전략들을 살펴본다.

**단위 선호(unit preference):** 이 전략은 문장들 중 하나가 단일 리터럴(**단위 절**이라고도 한다)인 분해들을 우선시한다. 이 전략에 깔린 착안은, 궁극의 목표는 빈 절을 만들어 내는 것이므로, 더 짧은 절을 산출하는 추론을 선호하는 것이 좋을 수 있다는 것이다. 단위 문장(이를테면 $P$)을 다른 문장(이를테면 $\neg P \lor \neg Q \lor R$)과 함께 분해하면 항상 그 다른 문장보다 짧은 절(이 경우 $\neg Q \lor R$)이 나온다. 1964년에 단위 선호 전략을 명제 추론에 처음 시도했을 때 속도가 극적으로 향상되어서, 단위 선호 없이는 처리할 수 없었던 정리들의 증명이 가능해졌다. **단위 분해(unit resolution)**는 모든 분해 단계에 반드시 단위 절이 관여해야 하는 제한된 형태의 분해 기법이다. 단위 분해는 일반적으로 비완결적이지만 혼 절에 대해서는 완결적이다. 혼 절에 대한 단위 분해 증명은 순방향 연쇄와 비슷한 모습이다.

    OTTER 정리 증명기(McCune, 1990)는 일종의 최선 우선 검색을 사용한다. 이 증명기의 발견적 함수는 각 절의 '무게'를 측정해서 무게가 가벼운 절들을 우선시한다. 구체적인 발견적 함수의 선택은 사용자의 몫이지만, 일반적으로 한 절의 무게는 절의 크기나 난이도와 연관된 값이어야 한다. 단위 절은 가벼운 절로 간주된다. 따라서 이러한 검색은 단위 선호 전략의 일반화라 할 수 있다.

**지지 집합(set of support):** 특정 분해들을 먼저 시도하는 선호 전략들이 유용하긴 하지만, 일반적으로는 잠재적인 분해들을 아예 제거해 보는 것이 더 효과적이다. 예를 들어 모든 분해 단계에 특정 절들의 집합에 속한 절이 적어도 하나는 관여해야 한다는 제약을 둘 수 있다. 그러한 집합을 **지지 집합**이라고 부른다. 분해 단계를 수행한 후에는, 그 결과로 나온 분해식을 지지 집합에 추가한다. 지지 집합이 전체 지식 베이스에 비해 작다면 검색 공간이 극적으로 줄어든다.

    이 전략의 완결성이 필요하다면, 나머지 문장들(지지 집합의 여집합)이 결합적으로 충족 가능(jointly satisfiable)이 되도록 지지 집합을 선택하면 된다. 예를 들어, 원래의 지식 베이스가 일관적이라는 가정하에서, 질의의 부정을 지지 집합으로 사용할 수 있다. (어차피, 만일 지식 베이스가 일관적이지 않다면 질의가 지식 베이스를 따른다는 사실은 공허하다.) 지지 집합 전략은 사람이 이해하기 쉬운 경우가 많은 목표 지향적 증명 트리를 생성한다는 추가적인 장점도 가지고 있다.

**입력 분해(input resolution):** 이 전략에서 모든 분해는 입력 문장들(KB 또는 질의문에서 가져온) 중 하나를 다른 어떤 문장들과 결합한다. p.393의 도해 9.10에 나온 증명은 입력 분해만 사용하며, 그 증명 트리는 개별 문장들이 하나의 '척추'를 따라 결합되는 특징적인 형태를 띠고 있다. 이런 형태의 증명 트리의 공간이 모든 증명 그래프의 공간보다 작음은 명백하다. 혼 지식 베이스에서 전건 긍정은 입력 분해의 일종이다. 그런 전건 긍정은 원래의 지식 베이스의 한 함의 문장을 다른 문장들과 결합하기 때문이다. 따라서, 입력 분해가 일반적으로는 비완결적이지만 혼 형식의 지식 베이스에 대해서는 완결적이라는 점이 그리 놀랍지 않을 것이다. **선형 분해**(linear resolution) 전략은 입력 분해를 조금 더 일반화한 것으로, 만일 $P$가 원래의 $KB$에 있거나 증명 트리의 $Q$의 조상이면 $P$와 $Q$를 함께 분해할 수 있다. 선형 분해는 완결적이다.

**포섭**(subsumption; 소전제): 포섭 전략은 KB의 기존 문장에 의해 포섭되는(즉, 좀 더 구체적인) 모든 문장을 제거한다. 예를 들어 지식 베이스에 $P(x)$가 있다면 $P(A)$를 추가할 필요는 없으며, $P(A) \lor Q(B)$를 추가할 필요는 더욱 없다. 포섭은 KB의 크기를 작게 유지하는 데 도움이 되며, 따라서 검색 공간을 작게 유지하는 데 도움이 된다.

**학습**: 경험에서 배우도록 정리 증명기를 개선하는 것도 가능하다. 이전에 증명된 정리들로 기계학습 시스템을 훈련함으로써 시스템이 "일단의 전제조건들과 증명할 하나의 목표가 주어졌을 때, 과거에 성공적이었던 증명 단계들과 비슷한 증명 단계들은 무엇인가?"라는 질문에 답하는 방법을 배우게 만들 수 있다. DEEPHOL 시스템(Bansal 외, 2019)이 바로 그러한 예이다. 이 시스템은 심층 신경망(제21장)을 이용해서 목표들과 전제조건들의 모형(내장(embedding)이라고 부른다)을 구축하고, 그 모형을 이용해서 증명 단계들을 선택한다. 훈련에는 사람이 만든 증명 사례들과 컴퓨터가 생성한 증명 사례들을 모두 사용할 수 있다(DEEPHOL 논문의 경우는 약 10,000개의 증명 사례를 훈련에 사용했다).

## 분해 정리 증명기의 실제 용도

지금까지 보았듯이, 판매, 무기, 시민권 같은 개념들이 관여하는 간단한 현실 세계 시나리오를 1차 논리로 표현할 수 있다. 그러나 현실 세계의 좀 더 복잡한 시나리오는 불확실성이 너무 크고 미지의 변수도 너무 많다. 논리는 형식적이고 엄밀히 정의된 개념들이 관련하는 시나리오에 좀 더 적합함이 판명되었다. 예를 들어 하드웨어나 소프트웨어의 **합성**(synthesis)과 **검증**(verification)이 관여하는 문제들에는 논리가 적합하다. 그래서 인공지능뿐만 아니라 하드웨어 설계, 프로그래밍 언어, 소프트웨어 공학 분야에서도 정리 증명 문제를 연구한다.

하드웨어의 경우 공리들은 신호들과 회로 소자들 사이의 상호작용을 서술한다. p.356의 §8.4.2에 예가 나온다.) 검증에 특화된 논리 추론기들로 전체 CPU의 모든 측면(타이밍 속성들을 포함)을 검증할 수 있었다(Srivas 및 Bickford, 1990). AURA 정리 증명기는 이전의 그 어떤 설계보다 좀 더 간결한 회로를 설계하는 데 적용된 바 있다(Wojciechowski 및 Wojcik, 1983).

소프트웨어의 경우 프로그램에 관한 추론은 제7장에서 본 동작에 관한 추론과 비슷하다. 즉, 공리들은 각 문장의 전제조건과 효과(결론)를 서술한다. [Green, 1969a]에 개괄되어 있듯이, 알고리즘들의 형식적 합성은 정리 증명기의 최초의 용도 중 하나였다. 그린의 성과는 그보다 더 일찍 나온 [Simon, 1963]의 착안들에 기초한 것이다. 핵심은 "특정 명세를 충족하는 프로그램 $p$가 존재한다"라는 결론이 나올 때까지 정리에 대한 증명을 구축해 나간다는 것이다. 소위 **연역적 합성**(deductive synthesis)의 완전한 자동화는 범용 프로그래밍에서는 아직 비현실적이지만, 사람이 이끄는 연역적 합성으로는 참신하고 정교한 여러 알고리즘을 성공적으로 설계한 성과를 거뒀다. 과학 계산 코드 같은 특수 목적 프로그램의 합성 역시 활발한 연구가 진행 중인 분야이다.

소프트웨어 검증 분야에서도, SPIN 모형 점검기(Holzmann, 1997) 같은 시스템들이 비슷한 기법들을 적용하고 있다. 예를 들어 우주비행선 제어 프로그램 REMOTE AGENT가 비행 전과 후에 검증된 바 있다(Havelund 외, 2000). RSA 공개 키 암호화 알고리즘과 Boyer-Moore 문자열 부합 알고리즘도 이런 방식으로 검증되었다(Boyer 및 Moore, 1984).

# 요약

이번 장에서는 1차 논리의 추론 방법들을 분석하고 그러한 추론을 위한 여러 알고리즘을 소개했다.

- 첫 접근방식은 추론 규칙들(**전칭예화와 존재예화**)를 이용해서 추론 문제를 **명제화**한다. 일반적으로 이 접근방식은 정의역이 작은 경우가 아닌 한 느리다.

- **단일화**를 이용해서 변수들에 대한 적절한 대입들을 찾아내면 1차 논리 증명에서 예화 단계가 제거되며, 그러면 추론 과정의 효율성이 높아지는 경우가 많다.

- **전건 긍정**의 승격된 버전은 단일화를 이용해서 자연스럽고 강력한 추론 규칙인 **일반화된 전건 긍정**을 제공한다. **순방향 연쇄** 알고리즘과 **역방향 연쇄** 알고리즘은 이 규칙을 일단의 한정절들에 적용한다.

- 일반화된 전건 긍정은 한정절들에 대해서는 완결적이다. 단, 함축 문제는 **준결정 가능**이다. 함수 기호가 없는 한정절로 이루어진 **Datalog** 지식 베이스에 대해서는 함축이 결정 가능이다.

- 순방향 연쇄는 **연역적 데이터베이스**에 쓰인다. 연역적 데이터베이스에서 순방향 연쇄를 관계형 데이터베이스 연산들과 결합해서 사용할 수 있다. 순방향 연쇄는 또한 아주 커다란 규칙 집합으로 갱신을 효율적으로 수행해야 하는 **생성 시스템**에서도 쓰인다. 순방향 연쇄는 Datalog에 대해 완결적이고 다항식 시간으로 실행된다.

- 역방향 연쇄는 정교한 컴파일러 기술을 이용해서 추론을 아주 빠르게 수행하는 **논리 프로그래밍 시스템**에 쓰인다. 역방향 연쇄의 문제점은 중복된 추론과 무한 루프

인데, **메모화**를 이용하면 그런 문제들을 완화할 수 있다.

- 1차 논리와는 달리 **Prolog**는 이름들이 고유하다는 가정을 가진, 그리고 부정이 실패인 닫힌 세계를 사용한다. 이 덕분에 Prolog가 좀 더 실용적인 프로그래밍 언어가 되지만, 순수 논리와는 조금 멀어진다.

- 일반화된 **분해** 추론 규칙은 1차 논리에 대한, 논리곱 표준형 지식 베이스를 사용하는 완결적인 증명 시스템을 제공한다.

- 완결성을 희생하지 않고도 분해 시스템의 검색 공간을 줄이는 여러 전략이 있다. 이때 아주 중요한 문제 하나는 상등을 다루는 것이다. 본문에서 **역변조와 초변조**를 이용하는 방법을 제시했다.

- 효율적인 분해 기반 정리 증명기가 흥미로운 수학 정리들의 증명과 소프트웨어 및 하드웨어의 검증, 합성에 쓰인 바 있다.

## 참고문헌 및 역사적 참고사항

고틀롭 프레게$^{\text{Gottlob Frege}}$는 1879년에 완전한 1차 논리를 개발했다. 그의 추론 체계는 유효한 스키마들의 모음과 하나의 추론 규칙(전건 긍정)에 기초한다. [Whitehead 및 Russell, 1910]은 한정사들을 수식의 앞쪽으로 옮기는 데 쓰이는 소위 **경과 규칙**(rules of passage)을 서술했다(그 용어 자체는 [Herbrand, 1930]에서 기인한다). 스콜렘 상수와 스콜렘 함수를 소개한 이는 당연하게도 토랄프 스콜렘이다(Skolem, 1920). 이상하게도, 에르브랑 모집단을 소개한 이도 스콜렘이다(Skolem, 1928).

에르브랑의 정리(Herbrand, 1930)는 자동화된 추론의 발전에 핵심적인 역할을 했다. 에르브랑은 **단일화**를 고안한 사람이기도 하다. 괴델은 스콜렘과 에르브랑의 착안들에 기초해서, 1차 논리에 완결적인 증명 절차가 존재함을 보였다(Gödel, 1930). 앨런 튜링과 앨론조 처치는 1차 논리의 유효성이 결정 불가능임을 동시에, 그러나 아주 다른 증명을 이용해서 보였다(Turing, 1936; Church, 1936). 훌륭한 교과서인 [Enderton, 1972]는 이 모든 결과를 엄격하지만 이해할 수 있는 방식으로 설명한다.

에이브럼 로빈슨$^{\text{Abraham Robinson}}$은 명제화와 에르브랑의 정리를 이용해서 자동화된 추론기를 구축할 수 있을 것이라고 제안했고, 폴 길모어가 최초의 프로그램을 작성했다(Gilmore, 1960). [Davis 및 Putnam, 1960]은 §9.1의 명제화 방법을 소개했다. [Prawitz, 1960]은 명제 논리의 비일관성이 검색을 주도하게 하면서, 에르브랑 모집단에서 명제 비일관성을 확립하는 데 필요한 항들만 생성한다는 핵심 착안을 제시했다. 이러한 착안은 J. A. 로빈슨(앞의 로빈슨과 친척 관계는 아님)의 분해 기법(Robinson, 1965)으로 이어졌다.

분해는 [Green 및 Raphael, 1968]의 질문-답변 시스템에 쓰였다. 초기 인공지능 구현들은 사실의 효율적인 조회를 가능하게 하는 자료구조에 많은 노력을 기울였다. 이러한 성과가 여러 인공지능 교과서들(Charniak 외, 1987; Norvig, 1992; Forbus 및 de Kleer, 1993)에 정리되어 있다. 1970년대 초반에는 인공지능에서 **순방향 연쇄**가 분해의 이해하기 쉬운 대안으로 잘 자리 잡았다. 인공지능 응용 프로그램에는 일반적으로 수많은 규칙이 관여하므로, 효과적인 규칙 부합 기술을 개발하는 것이 중요했다. 이는 특히 점진적 갱신에 중요한 문제였다.

그런 응용들을 지원하기 위해 **생성 시스템**을 위한 기술이 개발되었다. 효율적인 **리티**[Rete] 부합 과정을 갖춘 생성 시스템 언어 OPS-5(Forgy, 1981; Brownston 외, 1985)는 미니컴퓨터 구성을 위한 R1 전문가 시스템 같은 응용 프로그램들에 쓰였다(McDermott, 1982). [Kraska 외, 2017]은 신경망이 특정 데이터 집합을 위한 효율적인 색인 방법을 배우는 방법을 설명한다.

인지 아키텍처 SOAR(Laird 외, 1987; Laird, 2008)은 규칙이 백만 개에 이를 수 있는 아주 큰 규칙 집합을 처리하기 위해 설계된 것이다(Doorenbos, 1994). SOAR의 응용 사례로는 모의 전투기 조종(Jones 외, 1998), 항공 관리(Taylor 외, 2007), 컴퓨터 게임의 인공지능 캐릭터(Wintermute 외, 2007), 군인 훈련 도구(Wray 및 Jones, 2005) 등이 있다.

**연역적 데이터베이스** 분야는 1997년 툴루즈에서 열린, 논리적 추론과 데이터베이스 시스템의 전문가들이 모인 한 워크숍에서 시작되었다(Gallaire 및 Minker, 1978). [Chandra 및 Harel, 1980]과 [Ullman, 1985]가 미친 영향으로, **Datalog**가 연역적 데이터베이스의 표준 언어로 채택되었다. 규칙 재작성을 위한 **마법 집합** 기법(Bancilhon 외, 1986)의 발전 덕분에, 역방향 연쇄의 목표 지향성 장점을 순방향 연쇄에서도 누릴 수 있게 되었다.

인터넷이 성장하면서 대규모 온라인 데이터베이스들의 가용성이 증가했다. 그러자 다수의 데이터베이스를 하나의 일관된 데이터 공간(dataspace)으로 통합하는 문제에 관한 관심도 높아졌다(Halevy, 2007). [Kraska 외, 2017]은 기계학습을 이용해서 **학습된 색인 구조**(learned index structures)를 생성함으로써 데이터 조회 속도를 최대 70%까지 높일 수 있음을 보여주었다.

논리적 추론을 위한 **역방향 연쇄**는 휴이트의 PLANNER 언어(Hewitt, 1969)에 기인한다. 한편 1972년에는 알랭 콜메로에[Alain Colmerauer]가 자연어의 파싱을 목적으로 **Prolog** 언어를 설계하고 구현했다. Prolog의 절은 원래 문맥 자유 문법 규칙을 의도한 것이었다(Roussel, 1975; Colmerauer 외, 1973).

논리 프로그래밍의 이론적 배경의 상당 부분은 임페리얼 칼리지 런던의 로버트 코월스키가 콜메로에와 함께 발전시켰다. 역사적 개괄로는 [Kowalski, 1988]과 [Colmerauer 및 Roussel, 1993]을 보기 바란다. 효율적인 Prolog 컴파일러들은 대체로 데이비드 H. D. 워렌이 개발한 WAM(Warren Abstract Machine) 계산 모형(Warren, 1983)에 기초한다. [Van Roy, 1990]은 Prolog 프로그램이 C 프로그램에 준하는 속도를 낼 수 있음을 보였다.

재귀적 논리 프로그래밍에서 불필요한 루프를 피하는 방법들을 [Smith 외, 1986]과 [Tamaki 및 Sato, 1986]이 따로 개발했다. 후자에는 논리 프로그램을 위한 메모화도 포함되었는데, 이를 데이비드 S. 워렌이 좀 더 확장해서 **테이블식 방식 논리 프로그래밍**(tabled logic programming)을 만들었다. [Swift 및 Warren, 1994]는 테이블 작성을 처리하기 위해 WAM을 확장하는 방법을 제시한다. 이를 통해서 Datalog 프로그램이 순방향 연쇄 연역적 데이터베이스 시스템보다 수십 배 빠르게 실행될 수 있다.

제약 논리 프로그래밍에 대한 초기 연구 성과로는 [Jaffar 및 Lassez, 1987]이 있다. [Jaffar 외, 1992]는 실숫값 제약을 다루는 CLP(R) 시스템을 개발했다. 요즘에는 대규모 구성 및 최적화 문제를 제약 프로그래밍으로 푸는 상용 제품들이 나와 있다. 가장 유명한 제품 중 하나는 ILOG(Junker, 2003)이다. Prolog를 확장한 답 집합 프로그래밍(answer set programming; Gelfond, 2008)은 논리합과 부정을 지원한다.

논리 프로그래밍과 Prolog에 관한 교과서로는 [Shoham, 1994], [Bratko, 2009], [Clocksin, 2003], [Clocksin 및 Mellish, 2003]이 있다. 2000년까지는 *Journal of Logic Programming*이 주된 학술지였지만 그후로는 *Theory and Practice of Logic Programming*이 자리를 차지했다. 논리 프로그래밍 학술대회로는 International Conference on Logic Programming(ICLP)과 International Logic Programming Symposium(ILPS)이 있다.

**수학 정리 증명**에 관한 연구는 최초의 완전한 1차 논리 시스템이 개발되기도 전에 시작했다. 허버트 겔런터의 Geometry Theorem Prover(Gelernter, 1959)는 발견적 검색 방법들과 거짓인 부분 목표들을 잘라내기 위한 다이어그램의 조합을 사용했으며, 유클리드 기하학의 상당히 난해한 몇몇 결과를 증명할 수 있었다. 상등 추론을 위한 **역변조**와 **초변조** 규칙들은 각각 [Wos 외, 1967]과 [Wos 및 Robinson, 1968]에 소개되었다. 이 규칙들은 항 재작성(term-rewriting) 시스템의 문맥에서 개별적으로 개발되기도 했다(Knuth 및 Bendix, 1970). 상등 추론을 단일화 알고리즘에 도입한 이는 고든 플로트킨이다 (Plotkin, 1972). [Jouannaud 및 Kirchner, 1991]은 항 재작성의 관점에서 상등 단일화를 개괄한다. 단일화를 개괄하는 문헌으로는 [Baader 및 Snyder, 2001]이 있다.

단위 선호 전략(Wos 외, 1964)을 필두로 해서 분해에 대한 여러 제어 전략이 제안되었다. [Wos 외, 1965]는 분해에 어느 정도의 목표 지향성을 부여하기 위해 지지 집합 전략을 제안했다. 선형 분해는 [Loveland, 1970]에 처음 등장했다. [Genesereth 및 Nilsson, 1987, Chapter 5]는 광범위한 제어 전략들을 분석한다. [Alemi 외, 2017]은 DEEPMATH 시스템이 심층 신경망을 이용해서 유망한 공리들, 그러니까 전통적인 정리 증명기에 입력했을 때 하나의 증명으로 이어질 가능성이 큰 공리들을 선택하는 방법을 보여준다. 어찌 보면 신경망의 역할은 수학자가 직관을 적용하는 것과 비슷하고, 정리 증명기의 역할은 수학자의 기술적 전문 지식을 적용해서 증명을 완성하는 것과 비슷하다. [Loos 외, 2017]은 이러한 접근방식을 확장해서 검색의 방향을 유도함으로써 더 많은 정리를 증명할 수 있음을 보여준다.

*A Computational Logic*(Boyer 및 Moore, 1979)은 보이어-무어 정리 증명기에 대한 기본적인 참고자료이다. [Stickel, 1992]는 Prolog 컴파일의 장점과 모형 제거의 완결성을 결합한 Prolog Technology Theorem Prover(PTTP)를 서술한다. SETHEO(Letz 외, 1992) 역시 그러한 접근방식에 기초한, 널리 쓰이는 정리 증명기이다. LEANTAP(Beckert 및 Posegga, 1995)은 단 25줄의 Prolog로 구현된 효율적인 정리 증명기이다. [Weidenbach, 2001]은 현재 가장 강력한 정리 증명기 중 하나인 SPASS를 서술한다. 최근 연례 경진대

회들에서 가장 성공적인 정리 증명기는 VAMPIRE(Riazanov 및 Voronkov, 2002)였다. COQ 시스템(Bertot 외, 2004)과 E 등식 해결기(Schulz, 2004)도 정확성 증명에 가치 있는 도구임이 증명되었다.

정리 증명기들은 자동 합성 및 검증에 쓰였다. NASA의 새로운 Orion 캡슐(Lowry, 2008)과 그밖의 우주선들(Denney 외, 2006)을 위한 제어 소프트웨어들이 그러한 예이다. NQTHM 정리 증명 시스템은 32비트 마이크로프로세서 FM9001의 설계가 정확함을 증명했다(Hunt 및 Brock, 1992).

Conference on Automated Deduction(CADE)은 자동 정리 증명기 경진대회를 매년 개최한다. [Sutcliffe, 2016]은 2016년 경진대회를 서술하는데, 득점 상위 시스템으로는 VAMPIRE(Riazanov 및 Voronkov, 2002), PROVER9(Sabri, 2015), 그리고 E의 갱신된 버전(Schulz, 2013)이 있다. [Wiedijk, 2003]은 15개의 수학 증명기들의 강점을 비교한다. TPTP(Thousands of Problems for Theorem Provers)는 정리 증명 문제들의 라이브러리로, 시스템의 성능을 비교하는 데 유용하다(Sutcliffe 및 Suttner, 1998; Sutcliffe 외, 2006).

수십 년간 정리 증명기들은 수학자(사람)들이 생각하지 못한 참신한 수학적 결과들을 산출했는데, 이에 관해서는 *Automated Reasoning and the Discovery of Missing Elegant Proofs*(Wos 및 Pieper, 2003)에 자세히 나와 있다. 첫 사례는 격자 이론(lattice theory)의 한 정리를 증명한 SAM(Semi-Automated Mathematics) 프로그램이다(Guard 외, 1969). AURA 프로그램도 수학의 여러 분야의 미해결 질문에 답을 제공했다(Wos 및 Winker, 1983). 보이어-무어 정리 증명기(Boyer 및 Moore, 1979)는 나타라잔 샹카르[Natarajan Shankar] 가 괴델의 불완전성 정리에 대한 최초의 완전히 엄격한 형식적 증명을 구축하는 데 쓰였다(Shankar, 1986). NUPRL 시스템은 지라르의 역설(Girard's paradox; Howe, 1987)과 히그만 보조정리(Higman's Lemma; Murthy 및 Russell, 1990)를 증명했다.

로빈스 대수

1993년에 허버트 로빈스는 부울 대수를 정의하는 것으로 보이는, **로빈스 대수** (Robbins algebra)라고 하는 간단한 공리 집합을 제안했다. 그러나 오랫동안 증명이 나오지 않았는데(알프레드 타르스키를 비롯한 여러 사람이 진지하게 노력했지만), 1996년에 와서야 EQP(OTTER의 한 버전)가 하나의 증명을 계산해 냈다(McCune, 1997). [Benzmüller 및 Paleo, 2013]은 '신'의 존재에 대한 괴델의 증명을 고차 정리 증명기를 이용해서 입증했다. 케플러의 구 채우기(sphere-packing) 정리는 토머스 헤일즈가 몇 가지 복잡한 컴퓨터 계산의 도움으로 증명했지만(Hales, 2005), 그 증명은 HOL Light 및 Isabelle 증명 보조 프로그램의 도움으로 공식적인 증명(Hales 외, 2017)이 만들어진 후에야 완전히 받아들여졌다.

수학적 논리에 관한 여러 초기 논문이 *From Frege to Gödel*: *A Source Book in Mathematical Logic*(van Heijenoort, 1967)에 나온다. 자동화된 연역에 초점을 둔 교과서로는 고전 *Symbolic Logic and Mechanical Theorem Proving*(Chang 및 Lee, 1973)과 좀 더 최근의 [Duffy, 1991], [Wos 외, 1992], [Bibel, 1993], [Kaufmann 외, 2000]이 있다. 정리 증명 분야의 주된 학술지는 *Journal of Automated Reasoning*이고 주된 학술대회는 연례

Conference on Automated Deduction(CADE)과 International Joint Conference on Automated Reasoning(IJCAR)이다. *Handbook of Automated Reasoning*(Robinson 및 Voronkov, 2001)은 이 분야의 주요 논문을 취합한 책이다. 매켄지의 *Mechanizing Proof*(MacKenzie, 2004)는 정리 증명의 역사와 기술을 일반 대중에 맞게 서술한다.

# 10
CHAPTER

# 지식 표현

이번 장에서는 실제 세계에 관한 다양한 사실들을 추론 및 문제 해결에 사용할 수 있는 형태로 표현하는 방법을 살펴본다.

이전 장들에서는 지식 베이스를 가진 에이전트가 추론을 통해서 적절한 동작을 선택하고 수행하는 방법을 살펴보았다. 이번 장에서는 그런 에이전트의 지식 베이스에 어떤 내용을 집어 넣을 것인가라는 문제, 다르게 말하면 세계에 관한 사실들을 어떻게 표현할 것인가라는 문제를 고찰한다. 이번 장에서는 1차 논리를 표현 언어로 사용하지만, 이후의 장들에서는 계획 추론을 위한 위계적 과제망(제11장), 불확실성을 수반한 추론을 위한 베이즈망(제13장), 시간에 따른 추론을 위한 마르코프 모형(제17장), 이미지나 사운드, 기타 데이터에 관한 추론을 위한 심층 신경망(제21장) 같은 다른 표현 형식화 방법들도 소개한다. 어떤 표현 방법을 사용하든, 세계에 관한 사실들을 다루어야 한다는 점은 변하지 않는다. 이번 장에서 그런 문제들에 대한 감을 잡을 수 있을 것이다.

§10.1에서는 세계의 모든 것을 범주들의 위계구조로 조직화하는 일반적인 온톨로지의 개념을 소개한다. §10.2는 객체, 실체, 양이라는 기본 범주를 다룬다. §10.3은 사건을 다루고 §10.4는 믿음에 대한 지식을 논의한다. 그런 다음에는 이러한 내용을 이용한 추론 기술로 다시 돌아간다. §10.5에서는 범주를 이용한 효율적 추론을 위해 설계된 추론 시스템들을 논의하고, §10.6은 기본 정보를 이용한 추론을 논의한다.

# 10.1 온톨로지 공학

'장난감' 수준의 영역(정의역)에서는 표현의 선택이 그리 중요하지 않다. 어떤 것을 선택해도 잘 작동하는 경우가 많기 때문이다. 그러나 인터넷 쇼핑이나 도로 주행 같은 복잡한 영역(정의역)에서는 좀 더 일반적이고 유연한 표현이 필요하다. 이번 장은 그런 표현들을 서로 다른 여러 영역에 나타나는 **사건, 시간, 물체, 믿음** 같은 일반적 개념들에 집중해서 만들어 내는 방법을 살펴본다. 이런 추상적인 개념들을 표현하는 것을 종종 **온톨로지 공학**(ontological engineering; 존재론적 공학)이라고 부른다.

온톨로지 공학

세상의 **모든 것**을 표현하는 것은 현실적으로 불가능하다. 1,000쪽이 넘는 교과서라고 해도 모든 것의 표현을 나열할 수는 없다. 대신 임의의 영역에 대한 새로운 지식을 끼워 넣을 자리를 남겨 두는 것이 합리적이다. 예를 들어 물체(물리적 객체)가 무엇인지 정의하되, 서로 다른 구체적인 물체들(로봇, TV, 책 등등)의 세부사항은 필요하면 나중에 채워 넣는 식이다. 이는 객체지향적 프로그래밍 프레임워크(이를테면 Java Swing 그래픽 프레임워크 같은)의 설계자들이 *Window* 같은 일반적인 개념들을 정의해 두고, 사용자는 그것을 이용해서 *SpreadsheetWindow* 같은 좀 더 구체적인 개념을 정의하는 것과 비슷하다. 개념들의 일반적 프레임워크를 **상위 온톨로지**(upper ontology)라고 부르는데, 이는 그래프를 그릴 때 일반 개념들을 위쪽에, 좀 더 구체적인 개념들은 그 아래에 그리는 관례에서 비롯된 것이다. 도해 10.1에 그러한 예가 나와 있다.

상위 온톨로지

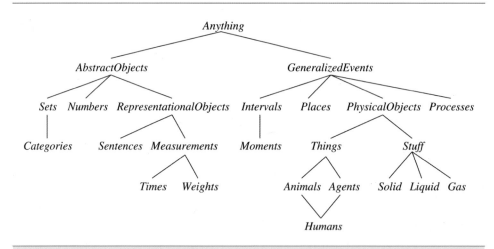

**도해 10.1** 세계의 상위 온톨로지. 이번 장에서 다루는 주제들을 보여 준다. 각 링크는 하위 개념이 상위 개념의 특수화임을 나타낸다. 특수화들이 반드시 서로소인 것은 아니다. 사람(*Humans*)은 동물(*Animals*)이자 에이전트(*Agent*)이다. 물체(*PhysicalObjects*)가 일반화된 사건(*GeneralizedEvents*) 아래에 있는 이유는 §10.3.2에서 보게 될 것이다.

온톨로지를 좀 더 살펴보기 전에, 우선 한 가지 중요한 단서를 붙이고자 한다. 이번 장에서는 지식의 내용과 조직화를 논의할 때 1차 논리를 사용하지만, 실세계에는 1차 논리로는 포착하기 어려운 측면들이 존재한다. 주된 난점은, 대부분의 일반화가 어느 정도까지만 성립한다는, 또는 대부분의 일반화에는 예외가 존재한다는 점이다. 예를 들어 "토마토는 빨갛다"가 유용한 규칙이긴 하지만, 녹색이나 노란색, 주황색 토마토도 있다. 이번 장의 거의 모든 규칙에서 이와 비슷한 예외들을 찾을 수 있을 것이다. 예외와 불확실성을 다루는 능력은 매우 중요하나, 이는 일반적 온톨로지를 이해하는 과제와는 직교적(orthogonal)이다. 그래서 이번 장에서는 예외를 §10.5에 가서야 논의하고, 불확실성을 수반한 추론이라는 좀 더 일반적인 주제는 제12장으로 미룬다.

그런데 상위 온톨로지에 어떤 쓸모가 있을까? §8.4.2의 회로들에 대한 온톨로지를 생각해 보자. 이 회로들에는 수많은 단순화 가정이 존재한다. 시간은 완전히 생략되었으며, 신호는 고정되어 있고 전파되지 않는다. 회로의 구조도 변하지 않는다. 좀 더 일반적인 온톨로지라면 특정 시간에서의 신호들을 고려할 것이며, 배선 길이와 신호 전파의 시간 지연도 포함할 것이다. 그러면 회로의 타이밍 속성들을 시뮬레이션할 수 있게 되며, 실제로 회로 설계자들은 그런 시뮬레이션을 자주 실행한다.

더 나아가서, 입력-출력 명세 외에 이를테면 관련 기술(TTL, CMOS 등)을 서술함으로써 좀 더 흥미로운 부류의 게이트들을 도입할 수도 있었다. 신뢰성이나 진단(diagnosis)을 논의하고자 했다면, 회로 구조나 게이트들의 속성이 순간적으로 변할 가능성도 포함했을 것이다. 기생용량(stray capacitance; 또는 부유용량) 문제를 해결하려 했다면 기판에서 배선들이 있는 위치를 표현해야 했을 것이다.

웜퍼스 세계에서도 비슷한 논의가 적용된다. 이 세계에는 시간 표현이 포함되어 있지만, 그래도 세계의 구조는 간단하다. 에이전트가 행동할 때 다른 일은 전혀 발생하지 않으며, 모든 변화는 즉시 일어난다. 실제 세계에 좀 더 적합한 좀 더 일반적인 온톨로지라면 동시적인 변경들이 시간을 따라 연장되게 했을 것이다. 또한 웜퍼스 세계에서는 칸에 구덩이가 있음을 *Pit* 술어를 이용해서 표현했는데, 개별 구덩이가 구덩이들의 부류(class)에 속하게 하고 각 부류마다 다른 속성들을 가지게 함으로써 다양한 종류의 구덩이를 허용하게 할 수도 있다. 마찬가지로, 웜퍼스 이외의 동물들이 존재하게 만들 수도 있다. 에이전트가 주어진 지각들로부터 동물의 정확한 종을 알아내는 것은 불가능할 것이므로, 냄새 단서들로부터 동굴 거주 생물의 행동을 예측하는 데 도움을 주는 생물학적 분류법을 구축할 필요도 있을 것이다.

임의의 특수 목적 온톨로지에 이런 변경들을 가함으로써 좀 더 일반적인 온톨로지로 나아갈 수 있다. 여기서 자연스럽게 제기되는 질문 하나는, "그런 모든 특수 온톨로지가 어떤 하나의 범용 온톨로지(general ontology)로 수렴할 것인가?"이다. 수세기의 철학적, 계산적 조사에서 얻은 답은 "아마도 그렇다."이다. 이번 절에서는 그런 수세기의 착안들을 합성하는 범용 온톨로지 하나를 제시한다. 범용 온톨로지가 특수 목적 온톨로지들의 집합과 구분되는 주된 특징은 다음 두 가지이다.

- 범용 온톨로지는 임의의 특수 목적 영역에 어느 정도는 적용 가능해야 한다(해당 영역에 대한 공리들을 추가했다고 할 때). 이는 표현상의 문제점들을 적당히 처리해 버리거나 카펫 밑으로 쓸어 넣어 숨길 수는 없음을 의미한다.
- 충분히 어려운 영역에서는 서로 다른 분야(area)를 **통합**할 필요가 있다. 이는 추론과 문제 해결에 분야(area)가 동시에 관여하기 때문이다. 예를 들어 로봇 회로 수리 시스템은 전기 연결성과 물리적 배치의 관점에서 회로를 추론해야 하고, 회로 시간 분석과 노동 비용 추정을 위해서는 시간에 대해서도 추론해야 한다. 따라서 시간을 서술하는 문장들을 공간적 배치를 서술하는 문장들과 결합할 수 있어야 하며, 그런 문장들이 나노초(nanosecond)와 분 단위 시간은 물론이고 옹스트롬과 미터 단위의 길이에 대해서도 똑같이 잘 작동해야 한다.

지금까지는 일반적인 온톨로지 공학 분야의 성공이 제한적이었다는 점을 미리 말해 둘 필요가 있겠다. 최상급 인공지능 응용들(제1장에서 나열한 것 같은) 중에서 범용 온톨로지를 사용하는 것은 하나도 없다. 그런 응용들은 모두 특수 목적 지식 공학과 기계학습을 사용한다. 사회적·정치적 고려사항들은 서로 경쟁하는 단위들이 하나의 온톨로지를 합의하기 어렵게 만든다. 톰 그루버의 말을 빌리면, "모든 온톨로지는 공유에 대한 공통의 동기를 일정 정도 가지고 있는 사람들 사이의 조약(treaty), 즉 사회적 합의이다(Gruber, 2004)". 관심사에 대한 경쟁이 공유하고자 하는 동기보다 크면, 공통의 온톨로지가 형성되지 않을 수 있다. 이해 관계자가 적을수록 온톨로지를 만들기가 쉬우므로, 범용 온톨로지는 Open Biomedical Ontology(Smith 외, 2007) 같은 특수 목적 온톨로지보다 만들기 어렵다. 현재까지 존재하는 온톨로지들은 다음 네 가지 경로로 만들어진 것이다.

1. 훈련된 온톨로지스트ontologist 또는 논리학자 팀이 온톨로지를 설계하고 공리들을 작성한다: CYC 시스템은 대부분 이런 방식으로 구축되었다(Lenat 및 Guha, 1990).
2. 기존의 데이터베이스(들)로부터 범주들, 특성들, 값들을 가져온다: DBPEDIA는 Wikipedia에서 구조화된 사실들을 가져왔다(Bizer 외, 2007).
3. 텍스트 문서를 파싱하고 정보를 추출한다: TEXTRUNNER는 웹 페이지들에서 얻은 커다란 말뭉치(corpus)를 읽어서 구축한 것이다(Banko 및 Etzioni, 2008).
4. 훈련되지 않은 아마추어들이 상식을 입력하게 한다: OPENMIND 시스템은 자원자들이 제출한 사실들(영어로 작성된)로부터 구축된 것이다(Singh 외, 2002; Chklovski 및 Gil, 2005).

한 예로, 구글 지식 그래프는 위키백과의 준구조적 내용을 사람의 관리 하에서 웹에서 수집한 다른 내용과 결합해 사용한다. 구글 지식 그래프는 700억 개가 넘는 사실들을 담고 있으며, 구글 검색의 약 3분의 1은 구글 지식 그래프가 답을 제공한다(Dong 외, 2014)

# 10.2 범주와 객체

범주 ▶ 객체(object; 또는 대상)들을 **범주**(category)들로 조직화하는 것은 지식 표현의 중요한 일부이다. 비록 세계와의 상호작용은 개별 객체의 수준에서 일어나지만, **추론의 상당 부분은 범주들의 수준에서 일어난다.** 예를 들어 일반적으로 구매자의 목표는 이를테면 그냥 농구공을 하나 사는 것이지 $BB_9$ 같은 **특정한** 농구공을 사는 것이 아니다. 어떤 객체의 범주가 분류되고 나면, 범주는 그 객체에 대한 뭔가를 예측하는 데에도 도움이 된다. 우리는 지각 입력으로부터 특정 객체의 존재를 추론하고, 그 객체의 지각된 속성들로부터 범주 소속 여부를 추론하고, 그 범주의 정보를 이용해서 객체에 대한 뭔가를 예측한다. 예를 들어 어떤 객체의 표피에 녹색과 검은색이 뒤섞여 있고, 지름이 30cm 정도이고, 타원형이고, 과육이 붉고, 씨가 검다면, 그리고 그것이 과일 칸에 놓여 있다면, 우리는 그것이 수박이라고 추론할 수 있다. 그리고 그러한 범주로부터, 그 객체가 과일 화채에 유용할 것임을 추론할 수 있다.

1차 논리에서 범주를 표현하는 수단은 크게 두 가지이다. 하나는 술어이고 하나는 객체이다. 즉, 범주를 이를테면 $Basketball(b)$라는 술어로 나타낼 수도 있고, 또는 $Basketballs$ 같은 하나의 객체로 **구상화**(reification)할 수도 있다.[1] 그러면, 객체 $b$가 농구공 범주에 속함을 $Member(b, Basketballs)$로 표현할 수 있다. 줄여 쓰면 $b \in Basketballs$이다. 또한, $Basketballs$가 $Balls$ 범주의 **하위 범주**(subcategory)임을 $Subset(Basketballs, Balls)$라고 표현하고, 줄여서 $Basketballs \subset Balls$로 표기한다. 하위 범주 대신 하위 부류(subclass)나 부분집합(subset)이라는 용어도 같은 뜻으로 쓰임을 유의하기 바란다.

상속 범주들은 **상속**(inheritance)을 통해서 지식을 조직화한다. 음식을 뜻하는 $Food$ 범주의 모든 사례(instance)가 먹을 수 있는('식용') 객체라고 단언한다면, 그리고 과일을 뜻하는 $Fruit$ 범주가 $Food$의 하위 부류이고 사과를 뜻하는 $Apples$ 범주가 $Fruit$의 하위 부류라고 단언한다면, 개별 사과가 먹을 수 있는 객체임을 추론할 수 있다. 이를 가리켜, 개별 사과는 $Food$ 범주에 속하며, 따라서 그 범주의 '식용'이라는 속성을 **상속한다**고 말한다.

분류법 하위 부류 관계들은 범주들을 하나의 **분류 위계구조**(taxonomic hierarchy; 또는 분류 계통구조) 또는 **분류법**(taxonomy)으로 조직화한다. 그러한 가장 큰 분류법은 살아 있는 또는 멸종된 약 1천만 개의 종種들(그중 다수는 딱정벌레이다[2])을 하나의 위계구조로 조직화한다. 도서관학은 모든 지식 분야를 듀이 10진 체계(Dewey Decimal system)에 따라 분류하는 방법을 개발했다. 그리고 조세기관과 관련 정부 부서들은 동산과 부동산에 대

---

1 명제를 객체로 바꾸는 것을 뜻하는 용어 reification은 '사물(thing)'을 뜻하는 라틴어 *res*에서 왔다. 존 매커시는 "thingification"이라는 용어를 제안했지만 지지를 얻지 못했다.

2 자연을 연구해서 조물주에 관해 연역할 수 있는 게 무엇이 있느냐는 질문에 생물학자 J. B. S. 홀데인(Haldane)은 조물주가 "과도한 딱정벌레(beetle) 애착"을 가지고 있다고 말했다.

한 상세한 분류법을 개발했다.

1차 논리를 이용하면, 객체들을 범주들에 연관시키거나 범주에 속하는 객체들을 한 정함으로써 범주에 관한 사실을 수월하게 밝힐 수 있다. 다음은 예제 사실들이다.

- 한 객체가 한 범주의 구성원(member)이다.

$$BB_9 \in Basketballs$$

- 한 범주가 다른 한 범주의 하위 부류이다.

$$Basketballs \subset Balls$$

- 한 범주의 모든 구성원이 특정한 속성을 가진다.

$$(x \in Basketballs) \Rightarrow Spherical(x)$$

- 한 범주의 구성원들을 특정한 속성들로 식별할 수 있다.

$$Orange(x) \land Round(x) \land Diameter(x) = 9.5'' \land x \in Balls \Rightarrow x \in Basketballs$$

- 한 범주가 그 자체로 특정한 속성들을 가진다.

$$Dogs \in DomesticatedSpecies$$

위의 예에서 $Dogs$가 하나의 범주이고 $DomesticatedSpecies$(가축)의 구성원이라는 점에 주목하자. 따라서 후자는 범주들의 범주이어야 한다. 물론 이상의 여러 규칙에는 예외가 존재한다(예를 들어 바람 빠진 바스켓볼은 구형($Spherical$)이 아니다). 그런 예외들은 나중에 다루기로 한다.

하위 부류 관계와 구성원(소속) 관계가 범주에서 중요한 관계들이긴 하지만, 서로 하위 부류 관계가 아닌 범주들 사이의 관계들도 언급할 필요가 있다. 예를 들어 학부생와 대학원생을 뜻하는 범주 $Undergraduates$와 $GraduateStudents$가 학생을 뜻하는 범주 $Students$의 하위 범주들이라고 말하는 것만으로는 학부생이 대학원생일 수는 없다는 단언을 표현할 수 없다. 둘 이상의 범주들에 공통의 구성원이 없을 때, 그 범주들을 가리켜 **서로소**(disjoint)라고 칭한다. 학부생 부류와 대학원생 부류가 모든 대학생을 포괄하는 하나의 **전수 분해**(exhaustive decomposition)을 형성한다는 점을 선언하고 싶을 수도 있다. 서로소 집합들의 전수 분해를 **분할**(partition)이라고 부른다. 다음은 이러한 세 개념을 보여 주는 예이다.

$$Disjoint(\{Animals, Vegetables\})$$
$$ExhaustiveDecomposition(\{Americans, Canadians, Mexicans\}, \\ NorthAmericans)$$
$$Partition(\{Animals, Plants, Fungi, Protista, Monera\}, \\ LivingThings).$$

($NorthAmericans$의 전수 분해가 분할은 아님을 주목하기 바란다. 이중국적인 사람도 있기 때문이다.) 서로소, 전수 분해, 분할에 대한 세 술어는 각각 다음과 같이 정의된다.

$$Disjoint(s) \Leftrightarrow (\forall c_1, c_2 \ c_1 \in s \land c_2 \in s \land c_1 \neq c_2 \Rightarrow Intersection(c_1, c_2) = \{\ \})$$
$$ExhaustiveDecomposition(s, c) \Leftrightarrow (\forall i \ i \in c \Leftrightarrow \exists c_2 \ c_2 \in s \land i \in c_2)$$
$$Partition(s, c) \Leftrightarrow Disjoint(s) \land ExhaustiveDecomposition(s, c).$$

구성원 관계에 관한 필요조건과 충분조건을 지정해서 범주들을 정의하는 것도 가능하다. 예를 들어 독신남(bachelor)은 결혼하지 않은(unmarried) 성인(adult) 남성이다.

$$x \in Bachelors \Leftrightarrow Unmarried(x) \land x \in Adults \land x \in Males.$$

p.417의 자연종에 관한 논의에서 보듯이, 범주를 엄격하게 논리적으로 정의하는 것은 대체로 인공적이고 형식적인 용어들에 대해서나 가능할 뿐, 일상적인 객체들에 대해서는 그렇지 않다. 그렇지만 그런 정의가 항상 필요한 것도 아니다.

## 10.2.1 물리적 합성

우리는 한 객체가 다른 한 객체의 일부일 수 있다는 개념에 익숙하다. 한 사람의 코는 그 사람의 머리의 일부이다. 루마니아는 유럽의 일부이고, 이번 장은 이 책의 일부이다. 한 객체가 다른 한 객체의 일부임을 일반적인 $PartOf$ 관계로 나타내기로 하자. 객체들이 $PartOf$ 위계구조로 조직화되는 것은 범주들이 $Subset$ 위계구조로 조직화되는 것과 비슷하다.

$$PartOf(Bucharest, Romania)$$
$$PartOf(Romania, EasternEurope)$$
$$PartOf(EasternEurope, Europe)$$
$$PartOf(Europe, Earth).$$

$PartOf$ 관계는 추이적이고 반사적이다. 즉, 다음이 성립한다.

$$PartOf(x, y) \land PartOf(y, z) \Rightarrow PartOf(x, z).$$
$$PartOf(x, x).$$

합성 객체  따라서 $PartOf(Bucharest, Earth)$가 참이라는 결론을 내릴 수 있다. **합성 객체**(composite object)들의 범주는 객체를 구성하는 부품들 사이의 구조적 관계에 의해 특징지어질 때가 많다. 예를 들어 2족(biped) 객체는 하나의 몸에 정확히 두 개의 다리가 붙어 있다 (*Attached*).

$$Biped(a) \Rightarrow \exists l_1, l_2, b \ Leg(l_1) \land Leg(l_2) \land Body(b) \land$$
$$PartOf(l_1, a) \land PartOf(l_2, a) \land PartOf(b, a) \land$$
$$Attached(l_1, b) \land Attached(l_2, b) \land$$
$$l_1 \neq l_2 \land [\forall l_3 \ Leg(l_3) \land PartOf(l_3, a) \Rightarrow (l_3 = l_1 \lor l_3 = l_2)].$$

그런데 "정확히 두 개"의 표기법이 다소 어색하다. 다리가 두 개 있다는 점과 두 다리가 서로 같지 않다는 점을 명시해야 하며, 만일 누군가가 세 번째 다리를 언급한다면 그 다리는 다른 두 다리 중 하나와 반드시 같아야 한다는 점도 명시해야 한다. §10.5.2에서는 "정확히 두 개" 같은 제약을 좀 더 쉽게 표현할 수 있는 서술 논리라는 형식화를 소개한다.

이제 범주들 사이의 *Partition* 관계와 비슷한 *PartPartition* 관계를 정의할 수 있다. (연습문제 10.DECM을 보라.) 하나의 합성 객체는 자신의 *PartPartition*에 속한 부품(part)들로 구성된다. 그러한 객체는 그 부품들로부터 속성들을 유도한다고 볼 수 있다. 예를 들어 한 합성 객체의 질량은 그 부품들의 질량의 합이다. 범주에서는 이것이 성립하지 않음을 주목하기 바란다. 범주의 구성원들에는 질량이 있을 수 있어도, 범주 자체에는 질량이 없다.

또한, 합성 객체를 그 부품들은 명시하되 그 구조는 구체적으로 명시하지 않고 정의하는 것이 유용할 때도 있다. 예를 들어 "이 자루 안의 사과들은 총 2kg이다"라고 말한다고 하자. 이때 2kg가 자루 안에 있는 사과들의 **집합**의 무게라고 말하고 싶을 수도 있으나, 그것은 실수일 것이다. 왜냐하면 집합은 다수의 원소로 이루어지긴 하지만 무게라는 속성은 존재하지 않는 추상적인 수학 개념이기 때문이다. 따라서 합성 객체를 나타내는 새로운 개념이 필요한데, 이 책에서는 그 개념을 **뭉치**(bunch)라고 부르기로 한다. 예를 들어 $Apple_1$, $Apple_2$, $Apple_3$이라는 세 개의 사과가 있을 때,

$$BunchOf(\{Apple_1, Apple_2, Apple_3\})$$

은 세 사과를 부품(원소가 아닌)들로 하는 합성 객체를 나타낸다. 이러한 뭉치를 보통의, 그러나 구조는 없는 객체로 사용할 수 있다. $BunchOf(\{x\}) = x$임을 주목하기 바란다. 더 나아가서, $BunchOf(Apples)$는 모든 사과로 이루어진 뭉치이다. 이를 모든 사과로 이루어진 범주 또는 집합인 $Apples$와 혼동하면 안 된다.

$BunchOf$를 $PartOf$ 관계를 이용해서 정의할 수 있다. $s$의 각 원소가 $BunchOf(s)$의 부품임은 자명하다.

$$\forall x \ x \in s \Rightarrow PartOf(x, BunchOf(s)).$$

더 나아가서, $BunchOf(s)$는 이 조건을 충족하는 가장 작은 객체이다. 다른 말로 하면, $BunchOf(s)$는 반드시 $s$의 모든 원소가 부품들인 임의의 객체의 일부이다.

$$\forall y \ [\forall x \ x \in s \Rightarrow PartOf(x, y)] \Rightarrow PartOf(BunchOf(s), y).$$

이러한 공리들은 **논리적 최소화**(logical minimization)라고 부르는 일반적인 기법의 한 예이다. 논리적 최소화는 하나의 객체를 특정 조건들을 충족하는 가장 작은 객체로 정의하는 것을 뜻한다.

## 자연종

범주 중에는 정의가 엄격한 것들이 있다. 예를 들어 한 객체는 만일 그것이 변이 세 개인 다각형이면, 그리고 오직 그럴 때에만 삼각형이다. 반면 실세계의 범주들 대부분에는 그런 명확한 정의가 없다. 그런 범주들을 **자연종**(natural kind) 범주라고 부른다. 예를 들어 토마토<sup>tomato</sup>는 대체로 흐릿한 자주색이고, 대략 둥글고, 상단의 줄기가 있던 곳이 움푹 들어가고, 지름이 5~10cm이고, 껍질이 얇지만 질기고, 그 안에 과육과 씨, 즙이 있다. 그러나 변종들도 존재한다. 노란 토마토나 주황색 토마토도 있고, 덜 익은 토마토는 녹색이고, 평균보다 작거나 큰 것들도 있고, 방울토마토는 일관되게 작다. 사람은 토마토에 대한 완전한 정의를 만들기보다는, 전형적인 토마토임이 명백한 객체들을 식별하는 데 기여하는, 그러나 다른 객체들을 확실하게 식별하지는 않을 수 있는 일단의 특징들을 기억한다. (복숭아처럼 솜털이 있는 토마토도 있을까?)

그러나 논리적 에이전트에게는 이것이 문제가 된다. 에이전트는 자신이 지각한 객체가 토마토인지 확신할 수 없으며, 확신한다고 해도 전형적인 토마토의 속성 중 이 객체가 가지고 있는 것은 무엇인지 확신할 수 없다. 이 문제는 에이전트가 부분 관측 가능 환경에서 작동하는 것에서 비롯된 피할 수 없는 귀결이다.

한 가지 유용한 접근방식은 한 범주의 모든 사례에서 참인 속성과 전형적인 (typical) 사례들에서만 참인 속성을 구분하는 것이다. 이 경우 $Tomatoes$라는 범주 외에 $Typical(Tomatoes)$라는 범주도 두어야 한다. 여기서 $Typical$은 한 범주를 오직 전형적 사례만 담고 있는 그 범주의 하위 부류로 사상하는 함수이다.

$$Typical(c) \subseteq c.$$

자연종에 관한 대부분의 지식은 사실 그 전형적 사례들에 관한 지식이다.

$$x \in Typical(Tomatoes) \implies Red(x) \land Round(x).$$

이는 정확한 정의 없이도 범주에 관한 유용한 사실을 적어 나갈 수 있음을 뜻한다. 대부분의 자연 범주에 대해 정확한 정의를 제공하는 것의 어려움이 [Wittgenstein, 1953]에 자세히 설명되어 있다. 비트겐슈타인은 **게임**을 예로 들어서 한 범주의 구성원들이 필요·충분 특성들을 공유하기보다는 '가족 유사성(family resemblance)'을 공유한다는 점을 보였다. 예를 들어 체스, 술래잡기, 솔리테어, 피구를 포괄하는 엄격한 정의가 무엇이겠는가?

엄격한 정의라는 개념의 유용함에 대해서는 퀸도 이의를 제기한 바 있다(Quine, 1953). 그는 심지어 '독신남'을 결혼하지 않은 성인 남성이라고 정의하는 것도 의심스럽다고 지적했다. 예를 들어 "교황은 독신남이다" 같은 문장은 뭔가 좀 이상하다. 엄밀히 말해 이 문장이 **거짓**은 아니지만, 일부 청자들이 의도하지 않은 추론을 하게 만든다는 점에서 **부적절한** 문장임도 확실하다. 내부 지식 표현에 적합한 논리적 정의들을 적절한 일상 언어적 용례에 대한 좀 더 미묘한 기준들과 분리한다면 아마 이러한 긴장이 해소될 것이다. 후자(기준들)는 전자(정의들)로부터 유도된 단언들을 '걸러 내서(필터링)' 얻을 수 있다. 또한 일상 언어적 용례의 실패가 내부 정의의 수정을 위한 되먹임(피드백)으로 작용하고, 그래서 걸러 내기가 필요하지 않게 될 수도 있다.

## 10.2.2 치수

치수

세계에 관한 과학 이론에서든 상식적인 이론에서든, 객체에는 높이, 질량, 비용 같은 속성들이 있다. 그런 속성들에 부여한 값을 **치수**(measure)라고 부른다. 통상적인 수치 치수는 표현하기가 상당히 쉽다. 우주에 어떤 추상적인 '치수 객체(measure object)'들이 있다고 상상하자. 예를 들어 선분 ├────────────┤ 의 길이에 해당하는 **길이**(length)라는 치수 객체를 상상할 수 있을 것이다. 이 길이를 1.5인치라고 부를 수도 있고 3.81센티미터라고 부를 수도 있다. 이는 같은 길이라고 해도 그 이름이 다를 수 있음을 뜻한다.

단위 함수

이 책에서는 길이를, 수치를 인수로 받는 하나의 **단위 함수**(units function)로 표현한다. (이와는 다른 표현 방식을 연습문제 10.ALTM에서 보게 될 것이다.) 선분을 $L_1$이라고 부른다고 할 때, 이상의 예를 다음과 같이 표현할 수 있다.

$$Length(L_1) = inches(1.5) = Centimeters(3.81).$$

단위 변환은 한 단위를 다른 단위의 배수와 상등으로 두어서 정의한다.

$$Centimeters(2.54 \times d) = Inches(d).$$

파운드와 킬로그램, 초(seconds)와 일(days), 달러와 센트에 대해서도 비슷한 공리를 작성할 수 있다. 다음은 이러한 치수 객체들을 이용해서 다른 객체들을 서술하는 예이다.

$$Diameter(Basketball_{12}) = Inches(9.5).$$
$$ListPrice(Basketball_{12}) = \$(19).$$
$$Weight(BunchOf(\{Apple_1, Apple_2, Apple_3\})) = Pounds(2)$$
$$d \in Days \implies Duration(d) = Hours(24).$$

$\$(1)$이 하나의 1달러 지폐가 **아니라** 액면가임을 주목하기 바란다. 1달러 지폐는 많이 있을 수 있지만 $\$(1)$이라는 이름의 객체는 단 하나이다. 또한 $Inches(0)$과 $Centimeters(0)$은 같은 길이 0을 나타내지만, 이들이 $Seconds(0)$ 같은 다른 0 치수들과 동일하지 않다는 점도 주목하기 바란다.

단순하고 수량적인 치수들은 쉽게 표현할 수 있다. 그러나 그 외의 치수들은 합의된 도량 단위나 척도가 없어서 좀 더 까다롭다. 연습문제에는 난이도가 있고 디저트에는 맛이 있으며 시에는 아름다움이 있지만, 그런 성질들에 수치를 부여하기는 어렵다. 잠시 아주 실용적인 관점에서 볼 때, 그런 속성들이 논리적 추론의 목적에서 아무 쓸모도 없다고 말할 수도 있다. 더 나쁘게는, 아름다움에 대해 어떤 수치적 척도를 부여하려 들 수도 있다. 이는 불필요한 일이며, 따라서 그러한 시도는 심각한 실수일 수 있다. 측정과 치수에서 가장 중요한 측면은 구체적인 수치들 자체가 아니라 그 수치들에 순서를 부여할 수 있다는 점이다.

치수 자체가 수치는 아니지만, 그래도 여전히 치수들을 비교할 수 있고, > 같은 기호를 이용해서 순서 관계를 표현할 수 있다. 예를 들어 노빅[Norvig]의 연습문제들이 러셀[Russell]

의 연습문제들보다 더 어렵다고 하자. 그리고 연습문제가 어려울수록 더 낮은 점수를 부여한다고 하자.

$$e_1 \in Exercises \land e_2 \in Exercises \land Wrote(Norvig, e_1) \land$$
$$Wrote(Russell, e_2) \Rightarrow Difficulty(e_1) > Difficulty(e_2).$$
$$e_1 \in Exercises \land e_2 \in Exercises \land Difficulty(e_1) > Difficulty(e_2) \Rightarrow$$
$$ExpectedScore(e_1) < ExpectedScore(e_2).$$

연습문제의 난이도가 구체적인 수치로 표현되지는 않았지만, 독자가 자신의 수준에 맞는 연습문제들을 파악하는 데에는 이것으로 충분하다. (단, 어떤 저자가 어떤 연습문제를 작성했는지는 알아내야 한다.) 치수들 사이의 이런 종류의 단조적 관계는 인공지능의 한 하위 분야인 **정성적 물리학**(qualitative physics)의 토대를 형성한다. 이 분야는 상세한 공식 대입과 수치적 시뮬레이션 없이 물리적 시스템을 추론하는 방법을 연구한다. 정성적 물리학에 대해서는 역사적 참고사항 절에서 논의하겠다.

## 10.2.3 객체: 물질과 물체

실세계는 원시 객체(primitive object; 이를테면 원자 입자)들과 합성 객체(원시 객체들로 구성된)들로 이루어져 있다. 사과나 자동차 같은 커다란 객체의 수준에서 추론을 수행할 때에는 엄청나게 많은 수의 원시 객체들을 개별적으로 다루는 데 관련된 복잡성을 극복
개별화    할 수 있다. 그러나 현실 세계에는 그 어떤 명백한 **개별화**(individuation; 서로 구별되는
물질    객체들로 분할하는 것)도 거부하는 대상들이 상당히 많이 있다. 그런 것들을 **물질**(stuff)이라는 일반적인 이름으로 지칭하기로 하자. 예를 들어 독자 앞에 땅돼지(aardvark) 한 마리와 버터가 있다고 할 때, 땅돼지가 한 마리임은 명백하지만, '버터-객체'가 몇 개인지는 딱히 말하기 어렵다. 왜냐하면 버터-객체를 여러 부분으로 나누어도, 모든 부분은 여전히 버터-객체이기 때문이다(분자 수준으로 아주 잘게 나누지 않는 한). 이는 **물질과 물체**(thing)의 중요한 구분이다. 땅돼지를 반으로 나누어도 두 마리가 되지는 않는다(안타깝게도).

영어에서는 물질과 물체가 명확히 구분된다. '땅돼지'라고 부르는 것을 '버터'라고 부를 수는 없다(위선적인 캘리포니아 식당에 가지 않는 한). 언어학자들은 땅돼지, 구멍,
가산 명사    정리 같은 **가산 명사**(count noun)와 버터, 물, 에너지 같은 **질량 명사**(mass noun)[역주1] 를
질량 명사    구분한다. 서로 경쟁하는 온톨로지들 중에 이러한 구분을 처리할 수 있다고 주장하는 것들이 몇 개 있다. 이번 절에서는 그중 하나만 설명하고, 다른 것들은 역사적 참고사항에서 다루기로 한다.

**물질** 속성을 표현하기 위해, 명백한 것부터 시작해 보자. 우선, 물질과 상호작용하려면 물질의 '덩어리'를 나타내는 객체가 온톨로지에 있어야 한다. 예를 들어 어젯밤에 버

---

[역주1] 영어의 품사 구분에서 질량 명사는 물질 명사와 추상 명사를 포함하는 불가산 명사이다.

터 한 덩어리를 그냥 식탁에 놔두었다고 하자. 한 덩어리의 버터는 집고, 무게를 달고, 파는 등의 동작이 가능하다. 그런 의미에서 버터 한 덩어리는 한 마리의 땅돼지와 다를 바 없는 객체이다. 이를 $Butter_3$이라고 부르기로 하자. 또한 $Butter$라는 범주도 정의한다. 비공식적으로, 이 범주의 원소들은 우리가 "버터구나"라고 말할 수 있는 모든 것($Butter_3$도 포함해서)이다. 이러한 정의에 아주 작은 문제점이 있긴 하지만 일단 지금은 넘어가기로 하자. 이제 버터 객체의 임의의 한 부분은 그 역시 버터 객체이다.

$$b \in Butter \land PartOf(p,b) \Rightarrow p \in Butter.$$

또한, 버터가 섭씨 30도에서 녹기 시작한다는 점도 표현할 수 있다.

$$b \in Butter \Rightarrow MeltingPoint(b, Centigrade(30)).$$

버터가 노란색이고, 밀도가 물보다 낮고, 실온에서 말랑말랑하고, 지방 함량이 높고, 등등에 대한 정의도 이런 식으로 만들어 낼 수 있을 것이다. 반면, 버터에 특정한 크기나 형태, 무게가 있는 것은 아니다. $UnsaltedButter$같이 버터의 좀 더 특화된 범주들도 정의할 수 있다. 그런 범주들 역시 **물질**의 일종이다. 그러나 무게가 1파운드인 모든 버터 객체를 구성원으로 하는 $PoundOfButter$라는 범주는 **물질**의 일종이 아님을 주의하기 바란다. 1파운드의 버퍼를 반으로 나누어도, 안타깝지만 2파운드의 버터가 되지는 않는다.

내재적      이상의 논의에서 요점은, 어떤 속성들은 **내재적**(intrinsic)이라는 것이다. 내재적인 속성은 전체로서의 객체가 아니라 객체의 실질(substance)에 속한다. **물질**의 한 사례를 반으로 나누면 두 조각이 되는데, 그 두 조각은 원래의 내재적 속성(밀도, 끓는점, 향, 색,

외재적      소유권 등등)을 그대로 유지한다. 반면 무게나 길이, 형태 같은 **외재적**(extrinsic) 속성들은 유지되지 않는다. 정의에 **내재적** 속성들만 있는 객체들의 범주는 하나의 실질 또는 물질 명사이고, 정의에 외재적 속성이 **하나라도** 있는 객체들의 범주는 가산 명사에 해당한다. $Stuff$와 $Thing$은 각각 가장 일반적인 실질 범주와 가장 일반적인 객체 범주이다.

# 10.3 사건

제7장(특히 §7.7.1에서 우리는 $Shoot_t$ 같은 동작과 $HaveArrow_t$ 같은 유량을 논의했다. 동작(action)은 일어나는(happen) 어떤 것이고 유량(fluent)은 환경에서 변하는 어떤 측면이다. 지금까지는 그 둘을 명제로 표현했으며, 만일 시간 $t$에서 어떤 동작이 어떤 유량을 참이 되게 만든다면, 또는 시간 $t$에서 그 유량이 이미 참이었고 동작이 그 유량을 거짓으로 만들지 않는다면 시간 $t+1$에서 그 유량이 참이라는 점을 후행 상태 공리들을 이용해서 표현했다. 그런 표현 방법은 동작들이 이산적이고 즉각적이며 한 시점에서 한 번만 발생하는, 그리고 동작의 수행 방식이 항상 일정한(즉, 총을 쏘는 $Shoot$ 동작이 한 가지밖에 없으며, 빠르게 쏘거나 느리게 쏘거나 미친 듯이 쏘는 것의 차이가 없

는) 세계를 위한 것이었다.

그러나 단순화된 정의역에서 실제 세계로 이동함에 따라, 우리가 다루어야 할 동작과 사건[3]이 훨씬 더 다양해진다. 연속적인 동작의 예로 욕조에 물을 채우는 일을 생각해 보자. 후행 상태 공리로는 동작 이전에 욕조가 비어 있고 동작이 끝난 후에는 욕조가 차 있다고만 말할 수 있을 뿐, 그 동작이 진행되는 **도중**에 어떤 일이 생기는지는 말하지 못한다. 또한, 후행 상태 공리로는 동시에 일어나는 두 동작을 설명하기도 어렵다. 이를테면 욕조에 물을 받으면서 이를 닦는 것을 서술하지 못한다. 그런 경우들을 처리하는 한 방법으로 이번 절에서는 **사건 산법**(event calculus)을 소개한다.

사건 산법의 객체들은 사건, 유량, 시점(time point)이다. 유량 $At(Shankar, Berkeley)$는 샹카르가 버클리에 있다는 사실을 지칭하는 하나의 객체이다. 샹카르가 샌프란시스코에서 비행기를 타고 워싱턴 D.C.로 가는 사건 $E_1$을 다음과 같이 서술한다.

$$E_1 \in Flyings \wedge Flyer(E_1, Shankar) \wedge Origin(E_1, SF) \wedge Destination(E_1, DC).$$

여기서 $Flyings$는 모든 비행 사건의 범주이다. 사건들을 구상화함으로써, 사건들에 임의의 정보를 얼마든지 추가할 수 있다. 예를 들어 비행기가 난기류를 만나서 비행이 순조롭지 않았음을 $Bumpy(E_1)$로 표현할 수 있다. 사건들이 $n$항 술어인 온톨로지에 이런 식으로 여분의 정보를 추가하기가 불가능한 경우도 있는데, 그렇다고 $n+1$항 술어로 넘어가는 것은 규모가변적인 해법이 아니다.

하나의 유량이 어떤 시점 $t_1$에서 참으로 시작해서 $t_2$까지 계속 참이었음을 단언하기 위해 술어 $T$를 사용한다. $T(At(Shankar, Berkeley), t_1, t_2)$가 한 예이다. 이와 비슷하게, $Happens(E_1, t_1, t_2)$는 시점 $t_1$에서부터 $t_2$까지 사건 $E_1$이 실제로 일어났음을 뜻한다. 다음은 사건 산술의 한 버전[4]의 전체 술어 집합이다.

| | |
|---|---|
| $T(f, t_1, t_2)$ | 유량 $f$가 $t$에서 $t_1$에서 $t_2$까지의 모든 시간에서 참이다. |
| $Happens(e, t_1, t_2)$ | 사건 $e$가 시간 $t_1$에서 시간 $t_2$까지 일어난다. |
| $Initiates(e, f, t)$ | 사건 $e$에 의해 유량 $f$가 시간 $t$에서 참이 된다. |
| $Terminates(e, f, t)$ | 사건 $e$에 의해 유량 $f$가 시간 $t$에서 더이상 참이 아니게 된다. |
| $Initiated(f, t_1, t_2)$ | $t_1$과 $t_2$ 사이의 한 시점에서 유량 $f$가 참이 된다. |
| $Terminated(f, t_1, t_2)$ | $t_1$과 $t_2$ 사이의 한 시점에서부터 유량 $f$가 더 이상 참이 아니다. |
| $t_1 < t_2$ | 시점 $t_1$이 시점 $t_2$보다 먼저이다. |

이제 비행 사건의 효과를 다음과 같이 서술할 수 있다.

---

3 '사건'과 '동작'을 섞어 쓰는 것도 가능할 것이다. 둘 다 "일어날 수 있는 어떤 것"을 뜻한다.
4 이번 절의 사건 산술 버전은 [Shanahan, 1999]에 나온 것을 조금 변경한 것이다.

$$E = Flyings(a,here,there) \land Happens(E,t_1,t_2) \Rightarrow$$
$$Terminates(E,At(a,here),t_1) \land Initiates(E,At(a,there),t_2)$$

초기 상태를 서술하는 $Start$라는 개별적인 사건이 있다고 가정한다. 이 사건은 시작 시점에서 참 또는 거짓인 유량을 각각 $Initiates$와 $Terminated$로 서술한다. 임의의 한 시점에서 어떤 유량이 참인지는 $T$에 대한 공리와 $\neg T$에 대한 공리의 쌍으로 서술할 수 있고, 후행 상태 공리에서와 동일한 일반적인 형태를 따르면 된다. 시점 $t_1$과 $t_3$ 사이에서 어떤 사건이 발생했으며 그 시간 구간의 한 시점 $t_2$에서 그 사건 때문에 유량 $f$의 값이 변했다고(시작됨을 뜻하는 참 또는 종료되었음을 뜻하는 거짓으로) 가정하자. 다른 어떤 사건이 그 유량의 값을 바꾸지 않았다고(즉, 시작된 유량이 종료되거나 종료된 유량이 시작되지는 않았다고) 할 때, 미래의 한 시점 $t_4$에서 유량의 값은 $t_2$에서 바뀐 값 그대로일 것이다. 이상의 공리들을 형식적으로 표현하면 다음과 같다.

$$Happens(e,t_1,t_3) \land Initiates(e,f,t_2) \land \neg Terminated(f,t_2,t_4) \land t_1 \le t_2 \le t_3 \le t_4 \Rightarrow$$
$$T(f,t_2,t_4)$$
$$Happens(e,t_1,t_3) \land Terminates(e,f,t_2) \land \neg Initiated(f,t_2,t_4) \land t_1 \le t_2 \le t_3 \le t_4 \Rightarrow$$
$$\neg T(f,t_2,t_4)$$

여기서 $Terminated$와 $Initiated$는 다음과 같이 정의된다.

$$Terminated(f,t_1,t_5) \Leftrightarrow$$
$$\exists e,t_2,t_3,t_4 \; Happens(e,t_2,t_4) \land Terminates(e,f,t_3) \land t_1 \le t_2 \le t_3 \le t_4 \le t_5$$
$$Initiated(f,t_1,t_5) \Leftrightarrow$$
$$\exists e,t_2,t_3,t_4 \; Happens(e,t_2,t_4) \land Initiates(e,f,t_3) \land t_1 \le t_2 \le t_3 \le t_4 \le t_5$$

사건 산법을 동시적인 사건(시소를 타려면 반드시 두 사람이 필요한 상황 등)이나 외인성 사건(바람이 불어서 객체의 위치가 바뀌는 등), 연속 사건(욕조의 물 높이가 계속 오르는 등), 비결정론적 사건(동전을 던져서 앞면이나 뒷면이 나오는 등) 등등 좀 더 복잡한 사건들을 표현하도록 확장하는 것도 가능하다.

## 10.3.1 시간

사건 산법은 시점과 시간 구간을 언급할 수 있는 능력을 제공한다. 여기서는 두 종류의 시간 구간을 고찰한다. 하나는 순간(moment) 구간이고 또 하나는 연장 구간(extended interval)이다. 둘의 차이는, 순간 구간은 구간의 길이가 0일 수 있지만 연장 구간은 그럴 수 없다는 것이다.

$$Partition(\{Moments, ExtendedIntervals\}, intervals)$$
$$i \in Moments \Leftrightarrow Duration(i) = Seconds(0).$$

다음으로, 시간 척도(time scale)를 고안하고 그 시간 척도 위의 지점들을 순간들과 연관시킨다. 그러면 절대 시간(absolute time)을 표현할 수 있다. 시간 척도는 자의적이다. 이 논의에서는 단위를 초(seconds)로 두고, 1900년 1월 1일 자정(GMT 기준)을 시간 0으로 간주하겠다. 함수 *Begin*과 *End*는 주어진 시간 구간의 가장 이른 순간과 가장 늦은 순간을 돌려준다. 그리고 함수 *Time*은 주어진 순간에 해당하는 시간 척도 위의 한 지점을 돌려준다. 함수 *Duration*은 종료 시간과 시작 시간의 차이를 돌려준다.

$$Interval(i) \Rightarrow Duration(i) = (Time(End(i)) - Time(Begin(i))).$$
$$Time(Begin(AD1900)) = Seconds(0).$$
$$Time(Begin(AD2001)) = Seconds(3187324800).$$
$$Time(End(AD2001)) = Seconds(3218860800).$$
$$Duration(AD2001) = Seconds(31536000).$$

수치들을 읽기 쉽도록, *Date*라는 함수도 도입한다. 이 함수는 여섯 개의 인수(시, 분, 초, 일, 월, 년)를 받고 하나의 시간 지점을 돌려준다.

$$Time(Begin(AD2001)) = Date(0,0,0,1,Jan,2001)$$
$$Date(0,20,21,24,1,1995) = Seconds(3000000000).$$

한 시간 구간의 종료 시각이 다른 한 시간 구간의 시작 시각과 같으면 그 두 시간 구간은 만나는 것이다. 이를 *Meet* 술어로 표현한다. 다음은 시간 구간 관계 논리식 전체이고, 도해 10.2는 이들을 도식화한 것이다.

$$Meet(i,j) \quad \Leftrightarrow \quad End(i) = Begin(j)$$
$$Before(i,j) \quad \Leftrightarrow \quad End(i) < Begin(j)$$
$$After(j,i) \quad \Leftrightarrow \quad Before(i,j)$$
$$During(i,j) \quad \Leftrightarrow \quad Begin(j) < Begin(i) < End(i) < End(j)$$
$$Overlap(i,j) \quad \Leftrightarrow \quad Begin(i) < Begin(j) < End(i) < End(j)$$
$$Starts(i,j) \quad \Leftrightarrow \quad Begin(i) = Begin(j)$$
$$Finishes(i,j) \Leftrightarrow \quad End(i) = End(j)$$
$$Equals(i,j) \quad \Leftrightarrow \quad Begin(i) = Begin(j) \wedge End(i) = End(j)$$

이들의 의미는 해당 이름의 통상적인 뜻과 같다. 단, *Overlap*은 예외이다. 일상 언어에서 '겹치다(overlap)'는 대칭적이다(만일 $i$가 $j$와 겹친다면, $j$는 $i$와 겹치는 것이다). 그러나 이 정의에서 $Overlap(i,j)$는 오직 $i$가 $j$보다 먼저(*Before*)일 때에만 참이다. 경험에 따르면, 이 정의를 사용하는 것이 공리들을 직접 작성하는 것보다 더 유용하다. 엘리자베스 2세의 재위기간이 조지 6세의 재위기간 직후이고 엘비스(로큰롤의 황제)의 재위기간이 1950년대와 겹친다는 점을 다음과 같이 나타낼 수 있다.

$$Meets(ReignOf(George\ VI), ReignOf(Elizabeth\ II)).$$
$$Overlap(Fifties, ReignOf(Elvis)).$$
$$Begin(Fifties) = Begin(AD1950).$$
$$End(Fifties) = End(AD1959).$$

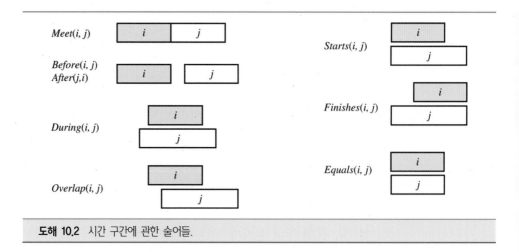

**도해 10.2** 시간 구간에 관한 술어들.

## 10.3.2 유량과 객체

물리적 객체는 그것이 시공간(space-time)의 한 조각이라는 점에서 일반화된 사건으로 간주될 수 있다. 예를 들어 $USA$는 1776년에 13개 주州의 연방으로 시작한, 그리고 오늘날에는 50개 주의 연방으로 여전히 진행 중인 하나의 사건이라 할 수 있다. $USA$의 속성 중 시간에 따라 변하는 것들을 $Population(USA)$ 같은 상태 유량으로 표현할 수 있다. 특별한 사고가 없는 한 4년 또는 8년마다 변하는 USA의 속성이 하나 있는데, 바로 대통령이다.

미국 대통령을 뜻하는 $President(USA)$가 서로 다른 시간에서 서로 다른 객체를 지칭하는 하나의 논리항이라고 생각할 수도 있겠지만, 안타깝게도 그것은 불가능하다. 하나의 항은 주어진 모형 구조에서 정확히 하나의 객체를 지칭하기 때문이다. ($President(USA, t)$라는 항은 $t$의 값에 따라 다른 객체들을 지칭할 수 있지만, 지금 다루는 온톨로지에서는 시간 색인이 유량과는 분리되어 있다.) 유일하게 가능한 해석은, $President(USA)$가 서로 다른 시간에서 서로 다른 사람들로 구성된 하나의 단일한 객체를 지칭한다는 것이다. 이는 1789년에서 1797년까지는 조지 워싱턴George Washington이고 1797년부터 1801년까지는 존 애덤스John Adams, 등등인 하나의 객체이다(도해 10.3). 조지 워싱턴이 1790년 내내 미국 대통령이었음을 다음과 같이 나타낼 수 있다.

$$T(Equals(President(USA), George\ Washington), Begin(AD1790), End(AD1790)).$$

표준적인 논리 술어 = 대신 함수 기호 $Equals$를 사용한 것은 술어를 $T$의 인수로 사용할 수는 없기 때문이자, 그 해석이 1790년에 $George\ Washington$과 $President(USA)$가 논리적으로 동일(항등)하다는 뜻은 아니기 때문이다. 논리적 항등 관계(indentity)는 시간이 바뀌어도 변하지 않는다. 지금 예에서 논리적 항등 관계는 1790년대에 대해 정의된, 객체 $George\ Washington$과 $President(USA)$의 부분 사건(subevent)들 사이에서 성립한다.

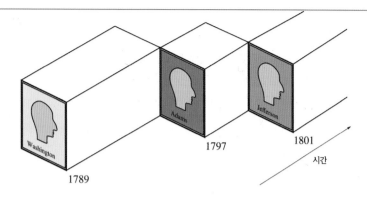

**도해 10.3** 객체 $President(USA)$의 처음 몇 년을 도식화한 모습.

# 10.4 정신적 객체와 양상 논리

지금까지 구축한 에이전트들은 믿음(belief)들을 가지고 있으며, 새로운 믿음을 연역할 수 있다. 그렇지만 믿음에 관한 지식이나 연역(deduction)에 관한 지식은 전혀 가지고 있지 않다. 자기 자신의 지식과 추론 과정에 관한 지식은 추론을 제어하는 데 유용하다. 예를 들어 앨리스가 "1764의 제곱근이 얼마야?"라고 물었을 때 밥이 "몰라"라고 대답했다고 하자. 만일 앨리스가 "더 생각해 봐"라고 몰아붙였다면, 밥은 좀 더 생각해 보고 이 질문에 답을 하는 게 가능함을 깨닫게 될 것이다. 반면, "대통령이 지금 앉아 있니?"라고 물었다면 밥은 더 열심히 생각한다고 해서 답을 얻을 수는 없음을 깨달을 것이다. 다른 에이전트의 지식에 관한 지식도 중요하다. 밥은 그 질문의 답을 대통령 자신이 알고 있다는 점을 깨달아야 한다.

우리에게 필요한 것은 다른 누군가의 머릿속에(또는 어떤 것의 지식 베이스에) 들어 있는 정신적 객체(mental object)들과 그 정신적 객체들을 조작하는 정신적 과정(mental process)들의 모형이다. 그러한 모형이 상세할 필요는 없다. 특정 에이전트가 하나의 연역을 수행하는 데 몇 밀리초가 걸릴지 예측할 수 있어야 하는 것은 아니다. 그냥 대통령이, 자신이 앉아 있는지 아닌지 알고 있다는 결론을 얻을 수 있으면 충분하다.

명제 태도     에이전트가 정신적 객체에 대해 가질 수 있는 **명제 태도**(propositional attitude)로 시작하자. 그러한 태도로는 $Believes$(믿는다), $Knows$(안다), $Wants$(원한다), $Informs$ (알려준다) 등이 있다. 까다로운 점은, 이런 태도들이 '보통의' 술어와는 다른 방식으로 작동한다는 것이다. 예를 들어 슈퍼맨이 하늘을 날 수 있음을 로이스가 안다고 단언한다면 이런 형태가 될 것이다.

$$Knows(Lois, CanFly(Superman)).$$

그런데 한 가지 사소한 문제는, 우리는 보통 $CanFly(Superman)$이 하나의 문장이라고 생각하지만, 위의 표현에는 하나의 항으로 나와 있다는 점이다. 이 문제는 $CanFly(Superman)$을 유량으로 구상화해서 해결할 수 있다. 좀 더 심각한 문제는, 만일 슈퍼맨이 클라크 켄트임이 사실이라면 우리는 클라크가 날 수 있음을 로이스가 안다는 결론을 내려야 하지만, 대부분의 슈퍼맨 이야기에서 로이스는 클라크가 슈퍼맨인지 **모르므로** 이 결론은 틀렸다는 점이다.

$$(Superman = Clark) \land Knows(Lois, CanFly(Superman))$$
$$\models Knows(Lois, CanFly(Clark)).$$

이는 상등 추론이 논리 자체에 내장되어 있다는 사실에서 비롯된 귀결이다. 보통은 이것이 바람직한 일이다. 만일 에이전트가 $2 + 2 = 4$와 $4 < 5$를 알고 있다면, $2 + 2 < 5$임도 에이전트가 알아내야 마땅하다. 즉, 객체를 지칭하기 위해 논리가 어떤 항을 사용하는지가 중요한 것이 아니라, 그 항이 지칭하는 객체가 어떤 것인지가 중요하다. 이런 속성을
참조 투명성
**참조 투명성**(referential transparency)이라고 부른다. 그러나 **믿는다**나 **안다** 같은 명제 태도에서는 참조 투명성이 아니라 참조 불투명성(referential opacity)이 필요하다. 즉, 어떤 항을 **사용하느냐**가 중요하다. 이는 어떤 항들이 같은 객체를 가리키는지를 모든 에이전트가 알고 있지는 않기 때문이다.

구상화를 더 많이 해서 이 문제를 해결할 수도 있다. 즉, 클라크/슈퍼맨을 표현하는 객체와 로이스가 클라크라고 아는 사람을 표현하는 객체, 그리고 로이스가 슈퍼맨이라고 아는 사람을 표현하는 객체를 따로 두는 것이다. 그러나 이렇게 객체가 많아지면 더 이상 문장을 빠르고 간결하게 작성할 수 없다. 문장이 장황하고 지저분해진다.

양상 논리
**양상 논리**(modal logic)는 이런 문제를 해결하기 위해 고안된 것이다. 보통의 논리는 한 종류의 양상樣相(modality)을 다룬다. 진릿값의 양상(modality of truth)이 바로 그것이며, "P가 참이다"나 "P가 거짓이다"를 표현할 수 있는 것은 진릿값의 양상 덕분이다.
양상 연산자
양상 논리에는 문장(항이 아니라)을 인수로 받는 특별한 **양상 연산자**(modal operator)들이 있다. 예를 들어 "A는 P를 안다"를 $K_A P$라고 표기한다. 여기서 $K$는 지식(앎)에 대한 양상 연산자이다. 이 연산자는 두 개의 인수를 받는데, 하나는 에이전트(아래 첨자로 표기)이고 또 하나는 문장이다. 양상 논리의 구문은, 양상 연산자를 이용해서 문장을 형성할 수 있다는 점만 빼면 1차 논리의 것과 같다.

양상 논리의 의미론은 좀 더 복잡하다. 1차 논리에서 **모형**(model)은 객체들의 집합과 각 이름을 적절한 객체나 관계, 함수에 사상하는 해석으로 이루어진다. 양상 논리에서는 슈퍼맨이 사실은 클라크일 가능성과 그렇지 않은 가능성을 모두 고려하려 한다.
가능한 세계들
따라서 우리에게는 하나의 진정한 세계가 아니라 여러 개의 **가능한 세계들**(possible worlds)로 구성된 좀 더 복잡한 모형이 필요하다. 그래프 안에서 그 세계들은 **접근성 관**
접근성 관계
**계**(accessibility relation)들로 연결되는데, 양상 연산자마다 그러한 관계가 하나씩 있다. 세계 $w_0$, $w_1$에 대해, 만일 $w_1$의 모든 것이 $A$가 $w_0$에서 알고 있는 것과 모순되지 않는

다면, 이를 두고 양상 연산자 $\mathbf{K}_A$와 관련하여 세계 $w_0$에서 $w_1$에 접근할 수 있다고 말한다. 한 예로, 현실 세계에서 부카레스트는 루마니아의 수도이지만, 그 점을 알지 못하는 에이전트에게는 이를테면 루마니아의 수도가 소피아인 세계도 접근 가능이다. 바라건대 2 + 2 = 5인 세계에는 그 어떤 에이전트도 접근할 수 없어야 할 것이다.

일반화하자면, 세계 $w$에서 지식 원자 $\mathbf{K}_AP$는 만일 $w$에서 접근할 수 있는 모든 세계에서 $P$가 참이면, 그리고 오직 그럴 때에만 참이다. 좀 더 복잡한 문장의 진릿값은 이 규칙과 1차 논리의 보통의 규칙들을 재귀적으로 적용해서 유도한다. 이는 양상 논리를 내포된(중첩된) 지식 문장들에 대한, 즉 한 에이전트가 다른 에이전트의 지식에 대해 무엇을 알고 있는지에 관한 추론에 사용할 수 있음을 뜻한다. 다소 복잡한 예로, 비록 슈퍼맨의 정체가 사실은 클라크 켄트임을 로이스가 모른다고 해도, 클라크가 그 사실을 알고 있다는 점에 대해 로이스가 알고 있음을 표현할 수 있다.

$$\mathbf{K}_{Lois}[\mathbf{K}_{Clark}Identity(Superman, Clark) \vee \mathbf{K}_{Clark}\neg Identity(Superman, Clark)]$$

양상 논리는 한정사와 지식의 상호작용과 관련된 몇 가지 까다로운 문제들을 해결한다. "본드는 누군가가 스파이임을 알고 있다"라는 일상 언어 문장은 중의적이다. 이를 특정 인물이 스파이임을 본드가 알고 있다고 해석한다면 다음과 같이 표현할 수 있다.

$$\exists x \ \mathbf{K}_{Bond}Spy(x),$$

양상 논리에서 이 문장은 모든 접근 가능한 세계에서 그 정체가 스파이임을 본드가 알고 있는 어떤 $x$가 존재한다는 뜻이다. 또 다른 해석은, 본드가 그냥 스파이가 적어도 한 명 있다는 점만 알고 있다는 것이다.

$$\mathbf{K}_{Bond}\exists x \ Spy(x).$$

양상 논리에서 이는, 모든 접근 가능한 세계에서 정체가 스파이인 $x$가 존재하나, 그 $x$가 모든 세계에서 동일한 객체라는 보장은 없다는 뜻이다.

지식에 대한 양상 연산자들을 살펴보았으니, 이제 이들에 대한 공리를 작성해 보자. 먼저, 에이전트가 결론을 도출하는 능력을 갖추었다는 공리가 가능하다. 만일 에이전트가 $P$를 알고 있고 $P$가 $Q$를 함의함을 알고 있다면, 에이전트는 $Q$를 아는 것이다.

$$(\mathbf{K}_aP \wedge \mathbf{K}_a(P \Rightarrow Q)) \Rightarrow \mathbf{K}_aQ.$$

이로부터(그리고 논리적 신원에 대한 다른 몇 가지 규칙으로부터), $\mathbf{K}_A(P \vee \neg P)$가 하나의 동어반복임이 자명해진다. 모든 에이전트는 명제 $P$가 참이 아니면 거짓임을 알고 있다. 반면 $(\mathbf{K}_AP) \vee (\mathbf{K}_A\neg P)$는 동어반복이 아니다. 일반적으로, 에이전트가 참임을 알지 못하고 거짓임을 알지 못하는 명제들이 많이 있다.

지식이란 정당화된 참인 믿음(justified true belief)이란 말이 예전부터 있었다(그 유래는 플라톤에게까지 거슬러 올라간다). 즉, 만일 그것이 참이면, 그리고 내가 그것을 믿는다면, 그리고 그것을 믿는 좋은(반박 불가능한) 이유가 있다면, 나는 그것을 알고 있는 것이다. 이는 만일 내가 뭔가를 알고 있다면 그것은 반드시 참임을 뜻한다. 이를 다음과 같은 공리로 표현할 수 있다.

$$\mathbf{K}_a P \Rightarrow P.$$

더 나아가서, 논리적 에이전트는(모든 사람이 그렇지는 않겠지만) 자기 자신의 지식에 관해 성찰할 수 있다. 만일 에이전트가 뭔가를 안다면, 에이전트는 자신이 그것을 알고 있음을 안다.

$$\mathbf{K}_a P \Rightarrow \mathbf{K}_a(\mathbf{K}_a P).$$

**논리적 전지** 믿음(흔히 **B**로 표기한다)과 그 외의 양상에 대해서도 비슷한 공리들을 정의할 수 있다. 그런데 양상 논리 접근방식의 한 가지 문제점은, 이것이 에이전트에 대해 **논리적 전지**<sup>全知</sup>(logical omniscience)를 가정한다는 점이다. 즉, 에이전트가 어떤 공리 집합을 안다면, 에이전트는 그 공리들의 모든 귀결을 안다. 이러한 가정의 토대는 다소 추상적인 지식 개념의 경우에도 허약하지만, 믿음에 관해서는 더욱 허약해 보인다. 왜냐하면, 믿음에는 그냥 잠재적으로 유도할 수 있는 것뿐만 아니라 에이전트 안에 물리적으로 표현된 것들을 지칭하는 함의들이 많이 있기 때문이다.

에이전트가 믿는 단언들은 $k$개 이하의 추론 단계를 적용해서 또는 계산을 최대 $s$초까지만 실행해서 유도한 것이어야 한다는 등의 조건을 부가해서 에이전트에 합리성을 제한하려는 시도들이 있었으나, 그 결과는 대체로 만족스럽지 못했다.

## 10.4.1 기타 양상 논리

지식을 제외한 서로 다른 양상들에 대해 다양한 양상 논리가 제안된 바 있다. 한 제안은 **가능성**(possibility)과 **필요성**(necessity)을 위한 양상 연산자를 추가하자는 것이다. 이 책의 저자 중 한 명은 지금 현재 앉아 있을 수 있으며(가능성), $2 + 2 = 4$는 반드시 참이다(필요성).

**선형 시제 논리** §8.1.2에서 언급했듯이, 시간과 관련된 양상들을 선호하는 논리학자들이 있다. **선형 시제 논리**(linear temporal logic)는 다음과 같은 추가적인 양상 연산자들을 사용한다.

- **X** $P$: "$P$는 다음 시간 단계에서 참이 된다."
- **F** $P$: "$P$는 미래의 어떤 시간 단계에서 결국은(F는 finally를 뜻함) 참이 된다.
- **G** $P$: "$P$는 항상 참이다(G는 globally를 뜻함)"
- $P$ **U** $Q$: "$P$는 $Q$가 발생하기 전까지는(U는 until을 뜻함) 참이다."

필요하다면 이 연산자들로부터 다른 연산자들을 더 도출할 수도 있다. 이런 양상 연산자들이 추가되면 논리 자체가 좀 더 복잡해진다(따라서 논리 추론 알고리즘이 증명을 찾기도 더 어려워진다). 그러나 이런 연산자들이 특정 사실들을 좀 더 간결하게 서술하는 데 도움이 되기도 한다(그러면 논리 추론이 더 빨라진다). 어떤 논리를 사용할 것인지 선택하는 문제는 어떤 프로그래밍 언어를 사용할 것인지 선택하는 것과 비슷하다. 즉, 주어진 과제에 적합하고, 그리고 자신 및 작업을 공유할 동료들이 익숙하게 사용할 수 있고, 목적에 충분히 효율적인 논리를 선택하면 된다.

# 10.5 범주 추론 시스템

범주는 대규모 지식 표현 방안의 기본적인 구축 요소이다. 이번 절에서는 범주의 조직화와 추론을 위해 특별히 설계된 시스템들을 설명한다. 그런 시스템들은 서로 밀접한 관련이 있는 두 가지 부류로 나뉘는데, 하나는 지식 베이스를 시각화하는 데 도움이 되는 그래프 표기법과 객체의 속성들을 객체가 속한 범주에 기초해서 추론하는 효율적인 알고리즘들을 제공하는 **의미망**(semantic network)이고, 또 하나는 범주 정의의 구축과 결합을 위한 형식 언어와 범주들 사이의 포함집합, 부분집합 관계를 결정하는 효율적인 알고리즘들을 제공하는 **서술 논리**(description logic)이다.

의미망

서술 논리

## 10.5.1 의미망

존재 그래프

1909년에 찰스 S. 퍼스<sup>Charles S. Peirce</sup>는 **존재 그래프**(existential graph)라고 부르는, 노드들과 간선들의 그래프 표기법을 제안했다. 그는 이를 '미래의 논리학'이라고 불렀다. 그로부터 '논리' 주창자들과 '의미망' 주창자들 사이의 긴 논쟁이 시작되었다. 안타깝게도 그 논쟁은 의미망도 **논리의 한 형태**라는 사실을 덮어 버렸다. 특정한 종류의 문장에 대해서는 의미망이 제공하는 표기법이 논리의 표기법보다 더 편리한 경우가 많긴 하지만, '인간 인터페이스' 문제를 배제한다면, 바탕에 깔린 개념들(객체, 관계, 한정 등등)은 동일하다.

의미망에는 다양한 변형이 존재하나, 이들은 모두 개별 객체와 객체들의 범주, 객체들 사이의 관계를 표현하는 능력을 갖추고 있다. 전형적인 시각적 표기법은 객체나 범주 이름을 타원이나 직사각형 상자 안에 표시하고, 그들 사이의 관계는 이름표가 붙은 연결선(링크)으로 표시한다. 예를 들어 도해 10.4에는 $Mary$와 $FemalePersons$ 사이에 $MemberOf$ 링크가 있는데, 이는 $Mary \in FemalePersons$라는 논리 단언에 해당한다. 마찬가지로, $Mary$와 $John$ 사이의 $SisterOf$ 링크는 $SisterOf(Mary, John)$이라는 단언에 해당한다. 범주들은 $SubsetOf$ 링크로 연결할 수 있고, 그 외의 관계들도 마찬가지이다. 이런 타원과 화살표들을 그리다 보면 시간 가는 줄 모르고 빠져들 수 있다. 예를 들어 우리는 한 사람의 어머니가 여성인 사람임을 알고 있다. 그렇다면 $Persons$

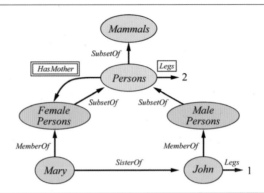

**도해 10.4** 네 객체(John, Mary, 1, 2)와 네 범주로 이루어진 의미망. 관계들은 이름표 붙은 링크로 표시되어 있다.

에서 *FemalePersons*로의 *HasMother* 링크를 그릴 수 있을까? 답은 "아니요"이다. *HasMother*는 한 사람과 그 사람의 어머니 사이의 관계인데, 범주에는 어머니가 없기 때문이다.[5]

이런 이유로, 도해 10.4에서는 이중 상자 모양의 특별한 링크 표기를 사용했다. 이 링크는 다음을 단언한다.

$$\forall x \ x \in Persons \Rightarrow [\forall y \ HasMother(x,y) \Rightarrow y \in FemalePersons].$$

또한, 사람의 다리가 두 개임을 단언한다면, 다음과 같은 문장을 작성하면 된다.

$$\forall x \ x \in Persons \Rightarrow Legs(x,2).$$

앞의 예에서처럼 범주에 다리가 두 개 있다는 단언을 작성하는 실수를 범하면 안 된다. 도해 10.4의 단일 상자 링크는 한 범주의 모든 구성원이 가진 속성을 단언하는 데 쓰인다.

의미망 표기법은 §10.2에서 소개한 **상속**에 관한 추론을 수행하는 데 편리하다. 예를 들어 메리는 사람인 덕분에 다리가 두 개이다. 따라서, 메리의 다리가 몇 개인지 알고자 할 때 상속 추론 알고리즘은 *Mary*에서 *MemberOf* 링크를 따라서 메리가 속한 범주로 가고, 거기서 *SubsetOf* 링크들을 따라 위계구조를 타고 올라가다가 단일 상자 링크 *Legs*가 있는 범주를 만난다. 이 경우 그 범주는 바로 *Persons* 범주이다. 이러한 추론 메커니즘이 준결정적(semidecidabe)인 논리적 정리 증명보다 간단하고 효율적이라는 점은

---

5   초기 시스템 중에는 범주의 구성원들의 속성과 범주 자체의 속성들을 구분하지 못한 것들이 여럿 있었다. 드루 맥더모트가 "Artificial Intelligence Meets Natural Stupidity"라는 글(McDermott, 1976)에서 지적했듯이, 이를 구분하지 못하면 즉시 비일관성이 나올 수 있다. 또 다른 흔한 문제는 부분집합 관계와 구성원 소속 관계 모두에 *IsA* 링크를 사용하는 것이다. 이는 영어 문장 "a cat is a mammal"(고양이는 포유류이다)과 "Fifi is a cat"(피피는 고양이이다)에 대응된다. 이런 문제들에 대해서는 연습문제 10.NATS에서 좀 더 살펴본다.

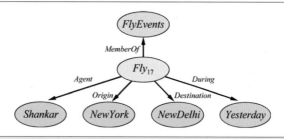

**도해 10.5** 논리적 단언 $Fly(Shankar, New York, New Delhi, Yesterday)$의 표현을 보여 주는 의미망의 일부.

의미망의 주된 매력 중 하나였다.

한 객체가 여러 범주에 속하거나 한 범주가 여러 범주의 부분집합일 때에는 상속 관계가 복잡해진다. 이를 **다중 상속**(multiple inheritance)이라고 부른다. 이런 경우 상속 알고리즘은 서로 충돌하는 둘 이상의 값이 질의의 해답이 되는 상황에 처할 수 있다. 그래서 클래스 위계구조에서 상속을 사용하는 **객체지향 프로그래밍**(object-oriented programming, OOP) 언어 중 일부 언어(Java 등)는 다중 상속을 금지한다. 의미망에서는 다중 상속을 허용하는 것이 일반적이나, 이에 대한 논의는 §10.6으로 미루기로 한다.

1차 논리 표기법에 비한 의미망 표기법의 명백한 단점 하나를 발견한 독자도 있을 것이다. 그 단점이란, 타원들 사이의 링크가 **이항**(binary) 관계만 표현한다는 사실이다. 예를 들어 $Fly(Shankar, New York, New Delhi, Yesterday)$ 같은 문장은 의미망에서 직접 단언할 수 없다. 그렇긴 하지만, 명제 자체를 적절한 사건 범주에 속하는 하나의 사건으로 구상화함으로써 $n$항 단언과 같은 결과를 얻는 것은 **가능하다**. 도해 10.5는 방금 말한 예제 문장을 구상화한 사건에 대한 의미망 구조이다. 이항 관계만 나타낼 수 있다는 제약 때문에 오히려, 구상화된 개념들의 다채로운 온톨로지를 만들게 된다는 점을 주목하기 바란다.

명제의 구상화 덕분에, 1차 논리의 모든 기초, 무함수, 원자적 문장을 의미망 표기법으로 표현할 수 있다. 또한, 특정 종류의 전칭 한정 문장은 역링크(inverse link)들과 범주들에 적용된 단일 상자, 이중 상자 화살표들을 이용해서 단언할 수 있다. 그러나 1차 논리로 표현할 수 있는 모든 것에 비하면 아직 많이 부족하다. 부정, 논리합, 내포된 함수 기호, 존재 한정을 표현하는 수단은 없다. 이 표기법을 1차 논리에 상응하는 것이 되도록 확장하는 것이 **가능**하긴 하지만(퍼스의 존재 그래프에서처럼), 그러면 추론 과정의 단순함과 투명성이라는 의미망의 주된 장점 중 하나가 사라진다. 지금의 표기법으로도 설계자들은 커다란 의미망을 구축하고 어떤 질의가 효율적인지를 잘 파악할 수 있는데, 이는 (a) 추론 절차가 거쳐 갈 단계들을 시각화하기 쉽고, (b) 때에 따라서는 어려운 질의를 만드는 것이 불가능할 정도로 질의 언어가 단순하기 때문이다.

표현력이 너무 제한적임이 확실한 경우를 고려해서, 여러 의미망 시스템들은 간극을 메우기 위한 **절차적 첨부**(procedural attachment)를 지원한다. 절차적 첨부는 특정 관

다중 상속

절차적 첨부

계에 관한 질의(때에 따라서는 단언)가 일반적인 추론 알고리즘이 아니라 그 관계에 특화된 절차의 호출로 처리되게 하는 기법이다.

기본값

의미망의 아주 중요한 측면 하나는 범주의 **기본값**(default value)을 표현하는 능력이다. 도해 10.4를 잘 살펴보면, 비록 존이 사람이고 모든 사람이 두 개의 다리를 가지고 있지만, 존의 다리는 하나임을 알 수 있다. 엄격한 논리적 지식 베이스에서 이는 모순이나, 의미망에서 모든 사람의 다리가 두 개라는 단언은 단지 기본적인 상태를 말하는 것일 뿐이다. 즉, 이 단언은 단지 한 사람의 다리는 좀 더 구체적인 정보와 모순이 되지 않는 한에서만 두 개로 가정된다는 뜻일 뿐이다. 상속 알고리즘은 기본 의미론을 자연스럽게 강제하는데, 이는 알고리즘이 객체 자체(이 경우 존)에서 위쪽으로 링크들을 따라가다 하나의 값을 찾는 즉시 멈추기 때문이다. 이 경우 기본값이 좀 더 구체적인 값으로 **재정의**(override)된다고 말한다. 또한, *Persons*의 부분집합인 *OneLeggedPersons*라는 범주를 만들고 *John*이 그 범주에 속하게 함으로써 다리 개수의 기본값을 재정의하는 것도 가능함을 주의하기 바란다.

만일 *Persons*에 대한 *Legs* 단언에 존에 관한 예외를 포함한다면 의미망에 대해 엄격한 논리적 의미론을 유지할 수 있다.

$$\forall x \ \ x \in Persons \wedge x \neq John \implies Legs(x,2) \ .$$

**고정된** 의미망에서 이런 표현은 의미론적으로는 적절하지만, 만일 예외들이 많다면 의미망 표기법으로 된 표현보다 훨씬 장황할 것이다. 그러나 추가적인 단언들로 갱신되는 의미망에서는 이런 접근방식이 통하지 않는다. 정말로 필요한 것은, 아직 알려진 사람이 아니더라도, 다리가 하나인 사람들은 모두 예외라고 표현할 수 있는 능력이다. §10.6에서 이 문제를, 그리고 일반적인 기본값 추론을 좀 더 자세히 논의한다.

## 10.5.2 서술 논리

서술 논리

1차 논리의 구문은 객체들에 대한 문장을 표현하기 쉽게 설계된 것이다. 반면 **서술 논리**(description logic)는 범주들의 정의와 속성을 서술하기 쉽게 설계된 표기법을 제공한다. 서술 논리 시스템은 의미망이 뜻하는 바를 조직화 원리로서의 분류법적 구조에 대한 강조를 유지하면서 형식화하라는 압력에 대한 반응으로서 의미망으로부터 진화했다.

포섭<br>분류<br>일관성

서술 논리의 일차적인 추론 과제는 **포섭**(subsumption; 한 범주가 다른 한 범주의 부분집합인지를 범주들의 정의를 비교해서 점검하는 것)과 **분류**(classification; 한 객체가 한 범주에 속하는지를 점검하는 것)이다. 그 외에 범주 정의의 **일관성**(consistency)을 추론하는, 즉 구성원 소속 기준이 논리적으로 충족 가능한지 점검하는 시스템들도 있다.

$$
\begin{aligned}
Concept \rightarrow\ &\textbf{Thing}\ |\ ConceptName \\
|\ &\textbf{And}(Concept,\ ...) \\
|\ &\textbf{All}(RoleName,\ Concept) \\
|\ &\textbf{AtLeast}(Integer,\ RoleName) \\
|\ &\textbf{AtMost}(Integer,\ RoleName) \\
|\ &\textbf{Fills}(RoleName,\ IndividualName,\ ...) \\
|\ &\textbf{SameAs}(Path,\ Path) \\
|\ &\textbf{OneOf}(ndividualName,\ ...) \\
Path \rightarrow\ &[RoleName,\ ...\ ] \\
ConceptName \rightarrow\ &Adult\ |\ Female\ |\ Male\ |\ ... \\
RoleName \rightarrow\ &Spouse\ |\ Daughter\ |\ Son\ |\ ...
\end{aligned}
$$

**도해 10.6** CLASSIC 언어의 한 부분집합에 있는 서술들의 구문.

CLASSIC 언어(Borgida 외, 1989)는 전형적인 서술 논리이다. CLASSIC 서술들의 구문이 도해 10.6에 나와 있다.[6] 예를 들어 독신남이 결혼하지 않은 성인 남성임을 다음과 같이 표현한다.

$$
Bachelor = And(Unmarried, Adult, Male).
$$

이와 동치인 1차 논리 문장은 다음과 같다.

$$
Bachelor(x) \iff Unmarried(x) \wedge Adult(x) \wedge Male(x).
$$

서술 논리에 술어들에 대한 연산들로 이루어진 대수<sup>代數</sup>(algebra)가 있음을 주목하기 바란다. 물론 1차 논리는 그런 대수를 가질 수 없다. CLASSIC 언어로 작성된 임의의 서술은 그와 동치인 1차 논리 문장으로 번역할 수 있다. 그러나 CLASSIC으로 좀 더 직접적으로 표현할 수 있는 서술이 존재한다. 예를 들어 아들이 적어도(AtLeast) 세 명이고, 직장이 없고, 의사와 결혼한 상태인 남자들과 딸이 많아야(AtMost) 두 명이고, 물리학과 또는 수학과 교수인 남자들의 집합을 다음과 같이 서술할 수 있다.

$$
\begin{aligned}
&And(Man, AtLeast(3, Son), AtMost(2, Daughter), \\
&\quad All(Son, And(Unemployed, Married, All(Spouse, Doctor))), \\
&\quad All(Daughter, And(Professor, Fills(Department, Physics, Math)))).
\end{aligned}
$$

이를 1차 논리로 번역하는 것은 독자의 숙제로 남긴다.

아마 서술 논리의 가장 중요한 측면은 서술 논리가 추론의 처리 가능성(tractability)

---

6  이 언어에서는 하나의 개념 또는 범주가 다른 개념 또는 범주의 한 부분집합임을 간단하게 언급할 수 없다는 점을 주목하기 바란다. 이런 방침은 의도적인 것이다. 이 언어에서, 범주들 사이의 포섭 관계는 반드시 범주 서술들의 일부 측면에서 유도할 수 있어야 한다. 만일 그것이 불가능하다면 서술에 뭔가 부족한 점이 있는 것이다.

을 강조한다는 점일 것이다. 서술 논리에서는 특정 문제 사례를 풀 때 그 사례를 서술한 후 그것이 가능한 여러 해답 범주 중 하나로 포섭되는지 묻는다. 표준적인 1차 논리 시스템에서는 해답 시간을 예측하는 것이 불가능한 경우가 많다. 시스템이 문제를 푸는 데 수 주(week)가 걸리는 이유가 될 만한 문장들을 찾아내고 그것들을 시간이 덜 걸리는 다른 형태로 표현하는 것은 사용자의 몫이다. 반면 서술 논리의 주된 동기는 포섭 관계 검사를 서술 크기에 대한 다항식적 시간으로 풀 수 있게 만드는 것이다.[7]

이것이 원칙적으로는 멋진 일처럼 들리겠지만, 좀 더 생각해 보면 이 언어로는 어려운 문제를 아예 서술하지 못하거나, 아니면 그런 문제의 서술이 지수적으로 커진다는 결과로 이어질 뿐이라는 점을 깨닫게 될 것이다. 그렇긴 하지만 처리 가능성 결과는 어떤 구성요소들이 문제를 일으키는지 짐작하는 데 힌트가 되며, 따라서 사용자가 서로 다른 표현들의 행동 방식을 이해하는 데 도움이 된다. 예를 들어 일반적으로 서술 논리들은 **부정과 논리합**을 지원하지 않는다. 1차 논리 시스템에서 부정이나 논리합이 포함된 문장에 대한 추론의 완결성을 보장하기 위해서는 잠재적으로 지수적인 사례 분석이 필요할 수 있다. CLASSIC은 논리합을 *Fills*와 *One Of*를 통해서 제한적인 형태로만 지원한다. 이들로는 명시적으로 열거된 개체들에 대한 논리합만 표현할 수 있을 뿐, 서술들에 대한 논리합은 표현할 수 없다. 논리합 서술에 내포된 정의들이 포함되어 있으면, 한 범주가 다른 범주를 포섭할 수 있는 여러 경로의 개수가 지수적으로 증가하기 쉽다.

# 10.6 기본 정보를 이용한 추론

앞 절에서 기본 상태(default status)를 가진 단언의 간단한 예로 "사람의 다리는 두 개이다"라는 문장이 나왔다. 이러한 기본 상태를 좀 더 구체적인 정보(이를테면 "실버 선장은 외다리이다")로 재정의할 수 있다. 또한 의미망의 상속 메커니즘이 기본값의 재정의를 간단하고도 자연스러운 방식으로 구현한다는 점도 보았다. 이번 절에서는 단순히 기본값의 절차적 메커니즘을 제공하는 것이 아니라 기본값들의 **의미론**을 이해하는 것을 목적으로 해서 기본값들을 좀 더 일반적으로 공부한다.

## 10.6.1 범위 제한과 기본 논리

단조성    제7장에서 증명했듯이, 논리에는 **단조성**(monotonicity)이라는 속성이 있다.[8] 그리고 이 속성을 위반하는 추론 과정의 두 가지 예도 제7장에서 제시했다. 이번 장에서는 의미망에서 한 범주의 모든 구성원이 상속한 속성을 하위 범주에 대한 좀 더 구체적인 정보로 재

---

7  CLASSIC 언어는 실제 응용에 효율적인 포섭 검사 기능을 제공하지만, 최악의 경우 실행 시간이 지수적이다.
8  단조성을 위해서는, 지식 베이스가 함축하던 모든 문장은 지식 베이스에 새 문장을 추가해도 여전히 지식 베이스에 의해 함축되어야 함을 기억하기 바란다. 즉, 만일 $KB \models \alpha$이면 $KB \land \beta \models \alpha$이다.

정의할 수 있다는 점을 보았다. §9.4.4에서는, 닫힌 세계 가정하에서 만일 명제 $\alpha$가 $KB$에 언급되어 있지 않으면 $KB \vDash \neg\alpha$이지만 $KB \wedge \alpha \vDash \alpha$임을 보았다.

　　이를 잠깐 고찰해 보면, 이러한 단조성 실패가 상식적 추론에 널리 퍼져 있음을 알 수 있다. 즉, 사람은 "결론으로 비약하는" 경우가 많다. 예를 들어 우리는 도로에 멈춰 있는 차를 보았을 때, 비록 눈에 보이는 바퀴가 세 개뿐이라고 해도 그 차의 바퀴가 네 개라고 기꺼이 믿는다. 확률론은 네 개의 바퀴가 존재할 확률이 높다는 결론을 제시할 것이 확실하다. 그러나, 믿음에 반하는 어떤 새로운 증거가 제시되지 않는 한, 대부분의 사람은 차의 바퀴가 네 개가 아닐 수도 있다는 가능성을 아예 떠올리지도 않는다. 즉, 바퀴가 네 개라는 결론은 그렇지 않다고 의심할 이유가 없는 한 **기본적으로**(by default) 도출되는 것으로 보인다. 새로운 증거가 제공되면, 이를테면 차주가 바퀴 하나를 들고 있고 차체가 들려 있다면, 그 결론을 철회할 수도 있다. 이런 종류의 추론을 가리켜 **비단조성**(nonmonotonicity)을 보이는 결론이라고 말한다. 이는 이런 추론에서 시간이 지나면서 새로운 증거들이 도착함에 따라 믿음들의 집합이 증가하는 방식이 단조적이지 않기 때문이다. 그러한 증가 방식을 감당할 수 있도록 진릿값과 함축의 개념을 수정해서 나온 것이 바로 **비단조 논리**(nonmonotonic logic)이다. 여기에서는 비단조 논리들 중 광범위하게 연구된 두 가지를 살펴본다. 하나는 범위 제한 논리(한정 논리)이고 또 하나는 기본 논리이다.

**비단조성**

**비단조 논리**

**범위 제한**

　　**범위 제한**(circumscription)은 닫힌 세계 가정의 좀 더 강력하고 정밀한 버전이라 할 수 있다. 핵심은 "가능한 한 거짓으로" 가정되는, 다시 말해 참임이 알려진 객체들을 제외한 모든 객체에 대해 거짓인 특정한 술어들을 지정한다는 것이다. 예를 들어, 새들은 기본적으로 날 수 있음을 단언한다고 하자. 그러면 예를 들어 $Abnormal_1(x)$라는 술어를 도입하고 다음과 같은 단언을 작성하면 될 것이다.

$$Bird(x) \wedge \neg Abnormal_1(x) \Rightarrow Flies(x).$$

이를 두고 $Abnormal_1$이 **제한되었다**(circumscribed)고 말한다. 이에 의해 범위 제한적 추론기는, $Abnormal_1(x)$가 참이라고 알려지지 않은 이상 $\neg Abnormal_1(x)$라고 가정하게 된다. 그러면 $Bird(Tweety)$라는 전제로부터 $Flies(Tweety)$라는 결론을 이끌어 낼 수 있다. 그러나 그 결론은 만일 $Abnormal_1(Tweety)$라고 단언되면 더 이상 성립하지 않는다.

**모형 선호**

　　범위 제한을 **모형 선호**(model preference) 논리의 한 예로 볼 수 있다. 그런 논리에서 하나의 문장은 만일 그것이 지식 베이스의 모든 **선호되는** 모형에서 참이면 함축된다(기본 상태와 함께). 반면 고전적인 논리에서는 **모든** 모형에서 참이어야 함축 관계가 성립함을 기억할 것이다. 범위 제한에서는 비정상(abnormal) 객체가 더 적은 모형을 선호한다.[9] 그럼 의미망의 다중 상속 문맥에서 이러한 개념이 어떻게 작용하는지 살펴보자.

---

**9** 닫힌 세계 가정에서는 참인 원자가 더 적은 모형을 선호한다. 즉, 선호되는 모형은 **최소**(minimal) 모형이다. 닫힌 세계 가정과 한정절 지식 베이스 사이에는 자연스러운 연관 관계가 존재한다. 한정절 지식 베이스에 대한 순방향 연쇄로 도달하는 고정점이 고유한 최소 모형이기 때문이다. 이 점에 대한 좀 더 자세한 논의는 p.303를 보라.

다중 상속이 문제가 되는 상황을 보여 줄 때 흔히 제시되는 예는 '닉슨 다이아몬드<sup>Nixon</sup><sup>diamond</sup>'이다. 이 예는 리처드 닉슨<sup>Richard Nixon</sup>이 퀘이커 교도이면서(따라서 기본적으로 반전론자(pacifist)이다) 그와 동시에 공화당 당원이라는(따라서 기본적으로 반전론자가 아니다) 점에서 비롯된 것이다. 이를 다음과 같이 표현할 수 있다.

$$Republican(Nixon) \land Quaker(Nixon)$$
$$Republican(x) \land \neg Abnormal_2(x) \Rightarrow \neg Pacifist(x)$$
$$Quaker(x) \land \neg Abnormal_3(x) \Rightarrow Pacifist(x)$$

만일 $Abnormal_2$와 $Abnormal_3$을 제한한다면, 선호되는 모형은 두 가지이다. 한 모형에서는 $Abnormal_2(Nixon)$과 $Pacifist(Nixon)$이 참이고 다른 한 모형에서는 $Abnormal_3(Nixon)$과 $\neg Pacifist(Nixon)$이 참이다. 따라서 범위 제한적 추론기는 닉슨이 반전론자인지 아닌지 결론을 내리지 못한다(그래야 마땅하다). 이를 해소하기 위해 만일 종교적 신념이 정치적 신념보다 우선한다는 단언을 추가하고자 한다면, **우선순위 있는 범위 제한**(prioritized circumscription)이라고 부르는 형식론(formalism)을 이용해서 $Abnormal_3$이 최소화된 모형을 선호하게 하면 된다.

우선순위 있는
범위 제한

**기본 논리**(default logic)는 **기본 규칙**(default rule)들을 작성함으로써 우발적이고 비단조적인 결론들을 생성할 수 있는 형식론이다. 다음은 기본 규칙의 예이다.

기본 논리
기본 규칙

$$Bird(x) : Flies(x)/Flies(x).$$

이 규칙은 만일 $Bird(x)$가 참이면, 그리고 만일 $Flies(x)$가 지식 베이스와 일관적이라면, 기본적으로 $Flies(x)$가 참이라는 결론을 내릴 수 있음을 뜻한다. 일반화하자면, 기본 규칙은 다음과 같은 형태이다.

$$P : J_1, ..., J_n / C$$

여기서 $P$는 소위 선행조건(prerequisite)이고 $C$는 결론, $J_i$들은 논거(justification)들이다. 만일 이들 중 하나라도 거짓으로 판명되면 결론을 도출할 수 없다. $J_i$나 $C$에 나오는 모든 변수는 반드시 $P$에도 나와야 한다. 기본 논리로는 닉슨 다이아몬드 예를 다음과 같이 하나의 사실과 두 개의 기본 규칙으로 표현할 수 있다.

$$Republican(Nixon) \land Quaker(Nixon).$$
$$Republican(x) : \neg Pacifist(x)/\neg Pacifist(x).$$
$$Quaker(x) : Pacifist(x)/Pacifist(x).$$

확장

기본 규칙들이 뜻하는 바를 해석하려면 기본 이론의 **확장**(extension)이라는 개념을 정의해야 한다. 기본 이론의 확장은 그 이론의 귀결(consequence)들의 최대 집합이다. 즉, 확장 $S$는 원래의 알려진 사실들과 기본 규칙들에서 이끌어 낼 수 있는 결론들의 집합($S$로부터 더 이상 추가적인 결론을 이끌어 낼 수 없을 정도로 완결적인)으로 이루어진다. 그리고 $S$의 모든 기본 결론의 논거들은 $S$와 일관적이다. 범위 제한의 선호 모형에서처럼, 닉슨 다이아몬드에 대한 가능한 확장은 두 가지이다. 하나에서는 닉슨이 반전론자이고 다른 하나에서는 반전론자가 아니다. 기본 논리에도, 일부 기본 규칙을 다른 기본 규칙보다 우선시함으로써 모호함을 해결할 수 있는 우선순위 버전이 존재한다.

비단조 논리가 처음 제안된 1980년부터, 비단조 논리의 수학적 속성에 대한 이해가 크게 높아졌다. 그러나 아직 풀리지 않은 의문들이 있다. 예를 들어 "자동차의 바퀴는 네 개이다"가 거짓이라면, 그런 단언을 지식 베이스에 둔다는 것에 어떤 의미가 있을까? 지식 베이스에 두기 좋은 기본 규칙들은 어떤 것인가? 만일 각 규칙에 대해 그것을 지식 베이스에 포함시킬 것인지 결정하는 것이 불가능하다면, 이는 모듈성 부재라는 심각한 문제로 이어진다. 마지막으로, 기본 상태를 가진 믿음들을 가지고 뭔가를 결정한다는 것이 어떻게 가능할까? 이는 아마도 기본 논리 추론에서 가장 어려운 문제일 것이다.

의사결정에는 종종 절충(tradeoff)이 관여하며, 따라서 서로 다른 동작들의 결과에서의 믿음의 **강도**(strength)와 잘못된 결정이 야기하는 **비용**을 비교해 보아야 한다. 같은 종류의 결정을 되풀이해서 내릴 때에는 기본 규칙을 '문턱값 확률(threshold probability)' 문장으로 해석할 수 있다. 예를 들어 "내 차의 브레이크는 항상 양호하다"라는 기본 규칙은 사실 "다른 정보가 주어지지 않는 한, 내 차의 브레이크가 양호할 확률은 브레이크를 점검하지 않고도 차를 몰고 나가는 것이 나에게 최적의 결정일 정도로 높다"라는 뜻이다. 의사결정의 문맥이 변하면, 예를 들어 짐을 잔뜩 실은 트럭을 가파른 산길로 몰고 가야 한다면, 브레이크가 고장 났다는 새로운 증거가 주어지지 않는다고 해도 그 기본 규칙이 즉시 부적절해진다. 이러한 고려사항들 때문에 연구자들은 기본 추론을 확률론이나 효용이론에 내장하는 방법을 고찰하게 되었다.

## 10.6.2 진리 유지 시스템

지금까지 지식 표현 시스템이 추론한 결론이 절대적으로 확실한 것이 아니라 단지 기본 상태일 뿐인 여러 경우를 보았다. 그런 식으로 추론된 사실 중 일부가 거짓으로 판명되는 것은 피할 수 없는 일이며, 그런 경우 결론을 철회하고 새 정보를 반영해야 한다. 그러한 과정을 **믿음 개정**(belief revision)이라고 부른다.[10] 지식 베이스 $KB$에 문장 $P$가 있다고 하자. 그 문장은 순방향 연쇄 알고리즘으로 기록한 기본 결론일 수도 있고 그냥 부정확한 단언일 수도 있다. 이제 그 지식 베이스에 대해 Tell$(KB, \neg P)$를 실행한다고 하자. 모순이 생기지 않게 하려면 우선 Retract$(KB, P)$를 실행해야 한다. 그런데 그것이 생각보다 쉽지 않을 수 있다. 만일 $P$로부터 추가적인 문장들이 추론되어서 지식 베이스 안에 단언되면 문제가 발생한다. 예를 들어 $P \Rightarrow Q$라는 함의에 의해 지식 베이스

**믿음 개정**

---

[10] 믿음 개정과 흔히 대조되는 것으로 **믿음 갱신**(belief update)이 있다. 믿음 갱신은 고정된 세계에 관한 새로운 정보가 아니라 세계 자체의 변화를 반영하기 위해 지식 베이스를 고치는 것을 말한다. 믿음 갱신은 믿음 개정을 시간과 변화에 관한 추론과 결합한다. 믿음 갱신은 제14장에서 설명하는 **필터링**(filtering) 과정과도 관련이 있다.

에 $Q$가 추가될 수도 있다. $P$에서 추론된 모든 문장을 철회한다는 자명한 '해법'은 통하지 않는다. 그런 문장들을 정당화해 주는 $P$ 이외의 문장이 존재할 수도 있기 때문이다. 예를 들어 지식 베이스에 $R$과 $R \Rightarrow Q$도 있다면 애초에 $Q$를 제거할 필요가 없다. **진리 유지 시스템**(truth maintenance system, TMS)은 바로 이런 종류의 복잡한 상황을 해결하기 위해 고안된 것이다.

진릿값
유지 시스템

진리 유지를 위한 간단한 접근방식 하나는, 지식 베이스의 문장들에 $P_1$에서 $P_n$까지 번호를 붙임으로써 문장들이 지식 베이스에 추가된 순서를 추적하는 것이다. $\text{Retract}(KB, P_i)$ 호출 시 시스템은 $P_i$와 $P_i$로부터 유도된 모든 사실을 제거해서 $P_i$가 추가되기 직전의 상태로 돌아간다. $P_{i+1}$에서 $P_n$까지의 문장들은 다시 추가해도 된다. 이 접근방식은 간단하며 지식 베이스가 반드시 일관된 상태를 유지한다는 장점이 있지만, $P_i$로 돌아가기 위해서는 $n - i$개의 문장을 철회하고 재단언해야 할 뿐만 아니라 그 문장들로부터 이끌어 낸 모든 추론도 취소하고 다시 수행해야 한다. 따라서 대형 상용 데이터베이스처럼 추가되는 사실들이 많은 시스템에서는 비실용적이다.

JTMS
논거

좀 더 효율적인 접근방식은 논거 기반 진리 유지 시스템(justification-based truth maintenance system), 즉 JTMS이다. JTMS에서는 지식 베이스의 각 문장에 **논거**(justification)가 첨부된다. 여기서 논거는 그 문장을 추론하는 데 쓰인 모든 문장의 집합이다. 예를 들어 지식 베이스에 이미 $P \Rightarrow Q$가 있다고 할 때, $\text{Tell}(P)$를 실행하면 $\{P, P \Rightarrow Q\}$라는 논거가 첨부된 문장 $Q$가 지식 베이스에 추가된다. 일반적으로 하나의 문장이 여러 개의 논거를 가질 수 있다. 이러한 논거들을 이용하면 철회를 효율적으로 수행할 수 있다. $\text{Retract}(P)$가 호출되면 JTMS는 모든 논거에 $P$가 포함된 문장들만 삭제한다. 예를 들어 문장 $Q$에 $\{P, P \Rightarrow Q\}$라는 논거 하나만 있다면 그 $Q$는 제거된다. 만일 $\{P, P \vee R \Rightarrow Q\}$라는 또 다른 논거가 있다면 역시 제거된다. 그러나 $\{R, P \vee R \Rightarrow Q\}$라는 논거가 더 있다면 제거되지 않는다. 이런 방식에서는 $P$의 철회에 필요한 시간이 오직 $P$로부터 유도된 문장들의 개수에만 의존한다($P$ 이후에 추가된 문장들의 개수가 아니라).

JTMS는 일단 한 번 고려된 문장들이 이후에 다시 고려될 수 있다고 가정한다. 따라서 어떤 문장의 논거들이 모두 사라졌다고 해도 그 문장을 지식 베이스에서 완전히 삭제하는 대신, 그 문장이 지식 베이스의 **바깥**에 있다고 표시만 한다. 이후의 단언들에 의해 논거들 중 하나가 복원되면 그 문장이 다시 지식 베이스 **안**에 있다고 표시한다. 이 덕분에 JTMS는 자신이 사용하는 모든 추론 사슬을 유지하며, 논거가 다시 유효해졌을 때 문장들을 다시 유도할 필요가 없다.

부정확한 정보의 철회를 처리하는 것 외에, 진리 유지 시스템은 다중 가설 상황의 분석 속도를 높이는 데에도 유용하다. 예를 들어 루마니아 올림픽 위원회가 2048년에 루마니아에서 열리는 체육 행사에서 수영(swimming), 육상(athletics), 승마(equestrian) 경기를 펼칠 도시들을 선택한다고 하자. 이때 이를테면 $Site(Swimming, Pitesti)$, $Site(Athletics, Bucharest)$, $Site(Equestrian, Arad)$를 첫 '가설'로 둘 수 있을 것이다.

이 선택에서 비롯되는 통신이나 교통, 물자 지원상의 귀결들을 파악하려면, 그럼으로써 이 선택이 얼마나 바람직한지 판정하려면, 상당한 양의 추론이 필요할 것이다. 가설을 조금 바꾸어서 $Site(Athletics, Sibiu)$를 고려한다고 할 때, TMS에서는 모든 것을 처음부터 추론할 필요가 없다. 대신 그냥 $Site(Athletics, Bucharest)$를 철회하고 $Site(Athletics, Sibiu)$를 단언하기만 하면, 필요한 개정들은 TMS가 처리해 준다. 부카레스트의 선택에서 생성된 추론 사슬을 시비우에 대해 재사용할 수 있다(결론들이 같다고 할 때).

ATMS
ATMS(assumption-based truth maintenance system; 가정 기반 진리 유지 시스템)에서는 이런 종류의 가설적인 세계들 사이의 문맥 전환이 특히나 효율적이다. JTMS에서는 논거들의 유지 덕분에 철회 몇 번과 단언 몇 번만으로도 한 상태에서 다른 상태로 빠르게 이동할 수 있다. ATMS에서는 고려된 적이 있는 **모든** 상태를 동시에 표현한다. JTMS는 각 문장에 지식 베이스 **바깥** 또는 **안쪽**이라는 표시를 붙일 뿐이지만, ATMS는 문장마다 그 문장이 참이 되게 한 모든 가정을 추적한다. 다른 말로 하면, 각 문장에는 가정 집합들의 집합으로 이루어진 이름표가 붙는다. 각 문장은 가정 집합들 중 하나의 모든 문장이 참일 때만 참이다.

설명
진리 유지 시스템은 또한 **설명**(explanation)을 생성하는 메커니즘도 제공한다. 기술적으로 말해서 문장 $P$의 설명 $E$는 $P$를 함축하는 문장들의 집합이다. 만일 $E$의 문장들이 참이라는 점이 이미 알려졌다면, $E$는 그냥 $P$가 반드시 참임을 증명하기에 충분한 토대를 제공한다. 그런데 설명에 **가정**(assumption)이 포함되어 있을 수도 있다. 여기서 가정이란 참인지 아닌지 아직 알려지지는 않았지만, 만일 참이라면 $P$를 증명하기에 충분한 문장이다. 예를 들어 갑자기 차의 시동이 걸리지 않을 때, 문제의 원인을 확실하게 증명할 정보가 충분히 있는 경우는 별로 없다. 그렇긴 해도, 배터리가 다 되었을 것이라는 가정이 포함된 설명은 그 주장에 대한 합당한 설명이다. 이를 자동차의 작동 방식에 대한 지식과 결합하면 관측된 실패가 설명된다. 대부분의 경우 우리는 최소의 설명 $E$를 선호한다. 여기서 $E$가 최소의 설명이라는 것은, $E$의 진부분집합들 중 그 자체가 하나의 설명인 진부분집합이 존재하지 않는다는 뜻이다. ATMS에서 "차의 시동이 걸리지 않는다" 문제에 대한 여러 가정들("기름이 없다"나 "배터리가 비었다" 등)을 우리가 원하는 순서로 지정하면 그 문제에 대한 설명들이 생성된다. 이때 그 가정들 중 일부가 모순되어도 괜찮다. 설명들이 만들어지면, "차의 시동이 걸리지 않는다" 문장에 대한 이름표에서 그 문장을 정당화하는 일단의 가정들을 조사해 볼 수 있다.

진리 유지 시스템을 구현하는 데 쓰이는 구체적인 알고리즘들은 다소 복잡하며, 여기서는 다루지 않는다. 진리 유지 시스템의 계산 복잡도는 명제 추론의 것보다 작지 않다. 즉, 이는 NP-어려움 문제이다. 따라서 진리 유지 시스템을 만병통치약으로 기대해서는 안 된다. 그러나 진리 유지 시스템을 조심해서 사용한다면 논리 시스템이 복잡한 환경과 가설들을 처리하는 능력이 크게 향상될 수 있다.

# 요약

이번 장에서는 다양한 지식을 표현하는 방법을 상세히 살펴보았다. 이를 통해서, 실제 지식 베이스를 구축하는 방법이 그로부터 발생하는 흥미로운 철학적 문제들을 독자가 간접적으로나마 체험할 수 있었길 희망한다. 이번 장의 요점은 다음과 같다.

- 대규모 지식 표현에는 다양한 구체적 지식 영역(정의역)들을 조직화하고 한데 묶기 위한 범용 온톨로지가 필요하다.
- 범용 온톨로지는 광범위한 지식을 포괄해야 하며, 원칙적으로는 그 어떤 정의역도 다룰 수 있어야 한다.
- 커다란 범용 온톨로지의 구축은 아직 완전히 실현되지 않은 의미 있는 도전 과제이다(상당히 견고해 보이는 프레임워크들이 나와 있긴 하지만).
- 이번 장에서는 범주들과 사건 산법에 기초한 **상위 온톨로지**(upper ontology)를 제시하고, 범주, 하위 범주, 부품, 구조화된 객체, 치수, 실질, 사건, 시간과 공간, 변화, 믿음을 설명했다.
- 자연종은 논리로 완전하게 정의할 수 없다. 그러나 자연종의 속성들을 표현하는 것은 가능하다.
- 동작, 사건, 시간은 사건 산법으로 표현할 수 있다. 그런 표현들을 이용하면 에이전트가 동작열을 구축할 수 있으며 그 동작들이 발생했을 때 참이 되는 것들을 논리적으로 추론할 수 있다.
- **의미망**과 **서술 논리** 같은 특수 목적 표현 체계들은 범주들의 위계구조를 좀 더 수월하게 조직화하기 위해 고안된 것들이다. **상속**은 추론의 한 중요한 형태로, 이를 이용하면 객체의 속성들을 그것이 속한 범주들로부터 연역할 수 있다.
- 논리 프로그램에 구현된 **닫힌 세계 가정**은 다수의 부정적 정보를 지정해야 하는 부담을 간단히 피하는 방법을 제공한다. 이 가정을 구현하는 가장 좋은 방법은, 추가적인 정보에 의해 재정의되는 기본값을 이용하는 것이다.
- **범위 제한**과 **기본 논리** 같은 **비단조 논리**들은 일반적인 기본 추론을 포괄하기 위한 것이다.
- **진리 유지 시스템**은 지식의 갱신과 개정을 효율적으로 처리한다.
- 논리 온톨로지를 사람이 직접 구축하기는 어렵다. 텍스트에서 지식을 추출하면 구축 과정이 쉬워진다.

# 참고문헌 및 역사적 참고사항

[Briggs, 1985]는 지식 표현 연구가 기원전 제1천년기(first millennium)에 인도인들이 사스트라 산스크리트(Shastric Sanskrit)의 문법을 이론화하는 데에서 시작되었다고 주장한다. 서구 철학자들의 지식 표현 연구는 기원전 300년대의 아리스토텔레스의 **형이상학**(*Metaphysics*; 문자 그대로는 물리학에 대한 책 다음에 있는 것)으로 거슬러 올라간다. 사실 그 어떤 분야의 기술 용어 개발도 일종의 지식 표현으로 간주할 수 있다.

인공지능에서 표현에 대한 초기 논의는 '**지식 표현**'보다는 '**문제 표현**'에 초점을 두었다. (이를테면 [Amarel, 1968]에 나온 '선교사와 식인종' 문제에 관한 논의를 보라.) 1970년대의 인공지능은 적절한 영역 지식이 주어진다면 좁게 정의된 과제에 대해 인간 전문가와 같거나 더 나은 성과를 보일 수 있는 '전문가 시스템'('지식 기반 시스템'이라고도 부른다)을 강조했다. 예를 들어 최초의 전문가 시스템 DENDRAL(Feigenbaum 외, 1971; Lindsay 외, 1980)은 질량분석기(유기화합물의 구조를 분석하는 데 쓰이는 장비)의 출력을 전문 화학자만큼이나 정확하게 분석했다. 비록 DENDRAL의 성공이 인공지능 연구 공동체가 지식 표현의 중요성을 인식하는 데 기여하긴 했지만, DENDRAL에 쓰인 지식 형식론들은 화학 영역에 고도로 특화된 것이었다.

시간이 지나면서 연구자들은 새 전문가 시스템의 작성을 돕는 표준화된 지식 표현 형식론들과 온톨로지들에 관심을 두게 되었다. 결과적으로 연구자들은 예전에는 과학과 언어학의 철학자들이 탐구했던 영역으로 발을 들여놓았다. 인공지능 연구에는 이론이 실제로 "작동"해야 한다는 필요성에서 비롯된 규율이 적용되는데, 그 덕분에 해당 문제들을 철학의 영역에 국한해서 고찰한 경우보다 훨씬 더 빠르고 깊은 진전이 일어났다(비록 바퀴를 거듭해서 다시 발명하는 경우도 있었지만).

그런데 전문가 지식을 우리가 어느 정도나 신뢰해야 할까? 벌써 1995년에 폴 밀은 학생이 훈련 프로그램을 통과할 것인지 예측하거나 전과자가 다시 범죄를 저지를 것인지 예측하는 등의 주관적 과제들에 대한, 훈련된 전문가의 의사결정 과정을 연구했다(Meehl, 1955; 또한 [Grove 및 Meehl, 1996]도 보라). 20개의 연구를 살펴본 그는 그중 19개에서 간단한 통계적 학습 알고리즘(선형 회귀나 단순 베이즈 등)이 인간 전문가보다 더 잘 예측한다는 점을 발견했다. 테틀록도 전문가 지식을 연구했는데, 어려운 사례들에서 부족함이 있음을 발견했다(Tetlock, 2017). ETS(Educational Testing Service)는 1999년부터 GMAT 논술 문제의 답 수백만 개의 점수를 프로그램을 이용해서 자동으로 매겼다. 그 프로그램이 매긴 점수들은 사람이 매긴 점수들과 97% 일치했는데, 이는 인간 채점자 두 명의 점수 일치도와 같은 수준이다(Burstein 외, 2001). (그렇다고 그 프로그램이 논설문들을 이해한다는 뜻은 아니다. 그냥 좋은 논설문과 나쁜 논설문을 사람 채점자만큼이나 잘 구분한다는 뜻일 뿐이다.)

상세한 분류학 또는 분류법의 작성은 고대로까지 거슬러 올라간다. 아리스토텔레스(기원전 384-322)는 분류와 범주화 방안들을 아주 강조했다. 그가 죽은 후 그의 저작을 여러 제자가 취합한 문헌인 **오르가논**<sup>Organon</sup>에는 **범주론**(Categories)이라는 제목의 논문이 포함되어 있는데, 거기서 그는 요즘은 상위 온톨로지라고 부르는 것을 구축하려 했다. 그는 또한 더 낮은 수준의 분류를 위해 **속**(genus)과 **종**(species)이라는 개념도 도입했다. '이명법'(binomial nomenclature; 속과 종을 기술적 의미에서 사용하는 분류 방식)의 사용을 포함해서, 현재 생물학에서 쓰이는 분류 체계는 카를로스 린나우에스<sup>Carolus Linnaeus</sup> 또는 카를 폰 린네<sup>Carl von Linne</sup>(1707-1778)가 고안한 것이다. 자연종 및 부정확한 범주 경계에 관련된 문제들은 [Wittgenstein, 1953], [Quine, 1953], [Lakoff, 1987], [Schwartz, 1977] 등이 다룬 바 있다.

제24장에서는 심층 신경망에서 단어와 개념을, 엄격한 온톨로지의 몇 가지 문제점을 피하지만 대신 정밀도를 어느 정도 훼손하는 방식으로 표현하는 방법을 논의한다. 표현을 위한 신경망의 장점들과 논리적 의미론의 장점들을 결합하는 최고의 방법은 아직 밝혀지지 않았다.

*Handbook on Ontologies*(Staab, 2004)에 나와 있듯이, 대규모 온톨로지에 대한 관심이 높아지고 있다. OPENCYC 프로젝트(Lenat 및 Guha, 1990; Matuszek 외, 2006)는 개념이 15만 개인 온톨로지를 공개했는데, 여기에는 도해 10.1에 나온 것과 비슷한 상위 온톨로지와 "OLED Display", "iPhone" 같은 구체적인 개념들이 포함되어 있다. 여기서 "iPhone"은 "cellular phone"에 속하고, "cellular phone"은 "consumer electronics"(소비자 가전기기), "phone"(전화기), "wireless communication device"(무선통신기기) 같은 개념들에 속한다. NEXTKB 프로젝트는 CYC와 다른 자원들(FrameNet, WordNet 등)을 확장해서 만든, 거의 3백만 개의 사실들을 담은 지식 베이스를 제공하며, 그와 함께 FIRE라는 추론 엔진도 제공한다(Forbus 외, 2010).

DBPEDIA 프로젝트는 위키피디아에서, 특히 정보상자(infobox: 여러 위키피디아 문서에 있는, 특성-값 쌍들로 이루어진 영역)에서 구조화된 데이터를 추출한다(Wu 및 Weld, 2008; Bizer 외, 2007). 2015년 기준으로 DBPEDIA의 영어 버전만 해도 약 400만 개의 객체들에 관한 4억여 개의 사실들을 포함한다. 110개 국어 전부 계산하면 사실들의 수는 약 150억 개이다(Lehmann 외, 2015).

IEEE 작업단(working group) P1600.1은 SUMO(Suggested Upper Merged Ontology; Niles 및 Pease, 2001; Pease 및 Niles, 2002)를 만들었다. SUMO의 상위 온톨로지에는 약 1000개의 항들이, 그리고 20,000개 이상의 영역 국한 항들로의 링크들이 들어 있다. [Stoffel 외, 1997]은 아주 큰 온톨로지를 효율적으로 관리하기 위한 알고리즘들을 서술한다. [Etzioni 외, 2008]은 웹 페이지에서 지식을 추출하는 기법들을 개괄한다.

웹에서도 표현 언어들이 쓰이기 시작했다. RDF(Brickley 및 Guha, 2004)는 단언을 관계 세값쌍(triple)들의 형태로 서술하는 구문을 제공하며, 시간이 지남에 따라 이름들의 의미를 진화시킬 수 있는 수단들도 제공한다. OWL(Smith 외, 2004)은 그러한 세값쌍들에 대한 추론을 지원하는 서술 논리이다. 지금까지는 그런 언어들의 사용 빈도가 언어의 표현 복잡도에 반비례하는 것으로 보인다. 웹 내용의 99%는 전통적인 HTML과 CSS 형식이 차지하고 있고, 그다음은 RDFa(Adida 및 Birbeck, 2008)나 마이크로포맷<sup>microformat</sup>(Khare, 2006; Patel-Schneider, 2014) 같은 아주 간단한 표현 방식들이다. 이들은 HTML과 XHTML 마크업을 이용해서 웹 페이지 텍스트에 특성들을 추가하는 데 쓰인다. 정교한 RDF와 OWL 온톨로지는 아직 널리 쓰이지 않고 있다. 그리고 Semantic Web(Berners-Lee 외, 2001)의 원대한 계획은 아직 실현되지 못했다. *Formal Ontology in Information Systems*(FOIS) 학술대회는 일반적인 온톨로지와 영역 국한적 온톨로지를 둘 다 다룬다.

이번 장에서 사용한 분류법은 필자들이 개발한 것으로, 한편으로는 CYC 프로젝트에서의 필자들의 경험에 기초한 것이고 또 한편으로는 [Hwang 및 Schubert, 1993]과 [Davis, 1990; Davis, 2005]에 기초한 것이다. 상식 표현의 전반적인 전망에 관한 고무적인 논의가 헤이스의 "Naive Physics Manifesto"(Hayes, 1978, 1985b)에 나온다.

특정 분야에서 성공적으로 쓰이는 깊은 온톨로지(deep ontology)의 예로는 Gene Ontology 프로젝트(Gene Ontology Consortium, 2008)와 Chemical Markup Language(Murray-Rust 외, 2003)가 있다. 모든 지식에 관한 단일한 온톨로지의 가능성에 대한 의심을 [Doctorow, 2001]과 [Gruber, 2004], [Halevy 외, 2009], [Smith, 2004]가 표명했다.

사건 산법은 연속 시간의 처리를 위해 [Kowalski 및 Sergot, 1986]이 도입했으며, 이후 여러 변형이 나왔다(Sadri 및 Kowalski, 1995; Shanahan, 1997). 이 분야를 개괄하는 문헌으로는 [Shanahan, 1999]와 [Mueller, 2006]이 있다. 제임스 앨런은 같은 이유로 시간 구간을 도입하면서, 연장되고 동시적인 사건들을 추론하는 데에는 시간 구간이 상황보다 훨씬 자연스럽다고 주장했다(Allen, 1984). [van Lambalgen 및 Hamm, 2005]에서는 사건들의 논리가 우리가 사건에 관해 말할 때 사용하는 언어와 대응되는 방식을 볼수 있다. 사건 산법과 상황 산법에 대한 대안은 유량 산법(fluent calculus; Thielscher, 1999)이다. 유량 산법은 사실들을 그것을 합성하는 상태들로부터 구상화한다.

피터 래드킨은 '오목(convcave)' 시간 구간(틈이 있는 시간 구간; 본질적으로는 보통의 '볼록' 시간 구간들의 합집합)을 소개하고, 수학적 추상 대수의 기법들을 시간 표현에 적용했다(Ladkin, 1986a, 1986b). [Allen, 1991]은 시간 표현에 사용할 수 있는 광범위한 기법들을 체계적으로 조사한다. [van Beek 및 Manchak, 1996]은 시간적 추론을 위한 알고리즘들을 분석한다. 이번 장에 나온 사건 기반 온톨로지와 철학자 도널드 데이비슨에서 기인한 사건 분석(Davidson, 1980)에는 의미 있는 공통점들이 존재한다. [Hayes, 1985a]의 유동 온톨로지에서 말하는 **역사**(history)들과 [McDermott, 1985]의 계획 이론에서 말하는 **연대기**(chronicle)들도 이 분야와 이번 장에 중요한 영향을 미쳤다.

실질(substance)의 온톨로지적 상태에 대한 질문에는 오랜 역사가 있다. 플라톤은 실질이 물리적 객체와는 완전히 구별되는 추상적인 개체라고 제안했다. 그는 $Butter_3 \in Butter$ 라고 하기보다는 $MadeOf(Butter_3, Butter)$라고 말했을 것이다. 이는 실질들의 위계구조로 이어진다. 그러한 위계구조에서, 예를 들어 $UnsaltedButter$는 $Butter$보다 좀 더 구체적인 실질이다. 이번 장에서는 실질을 객체들의 범주로 간주하는데, 이는 [Montague, 1973]에서 비롯된 관점이다. CYC 프로젝트 역시 그러한 관점을 채용했다.

[Copeland, 1993]은 이에 대해 심대한, 그러나 극복이 불가능하지는 않은 공격을 가했다.

이번 장에서 언급한 대안적인 접근방식, 즉 버터가 이 우주의 모든 버터 같은 객체로 구성된 하나의 객체라는 관점은 원래 폴란드의 논리학자 레스니프스키가 주창한 것이다(Leśniewski, 1916). 그의 **부분론**(mereology; '부분'을 뜻하는 그리스어 단어에서 비롯된 이름)은 집합 같은 추상적 개체를 제거하는 목적으로 수학의 집합 이론 대신 부분-전체 관계를 사용했다. 이러한 개념들을 좀 더 읽기 쉽게 서술한 문헌으로는 [Leonard 및 Goodman, 1940]이 있다. 그리고 굿맨의 *The Structure of Appearance*(Goodman, 1977)는 이 개념들을 지식 표현의 여러 문제에 적용한다.

부분론 접근방식에는 어색한 측면들이 있다. 예를 들어 이 접근방식에는 부분-전체 관계들에 기초한 개별적인 상속 메커니즘이 필요하다. 그러나 이 접근방식은 퀸의 지지를 얻었다(Quine, 1960). [Bunt, 1985]는 지식 표현에서 이 접근방식의 용법을 상세히 분석했다. [Casati 및 Varzi, 1999]는 부분, 전체, 그리고 공간적 위치들의 한 일반 이론을 다룬다.

정신적 객체 연구의 접근방식은 크게 세 가지이다. 본문에서 설명한, 양상 논리와 가능한 세계들에 기초한 방식은 철학에서 비롯된 고전적인 접근방식이다(Hintikka, 1962; Kripke, 1963; Hughes 및 Cresswell, 1996). 이를 *Reasoning about Knowledge*(Fagin 외, 1995)라는 책이 상세히 소개한다. 그리고 고든과 홉스의 *A Formal Theory of Commonsense Psychology*(Gordon 및 Hobbs, 2017)는 상식 심리학에 관한 하나의 형식 이론을 제시한다.

둘째 접근방식은 정신적 객체가 유량인 1차 이론이다. [Davis, 2005]와 [Davis 및 Morgenstern, 2005]가 이 접근방식을 설명한다. 가능한 세계 형식론에 의존하는 이 접근방식은 로버트 무어의 연구(Moore, 1980, 1985)에 기초해서 만들어진 것이다.

셋째 접근방식은 **통사이론**(syntactic theory; 또는 구문이론)으로, 정신적 객체를 문자열로 표현한다. 문자열은 기호들의 목록을 나타내는 복합적인 용어이다. 예를 들어 $CanFly(Clark)$는 $[C, a, n, F, l, y, (, C, l, a, r, k, )]$라는 기호 목록으로 표현할 수 있다. 정신적 객체의 구문론을 상세히 연구한 최초의 문헌은 [Kaplan 및 Montague, 1960]이다. 그 논문은 이 접근방식을 조심해서 다루지 않으면 모순이 발생할 수 있음을 보였다. [Davis, 1990]에는 지식의 통사이론과 양상 이론에 대한 훌륭한 비교가 나온다. [Pnueli, 1977]은 프로그램에 관한 추론에 쓰인 하나의 시제 논리를 서술한다. 이 연구로 프누엘리는 튜링상을 수상했으며, 바르디는 이 성과를 더욱 확장했다(Vardi, 1996). [Littman 외, 2017]은 시제 논리가 강화학습 로봇에게 목표를 지정하는 데 적합한(사람이 지정하기 쉬우며 다른 환경들로도 잘 일반화되는) 언어로 쓰일 수 있음을 보였다.

그리스 철학자 포르피리오스(Porphyry; 기원후 234~305년경)는 아리스토텔레스의 **범주론**을 언급하면서, 최초의 의미망이라고 할 만한 것을 제시했다. 찰스 S. 퍼스는 존재 그래프를 만들었는데(Peirce, 1909), 이는 현대적인 논리를 사용한 최초의 의미망 형식론이다. 인간의 기억과 언어 처리에 흥미를 느낀 로스 퀼리언은 인공지능 분야에서 의미망을 연구하기 시작했다(Quillian, 1961). 마빈 민스키의 영향력 있는 한 논문(Minsky,

1975)은 **프레임**(frame)이라는 의미망의 한 버전을 제시한다. 프레임은 객체나 범주의 한 표현으로, 특성들과 다른 객체나 범주에 대한 관계들도 포함한다.

퀼리언의(그리고 그의 접근방식을 따르는 다른 사람들의) 의미망과 관련해서, 그리고 그러한 그들의 편재성과 아주 애매모호한 "IS-A 링크"에 관련해서, 의미론에 관한 날카로운 질문들이 제기되었다. 빌 우즈의 유명한 논문 "What's In a Link?"(Woods, 1975)는 지식 표현 형식론에 정밀한 의미론이 필요하다는 점을 인공지능 연구자들에게 환기시켰다. 론 브락맨은 이 점을 상세히 서술하고 해결책들을 제시했다(Brachman, 1979). 패트릭 헤이스의 "The Logic of Frames"(Hayes, 1979)는 이를 좀 더 파헤쳐서, "'프레임'들은 대부분 그냥 1차 논리의 일부에 대한 새로운 구문일 뿐이다"라고 주장했다. 드루 맥더못의 "Tarskian Semantics, or, No Notation without Denotation!"(McDermott, 1978b)은 1차 논리에 쓰이는 의미론에 대한 모형 이론적 접근방식을 모든 지식 표현 형식론에 적용해야 한다고 주장했다. 이는 아직도 논쟁의 주제로 남아 있다. 특히 맥더못 자신은 "A Critique of Pure Reason"(McDermott, 1987)에서 입장을 반대로 바꾸었다. [Selman 및 Levesque, 1993]은 예외가 있는 상속의 복잡도를 논의하고, 대부분의 형식론이 NP-완전임을 보인다.

서술 논리는 1차 논리의 유용한 한 부분집합(그 추론이 계산적으로 처리 가능한)으로서 개발되었다. [Levesque 및 Brachman, 1987]은 논리적 추론의 처리 불가능성이 특정한 논리적 구성체들, 특히 논리합과 부정의 특정 용법들 때문임을 보였다. 이 결과에서 비롯된 추가 연구들 덕분에 추론 시스템의 복잡도와 표현력 사이의 상호작용을 더 잘 이해하게 되었다. [Calvanese 외, 1999]는 현황을 개괄한다. [Baader 외, 2007]은 서술 논리에 관한 상세한 안내서이다.

비단조적 추론을 다루는 주된 세 가지 형식론, 즉 범위 제한 논리(McCarthy, 1980)와 기본 논리(Reiter, 1980), 양상 비단조 논리(McDermott 및 Doyle, 1980)는 모두 AI Journal의 한 특별호에서 발표되었다. 25년 후에 나온 [Delgrande 및 Schaub, 2003]은 이런 변형들을 되돌아보면서 각각의 장점을 논의한다. 답 집합 프로그래밍(answer set programming)은 실패로서의 부정의 한 확장 또는 범위 제한 논리의 정련으로 볼 수 있다. 안정적 모형 의미론에 깔린 이론은 [Gelfond 및 Lifschitz, 1988]에서 소개되었다. 선도적인 답 집합 프로그래밍 시스템으로는 DLV(Eiter 외, 1998)와 SMODELS(Niemelä 외, 2000)가 있다. [Lifschitz, 2001]은 답 집합 프로그래밍을 계획 수립에 사용하는 방법을 논의한다. [Brewka 외, 1997]은 비단조 논리에 대한 여러 접근방식을 잘 개괄한다. [Clark, 1978]은 논리 프로그래밍에 대한 '실패로서의 부정' 접근방식과 클라크 완결(Clark completion)을 다룬다. 논리 프로그래밍에 기초한 여러 비단조적 추론 시스템들이 *Logic Programming and Nonmonotonic Reasoning*(NPNMR) 학술대회의 회보들에 문서화되어 있다.

진리 유지 시스템에 관한 연구는 TMS 시스템(Doyle, 1979)과 RUP 시스템(McAllester, 1980)에서 시작되었는데, 둘 다 본질적으로 JTMS이다. [Forbus 및 de Kleer, 1993]은 TMS

를 인공지능 응용에서 활용하는 방법을 상세히 설명한다. [Nayak 및 Williams, 1997]은 ITMS라고 부르는 효율적인 점진적(incremental) TMS를 이용해서 NASA 우주선 조종 계획을 실시간으로 만들어 내는 것이 어떻게 가능한지 보여 준다.

이번 장에서 지식 표현의 모든 분야를 상세히 다룰 수는 없었다. 다음은 생략된 주요 주제 세 가지이다.

정성적 물리학

**정성적 물리학**(qualitative physics): 지식 표현의 한 하위 분야인 정성적 물리학은 물리적 객체와 과정의 논리적, 비수치적 이론 구축에 특별한 관심을 쏟는다. 정성적 물리학이라는 이름은 [de Kleer, 1975]에서 처음 나왔으나, 이 분야가 본격적으로 시작된 것은 스콧 팰만의<sup>역주1</sup> BUILD(Fahlman, 1974)부터이다. BUILD는 블록들로 복잡한 탑을 쌓는 문제에 대한 정교한 계획 수립기이다. 팰만은 그 시스템을 설계하는 과정에서, 노력의 대부분(그의 추정으로는 80%)이 계획 수립 자체보다는 블록 세계의 물리학(블록들의 다양한 부분 조립들의 안정성을 계산하기 위한)을 모형화하는 데 소비됨을 발견했다. 아동들이 BUILD의 물리적 모형화에 쓰인 고속 부동소수점 연산장치를 이용하지 않고도 BUILD 비슷한 문제를 풀 수 있는 이유를 설명하기 위해, 그는 가설적인 '소박한 물리학 비슷한' 과정을 개략적으로 서술했다. 헤이스는 소박한 유체 물리의 상당히 복잡한 모형을 '역사'들을 이용해서 구축했다(Hayes, 1985a). 그의 역사는 데이비슨의 사건과 비슷한, 4차원 시공간의 한 조각이다. [Davis, 2008]은 용기에 부어지는 유체를 서술하는 유체 온톨로지를 갱신한다.

[de Kleer 및 Brown, 1985]와 [Forbus, 1985], [Kuipers, 1985]는 물리 시스템에 깔린 공식들의 정성적 추상에 기초해서 물리 시스템을 추론하는 시스템을 각자, 그리고 거의 동시에 개발했다. 얼마 되지 않아 정성적 물리학은 놀랄 만큼 다양한 복잡 물리계들을 분석할 수 있는 수준으로 발전했다(Yip, 1991). 정성적 기법들은 시계, 차창 와이퍼, 6족 보행 로봇의 독창적인 설계를 구축하는 데 쓰였다(Subramanian 및 Wang, 1994). 이 분야를 훌륭히 소개하는 문헌으로는 모음집 *Readings in Qualitative Reasoning about Physical Systems*(Weld 및 de Kleer, 1990), 백과사전 기사인 [Kuipers, 2001], 지식 표현에 관한 안내서에 수록된 [Davis, 2007]이 있다.

공간 추론

**공간 추론**(spatial reasoning): 에이전트가 웜퍼스 세계를 돌아다니는 데 필요한 추론은 실세계의 다채로운 공간적 구조에 비하면 사소한 수준이다. 공간에 관한 상식 추론을 포착하려는 진지한 시도는 어니스트 데이비스의 연구(Davis, 1986, 1990)에 처음으로 등장한다. [Cohn 외, 1997]이 소개한 영역 연결 산법(region connection calculus)은 일종의 정성적 공간 추론을 지원하며, 이후 새로운 종류의 지리 정보 시스템들로 이어졌다. [Davis, 2006]도 보기 바란다. 정성적 물리학에서처럼 에이전트는 완전한 수치적 표현에 의존하지 않고도 말 그대로 "멀리까지 나아갈" 수 있다.

---

<sup>역주1</sup> 참고로 전산학자 스콧 팰만은 이모티콘을 최초로 제안한 사람으로도 (어쩌면 더) 유명하다.

**심리 추론**

**심리 추론**(psychological reasoning): 심리 추론에는 에이전트 자신이나 다른 에이전트에 대한 추론에 쓰이는, 인공 에이전트에 대해 실제로 작동하는 **심리학**의 발전이 관여한다. 이러한 심리학은 일반적으로 사람들이 자기 자신과 다른 사람들에 관한 추론에 사용한다고 간주되는 이론인 소위 통속 심리학(folk psychology)에 기초하는 경우가 많다. 인공지능 연구자들이 자신의 인공 에이전트에 심리학 이론들을 부여해서 에이전트가 다른 에이전트들에 대해 추론하게 할 때, 그 이론들은 논리적 에이전트 자신의 설계에 관한 연구자의 서술에 기초한 것인 경우가 많다. 현재 심리 추론은 화자의 의도들을 간파하는 것이 무엇보다 중요한 자연어 이해의 문맥에서 가장 유용하다.

[Minker, 2001]은 지식 표현의 주도적인 연구자들이 쓴 논문들을 모은 것으로, 이 분야의 40년간의 연구를 총화한다. 국제 학술대회 *Principles of Knowledge Representation and Reasoning*의 회보들은 이 분야의 연구에 대한 가장 최신의 정보원이다. *Readings in Knowledge Representation*(Brachman 및 Levesque, 1985)과 *Formal Theories of the Commonsense World*(Hobbs 및 Moore, 1985)는 지식 표현에 관한 훌륭한 논문집이다. 전자는 표현 언어와 형식론에서 역사적으로 중요한 논문들에 좀 더 초점을 두지만, 후자는 지식 자체의 축적에 초점을 둔다. 지식 표현에 관한 입문 교과서로는 [Davis, 1990]과 [Stefik, 1995], [Sowa, 1999]가 있다. 안내서로는 [van Harmelen 외, 2007]이 있다. 데이비스와 모르겐슈테른은 이 주제에 관한 AI Journal의 특집호(Davis 및 Morgenstern, 2004)를 편집했다. 격년제 학술대회 *Theoretical Aspects of Reasoning About Knowledge*(TARK)는 인공지능, 경제학, 분산 시스템에서의 지식 이론의 응용을 다룬다.

# 11
## CHAPTER

# 자동 계획 수립

이번 장에서는 에이전트가 문제의 구조에 존재하는 장점을 활용해서 복잡한 동작 계획을 효율적으로 구축하는 방법을 살펴본다.

행동 계획을 수립하는 것은 지능적 에이전트의 필수 요건이다. 동작들과 상태들을 제대로 표현한다면, 그리고 적절한 알고리즘이 있다면 계획 수립이 쉬워진다. §11.1에서는 계획 수립 문제를 표현하는 데 사용할, 다양한 문제 영역들을 자연스럽고 간결하게 표현할 수 있고 더 큰 문제들로의 규모 확장이 효율적이며 새 영역에 대해 임시방편적인 발견법을 요구하지 않는 일반적인 **분해된** 표현 언어를 소개한다. §11.4에서는 위계적(계통적) 동작들을 표현할 수 있도록 그 표현 언어를 확장한다. 이렇게 하면 좀 더 복잡한 문제를 풀 수 있다. 효율적인 계획 수립 알고리즘은 §11.2에서 논의한다. §11.3에서는 그런 알고리즘들을 위한 발견법들을 소개한다. §11.5에서는 부분 관측 가능·비결정론적 영역들의 계획 수립을 이야기하고 §11.6에서는 자원이 제한된 일정 수립 문제들을 다루기 위해 표현 언어를 다시 한 번 확장한다. 그러면 실제 세계에서 우주선 작동이나 공장 가동, 군사 작전 수행의 계획과 일정을 수립하는 데 쓰이는 실제 계획 수립기에 근접해진다. §11.7에서는 이런 기법들의 효과를 분석한다.

# 11.1 고전적 계획 수립의 정의

고전적 계획 수립
**고전적 계획 수립**(classical planning)은 이산·결정론적·정적·완전 관측 가능 환경에서 목표를 달성하기 위한 일련의 동작들(동작열)을 찾는 과제로 정의된다. 이전 장들에서 이 과제에 대한 두 가지 접근방식을 살펴보았다. 하나는 제3장의 문제 해결 에이전트이고 다른 하나는 제7장의 혼성 명제 논리 에이전트이다. 그런데 둘 다 두 가지 한계가 있다. 첫째로, 두 접근방식 모두 새로운 문제 영역을 만날 때마다 임시방편적인(ad hoc) 발견법들을 고안해야 한다. 개발자는 검색을 위한 발견적 평가 함수를 만들어야 하고, 혼성 명제 논리 에이전트를 위한 코드를 직접 짜야 한다. 둘째로, 두 접근방식 모두 지수적으로 큰 상태 공간을 명시적으로 표현해야 한다. 예를 들어 웜퍼스 세계를 위한 명제 논리 모형의 경우 한 걸음 앞으로 나아가는 동작에 대한 공리를 네 방향과 $T$개의 시간 단계, 그리고 $n^2$개의 현재 위치 모두에 대해 반복해서 정의해야 한다.

이를 극복하기 위해 계획 수립 연구자들은 **분해된 표현**(factored representation)에 노력을 투여했다. PDDL PDDL(Planning Domain Definition Language; Ghallab 외, 1998)이라는 부류에 속하는 언어를 이용한 분해된 표현으로는 $4Tn^2$개의 동작 전부를 하나의 동작 스키마로 표현할 수 있을 뿐만 아니라 영역 특화 지식도 필요하지 않다. 고전적 계획 수립 문제는 기초적인 PDDL로 처리할 수 있으며, 고전적 영역이 아닌 이산·부분 관측 가능·동시적·다중 에이전트 환경에 대한 계획 수립은 확장된 PDDL로 처리할 수 있다. PDDL의 구문은 Lisp에 기초하지만, 여기서는 지금까지 이 책에서 사용한 표기법과 부합하는 형태로 고친 구문을 사용한다.

PDDL에서 하나의 **상태**는 기초 원자 유량(ground atomic fluent)들의 논리곱으로 표현된다. 여기서 '기초'는 변수가 없다는 뜻이고 '유량'은 시간에 따라 변하는 세계의 한 측면을 뜻한다. 그리고 '기초 원자'는 유량에 하나의 술어가 존재하며, 만일 인수들이 있다면 그것들은 반드시 상수이어야 한다는 뜻이다. 예를 들어 $Poor \wedge Unknown$은 불운한 에이전트의 상태를 나타내고, $At(Truck_1, Melbourne) \wedge At(Truck_2, Sydney)$는 택배 문제의 한 상태를 나타내는 식이다. PDDL의 의미론으로는 **데이터베이스 의미론**이 쓰인다. 닫힌 세계 가정에 의해, 언급되지 않은 유량은 무조건 거짓이다. 그리고 고유 이름 가정에 의해, $Truck_1$과 $Truck_2$는 서로 다른 객체를 지칭한다.

다음은 상태의 표현에 사용할 수 **없는** 유량들이다: $At(x, y)$(변수가 있으므로), $\neg Poor$(부정이므로), $At(Spouse(Ali), Sydney)$(함수 기호 $Spouse$를 사용하므로). 유량들의 논리곱을 유량들의 **집합**으로 취급하기도 한다(그것이 더 편리한 경우).

동작 스키마
기초(ground) 동작들의 집합을 하나의 **동작 스키마**(action schema)로 표현할 수 있다. 예를 들어 다음은 한 장소에서 다른 장소로 이동하는 비행기를 위한 동작 스키마이다.

$$Action(Fly(p, from, to),$$
$$\text{PRECOND: } At(p, from) \wedge Plane(p) \wedge Airport(from) \wedge Airport(to)$$
$$\text{EFFECT: } \neg At(p, from) \wedge At(p, to))$$

전제조건
효과

이 스키마는 동작 이름, 스키마에서 쓰이는 모든 변수의 목록, **전제조건**(precondition), **효과**(effect)로 이루어진다. 전제조건과 효과 둘 다 리터럴(긍정 또는 부정 원자 문장)들의 논리곱이다. 동작에 변수가 있는 경우, 변수에 상수를 대입해서 변수를 사례화(instantiaton; 예화)하면 기초(변수 없는) 동작이 된다.

$$Action(Fly(P_1, SFO, JFK),$$
$$\text{Precond: } At(P_1, SFO) \land Plane(P_1) \land Airport(SFO) \land Airport(JFK)$$
$$\text{Effect: } \neg At(P_1, SFO) \land At(P_1, JFK))$$

만일 상태 $s$가 기초 동작 $a$의 전제조건을 함축(entailment)하면, 다시 말해 전제조건의 모든 긍정 리터럴이 $s$에 있고 모든 부정 리터럴이 $s$에 없다면, 이를 가리켜 상태 $s$에서

적용 가능

동작 $a$가 **적용 가능**(applicable)이라고 말한다.

상태 $s$에서 적용 가능 동작 $a$를 실행한 **결과**(result)는, $s$로 시작해서 동작의 효과

삭제 목록
추가 목록

들에 부정 리터럴로 나타나는 유량들(이를 **삭제 목록**(delete list)이라 부르고 $\text{Del}(a)$로 표기한다)을 제거하고 동작의 효과들에 긍정 리터럴로 나타나는 유량들(이를 **추가 목록**(add list)이라고 부르고 $\text{Add}(a)$로 표기한다)을 추가해서 나온 상태 $s'$으로 정의된다.

$$\text{Result}(s, a) = (s - \text{Del}(a)) \cup \text{Add}(a). \tag{11.1}$$

예를 들어 동작 $Fly(P_1, SFO, JFK)$를 실행한다면 $At(P_1, SFO)$가 제거되고 $At(P_1, JFK)$가 추가될 것이다.

계획 수립 문제 **영역**(domain; 또는 정의역)은 동작 스키마들의 집합으로 정의된다. 안

초기 상태

의 구체적인 **문제**는 초기 상태와 목표를 추가함으로써 정의된다. **초기 상태**(initial state)는 기초 유량들(도해 11.1에서 키워드 *Init*으로 정의된)의 논리곱이다. 다른 모든 상태와 마

---

$Init(At(C_1, SFO) \land At(C_2, JFK) \land At(P_1, SFO) \land At(P_2, JFK)$
$\quad \land Cargo(C_1) \land Cargo(C_2) \land Plane(P_1) \land Plane(P_2)$
$\quad \land Airport(JFK) \land Airport(SFO))$
$Goal(At(C_1, JFK) \land At(C_2, SFO))$
$Action(Load(c, p, a),$
$\quad \text{Precond: } At(c, a) \land At(p, a) \land Cargo(c) \land Plane(p) \land Airport(a)$
$\quad \text{Effect: } \neg At(c, a) \land In(c, p))$
$Action(Unload(c, p, a),$
$\quad \text{Precond: } In(c, p) \land At(p, a) \land Cargo(c) \land Plane(p) \land Airport(a)$
$\quad \text{Effect: } At(c, a) \land \neg In(c, p))$
$Action(Fly(p, from, to),$
$\quad \text{Precond: } At(p, from) \land Plane(p) \land Airport(from) \land Airport(to)$
$\quad \text{Effect: } \neg At(p, from) \land At(p, to))$

**도해 11.1** 항공 화물 수송 계획 수립 문제의 PDDL 서술.

찬가지로, 초기 상태에도 닫힌 세계 가정이 적용된다. 즉, 언급되지 않은 모든 원자는 거짓이다. **목표**(도해 11.1의 *Goal*)는 전제조건처럼 리터럴들(긍정 또는 부정)의 논리곱이다. 리터럴들은 변수를 포함할 수도 있다. 예를 들어 $At(C_1, SFO) \land \neg At(C_2, SFO) \land At(p, SFO)$는 화물 $C_1$이 *SFO*(샌프랜시스코 국제 공항)에 있지만 화물 $C_2$는 거기에 있지 않은, 그리고 비행기가 *SFO*에 있는 임의의 상태를 나타낸다.

## 11.1.1 예제 문제 영역: 항공 화물 수송

도해 11.1은 한 공항에서 화물을 싣고 다른 공항으로 날아가서 화물을 내리는 작업이 관여하는 항공 화물 수송 문제를 보여 준다. 이 문제를 *Load*, *Unload*, *Fly*라는 세 가지 동작으로 정의할 수 있다. 이 동작들은 두 가지 술어에 영향을 준다. $In(c, p)$는 화물 $c$가 비행기 $p$ 안에 있음을 뜻하고 $At(x, a)$는 객체 $x$(비행기 또는 화물)가 공항 $a$에 있음을 뜻한다. *At* 술어들이 제대로 유지되게 하는 데 신경을 쓸 필요가 있다. 비행기가 한 공항에서 다른 공항으로 날아가는 도중에는 모든 화물이 비행기 안에 있다. 1차 논리라면 비행기 안의 모든 객체를 쉽게 한정할 수 있다. 그러나 기본적인 PDDL에는 전칭한정사가 없기 때문에 다른 해법이 필요하다. 여기서 사용하는 접근방식은, 한 화물이 비행기 안에(*In*) 있으면 그 외의 다른 곳에는(*At*) 없다고 말하는 것이다. 화물은 오직 비행기에서 내린 후에만 새 공항에 있다. 따라서 *At*의 진정한 의미는 "주어진 위치에서 (at) 사용 가능함"이다. 다음 계획은 문제에 대한 하나의 해답이다.

$$[Load(C_1, P_1, SFO), \; Fly(P_1, SFO, JFK), \; Unload(C_1, P_1, JFK),$$
$$Load(C_2, P_2, JFK), \; Fly(P_2, JFK, SFO), \; Unload(C_2, P_2, SFO)].$$

## 11.1.2 예제 문제 영역: 예비 타이어 문제

퍼진 타이어를 교체하는 문제를 생각해 보자(도해 11.2). 목표는 좋은 예비 타이어를 차의 차축에 적절히 장착하는 것이다. 초기 상태는 그 차축에 퍼진(flat) 타이어가 있고 트렁크에 좋은 예비 타이어가 있는 것이다. 예를 간단하게 하기 위해, 이 문제는 너트가 안 풀린다거나 하는 골치 아픈 사건은 일어나지 않는 추상적인 문제라고 가정한다. 동작은 네 가지이다. 트렁크에서 예비 타이어를 꺼내는 것, 차축에서 퍼진 타이어를 제거하는 것, 예비 타이어를 차축에 넣는 것, 그리고 차를 밤새 비워 두는 것이다. 차가 치안이 아주 나쁜 동네에 주차해 있다고 가정한다. 그래서 차를 밤새 비워 두면 타이어가 사라지는 효과가 생긴다. 이 문제의 해답은 $[Remove(Flat, Axle), Remove(Spare, Trunk),$ $PutOn(Spare, Axle)]$이다.

$Init(Tire(Flat) \land Tire(Spare) \land At(Flat,Axle) \land At(Spare,Trunk))$
$Goal(At(Spare,Axle))$
$Action(Remove(obj,loc),$
  PRECOND: $At(obj,loc)$
  EFFECT: $\neg At(obj,loc) \land At(obj,Ground))$
$Action(PutOn(t, Axle),$
  PRECOND: $Tire(t) \land At(t,Ground) \land \neg At(Flat,Axle) \land \neg At(Spare,Axle)$
  EFFECT: $\neg At(t,Ground) \land At(t,Axle))$
$Action(LeaveOvernight,$
  PRECOND:
  EFFECT: $\neg At(Spare,Ground) \land \neg At(Spare,Axle) \land \neg At(Spare,Trunk)$
    $\land \neg At(Flat,Ground) \land \neg At(Flat,Axle) \land \neg At(Flat, Trunk))$

**도해 11.2** 간단한 예비 타이어 문제.

## 11.1.3 예제 문제 영역: 블록 세계

가장 유명한 계획 수립 문제 영역은 **블록 세계**(blocks world)라고 알려졌다. 이 문제 영역은 탁자(얼마든지 큰) 위에 놓인 일단의 입방체 형태의 블록들로 구성된다.[1] 블록들을 겹쳐 쌓을 수 있지만, 한 블록 위에 직접 놓을 수 있는 블록은 단 하나이다. 로봇팔(robot arm)이 블록 하나를 집어서 다른 위치로 이동한다. 그 위치는 탁자 위일 수도 있고 다른 블록의 위일 수도 있다. 로봇팔은 한 번에 블록 하나만 집을 수 있다. 따라서 다른 블록이 얹혀 있는 블록을 집을 수는 없다. 전형적인 목표는 블록 $A$가 $B$ 위에, 블록 $B$가 $C$ 위에 놓이게 만드는 것이다(도해 11.3).

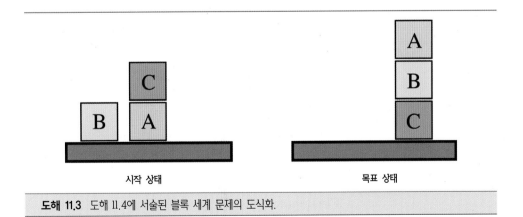

시작 상태        목표 상태

**도해 11.3** 도해 11.4에 서술된 블록 세계 문제의 도식화.

---

1 계획 수립 연구에 흔히 쓰이는 블록 세계는 p.30에 나온 SHRDLU의 한 버전(훨씬 단순한)이다.

$Init(On(A,Table) \land On(B,Table) \land On(C,A)$
$\quad \land \; Block(A) \land Block(B) \land Block(C) \land Clear(B) \land Clear(C) \land Clear(Table)\,)$
$Goal(On(A,B) \land On(B,C))$
$Action(Move(b,x,y),$
$\quad$ PRECOND: $On(b,x) \land Clear(b) \land Clear(y) \land Block(b) \land Block(y) \land$
$\qquad (b \neq x) \land (b \neq y) \land (x \neq y),$
$\quad$ EFFECT: $On(b,y) \land Clear(x) \land \neg On(b,x) \land \neg Clear(y))$
$Action(MoveToTable(b,x),$
$\quad$ PRECOND: $On(b,x) \land Clear(b) \land Block(b) \land Block(x)$
$\quad$ EFFECT: $On(b,Table) \land Clear(x) \land \neg On(b,x))$

**도해 11.4** 블록 세계의 계획 수립 문제: 3층 블록 탑 만들기. 한 가지 해답은 동작열 $[Move\,To\,Table\,(C,A),$ $Move\,(B, Table, C), Move\,(A, Table, B)]$이다.

블록 $b$가 $x$ 위에 있음을 $On(b,x)$로 나타낸다. 여기서 $x$는 다른 블록이거나 탁자이다. 블록 $b$를 $x$ 위에서 $y$ 위로 옮기는 동작은 $Move(b,x,y)$이다. $b$의 이동에 대한 전제조건들 중 하나는, $b$ 위에 다른 블록이 없어야 한다는 것이다. 1차 논리에서는 이를 $\neg \exists x\, On(x,b)$나 $\forall x\, \neg On(x,b)$로 표현할 것이다. 기본적인 PDDL에는 한정사가 없기 때문에, 대신 $x$ 위에 아무것도 없으면 참인 술어 $Clear(x)$를 도입하기로 한다. (완전한 문제 서술은 도해 11.4에 있다.)

동작 $Move$는 만일 블록 $b$와 위치 $y$ 모두 비어 있으면($Clear$) $b$를 $x$에서 $y$로 옮긴다. 이동 후 $b$는 여전히 비어 있지만 $y$는 그렇지 않다. 다음은 $Move$ 스키마를 처음으로 정의해 본 것이다.

$Action(Move(b,x,y),$
$\quad$ PRECOND: $On(b,x) \land Clear(b) \land Clear(y),$
$\quad$ EFFECT: $On(b,y) \land Clear(x) \land \neg On(b,x) \land \neg Clear(y)).$

안타깝게도 이 스키마는 $x$나 $y$가 탁자일 때 $Clear$를 제대로 유지하지 못한다. $x$가 $Table$일 때 이 동작은 $Clear(Table)$이라는 효과를 내는데, 블록을 옮긴 후에 탁자가 비어 있을 수는 없다. 그리고 $y = Table$일 때 이 동작의 전제조건은 $Clear(Table)$인데, 탁자가 비어 있어야만 블록을 옮길 수 있는 것은 아니다. 이런 문제점들을 바로잡으려면 두 가지가 필요하다. 첫째로, 블록 $b$를 $x$에서 탁자로 옮기는 또 다른 동작을 도입해야 한다.

$Action(Move\,To\,Table\,(b,x),$
$\quad$ PRECOND: $On(b,x) \land Clear(b),$
$\quad$ EFFECT: $On(b, Table) \land Clear(x) \land \neg On(b,x)).$

둘째로, $Clear(x)$의 해석을 "$x$ 위에 블록을 놓을 빈 자리가 있다"로 바꾸어야 한다. 이

해석하에서 $Clear(Table)$은 항상 참이다. 유일한 문제는, 계획 수립기가 $Move\,To$ $Table(b,x)$ 대신 $Move(b,x,Table)$을 사용하지 못하게 방지할 수단이 없다는 점이다. 이 문제를 그냥 덮어둘 수도 있고(검색 공간이 필요 이상으로 커지긴 하지만 부정확한 답이 나오지는 않으므로), 아니면 도해 11.4에서처럼 술어 $Block$을 도입하고 $Block(b)$ $\wedge\, Block(y)$를 $Move$의 전제조건에 추가해서 해결할 수도 있다.

## 11.2 고전적 계획 수립을 위한 알고리즘들

계획 수립 문제의 서술을 보면, 초기 상태에서 시작해 상태들의 공간을 탐색해서 목표에 도달하는 자명한 검색 방법을 떠올릴 수 있다. 동작 스키마의 선언적 표현이 가진 한 가지 멋진 장점은 목표에서 시작해서 거꾸로 탐색을 진행해서 초기 상태에 도달하는 역방향 검색이 가능하다는 것이다(도해 11.5에 순방향 검색과 역방향 검색의 비교가 나와 있다). 두 검색 방법 외에, 문제 서술을 일단의 논리 문장들로 번역한 후 논리 추론 알고리즘을 적용해서 해답을 찾는 접근방식도 있다.

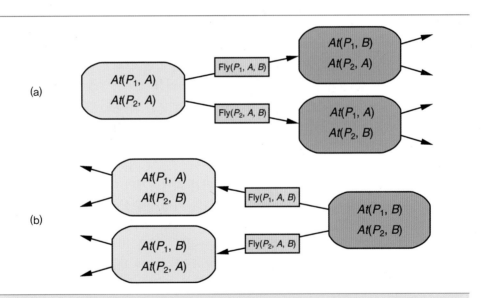

**도해 11.5** 계획을 찾는 접근방식 두 가지. (a) 순방향 검색은 초기 상태에서 시작해서 기초 상태들의 공간을 훑으면서, 문제의 동작들을 이용하여 목표 상태들의 집합에 속하는 하나의 상태를 찾는다. (b) 반대로, 역방향 검색은 목표에서 시작해 동작들의 역을 이용해서 상태 서술들을 훑으면서 초기 상태를 찾는다.

## 11.2.1 순방향 상태 공간 검색

제3장이나 제4장에 나온 임의의 발견적 검색 알고리즘으로 계획 수립 문제를 풀 수 있다. 계획 수립 문제의 상태 공간에 있는 상태들은 기초 상태들이다. 즉, 각 상태의 모든 유량은 참 아니면 거짓이다. 목표 상태는 문제의 목표 서술의 모든 긍정 유량을 포함하되 부정 유량은 하나도 포함하지 않은 한 상태이다. 한 상태의 적용 가능 동작들은 동작 스키마의 기초 사례화들, 즉 변수들이 모두 상수들로 대체된 동작들이다. 이런 동작들을 $Actions(s)$로 표기한다.

적용 가능 동작들을 결정하기 위해, 현재 상태와 각 동작 스키마의 전제조건들을 단일화(unification)한다. 각각의 단일화에 대해, 만일 단일화가 성공해서 하나의 대입이 나왔으면 그 대입을 동작 스키마에 적용해서 변수가 하나도 없는 기초 동작을 얻는다. (변수가 하나라도 있는 동작 스키마는 반드시 전제조건에도 나와야 한다. 이 요구조건 덕분에 대입 이후에는 그 어떤 변수도 남아 있지 않음이 보장된다.)

하나의 스키마가 여러 방식으로 단일화될 수 있다. 예비 타이어 예제(p.452)에서 *Remove* 동작에는 $At(obj, loc)$이라는 전제조건이 있는데, 이 전제조건은 초기 상태에 두 가지 방식으로 부합한다. 따라서 이로부터 두 개의 대입 $\{obj/Flat, loc/Axle\}$와 $\{obj/Spare, loc/Trunk\}$가 나오며, 이들을 적용하면 두 가지 기초 동작이 나온다. 한 동작의 전제조건에 여러 개의 리터럴이 있으면, 각각의 리터럴는 잠재적으로 현재 상태에 다수의 방식으로 부합할 수 있다.

아마 상태 공간이 너무 큰 계획 수립 문제가 많을 것 같다는 생각이 든 독자도 있을 것이다. 공항이 10개이고 공항마다 비행기가 5대, 화물이 20개인 항공 화물 수송 문제를 생각해 보자. 목표는 공항 $A$의 모든 화물을 공항 $B$로 옮기는 것이다. 이 문제에는 41단계 해답이 있다. 바로, 화물 20개를 $A$의 비행기들 중 하나에 싣고, 그 비행기로 $B$에 가서 화물 20개를 내리는 것이다.

그러나 평균 분기 계수가 아주 크기 때문에, 이처럼 간단해 보이는 해답도 찾기가 어려울 수 있다. 50대의 비행기가 각각 9개의 다른 공항으로 비행할 수 있으며 200개의 화물이 해당 공항에 있는 임의의 비행기에 실리거나(공항에 있었다면) 내려질(비행기에 있었다면) 수 있으므로, 임의의 상태에서 가능한 동작은 최소 450개(모든 화물이 비행기가 하나도 없는 공항들에 있는 경우), 최대 10450개(모든 화물과 비행기가 같은 공항에 있는 경우)이다. 상태당 가능한 동작 개수의 평균이 2000개라고 할 때, 그래프에서 41단계 해답이 깊이에 도달하려면 무려 $2000^{41}$개의 노드를 검색해야 한다.

이러한 비교적 작은 문제 사례라고 해도 정확한 발견법 없이는 가망이 없음이 명백하다. 비록 여러 실세계 계획 수립 응용 문제들이 영역 국한 발견적 함수들에 의존하긴 하지만, 강력한 영역 독립적 발견법을 자동으로 유도하는 것도 가능하다(§11.3). 이는 순방향 검색을 실용적으로 만드는 요인이다.

## 11.2.2 계획 수립을 위한 역방향 검색

**회귀 검색**(regression search)이라고도 하는 역방향 검색(backward search)에서는 목표에서 시작해서 동작들을 거꾸로 적용하는 과정을 초기 상태에 도달하는 단계들의 순차열을 찾을 때까지 반복한다. 순방향 검색에서는 각 단계에서 **적용 가능** 동작들을 고려하지만, 역방향 검색에서는 **유관 동작**(relevant action)들을 고려한다. 이 덕분에 분기 계수가 크게 줄어드는데, 가능한 동작들이 많은 문제 영역에서는 특히나 감소한다.

유관 동작이란 목표 리터럴들 중 하나와 **단일화**되는 효과를 가진, 그렇지만 목표의 그 어떤 요소도 부정하지 않는 동작이다. 예를 들어 목표가 $\neg Poor \wedge Famous$일 때, 효과가 $Famous$뿐인 동작은 유관 동작이지만 효과가 $Poor \wedge Famous$인 동작은 유관 동작이 아니다. 계획의 어떤 지점에서 그 동작이 쓰일 수도 있겠지만($Famous$를 성립하게 하기 위해), 계획의 **지금** 지점에서는 사용할 수 없다. 만일 이 지점에 그 동작을 사용한다면 최종 상태에 $Poor$가 나타날 것이기 때문이다.

그런데 동작을 역방향으로 적용한다는 것이 무슨 뜻일까? 목표가 $g$이고 동작이 $a$라고 할 때, $g$에서 시작하는 $a$의 **회귀**는 긍정 리터럴과 부정 리터럴이 다음과 같이 주어지는 하나의 상태 서술 $g'$를 산출한다.

$$\text{Pos}(g') = (\text{Pos}(g) - \text{Add}(a)) \cup \text{Pos}(Precond(a))$$
$$\text{NEG}(g') = (\text{NEG}(g) - \text{DEL}(a)) \cup \text{NEG}(Precond(a)).$$

이는 회귀 이전에 전제조건들이 반드시 성립했어야 하며, 그렇지 않다면 동작은 실행될 수 없었을 것이지만, 동작에 의해 추가 또는 삭제된 긍정·부정 리터럴들이 이전에 반드시 참일 필요는 없음을 뜻한다.

기초 리터럴들에 대해서는 이 공식들이 자명하다. 그러나 $g$와 $a$에 변수가 있을 때는 조금 신경을 써야 한다. 예를 들어 특정 화물을 SFO에 배달하는 것이 목표라고 하자. 이를 $At(C_2, SFO)$로 표현할 수 있다. 공항에 화물을 부리는 $Unload$라는 동작 스키마의 효과는 $At(c,a)$이다. 이것을 목표와 단일화하면 $\{c/C_2, a/SFO\}$라는 대입이 나온다. 이 대입을 스키마에 적용하면, 다음과 같이 SFO에 있는 그 어떤 비행기라도 사용하면 된다는 착안을 포착하는 새로운 스키마가 나온다.

$Action(Unload(C_2, p', SFO),$
　　PRECOND: $In(C_2, p') \wedge At(p', SFO) \wedge Cargo(C_2) \wedge Plane(p') \wedge$
　　　　$Airport(SFO)$
　　EFFECT: $At(C_2, SFO) \wedge \neg In(C_2, p')).$

$p$를 $p'$이라는 새로운 변수 이름으로 바꾸었음을 주목하자. 이는 이름만 같을 뿐 사실은 서로 다른 변수들의 충돌을 피하기 위한 변수 이름 **분리 표준화**의 한 예이다(p.370 참고). 회귀된 상태 서술은 다음과 같은 새로운 목표를 제공한다.

$$g' = In(C_2, p') \land At(p', SFO) \land Cargo(C_2) \land Plane(p') \land Airport(SFO).$$

또 다른 예로, 어떤 한 ISBN에 해당하는 책을 소유한다는 목표 $Own(9780134610993)$를 생각해 보자. 1조 개의 13자리 ISBN과 다음과 같은 하나의 동작 스키마가 주어졌을 때,

$$A = Action(Buy(i), \text{Precond}:ISBN(i), \text{Effect}:Own(i)).$$

발견법 없는 순방향 검색은 100억 개의 기초 $Buy$ 동작들을 열거해야 한다. 그러나 역방향 검색에서는 목표 $Own(9780134610993)$을 효과 $Own(i')$과 단일화해서 대입 $\theta = \{i'/9780134610993\}$을 얻게 된다. 그러면 동작 $\text{Subst}(\theta, A')$을 역행해서 선행 상태 서술 $ISBN(9780134610993)$을 얻는다. 이는 초기 상태의 일부이므로 우리는 해답을 찾은 것이다. 1조 개가 아니라 단 하나의 동작만 고려해서 문제를 풀었음을 주목하자.

이를 좀 더 형식적으로 서술한다면 이렇다. 목표 서술 $g$가 목표 리터럴 $g_i$와 동작 스키마 $A$를 담고 있으며, 그 동작 스키마를 표준화하면 $A'$이 나온다고 하자. 만일 $A'$에 $Unify$ $(g_i, e_j') = \theta$인 효과 리터럴 $e_j'$이 있고, $A' = \text{Subst}(\theta, A)$이라고 정의할 때 $A'$에 $g$의 리터럴의 부정에 해당하는 효과가 하나도 없다면, $A'$은 $g$를 향한 하나의 유관 동작이다.

대부분의 문제 영역에서 역방향 검색은 분기 계수를 순방향 검색보다 낮게 유지한다. 그러나 역방향 검색은 기초 상태가 아니라 변수가 있는 상태를 사용하기 때문에 좋은 발견적 함수를 고안하기가 어렵다. 이는 요즘 시스템들이 대부분 순방향 검색을 선호하는 주된 이유이다.

## 11.2.3 부울 충족성 문제로서의 계획 수립

§7.7.4에서 우리는 몇 가지 교묘한 공리 재작성 기법을 이용해 웜퍼스 세계 문제를 명제 논리 충족성 문제(효율적인 충족성 문제 해결기로 처리할 수 있는)로 변환하는 방법을 살펴보았다. SATPlan 같은 SAT 기반 계획 수립기는 PDDL 문제 서술을 명제 논리의 형태로 변환해서 계획을 수립한다. 이 변환은 다음과 같은 일련의 단계들로 구성된다.

- 동작들을 명제화한다: 각 동작 스키마에 대해, 각 변수에 상수를 대입해서 기초 명제들을 만든다. 예를 들어 $Unload(c, p, a)$ 스키마의 경우 각각의 화물, 비행기, 공항 조합(이들은 아래 첨자로 표기한다)과 각 시간 단계(위 첨자로 표기한다)에 대해 개별적인 동작 명제를 만든다.

- 동시에 두 동작이 발생할 수 없음을 뜻하는 동작 배제 공리들을 추가한다. 이를 테면 $\neg(FlyP_1SFOJFK^1 \land FlyP_1SFOBUH^1)$이 그러한 공리이다.

- 전제조건 공리들을 추가한다: 각 기초 동작 $A$에 대해, 공리 $A^t \Rightarrow \text{Pre}(A)^t$를 추가한다. 이 공리는 만일 어떤 동작이 시간 $t$에서 실행된다면, 그 시점에서 그 동작의 전제조건들이 반드시 참이어야 함을 뜻한다. 예: $FlyP_1SFOJFK^1 \Rightarrow At(P_1, SFO)$

$\wedge\ Plane(P_1) \wedge Airport(SFO) \wedge Airport(JFK).$

- 초기 상태를 정의한다: 문제의 초기 상태에 있는 모든 유량 $F$에 대해 $F^0$을 단언하고, 초기 상태에서 언급되지 않은 모든 유량에 대해 $\neg F^0$을 단언한다.

- 목표를 명제화한다: 새 목표는 기존 목표의 모든 기초 사례(변수들에 상수들이 대입된)들의 논리합이다. 예를 들어 블록 $A$, $B$, $C$가 있는 세계에서 블록 $A$가 다른 어떤 블록 위에 있어야 한다는 목표 $On(A,x) \wedge Block(x)$는 다음과 같은 목표가 된다.

$$(On(A,A) \wedge Block(A)) \vee (On(A,B) \wedge Block(B)) \vee (On(A,C) \wedge Block(C)).$$

- 후행 상태 공리들을 추가한다: 각 유량 $F$에 대해 다음과 같은 형태의 공리를 추가한다.

$$F^{t+1} \iff ActionCausesF^t \vee (F^t \wedge \neg ActionCausesNotF^t).$$

여기서 $ActionCausesF$는 $F$를 추가하는 모든 기초 동작의 논리합을 나타내고 $ActionCausesNotF$는 $F$를 삭제하는 모든 기초 동작의 논리합이다.

이런 변환을 거치면 문제가 원래의 PDDL 문제 서술보다 훨씬 커지지만, 요즘 SAT 문제 해결기들은 아주 효율적이라서 그런 단점을 상쇄하고도 남을 때가 많다.

## 11.2.4 그밖의 고전적 계획 수립 접근방식

자동 계획 수립 분야의 50년 역사에서 시도된 접근방식이 앞의 세 가지뿐인 것은 물론 아니다. 여기서 다른 몇 가지 접근방식을 간략히 소개한다.

**계획 수립 그래프**

GRAPHPLAN이라는 접근방식은 **계획 수립 그래프**(planning graph)라는 특별한 자료 구조를 이용해서 동작과 그 전제조건 및 효과의 관계에 대한 제약들, 그리고 상호배제적인 요소들을 부호화한다.

**상황 산법**

**상황 산법**(situation calculus)은 계획 수립 문제를 1차 논리로 서술하는 한 방법이다. SATPLAN처럼 이 방법도 후행 상태 공리들을 사용하지만, 1차 논리에서는 그런 공리들을 좀 더 유연하고 간결하게 서술할 수 있다. 전체적으로 이 접근방식은 계획 수립에 대한 이론적 이해에 기여했지만, 실제 응용 측면에 큰 영향을 주지는 않았다. 아마도 이는 1차 논리 증명기가 명제 충족성 프로그램들보다 덜 개발되었기 때문일 것이다.

유계(bounded) 계획 수립 문제, 즉 길이가 $k$인 계획을 찾는 문제를 하나의 **제약 충족 문제**(CSP)로 부호화할 수 있다. 이러한 부호화는 계획 수립 문제를 SAT 문제(§11.2.3)로 부호화하는 것과 비슷하되, 각 시간 단계에서 모든 가능한 동작들의 집합이 정의역인 변수 $Action^t$ 하나만 부호화하면 되기 때문에 훨씬 간단하다. 모든 동작에 대해 각각 하나의 변수를 둘 필요가 없으며, 동작 배제 공리들도 필요하지 않다.

지금까지 살펴본 모든 접근방식은 동작들이 엄밀한 순서로 나열된 형태의 **전순서**(total order) 계획을 구축한다. 그러나, 항공 화물 수송 문제에서 만일 화물 30개를 한 공항에서 한 비행기에 싣고 화물 50개를 다른 공항에서 다른 비행기에 싣는다면, 계획에 80개의 적재 동작들을 엄밀한 순서로 나열한다는 것은 별로 의미가 없다.

부분 순서
계획 수립

이에 대한 대안인 **부분 순서 계획 수립**(partial order planning)에서는 계획을 동작들의 순차열이 아니라 그래프로 표현한다. 이 그래프의 노드들은 동작들이다. 그리고 동작의 각 전제조건마다 다른 동작 노드(또는 초기 상태)에서 들어오는 간선이 있다. 그 간선은 선행 동작이 이 동작의 전제조건을 확립한다는 뜻이다. 따라서, 부분 순서 계획에서는 예를 들어 동작 $Remove(Spare, Trunk)$와 동작 $Remove(Flat, Axle)$이 반드시 동작 $PutOn(Spare, Axle)$보다 먼저 와야 한다는 점을 두 $Remove$ 동작 중 어떤 것이 먼저 와야 하는지 말하지 않고도 표현할 수 있다. 이 접근방식에서는 세계 상태들의 공간이 아니라 계획들의 공간을, 조건들을 충족하는 동작들을 삽입해 가면서 검색한다.

1980년대와 90년대에는 부분 순서 계획 수립이 독립적인 부분 문제들을 가진 계획 수립 문제를 다루는 최고의 방법으로 간주되었다. 2000년에 이르러, 부분 순서 계획 수립을 고안한 이유가 되었던 독립적 부분 문제들을 효율적으로 발견할 수 있는 훌륭한 발견법들을 순방향 검색 계획 수립기들이 개발해 냈다. 더 나아가서, SATPLAN은 무어의 법칙의 혜택을 받았다. 1980년대에는 명제화가 감당할 수 없을 정도로 큰 문제였지만, 컴퓨터의 메모리가 10,000배 증가한 지금은 명제화가 아주 작은 문제일 뿐이다. 결과적으로 완전히 자동화된 고전적 계획 수립 문제에 관해서는 부분 순서 계획 수립기들이 경쟁력을 잃었다.

그렇긴 해도 부분 순서 계획 수립은 이 분야에서 여전히 중요한 자리를 차지하고 있다. 작업 일정 수립 같은 특정 과제에서는 영역 특화 발견법을 가진 부분 순서 계획 수립이 정답이다. 이런 시스템들 중에는 고수준 계획들의 라이브러리(§11.4)를 사용하는 것들이 많다.

부분 순서 계획 수립은 또한 사람이 계획을 이해하는 것이 중요한 영역들에서도 자주 쓰인다. 예를 들어 우주선과 화성 탐사차량의 운용 계획은 부분 순서 계획 수립기로 생성된 것이다. 그것을 운영자(사람)들이 먼저 점검한 후 차량에 올려서 실행하게 했다. 계획 정련 접근방식을 이용하면 계획 수립 알고리즘이 무엇을 하는지, 계획이 정확한지를 계획을 실행하기 전에 사람이 이해하고 검증하기 쉽다.

# 11.3 계획 수립을 위한 발견적 함수

순방향 검색이든 역방향 검색이든, 좋은 발견적 함수(또는 발견법)가 없으면 비효율적이다. 제3장에서 보았듯이, 발견적 함수 $h(s)$는 상태 $s$에서 목표까지의 거리를 추정하며, 만일 그 거리에 대한 **허용 가능**(admissible) 발견적 함수(거리를 과대추정하지 않는 함수)를 유도할 수 있다면, A*를 이용해서 최적해를 찾을 수 있다.

정의에 의해, 원자적 상태는 더 이상 분석할 수 없다. 따라서 원자적 상태들에 대한 검색 문제를 위한 좋은 영역 국한적 발견적 함수를 정의하려면 분석가(보통은 사람)의 창의력이 어느 정도 필요하다. 그러나 계획 수립은 상태들과 동작들에 분해된 표현을 사용하는 덕분에 좋은 영역 독립적 발견적 함수를 정의하는 것이 가능하다.

기억하겠지만, 허용 가능 발견적 함수는 **완화된 문제**(§3.6.2), 즉 풀기 쉽도록 단순화된 문제를 정의해서 유도할 수 있다. 그런 더 쉬운 문제에 대한 해답의 정확한 비용이 곧 원래 문제에 대한 발견적 함수가 된다. 검색 문제는 노드들이 상태들이고 간선들이 동작들인 하나의 그래프이다. 따라서 검색 문제를 푼다는 것은 초기 상태에서 목표 상태로 이어지는 경로를 찾는 것에 해당한다. 이 문제를 좀 더 쉽게 완화하는 주된 방법은 두 가지인데, 하나는 그래프에 간선들을 더 추가해서 경로를 더 찾기 쉽게 만드는 것이고, 또 하나는 여러 노드들을 묶어서 상태들이 더 적은, 따라서 검색하기가 더 쉬운 상태 공간의 추상을 형성하는 것이다.

전제조건<br>무시 발견법 우선 그래프에 간선들을 추가하는 발견법을 살펴보자. 아마도 가장 간단한 것은 **전제조건 무시 발견법**(ignore preconditions heuristic)이다. 이 발견법은 동작들에서 모든 전제조건을 제거한다. 그러면 모든 상태에서 모든 동작이 적용 가능한 동작이 되며, 모든 개별 목표 유량을 한 단계로 달성할 수 있다(적용 가능한 동작이 있다고 할 때— 만일 없다면 그 문제는 풀 수 없다). 이는 완화된 문제를 푸는 데 필요한 단계의 수가 충족되지 않은 목표의 수와 같음을 거의 함의한다. '거의'라는 단서가 붙은 이유는, (1) 여러 개의 목표를 달성하는 동작이 있을 수 있고 (2) 다른 동작의 효과를 취소하는 동작이 있을 수 있기 때문이다.

문제들 중에는 (1)을 고려하고 (2)는 무시해서 정확한 발견적 함수를 찾아낼 수 있는 것들이 많다. 우선, 동작들에서 모든 전제조건을 제거하고, 목표의 리터럴들인 효과들을 제외한 모든 효과를 제거해서 문제를 완화한다. 그런 다음에는 효과들의 합집합이 목표를 집합 덮개 문제 충족하게 되는 동작들의 최소 개수를 센다. 이는 **집합 덮개 문제**(set-cover problem)의 한 사례이다. 그런데 한 가지 거슬리는 점이 있다. 바로, 집합 덮개 문제는 NP-어려움 부류에 속한다는 것이다. 다행히 단순한 탐욕적 알고리즘을 이용하면 크기가 진 최소 덮개 크기의 $\log n$ 배 이내인 덮개를 반드시 얻을 수 있다. 여기서 $n$은 목표의 리터럴 개수이다. 안타깝게도 탐욕적 알고리즘을 적용하면 허용 가능성에 대한 보장이 사라진다.

동작의 전제조건 중 **일부**만 선택해서 무시할 수도 있다. §3.2의 타일 밀기 퍼즐(8-퍼즐 또는 15-퍼즐)을 생각해 보자. 이를 하나의 동작 스키마 *Slide*를 이용해서 타일들에 관한 계획 수립 문제로 부호화할 수 있다.

$$Action(Slide(t,s_1,s_2),$$
$$\text{PRECOND: } On(t,s_1) \land Tile(t) \land Blank(s_2) \land Adjacent(s_1,s_2)$$
$$\text{EFFECT: } On(t,s_2) \land Blank(s_1) \land \neg On(t,s_1) \land \neg Blank(s_2))$$

§3.6에서 보았듯이, 만일 두 전제조건 $Blank(s_2) \land Adjacent(s_1,s_2)$를 제거하면 한 동작에서 그 어떤 타일이라도 임의의 칸으로 옮길 수 있으며, 이로부터 '잘못 놓인 타일

개수'의 발견적 함수가 나온다. 만일 $Blank(s_2)$ 전제조건만 제거하면 맨하탄 거리의 발견적 함수가 나온다. 이 발견적 함수들을 동작 스키마 서술로부터 자동으로 유도할 수 있음을 보이는 것도 어렵지 않다. 동작 스키마를 조작하기 쉽다는 점은 검색 문제의 원자적 표현에 비한 계획 수립 문제의 분해된 표현의 커다란 장점이다.

삭제 목록 무시 아니면 **삭제 목록 무시**(ignore delete lists) 발견적 함수를 사용할 수도 있다. 잠시, 모든 목표와 모든 전제조건에 긍정 리터럴들만 들어 있다고 가정하자.[2] 원래의 문제보다 더 풀기 쉽고 해법의 길이가 좋은 발견적 함수가 된다는 조건이 충족되도록 문제를 완화하고자 한다. 모든 동작에서 삭제 목록들을 제거하면(즉, 효과들에서 모든 부정 리터럴을 제거하면) 그런 완화된 버전을 얻을 수 있다. 그렇게 완화된 문제에서는 목표로의 단조적 전진이 가능하다. 즉, 한 동작이 이룬 전진을 다른 동작이 취소하는 일이 없게 된다. 그러한 완화된 문제의 최적해를 찾는 것은 여전히 NP-어려움에 속하나, 근사해는 언덕 오르기를 이용해서 다항식 시간으로 찾을 수 있다.

도해 11.6은 삭제 목록 무시 발견법을 이용하는 두 계획 수립 문제의 상태 공간의 일부이다. 각 점은 상태를, 각 변은 동작을, 바탕 평면을 기준으로 한 각 점의 높이는 발견적 함수의 값에 해당한다. 바탕 평면에 있는 상태들은 해답들이다. 이 두 문제 모두, 목표로의 넓은 경로가 존재한다. 막다른 골목은 없으며, 따라서 역추적은 필요하지 않다. 단순 언덕 오르기 검색으로 이 문제들의 해답을 쉽게 찾을 수 있다(최적해는 아닐 수 있지만).

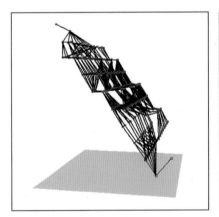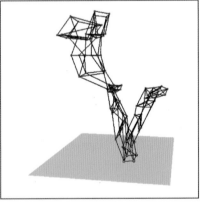

**도해 11.6** 삭제 목록 무시 발견적 함수를 사용하는 두 계획 수립 문제의 상태 공간. 바탕 평면을 기준으로 한 높이는 상태의 발견적 함수 값이다. 바탕 평면에 있는 상태들은 목표들이다. 극솟값들이 없으므로 검색은 목표를 향해 직접 나아간다. [Hoffmann, 2005]에서 전재.

---

2 이러한 관례에 따라 작성된 문제들이 많다. 그렇지 않은 문제의 경우 목표나 전제조건에 있는 모든 부정 리터럴 $\neg P$를 새로운 긍정 리터럴 $P'$으로 대체하고 초기 상태와 동작 효과들을 그에 따라 수정하면 된다.

# 11.3.1 영역 독립적 가지치기

분해된 표현에서는 다양한 상태들이 다른 어떤 상태들의 변형일 뿐이라는 점이 명백히 드러난다. 예를 들어 탁자에 12개의 블록이 있는데 블록 $A$가 제일 위에 놓인 블록 세 개짜리 탑을 쌓는 것이 목표라고 하자. 해답의 첫 단계는 어떤 블록 $x$를 어떤 블록 $y$ 위에 놓는 것이다(여기서 $x$, $y$, $A$는 모두 다른 블록). 그런 다음 $A$를 $x$에 놓으면 목표가 달성된다. $x$로 가능한 블록은 11개이고, $x$가 주어졌을 때 $y$로 가능한 블록은 10개이다. 따라서 고려할 상태는 110개이다. 그런데 이 상태들은 모두 대칭적이다. 어떤 블록들을 선택하든 다를 게 없다. 따라서 계획 수립기는 그냥 그중 한 상태만 고려해도 된다. 이처럼 검색 트리의 모든 대칭적 가지를 하나만 남기고 고려 대상에서 제외해 버리는 단 **대칭성 축소** 순화 과정을 **대칭성 축소**(symmetry reduction)라고 부른다. 여러 문제 영역에서 대칭성 축소는 처리 불가능한 문제를 효율적으로 풀 수 있는 문제로 바꾸는 위력을 발휘한다.

아니면 그냥 순방향 가지치기를 수행할 수도 있다. 이는 최적해가 잘려져 나갈 수 있다는 위험을 감수하고 유망한 가지들의 검색에 초점을 두는 것에 해당한다. 이를 위해 **선호되는 동작** **선호되는 동작**(preferred action)을 이렇게 정의할 수 있다: 우선, 문제의 완화된 버전을 정의하고, 그것을 풀어서 **완화된 계획**을 얻는다. 그러면, 선호되는 동작은 완화된 동작의 한 단계 또는 완화된 동작의 어떤 전제조건을 달성하는 동작이다.

부정적 상호작용들을 제외해도 된다는 점을 인식함으로써 문제를 효율적으로 풀 수 있을 때도 있다. 계획 수립기가 어떤 문제의 부분 목표들을 이전에 달성한 부분 목표를 취소하는 일이 전혀 없이 달성할 수 있는 순서가 존재한다면, 이를 두고 그 문제에 **직렬화** **직렬화 가능한** **가능한 부분 목표들**(serializable subgoals)이 있다고 말한다. 예를 들어 블록 세계에서 하 **부분 목표들** 나의 탑을 쌓는 것이 목표라고 할 때(이를테면 p.453의 도해 11.3처럼 $A$가 $B$ 위에 있고, $B$는 $C$ 위에 있고, $C$는 $Table$ 위에 있는 등), 그 부분 목표들을 아래에서 위로(상향식) 직렬화할 수 있다. 즉, $C$가 $Table$ 위에 있다는 부분 목표를 먼저 달성하면, 다른 부분 목표들을 달성하는 동안 그 부분 목표를 취소할 일이 전혀 없다. 이러한 상향식 요령을 사용하는 계획 수립기는 블록 세계의 그 어떤 문제도 역추적을 사용하지 않고 풀 수 있다(항상 최단 계획을 찾는 것은 아니라고 해도). 또 다른 예로, 방에 각각 개별적인 전등을 켜고 끄는 $n$개의 전등 스위치가 있으며 방의 모든 전등을 켜는 것이 목표라고 할 때, 스위치를 조작하는 순서는 무관하다. 이 경우 그냥 스위치들을 오름차순으로 켠다는 임의의 제약을 두어도 된다.

NASA의 Deep Space One 우주선을 조종하는 REMOTE AGENT 계획 수립기는 우주선 조종에 관여하는 명제들이 직렬화가 가능하다는 전제하에서 개발되었다. 이것이 그리 놀라운 일은 아닐 것이다. 애초에 우주선은 기술자들이 최대한 조종하기 쉽게(물론 다른 제약들을 충족하는 한도 안에서) **설계된** 것이기 때문이다. 목표들이 직렬화되었다는 장점을 활용해서 REMOTE AGENT 계획 수립기는 검색의 대부분을 제거할 수 있었다. 그 덕분에 우주선을 실시간으로 제어할 정도로 **빠르게** 계획을 수립할 수 있었는데, 이는 예전에는 불가능하다고 간주된 일이다.

## 11.3.2 계획 수립의 상태 추상

완화된 문제는 발견적 함수의 값을 구하는 데 사용할 단순화된, 계획 수립 문제를 제공한다. 계획 수립 문제들 중에는 상태가 $10^{100}$개 이상인 것들이 많으며, **동작**들을 완화한다고 해서 상태 개수가 줄어들지는 않는다. 이는 발견적 함수를 계산하기가 여전히 비쌀수 있다는 뜻이다. 그래서 지금부터는 **상태 추상**(state abstraction)을 형성함으로써 상태의 수를 줄이는 완화 방법을 살펴보겠다. 상태 추상은 문제의 기초 표현에 있는 상태들에서 추상 표현의 상태들로의 다대일 사상이다.

**상태 추상**

가장 쉬운 상태 추상화(상태 추상의 형성) 방법은 일부 유량을 무시하는 것이다. 예를 들어 공항 10개, 비행기 50대, 화물 200개의 항공 화물 수송 문제를 생각해 보자. 각 비행기는 10개의 공항 중 하나에 있고 각 화물은 하나의 비행기들 중 하나에 실려 있거나 공항들 중 하나에 내려져 있다. 따라서 상태는 $10^{50} \times (50+10)^{200} \approx 10^{405}$개이다. 이제 이 문제 영역에서 모든 화물이 다섯 개의 공항에만 있으며 주어진 한 공항의 모든 화물은 행선지가 같다는 제약을 가진 구체적인 문제를 생각해 보자. 그렇다면 이 문제를 추상화하는 유용한 방법은 다섯 공항 각각의 한 비행기와 한 화물에 관여하는 것들을 제외한 모든 $At$ 유량을 제거하는 것이다. 그러면 상태는 $10^5 \times (5+10)^5 \approx 10^{11}$개로 줄어든다. 이 추상 상태 공간의 해답은 원래의 공간의 해답보다 짧다(따라서 허용 가능 발견적 함수가 된다). 그리고 추상 해답을 원래 문제의 해답으로 확장하는 것도 쉽다($Load$, $Unload$ 동작들을 더 추가하면 된다).

**분해**

**부분 목표 독립성**

발견적 함수의 정의에서 핵심적인 개념은 **분해**(decomposition; 또는 해체), 즉 문제를 여러 부품으로 나누고, 각 부품을 개별적으로 풀고, 그 부품들을 다시 조립하는 것이다. **부분 목표 독립성**(subgoal independence) 가정이란, 부분 목표들의 논리곱을 푸는 비용이 각 부분 목표를 **독립적으로** 푸는 비용들의 합으로 근사된다는 것이다. 부분 목표 독립성 가정은 낙관적일 수도 있고 비관적일 수도 있다. 각 부분 목표에 대한 부분계획(subplan)들 사이에 부정적 상호작용들이 존재할 때(예를 들어 한 부분계획의 동작이 다른 부분계획이 달성한 목표를 취소하는 등)에는 낙관적이다. 반면 부분계획들에 중복된 동작들이 포함되어 있으면(이를테면 두 동작을 병합된 계획의 한 동작으로 대체할 수 있는 등) 비관적이며, 따라서 해당 발견적 함수는 허용 가능이 아니다.

목표가 유량들의 집합 $G$라고 하자. 그리고 그 목표를 서로소 부분집합들인 $G_1, \ldots, G_n$으로 분할했다고 하자. 각 부분 목표를 푸는 최적 계획 $P_1, \ldots, P_n$을 찾는다고 할 때, $G$ 전체를 달성하는 계획의 추정 비용은 얼마일까? 각 $\text{COST}(P_i)$를 발견적 추정 비용이라고 생각할 수 있으며, 만일 그러한 추정치들을 그 최댓값을 취해서 결합한다면 항상 허용 가능 발견적 함수가 나옴을 알고 있다. 따라서 $\max_i \text{COST}(P_i)$는 허용 가능 발견적 함수이며, 때에 따라서는 참값에 해당하는 정확한 함수이다. $P_1$이 실제로 모든 $G_i$를 달성할 수도 있는 것이다. 그러나 그러한 추정치가 너무 낮을 때가 많다. 비용들의 합을 사용하면 어떨까? 그것이 적당한 추정치인 문제들이 많지만, 허용 가능이 아니다.

최상의 경우는 $G_i$와 $G_j$가 서로 **독립적**(한 목표에 대한 계획의 비용을 다른 목표에 대한 계획의 비용으로 환원할 수 없다는 의미에서)임을 알 수 있는 경우이다. 그런 경우 추정치 $\text{Cost}(P_i) + \text{Cost}(P_j)$는 허용 가능이며, 최댓값 추정치보다 더 정확하다.

추상을 형성함으로써 검색 공간의 크기를 줄일 가능성이 아주 크다는 점은 명백하다. 여기서 핵심은 적절한 추상을 선택하고 그것을 전체 비용(추상을 정의하고, 추상을 검색하고, 다시 원래 문제로 사상하는 모든 과정의 비용)이 원래 문제를 푸는 비용보다 작아지게 하는 방식으로 활용하는 것이다. 여기에는 §3.6.3의 **패턴 데이터베이스**가 유용할 수 있다. 패턴 데이터베이스 생성 비용이 여러 문제 사례들에서 상각될 수 있기 때문이다.

효과적인 발견적 함수를 사용하는 시스템의 예로 FF, 즉 FASTFORWARD(Hoffmann, 2005)가 있다. FF는 삭제 목록 무시 발견법을 사용하는 순방향 상태 공간 검색기로, 계획 수립 그래프를 이용해서 발견적 추정치를 구한다. 그런 다음에는 발견적 함수를 사용하는 언덕 오르기 검색(계획을 유지하도록 수정된)으로 해답을 찾는다. FF의 언덕 오르기는 비표준적이다. FF는 현재 상태에서 너비 우선 검색을 실행해서 더 나은 상태를 찾음으로써 극솟값을 피한다. 더 나은 상태를 찾지 못하면 FF는 탐욕적 최적 우선 검색으로 전환한다.

# 11.4 위계적 계획 수립

이전 장들에서 본 문제 해결 방법들과 계획 수립 방법들은 모두 고정된 원자적 동작들의 집합으로 작동한다. 그러한 동작들을 한 줄로 이을 수 있으며, 현재 최고 수준의 알고리즘들은 수천 개의 동작을 담은 해답을 산출한다. 동작들이 "샌프란시스코에서 비행기를 타고 호놀룰루로 간다" 같은 수준의 동작들로 이루어진 휴가 계획을 짜는 경우라면 모르겠지만, "왼쪽 무릎을 5도 구부린다" 같은 미세한 수준의 동작들이 관여한다면 수천이 아니라 수백만 또는 수십억 개의 동작들을 연결해야 할 것이다.

이러한 틈을 메우려면 좀 더 높은 추상 수준에서 계획을 세워야 한다. 좀 더 높은 추상 수준의 하와이 휴가 계획이라면 "샌프란시스코 공항으로 간다; 항공편 HA 11을 타고 호놀룰루로 간다; 2주간 휴가 활동을 한다; 항공편 HA 12를 타고 샌프란시스코로 돌아온다; 집으로 간다" 정도일 것이다. 이런 계획이 주어졌을 때, "샌프란시스코 공항으로 간다"라는 동작은 그 자체로 하나의 계획 수립 과제로 볼 수 있으며, 그 해답은 이를테면 "승차 공유 서비스를 선택한다; 차를 신청한다; 차를 타고 공항으로 간다"가 될 것이다. 이 계획의 각 동작 역시 좀 더 분해할 수 있다. 그러한 분해는 버튼을 누르는 것 같은 저수준 근육 제어 동작들에 이를 때까지 계속된다.

이 예에서는 계획의 수립과 그 실행이 교차된다. 예를 들어 공항 입구에서 탑승구로 가는 계획의 수립은 일단 차를 타고 공항에 도착한 후로 미루어도 된다. 이는 구체적인

동작이 실행 국면 이전에는 추상적인 수준에 머무름을 뜻한다. 이 주제에 대한 논의는

§11.5로 미루기로 하고, 지금은 **위계적 분해**(hierarchical decomposition; 또는 계통적 분해)라는 개념에 집중하자. 위계적 분해는 복잡성을 다스리는 거의 모든 시도에서 볼 수 있는 중요한 개념이다. 예를 들어 복잡한 소프트웨어는 서브루틴들 또는 객체 클래스들의 위계구조(hierarchy)로부터 만들어진다. 군대, 정부와 기업에는 조직 위계구조가 있다. 위계적 구조의 핵심 이점은, 위계구조의 각 수준의 계산 과제나 군사 작전, 관리 업무가 그다음 하위 수준에서 **적은 수**의 활동들로 환원되며, 따라서 그런 활동들을 현재 문제를 위해 배치하는 적절한 방식을 찾는 계산 비용 역시 **작다**는 점이다.

*위계적 분해*

## 11.4.1 고수준 동작

*위계적 과제망*

이번 절에서 위계적 분해를 설명하는 데 사용하는 기본적인 형식화는 **위계적 과제망**(hierarchical task network, HTN) 계획 수립 분야에서 가져온 것이다. 환경이 완전 관측 가능이고 결정론적이라고 가정한다. 또한 일단의 동작들이 표준적인 전제조건-효과 스키마들로 주어진다고 가정한다. 그 동작들을 이제는 **원시 동작**(primitive action)이라고 부른다. 핵심적인 추가 개념은 **고수준 동작**(high-level action, HLA)이다. 이를테면 앞의 예에서 "샌프란시스코 공항으로 간다"가 고수준 동작이다. 각 고수준 동작은 한 가지 이상의 방식으로 **정련**(refinement)할 수 있다. 고수준 동작을 정련하면 동작열(동작들의 순차열)이 나온다.[3] 그 동작열의 각 동작은 고수준 동작일 수도 있고 원시 동작일 수도 있다. 예를 들어 도해 11.7은 형식적으로 $Go(Home, SFO)$로 표현되는 "샌프란시스코 공항으로 간다" 동작에 대해 가능한 두 가지 정련을 보여 준다. 그 그림은 또한 진공청소기 세계의 이동에 대한 **재귀적** 정련("목적지로 가려면 한 걸음 나아간 후 목적지로 간다")도 보여 준다.

*원시 동작*
*고수준 동작*

*정련*

이 예들은 고수준 동작과 그 정련들이 **주어진 일을 어떻게 하는지**에 관한 지식을 내포하고 있음을 보여 준다. 예를 들어 $Go(Home, SFO)$에 대한 정련들은 공항으로 가려면 직접 차를 몰거나 승차 공유 서비스를 이용하면 된다는 점을 알려준다. 우유를 사거나, 앉아 있거나, 나이트를 e4로 옮기는 것 등은 고려하지 않는다.

*구현*

고수준 동작의 정련에는 고수준 동작의 **구현**(implementation)이라고 부르는 원시 동작들만 포함된다. 격자 세계에서 동작열 $[Right, Right, Down]$과 $[Down, Right, Right]$는 둘 다 고수준 동작 $Navigate([1,3], [3,2])$의 구현이다. 고수준 계획(고수준 동작들의 순차열)의 구현은 그 계획에 있는 고수준 동작들의 구현들을 연결한 것이다. 각 원시 동작에 대한 전제조건-효과 정의가 주어졌다면, 한 고수준 계획의 어떤 임의의 구현이 목표를 달성하는지의 여부를 결정하는 것은 간단한 문제이다.

---

3 HTN 계획 수립기들은 부분 순서 계획으로의 정련을 허용하는 경우가 많으며, 한 계획의 서로 다른 두 고수준 동작의 정련들이 동작들을 **공유**하게 하는 경우도 많다. 이들이 중요한 개선점이긴 하지만, 위계적 계획 수립의 기본 개념을 이해하는 데 집중하기 위해 이 책에서는 언급하지 않는다.

$Refinement(Go(Home, SFO),$
  STEPS: $[Drive(Home, SFOLongTermParking),$
        $Shuttle(SFOLongTermParking, SFO)]$ )
$Refinement(Go(Home,SFO),$
  STEPS: $[Taxi(Home,SFO)]$ )


$Refinement(Navigate([a,b], [x,y]),$
  PRECOND: $a = x \ \wedge \ b = y$
  STEPS: $[\ ]$ )
$Refinement(Navigate([a,b],[x,y]),$
  PRECOND: $Connected([a,b],[a\text{-}1,b])$
  STEPS: $[Left, \ Navigate([a\text{-}1,b], \ [x,y])]$ )
$Refinement(Navigate([a,b], [x,y]),$
  PRECOND: $Connected([a,b], [a\text{+}1,b])$
  STEPS: $[Right, \ Navigate([a\text{+}1,b], \ [x,y])]$ )
...

> **도해 11.7** 샌프란시스코 공항으로 가는 것과 진공청소기 세계를 돌아다니는 것에 대한 두 고수준 동작의 가능한 정련들의 정의. 진공청소기 세계의 경우 정련들이 재귀적이라는 점과 전제조건들이 쓰인다는 점에 주목하기 바란다.

따라서, 만일 고수준 계획의 구현 중 하나라도 주어진 상태로부터 목표를 달성한다면, 그 고수준 계획은 주어진 상태로부터 목표를 달성한다고 말할 수 있다. 이 정의에서 핵심은 '하나라도'이다. 모든 구현이 목표를 달성할 필요는 없다. 어차피 에이전트는 여러 구현 중 하나를 택해서 실행할 것이기 때문이다. 이는 HTN 계획 수립의 가능한 구현들의 집합(구현마다 다른 결과가 나올 수 있다)이 비결정론적 계획 수립의 가능한 결과들의 집합과 같은 것이 아님을 의미한다. 비결정론적 계획 수립에서는 계획이 모든 결과에 대해 작동해야 한다. 이는 에이전트가 결과를 선택하지 않기 때문이다. 결과는 자연이 선택한다.

　가장 간단한 경우는 고수준 동작의 구현이 단 하나일 때이다. 이 경우에는 그 구현으로부터 고수준 동작의 전제조건들과 효과들을 계산하고(연습문제 11.HLAU 참고), 고수준 동작을 하나의 원시 동작 자체인 것처럼 취급할 수 있다. 적절한 고수준 동작들의 집합은 맹목 검색의 시간 복잡도를 해답 깊이에 지수적인 시간에서 해답 깊이에 선형적인 시간으로 떨어뜨릴 수 있음을 증명하는 것이 가능하다. 그러나 그런 적절한 고수준 동작 집합을 찾는 것 자체가 만만치 않은 과제일 수 있다. 가능한 구현이 여러 개인 고수준 동작에 대해서는 두 가지 옵션이 있다. 하나는 §11.4.2에서처럼 그 구현들 중 잘 작동하는 것을 검색하는 것이고, 또 하나는 §11.4.3에서처럼 구현으로부터 고수준 동작을 직접 추론하는 것이다(비록 구현들이 여러 개라고 해도). 후자의 방법으로는, 정확함을 증명할 수 있는 추상 계획들을 그 구현들을 고려하지 않고도 유도할 수 있다.

## 11.4.2 원시 해답 검색

HTN 계획 수립을 *Act*라고 부르는 하나의 '최상위 수준' 동작으로 형식화하는 경우가 많다. 이것의 목적은 목표를 달성하는 *Act*의 한 구현을 찾는 것이다. 이 접근방식은 완전히 일반적이다. 예를 들어 고전적 계획 수립 문제를 다음과 같이 정의할 수 있다: 각 원시 동작 $a_i$에 대해, 단계 $[a_i, Act]$들로 이루어진 *Act*의 한 정련을 제공한다. 이렇게 하면 동작들을 더 추가할 수 있는 *Act*의 재귀적 정의가 만들어진다. 그런데 그 재귀를 멈출 방법이 필요하다. 이를 위해, 아무 단계도 없고(빈 구현) 전제조건이 문제의 목표와 같은 *Act*의 한 정련을 제공한다. 이는 만일 목표가 이미 달성되었다면 아무것도 하지 않는 것이 바로 적절한 구현임을 뜻한다.

이 접근방식으로부터, 현재 계획에서 고수준 동작을 하나 선택하고 그것을 그 정련들 중 하나로 대체하는 과정을 반복하되, 만일 현재 계획이 목표를 달성하면 반복을 멈춘다는 간단한 알고리즘이 나온다. 도해 11.8은 이 알고리즘의 가능한 구현 중 하나로, 너비 우선 트리 검색에 기초한 것이다. 이 구현은 계획들을 원시 단계 개수가 아니라 정련들의 내포 깊이 순으로 조사한다. 트리 검색 대신 그래프 검색을 사용하거나, 너비 우선 대신 깊이 우선이나 반복 심화를 사용하는 버전을 만드는 것도 어렵지 않다.

본질적으로, 이런 형태의 위계적 검색은 고수준 동작 라이브러리에 내포된 지식(어떤 일을 어떻게 해야 하는지에 대한)을 준수하는 동작열들의 공간을 탐색한다. 각 정련에 지정된 동작열들은 물론 정련에 대한 전제조건들로도 지식을 부호화할 수 있으므로, 상당히 많은 양의 지식을 내포할 수 있다. 일부 정의역에 대해서는 HTN 계획 수립기가 검색을 거의 수행하지 않고도 대량의 계획을 생산해 낼 수 있었다. 예를 들어 HTN 계획 수립과 일정 수립을 결합한 O-PLAN(Bell 및 Tate, 1985)은 Hitachi 사의 제조 계획들을 개발하는 데 쓰였다. 전형적인 문제에는 350종의 제품과 35대의 조립 기계, 2,000개 이상의 조작들로 이루어진 생산라인이 관여한다. 그 계획 수립기는 수천만 개의 단계들이 관여하는, 하루 3교대(각각 8시간) 방식의 30일 일정을 산출한다. HTN 계획 수립의 또 다른 중요한 측면은, 정의에 의해 이것이 위계구조로 되어 있다는 점이다. 이 덕분에 대체로 사람이 계획을 좀 더 쉽게 이해할 수 있다.

위계적 검색의 계산 비용상의 장점을 이상화된 예를 통해서 살펴보자. 어떤 계획 수립 문제의 해답이 $d$개의 원시 동작으로 이루어진다고 가정하겠다. 비위계적 순방향 상태 공간 계획 수립기의 경우, 각 상태에서 실행할 수 있는 동작이 $b$개라고 하면 계산 비용은 제3장에서 설명했듯이 $O(b^d)$이다. HTN 계획 수립기의 경우에는, 각 비원시 동작의 가능한 정련 개수가 $r$개이고 각 정련은 그다음 하위 수준에서 $k$개의 동작으로 분해되는 아주 규칙적인 정련 구조를 가정하자. 이 구조에 서로 다른 정련 트리가 몇 개나 있는지 파악하고자 한다. 만일 원시 수준에서 동작이 $d$개이면, 뿌리 아래의 수준 개수는 $\log_k d$이다. 따라서 내부 정련 노드 개수는 $1 + k + k^2 + \cdots + k^{\log_k d - 1} = (d-1)/(k-1)$이다. 내부 노드마다 $r$개의 정련이 가능하므로, 구축할 수 있는 분해 트리는 총 $r^{(d-1)/(k-1)}$개이다.

**function** HIERARCHICAL-SEARCH(*problem*, *hierarchy*) **returns** 해답 또는 *failure*

> *frontier* ← [*Act*]가 유일한 요소인 FIFO 대기열
> **while** *true* **do**
>   **if** IS-EMPTY(*frontier*) **then return** *failure*
>   *plan* ← POP(*frontier*)   // *frontier*에서 가장 얕은 계획을 선택한다
>   *hla* ← *plan*의 첫 고수준 동작, 없으면 *null*
>   *prefix*, *suffix* ← *plan*의 *hla* 이전과 이후의 동작열들
>   *outcome* ← RESULT(*problem*.INITIAL, *prefix*)
>   **if** *hla*가 *null*임 **then**   // 그러면 *plan*은 원시 계획이고 *outcome*이 그 결과임
>     **if** *problem*.IS-GOAL(*outcome*) **then return** *plan*
>   **else for each** *sequence* in REFINEMENTS(*hla*, *outcome*, *hierarchy*) **do**
>     *frontier*에 APPEND(*prefix*, *sequence*, *suffix*)를 추가

**도해 11.8** 위계적 순방향 계획 수립 검색의 너비 우선 구현. 알고리즘에 [*Act*]가 초기 계획으로 제공된다. REFINEMENTS 함수는 고수준 동작의 정련 중 전제조건들이 지정된 상태 *outcome*으로 충족되는 정련들의 동작열들을 돌려준다.

이 공식을 조사해 보면, $r$을 작게 유지하고 $k$를 크게 유지함으로써 비용을 크게 절약할 수 있음을 알 수 있다. $b$와 $r$이 비슷하다면, 이는 비위계적 비용의 $k$제곱근을 취하는 것과 같다. $r$이 작고 $k$가 크다는 것은 고수준 동작들의 라이브러리의 정련들이 적고 각 정련이 긴 동작열을 산출한다는 뜻이다. 이것이 항상 가능하지는 않다. 광범위한 문제에 적용할 수 있는 긴 동작열은 극히 드물다.

HTN 계획 수립의 관건은 복잡한 고수준 동작들을 구현하는 알려진 방법들을 담은 계획 라이브러리를 구축하는 것이다. 그러한 라이브러리를 구축하는 한 가지 방법은 고수준 동작 구현 방법들을 문제 해결 경험으로부터 **배우는** 것이다. 학습 접근방식에서 에이전트는 무에서부터 계획을 구축하고, 그 계획을 과제가 정의하는 고수준 동작의 구현 방법으로서 라이브러리에 저장해 둔다. 이런 방식에서는 기존 방법들을 기초로 해서 새로운 방법을 구축하게 되므로 에이전트의 경쟁력이 점점 높아진다. 이 학습 과정의 한 가지 중요한 측면은 구축된 방법들을 **일반화**하는 능력, 즉 개별 문제 사례의 구체적인 세부사항(이를테면 건축가 이름이나 건축 용지의 주소 등)은 제거하고 계획의 핵심 요소들만 유지하는 능력이다. 인간에게는 그런 메커니즘이 없지만 그래도 인간이 뛰어난 일반화 능력을 갖추고 있다는 점은 놀라운 일이다.

## 11.4.3 추상 해답의 검색

앞 절의 위계적 검색 알고리즘은 고수준 동작들을 원시 동작열까지 완전히 정련한 후 해당 계획이 목표를 달성하는지 결정한다. 그런데 이런 방식은 상식에 어긋나는 경우가 있

다. 다음과 같이 두 개의 고수준 동작으로 이루어진 고수준 계획을 생각해 보자.

$$[Drive(Home, SFOLongTermParking), \quad Shuttle(SFOLongTermParking, SFO)].$$

상식적으로는, 이 계획이 목표(공항에 도착)를 달성한다는 점은 세세한 이동 경로를 결정하거나 주차 공간을 선택하는 문제를 고려하지 않고도 판단할 수 있어야 한다. 이에 대한 해결책은 원시 동작들에 대해 하는 것처럼 고수준 동작들의 전제조건-효과 서술들을 작성하는 것이다. 그런 서술들이 있으면 고수준 계획이 목표를 달성하는지를 쉽게 증명할 수 있다. 이는 위계적 계획 수립의 '성배'에 해당한다. 목표 달성이 증명 가능한 고수준 계획을 비교적 작은 고수준 동작들의 공간을 검색해서 유도할 수만 있다면 그 계획을 실행하기로 확정하고 계획의 각 단계를 정련하는 문제로 들어갈 수 있을 것이며, 그러면 비용을 지수적으로(우리가 추구했던 수준인) 감소할 수 있을 것이기 때문이다.

이런 일이 가능하려면, 달성한다고(해당 단계들의 서술에 힘입어) "주장하는" 모든 고수준 계획이 실제로 목표를 달성해야(앞에서 정의한 의미에 따라) 한다. 즉, 목표를 달성하는 구현이 적어도 하나는 있어야 한다. 이러한 성질을 전부터 고수준 동작 서술의 **하향 정련 성질**(downward refinement property)이라고 불렀다.

하향 정련 성질을 충족하는 고수준 동작 서술을 서술하는 것은 원칙적으로는 쉽다. 그 서술들이 **참**인 한, 목표를 달성한다고 주장하는 임의의 고수준 계획은 실제로도 목표를 달성할 것이며, 그렇지 않다면 서술이 고수준 동작이 하는 일에 대해 뭔가 잘못 주장한 것이기 때문이다. 구현이 단 하나인 고수준 동작에 대해 참인 서술을 작성하는 방법은 이전에 언급했다(연습문제 11.HLAU 참고). 문제는 고수준 동작의 구현이 **여러 개**일 때 발생한다. 서로 다른 여러 방식으로 구현될 수 있는 동작의 효과를 어떻게 서술해야 할까?

한 가지 안전한(적어도 모든 전제조건과 목표가 긍정적인 문제에 대해) 답은, 고수준 동작의 **모든** 구현에 의해 달성되는 긍정 효과들과 임의의 구현의 부정적 효과들만 포함시킨다는 것이다. 그러면 하향 정련 성질이 충족된다. 안타깝게도 고수준 동작에 대한 이러한 의미론은 너무 보수적이다.

정련이 두 개인 고수준 동작 $Go(Home, SFO)$를 다시 생각해 보자. 논의를 위해, 이번에는 공항으로 차를 직접 몰고 가서 주차하는 것은 항상 가능하지만 택시를 타려면 현금이 있어야 하는, 즉 $Cash$라는 전제조건이 참이어야 하는 간단한 세계를 상정한다. 이 경우 $Go(Home, SFO)$가 항상 공항 도착 목표를 달성하지는 않는다. 특히, $Cash$가 거짓이면 목표 달성에 실패하므로, 이 고수준 동작의 효과가 $At(Agent, SFO)$라고 단언할 수 없다. 그러나 이것은 말이 되지 않는다. 현금이 없어서 택시를 못 타도 에이전트가 직접 차를 몰고 갈 수는 있기 때문이다. 어떤 효과가 **모든** 구현에 대해 성립해야 한다고 요구하는 것은 목표 달성을 방해하려는 **다른 누군가가** 구현을 선택한다고 가정하는 것과 동치이다. 결과가 여러 개인 고수준 동작을 다루는 것은 고수준 동작을 §4.3에서처럼 **비결정론적** 동작으로 취급하는 것과 정확히 같다. 지금 예에서는 에이전트 자신이 구현을 선택한다.

프로그래밍 공동체는 방해자가 구현을 선택하는 경우를 가리키는 용어로 **악마의 비결정론**(demonic nondeterminism)이라는 말을 만들었다. 에이전트 자신이 구현을 선택하는 것은 **천사의 비결정론**(angelic nondeterminism)이라고 부른다. 이런 어법을 빌어서, 고수준 서술에 대한 **천사 의미론**(angelic semantics)을 정의해 보자. 천사 의미론을 이해하려면 고수준 동작의 **도달 가능 집합**(reachable set)이라는 기본 개념을 이해해야 한다. 상태 $s$가 주어졌을 때, 고수준 동작 $h$의 도달 가능 집합은 그 고수준 동작의 임의의 구현이 도달할 수 있는 상태들의 집합이다. 이를 $\text{REACH}(s,h)$로 표기한다.

여기서 핵심은, 에이전트가 고수준 동작을 실행해서 나오는 상태가 해당 도달 가능 집합의 **어떤** 상태일 것인지를 에이전트가 선택한다는 것이다. 따라서 같은 고수준 동작들이라면 정련이 더 많은 쪽이 더 적은 쪽보다 더 "강력하다." 고수준 동작들의 순차열의 도달 가능 집합도 정의할 수 있다. 예를 들어 고수준 동작열 $[h_1, h_2]$의 도달 가능 집합은 $h_1$의 도달 가능 집합의 각 상태에서 $h_2$를 적용해서 얻은 모든 도달 가능 집합의 합집합이다.

$$\text{REACH}(s, [h_1, h_2]) = \bigcup_{s' \in Reach(s, h_1)} \text{REACH}(s', h_2).$$

이러한 정의들하에서, 고수준 계획(고수준 동작들의 순차열)은 만일 그 도달 가능 집합이 목표 상태들의 집합과 **교차**하면 목표를 달성한다. (반면 악마 의미론에서는 도달 가능 집합의 모든 원소가 목표 상태이어야 한다는 훨씬 더 강한 조건을 충족해야 한다.) 반대로, 만일 도달 가능 집합이 목표와 교차하지 않는 계획은 작동하지 않는다. 도해 11.9에 이상의 개념들이 나와 있다.

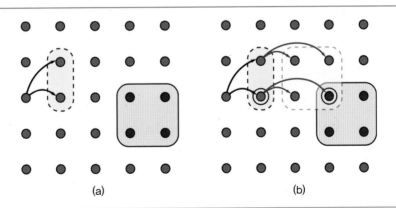

(a)          (b)

**도해 11.9** 도달 가능 집합의 모식도. 보라색 바탕은 목표 상태들의 집합이다. 검은 화살표와 빨간색 화살표는 각각 $h_1$과 $h_2$의 가능한 구현들을 나타낸다. (a) 상태 $s$에서의 고수준 동작 $h_1$의 도달 가능 집합. (b) 동작열 $[h_1, h_2]$의 도달 가능 집합. 이 집합이 목표 집합과 교차하므로, 이 동작열은 목표를 달성한다.

도달 가능 집합이라는 개념으로부터 다음과 같은 간단한 알고리즘이 나온다: 고수준 계획들을 검색하면서 도달 가능 집합이 목표와 교차하는 계획을 하나 찾는다. 그런 계획을 찾았다면, 알고리즘은 그 추상 계획이 목표를 달성함을 확신하고 실행을 **확정할**(commit) 수 있다. 실행을 확정한 후에는 그 계획을 더욱 정련하는 데에만 집중하면 된다. 알고리즘적 문제들은 나중에 다시 살펴보기로 하고, 지금은 고수준 동작의 효과들, 즉 각각의 가능한 초기 상태에 대한 도달 가능 집합을 표현하는 방법을 생각해 보자. 원시 동작은 임의의 유량을 참 또는 거짓으로 설정할 수 있으며, 변경 없이 그대로 놔둘 수도 있다. (조건부 효과(§11.5.1)를 사용하는 경우에는 앞의 셋 외에 유량의 값을 뒤집는 효과도 가능하다.)

천사 의미론에서는 고수준 동작이 더 많은 일을 수행할 수 있다. 고수준 동작은 유량의 값을 제어할 수 있다. 즉, 어떤 구현이 선택되느냐에 따라 유량을 참이나 거짓으로 설정할 수 있다. 따라서 고수준 동작이 유량에 미치는 효과는 총 아홉 가지이다. 유량이 애초에 참이었다면, 고수준 동작은 그것을 항상 참으로 놔둘 수도 있고, 항상 거짓으로 바꿀 수도 있고, 조건에 따라 참 또는 거짓을 선택할 수도 있다. 마찬가지로, 유량이 애초에 거짓이었다면, 고수준 동작은 그것을 항상 거짓으로 놔둘 수도 있고, 항상 참으로 바꿀 수도 있고, 조건에 따라 참 또는 거짓을 선택할 수도 있다. 각 경우마다 세 가지 선택을 임의로 조합할 수 있으므로, 전체적으로는 아홉 가지가 된다.

이를 표기하는 것은 다소 까다롭다. 여기서는 유량을 참이나 거짓으로 설정하는 것을 +(추가)와 _(삭제)로 표기하고, 선택에 따른 분기를 ~(틸더) 기호로 표기한다. 이 기호는 "에이전트의 선택에 따라서는 그럴 수 있다"를 뜻한다. $\tilde{+}A$의 효과는 "$A$를 추가할 수도 있다"이다. 즉, $A$는 변하지 않을 수도 있고 참이 될 수도 있다. 마찬가지로 $\tilde{-}A$는 "$A$를 삭제할 수도 있다", $\tilde{\pm}A$는 "$A$를 추가하거나 삭제할 수 있다"를 뜻한다. 예를 들어 가능한 정련이 두 가지인(도해 11.7 참고) 고수준 동작 $Go(Home, SFO)$는 $Cash$를 삭제할 수 있으므로(에이전트가 택시를 타기로 했다면), $\tilde{-}Cash$라는 효과를 가진다. 이 예를 잘 살펴보면, 원칙적으로 고수준 동작의 서술을 그 정련들로부터 유도할 수 있음을 알 수 있다. 이제, 고수준 동작 $h_1$과 $h_2$에 대해 다음과 같은 스키마들이 있다고 하자.

$$Action(h_1, \text{PRECOND: } \neg A, \text{EFFECT: } A \wedge \tilde{-}B),$$
$$Action(h_2, \text{PRECOND: } \neg B, \text{EFFECT: } \tilde{+}A \wedge \tilde{\pm}C).$$

즉, $h_1$은 $A$를 추가하며, $B$를 삭제할 수도 있다. $h_2$는 $A$를 추가할 수 있으며, $C$를 완전히 제어한다. 이러한 설정에서 동작열 $[h_1, h_2]$는 만일 초기 상태에서 $B$가 참이고 목표가 $A \wedge C$이면, 그리고 오직 그럴 때에만 목표를 달성한다. 그러면 에이전트는 $h_1$의 구현 중 $B$를 거짓으로 만드는 구현을 선택하고, 그런 다음 $h_2$의 구현 중 $A$를 참으로 놔두고 $C$를 참이 되게 하는 구현을 선택해야 한다.

앞의 논의는 고수준 동작의 효과들(즉, 임의의 주어진 초기 상태에 대한 도달 가능 집합)을 각 유량에 대한 효과를 서술함으로써 정확하게 서술할 수 있다고 가정한다. 그것이 항상 참이면 좋겠지만, 고수준 동작의 구현이 무한히 많고 그로부터 만들어지는 도달 가능 집합이 대단히 유동적이기 때문에(p.318의 도해 7.21에 나온 흔들리는 믿음 상태 문제와 비슷하게) 효과들을 근사적으로만 서술할 수 있는 경우도 많다. 예를 들어 앞에서 $Go(Home, SFO)$가 $Cash$를 삭제할 수도 있다고 했는데, 그 외에 $At(Car, SFOLongTerm Parking)$을 추가할 수도 있다. 그러나 둘 다 할 수는 없다. 사실 그 동작은 반드시 둘 중 하나를, 그리고 하나만 해야 한다. 결국, 믿음 상태에서처럼 **근사적인 서술**을 작성할 수 밖에 없는 상황이 될 수 있다. 그런 경우 두 종류의 근사를 사용하기로 한다. 하나는 **낙 관적 서술**(optimistic description) $\text{REACH}^+(s,h)$로, 이것은 고수준 동작 $h$의 실제 도달 가능 집합보다 큰 집합일 수 있다(과대평가). 또 하나는 실제 도달 집합의 과소평가일 수 있는 **비관적 서술**(pessimistic description) $\text{REACH}^-(s,h)$이다. 즉, 이들 사이에 다음과 같은 관계가 성립한다.

낙관적 서술

비관적 서술

$$\text{REACH}^-(s,h) \subseteq \text{REACH}(s,h) \subseteq \text{REACH}^+(s,h).$$

예를 들어 $Go(Home, SFO)$의 낙관적 서술은 그 동작이 $Cash$를 삭제할 수 있고 그와 함께 $At(Car, SFOLongTermParking)$을 추가할 수 있다고 말한다. 8-퍼즐에도 좋은 예가 있다. 이 문제의 상태 중 절반은 임의의 한 상태에서 도달할 수 없다(연습문제 11.PART 참고). 정확한 도달 가능 집합이 상당히 유동적이므로, $Act$의 낙관적 서술은 전체 상태 공간을 포함할 수 있다.

이러한 근사 서술들을 도입한다면, 주어진 계획이 목표를 달성하는지를 검사하는 방법도 다음과 같이 약간 수정해야 한다: 만일 계획에 대한 낙관적 도달 가능 집합이 목표와 교차하지 않는다면 그 계획은 작동하지 않는 것이고, 만일 비관적 도달 가능 집합이 목표와 교차한다면 그 계획은 작동한다(도해 11.10(a)). 정확한 서술들만 사용할 때에는 계획이 작동하거나 작동하지 않거나 둘 중 하나이지만, 근사 서술들에서는 그 중간지대가 존재한다. 만일 낙관적 집합이 목표와 교차하지만 비관적 집합은 교차하지 않는다면, 그 계획의 작동 여부는 말할 수 없다(도해 11.11(b)). 이런 상황에 처했을 때에는 계획을 더 정련해서 불확실성을 해소할 수 있다. 이는 사람의 추론에서 아주 흔한 상황이다. 예를 들어 이전에 언급한 2주간의 하와이 휴가 계획 수립 문제에서, 누군가가 일곱 섬에서 각각 이틀씩 보낸다는 계획을 낼 수도 있다. 신중한 사람이라면 섬과 섬 사이의 이동에 관한 세부사항을 추가해서 이러한 야심 찬 계획을 좀 더 정련해야 한다고 지적할 것이다.

천사 의미론의 근사 서술들이 있는 위계적 계획 수립을 위한 알고리즘 하나가 도해 11.11에 나와 있다. 단순함을 위해, 전반적인 방식은 도해 11.8에 쓰인 것과 같게 두었다 (즉, 정련 공간의 너비 우선 탐색). 방금 설명했듯이 이 알고리즘은 낙관적/비관적 도달 집합들과 목표의 교차를 판정해서, 작동할 계획들과 작동하지 않을 계획들을 검출한다. (각 단계의 근사 서술들이 주어진 계획의 도달 가능 집합을 계산하는 세부적인 방법은 연습문제 11.HLAP에서 다룬다.)

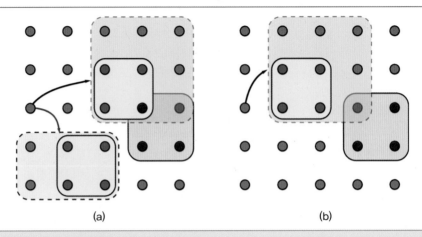

**도해 11.10** 근사 서술이 있는 고수준 계획의 목표 달성. 보라색 바탕은 목표 상태들의 집합이다. 계획마다 낙관적 도달 가능 집합(실선 테두리, 옅은 녹색 바탕)과 비관적 도달 가능 집합(점선 테두리)이 표시되어 있다. (a) 검은 화살표가 가리키는 계획은 목표 달성이 확실하지만 빨간색 화살표가 가리키는 계획은 그렇지 않다. (b) 목표를 달성할 수도 있지만(낙관적 도달 가능 집합이 목표와 교차하므로) 목표를 반드시 달성하지는 않는(비관적 도달 집합이 목표와 교차하지 않으므로) 계획의 예. 이 계획이 목표를 정말로 달성하는지 알려면 좀 더 정련해 봐야 한다.

작동하는 추상 계획을 발견했다면, 알고리즘은 원래의 문제를 부분 문제들(계획의 각 단계당 하나씩)로 **분해**(해체)한다. 각 부분 문제의 초기 상태와 목표는 계획의 도달이 보장된 목표 상태로 역행하면서 각 단계의 동작 스키마들을 훑어서 얻는다. (이 역행의 작동 방식에 대해서는 §11.2.2를 보라.) 도해 11.9(b)에 기본적인 착안이 나와 있다. 오른쪽의 동그라미 친 상태는 도달이 보장된 목표 상태이고, 왼쪽의 동그라미 친 상태는 목표에서 마지막 동작으로 역행해서 얻은 중간 결과이다.

고수준 계획을 확정 또는 거부하는 능력 덕분에 ANGELIC-SEARCH는 HIERARCHICAL-SEARCH보다 계산이 더 효율적이며, 기존의 BREADTH-FIRST-SEARCH와 비교한다면 훨씬 더 효율적이다. 예를 들어 직사각형 칸들로 $w \times h$ 격자 형태의 방들 여러 개가 좁은 복도들로 연결된 커다란 진공청소기 세계를 청소한다고 하자. 그런 경우 *Navigate*를 위한 고수준 동작(도해 11.7에 나온 것 같은)과 *CleanWholeRoom*을 위한 고수준 동작을 두는 것이 합당하다. (방을 청소하는 것은 한 줄(row)을 청소하는 또 다른 고수준 동작을 반복 적용해서 구현할 수 있다.) 원시 동작이 다섯 개이므로, BREADTH-FIRST-SEARCH의 비용은 $5^d$으로 증가한다. 여기서 $d$는 가장 짧은 해답의 길이이다(이는 대략 방 개수의 두 배이다). 알고리즘은 $3 \times 3$ 방 두 개도 감당하지 못한다. HIERARCHICAL-SEARCH는 그보다는 효율적이나, 위계구조에 대해 일관적인 모든 청소 방법을 시도하기 때문에 여전히 지수적 증가의 문제를 겪는다. 반면 ANGELIC-SEARCH의 복잡도 규모는 방 수에 대략 선형적으로 증가한다. 이 알고리즘은 방을 청소하고 다른 방으로 이동하는 좋은 고수준 동작열 하나에만 전념하고, 다른 선택들은 가지치기로 제거해 버린다.

**function** ANGELIC-SEARCH(*problem*, *hierarchy*, *initialPlan*) **returns** 해답 또는 *failure*

    *frontier* ← *initialPlan*이 유일한 요소인 FIFO 대기열
    **while** *true* **do**
      **if** IS-EMPTY(*frontier*) **then return** *failure*
      *plan* ← POP(*frontier*)   // *frontier*에서 가장 얕은 노드를 선택
      **if** REACH$^{+}$(*problem*.INITIAL, *plan*)이 *problem*.GOAL과 교차함 **then**
        **if** *plan*이 원시 계획임 **then return** *plan*  // REACH$^{+}$는 기본 계획들에 대해
                                    // 정확한 도달 가능 집합이다
        *guaranteed* ← REACH$^{-}$(*problem*.INITIAL, *plan*) ∩ *problem*.GOAL
        **if** *guaranteed* ≠ {}이고 MAKING-PROGRESS(*plan*, *initialPlan*)임 **then**
          *finalState* ← *guaranteed*의 임의의 요소
          **return** DECOMPOSE(*hierarchy*, *problem*.INITIAL, *plan*, *finalState*)
      *hla* ← *plan*의 어떤 고수준 동작
      *prefix*,*suffix* ← *plan*에서 *hla* 이전과 이후의 동작열들
      *outcome* ← RESULT(*problem*.INITIAL, *prefix*)
      **for each** *sequence* **in** REFINEMENTS(*hla*, *outcome*, *hierarchy*) **do**
        APPEND(*prefix*, *sequence*, *suffix*)를 *frontier*에 추가

**function** DECOMPOSE(*hierarchy*, $s_0$, *plan*, $s_f$) **returns** 해답

    *solution* ← 빈 계획
    **while** *plan*이 비지 않음 **do**
      *action* ← REMOVE-LAST(*plan*)
      $s_i$ ← $s_f$ ∈ REACH$^{-}$($s_i$, *action*)을 충족하는 REACH$^{-}$($s_0$, *plan*)의 한 상태
      *problem* ← INITIAL-STATE = $s_i$이고 GOAL = $s_f$인 문제
      *solution* ← APPEND(ANGELIC-SEARCH(*problem*, *hierarchy*, *action*), *solution*)
      $s_f$ ← $s_i$
    **return** *solution*

> **도해 11.11** 천사 의미론을 이용해서 작동하는 고수준 계획을 식별하고 실행을 확정하는(그리고 작동하지 않는 것은 피하는) 위계적 계획 수립 알고리즘. 술어 MAKING-PROGRESS는 정련들의 무한 역행에 빠지지는 않았는지 점검한다. 최상위 수준에서는 [*Act*]를 *initialPlan* 인수로 지정해서 ANGELIC-SEARCH를 호출한다.

사실 각각의 방을 차례로 청소함으로써 일단의 방들을 청소한다는 계획을 만들어 내는 데 엄청난 과학기술이 필요한 것은 아니다. 사람이 이런 계획을 쉽게 떠올릴 수 있는 이유는 바로 과제의 구조가 위계적이기 때문이다. 사람이 8-퍼즐 같은 작은 퍼즐을 풀기 어려워한다는 점을 생각할 때, 복잡한 문제를 푸는 인간의 능력은 조합들을 체계적으로 고찰하는 것이 아니라 문제를 추상화하고 분해해서 조합들을 제거하는 능력에서 비롯된 것으로 보인다.

천사 의미론 접근방식을 최소 비용 해답을 찾는 것으로 확장할 수도 있다. 이를 위해서는 도달 가능 집합의 개념을 일반화해야 한다. 구체적으로 말하면, 상태에 도달할 수 있느냐 아니냐를 따지는 대신 그 상태에 도달하는 가장 효율적인 방법의 비용을 따져야 한다. (도달 불가능 상태는 그 비용이 무한대이다.) 낙관적 서술과 비관적 서술은 이 비용들의 상, 하계를 결정한다. 이 방식에서 천사 검색은 최적임을 증명할 수 있는 추상 계획들을 그 구현들을 고려할 필요 없이 찾아낼 수 있다. 같은 접근방식으로 온라인 검색을 위한, LRTA*(p.184) 스타일의 효과적인 **위계적 예견**(hierarchical lookahead) 알고리즘을 얻을 수 있다.

위계적 예견

어떤 면에서 그런 알고리즘들은 하와이 휴가 계획 수립 같은 과제에서의 사람이 계획을 숙고하는 방식에서 볼 수 있는 측면들, 즉, 초기에 긴 시간 규모에 대한 추상 수준에서 대안들을 고려하고, 계획의 일부(이를테면 몰로카이에서 이틀을 느긋하게 보내는 계획 등)를 실행 시점까지 상당히 추상적인 수준으로 남겨두는 반면 일부는 상세히 계획하는(이를테면 비행기에 탑승하거나 숙소를 예약하는 등—이런 정련들이 없으면 계획 전체의 실현이 보장되지 않으므로) 등의 측면들을 반영한다고 할 수 있다.

# 11.5 비결정론적 정의역에서의 계획 수립과 실행

이번 절에서는 부분 관측 가능, 비결정론적, 미지의 환경으로 계획 수립을 확장한다. 이번 절의 기본 개념들은 제4장에 나온 것들과 부합하지만, 원자적 표현 대신 분해된 표현을 사용하는 것에서 비롯한 차이점이 존재한다. 이 점은 부분 관측 가능 환경에서 동작과 관측에 대한 에이전트의 능력을 표현하는 방식과 **믿음 상태**, 즉 에이전트가 처할만한 물리적 상태들의 집합을 표현하는 방식에 영향을 미친다. 또한 이번에는 §11.3에서 검색 발견적 함수를 계산하는 데 쓰인 여러 영역 독립적 방법들의 장점도 취한다.

이번 절에서는 관측이 전혀 불가능한 환경에서의 **무감지기 계획 수립**(sensorless planning; 이를 순응 계획 수립(conformant planning)이라고도 한다)과 부분 관측 가능 및 비결정론적 환경에서의 **비상 계획 수립**(contingency planning), 그리고 미지의 환경에서의 **온라인 계획 수립**(online planning)과 **계획 재수립**(replanning)을 논의한다. 이런 기법들이 있으면 현실 세계의 어느 정도 큰 실제 문제들을 풀 수 있다.

이런 문제를 생각해 보자. 의자(Chair) 하나와 탁자(Table) 하나가 주어졌을 때, 목표는 그 둘을 한 세트로 만드는 것, 좀 더 구체적으로는 둘이 같은 색이 되게 하는 것이다. 초기 상태에는 페인트 통(Can)이 두 개 있는데, 에이전트는 그 페인트들의 색과 가구의 색들을 알지 못한다. 그리고 초기 상태에서 에이전트의 시야에는 탁자만 보인다.

$$Init(Object(Table) \land Object(Chair) \land Can(C_1) \land Can(C_2) \land InView(Table))$$
$$Goal(Color(Chair, c) \land Color(Table, c))$$

동작은 두 가지로, 하나는 페인트 통의 뚜껑(lid)을 여는(remove) 것이고 또 하나는 열린 페인트 통을 이용해서 객체에 페인트를 칠하는 것이다. 다음은 이 두 동작의 스키마들이다.

$$
\begin{aligned}
&Action(RemoveLid(can),\\
&\quad \textsc{Precond}: Can(can)\\
&\quad \textsc{Effect}: Open(can))\\
&Action(Paint(x,\ can),\\
&\quad \textsc{Precond}: Object(x) \land Can(can) \land Color(can,\ c) \land Open(can)\\
&\quad \textsc{Effect}: Color(x,\ c))
\end{aligned}
$$

동작 스키마들은 이전과 마찬가지로 간단하다. 단, 이번에는 동작의 변수 목록에는 없는 변수가 동작의 전제조건과 효과에 포함될 수 있다. 예를 들어 $Paint(x,can)$은 통에 담긴 페인트의 색상을 나타내는 변수 $c$를 언급하지 않는다. 완전 관측 가능 환경에서는 이것이 허용되지 않으므로, 동작에 $Paint(x,can,c)$ 같은 이름을 부여해야 한다. 그러나 부분 관측 가능 환경에서는 통에 담긴 페인트의 색을 에이전트가 알 수도 있고 모를 수도 있다.

부분 관측 가능 문제를 풀려면 에이전트는 계획 실행 시 받을 지각들을 추론해야 한다. 지각은 실제 작동 시 에이전트의 감지기들을 통해서 공급된다. 그러나 계획 수립 국면에서는 감지기들의 모형이 필요하다. 제4장에서는 $\textsc{Percept}(s)$라는 하나의 함수를 그러한 모형으로 사용했다. 계획 수립에서는 PDDL에 **지각 스키마**(percept schema)라는 새로운 종류의 스키마를 추가한다.

지각 스키마

$$
\begin{aligned}
&Percept(Color(x,c),\\
&\quad \textsc{Precond}: Object(x) \land InView(x))\\
&Percept(Color(can,c),\\
&\quad \textsc{Precond}: Can(can) \land InView(can) \land Open(can))
\end{aligned}
$$

첫 스키마는 에이전트의 시야에 어떤 객체가 들어오면 에이전트가 객체의 색을 지각한다는 뜻이다(즉, 객체 $x$에 대해 에이전트는 모든 $c$에 대한 $Color(x,c)$의 진릿값을 알게 된다). 둘째 스키마는 만일 시야에 열린 페인트 통이 있으면 에이전트는 그 통의 페인트 색을 지각한다는 뜻이다. 이 세계에는 밖에서 생긴 사건이 없으므로, 한 객체의 색은 에이전트가 페인트를 칠해서 바꾸기 전까지는 변하지 않는다(아직 지각되지 않은 객체의 색들도 마찬가지). 물론 에이전트에게는 객체가 시야에 들어오게 하는 동작이 필요하다.

$$
\begin{aligned}
&Action(LookAt(x),\\
&\quad \textsc{Precond}: InView(y) \land (x \neq y)\\
&\quad \textsc{Effect}: InView(x) \land \neg InView(y))
\end{aligned}
$$

완전 관측 가능 환경에서는 각 유량에 대해 아무런 전제조건도 없는 $Percept$ 스키마가 있을 것이다. 그러나 무감지기 에이전트에는 $Percept$ 스키마가 아예 없다. 그렇지만 무감지기 에이전트도 이 가구 칠하기 문제를 풀 수 있음을 주목하기 바란다. 한 가지 해법은 그냥 아무 페인트 통이나 열어서 의자와 탁자에 그 페인트를 칠하는 것이다. 즉, 의자와 탁자를 **강제로** 같은 색으로 만들면 된다(비록 에이전트는 그것이 어떤 색인지 알지 못하지만).

감지기가 있는 비상 계획 수립 에이전트는 더 나은 계획을 만들어 낼 수 있다. 우선 탁자와 의자를 보고 각 색상을 파악한다. 만일 둘이 이미 같은 색이면 계획은 완료된 것이다. 아니라면 페인트 통을 본다. 만일 그 페인트가 두 가구 중 하나와 같은 색이면, 그 페인트를 다른 가구에 칠한다. 아니면 두 가구를 임의의 색으로 칠한다.

마지막으로, 온라인 계획 수립 에이전트는 먼저 몇 개의 분기(branch)들로 이루어진 비상 계획을 생성해 본다. 이때 가구의 색과 일치하는 페인트가 하나도 없을 수도 있다는 점은 무시할 수도 있다. 그리고 그 계획에 존재하는 문제점들은 계획 재수립을 통해서 해결한다. 이때 동작 스키마의 부정확성을 처리할 수도 있다. 비상 계획 수립기는 그냥 한 동작의 효과들이 항상 성공한다고 가정한다. 즉, 의자에 페인트를 칠하면 의자는 그 페인트의 색이 되는 것이다. 계획 재수립 에이전트는 그 결과를 점검하고 예기치 못한 실패(가구의 일부에 페인트가 칠해지지 않았다거나, 가구의 원래 색이 내비친다거나 하는)를 바로잡는 추가적인 계획을 세운다.

실제 응용에서 에이전트는 이런 접근방식들을 조합해서 사용한다. 자동차 제조업체는 예비 타이어와 에어백을 파는데, 이들은 펑크나 충돌을 처리하기 위해 고안된 비상 계획 분기들의 물리적 체현(embodiment)이라 할 수 있다. 한편 대부분의 운전자는 그럴 가능성을 전혀 고려하지 않는다. 문제가 발생하면 운전자는 계획 재수립 에이전트로서 반응한다. 일반적으로 에이전트는 오직 중요한 결과를 빚으며 발생 가능성을 무시할 수 없는 우발 사건들만 계획에 고려한다. 사하라 사막을 차로 횡단하는 운전자는 차량 고장에 대한 명시적인 비상 계획을 마련해야 하는 반면, 슈퍼마켓으로 차를 몰고 가는 운전자에는 그런 사전 계획 수립이 그리 필요하지 않다. 그럼 지금까지 언급한 세 가지 접근방식을 차례대로 좀 더 자세히 살펴보자.

## 11.5.1 무감지기 계획 수립

§4.4.1(p.167)에서 무감지기 문제의 해답을 찾기 위한 믿음 상태 공간 검색의 기본 개념을 소개했다. 무감지기 계획 수립 문제를 믿음 상태 계획 수립 문제로 바꾸는 방법은 §4.4.1에서 했던 것과 아주 비슷하다. 주된 차이는, 이제는 바탕에 깔린 물리적 전이 모형을 일단의 동작 스키마들로 표현한다는 점과 믿음 상태를 명시적으로 열거된 상태들의 집합이 아니라 논리식으로 표현한다는 점이다. 바탕 계획 수립 문제가 결정론적이라고 가정한다.

무감지기 가구 칠하기 문제의 초기 믿음 상태에서는 $InView$ 유량들을 무시할 수 있다. 어차피 에이전트에 감지기가 없기 때문이다. 더 나아가서, $Object(Table) \land Object$

$(Chair) \land Can(C_1) \land Can(C_2)$는 모든 믿음 상태에서 참이므로 하나의 기정사실로 간주할 수 있다. 에이전트는 페인트 통이나 객체(가구)의 색을 알지 못하며, 통이 열렸는지 닫혔는지도 알지 못한다. 그러나 통과 객체에 색이 있다는 점은 안다: $\forall x \; \exists c \; Color(x,c)$. 스콜렘화(§9.5.1 참고)를 거치면 다음과 같은 초기 믿음 상태가 나온다.

$$b_0 = Color(x, C(x)).$$

고전적 계획 수립에서는 **닫힌 세계 가정**에 의해, 상태에 언급되지 않은 임의의 유량이 거짓이라고 간주한다. 그러나 무감지기(그리고 부분 관측 가능) 계획 수립에서는 상태에 긍정적 유량과 부정적 유량이 모두 포함되며 상태에 언급되지 않은 유량의 값은 알지 못한다고 간주하는 **열린 세계 가정**(open-world assumption)을 사용한다. 이에 의해, 믿음 상태는 논리식(믿음 상태를 서술하는)을 충족할 수 있는 세계들의 집합에 정확히 대응된다. 이러한 초기 믿음 상태가 주어졌을 때, 해답은 다음과 같은 동작열이다.

$$[RemoveLid(Can_1), Paint(Chair, Can_1), Paint(Table, Can_1)].$$

이제 믿음 상태를 동작열을 따라 전진시키는 방법을 설명하고, 그렇게 해서 나온 최종 믿음 상태가 목표를 충족한다는 점을 보이겠다.

우선 주어진 믿음 상태 $b$에서 에이전트는 전제조건들이 $b$로 충족되는 임의의 동작을 고려할 수 있다는 점에 주목하자. (그렇지 않은 동작들은 사용할 수 없다. 전이 모형은 전제조건들이 충족되지 않을 수도 있는 동작의 효과들을 정의하지 않기 때문이다.) p. 168의 식 (4.4)에 따르면, 결정론적 세계에서 적용 가능한 동작 $a$가 주어졌을 때 믿음 상태 $b$를 갱신하는 공식은 다음과 같다.

$$b' = \text{RESULT}(b,a) = \{s' : s' = \text{RESULT}_P(s,a) \text{ 그리고 } s \in b\}.$$

여기서 $\text{RESULT}_P$는 물리적 전이 모형을 정의한다. 일단 지금은 초기 믿음 상태가 항상 리터럴들의 논리곱, 즉 1-CNF 형태의 논리식이라고 가정한다. 새로운 믿음 상태 $b'$을 구축하려면, 동작 $a$가 적용되었을 때 $b$의 각 물리적 상태 $s$의 각 리터럴 $\ell$에 어떤 일이 일어나는지 고려해야 한다. 진릿값이 $b$에 이미 알려진 리터럴에 대해서는, 리터럴의 현재 값과 동작의 추가 목록 및 삭제 목록에 의거해서 $b'$에서의 진릿값을 계산한다. (예를 들어 만일 $\ell$이 동작의 삭제 목록에 있다면 $\neg\ell$을 $b'$에 추가한다.) $b$에 진릿값이 알려지지 않은 리터럴은 어떻게 할까? 이는 세 가지 경우로 나뉜다.

1. 만일 동작이 $\ell$을 추가한다면, $\ell$은 그 초기 값과는 무관하게 $b'$에서 참이다.
2. 만일 동작이 $\ell$을 삭제한다면, $\ell$은 그 초기 값과는 무관하게 $b'$에서 거짓이다.
3. 만일 동작이 $\ell$에 영향을 미치지 않는다면, $\ell$은 초기 값(알려지지 않은)을 유지하며, $b'$에는 나타나지 않는다.

이상을 보면 $b'$의 계산이 완전 관측 가능의 경우와 거의 동일함을 알 수 있다. p.451의 식 (11.1)을 다시 쓰면 다음과 같다.

$$b' = \text{RESULT}(b, a) = (b - \text{DEL}(a)) \cup \text{ADD}(a).$$

그런데 여기서 집합 의미론을 사용할 수는 없다. 왜냐하면 (1) $b'$에 $\ell$과 $\neg\ell$이 모두 들어 있지 않도록 해야 하고, (2) 원자들에 묶이지 않은 변수들이 들어 있을 수도 있기 때문이다. 그러나 $\text{RESULT}(b, a)$를, $b$로부터 시작해서 $\text{DEL}(a)$에 나오는 임의의 원자를 거짓으로 설정하고 $\text{ADD}(a)$에 나오는 임의의 원자를 참으로 설정하면서 계산한다는 점은 여전하다. 예를 들어 $RemoveLid(Can_1)$을 초기 믿음 상태 $b_0$에 적용하면 다음이 나온다.

$$b_1 = Color(x, C(x)) \wedge Open(Can_1).$$

$Paint(Chair, Can_1)$을 적용할 때, 전제조건 $Color(Can_1, c)$는 알려진 리터럴 $Color(x, C(x))$와 대입 $\{x / Can_1, \, c / C(Can_1)\}$에 의해 충족된다. 이제 새 믿음 상태는 다음과 같다.

$$b_2 = Color(x, C(x)) \wedge Open(Can_1) \wedge Color(Chair, C(Can_1)).$$

마지막으로, $Paint(Table, Can_1)$을 적용하면 다음이 나온다.

$$b_3 = Color(x, C(x)) \wedge Open(Can_1) \wedge Color(Chair, \, C(Can_1))$$
$$\wedge \, Color(Table, \, C(Can_1)).$$

$c$를 $C(Can_1)$에 묶는 대입과 함께, 이 최종 믿음 상태는 목표 $Color(Table, c) \wedge Color(Chair, c)$를 충족한다.

▶ 갱신 규칙에 대한 위의 분석은 아주 중요한 사실 하나를 보여 준다. 바로, 리터럴들의 논리곱들로 정의된 믿음 상태들의 모임(family)은 PDDL 동작 스키마들로 정의되는 갱신들에 대해 닫혀 있다는 것이다. 다른 말로 하면, 믿음 상태가 리터럴들의 논리곱으로 출발했다면, 임의의 갱신의 결과는 역시 리터럴들의 논리곱이다. 따라서, 유량이 $n$개인 세계에서 임의의 믿음 상태를 크기가 $O(n)$인 하나의 논리곱으로 표현할 수 있다. 그러한 세계의 상태가 $2^n$개라는 점을 생각하면 이는 아주 고무적인 결과이다. 이는 필요하게 될 $2^n$개의 상태들의 모든 부분집합을 간결하게 표현할 수 있음을 뜻한다. 더 나아가서, 이전에 방문한 믿음 상태들의 부분집합 또는 포함집합인 믿음 상태들을 점검하는 과정 역시 간단하다(적어도 명제 논리의 경우에는).

이러한 희망적인 이야기에 숨겨진 한 가지 실망스러운 사항은, 이것이 전제조건들이 충족되는 모든 상태에 대해 **효과들이 동일하다**는 성질이 동작 스키마들에 대해서만 작동한다는 것이다. 1–CNF 믿음 상태 표현이 유지되는 것은 바로 그러한 성질 덕분이다. 상태에 따라 효과들이 다를 수 있으면 유량들 사이에 의존관계(dependency; 의존성)들이 도입되어서 1–CNF 성질이 사라진다.

예를 들어 §3.2.1에서 정의한 간단한 진공청소기 세계를 생각해 보자. 로봇이 있는 위치에 대한 유량이 $AtL$과 $AtR$이고, 사각형 칸의 상태에 대한 유량이 $CleanL$과 $CleanR$이라고 하자. 문제의 정의에 따르면 $Suck$ 동작에는 전제조건이 없다. 이 동작은 항상 실행된다. 그러나 그 효과는 로봇의 위치에 의존한다는 것이 문제이다. 로봇이 $AtL$에 있으면 동작의 결과는 $CleanL$이지만 $AtR$에 있으면 결과는 $CleanR$이다. 이런 동작들을 위해서는 동작 스키마에 **조건부 효과**(conditional effect)라는 새로운 종류의 효과를 도입해야 한다. 조건부 효과는 "**when** *조건:효과*" 형태로 표기한다. 여기서 조건은 현재 상태와 비교할 논리식이고 **효과**는 동작을 실행한 결과로 나온 상태를 서술하는 논리식이다. 이제 진공청소기 세계의 청소 동작 스키마를 다음과 같이 서술할 수 있다.

조건부 효과

$Action(Suck,$
    EFFECT: **when** $AtL$: $CleanL$ $\wedge$ **when** $AtR$: $CleanR)$.

이를 초기 믿음 상태 $True$에 적용하면 $(AtL \wedge CleanL) \vee (AtR \wedge CleanR)$이라는 믿음 상태가 나오는데, 이것은 더 이상 1-CNF가 아니다. (이러한 전이가 p.170의 도해 4.14에 나온다.) 일반적으로 조건부 효과는 한 믿음 상태의 유량들 사이의 임의의 의존관계를 연역할 수 있는데, 이 때문에 최악의 경우 믿음 상태들의 크기가 지수적으로 커질 수 있다.

전제조건과 조건부 효과의 차이를 이해하는 것이 중요하다. 조건부 효과의 경우 조건들이 충족된 **모든** 조건부 효과의 효과들이 상태에 적용되며, 이에 의해 결과 믿음 상태가 만들어진다. 만일 그 어떤 조건도 충족되지 않았다면 결과 상태는 변하지 않는다. 반면 **전제조건**은 하나라도 충족되지 않으면 해당 동작이 적용되지 않으며, 결과 상태는 정의되지 않는다. 무감지기 계획 수립의 관점에서는 조건부 효과가 적용 불가능한 동작보다 낫다. 예를 들어 $Suck$을 다음과 같이 조건 없는 효과들을 가진 두 개의 동작으로 분리할 수 있다.

$Action(SuckL,$
    PRECOND: $AtL$; EFFECT: $CleanL)$
$Action(SuckR,$
    PRECOND: $AtR$; EFFECT: $CleanR)$.

이제는 조건 없는 스키마들만 있으므로 믿음 상태는 항상 1-CNF의 형태를 유지한다. 그러나 안타깝게도 초기 믿음 상태에서 $SuckL$과 $SuckR$의 적용 가능 여부를 결정할 수 없다.

따라서, 자명하지 않은 문제들에는 필연적으로 유동적인 믿음 상태들이 관여하는 것으로 보인다. 이는 웜퍼스 세계의 상태 추정 문제를 고려할 때 만났던 상황과 비슷하다(p.318의 도해 7.21 참고). 그때는 정확한 믿음 상태에 대한 **보수적 근사**(conservative approximation)를 사용하는 것을 대안으로 제시했다. 예를 들어 만일 믿음 상태에 진릿값을 결정할 수 있는 리터럴들만 들어 있고 그 외의 모든 리터럴은 알려지지 않은 것으로 간주할 수 있다면, 믿음 상태는 1-CNF를 유지할 수 있다. 이러한 접근방식은 부정확한 계획을 결코 생성하지 않는다는 의미에서 건전하다. 그러나 리터럴들 사이의 상호작용이 반드시 관여하는 문제들의 해답은 찾지 못할 수 있다는 점에서 **비완결적이다.** 자명한 예로, 로봇이 깨끗한 칸에 있는 것이 목표라고 하면 $[Suck]$이 하나의 해답이다. 1-CNF 믿음 상태를 고집하는 무감지기 에이전트는 그 해답을 찾지 못한다.

아마도 더 나은 해법은 믿음 상태들을 최대한 단순하게 유지하는 동작열들을 찾는 것이다. 무감지기 진공청소기 세계에서 동작열 $[Right, Suck, Left, Suck]$은 다음과 같은 일련의 믿음 상태들을 산출한다.

$$b_0 = True$$
$$b_1 = AtR$$
$$b_2 = AtR \wedge CleanR$$
$$b_3 = AtL \wedge CleanR$$
$$b_4 = AtL \wedge CleanR \wedge CleanL$$

즉, 에이전트는 1-CNF 믿음 상태를 유지하면서도 문제를 **풀 수** 있다. 비록 일부 동작열 (이를테면 $Suck$으로 시작하는 것들)은 1-CNF를 벗어나긴 하지만 말이다. 이상의 논의가 주는 교훈은, 사람의 방식을 간과하지 말라는 것이다. 우리는 항상 작은 동작들을 수행해서(자주 시계를 보고, 주머니를 두드려서 차 열쇠가 있는지 확인하고, 도시 안을 돌아다닐 때 도로표지판을 보는 등) 불확실성을 제거하면서 믿음 상태를 감당할 수 있는 수준으로 유지한다.

그런데 감당할 수 없을 정도로 유동적인 믿음 상태들의 문제에 대한 상당히 다른 접근방식이 있다. 바로, 그런 것들을 아예 계산하지 않는 것이다. 초기 믿음 상태 $b_0$에 대해 동작열 $[a_1, ..., a_m]$을 적용하면 어떤 상태가 되는지 알고 싶다고 하자. 그 결과 상태를 명시적으로 계산하는 대신, 그냥 "$b_0$ 다음에 $[a_1, ..., a_m]$"이라고 표현하고 넘어간다. 이는 그 믿음 상태에 대한 게으르긴 하지만 애매하지 않은 표현이며, 상당히 간결하다. $n$이 초기 믿음 상태(1-CNF라고 가정)의 크기이고 $m$이 동작열의 최대 길이라 할 때, 복잡도는 $O(n + m)$이다. 그런데 믿음 상태 표현으로서의 이 표현에는 한 가지 단점이 있다. 바로, 목표의 충족 여부나 동작의 적용 가능 여부를 판정하려면 계산이 많이 필요할 수 있다는 것이다.

그러한 계산을 하나의 함축 판정으로 구현할 수 있다. $A_m$이 동작 $a_1, ..., a_m$의 출현들을 정의하는 데 필요한 후행 상태 공리들(§11.2.3의 SATPLAN에 대해 설명 참고)의 모임이고 $G_m$이 $m$개의 단계 이후 목표가 참임을 단언하는 문장이라고 할 때, 계획은 만일 $b_0 \wedge A_m \models G_m$이면, 즉 $b_0 \wedge A_m \wedge \neg G_m$이 충족 불가능이면 목표를 달성한다. 현대적인 SAT 해결기가 있다고 할 때, 이를 전체 믿음 상태를 계산하는 것보다 훨씬 빨리 수행하는 것이 가능할 수 있다. 예를 들어 만일 동작열의 모든 동작의 추가 목록에 특정 목표 유량이 존재하지 않는다면, 해결기는 그 점을 즉시 알아챈다. 또한 믿음 상태에 대한 부분 결과들(이를테면 참 또는 거짓이 밝혀진 유량들)을 캐시에 저장해서 이후의 계산들을 단순화하는 것도 도움이 된다.

이 무감지기 계획 수립 퍼즐의 마지막 조각은 검색을 이끌 발견적 함수이다. 이 발견 함수의 의미는 고전적 계획 수립의 것과 동일하다. 즉, 주어진 믿음 상태에서 목표를 달성하는 비용의 추정치(허용 가능일 수도 있다)이다. 그런데 믿음 상태의 발견적 함수에 관해 유용한 사실이 하나 더 있다. 바로, 한 믿음 상태의 임의의 부분집합을 푸는 것은 믿음 상태 전체를 푸는 것보다 반드시 더 쉽다는 것이다. 즉, 다음이 성립한다.

$$만일 \ b_1 \sqsubseteq b_2이면 \ h^*(b_1) \le h^*(b_2).$$

따라서, 한 부분집합에 맞게 만들어진 임의의 허용 가능 발견적 함수는 믿음 상태 자체에 대해서도 허용 가능이다. 가장 명백한 후보는 한원소 부분집합들, 즉, 개별 물리적 상태들이다. 믿음 상태 $b$에 있는 상태 $s_1, ..., s_N$ 중 임의의 것들을 선택해서 임의의 허용 가능 발견적 함수 $h$를 적용하고, 다음을 $b$를 풀기 위한 발견적 추정치로 사용하면 된다.

$$H(b) = \max\{h(s_1), ..., h(s_N)\}.$$

또한, 삭제 목록 무시 발견법(p.462) 같은 허용 가능 발견적 함수를 사용할 수도 있다. 실제 응용에서 이 방법이 상당히 잘 작동하는 것으로 보인다.

## 11.5.2 비상 계획 수립

제4장에서 보았듯이, 부분 관측 가능이거나 비결정론적인(또는 둘 다인) 환경에는 지각들에 기초해서 조건부 분기가 일어나는 계획을 생성하는 비상 계획 수립(contingency planning; 또는 우발성 계획 수립, 대응 계획 수립)이 적합하다. 부분 관측 가능 가구 칠하기 문제에 대해 앞에서와 같은 지각 공리들이 주어졌다고 할 때, 다음과 같은 조건부 (conditional) 해답이 가능하다.

[*LookAt*(*Table*), *LookAt*(*Chair*),
  **if** *Color*(*Table*, *c*) $\land$ *Color*(*Chair*, *c*) **then** *NoOp*
    **else** [*RemoveLid*(*Can$_1$*), *LookAt*(*Can$_1$*), *RemoveLid*(*Can$_2$*), *LookAt*(*Can$_2$*),
      **if** *Color* (*Table*, *c*) $\land$ *Color*(*can*, *c*) **then** *Paint*(*Chair*, *can*)
      **else if** *Color*(*Chair*, *c*) $\land$ *Color*(*can*, *c*) **then** *Paint*(*Table*, *can*)
      **else** [*Paint*(*Chair*, *Can$_1$*), *Paint*(*Table*, *Can$_1$*)]]]]

이 계획의 변수들에 존재 한정이 적용된 것이라고 간주해야 한다. 둘째 행은 만일 탁자와 의자의 색인 어떤 색상 $c$가 존재하면 에이전트는 목표 달성을 위해 아무 일도 할 필요가 없음을 말해 준다. 이 계획을 실행할 때, 비상 계획 수립 에이전트는 자신의 믿음 상태를 하나의 논리식 형태로 유지할 수 있으며, 각 분기 조건을 믿음 상태가 조건식을 함축하는지 아니면 조건식의 부정을 함축하는지를 평가해서 결정할 수 있다. (에이전트 계획 실행 도중 조건식의 진릿값이 알려지지 않는 믿음 상태가 나오는 일이 없게 하는 것은 비상 계획 수립 알고리즘의 책임이다.) 1차 논리에서는 조건식이 충족되는 방식이 딱 한 가지가 아닐 수도 있음을 주의해야 한다. 예를 들어 $Color(Table,c) \wedge Color(can,c)$라는 조건은 $\{can/Can_1\}$로 충족될 수도 있고 $\{can/Can_2\}$로 충족될 수도 있다. 그런 경우 에이전트는 계획의 아무 대입이나 선택해서 계획의 나머지 부분에 적용하면 된다.

§4.4.2에서 보았듯이, 동작 $a$를 실행하고 새 지각을 받은 후 새 믿음 상태 $\hat{b}$를 계산하는 과정은 두 단계로 진행된다. 첫 단계에서는 무감지기 에이전트에서처럼 동작 이후의 믿음 상태를 계산한다.

$$\hat{b} = (b - \text{DEL}(a)) \cup \text{ADD}(a).$$

이전처럼, 여기에는 믿음 상태가 리터럴들의 논리곱 형태라는 가정이 깔려 있다. 둘째 단계는 좀 더 까다롭다. 받은 지각들에 해당하는 리터럴들이 $p_1, \ldots, p_k$라고 하자. 그냥 이들을 믿음 상태에 추가하는 것으로 끝낼 수도 있지만, 거기서 더 나아가서 감지의 전제조건들이 충족되었는지를 추론하는 것도 가능하다. 지각 $p$에 정확히 하나의 지각 스키마 $Percept(p, \text{PRECOND}:c)$가 있다고 하자. 여기서 $c$는 리터럴들의 논리곱이다. 그러면 그 리터럴들을 $p$와 함께 믿음 상태에 추가할 수 있다. 한편, 만일 $p$에 대한 지각 스키마가 여러 개이고 그 전제조건들이 예측된 믿음 상태 $\hat{b}$에 따라 충족될 수도 있고 아닐 수도 있다면, 그 전제조건들의 **논리합**을 추가해야 한다. 물론 이렇게 하면 믿음 상태가 더 이상 1-CNF가 아닐 수 있으며, 따라서 조건부 효과들에서와 같은 문제점이 발생하게 된다. 그에 대한 해결책도 조건부 효과들에서와 비슷하다.

정확한 또는 근사적인 믿음 상태를 계산하는 메커니즘이 갖추어져 있다고 할 때, §4.4에 나온 믿음 상태들에 대한 AND-OR 순방향 검색을 확장해서 비상 계획을 생성할 수 있다. 비결정론적 효과들을 가진 동작(그냥 동작 스키마의 EFFECT에 있는 한 논리합으로 정의되는 동작)들은 믿음 상태 갱신 계산을 조금만 고치면(검색 알고리즘은 전혀 수정할 필요 없이) 지원할 수 있다.[4] 발견적 함수를 구하는 문제에 관해서는, 무감지기 계획 수립에 대해 제안된 여러 방법들을 부분 관측 가능, 비결정론적 경우에도 적용할 수 있다.

### 11.5.3 온라인 계획 재수립

자동차 공장에서 점 용접(spot-welding) 로봇을 관측한다고 하자. 조립 라인을 따라 차량이 밀려올 때마다 로봇은 빠르고 정확한 운동을 반복한다. 기술적으로 인상적이긴 하지만, 로봇이 **지능적**이라는 느낌은 전혀 없다. 이는 로봇의 운동이 항상 미리 정해진 절차를 따르기 때문이다. 그 어떤 의미 있는 관점으로 보아도, 로봇은 "자신이 무슨 일을 하는지" 전혀 모르고 있음이 명백하다. 그런데 차체에 부실하게 장착되어 있던 차 문이 로

---

**4** 비결정론적 문제에 대해 순환(cyclic) 해답이 요구된다면, AND-OR 검색을 반드시 LAO* 같은 루프 지원 버전으로 일반화해야 한다(Hansen 및 Zilberstein, 2001).

봇이 점 용접을 시도하기 직전에 아래로 떨어졌다고 하자. 그러자 로봇은 자신의 용접 작동기를 집게로 대체해서 차 문을 집어올리고, 흠집이 났는지 점검하고, 차체에 다시 부착하고, 제조라인 관리자에게 메일을 보내고, 다시 용접 작동기를 장착하고, 원래 하던 일을 재개한다. 이런 상황을 관측하면 갑자기 로봇의 행동이 기계적인 것이 아니라 **합목적**<sup>合目的</sup>**적**인 것처럼, 즉 나름의 목적을 가지고 그에 맞게 움직이는 것처럼 보이게 된다. 이러한 로봇의 행동은 미리 계산된 방대한 비상 계획이 아니라 온라인 계획 재수립 과정에 의한 것이라고 가정할 수 있다. 이는 로봇이 자신이 하려는 일을 실제로 **알고** 있음을 뜻한다.

실행 감시

계획 재수립은 새 계획의 필요성을 결정하는 **실행 감시**(execution monitoring) 능력이 갖추어져 있다고 가정한다. 계획 재수립의 필요성은 비상 계획 수립 에이전트가 이를테면 하늘이 갑자기 머리 위로 무너져 내리는 등의[5] 모든 사소한 우발적 사건들을 일일이 계획하기가 피곤할 때 발생한다. 이는 비상 계획이 불완전한 형태로 남아 있음을 뜻한다. 예를 들어, 비상 계획을 부분적으로만 구축하고, 완성되지 않은 일부 가지에 그냥 *Replan*만 둘 수도 있다. 계획 실행 도중 그런 가지를 만나면 에이전트는 계획 수립 모드로 들어간다. 이전에 언급했듯이, 문제를 미리 얼마나 풀 것인지, 그리고 얼마나 많은 부분을 계획 재수립 대상으로 남겨둘 것인지의 결정에는 발생 가능한 사건들의 서로 다른 비용과 발생 확률 사이의 절충점을 찾는 과제가 관여한다. 사하라 사막 중간에서 차가 고장 난 후에야 식수 확보 계획을 수립하려는 사람은 없을 것이다.

계획 재수립은 세계에 대한 에이전트의 모형이 부정확할 때에도 필요할 수 있다. 예를 들어 어떤 동작의 모형에 어떤 **전제조건**이 **누락**되어 있을 수도 있다. 예를 들어 에이전트는 페인트 통을 열려면 스크루드라이버가 필요하다는 사실을 몰랐을 수 있다. 또한 모형에 어떤 **효과**가 **누락**되어 있을 수도 있다. 예를 들어 어떤 객체에 페인트를 칠하면 그 바닥에도 페인트가 칠해질 수 있다. 그리고 모형에 어떤 **유량**이 **누락**되어 있을 수도 있다(애초에 표현 자체에 그런 유량이 없었기 때문에). 예를 들어 가구 칠하기 문제의 모형은 페인트 통에 담긴 페인트의 양에 대해 언급하지 않으며, 동작들이 페인트 양에 어떤 영향을 미치는지나 그 양이 0이 아니어야 하는지에 대한 여부도 언급하지 않는다. 모형에 **외인성 사건**(exogenous event)에 대한 대비가 없을 수도 있다. 가구 칠하기의 예에서는, 누군가가 페인트 통을 차서 넘어뜨릴 수도 있다. 외인성 사건에는 목표의 변경도 포함된다. 예를 들어 의자와 탁자를 검은 색으로 칠해서는 안 된다는 요구조건이 추가될 수도 있다. 감시와 계획 재수립 능력이 없다면, 자신의 모형이 절대적으로 정확하다는 믿음에 의존하는 에이전트의 행동은 취약할(fragile) 가능성이 크다.

계획 실행 도중 온라인 에이전트가 환경을 감시하는 방법은 크게 다음 세 가지이다.

전제조건 누락

효과 누락

유량 누락

외인성 사건

---

5  1954년에 앨라배마의 호지스 부인이 지붕을 뚫고 떨어진 운석에 맞았다. 1992년에는 음발레(Mbale) 운석한 조각이 한 소년의 머리를 쳤다. 다행히 바나나 잎들 덕분에 운석의 낙하 속도가 줄어들었다(Jenniskens 외, 1994). 그리고 2009년에는 한 독일 소년이 손에 콩만한 운석을 맞았다고 주장했다. 이 사건들의 피해자 모두 심각한 부상을 입지는 않았다는 점은, 이런 우발 사건들에 대한 사전 계획 수립의 필요성이 종종 과대평가되었음을 암시한다.

- **동작 감시**: 한 동작을 실행하기 전에, 에이전트는 모든 전제조건이 여전히 성립되는지 검증한다.

- **계획 감시**: 한 동작을 실행하기 전에, 에이전트는 나머지 계획이 여전히 성공할 것인지 검증한다.

- **목표 감시**: 한 동작을 실행하기 전에, 에이전트는 달성하고자 시도할 더 나은 목표들의 집합이 있는지 점검한다.

도해 11.12에 동작 감시가 도식화되어 있다. 에이전트는 자신의 원래 계획(그림의 '전체 계획')과 그 계획 중 아직 실행되지 않은 부분(그림의 '계획')을 유지한다. 계획의 단계들을 수행하는 과정에서 에이전트는 자신이 상태 $E$에 있을 거라고 기대했지만, 실제로는 상태 $O$에 있음을 관측한다. 그러면 에이전트는 다시 돌아갈 수 있는 원래 계획의 한 지점 $P$를 찾아내서 계획을 보수(repair)한다. (그 $P$가 목표 상태 $G$일 수도 있다.) 이때 에이전트는 계획의 총비용, 즉 보수 부분($O$에서 $P$까지)의 비용과 재개 부분($P$에서 $G$)의 비용의 합을 최소화하려 한다.

그럼 탁자와 의자가 같은 색이 되게 하는 문제로 돌아가서, 에이전트가 다음과 같은 계획을 만들어 냈다고 가정하자.

$[LookAt(Table),\ LookAt(Chair),$
　**if** $Color(Table,\ c) \wedge Color(Chair,\ c)$ **then** $NoOp$
　　**else** $[RemoveLid(Can_1),\ LookAt(Can_1),$
　　　**if** $Color(Table,\ c) \wedge Color(Can_1,\ c)$ **then** $Paint(Chair,\ Can_1)$
　　　**else** REPLAN$]]$.

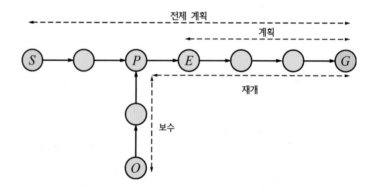

**도해 11.12** 처음에는 '전체 계획' 동작열에 의해 에이전트가 $S$에서 $G$로 간다고 예측된다. 그러나 에이전트는 그 계획의 단계들을 실행하다가, 상태 $E$에 있을 거라고 기대하지만 실제로는 상태 $O$에 있음을 관측하게 된다. 그러면 에이전트는 최소한의 '보수' 더하기 '재개'로 $G$에 도달하는 계획을 재수립한다.

이제 에이전트가 이 계획을 실행한다고 하자. 에이전트는 탁자와 페인트 통이 흰색이고 의자가 검은색임을 지각한다. 그런 다음 $Paint(Chair, Can_1)$을 실행한다. 이 시점에서 고전적 계획 수립기라면, 의도한 계획이 실행되었으므로 승리를 선언했을 것이다. 그러나 온라인 실행 감시 에이전트는 동작이 성공적인지 점검해야 한다.

덧칠한 흰색 페인트 밑의 검은색 페인트가 비쳐서 의자에 회색 얼룩이 있음을 에이전트가 지각했다고 하자. 탁자와 의자의 색이 같지 않으므로, 에이전트는 계획에서 하나의 복구 지점을 찾아내고 그 지점에 도달할 수 있는 보수 동작열을 만들어야 한다. 에이전트는 현재 상태가 $Paint(Chair, Can_1)$ 동작 이전의 전제조건과 동일함을 알아채고는, 빈 동작열을 '보수' 부분으로 선택하고, 방금 시도한 $[Paint]$를 '계획'으로 선택한다. 이러한 새 계획을 마련한 후 에이전트는 다시 실행 감시를 재개하고 $Paint$ 동작을 재시도한다. 이런 과정이 의자가 완전히 칠해졌음을 말해 주는 지각을 받을 때까지 반복된다. 그런데 이러한 반복이 계획 안의 어떤 명시적인 루프가 아니라 계획-실행-재계획 과정에 의해 일어남을 주목하기 바란다. 또한 원래의 계획을 모든 우발 사건마다 복원할 필요가 없다는 점도 주목할 필요가 있다. 만일 에이전트가 REPLAN이라고 표시된 단계에 도달했다면, 에이전트는 새 계획(아마도 $Can_2$가 관여하는)을 생성할 수 있다.

동작 감시는 간단한 시행 감시 방법이나, 가끔 덜 지능적인 행동으로 이어질 수 있다. 예를 들어 흰색 페인트나 검은색 페인트가 없으며, 에이전트가 의자와 탁자를 모두 빨간색으로 칠해서 가구 칠하기 문제를 푸는 계획을 구축한다고 가정하자. 동작 감시에서는, 에이전트가 의자를 빨갛게 칠한 후 빨간색 페인트가 모자라서 탁자를 칠할 수 없다는 점을 알게 되고, 그래서 의자와 탁자를 모두 녹색으로 칠하는 보수 계획을 수립하는 식으로 행동할 수 있다. 계획 감시 에이전트는 계획 실패 상황(현재 상태에서는 나머지 계획이 더는 작동하지 않는 등의)을 검출할 수 있다. 따라서 의자를 빨간색으로 칠하느라 시간을 낭비하지 않는다.

계획 감시는 남은 계획 전체의 성공에 대한 전제조건들, 즉 계획의 모든 단계의 전제조건 중 나머지 계획에 있는 다른 어떤 단계에 의해 달성되는 것들을 제외한 전제조건들의 점검을 통해서 이루어진다. 계획 감시는 가망 없는 계획의 실행을 최대한 일찍 차단한다(실패가 실제로 발생할 때까지 실행하는 대신).[6] 계획 감시는 또한 **운 좋은 발견**(serendipity), 즉 우연적인 성공도 가능하게 한다. 만일 에이전트가 의자에 빨간 페인트를 칠하는 동안 누군가가 탁자를 빨간 페인트로 칠했다면, 최종 계획 전제조건들이 충족되며(목표 달성), 따라서 에이전트는 조기 퇴근할 수 있다.

동작 감시를 위해 계획의 각 동작에 그 동작의 전제조건들을 부착하도록 계획 수립 알고리즘을 고치는 것은 간단한 일이다. 계획 감시를 가능하게 만드는 것은 좀 더 복잡하다. 이 부분에서는 부분 순서 계획 수립기가 유리하다. 부분 순서 계획 수립기는 이미

---

6 계획 감시 덕분에, 무려 480여 쪽 분량의 논의 후에 드디어 쇠똥구리(p.58)보다 더 똑똑한 에이전트가 등장했다! 계획 감시 에이전트는 자신이 쇠똥 공을 잡고 있지 않음을 감지하고, 다른 공을 구해서 구멍에 끼워 넣을 계획을 다시 수립할 것이다.

계획 감시에 필요한 관계들을 담은 자료구조를 구축해 두었기 때문이다. 상태 공간 계획 수립기의 경우에는, 계획 감시에 필요한 추가 정보로 알고리즘을 증강하려면 계획을 통해 목표 유량들을 역행할 때 세심한 관리 작업(bookkeeping)이 필요하다.

지금까지 감시와 계획 재수립을 위한 방법 하나를 설명했다. 그런데 "실제로 작동할까?"라는 질문을 던지지 않을 수 없다. 이는 놀랄 만큼 까다로운 질문이다. 이 질문이 "에이전트가 항상 목표를 달성함을 보장할 수 있는가?"라는 뜻이라면 그 답은 "아니요"이다. 왜냐하면, 뜻하지 않게 에이전트가 보수가 불가능한 막다른 골목에 다다를 수도 있기 때문이다. 예를 들어 진공청소기 에이전트의 모형에 결함이 있어서, 진공청소기의 배터리가 다 닳을 수 있다는 점을 알지 못할 수도 있다. 만일 실행 도중 배터리가 소진되면 에이전트는 그 어떤 계획도 보수할 수 없다. 막다른 골목을 배제한다면, 즉 환경의 임의의 상태에서 목표에 도달하는 계획이 항상 존재한다고 가정하면, 그리고 환경이 진정으로 비결정론적(계획의 임의의 주어진 실행 시도가 성공할 확률이 항상 0보다 크다는 의미에서)이라고 가정한다면, 에이전트는 언젠가는 목표에 도달할 것이다.

문제는 비결정론적 동작으로 보이는 동작이 사실은 무작위하지 않고, 에이전트가 알지 못하는 어떤 전제조건에 의존할 때 발생한다. 예를 들어 페인트 통이 비어 있을 수 있으며, 따라서 페인트 통으로 가구에 페인트를 칠하는 동작이 아무런 효과도 내지 못할 수 있다. 이 경우 같은 동작을 아무리 여러 번 시도해도 결과는 변하지 않는다.[7] 한 가지 해결책은 매번 같은 보수 계획을 시도하는 것이 아니라, 가능한 보수 계획 중 하나를 임의로 선택해서 시도하는 것이다. 이 경우, 다른 페인트 통을 연다는 보수 계획이 선택된다면 목표 달성이 가능해질 것이다. 더 나은 접근방식은 더 나은 모형을 **학습**하는 것이다. 모든 예측 실패는 학습의 기회이다. 에이전트는 주어진 지각들에 기초해서 자신의 세계 모형을 수정할 수 있어야 한다. 그러면 계획 재수립기는 자신의 힘으로 근본 문제에 도달할 수 있는 보수 계획을 찾아낼 수 있다(언젠가 적절한 보수 계획이 선택되리라는 운에 기대는 것이 아니라).

# 11.6 시간, 일정, 자원

고전적인 계획 수립은 무엇을 할 것인가와 어떤 순서로 할 것인가를 다룰 뿐, 동작을 언제부터 얼마나 오래 실행할 것인지는 언급하지 않는다. 예를 들어 공항 문제 영역에서 어떤 비행기를 어디로 보내는지에 대한 계획을 수립할 수는 있어도 비행기의 출발 시간과 도착 시간을 지정할 수는 없다. 후자는 **일정 수립**(scheduling)에 해당하는 문제이다.

일정 수립

자원 제약

실세계에는 또한 다양한 **자원 제약**이 존재한다. 예를 들어 한 항공편의 직원 수는 유한하며, 한 직원이 동시에 둘 이상의 비행기에 탈 수는 없다. 이번 절에서는 자원 제약

---

7 계획 보수를 헛되이 되풀이하는 것은 나나니벌(p.58)이 보이는 행동과 정확히 일치한다.

이 있는 계획 수립 및 일정 수립 문제를 위한 기법들을 소개한다.

이번 절이 취하는 접근방식은 "계획 먼저, 일정은 나중에"이다. 즉, 우선 전체 문제를 **계획 수립** 국면과 **일정 수립** 국면으로 나누어서 그 순서대로 푼다. 계획 수립 국면에서는 문제의 목표들을 달성할 수 있는 동작들을 일정한 순서 제약을 지키면서 선택하고, 일정 수립 국면에서는 자원 제약과 마감(deadline) 제약이 지켜지도록 그 계획에 적절한 시간 정보를 부가한다. 이러한 접근방식은 실제 공업과 유통(물류)업 분야에서 흔히 쓰이는데, 그런 분야들에서는 계획 단계를 자동화할 때도 있고 인간 전문가가 직접 수행할 때도 있다.

## 11.6.1 시간적 제약과 자원 제약의 표현

주문생산 일정 수립
작업

기간

소비 가능
재사용 가능

제조지속시간

취합

전형적인 **주문생산 일정 수립**(job-shop scheduling) 문제(§6.1.2)는 일단의 **작업**(job)들로 이루어진다. 각 작업은 일단의 **동작**(action)들과 그 동작들 사이의 순서 관계로 정의된다. 각 동작에는 **기간**(duration)이 있으며, 그 동작에 필요한 자원들에 관한 제약들도 있다. 각 제약은 자원의 **종류**(type; 이를테면 나사, 렌치, 조종사 등), 필요한 자원의 수, 자원의 **소비 가능**(consumable) 여부(예를 들어 나사가 하나도 남아 있지 않으면 사용할 수 없다)와 **재사용 가능**(reusable) 여부(이를테면 비행기 운행 도중에는 조종사를 사용할 수 없지만, 운행이 끝나면 조종사를 다시 사용할 수 있다)를 명시한다. 동작이 자원을 생산하기도 한다(이를테면 제조 동작이나 재공급 동작).

주문생산 일정 수립 문제의 해답은 각 동작의 시작 시간을 지정하며, 모든 시간 순서 제약과 자원 제약을 충족해야 한다. 검색이나 계획 수립 문제에서처럼 해답들을 그 비용 함수를 이용해서 평가할 수 있다. 그런데 비선형적인 자원 비용들과 시간 의존적 지연 비용 등의 요인으로 그러한 평가가 상당히 복잡할 수 있다. 단순함을 위해 여기서는 비용 함수가 그냥 계획의 총 기간이라고 가정한다. 그러한 총 기간을 **제조지속시간**(makespan)이라고 부르기도 한다.

간단한 예로, 도해 11.13에 차 두 대의 조립에 관련된 문제가 나와 있다. 이 문제에는 두 개의 작업이 있는데, 둘 다 [*AddEngine, AddWheels, Inspect*]의 형태이다. *Resources* 문장은 네 종류의 자원과 각 초기 개수를 선언한다. 즉, 처음에는 엔진 승강기(engine hoist) 하나, 바퀴 장착대(wheel station) 하나, 검사원(inspector) 두 명, 차량용 너트(lug nut) 500개로 시작한다. 각 동작의 기간과 필요 자원은 동작 스키마의 설정을 따른다. 차량용 너트들은 바퀴가 차에 장착됨에 따라 **소비**되는 반면 다른 자원들은 한 동작의 시작에서 '대여'되고 동작이 끝나면 반납한다.

자원들을 $Inspector(I_1)$, $Inspector(I_2)$ 등으로 각각 지칭하는 대신 $Inspectors$(2)처럼 수량으로 지칭하는 것은 집합화 또는 **취합**(aggregation)이라는 기법의 한 예이다. 여기서 취합은 서로 구분되지 않는 다수의 개별 객체들을 한데 묶어서 수량으로 지칭하는 것을 말한다. 지금의 차량 조립 예에서 어떤 검사원이 차를 검사하는지는 중요하지

$Jobs(\ \{AddEngine1\ <\ AddWheels1\ <\ Inspect1\},$
$\qquad \{AddEngine2\ <\ AddWheels2\ <\ Inspect2\})$

$Resources(EngineHoists(1),\ WheelStations(1),\ Inspectors(2),\ LugNuts(500))$

$Action(AddEngine1,\ \textsc{Duration}:30,$
$\qquad \textsc{Use}:EngineHoists(1))$
$Action(AddEngine2,\ \textsc{Duration}:60,$
$\qquad \textsc{Use}:EngineHoists(1))$
$Action(AddWheels1,\ \textsc{Duration}:30,$
$\qquad \textsc{Consume}:LugNuts(20),\ \textsc{Use}:WheelStations(1))$
$Action(AddWheels2,\ \textsc{Duration}:15,$
$\qquad \textsc{Consume}:LugNuts(20),\ \textsc{Use}:WheelStations(1))$
$Action(Inspecti\ ,\ \textsc{Duration}:10,$
$\qquad \textsc{Use}:Inspectors(1))$

---

**도해 11.13**  자원 제약하에서 차 두 대를 조립하는 주문생산 일정 수립(job-shop scheduling) 문제. $A < B$ 라는 표기는 동작 $A$가 반드시 동작 $B$보다 먼저 일어나야 한다는 뜻이다.

---

않으므로 개별 검사원을 구분할 필요가 없다. 취합은 복잡성을 줄이는 데 꼭 필요한 기법이다. 10개의 *Inspect* 동작을 동시에 실행하는 일정이 제안되었는데, 검사원은 9명밖에 없다고 하자. 검사원들을 수량으로 표현하면 알고리즘은 그 일정이 실패작임을 즉시 검출하고 다른 일정을 시도하기 위해 돌아갈 것이다. 그러나 검사원들을 개별 객체로 표현하면 알고리즘은 검사원들을 동작들에 배정하는 9!가지 방법을 모두 시도한 후에야 그 어떤 방법도 통하지 않음을 알게 된다.

## 11.6.2 일정 수립 문제 풀기

우선 자원 제약은 무시하고, 시간 제약만 있는 일정 수립 문제를 먼저 살펴보자. 제조지속시간(계획의 기간)을 최소화하려면, 모든 동작에 대해 문제와 함께 주어진 순서 제약들을 충족하는 가장 이른 시작 시간을 찾아야 한다. 이 순서 제약들을 도해 11.14에 나온 것처럼 동작들을 연결하는 지향 그래프라고 생각하는 것이 도움이 된다. 이 그래프에 임계 경로법 **임계 경로법**(critical path method, CPM)을 적용하면 각 동작의 가능한 시작 시간과 종료 시간을 알아낼 수 있다. 부분 순서 계획을 나타내는 그래프에서 **경로**는 *Start*에서 시작해서 *Finish*로 끝나는 선형 순서 동작열이다. (예를 들어 도해 11.14의 부분 순서 계획에는 두 개의 경로가 있다.)

임계 경로  **임계 경로**(critical path)는 총 기간이 가장 긴 경로이다. 이것을 '임계 경로'라고 부르는 이유는, 이것이 전체 계획의 기간을 결정하는 임계적인(결정적인) 요인이기 때문이

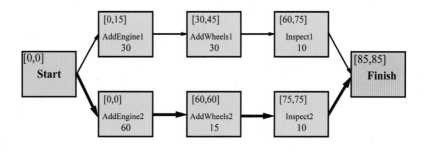

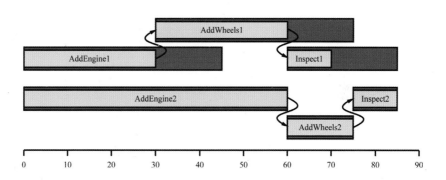

도해 11.14 위: 도해 11.13의 주문생산 일정 수립 문제에 대한 시간적 제약들을 나타낸 도식. 각 사각형에서 동작 이름 아래의 수치는 그 동작의 기간이다. 이 문제를 풀 때에는 가장 이른 시작 시간과 가장 늦은 시작 시간의 쌍 $[ES, LS]$를 계산한다. 각 사각형 상단에 이 쌍이 나와 있다. 이 두 수치의 차이를 동작의 여유시간이라고 부른다. 굵은 화살표로 표시된 것은 임계 경로인데, 여기에 있는 동작들의 여유시간은 0이다. 아래: 같은 해답을 시간선으로 나타낸 도식. 짙은 바탕 직사각형은 순서 제약이 지켜진다고 할 때 한 동작이 실행될 수 있는 시간 구간을 나타낸다. 짙은 바탕 직사각형에서 동작이 실제로 차지하지 않는 부분은 여유시간에 해당한다.

다. 다른 경로를 줄인다고 해서 계획이 더 짧아지지는 않는다. 그러나 임계 경로의 임의의 동작의 시간을 지연하면 전체 계획이 늦어진다. 임계 경로에서 벗어난 동작에는 그 동작을 실행할 수 있는 시간 구간이 존재한다. 그 구간은 가능한 가장 이른 시작 시간 $ES$와 가능한 가장 늦은 시작 시간 $LS$로 정의된다. 후자에서 전자를 뺀 값($LS - ES$)을 **여유시간**      그 동작의 **여유시간**(slack)이라고 부르기도 한다. 도해 11.14를 보면, 전체 경로의 총 기간은 85분이고 위쪽 작업의 각 동작은 여유시간이 15분이다. 반면 임계 경로에 있는 각 동작에는 여유시간이 없다(임계 경로의 정의에 의해). 모든 동작의 $ES$ 시간들과 $LS$ 시 **일정**      간들을 취합한 것이 바로 주어진 문제에 대한 **일정**(schedule)이다.

다음 공식들은 $ES$와 $LS$의 정의와 그 둘을 계산하는 동적 계획법 알고리즘의 구성요소들이다. $A$와 $B$는 동작이고, $A < B$는 $A$가 $B$보다 선행한다(먼저 일어난다)는 뜻이다.

$$ES(Start) = 0$$
$$ES(B) = \max_{A < B} ES(A) + Duration(A)$$
$$LS(Finish) = ES(Finish)$$
$$LS(A) = \min_{B > A} LS(B) - Duration(A).$$

핵심은 이렇다. 우선 $ES(Start)$에 0을 배정하는 것으로 시작한다. 그런 다음, 자신의 바로 앞에서 실행되는 모든 동작에 $ES$ 값들이 배정되어 있음을 충족하는 동작 $B$를 만나는 즉시, $ES(B)$를 $B$ 바로 앞에서 실행되는 동작들의 가장 이른 종료 시간으로 설정한다. 여기서, 한 동작의 가장 이른 종료 시간은 가장 이른 시작 시간에 동작의 기간을 더한 것으로 정의된다. 이러한 과정을 모든 동작에 $ES$ 값이 배정될 때까지 반복한다. $LS$ 값들도 비슷한 방식으로 계산하되, $Finish$ 동작에서부터 역방향으로 진행한다는 점이 다르다.

임계 경로 알고리즘의 복잡도는 그냥 $O(Nb)$이다. 여기서 $N$은 동작의 개수이고 $b$는 한 동작으로 들어가는 또는 동작에서 나가는 최대 분기 계수이다. ($LS$ 계산과 $ES$ 계산이 동작마다 한 번씩 일어나며 각 계산은 많아야 $b$개의 다른 동작을 훑는다는 점을 고려하면 이 복잡도를 이해할 수 있을 것이다.) 따라서, 동작들의 부분 순서가 주어졌으며 자원 제약이 없다고 할 때, 최소 기간 일정을 찾기는 상당히 쉽다.

수학적으로 말하면, 임계 경로 문제가 풀기 쉬운 것은 이 문제가 시작 시간들과 종료 시간들에 대한 선형 부등식들의 **논리곱**으로 정의되기 때문이다. 그러나 자원 제약들이 도입되면 시작 시간과 종료 시간에 대한 제약이 좀 더 복잡해진다. 예를 들어 도해 11.14에서 같은 시간에 시작하는 $AddEngine$ 동작들은 동일한 $EngineHoist$ 자원을 요구하므로 서로 겹칠 수 없다. "겹칠 수 없다"라는 제약은 선형 부등식 두 개(각각의 가능한 순서 관계마다 하나씩)의 **논리합**이다. 이처럼 논리합이 관여하면 자원 제약이 있는 일정 수립 문제는 NP-어려움 문제가 된다.

도해 11.15는 가능한 해답 중 기간이 115분으로 가장 짧은 해답을 나타낸 것이다. 이는 자원 제약이 없는 일정의 85분보다 30분 더 길다. 두 검사원이 동시에 요구되는 시간은 없으므로, 두 검사원 중 하나를 좀 더 생산적인 위치로 즉시 옮길 수 있다.

최적의 일정 수립에 관한 연구는 역사가 길다. 1963에 제안된 도전 문제(단 10대의 기계와 각각 100개의 동작으로 이루어진 10개의 작업이 관여하는 문제의 최적 일정을 찾는 것)는 23년간 풀리지 않았다(Lawler 외, 1993). 분기 및 결속, 모의 정련, 타부 검색, 제약 충족을 비롯해 다양한 접근방식이 시도되었다. 인기 있는 발견법 하나는 **최소 여유 시간**(minimum slack) 발견법이다. 이 발견법은 각 반복마다 아직 일정이 정해지지 않은 동작 중 모든 선행 동작의 일정이 정해진, 그리고 여유시간이 가장 짧은 동작에 대한 가능한 가장 이른 시작 시간을 구하고, 그 동작에 영향을 받는 모든 동작의 $ES$와 $LS$를

최소 여유시간

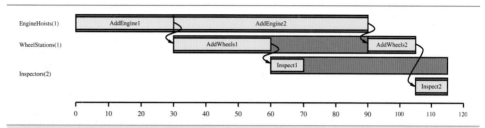

**도해 11.15** 도해 11.13의 주문생산 일정 수립 문제에 대한, 자원 제약들을 고려한 하나의 해답. 왼쪽 여백에 세 개의 재사용 가능 자원이 나와 있고, 각 자원 옆에는 그 자원을 사용하는 동작들이 나와 있다. 가능한 일정은 엔진 승강기를 누가 먼저 사용하느냐에 따라 두 가지인데, 이 그림은 기간이 더 짧은(115분) 해답을 표시한 것이다.

갱신하는 과정을 반복한다. 제약 충족의 최소 잔여 값(MRV) 발견법을 연상시키는 이 탐욕적 발견법은 실제 응용에서 잘 작동하는 경우가 많지만, 지금의 차량 조립 문제에서는 도해 11.15의 115분짜리 해답이 아니라 130분짜리 해답을 산출한다.

지금까지는 동작들과 순서 제약들이 고정되어 있다고 가정했다. 그러한 가정하에서는 모든 일정 수립 문제를 모든 자원 충돌을 피하는 겹치지 않는 동작열로 풀 수 있다(각 동작이 그 자체로 실행 가능하다고 할 때). 그러나 풀기가 아주 어렵다는 점이 확실해진 일정 수립 문제에서는 그런 방식이 그리 바람직하지 않을 수 있다. 그보다는, 동작들과 제약들을 다시 고려해서 좀 더 풀기 쉬운 일정 수립 문제로 변환해 보는 것이 더 나을 수 있다. 그런 관점에서 본다면 부분 순서 계획의 구축 과정에서 동작들의 기간들과 겹침들을 고려함으로써 계획 수립과 일정 수립을 **통합**하는 것이 합당한 일이다. §11.2의 여러 계획 수립 알고리즘을 수정해서 이런 정보를 활용하게 만드는 것이 가능하다.

# 11.7 계획 수립 접근방식들의 분석

계획수립은 이전 장들에서 살펴본 인공지능의 두 주요 분야, 즉 **검색**과 **논리**를 결합한다. 계획 수립기는 해답을 검색하는 프로그램으로 볼 수도 있고 해답의 존재를 (생산적으로) 증명하는 프로그램으로 볼 수도 있다. 두 분야의 착안들이 함께 무르익은 덕분에, 계획 수립기들이 규모가 동작과 상태의 수가 10여 개 정도로 제한되는 장난감 문제에서 상태가 수백만 개이고 동작이 수천 개인 실제 산업 응용 문제로까지 확장되었다.

계획 수립의 관건은 무엇보다도 조합적 폭발을 통제하는 것이다. 정의역에 명제가 $n$개 있다면, 가능한 상태는 $2^n$개이다. 이러한 비관론에 맞서는 데에는 독립적 부분 문제들의 식별이 강력한 무기가 될 수 있다. 최선의 경우에는, 즉 문제를 최대한 분해할 수 있다면, 속도를 지수적으로 높일 수 있다. 그러나 동작들 사이에 부정적 상호작용들이 있으면 분해 가능성이 파괴된다. SATPLAN은 부분 문제들 사이의 논리적 관계를 부호화할 수 있다. 순방향 검색은 독립적 부분 문제들을 포괄하는 패턴들(명제들의 부분집합)을 찾음으로써 이 문제를 발견적으로 해결하려 한다. 이 접근방식은 발견적이므로, 부분 문제들이 완전히 독립적이지 않을 때에도 작동할 수 있다.

안타깝지만, 아직 우리는 어떤 종류의 문제에 어떤 기법이 제일 잘 통하는지 명확히 이해하지 못한다. 새로운 기법들이 등장할 것은 거의 확실하며, 어쩌면 고도로 표현력 좋은 1차 표현 및 위계적 표현을 최근 지배적으로 쓰이는 고도로 효율적인 분해된 표현 및 명제 표현과 합성하는 기법이 나올 수도 있다. 요즘은 임의의 주어진 문제에 적용할 수 있는 일단의 알고리즘들을 갖춘 **포트폴리오**<sup>portfolio</sup> 계획 수립 시스템의 예들이 등장하고 있다. 가용 알고리즘들을 선택적으로(즉, 주어진 새 문제를 시스템이 분류해서 그것에 가장 적합한 알고리즘을 선택하는 식으로) 적용할 수도 있고, 병렬적으로(모든 알고리즘을 각자 다른 CPU에서 동시에 실행하는 식으로) 적용할 수도 있고, 아니면 일정에 따라 알고리즘들을 교대로 적용할 수도 있다.

**포트폴리오**

# 요약

이번 장에서는 고전적 계획 수립 문제와 확장된 계획 수립 문제를 위한 PDDL 표현을 설명했고 그런 문제의 해답을 찾는 여러 알고리즘적 접근방식들도 소개했다. 기억해야 할 점은 다음과 같다.

- 계획 수립 시스템은 상태들과 동작들의 명시적인 분해된 표현에 대해 작용하는 문제 해결 알고리즘이다. 이 표현들은 효과적인 영역 독립적 발견법들의 유도와 문제 해결을 위한 강력하고 유연한 알고리즘의 개발을 가능하게 한다.

- PDDL(Planning Domain Definition Language)은 초기 상태와 목표 상태를 리터럴들의 논리곱 형태로 서술하고, 동작들은 그 전제조건과 효과들을 통해서 서술한다. 확장된 PDDL은 시간, 자원, 지각, 비상 계획, 위계적 계획도 표현한다.

- 상태 공간 검색은 순방향(**전진**)으로도 가능하고 역방향(**역행**)으로도 가능하다. 효과적인 발견적 함수를 부분 목표 독립성 가정이나 계획 수립 문제의 여러 완화들을 통해서 유도할 수 있다.

- 또 다른 접근방식으로는 계획 수립 문제를 부울 충족성 문제나 제약 충족 문제로 부호화하는 것, 부분 순서 계획들의 공간을 직접 검색하는 것이 있다.

- **위계적 과제망(HTN)** 계획 수립에서는 영역 설계자가 **고수준 동작(HLA)** 형태로 에이전트에게 조언을 제공할 수 있다. 고수준 동작은 더 낮은 수준의 여러 가지 동작열들로 구현될 수 있는 동작이다. 고수준 동작의 효과들은 **천사 의미론**에 의거해서 정의할 수 있다. 그러면 정확함을 증명할 수 있는 고수준 계획을 저수준 구현들을 고려하지 않고도 유도하는 것이 가능하다. HTN 방법들은 여러 실세계 응용들

이 요구하는 아주 큰 계획을 만들어 낼 수 있다.

- **비상 계획**에서는 에이전트가 실행 도중 세계를 감지하고 그것에 맞게 계획의 한 가지를 선택할 수 있다. 때에 따라서는 **무감지기** 계획 수립 또는 **순응 계획 수립**을 이용해서 지각 없이 작동하는 계획을 구축할 수도 있다. 순응 계획과 비상 계획 둘 다 **믿음 상태** 공간을 검색해서 구축할 수 있다. 이때 관건은 믿음 상태의 효율적인 표현 또는 계산이다.

- **온라인 계획 수립 에이전트**는 자신의 실행을 감시하다가 예기치 않은 상황을 만나면 그것을 극복하기 위한 보수 계획을 만들어 낸다. 예기치 않은 상황이 일어나는 원인으로는 비결정론적인 동작, 외인성 사건, 환경의 부정확한 모형 등이 있다.

- 동작 중에는 돈이나 연료, 원자재 같은 **자원**을 소비하는 것들이 많다. 그런 자원을 하나의 풀$^{pool}$ 안의 수량으로 취급하는 것이 개별적으로 취급하는 것보다, 이를테면 세상의 모든 개별 동전과 지폐를 각각 추론하려 드는 것보다 더 편하다. 시간은 가장 중요한 자원 중 하나이다. 개별적인 일정 수립 알고리즘으로 시간을 처리할 수도 있고, 일정 수립을 계획 수립의 일부로 통합할 수도 있다.

- 이번 장에서는 고전적 계획 수립을 더욱 확장해서 비결정론적 환경(동작의 결과가 불확실한)도 지원하게 만들었다. 그러나 이것이 계획 수립의 완성은 아니다. 제17장에서는 확률적 환경(동작의 결과들에 발생 확률이 부여된)을 위한 기법들인 마르코프 의사결정 과정, 부분 관측 가능 마르코프 의사결정 과정, 게임 이론을 설명한다. 제22장에서는 강화학습을 이용하면 에이전트가 적절한 행동 방식을 과거의 성공과 실패로부터 배울 수 있음을 배운다.

## 참고문헌 및 역사적 참고사항

인공지능 계획 수립은 상태 공간 검색, 정리 증명, 제어이론에 관한 연구에서 탄생했다. 최초의 주요 계획 수립 시스템인 STRIPS(Fikes 및 Nilsson, 1971)는 SRI의 셰이키 로봇 (Shakey the Robot) 로봇 프로젝트를 위한 소프트웨어의 계획 수립기로 설계된 것이다. 이 프로그램의 첫 버전은 메모리가 단 192KB인 컴퓨터에서 실행되었다. 전반적인 제어 구조는 수단-목적 분석을 사용하는 상태 공간 검색 시스템인 GPS(General Problem Solver; Newell 및 Simon, 1961)의 것을 본떴다.

STRIPS의 표현 언어는 ADL(Action Description Language; Pednault, 1986)을 거쳐 PDDL(Problem Domain Description Language; Ghallab 외, 1998)로까지 진화했다. PDDL은 1998년부터 International Planning Competition의 표준 언어로 쓰였다. 가장 최근 버전은 PDDL 3.1이다(Kovacs, 2011).

1970년대 초반의 계획 수립기들은 각 부분 목표에 대한 부분계획을 계산하고 그 부분계획들을 어떠한 순서에 따라 나열하는 식으로 문제를 분해했다. 사체르도티가 **선형 계획 수립**(linear planning)이라고 부른(Sacerdoti, 1975) 이 접근방식은 완결적이지 않음

선형 계획 수립

이 곧 밝혀졌다. 이 접근방식은 앨런 브라운<sup>Allen Brown</sup>이 HACKER 시스템을 실험하다가 발견한(Sussman, 1975) 서스먼 비정상(Sussman anomaly; 연습문제 11.SUSS 참고) 같은 아주 간단한 몇몇 문제를 풀지 못한다. 완결적인 계획 수립기는 반드시 서로 다른 부분 계획들의 동작들을 하나의 동작열 안에 **교대삽입**(interleaving)할 수 있어야 한다. 워런의 WARPLAN 시스템(Warren, 1974)이 그러한 교대삽입을 실현했으며, 논리 프로그래밍 언어 Prolog로 프로그램을 간결하게 작성할 수 있다는 점도 보여주었다. WARPLAN의 코드는 단 100줄이다.

그다음 20년 동안은 연구자들이 주로 부분 순서 계획 수립을 연구했다. 충돌 검출 (Tate, 1975a)이나 달성된 조건들의 보호(Sussman, 1975) 같은 이론적 성과가 있었으며, 또한 NOAH(Sacerdoti, 1975, 1977)와 NONLIN(Tate, 1977) 같은 구현들이 나왔다. 연구 성과들은 여러 계획 수립 문제와 알고리즘의 이론적 분석을 가능하게 하는 형식 모형들 (Chapman, 1987; McAllester 및 Rosenblitt, 1991)과 다양한 분야에서 널리 쓰인 시스템 중 하나인 UCPOP(Penberthy 및 Weld, 1992)로 이어졌다.

드루 맥더못은 사람들이 부분계획 수립을 너무 강조하다보니 다른 기법들이 간과되고 있으며, 셰이키의 시절보다 컴퓨터의 메모리가 100배가 되었으니만큼 다시 고찰할 만한 기법들이 있다고 생각했다. 그는 삭제 목록 무시 발견법을 사용하는 상태 공간 계획 수립 프로그램인 UNPOP(McDermott, 1996)을 만들었다. Heuristic Search Planner을 줄인 HSP(Bonet 및 Geffner, 1999; Haslum, 2006)는 대규모 계획 수립 문제에 상태 공간 검색을 실용적으로 적용할 수 있게 했다. 한 최초의 사례이다. FF(Hoffmann, 2001; Hoffmann 및 Nebel, 2001; Hoffmann, 2005)와 FASTDOWNWARD(Helmert, 2006)는 2000년대에 국제 계획 수립 경진대회들에서 우승했다.

양방향 검색(§3.4.5)도 발견적 함수의 부족으로 고통받아 온 것으로 유명하지만, 역방향 검색으로 목표 주위에 **경계선**(perimeter)을 만들고 순방향 검색이 그 경계선 쪽으로 다가가도록 발견적 함수를 정련하는 기법으로 어느 정도 성과를 거두었다(Torralba 외, 2016). 양방향 검색 계획 수립기 SYMBA*(Torralba 외, 2016)은 2016년 경진대회에서 우승했다.

연구자들은 영역 독립적 발견법들을 활용하려는 취지로 관심을 PDDL과 계획 수립 패러다임으로 돌렸다. [Hoffmann, 2005]는 삭제 목록 무시 발견법의 검색 공간을 분석한다. [Edelkamp, 2009]와 [Haslum 외, 2007]은 계획 수립 발견법을 위한 패턴 데이터베이스의 구축 방법을 설명한다. [Felner 외, 2004]는 타일 밀기 퍼즐(계획 수립 문제 영역으로 간주할 수 있다)에 패턴 데이터베이스를 사용했을 때의 고무적인 결과들을 제시한다. 그러나 [Hoffmann 외, 2006]은 고전적인 계획 수립 문제들에 대한 추상의 몇 가지 제약을 보여 준다. [Rintanen, 2012]는 SAT 문제 풀이를 위한 계획 수립에 특화된 변수 선택 발견법들을 논의한다.

[Helmert 외, 2011]은 Fast Downward Stone Soup(FDSS) 시스템을 서술한다. 이 시스템은 '돌 수프' 민담에서처럼 계획 수립 알고리즘들을 최대한 많이 모으고, 일단의 훈련 문제들 각각에 대해 각 알고리즘을 적용해서 해당 계획의 비용과 실행 시간을 기록

해 둔다. 새 문제가 주어지면 시스템은 과거의 기록들에 기초해서 문제에 적용할 알고리즘들을 선택하고, 주어진 시간 한계 안에서 비용이 최소인 해를 취한다. FDSS는 2018 International Planning Competition에서 우승했다(Seipp 및 Röger, 2018). [Seipp 외, 2015]는 새 문제가 주어졌을 때 좋은 포트폴리오를 자동으로 배우는 기계학습 접근방식 하나를 서술한다. [Vallati 외, 2015]는 포트폴리오 계획 수립을 개괄한다. 조합적 검색 문제들을 위한 알고리즘들을 모아서 포트폴리오를 구성한다는 착안은 [Gomes 및 Selman, 2001]에서 기인한다.

[Sistla 및 Godefroid, 2004]는 대칭성 축소를, [Godefroid, 1990]은 부분 순서를 위한 발견법들을 논의한다. [Richter 및 Helmert, 2009]는 선호된 동작들을 이용한 순향항 가지치기의 효율성 이득을 보여준다.

블룸과 퍼스트는 Graphplan 시스템(Blum 및 Furst, 1997)으로 계획 수립 분야에 활기를 불어넣었다. Graphplan은 당시 부분 순서 계획 수립기들보다 몇십, 몇백 배 빨랐다. [Bryce 및 Kambhampati, 2007]은 계획 수립 그래프를 소개한다. 상황 산법을 계획 수립에 사용하는 것은 [McCarthy, 1963]이 도입했고 [Reiter, 2001]이 정련했다.

[Kautz 외, 1996]은 동작 스키마를 명제화하는 다양한 방법을 조사한 후 가장 간결한 형식이 가장 빠른 해답 시간으로 이어지지는 않는다는 사실을 제시했다. 체계적 분석은 에른스트가 수행했다(Ernst 외, 1997). 그는 또한 PDDL 문제로부터 명제 표현들을 생성하는 자동 '컴파일러'를 개발하기도 했다. 코츠와 셀먼은 Graphplan과 SATPLAN의 착안들을 결합한 BLACKBOX 계획 수립기를 개발했다(Kautz 및 Selman, 1998). 제약 충족에 기초한 계획 수립기로는 CPLAN(van Beek 및 Chen, 1999)과 GP-CSP(Do 및 Kambhampati, 2003) 등이 있다.

이진 결정도      계획을 **이진 결정도**(binary decision diagram, BDD)로 표현하는 방식이 관심을 끌기도 했다. 부울 표현식을 간결하게 나타내는 자료구조인 이진 결정도는 하드웨어 검증 공동체에서 광범위하게 연구되었다(Clarke 및 Grumberg, 1987; McMillan, 1993). 주어진 이진 결정도가 계획 수립 문제의 해답인지의 여부에 해당하는 성질을 비롯한 이진 결정도의 여러 성질을 증명하는 기법들이 존재한다. [Cimatti 외, 1998]은 이 접근방식에 기초한 계획 수립기 하나를 제시한다. 정수 계획법(integer programming; Vossen 외, 2001) 등의 다른 표현들도 쓰였다.

계획 수립에 대한 여러 접근방식들을 비교한 흥미로운 결과들이 나와 있다. [Helmert, 2001]은 여러 부류의 계획 수립 문제들을 분석하고, NP-어려움 부류에는 Graphplan과 SATPLAN 같은 제약 기반 접근방식이 최선인 반면, 역추적 없이 쓸 만한 해답들을 찾을 수 있는 문제 영역에서는 검색 기반 접근방식이 더 나음을 보였다. Graphplan과 SATPLAN은 객체가 많은 문제 영역에서 나쁜 성능을 보였는데, 이는 그런 문제 영역에서는 Graphplan과 SATPLAN이 동작들을 많이 생성해야 하기 때문이다. 때에 따라서는 명제화된 동작들을 검색을 시작하기 전에 모두 생성하는 대신 필요할 때 동적으로 생성함으로써 그런 문제를 지연하거나 피할 수 있다.

위계적 계획 수립을 위한 최초의 메커니즘은 STRIPS 프로그램이 학습에 사용하는

매크로 연산자
추상 위계구조

수단인 **매크로 연산자**(macro-operator, macrop)였다. 매크로 연산자는 일련의 기본(원시) 단계들로 이루어진다(Fikes 외, 1972). ABSTRIPS 시스템(Sacerdoti, 1974)은 **추상 위계구조**(abstraction hierarchy)라는 개념을 소개했다. 이 위계구조에서, 작동 가능한 계획의 전반적인 구조를 유도하기 위해 더 높은 수준에서 계획을 수립할 때에는 더 낮은 수준에 있는 동작들의 전제조건들을 무시할 수 있다. 오스틴 테이트의 Ph.D. 학위 논문(Tate, 1975b)과 얼 사체르도티의 논문(Sacerdoti, 1977)은 HTN 계획 수립의 기본 개념들을 현대적인 형태로 발전시켰다. 에롤, 헨들러, 나우는 완결적인 위계적 분해 계획 수립기 하나와 순수 HTN 계획 수립기들에 대한 여러 복잡도 결과들을 제시했다(Erol 외, 1994, 1996). 본문에 나온 HLA 표현 방식과 천사 의미론은 [Marthi 외, 2007; Marthi 외, 2008]에 기인한다.

위계적 계획 수립의 목표 중 하나는 이전의 계획 수립 경험을 일반화된 계획의 형태로 재사용하는 것이었다. **설명 기반 학습**(explanation-based learning) 기법이 여러 시스템에서 이전에 계산된 계획을 일반화하는 수단으로 쓰였는데, 그런 시스템으로는 SOAR(Laird 외, 1986)와 PRODIGY(Carbonell 외, 1989)가 있다. 대안적인 접근방식은 이전에 계산한 계획들을 원래의 형태로 저장해 두고, 그것들을 원래 문제에 대한 비유를 통해서 비슷한 새 문제들에 적용하는 것이다. 이것이 **사례 기반 계획 수립**(case-based planning)이라고 부르는 분야에서 쓰이는 접근방식이다(Carbonell, 1983; Alterman, 1988). [Kambhampati, 1994]는 사례 기반 계획 수립을 정련 계획 수립의 형태로 분석해야 한다고 주장하고, 사례 기반 부분 순서 계획 수립을 위한 형식적 기초를 제시했다.

사례 기반
계획 수립

초기 계획 수립기에는 조건 분기 능력과 반복(루프) 능력이 없었다. 그러나 강제 (coercion)를 이용해서 순응 계획을 형성하는 능력을 갖춘 계획 수립기들은 있었다. 사체르도티의 NOAH는 계획 수립기가 초기 상태에 대해 별로 아는 것이 없는 문제인 "열쇠와 상자" 문제를 강제를 이용해서 풀었다. [Mason, 1993]은 로봇 계획 수립에서 감지를 생략할 수 있는, 그리고 생략하는 것이 좋은 경우가 많다고 주장하고, 하나의 도구를 그 초기 위치와는 무관하게 일련의 기울이기 동작들을 통해서 테이블의 특정 위치로 옮기는 무감지기 계획 하나를 서술했다.

[Goldman 및 Boddy, 1996]은 **순응 계획 수립**이라는 용어를 소개했으며, 에이전트에 감지기들이 있는 경우에도 무감지기 계획들이 효과적일 때가 많음을 지적했다. 적당히 효율적인 최초의 순응 계획 수립기는 줄여서 CGP라고 부르는 Conformant Graphplan(Smith 및 Weld, 1998)이다. [Ferraris 및 Giunchiglia, 2000]과 [Rintanen, 1999]는 SATPLAN에 기초한 순응 계획 수립기를 각자 개발했다. [Bonet 및 Geffner, 2000]은 믿음 상태 공간의 발견적 검색에 기초한 순응 계획 수립기를 서술한다. 이 계획 수립기는 원래 1960년에 부분 관측 가능 마르코프 의사결정 과정(POMDP; 제17장)을 위해 개발된 착안들에서 이끌어 낸 것이다.

현재, 순응 계획 수립에 관한 주된 접근방식은 세 가지이다. 그중 둘은 믿음 상태 공간의 발견적 검색을 사용한다. HSCP(Bertoli 외, 2001a)는 이진 의사결정도(BDD)를 이용해서 믿음 상태를 표현하는 반면, [Hoffmann 및 Brafman, 2006]의 것은 SAT 해결기를 이용해서 전제조건과 목표 판정을 필요할 때에만 계산하는 게으른 접근방식을 사용한다.

셋째 접근방식은 기본적으로 [Rintanen, 2007]에 의해 유명해진 것으로, 무감지기 계획 수립 문제 전체를 하나의 한정된 부울 논리식(quantified Boolean formula, QBF)으로 형식화하고 그것을 범용 QBF 해결기를 이용해서 푼다. 현세대 순응 계획 수립기들은 CGP보다 수십만 배 빠르다. International Planning Competition의 2006년 순응 계획 수립 부문 우승자 $T_0$(Palacios 및 Geffner, 2007)는 믿음 상태 공간의 발견적 검색을 사용하되, 조건부 효과들을 포괄하는 유도된 리터럴들을 정의함으로써 믿음 상태의 표현을 단순하게 유지한다. [Bryce 및 Kambhampati, 2007]은 계획 수립 그래프를 일반화해서 순응 계획 수립과 비상 계획 수립에 적합한 발견적 함수를 만들어 내는 방법을 논의한다.

이 장에서 설명한 비상 계획 수립 접근방식은 [Hoffmann 및 Brafman, 2005]에 기초한 것이며, [Jimenez 및 Torras, 2000]과 [Hansen 및 Zilberstein, 2001]이 발전시킨 순환 AND-OR 그래프를 위한 효율적인 알고리즘들에 영향을 받았다.

비상 계획 수립 문제는 드루 맥더못의 영향력 있는 논문 *Planning and Acting*(McDermott, 1978)이 나오면서 좀 더 많은 관심을 끌었다. [Bertoli 외, 2001b]는 MBP(Model-Based Planner)를 서술한다. 이 계획 수립기는 이진 의사결정도를 이용해서 순응 및 비상 계획 수립을 수행한다. 저자들 중에는 '조건부(conditional)' 계획 수립과 '비상(contingent)' 계획 수립을 동의어로 간주하는 이들도 있고, 동작의 효과가 비결정론적이면 '조건부' 계획이라고 부르고 지각을 이용해서 부분 관측 가능성을 극복하는 경우에는 '비상' 계획이라고 부르는 식으로 둘을 명확히 구분하는 이들도 있다.

돌이켜보면, 이제는 고전적 계획 수립의 주요 알고리즘들이 어떻게 불확실한 영역을 위한 버전들로 확장되었는지 이해할 수 있다. 상태 공간에 대한 빠른 순방향 발견적 검색은 믿음 상태 공간에 대한 순방향 검색으로 이어졌다(Bonet 및 Geffner, 2000; Hoffmann 및 Brafman, 2005). SATPLAN은 확률적 SATPLAN(Majercik 및 Littman, 2003)과 한정된 부울 논리를 이용한 계획 수립(Rintanen, 2007)으로 이어졌다. 부분 순서 계획 수립은 UWL(Etzioni 외, 1992)과 CNLP(Peot 및 Smith, 1992)로 이어지고, Graphplan은 Sensory Graphplan(SGP; Weld 외, 1998)으로 이어졌다.

실행 감시 기능을 가진 최초의 온라인 계획 수립기는 PLANEX(Fikes 외, 1972)이다. 이 계획 수립기는 STRIPS 계획 수립기와 함께 로봇 셰이키를 제어하는 데 쓰였다. SIPE(System for Interactive Planning and Execution monitoring; Wilkins, 1988)은 계획 재수립 문제를 체계적으로 다룬 최초의 계획 수립기이다. 이 계획 수립기는 항공모함의 갑판 활주로 운용 계획 수립, 호주 맥주 공장의 제조작업 일정 수립, 다층 건물 건축 계획 수립을 비롯한 여러 영역의 시연 프로젝트에 쓰였다(Kartam 및 Levitt, 1990).

반응성 계획 수립      1980년대 중반에는 계획 수립 시스템의 느린 실행 시간에 비관한 연구자들이 **반응성 계획 수립**(reactive planning)이라는 반사 에이전트를 제안했다(Brooks, 1986; Agre 및

Chapman, 1987). '보편 계획(universal plan; Schoppers, 1989)'은 원래 반응성 계획 수립을 위한 테이블 참조 방법으로 개발되었다. 그러나 보편 계획은 마르코프 의사결정 과정(제17장)에서 오래전부터 사용해온 **정책**(policy)이라는 개념을 재발견한 것임이 밝혀졌다. [Koenig, 2001]은 온라인 계획 수립 기법들을 에이전트 **중심적 검색**(Agent-Centered Search)이라는 이름하에서 개괄한다.

시간 제약이 있는 계획 수립을 처음으로 다룬 것은 DEVISER(Vere, 1983)이다. 계획에서 시간을 표현하는 문제는 [Allen, 1984]와 [Dean 외, 1990]이 FORBIN 시스템과 관련해서 다루었다. NONLIN+(Tate 및 Whiter, 1984)와 SIPE(Wilkins, 1990)는 제한된 자원들을 여러 계획 단계들에 할당하는 방법을 추론할 수 있었다. O-PLAN(Bell 및 Tate, 1985)은 Price Waterhouse의 소프트웨어 조달과 Jaguar Cars의 후륜 축 조립 계획 수립 같은 자원 문제들에 쓰였다.

두 계획 수립기 SAPA(Do 및 Kambhampati, 2001)와 T4(Haslum 및 Geffner, 2001)는 모두 기간과 자원을 가진 동작들을 처리하기 위한 정교한 발견적 함수들과 순방향 상태 공간 검색을 사용했다. 그렇게 하는 대신 표현력이 아주 좋은 언어와 사람이 작성한 영역 국한적 발견적 함수를 사용할 수도 있는데, ASPEN(Fukunaga 외, 1997), HSTS(Jonsson 외, 2000), IxTeT(Ghallab 및 Laruelle, 1994)가 그런 방법을 사용한 예이다.

계획 수립과 일정 수립을 혼합한 시스템들도 여럿 개발, 응용되었다. ISIS(Fox 외, 1982; Fox, 1990)는 Westinghouse의 제조 일정 수립에 쓰였고 GARI(Descotte 및 Latombe, 1985)는 기계 부품의 제작 및 구축 계획을 수립했다. FORBIN은 공장 제어에 쓰였고 NONLIN+는 해군 병참 계획 수립에 쓰였다. 이 책에서는 계획 수립과 일정 수립을 개별적인 문제로 취급한다. 그러나 [Cushing 외, 2007]은 그렇게 하면 특정 문제들에서 완결성이 깨질 수 있음을 보여 준다.

항공우주 분야의 일정 수립 문제는 오랜 역사를 가지고 있다. T-SCHED(Drabble, 1990)는 UOSAT-II 위성에 대한 일련의 임무 명령들의 일정을 수립하는 데 쓰였다. OPTIMUM-AIV(Aarup 외, 1994)와 PLAN-ERS1(Fuchs 외, 1990)은 둘 다 O-PLAN에 기초한 시스템들로, 유럽 우주국(European Space Agency)에서 각각 우주선 조립과 관측 계획의 수립에 쓰였다. SPIKE(Johnston 및 Adorf, 1992)는 NASA의 허블 우주망원경 관측 계획 수립에 쓰였고, Space Shuttle Ground Processing Scheduling System(Deale 외, 1994)은 근무 교대가 최대 16,000회인 제조 일정을 수립하는 데 쓰였다. REMOTE AGENT 프로그램(Muscettola 외, 1998)은 최초의 자율적 계획 수립기-일정 수립기이다. 이 시스템은 1999년 Deep Space One 탐사선에 싣고 간 어떤 우주선을 제어하는 데 쓰였다. 천문우주 분야의 응용들 덕분에 자원 할당을 위한 알고리즘들이 더욱 발전했다. 이와 관련해서는 [Laborie, 2003]과 [Muscettola, 2002]를 보라. 일정 수립에 관한 문헌으로는 고전적 개괄 논문 [Lawler 외, 1993]과 서적 [Pinedo, 2008], 그리고 편집된 활용서 [Blazewicz 외, 2007]이 있다.

여러 저자가 계획 수립의 계산 복잡도를 분석했다(Bylander, 1994; Ghallab 외,

2004). 이 분석의 주된 질문은 두 가지이다. 하나는 주어진 계획 수립 문제를 푸는 계획이 존재하는지를 묻는 **PlanSAT**(계획 충족성 문제)이고 다른 하나는 길이가 $k$ 이하인 계획이 있는지를 묻는 **Bounded PlanSAT**(유계 계획 충족성 문제)이다. 후자는 최적의 계획을 찾을 때 활용할 수 있다. 고전적 계획 수립에서는 두 질문 모두 결정 가능이다. 그러나 언어에 함수 기호들을 추가하면 상태 개수가 무한이 되어서 PlanSAT은 준결정 가능이 된다. 명제화된 문제에서는 둘 다 PSPACE라고 하는 복잡도 부류에 속한다. NP보다 더 큰(따라서 더 어려운) 이 부류는 결정론적 튜링 기계와 다항식적 공간으로 풀 수 있는 문제들을 지칭한다. 이러한 이론적 결과들은 다소 실망스럽지만, 실제 응용에서 우리가 풀고자 하는 문제들은 그렇게까지 나쁘지 않다. 고전적 계획 수립 형식화의 진정한 장점은 아주 정확한 영역 독립적 발견법들의 개발을 촉진했다는 것이다. 다른 접근방식들에서는 그렇지 못했다.

 *Readings in Planning*(Allen 외, 1990)은 이 분야의 초기 성과를 폭넓게 취합한다. [Weld, 1994]와 [Weld, 1999]는 1990년대의 계획 수립 알고리즘들을 훌륭히 개괄한다. 5년의 시간차가 있는 두 개괄 논문은 흥미로운 차이점을 보인다. 첫 논문은 부분 순서 계획 수립에 집중하는 반면 둘째 논문은 Graphplan과 SATPLAN을 소개한다. *Automated Planning and Acting*(Ghallab 외, 2016)은 계획 수립의 모든 측면에 관한 훌륭한 교과서이다. 라발의 교과서 *Planning Algorithms*(LaValle, 2006)는 고전적 계획 수립과 확률적 계획 수립을 모두 다루며, 로봇 운동 계획 수립도 상세히 다룬다.

 계획 수립 연구는 그 시초부터 인공지능의 중심이었으며, 계획 수립에 관한 논문들은 주류 인공지능 학술지와 학술대회의 주된 주제이다. 또한 International Conference on Auomated Planning and Scheduling이나 International Workshop on Planning and Scheduling for Space 같은 특화된 학술대회들도 있다.

*Artificial Intelligence: A Modern Approach, 4th Edition*

# PART

# IV

# 불확실한 지식과 추론

# 12
### CHAPTER

# 불확실성의 정량화

이번 장에서는 불확실성을 수치로 표현된 확신도를 이용해서 길들이는 방법을 살펴본다.

## 12.1 불확실성하에서의 행동

**불확실성** 현실 세계에서 에이전트는 **불확실성(uncertainty)**을 다루어야 한다. 불확실성은 부분 관측 가능성이나 비결정론, 대립 요소(적대 요소) 때문에 발생한다. 불확실성이 존재한다는 것은 에이전트가 자신이 현재 처한 상태나 일련의 동작들을 실행한 후 빚어질 상태를 확실하게 알 수 없다는 뜻이다.

문제 해결 에이전트와 논리적 에이전트가 **믿음 상태(belief state; 에이전트가 처할 수 있는 모든 가능한 세계 상태들의 집합을 표현한 것)**를 유지하고 실행 도중 에이전트의 감지기가 받을 수 있는 모든 가능한 결과를 처리하는 비상 계획을 생성함으로써 불확실성을 처리하는 접근방식을 이전 장들에서 살펴보았다. 그런 접근방식은 간단한 문제에는 잘 통하지만, 다음과 같은 단점들이 있다.

- 에이전트는 주어진 관측에 대한 **모든 가능한** 설명을(전혀 가망 없는 설명까지도) 고려해야 한다. 이 때문에 발생 가능성이 적은 믿음들로 가득찬 커다란 믿음 상태가 만들어진다.

505

- 모든 지각 결과에 대응하는 정확한 비상 계획은 얼마든지 커질 수 있으며, 그러한 계획은 발생 가망이 거의 없는 모든 우발적 사건도 반드시 고려해야 한다.
- 목표 달성을 보장하는 계획이 없을 때도 있다. 그래도 에이전트는 작동해야 하므로, 보장 없는 계획들의 장점들을 비교하는 어떤 수단이 필요하다.

예를 들어 자율 주행 택시의 목표가 승객을 제시간에 공항에 데려다 주는 것이라고 하자. 택시는 비행기가 이륙하기 90분 전에 집을 떠나고 적절한 속도로 차를 모는 동작들이 포함된 $A_{90}$이라는 계획을 만들어 낸다. 공항이 5마일 정도만 떨어져 있다고 해도, 논리적인 택시 에이전트는 "계획 $A_{90}$을 실행하면 우리는 제시간에 공항에 도착할 것이다"라는 결론을 절대적인 확신을 가지고 내릴 수 없다. 대신 에이전트는 "$A_{90}$을 실행하면 아마 제시간에 공항에 도착할 것이다. 단, 자동차가 중간에 고장 나거나, 내가 사고를 내지 않거나, 도로가 폐쇄되거나, 차에 운석이 떨어지지 않거나, ... 하는 일이 없는 한"이라는 좀 더 약한 결론에 도달할 것이다. 이러한 조건 중 확실하게 연역할 수 있는 것은 하나도 없으므로, 계획이 성공하리라는 점도 추론할 수 없다. 이는 p.315에서 말한 **한정 문제**(qualification problem)인데, 이에 대한 진정한 해결책은 아직 나오지 않았다.

어쨌거나, 어떤 의미에서는 $A_{90}$이 **실제로** 정답이다. 무슨 말이냐 하면, 제2장에 논의했듯이 실행할 수 있는 모든 계획 중에서 에이전트의 성과 측정치를 최대화할 것이라고 기대되는 계획이 바로 $A_{90}$이라는 것이다(여기서 '기대'는 환경에 관한 에이전트의 지식에 상대적이다). 성과 측도에는 비행기 출발 시간에 맞게 공항에 도달하는 것, 공항에서 오랫동안 할 일 없이 기다리는 일은 피하는 것, 그리고 공항까지 가는 도중에 과속 딱지를 받지 않는 것이 포함된다. 에이전트의 지식은 $A_{90}$에 대해 이러한 결과들 중 그 어떤 것도 보장하지 않지만, 이들이 달성될 것이라는 어느 정도의 믿음은 제공할 수 있다. $A_{180}$ 같은 다른 계획들은 제시간 안에 공항에 도달하리라는 에이전트의 믿음을 증가시키겠지만, 오래 지루하게 기다리게 될 확률도 증가시킨다. 따라서 정답, 즉 **합리적 결정**은 여러 목표의 상대적인 중요도와 그것들이 달성될 것인지에 대한(그리고 어느 정도나 달성되는지에 대한) 가능성 모두에 의존한다. 이번 절의 나머지 부분에서는 이런 착안들을 자세히 살펴본다. 이러한 논의는 이번 장과 다음 장들에서 불확실한 추론과 합리적 결정에 대한 일반적 이론을 전개하는 데 필요한 배경지식이 될 것이다.

## 12.1.1 불확실성의 요약

불확실한 추론의 예로, 치과 환자의 치통을 진단하는 문제를 살펴보자. 의학과 자동차 수리를 비롯한 모든 분야에서, 진단(diagnosis)에는 항상 불확실성이 관여한다. 우선, 논리적 접근방식이 어떻게 망가지는지 보기 위해, 치과 진단을 위한 규칙들을 명제 논리를 이용해서 작성해 보겠다. 다음과 같은 간단한 규칙을 생각해 보자.

$Toothache \Rightarrow Cavity.$

이 규칙의 문제는 이것이 틀린 규칙이라는 점이다. 이가 아프다고 해서 반드시 충치 (cavity)가[역주1] 있는 것은 아니다. 잇몸(gum) 질환이나 농(abscess) 등 다른 원인도 있다.

$$Toothache \Rightarrow Cavity \lor GumProblem \lor Abscess \dots$$

안타깝게도, 이 규칙을 완성하려면 거의 무한히 많은 치통의 원인을 나열해야 한다. 대신, 이 규칙을 인과 규칙(causal)으로 바꿀 수도 있다.

$$Cavity \Rightarrow Toothache.$$

그러나 이 규칙도 옳지 않다. 모든 충치가 통증을 유발하지는 않기 때문이다. 이 규칙을 바로잡는 유일한 길은 규칙이 논리적으로 소진되게 하는 것, 즉 충치가 치통을 유발하는 데 필요한 모든 한정 조건(qualification)을 좌변에 추가하는 것이다. 결론적으로, 의료 진단 같은 문제 영역을 논리로 다루려 하는 시도는 다음 세 가지 이유로 실패하고 만다.

게으름
- **게으름**: 규칙에 예외가 없음을 보장하는 데 필요한 선행조건이나 귀결들을 완전하게 나열하려면 많은 노력이 필요하다. 그리고 그런 규칙은 사용하기가 너무 어렵다.

이론적 무지
- **이론적 무지**: 이 문제 영역을 위한 완결적인 이론이 의학에 갖추어져 있지 않다.

실용적 무지
- **실용적 무지**: 모든 규칙을 안다고 해도, 구체적인 환자에 대해서는 여전히 불확실성이 남아 있을 수 있다. 필요한 모든 검사를 수행했을/수행할 가능성이 없기 때문이다.

근본적인 문제는, 치통과 충치 사이의 연관 관계가 왼쪽으로든 오른쪽으로든 엄격한 논리적 귀결 관계가 아니라는 것이다. 의학에는 이런 것이 흔하며, 법, 사업, 설계, 자동차 수리, 원예, 데이트 등 다른 대부분의 판결적(judgmental) 문제 영역들에서도 마찬가지이
확신도
확률론
다. 이런 영역에서 에이전트의 지식은 기껏해야 해당 문장에 대한 **확신도**(degree of belief; 또는 믿음의 정도)를 제공할 수 있을 뿐이다. 이러한 확신도를 다루는 우리의 주된 도구는 **확률론**(probability theory)이다. §8.1의 어법에서, 논리와 확률론의 **존재론적 개입**들은 동일하다. 즉, 두 분야 모두 세계는 임의의 특정 경우에서 성립하거나 성립하지 않는 사실들로 이루어져 있다. 그러나 **인식론적 개입**들은 서로 다르다. 논리적 에이전트는 각 문장이 참이라고 믿거나, 거짓이라고 믿거나, 아니면 아무런 의견을 가지지 않는다. 반면 확률적 에이전트는 0(문장이 확실히 거짓인 경우)과 1(문장이 확실히 참인 경우) 사이의 수치로 표현되는 확신도를 가질 수 있다.

▶ 확률론은 우리의 게으름과 무지에서 비롯된 불확실성을 요약하는 수단을 제공한다. 불확실성을 요약(summarizing)할 수 있으면 한정 문제를 풀 수 있다. 특정 환자를 괴롭히는 것이 무엇인지 확실하게 알지는 못해도, 충치가 있는 환자가 치통을 앓을 가망이 이를테면 80%라고, 즉 확률이 0.8이라고 믿을 수는 있다. 즉, 우리는 현재 상황과 크게 다를 바

---

[역주1] cavity는 문자 그대로는 치아에 있는 빈 공간(공동), 즉 치아 구멍을 뜻하나, 문맥상 치과 질환의 하나인 충치를 뜻하는 것으로 보아도 무방하다.

없는(우리가 알고 있는 한) 모든 상황 중 치통을 앓는 환자가 충치를 가지고 있는 상황이 80%라고 기대한다. 이러한 믿음을 통계 자료("지금까지 본 치통 환자의 80%는 충치가 있다" 같은)에서 유도할 수도 있고, 일반적인 치과 지식이나 증거 출처들의 조합으로부터 유도할 수도 있다.

한 가지 헷갈리는 것은, 진단을 내리는 시점에서 실제 세계 자체에는 불확실성이 없다는 점이다. 환자에게 충치가 있거나, 아니면 없거나 둘 중 하나일 뿐이다. 그렇다면 충치가 있을 확률이 0.8이라는 것은 어떤 의미일까? 확률이 항상 0 아니면 1이어야 하지 않을까? 그 답은, 확률에 관한 언급이 실제 세계가 아니라 지식의 상태를 기준으로 한다는 것이다. 예를 들어 우리는 "환자가 **치통을 앓는다**고 할 때 환자에게 충치가 있을 확률은 0.8이다"라고 말한다. 만일 나중에 환자에게 잇몸 질환 병력이 있음을 알게 되면, "환자가 치통을 앓고 있으며 잇몸 질환 병력이 있다고 할 때 환자에게 충치가 있을 확률은 0.4이다"라는 다른 진단을 내릴 수 있다. 충치가 아님을 말해 주는 결정적인 증거들이 더 나온다면, "우리가 알고 있는 모든 것에 의하면, 환자에게 충치가 있을 확률은 거의 0이다"로까지 이어질 수 있다. 이러한 문장들이 서로 모순되지 않음을 주목하기 바란다. 각각은 서로 다른 지식 상태에 대한 개별적인 단언이다.

## 12.1.2 불확실성과 합리적 의사결정

공항에 도달하기 위한 $A_{90}$ 계획을 다시 생각해 보자. 그 계획을 실행했을 때 비행기에 무사히 탑승할 가망이 97%라고 가정하자. 그러한 높은 확률은 이 계획이 합리적인 결정임을 뜻할까? 꼭 그렇지는 않다. 확률이 더 높은 계획(이를테면 $A_{180}$)이 있을 수도 있기 때문이다. 비행기를 놓치지 않는 것이 **결정적으로** 중요하다면, 공항에서 더 오래 기다려야 하는 위험을 감수할 수 있다. 탑승 시간보다 하루 전에 집을 떠나는 $A_{1440}$ 계획은 어떨까? 대부분의 경우 이는 좋은 선택이 아니다. 제때 비행기를 타게 될 것은 거의 확실하지만, 아주 오래 기다려야 할 가망도 높기 때문이다(게다가, 공항 식당의 맛 없는 밥을 먹어야 한다).

**결과**
**선호도**
이런 결정을 내릴 때, 에이전트는 반드시 여러 계획의 서로 다른 가능한 **결과**(outcome)들에 대한 **선호도**(preference)를 미리 결정해 둘 필요가 있다. 여기서 말하는 결과는 에이전트가 제때 도착했는지, 공항에서 얼마나 기다려야 하는지 같은 요인들이 모두 완결적으로 명시된 하나의 상태를 뜻한다. 이번 장에서는 선호도를 표현하고 정성적으로 추론하는 수단으로 **효용이론**(utility theory)을 사용한다. 효용이론에 의하면, 모든 상태(또는 상태열)에는 그 상태가 에이전트에게 어느 정도나 유용한지를 뜻하는 **효용**이라는 속성이 있으며, 에이전트는 효용이 높은 상태를 선호한다.

**효용이론**
한 상태의 효용은 에이전트에 상대적이다. 예를 들어, 체스에서 백이 흑에게 체크메이트를 한 상태의 효용은 당연히 백 플레이어에게는 높고 흑 플레이어에게는 낮다. 그러나 체스 경기 규칙에 정해진 1, 1/2, 0 같은 점수들을 그대로 효용의 값으로 사용할 수는 없다. 어떤 플레이어(저자들을 포함해서)는 세계 챔피언 결정전에서 비기는 것을 큰 영광으로 생각하겠지만, 그렇지 않은 플레이어들도 있을 것이기 때문이다(이를테면 전 세계 챔피언). 여기서 취향이나 호불호는 중요하지 않다. 초코칩 아이스크림보다 할라피뇨 풍선껌 아이스크림을 더 좋아하는 에이전트를 괴짜라고 여길 수는 있겠지만, 그렇다고 그 에이전트가 비합리적이라고 말할 수는 없다. 효용 함수는 그 어떤(괴짜이든 전형적이든, 고상하든 심술궂든) 선호도 집합도 감당한다. 효용 함수가 이타주의(altruism)도 감당할 수 있음을 주목하기 바란다. 다른 사람들의 안녕을 요인 중 하나로 포함시키면 된다.

효용으로 표현된 선호도와 확률론의 조합은 합리적 의사결정에 관한 일반적인 이론인 **결정이론**(decision theory)으로 이어진다.

결정이론       결정이론 = 확률론 + 효용이론.

▶ 결정이론의 근본적인 착안은, 에이전트는 만일 기대 효용이 가장 높은 동작을 선택한다면, 그리고 오직 그럴 때에만 합리적이라는 것이다. 여기서 동작의 기대 효용(expected utility)은 그 동작의 모든 가능한 결과들의 효용들의 평균이다. 합리적 에이전트에 대한 이러한 정의를 **최대 기대 효용**(maximum expected utility, MEU) 원리라고 부른다. 여기서 '기대'는 평균을 뜻하는 통계학 용어이다. 구체적으로 말하면, 기대 효용은 결과 효용들의 가중평균(각 결과의 확률을 가중치로 한)을 뜻한다. 최대 기대 효용 원리가 적용되는 예를 제5장에서 백개먼의 최적 의사결정을 간략히 논의할 때 이미 보았다. 사실 이 원리는 단일 에이전트 의사결정에 대해 완전히 일반적인 원리이다.

도해 12.1은 결정이론을 이용해서 동작을 선택하는 에이전트의 구조를 개괄적으로 나타낸 것이다. 추상적인 수준에서 이 에이전트는 제4장과 제7장에서 설명한 에이전트들과 동일하다. 특히, 이들은 모두 지금까지의 지각들의 역사가 반영된 믿음 상태를 유지한다는 공통점을 가지고 있다. 주된 차이는, 결정이론에 기초한 에이전트의 믿음 상태는 세계 상태들의 **가능 여부**(possibility)들만이 아니라 그 상태들의 출현 **확률**도 나타낸다는 것이다. 믿음 상태와 동작들의 효과들에 관한 일정한 지식이 주어지면 에이전트는 동작 결과들을 확률적으로 예측할 수 있으며, 따라서 기대 효용이 가장 높은 동작을 선택할 수 있다.

---

**function** $\mathrm{DT\text{-}AGENT}(percept)$ **returns** 동작
    **지속 변수:** $belief\_state$, 세계의 현재 상태에 관한 확률적 믿음
               $action$, 에이전트의 동작

    $action$과 $percept$에 기초해서 $belief\_state$를 갱신
    주어진 동작 서술들과 현재의 $belief\_state$에 기초해서,
        동작들의 결과 확률들을 계산
    주어진 결과 확률들과 효용 정보에 기초해서,
        기대 효용이 가장 높은 $action$을 선택
    **return** $action$

**도해 12.1** 합리적 동작들을 선택하는 결정이론적 에이전트.

---

이번 장과 다음 장에서는 확률적인 정보의 표현 및 계산이라는 일반적인 과제에 초점을 둔다. 제14장은 시간에 따른 믿음 상태의 표현과 갱신 및 결과 예측이라는 좀 더 구체적인 과제를 수행하는 방법을 다룬다. 제15장에서는 확률론을 1차 논리와 범용 프로그래밍 언어 같은 표현력 있는 형식 언어들과 결합하는 여러 방법을 살펴본다. 제16장에서는 효용이론을 좀 더 깊게 논의한다. 제17장에서는 불확실한 환경에서 동작열을 계획하는 알고리즘들을 개발한다. 제18장에서는 이러한 개념들을 다중 에이전트 환경으로 확장하는 문제를 논의한다.

# 12.2 기본적인 확률 표기법

에이전트가 확률적 정보를 표현하고 사용하려면 그것을 위한 형식 언어가 필요하다. 전통적으로 확률론의 언어는 비형식적인, 그냥 수학자(사람)가 다른 수학자(역시 사람)을 위해 쓰는 언어였다. 표준적인 초등 확률론은 부록 A에서 소개한다. 여기서는 인공지능의 요구에 좀 더 적합한, 그리고 형식 논리의 개념들과에 연결되는 확률 표현 방식을 사용하겠다.

## 12.2.1 확률의 대상

논리적 단언처럼 확률적 단언도 가능한 세계(possible world)들에 관한 언급이다. 논리적 단언은 가능한 세계 중 엄밀히 배제되는 것들(단언이 참인 모든 세계)을 말해 주지만, 확률적 단언은 다양한 세계들이 어느 정도나 있음직한지를 말해 준다. 확률론에서는 모든 가능한 세계의 집합을 **표본 공간**(sample space)이라고 부른다. 가능한 세계들은 **상호배타적**이고 **전수적**(exhaustive)이다. 즉, 두 개의 가능한 세계가 동시에 성립하는 경우는 없으며, 하나의 가능한 세계는 반드시 성립한다. 예를 들어 서로 구별되는 두 주사위를 굴렸을 때 나올 수 있는 가능한 세계는 (1,1), (1,2), ..., (6,6)으로 총 36가지이다. 표본 공간은 흔히 그리스 글자 $\Omega$(대문자 오메가)로 표기하고, 그 공간의 각 요소, 즉 특정 가능한 세계는 $\omega$(소문자 오메가)로 표기한다.

완전히 명시된 **확률 모형**(probability model)은 각각의 가능한 세계에 수치 확률 $P(\omega)$를 대응시킨다.[1] 확률론의 기본 공리들에 따르면, 모든 가능한 세계에는 0에서 1 사이의 확률이 있으며, 가능한 세계들의 집합의 모든 확률을 합하면 1이 된다.

$$\text{모든 } \omega \text{에 대해 } 0 \leq P(\omega) \leq 1, \text{ 그리고 } \sum_{\omega \in \Omega} P(\omega) = 1. \tag{12.1}$$

---

1  일단 지금은 이산적이고 셀 수 있는 세계들의 집합을 가정한다. 연속적인 세계들을 제대로 다루기 위해서는 인공지능의 목적 대부분과는 관련이 적은 복잡한 사항들을 처리해야 한다.

예를 들어 각 주사위(die)가 공정하고 한 주사위 굴림이 다른 주사위 굴림에 영향을 주지 않는다고 하면, 가능한 세계 (1,1), (1,2), ..., (6,6)의 확률은 각각 1/36이다. 두 주사위가 조작되었다면 확률이 높은 세계도 있고 낮은 세계도 있겠지만, 그래도 그 확률들의 합은 1이다.

확률적 단언과 질의가 특정한 하나의 가능한 세계에 관한 것인 경우는 별로 없다. 보통은 가능한 세계들의 집합에 관한 것이다. 우리는 이를테면 두 주사위의 총합(total)이 11이 될 확률이나 두 주사위가 같을('더블$^{double}$') 확률에 관심을 둔다. 확률론에서는 그 **사건** 런 집합을 **사건**(event)이라고 부른다(제10장에 많이 나온 사건과는 다른 개념이다). 논리 학에서는 단어들의 집합이 형식 언어의 **명제**에 대응된다. 좀 더 구체적으로 말하면, 각 명제에 대응되는 집합은 그 명제가 참인 세계들로만 이루어진 집합이다. (따라서, 명제는 형식 언어로 표현된다는 점을 제외하면, 이런 맥락에서 '사건'과 '명제'가 대략 같은 것 이다.) 명제에 연관된 확률은 그 명제가 참인 세계들의 확률들의 합으로 정의된다.

$$임의의 \ 명제 \ \phi에 \ 대해, \ P(\phi) = \sum_{\omega \in \phi} P(\omega). \tag{12.2}$$

예를 들어 공정한(조작되지 않은) 주사위를 굴렸을 때 $P(Total = 11) = P((5,6)) + P((6,5)) = 1/36 + 1/36 = 1/18$이다. 확률론이 각각의 가능한 세계의 확률에 대한 완전한 지식을 요구하지는 않음을 주의하기 바란다. 예를 들어 주사위들이 같은 수가 더 잘 나 오도록 조작되었다고 믿는다면, 6 더블이 2 더블보다 더 많이 나오는지 아닌지를 알지 못한다고 해도 $P(doubles) = 1/4$라고 단언하는 것은 가능하다. 논리적 단언들과 마찬가 지로, 이러한 단언은 바탕에 깔린 확률 모형을 완전히 정의하지 않고도 그 모형을 제한 한다.

**무조건부** $P(Total = 11)$이나 $P(doubles)$ 같은 확률을 **무조건부**(unconditional) 확률 또는 **사전** **사전 확률** **확률**(prior probability)이라고 부른다. 이들은 다른 정보가 전혀 없는 상태에서의 명제의 확신도를 나타낸다. 그러나 대부분의 경우에는 이미 밝혀진 정보가 어느 정도는 존재한다. **증거** 그런 정보를 흔히 **증거**(evidence)라고 부른다. 예를 들어 주사위 두 개를 굴렸는데 하나는 5가 나왔고 다른 하나는 아직 뱅글뱅글 돌고 있다면, 우리가 관심을 두는 것은 더블이 **조건부** 나올 무조건적 확률이 아니라 **첫 주사위가 5라고 할 때 더블이 나올 조건부**(conditional) **사후** 확률 또는 **사후**(posterior) 확률이다. 이 확률을 $P(doubles \mid Die_1 = 5)$로 표기하며, '|' 는 "~라고 할 때" 또는 "~가 주어졌을 때"로 읽는다.[2]

마찬가지로, 독자가 정기 검사를 위해 치과에 갔다면 $P(cavity) = 0.2$ 같은 확률이 관심의 대상일 것이다. 그러나 이가 아파서 치과에 갔다면 중요한 것은 조건부 확률 $P(cavity \mid toothache) = 0.6$ 같은 확률이다.

치통($toothache$)이 있다고 해도 $P(cavity) = 0.2$는 여전히 **유효하다**는 점을 이해 하는 것이 중요하다. 그 확률은 단지 특별히 유용하지는 않을 뿐이다. 결정을 내릴 때 에

---

2 연산자 |는 우선순위가 낮음을 주의하기 바란다. $P(...\mid...)$ 형태의 표현식은 항상 $P((...)\mid(...))$을 뜻한다.

이전트는 자신이 관측한 모든 증거를 조건 판정에 적용해야 한다. 또한 조건 적용과 논리적 함의의 차이를 이해하는 것도 중요하다. $P(cavity \mid toothache) = 0.6$이라는 단언은 "$toothache$가 참일 때는 항상 $cavity$가 0.6의 확률로 참이라는 결론을 내린다"라는 뜻이 아니다. 이는 "$toothache$가 참이고 그 외의 정보가 없을 때는 항상 $cavity$가 0.6의 확률로 참이라는 결론을 내린다"라는 뜻이다. 추가된 조건이 중요하다. 예를 들어 치과의사가 충치를 발견하지 못했다는 정보가 주어진다면, $cavity$가 0.6의 확률로 참이라는 결론을 내려서는 안 될 것이다. 대신 $P(cavity \mid toothache \wedge \neg cavity) = 0$을 사용해야 한다.

수학으로 표현한다면, 조건부 확률은 다음과 같이 무조건부 확률들로 정의된다: 임의의 명제 $a$와 $b$에 대해, $P(b) > 0$이면 항상

$$P(a \mid b) = \frac{P(a \wedge b)}{P(b)} \qquad (12.3)$$

가 성립한다. 이를테면

$$P(doubles \mid Die_1 = 5) = \frac{P(doubles \wedge Die_1 = 5)}{P(Die_1 = 5)}$$

이다. 앞의 정의는 이런 식으로 이해하면 된다: 명제 $b$는 모든 가능한 세계 중 $b$가 거짓인 세계들을 모두 제외시킨다. 그리고 집합에 남아 있는 세계들의 확률 총합은 $P(b)$이다. 그러한 집합에서 $a$가 참인 세계들은 반드시 $a \wedge b$도 충족하므로 분수 $P(a \wedge b)/P(b)$가 성립한다.

곱 규칙      식 (12.3)에 나온 조건부 확률의 정의를 다음과 같이 소위 확률의 **곱 규칙**(product rule) 형태로 서술할 수도 있다.

$$P(a \wedge b) = P(a \mid b)P(b). \qquad (12.4)$$

아마 이 곱 규칙이 더 기억하기 쉬울 것이다. 이 규칙은 $a$와 $b$가 모두 참이려면 $b$가 참이어야 하며, 또한 $b$가 참이라 할 때 $a$가 참이어야 한다는 사실에서 비롯된 것이다.

## 12.2.2 확률적 단언 안의 명제 어법

이번 장과 다음 장은 가능한 세계들의 세계를 서술하는 명제들을 명제 논리의 요소들과 제약 충족 표기법의 요소들을 결합한 표기법으로 표기한다. §2.4.7의 용어로 말하면 이는 **분해된 표현**(factored representation), 즉 하나의 가능한 세계를 변수-값 쌍들의 집합으로 표현한 것에 해당한다. 제15장에서 보겠지만, 이보다 표현력이 좋은 **구조적 표현**도 있다.

확률 변수      확률론의 변수를 **확률 변수**(random variable)라고 부른다. 확률 변수의 이름은 영문 대문자로 시작한다. 주사위 예제에서 $Total$과 $Die_1$이 확률 변수이다. 모든 확률 변수에

는 가능한 세계들로 이루어진 정의역(domain) $\Omega$를 그 변수가 취할 수 있는 값들의 집합인 **치역**(range)으로 사상하는 함수가 존재한다. 주사위 두 개에 대한 $Total$의 치역은 집합 $\{2, ..., 12\}$이고, $Die_1$의 치역은 $\{1, ..., 6\}$이다. 값을 지칭하는 이름은 항상 영문 소문자로 시작한다. 예를 들어 $\sum_x P(X=x)$는 확률 변수 $X$의 값들의 합이다. 치역이 $\{true, false\}$인 확률 변수를 부울(Boolean) 확률 변수라고 부른다. 예를 들어 주사위들을 굴렸는데 더블이 나왔음을 뜻하는 명제는 $Doubles = true$로 표기할 수 있다. (부울 변수의 치역을 집합 $\{0, 1\}$로 두기도 하는데, 이 경우 부울 변수가 **베르누이 분포**를 따른다고 말한다.) 관례상 $A = true$ 형태의 명제를 그냥 $a$로 줄여 쓰고, $A = false$는 $\neg a$로 줄여 쓴다. (이전 절에 나온 $doubles$, $cavity$, $toothache$ 등은 이런 종류의 단축 표기이다.)

치역은 임의의 토큰들의 집합이다. 예를 들어 $Age$의 치역을 그냥 유소년, 청소년, 성인에 해당하는 집합 $\{juvenile, teen, adult\}$로 둘 수 있고, $Weather$의 치역을 맑음, 비, 구름, 눈에 해당하는 집합 $\{sun, rain, cloud, snow\}$로 둘 수 있다. 애매모호함이 없음이 확실한 경우라면, 하나의 값을, 특정 변수에 그 값이 있는 명제를 대표하는 용도로 사용하는 것이 관례이다. 예를 들어 $sun$는 $Weather = sun$를 대표할 수 있다.[3]

앞의 예들에서는 치역이 모두 유한하다. 그런데 치역이 무한한 변수도 있다. 무한한 치역은 이산적일 수도 있고(정수 집합 등) 연속적일 수도 있다(실수 집합 등). 원소들에 순서가 있는 치역을 가진 변수에 대해서는 이를테면 $Number Of Atoms In$ $Universe \geq 10^{70}$처럼 부등 연산자를 사용할 수 있다.

마지막으로, 이상과 같은 기초 명제들(부울 변수에 대한 단축형들도 포함해서)을 명제 논리의 접속사들을 이용해서 결합할 수 있다. 예를 들어 "환자가 10대이고 치통이 없다고 할 때, 환자에게 충치가 있을 확률은 0.1이다"를 다음과 같이 표현할 수 있다.

$$P(cavity \mid \neg toothache \wedge teen) = 0.1.$$

확률 표기법에서는 쉼표를 논리곱으로 사용하는 경우도 많으므로, 좌변을 $P(cavity \mid \neg toothache, teen)$으로 표기해도 된다.

종종 한 확률 변수의 **모든** 가능한 값의 확률들을 언급해야 할 때가 있는데, 그런 경우 다음처럼 명제들을 나열하는 대신,

$$P(Weather = sun) = 0.6$$
$$P(Weather = rain) = 0.1$$
$$P(Weather = cloud) = 0.29$$
$$P(Weather = snow) = 0.01$$

다음과 같은 단축 표기를 사용할 수 있다.

---

3 이런 관례들 때문에, 부울 변수의 값들에 관한 합산을 표기할 때 의미가 애매모호해질 수 있다. $P(a)$는 변수 $A$가 참일 확률이지만, $\sum_a P(a)$ 안에 있는 $P(a)$는 그냥 $A$의 값들 중 하나의 확률을 나타낸다.

**12.2** 기본적인 확률 표기법 513

$$P(Weather) = \langle 0.6,\ 0.1,\ 0.29,\ 0.01 \rangle.$$

여기서 굵은 글씨의 **P**는 결과가 수치들의 벡터임을 뜻한다. 이 경우 그 수치들은 *Weather*의 치역 $\langle sun, rain, cloud, snow \rangle$에 미리 정해져 있는 순서에 따라 각 값에 대응된다고 가정한다. 이러한 **P** 문장은 확률 변수 *Weather*의 **확률분포**(probability distribution)를 정의한다. 확률분포는 확률 변수가 가질 수 있는 각각의 값에 어떤 확률이 배정되는지를 결정한다. (지금 예처럼 치역이 유한하고 이산적인 확률분포를 **범주형 분포**(cateogrical distribution)라고 부른다.) **P** 표기법은 또한 조건부 분포에도 쓰인다. $\mathbf{P}(X \mid Y)$는 각각의 가능한 $i,\ j$ 쌍에 대한 $P(X = x_i \mid Y = y_j)$ 값들을 제공한다.

연속 변수에는 가능한 값이 무한히 많으므로 확률분포를 벡터로 표기하는 것이 불가능하다. 대신, 확률 변수의 값이 $x$일 확률을 $x$를 매개변수로 하는 함수를 이용해서 정의한다. 그런 함수를 **확률 밀도 함수**(probability density function)라고 부른다. 예를 들어 다음은 정오(noon)의 기온(temperature)이 섭씨(C) 18도에서 26도까지 고르게(uniform) 분포된다는 믿음을 표현한 것이다.

$$P(NoonTemp = x) = Uniform(x; 18\,C, 26\,C)$$

확률 밀도 함수(종종 **pdf**라고 줄여 표기한다)는 이산 분포와는 그 의미가 다르다. 확률 밀도가 $18\,C$에서 $26\,C$까지 고르게 분포되어 있다고 말하는 것은, 실제 기온이 $8\,C$ 너비의 영역($18\,C$부터 $26\,C$ 사이 구간)에 속할 확률이 100%이고, $4\,C$ 너비의 부분 영역에 속할 확률은 50%이고, 등등을 뜻한다. 연속 확률 변수 $X$의 값 $x$에서의 확률 밀도를 $P(X = x)$ 또는 그냥 $P(x)$로 표기한다. 직관적으로 말하자면, $P(x)$는 $X$가 $x$에서 시작하는 임의의 작은 영역에 속할 확률을 그 영역의 너비로 나눈 것이다. 즉,

$$P(x) = \lim_{dx \to 0} P(x \le X \le x + dx)/dx$$

이다. *NoonTemp*에 대해서는 다음과 같다.

$$P(NoonTemp = x) = Uniform(x; 18\,C, 26\,C) = \begin{cases} \dfrac{1}{8\,C} & \text{만일 } 18\,C \le x \le 26\,C\text{이면,} \\[2mm] 0. & \text{그렇지 않으면.} \end{cases}$$

여기서 $C$는 어떤 상수가 아니라 섭씨 온도를 뜻한다. $P(NoonTemp = 20.18\,C) = \frac{1}{8\,C}$에서 $\frac{1}{8\,C}$이 확률이 아니라 확률 밀도임을 주의하자. *NoonTemp*가 **정확히** $20.18\,C$일 확률은 0이다. 왜냐하면 $20.18\,C$는 너비가 0인 영역이기 때문이다. 이산 확률과 확률 밀도를 다른 기호로 표기하는 저자들이 있지만, 혼동이 여지가 거의 없고 공식들도 대체로 동일하므로 이 책에서는 두 경우를 구분하지 않는다. 이산 확률이든 확률 밀도든 상관없이, 특정한 하나의 확률값은 $P$로, 확률값들의 벡터는 **P**로 표기한다. 확률은 단위가 없는 수치인 반면, 밀도 함수의 값은 단위가 있음을 주의하기 바란다. 지금 예에서 단위

는 섭씨 도(degree)의 역수이다. 앞의 예에 나온 섭씨 온도 구간을 화씨로 표현한다면 구간 너비가 14.4도가 되므로 밀도는 $1/14.4F$가 된다.

하나의 확률 변수의 분포뿐만 아니라 여러 변수들의 분포도 표기할 수 있어야 한다. 이를 위해 쉼표를 사용한다. 예를 들어 $\mathbf{P}(Weather, Cavity)$는 $Weather$의 값들과 $Cavity$의 값들의 모든 조합의 확률들을 나타낸다. $Weather$와 $Cavity$의 모든 가능한 조합은 $4 \times 2$ 형태의 확률표를 형성하는데, 이를 가리켜 **결합 확률분포**(joint probability distribution), 줄여서 결합 분포라고 부른다.[역주1] 또한 변수와 구체적인 값을 조합해서 사용할 수도 있다. 예를 들어 $\mathbf{P}(sun, Cavity)$는 맑은(sunny) 날에 충치가 있을 확률과 맑은 날에 충치가 없을 확률을 나타내는 2원소 벡터이다.

**결합 확률분포**

$\mathbf{P}$ 표기법을 이용하면 그렇지 않았을 때보다 좀 더 간결하게 표현할 수 있는 경우가 존재한다. 예를 들어 $Weather$와 $Cavity$의 모든 가능한 값에 대한 곱 규칙(식 (12.4))을 다음과 같이 하나의 공식으로 표기할 수 있다.

$$\mathbf{P}(Weather, Cavity) = \mathbf{P}(Weather \mid Cavity)\mathbf{P}(Cavity).$$

만일 이런 표기법을 사용하지 않았다면 $4 \times 2 = 8$개의 공식을 일일이 나열해야 했을 것이다(지면 관계상 날씨와 충치 변수를 $W$와 $C$로 짧게 표기했음).

$$P(W = sun \wedge C = true) = P(W = sun \mid C = true)P(C = true)$$
$$P(W = rain \wedge C = true) = P(W = rain \mid C = true)P(C = true)$$
$$P(W = cloud \wedge C = true) = P(W = cloudy \mid C = true)P(C = true)$$
$$P(W = snow \wedge C = true) = P(W = snow \mid C = true)P(C = true)$$
$$P(W = sun \wedge C = false) = P(W = sun \mid C = false)P(C = false)$$
$$P(W = rain \wedge C = false) = P(W = rain \mid C = false)P(C = false)$$
$$P(W = cloud \wedge C = false) = P(W = cloudy \mid C = false)P(C = false)$$
$$P(W = snow \wedge C = false) = P(W = snow \mid C = false)P(C = false).$$

퇴화된(degenerate) 경우인 $\mathbf{P}(sun, cavity)$에는 변수가 없다. 따라서 이것은 스칼라 값으로 간주할 수 있는 0차원 벡터이다.

지금까지 명제 및 확률 단언을 위한 하나의 구문을 정의했다. 또한, 그 의미론의 일부도 갖추어졌다: 식 (12.2)는 한 명제의 확률을 그 명제가 성립하는 세계들의 확률 총합으로 정의한다. 의미론을 완성하려면 세계들이 어떤 것인지 서술하고, 한 명제가 하나의 세계에서 성립하는지를 판정하는 방법도 정해야 한다. 이 부분은 명제 논리에서 그대로 빌려 오기로 한다. 즉, 하나의 가능한 세계는 관련된 모든 확률 변수에 값들을 부여하는 하나의 배정으로 정의된다.

가능한 세계들이 상호배타적이고 소진적이어야 한다는 요구조건을 이러한 정의가 충족한다는 점은 쉽게 증명할 수 있다(연습문제 12.EXEX). 예를 들어 $Cavity$와

---

**4** 이 경우뿐만 아니라, 이 책에서는(그리고 일반적으로도) 혼동의 여지가 없는 한 확률분포를 흔히 '분포'로 줄여 쓴다(사전 분포, 이산 분포, 연속 분포 등등).

*Toothache*, *Weather*라는 확률 변수들이 있다면 가능한 세계는 $2 \times 2 \times 4 = 16$개이다. 더 나아가서, 그런 세계들에서 임의의 주어진 명제의 진릿값은 명제 논리에서 사용한 것과 같은 계산 방법(p.286)으로 결정할 수 있다.

중복된 확률 변수도 있을 수 있음을 주의하자. 모든 경우에 대한 확률값을 다른 변수드의 값에서 얻을 수 있는 확률 변수는 중복된(redundant) 것이다. 예를 들어 주사위 두 개 세계에서 *Doubles* 변수는 $Die_1 = Die_2$일 때만 참이다. $Die_1$ 및 $Die_2$와 함께 *Doubles*를 개별적인 확률 변수로 두면 가능한 세계는 36개에서 72개로 증가하는데, 그 72개의 세계 중 정확히 절반은 논리적으로 불가능하며 확률이 0이다.

가능한 세계들에 대한 앞의 정의로부터, 하나의 확률 모형은 모든 확률 변수의 결합 분포에 의해 결정된다는 사실을 이끌어 낼 수 있다. 그러한 결합 분포를 **완전 결합 확률 분포**(full joint probability distribution)라고 부른다. 예를 들어 *Cavity*와 *Toothache*, *Weather*가 주어졌을 때 완전 결합 분포는 $\mathbf{P}(Cavity, Toothache, Weather)$이다. 이 결합 분포를 16개의 성분으로 이루어진 $2 \times 2 \times 4$ 표(테이블)로 나타낼 수 있다. 모든 명제의 확률은 가능한 세계들에 대한 합이므로, 원칙적으로 하나의 완전 결합 분포가 있으면 임의의 명제의 확률을 충분히 계산할 수 있다. 몇 가지 예를 §12.3에서 보게 될 것이다.

완전 결합
확률분포

## 12.2.3 확률 공리들과 그 합리성

확률의 기본 공리들(식 (12.1)과 식 (12.2))은 확신도들에 어떤 관계들(논리적으로 연관된 명제들과 부합하는)이 있음을 함의한다. 예를 들어 명제의 확률과 명제의 부정의 확률 사이의 다음과 같은 익숙한 관계를 이끌어 낼 수 있다.

$$
\begin{aligned}
P(\neg a) &= \sum\nolimits_{\omega \in \neg a} P(\omega) & \text{식 (12.2)에 의해} \\
&= \sum\nolimits_{\omega \in \neg a} P(\omega) + \sum\nolimits_{\omega \in a} P(\omega) \ - \ \sum\nolimits_{\omega \in a} P(\omega) \\
&= \sum\nolimits_{\omega \in \Omega} P(\omega) \ - \ \sum\nolimits_{\omega \in a} P(\omega) & \text{처음 두 항을 묶었음} \\
&= 1 - P(a) & \text{식 (12.1)과 식 (12.2)에 의해.}
\end{aligned}
$$

또한 논리합의 확률에 대한 다음과 같은 잘 알려진 공식도 유도할 수 있다. 이를 **포함-배제의 원리**(inclusion-exclusion principle)라고 부르기도 한다.

포함-배제의 원리

$$P(a \vee b) = P(a) + P(b) - P(a \wedge b). \tag{12.5}$$

$a$가 성립하는 경우들의 집합과 $b$가 성립하는 경우들을 합한 것에는 $a \vee b$가 성립하는 모든 경우가 포함되지만, 그 합에는 두 집합의 교집합이 두 번 존재하므로 $P(a \wedge b)$를 빼야 한다는 점을 생각하면 이 공식이 이해가 될 것이다.

콜모고로프의
공리

식 (12.1)과 식 (12.5)를 흔히 **콜모고로프의 공리**(Kolmogorov's axioms)라고 부르는데, 이는 이 간단한 기초로부터 확률론의 나머지 부분을 구축하는 방법과 연속 변수들이

야기하는 어려움들⁵을 처리하는 방법을 보여 준 수학자 안드레이 콜모고로프를 기리기 위한 것이다. 식 (12.2)에는 정의(defintion)의 측면이 있는 반면, 식 (12.5)는 이 공리들이 사실은 논리적으로 연관된 명제들과 관련해서 에이전트가 가질 수 있는 확신도들을 제한한다는 점을 드러낸다. 이는 논리적 에이전트가 $A$와 $B$, $\neg(A \wedge B)$를 동시에 믿을 수는 없다는(그 셋이 모두 참인 가능한 세계는 없으므로) 사실과 비슷하다. 그러나 확률론에서는 문장들이 세계를 직접 지칭하는 것이 아니라 에이전트 자신의 지식의 상태를 언급할 뿐이다. 그렇다면 에이전트가 다음과 같은 믿음들의 집합을 가지지 못할 이유도 없지 않을까(비록 콜모고로프의 공리를 위반한다고 해도)?

$$P(a) = 0.4 \qquad P(b) = 0.3 \qquad P(a \wedge b) = 0.0 \qquad P(a \vee b) = 0.8. \qquad (12.6)$$

이런 종류의 질문들은 확률을 확신도를 나타내는 유일하게 적법한 형태로 주장하는 사람들과 대안적인 접근방식들을 주장하는 사람들이 수십 년간 격렬한 논쟁을 벌인 주제였다.

브루노 드피네티$^{Bruno\ de\ Finetti}$가 1931년에 처음으로 언급한, 확률 공리들을 지지하는 한 가지 논증은 이렇다: 만일 에이전트가 명제 $a$에 대해 일정한 정도의 믿음을 가지고 있다면, 그 에이전트는 $a$가 성립한다는 데 내기를 거는 것과 성립하지 않는다는 데 내기를 거는 것의 차이가 없을 확률을 말할 수 있어야 한다.⁶ 이를 두 에이전트가 벌이는 게임이라고 생각해도 된다. 에이전트 1은 "사건 $a$에 대한 내 확신도는 0.4이다"라고 말한다. 그러면 에이전트 2는 사건 $a$가 성립한다 또는 하지 않는다를 택하되, 그에 해당하는 에이전트 1의 확신도에 해당하는 내깃돈을 걸어야 한다. 즉, 에이전트 2는 $a$가 성립할 것이라는 에이전트 1의 내기를 받아들이고 에이전트 1이 건 \$4에 대해 \$6을 걸 수도 있고, 또는 $\neg a$가 성립할 것이라는 에이전트 1의 내기를 받아들이고 에이전트 1이 건 \$6에 대해 \$4를 걸 수도 있다. 그런 다음에는 $a$의 실제 결과를 관측하고, 맞춘 쪽이 판돈을 가져간다. 확신도들이 세계를 정확하게 반영하지 않는 한 에이전트가 세계의 상태를 좀 더 정확하게 반영하는 믿음들의 가진 다른 에이전트와 오랫동안 이 게임을 한다면, 전자의 에이전트가 돈을 잃는 경향이 나타날 것이다.

드피네티의 정리는 개별 확률들의 값들을 제대로 선택하는 것에 관한 것이 아니라, 논리적으로 연관된 명제들의 확률들의 값들을 제대로 선택하는 것에 관한 것이다. 정리에 따르면, 만일 에이전트 1이 확률론의 공리들을 위반하는 일단의 확신도들을 표현했다면, 에이전트 1이 항상 돈을 잃게 되는 에이전트 2의 내기 걸기들의 조합이 존재한다. 예를 들어 에이전트 1의 확신도들이 식 (12.6)과 같다고 하자. 도해 12.2는 만일 에이전트 2가 $a$에 \$4, $b$에 \$3, $\neg(a \vee b)$에 \$2를 건다면 $a$와 $b$의 결과와는 무관하게 항상 에이전트 1이 돈을 잃게 됨을 보여 준다. 드피네티의 정리는 **합리적인** 에이전트는 확률론의 공리들을 위반하는 믿음을 절대 가질 수 없음을 함의한다.

---

5  그러한 어려움 중 하나는 **비탈리 집합**(Vitali set)이다. 비탈리 집합은 [0,1] 구간의 잘 정의된 부분집합이나, 잘 정의된 크기는 없다.

6  서로 다른 판돈 소유액들에 대한 에이전트의 선호도들을, \$1를 잃을 가능성이 \$1를 딸 동일한 가능성에 의해 상쇄되지 않는 어떤 것이라고 주장할 수도 있다. 이에 대한 한 가지 응답은, 그런 문제를 피할 수 있을 정도로 내깃돈(bet)을 낮추는 것이다. [Savage, 1954]의 분석은 이 문제를 완전히 피해 간다.

| 명제 | 에이전트 1의 믿음 | 에이전트 2의 내기 | 에이전트 1의 내기 | 각 결과에 대한 에이전트 1의 상금 | | | |
|---|---|---|---|---|---|---|---|
| | | | | $a,b$ | $a,\neg b$ | $\neg a,b$ | $\neg a,\neg b$ |
| $a$ | 0.4 | $a$에 \$4 | $\neg a$에 \$6 | -\$6 | -\$6 | \$4 | 4 |
| $b$ | 0.3 | $b$에 \$3 | $\neg b$에 \$7 | -\$7 | \$3 | -\$7 | \$3 |
| $a \vee b$ | 0.8 | $\neg(a \vee b)$에 \$2 | $a \vee b$에 \$8 | \$2 | \$2 | \$2 | -\$8 |
| | | | | -\$11 | -\$1 | -\$1 | -\$1 |

**도해 12.2** 에이전트 1에 비일관적인 믿음들이 있기 때문에, 에이전트 2는 세 내기에 대해 에이전트 1이 $a$ 와 $b$의 결과와는 무관하게 반드시 돈을 잃는 내기 조합을 고안할 수 있다.

드피네티의 정리에 대한 흔한 반박 하나는, 이 내기 게임이 상당히 작위적이라는 것이 다. 예를 들어 한 에이전트가 내기를 거부한다면 어떻게 할까? 그러면 논증이 무너질까? 답은, 이 내기 게임은 모든 에이전트가 모든 순간에서 **어쩔 수 없이** 관여하게 되는 의사 결정 상황을 추상화한 모형이라는 것이다. 모든 동작(동작을 하지 않기로 하는 것도 포 함해서)은 일종의 내기이며, 모든 결과는 그 내기에 대한 보상으로 볼 수 있다. 내기를 거부하는 것은 시간이 흐르는 것을 허용하지 않으려는 것과 같다.

이외에도 확률의 사용에 대한 강력한 철학적 논거들이 제시된 바 있다. 가장 주목할 만한 것은 [Cox, 1946]과 [Carnap, 1950], [Jaynes, 2003]에 나온 것들이다. 이들은 각각 확신도를 이용해서 추론을 수행하는 데 필요한 일단의 공리들, 이를테면 무모순성이나 통상적인 논리와의 대응 관계(예를 들어, 만일 $A$에 대한 믿음이 높아진다면, $\neg A$에 대한 믿음은 낮아진다) 등에 대한 공리들을 구축한다. 논쟁의 여지가 있는 유일한 공리는, 확신도가 반드시 수치이거나, 적어도 추이적이고(만일 $A$에 대한 믿음이 $B$에 대한 믿음 보다 크다면, 그리고 $B$에 대한 믿음이 $C$에 대한 믿음보다 크다면, $A$에 대한 믿음은 $C$ 에 대한 믿음보다 반드시 크다) 비교 가능이라는($A$에 대한 믿음은 $B$에 대한 믿음과 같 거나, 더 크거나, 더 작아야 한다) 의미에서 수치처럼 행동하는 어떤 것이어야 한다는 것 이다. 그렇다면 확률이 이 공리들을 충족하는 유일한 접근방식임을 증명할 수 있다.

그러나 우리가 사는 세상에서는 실용적인 시연(demonstration)이 증명보다 설득력이 큰 경우가 종종 있다. 사람들을 확률론 지지자로 돌려놓는 데에는 확률론에 기초한 추론 시스템들의 성공이 철학적 논거들보다 훨씬 더 효과적이었다. 다음 절에서는 확률론 공 리들에 기초해서 추론을 수행하는 방법을 살펴본다.

# 12.3 완전 결합 분포를 이용한 추론

확률적 추론

질의

이번 절에서는 **확률적 추론**(probabilistic inference)를 수행하는, 다시 말해 관측된 증거가 주어졌을 때 **질의**(query) 명제로부터 사후 확률들을 계산하는 간단한 방법 하나를 설명 한다. 좀 더 구체적으로 말하면, 완전 결합 분포를 일종의 '지식 베이스'로 사용해서, 모든 질문에 대한 답을 그 지식 베이스로부터 이끌어 낸다. 이러한 방법을 설명하는 과정에서 확률들이 관여하는 수식을 조작하는 데 유용한 기법 몇 가지도 소개한다.

세 개의 부울 변수 *Toothache*와 *Cavity*, *Catch*로만 구성된, (치과의사가 무시무시한 철제 탐침으로 이를 찔러서 충치를 잡아내는(catch)) 간단한 예제로 시작하자. 도해 12.3의 2×2×2 표가 이 예의 완전 결합 분포이다.

이 완전 결합 분포의 확률들을 합하면, 확률 공리들을 충족하는 1이 나옴을 주목하기 바란다. 또한, 식 (12.2)를 이용하면 임의의 명제(단순한 것이든 복합적인 것이든)의 확률을 직접 계산할 수 있다는 점도 주목하기 바란다. 방법은 간단하다. 그냥 해당 명제가 참인 가능한 세계들을 찾고, 그 세계들의 확률들을 더하면 된다. 예를 들어 *cavity* ∨ *toothache*가 성립하는 가능한 세계는 여섯 개이다.

$$P(cavity \lor toothache) = 0.108 + 0.012 + 0.072 + 0.008 + 0.016 + 0.064 = 0.28.$$

완전 결합 분포와 관련해서 특히나 흔히 요구되는 과제는, 일부 변수들 또는 하나의 변수에 대한 분포를 추출하는 것이다. 예를 들어 표의 첫 행의 항목들을 더하면 *cavity*의 **주변 확률** 무조건부 확률이 나온다. 이를 **주변 확률**(marginal probability)이라고도 부른다.[7]

$$P(cavity) = 0.108 + 0.012 + 0.072 + 0.008 = 0.2 .$$

**여백화** 이런 확률을 계산하는 것을 **여백화**(marginalization; 또는 주변화) 또는 **합산 소거**(summing out)라고 부르는데, 이는 다른 변수들이 가질 수 있는 값에 대한 확률들을 합침으로써 그 변수들을 공식에서 없애버리기 때문이다. 다음은 임의의 변수 집합 **Y**와 **Z**에 대한 일반적인 여백화 규칙을 표현한 것이다.

$$\mathbf{P}(\mathbf{Y}) = \sum_z \mathbf{P}(\mathbf{Y}, \mathbf{Z} = \mathbf{z}) \tag{12.7}$$

여기서 $\Sigma_z$는 변수 집합 **Z**의 모든 가능한 값 조합들에 관한 합산을 뜻한다. 이 공식의 $\mathbf{P}(\mathbf{Y}, \mathbf{Z} = \mathbf{z})$을 흔히 $\mathbf{P}(\mathbf{Y}, \mathbf{z})$로 줄여 쓴다. 다음은 *Cavity*의 예에 식 (12.7)을 적용한 결과이다.

| | toothache | | ¬toothache | |
|---|---|---|---|---|
| | catch | ¬catch | catch | ¬catch |
| cavity | 0.108 | 0.012 | 0.072 | 0.008 |
| ¬cavity | 0.016 | 0.064 | 0.144 | 0.576 |

**도해 12.3** *Toothache*, *Cavity*, *Catch* 세계에 대한 완전 결합 분포.

---

[7] marginal probability라는 이름은 보험회계사들이 관측된 빈도들의 합을 보험표의 여백(margin)에 기록하는 관행에서 비롯된 것이다(번역서의 주변 확률이라는 용어는 대한수학회의 용어집을 따른 것이다. 다음 문단에 나오는 marginalization은 그 기원을 좀 더 명확히 살린 '여백화'로 옮기기로 한다. ─옮긴이).

$$\mathbf{P}(Cavity) = \mathbf{P}(Cavity, toothache, catch) + \mathbf{P}(Cavity, toothache, \neg catch) +$$
$$\mathbf{P}(Cavity, \neg toothache, catch) + \mathbf{P}(Cavity, \neg toothache, \neg catch)$$
$$= \langle 0.108, 0.016 \rangle + \langle 0.012, 0.064 \rangle + \langle 0.072, 0.144 \rangle + \langle 0.008, 0.576 \rangle$$
$$= \langle 0.2, 0.8 \rangle$$

조건화 곱 법칙(식 (12.4))를 이용해서 식 (12.7)의 $\mathbf{P}(\mathbf{Y}, \mathbf{z})$에 $\mathbf{P}(\mathbf{Y}|\mathbf{z})P(\mathbf{z})$를 대입하면 소위 **조 건화**(conditioning) 규칙이 나온다.

$$\mathbf{P}(\mathbf{Y}) = \sum_{\mathbf{z}} \mathbf{P}(\mathbf{Y} \mid \mathbf{z}) P(\mathbf{z}). \tag{12.8}$$

차차 알게 되겠지만, 여백화와 조건화는 확률 표현이 관여하는 모든 종류의 유도에 유용한 규칙이다.

인공지능에서 주된 관심사는 어떤 변수들의 **조건부** 확률을 다른 변수들에 대한 증거들에 기초해서 계산하는 것이다. 조건부 확률을 구하려면, 우선 그것을 식 (12.3)을 이용해서 무조건부 확률로 변환하고, 그 결과를 완전 결합 분포를 이용해서 평가하면 된다. 예를 들어 치통이 있다는 증거가 주어졌을 때 충치의 확률을 다음과 같이 계산할 수 있다.

$$P(cavity \mid toothache) = \frac{P(cavity \wedge toothache)}{P(toothache)}$$

$$= \frac{0.108 + 0.012}{0.108 + 0.012 + 0.016 + 0.064} = 0.6.$$

점검을 위해, 치통이 있다는 증거가 주어졌을 때 충치가 없을 확률도 구해 보자.

$$P(\neg cavity \mid toothache) = \frac{P(\neg cavity \wedge toothache)}{P(toothache)}$$

$$= \frac{0.016 + 0.064}{0.108 + 0.012 + 0.016 + 0.064} = 0.4.$$

이 두 확률의 합은 예상대로 1.0이다. 두 계산 모두, $P(toothache)$가 분모에 있음을 주목하자. 변수 $Cavity$의 값이 셋 이상이었어도 마찬가지로 각 확률 계산의 분모에 이 항이 있었을 것이다. 사실 이 항을, 분포 $\mathbf{P}(Cavity \mid toothache)$의 확률들의 합이 1이 되게 만드는 하나의 **정규화**(normalization) 상수로 볼 수 있다. 이 책에서 확률을 다루는 장들에서는 이런 상수들을 일관되게 $\alpha$로 표기한다. 이러한 표기법을 이용하면 앞의 두 공식을 다음과 같이 하나의 공식으로 표현할 수 있다.

$$\mathbf{P}(Cavity \mid toothache) = \alpha\, \mathbf{P}(Cavity, toothache)$$
$$= \alpha\, [\mathbf{P}(Cavity, toothache, catch) + \mathbf{P}(Cavity, toothache, \neg catch)]$$
$$= \alpha\, [\langle 0.108, 0.016 \rangle + \langle 0.012, 0.064 \rangle] = \alpha\, \langle 0.12, 0.08 \rangle = \langle 0.6, 0.4 \rangle.$$

다른 말로 하면, $P(toothache)$의 값을 몰라도 $\mathbf{P}(Cavity \mid toothache)$를 계산할 수 있는 것이다! 이 계산 과정에서 우리는 $1/P(toothache)$라는 계수를 잠시 잊고, $cavity$와 $\neg cavity$에 대한 값들을 각각 합해서 0.12와 0.08을 얻는다. 이들은 정확한 상대적 비율들이나, 그 합이 1은 아니다. 그래서 각각을 $0.12 + 0.08$로 나누어서 진짜 확률 0.6과 0.4를 얻는다. 이러한 정규화가 여러 확률 계산에서 유용한 지름길임이 판명되었다. 이러한 정규화를 이용하면 계산이 더 쉬워질 뿐만 아니라, 평가할 수 없는 확률($P(toothache)$ 같은)이 있어도 계산을 진행할 수 있다.

이상의 예에서 일반적인 추론 절차를 추출할 수 있다. 우선 질의에 하나의 변수 $X$(앞의 예의 $Cavity$)가 관여하는 경우로 시작하자. $\mathbf{E}$가 증거 변수들(앞의 예에서는 $Toothache$ 하나)의 목록이고 $\mathbf{e}$는 그 변수들의 관측된 값들의 목록, $\mathbf{Y}$는 관측되지 않은 변수들의 목록(앞의 예에서는 $Catch$ 하나)이라고 하자. 질의는 $\mathbf{P}(X \mid \mathbf{e})$이고, 이를 다음과 같이 평가할 수 있다.

$$\mathbf{P}(X \mid \mathbf{e}) = \alpha\, \mathbf{P}(X, \mathbf{e}) = \alpha \sum_{\mathbf{y}} \mathbf{P}(X, \mathbf{e}, \mathbf{y}). \tag{12.9}$$

여기서 합산($\sum$)의 구간은 모든 가능한 $\mathbf{y}$(즉, 관측되지 않은 변수들의 집합 $\mathbf{Y}$의 값들의 모든 가능한 조합)이다. 변수 $X$와 $\mathbf{E}$, $\mathbf{Y}$의 조합은 정의역에 대한 완전한 변수 집합을 구성하며, 따라서 $\mathbf{P}(X, \mathbf{e}, \mathbf{y})$는 완전 결합 분포의 확률들의 한 부분집합일 뿐임을 주목하기 바란다.

쓸 만한 완전 결합 분포가 주어졌을 때, 이산 변수들에 대한 확률적 질의에 대한 답을 식 (12.9)를 이용해서 구할 수 있다. 그러나 이 방법은 규모가변성이 그리 좋지 않다. 정의역이 $n$개의 부울 변수로 서술된다고 할 때, 이 방법을 위한 완전 결합 분포 확률표의 크기는 $O(2^n)$이고, 그 표를 처리하는 데 걸리는 시간은 $O(2^n)$이다. 실제 문제에서는 $n = 100$도 얼마든지 가능하며, 그런 경우 $O(2^n)$은 비현실적이다. 무려 $2^{100} \approx 10^{30}$개의 항목들을 담을 표가 필요하다! 메모리와 계산 시간도 문제이지만, 진짜 문제점은 만일 그런 $10^{30}$개의 가능성들을 사례들과는 개별적으로 추정해야 하는 경우 사례들의 수가 천문학적이라는 점이다. 이런 이유로, 실제 응용에서 표 형태의 완전 결합 분포를 추론 시스템 구축에 사용하는 경우는 거의 없다. 표 형태의 완전 결합 분포는 실용적인 도구라기보다는, 좀 더 효과적인 접근방식을 구축할 수 있는 이론적 토대로 보아야 할 것이다. 이는 진리표가 제7장의 DPLL 같은 좀 더 실용적인 알고리즘을 위한 이론적 토대를 형성하는 것과 비슷하다. 이번 장의 나머지 부분에서는 제13장에 나오는 좀 더 현실적인 시스템을 개발하는 데 필요한 몇 가지 기본 개념을 소개한다.

# 12.4 독립성

완전 결합 분포의 이해를 돕기 위해, 도해 12.3에 나온 완전 결합 분포에 네 번째 변수 *Weather*를 추가해 보자. 그러면 완전 결합 분포는 P(*Toothache, Catch, Cavity, Weather*)가 되며, 항목의 개수는 2 × 2 × 2 × 4 = 32개이다. 여기에는 도해 12.3에 나온 표의 네 가지 '판본(edition)'이 포함되어 있다. 이 판본들 사이에는 어떤 관계가 있으며, 원래의 3변수 표와는 또 어떤 관계일까? P(*toothache, catch, cavity, cloud*)의 값이 P(*toothache, catch, cavity*)의 값과 어떻게 연관될까? 이에 대해 곱 규칙(식 (12.4))을 적용할 수 있다.

$$P(toothache, catch, cavity, cloud)$$
$$= P(cloud \mid toothache, catch, cavity)P(toothache, catch, cavity).$$

평소에 조물주와 알고 지내는 사람이 아닌 이상, 어떤 사람의 치아 문제가 날씨에 영향을 미친다고는 생각하지 않을 것이다. 그리고 적어도 치과의사가 실내에서 환자를 보는 한, 날씨가 치과 관련 변수에 영향을 미치지 않는다고 말해도 안전할 것이다. 따라서 다음 단언은 합리적이라 할 수 있다.

$$P(cloud \mid toothache, catch, cavity) = P(cloud). \tag{12.10}$$

이로부터 다음을 연역할 수 있다.

$$P(toothache, catch, cavity, cloud) = P(cloud)P(toothache, catch, cavity).$$

P(*Toothache, Catch, Cavity, Weather*)의 **모든** 항목에 대해 이와 비슷한 등식이 존재한다. 사실 그것들을 다음과 같은 일반적인 방정식으로 표현할 수 있다.

$$\mathbf{P}(Toothache, Catch, Cavity, Weather)$$
$$= \mathbf{P}(Toothache, Catch, Cavity)\mathbf{P}(Weather).$$

즉, 변수 네 개에 대한 32원소 확률표를 하나의 8원소 확률표와 하나의 4원소 확률표로 구축할 수 있는 것이다. 이러한 분해가 도해 12.4(a)에 도식화되어 있다.

독립성     식 (12.10)에 쓰인 속성을 **독립성(independence)**이라고 부른다(또는 **주변(marginal) 독립성**이나 **절대(absolute) 독립성**이라고도 한다). 지금 예에서, 날씨는 누군가의 치아 문제와는 독립적이다. 명제 *a*와 *b* 사이의 독립성을 다음과 같이 표현할 수 있다.

$$P(a \mid b) = P(a) \text{ 또는 } P(b \mid a) = P(b) \text{ 또는 } P(a \wedge b) = P(a)P(b) \tag{12.11}$$

이 세 형태는 모두 동치이다(연습문제 12.INDI). 변수 *X*와 *Y* 사이의 독립성은 다음과 같이 표현할 수 있다.

$$\mathbf{P}(X \mid Y) = \mathbf{P}(X) \text{ 또는 } \mathbf{P}(Y \mid X) = \mathbf{P}(Y) \text{ 또는 } \mathbf{P}(X, Y) = \mathbf{P}(X)\mathbf{P}(Y).$$

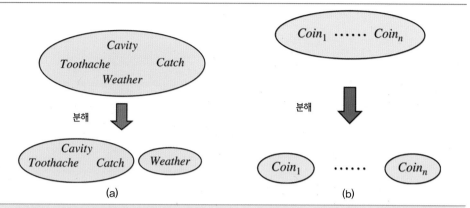

**도해 12.4** 절대적 독립성을 이용해서 큰 결합 분포를 작은 분포들로 인수분해한 예 두 가지. (a) 날씨 문제와 치과 문제는 독립적이다. (b) 동전 던지기들은 독립적이다.

보통의 경우 독립성 단언들은 정의역에 대한 지식에 기초한다. 치통-날씨 예에서 보듯이, 독립성 단언이 있으면 완전 결합 분포를 명시하는 데 필요한 정보의 양이 극적으로 줄어들 수 있다. 만일 완전한 변수 집합을 독립적인 부분집합들로 분할할 수 있다면, 완전 결합 분포를 그 부분집합들에 대한 개별적인 결합 분포들로 **인수분해**하는 것이 가능하다. 예를 들어 $n$회의 독립적인 동전 던지기의 결과에 대한 완전 결합 분포 $\mathbf{P}(C_1, \ldots, C_n)$의 항목은 총 $2^n$개이지만, 이를 $n$개의 단일 변수 분포 $\mathbf{P}(C_i)$들의 곱으로 표현할 수 있다. 좀 더 실용적인 맥락에서 보자면, 치과의학과 기상학이 독립적이라는 것은 좋은 일이다. 그렇지 않다면 치과의사는 기상학도 잘 알아야 하고, 기상학자는 치과의학도 잘 알아야 할 것이기 때문이다.

독립성 단언들이 가능한 경우, 이들은 정의역 표현의 크기와 추론 문제의 복잡도를 줄이는 데 도움이 된다. 안타깝게도 전체 변수 집합이 독립성에 따라 깔끔하게 분리되는 경우는 아주 드물다. 두 변수 사이에 직접적인 연관 관계는 물론이고 간접적인 연관 관계가 하나라도 존재하면 독립성은 성립하지 않는다. 더 나아가서, 독립적인 부분집합 자체도 상당히 클 수 있다. 예를 들어 치과 의료에는 수십 개의 질환과 수백 개의 증상(symptom)이 관여할 수 있으며, 그것들이 모두 서로 연관되어 있을 수 있다. 그런 문제를 처리하려면 독립성이라는 직접적인 개념보다는 좀 더 교묘한 수단이 필요하다.

# 12.5 베이즈 규칙과 그 용법

p.512에서 정의한 **곱 규칙**(식 (12.4))을 다음과 같이 두 가지 형태로 표기할 수 있다.

$$P(a \wedge b) = P(a \mid b)P(b) \text{와} \quad P(a \wedge b) = P(b \mid a)P(a)$$

두 우변을 등호로 연결하고 양변을 $P(a)$로 나누면 다음 공식이 나온다.

$$P(b \mid a) = \frac{P(a \mid b)P(b)}{P(a)}. \tag{12.12}$$

베이즈 규칙이 공식이 바로 **베이즈 규칙**(Bayes' rule; 베이즈의 법칙 또는 베이즈 정리라고도 한다)이다. 확률적 추론을 위한 현세대 인공지능 시스템들 대부분에는 이 간단한 공식이 깔려 있다.

이 공식을 다가 변수(multivalued variable)에 맞게 일반화해서 **P** 표기법으로 나타내면 다음과 같다.

$$\mathbf{P}(Y \mid X) = \frac{\mathbf{P}(X \mid Y)\mathbf{P}(Y)}{\mathbf{P}(X)}.$$

이전처럼, 이 공식을 변수들의 특정 값들을 다루는 일단의 공식들을 대표하는 공식으로 간주해야 마땅하다. 때에 따라서는 일부 배경 증거 e가 조건으로 적용되는 경우를 위한, 다음과 같은 좀 더 일반적인 버전을 사용하기도 한다.

$$\mathbf{P}(Y \mid X,\mathbf{e}) = \frac{\mathbf{P}(X \mid Y,\mathbf{e})\mathbf{P}(Y \mid \mathbf{e})}{\mathbf{P}(X \mid \mathbf{e})}. \tag{12.13}$$

## 12.5.1 베이즈 규칙의 적용: 간단한 경우

언뜻 보기에는 베이즈 규칙이 그리 유용한 것 같지 않을 것이다. 이 규칙을 이용하면 하나의 항 $P(b \mid a)$를 세 항 $P(a \mid b)$와 $P(b)$, $P(a)$로 계산할 수 있다. 이것이 이보 후퇴처럼 느껴지겠지만, 실제 응용에서는 이 세 확률을 상당히 잘 추정할 수 있으며 이들을 이용해서 넷째 확률을 계산해야 하는 경우가 많이 있기 때문에 이 규칙이 유용하다. 알려지지 않은 어떤 원인(cause)의 효과(effect)를[역주2] 하나의 증거로서 지각하고, 그 증거에 기초해서 원인을 결정해야 하는 경우가 종종 있다. 그런 경우 베이즈 규칙을 다음과 같은 형태로 적용하면 된다.

$$P(cause \mid effect) = \frac{P(effect \mid cause)P(cause)}{P(effect)}.$$

인과  
진단

조건부 확률 $P(effect \mid cause)$는 **인과**(causal) 방향의 관계를 정량화하는 반면, $P(cause \mid effect)$는 **진단**(diagnostic) 방향의 관계를 서술한다. 의료 진단 같은 과제에서는 인과관계에 대한 조건부 확률이 주어지고(의사는 $P(symptoms \mid disease)$를 알고 있다), 그로부터 진단, 즉 $P(disease \mid symptoms)$의 확률을 유도해야 하는 경우가 많다.

---

[역주2] '원인'의 반댓말로는 '결과'가 더 자연스럽지만, 좀 더 흔히 등장하는 result, outcome, consquence 등과의 혼동을 피하기 위해 '효과'로 옮기기로 한다.

예를 들어 의사는 뇌막염에 걸린 환자의 (이를테면) 70%가 목이 뻣뻣한 증상을 보인다는 점을 알고 있다. 또한 의사는 환자가 뇌막염에 걸렸을 사전 확률이 1/50,000이고 임의의 환자가 목이 뻣뻣할 사전 확률은 1%라는 등의 조건 없는 사실들도 알고 있다. 환자가 목이 뻣뻣할 확률이 $s$이고 환자가 뇌막염에 걸렸을 확률이 $m$이라고 하면, 다음이 성립한다.

$$P(s \mid m) = 0.7$$
$$P(m) \quad = 1/50000$$
$$P(s) \quad = 0.01$$
$$P(m \mid s) = \frac{P(s \mid m)P(m)}{P(s)} = \frac{0.7 \times 1/50000}{0.01} = 0.0014. \tag{12.14}$$

즉, 목이 뻣뻣한 환자 중 실제로 뇌막염이 있는 환자는 0.14%뿐이다. 뻣뻣한 목이 뇌막염을 암시하는 상당히 강한 징조이긴 하지만(확률이 0.7), 목이 뻣뻣한 환자에게 실제로 뇌막염이 있을 확률은 여전히 낮다. 이는 뻣뻣한 목(원인이 무엇이든)의 사전 확률이 뇌막염의 사전 확률보다 훨씬 높기 때문이다.

질의 변수들(지금 예에서는 $m$과 $\neg m$)의 각 값에 대한 사후 확률(조건부 확률)을 계산함으로써 증거의 사전 확률(지금 예에서는 $P(s)$)의 추정을 피하는 과정을 §12.3에서 보았다. 베이즈 규칙을 사용할 때에도 그와 같은 과정을 적용할 수 있다. 이 경우 공식은 다음과 같다.

$$\mathbf{P}(M \mid s) = \alpha \langle P(s \mid m)P(m), P(s \mid \neg m)P(\neg m) \rangle.$$

따라서, 이 접근방식을 이용하려면 $P(s)$ 대신 $P(s \mid \neg m)$을 추정해야 한다. 공짜 점심은 없다. 이 추정이 더 어려울 때도 있고 더 쉬울 때도 있다. 다음은 정규화를 포함한, 베이즈 규칙의 일반 형식이다.

$$\mathbf{P}(Y \mid X) = \alpha \mathbf{P}(X \mid Y)\mathbf{P}(Y). \tag{12.15}$$

여기서 $\alpha$는 $\mathbf{P}(Y \mid X)$의 항목들의 합이 1이 되게 하는 정규화 상수이다.

베이즈 규칙에 관해 제기되는 명백한 의문 하나는, 조건부 확률이 왜 꼭 한 방향으로만 주어지겠느냐는 것이다. 예를 들어 뇌막염 영역에서 의사는 아마 뻣뻣한 목 환자 5,000명 중 1명이 뇌막염이라는 사실도 알고 있을 것이다. 즉, 의사는 증상에서 원인으로의 **진단** 방향에 관한 정량적 정보도 가지고 있다. 그런 의사는 베이즈의 규칙을 사용할 필요가 없다.

안타깝게도 진단적 지식은 인과적 지식보다 허약한 경우가 많다. 예를 들어 뇌막염이 갑자기 창궐(대유행)한다면, 뇌막염의 조건 없는 확률 $P(m)$이 치솟을 것이다. 뇌막염이 창궐하기 전의 통계적 환자 관측 결과로부터 진단 확률 $P(m \mid s)$를 직접 유도했다면, 창궐 후의 새로운 수치로 그 확률을 어떻게 갱신해야 하는지가 막막해진다. 그러나 창궐 전에 $P(m \mid s)$를 다른 세 값으로 계산했다면, 창궐 후에는 $P(m \mid s)$를 $P(m)$의 증가에 비례해서 증가시키면 된다. 가장 중요한 점은, 인과적 정보 $P(s \mid m)$은 대유행에 **영향을 받지 않는다**는 것이다. 왜냐하면, 그러한 인과적 정보는 그냥 뇌막염이 작동하는 방식을 반영한 것이기 때문이다. 이런 종류의 직접적인 인과적 지식 또는 모형 기반 지식은 실세계의 확률 시스템이 갖추어야 할 핵심적인 견고성을 제공한다.

## 12.5.2 베이즈 규칙의 적용: 증거들의 결합

지금까지 베이즈 규칙이 한 종류의 증거(이를테면 뻣뻣한 목)를 조건으로 한 확률적 질의에 답하는 데 유용할 수 있음을 보았다. 특히, 확률적 정보가 $P(결과 \mid 원인)$의 형태로 주어진다는 점을 강조했다. 그런데 증거가 여러 가지일 때에는 어떻게 해야 할까? 예를 들어 치과의사가 치통 환자의 입 안을 무시무시한 강철 탐침으로 조사하다가 충치를 감지했을 때, 치과의사는 어떤 결론을 이끌어 낼 수 있을까? 완전 결합 분포(도해 12.3)를 사용한다면 그 답을 다음과 같이 계산할 수 있다.

$$\mathbf{P}(Cavity \mid toothache \wedge catch) = \alpha \langle 0.108, 0.016 \rangle \approx \langle 0.871, 0.129 \rangle.$$

그런데 이런 접근방식은 변수의 개수가 많아짐에 따라 규모가변성 문제를 드러낸다. 이 문제를 베이즈 규칙을 이용해서 풀려면, 문제를 다음과 같은 형태로 표현해야 한다.

$$\begin{aligned} \mathbf{P}(Cavity &\mid toothache \wedge catch) \\ &= \alpha \, \mathbf{P}(toothache \wedge catch \mid Cavity) \mathbf{P}(Cavity). \end{aligned} \tag{12.16}$$

이렇게 표현한 문제를 풀 수 있으려면 $Cavity$의 각 값에 대한 논리곱 $toothache \wedge catch$의 조건부 확률들을 알아야 한다. 지금처럼 증거 변수가 단 두 개이면 이런 접근 방식이 통하겠지만, 변수가 많아지면 역시 규모가변성이 문제가 된다. 만일 가능한 증거 변수들(X선 촬영 결과, 식습관, 위생 상태 등)이 총 $n$개이면, 조건부 확률을 알아야 할 관측값들의 가능한 조합은 $O(2^n)$개이다. 이 정도면 그냥 완전 결합 분포를 사용하는 것보다 나을 게 없다.

  더 나은 해법을 위해서는 정의역에 관한 추가적인 단언들을 찾아내서 표현식을 더 단순하게 만들어야 한다. §12.4의 **독립성** 개념이 단서가 되지만, 그 개념을 좀 더 정련할 필요가 있다. $Toothache$와 $Catch$가 서로 독립적이라면 좋았을 테지만, 안타깝게도 둘은 연관되어 있다. 만일 탐침이 충치를 감지했다면 치통이 생길 수 있다. 그런데 **충치의 존재 또는 부재가 주어졌다면**, 이 변수들은 **사실상 독립적이다.** 두 변수 모두 충치가 직접적인 원인이나, 그 둘이 서로 직접 영향을 주지는 않는다. 즉, 치통은 치아의 신경의 상태에 의존하는 반면 탐침의 정확도는 기본적으로 치과의사의 기술에 의존하며, 둘 다 치통과는 무관하다.[8] 이러한 속성을 수학으로 표기하면 다음과 같다.

---

8  환자와 의사가 다른 사람이라고 가정한다.

$$\mathbf{P}(toothache \wedge catch \mid Cavity)$$
$$= \mathbf{P}(toothache \mid Cavity)\,\mathbf{P}(catch \mid Cavity). \tag{12.17}$$

조건부 독립성 이 공식은 $Cavity$가 주어졌을 때의 $toothache$와 $catch$의 **조건부 독립성**(conditional independence)을 나타낸다. 이를 식 (12.16)에 대입하면 충치의 확률이 나온다.

$$\mathbf{P}(Cavity \mid toothache \wedge catch)$$
$$= \alpha\,\mathbf{P}(toothache \mid Cavity)\,\mathbf{P}(catch \mid Cavity)\,\mathbf{P}(Cavity). \tag{12.18}$$

이제 정보에 대한 요구조건들은 추론을 위한 것들과 동일하다. 즉, 질의 변수에 대한 사전 확률 $\mathbf{P}(Cavity)$와 각 효과의 조건부 확률(그 원인이 주어졌을 때의)이라는 증거들을 개별적으로 사용하면 된다.

두 변수 $X$와 $Y$의, 셋째 변수 $Z$가 주어졌을 때의 **조건부 독립성**의 일반적인 정의는 다음과 같다.

$$\mathbf{P}(X, Y \mid Z) = \mathbf{P}(X \mid Z)\mathbf{P}(Y \mid Z).$$

예를 들어 치과의사 정의역에서는 $Cavity$가 주어졌을 때 $Toothache$와 $Catch$가 조건부로 독립적임을 단언해도 이치에 어긋나지 않을 것이다.

$$\mathbf{P}(Toothache, Catch \mid Cavity)$$
$$= \mathbf{P}(Toothache \mid Cavity)\mathbf{P}(Catch \mid Cavity). \tag{12.19}$$

이러한 단언이 식 (12.17)보다 어느 정도 강력함을 주의하기 바란다. 식 (12.17)은 단지 $Toothache$와 $Catch$의 특정 값들이 독립적이라는 점만 단언할 뿐이다. 절대적 독립성을 단언하는 식 (12.11)과 함께, 서로 동치인 다음 두 공식을 사용할 수도 있다(연습문제 12.PXYZ를 보라).

$$\mathbf{P}(X \mid Y, Z) = \mathbf{P}(X \mid Z) \text{와 } \mathbf{P}(Y \mid X, Z) = \mathbf{P}(Y \mid Z).$$

§12.4에서 보았듯이, 절대적 독립성 단언을 이용하면 완전 결합 분포를 좀 더 작은 조각들로 분해(해체)할 수 있다. 그런데 알고 보면 조건부 독립성 단언들에도 그러한 일이 가능하다. 예를 들어 식 (12.19)의 단언을 다음과 같이 분해할 수 있다.

$$\mathbf{P}(Toothache, Catch, Cavity)$$
$$= \mathbf{P}(Toothache, Catch \mid Cavity)\mathbf{P}(Cavity) \quad \text{(곱 규칙)}$$
$$= \mathbf{P}(Toothache \mid Cavity)\mathbf{P}(Catch \mid Cavity)\mathbf{P}(Cavity) \quad \text{(식 (12.9) 적용)}.$$

(도해 12.3에 대해 이 공식이 실제로 성립함을 어렵지 않게 확인할 수 있으니 직접 시도해 보기 바란다.) 이렇게 하면 원래의 커다란 확률분포표가 더 작은 세 개의 표로 분해된다. 원래의 표에는 독립적인 수치들이 일곱 개였다(표의 항목 개수는 $2^3 = 8$이지만, 이들의 합이 반드시 1이어야 하므로 독립적인 수치는 7개이다). 작은 표들에는 총 $2 + 2 + 1 = 5$개의 독립적인 수치가 있다($\mathbf{P}(Toothache \mid Cavity)$ 같은 하나의 조건부 확률분

포에 수치 두 개짜리 행이 두 개 있고 각 행의 합은 1이므로, 독립적인 수치는 두 개이다. 그리고 $\mathbf{P}(Cavity)$ 같은 사전 분포의 독립적인 수치는 단 하나이다). 일곱 개에서 다섯 개로 줄었다는 것이 대단한 성과는 아닌 것 같겠지만, 증상의 수가 많으면 이득이 훨씬 커진다.

일반화하자면, $Cavity$가 주어졌을 때 조건부 독립인 증상이 $n$개이면 표현의 크기는 $O(2^n)$이 아니라 $O(n)$으로 증가한다는 것이다. 이는 **조건부 독립성 단언**이 있으면 확률적 시스템의 규모 확장이 가능해짐을 뜻한다. 더 나아가서, 일반적으로 절대적 독립성 단언이 가능한 경우보다 조건부 독립성 단언이 가능한 경우가 훨씬 많다. 개념적으로 말하자면, 분리 $Cavity$는 $Toothache$와 $Catch$를 **분리**(separation)한다. 이는 $Cavity$가 그 둘의 직접적인 원인이기 때문이다. 큰 확률적 영역을 조건부 독립성을 이용해서 좀 느슨하게 연결된 부분집합들로 분해하는 것은 인공지능의 최근 역사에서 가장 중요한 발전이다.

# 12.6 단순 베이즈 모형

치과의사의 예는 하나의 원인이 여러 효과에 직접 영향을 미치는, 그리고 원인이 주어졌을 때 그 효과들이 서로 조건부 독립인 패턴을 보여준다. 실제 응용에서 자주 볼 수 있는 이런 패턴에서는 완전 결합 분포를 다음과 같이 표현할 수 있다.

$$\mathbf{P}(Cause, Effect_1, \ldots, Effect_n) = \mathbf{P}(Cause)\prod_i \mathbf{P}(Effect_i \mid Cause). \quad (12.20)$$

단순 베이즈    이런 확률분포를 **단순 베이즈**(naive Bayes; 또는 소박한 베이즈) 모형이라고 부른다. '단순'이라는 말이 붙은 것은, 원인 변수가 주어졌을 때 '효과(effect)' 변수들이 엄격히 독립은 아닌 경우에서 이 모형이 흔히 쓰이기(가정을 단순화하는 수단으로서) 때문이다. (단순 베이즈 모형을 **베이즈 분류자**(Bayesian classifier)라고 부르기도 하는데, 다소 무신경한 어법이라서 진정한 베이즈 주의자들은 이를 **멍청한 베이즈**(idiot Bayes) 모형이라고 부른다.) 실제 응용에서 단순 베이즈 시스템은 조건부 독립 가정이 엄격히 참은 아닌 경우에서도 놀랄 만큼 잘 작동할 때가 많다.

단순 베이즈 모형의 사용법을 살펴보자. 식 (12.20)을 이용하면 관측된 효과들이 주어졌을 때의 원인의 확률을 얻을 수 있다. 관측된 효과들을 $\mathbf{E} = \mathbf{e}$로 표기하고 관측되지 않은 나머지 효과들은 $\mathbf{Y}$로 표기하자. 표준적인 결합 분포 추론 방법(식 (12.9))을 적용하면 다음이 나온다.

$$\mathbf{P}(Cause|\mathbf{e}) = \alpha \sum_{\mathbf{y}} \mathbf{P}(Cause, \mathbf{e}, \mathbf{y}).$$

이제 식 (12.20)을 이용해서 다음을 얻는다.

$$\mathbf{P}(Cause|\mathbf{e}) = \alpha \sum_\mathbf{y} \mathbf{P}(Cause)\mathbf{P}(\mathbf{y}|Cause)\left(\prod_j \mathbf{P}(e_j|Cause)\right)$$

$$= \alpha \mathbf{P}(Cause)\left(\prod_j \mathbf{P}(e_j|Cause)\right)\sum_\mathbf{y} \mathbf{P}(\mathbf{y}|Cause)$$

$$= \alpha \mathbf{P}(Cause)\prod_j \mathbf{P}(e_j|Cause)$$

$$(12.21)$$

마지막 행의 유도에는 $\mathbf{y}$에 관한 합산이 1이라는 점이 적용되었다. 이 공식을 말로 설명하면 이렇다. 모든 가능한 각 원인에 대해, 원인의 사전 확률에 원인이 주어졌을 때의 관측된 효과들의 조건부 확률들의 곱을 곱하고, 곱한 결과를 정규화한다. 이 계산의 실행 시간은 관측된 효과의 수에 선형적이며 관측되지 않은 효과의 수에는 의존하지 않는다 (의료 진단 같은 문제 영역에서는 관측되지 않은 효과들이 대단히 많을 수 있다). 다음 장에서 보겠지만, 확률적 추론에서는 이처럼 값이 관측되지 않은 증거 변수들이 대부분 계산 과정에서 "사라지는" 현상이 흔하다.

## 12.6.1 단순 베이즈 모형를 이용한 텍스트 분류

텍스트 분류

이번에는 단순 베이즈 모형을 **텍스트 분류**(text classification) 과제, 즉 주어진 텍스트가 미리 정해진 부류(class)들 또는 범주(category)들 중 어떤 것에 속하는지 판단하는 문제에 적용하는 방법을 살펴보자. 이 경우 '원인' 변수는 $Category$이고 '효과' 변수들은 특정 키워드의 존재 여부를 뜻하는 $HasWord_i$이다. 신문 기사에서 발췌한 다음 두 견본 문장을 생각해 보자.

1. Stocks rallied on Monday, with major indexes gaining 1% as optimism persisted over the first quarter earnings season. (월요일 주가는 상승세를 보였다. 1분기 실적 시즌 동안 낙관론이 지속되면서 주요 지수가 1% 상승했다.)

2. Heavy rain continued to pound much of the east coast on Monday, with flood warnings issued in New York City and other locations. (월요일 동부 해안 대부분에 폭우가 쏟아져다. 뉴욕시를 비롯한 일부 지역에 홍수 경보가 내렸다.)

목표는 각 문장이 신문의 어떤 섹션(뉴스, 스포츠, 경제, 날씨, 연예)에 속하는지 파악하는 것이다. 공식화하자면, 원인 변수 $Category$가 가질 수 있는 값은 $news$, $sports$, $business$, $weather$, $entertainment$이다. 단순 베이즈 모형은 사전 확률 $\mathbf{P}(Category)$과 조건부 확률 $\mathbf{P}(HasWord_i|Category)$로 구성된다. 각 범주 $c$에 대해 $P(Category = c)$를 이전에 관측한 모든 문서(기사) 중 범주 $c$에 속하는 문서의 비율로 추정한다. 예를 들어 기사 중 9%가 날씨에 관한 것이면 $P(Category = weather) = 0.09$이다. 이와 비슷하게, $\mathbf{P}(HasWord_i|Category)$는 각 범주의 문서 중 $i$번 단어가 있는 문서의 비율로 추정한다. 예를 들어 경제면 기사의 37%에 6번 단어 "stocks"가 있다면 $P(HasWord_6 = true|Category$

$= business)$를 0.37로 추정한다.[9]

분류할 새 문서가 주어지면, 그 문서의 핵심 단어들을 점검하고 식 (12.21)을 적용해서 범주들에 관한 사후 확률분포를 얻는다. 단 하나의 범주만 예측해야 하는 경우에는 사후 확률이 가장 높은 범주를 택하면 된다. 그러나 이 과제의 경우 모든 효과 변수가 관측됨을(주어진 단어가 문서에 출현하는지는 항상 알 수 있으므로) 주의하기 바란다.

단순 베이즈 모형은 단어들이 문서에 서로 독립적으로 출현하며, 그 빈도(도수)는 문서의 범주에 의해 결정된다고 가정한다. 그렇지만 실제 응용에서는 이런 독립성 가정들이 확실히 위반된다. 예를 들어 경제면(또는 스포츠면) 기사에는 "first quarter"(1분기)라는 문구가 개별 "first"와 "quarter"의 확률들을 곱한 값이 암시하는 것보다 더 자주 출현한다. 일반적으로 독립성 위반은 최종 사후 확률들이 실제보다 1이나 0에 훨씬 더 가까워짐을 뜻한다. 다른 말로 하면, 독립성이 위반되면 모형은 자신의 예측을 과도하게 확신하게 된다. 그러나 이런 오차들이 있긴 해도 가능한 범주들의 순위 매기기(ranking)는 상당히 정확할 때가 많다.

단순 베이즈 모형은 언어 식별, 문서 조회, 스팸 필터링을 비롯한 다양한 분류 과제들에 널리 쓰이고 있다. 그러나 사후 확률들의 실제 값이 정말로 중요한 의료 진단(이를테면 수술 여부를 결정해야 하는) 같은 과제들에는 다음 장에서 설명하는 좀 더 정교한 모형들이 더 바람직할 것이다.

## 12.7 웜퍼스 세계의 재고찰

이번 장의 착안들을 결합해서 웜퍼스 세계의 확률적 추론 문제들을 풀 수 있다. (웜퍼스 세계의 자세한 설명은 제7장에 나온다.) 웜퍼스 세계에서 에이전트의 감지기는 세계에 관한 부분적인 지식만 에이전트에게 제공하며, 이로부터 불확실성이 발생한다. 예를 들어 도해 12.5는 방문하지 않았지만 도달 가능한 세 개의 칸 [1,3], [2,2], [3,1] 각각에 구덩이가 있을 수도 있고 없을 수도 있는 상황을 나타낸 것이다. 순수한 논리적 추론으로는 안전할 가능성이 가장 큰 칸이 어떤 것인지에 대해 그 어떤 결론도 유도할 수 없다. 따라서 논리적 에이전트는 임의의 칸을 무작위로 선택해야 할 것이다. 그러나, 이제부터 보겠지만 확률적 에이전트는 논리적 에이전트보다 훨씬 더 나은 행동을 보일 수 있다.

이번 예의 목표는 세 개의 칸 각각에 구덩이가 있을 확률을 계산하는 것이다. (이 예에서 웜퍼스와 황금은 무시한다.) 웜퍼스 세계의 유관 속성은 (1) 한 칸에 구덩이가 있

---

**9**  주어진 범주의 문서들에 아직 출현하지 않은 단어들에 0의 확률을 부여하지는 말아야 함을 주의하기 바란다. 확률값 0은 식 (12.21)에서 다른 모든 증거를 제거해 버리기 때문이다. 어떤 단어가 아직 안 나왔다고 해서 그 단어가 **절대** 나오지 않는다는 뜻은 아니다. 대신 확률분포의 작은 영역을 "아직 나타나지 않은" 단어들을 위해 예비해 두어야 한다. 제20장에서 이 문제를 좀 더 일반적으로 살펴보고, §23.1.4에서는 단어 모형들에 대한 구체적인 사례들을 논의한다.

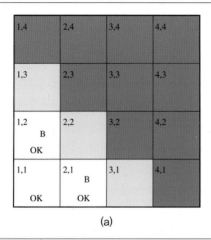

| 1,4 | 2,4 | 3,4 | 4,4 |
|---|---|---|---|
| 1,3 | 2,3 | 3,3 | 4,3 |
| 1,2 B OK | 2,2 | 3,2 | 4,2 |
| 1,1 OK | 2,1 B OK | 3,1 | 4,1 |

(a)

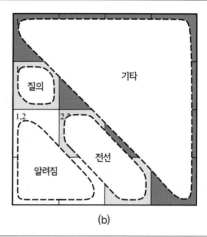

(b)

**도해 12.5** (a) [1,2]와 [2,1] 모두에 미풍이 있음을 지각한 후 에이전트는 궁지에 몰린다. 안전하게 탐험할 수 있는 칸이 더 이상 없다. (b) [1,3]에 관한 질의를 위해 칸들을 알려짐(*Known*), 전선(*Frontier*), 기타 (*Other*)로 분할한 모습.

으면 그 칸의 모든 이웃 칸에 미풍이 분다는 것과 (2) [1,1]을 제외한 칸에 구덩이가 있을 확률은 각각 0.2라는 것이다. 우선 할 일은 필요한 확률 변수들의 집합을 선정하는 것이다.

- 명제 논리의 경우에서처럼, 칸마다 하나의 부울 변수 $P_{ij}$가 필요하다. 이 변수는 만일 칸 $[i,j]$에 실제로 구덩이가 있으면, 그리고 오직 그럴 때에만 참이다.
- 또한 만일 $[i,j]$에 미풍이 있으면, 그리고 오직 그럴 때에만 참인 부울 변수 $B_{ij}$들도 둔다. 단, 이런 변수들은 오직 관측된 칸들(지금 경우 [1,1], [1,2], [2,1])에 대해서만 존재한다.

다음 단계는 완전 결합 분포 $\mathbf{P}(P_{1,1},\ldots,P_{4,4},B_{1,1},B_{1,2},B_{2,1})$을 명시하는 것이다. 여기에 곱 규칙을 적용하면 다음이 나온다.

$$\mathbf{P}(P_{1,1},\cdots,P_{4,4},B_{1,1},B_{1,2},B_{2,1}) =$$
$$\mathbf{P}(B_{1,1},B_{1,2},B_{2,1} \mid P_{1,1},\cdots,P_{4,4})\mathbf{P}(P_{1,1},\cdots,P_{4,4}).$$

완전 결합 분포를 이렇게 분해하면 결합 확률들이 어떤 값을 가져야 하는지를 좀 더 쉽게 파악할 수 있다. 첫 항은 구덩이 구성(configuration)이 주어졌을 때의 미풍 구성의 조건부 확률분포이다. 이 확률분포의 값들은 만일 미풍이 부는 모든 칸이 구덩이에 인접해 이으면 1이고 그렇지 아니면 0이다. 둘째 항은 구덩이 구성의 사전 확률이다. 각 칸에 구덩이가 있을 확률은 다른 칸들과 독립적으로 0.2이다. 따라서

$$\mathbf{P}(P_{1,1},\ldots,P_{4,4}) = \prod_{i,j=1,1}^{4,4} \mathbf{P}(P_{i,j}) \tag{12.22}$$

이다. 구덩이가 정확히 $n$개인 특정한 구성에서 확률은 $0.2^n \times 0.8^{16-n}$이다.

도해 12.5(a)의 상황에서, 증거는 방문한 각 칸에서 관측된 미풍의 존재(또는 부재)와 그런 칸들에 구덩이가 없다는 사실을 결합한 것으로 구성된다. 이러한 증거 요소들을 $b = \neg b_{1,1} \wedge b_{1,2} \wedge b_{2,1}$과 $known = \neg p_{1,1} \wedge \neg p_{1,2} \wedge \neg p_{2,1}$로 줄여 쓰기로 하자. 이제 우리의 관심사는, $\mathbf{P}(P_{1,3} \mid known, b)$ 같은 질의에 대한, 즉 지금까지의 관측들로 볼 때 [1,3]에 구덩이가 있을 가망이 어느 정도인지에 대한 답을 구하는 것이다.

이 질의의 답을 식 (12.9)에 나온 표준적인 접근방식을 이용해서, 구체적으로 말하면 완전 결합 분포의 모든 항목의 합을 계산해서 구할 수 있다. 알려진($known$) 칸들과 질의 칸 [1,3]을 제외한 모든 칸에 해당하는 $P_{i,j}$ 변수들의 집합을 $Unknown$이라고 하자. 그러면, 식 (12.9)에 의해 다음이 성립한다.

$$\mathbf{P}(P_{1,3} \mid known, b) = \alpha \sum_{unknown} \mathbf{P}(P_{1,3}, known, b, unknown,). \tag{12.23}$$

완전 결합 분포를 이미 지정했으므로 더 할 일은 없다. 즉, 이제 계산만 남았다. 알려지지 않은 칸은 12개이다. 따라서 합산의 구간은 $2^{12} = 4096$개의 항으로 이루어진다. 일반적으로 합산의 구간은 칸의 개수에 지수적으로 커진다.

그런데 다른 칸들은 무관하지 않은가 하는 의문도 생길 것이다. 예를 들어 [1,3]에 구덩이가 있는지의 여부에 [4,4]가 어떻게 영향을 줄까? 사실 그러한 직관은 대체로 옳지만, 좀 더 정밀하게 만들 필요가 있다. 여기서 핵심은, 만일 우리가 관심이 있는 칸들에 인접한 모든 구덩이 변수의 값들을 안다면, 다른 좀 더 멀리 있는 칸들의 구덩이는 (또는 구덩이의 부재는) 우리의 믿음에 더 이상 영향을 주지 않는다는 것이다.

그럼 방문한 칸들에 인접한 구덩이 칸들(단, 질의 칸은 제외)에 해당하는 변수들을 $Frontier$라고 하자. 지금 예에서 $Frontier$는 [2,2]와 [3,1]에 해당하는 구덩이 변수들뿐이다. 그리고 알려지지 않은 칸들의 구덩이 변수들을 $Other$라고 하자. 도해 12.5(b)에서 보듯이, 지금 예에서 $Other$에 해당하는 칸은 10개이다. 이상의 정의에서 $Unknown = Frontier \cup Other$이다. 앞에서 언급한 핵심 통찰을 이제는 이렇게 말할 수 있다: 알려진($Known$) 변수들과 전선($Frontier$) 변수들, 그리고 질의 변수가 주어졌을 때 관측된 미풍들은 기타($Other$) 변수들과는 조건부 독립이다. 이러한 통찰을 활용하려면, 질의 공식을 미풍 변수가 다른 모든 기타 변수를 조건으로 하는 형태로 변환하고, 그런 다음 조건부 독립성을 적용하면 된다.

$\mathbf{P}(P_{1,3} \mid known, b)$
$\quad = \alpha \sum_{unknown} \mathbf{P}(P_{1,3}, known, b, unknown)$  (식 (12.23)에 의해)

$$= \alpha \sum_{unknown} \mathbf{P}(b \mid P_{1,3}, known, unknown) \mathbf{P}(P_{1,3}, known, unknown) \quad \text{(곱 규칙에 의해)}$$

$$= \alpha \sum_{frontier} \sum_{other} \mathbf{P}(b \mid known, P_{1,3}, frontier, other) \, \mathbf{P}(P_{1,3}, known, frontier, other)$$

$$= \alpha \sum_{frontier} \sum_{other} \mathbf{P}(b \mid known, P_{1,3}, frontier) \mathbf{P}(P_{1,3}, known, frontier, other).$$

마지막 단계에서 조건부 독립성이 적용되었다. $b$는 $known$과 $P_{1,3}$, $frontier$가 주어졌을 때 $other$와 독립적이다. 이제 이 표현식의 첫 항은 $Other$ 변수들에 의존하지 않으므로 합산을 안쪽으로 옮길 수 있다.

$$\mathbf{P}(P_{1,3} \mid known, b)$$
$$= \alpha \sum_{frontier} \mathbf{P}(b \mid known, P_{1,3}, frontier) \sum_{other} \mathbf{P}(P_{1,3}, known, frontier, other).$$

우변의 사전 항을 식 (12.22)에서처럼 독립성에 근거해서 인수분해한 후 항들의 순서를 적절히 정리하면 다음이 나온다.

$$\mathbf{P}(P_{1,3} \mid known, b)$$
$$= \alpha \sum_{frontier} \mathbf{P}(b \mid known, P_{1,3}, frontier) \sum_{other} \mathbf{P}(P_{1,3}) P(known) P(frontier) P(other)$$
$$= \alpha \, P(known) \mathbf{P}(P_{1,3}) \sum_{frontier} \mathbf{P}(b \mid known, P_{1,3}, frontier) P(frontier) \sum_{other} P(other)$$
$$= \alpha' \, \mathbf{P}(P_{1,3}) \sum_{frontier} \mathbf{P}(b \mid known, P_{1,3}, frontier) P(frontier).$$

여기서 마지막 단계는 $P(known)$을 하나의 정규화 상수로 축약하고 $\sum_{other} P(other)$가 1이라는 사실을 적용한 것이다.

이제 전선 변수 $P_{2,2}$와 $P_{3,1}$에 대한 합산에는 항이 네 개뿐이다. 독립성과 조건부 독립성을 적용한 덕분에 다른 모든 칸이 고려 대상에서 완전히 제외된 것이다.

이제 $\mathbf{P}(b \mid known, P_{1,3}, frontier)$의 확률들은 미풍 관측들이 다른 변수들과 일관적이면 1이고 그렇지 않으면 0임을 주목하자. 즉, $P_{1,3}$의 각 값에 대해, 합산의 구간은 알려진 사실들과 일관적인 전선 변수들에 대한 **논리적 모형**들로 이루어진다. (이를 p.282의 도해 7.5에 나온 모형 열거 방식과 비교해 보기 바란다.) 이 모형들과 그에 연관된 선행 확률들, 즉 $P(frontier)$가 도해 12.6에 나와 있다. 이제 다음이 성립한다.

$$\mathbf{P}(P_{1,3} \mid known, b) = \alpha' \langle 0.2(0.04 + 0.16 + 0.16), 0.8(0.04 + 0.16) \rangle \approx \langle 0.31, 0.69 \rangle.$$

즉, [1,3]에 구덩이가 있을 확률은 대략 31%이다(그리고 대칭성에 의해 [3,1]도 마찬가지이다). 비슷한 계산으로(독자가 직접 해 보길 권한다), [2,2]에 구덩이가 있을 확률은 대략 86%이다. 따라서 웜퍼스 에이전트는 [2,2]를 피해야 할 것이다! 제7장의 논리적 에이전트는 [2,2]가 다른 칸들보다 더 위험하다는 사실을 알지 못한다는 점에 주목하기 바란

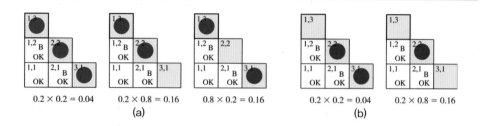

0.2 × 0.2 = 0.04  0.2 × 0.8 = 0.16  0.8 × 0.2 = 0.16  0.2 × 0.2 = 0.04  0.2 × 0.8 = 0.16

(a)  (b)

**도해 12.6** 전선 변수 $P_{2,2}$와 $P_{3,1}$에 대한 일관된 모형들. (a) 구덩이가 둘 또는 셋인, $P_{1,3} = true$인 세 개의 모형과 (b) 구덩이가 하나 또는 둘인, $P_{1,3} = false$인 두 모형에 대한 $P(frontier)$가 표시되어 있다.

다. 논리는 [2,2]에 구덩이가 있는지의 여부를 알 수 없다는 점만 말해 줄 뿐이다. 구덩이가 있을 가능성이 얼마나 큰지 알려면 확률이 필요하다.

이번 절의 요점은, 복잡해 보이는 문제라고 해도 확률론으로 정밀하게 형식화할 수 있고 간단한 알고리즘으로 풀 수 있다는 것이다. **효율적인** 해법을 얻으려면, 계산에 관여하는 합산을 독립 관계와 조건부 독립 관계를 이용해서 단순화하면 된다. 그러한 관계들은 문제를 어떻게 분해할 것인가에 대한 우리의 자연스러운 이해에 대응된다. 다음 장에서는 그런 관계들을 형식적으로 표현하는 방법과 그런 표현들에 대해 확률적 추론을 효율적으로 수행하는 알고리즘을 살펴본다.

# 요약

이번 장에서는 불확실한 추론에 적합한 기초의 하나로 확률론을 제시하고, 확률론을 적용하는 방법을 적당한 수준으로 소개했다.

- 불확실성은 게으름과 무지 모두에 의해 발생한다. 복잡하고 비결정론적인, 또는 부분적으로만 관측할 수 있는 환경에서는 불확실성이 반드시 생긴다.
- **확률**은 한 문장의 진릿값을 에이전트가 확정적으로 결정할 수 있는 능력의 부재를 나타낸다. 확률은 증거에 기초한 에이전트의 믿음들을 요약한다.
- **결정이론**은 에이전트의 믿음과 요구를 결합한다. 결정이론에서 최선의 동작은 기대 **효용**을 최대화하는 동작이다.
- 기본적인 확률 문장에는 단순 명제 또는 복합 명제들에 대한 **사전 확률**과 **조건부 확률**이 포함된다.
- 확률 공리들은 논리적으로 연관된 명제들의 확률들을 제한한다. 그런 공리들을 위반하는 에이전트는 일부 경우들에서 비합리적인 행동을 보일 수밖에 없다.

- **완전 결합 분포**는 확률 변수들에 대한 완전한 배정들 각각의 확률을 지정한다. 보통의 경우 명시적인 형태의 완전 결합 분포는 너무 커서 그 확률들을 일일이 나열하기 힘들다. 그러나 명시적인 형태로 표현할 수 있는 경우라면, 그냥 질의 명제에 해당하는 가능한 세계들에 대한 항목을 추가하는 것으로써 질의의 답을 얻을 수 있다.
- 확률 변수들의 부분집합들에 **절대적 독립성**이 있으면 완전 결합 분포를 더 작은 분포들로 인수분해함으로써 그 복잡도를 크게 줄일 수 있다. 그러나 실제 응용에서 절대적 독립성이 성립하는 경우는 드물다.
- **베이즈 규칙**을 이용하면 알려진 조건부 확률들(주로는 인과 방향으로의)을 이용해서 알려지지 않은 확률들을 계산할 수 있다. 다수의 증거들로 베이즈 규칙을 적용하는 접근방식에는 완전 결합 분포와 비슷한 규모가변성 문제점이 존재한다.
- 정의역 안에서의 직접적인 인과관계들에 의해 생기는 **조건부 독립성**을 활용하면 완전 결합 분포를 더 작은 조건 분포들로 인수분해할 수 있다. **단순 베이즈** 모형은 하나의 원인 변수가 주어졌을 때 모든 효과 변수에 조건부 독립성이 있다고 가정한다. 이 모형의 크기는 효과의 개수에 대해 선형으로 증가한다.
- 웜퍼스 세계 에이전트는 세계의 관측되지 않은 측면에 대한 확률을 계산할 수 있으며, 이를 통해서 순수하게 논리적인 에이전트의 의사결정을 개선할 수 있다. 조건부 독립성 덕분에 그러한 계산이 처리 가능해진다.

## 참고문헌 및 역사적 참고사항

확률론은 운의 게임(내기나 도박)을 분석하는 한 수단으로 고안된 것이다. 850년경 인도 수학자 마하비라카랴<sup>Mahaviracarya</sup>는 절대 돈을 잃지 않도록 내깃돈들을 배치하는 방법을 설명했다(요즘은 이를 네덜란드식 내기 장부(Dutch book)라고 부른다). 유럽에서 최초의 의미 있는 체계적 분석 결과는 1565년 경에 지롤라모 카르다노가 얻었다. 그러나 해당 논문(Cardano, 1663)은 그가 죽은 후에 출판되었다. 1654년 블레즈 파스칼<sup>Blaise Pascal</sup>과 피에르 드 페르마<sup>Pierre de Fermat</sup> 사이의 유명한 서신 왕래에서 비롯한 일련의 성과들 덕분에, 당시 확률은 수학의 한 분야로 확고히 자리 잡은 상태였다. 최초로 출판된 확률 교과서는 하위헌스의 *De Ratiociniis in Ludo Aleae*(운의 게임에 관한 추론; Huygens, 1657)이다. 불확실성에 대한 "게으름과 무지" 관점은 앞에서 말한 하위헌스의 교과서의 영문 번역판(Arbuthnot, 1692) 서문에 나온다. 서문에서 역자 존 아버스낫<sup>John Arbuthnot</sup>은 이렇게 썼다: "바로 그렇게 확정된 힘과 방향으로 굴러가는 주사위의 눈은 딱 그렇게 나올 수밖에 없다. 단지 그 힘과 방향이 어떤 것인지, 따라서 어떤 눈이 나올지 내가 모를 뿐이다. 그러므로 나는 이를 우연(Chance)이라고 부른다. 그리고 우연은 기예의 부족(want of art)일 따름이다."

확률과 추론의 관계에 관한 고찰은 적어도 19세기로 거슬러 올라간다. 1819년 피에르 라플라스는 "확률론은 상식을 계산으로 환원한 것일 뿐이다"라고 말했다. 1850년에 제임스 맥스웰은 이렇게 말했다: "이 세계에 대한 진정한 논리는 확률 산법이며, 그러한 산법은 합리적인 사람의 머릿속에 있는, 또는 있어야 마땅한 규모의 확률을 고려한다."

빈도론자

예로부터 사람들은 확률 수치의 근원과 지위를 두고 끊임없이 논쟁했다. **빈도론자**(frequentist) 관점 또는 빈도주의는 그 수치들이 오직 실험으로부터만 온다는 것이다. 만일 100명의 사람을 조사했는데 그중 10명이 충치가 있다면, 충치의 확률이 근사적으로 0.1이라고 말할 수 있다. 이 관점에서, "충치의 확률은 0.1이다"라는 단언은 0.1이 관측 표본 개수가 무한에 근접할 때 나올 하나의 비율(fraction)임을 뜻한다. 임의의 유한한 표본으로 그러한 비율의 참값을 추정할 수 있으며, 그 추정치가 얼마나 정확할 수 있는지도 계산할 수 있다.

객관론자

**객관론자**(objectivist) 관점은 확률이 우주의 실질적인 측면이라는 것이다. 즉, 확률은 단지 관측자의 믿음의 정도를 나타내는 어떤 표현이 아니라, 객체가 특정한 방식으로 행동하게 만드는 객체의 어떤 습성이다. 예를 들어 공정한 동전을 던졌을 때 앞면이 나올 확률이 0.5라는 것은 동전 자체의 습성이다. 이 관점에서, 빈도론자의 측정은 그러한 습성을 관찰하는 시도이다. 대부분의 물리학자는 양자현상이 객관적으로 확률적이긴 하지만 거시규모의 불확실성(동전 던지기 등)은 주로 초기 조건들의 무지에서 비롯된 것일 뿐 객체 고유의 습성이라는 객관주의자의 관점과는 맞지 않는 것으로 보인다는 점에 동의한다.

주관론자

**주관론자**(subjectivist) 관점은 확률이 에이전트의 믿음을 특징짓는 한 방법일 뿐, 외부의 물리적 의미는 없다고 생각한다. 이러한 주관적인 **베이즈식**(Bayesian) 관점에서는 선행 확률을 임의의 명제로 돌리는 것이 허용된다. 단, 추가적인 증거들이 도착하면 적절한 베이즈식 갱신을 수행해야 한다.

준거집합

**준거집합** 문제(reference class problem) 때문에, 주관론은 심지어 엄격한 빈도론자 관점에도 필요하다. 특정 실험의 결과 확률을 결정할 때, 빈도론자는 그것을 결과 빈도들이 알려진 "비슷한" 실험들의 준거집합 안에 배치해야 한다. I. J. 굿은 이렇게 썼다 (Good, 1983, p. 27): "인생의 모든 사건은 고유하며, 현실에서 우리가 추정하는 실생활의 모든 확률은 이전에는 결코 발생한 적이 없는 사건의 확률이다."

예를 들어 주어진 특정한 환자에게 충치가 있을 확률을 추정할 때 빈도론자는 그 환자와 의미 있는 방식으로 비슷한(이를테면 나이, 증상, 식습관이 비슷한) 다른 환자들로 이루어진 하나의 준거집합을 정하고, 그 환자들 중 충치가 있는 비율을 구한다. 만일 치과의사가 환자에 관해 알고 있는 모든 것(머리카락 색, 그램 단위의 몸무게, 어머니의 처녀 때 성 등)을 고려해서 준거집합을 정한다면 그 준거집합은 공집합이 될 것이다. 이는 과학 철학에서 성가신 문제였다.

파스칼은 확률을 객관적 해석(대칭성 또는 상대적 빈도에 기초한 세계의 한 속성으로서의 확률)과 주관적 해석(확신도에 근거한 속성으로서의 확률)이 모두 요구되는 방식으로 다루었다. 전자는 운의 게임에서의 확률에 대한 그의 분석에 나오고, 후자는 신의 존재 가능성에 관한 유명한 "파스칼의 내기"(Pascal's wager)에 나오는 것이다. 그런데 파스칼이 그 둘의 차이를 명확하게 깨닫지는 못했다. 그 구분을 명확히 한 것은 제임스 베르누이$^{James\ Bernoulli}$(1654-1705)이다.

라이프니츠는 "고전적인" 확률 개념, 즉 발생 가능성이 동일한 경우(case)들의 일부분의 비율로서의 확률을 소개했다. 베르누이 역시 그러한 개념을 사용했다. 그러나 이 개념의 의미를 제대로 밝힌 것은 라플라스이다(Laplace, 1816). 빈도주의 해석과 주관주의 해석 사이에서 이 개념은 애매모호하다. 경우들의 발생 가능성이 동일한 것은 그들 사이에 어떤 천연의, 물리적인 대칭성이 존재하기 때문일 수도 있고, 아니면 단지 한 경우가 다른 경우보다 더 가망이 있다고 생각할 만한 지식을 우리가 가지고 있지 않기 때문일 수도 있다. 후자의 관점, 즉 동일한 확률들의 배정을 정당화하는 주관적 고려를 가

**무차별 원리**

리켜 **무차별 원리**(principle of indifference)라고 부른다. 이 원리의 기원을 흔히 라플라스로 두지만(Laplace, 1816)., 그가 이 원리를 따로 명시적으로 언급한 적은 없다. 명시적으

**이유 불충분의 원리**

로 언급한 문헌은 [Keynes, 1921이다. 조지 부울과 존 벤은 둘 다 이를 **이유 불충분 원리**(principle of insufficient reason)라고 불렀다.

객관주의자와 주관주의자 사이의 논쟁은 20세기에 들어 날카로워졌다. 콜모고로프(Kolmogorov, 1963), R. A. 피셔(Fisher, 1922), 리처드 폰 미제스(von Mises, 1928)는 상대적 빈도 해석을 주장했다. 칼 포퍼의 "경향(propensity)" 해석(Popper, 1959; 처음에는 1934년에 독일어로 출판됨)은 상대적 빈도가 바탕 물리적 대칭성에서 비롯된다고 본다. [Ramsey, 1931], [de Finetti, 1937], [Cox, 1946], [Savage, 1954], [Jeffrey, 1983], [Jaynes, 2003]은 확률을 특정 개인의 확신도로 해석한다. 확신도에 대한 이들의 분석은 효용 및 행동(behavior)과, 특히 내깃돈을 걸려는 의지와 밀접하게 관련되어 있다.

루돌프 카르납은 확률에 대한 또 다른 주관적 해석을 제시했다. 그는 확률이 특정한 증거들의 집합 e 가 주어졌을 때 특정 명제 a에 대해 실제 개인이 가지는 확신도가 아니라 이상화된 추론자(reasoner)가 가져야 마땅한 확신도라고 보았다. 카르납은 이러한 **확정도**(degree of confirmation) 개념을 a와 e 사이의 논리적 관계로서 수학적으로 엄밀하게 정의하려 했다. 요즘 연구자들은 그런 종류의 고유한 논리가 존재하지 않으며, 그런 종류의 논리는 모두 관측이 수집될수록 효과가 점차 사라지는 주관적인 사전 확률분포에 머무를 뿐이라고 생각한다.

이러한 관계에 대한 연구는 보통의 연역 논리에 상응하는 **귀납 논리**(inductive logic)라는 수학 분야를 형성하기 위한 것이었다(Carnap, 1948, 1950). 그러나 카르납은 자신의 귀납 논리를 명제의 경우 이상으로 멀리까지 확장하지는 못했으며, [Putnam, 1963]은 몇 가지 근본적인 어려움이 존재함을 대립적인 논거를 통해서 보였다. 좀 더 최근 성과인 [Bacchus 외, 1992]는 카르납의 방법들을 1차 이론으로 확장한다.

확률론을 엄격한 공리적 틀 안에서 제시한 최초의 문헌은 [Kolmogorov, 1950](1933에 독일어로 처음 출판됨)이다. 이후 [Renyi, 1970]은 절대 확률이 아니라 조건부 확률을 기본수단으로 사용하는 공리적 표현을 제시했다.

공리의 유효성에 관한 드피네티의 논거에 더하여, 콕스는 자신이 제시한 일단의 가

정들을 충족하는, 불확실한 추론을 위한 모든 체계는 확률론과 동치임을 보였다(Cox, 1946). 이는 확률 팬들의 확신을 더욱 강하게 만들었지만, 그 외의 사람들을 납득시키지는 못했다. 그들은 콕스의 가정(믿음을 반드시 하나의 수치로 표현해야 한다는)에 반대했다. [Halpern, 1999]는 그 가정들을 설명하고, 콕스의 원래의 형식화에 존재하는 몇 가지 틈을 제시한다. [Horn, 2003]은 관련된 어려움들을 완화하는 방법을 보여 준다. [Jaynes, 2003]도 비슷한 논점을 제시하나, 읽기가 더 쉽다.

성직자(Rev.) 토마스 베이즈(1702-1761)는 조건부 확률에 관한, 이후 그의 이름을 따서 불리게 되는 추론 규칙을 소개했다(Bayes, 1763). 베이즈는 사전 확률들이 균일한 경우만 고려했다. 베이즈 확률 추론은 1960년대부터 인공지능에 쓰였는데, 특히 의료 진단에서 많이 쓰였다. 베이즈 규칙은 주어진 증거로부터 진단을 내리는 데에는 물론이고, 주어진 증거가 결정적이지 않을 때 정보의 가치 이론(§16.6)에 기초해서 추가적인 질문과 검사를 선택하는 데에도 쓰였다(Gorry, 1968; Gorry 외, 1973). 어떤 시스템은 급성 복통의 진단에서 인간 전문가보다 우월한 성과를 보였다(de Dombal 외, 1974). [Lucas 외, 2004]가 이 분야를 개괄한다.

이러한 초기 베이즈 시스템들에는 여러 가지 문제가 있었다. 이런 시스템에는 자신이 진단하는 조건들에 대한 이론적 모형이 전혀 없기 때문에, 작은 표본만 주어지는 상황에서 나타나는 대표성 없는(unrepresentative) 데이터에 취약했다(de Dombal 외, 1981). 더욱 근본적인 문제는, 조건부 독립성 정보의 표현과 사용을 위한 간결한 형식론(제13장에서 설명하는 것 같은)이 없기 때문에 거대한 크기의 확률적 데이터 테이블을 만들고, 저장하고, 처리할 수밖에 없다는 점이다. 이런 어려움 때문에 1970년대에서 1980년대 중반까지는 불확실성을 확률을 이용해서 다루는 접근방식이 인기가 없었다. 1980년대 후반부터의 발전상은 다음 장에서 설명한다.

결합 분포에 대한 단순 베이즈 모형은 1950년대부터 패턴 인식 분야에서 광범위하게 연구되었다(Duda 및 Hart, 1973). 또한 정보 조회 분야도 마론의 성과(Maron, 1961)에서부터 이 모형을 사용했는데, 부지불식간에 사용한 경우가 많았다. 이 기법의 확률적 토대(연습문제 12.BAYS에서 좀 더 살펴본다)는 [Robertson 및 Sparck Jones, 1976]에 잘 서술되어 있다. [Domingos 및 Pazzani, 1997]은 독립성 가설이 명백히 위반되는 정의역들에서도 단순 베이즈 추론이 놀랄 만큼 성공적인 이유를 설명한다.

확률론에 대한 훌륭한 입문 교과서는 많이 있는데, 이를테면 [Bertsekas 및 Tsitsiklis, 2008], [Ross, 2015], [Grinstead 및 Snell, 1997]을 들 수 있다. [DeGroot 및 Schervish, 2001]은 베이즈적 관점에서 확률과 통계를 함께 소개한다. [Walpole 외, 2016]은 과학자와 공학자를 위한 입문서이다. [Jaynes, 2003]은 베이즈 접근방식을 아주 설득력 있게 소개한다. [Billingsley, 2012]와 [Venkatesh, 2012]는 좀 더 수학적인 서술을 제공하는데, 이번 장에서는 생략한 연속 변수와 관련된 모든 복잡한 사항들을 포함한다. [Hacking, 1975]와 [Hald, 1990]은 확률 개념의 초기 역사를 다룬다. 확률론과 관련된 대중 교양서로는 [Bernstein, 1996]이 있다.

# 13

CHAPTER

# 확률적 추론

이번 장에서는 불확실성하에서 확률론의 법칙들에 의거한 추론에 쓰이는 효율적인 네트워크 모형을 구축하는 방법과 상관관계와 인과관계를 구분하는 방법을 설명한다.

제12장에서는 확률론의 기본 요소들을 소개하고, 세계의 확률적 표현을 단순화하는 데 있어 독립 관계와 조건부 독립 관계가 중요하다는 점을 지적했다. 이번 장에서는 그런 관계들을 **베이즈망**의 형태로 명시적으로 나타내는 체계적인 방법 하나를 소개한다. 또한 베이즈망의 구문론과 의미론을 정의하고, 베이즈망을 이용해서 불확실한 지식을 자연스럽고도 효율적으로 표현하는 방법을 설명한다. 그런 다음에는 확률적 추론(비록 최악의 경우에는 계산적으로 처리 불가능이지만)를 여러 실용적인 상황에서 효율적으로 수행하는 방법을 제시한다. 또한 정확 추론(exact inference)이 현실적으로 불가능한 상황에 종종 적용할 수 있는 여러 가지 근사 추론(approximate inference) 알고리즘도 설명한다. 제 15장에서는 베이즈망의 기본 착안들을 확장해서, 확률 모형의 정의를 위한 좀 더 표현력 있는 언어를 만들어 본다.

## 13.1 불확실한 문제 영역의 지식 표현

제12장에서 보았듯이, 완전 결합 분포는 문제 영역(정의역)에 관한 임의의 질문에 답할 수 있지만, 변수가 많아짐에 따라 그 크기가 처리 불가능할 정도로 커질 수 있다. 게다

가, 가능한 세계들의 확률을 일일이 지정하는 것은 자연스럽지 않고 지루한 일이다.

변수들 사이의 독립 관계와 조건부 독립 관계가 완전 결합 분포를 정의하기 위해 명시해야 할 확률의 개수를 크게 줄여 준다는 점도 이야기했다. 이번 절에서는 변수들 사이의 의존관계를 나타내는 **베이즈망**(Bayesian network)[1]이라는 자료구조를 소개한다. 베이즈망은 본질적으로 임의의 완전 결합 분포를 표현할 수 있으며, 많은 경우 완전 결합 분포를 아주 간결하게 표현할 수 있다.

베이즈망은 각 노드에 정량적 확률 정보가 부여된 유향 그래프(directed graph)이다. 완전한 정의는 다음과 같다.

1. 각 노드는 하나의 확률 변수에 대응된다. 확률 변수는 이산 확률 변수일 수도 있고 연속 확률 변수일 수도 있다.
2. 하나의 노드 쌍을 이루는 두 노드가 유향 링크, 즉 화살표로 연결된다. 노드 $X$에서 노드 $Y$로의 화살표는 $X$가 $Y$의 **부모**임을 뜻한다. 이 그래프에는 유향 순환마디(directed cycle)가 없다. 따라서 이 그래프는 유향 비순환 그래프(directed acyclic graph, DAG)이다.
3. 각 노드 $X_i$에는 확률분포 $P(X_i \mid Parents(X_i))$가 연관된다. 이 확률분포는 유한한 개수의 **매개변수**(parameter)를 이용해서 노드에 대한 부모의 효과(결과)를 정량화한다.

베이즈망의 위상구조(노드들과 링크들의 집합)는 정의역 안에서 성립하는 조건부 독립 관계들을 명시하는데, 어떻게 명시하는지는 곧 명확해질 것이다. 일반적으로 화살표의 **직관적인 의미**는, $X$가 $Y$에 **직접 영향을 미친다**는 것이다. 이는 $X$가 $Y$의 결과의 원인이 어야 함을 암시한다. 일반적으로 해당 정의역의 전문가들은 그 정의역에 존재하는 직접적 영향 관계를 어렵지 않게 식별해 낸다(확률 자체를 실제로 명시하는 것보다는 훨씬 쉽다). 베이즈망의 위상구조가 정해지면, 남은 일은 각 변수의 국소적인 확률 정보를 부모 변수가 주어졌을 때의 조건부 확률분포의 형태로 지정하는 것뿐이다. 모든 변수에 대한 완전 결합 분포는 위상구조와 국소 확률 정보로부터 정의된다.

제12장에서 설명한, 변수 $Toothache$와 $Cavity$, $Catch$, $Weather$로 이루어진 간단한 세계를 기억할 것이다. $Weather$가 다른 변수들과 독립적임을 논증했고, $Cavity$가 주어졌을 때 $Toothache$와 $Catch$가 조건부 독립이라는 점도 논증했다. 이런 관계들이 도해 13.1의 베이즈망 구조에 나타나 있다. 형식적으로, $Cavity$가 주어졌을 때의 $Toothache$와 $Catch$의 조건부 독립성은 $Toothache$와 $Catch$ 사이의 링크의 **부재**로 표현된다. 직관적으로, 이 베이즈망은 $Cavity$가 $Toothache$와 $Catch$의 직접적인 원인이지만 $Toothache$와 $Catch$ 사이에는 직접적인 인과관계가 없다는 사실을 나타낸다.

---

1 1980년대와 1990년대에는 베이즈망을 **믿음망**(belief network; 신뢰망)이라고 불렀다. **인과망**(causal network) 은 화살표들의 의미(§13.5 참고)에 추가적인 제약이 있는 베이즈망이다. **그래프 모형**(graphical model)이라 는 용어는 베이즈망을 포함하는 좀 더 넓은 부류를 가리킨다.

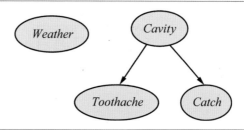

**도해 13.1** *Weather*가 다른 세 변수와 독립인, 그리고 *Cavity*가 주어졌을 때 *Toothache*와 *Catch*가 조건부로 독립인 간단한 베이즈망.

이제 이보다는 조금 더 복잡한 예를 하나 생각해 보자. 필자의 집에 도난 경보장치를 새로 설치했다고 하자. 그 장치는 무단 가택 침입(*Burglary*)을 상당히 신뢰성 있게 검출하나, 가끔은 미세한 지진(*Earthquake*)에 반응해서 경보(*Alarm*)를 울리기도 한다. (이 예는 지진이 잘 발생하는 L.A.에 사는 주디아 펄<sup>Judea Pearl</sup>에서 기인한 것이다.) 또한 오른쪽, 왼쪽 이웃집에 사는 존<sup>John</sup>과 메리<sup>Mary</sup>는 필자가 직장에 있는 동안 경보가 울리면 전화를 해 주겠다고(*Calls*) 약속했다. 존은 경보를 들으면 거의 항상 전화하지만 가끔은 전화벨 소리를 경보 소리로 잘못 듣고 전화를 하기도 한다. 반면 메리는 음악을 크게 틀어놓는 경향이 있어서 가끔 경보 소리를 완전히 놓친다. 존과 메리가 전화하거나 하지 않았다는 증거에 기초해서 무단 가택 침입 확률을 추정하고자 한다.

이 정의역의 베이즈망이 도해 13.2에 나와 있다. 망의 구조는 무단 침입과 지진이 경보 발동의 확률에 직접 영향을 미치지만, 존과 메리가 전화를 거는지는 오직 경보에만 의존함을 보여 준다. 따라서 이 망은 존과 메리가 무단 침입을 직접 지각하지 않으며, 미세한 지진은 알아채지 못하며, 전화를 걸기 전에 존과 메리가 협의하지 않는다는 가정을 반영하고 있다.

조건부 확률표        도해 13.2에서 보듯이, 각 노드에 연관된 국소 확률 정보는 **조건부 확률표**(conditional probability table, CPT)의 형태이다. (조건부 확률표는 이산 확률 변수에 쓰인다. 연속 변수에 적합한 것을 비롯한 다른 형태의 표현들은 §13.2에서 설명한다.) CPT의 각 행은 하
조건화 사례        나의 **조건화 사례**(conditioning case)에 대한 각 노드 값의 조건부 확률을 담고 있다. 조건화 사례란 그냥 부모 노드 값들로 구성할 수 있는 하나의 조합이다. 이를 가능한 세계의 축소판이라고 생각해도 될 것이다. 각 행의 항목들의 합은 반드시 1이어야 한다. 그 항목들은 그 변수에 대한 모든 경우를 나타내기 때문이다. 부울 변수의 경우, 그 변수가 참일 확률이 $p$임을 안다면 거짓일 확률은 당연히 $1-p$이다. 그래서 거짓일 확률은 생략하는 경우가 많다. 도해 13.2에서도 생략되어 있다. 일반적으로, 부울 변수 부모가 $k$개인 한 부울 변수에 대한 표는 서로 독립적으로 지정할 수 있는 확률 $2^k$개로 이루어진다. 부모가 없는 노드에는 행이 하나뿐인데, 그 행은 그 변수의 모든 가능한 값 각각에 대한 사전 확률들을 나타낸다.

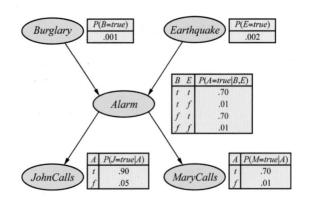

**도해 13.2** 전형적인 베이즈망. 위상구조뿐만 아니라 조건부 확률표도 표시되어 있다. 확률표에서 $B$, $E$, $A$, $J$, $M$은 각각 *Burglary*, *Earthquake*, *Alarm*, *JohnCalls*, *MaryCalls*를 뜻한다.

이 베이즈망에 메리가 현재 음악을 크게 틀어 놓고 있는지에 대한 노드와 전화벨 소리가 울려서 존이 혼동하는지에 대한 노드는 없음을 주목하자. 그런 요인들은 *Alarm*에서 *JohnCalls*와 *MaryCalls*로의 링크들에 연관된 불확실성으로 요약되어 있다. 이는 게으름과 무지(p.507에서 설명한)가 실제로 작용한 예이다. 임의의 구체적인 경우에서 그런 요인들이 왜, 얼마나 더 자주 발생할 수 있는지를 파악하려면 많은 작업이 필요하며, 어차피 유관한 정보를 얻을 수 있는 합리적인 방법은 우리에게 없다.

확률은 경보가 울려야 하는데 울리지 않은(높은 습도, 전원 고장, 배터리 소진, 전선 절단, 경보장치 안에서 죽은 쥐 때문에 경보 종이 움직이지 않음 등의 이유로), 또는 존이나 메리가 경보를 놓치고 전화를 하지 않을(점심을 먹으러 나갔거나, 휴가 중이거나, 일시적으로 귀가 먹었거나, 헬리콥터가 지나가거나 등등) 잠재적으로 무한한 상황들의 집합을 실제로 요약한다. 이런 방식에서는 작은 에이전트라도 아주 큰 세계를 감당할 수 있다. 정확하지는 않더라도 적어도 근사적으로는 가능하다.

# 13.2 베이즈망의 의미론

베이즈망의 **구문**(syntax)은 유향 비순환 그래프와 각 노드에 부여된 국소 확률 정보로 구성된다. 그러한 베이즈망의 **의미론**(semantics)은 그러한 구문이 베이즈망 변수들에 관한 결합 분포에 어떻게 대응되는지를 정의한다.

베이즈망에 $n$개의 변수 $X_1,...,X_n$이 있다고 하자. 그러면 결합 분포의 한 항목을 일반적으로 $P(X_1 = x_1 \land ... \land X_n = x_n)$로 표현할 수 있다. 이를 더 줄여서 $P(x_1,...,x_n)$

로 표기한다. 베이즈망의 의미론은 결합 분포의 각 항목을 다음과 같이 정의한다.

$$P(x_1,...,x_n) = \prod_{i=1}^{n} \theta(x_i \mid parents(X_i)). \tag{13.1}$$

여기서 $parents(X_i)$는 $x_1,...,x_n$에 나오는 $Parents(X_i)$들의 값들을 나타낸다. 즉, 결합 분포의 각 항목은 베이즈망의 국소 조건부 분포의 해당 성분들의 곱으로 표현된다.

이해를 돕기 위해, 경보(a)가 울렸지만 무단 침입(b)이나 지진(e)은 발생하지 않았으며, 존(j)과 메리(m)가 모두 전화를 할 확률을 계산해 보자. 그냥 결합 분포의 항목들을 곱하면 된다(간결함을 위해 변수들을 영문자 하나로 표기했다).

$$P(j,m,a,\neg b,\neg e) = P(j \mid a)P(m \mid a)P(a \mid \neg b \wedge \neg e)P(\neg b)P(\neg e)$$
$$= 0.90 \times 0.70 \times 0.001 \times 0.999 \times 0.998 = 0.000628.$$

§12.3에서 설명했듯이, 완전 결합 분포를 이용하면 정의역에 관한 그 어떤 질문에도 답할 수 있다. 만일 베이즈망이 결합 분포의 한 표현이라면, 베이즈망 역시 임의의 질문에 대한 답을 구하는 데 사용할 수 있을 것이다. 실제로 유관한 결합 확률값(국소 조건부 분포의 확률값들을 곱해서 계산한)들을 모두 더해서 답을 구할 수 있는데, 구체적인 방법은 §13.3에서 설명한다. §13.3에서는 또한 이보다 훨씬 더 효율적인 방법들도 설명한다.

그런데 지금까지의 논의에서는 중요한 질문 하나를 빼먹었다. 바로, 국소 조건부 분포 $\theta(x_i \mid parents(X_i))$에 들어가는 수치들의 의미가 무엇인가라는 것이다. 답은 식 (13.1)에서 찾을 수 있다. 매개변수 $\theta(x_i \mid parents(X_i))$들은 곧 결합 분포가 함의하는 조건부 확률 $P(x_i \mid parents(X_i))$들이다. 기억하겠지만, 조건부 확률값들은 결합 분포에서 다음과 같이 계산할 수 있다.

$$P(x_i \mid parents(X_i)) \equiv \frac{P(x_i, parents(X_i))}{P(parents(X_i))}$$
$$= \frac{\sum_{\mathbf{y}} P(x_i, parents(X_i), \mathbf{y})}{\sum_{x'_i, \mathbf{y}} P(x'_i, parents(X_i), \mathbf{y})}.$$

여기서 $\mathbf{y}$는 $X_i$과 그 부모들을 제외한 모든 변수의 값들을 나타낸다. 마지막 행에서 $P(x_i \mid parents(X_i)) = \theta(x_i \mid parents(X_i))$를 유도할 수 있다(증명은 연습문제 13.CPTE). 따라서 식 (13.1)을 다음과 같이 표현할 수 있다.

$$P(x_1,...,x_n) = \prod_{i=1}^{n} P(x_i \mid parents(X_i)). \tag{13.2}$$

이 공식이 뜻하는 바는, 국소 조건부 분포의 값들을 추정할 때, 그 값들은 반드시 부모들이

주어졌을 때의 변수의 실제 조건부 확률들이어야 한다는 것이다. 예를 들어 $\theta(John$ $Calls = true|Alarm = true) = 0.90$이라고 지정하는 경우, 경보 발생의 90%에서 실제로 존이 전화를 걸어야 한다. 베이즈망의 각 매개변수에 오직 적은 수의 변수들만으로 정의되는 엄밀한 의미가 있다는 점은 모형의 강건성(robustness)와 확률 지정 편의성에 대단히 중요하다.

## 베이즈망을 구축하는 방법 하나

식 (13.2)는 베이즈망이 뜻하는 바를 말해 준다. 다음으로 살펴볼 것은 베이즈망의 결합 분포가 주어진 정의역을 잘 표현할 수 있는 형태로 베이즈망을 구축하는 방법이다. 이를 위해, 식 (13.2)가 지식 공학자가 베이즈망의 위상구조를 구축하는 데 지침이 될 수 있는 특정한 조건부 독립 관계들을 함의함을 보이고자 한다. 우선 결합 분포의 항목들을 곱 규칙(p.512)을 이용해서 조건부 확률로 다시 표현해 보자.

$$P(x_1,...,x_n) = P(x_n \mid x_{n-1},...,x_1)P(x_{n-1},...,x_1).$$

이런 방식으로 각각의 논리곱 확률을 하나의 조건부 확률과 더 적은 변수들에 대한 결합 확률로 줄여 나가다 보면 다음과 같은 하나의 커다란 곱에 도달한다.

$$P(x_1, ... ,x_n) = P(x_n \mid x_{n-1}, ... ,x_1)P(x_{n-1} \mid x_{n-2}, ... ,x_1) \cdots P(x_2 \mid x_1)P(x_1)$$
$$= \prod_{i=1}^{n} P(x_i \mid x_{i-1}, ..., x_1).$$

연쇄 규칙    이 항등식을 가리켜 **연쇄 규칙**(chain rule)이라고 부른다. 이 항등식은 임의의 확률 변수 집합에 대해 성립한다. 이를 식 (13.2)와 비교해 보면 결합 분포의 명세가 다음과 같은 일반적 단언과 동치임을 알 수 있다: $Parents(X_i) \subseteq \{X_{i-1},...,X_1\}$이라고 할 때, 베이즈망의 모든 변수 $X_i$에 대해

$$\mathbf{P}(X_i \mid X_{i-1},...,X_1) = \mathbf{P}(X_i \mid Parents(X_i)) \tag{13.3}$$

가 성립한다. "$Parents(X_i) \subseteq \{X_{i-1},...,X_1\}$이라고 할 때"라는 조건은 베이즈망의 노 위상 순서    드들에 **위상 순서**(topological order)로 번호를 매기면 충족된다. 예를 들어 도해 13.2에 있는 노드들의 위상 순서는 $B,E,A,J,M;\ E,B,A,M,J$이다.

식 (13.3)이 말하는 것은, 베이즈망은 부모 노드들이 주어졌을 때의 각 노드가 다른 선행 노드들(암묵적 노드 순서를 기준으로 한)과 조건부 독립일 때에만 정의역을 정확히 표현한다는 것이다. 다음은 이러한 조건을 충족하도록 베이즈망을 구축하는 한 방법이다.

1. **노드들**: 우선 정의역을 모형화하는 데 필요한 변수들을 결정한다. 그런 다음 그것들에 순서대로 이름을 부여해서 변수 집합 $\{X_1,...,X_n\}$을 만든다. 순서는 어떤 것이든 좋지만, 원인이 결과보다 먼저 나오면 베이즈망이 더 간결해진다.

2. 링크들: 1에서 $n$까지의 정수 $i$에 대해 다음을 수행한다.

- $X_1, ..., X_{i-1}$에서 식 (13.3)을 충족하는 $X_i$의 최소한의 부모들을 선택한다.
- 각 부모에 대해, 부모에서 $X_i$로의 링크를 망에 추가한다.
- $\mathbf{P}(X_i \mid Parents(X_i))$들을 항목으로 해서 조건부 확률표를 작성한다.

▶ 노드 $X_i$의 부모 집합에는 $X_1, ..., X_{i-1}$ 중 $X_i$에 **직접 영향**을 주는 모든 노드가 포함되어야 함은 직관적으로 이해할 수 있을 것이다. 예를 들어 도해 13.2의 베이즈망을 구축하는 과정에서 $MaryCalls$의 부모들이 아직 선택되지 않았다고 하자. $MaryCalls$가 $Burglary$나 $Earthquake$에 영향을 받음은 분명하다. 그러나 **직접** 영향을 받는 것은 아니다. 직관적으로, 이 정의역에 대한 우리의 지식에 의하면 그런 사건들은 오직 경보에 대한 효과를 통해서만 메리의 전화 호출 행동에 영향을 미친다. 또한, 경보가 울렸는지의 여부가 주어졌을 때, 존의 전화 호출 여부는 메리의 전화 호출 여부에 영향을 미치지 않는다. 형식적으로 말하자면, 우리는 다음과 같은 조건부 독립 단언이 성립한다고 믿는다.

$$\mathbf{P}(MaryCalls \mid JohnCalls, Alarm, Earthquake, Burglary) = \mathbf{P}(MaryCalls \mid Alarm).$$

즉, $MaryCalls$의 부모 노드는 $Alarm$뿐이다.

이 구축 과정에서 각 노드는 오직 선행 노드들하고만 연결된다. 따라서 이 과정이 만들어 내는 베이즈망은 비순환이다. 베이즈망의 또 다른 중요한 속성은, 망에 중복된 (redundant) 확률값이 전혀 없다는 점이다. 중복이 없다면 비일관성이 존재할 여지도 없다. 즉, 이 방법으로 지식 공학자나 영역 전문가가 확률의 공리들을 위반하는 베이즈망을 만 ▶ 들어 내는 것은 불가능하다.

## 간결성과 노드 순서

정의역을 중복 없이 완결적으로 표현할 수 있다는 장점 외에, 베이즈망에는 완전 결합 분포보다 훨씬 간결할 수 있다는 장점도 있다. 베이즈망이 변수가 많은 정의역을 다루기에 적합한 것은 바로 이러한 장점 덕분이다. 베이즈망의 간결함(또는 국소 구조적 압축성)은 **국소 구조적**(locally structured) 시스템이 가진 좀 더 일반적인 속성의 한 희소 예이다(그러한 시스템을 **희소**한(sparse) 시스템이라고 부르기도 한다). 국소 구조적 시스템에서 시스템의 각 구성요소는 전체 구성요소의 개수와는 무관하게 오직 유한한 개수의 다른 구성요소들하고만 상호작용한다. 대체로 국소 구조는 복잡도의 지수적 증가가 아니라 선형적 증가와 연관된다.

베이즈망의 경우, 대부분의 정의역에서 각 확률 변수에 직접 영향을 미치는 다른 변수의 개수는 유한하다고 가정하는 것이 합리적이다. 그러한 변수들의 최대 개수가 상수 $k$라고 하자. 단순함을 위해 정의역이 $n$개의 부울 변수로 이루어진다고 할 때, 각각의 조건부 확률표를 지정하는 데 필요한 정보는 $2^k$개 이하의 수치들로 이루어진다. 그리고 전체 베이즈망을 $2^k \cdot n$개의 수치로 정의할 수 있다. 반면 결합 분포에는 $2^n$개의 수치가 필요하다. 좀 더 구체적인 예로, 노드가 $n = 30$개이고 각 노드의 부모가 많아야 $k = 5$개라고 하자. 그러면 베이즈망에는 960개의 수치가 필요하나, 완전 결합 분포에는 백만 개가 넘는 수치가 필요하다.

완전히 연결된 베이즈망, 즉 각 변수의 모든 선행 변수가 그 변수의 부모인 베이즈망을 위한 조건부 확률표를 지정하는 필요한 정보의 양은 결합 분포를 표 형태로 지정하는 데 필요한 정보의 양과 같다. 그래서 약간의 의존성이 존재해도 링크들을 제외시킬 때가 많은데, 정확성을 약간 더 높여서 얻는 장점이 그 때문에 망의 복잡도가 증가해서 생기는 단점보다 크지 않기 때문이다. 예를 들어, 큰 지진이 발생했을 때 존과 메리는 경보를 들었다고 해도 지진이 그 원인이라고 간주하고 전화를 걸지 않을 것이라는 결점을 근거로 우리의 무단 침입 베이즈망에 반대하는 사람도 있을 것이다. 그러나 *Earthquake*에서 *JohnCalls*와 *MaryCalls*로의 링크를 추가할 것인가(그럼으로써 표들을 더 키울 것인가)의 여부는 좀 더 정확한 확률을 구하는 것의 중요도를 그러한 추가적인 정보를 지정할 때 발생하는 비용 증가와 비교해서 결정해야 한다.

국소 구조적 정의역이라고 해도, 노드 순서가 나쁘면 베이즈망이 간결해지지 않는다. 잘못된 순서를 선택하면 어떤 일이 생길까? 무단 침입 예를 다시 생각해 보자. 노드들을 *MaryCalls*, *JohnCalls*, *Alarm*, *Burglary*, *Earthquake*의 순서로 추가한다면 도해 13.3(a)에 나온 다소 복잡한 베이즈망이 만들어진다. 이 망의 구축 과정은 다음과 같다.

- *MaryCalls* 추가: 부모는 없다.
- *JohnCalls* 추가: 메리가 전화를 걸었다면 아마 경보가 울렸을 가능성이 있다. 그렇다면 존이 전화를 걸 가능성도 커진다. 따라서 *MaryCalls*는 *JohnCalls*의 부모가 되어야 한다.
- *Alarm* 추가: 존과 메리가 모두 전화를 걸었다면, 둘 중 하나만 전화를 걸었거나 둘 다 걸지 않았을 때보다 경보가 울렸을 가능성이 더 크다. 따라서 *MaryCalls*와 *JohnCalls* 둘 다 부모가 되어야 한다.
- *Burglary* 추가: 경보의 상태를 안다면, 존이나 메리가 전화를 걸었다는 사실은 존이 전화벨 소리를 오인했거나 메리가 음악을 크게 틀었는지에 관한 정보를 제공할 것이다. 그러나 무단 침입 자체에 대한 정보는 제공하지 않는다. 즉

    $$\mathbf{P}(Burglary \mid Alarm, JohnCalls, MaryCalls) = \mathbf{P}(Burglary \mid Alarm)$$

    이며, 따라서 *Alarm*만 부모로 두면 된다.
- *Earthquake* 추가: 경보가 울렸다면 울리지 않았을 때보다 지진이 있었을 가능성이 더 크다. (그 경보장치는 일종의 지진 감지기이다.) 따라서 *Alarm*이 부모가 되어야 한다. 그런데 무단 침입이 있었음을 알고 있다면, 그 때문에 경보가 울렸을 것이라고 추론할 수 있으며, 따라서 지진 확률은 보통보다 약간만 더 높을 것이다. 따라서 *Alarm*뿐만 아니라 *Burglary*도 부모가 되어야 한다.

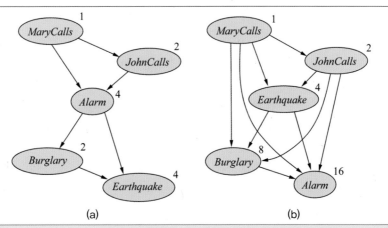

**도해 13.3** 베이즈망의 구조와 매개변수 개수는 노드들의 도입 순서에 의존한다. (a) $M, J, A, B, E$ 순으로 구축한 구조. (b) $M, J, E, B, A$ 순으로 구축한 구조. 각 노드에 필요한 매개변수 개수가 표기되어 있다. (a)의 매개변수는 총 13개이고 (b)는 31개이다. 도해 13.2에서는 필요한 매개변수가 10개뿐이었다.

이렇게 해서 만들어진 베이즈망은 도해 13.2의 것보다 링크가 두 개 더 많고, 지정해야 할 조건부 확률은 세 개 더 많다(10개 대 13개). 더 나쁜 점은, 일부 링크는 어렵고 부자연스러운 확률 판정이 필요한 어색한 관계를 표현한다는 것이다. *Burglary*와 *Alarm*이 주어졌을 때 *Earthquake*의 확률을 추정하는 것이 그러한 예이다. 이 현상은 상당히 일반적이며, §12.5.1에서 말한 **인과** 모형과 **진단** 모형의 구분과도 연관되어 있다 (연습문제 13.WUMD도 보라). 인과 모형을 유지한다면 더 적은 수치들로 일을 끝낼 수 있으며, 그런 수치들을 구하기가 더 쉬운 경우가 많다. 예를 들어 의료 진단 영역의 경우, [Tversky 및 Kahneman, 1982]에 따르면 전문의들은 진단 규칙들보다는 인과 규칙들에 대해 확률 판정을 제시하는 것을 더 선호한다. 인과 모형은 §13.5에서 좀더 살펴본다.

　도해 13.3(b)는 노드 순서가 대단히 나쁜 예이다. *MaryCalls*, *JohnCalls*, *Earthquake*, *Burglary*, *Alarm*의 순서로 노드들을 추가한 이 베이즈망에는 31개의 서로 다른 확률들을 지정해야 한다. 이는 완전 결합 분포에서와 정확히 같은 개수이다. 그러나 여기서 중요한 점은, 세 베이즈망 모두 **정확히 동일한 결합 분포**를 나타낼 수 있다는 것이다. 도해 13.3의 두 버전은 그냥 조건부 독립 관계들을 전부 다 표현하지는 못했으며, 그 때문에 불필요한 수치들을 많이 지정해야 했다.

## 13.2.1 베이즈망의 조건부 독립 관계들

식 (13.2)로 정의된 베이즈망 의미론에서 다양한 조건부 독립 성질들을 유도할 수 있다. 하나의 변수는 그 부모들이 주어졌을 때 부모가 아닌 선행 변수(조상)들과 조건부 독립이라는 성질은 앞에서 살펴보았다. 다음과 같은 좀 더 일반적인 "비후손(non-descendant)" 성질을 증명하는 것도 가능하다.

후손
각 변수는 부모가 주어졌을 때 자신의 비후손들, 즉 **후손**(descendant)이 아닌 변수들과 조건부 독립이다.

예를 들어 도해 13.2에서 변수 *John Calls*는 부모 *Alarm*의 값이 주어졌을 때 *Burglary*, *Earthquake*, *Mary Calls*와 독립이다. 이러한 정의가 도해 13.4(a)에 나와 있다.

베이즈망 매개변수 $\theta(X_i \mid Parents(X_i))$를 조건부 확률 $\mathbf{P}(X_i \mid Parents(X_i))$로 해석하는 것과 이러한 비후손 성질을 결합하면 식 (13.2)에 나온 완전 결합 분포를 충분히 재구축할 수 있다. 다른 말로 하면, 베이즈망의 의미론을 이런 식으로 볼 수도 있다: 완전 결합 분포를 조건부 분포들의 곱으로 정의하는 대신, 베이즈망은 조건부 독립 성질들의 집합 하나를 정의한다. 그 성질들로부터 완전 결합 분포를 유도할 수 있다.

비후손 성질은 다음과 같은 또 다른 중요한 독립 성질 하나를 함의한다.

마르코프 담요
한 노드는 그 부모들과 자식들, 자식들의 부모들이 주어졌을 때, 다시 말해 노드의 **마르코프 담요**(Markov blanket)가 주어졌을 때 망의 다른 모든 노드와 조건부 독립이다.

(이 성질은 연습문제 13.MARB에서 증명한다.) 예를 들어 변수 *Burglary*는 *Alarm*과 *Earthquake*가 주어졌을 때 *John Calls* 및 *Mary Calls*와 조건부 독립이다. 이 성질이 도해 13.4(b)에 나와 있다. §13.4.2에서 보겠지만, 마르코프 성질은 전적으로 국소적이고 이산적인 확률적 표집 과정을 이용하는 추론 알고리즘들을 가능하게 한다.

베이즈망에 대한 가장 일반적인 조건부 독립성 질문은 "노드 집합 **Z**가 주어졌을 때 노드 집합 **X**가 다른 노드 집합 **Y**과 조건부 독립인가?"이다. 이 질문의 답은 베이즈 d-분리
망을 조사해서 **Z**가 **X**와 **Y**를 **d-분리**(d-separation)하는지 살펴보면 효율적으로 파악할 수 있다. 이 조사 과정은 다음과 같다.

조상 부분 그래프
1. **X**, **Y**, **Z**와 그 조상들로 이루어진 **조상 부분 그래프**(ancestral subgraph)만 고려한다.
2. 공통의 자식을 공유하지만 아직 연결되지 않은 모든 노드 쌍을 연결한다. 그러면 윤리적 그래프
소위 **윤리적 그래프**(moral graph)가 나온다.
3. 모든 유향 링크를 무향(undirected) 링크로 대체한다.
4. 결과 그래프에서 만일 **X**와 **Y** 사이의 모든 경로를 **Z**가 차단한다면, **Z**는 **X**와 **Y**를 d-분리한다. 그런 경우 **X**는 **Z**가 주어졌을 때 **Y**와 조건부 독립이다. 그렇지 않은 경우 원래의 베이즈망은 조건부 독립성을 필요로 하지 않는다.

정리하자면, d-분리는 무향, 윤리적, 조상 부분 그래프 안의 분리를 뜻한다. 이 정의를 도해 13.2의 무단 침입 경보망에 적용하면, *Burglary*와 *Earthquake*는 공집합이 주어졌을 때 독립이고(즉, 그 둘이 절대적으로 독립이고), *Alarm*이 주어졌을 때 반드시 조건부 독립은 아니며, *John Calls*와 *Mary Calls*는 *Alarm*이 주어졌을 때 조건부 독립임을 유도할 수 있다. 또한, 한 변수의 마르코프 담요는 그 변수를 다른 모든 변수와 d-분리하므로, 마르코프 담요 성질은 d-분리 성질에서 직접 유도된다는 점도 주목하기 바란다.

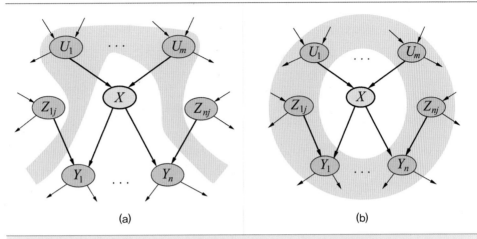

**도해 13.4** (a) 노드 $X$는 자신의 부모들(연보라색 바탕에 있는 $U_i$들)이 주어졌을 때 자신의 비후손들($Z_{ij}$들)과 조건부 독립이다. (b) 노드 $X$는 자신의 마르코프 담요(연보라색)가 주어졌을 때 베이즈망의 다른 모든 노드와 조건부 독립이다.

## 13.2.2 조건부 확률분포의 효율적 표현

최대 부모 개수 $k$가 다소 작다고 해도, 한 노드의 CPT를 채우려면 최대 $O(2^k)$개의 수치가 필요하며, 모든 가능한 조건화 사례에 대한 상당한 경험이 필요할 수 있다. 사실 이는 부모들과 자식 사이의 관계가 완전히 자의적인 최악의 경우의 시나리오에 해당한다.

표준 분포 보통은 그런 관계를 어떤 표준적인 패턴을 따르는 **표준 분포**(canonical distribution)로 서술할 수 있다. 그런 경우 확률표 전체를 그냥 패턴의 이름을 명시하고, 필요하다면 매개변수 몇 개만 제공해서 지정할 수 있다.

결정론적 노드 가장 간단한 예는 베이즈망이 **결정론적 노드**(deterministic node)들로 구성되는 경우이다. 결정론적 노드란 값이 전적으로 부모들의 값에 의해 불확실성 없이 결정되는 노드를 말한다. 부모들과 자식의 관계가 논리적 관계일 수 있다. 예를 들어 부모 노드 *Canadian*, *US*, *Mexican*과 자식 노드 *NorthAmerican* 사이에는 자식이 부모들의 논리합이라는 간단한 관계가 성립한다. 그 관계가 수치적일 수도 있다. 예를 들어 예를 들어 부모 노드들이 특정 차종에 대해 여러 딜러가 제시한 가격들이라고 할 때, 최선의 가격을 뜻하는 *BestPrice* 변수는 그 부모 노드 가격들의 최솟값에 해당하는 자식 노드이다. 또한, 연간 저수지 유입들(강, 흘러든 빗물, 호수에 내리는 비 등)과 유출들(강, 증발, 침수 등)이 부모라고 할 때 또한 연말 저수지 수량 *WaterStored*는 작년 수량에 유입 부모들을 더하고 유출 부모들의 합을 뺀 것이다.

베이즈망 시스템 중에는 사용자가 범용 프로그래밍 언어를 이용해서 결정론적 함수를 지정할 수 있는 것들이 많다. 그런 시스템들에서는 지구 기후 모형이나 전력망 시뮬레이터 같은 복잡한 요소를 확률 모형에 포함시킬 수 있다.

문맥 국한 독립성

실제 응용에서 자주 보는 또 다른 중요한 패턴은 **문맥 국한 독립성**(context-specific independence, CSI)이다. 부모 이외의 변수들의 **특정한 값**들이 주어졌을 때 부모들 중 일부와 조건부 독립인 변수가 존재하는 조건부 분포는 문맥 국한 독립성을 지닌다. 예를 들어 특정 기간에 차에 가해진 피해($Damage$)가 차체의 단단한 정도($Ruggedness$) 및 그 기간의 사고 여부($Accident$)에 의존한다고 하자. 만일 $Accident$가 참이면 $Damage$는 차의 $Ruggedness$에 의존하지 않음은 명백하다. (물론 사고가 나지 않더라도 누군가가 차 표면을 긁고 가거나 창을 깰 수도 있지만, 그런 피해가 생길 확률은 모든 차가 동일하다고 가정한다.) 이를 두고, $Accident = false$가 주어졌을 때 $Damage$가 $Ruggedness$과 문맥 국한적으로 독립이라고 말한다. 베이즈망 시스템은 이러한 문맥 국한 독립성을 *if-then-else* 구문을 이용해서 조건부 분포를 지정하는 식으로 구현할 때가 많다. 다음이 그러한 예이다.

$$\mathbf{P}(Damage|Ruggedness, Accident) =$$
$$\textbf{if } (Accident= false) \textbf{ then } d_1 \textbf{ else } d_2(Ruggedness).$$

여기서 $d_1$과 $d_2$는 임의의 분포를 나타낸다. 결정론이 그렇듯이, 베이즈망에 문맥 국한 독립성이 있으면 좀 더 효율적인 추론이 가능하다. §13.3에서 언급하는 정확 추론 알고리즘들은 모두 문맥 국한 독립성을 이용해서 계산 속도를 높이도록 수정할 수 있다.

잡음 섞인 논리합

불확실한 관계를 소위 **잡음 섞인**(noisy) 논리적 관계로 특징지을 수 있다. 대표적인 예가 논리합의 일반화인 **잡음 섞인 논리합**(noisy-OR) 관계, 줄여서 잡음 OR 관계이다. 명제 논리에서 $Fever$(열)는 만일 $Cold$(감기)나 $Flu$(독감), $Malaria$(말라리아)가 참이면, 그리고 오직 그럴 때에만 참이라고 말할 수 있다. 잡음 OR 모형에서는 자식이 참이 되게 만드는 부모의 능력에 불확실성을 도입할 수 있다. 즉, 부모와 자식 사이의 인과관계를 **억제**(inhibition)함으로써, 환자가 감기에 걸렸어도 열이 나지 않을 수 있음을 표현할 수 있다.

누출 노드

이 모형은 두 가지 가정을 둔다. 첫 가정은 모든 가능한 원인이 나열된다는 것이다. (빠진 것이 있다면, "사소한 원인들"을 포괄하는 소위 **누출 노드**(leak node)를 언제라도 추가할 수 있다.) 둘째 가정은, 각 부모의 억제는 다른 부모들의 억제와 독립적이라는 것이다. 예를 들어 $Malaria$가 열의 원인이 되지 못하게 하는 것은 $Flu$가 열의 원인이 되지 못하게 하는 것과 독립적이다. 이러한 가정들하에서, $Fever$는 만일 **참**인 부모들이 모두 억제되었으면, 그리고 오직 그럴 때에만 거짓이며, 그럴 확률은 각 부모의 억제 확률 $q_j$들의 곱이다. 이러한 개별 억제 확률들이 다음과 같다고 가정하자.

$$q_{cold} = P(\neg fever \mid cold, \ \neg flu, \neg malaria) = 0.6,$$
$$q_{flu} = P(\neg fever \mid \neg cold, \ flu, \neg malaria) = 0.2,$$
$$q_{malaria} = P(\neg fever \mid \neg cold, \ \neg flu, \ malaria) = 0.1.$$

이제 이 정보와 잡음 OR 가정들에 근거해서 조건부 확률표 전체를 구축할 수 있다. 일반 규칙은 다음과 같다.

$$P(x_i \,|\, parents\,(X_i)) = 1 - \prod_{\{j\,:\,X_j\,=\,true\}} q_j.$$

여기서 곱의 구간은 **CPT**의 해당 행에 대해 참으로 설정된 모든 부모이다. 도해 13.5는
이들의 계산을 보여 주는 표이다.

| Cold | Flu | Malaria | $P(fever|\cdot)$ | $P(\neg fever|\cdot)$ |
|------|-----|---------|------------------|------------------------|
| f | f | f | 0.9 | 1.0 |
| f | f | t | 0.9 | **0.1** |
| f | t | f | 0.8 | **0.2** |
| f | t | t | 0.98 | $0.02 = 0.2 \times 0.1$ |
| t | f | f | 0.4 | **0.6** |
| t | f | t | 0.94 | $0.06 = 0.6 \times 0.1$ |
| t | t | f | 0.88 | $0.12 = 0.6 \times 0.2$ |
| t | t | t | 0.988 | $0.012 = 0.6 \times 0.2 \times 0.1$ |

**도해 13.5** 잡음 섞인 OR 모형을 가정한, $\mathbf{P}(Fever|Cold, Flu, Malaria)$에 대한 완전한 조건부 확률표.
세 $q$ 값이 굵게 표시되어 있다.

일반화하자면, 하나의 변수가 $k$개의 부모들에 의존하는 잡음 섞인 논리 관계를 $O(k)$개
의 매개변수로 서술할 수 있다(해당 조건부 확률표 전체를 위해서는 $O(2^k)$개의 매개변
수가 필요하다). 이 덕분에 추정과 학습이 훨씬 쉬워진다. 예를 들어 CPCS 망(Pradhan
외, 1994)은 잡음 OR 분포와 잡음 MAX 분포를 이용해서 내과 질병과 증상 사이의 관
계를 모형화한다. 448개의 노드와 906개의 링크로 이루어진 망을 서술하는 데 필요한 매
개변수는 단 8,254개로, 이는 완전한 CPT를 사용하는 망의 133,931,430개에 비해 훨씬
적은 개수이다.

## 13.2.3 연속 변수들로 이루어진 베이즈망

실세계의 문제들에는 높이, 질량, 온도, 금액 같은 연속적인 수량이 관여하는 것들이 많
다. 연속 변수의 값은 말 그대로 연속적이다. 즉, 가능한 값이 무한히 많다. 따라서 각 값
에 대해 명시적으로 조건부 확률을 명시하는 것이 불가능하다. 연속 변수를 다루는 한
이산화  가지 방법은 **이산화**(discretization)이다. 이산화란 간단히 말해서 연속적인 값들을 고정된
부분 구간들로 분할하는 것을 말한다. 예를 들어 온도를 ($< 0°C$)와 ($0°C - 100°C$),
($> 100°C$)라는 세 범주로 분할할 수 있다. 범주 개수 선택은 정확도 손실과 큰 CPT의
절충에 해당한다. 즉, 범주가 많으면 정확도가 높아지지만 대신 CPT가 커져서 실행 시간
이 길어질 수 있다.

또 다른 접근방식은 연속 변수를 표준적인 확률 밀도 함수(부록 A 참고)들의 모임 (family)들 중 하나를 이용해서 정의하는 것이다. 예를 들어 가우스 분포(또는 정규분포) $N(x; \mu, \sigma^2)$의 매개변수는 중앙값 $\mu$와 분산 $\sigma^2$ 두 개뿐이다. 그 밖에, **비매개변수적** (nonparametric; 또는 비모수적) 표현이라고 부르는 것을 이용해서 조건부 분포를 부모, 자식 변수들의 구체적인 값들을 담은 사례(instance)들의 모임을 통해 암묵적으로 정의하는 접근방식도 있다. 이 접근방식은 제19장에서 좀 더 살펴본다.

이산 변수들과 연속 변수들이 함께 있는 베이즈망을 **혼성 베이즈망**(hybrid Bayesian network)이라고 부른다. 혼성 베이즈망을 지정할 때에는 반드시 두 종류의 분포를 지정해야 한다. 하나는 연속 변수에 대한, 이산 또는 연속 부모들이 주어졌을 때의 조건부 분포이고, 또 하나는 이산 변수에 대한, 연속 부모들이 주어졌을 때의 조건부 분포이다. 도해 13.6의 간단한 예를 생각해 보자. 이것은 구매자가 가격을 보고 과일을 사는 상황을 나타낸 것으로, 과일의 가격은 수확량(*Harvest*)과 정부의 보조금(*Subsidy*) 지급 여부에 의존한다. 변수 *Cost*는 연속 변수이고, 연속 부모와 이산 부모가 있다. 변수 *Buys*는 이산 변수이고, 연속 부모가 하나 있다.

*Cost* 변수에 대해 $\mathbf{P}(Cost \mid Harvest, Subsidy)$를 지정해야 한다. 이산 부모는 열거(enumeration)로 처리한다. 즉, $\mathbf{P}(Cost \mid Harvest, subsidy)$와 $\mathbf{P}(Cost \mid Harvest, \neg subsidy)$를 모두 지정하면 된다. 연속 부모인 *Harvest*를 처리하려면 가격 $c$에 대한 분포가 *Harvest*의 연속 값 $h$에 어떻게 의존하는지를 지정해야 한다. 다른 말로 하면, 가격 분포의 매개변수들을 $h$의 함수로서 지정해야 한다. 이때 가장 흔히 쓰이는 것은 **선형 가우스 분포**(linear Gaussian distribution)이다. 이 방식에서 자식의 분포는 중앙값 $\mu$가 부모의 중앙값과 선형 비례하고 표준편차 $\sigma$는 고정된 가우스 분포이다. 필요한 분포는 두 개로, *subsidy*에 대한 것 하나와 $\neg subsidy$에 대한 것 하나이다. 이들의 매개변수들은 서로 다르다.

$$P(c \mid h, subsidy) = N(c; a_t h + b_t, \sigma_t^2) = \frac{1}{\sigma_t \sqrt{2\pi}} e^{-\frac{1}{2}\left(\frac{c - (a_t h + b_t)}{\sigma_t}\right)^2}$$

$$P(c \mid h, \neg subsidy) = N(c; a_f h + b_f, \sigma_f^2) = \frac{1}{\sigma_f \sqrt{2\pi}} e^{-\frac{1}{2}\left(\frac{c - (a_f h + b_f)}{\sigma_f}\right)^2}.$$

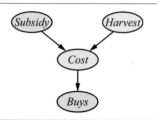

**도해 13.6** 이산 변수들(*Subsidy*와 *Buys*)과 연속 변수들(*Harvest*와 *Cost*)이 있는 간단한 베이즈망.

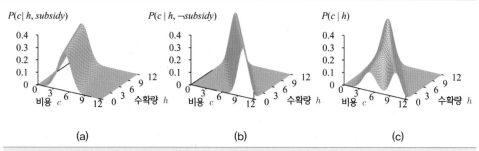

**도해 13.7** (a)와 (b)의 그래프는 *Subsidy*가 각각 참일 때와 거짓일 때의 *Cost*에 대한 확률분포를 *Harvest*의 크기(수확량)의 함수로서 나타낸 것이다. 그래프 (c)는 두 보조금 경우에 대해 합산한 $P(Cost \mid Harvest)$ 분포를 보여 준다.

이에 따라, 지금 예에서 *Cost*에 대한 조건부 분포는 선형 가우스 분포를 명시하고 매개 변수 $a_t$, $b_t$, $\sigma_t$, $a_f$, $b_f$, $\sigma_f$를 제공해서 지정한다. 도해 13.7의 (a)와 (b)는 이 두 관계를 보여 준다. 두 경우 모두 $h$에 대한 $c$의 기울기가 음수임을 주목하기 바란다. 이는 수확량이 늘수록 비용이 감소하기 때문이다. (물론 선형성 가정은 비용이 언젠가는 음이 됨을 함의한다. 선형 모형은 수확량이 좁은 범위로 한정될 때에만 합리적이다.) 도해 13.7의 (c)는 *Subsidy*의 두 가능한 값(각 값의 선행 확률이 0.5라고 가정)에 대해 합산하고 평균을 낸 $P(c \mid h)$의 분포를 표시한 것이다. 이 그래프는 아주 간단한 모형에서도 상당히 흥미로운 분포가 나타날 수 있음을 보여 준다.

선형 가우스 조건부 분포에는 몇 가지 특별한 성질이 있다. 선형 가우스 분포를 따르며 연속 변수들로만 이루어진 베이즈망에는 모든 변수에 대한, 다변량(multivariate)가우스 분포(부록 A 참고)를 따르는 결합 분포가 존재한다(연습문제 13.LGEX). 더 나아가서, 임의의 증거가 주어졌을 때의 후행 확률분포에도 그러한 속성이 있다.[2] 이산 변수들을 연속 변수의 부모로(자식이 아니라) 추가하면 베이즈망은 **조건부 가우스 분포**(conditional Gaussian distribution)가 된다. 즉, 이산 변수들에 대한 임의의 배정이 주어졌을 때, 연속 변수들에 대한 분포는 다변량 가우스 분포이다.

조건부 가우스 분포

이제 연속 변수들이 부모인 이산 변수들의 경우로 넘어가서, 예를 들어 도해 13.6의 *Buys* 노드를 생각해 보자. 고객은 비용이 낮으면 구매하지만 비용이 높으면 구매하지 않는다고 가정하는 것이 합당할 것이다. 그리고 그 두 극단 사이의 어떤 중간 영역에서 구매 확률이 매끄럽게 변할 것이라고 가정하는 것도 합당하다. 다른 말로 하면, 조건부 확률분포는 '약(soft; 느슨한)' 문턱값 함수(threshold function)와 비슷하다. 약 문턱값 함수를 만드는 한 가지 방법은 표준 정규분포(standard normal distribution)의 적분을 취하는 것이다.

---

2  이는 선형 가우스 분포 베이즈망 추론의 시간 복잡도가 최악의 경우에도 망의 위상구조와는 무관하게 단 $O(n^3)$이라는 점에서 비롯된다. §13.3에서 보겠지만, 이산 변수들로 이루어진 베이즈망의 추론은 NP-난해 문제이다.

$$\Phi(x) = \int_{-\infty}^{x} \mathcal{N}(s;0,1)ds.$$

$\Phi(x)$는 $x$의 증가 함수이지만, 구매 확률은 비용이 증가함에 따라 감소한다. 따라서 여기서는 함수를 다음처럼 뒤집기로 한다.

$$P(buys \mid Cost = c) = 1 - \Phi((c - \mu)/\sigma).$$

**프로빗 모형**

이 공식은 비용의 문턱이 $\mu$ 부근에 나타나고, 문턱값 영역의 너비는 $\sigma$에 비례하며, 구매 확률은 비용이 증가할수록 감소함을 의미한다. 이러한 **프로빗 모형**(probit model; probit은 "probability unit"(확률 단위)을 줄인 것이다)이 도해 13.8(a)에 나와 있다. 바탕에 깔린 의사결정 과정에 강(hard; 엄격한) 문턱값이 있긴 하지만, 그 문턱값의 정확한 위치는 확률적인 가우스 잡음에 의존한다는 점을 생각하면 이 그래프의 형태를 이해할 수 있을 것이다.

**엑스핏**
**역 로짓**
**로지스틱 함수**

프로빗 모형의 한 대안으로 **엑스핏** 모형(expit model)이 있다. **역 로짓** 모형(inverse logit model)이라고도 부르는 이 모형은 임의의 $x$를 0에서 1 사이의 값으로 사상하는 **로지스틱 함수**(logistic function) $1/(1 + e^{-x})$을 이용해서 약 문턱값을 산출한다. 지금 예에서는 앞에서처럼 함수를 뒤집어서 감소 함수로 만든다. 또한, 평균 지점에서 기울기가 프로빗의 것과 일치하도록 지수에 $4/\sqrt{2\pi}$를 곱한다.

$$P(buys \mid Cost = c) = 1 - \frac{1}{1 + exp(-\dfrac{4}{\sqrt{2\pi}} \cdot \dfrac{c - \mu}{\sigma})}.$$

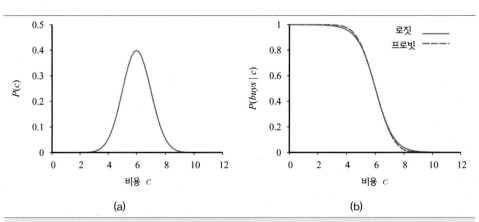

(a)　　　　　　　　　　　(b)

**도해 13.8** (a) $\mu = 6.0$ 부근에 있는 비용 문턱값에 대한 정규(가우스) 분포. 표준편차는 $\sigma = 1.0$이다. (b) 비용 $c$가 주어졌을 때의 $buys$ 확률의 로짓 분포와 프로빗 분포. 매개변수는 $\mu = 6.0$과 $\sigma = 1.0$이다.

도해 13.8(b)가 이 분포의 그래프이다. 두 분포가 비슷해 보이지만, 로짓 분포의 '꼬리'(tail)
가 훨씬 더 길다. 실제 상황에는 프로빗 분포가 더 잘 맞는 경우가 많으나, 수학적으로
다루기에는 로지스틱 함수가 더 쉬운 경우가 종종 있다. 이 함수는 기계학습에서 널리
쓰인다. 두 모형 모두 연속 부모가 여럿 있는 경우로 일반화할 수 있다. 부모 값들의 선
형(1차) 결합을 취하면 된다. 이 일반화 방법은 값이 정수인 이산 부모가 여럿인 경우에
도 적용할 수 있다. 예를 들어 부울 부모 변수가 $k$개이고 각 부모 변수의 값이 0 또는
1이라고 하면, 그 매개변수 $k$개의 가중 선형 결합을 엑스핏 또는 프로빗 분포의 입력으
로 두면 될 것이다. 그러면 이전에 논의한 잡음 섞인 **OR** 모형과 상당히 비슷한 모형이
나온다.

## 13.2.4 사례 연구: 자동차 보험

한 자동차 보험사가 특정 차량에 관한 보험금 지급 요청을 받았다고 하자. 보험사는 신
청자에 지급할 보험금에 기초해서 연간 보험료를 조정해야 한다. 우리의 과제는 이 문제
영역의 인과관계 구조를 반영하는, 그리고 보험금 지급 신청서에 나온 증거들이 주어졌
을 때 출력 변수들에 대한 정확하고 잘 조율된 분포를 제공하는 베이즈망을 구축하는 것
이다.[3] 이 베이즈망은 **은닉 변수**(hidden variable)들을 포함한다. 은닉 변수는 입력 변수
도 아니고 출력 변수도 아니지만, 베이즈망의 구조를 형성하는 데 꼭 필요한, 감당할 수
있는 개수의 매개변수들을 가지며 적당히 희소한(sparse) 변수이다. 도해 13.9에서 갈색
바탕이 은닉 변수들이다.

은닉 변수

　　지급할 보험금(도해 13.9의 연보라색 바탕)은 세 종류이다. $MedicalCost$는 신청자
가 겪고 있는 임의의 부상에 관한 것이고 $LiabilityCost$는 신청자와 보험사에 대한 다
른 이해관계자들의 소송에 관한 것이다. 그리고 $PropertyCost$는 절도에 의해 당사자와
차량이 입은 피해에 관한 것이다. 신청자는 신청서에 다음과 같은 정보(도해 13.9의 파란
색 바탕)를 기입한다.

- 신청자에 관한 정보: $Age$(나이), $YearsLicensed$(면허취득 경과년수, 즉 운전 면
  허를 처음으로 딴 후 흐른 연[年] 단위 시간), $DrivingRecord$(최근 사고나 법규 위
  반 사항에 대한 요약; '점수'에 기반한 것일 수도 있음), $GoodStudent$(학생에만
  적용됨; 평균 GPA 점수(만점은 4)가 3.0(B 학점) 이상인지의 여부).[역주1]

---

3　도해 13.9에 나온 베이즈망은 실제로 쓰이는 것은 아니지만, 그 구조를 보험 전문가가 상세히 조사한 것임
　을 밝혀 둔다. 실제 응용에서 신청서에 요구되는 정보는 보험사마다, 그리고 보험 분야마다 다를 수 있다.
　예를 들어 신청자의 성별(gender)을 물을 수도 있다. 또한, 실제 응용에서는 모형이 이보다 상세하고 정교
　해야 마땅하다.
역주1　10대 고등학생들도 흔히 차를 몰고 다니는 미국에서는 자동차 보험사들이 GPA(한국의 내신 점수와 비슷
　한 장기적 학점 체계) 평균 3.0점 이상의 '우등생'들에게 보험료 할인 혜택을 제공한다.

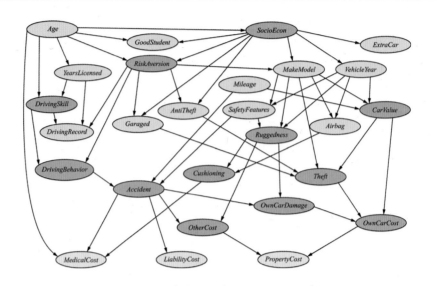

**도해 13.9** 자동차 보험 적용의 평가를 위한 베이즈망

- 차에 관한 정보: $MakeModel$(모델명), $VehicleYear$(연식), $Airbag$(에어백 장착 여부), $SafetyFeatures$(ABS나 충돌 경고 등 안전 기능에 관한 요약).
- 주행 상황 정보: $Mileage$(연간 주행 거리), $Garaged$(차를 얼마나 안전하게 보관했는지를 나타내는 정보).

그럼 이들을 인과 구조로 배치하는 방법을 생각해 보자. 핵심 은닉 변수들은 다음 기간에 $Theft$(절도)가 발생할 것인지의 여부와 $Accident$(사고)가 발생할 것인지의 여부이다. 당연한 말이지만, 이들을 신청자에게 예측하라고 요구할 수는 없다. 이들은 가용 정보와 보험사의 과거 경험에서 추론해야 한다.

$Theft$로 이어지는 원인 요인은 무엇일까? $MakeModel$은 확실히 중요하다. 차나 부품의 중고 시세가 높은 차종이 더 자주 도난되기 때문이다. 또한, 오래 되고 낡았거나 주행 거리가 긴 차는 중고가가 낮으므로 $CarValue$ 역시 중요하다. 더 나아가서, 차고에 잘 보관되고($Garaged$) 도난 방지 장치를 갖춘($AntiTheft$) 차는 훔치기 어렵다. 은닉 변수 $CarValue$는 $MakeModel$, $VehicleYear$, $Mileage$에 의존한다. $CarValue$는 또한 도난 발생($Theft$) 시 피해액에 영향을 미치므로, $OwnCarCost$(소유 비용)에 기여하는 요인 중 하나이다(다른 요인은 사고 여부인데, 이에 관해서는 잠시 후에 이야기한다).

이런 종류의 모형에는 신청자의 사회경제적 범주를 뜻하는 $SocioEcon$ 같은 은닉 변수도 흔히 포함된다. 개인의 사회경제적 범주는 다양한 범위의 행동과 성격에 영향을 미친다고 알려져 있다. 지금 모형에는 신청자의 사회경제적 범주를 관측된 수입 변수나 직업 변수 형태로 **직접** 말해주는 증거가 없다.[4] 그렇지만 $SocioEcon$은 $MakeModel$과 $VehicleYear$에 영향을 주며, $ExtraCar$와 $GoodStudent$에도 영향을 미친다. 그리고 $Age$에 어느 정도 의존한다.

그 어떤 보험사이든, 가장 중요한 은닉 변수는 아마 $RiskAversion$(위험 회피)일 것이다. 위험을 피하는 사람은 좋은 보험위험(insurance risk)이다! $RiskAversion$에는 $Age$와 $SocioEcon$가 영향을 미치며, 위험 회피 경향의 "증상(symptom)"들로는 $Garaged$(차를 차고에 보관했는지의 여부)와 $AntiTheft$(도난 방지 장치), $SafetyFeatures$(안전 기능)가 있다.

미래의 사고를 예측할 때 관건은 신청자의 향후 $DrivingBehavior$(운전 습성)인데, 여기에는 $RiskAversion$와 $DrivingSkill$(운전 실력)이 영향을 미친다. 운전 실력은 $Age$와 $YearsLicensed$에 의존한다. 신청자의 과거 운전 습성은 $DrivingRecord$에 반영되며, 이 변수는 $RiskAversion$와 $DrivingSkill$은 물론 $YearsLicensed$에도 의존한다(운전 경력이 짧은 사람은 사고와 위반 기록이 적을 것이므로). $DrivingRecord$는 이런 방식으로 $RiskAversion$와 $DrivingSkill$에 관한 증거를 제공하며, 따라서 미래의 $DrivingBehavior$를 예측하는 데 도움이 된다.

$DrivingBehavior$는 단위 거리당 주행 시 사고 유발 경향을 나타내는 수치로 볼 수 있다. 고정된 시간 구간의 실제 사고 발생 여부인 $Accident$는 연간 $Mileage$와 차량의 $SafetyFeatures$에도 의존한다. 사고가 발생하면 세 종류의 비용이 발생하는데, 우선 신청자에 대한 $MedicalCost$가 있다. 이 변수는 $Age$와 $Cushioning$(충격 흡수)에 의존하며, $Cushioning$ 자체는 차량의 $Ruggedness$ 및 $Airbag$ 여부에 의존한다. 나머지 두 비용은 다른 운전자에 대한 $LiabilityCost$(치료비, 통증과 고통, 수입 손실 등에 대한 책임 비용)와 신청자 및 다른 운전자에 대한 $PropertyCost$인데, 둘 다 차의 $Ruggedness$와 신청자의 $CarValue$에 의존한다(각자 다른 방식으로).

지금까지의 논의는 베이즈망의 위상구조와 은닉 변수들을 개발할 때 흔히 수반되는 종류의 추론 과정에 해당한다. 이외에, 각 변수의 치역과 조건부 분포도 지정해야 한다. 치역을 지정할 때는 변수를 이산으로 둘 것인가 아니면 연속으로 둘 것인가가 주된 결정 사항일 때가 많다. 예를 들어 차량의 $Ruggedness$는 0에서 1사이의 연속 변수일 수도 있고 치역이 $\{TinCan, Normal, Tank\}$인 이산 변수일 수도 있다.

연속 변수가 좀 더 정밀하지만, 몇 가지 특별한 경우를 제외하면 정확 추론이 불가능하다는 단점이 있다. 가질 수 있는 값이 많은 이산 변수를 사용하면 커다란 조건부 확률표의 수많은 항목을 채워야 한다는 부담이 생기며, 변수의 값이 항상 관측되지 않는 한 정확 추론의 비용이 높아진다. 예를 들어 실제 시스템에서 $MakeModel$ 변수가 가질

---

4  신청자의 신용 이력을 조회해서 위험 평가에 활용하는 보험사도 있다. 신용 이력은 사회경제적 범주에 관해 훨씬 더 많은 정보를 제공한다. 이런 종류의 은닉 변수를 사용할 때는, 의도치 않게 은닉 변수가 인종처럼 보험 결정에 사용하지 말아야 하는 변수들의 대리 변수(proxy variable)로 작용하는 일이 없도록 조심해야 한다. 그런 종류의 편향을 피하는 기법을 제19장에서 설명한다.

수 있는 값은 수천 개이며, 따라서 자식 변수 *CarValue*의 엄청나게 큰 CPT를 업계의 데이터베이스를 이용해서 채워야 한다. 그러나 *MakeModel*은 항상 관측되므로 추론의 복잡도에는 악영향을 미치지 않는다. 실제로, *CarValue*의 세 부모를 모두 관측하면 *CarValue*의 CPT에서 정확히 하나의 유관 행이 선택된다.

원서의 예제 코드 저장소에 이 모형의 조건부 분포들이 있으니 참고하기 바란다. 예제 코드 저장소의 버전은 정확 추론을 위해 이산 변수들만 사용한다. 실제 응용에서는 연속 변수들도 많이 포함될 것이며, 조건부 분포들을 신청자의 과거 기록 데이터와 보험 신청 내역에서 배워야 할 것이다. 데이터로 베이즈 모형을 학습하는 방법은 제20장에서 살펴본다.

마지막 질문은 물론 결과를 예측하기 위해 베이즈망으로 어떻게 추론을 수행해야 하는가이다. 그럼 이 문제를 자세히 살펴본다. 다음 절에서는 여러 추론 방법을 소개하고, 각 방법으로 보험 베이즈망을 평가해서 그 방법의 시간 및 공간 요구량을 측정한다.

# 13.3 베이즈망의 정확 추론

사건 모든 확률적 추론 시스템의 기본 과제는 어떤 관측된 **사건**(event)이 주어졌을 때 일단의 **질의 변수**(query variable)들에 대한 사후 확률분포를 계산하는 것이다. 일반적으로 사건 이란 일단의 **증거 변수**(evidence variable)들에 구체적인 값들을 부여하는 어떠한 배정 (assignment)이다.[5] 단순한 표현을 위해 여기에서는 질의 변수가 하나인 경우만 고려한다. 이번 절의 알고리즘들을 변수가 여러 개인 질의를 처리하도록 확장하는 것은 쉬운 일이다. (예를 들어 질의 $P(U, V|e)$는 $P(V|e)$와 $P(U| V,e)$를 곱해서 풀 수 있다.) 이번 절에서는 제12장의 표기법을 사용한다. $X$는 질의 변수를 뜻하고 $\mathbf{E}$는 증거 변수 $E_1,...,E_m$의 집합, $\mathbf{e}$는 관측된 특정 사건이다. $\mathbf{Y}$는 은닉 변수(증거 변수나 질의 변수가 아닌 변수) $Y_1,..., Y_\ell$을 뜻한다. 따라서 모든 변수의 집합은 $\{X\}\cup \mathbf{E}\cup \mathbf{Y}$이다. 전형적인 질의는 사후 확률분포 $P(X| \mathbf{e})$를 묻는 것이다.

한 예로, 가택 무단 침입 베이즈망에서 *JohnCalls = true*이고 *MaryCalls = true* 인 사건을 관측했을 때 무단 침입이 발생했을 확률을 구하면 다음과 같다.

$$\mathbf{P}(Burglary \mid JohnCalls = true, MaryCalls = true) = \langle 0.284,\ 0.716 \rangle.$$

이번 절에서는 사후 확률들을 정확히(근사가 아니라) 계산하는 알고리즘들과 그러한 계산의 복잡도를 논의한다. 이 계산의 일반적인 경우는 처리 불가능한 문제임이 밝혀져 있으므로, §13.4에서는 근사 추론 방법들을 논의한다.

---

[5] 그 밖에 널리 연구되는 과제는 어떤 관측된 증거에 대한 **가장 유망한 설명**을 찾는 것이다. 이 과제와 기타 몇 가지 과제를 이번 장 끝의 참고문헌 및 역사적 참고사항 절에서 언급한다.

## 13.3.1 열거에 의한 추론

제12장에서 보았듯이, 그 어떤 조건부 확률이라도 해당 완전 결합 분포의 항들을 합해서 계산할 수 있다. 좀 더 구체적으로 말하면, 질의 $\mathbf{P}(X \mid \mathbf{e})$의 답을 식 (12.9)로 계산할 수 있다. 독자의 편의를 위해 그 공식을 다시 제시하겠다.

$$\mathbf{P}(X \mid \mathbf{e}) = \alpha\, \mathbf{P}(X, \mathbf{e}) = \alpha \sum_{\mathbf{y}} \mathbf{P}(X, \mathbf{e}, \mathbf{y}).$$

베이즈망은 완전 결합 분포를 완전하게 표현한다. 좀 더 구체적으로 말하면, p.543의 식 (13.2)는 결합 분포의 $P(x, \mathbf{e}, \mathbf{y})$ 항들을 베이즈망의 조건부 확률들의 곱으로 표현할 수 있음을 말해 준다. 따라서 주어진 질의의 답을, 베이즈망의 조건부 확률들의 곱들의 합을 계산해서 구할 수 있다.

$\mathbf{P}(Burglary \mid JohnCalls = true, MaryCalls = true)$라는 질의를 생각해 보자. 이 질의의 은닉 변수는 $Earthquake$와 $Alarm$이다. 식 (12.9)를 이용해서 이 질의를 다음과 같이 변환할 수 있다(간결함을 위해 각 변수의 첫 글자만 표기했음).

$$\mathbf{P}(B \mid j, m) = \alpha\, \mathbf{P}(B, j, m) = \alpha \sum_{e} \sum_{a} \mathbf{P}(B, j, m, e, a,).$$

이제 베이즈망의 의미론(식 (13.2))에 기초해서 조건부 확률표의 항들을 표현하면 된다. 간단함을 위해 $Burglary = true$인 경우에 대해서만 표현하면 다음과 같다.

$$P(b \mid j, m) = \alpha \sum_{e} \sum_{a} P(b) P(e) P(a \mid b, e) P(j \mid a) P(m \mid a). \tag{13.4}$$

이 공식을 계산하려면 네 개의 항을 더해야 하며, 각 항은 다섯 개의 수치를 곱해서 구해야 한다. 거의 모든 변수에 대해 합을 계산해야 하는 최악의 경우에서 합산의 항은 총 $O(2^n)$개이고 각 항은 확률값 $O(n)$개의 곱이다. 따라서 이 계산을 곧이곧대로 구현한다면 복잡도는 $O(n2^n)$이 된다.

다행히, 계산의 중첩 구조를 활용하면 복잡도를 $O(2^n)$로 낮출 수 있다. 수학 공식의 관점에서 말하자면 이는 식 (13.4) 같은 표현식에서 합산들을 최대한 안쪽으로 옮기는 것에 해당한다. 이것이 가능한 이유는 확률들의 곱에서 모든 인수가 모든 변수에 의존하지는 않기 때문이다. 다음은 이 점을 이용해서 식 (13.4)를 단순화한 공식이다.

$$P(b \mid j, m) = \alpha\, P(b) \sum_{e} P(e) \sum_{a} P(a \mid b, e) P(j \mid a) P(m \mid a). \tag{13.5}$$

이 공식은 루프로 변수들을 훑으면서 조건부 확률표의 항목들을 곱하고 또 다른 루프로 각 변수의 가능한 값들을 훑으면서 합을 구하는 식으로 평가하면 된다. 이 계산의 구조가 도해 13.10에 표현식 트리 형태로 표시되어 있다. 도해 13.2의 수치들을 여기에 적용하면 $P(b \mid j, m) = \alpha \times 0.00059224$가 나온다. $\neg b$인 경우에 대해 계산하면 $\alpha \times 0.0014919$이다. 따라서,

$$\mathbf{P}(B \mid j, m) = \alpha \langle 0.00059224, \ 0.0014919 \rangle \approx \langle 0.284, \ 0.716 \rangle$$

이다. 즉, 두 이웃이 모두 전화를 걸었을 때 무단 침입이 일어났을 확률은 약 28%이다.

도해 13.11의 Enumeration-Ask 알고리즘은 표현식 트리를 깊이 우선, 좌에서 우로 순서의 재귀를 이용해서 평가한다. 이 알고리즘의 구조는 제약 충족 문제(도해 6.5)를 푸는 역추적 알고리즘이나 충족성 문제에 대한 DPLL 알고리즘(도해 7.17)의 것과 아주 비슷하다. 공간 복잡도는 변수 개수에 대해 선형적으로만 증가한다. 이 알고리즘은 완전 결합 분포를 명시적으로 구축하지 않고도 완전 결합 분포의 항목들을 합산한다. 안타깝게도, 부울 확률 변수가 $n$개(증거 변수들은 제외)인 베이즈망에 대한 이 알고리즘의 시간 복잡도는 항상 $O(2^n)$이다. 앞에서 설명한 단순한 접근방식의 $O(n2^n)$보다는 낮지만, 그래도 상당히 절망적인 수준이다. 도해 13.9에 나온 보험 베이즈망(비교적 작은 망이다)의 경우, 비용 변수들에 관한 전형적인 질의를 열거를 이용한 정확 추론으로 풀려면 약 2억 2천7백만 번의 산술 연산이 필요하다.

그러나 도해 13.10의 트리를 잘 살펴보면 **되풀이된 부분 표현식들**이 있음을 알 수 있다. 곱 $P(j \mid a)P(m \mid a)$와 $P(j \mid \neg a)P(m \mid \neg a)$는 두 번 계산된다($E$의 각 값에 대해 한 번씩). 베이즈망에 대한 효율적인 추론의 핵심은 이런 계산 낭비를 피하는 것이다. 다음 절에서 이런 계산 낭비를 피하는 일반적인 방법들을 설명한다.

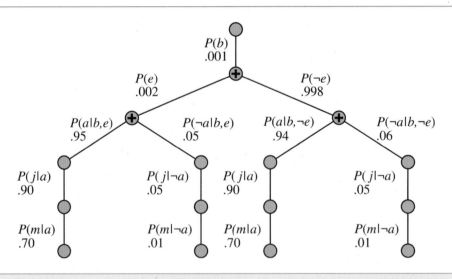

**도해 13.10** 식 (13.5)에 나온 표현식의 구조. 평가는 하향식으로 진행된다. 각 경로를 따라 값들을 곱하고, "+" 노드에서 그 곱들을 합산한다. $j$와 $m$에 대한 경로들에서 같은 계산이 되풀이됨을 주목하기 바란다.

**function** ENUMERATION-ASK($X$, **e**, $bn$) **returns** $X$에 대한 분포
    **입력:** $X$, 질의 변수
        **e**, 변수 **E**들의 관측값들
        $bn$, 변수들이 $vars$인 베이즈망

    $\mathbf{Q}(X) \leftarrow X$의 분포(초기에는 공집합)
    **for each** $X$의 각 값 $x_i$에 대해 **do**
        $\mathbf{Q}(x_i) \leftarrow$ ENUMERATE-ALL($vars$, $\mathbf{e}_{x_i}$)
            여기서 $\mathbf{e}_{x_i}$는 **e**를 $X = x_i$로 전개한 것임
    **return** NORMALIZE($\mathbf{Q}(X)$)


**function** ENUMERATE-ALL($vars$, **e**) **returns** 실수
    **if** EMPTY?($vars$) **then return** 1.0
    $V \leftarrow$ FIRST($vars$)
    **if** $V$가 증거 변수이고 그 값 $v$가 **e**의 한 값임
        **then return** $P(v \mid parents(V)) \times$ ENUMERATE-ALL(REST($vars$), **e**)
        **else return** $\Sigma_v P(V \mid parents(Y)) \times$ ENUMERATE-ALL(REST($vars$), $\mathbf{e}_v$)
            여기서 $\mathbf{e}_v$는 **e**를 $V = v$로 전개한 것임

**도해 13.11** 베이즈망의 정확 추론을 위한 열거 알고리즘.


## 13.3.2 변수 소거 알고리즘

앞에서 본 열거 알고리즘에서 도해 13.10에 나온 종류의 되풀이된 계산들을 제거한다면 알고리즘의 성능을 크게 높일 수 있다. 개념은 간단하다. 계산의 결과를 저장해 두었다가 다시 사용한다는 것이다. 이는 일종의 동적 계획법이다. 이 접근방식에는 여러 가지 버전이 있는데, 여기서는 가장 간단한 버전인 **변수 소거**(variable elimination) 알고리즘을 소개한다. 변수 소거 알고리즘은 식 (13.5) 같은 표현식을 **오른쪽에서 왼쪽으로**(도해 13.10에서는 **상향식**(bottom up)으로) 평가해 나가면서 중간 결과들을 저장한다. 각 변수에 대한 합산은 표현식 중 오직 그 변수에 의존하는 부분에 대해서만 수행한다.

> 변수 소거

그럼 무단 침입 베이즈망에 이 알고리즘을 적용해 보자. 다음과 같은 표현식을 평가하고자 한다.

$$\mathbf{P}(B \mid j, m) = \alpha \underbrace{\mathbf{P}(B)}_{\mathbf{f}_1(B)} \sum_e \underbrace{P(e)}_{\mathbf{f}_2(E)} \sum_a \underbrace{\mathbf{P}(a \mid B, e)}_{\mathbf{f}_3(A,B,E)} \underbrace{P(j \mid a)}_{\mathbf{f}_4(A)} \underbrace{P(m \mid a)}_{\mathbf{f}_5(A)}.$$

> 인자

표현식의 각 부분에 그에 대응되는 **인자**(factor)의 이름을 표시해 두었음을 주목하기 바란다. 각 인자는 해당 인수(argument) 변수들이 색인인 행렬이다. 예를 들어 $P(j \mid a)$와 $P(m \mid a)$에 해당하는 인자 $\mathbf{f}_4(A)$와 $\mathbf{f}_5(A)$는 $A$에만 의존한다($J$와 $M$은 질의에 의해

고정되었으므로). 따라서 이들은 2원소 벡터이다.

$$\mathbf{f}_4(A) = \begin{pmatrix} P(j \mid a) \\ P(j \mid \neg a) \end{pmatrix} = \begin{pmatrix} 0.90 \\ 0.05 \end{pmatrix} \qquad \mathbf{f}_5(A) = \begin{pmatrix} P(m \mid a) \\ P(m \mid \neg a) \end{pmatrix} = \begin{pmatrix} 0.70 \\ 0.01 \end{pmatrix}.$$

$\mathbf{f}_3(A,B,E)$는 $2 \times 2 \times 2$ 행렬인데, 이것을 2차원의 지면에 표시하기는 어렵다. (그 행렬의 '첫' 성분은 $P(a \mid b,e) = 0.95$이고 '마지막' 성분은 $P(\neg a \mid \neg b, \neg e) = 0.999$이다.) 질의 표현식을 인자들로 표현하면 다음과 같다.

$$\mathbf{P}(B \mid j,m) = \alpha\,\mathbf{f}_1(B) \times \sum_e \mathbf{f}_2(E) \times \sum_a \mathbf{f}_3(A,B,E) \times \mathbf{f}_4(A) \times \mathbf{f}_5(A).$$

성분별 곱    여기서 "$\times$" 연산자는 통상적인 행렬 곱셈이 아니라 **성분별 곱**(pointwise product) 연산을 뜻하는데, 잠시 후에 설명하겠다.

이 알고리즘은 인자들의 성분별 곱에 있는 변수들을 오른쪽에서 왼쪽 순으로 합산 소거(summing out)해서 새 인자를 산출한다. 그러다 보면 결국에는 해답을 구성하는 하나의 인자가 나오는데, 그것이 바로 질의 변수의 후행 분포이다. 구체적인 과정은 다음과 같다.

- 우선 $\mathbf{f}_3$과 $\mathbf{f}_4$, $\mathbf{f}_5$의 곱에서 $A$를 소거한다. 그러면 새로운 $2 \times 2$ 인자 $\mathbf{f}_6(B,E)$가 나오는데, 이 인자의 색인들은 $B$와 $E$에만 의존한다.

$$\begin{aligned} \mathbf{f}_6(B,E) &= \sum_a \mathbf{f}_3(A,B,E) \times \mathbf{f}_4(A) \times \mathbf{f}_5(A) \\ &= (\mathbf{f}_3(a,B,E) \times \mathbf{f}_4(a) \times \mathbf{f}_5(a)) + (\mathbf{f}_3(\neg a,B,E) \times \mathbf{f}_4(\neg a) \times \mathbf{f}_5(\neg a)). \end{aligned}$$

이제 표현식은 다음과 같다.

$$\mathbf{P}(B \mid j,m) = \alpha\,\mathbf{f}_1(B) \times \sum_e \mathbf{f}_2(E) \times \mathbf{f}_6(B,E).$$

- 다음으로, $\mathbf{f}_2$와 $\mathbf{f}_6$의 곱에서 $E$를 소거한다.

$$\begin{aligned} \mathbf{f}_7(B) &= \sum_e \mathbf{f}_2(E) \times \mathbf{f}_6(B,E) \\ &= \mathbf{f}_2(e) \times \mathbf{f}_6(B,e) + \mathbf{f}_2(\neg e) \times \mathbf{f}_6(B,\neg e). \end{aligned}$$

이제 표현식은 다음과 같다.

$$\mathbf{P}(B \mid j,m) = \alpha\,\mathbf{f}_1(B) \times \mathbf{f}_7(B).$$

성분별 곱을 취하고 그 결과를 정규화해서 이 표현식을 평가하면 된다.

이러한 과정을 잘 살펴보면 필요한 기본 연산이 두 가지임을 알 수 있다. 하나는 한 쌍의 인자들의 성분별 곱을 구하는 것이고, 또 하나는 인자들의 곱으로부터 변수를 합산 소거하는 것이다. 그럼 이 두 연산을 차례로 살펴보자.

## 인자들에 대한 연산

두 인자 **f**와 **g**의 성분별 곱으로 새 인자 **h**를 얻는다고 하자. 새 인자의 변수들은 **f**와 **g**의 변수들의 **합집합**이다. 이 합집합의 원소들은 두 인자의 서로 대응되는 원소들의 곱으로 주어진다. 두 인자에 변수 $Y_1, ..., Y_k$가 공통으로 존재한다고 하자. 그러면 다음이 성립한다.

$$\mathbf{f}(X_1 ... X_j, Y_1 ... Y_k) \times \mathbf{g}(Y_1 ... Y_k, Z_1, ... Z_\ell) = \mathbf{h}(X_1 ... X_j, Y_1 ... Y_k, Z_1 ... Z_\ell)$$

모든 변수가 이진(부울) 변수라면 **f**와 **g**의 성분 개수는 각각 $2^{j+k}$과 $2^{k+l}$이고, 둘의 성분별 곱의 성분 개수는 $2^{j+k+l}$이다. 예를 들어 두 인자 $\mathbf{f}(X, Y)$와 $\mathbf{g}(Y, Z)$가 있을 때, 성분별 곱 $\mathbf{f} \times \mathbf{g} = \mathbf{h}(X, Y, Z)$의 항목은 $2^{1+1+1} = 8$개이다(도해 13.12 참고). 두 인자의 성분별 곱으로 구한 인자의 변수들이 곱해진 각 인자의 변수 개수보다 많을 수 있다는 점과 한 인자의 크기는 변수 개수에 지수적이라는 점을 주목하기 바란다. 변수 소거 알고리즘의 시간 복잡도와 공간 복잡도는 모두 이 사실에서 비롯된다.

인자들의 곱으로부터 변수를 합산 소거할 때에는, 변수의 가능한 값들을 각각 고정시켜서 얻은 부분 행렬들을 더한다. 다음은 $\mathbf{f}_3(A, B, C)$에서 $A$를 소거하는 예이다.

$$\mathbf{h}_2(Y, Z) = \sum_x \mathbf{h}(X, Y, Z) = \mathbf{h}(x, Y, Z) + \mathbf{h}(\neg x, Y, Z)$$

$$= \begin{pmatrix} .06 & .24 \\ .42 & .28 \end{pmatrix} + \begin{pmatrix} .18 & .72 \\ .06 & .04 \end{pmatrix} = \begin{pmatrix} .24 & .96 \\ .48 & .32 \end{pmatrix}.$$

여기서 주목할 점은, 합산 소거할 변수에 의존하지 **않는** 모든 인자는 합산의 바깥으로 빼내도 된다는 것이다. 예를 들어 다음은 무단 침입 베이즈망의 $E$를 합산 소거하는 표현식에서 지금 논의와 유관한 부분만 표시한 것이다.

$$\sum_x \mathbf{f}(X, Y) \times \mathbf{g}(Y, Z) = \mathbf{g}(Y, Z) \times \sum_x \mathbf{f}(X, Y).$$

이 방법이 커다란 성분별 곱 **h**를 먼저 계산하고 거기서 $X$를 합산 소거하는 것보다 훨씬 효율적일 수 있다.

누적된 곱으로부터 변수를 합산 소거해야 하는 시점이 되기 전에는 행렬들이 곱해지지 **않음**을 주목하기 바란다. 그 시점이 되면 그냥 합산 소거할 변수를 포함하고 있는 행렬들만 곱하면 된다. 성분별 곱을 위한 함수와 변수 합산 소거를 위한 함수가 따로 주어졌다면, 변수 소거 알고리즘 자체는 도해 13.13에 나온 것처럼 상당히 간단하게 서술할 수 있다.

| $X$ | $Y$ | f($X$, $Y$) | $Y$ | $Z$ | g($Y$,$Z$) | $X$ | $Y$ | $Z$ | h($X$, $Y$, $Z$) |
|---|---|---|---|---|---|---|---|---|---|
| $t$ | $t$ | .3 | $t$ | $t$ | .2 | $t$ | $t$ | $t$ | $.3 \times .2 = .06$ |
| $t$ | $f$ | .7 | $t$ | $f$ | .8 | $t$ | $t$ | $f$ | $.3 \times .8 = .24$ |
| $f$ | $t$ | .9 | $f$ | $t$ | .6 | $t$ | $f$ | $t$ | $.7 \times .6 = .42$ |
| $f$ | $f$ | .1 | $f$ | $f$ | .4 | $t$ | $f$ | $f$ | $.7 \times .4 = .28$ |
| | | | | | | $f$ | $t$ | $t$ | $.9 \times .2 = .18$ |
| | | | | | | $f$ | $t$ | $f$ | $.9 \times .8 = .72$ |
| | | | | | | $f$ | $f$ | $t$ | $.1 \times .6 = .06$ |
| | | | | | | $f$ | $f$ | $f$ | $.1 \times .4 = .04$ |

**도해 13.12** 성분별 곱의 예: $\text{f}(X, Y) \times \text{g}(Y, Z) = \text{h}(X, Y, Z)$

---

**function** ELIMINATION-ASK($X$, **e**, $bn$) **returns** $X$에 대한 분포
    **입력:** $X$, 질의 변수
        **e**, 변수 **E**들의 관측된 값들
        $bn$, 변수들이 $vars$인 베이즈망

    $factors \leftarrow [\,]$
    **for each** $V$ **in** ORDER($vars$) **do**
        $factors \leftarrow [\text{MAKE-FACTOR}(V,\text{e})] + factors$
        **if** $V$가 은닉 변수임 **then** $factors \leftarrow$ SUM-OUT($V$, $factors$)
    **return** NORMALIZE(POINTWISE-PRODUCT($factors$))

**도해 13.13** 베이즈망의 정확 추론을 위한 변수 소거 알고리즘.

## 변수 순서와 변수 유관성

도해 13.13의 알고리즘에 쓰이는 ORDER 함수(정의는 제시하지 않았다)는 변수들의 순서를 선택하는 역할을 한다. 그 어떤 순서를 선택해도 알고리즘 자체는 여전히 유효하나, 순서가 다르면 계산 도중에 산출되는 인자들이 달라질 수 있다. 예를 들어 앞에서 본 계산의 예에서는 $A$를 $E$보다 먼저 소거했다. 만일 그 반대 순서로 소거한다면, 새 인자 $\text{f}_6(A, B)$를 생성할 때의 계산은 다음과 같은 모습이 된다.

$$\mathbf{P}(B \mid j, m) = \alpha\, \mathbf{f}_1(\text{B}) \times \sum_{\text{a}} \mathbf{f}_4(\text{A}) \times \mathbf{f}_5(\text{A}) \times \sum_{\text{e}} \mathbf{f}_2(\text{E}) \times \mathbf{f}_3(\text{A}, \text{B}, \text{E}).$$

일반화하자면, 변수 소거의 시간, 공간 요구량은 알고리즘 작동 도중 산출되는 가장 큰 인자의 크기가 지배한다. 그리고 그 크기는 변수들을 소거하는 순서와 베이즈망의 구조에 의해 결정된다. 최적의 순서를 결정하는 것은 처리 불가능한 문제임이 밝혀졌다. 그

러나 쓸 만한 발견법들이 존재한다. 상당히 효과적인 방법 하나는 그 어떤 변수이든 다음에 구축할 인자의 크기를 최소화하는 변수를 제일 먼저 소거하는 탐욕적 방법이다.

질의 하나를 더 생각해 보자. 이번에는 $\mathbf{P}(JohnCalls|Burglary = true)$의 답을 구한다. 이전과 마찬가지로(식 (13.5) 참고), 첫 단계는 중첩된 합산 공식을 작성하는 것이다.

$$\mathbf{P}(J \mid b) = \alpha\, P(b) \sum_e P(e) \sum_a P(a \mid b, e)\mathbf{P}(J \mid a) \sum_m P(m \mid a).$$

이 공식을 오른쪽에서 왼쪽으로 평가하다 보면 흥미로운 부분을 발견하게 된다. 바로, $\Sigma_m P(m \mid a)$는 정의에 의해 1이라는 점이다. 따라서 애초에 이 합산은 추가할 필요가 없다. 변수 $M$은 이 질의와는 **무관**(irrelevant)하다. 다른 식으로 말하자면, 베이즈망에서 $MaryCalls$를 제거해도 질의 $P(JohnCalls \mid Burglary = true)$의 결과는 변하지 않는다. 일반화하자면, 질의 변수나 증거 변수가 아닌 임의의 잎(말단) 노드는 제거해도 된다. 그런 노드를 제거하고 나면 잎 노드가 더 많아질 수 있고, 그 노드들 역시 무관할 수 있다. 이런 제거 과정을 반복하다 보면 질의 변수나 증거 변수의 조상이 아닌 모든 변수가 질의에 무관하다는 점을 발견하게 된다. 따라서 변수 소거 알고리즘은 질의를 평가하기 전에 그런 모든 변수를 제거할 수 있다.

도해 13.9의 보험 베이즈망에 변수 소거를 적용해 보면 단순한 열거 알고리즘보다 훨씬 효율적임을 알게 될 것이다. 변수들에 대해 역 위상 순서를 적용하는 경우, 소거를 이용한 정확 추론은 열거 알고리즘보다 약 1,000배 빠르다.

### 13.3.3 정확 추론의 복잡도

베이즈망에 대한 정확 추론의 복잡도는 망의 구조에 크게 의존한다. 도해 13.2에 나온 무단 침입 베이즈망은 망의 임의의 두 노드 사이에 무향 경로(화살표의 방향을 무시한 경로)가 많아야 하나인 부류에 속한다. 그런 베이즈망을 **단일 연결망**(singly connected network) 또는 **다중트리**(polytree)라고 부른다. 이런 부류의 베이즈망에는 **정확 추론의 시간 및 공간 복잡도가 망의 크기에 선형적**이라는 바람직한 속성이 있다. 여기서 망의 크기는 조건부 확률표 항목들의 개수로 정의된다. 만일 각 노드의 부모 개수가 유한하고 그 최댓값이 상수이면(줄여서 상수로 유계이면) 복잡도는 노드 개수에 대해서도 선형이다. 이러한 결과들은 망의 위상 순서와 일관된(모순이 없는) 그 어떤 순서에 대해서도 성립한다(연습문제 13.VEEX).

도해 13.9의 보험 베이즈망 같은 **다중 연결망**(multiply connected network)에 대한 변수 소거 알고리즘의 시간 복잡도와 공간 복잡도는 최악의 경우에 지수적일 수 있다(노드당 부모 개수가 유계라고 해도). 사실 놀라운 일은 아닌데, 왜냐하면 그런 망은 명제 논리의 추론을 한 특수 경우로서 포함하므로, 베이즈망의 추론은 *NP*-난해 문제이기 때문이다. 이를 증명하려면 명제 충족성 문제를 베이즈망으로 부호화하는(그 베이즈망에 대해 추론

을 실행하면 원래의 명제 문장의 충족 가능 여부가 밝혀지는 식으로) 방법을 알아내야

환원 한다. (제어 이론의 어법으로는 이는 충족성 문제를 베이즈망 추론 문제로 **환원**(reduction) 하는 것에 해당한다.) 그런데 그런 부호화 방법은 비교적 간단하다. 도해 13.14는 구체적 인 3-SAT 문제 하나를 부호화하는 예이다. 명제 변수들은 베이즈망의 뿌리(루트) 변수들 이 되는데, 각각의 사전 확률은 0.5이다. 그 다음 층의 노드들은 절(clause)들에 해당하는 데, 각 절 변수 $C_j$는 그 절을 구성하는 변수들을 부모로 둔다. 하나의 절 변수에 대한 조건부 분포는 결정론적 논리합이다(필요하다면 부정이 추가된 형태의). 따라서 각 변수 는 만일 그 부모들에 대한 배정이 그 절을 충족하면, 그리고 오직 그럴 때에만 참이다. 마지막으로, $S$는 그 절 변수들의 논리곱이다.

이제 원래의 문장이 충족 가능인지 판정하려면 그냥 $P(S = true)$를 평가하면 된 다. 원래의 문장이 **충족 가능**이라는 것은 $S$가 참이 되도록 논리 변수들에 값들을 배정하 는 것이 가능하다는 뜻이다. 베이즈망의 관점에서 이는, 가능한 세계들 중 뿌리 변수들 에 그러한 배정이 존재하며 절 변수들의 값이 $true$이고 $S$의 값이 $true$일 확률이 0이 아닌 세계가 존재함을 뜻한다. 즉, 충족 가능한 문장에 대해서는 $P(S = true) > 0$이다. 반대로 충족 불가능 문장에 대해서는 $P(S = true) = 0$이다. 모든 세계에서 $S = true$일 확률이 0인 것이다. 따라서 우리는 베이즈망 추론을 이용해서 3-SAT 문제들을 풀 수 있 다. 이로부터 베이즈망 추론은 NP-난해 문제라는 결론이 나온다.

분석을 좀 더 진행해 보자. 변수가 $n$인 문제에서 각 충족 배정의 확률은 $2^{-n}$임을 주목하기 바란다. 따라서 그러한 충족 배정들의 개수는 $P(S = true)/(2^{-n})$이다. 3-SAT 문제의 충족 배정 개수를 계산하는 것은 '#P-완전 문제'(#는 개수를 뜻함)이므로, 결과적으로 베이즈망 추론은 NP-완전 문제보다 엄격히 더 어려운 #P-난해 문제이다.

베이즈망 추론의 복잡도와 제약 충족 문제(CSP)의 복잡도 사이에는 밀접한 관계가 있다. 제6장에서 논의했듯이, 이산 CSP를 푸는 난이도는 제약 그래프가 얼마나 "트리 같 은" 형태인가에 달려 있다. CSP 해법의 복잡도를 한정하는 **트리 너비** 같은 척도를 베이 즈망에도 직접 적용할 수 있다. 더 나아가서, 변수 소거 알고리즘을 베이즈망은 물론 CSP도 풀도록 일반화할 수 있다.

충족성 문제를 베이즈망 추론으로 환원하는 것과는 반대로, 베이즈망 추론을 충족 성 문제로 환원할 수도 있다. 그러면 SAT 풀이를 위해 개발된 강력한 수단들(제7장)을

가중 모형<br>개수 세기 활용할 수 있게 된다. 이 경우에는 베이즈망을 **가중 모형 개수 세기**(weighted model counting, WMC)라고 하는 특별한 형태의 SAT 문제로 환원한다. 보통의 모형 개수 세기 방법은 하나의 SAT 표현식을 충족하는 배정들의 개수를 센다. 그러나 WMC는 그런 충 족 배정들의 가중치들을 모두 합한다. 지금 예에서 가중치는 본질적으로 변수 배정들의 조건부 확률(해당 부모들이 주어졌을 때의)들의 곱이다. (자세한 사항은 연습문제 13.WMCX을 보라.) SAT 풀이 기술이 대규모 응용들에 잘 최적화되어 있는 덕분에(그리 고 그밖의 여러 이유로) WMC를 통한 베이즈망 추론은 트리가 아주 넓은 베이즈망에 대 한 다른 정확 추론 알고리즘과 비슷하거나 더 우월한 성과를 낸다.

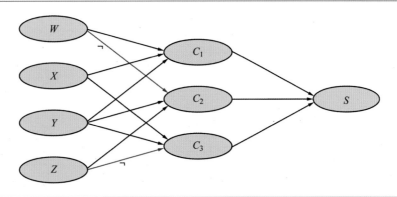

### 13.3.4 군집화 알고리즘

변수 소거 알고리즘을 이용하면 개별 질의의 답을 간단하고도 효율적으로 얻을 수 있다. 그런데 베이즈망의 모든 변수에 대한 사후 조건들을 계산하는 데에는 그리 효율적이지 않다. 예를 들어 하나의 다중트리망(polytree network)에서 비용이 $O(n)$인 질의 $n$개를 처리하려면 총 $O(n^2)$의 시간이 걸릴 것이다. **결합 트리**(join tree) 알고리즘이라고도 부르는 **군집화**(clustering) 알고리즘을 이용하면 그 시간을 $O(n)$으로 줄일 수 있다. 이 덕분에 수많은 상용 베이즈망 도구가 이 알고리즘을 사용한다.

결합 트리 군집화

군집화의 기본 개념은, 망의 개별 노드를 합쳐서 군집(cluster) 노드들을 만들되, 그러한 군집 노드들로 이루어진 망이 하나의 다중트리가 되게 한다는 것이다. 예를 들어 도해 13.15(a)에 나온 다중 연결망에서 *Sprinkler* 노드와 *Rain* 노드를 합쳐서 *Sprinkler* + *Rain*이라는 군집 노드를 만들면 결과적으로 망이 다중트리가 된다. 도해 13.15(b)가 그러한 다중트리이다. 이 트리는 원래의 두 부울 노드가 하나의 **메가노드**meganode로 대체된 형태인데, 그 메가노드가 가질 수 있는 값은 둘이 아니라 넷이다($tt$, $tf$, $ft$, $ff$). 이 메가노드의 부모는 부울 변수 *Cloudy* 하나뿐이므로, 조건화 경우는 두 가지이다. 이 예에는 나와 있지 않지만, 군집화 과정을 적용하면 여러 개의 변수를 공유하는 메가노드들이 만들어지는 경우가 많다.

메가노드

베이즈망을 다중트리 형태로 변환했다면 그런 형태에 맞게 설계된 추론 알고리즘을 적용해야 한다. 보통의 추론 방법은 변수들을 공유하는 메가노드들을 처리할 수 없기 때문이다. 본질적으로, 그러한 알고리즘은 일종의 제약 전파(제6장) 기법을 사용한다. 이때 제약들은 변수들을 공유하는 인접한 메가노드들이 그 변수들의 사후 확률들에 대해 모순을 일으키지 않게 하는 역할을 한다. 세심한 내부 관리(bookkeeping)를 수반한다면, 이 알고리즘은 베이즈망의 모든 비증거 노드에 대한 사후 확률들을 군집화된 망의 크기에 선형적인 시간으로 계산해 낼 수 있다. 그러나 이 문제가 NP-난해 부류에 속한다는 점은

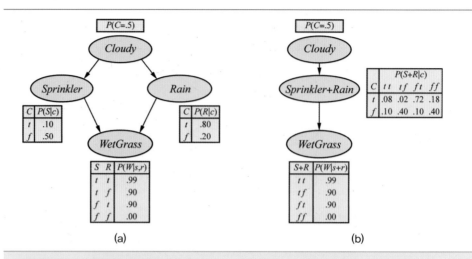

**도해 13.15** (a) 메리의 잔디 관리 루틴을 서술하는 다중 연결망. 매일 아침 메리는 날씨를 점검한다. 날이 흐리면(*Cloudy*) 보통은 스프링클러(살수기)를 켜지 않는다. 스프링클러가 켜져 있거나 비가 내리면 풀이 젖는다(*WetGrass*). 따라서 *Cloudy*는 두 가지 인과 경로를 통해서 *WetGrass*에 영향을 미친다. (b) 그 다중 연결망을 군집화한 버전.

변하지 않는다. 만일 망에 변수 소거를 적용할 때의 시간 및 공간 복잡도가 지수적이면, 군집화된 망의 조건부 확률표들의 크기도 반드시 지수적이다.

# 13.4 베이즈망의 근사 추론

몬테카를로

커다란 다중 연결망에 대한 정확 추론이 처리 불가능한 수준의 문제이므로, 근사적인 추론 방법들이 꼭 필요하다. 이번 절에서는 **몬테카를로**<sup>Monte Carlo</sup> 알고리즘이라고도 부르는 무작위 표집(randomized sampling; 또는 임의표집, 확률표집) 알고리즘들을 설명한다. 이런 부류의 알고리즘들은 근사적인 답을 제공하는데, 그 답의 정확도는 생성한 표본의 개수에 의존한다. 이들은 베이즈망의 확률들에 기반해서 무작위 사건(random event, 또는 임의사상)들을 생성하고 그 무작위 사건들에서 발견된 서로 다른 해답들을 세는 방식으로 작동한다. 표본이 충분하다면 진(참값) 확률분포에 얼마든지 가깝게 접근할 수 있다. 단, 베이즈망에 결정론적 조건부 분포가 없어야 한다.

　　몬테카를로 알고리즘은 과학의 여러 분야에서 정확하게 계산하기 어려운 수량들을 추정하는 데 쓰인다. p.152의 모의 정련이 이 알고리즘의 한 예이다. 이번 절의 초점은 베이즈망의 사후 확률 계산을 위한 무작위 표집이다. 두 부류의 표집 방법을 설명하는데, 하나는 직접적인 표집이고 또 하나는 마르코프 연쇄 표집이다. 그리고 이번 장 끝의 참고사항 절에서는 그 밖의 몇 가지 근사 추론 접근방식들을 언급한다.

## 13.4.1 직접 표집 방법

임의의 표집 알고리즘의 기본 요소는 알려진 확률분포로부터 표본들을 생성하는 것이다. 예를 들어 편향되지 않은 동전을, 가능한 값들이 $\langle heads, tails \rangle$이고 사전 확률분포가 $\mathbf{P}(Coin) = \langle 0.5, 0.5 \rangle$인 하나의 확률 변수 $Coin$으로 간주할 수 있다. 이는 동전을 던졌을 때 앞면($heads$)이 나올 확률이 0.5이고 뒷면($tails$)이 나올 확률이 0.5임을 뜻한다. [0,1]에 고르게 분포된 난수 $r$의 생성원이 주어졌다면, 하나의 변수(이산 변수이든 연속 변수이든)에 대한 임의의 분포를 표집하는 것은 간단한 문제이다. 그 변수에 대한 누적 분포를 구축하고, 누적 확률이 $r$보다 큰 첫 번째 값을 돌려주면 된다(연습문제 13.PRSa 참고).

제일 먼저 할 일은 아직 그 어떤 증거도 연관되지 않은 베이즈망에 대해 무작위 표집을 수행하는 것이다. 변수들을 위상 순서로 훑으면서 각 변수의 값을 확률분포에서 추출하면 되는데, 이때 그 확률분포는 그 변수의 부모들에 이미 배정된 값들을 조건들로 적용한 확률분포이다. (위상 순서로 표집을 수행하므로 부모들의 값은 반드시 이미 추출되어 있다.) 이러한 알고리즘이 도해 13.16에 나와 있다. 이 알고리즘을 도해 13.15(a)의 에 $Cloudy$, $Sprinkler$, $Rain$, $WetGrass$의 순서로 적용해서 다음과 같은 무작위 사건들이 발생했다고 하자.

1. $\mathbf{P}(Cloudy) = \langle 0.5,\ 0.5 \rangle$에서 추출한다. 그 값은 $true$이다.
2. $\mathbf{P}(Sprinkler \mid Cloudy = true) = \langle 0.1,\ 0.9 \rangle$에서 추출한다. 그 값은 $false$이다.
3. $\mathbf{P}(Rain \mid Cloudy = true) = \langle 0.8,\ 0.2 \rangle$에서 추출한다. 그 값은 $true$이다.
4. $\mathbf{P}(WetGrass \mid Sprinkler = false, Rain = true) = \langle 0.9,\ 0.1 \rangle$에서 추출한다. 값은 $true$이다.

이 경우 PRIOR-SAMPLE은 $[true, false, true, true]$라는 사건을 돌려준다.

PRIOR-SAMPLE이 베이즈망으로 지정된 사전 결합 분포로부터 표본들을 생성한다는 점은 쉽게 입증할 수 있다. $S_{PS}(x_1, \ldots, x_n)$이 PRIOR-SAMPLE 알고리즘이 생성한 구체적인 하나의 사건이라고 하자. 표집 과정을 살펴보기만 해도 다음이 성립함을 알 수 있을 것이다.

---

**function** PRIOR-SAMPLE($bn$) **returns** $bn$으로 지정된 사전 확률분포로부터 표집한 사건
    **입력:** $bn$, 결합 분포 $\mathbf{P}(X_1, \ldots, X_n)$을 지정하는 베이즈망

    $\mathbf{x} \leftarrow n$개의 성분으로 이루어진 사건
    **for each** 변수 $X_i$ **in** $X_1, \ldots, X_n$ **do**
        $\mathbf{x}[i] \leftarrow \mathbf{P}(X_i \mid parents(X_i))$에서 무작위로 추출한 표본
    **return** $\mathbf{x}$

**도해 13.16** 베이즈망에서 사건들을 생성하는 표집 알고리즘. 각 변수의 값은 부모의 변수들로부터 이미 표집한 값들이 주어졌을 때의 조건부 분포로부터 추출한다.

---

$$S_{PS}(x_1 \ldots x_n) = \prod_{i=1}^{n} P(x_i \mid parents(X_i)).$$

이는 각 표집 단계가 오직 부모 값들에만 의존하기 때문이다. 눈에 익은 공식일 텐데, 이 공식은 바로 베이즈망의 결합 분포 표현에 따른 사건의 확률이다(식 (13.2) 참고). 즉, 다음이 성립한다.

$$S_{PS}(x_1 \ldots x_n) = P(x_1 \ldots x_n).$$

이 단순한 사실 덕분에, 질의의 답을 표본들을 이용해서 쉽게 구할 수 있다.

모든 표집 알고리즘은 생성된 실제 표본들의 개수를 세어 답을 계산한다. PRIOR-SAMPLE 알고리즘이 산출한 표본의 전체 개수가 $N$이고, 표본 집합에서 특정 사건 $x_1, \ldots, x_n$이 발생하는 횟수가 $N_{PS}(x_1, \ldots, x_n)$이라고 하자. 이 수치의 기댓값, 즉 이를 전체 개수 $N$으로 나눈 비율은 $N$이 무한대로 접근함에 따라 표집 확률로 수렴할 것이다.

$$\lim_{N \to \infty} \frac{N_{PS}(x_1, \ldots, x_n)}{N} = S_{PS}(x_1, \ldots, x_n) = P(x_1, \ldots, x_n). \tag{13.6}$$

예를 들어 앞에서 생성한 사건 $[true, false, true, true]$를 생각해 보자. 이 사건의 표집 확률은

$$S_{PS}(true, false, true, true) = 0.5 \times 0.9 \times 0.8 \times 0.9 = 0.324$$

이다. 따라서, $N$이 충분히 크다고 할 때, 32.4%의 표본들이 이 확률에 해당한다고 기대할 수 있다.

이하의 공식들에서 근사 상등($\approx$) 기호는 방금 말한 의미, 즉 추정된 확률은 전체 표본 개수가 무한대에 근접함에 따라 정확한 값(참값)으로 수렴한다는 뜻으로 쓰인다. **일관된** 그러한 추정치를 가리켜 **일관된**(consistent; 모순 없는) 추정치라고 부른다. 예를 들어 부분적으로 지정된 임의의 사건 $x_1, \ldots, x_m$(여기서 $m \leq n$)의 확률의 일관된 추정치를 다음 공식으로 계산할 수 있다.

$$\hat{P}(x_1, \ldots, x_m) \approx N_{PS}(x_1, \ldots, x_m)/N. \tag{13.7}$$

즉, 어떤 사건의 확률은 표집 과정이 생성한 모든 완전한 사건 중 부분적으로 지정된 사건과 부합하는 것들의 비율로 추정할 수 있다. 이제부터 추정된 확률은 모자(hat) 기호 ^를 씌운 $\hat{P}$로 표기하겠다. 예를 들어 스프링클러 망으로부터 1,000개의 표본을 생성했고 그중 511개에서 $Rain = true$이라면, 비가 왔을 확률의 추정치 $\hat{P}(Rain = true)$는 0.511이다.

## 베이즈망의 기각 표집

기각 표집 **기각 표집**(rejection sampling)은 표집하기 어려운 분포의 표본들을 표집하기 쉬운 분포를 이용해서 생성하는 일반적인 방법이다. 가장 간단한 형태의 기각 표집을 조건부 확률의 계산에, 즉 $P(X \mid e)$를 구하는 데 사용할 수 있다. 이를 수행하는 REJECTION-SAMPLING 알고리즘이 도해 13.17에 나와 있다. 이 알고리즘은 우선 베이즈망이 지정하는 사전 확률분포로부터 표본들을 생성한다. 그런 다음 증거와 부합하지 않는 모든 표본을 기각한다. 마지막으로, 남아 있는 표본들에서 $X = x$가 발생하는 횟수를 세어서 $\hat{P}(X = x \mid e)$를 추정한다.

$\hat{P}(X \mid e)$가 알고리즘이 돌려준, 추정된 분포라고 하자. 이 분포는 $X$의 각 값이 증거 $e$와 부합하는 표본 개수들의 벡터 $\mathbf{N}_{PS}(X, e)$를 정규화해서 계산된 것이다. 즉,

$$\hat{P}(X \mid e) = \alpha \mathbf{N}_{PS}(X, e) = \frac{\mathbf{N}_{PS}(X, e)}{N_{PS}(e)}$$

이다. 여기에 식 (13.7)을 적용하면 다음이 나온다.

$$\hat{P}(X \mid e) \approx \frac{\mathbf{P}(X, e)}{P(e)} = \mathbf{P}(X \mid e).$$

즉, 기각 표집은 진 확률과 일관된 추정치를 산출한다.

도해 13.15(a)의 예를 계속 이어서, 100개의 표본을 이용해서 $\mathbf{P}(Rain \mid Sprinkler = true)$를 추정한다고 하자. 생성된 100개의 표본 중 $Sprinkler = false$인 73개의 표본이 기각되었고, $Sprinkler = true$인 27개의 표본이 남았다고 가정하자. 그리고 그 27개 중 $Rain = true$인 것은 8개, $Rain = false$인 것은 19개라고 하자. 그러면

$$\mathbf{P}(Rain \mid Sprinkler = true) \approx \text{NORMALIZE}(\langle 8, 19 \rangle) = \langle 0.296, 0.704 \rangle$$

---

**function** REJECTION-SAMPLING($X$ e, $bn$, $N$) **returns** $\mathbf{P}(X \mid e)$의 추정치
    **입력:** $X$, 질의 변수
        e, E의 변수들의 관측값들
        $bn$, 베이즈망
        $N$, 생성된 표본 전체 개수
    **지역 변수:** C, $X$의 각 값의 개수를 담은 벡터, 초기에는 영벡터

    **for** $j = 1$ **to** $N$ **do**
        $\mathbf{x} \leftarrow$ PRIOR-SAMPLE($bn$)
        **if** $\mathbf{x}$가 e와 일관됨 **then**
            $\mathbf{C}[j] \leftarrow \mathbf{C}[j] + 1$, 여기서 $x_j$는 $\mathbf{x}$에 있는 $X$의 값
    **return** NORMALIZE($\mathbf{C}$)

**도해 13.17** 베이즈망에서 증거가 주어졌을 때 질의의 답을 구하는 기각 표집 알고리즘.

이다. 참값은 ⟨0.3,0.7⟩이다. 표본들을 더 생성하면 추정치가 그 참값에 수렴할 것이다. 각 확률의 오차의 표준편차는 $1/\sqrt{n}$에 비례하는데, 여기서 $n$은 추정에 쓰인 표본의 개수이다.

기각 표집이 정확한 해로 수렴한다는 점은 이제 알았다. 그렇다면 문제는 얼마나 빠르게 수렴하는가이다. 좀 더 구체적으로 말하면, 추정된 분포가 진 분포와 가까울 확률이 높다는 점을 알게 되려면 표본이 몇 개나 필요할까? 정확 추론 알고리즘의 복잡도는 베이즈망의 위상구조에 크게 의존하지만(트리는 쉽고, 조밀하게 연결된 망은 어렵다) 기각 표집의 복잡도는 기본적으로 기각되지 않은 표본의 비율에 의존한다. 이 비율은 증거의 사전확률 $P(e)$와 정확히 같다. 안타깝게도, 증거 변수가 많은 복잡한 문제에서는 이 비율이 0에 가까울 정도로 작다. 도해 13.9에 나온 자동차 보험 베이즈망의 이산 버전에 기각 표집을 적용하는 경우, 베이즈망 자체에서 표집한, 전형적인 증거 사례와 일관된 표본들의 비율은 1000분의 1에서 10,000분의 1 사이이다. 수렴은 극도로 느리다(도해 13.19 참고).

증거 e와 일관된 표본들의 비율은 증거 변수의 개수가 증가함에 따라 지수적으로 감소하리라고 기대되므로, 복잡한 문제에 대해서는 기각 표집 절차가 쓸모가 없다. 또한, 기각 표집은 연속값 증거 변수들에도 잘 맞지 않는다. 왜냐하면 그런 증거와 일관된 표본을 산출할 확률이 0(증거 변수의 값이 진정으로 연속 실수인 경우)이거나 무한히 작기(정밀도가 유한한 부동소수점 수인 경우) 때문이다.

기각 표집이 실제 세계에서 조건부 확률을 추정하는 것과 아주 비슷함을 주목하자. 예를 들어 지름이 1km인 소행성이 지구와 충돌했을 때 인간이 한 명이라도 살아 남을 조건부 확률을 추정하려면 그냥 지름이 1km인 소행성이 지구와 충돌했을 때 인간이 한 명이라도 살아 남는 사건이 몇 번이나 일어나는지만 세면 된다. 그런 사건이 벌어지지 않은 날들의 경우는 고려할 필요가 없다. (이 경우 우주 자체가 표본 생성 알고리즘으로 작용한다.) 괜찮은 추정치를 얻으려면 그런 사건이 100번은 벌어질 때까지 기다려야 할 것이다. 물론 그러려면 엄청나게 오래 기다려야 할 것이다. 이것이 바로 이것이 바로 기각 표집의 약점이다.

## 중요도 표집

**중요도 표집**(importance sampling)은 분포 $P$의 표집을 그와는 다른 분포 $Q$의 표집을 통해서 흉내내는 일반적인 통계 기법이다. 표본들을 셀 때 각 표본 **x**에 **가중치**(weight)라고도 부르는 보정 계수(correction factor) $P(\mathbf{x})/Q(\mathbf{x})$를 적용함으로써, 추정치들이 결국에는 참값들에 접근함이 보장된다.

베이즈망에 중요도 표집을 사용하는 이유는 간단하다. 모든 증거를 조건으로 한 진 사후 분포에서 표본을 추출하면 좋겠지만, 그러려면 너무 어렵기 때문에[6] 그 대신 좀 더 쉬운 분포에서 표집을 수행하고 적절한 보정을 적용하는 것으로 만족하자는 것이다. 중요도 표집이 유효한 이유도 간단하다. **Z**가 증거가 아닌 변수들의 집합이라고 하자.

---

6 만일 이것이 쉬웠다면 다항 개수의 표본들을 이용해서 원하는 확률을 임의의 정밀도까지 근사할 수 있었을 것이다. 그런 다항 시간 근사 방법이 존재하지 않음을 증명할 수 있다.

$P(\mathbf{z}|\mathbf{e})$를 직접 표집한다면 추정 확률들은 다음과 같이 정의된다.

$$\widehat{P}(\mathbf{z}|\mathbf{e}) = \frac{N_P(\mathbf{z})}{N} \approx P(\mathbf{z}|\mathbf{e}).$$

여기서 $N_P(\mathbf{z})$는 $P$에서 표본들을 추출했을 때 $\mathbf{Z} = \mathbf{z}$인 표본들의 개수이다. 대신 $Q(\mathbf{z})$를 표집한다고 하자. 그러면 추정치에는 다음과 같이 보정 계수들이 관여한다.

$$\widehat{P}(\mathbf{z}|\mathbf{e}) = \frac{N_Q(\mathbf{z})}{N}\frac{P(\mathbf{z}|\mathbf{e})}{Q(\mathbf{z})} \approx Q(\mathbf{z})\frac{P(\mathbf{z}|\mathbf{e})}{Q(\mathbf{z})} = P(\mathbf{z}|\mathbf{e}).$$

즉, 추정치는 **어떤 표집 분포** $Q$**를 사용하든** 참값에 수렴한다. (기술적으로 유일한 요구조건은 $P(\mathbf{z}|\mathbf{e})$가 0이 아닌 임의의 $\mathbf{z}$에 대해 $Q(\mathbf{z})$가 0이 아니어야 한다는 것이다.) 직관적으로 말하면, 이 공식에서 보정 계수는 과대표집(oversampling)이나 과소표집(undersampling)의 효과를 상쇄한다. 예를 들어 어떤 $\mathbf{z}$에 대해 $Q(\mathbf{z})$가 $P(\mathbf{z}|\mathbf{e})$보다 훨씬 크다면, 이는 그 $\mathbf{z}$의 표본들이 실제보다 훨씬 더 많기 때문일 것이다. 그러나 그 표본들에 작은 가중치들이 적용되는 덕분에 정확한 개수의 표본들이 추출되었을 때와 비슷한 결과가 나온다.

가능도 가중  어떤 분포를 $Q$로 사용할 것인지 결정할 때는 표집이 쉬운지, 그리고 진 사후 분포 $P(\mathbf{z}|\mathbf{e})$와 충분히 가까운지 살펴봐야 한다. 가장 흔히 쓰이는 접근방식은 **가능도 가중**(likelihood weighting; 또는 우도尤度 가중)이다(왜 이런 이름이 붙었는지는 잠시 후에 나온다). 도해 13.18의 WEIGHTED-SAMPLE 함수에서 보듯이, 이 알고리즘은 증거 변수들 $\mathbf{E}$의 값들을 고정하고 비증거 변수들을 위상 순서로 표집하되, 각각 그 부모들을 조건으로 둔다. 이렇게 하면 항상 증거와 일관된 사건들이 만들어진다.

이 알고리즘이 산출한 표집 분포가 $Q_{WS}$라고 하자. 비증거 변수들이 $\mathbf{Z} = \{Z_1, \cdots, Z_l\}$라고 할 때 다음이 성립한다.

$$Q_{WS}(\mathbf{z}) = \prod_{i=1}^{l} P(z_i | parents(Z_i)). \tag{13.8}$$

이는 각 변수를 그 부모들을 조건으로 해서 표집했기 때문이다. 알고리즘을 완성하려면 $Q_{WS}$에서 추출된 각 표본의 가중치를 계산하는 방법을 알아내야 한다. 중요도 표집의 일반적인 방법에 따르면 가중치는 다음과 같아야 한다.

$$w(\mathbf{z}) = P(\mathbf{z}|\mathbf{e})/Q_{WS}(\mathbf{z}) = \alpha P(\mathbf{z}, \mathbf{e})/Q_{WS}(\mathbf{z})).$$

여기서 정규화 상수 $\alpha = 1/P(\mathbf{e})$는 모든 표본에 대해 같다. 이제 베이즈망의 모든 변수가 $\mathbf{z}$와 $\mathbf{e}$에 포함되므로, $P(\mathbf{z}, \mathbf{e})$는 그냥 모든 조건부 확률의 곱이다(p.543 식 (13.2)). 그리고 이를 다음과 같이 비증거 변수들에 대한 조건부 확률들의 곱에 증거 변수들에 대한 조건부 확률들의 곱을 곱한 형태로 표현할 수 있다.

$$w(\mathbf{z}) = \alpha \frac{P(\mathbf{z}, \mathbf{e})}{Q_{WS}(\mathbf{z})} = \alpha \frac{\prod_{i=1}^{l} P(z_i|parents(Z_i)) \prod_{i=1}^{m} P(e_i|parents(E_i))}{\prod_{i=1}^{l} P(z_i|parents(Z_i))} \tag{13.9}$$

$$= \alpha \prod_{i=1}^{m} P(e_i|parents(E_i)).$$

정리하자면, 가중치는 해당 부모들이 주어졌을 때의 증거 변수들의 조건부 확률들을 모두 곱한 것이다. (증거의 확률을 흔히 **가능도**라고 부르기 때문에 가능도 가중이라는 이름이 붙었다.) WEIGHTED-SAMPLE은 가중치를 점진적으로 계산한다. 증거 변수가 나올 때마다 그 조건부 확률을 곱하고, 정규화는 질의 결과를 돌려주기 직전에 수행한다.

그럼 이 알고리즘을 도해 13.15(a)의 베이즈망에 적용해 보자. 추론할 질의는 $\mathbf{P}(Rain | Cloudy = true, WetGrass = true)$이고, 변수들의 순서는 *Cloudy*, *Sprinkler*, *Rain*, *WetGrass*이다. (아무 위상 순서나 사용해도 된다.) 알고리즘의 작동 과정은 이렇다.

---

**function** LIKELIHOOD-WEIGHTING(*X*, **e**, *bn*, *N*) **returns** $\mathbf{P}(X | \mathbf{e})$의 추정치
   **입력:** *X*, 질의 변수
      **e**, **E**의 변수들의 관측값들
      *bn*, 결합 분포 $\mathbf{P}(X_1,...,X_n)$을 지정하는 베이즈망
      *N*, 생성된 표본 전체 개수
   **지역 변수:** **W**, *X*의 각 값의 가중 횟수들을 담은 벡터, 초기에는 영벡터

   **for** *j* = 1 **to** *N* **do**
      **x**, *w* ← WEIGHTED-SAMPLE(*bn*, **e**)
      **W**[*j*] ← **W**[*j*] + *w*, 여기서 $x_j$는 **x**에 있는 *X*의 값
   **return** NORMALIZE(**W**)


**function** WEIGHTED-SAMPLE(*bn*, **e**) **returns** 사건과 가중치

   *w* ← 1; **x** ← **e**의 값들로 고정된 *n*개의 성분으로 이루어진 사건
   **for** *i* = 1 **to** *n* **do**
      **if** $X_i$가 증거 변수이고 그 값이 **e**의 한 값 $x_{ij}$임
         **then** $w ← w \times P(X_i = x_{ij} | parents(X_i))$
         **else** **x**[*i*] ← $\mathbf{P}(X_i | parents(X_i))$에서 무작위로 추출한 표본
   **return** **x**, *w*

---

> **도해 13.18** 베이즈망 추론을 위한 가능도 가중 알고리즘. *Weighted-Sample*에서 각각의 비증거 변수의 값을 그 변수의 부모들에 대해 이미 추출된 표본 값들이 주어졌을 때의 조건부 분포에 따라 추출한다. 그와 함께, 각 증거 변수의 가능도에 기초해서 가중치를 누적한다.

우선 가중치 $w$를 1.0으로 설정한다. 그런 다음 사건 하나를 생성한다.

1. *Cloudy*는 값이 *true*인 증거 변수이다. 따라서 다음으로 설정한다.
   $w \leftarrow w \times P(Cloudy = true) = 0.5$.
2. *Sprinkler*는 증거 변수가 아니므로 $\mathbf{P}(Sprinkler | Cloudy = true) = \langle 0.1, 0.9 \rangle$에서 표본을 추출한다. 그 표본이 *false*라고 하자.
3. *Rain*은 증거 변수가 아니므로 $\mathbf{P}(Rain | Cloudy = true) = \langle 0.8, 0.2 \rangle$에서 표본을 추출한다. 그 표본이 *true*라고 가정하자.
4. *WetGrass*는 값이 *true*인 증거 변수이므로 다음으로 설정한다.
   $w \leftarrow w \times P(WetGrass = true | Sprinkler = false, Rain = true)$
   $= 0.5 \times 0.9 = 0.45$.

이 시점에서 WEIGHTED-SAMPLE은 가중치가 0.45인 사건 $[true, false, true, true]$를 돌려준다. 이에 의해 $Rain = true$인 횟수가 1 증가한다.

    $Parents(Z_i)$에 증거 변수들과 비증거 변수들이 모두 있을 수 있음을 주목하기 바란다. 사전 확률분포 $P(\mathbf{z})$와는 달리 분포 $Q_{WS}$는 증거를 어느 정도는 고려한다. 각 $Z_i$에 대해 추출된 값에는 $Z_i$의 부모들에 있는 증거들이 영향을 미친다. 예를 들어 *Sprinkler*의 표본을 추출할 때 알고리즘은 그 부모 변수의 $Cloudy = true$라는 증거를 고려한다. 한편, $Q_{WS}$는 정확한 사후 확률 $P(\mathbf{z} | \mathbf{e})$보다는 증거를 덜 고려한다. 이는 각 $Z_i$에 대해 추출된 표본 값들이 $Z_i$의 조상이 아닌 변수들에 있는 증거들은 무시하기 때문이다. 예를 들어 *Sprinkler*과 *Rain*의 표본을 추출할 때 알고리즘은 자식 변수 $WetGrass = true$의 증거를 무시한다. 그래서, 증거에 의하면 $Sprinkler = false$임과 동시에 $Rain = false$일 수는 없지만, 실제로는 그런 배정을 담은 표본들이 많이 생성된다. 그런 표본들은 가중치가 0이다.

    가능도 가중 방법은 생성된 모든 표본을 사용하므로 기각 표집보다 훨씬 효율적일 수 있다. 그러나 증거 변수가 많아질수록 성능이 떨어진다는 단점이 있다. 이는, 표본들 대부분은 가중치가 낮기 때문에, 전체 표본 중 극미한 가능도보다 증거들에 더 일치하는 극히 일부의 표본들이 가중 추정치를 지배한다. 이 문제점은 증거 변수들이 "하류(downstream)"에서 발생할 때, 즉 변수 순서에서 뒤에 나올 때 더욱 커진다. 그런 경우 비증거 변수들에는 표본 생성을 이끌 부모들과 조상들의 증거가 없기 때문이다. 이는 그 표본들이 그냥 환각(hallucination)으로 작용할 뿐임을, 다시 말해 증거가 암시하는 현실과는 동떨어진 시뮬레이션이 될 뿐임을 뜻한다.

    도해 13.9의 자동차 보험 베이즈망의 이산 버전에 대한 가능도 가중은 기각 표집보다 훨씬 효율적이다(도해 13.19). 이 보험망은 대부분의 증거가 "상류"에 있고 질의 변수들이 망의 잎 노드(말단 노드)라서 가능도 가중을 적용하기가 좋다.

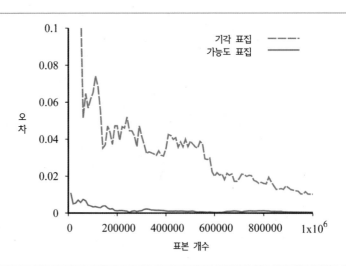

**도해 13.19** 보험 베이즈망에 대한 기각 표집과 가능도 가중의 성능. x축은 생성된 표본 개수이고 y축은 질의 *PropertyCost*에 대한 확률값들의 최대 절대 오차이다.

## 13.4.2 마르코프 연쇄 시뮬레이션을 이용한 추론

**마르코프 연쇄 몬테카를로**(Markov chain Monte Carlo, MCMC) 알고리즘은 기각 표집이나 가능도 가중과는 다른 방식으로 작동한다. 앞의 방법들은 각 표본을 완전히 새로 생성하지만, MCMC 알고리즘은 이전 표본에 무작위로 변경을 가해서 새 표본을 생성한다. 간단히 말하자면, MCMC 알고리즘은 모든 변수의 값을 특정한 **현재 상태**를 이용해서 설정하되, 각 반복에서 그 현재 상태를 무작위로 변경함으로써 다음 **상태**를 생성한다.

**마르코프 연쇄**(또는 마르코프 사슬)라는 용어는 상태들의 순차열을 생성하는 무작위 과정을 뜻한다. (마르코프 연쇄는 제14장과 제17장에도 중요하게 등장한다. 그리고 제4장의 모의 정련과 제7장의 WALKSAT도 MCMC의 일종이다.) 이번 절에서는 먼저 MCMC의 한 구체적인 형태인 **깁스 표집**(Gibbs sampling) 알고리즘을 설명한다. 이 알고리즘은 베이즈망에 아주 적합하다. 그런 다음에는 표본 생성의 유연성이 훨씬 더 큰, 좀더 일반적인 **메트로폴리스–헤이스팅스**[Metropolis-Hastings] 알고리즘을 설명한다.

### 베이즈망의 깁스 표집

베이즈망을 위한 깁스 표집은 임의의 상태(증거 변수들이 관측된 값들로 고정된)에서 시작해서, 비증거 변수 $X_i$들 중 하나의 값을 무작위로 표집해서 다음 상태를 생성하는 식으로 진행된다. p.548에서 말했듯이, 마르코프 담요(변수의 부모들과 자식들, 그리고 자식들의 부모들)가 주어졌을 때 $X_i$는 다른 모든 변수와 독립이다. 따라서 $X_i$에 대한 깁스 표집은 해당 마르코프 담요에 있는 변수들의 현재 값들을 조건으로 한 표집을 뜻한다. 깁

마르코프 연쇄 몬테카를로

마르코프 연쇄

깁스 표집

메트로폴리스–
헤이스팅스

스 표집 알고리즘은 상태 공간(가능한 완전 배정들의 공간)을 무작위로 돌아다니면서 변수들을 한 번에 하나씩 뒤집는다(참을 거짓으로, 거짓을 참으로). 단, 증거 변수들은 그대로 둔다. 완전한 알고리즘이 도해 13.20에 나와 있다.

질의 $\mathbf{P}(Rain \mid Sprinkler = true, WetGrass = true)$를 도해 13.15(a)의 베이즈망에 대해 수행한다고 하자. 증거 변수 $Sprinkler$와 $WetGrass$는 해당 관측값들(둘 다 $true$)로 고정되고, 비증거 변수 $Cloudy$와 $Rain$의 값은 무작위로 초기화된다. 그 값들이 각각 $true$와 $false$라고 하자. 그러면 초기 상태는 $[true, \mathbf{true}, false, \mathbf{true}]$ 이다(굵은 글씨는 고정된 값). 이제 비증거 변수 $Z_i$들을 어떤 확률분포 $\rho(i)$에 따라 무작위 순으로 표집하는 과정을 반복한다. 이를테면 다음과 같다.

1. $Cloudy$가 선택된다. 해당 마르코프 담요 변수들의 현재 값들을 조건으로 해서 표집한다. 이 경우 $\mathbf{P}(Cloudy \mid Sprinkler = true, Rain = false)$를 표집하는 것이 된다. 그 결과가 $Cloudy = false$라고 하자. 그러면 새 현재 상태는 $[false, \mathbf{true}, false, \mathbf{true}]$ 이다.

2. $Rain$이 선택된다. 해당 마르코프 담요 변수들의 현재 값들을 조건으로 해서 $\mathbf{P}(Rain \mid Cloudy = false, Sprinkler = true, WetGrass = true)$로부터 표집한다. 그 결과가 $Rain = true$라고 하면, 새 현재 상태는 $[false, \mathbf{true}, true, \mathbf{true}]$ 이다.

남아 있는 고려사항 하나는 마르코프 담요 분포 $\mathbf{P}(X_i \mid mb(X_i))$의 계산 방법에 관한 것이다. 여기서 $mb(X_i)$는 $X_i$의 마르코프 담요 $MB(X_i)$에 있는 변수들의 값들이다. 다행히 이 계산에는 그 어떤 복잡한 추론도 관여하지 않는다. 연습문제 13.MARB에서 보겠지만, 이 분포는 다음과 같이 주어진다.

$$P(x_i \mid mb(X_i)) = \alpha \, P(x_i \mid parents(X_i)) \prod_{Y_j \in Children(X_i)} P(y_j \mid parents(Y_j)) \qquad (13.10)$$

다른 말로 하면, 각 값 $x_i$에 대해 그 확률은 $X_i$와 그 자식들의 CPT에 있는 확률들을 곱한 것이다. 예를 들어 앞에 나온 첫 표집 단계에서는 $\mathbf{P}(Cloudy \mid Sprinkler = true, Rain = false)$에서 표본을 추출한다. 식 (13.10)을 적용하면 다음이 나온다(간결함을 위해 변수 이름들을 한 글자로 표시했다).

$$P(c \mid s, \neg r) = \alpha \, P(c) P(s \mid c) P(\neg r \mid c) = \alpha, 0.5 \cdot 0.1 \cdot 0.2$$
$$P(\neg c \mid s, \neg r) = \alpha \, P(\neg c) P(s \mid \neg c) P(\neg r \mid \neg c) = \alpha, 0.5 \cdot 0.5 \cdot 0.8$$

따라서 표집 분포는 $\alpha \langle 0.001, 0.020 \rangle \approx \langle 0.048, 0.952 \rangle$이다.

도해 13.21(a)는 변수들이 균등하게 선택되는, 즉 $\rho(Cloudy) = \rho(Rain) = 0.5$인 경우에 대한 완전한 마르코프 사슬이다. 알고리즘은 그냥 주어진 확률들에 따라 링크를 따라가면서 그래프를 훑는다. 이 과정에서 방문한 각 상태는 질의 변수 $Rain$의 추정에 기여하는 하나의 표본이다. 이 과정에서 방문한 상태 중 $Rain$이 참인 상태가 20개이고 $Rain$이 거짓인 상태가 60개라면, 질의의 답은 NORMALIZE($\langle 20, 60 \rangle$) = $\langle 0.25, 0.75 \rangle$이다.

**function** GIBBS-ASK($X$, $\mathbf{e}$, $bn$, $N$) **returns** $\mathbf{P}(X \mid e)$의 추정치
    **지역 변수:** $\mathbf{C}$, $X$의 각 값의 개수를 담은 벡터, 초기에는 영벡터
           $\mathbf{Z}$, $bn$의 비증거 변수들
           $\mathbf{x}$, 베이즈망의 현재 상태, $\mathbf{e}$의 값들로 초기화됨

    $\mathbf{x}$를 $\mathbf{Z}$의 변수들에 대한 무작위 값들로 초기화
    **for** $k = 1$ **to** $N$ **do**
        **for each** $Z_i$ **in** $\mathbf{Z}$ **do**
             **choose** 임의의 분포 $\rho(i)$에 따라 $\mathbf{Z}$에서 임의의 변수 $Z_i$를 선택
             $\mathbf{x}$ 안의 $Z_i$의 값을 $\mathbf{P}(Z_i \mid mb(Z_i))$에서 추출한 표본으로 설정
             $\mathbf{C}[j] \leftarrow \mathbf{C}[j] + 1$, 여기서 $x_j$는 $\mathbf{x}$에 있는 $X$의 값
    **return** NORMALIZE($\mathbf{C}$)

**도해 13.20** 베이즈망의 근사 추론을 위한 깁스 표집 알고리즘. 이 버전은 변수들을 무작위로 선택하지만, 차례로 순환 선택해도 작동한다.

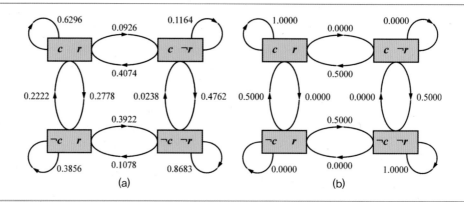

(a)                        (b)

**도해 13.21** (a) 질의 $\mathbf{P}(Rain \mid Sprinkler = true, WetGrass = true)$에 대한 마르코프 연쇄의 상태들과 전이 확률들. 자신으로 돌아오는 루프들에 주목하자. 어느 변수가 선택되든 그 변수의 원래 값과 같은 값이 추출되면 상태는 자기 자신으로 전이된다. (b) $Rain$의 CPT에 의해 $Rain$이 $Cloudy$와 같은 값을 가지게 되는 상태 확률들.

## 마르코프 연쇄의 분석

앞에서 깁스 표집은 상태 공간을 무작위로 떠돌면서 표본들을 생성한다고 말했다. 깁스 표집이 정확하게 작동하는 이유, 즉 깁스 표집의 추정이 극한에서 참값으로 수렴하는 이유를 설명하려면 어느 정도 세심한 분석이 필요하다. (이번 절은 수학이 많이 나오므로 처음 읽는 독자라면 건너뛰어도 좋다.)

    우선, 마르코프 연쇄를 분석할 때 일반적으로 적용되는 몇 가지 기본 개념부터 살펴보자. 임의의 마르코프 연쇄는 초기 상태와 전이 핵(transition kernel) $k(\mathbf{x} \rightarrow \mathbf{x}')$으로 정

의된다. 전이 핵은 상태 $\mathbf{x}$에서 상태 $\mathbf{x}'$으로의 전이 확률이다. 마크로프 연쇄를 $t$단계만큼 실행한다고 하자. 그리고 시스템이 시간 $t$에서 상태 $\mathbf{x}$에 있을 확률을 $\pi_t(\mathbf{x})$로, 시간 $t+1$에서 상태 $\mathbf{x}'$에 있을 확률을 $\pi_{t+1}(\mathbf{x}')$으로 표기하자. $\pi_t(\mathbf{x})$가 주어졌을 때, 시간 $t$에서 시스템이 있을 수 있는 모든 상태 $\mathbf{x}$에 대해, 시스템이 상태 $\mathbf{x}$에 있을 확률과 $\mathbf{x}'$로 전이할 확률의 곱을 모두 더하면 $\pi_{t+1}(\mathbf{x}')$이 나온다.

$$\pi_{t+1}(\mathbf{x}') = \sum_{\mathbf{x}} \pi_t(\mathbf{x}) k(\mathbf{x} \to \mathbf{x}').$$

**시불변 분포**    만일 $\pi_t = \pi_{t+1}$이면 시스템이 **시불변 분포**(stationary distribution)에 도달했다고 말한다. 시불변 분포를 $\pi$로 표기하자. 이 분포는 다음과 같은 방정식으로 정의된다.

$$\text{모든 } \mathbf{x}' \text{에 대해 } \pi(\mathbf{x}') = \sum_{\mathbf{x}} \pi(\mathbf{x}) q(\mathbf{x} \to \mathbf{x}'). \tag{13.11}$$

**에르고딕성**    전이 핵 $k$에 **에르고딕성**(ergodicity)이 있을 때, 때, 다시 말해 모든 상태에서 다른 모든 상태에 도달할 수 있으며 엄격히 주기적인 순환마디(cycle)가 존재하지 않는다고 할 때, 임의의 주어진 $k$에 대해 이 방정식을 충족하는 분포 $\pi$는 정확히 하나이다.

식 (13.11)을, 각 상태의 기대 '유출(outflow)'이(즉, 현재 '개체수'가) 모든 상태의 기대 '유입(inflow)'과 같다는 뜻으로 이해해도 될 것이다. 이 속성이 성립하는 자명한 경우 하나는 임의의 두 상태 사이의 유입과 유출이 동일한 경우, 즉

$$\text{모든 } \mathbf{x} \text{와 } \mathbf{x}' \text{에 대해 } \pi(\mathbf{x}) k(\mathbf{x} \to \mathbf{x}') = \pi(\mathbf{x}') k(\mathbf{x}' \to \mathbf{x}) \tag{13.12}$$

**미세 균형**    인 경우이다. 이 조건을 충족하는 $k(\mathbf{x} \to \mathbf{x}')$을 가리켜 $\pi(\mathbf{x})$와 **미세 균형**(detailed balance; 또는 세부 균형)을 이룬다고 말한다. 한 가지 특수 사례는 자가 루프 $\mathbf{x} = \mathbf{x}'$, 즉 자신으로 전이되는 상태이다. 이 경우 미세 균형 조건은 $\pi(\mathbf{x}) k(\mathbf{x} \to \mathbf{x}) = \pi(\mathbf{x}) k(\mathbf{x} \to \mathbf{x})$가 되는데, 이 조건이 임의의 시불변 분포 $\pi$와 임의의 전이 핵 $k$에 대해 참임은 자명하다.

이러한 미세 균형 조건이 시불변 분포를 함의한다는 점은 식 (13.12)를 $\mathbf{x}$에 대해 합산해 보면 쉽게 확인할 수 있다. 즉,

$$\sum_{\mathbf{x}} \pi(\mathbf{x}) k(\mathbf{x} \to \mathbf{x}') = \sum_{\mathbf{x}} \pi(\mathbf{x}') k(\mathbf{x}' \to \mathbf{x}) = \pi(\mathbf{x}') \sum_{\mathbf{x}} k(\mathbf{x}' \to \mathbf{x}) = \pi(\mathbf{x}')$$

인데, 마지막 단계는 $\mathbf{x}'$으로부터의 전이가 반드시 발생한다는 점에 의한 것이다.

## 깁스 표집의 유효성

이제 깁스 표집이 사후 확률에 대한 일관된 추정치를 돌려준다는 점을 확인해 보자. 기본 주장은 간단하다. 바로, 깁스 표집 과정의 시불변 분포는 다름 아닌 증거를 조건으로 한 비증거 변수들의 사후 분포라는 것이다. 이러한 주목할 만한 속성은 깁스 표집 과정이 상

태에서 상태로 이동하는 특별한 방식에서 비롯된다.

일반적인 깁스 표집의 정의에서, 표집 과정은 변수 $X_i$를 선택하고 다른 모든 변수의 현재 값들을 조건으로 해서 $X_i$의 값을 추출한다. (이를 베이즈망에 적용할 때는, 그냥 모든 변수를 조건으로 한 표집은 변수들의 마르코프 담요(p.548)를 조건으로 한 표집과 동등하다는 추가적인 사실을 활용한다.) 다른 모든 변수(증거 변수들을 제외한)를 $\overline{\mathbf{X}}_i$로 표기하고, 현재 상태에서 그 변수들의 값들은 $\overline{\mathbf{x}}_i$로 표기하겠다.

깁스 표집을 위한 전이 핵 $k(\mathbf{x} \to \mathbf{x}')$를 정의할 때는 다음 세 가지 세 경우를 고려해야 한다.

1. 상태 $\mathbf{x}$와 $\mathbf{x}'$에서 값이 다른 변수가 둘 이상이다: 이 경우 $k(\mathbf{x} \to \mathbf{x}') = 0$이다.
2. 단 하나의 변수 $X_i$만 값이 $x_i$에서 $x'_i$으로 바뀌었다: 이 경우가 발생할 확률은 다음과 같다.

$$k(\mathbf{x} \to \mathbf{x}') = k((x_i, \overline{\mathbf{x}}_i) \to (x'_i, \overline{\mathbf{x}}_i)) = \rho(i) P(x'_i | \overline{\mathbf{x}}_i). \tag{13.13}$$

3. 두 상태가 같다($\mathbf{x} = \mathbf{x}'$): 이 경우 아무 변수나 선택될 수 있지만, 표집 과정은 그 변수의 원래 값과 동일한 값을 산출한다. 이 경우가 발생활 확률은 다음과 같다.

$$k(\mathbf{x} \to \mathbf{x}) = \sum_i \rho(i) k((x_i, \overline{\mathbf{x}}_i) \to (x_i, \overline{\mathbf{x}}_i)) = \sum_i \rho(i) P(x_i | \overline{\mathbf{x}}_i).$$

이제 깁스 표집의 이러한 일반적 정의가 $P(\mathbf{x} | \mathbf{e})$와 상등인 분포(비증거 변수들에 대한 정확한 사후 분포)와 미세 균형을 이룬다는 점을 증명해 보자. 즉, $\pi(\mathbf{x}) = P(\mathbf{x}|\mathbf{e})$라 할 때 모든 상태 $\mathbf{x}$와 $\mathbf{x}'$에 대해 $\pi(\mathbf{x}) k(\mathbf{x} \to \mathbf{x}') = \pi(\mathbf{x}') k(\mathbf{x}' \to \mathbf{x})$임을 보이고자 한다.

앞의 1번 경우와 3번 경우에서는 미세 균형이 항상 충족된다. 두 상태가 둘 이상의 변수에서 다르다면, 두 전이 방향 모두 전이 확률은 0이기 때문이다. 만일 $\mathbf{x} \ne \mathbf{x}'$이면 식 (13.13)에 의해 다음이 성립한다.

$$\pi(\mathbf{x}) k(\mathbf{x} \to \mathbf{x}') = P(\mathbf{x} | \mathbf{e}) \rho(i) P(x'_i | \overline{\mathbf{x}}_i, \mathbf{e}) = \rho(i) P(x_i, \overline{\mathbf{x}}_i | \mathbf{e}) P(x'_i | \overline{\mathbf{x}}_i, \mathbf{e})$$
$$= \rho(i) P(x_i | \overline{\mathbf{x}}_i, \mathbf{e}) P(\overline{\mathbf{x}}_i | \mathbf{e}) P(x'_i | \overline{\mathbf{x}}_i, \mathbf{e}) \qquad \text{(첫 항에 연쇄 규칙을 적용해서)}$$
$$= \rho(i) P(x_i | \overline{\mathbf{x}}_i, \mathbf{e}) P(x'_i, \overline{\mathbf{x}}_i | \mathbf{e}) \text{ (마지막 두 항에 연쇄 규칙을 역으로 적용해서)}$$
$$= \pi(\mathbf{x}') k(\mathbf{x}' \to \mathbf{x}).$$

퍼즐의 마지막 조각은 연쇄의 에르고딕성(ergodicity)을 보이는 것이다. 다른 말로 하면, 모든 상태에서 다른 모든 상태에 도달할 수 있다는 점과 주기적 순환마디가 없다는 점을 보여야 한다. 그 두 조건은 CPT들에 0인 확률이나 1인 확률이 없으면 충족된다. 도달 가능성은 한 번에 변수 하나씩 바꾸어서 한 상태를 다른 상태로 변환할 수 있다는 사실에서 비롯하며, 주기적 순환마디의 부재는 모든 상태에서 자가 루프 확률이 0이 아니라는 사실에서 비롯한다. 따라서, 이러한 조건들 하에서 $k$는 에르고딕성을 가진다. 이는 깁스 표집이 생성한 표본들이 결국에는 진 사후 분포에서 추출될 것임을 뜻한다.

## 깁스 표집의 복잡도

먼저 좋은 소식부터 말하면, 깁스 표집의 각 단계에는 선택된 변수 $X_i$의 마르코프 담요 분포의 계산이 관여하는데, 그 계산을 위해서는 $X_i$의 자식 개수와 $X_i$의 치역의 크기에 비례하는 횟수의 곱셈이 필요하다. 이는 각 표본을 생성하는 데 필요한 작업량이 베이즈망의 크기와는 독립적임을 뜻한다는 점에서 중요한 사실이다.

다음으로, 꼭 나쁘다고만 할 수 없는 소식 하나는 깁스 표집의 복잡도를 분석하기가 기각 표집이나 가능도 가중의 분석보다 훨씬 어렵다는 것이다. 우선 주목할 점은, 가능도 가중과는 달리 깁스 표집은 하류의 증거에 주목한다는 점이다. 정보는 증거 노드들에서 모든 방향으로 전파된다. 먼저 증거 노드들과 인접한 모든 이웃 노드는 그 노드들에 있는 증거를 반영하는 값들을 표집하며, 그 다음에는 그 이웃 노드들의 이웃 노드들이 마찬가지 방식으로 값들을 표집하는 식으로 진행된다. 따라서 증거가 대부분 하류에 있는 경우에는 깁스 표집이 가능도 가중보다 더 나은 성능을 보이리라 기대할 수 있는데, 도해 13.22에서 보듯이 실제로 그렇다.

**혼합 속도**     깁스 표집의 수렴 속도는 알고리즘이 정의하는 마르코프 연쇄의 **혼합 속도**(mixing rate)에 해당한다. 이 속도는 베이즈망 조건부 분포의 정량적 속성들에 크게 의존한다. 이해를 돕기 위해, 만일 $Rain$의 CPT가 결정론적이 되면, 다시 말해 만일 날이 흐리면, 그리고 오직 그럴 때만 비가 온다고 설정하면, 도해 13.15(a)가 어떻게 변할지 생각해 보자. 이 경우 질의 $\mathbf{P}(Rain|sprinkler, wetGrass)$의 진 사후 분포는 대략 $\langle 0.18, 0.82 \rangle$이지만, 깁스 표집은 결코 이 값에 도달하지 못한다. 문제는 $Cloudy$와 $Rain$에 대한 결합 상태 중 확률이 0이 아닌 것은 $[true, true]$와 $[false, false]$ 두 가지 뿐이라는 점이다.

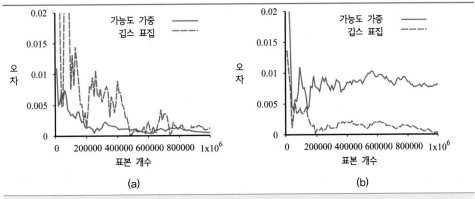

**도해 13.22** 자동차 보험 베이즈망에 대한 깁스 표집과 가능도 가중의 성능 비교. (a) $PropertyCost$에 관한 표준 질의의 경우. (b) 출력 변수들이 관측되고 질의 변수가 $Age$인 경우.

[*true*, *true*]에서 시작한 마르코프 연쇄는 확률이 0인 중간 상태들 때문에 절대로 [*false*, *false*]에 도달할 수 없다(도해 13.21(b) 참고). 따라서, [*true*, *true*]에서 시작하는 마르코프 연쇄는 항상 질의의 사후 분포가 ⟨1.0, 0.0⟩이라는 답을 제시하고 만다. 그리고 [*false*, *false*]에서 출발하면 항상 질의의 사후 분포가 ⟨0.0, 1.0⟩이라는 답을 제시한다.

이 예에서 깁스 표집이 실패하는 이유는 *Cloudy*와 *Rain*의 결정론적 관계가 에르고딕성(수렴에 꼭 필요한)을 깨버리기 때문이다. 그러나 둘의 관계가 거의 결정론적이면, 비록 대단히 느릴 가능성이 있지만 그래도 수렴이 일어난다. MCMC 알고리즘이 좀 더 빨리 혼합(수렴)되게 하는 몇 가지 개선안들이 있다. 그중 하나인 **블록 표집**(block sampling)은 다수의 변수를 동시에 표집한다. 지금 예라면 *Cloudy*와 *Rain*를, 그 둘의 마르코프 담요들을 합친 담요를 조건으로 해서 함께 표집하는 것이 된다. 또 다른 개선안은 다음 상태들을 좀 더 지능적으로 생성하는데, 다음 절에서 좀 더 자세히 살펴보겠다.

**블록 표집**

## 메트로폴리스-헤이스팅스 표집

메트로폴리스-헤이스팅스 표집(Metropolis-Hastings sampling), 줄여서 MH 표집은 아마도 적용 대상이 가장 넓은 MCMC 알고리즘일 것이다. 깁스 표집처럼 MH 표집은 표본 $\mathbf{x}$을 (결국에는) 대상 확률 $\pi(\mathbf{x})$에 따라 생성하기 위한 것이다. 베이즈망 추론의 경우에는 $\pi(\mathbf{x}) = P(\mathbf{x}|\mathbf{e})$이다. 모의 정련(p.152)과 비슷하게 MH 표집 과정의 각 반복은 다음 두 단계로 수행된다.

제안 분포

1. 현재 상태 $\mathbf{x}$가 주어졌을 때, **제안 분포**(proposal distribution) $q(\mathbf{x}'|\mathbf{x})$에서 새 상태를 추출한다.

승인 확률

2. $\mathbf{x}'$을 다음과 같은 **승인 확률**(acceptance probability)에 따라 확률적으로 승인 또는 기각한다.

$$a(\mathbf{x}'|\mathbf{x}) = \min\left(1, \frac{\pi(\mathbf{x}')q(\mathbf{x}|\mathbf{x}')}{\pi(\mathbf{x})q(\mathbf{x}'|\mathbf{x})}\right).$$

만일 제안이 기각되면 상태는 변하지 않는다($\mathbf{x}$로 유지된다).

MH 표집의 전이 핵은 이상의 2단계 과정으로 구성된다. 만일 제안이 기각되면 연쇄는 같은 상태에 머무름을 주목하자.

이름에서 짐작하겠지만 제안 분포는 다음 상태 $\mathbf{x}'$을 제안하는 역할을 한다. 예를 들어 $q(\mathbf{x}'|\mathbf{x})$를 다음과 같이 정의할 수도 있을 것이다.

- 0.95의 확률로 깁스 표집 단계를 수행해서 $\mathbf{x}'$을 생성한다.
- 그 외의 경우에는(0.05의 확률) p.574의 WEIGHTED-SAMPLE 알고리즘을 실행해서 $\mathbf{x}'$을 생성한다.

이 제안 분포를 사용하면 MH 표집은 깁스 표집을 약 20단계 실행한 후, 완전히 새롭게 생성된 새 상태에서 과정을 '재시작'한다(그 새 상태가 승인되었다고 할 때). 이런 전략 덕분에 MH 표집은 상태 공간의 한 부분에 발이 묶여서 다른 부분에 도달하지 못하는 깁스 표집의 문제점을 겪지 않는다.

그런데 그런 이상한 제안 분포를 사용하는 MH 표집이 어떻게 정답에 도달하는지 궁금할 것이다. MH 표집의 주목할 만한 성질 하나는, 결과적인 전이 핵이 에르고딕성을 가지는 한, 그 어떤 제안 분포에 대해서도 정확한 시불변 분포로의 수렴이 보장된다는 것이다.

이러한 성질은 승인 확률의 정의에서 비롯한다. 깁스 표집처럼 $\mathbf{x} = \mathbf{x}'$인 자가 루프는 미세 균형을 자동으로 충족하므로, $\mathbf{x} \neq \mathbf{x}'$인 경우에 집중하자. 이 경우는 제안이 승인된 경우에만 발생한다. 그런 전이가 발생할 확률은

$$k(\mathbf{x} \to \mathbf{x}') = q(\mathbf{x}'|\mathbf{x})a(\mathbf{x}'|\mathbf{x})$$

이다. 깁스 표집에서처럼, 미세 균형을 증명하려면 $\mathbf{x}$에서 $\mathbf{x}'$로의 흐름 $\pi(\mathbf{x})k(\mathbf{x} \to \mathbf{x}')$이 $\mathbf{x}'$에서 $\mathbf{x}$로의 흐름 $\pi(\mathbf{x}')k(\mathbf{x}' \to \mathbf{x})$와 부합함을 보이면 된다. 이들을 앞에 나온 $k(\mathbf{x} \to \mathbf{x}')$에 대한 공식에 대입해 보면 간단하게 증명을 완성할 수 있다.

$$
\begin{aligned}
\pi(\mathbf{x})q(\mathbf{x}'|\mathbf{x})a(\mathbf{x}'|\mathbf{x}) &= \pi(\mathbf{x})q(\mathbf{x}'|\mathbf{x})\min\left(1, \frac{\pi(\mathbf{x}')q(\mathbf{x}|\mathbf{x}')}{\pi(\mathbf{x})q(\mathbf{x}'|\mathbf{x})}\right) && (a(\cdot|\cdot)\text{의 정의}) \\
&= \min(\pi(\mathbf{x})q(\mathbf{x}'|\mathbf{x}), \pi(\mathbf{x}')q(\mathbf{x}|\mathbf{x}')) && (\text{곱해서 넣고}) \\
&= \pi(\mathbf{x}')q(\mathbf{x}|\mathbf{x}')\min\left(\frac{\pi(\mathbf{x})q(\mathbf{x}'|\mathbf{x})}{\pi(\mathbf{x}')q(\mathbf{x}|\mathbf{x}')}, 1\right) && (\text{나누어서 빼낸다}) \\
&= \pi(\mathbf{x}')q(\mathbf{x}|\mathbf{x}')a(\mathbf{x}|\mathbf{x}').
\end{aligned}
$$

수학 법칙들 외에, MH 표집과 관련해서 주목할 부분은 승인 확률에 있는 비 $\pi(\mathbf{x}')/\pi(\mathbf{x})$이다. 이 비는 만일 제안된 다음 상태의 가능도가 현재 상태보다 **크면** 반드시 승인될 것임을 말해준다. (일단 지금은, 미세 균형을 보장하기 위한 $q(\mathbf{x}|\mathbf{x}')/q(\mathbf{x}'|\mathbf{x})$가 대칭성 때문에 1과 같은 상태 공간이 많다는 점은 무시하기로 한다). 제안된 상태의 가능도가 현재 상태보다 **작으면**, 그 상태가 승인될 확률은 그에 비례해서 낮아진다.

따라서, 제안 분포를 설계할 때는 가능도가 비교적 높은 상태가 제안되게 하는 데 신경을 써야 한다. 깁스 표집은 이것이 자동으로 일어난다. 깁스 표집은 깁스 분포 $P(X_i|\overline{\mathbf{x}}_i)$에서 새 상태를 추출하므로, $X_i$에 대한 임의의 특정한 새 값이 생성될 확률은 그 분포의 확률 자체에 정비례한다. (연습문제 13.GIBM에서는 깁스 표집이 승인 확률이 1인 MH 표집의 한 특수 사례임을 증명해 본다.)

제안 분포 설계의 또 다른 지침은 마크로프 연쇄가 잘 섞이게(수렴이 잘 되게) 해야 한다는 것이다. 수렴이 잘 되려면 제안 분포가 가끔씩 상태 공간의 다른 부분으로 과감하게 넘어가는 다음 상태를 제안해야 한다. 앞의 예에서 종종 WEIGHTED-SAMPLE을 이용해서 연쇄를 새로운 상태에서 재시작하는 목적이 바로 이것이다.

제안 분포 설계가 거의 완전히 자유롭다는 것 외에, MH 표집이 실용적인 이유가

두 가지 더 있다. 첫째는 승인 계산 시 사후 분포 $\pi(\mathbf{x}) = P(\mathbf{x}|\mathbf{e})$가 오직 $\pi(\mathbf{x}')/\pi(\mathbf{x})$의 형태로만 출현한다는 것이다. 이는 아주 바람직한 성질이다. $P(\mathbf{x}|\mathbf{e})$ 계산은 애초에 우리가 MH로 근사하려는 바로 그 계산이므로, 표본마다 $P(\mathbf{x}|\mathbf{e})$를 직접 계산하는 것은 말이 되지 않는다. 대신 다음과 같은 요령을 사용한다.

$$\frac{\pi(\mathbf{x}')}{\pi(\mathbf{x})} = \frac{P(\mathbf{x}'|\mathbf{e})}{P(\mathbf{x}|\mathbf{e})} = \frac{P(\mathbf{x}',\mathbf{e})}{P(\mathbf{e})}\frac{P(\mathbf{e})}{P(\mathbf{x},\mathbf{e})} = \frac{P(\mathbf{x}',\mathbf{e})}{P(\mathbf{x},\mathbf{e})}.$$

이 비의 항들은 완전 결합 확률들이다. 즉, 이들은 베이즈망 안의 조건부 확률들의 곱들이다. 둘째로, 제안 분포가 오직 $\mathbf{x}$를 국소적으로만 변경해서 $\mathbf{x}'$을 산출하는 한, 분자와 분모의 조건부 확률들의 곱에서 적은 수의 항들만 달라진다는 점도 MH 표집을 실용적으로 만드는 요인이다. 값이 변하지 않는 변수들이 관여하는 조건부 확률들은 모두 소거된다. 따라서, 상태 변경이 국소적인 한, 하나의 표본을 생성하는 데 필요한 작업량은 깁스 표집에서처럼 베이즈망의 크기와는 독립적이다.

## 13.4.3 근사 추론의 컴파일

도해 13.17, 도해 13.18, 도해 13.20의 표집 알고리즘들은 하나의 자료구조로서 표현된 베이즈망에 대해 작동한다는 특징을 공유한다. 어찌 보면 이는 당연하다. 어차피 베이즈망은 하나의 유향 비순환 그래프이므로, 다르게 표현하는 게 더 어색할 것이다. 그러나 이 접근방식에는 중요한 문제점이 하나 있다. 바로, 자료구조에 접근해야 하는 연산들(이를테면 노드의 부모들을 찾는 연산)이 표집 알고리즘 실행 도중 수천, 수백만 회 반복되는데, 그 모든 계산이 사실은 전혀 불필요하다는 것이다.

계산 전과정에서 베이즈망의 구조와 조건부 확률들은 변하지 않으므로, 망을 해당 모형에 특화된 추론 코드, 주어진 특정한 베이즈망에 필요한 추론 계산들만 수행하는 코드로 **컴파일**<sup>compile</sup>하면 훨씬 효율적일 것이다. (어디선가 들어본 느낌이 들텐데, 이것은 바로 제9장의 논리 프로그램 컴파일에 쓰인 것과 동일한 착안이다.) 예를 들어 도해 13.2의 무단 침입 베이즈망에 있는 *Earthquake* 변수의 값을 깁스 표집으로 구한다고 하자. 도해 13.20의 GIBBS-ASK 알고리즘에 따르면 다음과 같은 연산이 필요하다.

$\mathbf{x}$의 *Earthquake* 변수에 분포 $\mathbf{P}(Earthquake|mb(Earthquake))$에서 추출한 값을 설정한다.

언급된 분포는 식 (13.10)으로 계산하는데, 편의를 위해 그 공식을 다시 제시하겠다.

$$P(x_i|mb(X_i)) = \alpha P(x_i|parents(X_i)) \prod_{Y_j \in Children(X_i)} P(y_j|parents(Y_j)).$$

그리고 이 계산을 위해서는 베이즈망 구조에서 *Earthquake*의 부모들과 자식들을 찾아서 현재 값들을 구하고 그 값들을 이용해서 해당 조건부 확률표(CPT)들의 적절한 행들에서 확률값들을 조회해야 한다(그리고 이 CPT들 역시 베이즈망에 들어 있다). 그런 다음 그 확률값들을 모두 곱해서 새로운 분포(변수의 값을 추출할)를 만든다. 마지막으로, p.569에서 언급했듯이 이 분포에서 값을 추출하려면 이산 분포의 누적 버전을 구축하고 [0,1]에서 추출한 난수에 해당하는 값을 그 버전에서 찾아야 한다.

이 모든 과정을 거치는 대신, 베이즈망을 미리 컴파일해서 *Earthquake* 변수를 위한 모형 특화 표집 코드를 만들어서 실행하면 좋을 것이다. 다음이 그런 표집 코드의 예이다.

$r \leftarrow$ [0,1]에서 추출한 균등 난수
**if** $Alarm = true$
  **then if** $Burglary = true$
    **then return** $[r \langle 0.0020212]$
    **else return** $[r \langle 0.36755]$
  **else if** $Burglary = true$
    **then return** $[r \langle 0.0016672]$
    **else return** $[r \langle 0.0014222]$

여기서 *Alarm*, *Burglary* 등의 베이즈망 변수들은 보통의 프로그램 변수가 되며, 이 변수들에는 마르코프 연쇄의 현재 상태를 구성하는 값이 배정된다. 수치 비교 표현식들은 *true*나 *false*로 평가되는데, 이들은 *Earthquake*의 마르코프 담요에 있는 값들의 각 조합에 대해 미리 계산한 깁스 표본들을 대표한다. 코드가 아주 예쁘지는 않다. 보통의 경우, 코드의 양은 베이즈망 자체와 비슷한 크기이다. 그러나 엄청나게 효율적이다. 전형적인 경우에서 컴파일된 코드는 GIBBS-ASK보다 수백, 수천 배 빠르다. 평범한 노트북 컴퓨터에서 초당 수천만 회의 표집 단계를 실행할 수 있으며, 실행 속도는 대체로 난수 발생 비용에 제한된다.

# 13.5 인과망

앞에서 우리는 베이즈망의 노드 순서를 인과관계의 방향과 일치시키는 것의 몇 가지 장점을 논의했다. 특히, 그런 순서 관계를 유지하면 조건부 확률들을 계산하기가 쉽다는 점과 결과적인 망의 구조가 간결해진다는 점을 보았다. 그러나 그 어떤 순서를 사용해도 결합 분포 함수를 표현하는 베이즈망을 일관되게 구축할 수 있다는 점도 언급하고 도해 13.3의 예도 제시했다. 노드 순서들을 바꾸면 원래의 망(도해 13.2)보다 더 크고 덜 자연스러운 망이 만들어지지만, 그래도 그 망이 표현하는 모든 변수에 대한 분포는 원래의 분포와 동일하다.

이번 절에서는 인과적으로 호환되는 순서만 허용한다는 제약이 가해진 특별한 부류

의 베이즈망인 **인과망**(causal network)을 소개한다. 그런 망을 구축하는 방법을 설명하고, 그런 구축이 주는 장점과 그런 장점을 의사결정 과제에서 활용하는 방법도 살펴본다.

상상할 수 있는 가장 간단한 베이즈망은 $Fire \rightarrow Smoke$ 처럼 화살표 하나만 있는 망이다. $Fire \rightarrow Smoke$ 라는 망은 $Fire$ 와 $Smoke$ 가 의존관계일 수 있음을 말해준다. 따라서, 결합 분포 $P(Fire, Smoke)$ 를 지정하려면 사전 확률 $P(Fire)$ 와 조건부 확률 $P(Smoke|Fire)$ 를 지정해야 한다. 그러나, 베이즈 규칙으로 적절한 $P(Smoke)$ 와 $P(Fire|Smoke)$ 을 계산한다면, 이 결합 분포를 화살표 방향이 반대인 $Fire \leftarrow Smoke$ 로도 표현할 수 있다. 대부분의 사람은 두 베이즈망이 동치(equivalent)이며 동일한 정보를 담고 있다는 발상을 불편하게 느끼며, 심지어 반발하기까지 한다. 불이 나면 연기가 나는 것이지 연기가 나면 불이 나는 것이 아닌데, 어떻게 두 망이 같은 정보를 담을 수 있단 말인가?

다른 말로 하면, 우리는 연기를 흩어버려도 불이 꺼지지는 않지만 불을 끄면 연기도 사라질 것임을 경험과 과학 지식으로부터 알고 있다. 이러한 비대칭성을 불과 연기 사이의 화살표의 방향으로 표현하는 것이 자연스럽지만, 방금 전에 보았듯이 화살표를 뒤집어도 두 베이즈망은 동치이다. 그렇다면 이 중요한 비대칭적 인과관계 정보를 형식적으로 어떻게 표현해야 할까?

인과 다이어그램(causal iagram)이라고도 하는 인과 베이즈망(줄여서 인과망)은 그러한 인과적 비대칭성을 표현하기 위해, 그리고 인과 정보를 수반한 추론에 비대칭성들을 활용하기 위해 고안된 것이다. 인과망에 깔린 착안은, 화살표의 방향을 확률적 의존관계 이상의 요인들을 고려해서 결정하고, 보통의 베이즈망에서와는 완전히 다른 종류의 판정을 내리자는 것이다. 지금 예의 경우, 보통의 베이즈망이라면 $Smoke$ 와 $Fire$ 가 확률적으로 의존관계인지를 전문가에 물어야 하겠지만, 인과망에서는 무엇이 무엇에게 반응하는지, 즉 $Smoke$ 가 $Fire$ 에 반응하는지 아니면 $Fire$ 가 $Smoke$ 에 반응하는지를 물어야 한다.

"반응한다"라는 표현을 사용하니 좀 신비스럽게 들릴 텐데, 프로그래밍 언어의 배정 연산자와 비슷한 '배정(assignment)'이라는 개념을 도입하면 논의가 좀 더 엄밀해진다. 만일 우리가 이해하기로 자연(nature)이 $Fire$ 에 관해 배운 바에 근거해서 $Smoke$ 에 어떤 값을 배정한다면, 우리는 $Fire$ 에서 $Smoke$ 로 화살표를 그려야 한다. 더욱 중요하게는, 만일 자연이 $Smoke$ 가 아닌 다른 변수들에 근거해서 $Fire$ 에 진리값을 배정한다고 우리가 판단했다면, $Fire \leftarrow Smoke$ 는 그리지 말아야 한다. 다른 말로 하면, 각 변수 $X_i$ 의 값 $x_i$ 는 $x_i = f_i$(다른 변수들)이라는 방정식으로 결정되며, 화살표 $X_j \rightarrow X_i$ 는 만일 $X_j$ 가 $f_i$ 의 인수 중 하나이면, 그리고 오직 그럴 때만 허용된다.

방정식 $x_i = f_i(\cdot)$ 를 **구조 방정식**(structural equation)이라고 부른다. 이 이름은 이 방정식이 자연의 어떤 안정적인 메커니즘을 서술하기 때문에 붙은 것이다. 이 안정적 메커니즘은 베이즈망을 정량화하는 확률들과는 달리 환경의 측정치들과 국소적인 변화에 대해 불변(invariant)이다.

국소 변화에 대한 이러한 안정성의 이해를 돕기 위해, 도해 13.23(a)를 생각해 보자.

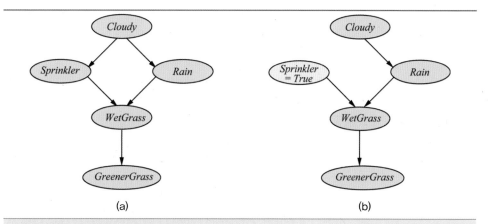

(a)                                                      (b)

**도해 13.23** (a) 다섯 변수의 인과관계들을 나타내는 인과 베이즈망. (b) "*Sprinkler*를 켠다"라는 동작을 수행한 후의 인과망.

이 망은 도해 13.15에 나온 잔디 스프링클러 베이즈망을 조금 변형한 것이다. 예를 들어 꺼진 스프링클러를 표현하려면 그냥 *Sprinkler* 노드로 들어가는 모든 링크를 망에서 삭제하면 된다. 텐트에 덮여서 비가 와도 젖지 않는 잔디를 표현하려면 그냥 화살표 *Rain→WetGrass*를 제거하면 된다. 즉, 환경에서 메커니즘의 모든 국소적 재구성을, 사소한 수정을 거쳐서 베이즈망 위상구조의 동형 재구성(isomorphic reconfiguration)으로 표현할 수 있다. 베이즈망을 인과관계에서 벗어난 순서로 구축했다면 훨씬 복잡한 변환이 필요했을 것이다. 이러한 국소 안정성은 동작 또는 개입을 표현할 때 특히나 중요하다. 그럼 동작 표현이라는 주제를 좀 더 살펴보자.

## 13.5.1 동작의 표현: *do* 연산자

도해 13.23(a)의 *Sprinkler* 예제를 다시 생각해 보자. 베이즈망의 표준 의미론에 따르면 다섯 변수의 결합 분포는 다음과 같이 다섯 조건부 분포의 곱으로 주어진다(간결함을 위해 각 변수를 첫 글자로만 표기했다).

$$P(c,r,s,w,g) = P(c)\ P(r|c)\ P(s|c)\ P(w|r,s)\ P(g|w) \tag{13.14}$$

전체적인 모형은 다음과 같은 연립 구조 방정식이다.

$$
\begin{aligned}
C &= f_C(U_C) \\
R &= f_R(C, U_R) \\
S &= f_S(C, U_S) \\
W &= f_W(R, S, U_W) \\
G &= f_G(W, U_G)
\end{aligned}
\tag{13.15}
$$

여기서 $f_C$를 항등함수로 두어도 일반성이 훼손되지 않는다. 이 방정식들에서 $U$ 변수들은 **모형화되지 않은 변수**(unmodeled variables)들인데, **오차항**(error terms)이나 **교란**(disturbance) 요인이라고 부르기도 한다. 이들은 각 변수와 그 부모들 사이의 함수적 관계를 교란한다. 예를 들어 $U_W$는 $Sprinkler$와 $Rain$ 말고 잔디를 젖게 하는 어떤 요인(이를테면 아침 이슬을 나타내는 변수 $MorningDew$나 소방 헬기를 나타내는 $FirefightingHelicopter$ 등)일 수 있다.

만일 $U$ 변수들이 모두 적절한 사전 분포들이 선택된 상호 독립적 확률 변수들이면, 식 (13.14)의 결합 분포를 식 (13.15)의 구조 방정식들로 정확히 표현할 수 있다. 즉, 확률적 관계들의 시스템을 결정론적 관계들(각각 외부 교란 요인에 영향을 받는)의 시스템으로 포착할 수 있는 것이다. 그러나 연립 구조 방정식은 그보다 더 많은 것을 제공한다. 이것을 이용하면 개입(intervention)들이 시스템의 작동에 어떻게 영향을 미칠 것인지 예측할 수 있으며, 그럼으로써 그 개입들의 관측 가능한 결과를 예측할 수 있다. 단순한 결합 분포만 주어졌을 때는 이런 일이 불가능하다.

예를 들어 우리가 스프링클러를 켠다고 가정하자. 즉, 우리(정의에 의해 모형이 서술하는 인과 과정의 일부가 아닌 존재)가 시스템에 개입해서 $Sprinkler = true$라는 조건을 강제한다고 하자. 인과망 이론의 핵심 요소인 **do-산법**(do-calculus)의 표기법에서는 이를 $do(Sprinkler = true)$라고 표기한다. 일단 이러한 개입이 주어지면, 그때부터는 $Sprinkler$는 더 이상 날씨에 의존하지 않는다. 따라서 연립 구조 방정식에서 방정식 $S = f_S(C, U_S)$를 제거하고 $S = true$로 대체할 수 있다. 그러면 연립 구조 방정식은 다음이 된다.

$$
\begin{aligned}
C &= f_C(U_C) \\
R &= f_R(C, U_R) \\
S &= true \\
W &= f_W(R, S, U_W) \\
G &= f_G(W, U_G).
\end{aligned}
\tag{13.16}
$$

이제 이 방정식들에서 $do(Sprinkler = true)$를 조건으로 한 나머지 변수들의 새 결합 분포를 구하면 다음과 같다.

$$
P(c, r, w, g \mid do(S = true)) = P(c) P(r|c) P(w|r, s = true) P(g|w).
\tag{13.17}
$$

이 결합 분포는 도해 13.23(b)의 "훼손된" 망에 해당한다. 식 (13.17)을 보면 확률이 바뀐 변수는 $WetGrass$와 $GreenerGrass$뿐이다. 이들은 개입으로 조작된 변수 $Sprinkler$의 후손들이다.

원래의 망에서 **동작** $do(Sprinkler = true)$에 대한 조건화와 **관측** $Sprinkler = true$에 대한 조건화의 차이점에 주목하기 바란다. 원래의 망이 말해주는 것은 날이 흐리면 $Sprinkler$가 참(켜짐)일 가능성이 낮다는 것이다. 따라서, 만일 우리가 스프링클러가 켜져 있음을 **관측**한다면, 날이 흐릴 확률이 낮아진다. 하지만 상식적으로 생각할 때 우리 (말하자면 시스템의 외부에서 개입하는 존재인)가 손을 뻗어 스프링클러를 켜도 그 동작이 날씨에 영향을 미치지는 않으며, 날씨에 관한 어떤 새로운 정보를 얻게 되는 것도 아니다. 도해 13.23(b)에서 보듯이 개입은 날씨와 스프링클러 사이의 정상적인 인과 링크를 깬다. 그러면 *Sprinkler*에서 *Cloudy*로의 그 어떤 역방향 유입도 발생하지 못한다. 따라서 원래의 그래프에서 $do(Sprinkler = true)$에 대한 조건화는 훼손된 그래프에서 $Sprinkler = true$에 대한 조건화와 동치이다.

변수들이 $X_1,...,X_n$인 일반적인 인과망에서 $do(X_j = x_{jk})$의 효과도 이와 비슷한 접근방식으로 분석할 수 있다. 다음은 하나의 결합 분포에 대응되는 인과망을 통상적인 방식(식 (13.2) 참고)으로 정의한 것이다.

$$P(x_1,...,x_n) = \prod_{i=1}^{n} P(x_i \mid parents(X_i)). \tag{13.18}$$

여기에 $do(X_j = x_{jk})$를 적용해서 생긴 새 결합 분포 $P_{x_{jk}}$인데, 그냥 $X_j$에 대한 인수만 생략한 것이다.

$$P_{x_{jk}}(x_1,...,x_n) = \begin{cases} \prod_{i \neq j} P(x_i \mid parents(X_i)) = \dfrac{P(x_1,...,x_n)}{P(x_j \mid parents(X_j))} & \text{만일 } x_j = x_{jk}\text{이면;} \\ 0 & \text{만일 } x_j \neq x_{jk}\text{이면.} \end{cases} \tag{13.19}$$

이 공식은 $X_j$를 특정한 값 $x_{jk}$로 설정하는 것이 곧 연립 구조 방정식에서 방정식 $X_j = f_j(Parents(X_j), U_j)$를 $X_j = x_{jk}$로 대체하는 것에 해당한다는 점을 따른다. 약간의 대수학을 동원하면 다른 임의의 변수 $X_i$에 대해 $X_j$를 설정하는 것의 효과에 대한 공식도 유도할 수 있다.

$$\begin{aligned} P(X_{i=x_i} \mid do(X_j = x_{jk})) &= P_{x_{jk}}(X_i = x_i) \\ &= \sum_{parents(X_j)} P(x_i \mid x_{jk}, parents(X_j)) P(parents(X_j)). \end{aligned} \tag{13.20}$$

조정 공식

합산 안의 확률 항들은 원래의 망에 대한 계산(표준 추론 알고리즘 중 어떤 것도 가능)으로 얻는다. **조정 공식**(adjustment formula)이라고 부르는 이 공식은 $X_j$과 그 부모들이 미치는 영향의 확률 가중 평균인데, 이때 가중치들은 부모 값들에 대한 사전 확률들이다. 둘 이상의 변수에 대한 개입의 효과는 개별 개입을 차례로 적용해 각각 하나의 변수에 대한 인과 영향들이 제거하고 새로운 훼손된 모형을 산출하는 식으로 계산하면 된다.

## 13.5.2 뒷문 판정기준

임의의 개입의 효과를 예측하는 능력은 주목할 만한 성과이지만, 예측을 위해서는 모형의 필수 조건부 분포들에 관한, 특히 $P(x_j|parents(X_j))$에 관한 정확한 지식이 필요하다. 실제 응용에서는 그런 지식을 갖추기가 곤란한 경우가 많다. 예를 들어 우리는 비만에 '유전적 요인'들이 작용한다는 점을 알고 있지만, 구체적으로 어떤 유전자가 관여하는지나 유전적 요인들이 정확히 어떤 식으로 영향을 미치는지는 알지 못한다. 메리의 잔디 관리(도해 13.15 참고; 도해 13.23(a)에도 적용되었다) 같은 간단한 예에서도, 메리가 먼저 날씨를 점검한 후 스프링클러를 켤지 말지 결정한다는 점은 우리가 안다고 해도 그러한 결정을 어떻게 내리는지는 알지 못할 수 있다.

잔디 관리 문제에서 이것이 문제가 되는 구체적인 이유는, 우리가 원하는 것은 스프링클러 작동 여부가 $GreenerGrass$처럼 하류에 있는 변수에 미치는 영향을 예측하는 것이지만, 조정 공식(식 (13.20))을 적용하려면 $Sprinkler$에서 시작하는 직접적인 경로뿐만 아니라 $Cloudy$와 $Rain$을 거치는 '뒷문'(back door) 루트도 반드시 고려해야 한다는 점이다. 만일 우리가 $Rain$의 값을 알고 있다면 해당 뒷문 경로가 차단될 것이다. 이는 $Cloudy$가 아니라 $Rain$에 대한 조건화를 사용하도록($Rain$을 조건으로 두도록) 조정 공식을 작성하는 방법이 존재함을 암시한다. 실제로 그런 방식으로 조정 공식을 작성할 수 있다.

$$P(g|do(S=true)) = \sum_r P(g|S=true,r)P(r). \tag{13.21}$$

**뒷문 판정기준**    일반화하자면, 변수 $X_i$에 대한 $do(X_j = x_{jk})$의 효과를 구한다고 할 때 **뒷문 판정기준**(back-door criterion)을 이용하면 임의의 변수 집합 **Z**에 대한 조건화로 뒷문을 "닫는" 조정 공식을 작성할 수 있다. 좀 더 기술적인 어법으로 말하자면, 우리가 원하는 것은 $X_j$와 **Z**가 주어졌을 때 $X_i$가 $Parents(X_j)$와 조건부 독립임을 충족하는 집합 **Z**이다. 이것은 d-분리(p.548)의 직접적인 적용에 해당한다.

약 20년 전에 제시되고 발전해 온 뒷문 판정기준은 인과 추론 이론의 기본적인 구축 요소이다. 뒷문 판정기준은 통계학에서 한 세기 동안 정설로 간주된, "인과 정보를 제**무작위 대조 시험**   공할 수 있는 것은 **무작위 대조 시험**(randomized controlled trial)밖에 없다"라는 주장에 반박하는 하나의 수단을 제공한다. 뒷문 판정기준에 대한 연구는 광범위한 비실험적/준실험적(quasi-experimental) 설정들의 인과 분석, 반사실문(counterfactual statement; 또는 반사실 조건문)의 확률 계산("만일 그 대신 이 일이 발생했다면, 그 확률은 어땠을까?"), 한 개체군에서 발견한 사실들을 다른 개체군으로 전달할 수 있는 시점의 판정, 확률 모형 학습 시 발생할 수 있는 모든 형태의 결측 데이터 처리를 위한 개념적 도구들과 알고리즘들을 제공했다.

# 요약

이번 장에서는 불확실한 지식을 나타내는, 잘 개발된 표현 방식인 **베이즈망**을 설명했다. 베이즈망은 한정적 지식에 대한 명제 논리와 대략 비슷한 역할을 한다.

- 베이즈망은 유향 비순환 그래프로, 노드들은 확률 변수들에 해당한다. 각 노드에는 그 노드의 부모들이 주어졌을 때의 노드의 조건부 분포가 부여되어 있다.

- 베이즈망은 문제 영역 안의 **조건부 독립성**들을 간결하게 표현하는 수단을 제공한다.

- 베이즈망은 자신의 변수들에 관한 하나의 결합 분포를 명시한다. 이 분포의 각 항목은 모든 변수에 대한 하나의 배정의 확률인데, 이 확률은 국소 조건부 분포의 해당 항목들의 곱으로 정의된다. 베이즈망은 해당 항목들을 명시적으로 나열하는 결합 분포보다 지수적으로 작은 경우가 많다.

- 다양한 조건부 분포를 분포들의 표준 모임을 이용해서 간결하게 표현할 수 있다. 이산 변수와 연속 변수를 모두 포함한 **혼성 베이즈망**은 다양한 표준 분포들을 사용한다.

- 베이즈망의 추론은 일단의 질의 변수들의, 증거 변수들이 주어졌을 때의 확률분포를 계산함으로써 수행된다. **변수 소거** 같은 정확 추론 알고리즘은 조건부 확률들의 곱들의 합을 최대한 효율적으로 평가한다.

- **다중트리**(단일 연결망)에서 정확 추론에 걸리는 시간은 망의 크기에 선형적이다. 일반적인 경우에서는 문제가 처리 불가능하다.

- **가능도 가중**이나 **마르코프 연쇄 몬테카를로** 같은 무작위(확률적) 표집 기법들을 이용하면 베이즈망의 정확한 사후 확률들에 대한 적당한 추정치를 얻을 수 있으며, 정확한 알고리즘을 사용할 때보다 더 큰 망도 추론할 수 있다.

- 베이즈망은 확률적 영향들을 포착하지만, **인과망**은 인과관계들을 포착한다. 그 덕분에 관측뿐만 아니라 개입의 효과도 예측할 수 있다.

## 참고문헌 및 역사적 참고사항

망(네트워크)을 이용해서 확률적 정보를 표현한다는 착안은 20세기 초, 유전 상속 및 동물 성장인자들의 확률 분석에 관한 시월 라이트의 연구에서 시작되었다(Wright, 1921, 1934). I. J. 굿은 앨런 튜링과 함께 확률적 표현과 베이즈 추론 방법을 개발했다(Good, 1961), 비록 해당 논문이 이 맥락에서 자주 인용되지는 않지만[7], 그 방법을 현대적인 베이즈망의 전신으로 볼 수 있다. 해당 논문은 잡음 섞인 OR 모형의 기원이기도 하다.

---

[7] I. J. 굿은 제2차 세계대전 당시 튜링의 암호 해독 팀의 수석 통계학자였다. 2001: 스페이스 오디세이(Clarke, 1968a)에서 HAL 9000 컴퓨터의 개발로 이어진 혁신을 이룩한 인물로 굿과 민스키가 언급된다.

의사결정 문제를 위한 **영향도**(influence diagram) 표현에는 확률 변수들의 DAG가 포함된다. 영향도는 1970년대 후반 의사결정 분석에 쓰였으나(제16장), 평가에는 오직 열거만 사용되었다. 주디아 펄은 트리망(Pearl, 1982a)과 다중트리망(Kim 및 Pearl, 1983)의 추론을 수행하기 위한 메시지 전달 방법을 개발했으며, 진단이 아니라 인과적 확률 모형의 중요성을 설명했다. 베이즈망을 이용한 최초의 전문가 시스템은 CONVINCE(Kim, 1983)였다.

제1장에서도 언급했듯이, 1980년대 중반에는 규칙 기반 전문가 시스템이 크게 인기를 끌었다. 그러나 그런 시스템들은 불확실성을 임시방편적인 방법으로 처리했다. 당시 사람들은 확률을 비실용적이며 추론의 기초로 삼기에는 "인지적으로 부적합하다고" 간주했다. 피터 치즈먼의 논쟁적인 "In Defense of Probability"(Cheeseman, 1985)와 이후 논문 "An Inquiry into Computer Understanding"(Cheeseman, 1988, 논평이 추가됨)은 그러한 인식을 바꾸는 데 도움이 되었다.

그러나 확률이 다시 인기를 얻게 주된 이유는 펄이 베이즈망을 개발하고 인공지능에 대한 확률적 접근방식을 광범위하게 발전시킨 것이었다. 이러한 성과가 펄의 책 *Reasoning in Intelligent Systems*(Pearl, 1988)에 개괄되어 있다. 이 책은 표현 문제들(조건부 독립 관계 및 d-분리 판정기준 포함)과 알고리즘적 접근방식들을 모두 다룬다. [Geiger 외, 1990]과 [Tian 외, 1998]은 효율적인 d-분리 검출에 관한 핵심 계산 결과들을 제시한다.

유진 차니악은 유명한 논문 "Bayesian networks without tears"(Charniak, 1991)[8]와 한 권의 책(Charniak, 1993)을 통해서 펄의 착안들을 인공지능 연구자들에게 알리는 데 일조했다. 딘과 웰먼의 책(Dean 및 Wellman, 1991) 역시 베이즈망을 인공지능 연구자들에게 소개하는 데 도움이 되었다. [Shachter, 1998]은 d-분리를 간단하게 판정하는 방법 하나를 제시했는데, 그 방법을 '베이스볼'Bayes-ball이라고 불렀다.

베이즈망의 응용들이 개발됨에 따라 연구자들은 CPT가 있는 이산 변수들의 기본 모형 이상의 것이 필요함을 알게 되었다. 예를 들어 내과를 위한 노드 448개, 링크 906개짜리 베이즈망인 CPCS 시스템(Pradhan 외, 1994)은 [Good, 1961]이 제안한 잡음 섞인 논리 연산자들을 적극적으로 활용했다. [Boutilier 외, 1996]은 문맥 국한 독립성의 알고리즘적 장점을 분석했다. 베이즈망에 연속 확률 변수를 포함하는 문제는 [Pearl, 1988]과 [Shachter 및 Kenley, 1989]가 고찰했다. 이 논문들은 선형 가우스 분포를 가진 연속 변수들만 담은 베이즈망을 논의했다.

이산 변수와 연속 변수가 함께 있는 혼성 베이즈망은 [Lauritzen 및 Wermuth, 1989]가 조사했고 cHUGIN 시스템(Olesen, 1993)에서 구현되었다. [Roweis 및 Ghahramani, 1999]는 선형 가우스 모형들을 통계학에 쓰이는 다른 여러 모형들과 연관지어서 좀 더 분석했다. [Lerner, 2002]는 혼성 베이즈망에서 선형 가우스 모형들의 용도를 대단히 상세하게 논의한다. 프로빗 분포는 19세기에도 여러 번 발견되긴 했지만, 흔히 [Gaddum, 1933]과 [Bliss, 1934]에서 기인한다고 간주된다. [Finney, 1947]은 블리스의 성과를 크게

---

8 논문의 원래 버전의 제목은 "Pearl for swine."이었다.

확장했다. 프로빗 분포는 이산적 선택 현상의 모형화에 널리 쓰였으며, 선택지가 둘보다 많은 문제로도 확장할 수 있다(Daganzo, 1979). 엑스핏(역 로짓) 모형은 [Berkson, 1944]에 소개되었다. 초기에는 비웃음을 많이 샀지만, 결국에는 프로빗 모형보다 유명해졌다. [Bishop, 1995]는 로짓을 사용하는 것이 바람직한 간단한 근거 하나를 제시한다.

의료 분야에서의 초기 응용으로는 신경근육장애의 진단을 위한 MUNIN 시스템(Andersen 외, 1989)과 병리학을 위한 PATHFINDER 시스템(Heckerman, 1991)이 있다. 공학 분야에서 베이즈망은 발전기 모니터링에 대한 Electric Power Research Institute의 작업(Morjaria 외, 1995)과 휴스턴의 임무 제어에서 시간 임계적 정보의 표시에 관한 NASA의 작업(Horvitz 및 Barry, 1995), 그리고 일반적인 분야인 **네트워크 단층촬영**(network tomography)에 쓰였다. 네트워크 단층촬영의 목표는 인터넷의 노드들과 링크들의 관측되지 않은 국소 속성들을 종단간(end-to-end) 메시지 성능에 대한 관측에 기초해서 추론하는 것이다(Castro 외, 2004). 아마 가장 널리 쓰인 베이즈망 시스템은 Microsoft Windows의 진단 및 수리 모듈들(이를테면 프린터 마법사; Breese 및 Heckerman, 1996)과 Microsoft Office의 Office 길잡이(Horvitz 외, 1998)일 것이다.

또 다른 중요한 응용 분야는 생물학이다. 사실, 가계도에서 유전자의 상속을 분석하는 소위 혈통 분석(pedigree analysis)에 쓰이는 수학 모형들은 베이즈망의 특별한 형태이다. 혈통 분석을 위한 정확 추론 알고리즘들(변수 소거와 비슷한)은 1970년대에 개발되었다(Cannings 외, 1978). 베이즈망은 쥐의 유전자를 기준으로 인간 유전자 식별(Zhang 외, 2003), 세포망(cellular network)의 추론(Friedman, 2004), 질병 관련 유전자 위치 파악을 위한 유전 연결 관계 분석(Silberstein 외, 2013) 등 여러 생물정보학 과제들에 쓰였다. 그 외에도 많은 응용 분야가 있는데, 나머지는 베이즈망의 응용에 관한 400쪽 분량의 지침서인 [Pourret 외, 2008]을 참고하기 바란다. 지난 10년 간 치과에서 지구 기후 모형에 이르기까지 다양한 주제로 수만 건의 논문이 간행되었다.

'베이즈망'이라는 용어가 처음 쓰인 주디아 펄의 논문 [Pearl, 1985]는 제6장에서 소개한 절단 집합 조건화 착안에 기초한, 일반적인 베이즈망을 위한 추론 알고리즘 하나를 간결하게 서술했다. 영향도 공동체에서 활동한 로스 섀처도 사후 보존 변환을 이용한, 망의 목표 지향적 축소에 기초한 완결적인 알고리즘을 펄과는 독립적으로 개발했다(Shachter, 1986).

펄은 일반적 베이즈망의 정확 추론을 위한 군집화 알고리즘을 개발했다(Pearl, 1986). 그 알고리즘은 베이즈망을 군집들의 유향 다중트리로 변환하고, 그 안에서 메시지 전달을 이용해서 군집들이 공유하는 변수들에 대한 일관성을 달성한다. 통계학자 데이비드 스피겔홀터와 스테픈 로리첸이 개발한 비슷한 접근방식(Lauritzen 및 Spiegelhalter, 1988)은 **마르코프망**(Markov network)이라고 하는 그래프 모형의 무지향 형태로의 변환에 기초한 것이다. 불확실한 추론에 널리 쓰이는 효율적인 도구인 HUGIN 시스템이 이 접근방식을 구현한다(Andersen 외, 1989).

전체적인 곱들의 합 표현식 안에서의 되풀이된 계산들을 캐싱을 이용해서 피한다는 변수 소거의 기본 착안은 기호적 확률 추론(symbolic probabilistic inference, SPI) 알고리즘에 등장했다(Shachter 외, 1990). 본문에서 설명한 소거 알고리즘은 [Zhang 및 Poole, 1994]에 나온 것과 가장 비슷하다. [Geiger 외, 1990]과 [Lauritzen 외, 1990]은 무관한 변수들의 가지치기를 위한 기준들을 발전시켰다. 본문에 나온 기준들은 그 기준들의 단순한 특수 사례이다. [Dechter, 1999]는 변수 소거 착안이 본질적으로 **비직렬 동적 계획법**

비직렬<br>동적 계획법

(nonserial dynamic programming; Bertele 및 Brioschi, 1972)과 동일함을 보여 준다.

[Dechter, 1999]의 결과는 베이즈망 알고리즘들을 CSP를 푸는 관련 방법들과 연관시키며, 정확 추론 방법의 복잡도를 망의 트리 너비로 직접 측정하는 방법을 제시한다. 변수 소거 과정에서 계산되는 인자들의 크기가 지수적으로 증가하지 않게 하는 한 가지 방법은 큰 인자들에서 변수들을 적절히 제거하는 것이다(Dechter 및 Rish, 2003). 그 과정에서 도입되는 오차의 크기를 제한하는 것도 가능하다(Wexler 및 Meek, 2009). 아니면, 테이블 대신 대수적 결정도(algebraic decision diagram)를 이용해서 인자들을 표현함으로써 인자들을 압축할 수도 있다(Gogate 및 Domingos, 2011).

캐싱<sup>caching</sup>과 결합된 재귀적 열거(도해 13.11)에 기초한 정확 추론 방법으로는 재귀적 조건화 알고리즘(Darwiche, 2001), 변수 소거 알고리즘(Bacchus 외, 2003), AND-OR 검색(Dechter 및 Mateescu, 2007)이 있다. 가중 모형 개수 세기 방법들(Sang 외, 2005; Chavira 및 Darwiche, 2008)은 대체로 DPPL 스타일의 SAT 문제 해결기(p.306의 도해 7.17)에 기초한다. 그런 만큼 이 방법들은 캐싱과 결합된 변수 배정들의 재귀적 열거도 수행하며, 따라서 접근방식이 상당히 비슷하다. 이 세 알고리즘들 모두 시간 대 공간의 절충 범위가 아주 넓다. 이들은 변수 배정들을 고려하므로, 모형에 존재하는 결정론과 문맥 국한 독립성을 쉽게 활용할 수 있다. 또한, 부분 배정에 의해 베이즈망의 나머지 부분이 다중 트리가 되는 경우에는 효율적인 선형 시간 알고리즘을 사용하도록 수정하는 것도 가능하다. (이것은 제6장에서 CSP를 대상으로 서술한 **절단 집합 조건화** 방법의 일종이다.) 큰 모형의 정확 추론을 위해서는 군집화와 변수 소거의 공간 요구량이 엄청나게 큰데, 그런 경우에는 이런 재귀적 알고리즘들이 가장 현실적인 접근방식일 때가 많다.

가장 유망한 설명

베이즈망에는 주변 확률 계산 말고도 중요한 추론 과제들이 있다. **가장 유망한 설명** (most probable explanation, MPE)은 증거가 주어졌을 때 비증거 변수들에 배정될 가능성이 가장 큰 배정이다. (MPE는 증거가 주어졌을 때 비증거 변수들의 **부분집합**에 대한 가장 가능성 있는 배정을 찾는 MAP(maximum a posteriori; 최대 사후 확률) 추론의 특별한 경우이다.) 그런 문제를 위한 알고리즘들이 여럿 개발되었는데, 최단 경로나 AND-OR 검색 알고리즘과 관련된 것들도 있다. [Marinescu 및 Dechter, 2009]는 이런 알고리즘들을 개괄한다.

베이즈망 추론의 복잡도에 관한 첫 번째 성과는 [Cooper, 1990]이다. 그 논문은 제약 없는 일반적인 베이즈망의 주변 확률 계산 문제가 NP-난해 부류에 속함을 보였다. 이번 장 본문에서도 언급했지만, 충족 배정 개수 계산을 이용한 환원을 통해서 이를 #P-난해로 강화할 수 있다(Roth, 1996). 이 성과는 또한 근사 추론이 NP-난해라는 점도 함의한다(Dagum 및 Luby, 1993). 그러나 확률들이 0과 1 사이(0과 1은 제외)인 경우에는 가능도 가중의 한 형태가 다항 시간(무작위화된)으로 수렴한다는 결과도 있다(Dagum 및 Luby, 1997). [Shimony, 1994]는 MPE를 찾는 것이 NP-완전임을 보였다. 즉, 여전히 처리 불가능이긴 하지만 그래도 주변 확률 계산보다는 조금 쉽다. 한편 [Park 및 Darwiche, 2004]는 MAP 계산의 복잡도를 상세히 분석하면서 이 문제가 $NP^{PP}$ 완전 문제, 즉 주변 확률 계산보다 다소 어려운 문제임을 보였다.

베이즈망 추론을 위한 빠른 근사 알고리즘 개발은 통계학, 컴퓨터 과학, 물리학이 함께 기여하는 대단히 활발한 분야이다. 기각 표집 방법은 적어도 부폰의 바늘(Buffon, 1777)로까지 거슬러 올라가는 일반적인 기법이다. 베이즈망에 처음 적용된 것은 [Henrion, 1988]인데, 맥스 헨리온은 이 기법을 **논리 표집**(logic sampling)이라고 불렀다. 중요도 표집은 원래 물리학을 위해 고안된 것이다(Kahn, 1950). 이후 [Fung 및 Chang, 1989]('증거 가중(evidence weighting)'이라고 불렀다)과 [Shachter 및 Peot, 1989]에서 베이즈망에 적용되었다.

통계학에서는 **적응 표집**이 모든 종류의 몬테칼를로 알고리즘에 수렴 속도를 높이는 목적으로 적용되었다. 기본 착안은 표본들을 생성하는 분포를 이전 표본의 결과에 기초해서 적응(변경)시킨다는 것이다. [Gilks 및 Wild, 1992]는 적응 기각 표집(적응 기각 추출)을 개발했다. 적응 중요도 표집은 물리학(Lepage, 1978)과 도시공학(Karamchandani 외, 1989), 통계학(Oh 및 Berger, 1992), 컴퓨터 그래픽(Veach 및 Guibas, 1995)에서 각자 독립적으로 고안되었다. [Cheng 및 Druzdzel, 2000]은 베이즈망 추론에 적용된 중요도 표집의 적응 버전을 서술한다. 좀더 최근에는 [Le 외, 2017]이 심층학습 시스템을 이용해서 제안 분포들을 산출해서 중요도 표집의 속도를 여러 자릿수로 증가한 예를 보여준다.

마르코프 연쇄 몬테카를로(MCMC) 알고리즘의 시초는 [Metropolis 외, 1953]에 기인하는 메트로폴리스 알고리즘이다. 그 논문은 제4장에서 설명한 모의 정련 알고리즘의 출처이기도 하다. [Hastings, 1970]은 요즘은 메트로폴리스-헤이스팅스 알고리즘이라고 부르는 것의 핵심 부분인 승인/기각 단계를 소개했다. 깁스 표집은 [Geman 및 Geman, 1984]가 무지향 마르코프망의 추론을 위해 고안한 것이다. 깁스 표집을 베이즈망에 처음으로 적용한 것은 [Pearl, 1987]이다. 논문 모음집 [Gilks 외, 1996]은 MCMC의 이론과 응용을 모두 포괄한다.

1990년대 중반부터 MCMC는 베이즈 통계학에서, 그리고 물리학과 생물학을 포함한 다른 여러 분야에서 통계 계산의 주된 수단이 되었다. *Handbook of Markov Chain Monte Carlo*(Brooks 외, 2011)은 MCMC의 다양한 측면을 다룬다. Bugs 패키지(Gilks 외, 1994)는 깁스 표집을 이용한 베이즈망 모형화와 추론에 관한 초기의, 그리고 영향력이 큰 시스템이다. 좀 더 최근 시스템인 Stan(물리학에서 마르코프 방법을 창안한 스타니 슬라프 울람Stanislaw Ulam의 이름을 땄다)은 해밀턴 몬테카를로 추론을 사용한다(Carpenter 외, 2017).

이번 장에서 다루지 않은 아주 중요한 두 부류의 근사 방법들이 있다. 하나는 모든 종류의 복잡한 계산을 단순화하는 데 사용할 수 있는 **변분 근사**(variational approximation) 방법이다. 기본 착안은 이렇다. 원래 문제의 좀 더 다루기 쉬운, 그러나 원래 문제와 최대한 비슷한 축소 버전을 하나 만든다. 축소된 문제는 어떠한 **변분 매개변수**(variational parameter) $\lambda$들로 서술된다. 그러한 매개변수들을 원래 문제와 축소된 문제의 거리를 뜻하는 함수 $D$가 최소화되도록 조율한다. 이때 흔히 연립방정식 $\partial D/\partial \lambda = 0$을 풀어서 조율한다. 많은 경우 이를 통해서 매개변수들의 엄밀한 상계와 하계를 구할 수 있다. 변분 근사는 통계학에서 오래전부터 쓰였다(Rustagi, 1976). 통계 물리학에서 쓰이는 **평균장** (mean-field) 방법은 변분 근사의 한 특수 경우이다. 이 방법은 모형을 구성하는 개별 변수들이 서로 완전히 독립적이라고 가정한다.

이러한 착안이 큰 무향 마르코프망을 푸는 데 적용되었다(Peterson 및 Anderson, 1987; Parisi, 1988). [Saul 외, 1996]은 변분 방법을 베이즈망에 적용하는 데 관한 수학적 기초를 전개하고, 평균장 방법들을 이용해서 시그모이드망(sigmoid network)들에 대한 정확한 하한 근사들을 구했다. [Jaakkola 및 Jordan, 1996]은 이 방법론을 더욱 확장해서 하계와 상계를 모두 구했다. 이 초기 논문들이 나온 후, 변분 방법들이 해당 모형의 여러 구체적 부류들에 적용되었다. 주목할 만한 논문인 [Wainwright 및 Jordan, 2008]은 변분 방법들에 관한 문헌들을 관통하는 이론적 분석을 제공한다.

주요 근사 알고리즘 부류의 두 번째는 펄의 다중트리 메시지 전달 알고리즘(Pearl, 1982a)에 기초한 것들이다. [Pearl, 1988]에 나와 있듯이, 펄의 알고리즘은 일반적인 "루프 있는(loopy)" 망에 적용할 수 있다. 결과가 부정확할 수 있고 알고리즘이 종료되지 않을 수도 있지만, 많은 경우 알고리즘은 참값에 가까운 근사치를 산출한다. 이 소위 **루프 있는 믿음 전파**(loopy belief propagation, BP)는 거의 관심을 끌지 못하다가, 다층 (multiply) 연결 베이즈망의 메시지 전달이 **터보 복호화**(turbo decoding) 알고리즘(Berrou 외, 1993)이 수행하는 계산과 동일하다는 점이 [McEliece 외, 1998]에 발표되고부터 주목받게 되었다. (참고로 터보 복호화는 효율적인 오차 보정 부호의 설계에 혁신을 가져온 알고리즘이다.)

루프 있는
믿음 전파

터보 복호화

이러한 결과들이 함의하는 바는, 만일 루프 있는 BP가 복호화에 쓰이는 아주 크고 고도로 연결된 네트워크에 대해 빠르고도 정확하다면, 좀 더 일반적으로도 유용할 것이라는 것이다. [Weiss, 2000b], [Weiss 및 Freeman, 2001], [Yedidia 외, 2005]는 이러한 발견을 이론적으로 지지하는(통계 물리학의 개념들과 연관지어서) 결과들을 제공하는데, 여기에는 몇몇 특수 경우에 대한 수렴 증명이 포함된다.

무작위 대조 시험을 넘어서는 인과 추론 이론을 [Rubin, 1974]와 [Robins, 1986]이 제안했지만, 그런 착안들은 주디아 펄이 [Pearl, 2000]에서 인과망에 기초한 완전하게 서술된 이론을 개발하고 제시하기 전까지는 애매모호하고 논쟁의 여지가 많은 상태로 남아 있었다. [Peters 외, 2017]은 학습을 강조해서 이 이론을 더욱 발전시켰다. 좀 더 최근 성과인 *The Book of Why*(Pearl 및 McKenzie, 2018)은 덜 수학적이고 읽기 쉬우며 대중적인 입문서이다.

인공지능의 불확실 추론이 항상 확률론에 기초한 것은 아니었다. 제12장에서 설명했듯이, 초기의 확률적 시스템은 1970년대 초기에 인기를 잃었고, 그 빈자리의 일부를 대안적 접근방식들이 채웠다. 그런 접근방식들에는 규칙 기반 전문가 시스템, 뎀스터-셰이퍼 이론, 그리고 (어느 정도는) 퍼지 논리가 포함된다.[9]

불확실성에 대한 규칙 기반(rule-based) 접근방식들에 깔린 착안은 논리적 규칙 기반 시스템의 성과에 기초하되, 어떤 '날조 인자(fudge factor)', 좀 더 순화해서 표현하자면 **확신 인자**(certainty factor)을 각 규칙에 포함시켜서 불확실성을 반영하자는 것이었다. 그런 최초의 시스템은 세균 감염을 위한 의료 전문가 시스템인 MYCIN(Shortliffe, 1976)이었다. 논문 모음집 *Rule-Based Expert Systems*(Buchanan 및 Shortliffe, 1984)에 MYCIN과 그 후손들에 대한 완전한 개괄이 포함되어 있다(Stefik, 1995도 보라).

[Heckerman, 1986]은 확신도 계산을 약간 수정한 버전으로 정확한 확률적 결과를 얻는 경우들도 있지만, 증거들을 심각하게 중복해서 세는 경우들도 있음을 보여 주었다. 규칙 집합이 커짐에 따라 규칙들 사이의 바람직하지 않은 상호작용이 흔해졌으며, 실무자들은 새 규칙을 추가할 때 다른 규칙들의 확신 인자들을 "조율"할 필요가 있음을 알게 되었다. 논리학에서 추론의 **연쇄**를 가능케 하는 기본적인 수학적 성질들이 확률에서는 성립하지 않는다.

뎀스터-셰이퍼 이론은 구간 값들에 대한 확률을 일반화하고 그것들을 사용하는 결합 규칙을 제시한 논문 [Dempster, 1968]에서 기인한다. 그런 접근방식은 확률들을 정확하게 지정하는 것의 어려움을 완화할 수 있다. 이후 나온 [Shafer, 1976]에 의해, 뎀스터-셰이퍼 이론은 확률에 대한 경쟁력 있는 접근방식으로 인식되었다. [Pearl, 1988]과 [Ruspini 외, 1992]는 뎀스터-셰이퍼 이론과 표준 확률론의 관계를 분석한다. 확률론을 적용할 때 확률들을 반드시 정확하게 지정해야 하는 경우는 많지 않다. 제20장에서 설명하듯이, 확률값들에 관한 불확실성을 (2차) 확률분포로서 표현할 수 있다.

**퍼지 집합**(fuzzy set)은 지능 시스템에 정확한 입력을 제공하는 것이 너무 어렵게 느껴진다는 문제 제기에 대한 답으로 로프티 자데가 개발했다(Zadeh, 1965). 퍼지 집합에서는 원소가 집합에 "어느 정도나 속하는지"를(속하거나 속하지 않거나가 아니라) 고려한다. **퍼지 논리**(fuzzy logic)은 퍼지 집합의 그러한 소속도를 서술하는 논리 표현식을 이용해서 추론을 수행하는 방법이다. **퍼지 제어**(fuzzy control)는 실숫값 입력과 출력 매개변수 사이의 사상(mapping)을 퍼지 규칙으로 서술하는 제어 시스템을 구축하기 위한 방법론이다. 퍼지 제어는 자동변속기, 비디오 카메라, 전기면도기 같은 상용 제품들에서 큰 성공을 거둔 바 있다. 침머만의 교과서(Zimmermann, 2001)는 퍼지 집합 이론에 대한 상세한 입문서이다. [Zimmermann, 1999]에는 퍼지 응용에 관한 논문들이 모여 있다.

퍼지 논리를 확률론의 직접적인 경쟁자로 잘못 생각하는 사람들이 있었다. 사실 퍼

---

9  네 번째 접근방식은 제10장에서 언급한 **기본 추론**(default reasoning)인데, 이것은 결론을 "일정 정도로 믿을 수 있는" 것으로 취급하는 대신 "다른 것을 믿은 것이 더 나은 이유가 발견되기 전까지는 믿을 수 있는" 것으로 취급한다.

지 논리는 다른 종류의 문제들을 다룬다. 퍼지 논리는 잘 정의된 명제의 참·거짓을 고찰하는 것이 아니라, 기호적 이론의 용어들과 실제 세계 사이의 사상에 존재하는 **모호성**(vagueness)을 다룬다. 모호성은 논리학과 확률론의 모든 응용에서 문제가 된다. 실재(reality)에 대한 표준 수학 모형들에서도 마찬가지이다. 지구의 질량 같이 흠잡을 데 없는 변수도 조사해 보면 시간에 따라 변한다(운석이 떨어지거나 분자들이 드나드는 등의 이유로). 또한 정의 자체도 그리 엄밀하지 않다. 지구의 질량에 대기의 무게도 포함되는가? 그렇다면 어느 높이까지의 대기를 포함해야 하는가? 모형을 좀 더 다듬으면 모호성이 줄어드는 경우도 있지만, 퍼지 논리는 모호성을 당연한 것으로 간주하고 그에 관한 이론을 구축한다.

가능성 이론　　　퍼지 시스템의 불확실성을 다루기 위해 **가능성 이론**(Possibility theory; Zadeh, 1978)이 도입되었는데, 이 이론은 확률론과 공통점이 아주 많다(Dubois 및 Prade, 1994).

　　1970년대의 여러 인공지능 연구자들은 인간의 불확실한 지식에 대한 내성(introspection)과 비현실적(이라고 가정된) 수준의 정밀도에서는 확률론에 필수라고 간주되는 수치 계산의 존재가 명백히 드러나지 않는다는 점을 들어서 가능성 이론에 반대했다. 웰먼은 **정성적 확률망**(qualitative probabilistic network; Wellman, 1990a)을 개발해서 베이즈망의 순수 정성적 추상을 제공했다. 이 추상은 변수들 사이의 긍정적, 부정적 영향력이라는 개념을 사용한다. 웰먼은 많은 경우 확률값들을 구체적으로 지정할 필요 없이 그런 영향력 정보만으로도 최적의 결정을 내릴 수 있음을 보였다. [Goldszmidt 및 Pearl, 1996]도 비슷한 접근방식을 사용한다. [Darwiche 및 Ginsberg, 1992]는 조건화와 증거의 조합의 기본 속성들을 확률론에서 추출하고, 이들 역시 논리 추론과 기본 추론에 적용할 수 있음을 보인다.

　　이번 장에 나온 주제들을 상세히 다루는 훌륭한 교과서가 여럿 있다(Jensen, 2007; Darwiche, 2003; Koller 및 Friedman, 2010, Dechter, 2019). 확률적 추론에 관한 새 연구 성과는 *Artificial Intelligence*와 *Journal of AI Research* 같은 주류 인공지능 학술지와 *International Journal of Approximate Reasoning* 같은 좀 더 특화된 학술지에 실린다. 통계학 학술지들은 베이즈망을 비롯한 그래프 모형들에 관한 논문을 많이 싣는다. 학술대회 Uncertainty in Artificial Intelligence(UAI), Neural Information Processing Systems(NIPS)와 Artificial Intelligence and Statistics(AISTATS)의 회보들도 현재 연구에 대한 정보의 좋은 출처이다.

# 14

## CHAPTER

# 시간에 따른 확률적 추론

이번 장에서는 현재를 해석하고, 과거를 이해하고, 확실한 것이 거의 없는 상황에서도 미래를 예측해 보는 방법을 논의한다.

부분 관측 가능 환경의 에이전트는 반드시 현재 상태를 자신의 감지기가 허용하는 한에서 최대한 추적해야 한다. §4.4에서는 에이전트가 현재 알아낼 수 있는 세계의 상태들을 나타내는 **믿음 상태**를 유지함으로써 현재 상태를 추적하는 방법을 보았다. 에이전트는 다음 시간 단계에서 세계가 어떻게 변할 것인지를 자신의 믿음 상태와 **전이 모형**으로부터 예측할 수 있다. 그리고 에이전트는 관측된 지각들과 **감지기 모형**을 이용해서 믿음 상태를 갱신할 수 있다. 이는 보편적인 개념이다. 제4장에서는 믿음 상태를 명시적으로 열거된 상태들의 집합으로 표현했고 제7장과 제11장에서는 논리 공식들로 표현했다. 그런 접근방식들은 믿음 상태를 세계의 **가능한**(possible) 상태들을 통해서 정의할 뿐, **그럴듯한**(likely); 유망한, 가능도가 높은) 상태나 **그럴듯하지 않은**(unlikely) 상태들에 대해서는 아무것도 말하지 않는다. 이번 장에서는 믿음 상태를 구성하는 요소들의 믿음의 정도를 확률론을 이용해서 정량화한다.

§14.1에서 보겠지만, 이번 장에서도 시간 자체는 제7장에서와 동일하게 취급한다. 즉, 이번 장은 변화하는 세계를 각 **시점**(time point)에서의 세계 상태의 각 측면에 대한 변수를 이용해서 모형화한다. 그러나 전이 모형과 감지기 모형은 불확실할 수 있다. 전이 모형은 변수들의, 과거 시간들에서의 세계의 상태가 주어졌을 때의 시간 $t$에서의 확률분포를 서술한다. §14.2는 기본적인 추론 과제들을 정의하고 시간적 모형을 위한 추론

알고리즘들의 일반적인 구조를 서술한다. 그런 다음에는 세 종류의 구체적인 모형을 설명한다. 하나는 **은닉 마르코프 모형**(hidden Markov model)이고 또 하나는 **칼만 필터**(Kalman filter), 나머지 하나는 **동적 베이즈망**(dynamic Bayesian network)이다(은닉 마르코프 모형과 칼만 필터는 이 동적 베이즈망의 특수 사례들이다).

# 14.1 시간과 불확실성

지금까지는 **정적인**(static) 세계의 맥락에서, 즉 각 확률 변수에 고정된 하나의 값이 설정된 상황에서 확률적 추론을 수행하는 기법들을 전개해 왔다. 예를 들어 차를 수리할 때 우리는 망가진 것은 진단 과정 내내 망가진 상태로 있을 것이라고 가정한다. 우리의 임무는 관측된 증거로부터 차의 상태를 추론하는 것인데, 그러한 증거 역시 추론 과정 내내 변하지 않는다.

그와는 성격이 약간 다른 문제로, 당뇨병 환자의 치료를 생각해 보자. 자동차 수리에서처럼, 에이전트에게는 최근의 인슐린 복용량, 음식 섭취, 혈당 측정치, 그리고 기타 신체적 징후 등의 증거가 주어진다. 여기서 과제는 환자의 현재 상태를 사정(assessment)하는 것이다. 그 사정에는 실제 혈당 수준과 인슐린 수준이 포함된다. 그러한 정보가 주어진다면 환자의 음식 섭취와 인슐린 복용에 관한 결정을 내릴 수 있다. 자동차 수리의 경우와는 달리 이 문제에서는 **동적** 측면들이 필수적이다. 혈당 수준과 측정치는 최근 섭취한 음식, 인슐린 복용량, 신진대사, 하루 중 시간 등에 따라 시시각각 빠르게 변할 수 있다. 증거의 역사로부터 현재 상태를 사정하고 치료 행위의 결과들을 예측하려면 반드시 그러한 변화들을 모형화해야 한다.

로봇의 위치 추적이나 국가의 경제 활동 추적, 말 또는 글로 주어진 일련의 단어들의 의미 파악 같은 다른 여러 문맥에서도 마찬가지의 고려사항들이 제기된다. 그러한 동적인 상황들을 어떻게 모형화해야 할까?

## 14.1.1 상태와 관측

이산 시간
시간 조각

이번 장에서는 **이산 시간**(discrete-time) 모형을 논의한다. 이산 시간 모형은 세계를 일련의 스냅숏^snapshot, 즉 **시간 조각**(time slice)들로 간주한다.[1] 이 시간 조각들에 구체적인 시각을 배정하지는 않고, 그냥 0, 1, 2 등의 일련 번호를 붙인다. 일반적으로 인접한 두 시간 조각 사이의 간격(시간 구간) $\Delta$^델타는 항상 일정하다. 모든 구체적인 응용에서는 $\Delta$의 구체적인 값을 지정해야 한다. 이 값을 감지기의 특성에 따라 정하기도 하는데, 예를

---

[1] 연속적인 시간에 대한 불확실성은 **확률적 미분 방정식**(stochastic differential equation, SDE)으로 모형화할 수 있다. 이번 장에서 논의하는 모형들은 확률적 미분 방정식에 대한 이산 시간 근사에 해당한다.

들어 초당 30프레임으로 촬영하는 비디오 카메라를 사용한다면 Δ를 그에 맞게 정해야 한다. 또는, 유관 변수들의 전형적인 변화 속도에 따라 Δ를 정하기도 한다. 예를 들어 혈당치 감시 시스템의 경우 10분 정도의 시간 안에서도 상황이 크게 변할 수 있으므로, 시간 조각 간격을 1분으로 두는 것이 바람직할 것이다. 반면 지질학적 시간 규모의 대륙 이동을 모형화하는 경우라면 간격을 1백만 년으로 두어도 될 것이다.

이산 시간 확률 모형의 각 시간 조각에는 일단의 확률 변수들이 있는데, 그 변수들 중에는 관측된 것도 있고 아닌 것도 있다. 단순함을 위해, 모든 시간 조각에서 관측 가능한 변수들이 모두 동일하다고 가정한다(다음에 나오는 모든 내용에서 이러한 가정이 반드시 필요한 것은 아니다). 시간 $t$에서의 상태 변수들의 집합을 $\mathbf{X}_t$로 표기하자. 이들은 관측이 불가능하다고 가정한다. 그리고 시간 $t$에서의 관측 가능한 증거 변수들의 집합을 $\mathbf{E}_t$로 표기하자. 그러면, 시간 $t$에서의 관측은 어떤 값들의 집합 $\mathbf{e}_t$에 대한 $\mathbf{E}_t = \mathbf{e}_t$이다.

이런 예를 생각해 보자. 어떤 비밀 지하 시설에 상주한 경비원이 있다. 경비원은 밖에 비가 오는지 알고 싶어 하지만, 외부 세계에 대한 관측은 오직 매일 아침 관리자가 출근할 때 우산을 들고 오는지 아닌지를 보는 것뿐이다. 이 경우 시간 $t$들은 각각의 날 (day)에 해당하고, 집합 $\mathbf{E}_t$는 우산을 보았는지의 여부를 뜻하는 하나의 증거 변수 $Umbrella_t$, 줄여서 $U_t$로만 이루어진다. 그리고 집합 $\mathbf{X}_t$는 비가 오는지의 여부를 뜻하는 하나의 상태 변수 $Rain_t$, 줄여서 $R_t$로만 이루어진다. 다른 문제들은 이보다 많은 변수가 관여할 것이다. 예를 들어 당뇨병 문제에서 증거 변수는 $MeasuredBloodSugar_t$, $PulseRate_t$ 등이고 상태 변수는 $BloodSugar_t$, $StomachContents_t$ 등일 것이다. (실제 혈당 수준을 뜻하는 $BloodSugar_t$와 측정한 혈당 수준을 뜻하는 $MeasuredBloodSugar_t$ 가 같은 변수가 아님을 주목하기 바란다. 이것이 실제 수량의 잡음 섞인 측정치를 다루는 방법이다.)

상태열(상태들의 순차열)은 $t = 0$에서 시작하고 증거는 $t = 1$에서 시작한다고 가정한다. 따라서 우산 세계를 상태 변수 $R_0, R_1, R_2, \ldots$ 과 증거 변수 $U_1, U_2, \ldots$ 로 표현할 수 있다. $a$에서 $b$까지의 정수열을 $a:b$로 표기하고, $\mathbf{X}_a$에서 $\mathbf{X}_b$까지의 변수들의 집합을 $\mathbf{X}_{a:b}$로 표기하기로 한다. 예를 들어 $U_{1:3}$은 변수 $U_1$, $U_2$, $U_3$에 해당한다. (이 표기법이 파이썬이나 Go 같은 프로그래밍 언어들의 표기법과는 다름을 주의하자. 그런 프로그래밍 언어들에서는 U[1:3]에 U[3]이 포함되지 않지만, 여기서는 포함된다.)

## 14.1.2 전이 모형과 감지기 모형

주어진 문제를 위한 상태 변수들의 집합과 증거 변수들의 집합을 결정했다면, 다음으로 할 일은 세계가 변화하는 방식(전이 모형)과 증거 변수들이 결정되는 방식(감지기 모형) 을 지정하는 것이다.

전이 모형은 가장 최근 상태 변수들에 대한, 그 변수들의 이전 값들이 주어졌을 때의 확률분포를 지정한다. 즉, 전이 모형은 $\mathbf{P}(\mathbf{X}_t \mid \mathbf{X}_{0:t-1})$을 지정한다. 여기서 문제가 하나 제기된다. 바로, 집합 $\mathbf{X}_{0:t-1}$의 크기는 $t$가 증가함에 따라 무한히 증가한다는 것이다. <span></span>이를 해결하기 위해 **마르코프 가정**(Markov assumption) 또는 마르코프 성질을 도입한다. 이 가정은, 현재 상태가 오직 유한한, 고정된 개수의 이전 상태들에만 의존한다는 것이다. 이 가정을 충족하는 과정(process; 또는 공정, 프로세스)들을 러시아 통계학자 안드레이 마르코프<sup>Andrei Markov</sup>(1856-1922)가 처음으로 연구했기 때문에 그의 이름을 따서 **마르코프 과정**(Markov process) 또는 **마르코프 연쇄**(Markov chain; 또는 마르코프 사슬)라고 부른다. 마르코프 과정의 종류는 다양하다. 가장 간단한 것은 **1차 마르코프 과정**(first-order Markov process)이라는 것인데, 이 과정에서 현재 상태는 오직 바로 전 상태에만 의존하고, 그보다 더 이전의 상태들과는 무관하다. 다른 말로 하면, 하나의 상태는 미래를 과거와는 조건부 독립이 되게 만드는 데 충분한 정보를 제공한다. 이를 공식으로 표현하면 다음과 같다.

$$\mathbf{P}(\mathbf{X}_t \mid \mathbf{X}_{0:t-1}) = \mathbf{P}(\mathbf{X}_t \mid \mathbf{X}_{t-1}). \tag{14.1}$$

따라서, 1차 마르코프 과정에서 전이 모형은 조건부 분포 $\mathbf{P}(\mathbf{X}_t \mid \mathbf{X}_{t-1})$이다. 2차 마르코프 과정의 전이 모형은 조건부 분포 $\mathbf{P}(\mathbf{X}_t \mid \mathbf{X}_{t-2}, \mathbf{X}_{t-1})$이다. 도해 14.1에 1차, 2차 마르코프 과정들에 해당하는 베이즈망 구조들이 나와 있다.

마르코프 가정이 성립한다고 해도 여전히 문제가 남아 있다. 바로, $t$가 가질 수 있는 값이 무한하다는 것이다. 그러한 모든 시간 단계마다 다른 분포를 지정해야 할까? 이런 문제를 피하기 위해, 세계 상태가 **시간동형 과정**(time-homogeneous process)에 의해 변한다고 가정한다. 시간동형 과정은 변화를 관장하는 법칙들 자체는 시간에 따라 변하지 않는 과정을 말한다. 예를 들어 우산 세계에서 비가 올 조건부 확률 $\mathbf{P}(R_t \mid R_{t-1})$은 모든 $t$에 대해 동일하며, 따라서 조건부 확률표(CPT)를 하나만 지정하면 된다.

이제 감지기 모형을 보자. 증거 변수 $\mathbf{E}_t$들은 현재 상태 변수들은 물론 이전 상태 변수들에도 의존했을 수 있다. 그러나, 현재 감지기 값들을 생성하는 데에는 현재 남아 있는 그 어떤 상태로도 충분하다. 이를 반영해서 다음과 같은 **감지기 마르코프 가정**(sensor Markov assumption)을 도입하자.

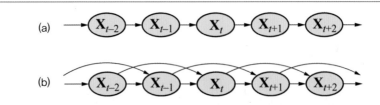

**도해 14.1** (a) 상태가 변수 $X_t$들로 정의되는 1차 마르코프 과정에 해당하는 베이즈망 구조. (b) 2차 마르코프 과정.

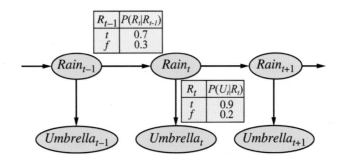

| $R_{t-1}$ | $P(R_t\|R_{t-1})$ |
|---|---|
| $t$ | 0.7 |
| $f$ | 0.3 |

| $R_t$ | $P(U_t\|R_t)$ |
|---|---|
| $t$ | 0.9 |
| $f$ | 0.2 |

**도해 14.2** 우산 세계를 서술하는 베이즈망 구조와 조건부 분포. 전이 모형은 $\mathbf{P}(Rain_t \mid Rain_{t-1})$이고 감지기 모형은 $\mathbf{P}(Umbrella_t \mid Rain_t)$이다.

$$\mathbf{P}(\mathbf{E}_t \mid \mathbf{X}_{0:t}, \mathbf{E}_{1:t-1}) = \mathbf{P}(\mathbf{E}_t \mid \mathbf{X}_t). \tag{14.2}$$

이 $\mathbf{P}(\mathbf{E}_t \mid \mathbf{X}_t)$가 바로 우리의 감지기 모형이다(이를 **관측 모형**(observation model)이라고 부르기도 한다). 우산 문제에 대한 전이 모형과 감지기 모형이 도해 14.2에 나와 있다. 화살표는 세계의 실제 상태에서 출발해서 감지기 값을 가리킨다. 이는 세계의 상태가 원인이고, 감지기가 특정한 값을 가지는 것이 그 **결과**이기 때문이다. 즉, 비가 원인이고 우산을 보는 것은 그 결과이다. (물론 추론 과정은 그 반대 방향으로 간다. 모형화된 의존 관계들의 방향과 추론의 방향을 구분하는 것은 베이즈망의 주된 장점 중 하나이다.)

전이 모형과 감지기 모형을 지정하는 것 외에, 모든 것이 어떻게 시작되는지도 알려 주어야 한다. 즉, 시간 0에서의 사전 확률분포인 $\mathbf{P}(\mathbf{X}_0)$을 지정해야 한다. 여기까지 하면 모든 변수에 대한 완전한 결합 분포를 지정하는 것이 된다. 이제 임의의 시간 단계 $t$에 대한 완전 결합 분포를 제13장의 식 (13.2)를 이용해서 다음과 같이 표현할 수 있다.

$$\mathbf{P}(\mathbf{X}_{0:t}, \mathbf{E}_{1:t}) = \mathbf{P}(\mathbf{X}_0) \prod_{i=1}^{t} \mathbf{P}(\mathbf{X}_i \mid \mathbf{X}_{i-1}) \mathbf{P}(\mathbf{E}_i \mid \mathbf{X}_i) \tag{14.3}$$

우변의 세 항은[역주1] 초기 상태 모형 $\mathbf{P}(\mathbf{X}_0)$과 전이 모형 $\mathbf{P}(\mathbf{X}_i \mid \mathbf{X}_{i-1})$, 그리고 감지기 모형 $\mathbf{P}(\mathbf{E}_i \mid \mathbf{X}_i)$이다. 이 공식은 이 세 항으로 표현되는 시간적 모형들의 모임(family)의 의미론을 정의한다. 표준 베이즈망은 변수들의 개수가 유한해야 하기 때문에 이런 모형을 표현할 수 없음을 주목하자. 무한 변수 집합을 처리하는 능력은 두 가지 요인에서 비롯한다. 첫째는 무한 집합을 정수 색인들로 정의하는 것이고, 둘째는 암묵적 전칭 한정(§8.2 참고)를 이용해서 모든 시간 단계의 감지기와 전이 모형을 정의하는 것이다.

---

[역주1] 엄밀히 말해서 '항(term)'은 다른 부분식과 덧셈으로 결합하는 부분식을 뜻하고 지금처럼 다른 부분식과 곱셈으로 결합하는 부분식은 인수(factor)라고 불러야 하겠지만, 많은 경우 문맥에 따라 충분히 구분할 수 있으므로 원서 저자들의 선택에 따라 두 경우 모두 '항'이라고 칭했음을 밝혀 둔다.

도해 14.2에 나온 구조는 1차 마르코프 과정이다. 즉, 비의 확률은 오직 그 전날 비가 왔는지의 여부에만 의존한다. 그러한 가정이 합당한지는 문제 영역 자체에 달려 있다. 1차 마르코프 가정은 현재 시간 조각의 상태 변수들에 다음 시간 조각의 확률분포를 특징짓는 데 필요한 **모든** 정보가 들어 있음을 뜻한다. 그런데 이 가정이 실제로 참인 경우가 있다. 예를 들어 어떤 입자가 각 시간 단계에서 $x$축을 따라 위치를 ±1만큼 변화시키면서 무작위로 이동한다고 할 때, 그 $x$ 좌표를 상태로 사용한다면 그러한 무작위 이동은 1차 마르코프 과정이 된다. 그러나 이 가정이 근사일 뿐인 경우도 있다. 전날 비가 왔는지의 여부만으로 비를 예측하는 것이 그러한 경우이다. 이러한 근사의 정확도를 개선하는 방법은 다음 두 가지다.

1. 마르코프 모형의 차수를 높인다. 예를 들어 $Rain_{t-2}$를 $Rain_t$의 부모로 추가하면 2차 모형이 되며, 그러면 1차보다 약간 더 정확한 예측이 나올 수도 있다. 예를 들어 캘리포니아의 팔로 알토에서 연달아 이틀 넘게 비가 오는 경우는 아주 드물다.

2. 상태 변수들의 집합을 확장한다. 예를 들어 $Season_t$라는 변수를 추가해서 계절별 과거 강수 기록을 고려하거나, $Temperature_t$, $Humidity_t$, $Pressure_t$ 같은 변수들(아마도 특정 범위의 지역에 관한 값들을 가지는)을 추가해서 강우 조건의 온도, 습도, 압력에 기초한 물리적 모형을 적용할 수도 있다.

1번 해법(차수 높이기)은 변수들의 순서를 바꾸지 않고도 상태 변수 집합 확장 형태로 항상 재형식화할 수 있다(연습문제 14.AUGM에서 이를 증명한다). 상태 변수들을 추가하면 시스템의 예측력이 증가하지만, 새로운 변수들도 예측해야 하기 때문에 예측의 **요구조건**(requirement)들도 증가함을 주의하기 바란다. 결국 우리가 하고자 하는 일은 "스스로 충분한" 변수들의 집합을 찾는 것인데, 이는 사실 모형화하려는 과정의 "물리"를 이해해야 한다는 뜻이다. 새 상태 변수에 관한 정보를 직접 제공하는 새로운 감지기들(이를테면 온도와 압력을 측정하는)을 추가하면 과정의 정확한 모형화를 위한 요구조건들이 줄어든다는 점은 명확하다.

예를 들어 X-Y 평면을 무작위로 떠도는 로봇의 위치를 추적하는 문제를 생각해 보자. 이때 로봇의 위치와 속도(velocity)만으로[역주2] 이루어진 상태 변수 집합으로도 충분할 수 있다. 새 위치는 뉴턴 법칙들로 계산하면 된다. 그리고 속도는 예측할 수 없는 방식으로 변할 수 있다. 그러나 로봇의 동력이 배터리이면, 배터리 소모가 속도의 변화에 체계적인 영향을 미칠 수도 있다. 그리고 배터리 소모는 이전의 모든 동작이 소비한 전력량에 의존하므로, 결과적으로 앞에서 언급한 마르코프 성질이 깨진다.

배터리 충전 수준을 나타내는 $Battery_t$를 $X_t$를 구성하는 하나의 상태 변수로 도입한다면 마르코프 성질을 지킬 수 있다. 그러면 로봇의 운동을 예측하는 데 도움이 된다.

---

[역주2] 지금 문맥에서 속도는 물리학의 개념이다. 즉, 스칼라 값(이를테면 '알고리즘의 실행 속도' 같은 표현에서 쓰이는)이 아니라 크기와 방향으로 이루어진 벡터이다

대신, $Battery_{t-1}$과 속도로부터 $Battery_t$를 예측하는 새로운 과제가 추가된다. 이를 신뢰성 있게 예측할 수 있는 경우도 있지만, 시간에 따라 오차가 누적되는 경우가 더 많다. 그런 경우 배터리 충전 수준을 감지하는 새 감지기를 추가해서 정확도를 높일 수 있다. 배터리 예제는 §14.5에서 다시 등장한다.

# 14.2 시간적 모형의 추론

일반적인 시간적 모형의 구조를 설정했으니, 이제 반드시 풀어야 하는 기본적인 추론 과제들을 형식화할 수 있다. 그러한 과제들은 다음과 같다.

필터링<br/>상태 추정<br/>믿음 상태

- **필터링**[2] 또는 **상태 추정**(state estimation): 이는 **믿음 상태**(belief state) $\mathbf{P}(\mathbf{X}_t|\mathbf{e}_{1:t})$, 즉 지금까지의 모든 증거가 주어졌을 때 가장 최근 상태에 대한 사후 분포를 계산하는 것이다. 우산의 예에서 이는 지금까지의 모든 우산 관측 결과가 주어졌을 때 오늘 비가 올 확률을 계산하는 것이다. 필터링은 합리적 에이전트가 합리적 결정을 내릴 수 있도록 현재 상태를 추적하기 위해 수행한다. 이와 거의 동일한 계산으로 증거열의 확률 $P(\mathbf{e}_{1:t})$를 구할 수 있다는 점도 판명되었다.

예측

- **예측**: 이는 지금까지의 모든 증거가 주어졌을 때 미래 상태에 대한 사후 분포를 계산하는 것이다. 즉, 어떤 $k > 0$에 대해 $\mathbf{P}(\mathbf{X}_{t+k} | \mathbf{e}_{1:t})$를 계산하는 것에 해당한다. 우산의 예에서는, 지금까지의 모든 우산 관측 결과가 주어졌을 때 이를테면 지금부터 3일 후에 비가 올 확률을 계산하는 것이다. 예측은 에이전트가 가능한 동작열을 기대 결과들에 기초해서 평가할 때 유용하다.

평활화

- **평활화**(smoothing): 이것은 현재까지의 모든 증거가 주어졌을 때의 과거의 상태에 대한 사후 분포를 계산하는 것이다. 즉, $0 \le k < t$인 어떤 $k$에 대한 $\mathbf{P}(\mathbf{X}_k | \mathbf{e}_{1:t})$를 계산하는 것에 해당한다. 우산의 예에서는, 오늘까지의 모든 우산 관측 결과가 주어졌을 때 이를테면 지난 수요일에 비가 왔을 확률을 계산하는 것이다. 평활화를 적용하면 시간 $k$의 상태를 $k$가 현재 시점이었을 당시보다 더 정확하게 추정할 수 있다(그때보다 증거가 더 많으므로).[3]

- **가장 그럴듯한 설명**(most likely explanation): 일련의 관측들이 주어졌을 때, 그러한 관측들이 발생하게 될 가능성이 가장 큰 일련의 상태들을 구하는 것이다. 즉, $\text{argmax}_{\mathbf{x}_{1:t}} P(\mathbf{x}_{1:t} | \mathbf{e}_{1:t})$를 계산하는 것에 해당한다. 예를 들어 처음 사흘간 우산

---

[2] '필터링'이라는 용어는 이런 부류의 문제들의 기원이 신호 처리 분야에서 신호 안의 잡음을 그 바탕에 깔린 속성들을 추정함으로써 걸러내는(filter) 문제에 대한 초기 연구임을 나타낸다.

[3] 특히, 위치 관측이 부정확한 상황에서 움직이는 물체를 추적할 때 평활화를 적용하면 필터링을 적용했을 때보다 더 '매끄러운(smooth)' 추정 궤적이 나온다. 평활화라는 이름은 이 점에서 비롯된 것이다.

을 보았지만 나흘째에는 보지 못했다면, 이에 대한 가장 그럴듯한 설명은 처음 사흘간은 비가 왔고 나흘째에는 비가 오지 않았다는 것이다. 이러한 과제를 위한 알고리즘들은 음성 인식(가장 그럴듯한 일련의 단어들을 찾는)과 잡음 섞인 통신 채널로 전송된 비트열의 재구축을 비롯한 다양한 응용 프로그램에 유용하다.

이런 추론 과제들 외에, 다음과 같은 과제도 있다.

- **학습**: 전이 모형과 감지기 모형이 아직 알려지지 않았다고 해도, 관측들로부터 그런 모형들을 배울 수 있다. 정적 베이즈망에서처럼, 동적 베이즈망의 학습 역시 추론의 부산물로서 수행할 수 있다. 추론은 실제로 발생한 전이들과 감지기 판독으로부터 발생한 상태들을 추정한다. 그러한 추정 결과들을 모형의 학습에 사용할 수 있다. 학습 과정은 **기댓값 최대화**(expectation-maximization, EM) 알고리즘이라는 반복적 알고리즘으로 진행할 수도 있고, 아니면 증거가 주어졌을 때의 모형 매개변수들의 베이즈 갱신의 결과로 일어날 수도 있다. 이에 관해서는 제20장에 좀 더 자세히 살펴본다.

이번 장의 나머지에서는 이 네 가지 추론 과제를 위한 일반적인(사용하는 구체적인 모형의 종류와는 독립적인) 알고리즘을 설명한다. 각 모형에 국한된 개선안들은 이후의 절들에서 설명한다.

## 14.2.1 필터링과 예측

§7.7.3에서 지적했듯이, 필터링 알고리즘이 유용하려면 갱신이 있을 때마다 역사 전체를 다시 훑는 것이 아니라 현재 상태 추정치를 유지하고 갱신해야 한다. (그렇게 하지 않는다면 시간이 흐름에 따라 각 갱신의 비용이 점점 비싸진다.) 다른 말로 하면, 시간 $t$까지의 필터링 결과가 주어졌을 때, 에이전트는 $t+1$에 대한 결과를 새 증거 $e_{t+1}$로부터 계산해야 한다. 즉, 어떤 함수 $f$에 대해 다음과 같은 공식을 세울 수 있다.

$$\mathbf{P}(\mathbf{X}_{t+1} \mid \mathbf{e}_{1:t+1}) = f(\mathbf{e}_{t+1}, \mathbf{P}(\mathbf{X}_t \mid \mathbf{e}_{1:t})).$$

이러한 추정 과정을 **재귀적 추정**(recursive estimation)이라고 부른다. (§4.4와 §7.7.3도 보라.) 이 계산을 두 부분으로 나누면 이해하기 쉽다. 첫 부분은 현재 상태 분포를 $t$에서 $t+1$로 순방향으로 투영(project)하는 것이고, 둘째 부분은 첫 부분의 결과를 새 증거 $e_{t+1}$을 이용해서 갱신하는 것이다. 그런데 공식을 재배치하면 이 두 부분을 상당히 간단하게 병합할 수 있다.

$$
\begin{aligned}
\mathbf{P}(\mathbf{X}_{t+1} \mid \mathbf{e}_{1:t+1}) &= \mathbf{P}(\mathbf{X}_{t+1} \mid \mathbf{e}_{1:t}, \mathbf{e}_{t+1}) && \text{(증거를 분할)}\\
&= \alpha \mathbf{P}(\mathbf{e}_{t+1} \mid \mathbf{X}_{t+1}, \mathbf{e}_{1:t}) \mathbf{P}(\mathbf{X}_{t+1} \mid \mathbf{e}_{1:t}) && \text{($\mathbf{e}_{1:t}$를 조건으로 베이즈 규칙 적용)}\\
&= \alpha \underbrace{\mathbf{P}(\mathbf{e}_{t+1} \mid \mathbf{X}_{t+1})}_{\text{갱신}} \underbrace{\mathbf{P}(\mathbf{X}_{t+1} \mid \mathbf{e}_{1:t})}_{\text{예측}} && \text{(감지기 마르코프 가정에 의해).} \qquad (14.4)
\end{aligned}
$$

여기서, 그리고 이번 장 전체에서, $\alpha$는 확률들의 합이 1이 되게 하기 위한 정규화 상수이다. 이제, 다음 상태에 대한 1단계 예측을 나타내는 $\mathbf{P}(\mathbf{X}_{t+1} \mid \mathbf{e}_{1:t})$(이것은 현재 상태 $\mathbf{X}_t$에 대한 조건화로 얻은 것이다)를 대입하면 다음과 같은 새 상태 추정 공식이 나온다. 이 공식이 이번 장의 핵심 결과이다.

$$\mathbf{P}(\mathbf{X}_{t+1} \mid \mathbf{e}_{1:t+1}) = \alpha \, \mathbf{P}(\mathbf{e}_{t+1} \mid \mathbf{X}_{t+1}) \sum_{\mathbf{x}_t} \mathbf{P}(\mathbf{X}_{t+1} \mid \mathbf{x}_t, \mathbf{e}_{1:t}) P(\mathbf{x}_t \mid \mathbf{e}_{1:t})$$

$$= \alpha \underbrace{\mathbf{P}(\mathbf{e}_{t+1} \mid \mathbf{X}_{t+1})}_{\text{감지기 모형}} \sum_{\mathbf{x}_t} \underbrace{\mathbf{P}(\mathbf{X}_{t+1} \mid \mathbf{x}_t)}_{\text{전이 모형}} \underbrace{P(\mathbf{x}_t \mid \mathbf{e}_{1:t})}_{\text{재귀}} \quad \text{(마르코프 가정)}. \tag{14.5}$$

이 공식에서 모든 항은 모형 아니면 이전 상태 추정에서 온다. 따라서 애초에 원했던 재귀 공식이 만들어진 것이다. 필터링된 추정치 $\mathbf{P}(\mathbf{X}_t \mid \mathbf{e}_{1:t})$가, 차례로 앞으로 전파되면서 각 전이에 의해 수정되고 각각의 새 증거에 의해 갱신되는 하나의 "메시지" $\mathbf{f}_{1:t}$라고 생각하면 이해에 도움이 될 것이다. 그러한 메시지 갱신 과정을 다음과 같이 정의할 수 있다.

$$\mathbf{f}_{1:t+1} = \text{FORWARD}(\mathbf{f}_{1:t}, \mathbf{e}_{t+1}).$$

여기서 FORWARD는 식 (14.5)에 나온 갱신 공식을 구현한 함수이다. 이 과정은 $\mathbf{f}_{1:0} = \mathbf{P}(\mathbf{X}_0)$에서 시작한다. 모든 상태 변수가 이산 변수이면 각 갱신에 걸리는 시간은 상수이고(즉, $t$와는 독립적), 필요한 공간 역시 상수이다. (그 상수들은 물론 상태 공간의 크기와 사용 중인 시간적 모형의 구체적인 종류에 의존한다.) 유한한 에이전트가 현재 상태 분포를 무한히 추적하기 위해서는, 갱신을 위한 시간 및 공간 요구량이 반드시 상수이어야 한다.

다음은 기본적인 우산 예제(도해 14.2)에 필터링 과정을 2회 적용해서 $\mathbf{P}(R_2 \mid u_{1:2})$를 구하는 과정이다.

- 제0일에는 아무 관측도 없다. 오직 경비원의 사전 믿음들만 있을 뿐이다. 그 사전 믿음들이 $\mathbf{P}(R_0) = \langle 0.5, \ 0.5 \rangle$로 구성된다고 하자.
- 제1일에는 우산을 보았다. 따라서 $U_1 = \textit{true}$이다. $t=0$에서 $t=1$로의 예측은 다음과 같다.

$$\mathbf{P}(R_1) = \sum_{r_0} \mathbf{P}(R_1 \mid r_0) P(r_0)$$
$$= \langle 0.7, \ 0.3 \rangle \times 0.5 + \langle 0.3, \ 0.7 \rangle \times 0.5 = \langle 0.5, \ 0.5 \rangle.$$

갱신 과정은 그냥 식 (14.4)에 나온 대로 $t=1$에 대한 증거의 확률을 곱하고 정규화한다.

$$\mathbf{P}(R_1 \mid u_1) = \alpha \, \mathbf{P}(u_1 \mid R_1) \mathbf{P}(R_1) = \alpha \langle 0.9, \ 0.2 \rangle \langle 0.5, \ 0.5 \rangle$$

$$= \alpha \langle 0.45, \ 0.1 \rangle \approx \langle 0.818, \ 0.182 \rangle.$$

- 제2일에도 우산을 보았다. 따라서 $U_2 = true$이다. $t = 1$에서 $t = 2$로의 예측은 다음과 같다.

$$\mathbf{P}(R_2 \mid u_1) = \sum_{r_1} \mathbf{P}(R_2 \mid r_1) P(r_1 \mid u_1)$$

$$= \langle 0.7, \ 0.3 \rangle \times 0.818 + \langle 0.3, \ 0.7 \rangle \times 0.182 \approx \langle 0.627, \ 0.373 \rangle,$$

그리고 이를 $t = 2$에 대한 증거로 갱신하면 다음이 나온다.

$$\mathbf{P}(R_2 \mid u_1, u_2) = \alpha \, \mathbf{P}(u_2 \mid R_2) \mathbf{P}(R_2 \mid u_1) = \alpha \langle 0.9, \ 0.2 \rangle \langle 0.627, \ 0.373 \rangle$$

$$= \alpha \langle 0.565, \ 0.075 \rangle \approx \langle 0.883, \ 0.117 \rangle.$$

직관적으로 해석하자면, 비는 지속되는(persist) 경향이 있으므로 첫째 날에서 둘째 날로 넘어오면서 비의 확률이 증가했다고 말할 수 있다. 연습문제 14.CONV(a)에서 이러한 경향을 좀 더 고찰한다.

**예측** 과제를 그냥 새 증거가 추가되지 않는 필터링이라고 생각할 수도 있다. 사실 필터링 과정에는 이미 1단계의 예측이 포함되어 있으며, $t + k$에 대한 예측으로부터 $t + k + 1$에서의 상태를 예측하는 다음과 같은 재귀 공식을 유도하는 것도 어렵지 않다.

$$\mathbf{P}(\mathbf{X}_{t+k+1} \mid \mathbf{e}_{1:t}) = \sum_{\mathbf{x}_{t+k}} \underbrace{\mathbf{P}(\mathbf{X}_{t+k+1} \mid \mathbf{x}_{t+k})}_{\text{전이 모형}} \underbrace{\mathbf{P}(\mathbf{x}_{t+k} \mid \mathbf{e}_{1:t})}_{\text{재귀}}. \tag{14.6}$$

당연하겠지만, 이 계산에는 오직 전이 모형만 관여하고 감지기 모형은 관여하지 않는다.

더 먼 미래를 예측하려 할 때 어떤 일이 생기는지 고찰해 보는 것도 재미있을 것이다. 연습문제 14.CONV(b)에서 보겠지만, 비에 대한 예측된 분포는 고정점 $\langle 0.5, 0.5 \rangle$로 수렴하며, 그 후에는 항상 상수를 유지한다.[4] 이것이 전이 모형으로 정의되는 마르코프 과정의 **시불변 분포**이다. (p.579도 보라.) 이런 분포들과 **혼합 시간**(mixing time; 대략 말하자면 고정점에 도달하기까지의 시간)의 속성들에 대해 아주 많은 것이 알려져 있다. 실용적인 관점에서 말하자면, 시불변 분포 자체가 상태 공간의 작은 영역에서 아주 날카로운 봉우리(peak)를 이루고 있는 것이 아닌 한, 혼합 시간의 아주 작은 일부보다 더 긴 시간에 해당하는 시간 단계들에 대해 실제 상태를 예측하려는 모든 시도는 반드시 실패하게 되어 있다. 전이 모형에 불확실한 것들이 많을수록 혼합 시간이 짧아져서 미래가 더욱 불투명해진다.

혼합 시간

---

[4] 만일 임의의 날을 $t = 0$으로 선택한다면, 사전 분포 $\mathbf{P}(Rain_0)$가 시불변 분포와 부합하게 만드는 것이 합당하다. 앞에서 <0.5,0.5>를 사전 분포로 선택한 것은 이 때문이다. 다른 사전 분포를 선택했다면 시불변 분포가 <0.5,0.5>가 되게 하는 과정이 필요했을 것이다.

필터링과 예측 외에, 증거열 $P(\mathbf{e}_{1:t})$의 **가능도**(likelihood)를 순방향 재귀를 이용해서 계산할 수도 있다. 이는 같은 증거열을 산출할 수 있는 서로 다른 시간적 모형들(이를테면 비의 지속성에 대한 서로 다른 두 모형)을 비교할 때 유용한 수치이다. 이 재귀에서는 가능도 메시지 $\ell_{1:t}(\mathbf{X}_t) = \mathbf{P}(\mathbf{X}_t, \mathbf{e}_{1:t})$를 사용한다. 이 메시지 계산(아래)이 필터링에 대한 메시지 계산과 동일한 것임을 증명하는 것은 어렵지 않다(연습문제 14.LIKL).

$$\ell_{1:t+1} = \text{FORWARD}(\ell_{1:t}, \mathbf{e}_{t+1}).$$

$\ell_{1:t}$를 계산했다면, $\mathbf{X}_t$를 합산 소거해서 실제 가능도를 구한다.

$$L_{1:t} = P(\mathbf{e}_{1:t}) = \sum_{\mathbf{x}_t} \ell_{1:t}(\mathbf{x}_t). \tag{14.7}$$

이 가능도 메시지가 시간이 지남에 따라 점점 길어지는 증거열들의 확률들을 나타냄을 주목하기 바란다. 증거열이 길어지면 그 확률값은 점점 작아지며, 언젠가는 부동소수점 연산에서 아래넘침(underflow) 문제가 발생하게 된다. 실제 응용에서 이는 중요한 문제이나, 여기서 그 해결책을 이야기하는 것은 그리 적합하지 않다.

## 14.2.2 평활화

앞에서 이야기했듯이, 평활화(smoothing)는 현재까지의 증거가 주어졌을 때 과거의 어떤 상태에 대한 분포를 계산하는 과정이다. 즉, $0 \le k < t$에 대한 $\mathbf{P}(\mathbf{X}_k \mid \mathbf{e}_{1:t})$를 계산한다. (도해 14.3을 보라.) 다른 과정들의 재귀적 메시지 전달 접근방식과 비슷하게, 이 계산을 두 부분으로 나눌 수 있다. 하나는 $k$까지의 증거를 적용하는 것이고, 또 하나는 $k+1$에서 $t$까지의 증거를 적용하는 것이다.

$$\begin{aligned}
\mathbf{P}(\mathbf{X}_k \mid \mathbf{e}_{1:t}) &= \mathbf{P}(\mathbf{X}_k \mid \mathbf{e}_{1:k}, \mathbf{e}_{k+1:t}) \\
&= \alpha \, \mathbf{P}(\mathbf{X}_k \mid \mathbf{e}_{1:k}) \mathbf{P}(\mathbf{e}_{k+1:t} \mid \mathbf{X}_k, \mathbf{e}_{1:k}) \\
&\qquad\qquad\qquad (\mathbf{e}_{1:k}\text{를 조건으로 베이즈 규칙을 적용}) \\
&= \alpha \, \mathbf{P}(\mathbf{X}_k \mid \mathbf{e}_{1:k}) \mathbf{P}(\mathbf{e}_{k+1:t} \mid \mathbf{X}_k) \qquad (\text{조건부 독립성을 적용}) \\
&= \alpha \, \mathbf{f}_{1:k} \times \mathbf{b}_{k+1:t}.
\end{aligned} \tag{14.8}$$

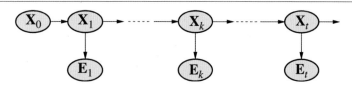

**도해 14.3** 평활화는 1에서 $t$까지의 완전한 관측열이 주어졌을 때의, 과거의 어떤 시간 $k$에서의 상태에 대한 사후 분포 $\mathbf{P}(\mathbf{X}_k \mid \mathbf{e}_{1:t})$를 계산한다.

여기서 ×는 벡터들의 성분별 곱셈을 나타낸다. 이 공식은 순방향 메시지 $\mathbf{f}_{1:k}$에 비유할 수 있는 '역방향' 메시지 $\mathbf{b}_{k+1:t} = \mathbf{P}(\mathbf{e}_{k+1:t} | \mathbf{X}_k)$를 정의한다. 순방향 메시지 $\mathbf{f}_{1:k}$는 식 (14.5)에 나와 있듯이 1에서 $k$까지의 순방향 필터링으로 계산할 수 있다. 역방향 메시지 $\mathbf{b}_{k+1:t}$를, $t$로부터 **역방향으로** 진행되는 재귀적 과정으로 계산할 수 있음이 밝혀졌다.

$$
\begin{aligned}
\mathbf{P}(\mathbf{e}_{k+1:t} | \mathbf{X}_k) &= \sum_{\mathbf{x}_{k+1}} \mathbf{P}(\mathbf{e}_{k+1:t} | \mathbf{X}_k, \mathbf{x}_{k+1}) \mathbf{P}(\mathbf{x}_{k+1} | \mathbf{X}_k) \quad (\mathbf{X}_{k+1}\text{에 대한 조건화}) \\
&= \sum_{\mathbf{x}_{k+1}} P(\mathbf{e}_{k+1:t} | \mathbf{x}_{k+1}) \mathbf{P}(\mathbf{x}_{k+1} | \mathbf{X}_k) \quad (\text{조건부 독립성에 의해}) \\
&= \sum_{\mathbf{x}_{k+1}} P(\mathbf{e}_{k+1}, \mathbf{e}_{k+2:t} | \mathbf{x}_{k+1}) \mathbf{P}(\mathbf{x}_{k+1} | \mathbf{X}_k) \\
&= \sum_{\mathbf{x}_{k+1}} \underbrace{P(\mathbf{e}_{k+1} | \mathbf{x}_{k+1})} \underbrace{P(\mathbf{e}_{k+2:t} | \mathbf{x}_{k+1})} \underbrace{\mathbf{P}(\mathbf{x}_{k+1} | \mathbf{X}_k)} \quad (14.9)
\end{aligned}
$$

마지막 단계는 $\mathbf{x}_{k+1}$을 조건으로 한 $\mathbf{e}_{k+1}$과 $\mathbf{e}_{k+2:t}$의 조건부 독립성에 의한 것이다. 이 표현식의 모든 항은 모형 또는 이전 역방향 메시지에서 온 것이므로, 우리가 원했던 재귀 공식이 만들어진 것이다. 이 과정을 메시지 형태로 표기하면 다음과 같다.

$$
\mathbf{b}_{k+1:t} = \text{BACKWARD}(\mathbf{b}_{k+2:t}, \mathbf{e}_{k+1}).
$$

여기서 BACKWARD는 식 (14.9)에 나온 갱신 과정을 구현한 함수이다. 순방향 재귀에서처럼, 각 갱신의 시간, 공간 요구량은 $t$와는 무관한 상수이다.

이제 식 (14.8)의 두 항을 시간에 대한 재귀로 계산할 수 있음이 밝혀졌다. 하나는 순방향으로, 즉 1에서 $k$로 가면서 필터링 공식(식 (14.5))을 이용해서 계산하고, 다른 하나는 역방향으로, 즉 $t$에서 $k+1$로 가면서 식 (14.9)를 이용해서 계산하면 된다.

역방향 과정이 $\mathbf{b}_{t+1:t} = \mathbf{P}(\mathbf{e}_{t+1:t} | \mathbf{X}_t) = \mathbf{P}(\,|\, \mathbf{X}_t) = \mathbf{1}$로 시작함을 주목하자. 여기서 **1**은 1들로만 이루어진 벡터이다. 증거 $\mathbf{e}_{t+1:t}$가 빈 순차열이므로, 그것을 관측할 확률은 1이기 때문이다.

그럼 이 알고리즘을 우산 예제에 적용해서, 제1일과 제2일의 우산 관측 증거들이 주어졌을 때 시간 $k=1$에서 비가 올 확률의 평활화 추정치를 계산해 보자. 식 (14.8)에 의해, 그 확률은 다음과 같이 주어진다.

$$
\mathbf{P}(R_1 | u_1, u_2) = \alpha \, \mathbf{P}(R_1 | u_1) \mathbf{P}(u_2 | R_1). \tag{14.10}
$$

첫 항이 $\langle .818, .182 \rangle$임은 알고 있다. 앞에서 서술한 순방향 필터링 과정에서 이미 구했었다. 둘째 항은 식 (14.9)의 역방향 재귀 공식으로 계산하면 된다.

$$
\begin{aligned}
\mathbf{P}(u_2 | R_1) &= \sum_{r_2} P(u_2 | r_2) P(\,|\, r_2) \mathbf{P}(r_2 | R_1) \\
&= (0.9 \times 1 \times \langle 0.7, \, 0.3 \rangle) + (0.2 \times 1 \times \langle 0.3, \, 0.7 \rangle) = \langle 0.69, \, 0.41 \rangle.
\end{aligned}
$$

이를 식 (14.10)에 대입하면 제1일의 비 확률의 평활화 추정치가 나온다.

$$\mathbf{P}(R_1 \mid u_1, u_2) = \alpha \langle 0.818,\ 0.182 \rangle \times \langle 0.69,\ 0.41 \rangle \approx \langle 0.883,\ 0.117 \rangle.$$

이 수치에서 보듯이, 제1일에 비가 올 평활화된 추정 확률은 필터링된 추정 확률(0.818)보다 높다. 이는, 제2일에 우산을 보았기 때문에 제2일에 비가 왔을 확률이 더 높아졌으며, 비의 지속 경향에 의해 제1일에도 비가 왔을 확률이 더 높아졌기 때문이다.

순방향 재귀와 역방향 재귀 모두, 각 단계에 걸리는 시간은 상수이다. 따라서 증거 $\mathbf{e}_{1:t}$에 대한 평활화의 시간 복잡도는 $O(t)$이다. 이는 특정 시간 단계 $k$에서의 평활화의 복잡도이다. 증거열 전체에 대한 평활화를 수행한다면, 가장 명백한 접근방식은 그냥 평활화할 각 시간 단계마다 전체 평활화 과정을 실행하는 것이다. 그러면 시간 복잡도는 $O(t^2)$가 된다.

더 나은 접근방식은 동적 계획법을 간단히 적용해서 복잡도를 $O(t)$로 줄이는 것이다. 앞에서 우산 예제를 분석할 때 순방향 필터링 과정의 결과들을 재사용할 수 있음을 언급했는데, 그것이 복잡도를 $O(t)$로 줄이는 방법의 힌트가 될 것이다. 선형 시간 알고리즘에서 관건은 전체 순차열에 대한 순방향 필터링의 **결과들을 기록**하는 것이다. 그런 다음 $t$에서 1로 역방향 재귀를 실행하면서, 각 시간 단계 $k$의 평활화된 추정치를 이전에 계산한 역방향 메시지 $\mathbf{b}_{k+1:t}$와 기록해 둔 순방향 메시지 $\mathbf{f}_{1:k}$로부터 계산하면 된다. **순방향-역방향 알고리즘**(forward–backward algorithm)이라는 당연한 이름으로 부르는 이러한 알고리즘이 도해 14.4에 나와 있다.

순방향-역방향
알고리즘

날카로운 독자라면 도해 14.3에 나온 베이즈망 구조가 p.565에 정의된 **다중트리**(polytree)임을 알아챘을 것이다. 이는, 군집화 알고리즘을 직접 적용해도 전체 순차열의 평활화된 추정치를 계산하는 선형 시간 알고리즘이 산출됨을 뜻한다. 이제는 순방향-역방향 알고리즘이 사실은 군집화 방법들에 쓰이는 다중트리 알고리즘의 한 특수 사례라는 점이 밝혀졌다(둘이 따로 개발되긴 했지만).

순방향-역방향 알고리즘은 잡음 섞인 관측들의 순차열을 다루는 여러 응용 프로그램에서 계산의 골격을 이룬다. 이전에 설명했듯이, 실제 응용에서 이 알고리즘은 두 가지 단점을 노출한다. 하나는 상태 공간이 크고 순차열이 길면 공간 복잡도가 너무 크다는 것이다. 공간 복잡도는 $O(|\mathbf{f}|t)$인데, $|\mathbf{f}|$는 순방향 메시지의 표현의 크기이다. 연습문제 14.ISLE에서 보겠지만, 시간 복잡도를 $\log t$배 증가하는 대신 공간 복잡도를 $O(|\mathbf{f}|\log t)$로 줄이는 방법이 있다. 한편, 상수 공간 알고리즘을 적용할 수 있는 경우도 있다(§14.3을 보라).

기본적인 순방향-역방향 알고리즘의 또 다른 단점은, 관측열의 끝에 새로운 관측들이 계속해서 추가됨에 따라 이전 시간 조각들의 평활화된 추정치들을 계산해야 하는 **온라인** 상황에 적용하려면 알고리즘을 수정할 필요가 있다는 것이다. 그런 응용에서 가장 흔한 요구사항은 **고정 시차 평활화**(fixed-lag smoothing)이다. 이는 고정된 $d$에 대한 평활화된 추정치 $\mathbf{P}(\mathbf{X}_{t-d} \mid \mathbf{e}_{1:t})$를 계산하는 것, 다시 말해 현재 시간 $t$로부터 $d$개의 이

고정 시차 평활화

**도해 14.4** 평활화를 위한 순방향-역방향 알고리즘. 관측열이 주어졌을 때 상태들의 순차열에 대한 사후 확률들을 계산한다. FORWARD 연산자와 BACKWARD 연산자는 각각 식 (14.5)와 식 (14.9)로 정의된다.

전 시간 단계들에 대해 평활화를 수행하는 것을 말한다. $t$가 증가함에 따라 평활화도 그것을 따라잡아야 한다. 물론 새 관측이 추가될 때마다 $d$개의 단계들로 이루어진 '구간'에 대해 순방향-역방향 알고리즘을 실행하면 되지만, 별로 효율적이지 않을 것이다. §14.3에서, 경우에 따라서는 고정 시차 평활화를 갱신당 상수 시간으로, 즉 시차(lag) $d$와는 독립적인 시간으로 수행할 수 있음을 볼 것이다.

## 14.2.3 가장 그럴듯한 순차열 찾기

비밀 시설 경비원이 처음 5일간 관측한 우산 여부 관측열이 $[true, true, false, true, true]$라고 하자. 이를 가장 그럴듯하게 설명하는 날씨들의 순차열은 무엇일까? 제3일에 우산을 보지 못했다는 것이 그날 비가 오지 않았음을 뜻할까, 아니면 그냥 관리자가 깜빡하고 우산을 가져오지 않은 것일까? 제3일에 비가 오지 않았다면, 아마도(날씨는 지속되는 경향이 있으므로) 제4일에도 비가 오지 않았을 것이다. 그러나 관리자는 혹시 비가 올지도 모른다고 생각하고 우산을 가지고 왔다. 이러한 사항들을 모두 고려하면, 선택할 수 있는 날씨 순차열은 $2^5$가지이다. 그 모든 경우를 일일이 나열해서 그 가능도(likelihood)들을 계산하지 않고도 관측열을 가장 그럴듯하게 설명하는 하나의 날씨열을 찾을 수 있을까?

　이를 위해, 각 시간 단계의 날씨의 사후 분포를 평활화를 이용해서 구하고, 그런 다음 각 시간 단계에서 그 사후 분포에 근거할 때 가장 그럴듯한 날씨를 택해서 날씨열을 구축한다는 선형 시간 절차를 시도해 볼 수 있다. 그러나 이러한 절차에서 뭔가 꺼림칙한 부분을 발견할 수 있을 것이다. 바로, 평활화로 계산하는 사후 분포는 하나의 시간 단계에 대한 분포이지만, 가장 그럴듯한 순차열을 찾으려면 모든 시간 단계에 대한 결합 확률들을 고려해야 한다는 것이다. 사실 그 두 결과는 상당히 다를 수 있다. (연습문제 14.VITE를 보라.)

가장 그럴듯한 순차열을 찾는 선형 시간 알고리즘이 **실제로** 있긴 하지만, 이해하기는 좀 더 어렵다. 그 알고리즘은 효율적인 필터링, 평활화 알고리즘을 가능하게 한 동일한 마르코프 성질에 의존한다. 여기서 핵심은, 각 순차열을 가능한 상태들의 그래프(각 시간 단계에서 가능한 **상태**들을 노드들로 하는 그래프)를 통과하는 하나의 **경로**로 보는 것이다. 우산 세계에 대한 그러한 그래프가 도해 14.5(a)에 나와 있다. 이제 이 그래프를 통과하는 가장 그럴듯한 경로를 찾는 과제를 생각해 보자. 한 경로가 얼마나 그럴듯한지는 그 경로에 있는 전이 확률들과 각 상태에서의 주어진 관측들의 확률들의 곱으로 나타낸다.

상태 $Rain_5 = true$에 도달하는 경로들만 살펴보기로 하자. 마르코프 성질에 의해, $Rain_5 = true$로의 가장 그럴듯한 경로는 시간 단계 4에서 **어떤** 상태에 도달하며 그다음에 $Rain_5 = true$로 전이되는 경로이다. 그리고 시간 단계 4에서의 그 상태는 $Rain_5 = true$로의 가장 그럴듯한 경로의 일부이다. 다른 말로 하면, 각 **상태** $\mathbf{x}_{t+1}$로의 가장 그럴듯한 경로와 각 **상태** $\mathbf{x}_t$로의 가장 그럴듯한 경로 사이에는 재귀적인 관계가 존재한다.

이러한 성질을 직접 이용해서, 주어진 증거에 대한 가장 그럴듯한 경로를 구축하는 재귀적 알고리즘을 구축할 수 있다. 필터링 알고리즘의 순방향 메시지 $\mathbf{f}_{1:t}$와 비슷한, 재귀적으로 계산되는 메시지 $m_{1:t}$를 사용하기로 하자. 이 메시지는 다음과 같이 정의된다.[5]

$$\mathbf{m}_{1:t} = \max_{\mathbf{x}_{1:t-1}} \mathbf{P}(\mathbf{x}_{1:t-1}, \mathbf{X}_t, \mathbf{e}_{1:t}).$$

$\mathbf{m}_{1:t+1}$과 $\mathbf{m}_{1:t}$ 사이의 재귀 관계식을 구하기 위해, 식 (14.5)에서 사용한 것과 다소 비슷한 단계들을 반복한다.

$$\begin{aligned}
\mathbf{m}_{1:t+1} &= \max_{\mathbf{x}_{1:t}} \mathbf{P}(\mathbf{x}_{1:t}, \mathbf{X}_{t+1}, \mathbf{e}_{1:t+1}) = \max_{\mathbf{x}_{1:t}} \mathbf{P}(\mathbf{x}_{1:t}, \mathbf{X}_{t+1}, \mathbf{e}_{1:t}, e_{t+1}) \\
&= \max_{\mathbf{x}_{1:t}} \mathbf{P}(e_{t+1} | \mathbf{x}_{1:t}, \mathbf{X}_{t+1}, \mathbf{e}_{1:t}) \mathbf{P}(\mathbf{x}_{1:t}, \mathbf{X}_{t+1}, \mathbf{e}_{1:t}) \\
&= \mathbf{P}(e_{t+1} | \mathbf{X}_{t+1}) \max_{\mathbf{x}_{1:t}} \mathbf{P}(\mathbf{X}_{t+1}, | \mathbf{x}_t) \mathbf{P}(\mathbf{x}_{1:t}, \mathbf{e}_{1:t}) \\
&= \mathbf{P}(e_{t+1} | \mathbf{X}_{t+1}) \max_{\mathbf{x}_t} \mathbf{P}(\mathbf{X}_{t+1}, | \mathbf{x}_t) \max_{\mathbf{x}_{1:t-1}} P(\mathbf{x}_{1:t-1}, \mathbf{x}_t, \mathbf{e}_{1:t}) \quad (14.11)
\end{aligned}$$

---

[5] 이들이 곧 상태 $\mathbf{X}_t$들에 도달하는 가장 그럴듯한 경로들의 조건부 확률(증거가 주어졌을 때의)들인 것은 아님을 주의하자. 그런 조건부 확률은 $\max_{\mathbf{x}_{1:t-1}} \mathbf{P}(\mathbf{x}_{1:t-1}, \mathbf{X}_t | \mathbf{e}_{1:t})$이다. 그러나 두 벡터는 하나의 상수 계수 $P(\mathbf{e}_{1:t})$로 연관된다. 사실 이들의 차이는 별로 중요하지 않다. 왜냐하면 $\max$ 연산자는 상수 계수들을 신경쓰지 않기 때문이다. $\mathbf{m}_{1:t}$를 이런 식으로 정의하면 재귀 공식이 약간 더 간단해진다.

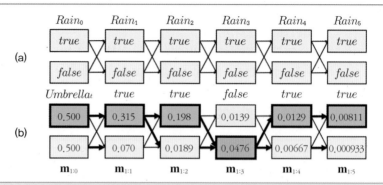

**도해 14.5** (a) $Rain_t$에 대해 가능한 상태들의 순차열을 각 시간 단계에서의 가능한 상태들의 그래프 안을 이동하는 경로로 간주할 수 있다. (베이즈망의 노드와 혼동하지 않도록, 상태를 사각형으로 표시했다.) (b) 우산 관측열 [$true$, $true$, $false$, $true$, $true$]에 대한 비터비 알고리즘의 작동 과정. 증거는 시점 1에서 시작한다. 각 $t$에 대한 메시지 $\mathbf{m}_{1:t}$의 값이 표시되어 있다. 그 값들은 시간 $t$에서 각 상태에 도달하는 최상의 순차열의 확률에 해당한다. 또한, 한 상태를 가리키는 굵은 화살표는 이전의 순차열 확률과 전이 확률의 곱을 기준으로 한 최상의 선행 상태를 나타낸다. 가장 그럴듯한 상태 $\mathbf{m}_{1:5}$에서부터 굵은 화살표들을 역방향으로 짚어 나가면 가장 그럴듯한 순차열(굵은 외곽선과 짙은 바탕색으로 표시된)이 만들어진다.

여기서 마지막 항 $\max_{\mathbf{x}_{1:t-1}} P(\mathbf{x}_{1:t-1}, \mathbf{x}_t, \mathbf{e}_{1:t})$은 바로 메시지 벡터 $\mathbf{m}_{1:t}$에 있는, 특정 상태 $\mathbf{x}_t$에 대한 벡터 성분이다. 식 (14.11)은 본질적으로 필터링 공식(식 (14.5))과 같되, 식 (14.5)의 $\mathbf{x}_t$에 관한 합산이 식 (14.11)에서는 $\mathbf{x}_t$에 대한 최대화로 바뀌었다. 그리고 식 (14.11)에는 정규화 상수 $\alpha$가 없다. 따라서, 가장 그럴듯한 순차열을 계산하는 알고리즘은 필터링 알고리즘과 비슷하다. 이 알고리즘은 시간 0에서 사전 분포 $\mathbf{m}_{1:0} = \mathbf{P}(\mathbf{X}_0)$로 시작해서 순차열을 따라가면서 각 시간 단계에서 $\mathbf{m}$ 메시지를 식 (14.11)을 이용해서 계산한다. 이 계산이 진행되는 과정이 도해 14.5(b)에 나와 있다.

관측열의 끝에 도달했을 때 $\mathbf{m}_{1:t}$은 각각의 최종 상태에 도달하는 가장 그럴듯한 순차열의 확률들을 담은 상태가 된다. 그로부터 전체적으로 가장 그럴듯한 순차열(그림의 단계 5에서 굵은 테두리로 표시된 상태)을 선택하는 것은 쉬운 일이다. 그 순차열을 실제로 얻으려면 알고리즘은 상태마다 그 상태로 이어지는 최상의 상태도 기록해야 한다. 도해 15.5(b)에서 굵은 화살표가 그런 상태들을 나타낸다. 최상의 최종 상태에서 그 굵은 화살표들을 거꾸로 짚어 나가면 그러한 최적의 순차열이 나온다.

비터비 알고리즘 지금까지 설명한 알고리즘을 그 창안자의 이름을 따서 **비터비 알고리즘**(Viterbi algorithm)이라고 부른다. 필터링 알고리즘처럼, 이 알고리즘의 시간 복잡도는 순차열의 길이 $t$에 대해 선형적이다. 그러나 상수 공간을 사용하는 필터링과는 달리 이 알고리즘은 공간 복잡도도 $t$에 대해 선형이다. 이 때문에 비터비 알고리즘을 구현할 때는 각 상태로 이어지는 최상의 순차열을 식별하는 포인터들을 유지할 필요가 있다.

비터비 알고리즘 구현 시 주의할 점을 하나 더 말하자면, 비터비 알고리즘에서는 수치의 아래넘침(underflow)이 큰 문제가 된다 도해 14.5(b) 같은 장난감 예제에서도 확률들은 점점 더 작아진다. DNA 분석이나 메시지 복호화 같은 실제 응용에서는 단계의 수가 수천은 물론 수백만일 수도 있다. 아래넘침에 대한 해결책 하나는 그냥 각 단계에서 **m**를 정규화하는 것이다. $\max(cx, cy) = c \cdot \max(x, y)$이므로, 이러한 재비례(rescaling)이 정확성에 영향을 미치지는 않는다. 또 다른 해결책은 모든 곳에서 로그 확률을 사용하고 곱셈을 덧셈으로 대체하는 것이다. 이 경우에도 정확성은 훼손되지 않는데, 로그 함수는 단조이므로 $\max(\log x, \log y) = \log \max(x, y)$이기 때문이다.

# 14.3 은닉 마르코프 모형

앞에서 전이 모형과 감지기 모형의 구체적인 형태와 독립적이고 상태의 성격이나 증거 변수들과도 독립적인 일반적 틀을 이용한 시간적 확률 추론 알고리즘들을 살펴보았다. 이번 절과 다음 두 절에서는 그러한 기본 알고리즘들의 위력을 보여 주는 몇 가지 구체적인 모형들과 응용들을 논의한다. 몇몇 예에서는 개선안들도 고찰할 것이다.

은닉 마르코프 모형

우선, 줄여서 **HMM**이라고 흔히 표기하는 **은닉 마르코프 모형**(hidden Markov model)을 살펴보자. HMM은 과정의 상태를 이산 확률 변수 하나로 서술하는 시간적 확률 모형이다. 그 변수가 가질 수 있는 값들은 세계의 가능한 상태들이다. 이전 절의 우산 예제는 상태 변수가 $Rain_t$ 하나이므로 HMM에 해당한다. 그런데 상태 변수가 둘 이상이면 어떻게 해야 할까? 그런 경우라도 두 변수를 하나의 '메가변수(megavariable)'로 결합해서 HMM의 틀을 적용할 수 있다. 그러한 메가변수가 가질 수 있는 값들은 개별 상태 변수들의 값들의 모든 가능한 튜플이다. 이후에 보겠지만, HMM의 이러한 제한된 구조 덕분에 모든 기본 알고리즘을 간단하고 우아한 행렬 형태로 구현할 수 있다.[6]

**HMM**에서 **상태**는 하나의 이산 변수이어야 하지만, 증거 변수들에는 그러한 제약이 없다. 이는 증거 변수들이 항상 관측되므로 그 값들에 관한 그 어떤 분포도 유지할 필요가 없기 때문이다. (만일 어떤 시간 단계에서 어떤 변수가 관측되지 않는다면, 그 시간 단계에서는 그냥 그 변수를 모형에서 제외시키면 된다.) 증거 변수는 여러 개일 수 있으며, 이산일 수도 있고 연속일 수도 있다.

## 14.3.1 단순화된 행렬 알고리즘

모형의 상태 변수가 이산 변수 $X_t$ 하나뿐이면 전이 모형과 감지기 모형, 그리고 순방향·역방향 메시지들을 구체적인 형태로 표현할 수 있다. 상태 변수 $X_t$의 값이 정수 $1, \dots, S$

---

6 벡터와 행렬에 대한 기본적인 연산들에 익숙하지 않은 독자는 먼저 부록 A를 본 후 이번 절을 읽는 것이 좋을 것이다.

라고 하자. 여기서 $S$는 가능한 상태의 개수이다. 그러면 전이 모형 $\mathbf{P}(X_t \mid X_{t-1})$은 다음과 같은 성분들로 이루어진 $S \times S$ 행렬 $\mathbf{T}$가 된다.

$$\mathbf{T}_{ij} = P(X_t = j \mid X_{t-1} = i).$$

즉, $\mathbf{T}_{ij}$는 상태 $i$에서 상태 $j$로 전이할 확률이다. 예를 들어 상태 $Rain = true$과 $Rain = false$에 번호 1과 2를 부여한다고 할 때, 도해 14.2에 정의된 우산 세계의 전이 행렬은 다음과 같다.

$$\mathbf{T} = \mathbf{P}(X_t \mid X_{t-1}) = \begin{pmatrix} 0.7 & 0.3 \\ 0.3 & 0.7 \end{pmatrix}.$$

감지기 모형 역시 행렬 형태로 표현할 수 있다. 이 경우, 증거 변수 $E_t$의 값이 시간 $t$에서 알려져 있으므로(그 값을 $e_t$라고 하자), 상태마다 그 상태에서 $e_t$가 나타날 확률만 지정하면 된다. 즉, 각 상태 $i$에 대해 $P(e_t \mid X_t = i)$만 지정하면 된다. 수학 계산과 표기상의 편의를 위해, 시간 단계 $t$에서의 그러한 값들을 $i$번째 대각 성분이 $P(e_t \mid X_t = i)$이고 다 **관측 행렬** 른 성분들은 모두 0인 형태로 $S \times S$ 대각행렬 $\mathbf{O}_t$에 배치한다. 이러한 행렬을 **관측 행렬** (observation matrix)라고 부른다. 예를 들어 도해 14.5에 나온 우산 세계의 제1일에서 예를 들어 도해 14.5의 우산 세계에서 제1일에서 $U_1 = true$, 제3일에는 $U_3 = false$ 등이므로, 해당 관측 행렬들은 다음과 같다.

$$\mathbf{O}_1 = \begin{pmatrix} 0.9 & 0 \\ 0 & 0.2 \end{pmatrix}; \qquad\qquad \mathbf{O}_3 = \begin{pmatrix} 0.1 & 0 \\ 0 & 0.8 \end{pmatrix}.$$

더 나아가서, 순방향 메시지들과 역방향 메시지들을 열벡터로 표현하면 모든 계산이 간단한 행렬-벡터 연산이 된다. 이제 식 (14.5)의 순방향 갱신 공식을 다음과 같이 표기할 수 있다.

$$\mathbf{f}_{1:t+1} = \alpha \mathbf{O}_{t+1} \mathbf{T}^\top \mathbf{f}_{1:t}. \tag{14.12}$$

그리고 식 (14.9)의 역방향 공식은 다음이 된다.

$$\mathbf{b}_{k+1:t} = \mathbf{T} \mathbf{O}_{k+1} \mathbf{b}_{k+2:t}. \tag{14.13}$$

이러한 공식들을 잘 살펴보면, 길이가 $t$인 순차열에 대한 순방향-역방향 알고리즘의 시간 복잡도(도해 14.4)를 구할 수 있다. 각 단계에서 성분이 $S$개인 벡터에 $S \times S$ 행렬을 곱하므로, 시간 복잡도는 $O(S^2 t)$이다. 공간 복잡도는 순방향 과정에서 크기가 $S$인 벡터 $t$개를 저장하므로 $O(St)$이다.

이러한 행렬 표기를 이용하면 HMM에 대한 필터링 알고리즘과 평활화 알고리즘을 우아하게 서술할 수 있다. 게다가 이러한 행렬 형식화는 알고리즘들에서 개선안을 찾아낼 기회도 제공한다. 예를 들어 순방향-역방향 알고리즘을 조금 변형해서, 평활화를 순차열의 길이와는 독립적인 상수 공간에서 수행하는 개선된 알고리즘을 만들 수 있다. 그러한 개선에 깔린 기본 착안은 이런 것이다. 식 (14.8)에 따르면, 임의의 특정한 시간 조각 $k$에 대한 평활화를 위해서는 순방향 메시지 $\mathbf{f}_{1:k}$와 역방향 메시지 $\mathbf{b}_{k+1:t}$가 동시에 필요하다. 이를 위해 순방향-역방향 알고리즘은 순방향 과정에서 계산한 $\mathbf{f}$를 저장해 두고 역방향 과정에서 그것들을 사용한다. 그런데 그렇게 하는 대신, 하나의 과정에서 $\mathbf{f}$와 $\mathbf{b}$를 같은 방향으로 전파할 수도 있다. 예를 들어, 만일 식 (14.12)를 반대 방향으로 작동하도록 다음과 같이 변경한다면 '순방향' 메시지 $\mathbf{f}$를 역방향으로 전파할 수 있다.

$$\mathbf{f}_{1:t} = \alpha' (\mathbf{T}^{\top})^{-1} \mathbf{O}_{t+1}^{-1} \mathbf{f}_{1:t+1}.$$

이런 식으로 수정된 평활화 알고리즘은 우선 표준적인 순방향 과정을 실행해서 $\mathbf{f}_{t:t}$를 계산한다(이때 중간 결과들을 저장하지 않는다). 그런 다음 $\mathbf{b}$와 $\mathbf{f}$를 함께 처리하는 역방향 과정을 실행해서, 그 둘을 이용해서 각 단계에서의 평활화된 추정치를 계산한다. 각 메시지의 복사본을 하나만 두면 되므로, 저장 공간 요구량은 상수이다(즉, 순차열의 길이 $t$와는 독립적이다). 그러나 이 알고리즘에는 중요한 제약이 두 가지 있다. 하나는 전이 행렬이 반드시 가역행렬이어야 한다는 것이고, 또 하나는 감지기 모형에 0이 없어야 한다는 것, 즉 모든 상태에서 모든 관측이 가능해야 한다는 것이다.

행렬 형식화를 통해 알고리즘을 개선한 또 다른 예는 고정된 시차를 가진 **온라인 평활화**(online smoothing)이다. 평활화를 상수 공간에서 수행할 수 있다는 것은 온라인 평활화를 수행하는 효율적인 재귀적 알고리즘이 반드시 존재함을 암시한다. 여기서 '효율적'은 알고리즘의 시간 복잡도가 시차의 길이에 의존하지 않는다는 뜻이다. 시차의 길이가 $d$라고 하자. 즉, 현재 시간이 $t$일 때 시간 조각 $t-d$에서의 평활화 추정치를 구한다고 하자. 식 (14.8)에 의해, 시간 조각 $t-d$에 대한

$$\alpha \mathbf{f}_{1:t-d} \times \mathbf{b}_{t-d+1:t}$$

를 계산해야 한다. 그런 다음, 새 관측이 도착하면 시간 조각 $t-d+1$에 대한

$$\alpha \mathbf{f}_{1:t-d+1} \times \mathbf{b}_{t-d+2:t+1}$$

을 계산해야 한다. 이를 점진적으로 수행하려면 어떻게 해야 할까? 우선, $\mathbf{f}_{1:t-d+1}$을 $\mathbf{f}_{1:t-d}$로부터 계산하는 것은 식 (14.5)의 표준 필터링 과정을 이용하면 된다.

역방향 메시지를 점진적으로 계산하는 것은 좀 더 까다롭다. 이는 기존의 역방향 메시지 $\mathbf{b}_{t-d+1:t}$와 새 역방향 메시지 $\mathbf{b}_{t-d+2:t+1}$ 사이에 간단한 관계가 성립하지 않기 때문이다. 대신, 기존의 역방향 메시지 $\mathbf{b}_{t-d+1:t}$와 순차열 제일 앞의 역방향 메시지 $\mathbf{b}_{t+1:t}$의 관계를 조사해 보자. 이를 위해 식 (14.13)을 $d$번 적용하면 다음이 나온다.

$$\mathbf{b}_{t-d+1:t} = \left( \prod_{i=t-d+1}^{t} \mathbf{TO}_i \right) \mathbf{b}_{t+1:t} = \mathbf{B}_{t-d+1:t}\mathbf{1}. \tag{14.14}$$

여기서 행렬 $\mathbf{B}_{t-d+1:t}$는 $\mathbf{T}$의 순차열과 $\mathbf{O}$ 행렬들을 곱한 것이고 1은 1들로만 이루어진 벡터이다. $\mathbf{B}$를, 나중의 역방향 메시지들을 그보다 이른 역방향 메시지들로 변환하는 '변환 연산자'라고 생각해도 된다. 다음번 관측이 도착한 이후의 새 역방향 메시지들에 대해서도 비슷한 공식이 성립한다.

$$\mathbf{b}_{t-d+2:t+1} = \left( \prod_{i=t-d+2}^{t+1} \mathbf{TO}_i \right) \mathbf{b}_{t+2:t+1} = \mathbf{B}_{t-d+2:t+1}\mathbf{1}. \tag{14.15}$$

식 (14.14)와 식 (14.15)의 곱 부분을 조사해 보면 이들에 비슷한 관계가 있음을 알 수 있다. 두 경우 모두, 첫 곱을 첫 성분 $\mathbf{TO}_{t-d+1}$로 "나누고", 거기에 새 마지막 성분 $\mathbf{TO}_{t+1}$을 곱해서 둘째 곱을 구한다. 행렬의 어법으로 표현하자면, 기존 행렬 $\mathbf{B}$와 새 행렬 $\mathbf{B}$ 사이에는 다음과 같은 간단한 관계가 존재한다.

$$\mathbf{B}_{t-d+2:t+1} = \mathbf{O}_{t-d+1}^{-1}\mathbf{T}^{-1}\mathbf{B}_{t-d+1:t}\mathbf{TO}_{t+1}. \tag{14.16}$$

이것이 $\mathbf{B}$ 행렬의 점진적 갱신을 위한 공식이다. 이를 식 (14.15)에 적용하면 새 역방향 메시지 $\mathbf{b}_{t-d+2:t+1}$을 구할 수 있다. $\mathbf{f}$와 $\mathbf{B}$의 저장 및 갱신을 요구하는 완결적인 알고리즘이 도해 14.6에 나와 있다.

## 14.3.2 은닉 마르코프 모형의 예: 위치 결정

진공청소기 세계에 대한 간단한 형태의 문제를 p.176에서 소개했었다. 그 버전에서 로봇의 유일한 동작은 비결정론적인 *Move* 동작이고, 로봇의 감지기들은 동, 서, 남, 북 방향의 인접 칸에 장애물이 있는지의 여부를 완벽하게 보고하며, 로봇의 믿음 상태는 자신이 있을 수 있는 위치들의 집합이었다.

이번에는 예를 약간 더 사실적으로 만들기 위해, 감지기에 잡음이 섞일 수 있게 하고, 로봇이 무작위로(확률적으로) 이동한다는 개념도 형식화한다. 로봇은 임의의 인접한 빈 칸으로 이동하는데, 모든 인접 빈칸은 선택 확률이 같다. 상태 변수 $X_t$는 이산적인 격자에서의 로봇 위치를 나타낸다. 이 변수의 정의역은 빈칸들의 집합인데, 그 빈칸들을 정수 번호 $\{1, \ldots, S\}$로 지칭하기로 한다. $\text{NEIGHBORS}(i)$가 칸 $i$에 인접한 빈칸들의 집합이고 $N(i)$가 그 집합의 크기라고 하자. 다음은 *Move* 동작에 대한 전이 모형이다. 이 모형은 로봇이 한 번 이동했을 때 각각의 이웃 칸에 도달할 확률이 모두 동일함을 나타낸다.

$$P(X_{t+1} = j \mid X_t = i) = \mathbf{T}_{ij} = \begin{cases} \text{만일 } j \in \text{NEIGHBORS}(i)\text{이면 } 1/N(i) \\ \text{그렇지 않으면 } 0. \end{cases}$$

**function** FIXED-LAG-SMOOTHING($e_t$, $hmm$, $d$) **returns** $\mathbf{X}_{t-d}$에 대한 분포

　　**입력:** $e_t$, 시간 단계 $t$에 대한 현재 증거

　　　　　$hmm$, $S \times S$ 전이 행렬 $\mathbf{T}$를 가진 은닉 마르코프 모형

　　　　　$d$, 평활화의 시차(lag) 길이

　　**지속 변수:** $t$, 현재 시간, 초기에는 1

　　　　　　　$\mathbf{f}$, 순방향 메시지 $\mathbf{P}(X_t \mid e_{1:t})$, 초기에는 $hmm$.PRIOR

　　　　　　　$\mathbf{B}$, $d$단계 역방향 변환 행렬, 초기에는 단위행렬

　　　　　　　$e_{t-d:t}$, $t-d$에서 $t$까지의 증거들을 담은 양방향 목록(double-ended list), 초기에는 비어 있음

　　**지역 변수:** $\mathbf{O}_{t-d}$, $\mathbf{O}_t$, 감지기 모형 정보를 담은 대각행렬들

　　$e_t$를 $e_{t-d:t}$의 끝에 추가
　　$\mathbf{O}_t \leftarrow \mathbf{P}(e_t \mid X_t)$을 담은 대각행렬
　　**if** $t > d$ **then**
　　　　$\mathbf{f} \leftarrow$ FORWARD$(\mathbf{f}, e_{t-d})$
　　　　$e_{t-d:t}$의 시작에서 $e_{t-d-1}$을 제거
　　　　$\mathbf{O}_{t-d} \leftarrow \mathbf{P}(e_{t-d} \mid X_{t-d})$를 담은 대각행렬
　　　　$\mathbf{B} \leftarrow \mathbf{O}_{t-d}^{-1} \mathbf{T}^{-1} \mathbf{B} \mathbf{T} \mathbf{O}_t$
　　**else** $\mathbf{B} \leftarrow \mathbf{B} \mathbf{T} \mathbf{O}_t$
　　$t \leftarrow t+1$
　　**if** $t > d+1$ **then return** NORMALIZE$(\mathbf{f} \times \mathbf{B1})$ **else return** 널

> **도해 14.6**　고정된 시차가 $d$단계인 평활화 알고리즘. 새 시간 단계에 대한 관측이 주어질 때마다 새 평활화된 추정치를 돌려주는 온라인 알고리즘의 형태로 구현되었다. 최종 출력 NORMALIZE$(\mathbf{f} \times \mathbf{B1})$이 식 (14.14)에 의해 그냥 $\alpha\, \mathbf{f} \times \mathbf{b}$임을 주목할 것.

로봇의 시작 위치는 모른다. 따라서 시작 위치가 모든 칸에 대해 고른 분포를 따른다고, 즉 $P(X_0 = i) = 1/S$이라고 가정한다. 이하의 논의는 도해 14.7에 나온 특정한 진공청소기 세계를 사용한다. 이 설정에서 $S = 42$이고 전이 행렬 $\mathbf{T}$는 $42 \times 42 = 1764$개의 성분으로 이루어진 행렬이다.

　　감지기 변수 $E_t$에 가능한 값은 16가지로, 각 값은 순서대로 북, 동, 남, 서 방향에 장애물이 있는지(1) 또는 없는지(0)를 나타내는 4비트열이다. 예를 들어 북쪽과 남쪽 감지기들은 장애물의 존재를 보고했지만 동쪽과 서쪽 감지기들은 보고하지 않았다면, 그러한 지각에 해당하는 값은 1010이다. 각 감지기의 오류율이 $\epsilon$이고, 네 방향의 감지기들에서 오류가 각자 독립적으로 발생한다고 하자. 이 경우 네 비트 모두 정확할 확률은 $(1 - \epsilon)^4$이고, 모든 비트가 오류일 확률은 $\epsilon^4$이다. 더 나아가서, 한 칸에서의 인접 장애물 존재 여부의 참값과 감지기들의 실제 판독 값 $e_t$의 서로 다른 비트 개수를 불일치도(discrepancy)라고 부르고 $d_{it}$로 표기할 때, 칸 $i$에 있는 로봇이 판독 값 $e_t$를 받을 확률은 다음과 같이 주어진다.

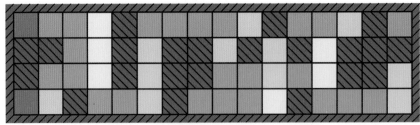

(a) $E_1 = 1011$ 이후의 로봇 위치에 대한 사후 분포

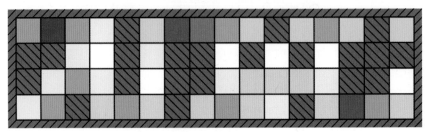

(b) $E_1 = 1011$, $E_2 = 1010$ 이후의 로봇 위치에 대한 사후 분포

> **도해 14.7** 로봇 위치에 관한 사후 분포: (a) 관측 $E_1 = 1011$(북·남·서에 장애물이 있음)을 받은 후. (b) 로봇이 무작위로 인접 위치로 이동한 후 두 번째 관측 $E_2 = 1010$(북과 남에 장애물이 있음)을 받은 후. 각 칸의 색은 로봇이 그 위치에 있을 확률을 반영한다. 색이 어두울수록 확률이 크다. 각 비트의 감지기 오류율은 $\epsilon = 0.2$이다.

$$P(E_t = e_t \mid X_t = i) = (\mathbf{O}_t)_{ii} = (1 - \epsilon)^{4 - d_{it}} \epsilon^{d_{it}}.$$

예를 들어, 북쪽과 남쪽에 장애물이 있는 칸의 감지기 관측값이 1110일 확률은 $(1 - \epsilon)^3 \epsilon^1$ 이다.

　행렬 $\mathbf{T}$와 $\mathbf{O}_t$가 주어졌을 때, 로봇은 식 (14.12)를 이용해서 위치들에 대한 사후 분포를 계산함으로써 자신이 어디에 있는지 파악할 수 있다. 도해 14.7은 분포 $\mathbf{P}(X_1 \mid E_1 = 1011)$과 $\mathbf{P}(X_2 \mid E_1 = 1011, E_2 = 1010)$을 보여 준다. 이는 전에 도해 4.18(p.176)에서 본 것과 같은 미로이다. 도해 4.18에서는 감지기들이 완벽하다는 가정하에서 논리적 필터링을 이용해서 **가능한**(possible) 장소들을 찾아냈다. 감지기에 오류의 여지가 있는 경우에도, 가장 **그럴듯한**(likely) 위치들은 그때 찾아낸 위치들과 일치한다. 단, 이번에는 **모든** 위치가 0보다 큰 어떤 확률로 가능하다(그 어떤 위치라도 임의의 감지기 값을 산출할 수 있으므로).

　로봇이 필터링을 이용해서 현재 위치를 추정하는 것 외에, 평활화(식 (14.13))를 이용해서 과거의 어떤 시점의 자신의 위치(이를테면 시간 0에서의 시작 위치)를 파악하는 것도 가능하다. 그리고 비터비 알고리즘을 이용해서 지금 있는 곳에 도달할 가능성이 가장 큰 경로를 알아낼 수도 있다. 도해 14.8은 비트별 감지기 오류율 $\epsilon$의 다양한 값들에 대한 위치 결정(localization) 오차와 비터비 경로 정확도를 나타낸 것이다. $\epsilon$이 0.20일 때, 즉 감지기들의 전체적인 판독 값이 59%의 경우에서 틀린 값이라고 해도, 일반적으로 20회의 관측 이후에는 로봇이 자신의 위치를 두 칸 이내로 파악할 수 있다. 이는 알고리즘이 시간에 따라 증거를 통합하는, 그리고 전이 모형이 위치들의 순차열에 가하는 확률적 제약들을 고려하는 에이전트의 능력 덕분이다. $\epsilon$이 0.10 이하이면 로봇은 몇 번의 관측만으로도 자신의 현재 위치를 파악하고 이후 위치들을 추적할 수 있다. $\epsilon$이 0.40이면 위치 결정 오차와 비터비 경로 오차 모두 큰 값을 유지한다. 다른 말로 하면, 로봇은 자신이 어디 있고 어디로 가는지 알지 못한다. 이는, 오류 확률이 0.40인 감지기가 제공하는 정보가 너무 적어서 예측할 수 없는 무작위 이동에서 기인하는 로봇 위치에 관한 정보의 손실을 보정할 수 없기 때문이다.

이번 절에서 지금까지 살펴본 예의 상태 변수는 세계 안에서의 물리적 위치이다. 물론 세계의 다른 측면에 관한 문제들도 있다. 연습문제 14.ROOM에서는 직선으로 최대한 멀리까지 간다는 정책을 따르는 진공청소기 로봇을 고찰한다. 그 로봇은 장애물을 만난 경우에만 새로운 방향을 무작위로 선택한다. 그러한 로봇을 모형화할 때, 모형의 각 상태는 (위치, 방향) 쌍으로 이루어진다. 빈칸이 42개인 도해 14.7의 환경에서 그러한 상태는 총 168개이고 전이 행렬의 성분은 $168^2 = 28,224$개이다. 이는 여전히 감당할 수 있는 수준의 개수이다.

만일 42개의 칸 각각에 먼지가 있을 수 있다면 상태의 개수에 $2^{42}$이 곱해지며, 전이 행렬의 성분 수는 $10^{29}$개가 넘게 된다. 이는 더 이상 감당할 수 없는 규모이다. 일반화하자면, 상태의 이산 변수가 $n$개이고 이산 변수가 가질 수 있는 값이 최대 $d$가지이면, 해당 HMM 전의 행렬의 크기는 $O(d^{2n})$이고 갱신당 계산 시간 역시 $O(d^{2n})$이 된다.

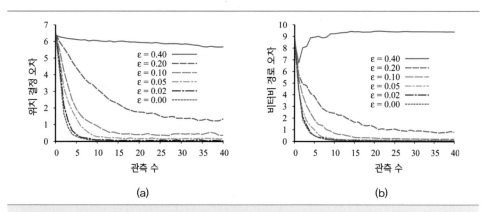

(a)　　　　　　　　　　　　　(b)

**도해 14.8** 감지기 오류율 $\epsilon$의 여러 값에 대한 HMM 위치 결정의 성과 측정치. 성과는 관찰열의 길이의 함수로 측정한 것이고, 그 길이들은 400회 실행으로 얻은 값들을 평균한 것이다. (a) 참값에 해당하는 위치로부터의 맨해튼 거리로 정의된 위치 결정 오차. (b) 비터비 경로 오차. 비터비 경로 오차는 비터비 경로와 진 경로의 서로 대응되는 상태들의 맨해튼 거리를 평균한 값이다.

이상의 이유들 때문에, 비록 HMM이 음성 인식에서 분자생물학까지 다양한 분야에서 쓰이긴 하지만, 복잡한 과정을 표현하는 능력에는 근본적인 한계가 있다. 제2장에서 도입한 어법에 따르면 HMM은 원자적 표현이다. 즉, 세계의 상태들에 내부 구조가 없으며, 그냥 정수 번호로 지칭될 뿐이다. §14.5에서는 동적 베이즈망(분해된 표현에 해당)을 이용해서 상태 변수가 여러 개인 문제 영역을 모형화하는 방법을 살펴본다. 다음 절에서는 연속 상태 변수들을 가진, 그래서 상태 공간이 무한대인 문제 영역들을 다루는 방법을 살펴본다.

# 14.4 칼만 필터

작은 새가 황혼에 밀림의 빽빽한 잎사귀들 사이를 날아다니는 광경을 지켜본다고 상상하자. 움직이는 새의 순간 순간의 모습들이 간헐적으로 인식될 것이며, 지금 새가 어디에 있고 다음에 어디로 갈 것인지 추적하기가 꽤 어려울 것이다. 또는, 제2차 세계대전의 구식 레이다 장비를 들여다보면서 화면에 10초마다 한 번씩 종잡을 수 없는 위치에 나타나는 희미하게 밝은 점을 추적한다고 하자. 또는, 더 과거로 돌아가서 케플러$^{Kepler}$가 된 독자가 불규칙하고 부정확하게 측정된 시간 구간들에서 관측한 아주 부정확한 각도들의 집합에 기초해서 행성들의 운동을 재구축한다고 상상해 보자.

이 모든 경우에서 독자가 하는 일은 필터링, 다시 말해 시간에 따라 수집된 잡음 섞인 관측들로 상태 변수들(앞의 예들에서는 움직이는 물체의 위치와 속도)을 추정하는 것이다. 그 변수들이 이산적이라면 은닉 마르코프 모형을 이용해서 해당 시스템을 모형화할 수 있다. 이번 절에서는 창안자 루돌프 칼만$^{Rudolf Kalman}$의 이름을 딴 **칼만 필터링**(Kalman filtering)이라는 알고리즘을 이용해서 연속 변수들을 다루는 방법들을 살펴본다.

칼만 필터링

새의 비행을 각 시간 지점에서의 연속 변수 여섯 개, 즉 위치에 대한 세 변수 $(X_t, Y_t, Z_t)$와 속도에 대한 세 변수 $(\dot{X}_t, \dot{Y}_t, \dot{Z}_t)$로 나타낼 수 있을 것이다. 전이 모형과 감지기 모형을 표현하려면 적절한 조건부 밀도들이 필요하다. 제13장에서처럼, 이를 위해 **선형 가우스 분포**를 사용하기로 한다. 그러면 다음 상태 $\mathbf{X}_{t+1}$은 반드시 현재 상태 $\mathbf{X}_t$의 선형(1차) 함수에 가우스 잡음을 좀 섞은 것에 해당한다. 나중에 보겠지만, 이러한 모형은 실제 응용에 상당히 적합하다. 예를 들어 새의 위치를 생각해 보자. 단순함을 위해 $X$ 변수만 고려하기로 한다. 관측 사이의 시간 구간이 $\Delta$이고 그 구간 동안에는 새가 등속(상수 속도)으로 움직인다고 가정할 때, 위치 갱신 공식은 $X_{t+\Delta} = X_t + \dot{X}\Delta$이다. 여기에 가우스 잡음(바람의 변화 등을 감안한)을 추가하면 선형 가우스 전이 모형이 된다.

$$P(X_{t+\Delta} = x_{t+\Delta}|X_t = x_t, \dot{X}_t = \dot{x}_t) = N(x_{t+\Delta}; x_t + \dot{x}_t, \Delta\sigma^2).$$

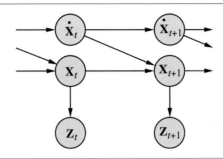

**도해 14.9** 위치 $\mathbf{X}_t$, 속도 $\dot{\mathbf{X}}_t$, 위치 측정치 $\mathbf{Z}_t$로 이루어진 선형 동역학계를 위한 베이즈망 구조.

위치 벡터 $\mathbf{X}_t$와 속도 벡터 $\dot{\mathbf{X}}_t$가 있는 베이즈망의 구조가 도해 14.9에 나와 있다. 이는 선형 가우스 모형의 아주 구체적인 형태임을 주목하기 바란다. 일반적인 형태는 이번 장에서 나중에 설명하겠다. 일반적인 형태는 이번 절 첫 문단에서 말한 단순한 운동 예제들보다 훨씬 다양한 응용 분야들을 포괄한다. 가우스 분포의 수학적 성질들에 익숙하지 않다면 부록 A를 먼저 읽고 돌아와도 좋을 것이다. 지금 논의에서 가장 중요한 것은, $d$개의 변수에 대한 **다변량 가우스 분포**(multivariate Gaussian)가 $d$성분 평균(기댓값) $\boldsymbol{\mu}$와 $d \times d$ 공분산 행렬 $\boldsymbol{\Sigma}$로 지정된다는 것이다.

## 14.4.1 가우스 분포의 갱신

제13장의 p.553에서 언급했듯이, 선형 가우스 분포 부류의 핵심적인 특징은 그것이 베이즈 갱신에 대해 닫혀 있다는 것이다. (즉, 그 어떤 증거가 주어지든, 사후 분포는 여전히 선형 가우스 분포족에 속한다.) 이번 절에서는 그러한 특징을 시간적 확률 모형의 필터링 맥락에서 좀 더 정밀하게 살펴본다. 그러한 특징은 식 (14.5)의 2단계 필터링 계산에서 실제로 확인할 수 있다:

1. 현재 분포 $\mathbf{P}(\mathbf{X}_t \mid \mathbf{e}_{1:t})$가 가우스 분포이고 전이 모형 $\mathbf{P}(\mathbf{X}_{t+1} \mid \mathbf{x}_t)$가 선형 가우스 분포이면, 다음 공식으로 구하는, 한 단계로 예측한 분포(줄여서 1단계 예측) 역시 가우스 분포이다.

$$\mathbf{P}(\mathbf{X}_{t+1} \mid \mathbf{e}_{1:t}) = \int_{\mathbf{x}_t} \mathbf{P}(\mathbf{X}_{t+1} \mid \mathbf{x}_t) P(\mathbf{x}_t \mid \mathbf{e}_{1:t}) \, d\mathbf{x}_t \tag{14.17}$$

2. 예측 $\mathbf{P}(\mathbf{X}_{t+1} \mid \mathbf{e}_{1:t})$가 가우스 분포이고 감지기 모형 $\mathbf{P}(\mathbf{e}_{t+1} \mid \mathbf{X}_{t+1})$이 선형 가우스 분포이면, 새 증거들을 조건으로 해서 다음 공식으로 갱신한 분포 역시 가우스 분포이다.

$$\mathbf{P}(\mathbf{X}_{t+1} \mid \mathbf{e}_{1:t+1}) = \alpha \, \mathbf{P}(\mathbf{e}_{t+1} \mid \mathbf{X}_{t+1}) \mathbf{P}(\mathbf{X}_{t+1} \mid \mathbf{e}_{1:t}) \tag{14.18}$$

정리하자면, 칼만 필터링의 FORWARD 연산자는 평균 $\mu_t$와 공분산 행렬 $\Sigma_t$로 지정된 가우스 순방향 메시지 $\mathbf{f}_{1:t}$를 받아서 평균 $\mu_{t+1}$과 공분산 행렬 $\Sigma_{t+1}$로 지정되는 다변량 가우스 순방향 메시지 $\mathbf{f}_{1:t+1}$을 산출한다. 따라서, 만일 가우스 사전 분포 $\mathbf{f}_{1:0} = \mathbf{P}(\mathbf{X}_0) = \mathcal{N}(\mu_0, \Sigma_0)$으로 시작해서 선형 가우스 모형으로 필터링을 적용하면 모든 시간에 대한 하나의 가우스 상태 분포가 나온다.

이러한 결과가 깔끔하고 우아해 보이지만 왜 그리 중요한지는 잘 모르겠다는 독자도 있을 것이다. 그에 대한 답은, 지금 예와 같은 몇몇 특별한 경우를 제외할 때, 연속 또는 혼성(이산과 연속) 베이즈망에 필터링을 적용해서 생성되는 상태 분포들의 표현은 시간이 흐르면서 무한히 커진다는 것이다. 이 점을 일반적으로 증명하기는 쉽지 않으나, 간단한 예는 어떨지를 연습문제 14.KFSW에서 살펴본다.

## 14.4.2 간단한 1차원 예

앞에서, 칼만 필터링의 FORWARD 연산자가 가우스 분포를 새 가우스 분포로 사상한다고 말했다. 그러한 사상은 주어진 평균과 공분산로부터 새 평균과 공분산을 계산하는 것에 해당한다. 일반적인 다변량의 경우에 대한 갱신 규칙을 유도하려면 선형대수에 대한 지식이 많이 필요하기 때문에, 일단 지금은 아주 간단한 단변량(변수 하나)의 경우를 살펴보고, 일반적인 경우에 대한 결과들은 나중에 제시하겠다. 단변량의 경우에도 계산이 다소 지루하지만, 칼만 필터의 유용함이 가우스 분포의 수학적 성질들에 밀접하게 관련되어 있기 때문에 계산 과정을 짚어 볼 필요가 있다.

여기서 살펴볼 시간적 모형은 하나의 연속 상태 변수 $X_t$의, 잡음 섞인 관측 $Z_t$가 관여하는 **무작위 걷기**(random walk)를 서술한다. 이러한 모형의 예로 "소비자 신뢰지수"(consumer confidence index)가 있다. 이 지수를, 매달 가우스 분포를 따라 무작위로 변하는, 그리고 무작위한 고객 설문조사(역시 가우스 표집 잡음을 도입하는)로 측정되는 수치로 모형화할 수 있다. 사전 분포는 분산이 $\sigma_0^2$인 가우스 분포라고 가정한다.

$$P(x_0) = \alpha \, e^{-\frac{1}{2}\left(\frac{(x_0 - \mu_0)^2}{\sigma_0^2}\right)}.$$

(단순함을 위해, 이번 절에서는 모든 정규화 상수를 항상 기호 $\alpha$로 표기하겠다.) 전이 모형은 분산이 상수 $\sigma_x^2$인 가우스 섭동(perturbation)을 현재 상태에 추가한다.

$$P(x_{t+1} \mid x_t) = \alpha \, e^{-\frac{1}{2}\left(\frac{(x_{t+1} - x_t)^2}{\sigma_x^2}\right)}.$$

감지기 모형은 분산이 $\sigma_z^2$인 가우스 잡음으로 가정한다.

$$P(z_t \mid x_t) = \alpha\, e^{-\frac{1}{2}\left(\frac{(z_t - x_t)^2}{\sigma_z^2}\right)}.$$

사전 분포 $P(X_0)$이 주어졌을 때, 식 (14.17)을 이용한 1단계 예측 분포는 다음과 같다.

$$P(x_1) = \int_{-\infty}^{\infty} P(x_1 \mid x_0) P(x_0)\, dx_0 = \alpha \int_{-\infty}^{\infty} e^{-\frac{1}{2}\left(\frac{(x_1 - x_0)^2}{\sigma_x^2}\right) - \frac{1}{2}\left(\frac{(x_0 - \mu_0)^2}{\sigma_0^2}\right)} dx_0$$

$$= \alpha \int_{-\infty}^{\infty} e^{-\frac{1}{2}\left(\frac{\sigma_0^2(x_1 - x_0)^2 + \sigma_x^2(x_0 - \mu_0)^2}{\sigma_0^2 \sigma_x^2}\right)} dx_0.$$

완전제곱식 만들기

적분이 다소 복잡해 보인다. 여기서 핵심은, 지수가 $x_0$의 2차(제곱)식 형태인 두 표현식의 합이라는 점, 따라서 그 합도 $x_0$의 2차식이라는 점이다. **완전제곱식 만들기**(completing the square)라는 간단한 요령을 이용하면 임의의 2차식 $ax_0^2 + bx_0 + c$를 제곱항 $a(x_0 - \frac{b}{2a})^2$과 잉여항 $c - \frac{b^2}{4a}$의 합 형태로 고쳐 쓸 수 있다. 이 경우 $a = (\sigma_0^2 + \sigma_x^2)/(\sigma_0^2 \sigma_x^2)$, $b = -2(\sigma_0^2 x_1 + \sigma_x^2 \mu_0)/(\sigma_0^2 \sigma_x^2)$, $c = (\sigma_0^2 x_1^2 + \sigma_x^2 \mu_0^2)/(\sigma_0^2 \sigma_x^2)$이다. 잉여항은 $x_0$과 무관하므로 적분의 바깥으로 빼낼 수 있으며, 그러면 다음과 같은 형태의 공식이 나온다.

$$P(x_1) = \alpha\, e^{-\frac{1}{2}\left(c - \frac{b^2}{4a}\right)} \int_{-\infty}^{\infty} e^{-\frac{1}{2}\left(a\left(x_0 - \frac{-b}{2a}\right)^2\right)} dx_0.$$

이제 적분은 그냥 전체 구간에 대한 가우스 분포의 적분이며, 그 값은 그냥 1이다. 따라서 원래의 2차식의 잉여항만 남는다. 그 잉여항을 전개하면 $x_1$의 2차식임을 알 수 있다. 이 공식의 $a$, $b$, $c$에 해당 정의들을 대입해서 정리하면 다음과 같은 모습이 된다.

$$P(x_1) = \alpha\, e^{-\frac{1}{2}\left(\frac{(x_1 - \mu_0)^2}{\sigma_0^2 + \sigma_x^2}\right)}.$$

따라서, 1단계 예측 분포는 평균이 원래의 평균 $\mu_0$이고 분산은 원래의 분산 $\sigma_0^2$에 전이 분산 $\sigma_x^2$를 더한 것인 가우스 분포이다.

갱신 단계를 마무리하려면 첫 시간 단계의 관측, 즉 $z_1$을 조건으로 적용해야 한다. 이를 위해 식 (14.18)을 적용하면 다음과 같은 공식이 나온다.

$$P(x_1 \mid z_1) = \alpha\, P(z_1 \mid x_1) P(x_1) = \alpha\, e^{-\frac{1}{2}\left(\frac{(z_1 - x_1)^2}{\sigma_z^2}\right) - \frac{1}{2}\left(\frac{(x_1 - \mu_0)^2}{\sigma_0^2 + \sigma_x^2}\right)}.$$

이번에도 지수들을 결합하고 완전제곱식 만들기를 적용하면(연습문제 14.KALM) 다음과 같은 사후 분포 공식이 나온다.

$$P(x_1|z_1) = \alpha e^{-\frac{1}{2} \dfrac{\left(x_1 - \dfrac{(\sigma_0^2 + \sigma_x^2)z_1 + \sigma_z^2\mu_0}{\sigma_0^2 + \sigma_x^2 + \sigma_z^2}\right)^2}{(\sigma_0^2 + \sigma_x^2)\sigma_z^2/(\sigma_0^2 + \sigma_x^2 + \sigma_z^2)}} \tag{14.19}$$

이렇게 해서, 한 번의 갱신 주기에서 상태 변수에 대한 새로운 가우스 분포가 계산되는 과정을 살펴보았다.

식 (14.19)의 가우스 분포 공식을 잘 살펴보면, 새로운 평균과 분산을 기존의 평균과 분산으로부터 계산하는 공식들을 이끌어 낼 수 있다. 다음이 그러한 공식들이다.

$$\mu_{t+1} = \frac{(\sigma_t^2 + \sigma_x^2)z_{t+1} + \sigma_z^2\mu_t}{\sigma_t^2 + \sigma_x^2 + \sigma_z^2}, \quad \sigma_{t+1}^2 = \frac{(\sigma_t^2 + \sigma_x^2)\sigma_z^2}{\sigma_t^2 + \sigma_x^2 + \sigma_z^2}. \tag{14.20}$$

도해 14.10은 전이 모형과 감지기 모형의 특정한 값들에 대한 1차원 칼만 필터의 갱신 과정 한 주기를 나타낸 것이다.

식 (14.20)은 일반적인 필터링 공식(식 (14.5))이나 HMM 필터링 공식(식 (14.12))과 정확히 같은 역할을 한다. 그러나 가우스 분포의 특별한 성질 때문에, 이 공식에는 흥미로운 속성이 몇 개 더 있다.

첫째로, 새 평균 $\mu_{t+1}$의 계산을 새 관측 $z_{t+1}$과 기존 평균 $\mu_t$의 가중 평균으로 해석할 수 있다. 만일 관측의 신뢰성이 낮으면 $\sigma_z^2$이 크며, 따라서 새 평균에 기존 평균이 더 많이 기여한다. 기존 평균의 신뢰성이 낮으면($\sigma_t^2$이 크면), 또는 과정의 고도로 예측 불가능하면($\sigma_x^2$이 크면) 관측이 더 많이 기여한다.

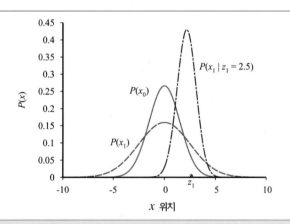

**도해 14.10** 사전 분포가 $\mu_0 = 0.0$과 $\sigma_0 = 1.5$로 주어지고 전이 잡음이 $\sigma_x = 2.0$, 감지기 잡음이 $\sigma_z = 1.0$, 첫 관측이 $z_1 = 2.5$($x$축에 표시되어 있음)인 무작위 걷기에 대한 칼만 필터 갱신 과정의 시기들. 예측 $P(x_1)$이 전이 잡음 때문에 $P(x_0)$보다 평평해졌음을 주목하기 바란다. 또한 사후 분포 $P(x_1|z_1)$의 평균이 관측 $z_1$의 조금 왼쪽에 있다는 점도 주목하기 바란다. 이는 그 평균이 예측과 관측의 가중 평균으로 구한 것이기 때문이다.

둘째로, 분산 $\sigma_{t+1}^2$의 갱신이 **관측과는 독립적**이라는 점을 주목하기 바란다. 따라서 분산 값들의 순차열을 미리 계산할 수 있다. 셋째로, 분산 값들의 순차열은 하나의 고정된 값으로 빠르게 수렴하며, 그 값은 $\sigma_x^2$과 $\sigma_z^2$에만 의존한다. 이 점을 이용하면 이후의 계산들을 크게 단순화할 수 있다. (연습문제 14.VARI를 보라.)

## 14.4.3 일반적인 경우

앞 절의 유도 과정에서 적분 대상의 지수가 2차식 형태임을 보았다. 이는 칼만 필터링이 제대로 작동하게 하는 가우스 분포의 핵심 속성이다. 그런데 이것이 단변량의 경우에만 성립하는 것은 아니다. 완전한 다변량 가우스 분포의 형태는 다음과 같다.

$$\mathcal{N}(\mathbf{x};\boldsymbol{\mu},\boldsymbol{\Sigma}) = \alpha\, e^{-\frac{1}{2}\left((\mathbf{x}-\boldsymbol{\mu})^{\top}\boldsymbol{\Sigma}^{-1}(\mathbf{x}-\boldsymbol{\mu})\right)}.$$

지수의 인수들을 곱해서 전개해 보면 다변량 분포의 지수 역시 $\mathbf{x}$의 값 $x_i$들의 2차식 형태임을 알 수 있다. 따라서, 단변량의 경우에서처럼 필터링 갱신 과정은 상태 분포의 가우스적 속성을 유지한다.

그럼 먼저 칼만 필터링에 쓰이는 일반적인 시간적 모형을 정의해 보자. 전이 모형과 감지기 모형은 반드시 가산적인 가우스 잡음을 통한 하나의 선형 변환이어야 한다. 따라서 다음이 성립한다.

$$P(\mathbf{x}_{t+1}\mid \mathbf{x}_t) = \mathcal{N}(\mathbf{x}_{t+1};\mathbf{F}\mathbf{x}_t,\boldsymbol{\Sigma}_x)$$
$$P(\mathbf{z}_t\mid \mathbf{x}_t) = \mathcal{N}(\mathbf{z}_t;\mathbf{H}\mathbf{x}_t,\boldsymbol{\Sigma}_z). \tag{14.21}$$

여기서 $\mathbf{F}$와 $\boldsymbol{\Sigma}_x$는 선형 전이 모형과 전이 잡음 공분산을 서술하는 행렬들이고 $\mathbf{H}$와 $\boldsymbol{\Sigma}_z$는 감지기 모형의 해당 행렬들이다. 이제 평균과 공분산 행렬을 갱신하는, 완전하고도 무서울 정도로 난해한 공식들을 보자.

$$\boldsymbol{\mu}_{t+1} = \mathbf{F}\boldsymbol{\mu}_t + \mathbf{K}_{t+1}(\mathbf{z}_{t+1}-\mathbf{H}\mathbf{F}\boldsymbol{\mu}_t)$$
$$\boldsymbol{\Sigma}_{t+1} = (\mathbf{I}-\mathbf{K}_{t+1}\mathbf{H})(\mathbf{F}\boldsymbol{\Sigma}_t\mathbf{F}^{\top}+\boldsymbol{\Sigma}_x). \tag{14.22}$$

**칼만 이득 행렬** 여기서 $\mathbf{K}_{t+1}=(\mathbf{F}\boldsymbol{\Sigma}_t\mathbf{F}^{\top}+\boldsymbol{\Sigma}_x)\mathbf{H}^{\top}(\mathbf{H}(\mathbf{F}\boldsymbol{\Sigma}_t\mathbf{F}^{\top}+\boldsymbol{\Sigma}_x)\mathbf{H}^{\top}+\boldsymbol{\Sigma}_z)^{-1}$은 **칼만 이득 행렬**(Kalman gain matrix)이다. 놀랍게도 이 공식들에는 직관적으로 뜻이 통하는 부분들이 있다. 예를 들어, 평균 상태 추정 $\boldsymbol{\mu}$의 갱신 공식을 생각해 보자. $\mathbf{F}\boldsymbol{\mu}_t$ 항은 $t+1$에서의 예측된 상태이며, 따라서 $\mathbf{H}\mathbf{F}\boldsymbol{\mu}_t$는 예측된 관측이다. 그러므로 $\mathbf{z}_{t+1}-\mathbf{H}\mathbf{F}\boldsymbol{\mu}_t$는 예측된 관측의 오차를 나타낸다. 여기에 $\mathbf{K}_{t+1}$을 곱해서 예측된 상태를 보정한다. 그런 의미에서, $\mathbf{K}_{t+1}$은 예측에 비해 관측이 얼마나 크게 기여하는가를 나타내는 계수라고 할 수 있다. 식 (14.20)에서처럼, 이 공식들에서도 분산의 갱신이 관측들과는 무관하다. 따라서 $\boldsymbol{\Sigma}_t$ 값들과 $\mathbf{K}_t$

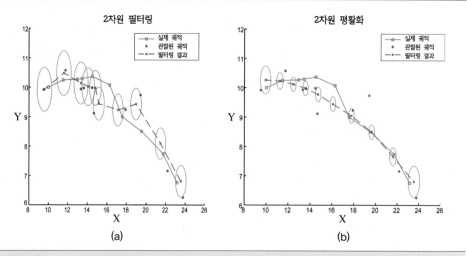

**도해 14.11** (a) $X$-$Y$ 평면 위를 움직이는 물체에 대한 칼만 필터링 결과. 실제 궤적(왼쪽에서 오른쪽으로)과 일련의 잡음 섞인 관측들, 그리고 칼만 필터링이 추정한 궤적이 표시되어 있다. 위치 추정의 분산은 타원형으로 표시되어 있다. (b) 같은 관측열에 대한 칼만 평활화 결과.

값들의 순차열을 오프라인으로 계산할 수 있으며, 온라인 추적 과정에서 필요한 실제 계산의 양은 적당한 수준이다.

이 공식들이 실제로 유효함을 보이기 위해, 이들을 $X$-$Y$ 평면에서 움직이는 물체를 추적하는 문제에 적용해 보았다. 상태 변수들은 $\mathbf{X} = (X, Y, \dot{X}, \dot{Y})^{\top}$이다. 따라서 $\mathbf{F}$와 $\boldsymbol{\Sigma}_x$, $\mathbf{H}$, $\boldsymbol{\Sigma}_z$는 $4 \times 4$ 행렬들이다. 도해 14.11(a)에 실제 궤적과 일련의 잡음 섞인 관측들, 칼만 필터링이 추정한 궤적이 나와 있다. 1-표준편차 타원들은 해당 공분산들을 나타낸다. 그래프들에서 보듯이 칼만 필터링은 실제 움직임을 상당히 잘 추적했으며, 예상대로 분산이 고정점으로 빠르게 수렴했다.

필터링은 물론이고, 선형 가우스 모형을 이용한 **평활화**를 위한 공식들도 유도할 수 있다. 도해 14.11(b)가 평활화를 적용한 결과이다. 위치 추정치의 분산이 궤적의 양 끝을 제외한 부분에서 크게 줄었다는 점(왜 그럴까)과 추정된 궤적이 훨씬 매끄럽다는 점을 주목하기 바란다.

## 14.4.4 칼만 필터링의 응용

칼만 필터와 그것을 개선한 여러 버전은 광범위한 분야에 쓰인다. '고전적인' 응용 분야는 비행기와 미사일을 레이다로 추적하는 것이다. 관련된 응용들로는 음향 반사를 이용한 잠수함과 지상 차량 추적, 시각 정보를 이용한 차량과 사람 추적 등이 있다. 좀 더 이색적인 예로는 거품 상자(bubble-chamber) 사진들에서 입자의 궤적을 추적하는 것과 위성 표면 측정치들로부터 해류를 식별하는 것을 들 수 있다. 칼만 필터는 운동의 추적 이외에도 다양한 분야에 쓰인다. 연속 상태 변수들과 잡음 섞인 측정치들로 특징지을 수 있는 시스템이면 어떤 시스템에도 칼만 필터를 적용할 수 있다. 이를테면 펄프제조 공장, 화학 공장, 핵 반응로, 식물 생태계, 국가 경제 등이 그러한 시스템이다.

어떠한 시스템에 칼만 필터링을 적용할 수 있다고 해서, 그 결과가 반드시 유용하거나 유효한 것은 아니다. 전이 모형과 감지기 모형이 선형 가우스 분포를 따른다는 가정은 아주 강력한 가정이다. **확장 칼만 필터**(extended Kalman filter, EKF)는 모형화하려는 시스템의 비선형성을 극복하려는 시도로 만들어진 것이다. 어떠한 시스템의 전이 모형을 식 (14.21)에서처럼 상태 벡터와 행렬의 곱으로 서술할 수 없다면, 그 시스템은 **비선형**(nonlinear)이다. EKF는 현재 상태 분포의 평균인 $\mathbf{x}_t = \boldsymbol{\mu}_t$ 영역에서 **국소적으로** 선형인 $\mathbf{x}_t$를 통해서 시스템을 모형화한다. 이러한 접근방식은 매끄럽고 좋은 습성을 가진(well-behaved) 시스템에서 잘 작동한다. 이를 통해서, 실제 사후 분포를 적절히 근사하는 가우스 상태 분포를 추적하고 갱신할 수 있다. 제26장에서 이에 관한 상세한 예를 볼 것이다.

시스템이 "매끄럽지 않다"거나 "습성이 나쁘다"는 것이 어떤 의미일까? 기술적으로, 이는 현재 평균 $\boldsymbol{\mu}_t$에 "가까운"(공분산 $\boldsymbol{\Sigma}_t$를 기준으로) 지역에서 시스템의 반응에 상당한 비선형성이 존재함을 뜻한다. 이러한 개념을, 밀림을 날아다니는 새를 추적하는 문제를 통해서 비기술적인 용어로 설명해 보겠다. 새가 어떤 나무 몸통(줄기)을 향해 빠른 속도로 직진하는 듯한 모습을 보았다고 하자. 칼만 필터(보통 버전이든, 확장된 버전이든)는 새의 위치의 가우스 분포를 예측할 수 있을 뿐이며, 그 가우스 분포의 평균은 나무 몸통의 중심에 놓일 것이다. 도해 14.12(a)가 그러한 상황을 나타낸 것이다. 반면 새에 대한 합리적인 모형이라면 새가 나무의 한쪽으로 비켜나가는 동작을 예측할 것이다. 도해 14.12(b)가 그것이다. 그러나 그러한 모형은 고도로 비선형적이다. 새의 의사결정이 나무 몸통을 기준으로 한 자신의 정확한 위치에 따라 크게 변하기 때문이다.

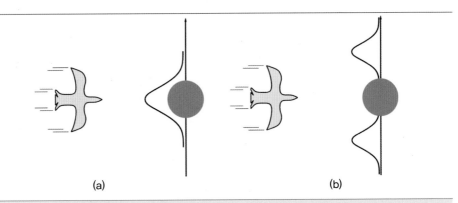

(a)                                                                                              (b)

**도해 14.12** 나무를 향해 날아가는 새(위에서 본 모습). (a) 칼만 필터는 장애물을 원점으로 한 가우스 분포를 이용해서 새의 위치를 예측한다. (b) 새의 회피 동작까지 고려하는 좀 더 현실적인 모형이라면 새가 나무의 한쪽으로 피해갈 것이라고 예측할 것이다.

확장 칼만 필터
비선형

이런 예들을 다루기 위해서는 모형화할 시스템의 행동을 좀 더 잘 표현할 수 있는 언어가 필요함이 명백하다. 비행기의 회피 행동 같은 응용들에서 지금과 동일한 난제가 발생하는 제어이론 분야의 표준적인 해법은 **전환식 칼만 필터**(switching Kalman filter)이다. 이 접근방식에서는 시스템에 대한 모형이 각자 다른 여러 개의 칼만 필터를 병렬로 실행한다. 밀림 속 새의 예라면 직진하는 모형, 왼쪽으로 급하게 방향을 바꾸는 모형, 오른쪽으로 급하게 방향을 바꾸는 모형이 있을 것이다. 그런 다음 필터들이 산출한 예측들에 가중치를 부여해서 합한다. 각 가중치는 해당 필터가 현재 데이터에 얼마나 잘 들어맞는지에 따라 달라진다. 이것이 도해 14.9에 나온 베이즈망에 이산적인 '방향 조종' 상태 변수를 추가해서 얻은, 일반적인 동적 베이즈망의 한 특수 사례일 뿐임을 다음 절에서 볼 것이다. 칼만 필터 전환 기법은 연습문제 14.KFSW에서 좀 더 논의한다.

*전환식 칼만 필터*

# 14.5 동적 베이즈망

*동적 베이즈망*

**동적 베이즈망**(dynamic Bayesian network), 줄여서 **DBN**은 표준 베이즈망의 의미론을 §14.1에서 설명한 부류의 시간적 확률 모형을 표현하도록 확장한다. DBN의 예는 이미 보았다. 도해 14.2의 우산 베이즈망과 도해 14.9의 칼만 필터 베이즈망이 바로 DBN이다. 일반적으로, 한 DBN의 각 시간 조각에는 임의의 개수의 상태 변수 $\mathbf{X}_t$들과 증거 변수 $\mathbf{E}_t$들이 있다. 단순함을 위해, 이번 절에서는 한 조각에서 그다음 조각으로 변수들과 해당 링크들, 그리고 조건부 분포들이 그대로 복제되며, DBN이 1차 마르코프 과정을 나타낸다고 가정한다. 즉, 각 변수는 변수 자신의 조각 또는 바로 이전 조각에 있는 변수들만 부모로 가질 수 있다. 이런 가정을 둔 DBN은 변수가 무한히 많은 베이즈망에 대응된다.

　모든 은닉 마르코프 모형을 상태 변수와 증거 변수가 각각 하나뿐인 DBN으로 표현할 수 있음은 명백하다. 또한, 모든 이산 변수 DBN을 하나의 HMM으로 표현할 수 있음도 명백하다. §14.3에서 설명했듯이, DBN의 모든 상태 변수를 하나의 상태 변수로 결합할 수 있다. 그러한 '메가' 상태 변수의 값들은 개별 상태 변수들의 값들의 모든 가능한 튜플이다. 그런데 모든 HMM이 DBN이고 모든 DBN을 HMM로 변환할 수 있다면, 그 둘은 뭐가 다른 것일까? 차이점은, **한 복잡계의 상태를 구성 변수들로 분해했을 때, 시간적 확률 모형의 희소성(sparseness)의 장점을 취할 수 있는가**의 여부이다.

　이것이 실제 응용에서 어떤 의미인지는, 각각 최대 $d$개의 값을 가질 수 있는 이산 변수가 $n$개인 시간적 과정을 HMM(은닉 마르코프 모형)으로 표현하려면 크기가 $O(d^{2n})$인 전이 행렬이 필요하다는 점(§14.3 참고)를 생각하면 실감할 수 있을 것이다. 반면 DBN 표현에 필요한 크기는 각 변수의 부모 개수가 최대 $k$라고 할 때 $O(nd^k)$이다. 다른 말로 하면, DBN 표현은 변수 개수에 대해 지수적이 아니라 선형적이다. 먼지가 있을 수 있는 장소가 42개인 진공 청소기 로봇 세계라면 필요한 확률들이 $5 \times 10^{29}$개에서 수천 개 규모로 줄어든다.

모든 칼만 필터 모형을 연속 변수들과 선형 가우스 조건 분포들을 가진 DBN으로 표현할 수 있음은 이미 설명했다(도해 14.9). 이전 절 끝의 논의를 생각해 보면, 모든 DBN을 칼만 필터 모형으로 표현할 수 있는 것은 **아님**이 명백하다. 칼만 필터에서 현재 상태 분포는 항상 하나의 다변량 가우스 분포이다. 즉, 특정 위치에서의 하나의 '혹 (bump)'이다. 반면 DBN은 그 어떤 종류의 분포도 모형화할 수 있다.

실세계의 여러 응용에서는 이러한 유연성이 필수적이다. 예를 들어 필자의 열쇠들이 지금 어디에 있는지 예측하는 문제를 생각해 보자. 열쇠들이 내 주머니에 있을 수도 있고, 침대 옆의 협탁이나 부엌 조리대 위에 있을 수도 있으며, 현관문에 꽂아 두었거나 차 안에 두고 차 문을 잠갔을 수도 있다. 그 모든 장소를 포함하는 단일한 가우스 분포 혹은 키가 앞마당 공중에 떠 있는 경우에 대해서도 상당한 확률을 부여해야 한다. 의도적인 에이전트나, 장애물, 주머니 같은 실세계의 측면들 때문에 '비선형성'이 생기며, 그에 대한 합리적인 모형을 만들려면 이산 변수들과 연속 변수들을 결합해야 한다.

## 14.5.1 DBN의 구축

DBN을 구축하려면 세 종류의 정보를 지정해야 한다. 하나는 상태 변수들에 대한 사전 분포 $\mathbf{P}(\mathbf{X}_0)$이고 또 하나는 전이 모형 $\mathbf{P}(\mathbf{X}_{t+1} \mid \mathbf{X}_t)$, 마지막은 감지기 모형 $\mathbf{P}(\mathbf{E}_t \mid \mathbf{X}_t)$이다. 전이 모형과 감지기 모형을 지정하려면 연속된 조각들 사이의, 그리고 상태 변수들과 증거 변수들 사이의 연결 관계를 규정하는 위상구조(topology)도 지정해야 한다. 전이 모형과 감지기 모형은 정지 모형이라고(즉, 모든 $t$에 대해 동일하다고) 가정하므로, 가장 간편한 방식은 이들을 첫 조각에서 지정하는 것이다. 예를 들어 도해 14.13(a)에 나온 3노드 망은 우산 세계에 대한 DBN의 완전한 명세에 해당한다. 이 명세의 첫 조각을 복제함으로써, 얼마든지 많은 시간 조각들로 완전한 DBN을 구축할 수 있다.

좀 더 흥미로운 예로, §14.1 끝에서 소개한 $X\text{-}Y$ 평면상의 로봇 이동 추적 문제를 생각해 보자. 그 로봇이 배터리로 구동된다고 가정한다. 우선 상태 변수들이 필요하다. 상태 변수로는 위치를 위한 $\mathbf{X}_t = (X_t, Y_t)$와 속도를 위한 $\dot{\mathbf{X}}_t = (\dot{X}_t, \dot{Y}_t)$가 있다. 그리고 로봇의 위치를 관측 또는 측정한 결과를 나타내는 증거 변수 $\mathbf{Z}_t$가 있다(측정 수단은 고정된 카메라일 수도 있고 로봇에 장착된 GPS 시스템일 수도 있으나, 여기에서는 중요하지 않다). 다음 시간 단계에서의 로봇의 위치는 표준 칼만 필터에서처럼 현재 위치와 속도에 의존한다. 그리고 다음 단계의 속도는 현재 속도와 배터리 충전 수준에 의존한다. 이를 위해, 실제 배터리 충전 수준을 나타내는 변수 $Battery_t$를 추가한다. 이 변수의 부모는 이전 배터리 수준과 속도이다. 그리고 배터리 충전 수준의 측정값에 해당하는 $BMeter_t$도 추가한다. 여기까지의 기본적인 모형이 도해 14.13(b)에 나와 있다.

$BMeter_t$에 대한 감지기 모형의 성질을 좀 더 자세히 살펴볼 필요가 있겠다. 단순함을 위해, $Battery_t$와 $BMeter_t$ 모두 0에서 5까지의 이산적인 값들을 가진다고 가정하자. (연습문제 14.BATT에서는 이 이산 모형과 해당 연속 모형의 관계를 고찰한다.) 만일

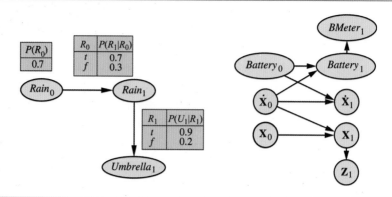

**도해 14.13** 왼쪽: 우산 DBN의 사전 분포, 전이 모형, 감지기 모형 명세. 이후의 모든 조각은 조각 1의 복사본이라고 가정한다. 오른쪽: X-Y 평면상의 로봇 이동에 대한 간단한 DBN.

배터리 수준 감지기가 항상 정확하다면 조건부 확률표 $\mathbf{P}(BMeter_t \mid Battery_t)$에서 "대각선을 이루는" 확률들은 모두 1.0이고 그 외의 확률들은 모두 0.0이어야 한다. 그러나 현실적으로 측정에는 항상 잡음이 섞인다. 연속 변수의 측정을 나타내는 데에는 분산이 작은 가우스 분포를 사용하면 된다.[7] 지금 예의 이산 변수들에 대해서는, 큰 오차가 생길 확률이 아주 작도록 오차 확률이 적절한 방식으로 감소하는 분포를 이용해서 가우스 분포를 근사할 수 있다. 이러한 이산 버전과 실제 가우스 분포를 이용하는 연속 버전을 둘 다 **가우스 오차 모형**(Gaussian error model)이라고 부르기로 하겠다.

가우스 오차 모형

로봇공학이나 전산화된 공정 제어 등, 어떤 형태로든 자동 감지가 관여하는 분야에 조금이라도 경험이 있는 사람이라면 측정의 작은 잡음 정도는 큰 문제가 아님을 알 것이다. 실제 감지기들은 아예 **고장**이 나기도 한다. 고장 난 감지기가 "그런데요, 지금 보내려는 데이터에는 엉뚱한 값들이 많이 들어 있거든요"라고 경고해 주지는 않는다. 그냥 엉뚱한 값들을 보낼 뿐이다. 가장 간단한 종류의 고장은 **일시적 고장**(transient failure)이다. 즉, 감지기가 가끔씩 엉뚱한 값을 보내는 것이다. 예를 들어 배터리 수준 감지기에게, 누가 로봇에 충격을 가하면 일시적으로 측정치 0을 보고하는(배터리가 꽉 차 있어도) 버릇이 있을 수도 있다.

일시적 고장

일시적 고장을 고려하지 않는 가우스 오차 모형을 사용하는 시스템에서 일시적 고장이 발생하면 어떤 일이 생기는지 살펴보자. 예를 들어 로봇이 제자리에 가만히 있는 상태에서 배터리 수준을 연달아 20회 측정했는데 그 값들이 모두 5였으나, 그 후 배터리 수준 감지기가 일시적으로 발작을 일으켜서 그다음 단계에서의 감지기 판독 결과로 $BMeter_{21} = 0$이 나왔다고 하자. 단순한 가우스 오차 모형은 이 $Battery_{21}$을 어떻게

---

7 엄밀히 말하면, 가우스 분포에는 큰 음의 충전 수준에도 0이 아닌 확률을 배정한다는 문제가 있다. 치역이 제한된 변수에 대해서는 **베타 분포**(beta distribution)가 더 나은 선택일 수 있다.

해석할까? 베이즈 규칙에 따르면, 그 답은 감지기 모형 $P(BMeter_{21} = 0 \mid Battery_{21})$ 과 예측 $P(Battery_{21} \mid BMeter_{1:20})$ 모두에 의존한다. 만일 감지기의 큰 오차에 대한 확률이 $Battery_{21} = 0$으로의 전이 확률보다 훨씬 작다면, 그 전이 확률이 아주 낮다고 해도, 사후 확률분포는 배터리가 비었다는 데 높은 확률을 부여할 것이다.

$t = 22$에서의 감지기 판독 결과도 0이면 그러한 결론이 거의 확실해진다. 만일 일시적 고장이 사라지고 $t = 23$부터는 다시 판독 결과가 5로 나온다면, 배터리 수준에 대한 추정치가 빠르게 5로 회복될 것이다. (그렇다고 알고리즘이 배터리가 마치 마법처럼 저절로 충전되었다고 생각하는 것은 아니다. 그것은 물리적으로 불가능할 것이다. 대신, 이제 알고리즘은 애초에 배터리가 방전되지 않았고, 배터리 수준 감지기가 연달아 두 번 큰 오차를 냈다는 대단히 가능성 낮은 가설이 사실은 옳은 설명이라고 믿는다.) 이러한 일련의 사건들이 도해 14.14(a)의 위쪽 곡선에 나타나 있다. 그 그래프는 이산 가우스 오차 모형을 사용했을 때의, 시간에 따른 $Battery_t$의 기댓값(부록 A 참고)을 표시한 것이다.

이처럼 배터리 수준 추정치가 빠르게 회복되긴 하지만, 배터리가 비었다고 로봇이 거의 확신하는 시간 단계($t = 22$)가 존재한다는 점이 중요하다. 그 시점에서 로봇은 구조 신호를 보내고 스스로를 종료해야 할 것이다. 과도하게 단순화된 감지기 모형 때문에 로봇이 임무에 실패하게 되는 것이다. 이 이야기의 교훈은 간단하다. 바로, **시스템이 감지기의 고장을 제대로 다루려면 감지기 모형에 반드시 실패의 가능성을 포함시켜야 한다**는 것이다.

감지기에 대한 가장 간단한 고장 모형은, 일정한 확률로 감지기가 완전히 틀린 값(세계의 진정한 상태와는 무관한)을 돌려주게 하는 것이다. 예를 들어 가끔씩 배터리 감지기가 고장이 나서 0을 돌려줄 수도 있음을 다음과 같이 표현할 수 있다.

$$P(BMeter_t = 0 \mid Battery_t = 5) = 0.03.$$

일시적 고장 모형

이는 단순한 가우스 오차 모형이 배정하는 확률보다는 훨씬 큰 확률일 것이다. 이를 **일시적 고장 모형**(transient failure model)이라고 부르기로 하자. 감지 결과가 0일 때 이런 모형이 어떻게 도움이 될까? 지금까지의 판독 결과들에 근거해서 **예측**한, 배터리가 비었을 확률이 0.03보다 훨씬 작다고 하자. 그러면, $BMeter_{21} = 0$이라는 관측에 대한 가장 그럴듯한 설명은 감지기가 일시적으로 고장 났다는 것이다. 직관적으로 이해한다면, 배터리 수준에 대한 믿음에 일종의 '관성'이 존재하며, 그러한 관성이 감지기 판독 결과의 일시적 요동을 극복하는 데 도움이 된다고 생각해도 될 것이다. 도해 14.14(b)의 윗쪽 곡선은, 감지기가 일시적으로 고장이 나도 일시적 고장 모형 덕분에 믿음들에 파멸적인 변화는 생기지 않았음을 보여 준다.

일시적인 요동들은 이런 식으로 처리하면 되겠지만, 지속적인 고장은 어떻게 해야 할까? 슬프게도 그런 종류의 고장은 아주 흔하다. 감지기가 5를 연달아 20번 돌려주고 그다음에는 0을 연달아 20번 돌려주었다면, 앞 문단에서 설명한 감지기 일시적 고장 모형에 의해 로봇은 배터리가 비었다고 점점 더 확신하게 된다(감지기가 고장 났을 가능성이 있음에도). 도해 14.14(b)의 아래쪽 곡선이 이 경우의 믿음의 '궤적'에 해당한다. $t =$

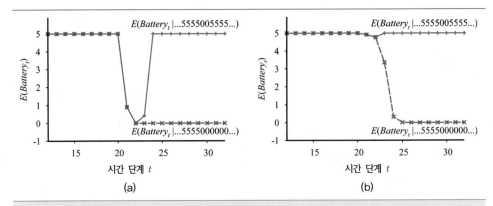

**도해 14.14** (a) 위쪽 곡선: 단순 가우스 분포 모형에서, $t = 21$과 $t = 22$에서만 0이고 나머지는 모두 5인 관측열에 대한 $Battery_t$의 기댓값의 궤적. 아래 곡선: $t = 21$부터 계속해서 관측값이 0인 경우의 궤적. (b) 같은 실험을 일시적 고장 모형으로 실행한 결과. 일시적인 고장이 잘 처리되었지만, 지속적인 고장의 경우에는 로봇이 배터리 충전 수준에 대해 과도하게 비관적인 결론을 이끌어 냈다.

25(0이 연달아 다섯 번 나온)에서 로봇은 배터리가 비었다고 확신한다. 이보다는, 로봇이 감지기가 고장 났다고 믿게 되는 것이 더 바람직하다(실제로 배터리가 완전히 방전되는 것보다는 감지기가 고장 날 가능성이 더 크므로).

지속적 고장 모형        당연한 말이지만, 지속적 고장을 다루려면 **지속적 고장 모형**(persistent failure model)이 필요하다. 이 모형은 정상 조건에서의 감지기 작동 방식뿐만 아니라 고장 난 후의 작동 방식도 서술한다. 이런 모형을 만들려면 또 다른 변수, 이를테면 배터리 수준 감지기의 정상 또는 고장 상태(status)를 서술하는 $BMBroken$ 같은 변수를 추가해서 시스템의 상태를 보강해야 한다. 그리고 $BMBroken_0$을 $BMBroken_1$에 연결함으로써 고장의 지속성 호      속성을 반영해야 한다. 이러한 **지속성 호**(persistence arc) 또는 지속성 링크에 의해, 임의의 주어진 시간 단계에 작은 고장 확률(이를테면 0.001)을 부여하는, 그리고 감지기가 일단 고장 나면 계속 고장 난 상태가 유지된다는 점도 나타내는 조건부 확률표가 만들어진다. 감지기가 정상일 때에는 $BMeter$에 대한 감지기 모형이 일시적 고장 모형과 동일하다. 감지기가 고장 나면, $BMeter$는 배터리의 실제 수준과는 무관하게 항상 0이 된다.

배터리 감지기에 대한 지속적 고장 모형이 도해 14.15(a)에 나와 있다. 도해 14.15(b)는 두 가지 데이터(일시적 요동과 지속적 고장)에 대한 이 모형의 성능을 나타낸 것이다. 이 곡선들에서 주목할 점이 몇 가지 있다. 첫째로, 일시적 요동의 경우 감지기가 고장 났을 확률이 두 번째 0 판독 이후에 크게 올라가지만, 다시 5가 하나 판독되면서 즉시 0으로 떨어진다. 둘째로, 지속적 고장의 경우 감지기가 고장 났을 확률이 1에 가까운 값으로 빠르게 올라간 후 계속 그 값을 유지한다. 마지막으로, 감지기가 고장이 났다는 결론을 내린 후 로봇은 그저 배터리가 '보통의' 비율로 방전된다고 가정할 뿐이다. 점차 낮아지는 $E(Battery_t \mid \ldots)$의 수준이 그러한 점을 보여 준다.

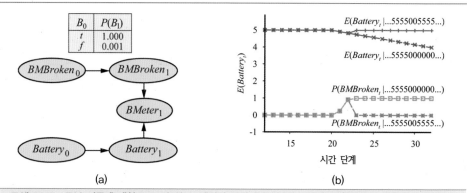

| $B_0$ | $P(B_1)$ |
|---|---|
| $t$ | 1.000 |
| $f$ | 0.001 |

**도해 14.15** 로봇 이동에 대한 DBN의 일부. 배터리 감지기의 지속적 고장을 모형화하는 데 필요한 감지기 상태 변수를 보여 준다. (b) 위쪽 곡선: "일시적 고장"과 "지속적 고장" 관측열들에 대한 $Battery_t$ 기댓값의 궤적. 아래 곡선: 두 관측열이 주어졌을 때의 $BMBroken$의 확률 궤적들.

지금까지 우리는 복잡한 과정을 표현하는 문제의 빙산의 일각을 보았을 뿐이다. 전이 모형들은 엄청나게 다양하다. 인간의 내분비계를 모형화하는 것에서부터 고속도로를 주행하는 여러 대의 차를 모형화하는 것에 이르기까지 다종다양한 문제들이 존재한다. 감지기 모형 역시 그 자체로 방대한 하위 분야이다. 그러나 동적 베이즈망은 감지기 표류(drift), 갑작스런 눈금 조정 불일치, 그리고 감지기 판독에 대한 외부 조건(날씨 등)의 효과 같은 미묘한 현상들도 모형화할 수 있다.

## 14.5.2 DBN을 이용한 정확 추론

복잡한 과정을 DBN으로 표현하는 데 관련된 몇 가지 개념들을 살펴보았으니, 이제 추론으로 눈길을 돌리자. 추론의 문제는 이미 어느 정도 답이 나와 있다. 동적 베이즈망은 베이즈망의 일종이며, 베이즈망을 위한 추론 알고리즘들은 이미 갖추어져 있다. 관측열이 주어졌을 때 하나의 DBN에 대한 완전한 베이즈망 표현을 구축하려면, 그 관측들을 충분히 반영할 정도로 망이 커질 때까지 시간 조각들을 복제하면 된다. 도해 14.16이 그러한 예이다. 이러한 기법을 **펼치기**(unrolling)라고 부른다. (엄밀히 말해서, DBN은 펼치기를 무한히 적용해서 얻은 준무한(semi-infinite) 망에 해당한다. 마지막 관측을 넘어서까지 추가된 조각들은 추론에 아무런 영향을 미치지 않으며, 따라서 생략할 수 있다.) 일단 DBN을 펼치고 나면 제13장에서 이야기한 임의의 알고리즘(변수 소거이든 군집화 방법이든)을 적용할 수 있다.

안타깝게도, 펼치기를 단순한 방식으로 적용하는 것은 그리 효율적이지 않다. 긴 관측열 $e_{1:t}$로 필터링이나 평활화를 수행하려면 펼쳐진 망에 $O(t)$의 공간이 필요하며, 따라서 관측들이 더 추가됨에 따라 공간 요구량도 무한히 증가할 수 있다. 더 나아가서, 관측이 추가될 때마다 그냥 추론 알고리즘을 처음부터 새로 실행한다면, 갱신당 추론 시간 역시 $O(t)$로 증가한다.

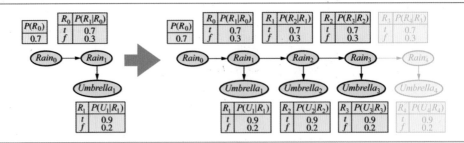

**도해 14.16** 동적 베이즈망을 펼친 모습: 관측열 $Umbrella_{1:3}$을 반영하기 위해 조각들이 복제되었다. 이 후의 조각들은 관측 기간 안에서의 추론들에 영향을 미치지 않는다.

§14.2.1에서 이야기했듯이, 만일 계산을 재귀적으로 수행할 수 있다면 필터링 갱신 을 상수 시간 및 공간으로 수행할 수 있다. 본질적으로, 식 (14.5)의 필터링 갱신 공식은 이전 단계의 상태 변수들을 **합산 소거**(summing out)해서 새 시간 단계에 대한 분포를 구 한다. 변수의 합산 소거는 바로 **변수 소거** 알고리즘(도해 13.13)이 하는 일이며, 그 알고 리즘을 이용해서 변수들을 시간순으로 소거해 나가는 것은 식 (14.5)의 재귀적 필터링 갱신 과정에 정확히 대응된다. 수정된 알고리즘은 시간 조각들을 한 번에 최대 두 조각 만 메모리에 유지한다. 즉, 조각 0에서 시작해서 조각 1을 더하고, 조각 0을 합산 소거하 고, 조각 2를 더하고, 조각 1을 합산 소거하는 식으로 진행한다. 이렇게 하면 필터링 갱 신당 시간, 공간 복잡도를 상수로 유지할 수 있다. (군집화 알고리즘을 적절히 수정해도 같은 성능을 얻을 수 있다.) 연습문제 14.DBNE에서는 이 사실이 우산 망에 대해 실제로 성립하는지 확인해 본다.

여기까지는 좋은 소식이고, 이제 나쁜 소식을 보자. 갱신당 시간, 공간 복잡도의 '상 수'가 거의 모든 경우 상태 변수 개수에 대해 지수적임이 밝혀졌다. 이는, 변수 소거가 진행됨에 따라 인자들에 모든 상태 변수(좀 더 정확히 말하면 이전 시간 조각에 부모들 이 있는 모든 상태 변수)가 포함되어서 인자들이 길어지기 때문이다. 최대 인자 크기는 $O(d^{n+k})$이고 단계당 총 갱신 비용은 $O(nd^{n+k})$이다. 여기서 $d$는 변수들의 정의역 크 기이고 $k$는 임의의 상태 변수의 최대 부모 개수이다.

물론 이것이 HMM 갱신의 비용 $O(d^{2n})$보다는 훨씬 작다. 그래도 이는 변수가 많 으면 알고리즘이 비현실적이 될 만한 규모이다. 이러한 우울한 사실이 뜻하는 바는, *DBN*을 이용하면 아주 복잡한 시간적 과정들을 희소하게 연결된 여러 변수로 표현할 수 있지 만, 그 과정들에 대한 정확 추론을 효율적으로 수행하지는 못한다는 것이다. 모든 변수에 대 한 사전 결합 분포를 나타내는 DBN 모형 자체는 그것을 구성하는 조건부 확률표들로 인수분해할 수 있으나, 관측열을 조건으로 한 사후 결합 분포, 즉 순방향 메시지는 일반 적으로 인수분해할 수 없다. 일반적으로 이 문제는 처리 불가능(intractable)이므로, 근사 적 방법으로 물러설 수밖에 없다.

## 14.5.3 DBN을 이용한 근사 추론

§13.4에서 두 가지 근사 알고리즘을 설명했다. 하나는 가능도 가중(likelihood weighting; 도해 13.18)이고 또 하나는 MCMC, 즉 마르코프 연쇄 몬테카를로(도해 13.20)이다. 둘 중 DBN의 문맥에 적용하기가 더 쉬운 것은 전자이다. (MCMC 필터링 알고리즘은 이번 장 끝의 참고사항 절에서 간략히 서술한다.) 그러나, 차차 보겠지만 실제 응용에 유용하게 사용하려면 표준적인 가능도 가중 알고리즘을 여러 가지로 개선해야 한다.

가능도 가중에서는 망의 비증거 노드들을 위상구조의 순서로 표집하되, 표본 추출시 관측된 증거 변수들에 의거할 때 그 표본이 실제로 발생할 확률을 가중치로 적용한다. 정확 추론 알고리즘에서처럼, 가능도 가중을 펼쳐지지 않은 DBN에 직접 적용할 수도 있다. 그러나 그러면 이전과 동일한 문제점, 관측열이 길어짐에 따라 갱신당 시간, 공간 요구량이 증가한다는 문제점이 발생한다. 문제는, 표준 알고리즘은 네트워크 전체를 훑으면서 표본들을 각각 차례로 실행한다는 것이다.

그렇게 하는 대신 그냥 DBN에 있는 $N$개의 표본 모두를 한 번에 한 조각씩 실행해도 된다. 그렇게 수정된 알고리즘은 $N$개의 표본들의 집합을 순방향 메시지로 두는 필터링 알고리즘들의 일반적인 패턴에 잘 맞는다. 따라서 첫 번째의 핵심적인 혁신은, **표본들 자체를 현재 상태 분포의 한 근사 표현으로 사용한다**는 것이다. 이는 갱신당 '상수' 시간이라는 요구조건과 부합한다(비록 그 상수가 근사의 정확도를 유지하는 데 필요한 표본의 개수에 의존하긴 하지만). DBN을 펼칠 필요는 없다. 메모리에 현재 조각과 다음 조각만 두면 되기 때문이다. 이 접근방식을 **순차 중요도 표집**(sequential importance sampling, SIS)이라고 부른다.

순차 중요도 표집

제13장에서 가능도 가중 기법을 논의할 때, 증거 변수들이 표집할 변수들보다 "하류(downstream)"에 있는 경우에는 변수들이 증거의 영향을 거의 받지 않고 생성되어서 거의 모든 변수에 아주 낮은 가중치가 배정되기 때문에 알고리즘의 정확도가 떨어진다는 점을 지적했다.

전형적인 구조를 가진 DBN, 이를테면 도해 14.16의 우산 DBN을 살펴보면, 실제로 초기 상태 변수들이 이후의 증거들의 도움을 받지 않고 표집됨을 알 수 있다. 더 자세히 들여다보면, 사실 조상에 증거 변수가 하나라도 있는 상태 변수가 전혀 없다! 따라서, 각 표본의 가중치가 증거에 의존하긴 하지만, 실제로 생성되는 표본들의 집합은 증거와 완전히 독립적이다. 예를 들어 관리자가 매일 우산을 가져온다고 해도, 표집 과정은 여전히 "이 동네는 언제나 맑아!"라는 환상을 가지게 된다.

실제 응용에서 이것이 뜻하는 바는, 전체 표본 중 일련의 실제 증거들에 비교적 가까운(따라서 무시할 수 없는 수준의 가중치가 부여되는) 것들의 비율이 $t$, 즉 관측열의 길이에 따라 지수적으로 감소한다는 것이다. 다른 말로 하면, 일정 수준의 정확도를 유지하기 위해서는 표본 개수를 $t$에 지수적으로 증가해야 한다. 실시간 필터링 알고리즘이 처리할 수 있는 표본들의 개수가 고정되어 있다고 할 때, 실제 응용에서 이는 갱신 단계가 단 몇 번만 거듭되어도 오차가 엄청나게 커짐을 의미한다. p.640의 도해 14.19는 이 문제점이 격자 세계 위치 결정 문제(§14.3)에 적용한 SIS(순차 중요도 표집)에 미친 영향을 보여준다. 10만 개의 표본으로도, SIS 근사는 약 20단계 이후에 완전히 실패한다.

따라서 더 나은 해법이 필요함이 명백하다. 두 번째의 핵심적인 혁신은, **상태 공간의 고확률 지역들에 있는 표본들의 집합에 집중한다**는 것이다. 그렇게 하는 한 가지 방법은 가중치(관측들에 의거해서 결정한)가 아주 낮은 표본들을 제거하고, 대신 가중치가 큰 표본들을 복제하는 것이다. 그러면 표본 모집단이 현실에 비교적 가깝게 유지된다. 표본들을 사후 분포의 모형화를 위한 자원이라고 생각한다면, 상태 공간 중 사후 확률이 높은 지역들에 더 많은 표본을 둔다는 것이 합당한 일임을 이해할 수 있을 것이다.

입자 필터링     **입자 필터링**(particle filtering)이라고 부르는 일단의 알고리즘이 바로 그런 접근방식을 사용한다. (초기에는 **순차 중요도 표집 및 재표집**(sequential importance sampling with resampling)이라는 이름도 쓰였지만, 모종의 이유로 인기를 끌지 못했다.) 입자 필터링의 작동 방식은 다음과 같다. 먼저, 사전 분포 $\mathbf{P}(\mathbf{X}_0)$에서 추출한 $N$개의 표본들로 모집단(population)을 만든다. 그런 다음 각 시간 단계에서 다음과 같은 갱신 주기를 실행한다.

1. 각 표본을 앞으로 전파한다. 구체적으로 말하면, 그 표본의 현재 값 $\mathbf{x}_t$가 주어졌을 때의 다음 상태 값 $\mathbf{x}_{t+1}$을 전이 모형 $\mathbf{P}(\mathbf{X}_{t+1} \mid \mathbf{x}_t)$에 기초해서 추출한다.

2. 새 증거 $P(\mathbf{e}_{t+1} \mid \mathbf{x}_{t+1})$에 배정된 가능도에 기초해서 각 표본에 가중치를 부여한다.

3. 모집단을 재표집한다. 즉, $N$개의 새 표본들로 이루어진 새 모집단을 생성한다. 이 때 새 표본들은 현재 모집단에서 선택한다. 각 표본이 선택될 확률은 그 표본에 부여된 가중치에 비례한다. 새 표본들에는 가중치를 부여하지 않는다.

이 알고리즘의 세부사항이 도해 14.17에 나와 있다. 도해 14.18은 이를 우산 DBN에 적용한 예이다.

---

**function** PARTICLE-FILTERING(**e**, $N$, $dbn$) **returns** 다음 시간 단계에 대한 표본 집합
    **입력: e**, 새로 들어온 증거
           $N$, 유지할 표본 개수
           $dbn$, $\mathbf{P}(\mathbf{X}_0)$와 $\mathbf{P}(\mathbf{X}_1 \mid \mathbf{X}_0)$, $\mathbf{P}(\mathbf{E}_1 \mid \mathbf{X}_1)$로 정의된 DBN
    **지속 변수:** $S$, 표본 $N$개로 이루어진 벡터, 초기에는 $\mathbf{P}(\mathbf{X}_0)$에서 생성
    **지역 변수:** $W$, 가중치 $N$개로 이루어진 벡터

    **for** $i$ = 1 **to** $N$ **do**
        $S[i] \leftarrow \mathbf{P}(\mathbf{X}_1 \mid \mathbf{X}_0 = S[i])$에서 추출한 표본 // 단계 1
        $W[i] \leftarrow \mathbf{P}(\mathbf{e} \mid \mathbf{X}_1 = S[i])$          // 단계 2
    $S \leftarrow$ WEIGHTED-SAMPLE-WITH-REPLACEMENT($N$, $S$, $W$)   // 단계 3
    **return** $S$

---

**도해 14.17**   상태(표본 집합)를 가진 재귀적 갱신 연산으로 구현된 입자 필터링 알고리즘. PRIOR-SAMPLE에서와 아주 비슷하게, 각 표집 연산에는 유관한 조각 변수들을 위상구조 순서로 표집하는 작업이 관여한다. WEIGHTED-SAMPLE-WITH-REPLACEMENT 연산을 기대 시간이 $O(N)$이 되도록 구현할 수 있다. 주석에 언급된 단계 번호는 본문의 해당 단계를 지칭한다.

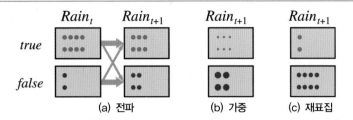

**도해 14.18** $N$=10인 우산 DBN에 대한 입자 필터링 갱신 주기. 각 상태의 표본 모집단이 표시되어 있다. (a) 시간 $t$에서 $rain$을 나타내는 표본은 8개이고 $\neg rain$을 나타내는 표본은 2개이다. $t$+1에서 $rain$을 나타내는 표본은 6개, $\neg rain$을 나타내는 표본은 4개이다. (b) $t$+1에서 $\neg umbrella$가 관측되었다. 각 표본에 그 관측에 대한 가능도로 결정된 가중치가 부여된다. 원이 클수록 가중치가 높은 것이다. (c) 현재 표본 집합에서 표본들을 가중치에 비례한 확률로 무작위 선택해서 새 표본 10개를 뽑는다. 새 표본 집합에서 $rain$을 나타내는 표본은 2개, $\neg rain$을 나타내는 표본은 8개이다.

이 알고리즘이 일관적임을, 즉 $N$이 무한대에 접근함에 따라 정확한 확률을 돌려줌을 증명할 수 있다. 이를 위해 한 갱신 주기의 연산들을 살펴보자. 초기의 표본 모집단이 시간 $t$에서의 순방향 메시지 $\mathbf{f}_{1:t} = \mathbf{P}(\mathbf{X}_t \mid \mathbf{e}_{1:t})$를 정확히 표현한다고 가정한다. 관측 $\mathbf{e}_{1:t}$들이 처리된 후 상태 $\mathbf{x}_t$에 해당하는 표본들의 개수를 $N(\mathbf{x}_t \mid \mathbf{e}_{1:t})$로 표기할 때, 큰 $N$에 대해 다음이 성립한다.

$$N(\mathbf{x}_t \mid \mathbf{e}_{1:t})/N = P(\mathbf{x}_t \mid \mathbf{e}_{1:t}) \tag{14.23}$$

이제 각 표본을, $t$에서의 그 표본의 값들이 주어졌을 때의 $t$+1에서의 상태 변수들을 표집해서 앞으로 전파한다. 각 상태 $\mathbf{x}_t$에서 상태 $\mathbf{x}_{t+1}$에 도달하는 표본들의 개수는 전이 확률에 $\mathbf{x}_t$의 개체수를 곱한 것이다. 따라서 $\mathbf{x}_{t+1}$에 도달하는 표본들의 전체 개수는 다음과 같다.

$$N(\mathbf{x}_{t+1} \mid \mathbf{e}_{1:t}) = \sum_{\mathbf{x}_t} P(\mathbf{x}_{t+1} \mid \mathbf{x}_t)N(\mathbf{x}_t \mid \mathbf{e}_{1:t}).$$

이제 $t$+1에서의 증거의 가능도에 기초해서 각 표본의 가중치를 부여한다. 상태 $\mathbf{x}_{t+1}$의 한 표본에 부여되는 가중치는 $P(\mathbf{e}_{t+1} \mid \mathbf{x}_{t+1})$이다. 따라서 관측 $\mathbf{e}_{t+1}$이 주어진 후의 $\mathbf{x}_{t+1}$의 표본들의 총 가중치는 다음과 같다.

$$W(\mathbf{x}_{t+1} \mid \mathbf{e}_{1:t+1}) = P(\mathbf{e}_{t+1} \mid \mathbf{x}_{t+1})N(\mathbf{x}_{t+1} \mid \mathbf{e}_{1:t})$$

이제 재표집 단계이다. 여기에서는 각 표본을 그 가중치에 비례하는 확률로 복제하므로, 재표집이 끝난 후 상태 $\mathbf{x}_{t+1}$의 표본 개수는 재표집 이전의 $\mathbf{x}_{t+1}$의 총 가중치에 비례한다.

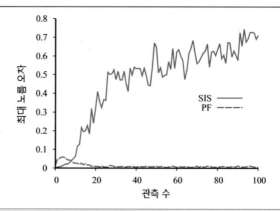

**도해 14.19** 격자 세계 위치 결정을 표본 10만 개의 가능도 가중(순차 중요도 표집)과 표본 1,000개의 입자 필터링으로 추정한 결과들의, 정확 추론 결과를 기준으로 한 최대 노름 오차(max norm error). 50회 실행 후 평균낸 수치들이다.

$$
\begin{aligned}
N(\mathbf{x}_{t+1}\,|\,\mathbf{e}_{1:t+1})/N &= \alpha\; W(\mathbf{x}_{t+1}\,|\,\mathbf{e}_{1:t+1}) \\
&= \alpha\, P(\mathbf{e}_{t+1}\,|\,\mathbf{x}_{t+1}) N(\mathbf{x}_{t+1}\,|\,\mathbf{e}_{1:t}) \\
&= \alpha\, P(\mathbf{e}_{t+1}\,|\,\mathbf{x}_{t+1}) \sum_{\mathbf{x}_t} P(\mathbf{x}_{t+1}\,|\,\mathbf{x}_t) N(\mathbf{x}_t\,|\,\mathbf{e}_{1:t}) \\
&= \alpha\, NP(\mathbf{e}_{t+1}\,|\,\mathbf{x}_{t+1}) \sum_{\mathbf{x}_t} P(\mathbf{x}_{t+1}\,|\,\mathbf{x}_t) P(\mathbf{x}_t\,|\,\mathbf{e}_{1:t}) \qquad \text{(식 (14.23)에 의해)} \\
&= \alpha'\, P(\mathbf{e}_{t+1}\,|\,\mathbf{x}_{t+1}) \sum_{\mathbf{x}_t} P(\mathbf{x}_{t+1}\,|\,\mathbf{x}_t) P(\mathbf{x}_t\,|\,\mathbf{e}_{1:t}) \\
&= P(\mathbf{x}_{t+1}\,|\,\mathbf{e}_{1:t+1}). \qquad \text{(식 (14.5)에 의해)}
\end{aligned}
$$

그러므로 한 갱신 주기 이후의 표본 모집단은 시간 $t+1$에서의 순방향 메시지를 정확히 표현한다.

이처럼 입자 필터링은 **일관적**이다. 그런데 **효율적**이기도 할까? 여러 실제 응용 사례에서는 답이 "그렇다"인 것 같다. 도해 14.19에서 보듯이, 입자 필터링은 1천 개의 표본으로도 격자 세계 위치 결정 문제를 잘 풀어 낸다. 또한, 입자 필터링은 실제 응용 문제들에서도 잘 작동한다. 이 알고리즘은 과학과 공학의 수천 가지 응용을 지원한다. (몇 가지 응용의 참고문헌이 이번 장 끝에 나온다.) 이 알고리즘은 이산 변수와 연속 변수의 조합은 물론이고 연속 변수들에 대한 비선형 모형과 비 가우스 모형도 잘 처리한다. 특정 가정들하에서, 구체적으로 말하면 전이 모형과 감지기 모형의 확률들이 0에서 1 사이(0과 1은 제외)라는 가정하에서, 근사의 오차가 높은 확률로 유계임을(도해 14.19에서도 이 점을 짐작할 수 있다) 증명하는 것도 가능하다.

그러나 입자 필터링 알고리즘에는 몇 가지 약점이 있다. 이 알고리즘이 먼지가 추가된 진공청소기 세계에서 어떻게 작동하는지 살펴보자. §14.3.2에서 보았듯이, 먼지(dirt)를 추가하면 상태 공간의 크기가 $2^{42}$배가 되어서 HMM 정확 추론이 사실상 불가능하다.

우리가 원하는 것은 로봇 청소기가 세계를 돌아다니면서 먼지가 있는 칸들의 지도를 만드는 것이다. (이는 제26장에서 좀 더 자세히 논의하는 **SLAM**, 즉 **simultaneous localization and mapping**(동시적 위치 결정 및 지도 작성)의 간단한 예이다.) $Dirt_{i,t}$가 시점 $t$에서 칸 $i$에 먼지가 있음을 뜻한다고 하자. 그리고 $DirtSensor_t$는 만일 시점 $t$에서 로봇 청소기가 먼지를 검출하면, 그리고 오직 그럴 때만 참이라고 하자. 임의의 주어진 칸에서 먼지는 $p$의 확률로 지속되는 반면 깨끗한 칸은 $1 - p$의 확률로 더러워진다고 가정한다 (이는 각 칸이 평균적으로 절반의 경우에 더럽다는 뜻이다). 로봇 청소기에는 현재 위치에서 먼지를 검출하는 감지기가 있다. 이 먼지 감지기는 0.9의 확률로 정확하다. 도해 14.20은 이상의 설정을 반영한 DBN이다.

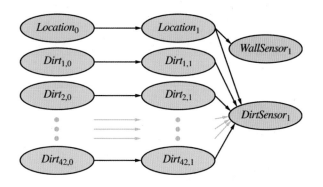

**도해 14.20** 확률적 먼지-진공청소기 세계의 동시적 위치 결정 및 지도 작성을 위한 동적 베이즈망. 더러운 (먼지가 있는) 칸은 $p$의 확률로 지속되며, 깨끗한 칸은 $1 - p$의 확률로 더러워진다. 로봇이 현재 있는 칸에 대한 국소 먼지 감지기의 정확도는 90%이다.

단순함을 위해, 우선 로봇 청소기에 완벽하게 정확한 위치 감지기가 장착되어 있다고 가정하자(잡음 섞인 벽 감지기가 아니라). 알고리즘의 성능이 도해 14.21(a)에 나와 있는데, 먼지 검출 추정치를 정확 추론의 결과와 비교한 오차들이다. (정확 추론이 어떻게 가능한지는 잠시 후에 이야기하겠다.) 먼지 지속 확률 $p$가 낮을 때는 오차도 작다. 그러나 이는 대단한 성과가 아니다. 어차피, 로봇이 최근 방문하지 않은 모든 칸은 먼지의 진 사후 확률이 0.5에 가깝기 때문이다. $p$가 큰 경우에는 먼지가 오래 지속되며, 따라서 하나의 칸을 방문하는 것은 좀 더 오래 지속되는, 좀 더 유용한 정보를 산출한다. 놀라는 독자도 있겠지만, 입자 필터링의 성능은 $p$가 크면 오히려 **나빠진다**. 가장 간단한 경우처럼 보이는 $p = 1$에서 입자 필터링은 완전히 실패한다. 이 경우 먼지는 시간 0에서 생겨서 영원히 지속되므로, 로봇이 격자 세계를 몇 번 돌고 나면 완벽에 가까운 먼지 지도가 만들어질 것이다. 그런데도 입자 필터링이 실패하는 이유는 무엇일까?

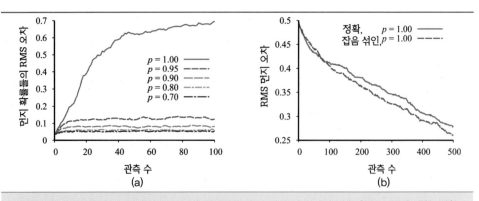

**도해 14.21** (a) 입자가 1,000개인 표준 입자 필터링의 성능. 여러 가지 먼지 지속 확률 $p$ 값에 대한, 정확 추론을 기준으로 한 주변 먼지 확률들의 RMS 오차들을 보여준다. (b) 실측자료(ground truth)에 대한, 라오-블랙웰화 입자 필터링(입자 100개)의 성능. 위치 결정 감지가 정확한 경우뿐만 아니라 먼지는 결정론적이지만 벽 감지는 잡음이 섞인 경우의 RMS 오차들도 보여준다.

이는, "전이 모형과 감지기 모형의 확률들이 반드시 0보다 크고 1보다 작아야 한다"는 이론적인 조건이 단지 수학 지식을 뽐내기 위해 현학적으로 언급한 것이 아니기 때문이다. 초기에 각 입자에는 $\mathbf{P}(\mathbf{X}_0)$에서 추출한, 42개의 칸 중 어떤 것이 더럽고 어떤 것이 깨끗한지에 관한 추측이 담겨 있다. 시간이 지나면서 각 입자의 상태는 전이 모형에 따라 순방향으로 투영(projection)된다. 그러나 안타깝게도 결정론적 먼지에 관한 전이 모형은 결정론적이다. 즉, 먼지는 정확히 그 자리에 머무른다. 따라서 증거가 주어져도 각 입자의 초기 추측들은 전혀 갱신되지 않는다.

초기 추측들이 모두 맞을 확률은 $2^{-42}$, 즉 약 $2 \times 10^{-13}$이다. 즉, 1,000개의 입자 중에(심지어 100만 개의 입자 중에라도) 정확한 먼지 지도를 가진 입자가 있을 확률은 0에 가깝다. 일반적으로 입자 천 개 중 최고의 입자는 약 32개의 칸을 옳게 추측하고 10개는 틀렸을 것이며, 보통의 경우 그런 입자가 단 하나이거나 많아야 몇 개 정도이다. 모든 입자가 하나의 부정확한 지도에 동의하므로, 알고리즘은 그 맵이 정확하다고 확신하고는 더 이상 생각을 바꾸지 않는다.

다행히 동시적 위치 결정 및 지도 작성 문제에는 특별한 구조가 있다. 바로, 로봇 위치들의 순차열이 조건으로 주어졌을 때 개별 칸들의 먼지 상태가 서로 독립적이라는 점이다(연습문제 14.RBPF). 좀 더 구체적으로 표현하면 다음과 같다.

$$\mathbf{P}(Dirt_{1,0:t}, \ldots, Dirt_{42,0:t} | DirtSensor_{1:t}, WallSensor_{1:t}, Location_{1:t})$$
$$= \prod_i \mathbf{P}(Dirt_{i,0:t} | DirtSensor_{1:t}, Location_{1:t}). \tag{14.24}$$

라오-블랙웰화    이 덕분에, **라오-블랙웰화**化(Rao-Blackwellization)라고 하는 통계학의 요령을 적용할 수 있다. 라오-블랙웰화는 정확 추론이 항상 표집보다 정확하다는, 심지어 변수들의 부분

집합에 대해서라도 그렇다는 간단한 착안에 기초한다. (연습문제 14.RAOB를 보라.) SLAM 문제에 라오-블랙웰화를 적용하면 이렇다. 먼저 로봇 위치에 대해 입자 필터링을 실행한다. 그런 다음 입자마다, 그 입자의 위치열들을 조건으로 각각의 더러운 칸들에 대해 독립적으로 해서 정확 HMM 추론을 실행한다. 그러면 각 입자는 하나의 표집된 위치와 42개의 칸들에 대한 정확 주변 사후 확률 42개를 담게 된다. (이때 '정확'은 그 입자가 따라가는 가설적인 위치 궤적이 옳다는 가정을 둔 것이다.) **라오-블랙웰화 입자 필터**(Rao-Blackwellized particle filter)라고 부르는 이 접근방식은 먼지들이 결정론적인 경우를 아무 어려움 없이 처리하며, 로봇이 정확한 위치 감지기를 가진 경우와 잡음 섞인 벽 감지기를 가진 경우 모두에서 정확한 먼지 지도를 점진적으로 구축한다(도해 14.21(b) 참고).

문제가 식 (14.24)가 보여주는 종류의 조건부 독립 구조를 충족하지 않은 경우에는 라오-블랙웰화를 적용할 수 없다. 정적 변수들을 가진 필터링의 일반적인 문제를 해결하기 위해 제안된 여러 알고리즘을 이번 장 끝의 참고사항 절에서 언급한다. 그 알고리즘 중 입자 필터링만큼 우아하고 널리 적용할 수 있는 것은 없지만, 실제 응용 시 특정 부류의 문제들에 효과적인 것들은 몇 개 있다.

# 요약

이번 장에서는 시간에 따라 변하는 확률적 과정을 표현하고 추론하는 일반적인 문제를 살펴보았다. 이번 장의 요점은 다음과 같다.

- 변화하는 세계의 상태를, 시간의 각 지점에서의 상태를 표현하는 확률 변수들의 집합을 이용해서 처리한다.
- 그러한 상태를 **마르코프 성질**을 충족하는 형태로 표현할 수 있다. 그러면 현재가 주어졌을 때 미래를 과거와는 무관하게 만들 수 있다. 이를 주어진 과정이 **시간동형** 과정이라는 가정, 즉 동적 갱신 규칙이 시간에 따라 변하지 않는다는 가정과 결합하면 표현이 아주 간단해진다.
- 시간적 확률 모형을, 상태의 진화 방식을 서술하는 **전이 모형**과 관측 과정을 서술하는 **감지기 모형**으로 구성된다고 생각할 수 있다.
- 시간적 모형의 주된 추론 과제는 **필터링(상태 추정)**, **평활화**, 그리고 **가장 그럴듯한 설명**의 계산이다. 이 과제들 각각을 단순하고도 재귀적인, 그리고 실행 시간이 순차열의 길이에 선형인 알고리즘으로 수행할 수 있다.
- 세 종류의 시간적 모형, 즉 **은닉 마르코프 모형**과 **칼만 필터**, **동적 베이즈망**을 좀 더 자세히 살펴보았다. 앞의 둘은 동적 베이즈망의 특수한 사례들이다.

- 칼만 필터에서처럼 특별한 가정을 두지 않는 한, 상태 변수가 많은 경우 정확 추론은 처리 불가능이다. 실제 응용에서 **입자 필터링**과 그 변형들은 효과적인 근사 알고리즘들에 속한다.

## 참고문헌 및 역사적 참고사항

동적 시스템의 상태 추정에 대한 기본 착안 중 다수는 수학자 C. F. 가우스에서 기인한다. 그는 천문 관측 자료로부터 천체의 궤도를 추정하는 문제에 대한 결정론적인 최소제곱 알고리즘을 형식화했다(Gauss, 1809). A. A. 마르코프는 확률적 과정을 분석한 논문 [Markov, 1913]에서, 나중에 **마르코프 가정**이라고 불리는 가정을 제시했다. 그는 소설 예브게니 오네긴$^{Eugene\ Onegin}$의 글자들에 대한 1차 마르코프 연쇄를 추정했다. 마르코프 연쇄와 혼합 시간들에 대한 일반적인 이론이 [Levin 외, 2008]에 나온다.

필터링에 대한 중요한 기밀 작업이 제2차 세계대전 도중 수행되었는데, 위너는 연속 시간 과정을 다루었고(Wiener, 1942) 콜모고로프는 이산 시간 과정을 다루었다(Kolmogorov, 1941). 이들의 성과가 그 후 20년간 중요한 기술적 발전들로 이어지긴 했지만, 빈도 정의역 표현을 사용했기 때문에 여러 계산이 상당히 번거로웠다. [Swerling, 1959]와 [Kalman, 1960]이 보여 주었듯이, 그보다는 확률적 과정의 유향 상태 공간 모형화가 더 간단하다. 후자의 논문은 요즘 식으로 말하면 '가우스 잡음이 포함된 선형 시스템에서의 순방향 추론을 위한 칼만 필터'에 해당하는 것을 서술했다. 그러나 칼만의 결과는 그보다 먼저 덴마크의 천문학자 토르볼트 틸레(Thiele, 1880)와 러시아 물리학자 루슬란 스트라토노비치(Stratonovich, 1959)가 얻은 바 있다. 칼만은 1960년 NASA Ames Research Center를 방문한 후, 칼만 필터를 로켓 궤적 추적에 적용할 수 있음을 깨달았다. 실제로 칼만 필터는 이후 아폴로 임무를 위해 구현되었다.

[Rauch 외, 1965]는 평활화에 관한 핵심 결과들을 유도했다. Rauch-Tung-Striebel 평활기(smoother)라는 거창한 이름의 방법은 지금도 표준적인 기법으로 쓰인다. 초기의 여러 결과가 [Gelb, 1974]에 모여 있다. [Bar-Shalom 및 Fortmann, 1988]은 베이즈식 기법을 첨가한 좀 더 현대적인 접근방식을 제시하며, 이 주제에 대한 방대한 참고문헌들도 제시한다. [Chatfield, 1989]와 [Box 외, 2016]은 시계열(time series) 분석에 대한 제어이론 접근방식을 다룬다.

은닉 마르코프 모형과 그에 관련된 추론 및 학습 알고리즘들(순방향-역방향 알고리즘을 포함한)은 바움과 페트리가 개발했다(Baum 및 Petrie, 1966). 비터비 알고리즘은 [Viterbi, 1967]에 처음 등장했다. 비슷한 착안들이 이와는 독립적으로 칼만 필터링 공동체에도 등장했다(Rauch 외, 1965).

순방향-역방향 알고리즘은 EM 알고리즘의 일반적 형식화에 대한 주된 선구자들 중 하나였다(Dempster 외, 1977). 제20장도 보라. 상수 공간 평활화는 [Binder 외, 1997b]에 나온다. 이 논문은 연습문제 14.ISLE에 제시된 분할정복 알고리즘도 설명한다. HMM에 대한 상수 시간 고정 시차 평활화는 [Russell 및 Norvig, 2003]에 처음 등장했다.

HMM은 언어 처리(Charniak, 1993), 음성 인식(Rabiner 및 Juang, 1993), 기계 번역 (Och 및 Ney, 2003), 계산 생물학(Krogh 외, 1994; Baldi 외, 1994), 재무 및 경제(Bhar 및 Hamori, 2004)를 비롯한 여러 분야에 쓰인다. 기본적인 HMM을 좀 더 확장하는 시도가 여럿 있었는데, 예를 들어 위계적(hierarchical) HMM(Fine 외, 1998)과 계층적(layered) HMM(Oliver 외, 2004)은 HMM의 단일 상태 변수를 대신하는 구조를 모형에 다시 도입한다.

동적 베이즈망(DBN)을 마르코프 연쇄의 희소 부호화(sparse encoding)로 볼 수 있다. 이를 인공지능에 처음으로 적용한 성과로는 [Dean 및 Kanazawa, 1989b]와 [Nicholson 및 Brady, 1992], [Kjaerulff, 1992]가 있다. 이후 동적 베이즈망을 지원하도록 HUGIN 베이즈망 시스템을 확장하는 작업이 있었다. 딘과 웰먼의 책(Dean 및 Wellman, 1991)은 인공지능 분야에서 DBN 및 계획 수립과 제어에 대한 확률적 접근방식을 대중화하는 데 도움이 되었다. [Murphy, 2002]는 DBN을 상세히 분석한다.

동적 베이즈망은 컴퓨터 시각에서 다양한 종류의 복잡한 운동 과정을 모형화하는 수단으로 인기를 끌었다(Huang 외, 1994; Intille 및 Bobick, 1999). HMM처럼 동적 베이즈망도 음성 인식(Zweig 및 Russell, 1998; 2002; Livescu 외, 2003), 로봇 위치 결정(Theocharous 외, 2004), 유전학(Murphy 및 Mian, 1999; Li 외, 2011)에 응용되었다. 그 외의 분야로는 제스처 분석(Suk 외, 2010), 운전자 피로 검출(Yang 외, 2010), 도시 교통 모형화(Hofleitner 외, 2012) 등이 있다.

HMM과 DBN의 관계, 그리고 순방향-역방향 알고리즘과 베이즈망 전파의 관계를 명시적으로 밝힌 것은 [Smyth 외, 1997]이다. 더 나아가서, [Roweis 및 Ghahramani, 1999]는 이를 칼만 필터(그리고 기타 통계적 모형들)와도 통합한다. DBN의 매개변수와 구조의 학습을 위한 절차들이 각각 [Binder 외, 1997a; Ghahramani, 1998]과 [Friedman 외, 1998]에 나온다. DBN의 이산 상태·연속 시간 버전에 해당하는 **연속 시간 베이즈망** (Nodelman 외, 2002)에서는 시간 단계들의 구체적인 간격을 정할 필요가 없다.

필터링을 위한 최초의 표집 알고리즘(순차적 몬테카를로 방법이라고도 부른다)은 제어이론 공동체의 한트신과 메인이 개발했다(Handschin 및 Mayne, 1969). 입자 필터링의 핵심인 재표집 개념은 러시아의 한 제어이론 학술지에 실렸다(Zaritskii 외, 1975). 재표집은 이후 통계학에서 **순차 중요도 표집 및 재표집**(sequential importance-sampling with resampling, SIR)라는 이름으로 재발명되었고(Rubin, 1988; Liu 및 Chen, 1998). 제어이론 분야에서는 입자 필터링으로(Gordon 외, 1993; Gordon, 1994), 인공지능은 **적자생존**으로 (Kanazawa 외, 1995), 컴퓨터 시각에서는 **응축**(condensation; Isard 및 Blake, 1996)으로 재발명되었다.

증거 반전      [Kanazawa 외, 1995]에는 **증거 반전**(evidence reversal)이라는 개선안이 나오는데, 이 방법은 시간 $t$에서의 상태와 시간 $t+1$에서의 증거를 함께 조건으로 해서 시간 $t+1$에서의 상태를 추출한다. 이렇게 하면 증거가 표본 생성에 직접 영향을 미친다. 이에 의해 근사 오차가 줄어든다는 점을 [Doucet, 1997]과 [Liu 및 Chen, 1998]이 증명했다.

입자 필터링은 동영상의 복잡한 운동 패턴 추적(Isard 및 Blake, 1996), 주식 시장 예측(de Freitas 외, 2000), 행성 탐사차량의 고장 진단(Verma 외, 2004)을 비롯한 여러 분야에 적용되었다. 입자 필터링이 등장한 후, 그 응용 방법과 변형 알고리즘에 관한 논문이 수만 건 발표되었다. 입자 필터링을 병렬 하드웨어에서 규모가변적으로 구현하는 문제가 중요하게 대두되었다. $N$개의 입자를 $N$개의 프로세서 스레드에 분산시키기가 쉬울 것 같지만, 기본적인 알고리즘은 재표집 단계를 위해 스레드들 사이의 통신을 동기화해야 한다(Hendeby 외, 2010). **입자 중첩 알고리즘**(particle cascade algorithm)은 그러한 동기화를 필요로 하지 않아서 병렬 계산이 훨씬 빠르다(Paige 외, 2015).

**라오-블랙웰화 입자 필터**는 [Doucet 외, 2000]과 [Murphy 및 Russell, 2001]에 기인한다. 제26장에서는 이를 로봇공학에서 실질적인 위치 결정 및 지도 작성 문제에 적용하는 방법을 설명한다. 정적 변수 또는 거의 정적인 변수를 가진 좀 더 일반적인 필터링 문제들을 다루기 위한 알고리즘들이 많이 제안되는데, 이를테면 재표집 후 이동(resample-move) 알고리즘(Gilks 및 Berzuini, 2001)이나 리우-웨스트 알고리즘(Liu 및 West, 2001), 스트로비크 필터(Storvik, 2002), 확장 매개변수(extended parameter) 필터(Erol 외, 2013), 추

추정 밀도 필터

정 매개변수(assumed parameter) 필터(Erol 외, 2017) 등이 있다. 마지막 것은 입자 필터링을 **추정 밀도 필터**(assumed-density filter)라고 하는 훨씬 더 오래된 착안과 결합한 것이다. 추정 밀도 필터는 시간 $t$에서 상태들에 관한 사후 분포가 유한한 개수의 매개변수들로 매개변수화된 특정 분포족에 속한다고 가정한다. 만일 투영 단계와 갱신 단계 때문에 사후 분포가 그 분포족을 벗어나면 사후 분포를 다시 그 분포족 안으로 투영해서 가장 근접한 근사 분포를 얻는다. DBN의 경우 보이엔-콜러 알고리즘(Boyen-Koller

분해된 전선

algorithm; Boyen 외, 1999)과 **분해된 전선**(factored frontier) 알고리즘(Murphy 및 Weiss, 2001)은 그 사후 분포를 작은 인수들의 곱으로 잘 근사할 수 있다고 가정한다.

MCMC 방법들(§13.4.2)을 필터링 문제에 적용할 수 있다. 예를 들어 깁스 표집을

입자 MCMC

펼치지 않은 DBN에 직접 적용할 수 있다. **입자 MCMC 알고리즘들**(Andrieu 외, 2010; Lindsten 외, 2014)은 펼쳐지지 않은 시간적 모형에 대한 MCMC를 입자 필터링과 결합해서 MCMC 제안들을 생성한다. 일반적인 경우(즉, 정적 변수와 동적 변수를 모두 가진)에서 그런 알고리즘들이 진 사후 분포로 수렴함을 증명할 수 있지만, 이 알고리즘들은 오프라인 알고리즘이다. 펼치지 않은 망의 크기가 커짐에 따라 갱신 시간이 늘어나는

감소된 MCMC

문제를 피하기 위해, **감소된 MCMC**(decayed MCMC) 필터(Marthi 외, 2002)는 상태 변수가 더 먼 과거에 있을수록 표집 확률을 감소함으로써 최근 상태 변수들의 표집을 선호한다.

[Doucet 외, 2001]은 **순차 몬테카를로**(sequential Monte Carlo, SMC) 알고리즘에 관한 주요 논문들을 모은 책이다. 입자 필터링은 이 알고리즘 부류의 가장 중요한 사례다. 유용한 튜토리얼로는 [Arulampalam 외, 2002]와 [Doucet 및 Johansen, 2011]이 있다. 또한, 진 사후 분포에 대한 SMC 방법들의 오차가 부정 유계(bounded indefinitely)가 되는 조건들에 관한 이론적인 결과들도 여럿 있다(Crisan 및 Doucet, 2002; Del Moral, 2004; Del Moral 외, 2006).

# 15

## CHAPTER

# 확률적 프로그래밍

> 이번 장에서는 불확실성이 존재하는 문제 영역에서의 확률적 지식 표현과 추론을 위한 보편 언어들의 개념을 설명한다.

원자적 표현, 분해된 표현, 구조적 표현 등 다양한 표현 방식은 예로부터 인공지능의 주요 주제였다. 결정론적 모형들을 보면, 검색 알고리즘은 원자적 표현만 가정하지만 CSP(제약 충족 문제)와 명제 논리는 분해된 표현을 제공한다. 그리고 1차 논리와 계획 수립 시스템은 구조적 표현의 장점을 취한다. 구조적 표현은 표현력이 좋아서, 같은 모형을 분해된 표현이나 원자적 표현보다 훨씬 간결하게 서술한다.

  확률 모형으로 넘어가서, 제13장과 제14장에서 서술한 베이즈망은 분해된 표현이다. 베이즈망의 확률 변수들의 집합이 유한하고 고정되며, 각 확률 변수가 가질 수 있는 값들의 범위도 고정된다. 이 때문에 복잡한 문제 영역에 대한 베이즈망 표현이 너무 커진다. 이 점은 베이즈망의 적용 범위를 제한하는 요인이다. 복잡한 문제에 대한 베이즈망 표현이 너무 크기 때문에 사람이 손으로 그런 표현을 구축하는 것이 사실상 불가능할 뿐만 아니라 비상식적으로 거대한 데이터를 동원하지 않는 한 데이터로부터 학습하는 것도 사실상 불가능하다.

  역사를 보면 몇몇 위대한 지성이 확률적 정보를 위한 표현력 있는 형식 언어를 만드는 문제에 달려 들었다. 여기에는 고트프리트 라이프니츠<sup>Gottfried Leibniz</sup>(미적분의 공동 창시자), 야콥 베르누이<sup>Jacob Bernoulli</sup>($e$, 변분법, 큰 수의 법칙을 발견한 사람), 아우구스투스 드 모르간$^{\text{Augustus De Morgan}}$, 조지 부울$^{\text{George Boole}}$, 찰스 샌더스 퍼스$^{\text{Charles Sanders Peirce}}$(19
세기 주요 논리학자 중 한 명), 존 메이너드 케인스$^{\text{John Maynard Keynes}}$(20세기의 선도적인
경제학자), 루돌프 카르납$^{\text{Rudolf Carnap}}$(20세기 가장 위대한 분석철학자 중 한 명)이 포함된
다. 그러나 이들을 비롯한 여러 사람들이 시도했지만, 이 문제는 1990년대에 와서야 풀
리기 시작했다.

부분적으로는 베이즈망의 발전 덕분에, 아주 복잡한 문제 영역을 위한 확률 모형을
생성하는 데 사용할 수 있는, 수학적으로 우아할 뿐만 아니라 대단히 실용적인 형식 언
어들이 여럿 만들어졌다. 이런 언어들은 튜링 기계가 보편적이라는 것과 같은 의미에서
**보편적**(universal)이다. 즉, 이런 언어들은 그 어떤 계산 가능한 함수도 표현할 수 있다.
게다가 이런 언어들은 분해(resolution)처럼 강건하고 완결적인 논리 추론 알고리즘에 비
길 수 있는 범용 추론 알고리즘들도 제공한다.

확률론에 표현력을 도입하는 경로는 두 가지이다. 첫째 경로는 논리를 통해서이다.
즉, 베이즈망의 명제 논리적 가능한 세계들을 정의하는 것이 아니라 1차 논리의 가능한
세계들에 관한 확률들을 정의하는 언어를 고안하는 것이다. §15.1와 §15.2에서 이 경로
를 논의하고, §15.3에서는 시간적 추론의 특수 경우를 살펴본다. 둘째 경로는 전통적인
프로그래밍 언어를 통해서이다. 즉, 무작위 선택 같은 확률적 요소들을 프로그래밍 언어
에 도입하고, 프로그램이라는 것을 프로그램 자신의 실행 궤적에 관한 확률분포를 정의
하는 것으로 간주한다. 이 접근방식은 §15.4에서 살펴본다.

확률적
프로그래밍 언어

두 경로 모두 **확률적 프로그래밍 언어**(probabilistic programming language, PPL)로
이어진다. 첫 경로를 따라 가면 선언적(declarative) PPL에 도달한다. 선언적 PPL과 일반
PPL의 관계는 논리 프로그래밍(제9장)과 일반 프로그래밍 언어의 관계와 비슷하다.

# 15.1 관계 확률 모형

제12장에서 보았듯이, 하나의 확률 모형은 가능한 세계들의 집합 $\Omega$와, 그 집합에 있는
각각의 세계 $\omega$에 대한 확률 $P(\omega)$를 정의한다. 베이즈망에서 가능한 세계란 변수들의
값들을 설정하는 배정이다. 그 변수들이 부울 변수인 경우 가능한 세계들은 명제 논리의
가능한 세계들과 동일하다.

따라서, 1차 논리와 결합된 확률 모형이 정의하는 가능한 세계들은 1차 논리의 가
능한 세계들과 동일해야 할 것이다. 즉, 가능한 세계는 객체들의 집합과 그 객체들 사이
의 관계들, 하나의 해석(상수 기호들을 객체들로, 술어 기호들을 관계들로, 함수 기호들
을 객체들에 대한 함수들로 사상하는)으로 이루어진다. (1차 논리의 모형은 §8.2에서 설
명했다.) 또한, 베이즈망이 변수들에 값들을 설정하는 각 배정의 확률을 정의하듯이, 1차
확률 모형은 그러한 각각의 가능한 세계의 확률도 정의해야 한다.

일단 지금은, 그런 가능한 세계들과 해당 확률들을 정의하는 방법을 알아냈다고

하자. 그러면 임의의 1차 논리 문장 $\phi^{\text{피}}$의 확률을 이전에 했던 것처럼(p.511 참고) 그 문장이 참인 가능한 세계들의 확률을 합산해서 구할 수 있다.

$$P(\phi) = \sum_{\omega\,:\,\phi\text{가 }\omega\text{에서 참}} P(\omega).\tag{15.1}$$

조건부 확률 $P(\phi\,|\,e)$들도 마찬가지 방식으로 구할 수 있다. 따라서, 원칙적으로 그 어떤 질문에 대한 답도 이 모형에서 이끌어 낼 수 있다. 지금까지는 좋다.

그런데 문제가 하나 있다. 바로, 1차 모형은 무한히 많다는 것이다. 이 점을 이미 p.337의 도해 8.4에서 명시적으로 보았다. 독자의 편의를 위해 그 그림을 도해 15.1 상단에 다시 표시했다. 이 점은 (1) 식 (15.1)의 합산을 구하는 것이 비현실적일 수 있으며, (2) 무한히 많은 세계에 대한 완전하고 일관된 분포를 지정하는 것이 몹시 어려울 수 있음을 뜻한다.

이번 절에서는 §8.2.8(p.344)에서 정의한 **데이터베이스 의미론**을 1차 확률 모형에 적용함으로써 이 문제를 피해 간다. 데이터베이스 의미론은 이름들이 고유하다고 가정한다(**고유 이름 가정**). 지금 예에서는 이를 상수 기호들에 적용한다. 또한 데이터베이스 의미론은 정의역이 닫혀 있다고 가정한다(**정의역 닫힘 가정**). 즉, 모형에는 이름이 붙은 객체들만 있다. 이런 가정들에 의해, 각각의 가능한 세계의 객체들의 집합은 모형이 사용하는 상수 기호들의 집합과 일치하며, 따라서 가능한 세계들의 집합은 반드시 유한하다. 도해 15.1의 아래 그림에서 보듯이, 기호들에서 객체들로의 사상이나 존재하는 객체들에 관해서 그 어떤 불확실성도 존재하지 않는다.

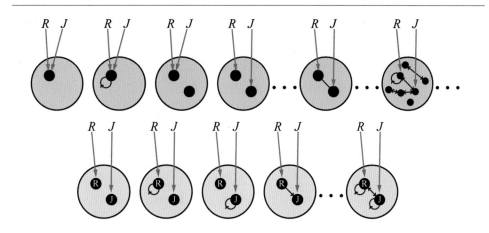

**도해 15.1** 위: 두 상수 기호 $R$과 $J$, 그리고 하나의 이항 관계 기호로 이루어진 언어의, 그리고 1차 논리의 표준 의미론하에서의 모든 가능한 세계의 일부. 아래: 데이터베이스 의미론하에서의 가능한 세계들. 상수 기호들의 해석은 고정되어 있으며, 상수 기호마다 개별적인 객체가 있다.

이런 식으로 정의되는 모형을 **관계 확률 모형**(relational probability model, RPM)이라고 부르기로 하겠다.[1] RPM의 의미론과 §8.2.8에서 소개한 데이터베이스 의미론의 가장 중요한 차이점은, RPM에는 세계가 닫혀 있다고 가정하지 않는다는 것이다. 확률적 추론 시스템에서는, 알려지지 않은 사실들이 그냥 모두 거짓이라고 가정할 수는 없다.

## 15.1.1 구문과 의미론

간단한 예로 시작하자. 어떤 온라인 서점이, 제품의 종합적인 평가를 고객들의 추천에 기초해서 제시하려고 한다. 그러한 평가는 모든 가능한 증거가 주어졌을 때의 책의 품질에 대한 사후 분포의 형태가 된다. 이에 대한 가장 간단한 해법은 추천들의 평균으로 평가를 계산하는 것이다. 필요하다면 분산을 추천 수에 기초해서 계산할 수 있을 것이다. 그러나 이런 접근방식은 다른 고객들보다 더 친절한 고객들과 정직하지 않은 고객들이 있다는 사실을 고려하지 못한다. 친절한 고객은 상당히 평범한 책도 높게[역주1] 추천하는 경향이 있다. 그리고 부정직한 고객들은 책의 품질 이외의 이유로(이를테면 출판사에게 뒷돈을 받고 그 출판사의 책들을 홍보하기 위해) 책을 너무 높게 또는 너무 낮게 추천할 수 있다.[2]

도해 15.2(a)는 한 고객 $C_1$이 한 권의 책 $B_1$을 추천하는 상황에 관한 베이즈망의 예이다. (§9.1에서와 마찬가지로, 여기서 괄호가 있는 표현은 함수 호출 같은 것이 아니고 그냥 하나의 기호이다. 예를 들어 $Honest(C_1)$은 하나의 확률 변수를 가리키는 하나의 장황한 이름일 뿐이다.) 도해 15.2(b)는 두 고객이 두 권의 책을 추천하는 베이즈망의 예이다. 고객과 책이 더 많으면 베이즈망을 이처럼 직접 그려서 표현하기가 거의 불가능해진다.

다행히 이 베이즈망에는 반복되는 구조가 많다. $Recommendation(c,b)$ 형태의 변수의 부모는 항상 $Honest(c)$, $Kindness(c)$, $Quality(b)$이다. 더 나아가서, 모든 $Recommendation(c,b)$ 변수는 조건부 확률표(CPT)가 동일하며, $Honest(c)$ 변수 등등도 마찬가지이다. 이는 1차 언어(first-order language; 1차 논리를 위한 형식 언어)로 나타내기에 딱 좋은 구성이다. 예를 들어 이런 표현이 가능하다.

---

1 *relational probability model* 이라는 용어는 [Pfeffer, 2000]에서 기인한다. 그 논문이 서술한 모형과 지금 말하는 모형의 표현은 조금 달라도, 바탕에 깔린 착안들은 동일하다.

역주1 "강하게 추천한다"가 아니라 "높게 추천한다"라는 표현이 좀 어색하겠지만, 이후의 문장들과 수식, 알고리즘 코드와의 연계 등을 고려할 때, 강하다/약하다 대신 높다/낮다를 사용하는 것이 실보다 득이 더 크다고 판단했다. "높게 추천한다" = "강도 높게 추천한다" = "강하게 추천한다"로 연상해 주기 바란다. 또는, "추천한다"를 "평점을 준다"로 생각해도 될 것이다(실제로 웹 응용 프로그램들의 추천 시스템은 별점 시스템인 경우가 많다).

2 게임 이론가들은 부정직한 고객에게, 들키지 않으려면 가끔은 경쟁 출판사가 낸 좋은 책을 추천하라고 권할 것이다. 제18장을 보라.

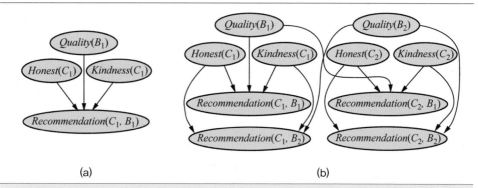

(a)　　　　　　　　　　　　　　　　　　　(b)

**도해 15.2**　(a) 한 권의 책 $B_1$을 추천(Recommendation)하는 한 명의 고객 $C_1$을 위한 베이즈망. $Honest(C_1)$은 부울 변수이고 다른 변수들은 1에서 5까지의 값을 가지는 정수 변수이다. (b) 두 고객과 두 권의 책으로 이루어진 베이즈망.

$$Recommendation(c,b) \sim RecCPT(Honest(c), Kindness(c), Quality(b)).$$

이는 한 권의 책에 대한 고객의 추천이 그 고객의 정직함(*Honest*)과 친절함(*Kindness*), 그리고 어떤 고정된 CPT를 따르는 책의 품질(*Quality*)에 의존함을 뜻한다.

　　1차 논리처럼 RPM에도 상수 기호와 함수 기호, 술어 기호가 있다. 그런데 RPM의 함수에는 **형식 서명**(type signature)이 있다. 형식 서명은 함수의 각 인수와 반환값의 형식을 명시한다. (만일 각 객체의 형식이 알려져 있다면, 이러한 형식 시스템을 통해서 다수의 불필요한 가능한 세계들을 제거할 수 있다. 예를 들어 각 책의 친절함이나 고객들이 추천하는 책들 등은 신경쓸 필요가 없다.) 도서 추천 정의역에는 *Customer*라는 형식과 *Book*이라는 형식이 있다. 함수들과 술어들의 형식 서명들은 다음과 같다.

형식 서명

$$Honest : Customer \rightarrow \{true, false\}$$
$$Kindness : Customer \rightarrow \{1,2,3,4,5\}$$
$$Quality : Book \rightarrow \{1,2,3,4,5\}$$
$$Recommendation : Customer \times Book \rightarrow \{1,2,3,4,5\}$$

그리고 온라인 서점의 데이터 집합에 있는 고객 이름들과 책 이름들에 해당하는 상수 기호들이 있다. 도해 15.2(b)의 예에서 $C_1$, $C_2$, $B_1$, $B_2$가 상수 기호들이다.

기본 확률 변수　　　상수들과 그 형식들, 그리고 함수들과 그 형식 서명들이 주어졌을 때, RPM의 **기본 확률 변수**(basic random variable)들은 객체들의 가능한 조합 각각에 대해 각 함수를 사례화(instantiation)한 것이다. 책 추천 모형에서 기본 확률 변수는 $Honest(C_1)$, $Quality(B_2)$, $Recommendation(C_1, B_2)$ 등이다. 이들은 도해 15.2(b)에 나온 변수들과 정확히 대응된다. 각 형식의 사례들은 유한하므로(정의역 닫힘 가정 덕분에), 기본적인 확률 변수의 개수도 유한하다.

RPM을 완성하려면 이 확률 변수들을 관장하는 의존관계들을 작성해야 한다. 함수 하나당 하나의 의존관계 단언이 있으며, 함수의 각 인수는 논리 변수(즉, 1차 논리에서처럼 객체들이 정의역인 변수)이다. 예를 들어 다음 의존관계는 모든 고객 $c$에 대해 $Honest$가 참일 사전 확률이 0.99이고 거짓일 사전 확률은 0.01임을 명시한다.

$$Honest(c) \sim \langle 0.99,\ 0.01 \rangle$$

또한, 각 고객의 친절도와 각 책의 품질(둘 다 1에서 5)에 대한 사전 확률들도 명시할 수 있다.

$$Kindness(c) \sim \langle 0.1,\ 0.1,\ 0.2,\ 0.3,\ 0.3 \rangle$$
$$Quality(b) \sim \langle 0.05,\ 0.2,\ 0.4,\ 0.2,\ 0.15 \rangle$$

마지막으로, 추천에 관한 의존관계도 지정해야 한다. 임의의 고객 $c$와 책 $b$에 대해, 추천 점수 $Recommendation$은 고객의 정직함 및 친절함과 책의 품질에 의존한다.

$$Recommendation(c,b) \sim RecCPT(Honest(c), Kindness(c), Quality(b))$$

여기서 $RecCPT$는 개별적으로 정의된 조건부 확률표인데, $2 \times 5 \times 5 = 50$개의 행으로 이루어져 있고 각 행의 성분은 다섯 개이다. 이 논의의 목적에서, 친절도가 $k$인 사람이 품질이 $q$인 책을 정직하게 추천할 때 그 추천 점수들은 $[\ \lfloor \frac{q+k}{2} \rfloor,\ \lceil \frac{q+k}{2} \rceil\ ]$ 구간에 고르게 분포된다고 가정한다.

RPM의 확률 변수들에 대한 하나의 결합 분포를 정의하는 베이즈망(도해 15.2(b)에 나온 것 같은)이 주어졌을 때, 알려진 모든 상수에 대해 이 의존관계들을 사례화하면 RPM의 의미론이 만들어진다.[3]

가능한 세계들의 집합은 모든 기본 확률 변수 구간들의 데카르트 곱(곱집합)이고, 베이즈망에서처럼 각 가능한 세계의 확률은 모형으로부터의 유관 확률들의 곱이다. 고객의 수가 $C$이고 책의 수가 $B$이면 $Honest$ 변수가 $C$개, $Kindness$ 변수가 $C$개, $Quality$ 변수가 $B$개, $Recommendation$ 변수가 $BC$개이므로 가능한 세계는 총 $2^C 5^{C+B+BC}$가지이다. 책이 1,000만 권이고 고객이 10억 명이면 가능한 세계의 수는 약 $10^{7 \times 10^{15}}$이다. 그러나 RPM의 표현력 덕분에 완전한 확률 모형의 매개변수는 300개를 넘지 않으며, 대부분은 $RecCPT$ 확률표에 있다.

**문맥 국한 독립성**(제13장 p.550)에 기초해서, 구체적으로 말하면 부정직한 고객은 추천 시 책의 품질을 무시하며, 더 나아가서 친절함은 추천의 결정에 영향을 미치지 않는다는 사실을 반영해서 이 모형을 좀 더 정련할 수 있다. 즉, $Recommendation(c, b)$는

---

3 RPM이 적절한 분포를 정의하려면 몇 가지 기술적인 조건이 요구된다. 첫째로, 의존관계들이 반드시 **비순환**이어야 한다. 그렇지 않으면 결과적으로 베이즈망에 순환마디들이 생기며, 제대로 된 분포가 정의되지 않는다. 둘째로, (보통의 경우) 의존관계들은 근거가 **확실해야** 한다. 재귀적 의존관계들에서 발생할 수 있는 어떤 무한한 조상 사슬들이 있으면안 된다. 이 규칙의 예외가 연습문제 15.HAMD에 나온다.

$Honest(c) = false$일 때 $Kindness(c)$, $Quality(b)$와 독립적이다.

$$Recommendation(c,b) \sim \quad \textbf{if } Honest(c) \textbf{ then}$$
$$HonestRecCPT(Kindness(c), Quality(b))$$
$$\textbf{else } \langle 0.4,\ 0.1,\ 0.0,\ 0.1,\ 0.4 \rangle.$$

이런 종류의 독립성이 프로그래밍 언어에서 흔히 볼 수 있는 if-then-else 문과 비슷한 것 같지만, 중요한 차이점이 하나 있다. 바로, 추론 엔진이 조건 판정의 **값을 알 필요가 없**다는 점이다($Honest(c)$가 하나의 확률 변수이므로).

이 모형을 좀 더 사실적으로 만드는 방법은 얼마든지 많다. 예를 들어 어떤 저자(*Author*)의 팬(*Fan*)인 정직한 고객이 그 저자가 쓴 책에 대해서는 품질과 관계없이 항상 정확히(*Exactly*) 5점을 준다고 하자.

$$Recommendation(c,b) \sim \quad \textbf{if } Honest(c) \textbf{ then}$$
$$\textbf{if } Fan(c, Author(b)) \textbf{ then } Exactly(5)$$
$$\textbf{else } HonestRecCPT(Kindness(c), Quality(b))$$
$$\textbf{else } \langle 0.4,\ 0.1,\ 0.0,\ 0.1,\ 0.4 \rangle$$

이 경우에도 조건 판정 $Fan(c, Author(b))$의 값은 알려지지 않았지만, 고객이 특정 저자의 책들에 모두 5점을 주었다면, 그리고 그 고객이 특별히 친절한 것은 아니라면, 그 고객이 해당 저자의 팬일 사후 확률이 높게 나온다. 더 나아가서, 사후 확률분포는 저자의 책들의 품질을 평가할 때 고객이 준 5점들을 에누리해서 참작하는 경향을 보일 것이다.

이 예에서는 $Author(b)$의 값이 모든 $b$에 대해 알려진다고 암묵적으로 가정했지만, 그렇지 않은 경우도 있다. 예를 들어 $Author(B_2)$가 알려지지 않았을 때 고객 $C_1$이 $Author(B_2)$의 팬인지의 여부를 추론 시스템이 어떻게 알아낼 수 있을까? 이 경우 시스템은 **모든 가능한 저자**에 대해 추론을 해야 할 수 있다. 저자가 $A_1$과 $A_2$ 둘뿐이라고 가정하자(예가 간단해지도록). 그러면 $Author(B_2)$는 가능한 값이 두 개($A_1$과 $A_2$)인 하나의 확률 변수이고, $Recommendation(C_1, B_2)$의 부모이다. 그리고 변수 $Fan(C_1, A_1)$과 $Fan(C_1, A_2)$도 $Recommendation(C_1, B_2)$의 부모이다. $Recommendation(C_1, B_2)$에 대한 조건부 분포는 본질적으로 $Author(B_2)$ 부모가 $Fan(C_1, A_1)$과 $Fan(C_1, A_2)$ 중 추천에 실제로 영향을 미치는 쪽을 선택하는 선택자로 작용하는 하나의 **분배기**(multiplexer)이다. 이와 동등한(equivalent) 베이즈망의 일부가 도해 15.3에 나와 있다. 망의 의존관계 구조(dependency structure)에 영향을 미치는 $Author(B_2)$ 값의 불확실성은 **관계적 불확실성**(relational uncertainty)의 한 예이다.

$B_2$의 저자가 누구인지 추론하는 방법은 무엇인지 궁금한 독자도 있을 것이다. 다른 세 고객이 $A_1$의 팬들이고(그리고 셋 모두 공통으로 좋아하는 다른 저자가 없고), 셋 모두 $B_2$에 5점을 준 반면 그 외의 고객들은 모두 낮은 점수를 주었다고 하자. 이 경우 $A_1$

(좌측 여백: 분배기)

(좌측 여백: 관계적 불확실성)

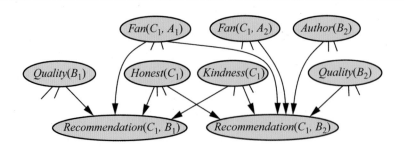

**도해 15.3** $Author(B_2)$가 알려지지 않았을 때의, 책 추천 RPM에 대한 해당 베이즈망의 일부.

이 $B_2$의 저자일 확률은 극히 높다. 단 몇 행으로 이루어진 RPM 모형에서 이런 종류의 정교한 추론이 창발한다는 점은 모형의 객체들을 상호연결하는 망을 통해 확률적 영향이 어떻게 전파되는지를 보여 주는 흥미로운 예이다. 의존관계들과 객체들을 더 추가할수록, 사후 분포는 실제 정의역을 점점 더 잘 반영하게 된다.

## 15.1.2 예제: 플레이어 기술 수준 평가

경쟁 게임 중에는 플레이어의 기술 수준(skill level)을 수치로 평가하는 체계를 갖춘 것들이 많다. 그런 수치를 **평점**(rating)이라고 부르기도 한다. 아마도 가장 유명한 평점 체계는 체스 기사를 위한 엘로 평점(Elo rating)일 것이다. 이 평점 체계에서 전형적인 체스 초보자는 800점 부근의 점수를 받고 세계 챔피언은 보통의 경우 2800점 이상을 받는다. 엘로 평점에 통계적 근거가 있긴 하지만, 임시방편적인 요소도 몇 가지 존재한다. 이번 절에서는 다음과 같은 베이즈 평점 체계를 만들어 본다. 각 플레이어 $i$에는 바탕 기술 수준 $Skill(i)$이 있다. 각 게임 $g$에서 $i$의 실제 성적은 $Performance(i,g)$인데, 이 값은 바탕 기술 수준에 따라 다를 수 있다. 그리고 게임 $g$의 승자는 두 플레이어 중 성적이 높은 쪽이다. 이러한 모형을 RPM으로 표현하면 다음과 같은 모습이 될 것이다.

$$Skill(i) \sim \mathcal{N}(\mu, \sigma^2)$$
$$Performance(i,g) \sim \mathcal{N}(Skill(i), \beta^2)$$
$$Win(i,j,g) = \textbf{if } Game(g,i,j) \textbf{ then } (Performance(i,g) > Performance(j,g))$$

여기서 $\beta^2$은 플레이어의 바탕 기술 수준에 상대적인, 임의의 특정 게임에서의 플레이어의 실제 성적의 분산이다. 일단의 플레이어들과 게임들, 그리고 일부 게임들의 결과가 주어졌을 때, RPM 추론 엔진은 각 플레이어의 기술 수준에 관한 사후 분포와 이후 플레이될 수 있는 임의의 추가적인 게임들의 확률적 결과를 산출할 수 있다.

팀 경기의 경우, 게임 $g$에서 팀 $t$의 전체 성적은 $t$에 속한 각 플레이어의 개별 성적을 모두 합한 것이라고 가정한다(하나의 제1 근사해석(first approximation)으로서).

$$TeamPerformance(t,g) = \sum_{i \in t} Performance(i,g).$$

평점 엔진은 개별 성적들을 보지 못하지만, 팀의 구성이 게임마다 달라진다면 여러 게임 결과로부터 각 플레이어의 기술 수준을 추정할 수 있다. Microsoft의 TrueSkillTM 평점 엔진이 이 모형을 효율적인 근사 추론 알고리즘과 함께 사용해서 매일 수억 명의 사용자에게 서비스를 제공한다.

이 모형을 좀 더 정교화하는 방법은 다양하다. 예를 들어, 약한 플레이어들은 성적의 분산이 더 크다는 가정을 둘 수도 있고, 또는 팀에서 플레이어의 역할을 평가에 고려할 수도 있다. 또는 특정 종류의 성적과 기술(이를테면 공격과 수비)를 고려함으로써 팀의 구성을 개선하고 예측 정확도를 높일 수도 있다.

## 15.1.3 관계 확률 모형의 추론

RPM의 가장 직접적인 추론 접근방식은 그냥 RPM에 대응되는, 각 형식에 속하는 알려진 기호들을 조건으로 하는 베이즈망을 구축하는 것이다. 앞의 책 추천 모형(책 $B$권, 고객 $C$명)에 해당하는 베이즈망은 다음과 같은 간단한 for 루프들로 구축할 수 있을 것이다.[4]

> **for** $b = 1$ **to** $B$ **do**
>> 부모가 없고 사전 분포가 $\langle 0.05, 0.2, 0.4, 0.2, 0.15 \rangle$인 노드 $Quality_b$를 추가한다
>
> **for** $c = 1$ **to** $C$ **do**
>> 부모가 없고 사전 분포가 $\langle 0.99, 0.01 \rangle$인 노드 $Honest_c$를 추가한다.
>> 부모가 없고 사전 분포가 $\langle 0.1, 0.1, 0.2, 0.3, 0.3 \rangle$인 노드 $Kindness_c$를 추가한다.
>
> **for** $b = 1$ **to** $B$ **do**
>> 부모가 $Honest_c$, $Kindness_c$, $Quality_b$이고 조건부 분포가 $RecCPT(Honest_c, Kindness_c, Quality_b)$인 노드 $Recommendation_{c,b}$를 추가한다.

근거 짓기
펼치기

이러한 기법을 **근거 짓기**(grounding) 또는 **펼치기**(unrolling)라고 부른다. 이것은 1차 논리의 **명제화**(p.365)에 정확히 대응되는 기법이다. 명백한 단점은 대단히 큰 베이즈망이 만들어질 여지가 있다는 점이다. 더 나아가서, 관계나 기능이 알려지지 않은 후보 객체들(이를테면 책 $B_2$의 알려지지 않은 저자)이 많으면, 베이즈망의 일부 변수들이 다수의 부모를 가질 수 있다.

다행히, 암묵적 베이즈망 전체를 생성하지 않아도 되는 경우가 많다. p.565에서 변

---

4 여러 통계 패키지들은 이 코드를, RMP의 추론을 수행하는 베이즈망을 구축하는 코드가 아니라 RPM의 정의로 간주할 것이다. 그러나 그러한 관점은 RPM 구문의 중요한 역할 하나를 간과한다. RPM 구문처럼 명확한 의미론을 가진 구문이 없다면, 모형 구조가 데이터로부터 배울 길이 없다.

수 소거 알고리즘을 설명할 때 보았듯이, 질의 변수나 증거 변수의 조상이 아닌 변수들은 모두 질의와는 무관하다(irrelevant). 더 나아가서, 증거가 주어졌을 때 질의가 어떤 변수와 조건부 독립이면, 그 변수 역시 무관하다. 따라서 질의와 증거에서 시작해서 연쇄를 따라 모형을 나아가다 보면 질의와 유관한 변수들만 식별할 수 있으며, 그 변수들만 사례화하면 암묵적 베이즈망의 잠재적으로 아주 작은 일부를 생성할 수 있다. 이 부분망에 대한 추론은 암묵적 베이즈망 전체에 대한 추론과 동일한 해답을 산출한다.

또한, 펼쳐진 베이즈망에 반복된 하위 구조(substructure)가 존재한다는 사실도 추론의 효율성을 높이는 데 도움이 된다. 반복된 구조가 존재한다는 것은 변수 소거 도중 구축되는 인자들(그리고 군집화 알고리즘이 구축하는 비슷한 종류의 테이블들) 중 다수가 동일함을 뜻한다. 효과적인 캐싱 기법을 적용한다면, 큰 베이즈망에서 추론 속도를 수천 배 높일 수 있다.

셋째로, MCMC 추론 알고리즘을 관계적 불확실성을 가진 RPM에 적용할 때 몇 가지 흥미로운 속성이 드러난다. MCMC는 완전히 명시된 가능한 세계들을 추출하므로, 관계적 구조(relational structure)의 각 상태는 완전히 알려진다. 앞의 도서 추천 예에서 각각의 MCMC 상태는 $Author(B_2)$의 값을 명시할 것이므로, 다른 잠재적인 저자들은 더 이상 $B_2$에 대한 추천 노드들의 부모가 아니다. 그러므로, MCMC에 있는 관계적 불확실성 때문에 망의 복잡도가 증가하지는 않는다. 대신, MCMC 과정에는 펼쳐진 망의 관계적 구조를 변경하는, 그럼으로써 의존관계 구조를 변경하는 전이들이 포함되어 있다.

마지막으로, 모형의 근거 짓기를 아예 피할 수 있는 경우도 있다. 분해 정리 증명기와 논리 프로그래밍 시스템들은 추론을 진전시키는 데 꼭 필요한 경우에만 논리 변수들을 사례화함으로써 명제화를 피한다. 즉, 그런 시스템은 추론 과정을 기본 명제 문장 수준 위로 **승격**(lift)하며, 승격된 각 단계가 다수의 기본 단계들의 일을 하게 만든다.

그와 동일한 착안을 확률적 추론에도 적용할 수 있다. 예를 들어, 변수 소거에서 승격된 하나의 인자가 RPM의 확률 변수들에 확률들을 배정하는 기본 인자들의 집합 전체를 대표할 수 있다. 이때 그 확률 변수들은 그것들을 구축하는 데 쓰인 상수 기호들에서만 차이를 보인다. 이 방법의 세부사항은 이 책의 범위를 벗어난 것이므로 더는 이야기하지 않고, 대신 이번 장 끝에서 그에 관한 참고문헌을 제시하겠다.

## 15.2 열린 모집단 확률 모형

앞에서, 존재하는 유관 객체들의 집합을 정확히 알고 있으며 그것들을 모호함 없이 식별할 수 있을 때에는 데이터베이스 의미론이 적합하다고 말했다. (특히, 한 객체에 관한 모든 관측이 그 객체를 지칭하는 상수 기호와 정확히 연관된다.) 그러나 실제 세계에는 그런 가정이 애초에 불가능한 설정들도 많다. 예를 들어 온라인 서점이 ISBN(International Standard Book Number; 국제 표준 도서 번호)을 각 책을 지칭하는 상수 기호로 사용한다고 하자. 그런데 하나의 '논리적인' 책(이를테면 "바람과 함께 사라지다")에 양장판, 문고판, 개정판 등에 대한 여러 ISBN이 있을 수 있다. 같은 책을 지칭하는 여러 ISBN에 대한 추천들은 모두 집계하는 것이 바람직하겠지만, 어떤 ISBN들이 실제로 같은 책을 지칭하는지 온라인 서점이 파악하지 못할 수도 있다. (여기서 책의 **개별적인 복사본**을 구상화하려는 것이 아님을 주의하기 바란다. 중고 책 판매나 자동차 판매 등에서는 그런 구상화가 필요할 수 있다.) 더 큰 문제는, 각 고객이 로그인 ID로 식별되는데, 부정직한 고객 한 명이 수천 개의 ID를 사용할 수도 있다는 점이다. 컴퓨터 보안 분야는 그런 다중 ID들을 **시빌**(sybil)들이라고 부르고, 평판 시스템을 조작하기 위해 그런 ID들을 사용하는 것을 **시빌 공격**(sybil attack)이라고 부른다.[5] 이처럼, 비교적 잘 정의된 온라인 영역의 간단한 응용에도 **존재 불확실성**(existence uncertainty; 관측된 데이터에 깔린 실제 책들과 고객들은 무엇인가?)과 **신원 불확실성**(identity uncertainty; 같은 객체를 실제로 지칭하는 논리항들은 무엇인가?)이 관여한다.

시빌<br>시빌 공격<br>존재 불확실성<br>신원 불확실성

존재 및 신원 불확실성 현상이 온라인 서점에 국한된 것은 아니다. 사실 어디서든 볼 수 있다.

- 시각 시스템은 다음 모퉁이를 돌면 뭐가 있을지 알지 못한다. 그리고 지금 보고 있는 물체가 몇 분 전에 본 것과 같은 물체인지 알지 못할 수 있다.

- 텍스트를 이해하는 시스템은 텍스트에 나오는 인물들을 미리 알지 못하며, "메리", "스미스 박사", "그녀", "그의 심장전문의", "그의 어머니"가 같은 대상을 지칭하는지를 반드시 추론해야 한다.

- 스파이를 잡으려는 첩보 분석가는 스파이가 실제로 몇 명이나 있는지 결코 알지 못한다. 그저 여러 가명, 전화번호, 목격담이 같은 개인에게 속하는지 등을 추측만 할 뿐이다.

실제로 인간의 인식의 상당 부분은 세계에 어떤 객체들이 존재하는지 배우는 능력과 관측들(고유한 식별자가 미리 붙어 있는 경우는 거의 없다)을 연결해서 객체들에 대한 가설을 만드는 능력을 요구한다.

따라서 우리에게 필요한 것은 1차 논리의 표준 의미론(도해 15.1의 위 그림)에 기초한 소위 **열린 모집단 확률 모형**(open-universe probability model, OUPM)이다. OUPM을 위한 언어는 가능한 세계들의 무한한 공간에 대한 고유하고 일관된 확률분포를 보장하면서도 그런 모형들을 손쉽게 표현할 수 있는 수단을 제공한다.

열린 모집단

## 15.2.1 구문과 의미론

이 모형을 이해하려면 보통의 베이즈망과 RPM에서 고유한 확률 모형이 어떻게 정의되는지 이해하고, 그러한 이해를 1차 논리의 설정에 적용해야 한다. 본질적으로 베이즈망

---

5 '시빌'이라는 이름은 유명한 다중인격(해리성 정체성 장애) 사례에서 온 것이다.

은 망의 구조로 정의된 위상구조적 순서에 따라 사건들을 하나씩 만들면서 모든 가능한 세계를 생성해 나간다. 여기서 각 사건은 변수에 값을 부여하는 하나의 배정이다. RPM 은 이를 주어진 술어 또는 함수에 있는 논리 변수들의 모든 가능한 사례들로 정의되는 사건들의 전체 집합으로 확장한다. OUPM은 이를 더욱 확장해서, 구축 중인 가능한 세계에 **객체들을 추가하는** 생성 단계를 허용한다. 여기서 그러한 객체들의 종류와 개수는 그 세계에 이미 존재하는 객체들, 그리고 그 객체들의 속성들과 관계들에 의존한다. 즉, 생성되는 사건은 한 변수에 하나의 값을 배정하는 것이 아니라, 개체의 **존재** 자체이다.

OUPM에서 이를 수행하는 한 가지 방법은, 여러 종류의 객체들의 개수들에 관한 **개수 선언문** 조건부 분포를 정의하는 **개수 선언문**(number statement)을 제공하는 것이다. 예를 들어 도서 추천 정의역에서 고객(사람)과 고객의 로그인 *ID*를 구분한다고 하자. (사실 책을 추천을 하는 주체는 고객이 아니라 로그인 ID이다!) 그리고 (문제를 간단하게 만들기 위해) 고객의 수가 1에서 3까지의 균등분포를 따르고 책의 수는 2에서 4까지의 균등분포를 따른다고 가정하자.

$$\#Customer \sim UniformInt(1,3)$$
$$\#Book \sim UniformInt(2,4). \tag{15.2}$$

그리고 정직한 고객은 ID가 하나지만 부정직한 고객은 ID가 여러 개이며, ID 개수의 기댓값은 2에서 5까지의 어떤 값이라고 하자.

$$\#LoginID(Owner = c) \sim \ \mathbf{if}\ Honest(c)\ \mathbf{then}\ Exactly(1)$$
$$\mathbf{else}\ UniformInt(2,5). \tag{15.3}$$

이 개수 선언문은 고객 c가 소유자(*Owner*)인 로그인 ID들의 개수에 관한 분포를 명시 **기원 함수** 한다. 이런 *Owner* 함수를 **기원 함수**(origin function)라고 부르는데, 이는 이런 함수가 객체가 어디에서 생성되었는지를 알려 주기 때문이다.

앞 문단의 예는 2에서 5까지의 정수들에 관한 균등분포를 사용해서 부정직한 고객의 로그인 ID 개수를 명시한다. 이 예의 균등분포는 유계이지만, 일반적으로는 객체들의 개수에 대한 사전 분포가 유계가 아닐 수도 있다. 음이 아닌 정수들에 관해 가장 흔히 **푸아송 분포** 쓰이는 분포는 **푸아송 분포**(Poisson distribution)이다. 푸아송 분포의 매개변수는 $\lambda$ 하나인데, 이것은 객체 개수의 기댓값(평균)이다. 그리고 $Poisson(\lambda)$에서 추출되는 변수 $X$ 는 다음과 같은 분포를 따른다.

$$P(X = k) = \lambda^k e^{-\lambda}/k!.$$

$\lambda$는 푸아송 분포의 분산이기도 하다. 따라서 표준편차는 $\sqrt{\lambda}$ 이다. 이는, $\lambda$가 클수록 분포가 평균에 비해 좁다는 뜻이다. 예를 들어 개미집의 개미 수를 평균이 100만인 푸아송 분포로 모형화한다면, 표준편차는 단 1천분의 1, 즉 0.1%이다. 객체들이 더 많은 경 **이산 로그** 우에는 **이산 로그 정규분포**(discrete log-normal distribution)가 더 나은 경우가 많다. 이 **정규분포**

분포는 객체의 수의 로그가 정규분포를 따를 때 적합하다. 이보다 더 직관적인 형태인 **크기 자릿수 분포**(order-of-magnitude distribution; 또는 크기 정도 분포)는 밑이 10인 로그(상용로그)를 사용한다. 예를 들어 크기 자릿수 분포 $OM(3,1)$의 평균은 $10^3$이고 표준편차는 자릿수 1이다. 이는 확률 질량의 큰 덩어리가 $10^2$와 $10^4$ 사이에 있다는 뜻이다.

OUPM의 형식 의미론은 가능한 세계들을 채우는 객체들의 정의로 시작한다. 형식 있는(typed) 1차 논리의 표준 의미론에서 객체들은 형식이 있고 번호가 붙은 토큰일 뿐이다. 그러나 OUPM에서 각 객체는 하나의 생성 역사(generation history)이다. 예를 들어 "7번 고객의 넷째 로그인 ID" 같은 것이 객체일 수 있다. (이러한 다소 기이한 구축 방식을 사용하는 이유는 잠시 후에 밝혀진다.) 식 (15.2)의 *Customer* 형식이나 *Book* 형식처럼 기원 함수가 없는 형식의 객체에는 기원이 비어 있다. 예를 들어 $\langle Customer, , 2 \rangle$는 그 개수 선언문에서 생성된 2번 고객을 가리킨다. 식 (15.3)처럼 기원 함수가 있는 개수 선언문에서 각 객체는 자신의 기원을 기록한다. 예를 들어 객체 $\langle LoginID, \langle Owner, \langle Customer, , 2 \rangle \rangle, 3 \rangle$은 2번 고객의 셋째 로그인 ID이다.

OUPM의 **개수 변수**(number variable)는 각각의 가능한 세계의 각각의 가능한 기원에 대한 각각의 형식에 개체가 몇 개인지를 지정한다. 따라서 $\#LoginID_{\langle Owner, \langle Customer, , 2 \rangle \rangle}(\omega) = 4$는 세계 $\omega$에서 고객 2가 4개의 로그인 ID를 소유한다는 뜻이다. 관계 확률 모형에서처럼 **기본 확률 변수**는 객체들의 모든 튜플에 대한 술어들과 함수들의 값을 결정한다. 예를 들어 $Honest_{\langle Customer, , 2 \rangle}(\omega) = true$는 세계 $\omega$에서 고객 2가 정직하다는 뜻이다. 가능한 세계는 모든 개수 변수와 기본 확률 변수들의 값들로 정의된다. 모형을 위상 순서로 표집해서 하나의 세계를 생성할 수 있다. 도해 15.4가 그러한 세계의 예이다. 한 세계가 그렇게 구축될 확률은 표집된 모든 값들의 확률들을 모두 곱한 것이다. 이 예에서는 $1.2672 \times 10^{-11}$이다. 이제 각 객체에 자신의 기원을 담는 이유가 명백해졌을 것이다. 이 성질은 모든 세계를 정확히 하나의 생성 순서로 구축할 수 있음을 보장한다. 그렇지 않았다면 한 세계의 확률은 그 세계를 생성할 수 있는 모든 생성 순서에 관한, 감당할 수 없을 정도로 수많은 조합들의 될 것이다.

열린 모집단 확률 모형은 무한히 많은 확률 변수를 가질 수 있으므로, 이 모형에 관한 완전한 이론에는 자명하지 않은 측도론적 고려사항들이 관여한다. 예를 들어 푸아송 분포나 규모 자릿수 분포의 개수 선언문은 유계가 아닌 객체 개수를 허용하며, 따라서 그 객체들의 속성들과 관계들에 대한 확률 변수들의 개수도 유계가 아니다. 더 나아가서, OUPM은 재귀적 의존관계와 무한한 형식들(정수, 문자열 등등)을 가질 수 있다. 마지막으로, 적격성(well-formedness)은 순환 의존관계와 무한 감퇴 조상 연쇄(infinitely receding ancestor chain)를 금지한다. 일반적으로 이런 조건들은 결정 불가능(undecidable)이지만, 몇몇 특정한 구문적 충분조건들은 손쉽게 점검할 수 있다.

| 변수 | 값 | 확률 |
| --- | --- | --- |
| $\#Customer$ | 2 | 0.3333 |
| $\#Book$ | 3 | 0.3333 |
| $Honest_{\langle Customer,,1 \rangle}$ | $true$ | $0.99$ |
| $Honest_{\langle Customer,,2 \rangle}$ | $false$ | $0.01$ |
| $Kindness_{\langle Customer,,1 \rangle}$ | 4 | 0.3 |
| $Kindness_{\langle Customer,,2 \rangle}$ | 1 | 0.1 |
| $Quality_{\langle Book,,1 \rangle}$ | 1 | 0.05 |
| $Quality_{\langle Book,,2 \rangle}$ | 3 | 0.4 |
| $Quality_{\langle Book,,3 \rangle}$ | 5 | 0.15 |
| $\#LoginID_{\langle Owner,\langle Customer,,1 \rangle \rangle}$ | 1 | 1.0 |
| $\#LoginID_{\langle Owner,\langle Customer,,2 \rangle \rangle}$ | 2 | 0.25 |
| $Recommendation_{\langle LoginID,\langle Owner,\langle Customer,,1 \rangle \rangle,1 \rangle,\langle Book,,1 \rangle}$ | 2 | 0.5 |
| $Recommendation_{\langle LoginID,\langle Owner,\langle Customer,,1 \rangle \rangle,1 \rangle,\langle Book,,2 \rangle}$ | 4 | 0.5 |
| $Recommendation_{\langle LoginID,\langle Owner,\langle Customer,,1 \rangle \rangle,1 \rangle,\langle Book,,3 \rangle}$ | 5 | 0.5 |
| $Recommendation_{\langle LoginID,\langle Owner,\langle Customer,,2 \rangle \rangle,1 \rangle,\langle Book,,1 \rangle}$ | 5 | 0.4 |
| $Recommendation_{\langle LoginID,\langle Owner,\langle Customer,,2 \rangle \rangle,1 \rangle,\langle Book,,2 \rangle}$ | 5 | 0.4 |
| $Recommendation_{\langle LoginID,\langle Owner,\langle Customer,,2 \rangle \rangle,1 \rangle,\langle Book,,3 \rangle}$ | 1 | 0.4 |
| $Recommendation_{\langle LoginID,\langle Owner,\langle Customer,,2 \rangle \rangle,2 \rangle,\langle Book,,1 \rangle}$ | 5 | 0.4 |
| $Recommendation_{\langle LoginID,\langle Owner,\langle Customer,,2 \rangle \rangle,2 \rangle,\langle Book,,2 \rangle}$ | 5 | 0.4 |
| $Recommendation_{\langle LoginID,\langle Owner,\langle Customer,,2 \rangle \rangle,2 \rangle,\langle Book,,3 \rangle}$ | 1 | 0.4 |

**도해 15.4** 책 추천 OUPM의 특정 세계. 개수 변수들과 기본 확률 변수들이 그 변수에 선택된 값 및 그 값의 확률과 함께 위상 순서로 나열되어 있다.

## 15.2.2 열린 모집단 확률 모형의 추론

전형적 OUPM에 대응되는 암묵적 베이즈망이 엄청나게 크고 때에 따라서는 크기에 한계가 없기 때문에, 그런 베이즈망을 완전히 펼쳐서 정확 추론을 수행하는 것은 사실상 불가능하다. 대신 MCMC(§13.4.2) 같은 근사 추론 알고리즘을 고려해야 한다.

대략 말하자면, OUPM을 위한 MCMC 알고리즘은 객체들의 집합 및 그 객체들 사이의 관계들의 집합으로 정의되는 가능한 세계들의 공간을 탐색한다(도해 15.1의 위 그림 참고). 이 공간의 한 상태에서 인접한 다른 상태로 이동하면 관계들과 함수들만 바뀌는 것이 아니라 객체들이 추가되거나 제거되고 상수 기호들의 해석도 바뀐다. 각각의 가능한 세계가 거대할 수 있지만, 각 단계에 필요한 확률 계산(깁스 표집이든, 메트로폴리스-헤이스팅스 표집이든)은 완전히 국소적이고 대부분의 경우 상수 시간만 요구한다. 이는 이웃한 세계들 사이의 확률 비가 값들이 변한 변수들 주위의 고정 크기 부분 그래프에 의존하기 때문이다. 더 나아가서, 논리적 질의를 방문된 각 세계 안에서 **점진적으로** 평가할 수 있다(각 세계에 대해 매번 처음부터 다시 계산하는 것이 아니라). 보통의 경우 그러한 세계당 평가에는 상수 시간이 걸린다.

전형적인 OUPM에는 크기가 무한대인 가능한 세계가 존재할 가능성이 있다는 사실을 고려할 필요가 있다. 한 예로, 도해 15.9의 다중 에이전트 추적 모형을 생각해 보자. 시간 $t$ 에서 비행기 $a$의 상태를 나타내는 함수 $X(a,t)$는 각 단계에서의 한계 없는 비행기 개수에 대한 무한히 많은 변수들의 순차열에 대응된다. 이 때문에 OUPM을 위한 MCMC는 완전히 명시된 가능한 세계들이 아니라, 완전한 세계들의 서로소 집합(disjoint set)에 해당하는 **부분적**(partial) 세계들에서 표본을 추출한다. 하나의 부분적 세계는 유관(relevant) 변수들의 한 부분집합의 **최소 자기 지지 사례화**(minimal self-supporting instantiation)[6]이다. 여기서 유관 변수들은 증거 변수들과 질의 변수들의 조상들이다. 예를 들어 마지막 관측 시간보다 (또는, 질의 시간이 더 크다면 질의 시간보다) 큰 $t$의 값들에 대한 변수 $X(a,t)$들은 유관 변수들이 아니므로 알고리즘은 그냥 무한 순차열의 유한한 앞 부분만 고려하면 된다.

## 15.2.3 예제

OUPM의 표준적인 '용례'에는 세 가지 요소가 있다. 하나는 **모형**이고 또 하나는 **증거**(주어진 시나리오에서 알려진 사실들), 마지막은 **질의**이다.여기서 질의는 임의의 표현식인데, 표현식에 자유 논리 변수가 포함될 수도 있다. 질의의 답은 모형에 의거해서 자유 변수들에 대입할 수 있는 값들의 집합(대입 집합) 각각의 사후 결합 분포이다.[7] 모든 모형은 형식 선언들, 술어들과 함수들의 형식 서명들, 형식당 하나 이상의 개수 선언문들, 술어와 함수당 하나의 의존관계 선언문을 포함한다. (다음의 예제들에서, 의미가 명확한 형식이나 술어, 함수들의 형식 선언이나 형식 서명은 생략했다.) RPM에서처럼, 의존관계 선언문은 if-then-else 구문을 이용해서 문맥 국한 의존관계를 처리한다.

### 인용 부합

웹에는 수백만 건의 학술 논문과 기술 보고서가 PDF 파일 형태로 존재한다. 그런 논문들의 말미에는 흔히 "References"나 "Bibliography" 같은 섹션이 있는데, 이 섹션은 논문에서 인용한 연구 문헌들을 나열한다. PDF에서 그런 인용 문헌 문구에 해당하는 문자열들을 "긁어 모아서(scrape)", 논문들과 연구자들을 저자 관계 및 인용 관계에 따라 연관시킨 데이터베이스 비슷한 표현을 만들면 유용할 것이다. CiteSeer나 구글 학술 검색(Google Scholar) 같은 서비스들이 그런 표현을 사용자에게 제시한다. 그런 서비스들은 내부적으로 논문들을 찾아서 인용 문자열들을 긁어 모으고 인용 문구가 지칭하는 실제 논문들을 식별하는 알고리즘을 돌린다. 그런 문자열들에 객체 식별자가 포함되어 있지는 않으며, 문법 오류나 철자 오류, 잘못된 문장 부호가 포함될 수도 있고 애초에 틀린 내용

---

6  변수 집합의 자기 지지 사례화는 그 집합의 모든 변수의 부모들 역시 그 집합에 속한다는 성질을 가진 사례화이다.

7  Prolog에서처럼, 크기가 유계가 아닌 대입 집합이 무한히 많을 수 있다. 그런 답을 설명해 주는 인터페이스를 설계하는 것은 흥미로운 시각화 과제이다.

이 들어 있을 수도 있기 때문에 이런 작업은 쉽지 않은 과제이다. 이해를 돕기 위해, 비교적 괜찮은 다음 두 인용 문구를 생각해 보자.

1. [Lashkari et al 94] Collaborative Interface Agents, Yezdi Lashkari, Max Metral, and Pattie Maes, Proceedings of the Twelfth National Conference on Artical Intelligence, MIT Press, Cambridge, MA, 1994.

2. Metral M. Lashkari, Y. and P. Maes. Collaborative interface agents. In Conference of the American Association for Artificial Intelligence, Seattle, WA, August 1994.

여기서 핵심 질문은 동일성(identiy, 또는 정체성)에 관한 것이다. 즉, 이 두 인용 문구는 같은 하나의 논문을 지칭하는가? 아니면 다른 두 논문을 지칭하는가? 전문가들이라도 답이 갈릴 것이며, 아마 이 문제를 푸는 데 있어 불확실성하의 추론이 중요한 부분이라는 점을 들면서 답을 하는 것 자체를 거부할 것이다.[8] 임시방편적인 접근방식들(텍스트 유사도에 기반한 방법 등)은 민망할 정도로 나쁜 결과를 낼 때가 많다. 예를 들어 2002년에 Russell과 Norvig으로 CiteSeer를 검색해 보았는데, 둘이 120권 이상의 책을 썼다는 결과가 나왔다.

이 문제를 확률적 접근방식으로 풀려면 주어진 문제 영역을 위한 생성 모형(generative model)이 필요하다. 즉, 우리는 이런 인용 문자열이 어떻게 만들어지는지를 모형화해야 한다. 모형화 절차는 이름을 가진 연구자들로 시작한다. (그 연구자들이 어떻게 "만들어졌는지"는 고려하지 않아도 된다. 그냥 그런 연구자들이 얼마나 많은지에 관한 불확실성을 표현할 수만 있으면 된다.) 연구자는 논문을 작성하며, 논문에는 제목이 있다. 다른 사람이 논문을 인용할 때는 특정 문법에 따라 연구자 이름과 논문 제목을 조합한 인용 문자열을 만든다(이때 여러 오류가 포함될 수 있다). 이러한 모형의 기본 구성요소들이 도해 15.5에 나와 있다. 단순함을 위해 저자가 한 명인 논문들만 고려했다.[9]

인용 문자열들이 증거로 주어졌을 때 이 모형에 대한 확률적 추론은 주어진 데이터를 가장 잘 설명하는 정보를 산출하는데, 오류 비율은 CiteSeer의 것보다 2분의 1 또는 3분의 1 수준이다(Pasula 외, 2003). 추론 과정은 집합적이고 지식 주도적인 중의성 제거 능력도 보여준다. 주어진 논문에 대한 인용 문구가 많을 수록 각 인용 문구의 파싱(parsing) 정확도가 높아지는데, 이는 파싱 결과들이 논문에 관한 사실들과 일치해야 하기 때문이다.

---

8 실제로 둘은 같은 논문이다. "National Conference on Artical Intelligence"(긁어오는 과정에서 리가처 문자 (ligature character)를 제대로 처리하지 못한 탓에 "fi"가 누락되었음을 주목하자)는 AAAI 학술대회의 또 다른 이름이다. 학술대회 자체는 시애틀에서 열리지만 회지 출판사는 케임브리지에 있다.

9 저자가 여럿인 경우도 전체적인 구조는 도해 15.5와 같지만, 좀 더 복잡하다. 도해 15.5에는 모형의 일부가 생략되었다. 정의가 생략된 *NamePrior*과 *r TitlePrior*, *HMMGrammar*는 전통적인 확률 모형들이다. 예를 들어 *NamePrior*는 실제 이름들에 관한 범주형 분포와 이전에 등장한 적이 없는 이름들을 처리하기 위한 영문자 3-그램 모형(§23.1 참고)의 혼합인데, 둘 다 미국 인구조사 데이터베이스의 데이터로 훈련한 것이다.

```
type Researcher, Paper, Citation
random String Name(Researcher)
random String Title(Paper)
random Paper PubCited(Citation)
random String Text(Citation)
random Boolean Professor(Researcher)
origin Researcher Author(Paper)
```

$\#Researcher \sim OM(3,1)$

$Name(r) \sim NamePrior()$

$Professor(r) \sim Boolean(0.2)$

$\#Paper(Author = r) \sim \textbf{if } Professor(r) \textbf{ then } OM(1.5, 0.5) \textbf{ else } OM(1, 0.5)$

$Title(p) \sim PaperTitlePrior()$

$CitedPaper(c) \sim UniformChoice( \text{left}\{Paper\ p\ \text{right}\})$

$Text(c) \sim HMMGrammar(Name(Author(CitedPaper(c))), Title(CitedPaper(c)))$

**도해 15.5** 인용 정보 추출을 위한 OUPM. 단순함을 위해 이 모형은 논문의 저자가 항상 한 명이라고 가정하며, 문법과 오류 모형의 세부사항은 생략했다.

## 핵실험 금지 조약 감시

포괄적 핵실험 금지 조약(Comprehensive Nuclear-Test-Ban Treaty)를 검증하려면 지구에서 발생한 최소 크기 이상의 지진 활동을 모두 파악해야 한다. UN의 CTBTO(포괄적 핵실험 금지 조약 기구)는 감지기들의 네트워크인 IMS(International Monitoring System)를 관리한다. 100년 이상의 지진 연구에 기초한 IMS의 자동 처리 소프트웨어의 검출 실패율은 약 30%이다. OUPM에 기초한 NET-VISA 시스템(Arora 외, 2013)은 검출 실패율을 크게 낮춘다.

NET-VISA 모형(도해 15.6)은 유관한 지구 물리학을 직접적으로 표현한다. 이 모형은 주어진 시간 구간의 지반 진동 사건(seismic event) 횟수(대부분은 자연적으로 발생한 지진이다)에 관한 분포들과 함께 사건 시간과 크기(규모), 깊이, 위치도 서술한다. 자연적인 사건들의 위치는 역사 데이터로부터 학습한(모형의 다른 부분들처럼) 공간적 사전 분포에 따라 분포된다. 그러나 인공적인 사건들의 위치는 조약 규칙에 따라 지표면에 균등하게 분포된다고 가정한다. 모든 관측소 $s$에서 각 한 사건 $e$의 각 위상(phase; 지진파의 유형) $p$는 검출값 0 또는 1을 산출한다(1은 일정 문턱값 이상의 신호를 감지했음을 뜻한다). 검출 확률은 해당 사건의 규모와 깊이, 관측소와의 거리에 의존한다. 관측소 고유의 속도 매개변수에 따라서는 "거짓 경보(false alarm)" 검출도 발생한다. 실제 사건을 검출한 경우 도달 시간과 진폭을 비롯한 여러 속성의 측정치는 해당 사건 및 관측소의 거리에 의존한다.

$$\#SeismicEvents \sim Poisson(T * \lambda_e)$$

$$Time(e) \sim UniformReal(0,T)$$

$$EarthQuake(e) \sim Boolean(0.999)$$

$$Location(e) \sim \textbf{if } Earthquake(e) \textbf{ then } SpatialPrior() \textbf{ else } UniformEarth()$$

$$Depth(e) \sim \textbf{if } Earthquake(e) \textbf{ then } UniformReal(0,700) \textbf{ else } Exactly(0)$$

$$Magnitude(e) \sim Exponential(log(10))$$

$$Detected(e,p,s) \sim Logistic(weights(s,p), Magnitude(e), Depth(e), Dist(e,s))$$

$$\#Detections(site = s) \sim Poisson(T * \lambda_f(s))$$

$$\#Detections(event=e, phase=p, station=s) = \textbf{if } Detected(e,p,s) \textbf{ then } 1 \textbf{ else } 0$$

$$OnsetTime(a,s) \textbf{ if } (event(a) = null) \textbf{ then } \sim UniformReal(0,T)$$
$$\textbf{else} = Time(event(a)) + GeoTT(Dist(event(a),s), Depth(event(a)), phase(a))$$
$$+ Laplace(\mu_t(s), \sigma_t(s))$$

$$Amplitude(a,s) \textbf{ if } (event(a) = null) \textbf{ then } \sim NoiseAmpModel(s)$$
$$\textbf{else} = AmpModel(Magnitude(event(a)), Dist(event(a),s), Depth(event(a)), phase(a))$$

$$Azimuth(a,s) \textbf{ if } (event(a) = null) \textbf{ then } \sim UniformReal(0, 360)$$
$$\textbf{else} = GeoAzimuth(Location(event(a)), Depth(event(a)), phase(a), Site(s))$$
$$+ Laplace(0, \sigma_a(s))$$

$$Slowness(a,s) \textbf{ if } (event(a) = null) \textbf{ then } \sim UniformReal(0,20)$$
$$\textbf{else} = GeoSlowness(Location(event(a)), Depth(event(a)), phase(a), Site(s))$$
$$+ Laplace(0, \sigma_s(s))$$

$$ObservedPhase(a,s) \sim CategoricalPhaseModel(phase(a))$$

**도해 15.6** NET-VISA 모형을 단순화한 버전(본문 참고).

훈련을 마친 후에 이 모형을 중단 없이 실행한다. 증거는 원본 IMS 파형 데이터에서 추출한 검출값들(90%는 거짓 경보이다)로 이루어지며, 보통의 질의는 주어진 데이터에 대한 가장 그럴듯한 사건 역사, 즉 지진 **현황 고시(bulletin)**를 요구하는 형태이다. 지금까지의 결과는 고무적이다. 예를 들어 2009년 UN의 SEL3 자동 현황 고시는 규모 3~4의 지반 진동 사건 27,294건을 놓친 반면, NET-VISA는 11.1%만 놓쳤다. 더 나아가서, 조밀 지역 네트워크들과 비교할 때 NET-VISA는 UN의 전문 지진 분석가들이 산출한 최종 고시보다 50% 더 많은 실제 사건을 검출했다. 또한 NET-VISA는 주어진 하나의 사건에 대해 더 많은 검출값들을 연관시키는 경향이 있다. 그러면 위치 추정이 더 정확해진다(도해 15.7). 2018년 1월 1일 현재 NET-VISA는 CTBTO 감시 파이프라인의 일부로 작동하고 있다.

이상의 두 예제는 겉 보기에는 다른 점들이 있지만 그 구조는 비슷하다. 두 예제 모두, 미지의 객체들(논문과 지진)이 어떤 물리적 과정(인용과 진동 전파)에 따라 지각(percept)들을 생성한다. 지각들은 그 기원이 모호하지만, 다수의 지각이 동일한 미지의 객체에서 비롯했다는 가설을 두면 그 지각들로부터 그 객체의 속성들을 좀 더 정확하게 추론할 수 있다.

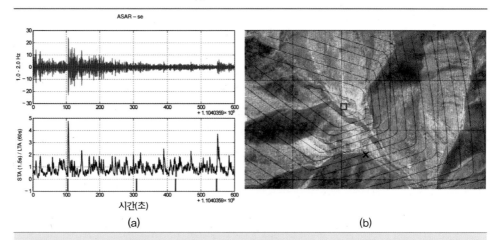

**도해 15.7** (a) 위: 호주 앨리스 스프링스에서 기록된 지진파형의 예. 아래: 지진파형을 처리해서 지진파의 도착 시간을 검출한 결과. 파란 선은 자동으로 검출된 도착 시간이고 빨간 선은 실제 도착 시간이다. (b) 2013년 2월 12일 DPRK(조선민주주의인민공화국)의 핵실험 위치 추정 결과. 왼쪽 상단의 녹색 삼각형은 UN CTBTO Late Event Bulletin의 추정 위치이고 중앙의 파란 사각형은 NET-VISA의 추정 위치이다. 지하 실험 시설의 입구(작은 'X')는 NET-VISA의 추정 위치와 0.75km 떨어져 있다. 등치선들은 NET-VISA의 사전 위치 분포를 보여준다. CTBTO Preparatory Commission 제공.

데이터베이스 중복 제거(deduplication)나 자연어 이해 같은 영역에서도 동일한 구조와 추론 패턴이 성립한다. 경우에 따라서는, 객체의 존재를 추론하려면 여러 지각들을 하나로 묶어야 할 수도 있다. 그런 과정은 기계학습의 군집화 과제와 비슷하다. 또 어떤 경우에는, 아무런 지각도 생성하지 않는 객체의 존재를 추론하는 것이 가능할 때도 있다. 예를 들어 천문학자들은 천왕성 관측 결과를 토대로 해왕성을 발견했다. 관측되지 않은 객체의 존재는 그 객체가 다른 관측된 객체들의 행동과 속성에 미치는 영향으로부터 추론할 수 있다.

# 15.3 복잡한 세계의 추적

제14장에서 세계의 상태를 추적하는 문제를 고찰했지만, 원자적 표현의 경우(HMM)와 분해된 표현의 경우(DBN과 칼만 필터)만 논의했다. 객체가 하나인(이를테면 집중 치료실의 환자 한 명이나 숲을 날아 다니는 새 한 마리) 세계에서는 그런 논의가 유효할 것이다. 이번 절에서는 둘 이상의 객체가 관측들을 생성하는 상황을 고찰한다. 이전에 본 상태 추정과 다른 점은, 이제는 어떤 객체가 어떤 관측을 생성하는가에 관해서도 **불확실성**이 존재한다는 것이다. 이는 §15.2(p.656)에서 말한 **신원 불확실성** 문제를 시간적 문맥에서 보는 것에 해당한다. 제어 이론 문헌들은 이를, 관측 자료(데이터)를 그것을 생성한 객체와 연관시키는 문제라는 관점에서 **자료 연관**(data association; 또는 데이터 연관) 문

자료 연관

제라고 부른다. 이 문제를 그저 열린 모집단 확률 모형화의 또 다른 예로 볼 수도 있지만, 실제 응용에서 대단히 중요하기 때문에 이처럼 개별적인 단원에서 살펴보기로 한다.

## 15.3.1 예제: 여러 목표의 추적

자료 연관 문제는 원래 다수의 목표들을 레이다로 추적하는 맥락에서 연구되었다. 레이다 장치는 일정한 시간 간격으로 물체에 반사된 펄스를 회전하는 레이다 안테나로 검출한다. 각 시간 단계마다 화면에 여러 개의 휘점(밝은 점)이 나타날 수 있다. 그러나 시간 $t$에서의 각 휘점이 시간 $t-1$에서의 어떤 휘점들에 해당하는지를 알 수 있는 직접적인 정보는 제공되지 않는다. 도해 15.8(a)에 다섯 단계 동안 두 개의 휘점들이 검출된 간단한 예가 나와 있다.

일단 지금은, 시간 $t$에서 정확히 두 대의 비행기 $A_1$과 $A_2$ 때문에 휘점들이 만들어

**보장된 객체**  진다고 가정하자. OUPM의 어법에서 $A_1$과 $A_2$는 **보장된 객체**(guaranteed object)들이다. 즉, 이들은 실제로 존재하며 서로 구별되는 객체임이 보장된다. 더 나아가서, 이 경우 이들 외에는 다른 객체가 없다. (다른 말로 하면, 적어도 비행기와 관련해서 이 시나리오는 RPM에서 가정하는 데이터베이스 의미론과 부합한다.) 이들의 진 위치(위치의 참값)이 $X(A_1,t)$와 $X(A_2,t)$라고 하자. 여기서 $t$는 감지기 갱신 시점을 지칭하는 음이 아닌 정수이다. 첫 관측이 $t=1$에서 오며, 시점 0에서 모든 비행기 위치의 사전 분포는 $InitX()$라고 가정한다. 그리고 단지 예제를 간단하게 하려는 의도에서, 각 비행기가 어떤 알려진 전이 모형, 이를테면 칼만 필터(§14.4)에 쓰이는 선형 가우스 모형에 따라 각자 독립

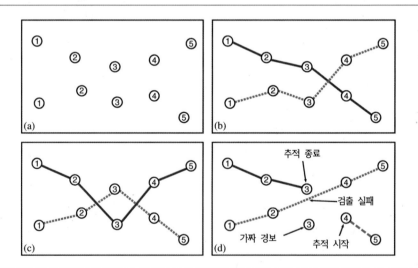

**도해 15.8** (a) 2차원 공간의 객체 위치들에 대한, 다섯 시간 단계에서의 관측들. 각 관측에 시간 단계가 표시되어 있지만, 그것을 유발한 객체는 표시되어 있지 않다. (b-c) 관측에 부합하는, 가능한 객체 궤적 가설들. (d) 거짓 경보, 검출 실패, 추적 시작/종료가 가능한 경우의 한 가설.

적으로 이동한다고도 가정한다.

마지막 조각은 감지기 모형이다. 이번에도 선형 가우스 모형을 가정한다. 이 감지기 모형에서 위치 **x**의 비행기는 휘점 $b$를 만들어 내며, 관측된 휘점 위치 $Z(b)$는 $x$의 선형 함수에 가우스 잡음이 추가된 것이다. 각 비행기는 모든 시간 단계에서 정확히 하나의 휘점을 생성하므로, 휘점의 기원은 비행기와 시간 단계이다. 이상의 모형은 다음과 같은 모습이다(일단 지금은 사전 분포를 생략하기로 한다).

> **guaranteed** $Aircraft\ A_1,\ A_2$
> $X(a,t) \sim$ **if** $t = 0$ **then** $InitX()$ **else** $\mathcal{N}(\mathbf{F}X(a,t-1), \Sigma_x)$
> $\#Blip(Source = a, Time = t) = 1$
> $Z(b) \sim \mathcal{N}(\mathbf{H}X(Source(b), Time(b)), \Sigma_z)$

여기서 $\mathbf{F}$와 $\Sigma_x$는 선형 전이 모형과 전이 잡음 공분산을 서술하는 행렬들이고 $\mathbf{H}$와 $\Sigma_z$는 감지기 모형에 대한 해당 행렬들이다(p.627 참고).

표준 칼만 필터에 비한 이 모형의 핵심적인 차이점은 감지기 측정치를 산출하는 객체가 두 개라는 점이다. 이는 임의의 주어진 시간 단계에서 어떤 객체가 어떤 감지기 측정치를 산출하느냐에 관한 **불확실성**이 존재함을 의미한다. 이 모형에서 각각의 가능한 세계는 비행기와 휘점 사이의 한 연관(association)을 포함한다. 그 연관은 모든 시간 단계에서의 $Source(b)$ 변수들의 모든 값으로 정의된다. 도해 15.8(b-c)에 두 가지 가능한 연관 가설들이 나와 있다. 일반적으로, 물체가 $n$개이고 시간 단계가 $T$개일 때, 휘점들을 비행기에 배정하는 방법은 $(n!)^T$가지이다. 이는 끔찍하게 큰 수이다.

지금까지 설명한 시나리오에서는 알려진 객체 $n$개가 각 시간 단계에서 $n$개의 관측을 유발한다. 일반적으로 자료 연관의 실제 응용은 그보다 훨씬 복잡하다. 실제 응용의

거짓 경보<br>클러터<br>검출 실패 관측에는 실제 객체에서 유발된 것이 아닌 관측을 뜻하는 **거짓 경보**가 포함되기도 한다(그런 관측을 **클러터**$^{clutter}$라고 부르기도 한다). 또한 실제 객체에 대해 아무런 관측도 보고하지 못하는 **검출 실패**(detection failure)가 발생하기도 한다. 마지막으로, 기존 객체가 사라지고 새 객체가 등장하기도 한다. 알고리즘이 고려해야 하는 가능한 세계들의 수를 더욱 늘리는 이런 현상들의 예가 도해 15.8(d)에 나와 있다. 도해 15.9는 이에 해당하는 OUPM이다.

레이다가 민간 부문과 군사 부문 모두에서 중요한 용도로 쓰이다 보니, 다중 목표 추적 및 자료 연관 문제에 관한 논문이 수만 건이다. 그들 중 다수는 그냥 도해 15.9의 모형 또는 그것을 단순화한 버전을 위한 확률 계산들의 복잡한 수학적 세부사항을 밝혀 내려 한다. 어떻게 보면, 일단 모형을 확률적 프로그래밍 언어로 표현하고 나면 그런 시도는 사실 불필요하다. 왜냐하면 지금 모형을 포함해서 그 어떤 모형에 대해서도 범용 추론 엔진이 관련 수학 계산을 정확히 수행하기 때문이다. 더 나아가서, 좀 더 정교한 시나리오(편대 비행, 알려지지 않은 목적지를 향한 비행 물체, 이륙하거나 착륙하는 물체 등을 포함한)도 새로운 수학 공식을 유도하거나 복잡한 프로그래밍을 수반하지 않고 모형을 조금만 고쳐서 처리할 수 있다.

$$\#Aircraft(EntryTime = t) \sim Poisson(\lambda_a)$$

$$Exits(a,t) \sim \textbf{if} \ InFlight(a,t) \ \textbf{then} \ Boolean(\alpha_e)$$

$$InFlight(a,t) = (t = EntryTime(a)) \vee (InFlight(a,t-1) \wedge \neg Exits(a,t-1))$$

$$X(a,t) \sim \textbf{if} \ t = EntryTime(a) \ \textbf{then} \ InitX()$$

$$\textbf{else if} \ InFlight(a,t) \ \textbf{then} \ \mathcal{N}(\mathbf{F} \, X(a,t-1), \Sigma_x)$$

$$\#Blip(Source = a, Time = t) \sim \textbf{if} \ InFlight(a,t) \ \textbf{then} \ Bernoulli(DetectionProb(X(a,t)))$$

$$\#Blip(Time = t) \sim Poisson(\lambda_f)$$

$$Z(b) \sim \textbf{if} \ Source(b) = null \ \textbf{then} \ UniformZ(R) \ \textbf{else} \ \mathcal{N}(\mathbf{H} \, X(Source(b), Time(b)), \Sigma_z)$$

> **도해 15.9** 다중 목표 레이다 추적을 위한 OUPM. 거짓 경보, 검출 실패, 비행기의 진입 및 퇴장을 갖추었다. 새 비행기가 장면에 진입하는 비율은 $\lambda_a$이고, 각 시간 단계에서 비행기가 장면에서 벗어날 확률은 $\alpha_e$이다. 거짓 경보 휘점(즉, 비행기 때문에 생긴 것이 아닌 휘점)은 시간 단계당 $\lambda_f$의 비율로 공간에 균등하게 등장한다. 비행기가 검출될(즉, 휘점을 산출할) 확률은 비행기의 위치에 의존한다.

실용 측면에서, 이런 종류의 모형이 가진 난제는 추론의 복잡도이다. 다른 모든 확률 모형과 마찬가지로, 이 모형에 대한 추론은 질의와 증거에 해당하지 않는 모든 변수를 합산 소거하는 것을 의미한다. HMM과 DBN의 필터링에서는 1에서 $t-1$까지의 상태 변수들을 간단한 동적 계획법의 요령을 이용해서 소거할 수 있었다. 칼만 필터에서는 가우스 분포의 특별한 속성들을 활용했다. 자료 연관 문제에서는 그런 호사를 누리지 못한다. 이 문제에 대한 정확 추론 알고리즘들 중 효율적인 것은 없다(적어도, 아직 발견되지 않았다). 그 이유는 전환식 칼만 필터(p.630 참고)에 대한 정확 추론 알고리즘이 효율적일 수 없는 이유와 동일하다. 각 시간 단계에서 비행기의 개수와 위치들에 관한 결합 분포를 서술하는 필터링 분포는 결국 지수적으로 많은(각 비행기에 배정할 관측열을 선택하는 방법당 하나씩의) 분포들의 혼합 분포가 될 뿐이다.

정확 추론의 지수적 복잡도에 대응해서 여러 가지 근사 방법이 쓰였다. 가장 간단한 접근방식은 객체들의 예측 위치(현재 시간에서 예측한)를 조건으로 하여 각 시간 단계에서 '최선의' 배정 하나를 선택하는 것이다. 그러한 배정은 관측들을 객체들에 연관시키며, 그러면 갱신되는 각 객체의 추적과 다음 시간 단계에 대한 예측이 가능해진다. '최선의' 배정을 선택할 때 흔히 쓰이는 방법은 소위 **최근접 이웃 필터**(nearest-neighbor filter)를 적용하는 것이다. 이 방법은 예측된 위치와 그에 가장 가까운 관측의 쌍을 배정에 추가하는 과정을 반복한다. 최근접 이웃 필터는 객체들이 상태 공간에 잘 분산되어 있고 예측의 불확실성과 관측 오차가 작을 때, 다른 말로 하면 혼동의 여지가 없을 때 잘 작동한다.

정확한 배정에 대한 불확실성이 클 때에는, 예측된 위치들이 주어졌을 때의 현재 관측들의 결합 확률이 최대가 되는 배정을 선택하는 것이 더 나은 접근방식일 것이다. 각각의 새 시간 단계에서 선택할 수 있는 배정이 $n!$개라고 해도, **헝가리식 알고리즘**(Hungarian algorithm; Kuhn, 1955)을 이용하면 이를 효율적으로 수행할 수 있다.

최근접 이웃 필터

헝가리식 알고리즘

그러나, 각 시간 단계에서 최선의 배정 하나만 산출하는 모든 방법은 좀 더 어려운 조건들에서는 비참하게 실패한다. 구체적으로 말하자면, 만일 알고리즘이 부정확한 배정을 산출했다면 그 다음 시간 단계에서 예측이 크게 틀릴 수 있으며, 그러면 더욱 부정확한 배정이 일어나는 악순환이 발생한다. 이보다는 표집(표본 추출) 접근방식들이 훨씬 효과적일 수 있다. 그런 접근방식 중 하나가 **입자 필터링** 알고리즘(p.638)이다. 자료 연관 문제에 입자 필터링은 가능한 현재 배정들의 커다란 컬렉션을 유지하는 식으로 작동한다. 또 다른 접근방식인 **MCMC** 알고리즘은 배정 역사들의 공간(예를 들어 도해 15.8(b-c)는 그러한 MCMC 상태 공간의 일부일 수 있다)을 탐색하며, 필요하다면 이전 배정 결정들을 변경한다.

다중 목표 추적에 대한 표집 기반 추론의 속도를 높이는 한 가지 방법은 제14장의 **라오-블랙화** 요령(p.642)을 사용하는 것이다. 그러면, 모든 객체에 대한 하나의 구체적인 연관 가설이 주어졌을 때, 객체들에 대한 수많은 가능한 상태열들을 표집하는 대신 각 객체에 대한 필터링 계산을 효율적으로 정확하게(근사가 아니라) 수행할 수 있다. 예를 들어 도해 15.9의 모형에서 필터링 계산은 그냥 주어진 가설화된 객체에 배정된 관측열들에 대해 칼만 필터 하나를 실행하는 것일 뿐이다. 더 나아가서, 한 연관 가설에서 다른 연관 가설로 변경할 때는 연관된 관측들이 변한 객체들에 대해서만 계산을 다시 수행하면 된다. 현재의 MCMC 자료 연관 방법들은 수백 개의 개체를 실시간으로 처리할 수 있으며, 그러면서도 진 사후 분포에 대한 괜찮은 근사를 산출한다.

## 15.3.2 예제: 교통량 감시

도해 15.10은 캘리포니아의 한 고속도로에서 서로 멀리 떨어져 있는 두 카메라의 이미지이다. 이 응용의 목표는 두 가지이다. 하나는 현재 교통 상황에서 고속도로 체계의 한 지점에서 다른 지점으로 가는 데 걸리는 시간을 추정하는 것이고, 또 하나는 고속도로의 수요(demand), 즉 하루의 특정 시간대와 한 주의 특정 요일에서 고속도로의 두 지점 사이를 이동하는 차량의 수를 측정하는 것이다. 두 목표 모두, 여러 대의 카메라가 있는, 그리고 시간당 수만 대의 차량이 지나가는 넓은 지역에 대한 자료 연관 문제를 풀어야 한다.

감시 카메라로 고속도로를 관측하다 보면 움직이는 그림자나 연결된 차량, 웅덩이에 비친 그림자 등에 의해 거짓 경보가 발생하고, 시야 차단이나 안개, 어둠, 시각적 대비(contrast)의 부족 등의 이유로 검출 실패가 발생한다. 그리고 감시 카메라의 시야에서 벗어난 지점들에서 끊임없이 새 차가 고속도로에 들어오거나 기존 차가 고속도로를 빠져나간다. 더 나아가서, 같은 차량이라도 조명 조건이나 시선 각도에 따라 카메라에 비치는 모습이 크게 달라질 수 있으며, 차량 정체가 발생하고 해소됨에 따라 전이 모형들이 변한다. 마지막으로, 카메라들이 멀리 떨어져 있고 차들은 빽빽한 구간에서는 한 카메라 위치에서 그 다음 카메라 위치로 이동하는 차량에 대한 전이 모형의 예측 오차가 차간 거리가 보통인 구간의 예측 오차보다 훨씬 크다. 이런 문제들이 있지만, 현대적인 자료 연관 알고리즘들은 실세계 환경에서 교통량 매개변수들을 성공적으로 추정해 냈다.

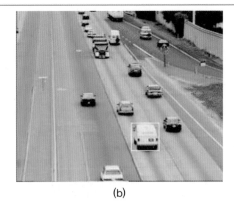

| (a) | (b) |

**도해 15.10** 캘리포니아 새크라멘토 99번 고속도로에서 약 2마일 떨어져 있는 (a) 상류(upstream) 감시 카메라와 (b) 하류 감시 카메라. 두 카메라 모두 같은 차량(사각형 상자로 표시된)을 인식했다.

자료 연관 없이는 임의의 주어진 객체에 대한 여러 관측을 결합할 방법이 없다는 점에서, 자료 연관은 복잡한 세계의 추적에 필수적인 토대의 하나이다. 객체들이 복잡한 활동들을 통해서 상호작용하는 세계를 이해하려면 자료 연관을 §15.2의 관계 확률 모형 및 열린 모집단 확률 모형과 결합해야 한다. 현재 이 부분에 대한 연구가 활발하게 진행되고 있다.

# 15.4 확률 모형으로서의 프로그램

무작위성의 근원을 포함하는 임의의 프로그래밍 언어로 작성한 실행 가능 코드를 이용해서 확률 모형을 정의할 수 있다는 통찰에 기초해서 다양한 확률적 프로그래밍 언어(PPL)가 만들어졌다. 그런 식으로 정의된 모형에서는 가능한 실행 궤적(execution trace)들이 가능한 세계들이고, 그런 실행 궤적의 확률은 그 궤적이 실제로 실행되는 데 필요한 무작위 선택의 확률이다. 이런 식으로 설계된 PPL들은 복합 자료구조나 재귀를 비롯한 바탕 프로그래밍 언어의 모든 표현력을 물려받는다. 경우에 따라서는 고차 함수 표현 능력까지 물려받기도 한다. 실제로 다수의 PPL이 보편적 계산 능력을 갖추었다. 즉, 그런 PPL은 중지하는(halt) 확률적 튜링 기계에서 표집할 수 있는 임의의 확률분포를 표현할 수 있다.

## 15.4.1 예제: 텍스트 판독

확률적 모형화와 추론에 관한 이러한 접근방식을 설명하기 위해, 훼손된 텍스트를 읽는 프로그램을 작성하는 문제를 예로 들겠다. 물에 젖었거나 종이가 낡았거나 등의 이유로 글자가 번지거나 흐려진 텍스트를 읽는 문제를 위한 모형을 지금 이야기하는 접근방식으로 구축할 수 있다. 비슷한 맥락에서, 특정 종류의 CAPTCHA들을 깨기 위한 모형을

```
function GENERATE-IMAGE() returns 영문자들이 있는 이미지
    letters ← GENERATE-LETTERS(10)
    return RENDER-NOISY-IMAGE(letters, 32, 128)

function GENERATE-LETTERS(λ) returns 영문자들의 벡터
    n ~ Poisson(λ)
    letters ← []
    for i = 1 to n do
        letters[i] ~ UniformChoice({a,b,c,⋯})
    return letters

function RENDER-NOISY-IMAGE(letters, width, height) returns 잡음 섞인 문자열 이미지
    clean_image ← RENDER(letters, width, height, text_top=10, text_left= 10)
    noisy_image ← []
    noise_variance ~ UniformReal(0.1,1)
    for row = 1 to width do
        for col = 1 to height do
            noisy_image [ rowˢ col] ~ N( clean_image [row,col], noise_variance )
    return noisy_image
```

**도해 15.11** 광학 문자 인식용 열린 모집단 확률 모형(OUPM)을 위한 생성 프로그램. 이 생성 프로그램은 영문자들의 순차열을 생성한 후 그것을 2차원 이미지로 렌더링하고 각 픽셀에 가산적 잡음을 도입해서 훼손된 문자열 이미지를 산출한다.

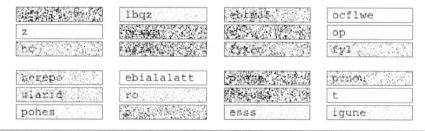

**도해 15.12** 위의 세 행은 도해 15.11의 프로그램을 실행해서 만든 훼손된 이미지 12개이다. 영문자들의 개수와 종류, 가산적 잡음의 양, 그리고 구체적인 픽셀별 잡음은 모두 확률 모형의 정의역의 일부이다. 아래 세 행은 도해 15.15의 프로그램을 실행해서 만든 훼손된 이미지 12개이다. 일반적으로 영문자들에 대한 마르코프 모형은 발음하기 쉬운 문자열을 생성한다.

만드는 것도 가능하다.

도해 15.11는 두 개의 구성요소를 가진 생성 프로그램(generative program)이다. 한 요소는 일련의 영문자(letter)들을 생성하는 수단이고 다른 한 요소는 기존 그래픽 라이브러리를 이용해서 그 영문자들의 잡음 섞인 또는 흐려진 이미지를 생성하는 수단이다. 도해 15.12의 위 그림은 GENERATE-IMAGE를 여덟 번 호출해서 생성한 예제 이미지들이다.

## 15.4.2 구문과 의미론

생성 프로그램

**생성 프로그램** 또는 생성적 프로그램은 실행 도중 일어나는 모든 무작위 선택이 프로그램과 연관된 확률 모형의 해당 확률 변수를 정의한다는 특징을 가진 실행 가능 프로그램이다. 무작위 선택들을 수행하는 프로그램의 실행 과정을 단계별로 펼친다고 상상해 보기 바란다. 프로그램의 $i$번째 무작위 선택에 해당하는 확률 변수를 $X_i$로 표기하자. 항상

실행 궤적

그렇듯이 $x_i$는 $X_i$가 가질 수 있는 하나의 값이다. $\omega = \{x_i\}$를 생성 프로그램의 **실행 궤적**(execution trace; 또는 실행 자취)이라고 부르기로 하자. 즉, 생성 프로그램의 한 실행 궤적은 무작위 선택으로 나올 수 있는 값들의 순차열이다. 프로그램을 한 번 실행하면 그런 궤적 하나가 "생성된다"는 뜻에서 이런 프로그램을 '생성 프로그램'이라고 부른다.

모든 가능한 실행 궤적의 공간 $\Omega$를, 생성 프로그램이 정의하는 확률 모형의 표본 공간으로 간주할 수 있다. 궤적들에 관한 확률분포는 개별 무작위 선택의 확률들의 곱으로 정의된다 즉, $P(\omega) = \prod_i P(x_i|x_1, \dots x_{i-1})$이다. 이는 OUPM에서 가능한 세계들에 관한 분포와 비슷하다.

임의의 OUPM을 그에 해당하는 생성 프로그램으로 변환하는 것은 개념적으로 간단하다. 그러한 생성 프로그램은 각각의 개수 선언문에 대해, 그리고 각 개수 선언문이 함의하는 각 기본 확률 변수의 값에 대해 무작위 선택을 내린다. 생성 프로그램이 해야 하는 주된 추가 작업은 OUPM에 있는 가능한 세계들의 객체, 함수, 관계들을 표현하는 자료구조를 만드는 것이다. 그런 자료구조들을 OUPM 추론 엔진이 자동으로 생성하는 것이 가능하다. 왜냐하면 OUPM은 모든 가능한 세계가 1차 모형 구조라고 가정하기 때문이다. 그러나 전형적인 PPL은 그런 가정을 두지 않는다.

도해 15.12의 이미지들을 보면 확률분포 $P(\Omega)$을 직관적으로 이해할 수 있을 것이다. 이미지들은 다양한 수준의 잡음을 보여준다. 또한, 잡음 수준이 낮은 이미지들에서는 다양한 길이의 문자열들을 볼 수 있다. $\omega_1$이 도해 15.12의 오른쪽 최상단 이미지(문자열 ocf1we가 있는)에 해당하는 궤적이라고 하자. 이 궤적 $\omega_1$를 펼쳐서 하나의 베이즈망을 만든다면, 노드 개수는 4,104개가 될 것이다. 변수 $n$에 대한 노드 하나, 변수 $letters[i]$들에 대한 노드 여섯 개, $noise\_variance$에 대한 노드 하나, 그리고 $noisy\_image$에 있는 픽셀들에 대한 노드 4,096개이다. 무작위 선택의 수의 상계는 미리 정해지지 않으며 대신 확률 변수 $n$의 값에 의존한다는 점을 생각하면, 이 생성 프로그램이 하나의 열린 모집단 확률 모형을 정의한다는 점을 납득할 수 있을 것이다.

## 15.4.3 추론 결과

그림 잡음을 추가해서 훼손한 문자열 이미지를 이 모형을 이용해서 해석해 보자. 도해 15.13에 훼손된 이미지와 MCMC 3회 실행의 결과들이 나와 있다. 위는 입력 이미지이고 아래는 각 실행에서 마르코프 연쇄가 멈춘 후 실행 궤적에 남아 있는 영문자들을 렌

더링한 것이다. 세 경우 모두 결과는 uncertainty라는 문자열이다. 이러한 결과들은 사후 분포가 정확한 해석에 고도로 집중되어 있음을 암시한다.

그럼, 사람도 읽기 어려울 정도로 문자열 이미지를 훼손하면 어떤 결과가 나오는지 살펴보자. 도해 15.14는 잡음을 더욱 추가해서 추론하기 어렵게 만든 입력 이미지에 대한 추론 결과들이다. 이번에는, 비록 MCMC 추론 과정이 정확한 개수(우리가 알고 있는)의 영문자들에 수렴한 것으로 보이지만, 첫 글자를 q로 오인한 경우들이 있고 그 다음 열 글자 중 다섯 글자에 관해 불확실성이 존재한다.

이러한 결과들을 해석하는 방법은 다양하다. MCMC 추론이 잘 혼합되었으며 이 결과들이 주어진 모형과 이미지에 대한 진 사후 분포를 잘 반영한다고, 그리고 몇몇 영문자들에 관한 불확실성과 첫 글자의 오류는 피할 수 없는 일이라고 볼 수도 있다. 더 나은 결과를 얻으려면 텍스트 모형을 개선하거나 잡음 수준을 줄여야 할 것이다. 반대로, MCMC 추론이 그리 잘 혼합되지 않았다고 볼 수도 있다. 만일 300개의 연쇄를 25,000회 또는 2,500만 회 실행했다면 결과들의 분포가 상당히 달랐을 수 있으며, 어쩌면 첫 글자가 q가 아니라 u일 확률이 더 높은 분포가 나왔을 수도 있다.

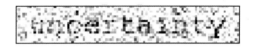

**도해 15.13** 잡음 섞인 입력 이미지(위)와 추론 결과(아래). 도해 15.11의 모형을 3회 실행한 것으로, 각 실행의 MCMC 반복은 25회이다. 추론 과정이 문자열을 정확하게 식별했음을 주목하자.

**도해 15.14** 위: 잡음이 아주 많은 입력 이미지. 아래 왼쪽: 도해 15.11의 독립 영문자 모형에 대한 MCMC 25회 반복의 세 가지 추론 결과. 아래 오른쪽: 도해 15.15의 독립 영문자 모형의 세 가지 추론 결과. 두 모형 모두 결과들에 중의성이 존재하지만, 후자의 결과는 가능성이 큰 문자열에 관한 사전 지식을 반영했다.

추론을 더 실행하면 돈과 시간이 더 많이 든다. 더 나아가서, 몬테카를로 추론 방법들의 수렴 여부를 확실하게 판정하는 방법은 없다. 추론 알고리즘을 더 개선해 볼 수도 있을 것이다. 이를테면 MCMC를 위한 더 나은 제안 분포(proposal distribution)를 설계하거나, 이미지에서 상향식(bottom-up) 단서들을 얻어서 더 나은 초기 가설들을 만들 수도 있다. 그런 개선에는 추가적인 고민과 구현, 디버깅이 필요하다. 예를 들어 영어 단어들에 관한 지식(이를테면 영문자 쌍들의 출현 확률들)을 도입할 수도 있을 것이다. 그럼 그 방법을 간단하게나마 살펴보자.

## 15.4.4 생성 프로그램의 개선을 위한 마르코프 모형을 도입

확률적 프로그래밍 언어들은 바탕 모형의 개선안들을 손쉽게 탐색해 볼 수 있는 형태로 모듈화되어 있다. 도해 15.15는 영문자들을 각각 따로 생성하는 것이 아니라 순차적으로 생성하도록 개선된 모형을 위한 생성 프로그램이다. 이 생성 프로그램은 주어진 이전 문자에 기초해서 다음 문자를 추출하는 마르코프 모형(Markov model)을 이용한다. 이 마르코프 모형의 이전 문자에서 다음 문자의 전이 확률들은 표준적인 영어 단어 목록에서 추정한 것이다.

도해 15.12에 이 생성 프로그램이 산출한 이미지 12개가 나와 있다. 도해 15.11의 프로그램이 생성한 것보다 문자열들이 훨씬 더 영어 단어 같은 느낌임을 주목하자. 도해 15.14의 오른쪽에는 이 마르코프 모형을 잡음이 아주 많은 이미지에 적용해서 추론한 결과들이다. 해석들이 생성 궤적과 좀 더 가깝게 부합하지만, 여전히 불확실성이 어느 정도 남아 있다.

## 15.4.5 생성 프로그램의 추론

OUPM에서처럼 생성 프로그램의 정확 추론은 일반적으로 비용이 너무 비싸거나 아예 불가능하다. 한편, 생성 프로그램의 추론에서는 기각 표집을 수행하기가 쉽다. 그냥 증거

---

```
function GENERATE-MARKOV-LETTERS(λ) returns  영문자들의 벡터
    n ~ Poisson(λ)
    letters ← []
    letter_probs ← MARKOV-INITIAL()
    for i = 1 to n do
        letters[i] ~ Categorical( letter_probs )
        letter_probs ← MARKOV-TRANSITION(letters[i])
    return letters
```

**도해 15.15** 개선된 광학 문자 인식 모형을 위한 생성 프로그램. 영문자 2-그램(바이그램) 모형에 따라 영문자들을 생성한다. 영문자 2-그램 모형에는 영어 단어 목록에서 추정한 영문자쌍 빈도들이 있다.

와 부합하는 궤적들만 남겨 두고, 그 궤적들에서 발견된 서로 다른 질의 해답들을 세면 된다. 가능도 가중 역시 쉽다. 생성된 각 궤적에 대해, 그 궤적을 따라 관측된 값들의 확률들을 모두 곱한 것을 그 궤적의 가중치로 두면 된다.

가중치 가중은 데이터가 모형을 어느 정도 잘 따를 때만 작동한다. 좀 더 어려운 문제들에 MCMC가 적합할 때가 많다. 확률적 프로그램에 적용된 MCMC에는 실행 궤적의 표집과 수정이 관여한다. OUPM과 관련된 여러 고려사항들도 여기에 적용된다. 또한, 알고리즘은 실행 궤적을 조심스럽게 수정해야 한다. 예를 들어 if 문의 결과를 잘못 수정하면 궤적의 나머지 부분이 무효화될 수 있다.

다양한 분야에서 추론의 추가적인 개선안들이 제시되었다. 주어진 PPL로 처리 가능한(tractable) 문제 부류를 근본적으로 변경하는(심지어 이론에서도) 개선안들도 있다. 앞에서 RPM과 관련해서 이야기한 승격된 추론이 그런 효과를 낼 수 있다. 많은 경우 일반적인 MCMC는 너무 느리다. 추론 과정이 빠르게 혼합되려면 특수 목적의 제안 분포가 필요하다.

PPL의 최근 연구에서 중요한 초점 하나는 PPL 추론의 효율성을 특정 모형에 특화된 커스텀 추론 엔진 수준으로 끌어 올리기 위한 특수 목적의 제안 분포를 사용자가 좀 더 쉽게 정의하고 사용할 수 있게 하는 것이었다.

확률 추론의 추가부담을 줄이기 위한 유망한 접근방식들이 많이 있다. §13.4.3에서 베이즈망에 대해 설명한 컴파일 착안을 OUPM과 PPL의 추론에도 적용할 수 있는데, 그러면 많은 경우 속도가 두세 자리(즉, 수백 수천 배) 증가한다. 또한 메시지 전달과 MCMC 같은 알고리즘을 위한 **전용 하드웨어**도 제안된 바 있다. 예를 들어 몬테카를로 하드웨어는 저정밀도 확률 표현과 대규모의 세밀한 병렬성을 이용해서 속도와 에너지 효율성을 100배에서 10,000배 높인다.

적응적 제안 분포

학습에 기초한 방법들도 속도를 크게 개성할 수 있다. 예를 들어 **적응적 제안 분포**(adaptive proposal distribution)는 승인될 확률이 꽤 높고 빠른 혼합을 위해 모형의 확률 지형을 효과적으로 탐색하는 MCMC 제안들을 생성하는 방법을 점진적으로 배워나간다. 또한, 중요도 표집을 위한 제안 분포들의 표현을 생성하도록 심층학습 모형(제21장)을 바탕 모형에서 생성한 합성 훈련 데이터를 이용해서 훈련하는 것도 가능하다.

일반적으로, 범용 프로그래밍 언어에 기초한 형식화는 항상 계산 가능성의 장벽에 부딪히기 마련이다. PPL도 마찬가지이다. 그러나, 만일 바탕 프로그램이 모든 입력과 모든 무작위 선택에 대해 정지(halting)한다고 가정한다면, 여전히 확률적 추론의 수행을 위한 추가적인 요구사항 때문 문제가 결정 불가능이 될까? 답은 "그렇다"이지만, 무한 정밀도 연속 확률 변수를 가진 계산 모형에 대해서만 그렇다. 그런 경우 추론이 정지 문제를 부호화하는 계산 가능한 확률 모형을 작성하는 것이 가능해진다. 반면, 유한 정밀도 수치들과 매끄러운 확률분포들을 가진 모형(실제 응용 프로그램들에서 흔히 쓰이는)에서는 추론이 여전히 결정 가능이다.

# 요약

이번 장에서는 확률 모형을 논리와 프로그램에 기초해서 표현력 있게 나타내는 방법들을 살펴보았다.

- **관계 확률 모형**(RPM)은 세계에 관한 모형을 1차 언어의 **데이터베이스 의미론**에서 유도된 방식으로 정의한다. RPM은 모든 객체와 그 신원이 확실하게 알려진 경우에 적합하다.
- 주어진 한 RPM에서, 각각의 가능한 세계 안의 객체들은 그 RPM 상수 기호들에 대응되며, 모든 기본 확률 변수는 객체의 술어 기호들에 각 인수를 대입해서 나올 수 있는 모든 가능한 사례화에 대응된다. 따라서 가능한 세계들의 집합은 유한하다.
- RPM은 객체들이 아주 많은 세계들을 간결하게 표현할 수 있으며, 관계적 불확실성을 처리할 수 있다.
- **열린 모집단 확률 모형**(OUPM)은 1차 논리의 전체 의미론에 기초하며, 신원 불확실성과 존재 불확실성 같은 새로운 종류의 불확실성을 표현할 수 있다.
- **생성 프로그램**은 OUPM을 포함한 확률 모형들을 실행 프로그램으로 표현한 것이다. 생성 프로그램은 **확률적 프로그래밍 언어**(PPL)로 작성된다. 생성 프로그램은 프로그램의 **실행 궤적**들에 관한 분포를 나타낸다. 일반적으로 PPL은 확률 모형에 대한 **보편적 표현력**을 제공한다.

## 참고문헌 및 역사적 참고사항

[Hailperin, 1984]와 [Howson, 2003]은 확률을 논리에 연결시키려는 시도들의 오랜 역사를 서술한다. 그 역사는 1704년 라이프니츠의 *Nouveaux Essais*까지 거슬러 올라간다. 이런 시도들에는 흔히 논리 명제에 확률을 직접 부여하는 것이 관여한다. 최초의 엄밀한

확률 논리 ┆ 성과는 가이프만의 명제 **확률 논리**(Gaifman, 1946b)이다. 가이프만의 착안은, 마치 보통의 논리 문장이 가능한 세계들 자체에 제약인 것과 비슷하게, 확률 단언 $P(\phi) \geq p$가 가능한 세계들에 관한 분포에 대해 상수라는 것이다. 표준적인 논리의 관점에서, 그러한 제약을 충족하는 임의의 분포 $P$는 확률 단언의 한 모형이며, 한 확률 단언의 모형들이 다른 한 확률 단언의 모형들의 부분집합이면, 전자의 단언은 후자의 단언을 함축한다(entail).

그런 논리 체계 안에서 예를 들어 $P(\alpha \wedge \beta) \leq P(\alpha \Rightarrow \beta)$ 를 증명할 수 있다. 확률 단언 집합의 충족성은 명제 논리에서처럼 선형 계획법으로 결정할 수 있다(Hailperin, 1984; Nilsson, 1986). 따라서, 이 '확률 논리'는 '시제 논리'가 시간적 추론에 특화된 논리 체계인 것과 비슷하게 확률적 추론에 특화된 논리 체계라 할 수 있다.

확률 논리를 확률론의 흥미로운 정리를 증명하는 등의 과제에 적용하려면 표현력이

좀 더 좋은 언어가 필요했다. [Gaifman, 1964]는 1차 확률 논리를 제안했는데, 이 경우 가능한 세계들은 1차 모형 구조들이고, 1차 논리 문장(함수 없는)들에 확률들이 부여된다. [Scott 및 Krauss, 1966]은 가이프란의 결과를, 한정사들이 무한히 중첩될 수 있고 문장들이 무한히 많을 수 있는 체계로 확장했다.

인공지능 분야에서 이런 착안들의 가장 직접적인 후손은 **확률적 논리 프로그램**(probabilistic logic program; Lukasiewicz, 1998)이다. 확률적 논리 프로그램에서는 각각의 1차 혼절에 확률 구간이 부여되며, 추론은 헤일퍼린이 제안한 대로 선형 프로그램을 푸는 것으로 실행된다. [Halpern, 1990]과 [Bacchus, 1990]도 가이프만의 접근방식에 기초해서 몇 가지 기본적인 지식 표현 문제들을 고찰하되, 확률론과 수학적 논리학이 아니라 인공지능의 관점에서 살펴본다.

확률적
데이터베이스

한 하위 분야인 **확률적 데이터베이스**(probabilistic database)도 논리 문장에 확률을 부여한다(Dalvi 외, 2009). 단, 이 경우는 데이터베이스의 튜플들에 확률을 직접 부착한다는 점이 다르다. (인공지능과 통계학에서는 확률이 일반적인 관계에 부착되며, 관측은 논쟁의 여지가 없는 증거로 간주된다.) 확률적 데이터베이스로 복잡한 의존관계를 모형화할 수 있긴 하지만, 실제 응용에서는 튜플들에 대해 전역 독립성 가정을 두는 경우가 많다.

논리 문장에 확률을 부여하는 방식에서는 완결적이고 일관된 확률 모형을 정의하기가 아주 어려워진다. 각각의 부등(inequality) 관계는 바탕 확률 모형이 확률 모형들의 고차원 공간의 반공간(half-space)에 놓이도록 제약한다. 단언들의 논리합은 제약들의 교차(intersection)에 해당한다. 그런 교차가 단 하나의 점을 산출하도록 보장하기란 쉽지 않다. 사실, [Gaifman, 1964]의 주된 결과는 단일 확률 모형의 구축에는 1) 모든 가능한 근거 문장의 확률과 2) 무한히 많은 존재 한정 문장에 대한 확률 제약들이 필요하다는 것이다.

이 문제의 한 가지 해결책은 부분적인 이론을 작성하고, 허용된 집합의 표준 모형(canonical model) 하나를 선택해서 그 이론을 '완성'하는 것이다. [Nilsson, 1986]은 지정된 제약들을 충족하는 모형들 중 엔트로피가 최대인 모형을 선택하는 **최대 엔트로피 접근방식**을 제안했다. [Paskin, 2002]는 제약들을 1차 절(clause)들에 부착된 가중치(상대 확률)들로 표현하는 방식의 '최대 엔트로피 확률적 논리'를 서술한다. 그런 모형들을 흔히 **마르코프 논리망**(Markov logic network, MLN)이라고 부르며(Richardson 및 Domingos, 2006), 관계적 데이터가 관여하는 여러 응용 프로그램에 즐겨 쓰인다. 그러나 MLN을 포함한 최대 엔트로피 접근방식은 직관적이지 않은 결과를 낼 때가 있다(Milch, 2006; Jain 외, 2007, 2010).

1990년대 초부터, 복잡한 응용을 다루던 연구자들은 베이즈망의 표현력 제약을 눈치채고 논리 변수들로 '템플릿'을 작성하는 다양한 언어들을 개발하기 시작했다. 그러한 템플릿이 있으면 커다란 망을 각각의 문제 사례로부터 자동으로 구축할 수 있다(Breese, 1992; Wellman 외, 1992). 그러한 언어로 가장 중요한 것은 BUGS(Bayesian inference

참고문헌 및 역사적 참고사항  677

Using Gibbs Sampling; Gilks 외, 1994; Lunn 외, 2013)이다. 이 언어는 통계학에서 흔히

색인화된<br>확률 변수

쓰이는 표기법인 **색인화된 확률 변수**(indexed random variable)를 베이즈망과 결합한다. (BUGS에서 색인화된 확률 변수는 $X[i]$의 형태인데, 여기서 $i$는 정수 범위로 정의된다.)

이런 닫힌 모집단 언어들은 베이즈망의 핵심 속성, 즉 모든 적격의(well-formed) 지식 베이스가 고유하고 일관된 확률 모형을 정의한다는 성질을 물려받았다. 또한, 논리 프로그래밍(Poole, 1993; Sato 및 Kameya, 1997; Kersting 외, 2000)과 의미망(Koller 및 Pfeffer, 1998; Pfeffer, 2000)의 표현 능력과 추론 능력을 활용하는 닫힌 모집단 언어들도 있다.

열린 모집단 확률 모형에 관한 연구의 기원은 여러 가지이다. 통계학에서, 데이터

레코드 연결성

레코드들에 표준적인 고유 식별자가 포함되어 있지 않으면 **레코드 연결성**(record linkage) 문제가 발생한다. 예를 들어 다른 책에서 이 책을 인용할 때 첫 저자 이름을 Stuart J. Russell이라고 표기할 수도 있고 S. Russell이라고 표기할 수도 있다. 심지어 Stewart Russell이라고 잘못 표기할 수도 있는데, 실제로 그런 이름을 가진 다른 저자가 있을지도 모른다. 또한, 이 책의 첫 저자 외에도 이름을 S. Russell로 표기하는 다른 저자가 있을 수 있다.

재무, 의료, 인구조사를 비롯한 여러 데이터에서 레코드 연결성 문제를 푸는 것만을 전문으로 하는 회사가 말 그대로 수백 개 존재한다. 확률적 분석의 기원은 [Dunn, 1946]으로 거슬러 올라간다. 본질적으로 단순 베이즈망을 레코드 부합에 적용한 것인 펠레기-선터 모형(Fellegi-Sunter model, Fellegi 및 Sunter, 1969)은 실무에서 여전히 주도적으로 쓰이고 있다. 신원 불확실성은 다중 대상 추적(multitarget tracking; Sittler, 1964)에서도 고려한다. 다중 대상 추적의 역사를 제14장에서 간략히 소개했다.

1990년대까지 인공지능 분야에서는 감지기들이 객체의 고유한 식별자를 포함한 논리 문장을 제공할 수 있다는 가정이 통용되었다. 실제로 Shaky가 그런 가정을 충족했다. 자연어 이해 분야를 보면, [Charniak 및 Goldman, 1992]는 공동 참조(coreference)의 확률적 분석을 제안했다. 여기서 공동 참조란 두 개의 언어 표현식(이를테면 '오바마'와 '미국 대통령')이 같은 개체를 지칭하는 것을 말한다. [Huang 및 Russell, 1998]과 [Pasula 외, 1999]는 교통량 감시를 위한 신원 불확실성의 베이즈 분석을 발전시켰다. [Pasula 외, 2003]은 저자, 논문, 인용 문구를 위한, 관계적 불확실성과 신원 불확실성이 모두 관여하는 복합적 생성 모형을 서술하고, 이 모형이 인용 정보를 높은 정확도로 추출함을 보였다.

열린 모집단 확률 모형을 위한 최초의 형식 언어는 BLOG(Milch 외, 2005; Milch, 2006)였다. BLOG는 (대단히 느린) 범용 MCMC 추론 엔진도 제공했다. [Laskey, 2008]은 **다중 개체 베이즈망**(multi-entity Bayesian network)이라고 부르는 또 다른 열린 모집단 모형화 언어를 서술한다. 본문에 나온 전 지구적 지진 감시 시스템 NET-VISA는 [Arora 외, 2013]에서 기인한다. 엘로 평점 체계는 1959년에 아르파드 엘로가 개발했다(Elo, 1978). 그러나 이 체계는 서스톤의 Case V 모형(Thurstone, 1927)과 사실상 같은 것이다. Microsoft의 TrueSkill 모형(Herbrich 외, 2007; Minka 외, 2018)은 마크 글리크먼이 만든,

엘로의 베이즈망 버전(Glickman, 1999)에 기초한 것이다. 현재는 infer.NET이라는 PPL로 실행되고 있다.

다중 대상 추적에 대한 자료 연관을 확률적 맥락에서 처음으로 서술한 문헌은 [Sittler, 1964]이다. 대규모 문제들에 대한 최초의 실용적 알고리즘은 '다중 가설 추적기(multiple hypothesis tracker)', 즉 MHT 알고리즘이다(Reid, 1979). 주요 논문이 [Bar-Shalom 및 Fortmann, 1988]과 [Bar-Shalom, 1992]에 모여 있다. 자료 연관에 대한 MCMC 알고리즘의 발전은 [Pasula 외, 1999]에서 기인한다. 그들은 MCMC를 교통 감시 문제에 적용했다. [Oh 외, 2009]는 형식적 분석과 다른 알고리즘들과의 비교 실험 결과를 제시한다. [Schulz 외, 2003]은 입자 필터링에 기초한 자료 연관 방법 하나를 서술한다.

잉게마르 콕스는 자료 연관의 복잡도를 분석하고(Cox, 1993; Cox 및 Hingorani, 1994), 컴퓨터 시각 공동체가 이 주제에 관심을 가지게 했다. 그는 또한 다항식 시간 헝가리식 알고리즘을 가장 그럴듯한 배정을 찾는 문제에 적용할 수 있음을 지적했다. 추적 분야의 연구자들은 오랫동안 그 문제가 처리 불가능이라고 여겼다. 그 알고리즘 자체는 [Kuhn, 1955]에 나온 것으로, 이 논문은 두 헝가리 수학자 데네시 쾨니그$^{Dénes König}$와 예뇌 에게르바리$^{Jenö Egerváry}$가 1931년에 발표한 논문들의 번역에 기초한 것이다. 그러나 기본 정리들은 그보다 전에 유명한 수학자 칼 구스타프 야코비$^{Carl Gustav Jacobi}$(1804-1851)가 미출판 라틴어 원고에서 유도한 바 있다.

확률적 프로그램으로 복합적인 확률 모형도 표현할 수 있다는 착안은 [Koller 외, 1997]에서 기인한다. 최초의 실용적인 PPL은 아비 페퍼의 IBAL(Pfeffer, 2001; Pfeffer, 2007)이다. 이 PPL은 간단한 함수형 언어에 기초한 것이었다. BLOG를 선언적 PPL로 볼 수도 있다. [McAllester 외, 2008]은 선언적 PPL과 함수형 PPL의 차이점을 고찰한다. Scheme 언어에 기반한 CHURCH(Goodman 외, 2008)는 기존 프로그래밍 언어에 PPL을 얹는다는 착안의 시초에 해당한다. CHURCH는 또한 무작위 고차 함수를 가진 모형을 위한 최초의 MCMC 추론 알고리즘을 도입했으며, 복잡한 형태의 인간 학습을 모형화하는 한 수단으로서 인지과학 공동체의 관심을 끌었다(Lake 외, 2015). PPL은 또한 계산 이론(Ackerman 외, 2013)과 프로그래밍 언어를 흥미로운 방식으로 연결했다.

2010년대에는 다양한 종류의 바탕 언어에 기초한 수십 개의 PPL이 등장했다. Scala 언어에 기초한 Figaro는 다양한 응용 프로그램에 쓰였다(Pfeffer, 2016). Julia와 TensorFlow에 기초한 Gen(Cusumano-Towner 외, 2019)은 실시간 기계 지각(machine perception)과 시계열 분석을 위한 베이즈 구조 학습에 쓰였다. 심층학습 프레임워크에 기초한 PPL로는 PyTorch 기반의 Pyro(Bingham 외, 2019)와 TensorFlow 기반의 Edward(Tran 외, 2017) 등이 있다.

확률적 프로그래밍을 데이터베이스 사용자나 스프레드시트 사용자 같은 좀 더 다양한 사람들에게 대중화하려는 시도가 있었다. Tabular(Gordon 외, 2014)는 infer.NET에 기초한, 스프레드 비슷한 관계적 스키마 언어를 제공한다. BayesDB(Saad 및 Mansinghka, 2017)에서 사용자는 SQL 비슷한 언어로 확률적 프로그램을 조립하고 질의할 수 있다.

확률적 프로그램의 추론은 일반적으로 근사 방법들에 의존하는데, 왜냐하면 PPL이 표현할 수 있는 종류의 모형들에서 정확 추론 알고리즘들은 규모가변성이 나쁘기 때문이다. BUGS나 LIBBI(Murray, 2013), STAN(Carpenter 외, 2017) 같은 닫힌 모집단 언어들은 일반적으로 모형과 완전히 동등한 베이즈망을 구축하고 그 베이즈망에 대해 추론을 실행하는 식으로 작동하는데, BUGS는 깁스 표집을, LIBBI는 순차 몬테카를로를 STAN는 해밀턴 몬테카를로를 사용한다. 이런 언어들로 된 프로그램을, 근거 베이즈망을 구축하는 명령들의 집합으로 간주할 수 있다. [Breese, 1992]는 질의와 증거가 주어졌을 때 전체 네트워크 중 유관한 부분만 생성하는 방법을 보여준다.

근거 지은(펼쳐진) 베이즈망을 다룬다는 것은, MCMC가 방문하는 가능한 세계들을 베이즈망의 변수들에 대한 값들의 벡터로 표현할 수 있다는 뜻이다. 1차 가능한 언어들을 직접 표집한다는 착안은 [Russell, 1999]에서 기인한다. FACTORIE 언어(McCallum 외, 2009)는 MCMC 과정의 가능한 세계들을 표준적인 관계형 데이터베이스 안에서 표현한다. 두 논문 모두, 각각의 가능한 세계에 대한 완전한 질의 평가를 피하는 방법으로 점진적 질의 재평가를 제시했다.

근거 짓기에 기초한 추론 방법들은 1차 논리 추론을 위한 초기의 명제화 방법들(Davis 및 Putnam, 1960)과 비슷하다. 논리 추론의 경우 분해 정리 증명기와 논리 프로그래밍 시스템 둘 다 **승격**(§9.2)을 이용해서 불필요한 논리 변수 사례화를 피한다.

[Pfeffer 외, 1999]는 한 번 계산한 인자를 캐시에 저장하고 이후에 그와 동일한, 그러나 다른 객체들이 관여하는 계산에서 그것을 재사용하는, 그럼으로써 승격에 의한 계산 비용 절감을 어느 정도 실현하는 변수 소거 알고리즘을 소개했다. 최초의 진정으로 승격된 확률적 추론 알고리즘은 [Poole, 2003]에 나온, 변수 소거의 승격된 형태이다. 그것을 이후 [de Salvo Braz 외, 2007]이 개선했다. 특정 집합적 확률들을 닫힌 형태로 계산할 수 있는 경우들을 포함한 추가적인 개선안들을 [Milch 외, 2008]과 [Kisynski 및 Poole, 2009]가 서술한다. 이제는, 승격이 언제 가능하고 얼마나 복잡한지가 상당히 잘 파악된 상태이다(Gribkoff 외, 2014; Kazemi 외, 2017).

본문에서 언급했듯이, 추론의 속도를 높이는 방법은 다양하다. 컴파일러 기법들이나 학습된 제안들(또는 그 둘 다)와 결합된 좀 더 정교한 알고리즘들을 탐구한 프로젝트들이 여럿 있었다. LIBBI(Murray, 2013)는 확률적 프로그램에 대한 최초의 입자 깁스 추론, 대규모 병렬 SMC에 대한 GPU 지원 기능을 갖춘 초창기 추론 컴파일러들 중 하나, 그리고 모형화 언어를 이용한 커스텀 MCMC 제안 분포의 정의를 소개했다. [Wingate 외, 2011], [Paige 및 Wood, 2014], [Wu 외, 2016], [Claret 외, 2013], [Hur 외, 2014]도 확률적 추론의 컴파일을 연구했으며, [Cusumano-Towner 외, 2019]는 확률적 프로그램을 좀 더 효율적인 형태로 변환하기 위한 정적 분석 방법들을 보여주었다. PICTURE(Kulkarni 외, 2015)는 사용자가 생성 프로그램의 순방향 실행들로부터 배운 것을 빠른 상향식 제안 분포 훈련에 적용할 수 있는 최초의 PPL이다. [Le 외, 2017]은 PPL의 효율적인 중요도 표집을 위한 심층학습 기법의 활용을 서술한다. 실제 응용에서, 복잡한 확률 모형을 위한 추론 알고리즘들은 모형 변수들의 서로 다른 부분집합에 대해 서로 다른 기법들을 섞어서 사용하는 경우가 많다. [Mansinghka 외, 2013]은 추론 실행 시점에서 선택한 변수 부분집합들에 대해 다양한 추론 전술을 적용하는 추론 프로그램이라는 개념을 강조한다.

게투르 및 타스카가 엮은 논문 모음집 [Getoor 및 Taskar, 2007]에는 1차 확률 모형들에 관한, 그리고 그런 모형을 기계학습에서 활용하는 데 관한 여러 주요 논문이 있다. 확률적 프로그래밍 논문들은 NeurIPS, ICML, UAI, AISTATS를 비롯해 기계학습과 확률적 추론에 관한 모든 주요 학술대회에 등장한다. NeurIPS와 POPL(Principles of Programming Languages) 학술대회들에서는 정기적으로 PPL 워크숍이 열렸다. 2018년에는 제1회 International Conference on Probabilistic Programming이 개최되었다.

# 16

# 간단한 의사결정

이번 장에서는 불확실한 세계에서 자신이 원하는 것을 얻기 위해(적어도 평균적으로, 최대한 많이) 에이전트가 뭔가를 결정하는 방법을 살펴본다.

효용이론과 확률론을 결합해서 결정이론적(decision-theoretic) 에이전트를 만드는 과정에서 아직 상세히 논의하지 않은 부분이 하나 있다. 바로, 에이전트가 자신이 믿는 것과 자신이 원하는 것에 기초해서 합리적인 결정을 내리는 방법이다. 불확실성과 상충하는 목표들이 존재하는, 그래서 논리적인 에이전트라면 아무것도 결정할 수 없는 상황에서도 결정이론적 에이전트는 결정을 내릴 수 있다. 목표 기반 에이전트는 좋은 상태(목표)와 나쁜 상태(목표가 아님)를 이분법적으로 구분하지만, 결정이론적 에이전트는 상태들에 연속적인 값들의 범위를 배정한다. 따라서 최상의 상태가 주어지지 않을 때에도 더 나은 상태를 좀 더 쉽게 선택할 수 있다.

§16.1에서는 결정이론의 기본 원리, 즉 기대 효용의 최대화를 소개한다. §16.2는 임의의 합리적 에이전트의 행동 방식을 효용 함수의 최대화로 모형화할 수 있음을 보여 준다. §16.3은 효용 함수의 성질을 좀 더 자세히 논의한다. 특히 돈 같은 개별 수량들과의 관계를 살펴본다. §16.4는 여러 수량에 의존하는 효용 함수를 다루는 방법을 제시한다. §16.5에서는 의사결정 시스템의 구현을 서술한다. 특히, 동작들과 효용들을 추가해서 베이즈망을 확장한 **의사결정망**이라는 형식화를 소개한다(이를 **영향도**라고도 부른다). 이번 장의 나머지 부분에서는 결정이론을 전문가 시스템에 적용할 때 발생하는 문제점들을 논의한다. §16.6은 결정이론적 에이전트가 자신의 결정을 개선하기 위한 새 정보 획득의

가치를 계산하는 방법을 살펴본다.

§16.1에서 §16.6까지는 에이전트가 주어진, 알려진 효용 함수를 사용한다고 가정하지만, §16.7에서는 그 가정을 완화한다. 거기서는 기계의 구성요소에 관한 선호도 불확실성을 논의하는데, 그중 가장 중요한 것은 기계가 결정을 인간에게 맡기는 '복종(deference)' 상황이다.

# 16.1 불확실성하에서의 믿음과 욕구의 결합

이번 장에서 논의하는 에이전트는 다른 모든 에이전트처럼 뭔가를 결정해야 한다. 에이전트는 일정한 동작들을 수행할 수 있다. 현재 상태에 관해 어느 정도의 불확실성이 존재할 수 있으므로, 에이전트가 각각의 가능한 현재 상태 $s$에 대해 확률 $P(s)$를 배정한다고 가정하자. 또한, 동작의 결과에도 불확실성이 존재할 수 있다. 전이 모형은 상태 $s$에서 동작 $a$를 취했을 때 상태 $s'$으로 갈 확률인 $P(s'|s,a)$로 주어진다. 우리의 주된 관심사는 결과인 $s'$이므로, 이를 위한 단축 표기도 사용하기로 한다. $P(\text{RESULT}(a) = s')$는 현재 상태(그것이 무엇이든)에서 $a$를 수행해서 상태 $s'$에 도달할 확률이다. 두 확률의 관계는 다음과 같다.

$$P(\text{RESULT}(a) = s') = \sum_s P(s)P(s'|s,a).$$

가장 간단한 형태의 결정이론(decision theory; 또는 의사결정 이론)은 여러 동작 중 하나를 동작의 **직접적인** 결과가 얼마나 바람직한가를 기준으로 선택한다. 여기에는 환경이 p. 63에서 정의한 의미에서 '일화적(episodic)'이라는 가정이 깔려 있다. (이 가정은 제17장에서 완화된다.) 에이전트의 선호도(preference)는 **효용 함수**(utility function) $U(s)$로 나타낸다. 이 함수는 주어진 상태의 바람직한 정도를 나타내는 하나의 수치를 돌려준다. 증거가 주어졌을 때의 한 동작의 **기대 효용**(expected utility) $EU(a\,|\,e)$는 그냥 결과 발생 확률을 가중치로 한 효용들의 가중 평균이다.

효용 함수

기대 효용

$$EU(a) = \sum_{s'} P(\text{RESULT}(a) = s')\, U(s').  \tag{16.1}$$

**최대 기대 효용**(maximum expected utility, MEU) 원리란, 합리적인 에이전트는 반드시 에이전트의 기대 효용이 최대가 되는 동작을 선택해야 한다는 것이다. 이를 공식으로 나타내면 다음과 같다.

$$action = \text{argmax}_a EU(a).$$

어떤 의미로 보면 최대 기대 효용 원리는 인공지능의 처방전(prescription)이라 할 수 있다. 모든 지능적 에이전트가 해야 할 일은 다양한 수치들을 계산하고, 자신의 동작들에 대한 효용을 최대화하는 것일 뿐이다. 그러나 그러한 정의 자체가 인공지능 문제를 해결해 주는 것은 아니다.

최대 기대 효용이론은 지능적 에이전트가 "옳은 일을 해야 한다"는 일반적인 개념을 형식화(formalization)하지만, 그러한 조언을 조작화(operationalization)하지는 않는다. 세계의 가능한 상태들에 관한 확률분포($P(\text{RESULT}(a) = s')$에 내포되는)를 추정하려면 지각, 학습, 지식 표현, 추론이 필요하다. $P(\text{RESULT}(a) = s')$ 자체의 계산에는 세계의 인과 모형이 필요하다. 고려해야 할 동작들이 많을 수 있으며, 결과의 효용 $U(s')$들을 계산하는 것 자체에도 추가적인 검색과 계획 수립이 필요할 수 있다. 왜냐하면, 에이전트가 주어진 상태에서 갈 수 있는 다른 상태들을 파악하기 전까지는 그 상태가 알아야 할 수 있기 때문이다. 인간을 위해 작동하는 인공지능 시스템은 인간의 진 효용 함수를 알지 못할 수 있으므로, $U$에 관해 불확실성이 존재한다. 정리하자면, 결정이론은 인공지능 문제를 푸는 만병통치약이 아니다. 그러나 인공지능 문제를 정의하기에 충분히 일반적인 기본 수학 틀의 단초를 제공하는 것은 사실이다.

최대 기대 효용 원리는 제2장에서 소개한 성과 측도 개념과 명확한 관계를 가지고 있다. 기본적인 개념은 간단하다. 에이전트가 지각의 역사를 가질 수 있는 환경과, 다양한 설계를 바탕으로 한 여러 에이전트를 생각해 보자. 만일 한 에이전트가 성과 측도를 제대로 반영하는 효용 함수를 최대화하기 위해 행동한다면, 그 에이전트는 가능한 가장 높은 성과 점수(모든 가능한 환경에 대해 평균한)를 얻을 것이다. 이것이 최대 기대 효용이론 자체의 중심 논거(justification)이다. 이러한 주장이 동어반복처럼 보일 수도 있지만, 실제로 이 주장에는 외부 성과 측도에서 내부 효용 함수로의 아주 중요한 전이가 포함되어 있다. 그 성과 측도는 하나의 역사(상태들의 순차열)에 대한 하나의 점수를 제공한다. 효용 함수는 그 다음 상태에 적용되므로, 효용 함수는 단계별로 동작들을 선택하는 지침의 역할을 할 수 있다.

# 16.2 효용이론의 기초

직관적으로, 최대 기대 효용(MEU) 원리는 결정을 내리는 합리적인 방식인 것 같다. 그러나 이것이 유일한 합리적 방법인지는 확실하지 않다. 사실, 평균 효용을 최대화한다는 것이 그렇게 중요할까? 가능한 효용들의 제곱들의 가중합을 최대화하거나 가능한 최악의 손실을 최소화하는 것은 어떨까? 상태들에 대한 선호도를 수치로 변환하지 않고 그대로 표현해도 에이전트가 합리적으로 행동할 수 있지 않을까? 마지막으로, 애초에 필수 성질들을 가진 효용 함수가 왜 존재하는 것일까? 이번 절에서는 이런 질문들의 답을 살펴본다.

# 16.2.1 합리적 선호도의 제약

합리적 에이전트가 가져야 할 선호들에 대한 몇 가지 제약(구속조건)을 나열하고, MEU 원리를 그런 제약들로부터 유도할 수 있음을 보인다면 앞의 질문들에 대한 답이 될 것이다. 에이전트의 선호도를 다음과 같이 표기하기로 한다.

$A \succ B$ 에이전트가 $A$를 $B$보다 선호한다.
$A \sim B$ 에이전트가 $A$와 $B$를 동일하게 선호한다.
$A \succsim B$ 에이전트가 $A$를 $B$보다 선호하거나, 동일하게 선호한다.

여기서 "$A$와 $B$가 어떤 것들일까?"라는 질문이 떠오를 것이다. 이들은 세계의 상태들일 수도 있으나, 실제로 제공되는 것이 무엇인지에 대해 불확실성이 존재하는 경우가 많다. 예를 들어 기내식으로 "파스타 또는 치킨"이 제공된다는 말만 들은 항공편 승객은 포일[foil]에 덮인 내용물이 무엇인지 알지 못한다.[1] 그 파스타가 맛있을 수도 있고 식어서 굳었을 수도 있으며, 치킨은 속살이 촉촉할 수도 있고 치킨인지 알기 힘들 정도로 바싹 튀겼을 수도 있다. 각 동작의 결과들의 집합을 일종의 **복권 추첨**(lottery)이라고 생각할 수 있다. 즉, 각각의 동작은 한 장의 복권이다. 가능한 결과들이 $S_1, \ldots, S_n$이고 그 결과들이 발생할 확률들이 $p_1, \ldots, p_n$인 복권 추첨(줄여서 그냥 추첨) $L$을 다음같이 표기한다.

> 복권 추첨

$$L = [p_1, S_1; \; p_2, S_2; \; \ldots \; p_n, S_n].$$

일반적으로, 하나의 추첨의 각 결과 $S_i$는 원자적 상태일 수도 있고 또 다른 추첨일 수도 있다. 효용이론의 주된 문제는 복합적인 추첨들에 대한 선호도들과 그 추첨들에 깔린 바탕 상태들에 대한 선호도들의 관계를 파악하는 것이다. 이 문제를 해결하기 위해, 임의의 합리적 선호도 관계가 반드시 따라야 할 여섯 가지 제약을 도입한다.

> 순서 결정성

- **순서 결정성**(orderability): 임의의 두 추첨이 주어졌을 때, 합리적 에이전트는 둘 중 하나를 더 선호하거나, 아니면 둘 다 동일하게 선호해야 한다. 즉, 에이전트는 결정을 피할 수 없다. p.518에서 말했듯이, 내기 걸기를 거부하는 것은 시간의 흐름을 허용하지 않겠다는 것과 비슷하다.

$(A \succ B), (B \succ A), (A \sim B)$ 중 정확히 하나만 성립한다.

> 추이성

- **추이성**(transitivity): 임의의 세 추첨이 주어졌을 때, 만일 에이전트가 $A$를 $B$보다 선호하고 $B$를 $C$보다 선호한다면, 에이전트는 반드시 $A$를 $C$보다 선호하는 것이다.

$(A \succ B) \wedge (B \succ C) \Rightarrow (A \succ C).$

> 연속성

- **연속성**(continuity): 추첨 $B$의 선호도가 추첨 $A$와 추첨 $C$ 사이이고, 반드시 $B$가 나오는 복합 추첨과 확률 $p$로 $A$가 나오고 확률 $1 - p$로 $C$가 나오는 복합 추첨

---

1 독자의 단골 항공사가 비행 시간이 길어도 기내식을 제공하지 않기로 결정했다면, 위로의 말을 전한다.

이 있다고 할 때, 에이전트가 두 추첨을 동일하게 선호하게 되는 어떤 확률 $p$가 존재한다.

$$A > B > C \Rightarrow \exists p \; [p, A; 1-p, C] \sim B.$$

대체성

- **대체성**(substitutability): 추첨 $A$들을 포함하는 복합 추첨과 추첨 $B$들을 포함하는 복합 추첨이 있을 때, 만일 에이전트가 $A$와 $B$를 동일하게 선호한다면, 에이전트는 두 복합 추첨도 동일하게 선호한다. 이는 그 복합 추첨들의 확률과 다른 결과들과는 무관하게 성립한다.

$$A \sim B \Rightarrow [p, A; 1-p, C] \sim [p, B; 1-p, C].$$

이 공리는 또한 $\sim$ 을 $>$ 로 대체해도 성립한다.

단조성

- **단조성**(monotonicity): 두 추첨에 동일한 두 가지 결과 $A$와 $B$가 있다고 하자. 에이전트가 $A$를 $B$보다 선호한다면, 에이전트는 반드시 $A$의 확률이 더 높은 추첨을 선호한다($A$와 $B$를 맞바꾸어도 마찬가지이다).

$$A > B \Rightarrow (p > q \Leftrightarrow [p, A; 1-p, B] > [q, A; 1-q, B]).$$

분해성

- **분해성**(decomposability): 복합 추첨을 확률 법칙들을 이용해서 더 간단한 추첨들로 분해할 수 있다. 이를 전통적으로 "도박은 재미가 아님(no fun in gambling)" 규칙이라고 불렀다. 도해 16.1(b)에서 보듯이, 이 규칙은 연속된 두 추첨을 그와 동등한 하나의 추첨으로 압축한다.[2]

$$[p, A; 1-p, [q, B; 1-q, C]] \sim [p, A; (1-p)q, B; (1-p)(1-q), C].$$

이 제약들이 바로 효용이론의 공리들이다. 각 공리를 위반하는 에이전트가 명백히 비합리적으로 행동하는 예를 살펴보면 이 공리들을 좀 더 잘 이해할 수 있을 것이다. 예를 들어 선호도들에 추이성이 없는 에이전트는 자신의 돈을 모두 날리게 된다. $A$, $B$, $C$가 어떤 재화(goods)들이고 자유로이 교환할 수 있다고 할 때, 이들에 대한 에이전트의 선호도가 $A > B > C > A$라 하자. 이는 추이성을 위반한다. 에이전트가 $A$를 소유한 상태에서 독자가 에이전트에게 $C$를 줄테니 $A$와 추가금 1센트를 달라고 제안했다고 하자. 에이전트는 $C$를 더 선호하므로, 1센트의 추가 비용이 있어도 기꺼이 그 거래에 동의할 것이다. 그다음에는 같은 방식으로 독자의 $B$를 에이전트의 $C$ 더하기 1센트를 맞바꾸고, 마지막으로 독자의 $A$를 에이전트의 $B$ 더하기 1센트와 맞바꾼다. 그러면 에이전트는, 재화들은 초기 상태와 같지만, 3센트를 독자에게 뜯긴 상황에 도달한다(도해 16.1(a)). 이를 계속 반복하면 에이전트의 돈을 모두 갈취할 수 있다. 이러한 에이전트의 행동이 비합리적임은 명백하다.

---

2  도박 사건을 상태 서술 안에 부호화한다면 도박의 즐거움을 에이전트에 알려 줄 수 있다. 예를 들어 "$10를 가지고 있으며 도박을 했음" 상태를 "$10를 가지고 있으며 도박을 하지 않았음" 상태보다 선호하도록 설정하면 된다.

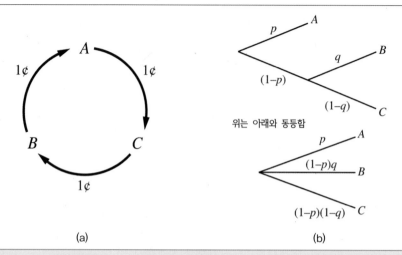

위는 아래와 동등함

(a)                                                     (b)

**도해 16.1** (a) 비추이적 선호도 $A > B > C > A$ 때문에 각각 1센트가 드는 맞교환들의 순환 고리가 생길 수 있다. (b) 분해성 공리.

## 16.2.2 합리적 선호도에서 비롯된 효용

효용이론의 공리들이 사실은 선호도에 대한 공리들임을 주목하기 바란다. 그 공리들은 효용 함수에 대해서는 아무것도 말해 주지 않는다. 그러나, 이 효용 공리들로부터 다음과 같은 결과들을 이끌어 내는 것이 가능하다(증명은 [von Neumann 및 Morgenstern, 1944]를 보라).

- **효용 함수의 존재**: 만일 에이전트의 선호도들이 효용 공리들을 충족한다면, $A$가 $B$보다 선호된다는 것이 $U(A) > U(B)$와 논리적으로 동치이고 $A$와 $B$가 동일하게 선호된다는 것이 $U(A) = U(B)$와 논리적으로 동치인 어떤 함수 $U$가 존재한다.

$$U(A) > U(B) \Leftrightarrow A > B \text{ 그리고 } U(A) = U(B) \Leftrightarrow A \sim B$$

- **추첨의 기대 효용**: 한 추첨의 효용은 추첨의 각 결과의 확률에 그 결과의 효용을 곱한 것들의 합이다.

$$U([p_1, S_1; \dots ; p_n, S_n]) = \sum_i p_i U(S_i) .$$

다른 말로 하면, 가능한 결과 상태들의 확률들과 효용들이 일단 지정되었다면, 그 상태들에 관여하는 복합 추첨의 효용이 완전히 결정된다. 한 비결정론적 동작의 결과는 하나의 추첨이며, 따라서 에이전트는 식 (16.1)에 의거해서 기대 효용을 최대화하는 동작을 선택하기만 해도 합리적으로(즉, 자신의 선호도와 부합하게) 행동할 수 있다.

이상의 정리들에 의해, 임의의 합리적 에이전트에 대해 하나의 효용 함수가 존재한다(합리적 선호도에 대한 제약들을 가정할 때)는 점이 증명된다. 그런데 그 효용 함수가 유일하다는 점을 이 정리들이 증명하지는 않는다. 사실, 효용 함수 $U(S)$를 다음과 같이 변환해도 에이전트의 행동은 변하지 않음을 증명하는 것이 어렵지 않다.

$$U'(S) = aU(S) + b. \tag{16.2}$$

여기서 $a$와 $b$는 상수이고 $a > 0$이다. 즉, 이는 하나의 양의(positive) 아핀변환(affine transformation; 유사변환)이다. 제5장에서 2인용 도박 게임을 이야기할 때(p.216) 이 사실을 언급했다. 지금 논의는 이것이 모든 종류의 의사결정 시나리오에 적용됨을 말해준다.

게임 플레이에서처럼, 결정론적 환경에서 에이전트는 상태들의 선호 순위만 지정하면 된다. 선호도의 수치는 중요하지 않다. 그런 순위를 돌려주는 함수를 가리켜 **가치 함수**(value function) 또는 **서수 효용 함수**(ordinal utility function)라고 부른다.

가치 함수
서수 효용 함수

에이전트의 선호 행동 방식을 서술하는 효용 함수가 존재한다고 해서 반드시 그 에이전트가 그 효용 함수를 의도적이고 **명시적으로** 최대화하는 것은 아님을 기억하는 것이 중요하다. 제2장에서 보았듯이, 합리적 행동이 발생하는 방식은 여러 가지이다. 합리적 에이전트를 테이블 참조로 구현할 수도 있다(가능한 상태들의 수가 충분히 작다고 할 때).

합리적 에이전트의 행동을 관찰하면, 관찰자는 그 에이전트가 실제로 달성하고자 하는 것을 나타내는 효용 함수를 배울 수 있다(에이전트 자신은 그것을 모른다고 해도). 이에 관해서는 §16.7에서 좀 더 살펴보겠다.

# 16.3 효용 함수

효용 함수는 추첨들을 실제 수치들로 사상한다. 앞에서 보았듯이, 효용 함수는 반드시 순서 결정성, 추이성, 연속성, 대체성, 단조성, 분해성 공리를 지켜야 한다. 그런데 효용 함수에 대해 알아야 할 것이 그 공리들뿐일까? 엄밀히 말하면 그렇다. 에이전트는 그 어떤 선호도도 가질 수 있다. 예를 들어 에이전트는 은행 잔액의 달러 단위 금액이 소수<sup>素數</sup>인 것을 더 선호할 수 있다. 그런 에이전트는 현재 잔고가 $16이면 $3를 인출할 것이다. 좀 이상한 취향이겠지만, 그렇다고 비합리적이라고 할 수는 없다. 우글쭈글한 1973형 포드 핀토를 번쩍거리는 새 벤츠보다 선호하는 에이전트도 있을 수 있다. 에이전트가 핀토를 소유하고 있을 때에만 소수로 떨어지는 달러를 선호하고, 벤츠를 소유할 때에는 그냥 금액이 더 많은 쪽을 선호할 수도 있다. 다행히 실제 에이전트들의 선호도는 대체로 이보다 좀 더 체계적이며, 따라서 다루기가 더 쉽다.

---

3 이런 의미에서 효용은 온도와 비슷하다. 화씨온도는 섭씨온도에 1.8을 곱하고 32를 더한 것이다. 그러나 온도를 어떻게 변환하든 날이 더 추워지거나 더워지지는 않는다.

## 16.3.1 효용의 평가와 효용 축척

선호 추출

사람의 의사결정을 돕거나 사람을 대신해서 동작을 결정이론적 시스템을 구축할 때에는 먼저 사람의 효용 함수를 파악해야 한다. 이러한 과정을 흔히 **선호 추출**(preference elicitation)이라고 부른다. 이 과정에서는 사람에게 선택지들을 제공하고 사람이 무엇을 선택하는지 관찰해서 바탕 효용 함수를 파악한다.

식 (16.2)는 효용에 절대적인 축척(scale) 또는 척도가 없음을 말해 준다. 그렇긴 하지만, 효용 값들을 임의의 특정 문제에 대해 기록하고 비교할 수 있는 어떤 축척을 정해 두면 도움이 된다. 축척을 정하는 한 가지 방법은, 임의의 구체적인 두 결과의 효용들을 고정하는 것이다. 이는 물의 어는점과 끓는점을 고정해서 온도의 축척을 정하는 것과 비슷하다. 일반적으로는 "가능한 최고의 당첨금"에 해당하는 효용 $U(S) = u_\top$와 "가능한 최악의 재앙"에 해당하는 효용 $U(S) = u_\bot$을 고정한다. (둘 다 반드시 유한해야 한다.)

정규화된 효용

**정규화된 효용**(normalized utility)은 $u_\bot = 0$이고 $u_\top = 1$인 축척을 사용한다. 이런 축척이 있을 때, 잉글랜드 축구 팬이라면 잉글랜드가 월드컵에서 우승하는 것의 효용을 1로 두고 예선 탈락의 효용은 0으로 둘 것이다.

표준 복권 추첨

$u_\top$과 $u_\bot$ 사이의 어떤 효용 축척이 주어졌을 때, 임의의 특정 당첨금 $S$의 효용을 에이전트에게 $S$와 **표준 복권 추첨**(standard lottery) $[p, u_\top; (1-p), u_\bot]$ 중 하나를 선택하게 해서 평가할 수 있다. 그러한 선택을 반복하면서, 에이전트가 $S$와 표준 추첨을 동일하게 선호하게 될 때까지 확률 $p$를 조율한다. 효용들이 정규화된다고 할 때, 최종적으로 조율된 $p$가 바로 $S$의 효용이다. 각 당첨금에 대해 이런 과정을 수행하고 나면 그 당첨금이 관여하는 모든 추첨의 효용이 결정된다. 예를 들어 잉글랜드 팬이 잉글랜드가 월드컵 8강까지 가서 4강 진출에 실패하는 결과에 가치를 얼마나 두는지 알고 싶다고 하자. 이를 위해, 그 결과를 최종 우승 확률이 $p$이고 불명예스러운 예선 탈락 확률이 $1-p$인 표준 복권 추첨과 비교한다. 만일 $p = 0.3$에서 차이가 없다면 0.8이 8강까지 가서 패하는 것의 가치이다.

의료나 운송, 환경을 비롯한 여러 분야의 의사결정 문제에는 사람의 목숨이 달려 있다. (세상에는 잉글랜드의 월드컵 성적보다 중요한 사안들이 존재한다.) 그런 경우 $u_\bot$는

▶ 즉사(또는, 정말로 최악의 경우에는 다수의 사망)에 해당하는 값이다. 사람의 목숨에 가격을 매긴다는 것은 누구에게나 불편한 일이겠지만, 생사 문제에 대해 언제나 절충(*tradeoff*)이 일어난다는 것도 사실이다. 예를 들어, 항공사는 항공기를 일정 간격으로 한 번씩 철저히 검사할 뿐, 운행할 때마다 매번 검사하지는 않는다. 자동차들은 비용과 사고 시 생존율 사이의 균형점을 고려해서 제조된다. 우리는 1년에 약 4백만 명이 조기 사망하는 수준의 공기 오염을 그냥 참고 산다.

모순적이게도, "사람의 목숨에 돈값을 매기기"를 거절하는 것이 사실은 사람의 목숨을 **평가절하**하는 것일 수도 있다. 로스 섀처는 정부 기관의 주도로 시행된 학교 건물 석면 제거 작업에 관한 연구를 서술한 적이 있다. 그 연구를 수행한 의사결정 분석가들

은 취학 아동들의 생명에 특정한 가격을 매기고, 그러한 가격에 기초할 때 석면을 제거하는 것이 합리적인 선택이라고 주장했다. 생명에 돈을 매긴다는 생각에 윤리적으로 격분한 정부 기관은 해당 보고서를 기각했다. 그리고는 석면 제거에 반대하는 결론을 내렸다. 암묵적으로 이는, 그 분석가들이 배정한 가치보다 더 낮은 가치를 정부가 아이들의 목숨에 배정한 것이라 할 수 있다.

현재 다수의 환경보호청, 식품의약국(FDA), 교통부를 포함한 다수의 미국 정부 기관은 **통계적 생명 가치**(value of a statistical life)를 이용해서 규제와 개입의 비용과 이득을 산정한다. 2019년 기준으로 전형적인 가치들은 대략 1,000만 달러이다.

**통계적 생명 가치**

사람이 스스로 자신의 생명에 매기는 가격을 파악하려는 시도들도 있었다. 의료 분석과 안전 분석에 흔히 쓰이는 "화폐단위"로 **마이크로모트**^micromort라는 것이 있다. 1마이크로모트는 사망할 확률이 100만 분의 1임을 뜻한다. 위험(이를테면 약실이 100만 개인 회전 탄창 권총으로 러시안룰렛을 해야 하는)을 피하기 위해 얼마를 지불하겠냐고 사람들에게 물으면, 대부분은 아주 큰 금액, 이를테면 수십, 수백억을 이야기할 것이다. 그러나 사람들의 실제 행동을 보면, 1마이크로모트에 대해 그보다 훨씬 낮은 금액을 책정하는 것으로 보인다.

**마이크로모트**

예를 들어 영국에서 1마이크로모트는 자동차를 약 370km 운전하는 것에 해당한다. 한 자동차의 수명 전체(이를테면 1만5천 킬로미터)로 치면 약 400마이크로모트이다. 그런데 사고 시 사망 확률이 절반인 좀 더 안전한 차를 위해 기꺼이 내려는 금액은 약 1만 2000달러라고 한다. 따라서 한 사람이 차를 구매하는 행위는 그 자신의 가치가 1마이크로모트당 약 60달러라고 선언하는 것에 해당한다. 여러 연구가 다수의 개인들과 위험 종류들에 대해 이 범위의 수치를 확인했다. 그렇지만 미국 교통부 같은 정부 기관들은 가치를 이보다 낮게 책정할 때가 많다. 그런 정부 기관들이 책정하는 도로 개보수 비용은 도로 보수 덕분에 사고를 피한 사람들의 기대수명당 6달러 수준밖에 되지 않는다. 물론 이런 계산들은 오직 작은 위험들에만 성립한다. 대부분의 사람은 6천만 달러를 준다고 해도 스스로 목숨을 끊지는 않을 것이다.

**QALY**

또 다른 단위로 QALY(quality-adjusted life year; 삶의 질 보정 수명)라는 것이 있다. 환자들은 어떤 치료법 때문에 기대수명이 더 짧아진다고 해도 장애를 피할 수만 있다면 그런 치료법을 기꺼이 받아들인다. 예를 들어 평균적으로 신장 환자는 투석기에 매달려 2년을 사는 것과 아주 건강하게 1년을 사는 것을 동일하게 선호한다.

## 16.3.2 돈의 효용

효용이론의 뿌리는 경제학이며, 경제학은 효용 측정 단위의 명백한 후보 하나를 제공한다. 바로 돈(money), 좀 더 정확하게 말하면 에이전트의 총자산(total net asset)이다. 돈은 모든 종류의 재화와 용역에 대해 거의 보편적인 교환성을 가지고 있다. 이 사실은 돈이 인간의 효용 함수에서 중요한 역할을 한다는 점을 암시한다.

일반적으로, 다른 모든 조건이 같다면 에이전트는 돈이 더 많은 쪽을 선호한다. 이를 두고, 에이전트가 더 많은 돈에 대한 **단조적 선호**(monotonic preference)를 보인다고 말한다. 그렇다고 이것이, 돈이 하나의 효용 함수로 작용한다는 뜻은 아니다. 돈 자체는 돈이 관여하는 **복권 추첨**들의 선호 관계에 대해서 아무것도 말해 주지 않기 때문이다.

어떤 TV 퀴즈 프로에서 독자가 다른 경쟁자들을 물리치고 우승했다고 하자. 진행자는 이제 독자에게 다음과 같은 선택을 제시한다. 독자는 지금 $1,000,000의 당첨금을 가지고 갈 수도 있고, 아니면 동전 하나를 던지는 도박에 참여할 수도 있다. 만일 동전의 앞면이 나오면 독자는 한 푼도 받지 못하지만, 뒷면이 나오면 $2,500,000를 받는다. 대부분의 사람은 도박을 거부하고 100만 달러를 챙길 것이다. 독자는 어떤가?

동전이 공평하다고 할 때, 그 도박의 **기대 금전 가치**(expected monetary value, EMV)는 $\frac{1}{2}(\$0) + \frac{1}{2}(\$2,500,000) = \$1,250,000$로, 이는 원래의 $1,000,000보다 크다. 그렇다고 도박을 받아들이는 것이 반드시 더 나은 결정은 아니다. 전체 재산이 $n인 상태를 $S_n$이라고 표기하고, 현재 재산이 $k라고 하자. 그러면, 도박 제의를 받아들이는 동작(Accept)과 거부하는 동작(Decline)의 기대 효용들은 다음과 같다.

$$EU(Accept) = \frac{1}{2}U(S_k) + \frac{1}{2}U(S_{k+2,500,000}),$$
$$EU(Decline) = U(S_{k+1,000,000}).$$

어떤 동작을 선택할지 결정하려면 결과 상태들에 효용들을 부여해야 한다. 효용이 금전적 가치에 정비례하지는 않는다. 처음으로 재산이 백만 달러가 되는 것의 효용은 아주 높지만, 거기에 백만 달러가 더 추가되는 것의 효용은 그보다는 낮다(라고 들었다). 현재 재정 상태($S_k$)에 5의 효용을 배정하고, $S_{k+2,500,000}$에는 9를, $S_{k+1,000,000}$에는 8을 배정한다고 하자. 그러면, 도박 제의를 받아들이는 것의 기대 효용은 7(거부할 때의 기대 효용인 8보다 낮은)밖에 되지 않으므로, 거부하는 것이 합리적인 선택이다. 한편, 억만장자라면 현재 재산에 수백만 달러가 더 추가되는 정도의 구간에서 효용 함수가 국소적으로 선형일 것이므로, 도박을 받아들이는 것이 합리적이다.

실제 효용 함수에 대한 선구적인 연구(Grayson, 1960)에서 그레이슨은 돈의 효용이 금액의 **로그**(logarithm)에 거의 정비례한다는 점을 발견했다. (이 착안은 [Bernoulli, 1738]에서 처음 제시되었다. 연습문제 16.STPT을 보라.) 비어드 씨(Mr. Beard)에 대한 특정한 효용 곡선이 도해 16.2(a)에 나와 있다. 비어드 씨의 선호도들에 대한 데이터는 $n = -\$150,000$과 $n = \$800,000$ 사이의 구간에서 다음과 같은 효용 함수와 잘 맞는다.

$$U(S_{k+n}) = -263.31 + 22.09\log(n + 150,000).$$

이것을 금전적 가치에 대한 궁극의 효용 함수로 간주하지는 말아야 한다. 그러나 대부분의 사람의 효용 함수는 양의(positive) 재산에 대해 오목 함수일 것이다. 빚을 지는 것은 나쁜 일이지만, 서로 다른 수준의 채무에 대한 선호도들을 그리면 양의 재산에 연관된

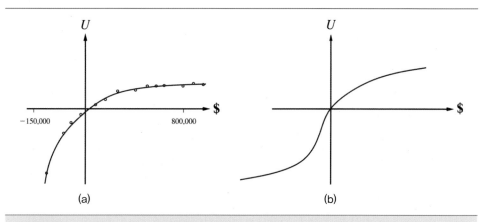

**도해 16.2** 돈의 효용. (a) 제한된 구간에 대한, 비어드 씨 재산의 실측 데이터. (b) 전체 구간에 대한 전형적인 곡선.

오목 함수의 곡선을 뒤집은 모양이 나올 수 있다. 예를 들어 빚이 이미 $10,000,000인 사람은 동전을 던져서 앞면이 나오면 $10,000,000을 따고 뒷면이 나오면 $20,000,000를 잃는 도박을 받아들일 가능성이 크다.[4] 이에 의해, 도해 16.2(b)와 같은 S자 곡선이 만들어진다.[역주1]

곡선의 양의 부분에만 주목하자. 그 부분에서 곡선의 기울기는 감소한다. 임의의 복권 추첨 $L$에 대해, 그 추첨에 참여하는 것의 효용은 복권 추첨의 기대 금전 가치를 반드시 얻게 되는 것의 효용보다 낮다.

$$U(L) < U(S_{EMV(L)}).$$

위험 회피      즉, 이런 형태의 곡선을 가진 에이전트는 **위험 회피**(risk-averse) 행동을 보인다. 즉, 에이전트는 도박의 기대 금전 가치보다 낮은 보상이 확실히 제공되는 쪽을 선호한다. 반면, 도해

위험 추구      16.2(b)에서 '절망적인' 구간, 즉 커다란 음의 재산 구간에서 에이전트는 **위험 추구**(risk-seeking) 행동을 보인다. 복권 추첨 대신 에이전트가 받아들이는 가치를 복권 추첨의 **확**

확실성 동치      **실성 동치**(certainty equivalent)라고 부른다. 연구들에 따르면, 대부분의 사람은 절반의 확률로 $1000 또는 $0를 따는 도박 대신 약 $400의 확실한 가치를 받아들인다고 한다. 즉, 복권 추첨의 확실성 동치는 $400이고 EMV(기대 금전 가치)는 $500이다.

보장 할증      복권의 EMV와 확실성 동치의 차이를 **보장 할증**(insurance premium)이라고 부른다. 위험 회피는 보험 업계의 기반이다. 위험 회피에서는 보장 할증이 양수이기 때문이다. 사람들은 불이 나면 집을 잃게 되는 도박을 하기보다는, 작은 보장 할증금을 내는 쪽을 선호한다. 보험회사의 관점에서, 집의 가격은 회사의 총 보유액보다 훨씬 작다. 즉, 보험

---

**4** 이를 절망적인 행동이라고 부를 수도 있겠지만, 이미 절망적인 상황에 있는 사람에게는 합리적인 행동이다.
[역주1] 볼록 함수와 오목 함수의 정의에 의해, '볼록함'의 방향은 아래쪽임을 주의하기 바란다.

회사의 효용 곡선은 그런 작은 구간에서 거의 선형이며, 화재 여부를 둔 '도박'에서 져도 보험회사가 손해를 보는 일은 거의 없다.

현재 재산에 비해 **작은** 규모의 재산 변화들에 대해서는 거의 모든 곡선이 직선에 가깝다는 점을 주목하기 바란다. 효용 곡선이 직선에 가까운 에이전트를 가리켜 **위험 중립**(risk-neutral)이라고 말한다. 따라서, 총 금액이 많지 않은 도박에 대해서는 위험 중립성을 기대할 수 있다. 어떤 의미로 이는, 작은 도박들을 제안함으로써 확률들을 추정하고 §12.2.3의 확률 공리들을 정당화하는 단순화된 절차의 구실이 된다.

*위험 중립*

### 16.3.3 기대 효용과 사후 결정 어긋남

최선의 동작을 선택하는 합리적인 방법은 기대 효용을 최대화하는 동작 $a^*$를 선택하는 것이다.

$$a^* = \operatorname*{argmax}_{a} EU(a).$$

주어진 확률 모형에 근거해서 기대 효용을 정확히 계산했다면, 그리고 그 확률 모형이 결과들을 생성하는 기반 확률적 과정들을 정확히 반영한다면, 계산 과정을 여러 번 반복하면 평균적으로 우리가 기대했던 효용을 얻게 된다.

그러나 현실에서는 실제 상황을 과도하게 단순화한 모형이 쓰이는 경우가 많다. 그 이유는 문제 영역을 충분히 알지 못하거나(이를테면 복잡한 투자 결정을 내릴 때), 또는 진정한 기대 효용의 계산이 너무 어렵거나(이를테면 백개먼에서 다음 동작을 선택하려면 이후의 모든 주사위 굴림을 고려해야 할 때)이다. 이유야 어떻든, 이런 경우에서 우리가 다루는 것은 진(참값) 기대 효용의 **근삿값**인 $\widehat{EU}(a \mid e)$이다. 그러한 근삿값이 **불편 추정**(unbiased estimate)이라고 가정해도 아주 틀린 일은 아닐 것이다. 불편 추정이라는 것은 추정이 한쪽으로 편향되지 않았다는, 다시 말해 기대 오차 $E(\widehat{EU}(a) - EU(a))$가 0이라는 뜻이다. 이런 근사적인 경우에도, 추정된 효용이 가장 높은 동작을 선택하는 것이, 그리고 그 동작을 수행했을 때 평균적으로 그 효용을 실제로 받게 되리라고 기대하는 것이 여전히 합리적일 것이다.

*불편 추정*

안타깝게도, 추정이 편향되지 않았다고 해도 실제 결과가 추정한 것보다 훨씬 **나쁜** 경우가 많다. 그 이유를 이해하기 위해, 선택지가 $k$개이고 각각 기대 효용의 참값이 0인 의사결정 문제를 생각해 보자. 각 효용 추정치가 서로 독립이고 단위 정규분포(unit normal distribution), 즉 오차의 평균이 0이고 표준편차가 1인 가우스 분포를 따른다고 하자. 도해 16.3의 갈색 곡선이 그러한 분포를 나타낸 것이다. 이제 추정치들을 실제로 계산해 보면 일부는 오차가 음수(비관적)이고 일부는 양수(낙관적)일 것이다. 에이전트는 효용 추정치가 가장 **높은** 동작을 선택하므로, 과도하게 낙관적인 추정치가 더 많이 선택될 것이다. 이것이 편향의 근원이다.

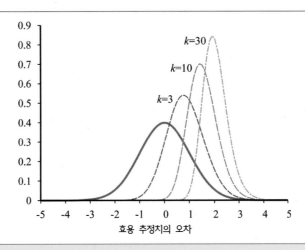

추정치 $k$개의 최댓값 분포를 계산해서 이러한 어긋남(disappointment)의 범위를 정량화하는 것은 쉬운 일이다. (이 계산은 표본에서 임의의 특정 순위의 요소의 분포를 뜻하는 **순서 통계량**(order statistic) 계산의 한 특수 경우이다.) 각 추정치 $X_i$의 확률 밀도 함수가 $f(x)$이고 누적 분포가 $F(x)$라고 하자. (부록 A에서 설명하듯이, 누적 분포 $F$는 비용이 임의의 값보다 작거나 같을 확률을 측정한다. 즉, 누적 분포는 원래의 밀도 함수 $f$의 적분이다.) 그리고 $X^*$가 가장 큰 추정치라고 하자. 즉, $X^*$는 $\max\{X_1, ..., X_k\}$이다. 그러면 $X^*$에 대한 누적 분포는 다음과 같다.

순서 통계량

$$
\begin{aligned}
P(\max\{X_1, ..., X_k\} \leq x) &= P(X_1 \leq x, ..., X_k \leq x) \\
&= P(X_1 \leq x) \, ... \, P(X_k \leq x) = F(x)^k.
\end{aligned}
$$

확률 밀도 함수는 누적 분포 함수의 미분(도함수)이므로, $X^*$의 밀도, 즉 $k$개의 추정치 중 가장 큰 추정치는

$$
P(x) = \frac{d}{dx}\left(F(x)^k\right) = kf(x)(F(x))^{k-1}
$$

여러 $k$ 값들에 대한 밀도들이 도해 16.3에 나와 있다. $f(x)$는 단위 정규분포를 따른다. $k=3$의 경우 $X^*$의 밀도는 그 평균이 0.85 부근이다. 따라서 평균적인 어긋남 정도는 효용 추정치들의 표준편차의 약 85%이다. 선택지가 더 많다면 극단적으로 낙관적인 추정치들이 더 자주 나타날 것이다. $k = 30$의 경우 어긋남 정도는 추정치들의 표준편차의 약 두 배이다.

이처럼 최선의 선택의 기대 효용 추정치가 너무 높은 경향을 가리켜 **최적화기의 저주**(optimizer's curse)라고 부른다(Smith 및 Winkler, 2006). 아주 경험 많은 분석가와 통계학자조차도 이런 경향 때문에 문제를 겪는다. 이런 경향이 유발하는 심각한 증상으로는, 시험 단계에서 환자들의 80%를 치료한 신약이 실제로도 환자들의 80%를 치료할 것이라고 믿는다거나(그 신약은 $k$ = 수천 개의 후보 약품들로부터 선택된 것이다) 평균 이상의 수익을 올렸다고 광고하는 상호기금이 계속해서 그런 수익률을 유지할 것이라고 믿는 것(사실은 투자사의 전체 포트폴리오에 있는 $k$ = 수십 개의 기금들에서 하나를 뽑아서 광고에 사용한 것이다)을 들 수 있다. 심지어는, 만일 효용 추정치의 분산이 높으면, 최선의 선택인 것처럼 보이는 것이 실제로는 그렇지 않을 수 있다. 환자 10명 중 9명을 치료했으며 수천 개의 시험 약품 중에서 선택된 한 약이 환자 1,000명 중 800명을 치료한 약보다 **나쁠** 수 있는 것이다.

최적화기의 저주는 어디서나 볼 수 있는데, 이는 효용 최대화 선택 과정이 어디서나 쓰이기 때문이다. 따라서 효용 추정치를 액면가 그대로 취하는 것은 바람직하지 않다. 이 저주는 효용 추정치 오차의 명시적 확률 모형 $P(\widehat{EU} \mid EU)$를 사용하는 베이즈 접근 방식으로 피할 수 있다. 이 모형과 효용들에 대한 합당한 기댓값의 사전 분포가 주어졌을 때, 효용 추정치를 증거로 간주해서 베이즈의 규칙으로 진 효용의 사후 분포를 계산하면 된다.

## 16.3.4 인간의 판단과 비합리성

결정이론은 **규범 이론**(normative theory)이다. 즉, 결정이론은 합리적인 에이전트가 **해야 마땅한** 행동 방식을 서술한다. 반면 **서술 이론**(descriptive theory; 또는 기술 이론)은 실제 에이전트가 실제로 하는 행동을 서술한다. 만일 규범 이론과 서술 이론이 일치한다면, 경제 이론의 적용이 크게 개선될 것이다. 그러나 그 둘이 일치하지 않음을 말해 주는 실험적 증거가 있는 것으로 보인다. 그 증거에 따르면, 인간은 "예측 가능하게 비합리적(predictably irrational)"이다(Ariely, 2009).

가장 잘 알려진 문제는 알레의 역설(Allais paradox; Allais, 1953)이다. 한 사람이 복권 추첨 $A$와 $B$ 중 하나를 선택하고, 그런 다음 $C$와 $D$ 중 하나를 선택한다고 하자. 그리고 각 추첨의 당첨금은 다음과 같다고 하자.

    A: 80%의 확률로 $4000    C: 20%의 확률로 $4000
    B: 100%의 확률로 $3000    D: 25%의 확률로 $3000

대부분의 사람은 일관되게 $B$를 $A$보다 선호하고(확실한 보상을 선택), $C$를 $D$보다 선호한다(EMV가 높은 쪽을 선택). 그러나 규범적 분석은 이에 동의하지 않는다. 이 점은 식 (16.2)에 암시된 자유를 이용해서 $U(\$0) = 0$으로 두어 보면 쉽게 알 수 있다. 이 경우 $B > A$는 $U(\$3000) > 0.8\,U(\$4000)$을 함의하는 반면 $C > D$는 정확히 그 반대를 함의한다. 다른 말로 하면, 이 선택들에 일관된 효용 함수는 없다.

확실성 효과      이러한 명백히 비합리적인 선호를 설명해 주는 개념으로 **확실성 효과**(certainty effect)라는 것이 있다(Kahneman 및 Tversky, 1979). 이는, 사람들이 확실한 이득에 강하게 이끌린다는 것이다. 실제로 그럴 만한 이유가 여러 개 있다.

첫째로, 사람들은 계산상의 부담을 줄이는 쪽을 더 선호한다. 확실한 결과를 선택하면 확률을 따질 필요가 없다. 그런데 이 효과는 관련된 계산들이 아주 쉬운 경우에도 지속된다.

둘째로, 사람들은 명시된 확률이 사실과는 다를 것이라고 불신하는 경향이 있다. 내가 스스로 동전을 던진다면 앞면이 나올 확률이 대략 50/50이라고 믿겠지만, 동전 던지기의 결과에 기득 이권(vested interest)이 걸려 있는 다른 누군가가 동전을 던진다면 그 결과를 덜 믿을지도 모른다.[5] 그러한 불신이 있다면 확실한 것에 돈을 거는 것이 낫다.[6]

셋째로, 사람들은 자신의 재정 상태는 물론 자신의 감정 상태도 고려한다. 사람들은 만일 당첨 확률이 80%인 복권 추첨 대신 그보다 당첨금이 높은 복권 추첨을 선택했는데 당첨되지 않았다면, 원래의 복권을 포기한 것을 두고 후회할 것임을 알고 있다.

다른 말로 하면, 만일 $B$ 대신 $A$를 선택했다면, 돈을 못 딸 확률이 20%인데 못 딴 것이고, 그러면 그냥 돈을 못 딴 것보다 **자신이 더 바보처럼 느껴진다**는 것이다. 따라서 어쩌면 사람들이 $B$를 $A$보다, $C$를 $D$보다 선호한다는 것이 비합리적이지 않을 수도 있다. 사람들은 바보같이 느낄 20%의 확률을 피하기 위해 기꺼이 $200의 EMV를 포기하려 드는 것이다.

관련된 문제로 엘스버그 역설(Ellsberg paradox)이 있다. 이번에는 당첨금이 모두 동일하지만 확률이 좀 복잡하다. 복권 업자가 말하기를, 항아리에 공들이 들어 있는데, 그 중 1/3은 빨간색이고 2/3은 검은색 또는 노란색이지만 구체적인 비율은 알 수 없다. 이번에도 $A$와 $B$ 중 하나를 고르고, $C$와 $D$ 중 하나를 골라야 한다.

A: 빨간 공이 나오면 $100      C: 빨간 공이나 노란 공이 나오면 $100
B: 검은 공이 나오면 $100      D: 검은 공이나 노란 공이 나오면 $100

만일 빨간 공이 검은 공보다 많다고 생각한다면 당연히 $B$보다 $A$를, $D$보다 $C$를 선호해야 한다. 반대로, 빨간 공이 검은 공보다 적다고 생각하면 그 반대로 선택해야 한다. 그런데 대부분의 사람은 $B$보다 $A$를 선호하지만 그와 동시에 $C$보다 $D$를 선호한다. 이 세계의 가능한 상태들 중 그것이 합리적인 선택이 되는 상태는 없음에도 그런 선택을 한

중의성 회피 다. 아마도 사람들은 **중의성 회피**(ambiguity aversion) 성질을 가지고 있는 것 같다. $A$의 당첨 확률이 1/3이고 $B$의 당첨 확률은 0에서 2/3 사이이다. 마찬가지로, $D$의 당첨 확률은 2/3이고 $C$의 당첨 확률은 1/3에서 3/3 사이이다. 대부분의 사람은 알려지지 않은

---

5  예를 들어 수학자·마술사 퍼시 디아코니스(Persi Diaconis)는 동전을 던져서 항상 자신이 원하는 면이 나오게 할 수 있다(Landhuis, 2004).

6  확실한 보상이 그리 확실하지 않을 수도 있다. 철석같은 약속을 받았지만, 나이지리아 은행은 전에는 있는 줄도 몰랐던 먼 친척의 유산 $27,000,000를 아직도 보내지 않았다.

확률보다는 알려진 확률을 선택한다.

또 다른 문제는, 의사결정 문제의 구체적인 문구가 에이전트의 선택에 큰 영향을 미칠 수 있다는 것이다. 이를 **프레이밍 효과**(framing effect; 틀 씌우기 효과)라고 부른다. 여러 실험에 의하면, 사람들은 "생존율 90%"라고 서술된 의료 절차를 "사망률 10%"라고 서술된 의료 절차보다 약 두 배로 선호한다고 한다. 둘 다 사실상 같은 뜻인데도 말이다. 이러한 판단의 불일치는 다양한 실험들에서 발견되었으며, 피실험자가 병원의 환자이든, 통계학에 익숙한 경영대학원 학생이든, 경험 많은 환자이든 거의 동일하게 나타났다.

사람들은 절대적 효용보다는 **상대적 효용**에 대한 판단을 더 편하게 여긴다. 음식점에서 제공하는 다양한 포도주들에 대한 선호도를 고객이 스스로 명확히 인식하지는 못할 수 있다. 음식점은 이 점을 악용해서, 그 누구도 사지 않을 $200짜리 포도주를 제안한다. 고객이 그것을 사지 않아도 상관없다. 핵심은, 그러한 제안 때문에 다른 모든 포도주에 대한 고객의 추정치가 올라가며, 그래서 $55짜리 포도주가 저렴하다고 느끼게 된

다는 것이다. 이를 **기준점 효과**(anchoring effect)라고 부른다.

에이전트에게 정보를 제공하는 사람이 계속해서 모순된 선호 판정을 고집한다면, 자동화된 에이전트가 그러한 판정과 일관성을 유지하면서 할 수 있는 일은 없다. 다행히 인간은 상황을 좀 더 고려해서 뭔가를 깨달은 후에 기존의 선호 판정들을 다시 고칠 수 있다. 알레의 역설이나 엘스버그의 역설 같은 역설들은, 만일 선택지들을 좀 더 잘 설명한다면 크게 줄어든다(완전히 제거되지는 않는다고 해도). 돈의 효용 추정에 관한 하버드 경영대학원의 연구에서 키니와 라이파는 다음과 같은 사실을 발견했다(Keeney 및 Raiffa, 1976, p. 210).

> 소수의 피실험자들은 위험을 너무 회피하는 경향이 있으며, 따라서 ... 적합된 효용 함수는 상금의 범위가 넓은 복권 추첨들에 대해 받아들일 수 없을 정도로 큰 위험 할증을 보인다. ... 그러나 피실험자들 대부분은 자신의 비일관성들을 일치시킬 수 있으며, 자신이 어떻게 행동하고자 하는가에 대해 중요한 교훈을 배웠다고 느낀다. 그 결과로, 일부 피실험자는 자신의 자동차 충돌 보험을 취소하고 생명보험에 돈을 더 지급한다.

인간의 비합리성에 대한 증거는 **진화 심리학**(evolutionary psychology) 분야의 연구자들도 제시했다. 그들은 우리의 뇌의 의사결정 메커니즘이 확률들과 수치로 명시된 상금들이 관여하는, 일상 언어로 서술된 문제를 풀도록 진화되지는 않았다고 지적한다. 논의의 진행을 위해, 확률과 효용을 계산하는(또는 그에 상응하는 어떤 능력을 가진) 신경 메커니즘이 우리의 뇌 한 곳에 장착되어 있다고 가정하자. 그렇다면, 필요한 입력들은 수치들의 언어적 표현이 아니라 결과들과 보상들의 누적된 경험에서 비롯될 것이다.

의사결정 문제를 언어적·수치적 형태로 제시함으로써 뇌의 내장 신경 메커니즘에 직접 접근할 수 있는지는 전혀 명확하지 않다. **같은 의사결정 문제를 다른 말로 표현하면 선택이 달라진다**는 점은 의사결정 문제 자체가 뇌의 메커니즘까지 도달하지는 않음을

암시한다. 이러한 관찰에 고무되어서 심리학자들은 불확실한 추론과 의사결정이 관여하는 문제를 "진화적으로 적절한" 형태로 제시하는 실험을 진행했다. 예를 들어 "생존율이 90%"라고 말하는 대신, 막대 인간(원과 직선으로 단순화된 형태의)들이 수술을 시행하는 애니메이션 100개(그중 10개에서는 환자가 죽고 90개에서는 살아남는다)를 제시하는 식이다. 의사결정 문제를 이런 식으로 제시했을 때에는 사람들이 합리성의 기준에 좀 더 가깝게 행동하는 것으로 보인다.

# 16.4 다중 특성 효용 함수

공공 정책 분야의 의사결정에는 많은 돈과 귀중한 인명이 걸려 있다. 예를 들어 발전소의 유해 물질 방출을 어느 정도나 허용할 것인지 결정할 때 정책 결정자들은 반드시 사망과 장애 방지 효과를 전력 생산 이득 및 방출 억제 비용과 견주어 보아야 한다. 새 공항의 입지를 선정할 때에는 건설에 의한 환경 파괴, 땅값, 인구 밀집 지역과의 거리, 비행기 소음을 고려해야 한다. 지형과 기후 조건에 따른 안전성 문제도 살펴봐야 한다. 그 외에도 예는 많이 있다. 이처럼 결과가 둘 이상의 특성들로 특징지어지는 다중특성 효용이론 문제들을 해결할 때 유용한 것이 **다중특성 효용이론**(multiattribute utility theory; 또는 다속성 효용이론)이다. 본질적으로 이것은 사과를 오렌지와 비교하는 이론이다.

특성들이 $\mathbf{X} = X_1, \ldots, X_n$이고 전체 배정 집합이 $\mathbf{x} = \langle x_1, \ldots, x_n \rangle$라고 하자. 여기서 각 $x_i$는 임의의 수치이거나 순서 있는 이산적 값들 중 하나일 수도 있다. 특성값들이 클(높을)수록 그에 해당하는 효용이 높도록 특성들을 배열하면, 다시 말해 효용들이 단조 증가하게 설정하면 분석이 쉬워진다. 그렇게 하면, 예를 들어 사망자 수 $d$는 특성으로 사용할 수 없다. 또한 실내 온도 $t$도 특성으로 사용할 수 없다. 온도에 대한 효용 함수의 최댓값이 70°F이고 그 지점에서 양쪽으로 단조 감소한다면, 온도라는 특성을 두 조각으로 분할 수 있다. $t - 70$은 방이 충분히 따뜻한지를 측정하는 용도로 사용하고, $70 - t$는 방이 충분히 시원한지를 측정하는 용도로 사용하면 된다. 이 두 특성 모두, 0에서의 최대 효용 값에 도달할 때까지는 단조 증가하다가 그 지점부터는 직선을 유지할 것이다. 이는, 70°F 이상에서는 더 "충분히 따뜻할" 수는 없고, 70°F 이하에서는 더 "충분히 시원할" 수 없음을 뜻한다.

공항 입지 선정 문제의 특성들로는 다음을 들 수 있다.

- *Throughput*(처리량): 일일 비행 횟수로 측정한다.
- *Safety*(안전성): 연간 기대 사망자 수의 음수(마이너스)로 측정한다.
- *Quietness*(조용함): 항로(비행 경로) 아래 지역에서 사는 사람들의 수의 음수로 측정한다.
- *Frugality*(절약성): 건축 비용의 음수로 측정한다.

그럼 특성값들을 하나의 단일한 효용 값으로 결합하지 **않고서도** 결정을 내릴 수 있는 경우들부터 살펴보고, 그런 다음 특성들의 결합으로 구한 효용을 아주 간결하게 지정할 수 있는 여러 경우를 살펴보기로 하자.

## 16.4.1 우세

공항 입지 $S_1$이 $S_2$보다 비용이 더 낮고, 소음 공해가 적고, 더 안전하다고 하자. 그렇다면 당연히 $S_2$를 기각할 것이다. 이를 두고 $S_1$이 $S_2$에 대해 **순우세**(strict dominance; 또는 순우월, 순지배)라고 말한다. 일반적으로, 어떤 선택의 모든 특성이 다른 한 선택의 모든 특성보다 낮다면, 더 고려할 것이 없다. 순우세 관계는 실제 경쟁자들에 대한 선택 범위를 좁히는 데 아주 유용한 경우가 많다. 그러나 순우세가 하나의 단일한 선택으로까지 이어지는 경우는 별로 없다. 도해 16.4(a)는 특성이 두 개인 경우를 나타낸 것이다.

순우세

특성의 값들을 확실히 알 수 있는 결정론적인 상황에서는 순우세 관계를 적용하는 데 아무런 어려움이 없다. 그러나 좀 더 일반적인 경우, 즉 결과가 불확실한 경우는 어떨까? 그런 경우도 순우세 관계에 직접적으로 대응되는 관계가 존재할 수 있다. 즉, 불확실성이 존재한다고 해도, $S_1$에 대한 모든 가능한 구체적 결과들이 $S_2$의 모든 가능한 결과에 대해 순우세일 수 있는 것이다. (도해 16.4(b)를 보라.) 물론 그런 경우는 결정론적인 상황에 비하면 훨씬 덜 자주 발생할 것이다.

확률적 우세

다행히, 이보다 더 유용한 일반화가 있다. 바로 **확률적 우세**(stochastic dominance)라는 것으로, 실제 문제에서 아주 자주 발생한다. 특성이 하나일 때에는 확률적 우세를 이해하기가 아주 쉽다. 공항 입지 $S_1$의 비용이 28억 달러와 48억 달러 사이에서 고르게 분포되고, $S_2$의 비용은 30억 달러와 52억 달러 사이에 고르게 분포된다고 하자. 그 비용의 음수가 절약성(*Frugality*) 특성이다. 도해 16.5(a)에 입지 $S_1$과 $S_2$의 *Frugality* 분포들이 나와 있다. 이제, (다른 모든 조건이 같을 때) 더 저렴한 입지를 선택하는 것이 더 낫

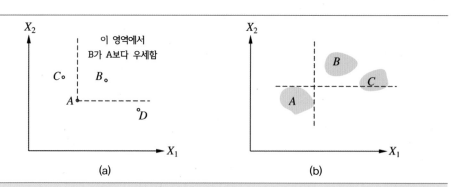

**도해 16.4** 순우세. (a) 결정론적: 선택 B는 A보다 순우세이지만, C나 D는 A보다 순우세가 아니다. (b) 불확실성: B는 A보다 순우세이지만, C는 아니다.

다는 정보만 주어졌을 때, $S_1$이 $S_2$보다 확률적으로 우세하다고 말할 수 있다(즉, $S_2$를 기각할 수 있다). 이것이 두 기대 비용을 비교해서 이끌어 낸 결론이 **아님**을 주의하기 바란다. 예를 들어 $S_1$의 비용이 정확히 38억 달러임을 알았다면, 돈의 효용에 대한 추가적인 정보 없이는 결정을 내릴 수 없다. ($S_1$의 비용에 대한 정보가 많아졌는데 에이전트의 결정 능력이 감소한다는 것이 좀 이상해 보일 것이다. 정확한 비용을 모르면 결정을 내리기가 더 쉽긴 하지만 잘못된 결정을 내릴 가능성도 커진다는 점을 생각하면 이러한 역설이 해소될 것이다.)

확률적 우세 관계를 확립하는 데 필요한 특성 분포들 사이의 구체적인 관계들은 도해 16.5(b)에 나온 **누적 분포**(cumulative distribution)들을 보면 이해하기 쉽다. 만일 $S_1$에 대한 누적 분포가 항상 $S_2$에 대한 누적 분포의 오른쪽에 있다면, 확률적으로 말해서 $S_1$이 $S_2$보다 저렴한 것이다. 공식화하자면, 두 동작 $A_1$과 $A_2$가 특성 $X$에 대한 확률분포 $p_1(x)$와 $p_2(x)$로 이어진다고 할 때 만일

$$\forall x \int_{-\infty}^{x} p_1(x')\, dx' \le \int_{-\infty}^{x} p_2(x')\, dx'$$

이면 $X$에 대해 $A_1$이 $A_2$보다 확률적으로 우세이다. 이러한 정의는 다음과 같은 성질에 의해 최적의 결정 선택과 연결된다: 만일 $A_1$이 $A_2$보다 **확률적으로 우세**이면, 임의의 단조 비증가 효용 함수 $U(x)$에 대해, $A_1$의 기대 효용은 $A_2$의 기대 효용보다 작지 않다. 이것이 참인 이유는 두 기대 효용 $\int p_1(x)\,U(x)\,dx$와 $\int p_2(x)\,U(x)\,dx$를 고찰해 보면 알 수 있다. 확률적 우세 조건에서 $p_1$ 적분이 $p_2$ 적분보다 작다는 점을 생각하면, 첫 기대 효용이 둘째 기대 효용보다 더 크다는 점이 이상해 보일 수 있다.

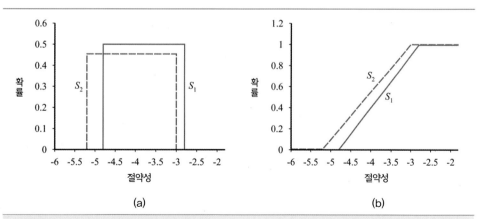

(a)  (b)

**도해 16.5** 확률적 우세. (a) $S_1$은 절약성(비용의 음수)의 면에서 $S_2$에 대해 확률적으로 우세이다. (b) $S_1$과 $S_2$의 절약성 누적 분포들.

그러나, $x$에 관한 적분 대신 도해 16.5(b)에 나온 것처럼 $y$에 관한 적분, 즉 누적 확률의 관점에서 보기 바란다. $y$의 임의의 값에 대해, 그에 대응되는 $x$의 값은(따라서 $U(x)$도) $S_2$의 경우보다 $S_1$의 경우가 더 크다. 따라서 $y$의 전체 구간에 대해 더 큰 수량을 적분하면 더 큰 결과가 나올 수밖에 없다. 수학 공식으로 표현하자면, 이는 그냥 $S_1$의 적분 공식에서 기댓값에 $y = P_1(x)$를 대입하고 $S_2$의 적분 공식에서 기댓값에 $y = P_2(x)$를 대입한 것일 뿐이다. 이런 대입들을 거치면 $S_1$에 대해 $dy = \dfrac{d}{dx}(P_1(x))dx = p_1(x)dx$이고 $S_2$에 대해 $dy = p_2(x)dx$이다. 정리하면,

$$\int_{-\infty}^{\infty} p_1(x)U(x)dx = \int_0^1 U(P_1^{-1}(y))dy \geq \int_0^1 U(P_2^{-1}(y))dy = \int_{-\infty}^{\infty} p_2(x)U(x)dx$$

이다. 이 부등식은 단일 특성 문제에서 우리가 $A_2$보다 $A_1$를 선호하는 근거가 된다. 좀 더 일반화하자면, 만일 다중 특성 문제에서 한 동작이 **모든** 특성에 대해 다른 동작보다 확률적으로 우세이면, 후자의 동작은 폐기해도 된다.

확률적 우세 조건이 좀 난해해 보일 것이다. 상당한 분량의 확률 계산 없이는 평가하기가 쉽지 않아 보인다. 그러나 실제로는 이것을 아주 간단하게 구할 수 있는 경우가 많다. 3밀리미터 높이에서 콘크리트 바닥으로 떨어지는 게 나을까, 아니면 3미터에서 떨어지는 게 나을까? 여러분은 당연히 3밀리미터를 선택할 것이다. 이것이 왜 더 나은 선택일까? 두 경우 모두, 여러분이 입을 부상의 정도에는 불확실성이 상당히 많이 존재한다. 그렇지만 그 어떤 부상 수준이든, 그 정도의 부상을 당할 확률은 3밀리미터에서 떨어질 때보다 3미터에서 떨어질 때 더 크다. 다른 말로 하면, *Safety* 특성에 대해 3밀리미터는 3미터보다 확률적으로 우세하다.

이런 종류의 추론은 인간에게 제2의 본성이다. 너무나 당연하기 때문에 따로 생각할 필요조차 없다. 확률적 우세는 공항 입지 선정 문제에도 적용된다. 예를 들어 건축자재 운송 비용이 공급업체와의 거리에 의존한다고 하자. 그 비용 자체는 불확실하지만, 거리가 멀수록 비용이 크다는 점은 확실하다. 만일 입지 $S_1$이 $S_2$보다 공급업체와 가깝다면, 절약성에 대해서는 $S_1$이 $S_2$보다 우세하다. 여기서 구체적으로 제시하지는 않겠지만, 이런 종류의 정성적 정보를 **정성적 확률망**(qualitative probabilistic network)의 불확실한 변수들 사이로 전파하는 알고리즘들이 존재한다. 그런 알고리즘을 사용하면 시스템은 확률적 우세에 기초해서, 그 어떤 수치 값도 사용하지 않고 합리적 결정을 내릴 수 있다.

정성적 확률망

## 16.4.2 선호 구조와 다중특성 효용

특성이 $n$개이고 각 특성이 가질 수 있는 서로 다른 값이 $d$개라고 하자. 효용 함수 $U(x_1, ..., x_n)$을 완전히 지정하려면 최악의 경우 $d^n$개의 값이 필요하다. 다중특성 효용 이론은 인간의 선호도들에 존재하는 추가적인 구조를 식별함으로써 $d^n$개의 값들을 일일

이 지정할 필요가 없게 만드는 것을 목표로 한다. 선호 행동 방식에서 어떠한 규칙성들을 찾아냈다면, 그 다음에는 **표현 정리**(representation theorem)들을 유도해서 특정 종류의 선호 구조를 가진 에이전트에 다음과 같은 효용 함수가 존재함을 보인다.

$$U(x_1, \ldots, x_n) = F[f_1(x_1), \ldots, f_n(x_n)].$$

여기서 $F$는 덧셈 같은 간단한 함수이면 좋을 것이다. 이것이 베이즈망을 이용해서 여러 개의 확률 변수들의 결합 분포를 분해하는 것과 비슷함을 주목하자.

한 예로, 각 $x_i$가 에이전트가 가진 돈을 특정 통화 단위(달러, 유로, 마르크, 리라 등)로 환산한 금액이라고 하자. 그러면 $f_i$는 그런 금액들을 어떤 공통의 통화로 변환하는 함수들이고, $F$는 그냥 덧셈이다.

## 불확실성이 없는 선호도들

그럼 결정론적인 경우부터 살펴보자. p.689에서 언급했듯이, 결정론적 환경에서 에이전트에는 가치 함수가 있다. 여기서는 가치 함수를 $V(x_1, \ldots, x_n)$으로 표기하겠다. 목표는 이 함수를 간결하게 표현하는 것이다. 결정론적 선호 구조에서 발생하는 기본적인 규칙성은 이른바 **선호 독립성**(preference independence)이다. 세 특성 $X_1$과 $X_2$, $X_3$이 있다고 할 때, 만일 결과 $\langle x_1, x_2, x_3 \rangle$과 $\langle x_1', x_2', x_3 \rangle$에 대한 선호도가 $X_3$의 특정한 값 $x_3$에 의존하지 않는다면, 두 특성 $X_1$과 $X_2$는 세 번째 특성 $X_3$과 선호에 관해 독립적(preferentially independent; 줄여서 선호 독립)이다.

공항의 예로 돌아가서, 여러 특성 중 $Quietness$, $Frugality$, $Safety$를 고려한다고 하자. 이때 $Quietness$와 $Frugality$는 $Safety$와 선호 독립이라고 가정할 수 있다. 예를 들어 승객 10억 명당 사망자 수로 측정되는 안전 수준이 0.006일 때, 우리가 항로 아래에 2만 명이 살고 건설 비용이 40억 달러인 결과를, 항로 아래에 7만 명이 살고 건설 비용이 37억 달러인 결과보다 선호한다고 하자. 만일 안전 수준이 0.012나 0.003으로 바뀌어도 그러한 선호도는 바뀌지 않을 것이다. 그리고 $Quietness$와 $Frugality$의 다른 값들의 임의의 조합에 대해서도 이와 동일한 독립성이 성립할 것이다. 또한, $Frugality$와 $Safety$가 $Quietness$와 선호 독립이고 $Quietness$와 $Safety$가 $Frugality$와 선호 독립이라는 점도 명백하다.

이를 두고, 특성들의 집합 $\{Quietnesse, Frugality, Safety\}$이 **상호 선호 독립성**(mutual preferential independence, MPI)을 보인다고 말한다. 상호 선호 독립성은, 해당 특성들이 각자 중요할 수 있지만, 각각의 특성이 자신을 제외한 다른 특성들끼리의 절충 방식에 아무런 영향을 미치지 않음을 뜻한다.

상호 선호 독립성은 다소 복잡한 이름이지만, 이 성질 덕분에 에이전트의 가치 함수를 아주 간단한 형태로 유도할 수 있다(Debreu, 1960). 만일 특성 $X_1, \ldots, X_n$ 들이 상호 선호 독립이면, 에이전트의 선호 행동은 다음 함수를 최대화하는 것에 해당한다.

$$V(x_1, \ldots, x_n) = \sum_i V_i(x_i).$$

여기서 각 $V_i$는 특성 $X_i$만 참조한다. 예를 들어, 공항 입지 선정 문제를 위한 가치 함수는 다음과 같은 형태일 가능성이 크다.

$$V(Quietnesse, Frugality, Safety) = quietness \times 10^4 + frugality + safety \times 10^{12}.$$

가산적 가치 함수      이런 종류의 가치 함수를 **가산적 가치 함수**(additive value function)라고 부른다. 가산적 함수는 에이전트의 선호도를 아주 자연스럽게 나타내며, 실세계의 여러 상황에도 유효하다. $n$개의 특성에 대한 가산적 가치 함수를 평가하려면 하나의 $n$차원 함수를 평가하는 것이 아니라 개별적인 1차원 가치 함수 $n$개를 평가하면 된다. 일반적으로, 이런 표현을 사용하면 필요한 선호도 실험 횟수가 지속적으로 감소한다. MPI가 엄격하게 성립하지 않는 상황에서도(특성들이 극단적인 값을 가지는 경우 그럴 수 있다), 가산적 가치 함수는 여전히 에이전트의 선호도들을 잘 근사할 수 있다. 특히, 상호 선호 독립이 실제 응용에서 나타날 가능성이 낮은 특성값 범위들에서 위반될 때 더욱 그렇다.

상호 선호 독립을 잘 이해하는 데에는 상호 선호 독립이 성립하지 **않는** 경우를 살펴보는 것이 도움이 된다. 중세 시대의 한 시장에서 사냥개 몇 마리와 닭 몇 마리, 그리고 닭들을 가둘 닭장 몇 개를 산다고 하자. 사냥개들은 가치가 아주 높지만, 만일 닭장이 충분치 않으면 개들이 닭들을 먹어치운다. 따라서, 개와 닭의 절충은 닭장의 개수에 크게 의존하며, 이에 의해 MPI가 위반된다. 다양한 특성들 사이에 이런 종류의 상호작용이 존재하면 전체적인 가치 함수를 추정하기가 더 어려워진다.

## 불확실성하의 선호도

문제 영역에 불확실성이 존재하면, 그냥 가치 함수들만 고려하는 것으로는 부족하다. '복권 추첨'들 사이의 선호도들의 구조를 고려하고, 결과적인 효용 함수들의 성질들도 이해해야 한다. 이런 문제에 대한 수학은 상당히 복잡해질 수 있기 때문에, 어떤 일을 할 수 있는지 감을 잡을 수 있도록 그냥 주요 결과 중 하나만 제시하겠다.

효용 독립성      **효용 독립성**의 기본 개념을 복권 추첨으로까지 확장하면 이렇다. 특성들의 집합 **X**와 **Y**가 있을 때, 만일 **X**의 특성들에 대한 복권 추첨들의 선호도들이 **Y**의 특성들의 특정한 값들과 독립이면, **X**는 **Y**와 효용 독립이다. 만일 특성들의 집합의 각 부분집합이 상호 효용 독립    그 부분집합에 속하지 않는 나머지 특성들과 효용 독립이면, 그 집합은 **상호 효용 독립**(mutually utility independent, MUI)이다. 공항 입지 선정 문제의 특성들은 MUI이기도 하다고 주장하는 것이 합당해 보인다.

곱셈적 효용 함수      MUI는 에이전트의 행동을 **곱셈적 효용 함수**(multiplicative utility function)로 서술할 수 있음을 함의한다(Keeney, 1974). 곱셈적 효용 함수의 일반 형식은 특성이 세 개인 경우를 통해 살펴보는 것이 최선이다. 간결함을 위해, $U_i(x_i)$를 $U_i$로 표기한다.

$$U = k_1 U_1 + k_2 U_2 + k_3 U_3 + k_1 k_2 U_1 U_2 + k_2 k_3 U_2 U_3 + k_3 k_1 U_3 U_1$$
$$+ k_1 k_2 k_3 U_1 U_2 U_3.$$

그리 간단해 보이지는 않지만, 그냥 단일 특성 효용 함수 세 개와 상수 세 개로 이루어져 있을 뿐이다. 일반적으로 MUI를 가진 $n$특성 문제는 $n$개의 단일 특성 효용 함수와 $n$개의 상수로 모형화할 수 있다. 각각의 단일 특성 효용 함수는 다른 특성들과는 개별적으로 개발할 수 있으며, 이들의 조합은 반드시 전체적인 실제 선호도를 재현한다. 순수하게 가산적인 효용 함수를 얻으려면 추가적인 가정들이 필요하다.

# 16.5 의사결정망

영향도<br/>의사결정망

이번 절에서는 합리적인 결정을 내리기 위한 일반적 메커니즘 하나를 살펴본다. 그 메커니즘을 나타내는 표기법을 흔히 **영향도**(influence diagram)라고 부르지만(Howard 및 Matheson, 1984), 이 책에서는 좀 더 서술적인 이름인 **의사결정망**(decision network), 줄여서 결정망을 사용한다. 의사결정망은 베이즈망에 동작들과 효용들을 위한 추가적인 종류의 노드들을 도입한 것이다. 이번에도 공항 입지 선정 문제를 예로 사용한다.

## 16.5.1 의사결정 문제를 의사결정망으로 표현

가장 일반적인 형태에서 의사결정망은 에이전트의 현재 상태, 현재 상태에서 가능한 동작들, 동작을 실행해서 나오는 상태, 그 상태의 효용에 관한 정보를 표현한다. 따라서 의사결정망은 §2.4.5에서 처음 소개한 종류의 효용 기반 에이전트를 구현하는 데 필요한 실질적 내용을 제공한다. 도해 16.6은 공항 입지 선정 문제에 대한 의사결정망이다. 여기에는 다음 세 종류의 노드가 쓰였다.

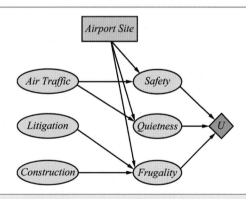

**도해 16.6** 공항 입지 선정 문제에 대한 의사결정망.

- 타원형으로 표시된 **우연 노드**(chance node)는 베이즈망에서처럼 확률 변수를 나타낸다. 에이전트는 건설 비용(*Construction*), 항공교통량(*AirTraffic*), 그리고 소송(*Litigation*) 잠재성을 확실히 알지 못한다. 그리고 역시 입지에 따라 달라지는 *Safety*, *Quietness*, *Frugality* 변수의 값도 불확실하다. 각각의 확률 노드에는 부모 노드들의 상태를 조건으로 하는 조건부 확률분포가 연관된다. 의사결정망에서 다른 확률 노드들뿐만 아니라 결정 노드(아래)도 확률 노드의 부모가 될 수 있다. 현재 상태의 각 확률 노드가 건설 비용, 항공교통량 수준, 소송 잠재성에 대한 커다란 베이즈망의 일부가 될 수 있음을 주의하기 바란다.

- 직사각형 상자로 표시된 **결정 노드**는 의사결정자가 동작을 선택하는 지점을 나타낸다. 지금 예에서 *AirportSite* 동작은 고려 중인 각 입지에 대해 서로 다른 값을 취할 수 있다. 그 결정은 안정성, 조용함, 절약성에 영향을 미치며, 결과적으로 최종적인 효용 함수에 영향을 미친다. 이번 장에서는 결정 노드가 하나라고 가정한다. 내려야 할 결정이 여러 개인 경우는 제17장에서 다룬다.

- 마름모꼴로 표시된 **효용 노드**는 에이전트의 효용 함수를 나타낸다.[7] 효용 노드는 효용에 직접 영향을 미치는 결과를 서술하는 모든 변수를 부모로 둔다. 효용 노드에는 부모 특성들의 함수로서의 에이전트의 효용 함수에 대한 서술이 연관된다. 그 서술은 효용 함수의 입력들과 출력들을 표 형태로 만든 것일 수도 있고, 특성값들을 인수로 하는 가산적 함수나 선형 함수일 수도 있다. 일단 지금은 효용 함수가 결정론적이라고, 다시 말해 부모 변수들의 값들이 주어졌을 때 효용 노드의 값이 완전히 결정된다고 가정한다.

이를 좀 더 단순화한 형태가 쓰이는 경우도 많다. 표기법 자체는 동일하나, 결과 상태들을 서술하는 확률 노드들을 생략한다는 점이 다르다. 그 대신 효용 노드를 현재 상태 노드와 결정 노드에 직접 연결한다. 이 경우 효용 노드는 결과 상태들에 대한 효용 함수를 나타내는 것이 아니라 p.684의 식 (16.1)에 정의된, 각 동작에 연관된 기대 효용(expected utility)을 나타낸다. 간단히 말하면, 효용 노드에는 **동작 효용 함수**(action-utility function)가 연관된다(제22장에서 설명하는 강화학습에서는 이 함수를 **Q-함수**라고 부른다). 도해 16.7은 공항 입지 선정 문제의 동작 효용 함수를 나타낸 것이다.

그런데 도해 16.6에서 확률 노드 *Quietness*, *Safety*, *Frugality*는 미래의 상태들을 지칭하므로 그 값들을 증거 변수로서 설정할 수는 없음을 주목하자. 이 때문에, 일반적인 형태의 의사결정망을 적용할 수 있는 문제에는 그런 확률 노드들을 생략해서 단순화한 형태도 적용할 수 있다. 단순화된 형태는 그렇지 않은 형태에 비해 노드가 더 적긴 하지만, 입지 선정 결과의 명시적 서술이 빠져 있기 때문에 상황의 변화에 대해 덜 유연하다.

예를 들어 도해 16.6에서 비행기 소음 수준의 변화는 *Quietness* 노드에 연관된

---

7  이런 노드를 **가치 노드**(value node)라고 부르는 문헌들도 있다.

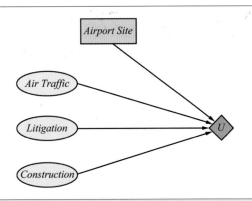

**도해 16.7** 공항 입지 선정 문제의 단순화된 표현. 출력 상태들에 대응되는 확률 노드들이 제거되었다.

조건부 확률표를 변경해서 반영할 수 있고, 효용 함수의 소음 공해에 관한 가중치의 변화는 효용 테이블을 변경해서 반영할 수 있다. 반면 도해 16.7의 동작 효용 의사결정망에서는 그러한 모든 변화를 동작 효용 테이블을 변경해서 반영해야 한다. 본질적으로, 동작 효용 형식화는 결과 상태 변수들을 합산 소거해서 얻은, 원래의 형식화의 **컴파일된** 버전이다.

## 16.5.2 의사결정망의 평가

결정 노드가 가질 수 있는 각각의 값에 대해 의사결정망을 평가함으로써 동작을 선택한다. 일단 특정한 값이 설정되면, 결정 노드는 증거 변수가 설정된 확률 노드처럼 작동한다. 의사결정망을 평가하는 알고리즘은 다음과 같다.

1. 현재 상태에 대한 증거 변수들을 설정한다.
2. 결정 노드가 가질 수 있는 각각의 값에 대해:
   (a) 결정 노드를 그 값으로 설정한다.
   (b) 효용 노드의 부모 노드들에 대한 사후 확률들을 표준적인 확률 추론 알고리즘을 이용해서 계산한다.
   (c) 그 결과로 나온 동작의 효용을 계산한다.
3. 효용이 가장 높은 동작을 돌려준다.

이것은 사용 가능한 임의의 베이즈망 알고리즘을 활용할 수 있는 직접적인 접근방식이며, p.510의 도해 12.1에 나온 에이전트 설계에 그대로 끼워 넣을 수 있다. 제17장에서 보겠지만, 여러 동작을 순서대로 실행해야 할 수도 있다는 가정이 추가되면 문제가 훨씬 흥미로워진다.

# 16.6 정보의 가치

앞의 분석에서는 에이전트가 결정을 내리기 전에 문제에 유관한 모든 정보가, 또는 유관하든 아니든 모든 정보가 에이전트에게 주어진다고 가정했다. 그런데 실제 응용에서 그러한 가정이 성립하는 경우는 드물다. **의사결정에서 중요한 부분 중 하나는 어떤 질문을 던져야 하는지 알아내는 것이다.** 예를 들어 환자가 진료실에 처음 들어왔을 때, 의사에게 모든 가능한 검사 결과와 모든 가능한 질문의 답이 주어지리라고 기대할 수는 없다. 검사들은 비용이 비싼 경우가 많으며, 위험할 때도 있다(검사 자체가 위험할 수도 있고, 검사때문에 적절한 치료가 늦어져서 위험할 수도 있다). 검사의 중요성은 두 가지 요인에 의존한다. 하나는 검사 결과가 훨씬 더 나은 치료 계획으로 이어지는지의 여부이고, 또 하나는 다양한 검사 결과들의 확률이다.

정보 가치 이론      이번 절에서는 **정보 가치 이론**(information value theory)을 설명한다. 에이전트는 이 이론에 근거해서 자신이 획득할 정보를 선택할 수 있다. 이번 절의 논의에서는 에이전트가 결정 노드가 나타내는 '실제' 동작을 선택하기 전에, 모형의 잠재적으로 관측 가능한 확률 중 임의의 것의 값을 얻을 수 있다고 가정한다. 즉, 정보 가치 이론에는 단순화된 형태의 순차적 의사결정이 관여한다. '단순화된'이라고 한 것은, 관측 동작들이 외부의 물리적 상태에는 영향을 미치지 않고 오직 에이전트의 **믿음 상태**에만 영향을 미치기 때문이다. 임의의 구체적인 관측의 값은 반드시 에이전트의 궁극적인 물리적 동작 선택에 영향을 미치는 잠재력으로부터 유도해야 한다. 그리고 그 잠재력은 의사결정 모형 자체에서 직접 추정할 수 있다.

## 16.6.1 간단한 예

석유 회사가 $n$개의 서로 다른 해양 광구의 채굴권 중 하나를 사들인다고 하자. 더 나아가서, 그중 정확히 한 광구에 $C$달러의 순이익을 올릴 만한 양의 기름이 매장되어 있고, 나머지 광구들은 가치가 없다고 가정하자. 각 광구의 채굴권의 매도인 지정가격(asking price)은 $C/n$달러이다. 위험 중립적인 석유 회사에게는 어떤 한 광구를 구매하는 것과 구매하지 않는 것의 차이가 없다. 두 경우 모두 기대 이익이 0이기 때문이다.

그런데 한 지진학자가 3광구에 기름이 있는지 없는지를 확실하게 말해 주는 조사결과를 회사에 팔려고 한다고 하자. 회사는 그 정보를 얼마를 주고 사야 할까? 만일 그 정보를 가진다면 회사가 무엇을 할 것인지 조사해 보면 이 질문의 답을 구할 수 있다.

- 조사 결과가 3광구에 기름이 있다고 명시할 확률은 $1/n$이다. 이 경우 회사는 $C/n$달러로 3광구를 사서 $C - C/n = (n-1)C/n$달러의 이익을 올릴 수 있다.

- 조사 결과가 3광구에 기름이 없다고 명시할 확률은 $(n-1)/n$이다. 이 경우 회사는 다른 광구를 사야 한다. 다른 광구들 중 하나에 기름이 있을 확률은 이제 $1/n$에서 $1/(n-1)$로 변했으며, 따라서 회사의 기대 이익은 $C/(n-1) - C/n =$

$C/n(n-1)$달러이다.

정리하자면, 조사 결과 정보가 주어졌을 때의 기대 이익은 다음과 같다.

$$\frac{1}{n} \times \frac{(n-1)C}{n} + \frac{n-1}{n} \times \frac{C}{n(n-1)} = C/n.$$

따라서, 회사에게 이 정보는 $C/n$달러의 가치가 있으며, 따라서 회사는 이 가치의 상당 부분에 해당하는 금액을 지진학자에게 기꺼이 지급해야 할 것이다.

정보의 가치는 그 정보를 **이용해서** 자신의 행동을 실제 상황에 맞게 변경할 수 있다는 사실에서 비롯된다. 물론 정보가 없어도 상황에 맞게 행동을 바꿀 수 있지만, 그러자면 가능한 상황들에 대해 평균적으로 최선인 동작을 파악해야 한다. 일반적으로 주어진 한 조각의 정보의 가치는 정보를 얻기 전과 얻은 후의 최선의 동작들의 기대 가치 차이로 정의된다.

## 16.6.2 완벽한 정보의 일반 공식

정보의 가치에 대한 일반적인 수학 공식을 유도하는 것은 간단하다. 어떤 확률 변수 $E_j$의 값에 관한 정확한 증거를 얻을 수 있다는(즉, $E_j = e_j$를 배울 수 있다는) 가정하에서,

완벽한<br>정보의 가치

**완벽한 정보의 가치**(value of perfect information, VPI)라는 문구를 사용하기로 한다.[8]

에이전트의 초기 정보 상태에서 현재 최선의 동작의 가치 $\alpha$는 식 (16.1)에 의해 다음과 같이 주어진다.

$$EU(\alpha) = \max_a \sum_{s'} P(\text{RESULT}(a) = s')\, U(s').$$

그리고 새 증거 $E_j = e_j$를 얻은 후의 새로운 최선의 동작의 가치는 다음과 같다.

$$EU(\alpha_{e_j} \mid e_j) = \max_a \sum_{s'} P(\text{RESULT}(a) = s' \mid e_j)\, U(s').$$

그런데 $E_j$는 **현재로서는** 그 값이 알려지지 않은 확률 변수이다. 따라서 현재 정보 e가 주어졌을 때 $E_j$를 파악하는 것의 가치를 구하려면, $E_j$를 파악해서 나올 수 있는 모든 값 $e_{jk}$의 평균을 각 값에 관한 **현재** 믿음을 이용해서 구해야 한다.

---

8 완벽한 정보를 요구한다고 해서 표현력이 떨어지는 일은 없다. 예를 들어 어떤 변수의 값을 어느 정도 확실하게 파악할 수 있는 경우를 모형화한다고 하자. 그러한 모형화의 한 방법은, 완벽한 정보를 얻을 수 있는 확률을 나타내는 **또 다른** 확률 변수를 도입하는 것이다. 한 예로, 초기에는 변수 *Temperature*의 값이 상당히 불확실했지만, 이후 *Thermometer* = 37이라는 확실한 지식을 얻게 되었다고 가정하자. 그러면 우리는 *Temperature*의 참값에 대한 불완전한 정보를 가진 것이 되며, 측정 오차에 의한 불확실성은 감지기 모형 P(*Thermometer* | *Temperature*) 안에 부호화된다. 또 다른 예가 연습문제 16.VPIX에 나온다.

$$VPI(E_j) = \left( \sum_{e_j} P(E_j = e_j) \; EU(\alpha_{e_j}|E_j = e_j) \right) - EU(\alpha).$$

간단한 예를 통해서 이 공식을 좀 더 직관적으로 이해해 보자. 선택할 수 있는 동작이 $a_1$과 $a_2$ 두 가지뿐이고, 각각의 현재 기대 효용은 $U_1$과 $U_2$라고 하자. 정보 $E_j = e_j$가 주어지면 그 동작들에 대한 새로운 기대 효용 $U_1'$과 $U_2'$이 나온다. 그런데 $E_j$를 얻기 전에, $U_1'$과 $U_2'$의 가능한 값들에 대한 확률분포가 있어야 한다(그 둘은 독립이라고 가정한다).

$a_1$과 $a_2$가 겨울에 산악지역을 통과하는 서로 다른 두 경로를 나타낸다고 하자. $a_1$은 터널을 직진으로 통과하는 쾌적한 고속도로이지만, $a_2$는 산 정상을 거쳐 가는 구불구불한 흙길이다. 이 정보만 주어진다면 당연히 $a_1$을 선호할 것이다. $a_2$는 폭설이나 눈사태로 막힐 가능성이 있지만 $a_1$은 그 어떤 이유로든 막힐 가능성이 거의 없기 때문이다. 따라서 $U_1$이 $U_2$보다 높을 것이 확실하다. 그런데 각 도로의 실제 상태에 대한 위성사진 보고서로부터 얻은 증거 $E_j$가 주어진다면, 두 도로에 대해 새로운 기대 효용 $U_1'$과 $U_2'$을 얻을 수 있다. 이 기대치들의 분포가 도해 16.8(a)에 나와 있다. 이 경우 위성사진은 돈을 주고 구매할 필요가 별로 없다. 위성사진에서 얻은 정보 때문에 계획이 바뀔 가능성이 낮기 때문이다. 변화를 일으키지 않는 정보는 가치가 없다.

이번에는 길이가 다른 두 굽이진 흙길 중 하나를 선택한다고 하자. 그리고 심하게 다친 승객이 차에 타고 있다고 하자. 이 경우 $U_1$과 $U_2$가 아주 비슷하겠지만, $U_1'$과 $U_2'$의 분포는 상당히 넓다. 한 도로가 막히고 다른 한 도로는 뚫려 있을 확률이 꽤 높으며, 그런 경우 효용의 차이가 아주 크다. 앞의 VPI 공식에 따르면, 이 경우에는 위성사진 보고서를 구매할 가치가 있다. 도해 16.8(b)가 이 상황을 보여 준다.

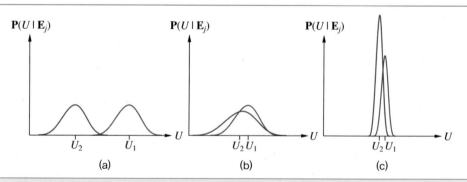

**도해 16.8** 정보 가치의 일반적 경우 세 가지. (a)에서 $a_1$이 $a_2$보다 거의 확실하게 우월하다. 따라서 정보는 필요하지 않다. (b)에서는 선택이 명확하지 않으며, 정보의 가치가 높다. (c)에서도 선택이 명확하지 않지만, 정보에 의한 변화가 거의 없으므로 정보의 가치는 낮다. ((c)에서 $U_2$의 최고점이 높다는 사실은 그 기대 가치가 알려질 확률이 $U_1$의 경우보다 높음을 뜻한다.)

마지막으로, 여름에 두 흙길 중 하나를 선택한다고 하자. 두 도로 모두 눈 때문에 막힐 가능성은 거의 없다. 이 경우 한 도로는 고산 목초지대의 꽃들 때문에 경치가 좋다거나, 최근 온 비 때문에 젖어 있다거나 하는 정보를 위성사진에서 얻을 수 있다. 그리고 그러한 정보가 있다면 운전자가 계획을 바꿀 가능성이 상당히 높다. 그러나, 그래도 두 도로의 가치 차이는 여전히 아주 작을 가능성이 크다. 따라서 군이 위성사진을 살 필요는 없다. 이 상황이 도해 16.8(c)에 나와 있다.

▶  정리하자면, 정보의 가치는 그것이 계획의 변경을 유발할 가능성에 비례하며, 새 계획이 기존 계획보다 훨씬 나을 가능성에 비례한다.

## 16.6.3 정보 가치의 성질들

정보가 유해할 수도 있느냐는 의문을 가진 독자도 있을 것이다. 즉, 정보의 기대 가치가 음수일 수도 있을까? 직관적으로 그런 일은 불가능하다고 기대할 수 있다. 최악의 경우라고 해도 그냥 그 정보를 무시하고, 그런 정보를 받은 적이 없는 것처럼 행동하면 그만이기 때문이다. 이 점을 확인해 주는 정리가 있다. 다음 정리는 가능한 관측들이 $E_j$인 임의의 의사결정망을 가진 모든 결정이론적 에이전트에 적용된다.

▶  정보의 기대 가치는 음수가 아니다. 즉,

$$\forall_j \ VPI(E_j) \geq 0.$$

이 정리는 완벽한 정보의 가치(VPI)의 정의에서 직접 도출된다. 증명은 독자의 숙제로 남기겠다(연습문제 16.NNVP). 물론 이것은 정보의 기대 가치에 관한 것이지 실제 가치에 관한 것이 아니다. 새로운 정보에 의해 계획을 바꾸었는데 하필 그 정보가 잘못된 정보라면, 새 계획이 원래의 계획보다 더 나쁜 것으로 **판명될** 수 있다. 예를 들어 어떤 의학 검사의 거짓양성 결과 때문에 불필요한 수술을 하게 될 수도 있다. 그러나 그렇다고 그 검사를 하지 말아야 하는 것은 아니다.

VPI가 정보의 현재 상태에 의존한다는 점을 반드시 기억하기 바란다. 정보를 더 획득하면 VPI가 변할 수 있다. 임의의 한 증거 $E_j$를 획득하는 것의 가치는 내려갈 수도 있고(다른 변수가 $E_j$의 사후 확률을 강하게 제약하는 경우) 올라갈 수도 있다(다른 변수가 $E_j$의 근거가 되는 단서를 제공하는, 그럼으로써 더 나은 새 계획이 만들어지는 경우). 따라서 VPI는 가산적 함수가 아니다. 즉,

$$VPI(E_j, E_k) \neq VPI(E_j) + VPI(E_k) \qquad \text{(일반적으로)}$$

이다. 그러나 VPI는 순서 독립적이다. 즉,

$$VPI(E_j, E_k) = VPI(E_j) + VPI(E_{k|E_j}) = VPI(E_k) + VPI(E_{j|E_k}) = VPI(E_k, E_j)$$

이다. 여기서 $VPI(\,\cdot\,|E)$라는 표기는 $E$가 이미 관측된 사후 분포에 따라 계산한 VPI를

뜻한다. 이러한 순서 독립성은 감지 동작을 보통의 동작과 구분해 주는 특징이다. 그리고 순서 독립성 덕분에 감지 동작들의 순차열의 가치를 계산하는 문제가 간단해진다. 이에 관해서는 다음 절에서 좀 더 이야기하겠다.

## 16.6.4 정보 수집 에이전트의 구현

분별 있는 에이전트는 질문을 적절한 순서로 제기해야 하며, 무관한 질문은 던지지 말아야 하며, 각 정보 조각의 중요도를 그 비용과 관련해서 고려해야 하며, 필요한 때가 되면 질문을 멈추어야 한다. 이 모든 능력을 정보의 가치를 지침으로 사용해서 달성할 수 있다.

도해 16.9는 동작을 결정하기 전에 지능적으로 정보를 수집할 수 있는 에이전트의 전반적인 설계를 보여 준다. 일단 지금은 각각의 관측 가능 증거 변수 $E_j$에 비용 $C(E_j)$가 연관된다고 가정한다. $C(E_j)$는 검사, 자문, 질문 등을 통해서 증거를 얻는 데 소비되는 비용을 반영한다. 에이전트는 단위 비용당 효용 이득을 기준으로 가장 효율적이라고 간주되는 관측을 요청(Request)한다. 동작 $Request(E_j)$의 결과가 $E_j$의 값을 제공하는 다음번 지각이라고 가정하겠다. 만일 비용에 걸맞은 관측이 없으면 에이전트는 '실제' 동작을 선택한다.

근시안
　　　방금 설명한 에이전트 알고리즘은 **근시안**(myopic)이라고 부르는 형태의 정보 수집을 구현한다. 근시안이라는 이름이 붙은 것은, 이 방법이 VPI 공식을 아주 짧은 미래에 대해서만 적용해서, 정보의 가치를 마치 증거 변수를 하나만 획득했을 때처럼 계산하기 때문이다. 근시안적 제어는 탐욕적 검색과 동일한 발견적 착안에 기초하며, 실제 응용에서 잘 작동하는 경우가 많다. (예를 들어 진단 검사를 선택하는 과제에서 이 접근방식이 실제 전문의들을 능가하는 성과를 낸 사례가 있다.) 그러나 도움이 많이 되는 하나의 증거 변수가 뚜렷하게 존재하지는 않는다면, 먼저 둘 또는 그 이상의 변수들을 요청한 후 동작을 취하는 것이 바람직한 상황에서 근시안적 에이전트가 성급한 결정을 내릴 위험이 있다. 다음 절에서는 다수의 관측을 얻을 가능성을 고찰한다.

---

**function** INFORMATION-GATHERING-AGENT(*percept*) **returns** 하나의 동작
　**지속 변수:** $D$, 의사결정망

　*percept*를 $D$에 통합한다
　$j \leftarrow VPI(E_j) / C(E_j)$를 최대화하는 값
　**if** $VPI(E_j) > C(E_j)$
　　　**return** $Request(E_j)$
　　**else return** $D$에 있는 최선의 동작

**도해 16.9** 간단한 근시안 정보 수집 에이전트의 설계. 에이전트는 정보 가치가 가장 높은 관측을 선택해서 그것을 감지하는 동작을 반복하되, 다음 관측을 얻는 비용이 그 기대 이득보다 높아지면 반복을 멈추고 실제 동작을 선택한다.

## 16.6.5 비근시안적 정보 수집

한 관측열의 가치가 그 관측열의 순열치환(permutation)들에 대해 불변이라는 사실이 흥미롭긴 하지만, 이로부터 최적 정보 수집을 위한 어떤 효율적인 알고리즘들이 유도되지는 않는다. 수집할 관측들의 부분집합을 미리 정해서 고정시켜 둔다고 해도, 가능한 $n$개의 관측들에서 만들 수 있는 그런 부분집합의 수는 $2^n$이다. 일반적인 경우에는, 하나의 관측을 선택한 후 그 관측에 따라 어떤 동작을 취하거나 더 많은 관측을 선택하는 식의 최적의 **조건부 계획**(§11.5.2에서 설명한)을 찾는 좀 더 복잡한 문제에 마주친다. 그런 계획들은 트리 구조를 형성하며, 그런 트리의 수는 $n$에 대해 초지수적(superexponential)이다.[9]

의사결정망 변수 관측의 경우, 이 문제는 의사결정망이 다중트리(polytree)일 때도 처리 불가능임이 밝혀졌다. 그러나 문제를 효율적으로 풀 수 있는 특수한 경우들이 존재한다. 여기서는 그런 경우 중 하나인 **보물 찾기**(treasure hunt) 문제를 소개하겠다(이 문제의 덜 낭만적인 이름은 **최소 비용 검사열**(least-cost testing sequence)이다). $1, \ldots, n$까지 $n$개의 장소가 있다고 하자. 장소 $i$에 보물이 있을 확률은 $P(i)$이다. 이 확률들은 모두 독립적이다. 장소 $i$에 보물이 있는지 확인하는 데는 $C(i)$의 비용이 든다. 이것은 모든 가능한 증거 변수 $Treasure_i$들이 절대적으로 독립인 하나의 의사결정망에 해당한다. 에이전트는 보물이 나올 때까지 어떠한 특정한 순서로 장소들을 조사한다. 문제는 그러한 최적의 순서를 구하는 것이다.

이 문제를 풀려면, 보물이 나오면 에이전트가 탐색을 멈춘다는 가정 하에서 다양한 관측열들의 기대 비용과 성공 확률을 고려해야 한다. $\mathbf{x}$가 그러한 하나의 관측열이라고 하자. $\mathbf{xy}$는 두 관측열 $\mathbf{x}$와 $\mathbf{y}$를 차례로 이은 것이다. $C(\mathbf{x})$는 $\mathbf{x}$의 기대 비용이고, $P(\mathbf{x})$는 관측열 $\mathbf{x}$로 보물을 발견할 확률이다. 그리고 $F(\mathbf{x}) = 1 - P(\mathbf{x})$는 보물 찾기에 실패할 확률이다. 이러한 정의들이 주어졌을 때 다음이 성립한다.

$$C(\mathbf{xy}) = C(\mathbf{x}) + F(\mathbf{x}) C(\mathbf{y}). \tag{16.3}$$

이 공식은 관측열 $\mathbf{xy}$의 비용은 적어도 $\mathbf{x}$의 비용과 같고, 만일 $\mathbf{x}$가 실패한다면 거기에 $\mathbf{y}$의 비용까지 추가된다는 뜻이다.

임의의 순차열 최적화 문제의 기본 착안은, 순차열 $\mathbf{wxyz}$ 안의 인접한 두 부분 순차열 $\mathbf{x}$와 $\mathbf{y}$의 자리를 바꿀 때 $\Delta = C(\mathbf{wxyz}) - C(\mathbf{wyxz})$로 정의되는 비용 변화량을 살펴보는 것이다. 전체 순차열이 이미 최적이면, 그러한 모든 변화는 전체 순차열을 더 나쁘게 만들 뿐이다. 첫 단계는 효과의 부호(비용의 증가 또는 감소)가 $\mathbf{w}$와 $\mathbf{z}$로 주어진 주변 문맥에 의존하지 않음을 보이는 것이다. 다음이 성립한다.

$$\Delta = [C(\mathbf{w}) + F(\mathbf{w}) C(\mathbf{xyz})] - [C(\mathbf{w}) + F(\mathbf{w}) C(\mathbf{yxz})] \qquad \text{(식 (16.3)에 의해)}$$
$$= F(\mathbf{w})[C(\mathbf{xyz}) - C(\mathbf{yxz})]$$

---

[9] 부분 관측 가능 환경에서 순차적인 행동을 생성하는 일반적인 문제는 제17장에서 설명하는 **부분 관측 가능 마르코프 결정 과정**에 속한다.

보물 찾기

$$= F(\mathbf{w})[(C(\mathbf{xy}) + F(\mathbf{xy})\,C(\mathbf{z})) - (C(\mathbf{yx}) + F(\mathbf{yx})\,C(\mathbf{z}))] \qquad \text{(식 (16.3)에 의해)}$$
$$= F(\mathbf{w})[C(\mathbf{xy}) - C(\mathbf{yx})] \qquad\qquad (F(\mathbf{xy}) = F(\mathbf{yx})\text{이므로}).$$

이렇게 해서, 전체 순차열의 비용 변화 방향이 오직 뒤집히는 요소 쌍의 비용 변화 방향에만 의존할 뿐 그 쌍의 주변 문맥과는 무관함을 증명했다. 이 사실을 이용하면 순차열을 쌍별 비교로 정렬해서 최적의 해를 구할 수 있다. 구체적으로 말하면, 다음이 성립한다.

$$\Delta = F(\mathbf{w})[(C(\mathbf{x}) + F(\mathbf{x})\,C(\mathbf{y})) - (C(\mathbf{y}) + F(\mathbf{y})\,C(\mathbf{x}))] \qquad \text{(식 (16.3)에 의해)}$$
$$= F(\mathbf{w})[C(\mathbf{x})(1 - F(\mathbf{y})) - C(\mathbf{y})(1 - F(\mathbf{x}))] = F(\mathbf{w})[C(\mathbf{x})P(\mathbf{y}) - C(\mathbf{y})P(\mathbf{x})].$$

이 공식은 임의의 순차열 $\mathbf{x}$와 $\mathbf{y}$에 대해 성립하므로, $\mathbf{x}$와 $\mathbf{y}$가 각각 특정 장소 $i$와 $j$의 단일 관측들일 때도 당연히 성립한다. 따라서, 최적 순차열에서 $i$와 $j$가 인접한 장소들일 때, 반드시 $C(i)P(j) \le C(j)P(i)$이다. 즉, $\dfrac{P(i)}{C(i)} \ge \dfrac{P(j)}{C(j)}$인 것이다. 다른 말로 하면, 최적의 순서는 장소들에 단위 비용당 성공 확률에 따라 순위를 매긴다. 연습문제 16.HUNT는 이것이 실제로 이 문제에 대한 도해 16.9의 알고리즘이 따르는 정책인지 아닌지 판단해 본다.

## 16.6.6 민감도 분석과 강건한 의사결정

민감도 분석

**민감도 분석**(sensitivity analysis)은 다양한 기술 분야에 널리 쓰이는 실천 사항이다. 민감도 분석은 어떤 과정의 출력이 해당 모형 매개변수들의 변화에 따라 얼마나 크게 변하는지를 분석하는 것이다. 확률적 시스템이나 결정이론적 시스템에서는 민감도 분석이 특히나 중요한데, 왜냐하면 일반적으로 그런 시스템에 쓰이는 확률들은 데이터에서 학습한 것이거나 인간 전문가가 추정한 것이기 때문이다. 이는 확률들 자체에 불확실성이 상당히 존재하기 마련이라는 뜻이다. 확률들이 객관적으로 알려지는(백개면의 주사위 굴림들처럼) 경우는 아주 드물다.

효용 주도적 의사결정 과정에서는 출력을 실제로 내려진 결정으로 생각할 수도 있고 결정의 기대 효용으로 생각할 수도 있다. 후자를 먼저 고찰해 보자. 기댓값은 모형의 확률들에 의존하므로, 임의의 주어진 동작의 기대 효용의, 해당 확률값들 각각에 대한 미분을 계산할 수 있다. (예를 들어 주어진 모형의 모든 조건부 분포가 명시적인 확률표 형태라면, 기댓값 계산에는 두 '곱의 합' 수식이 관여한다. 이에 관해서는 제20장에서 좀 더 이야기하겠다.) 따라서, 최종 결정의 기대 효용에 가장 큰 영향는 모형 매개변수들을 파악할 수 있다.

내려진 결정의 모형에 따른 기대 효용이 아니라 그 결정 자체가 중요하다면, 그냥 매개변수들을 체계적으로 변경해 가면서(이를테면 이진 검색을 이용해서) 결정이 변하는지 보고, 만일 변한다면 그런 변화를 일으킨 최소의 섭동(pertubation)이 무엇인지 알아내며 된다. 내려진 결정 자체는 중요하지 않으며, 중요한 것은 해당 효용뿐이라고 생각하는 독자도 있을 것이다. 그것이 맞는 말이긴 하지만, 실제 응용에서는 한 결정의 **실제 효용**과 **모형에 따른** 효용이 크게 차이가 나는 경우가 있다.

매개변수들의 모든 합당한 섭동들에도 최적 결정이 변하지 않는다면, 비록 그 결정의 효용 추정치가 크게 부정확하다고 해도 그 결정이 좋은 결정이라고 믿는 것이 합리적이다. 반대로 모형 매개변수들이 변함에 따라 최적 결정이 크게 변한다면, 실제 응용에서 모형이 최적에 크게 못 미치는 결정을 산출할 가능성이 크다. 그런 경우 모형을 좀더 정련하는 데 투자하는 것이 바람직하다.

다양한 분야(제어이론, 결정분석, 위기관리)의 연구자들이 이상의 직관들을 형식화해서 **강건한**(robust) 의사결정 또는 **최소최대**(minimax) 의사결정이라는 개념을 제안했다. 강건한 결정은 최악의 경우에도 최선의 결과를 산출하는 것을 말한다. 여기서 '최악의 경우'는 모형의 매개변수 값들의 모든 그럴듯한 변이에 대해 최악을 뜻한다. 모형의 모든 매개변수를 $\theta$로 표기할 때, 강건한 결정은 다음과 같이 정의된다.

*강건한*

$$a^* = \operatorname*{argmax}_a \min_{\theta} EU(a;\theta).$$

많은 경우, 특히 제어 이론에서 강건한 접근방식은 실제 응용에서 대단히 안정적으로 작동하는 설계로 이어진다. 그 외의 경우에는 과도하게 보수적인 결정로 이어진다. 예를 들어 자율주행차를 설계할 때 강건한 접근방식은 도로의 다른 차들이 최악으로 행동하리라고 가정한다. 즉, 모든 차의 운전자가 살인광이라고 보는 것이다. 그런 경우 자율주행차의 최적의 선택은 그냥 차고에 남아 있는 것이다.

베이즈 결정이론은 강건한 방법들에 대한 대안 하나를 제공한다. 그 대안이란, 만일 모형의 매개변수들에 대한 불확실성이 존재한다면, 그러한 불확실성 자체를 초매개변수 (hyperparameter)들을 이용해서 모형화하는 것이다.

강건한 접근방식에서는 모형의 어떤 확률 $\theta_i$가 0.3과 0.7 사이의 어떤 값이라 할 때 대립자(적대자)가 선택한 실제 값 때문에 상황이 얼마든지 나빠질 수 있다고 보는 반면, 베이즈 접근방식에서는 그냥 $\theta_i$에 관한 사전 확률분포를 지정한 후 평소대로 진행한다. 이를 위해서는 모형화에 더 많은 노력이 필요하다. 예를 들어 베이즈 모형 작성자는 매개변수 $\theta_i$와 $\theta_j$가 독립인지 판단해야 한다. 그렇지만 실제 응용에서는 모형이 그런 추가 노력을 상쇄할 정도로 좋은 성과를 낼 때가 많다.

결정이론의 실제 응용에서는 매개변수의 불확실성뿐만 아니라 **구조적**(structural) 불확실성도 문제가 된다. 예를 들어 도해 16.6에서 *Air Traffic*, *Litigation*, *Construction* 이 독립적이라는 가정이 실제로는 성립하지 않을 수 있으며, 실수로 모형에 포함시키지 못한 또 다른 변수가 있을 수도 있다. 현재 우리는 이런 종류의 불확실성을 어떻게 처리해야 할지 잘 이해하지 못하고 있다. 한 가지 가능성은 모형들(기계학습 알즘으로 생성한 것들일 수도 있다)의 앙상블을 구성해서 그 앙상블이 중요하고 의미있는 변이들을 잘 포착하길 기대하는 것이다.

# 16.7 미지의 선호도

이번 절에서는 효용 함수(그 기대 가치를 최적화하려는)에 불확실성이 존재하는 상황을 논의한다. 이 문제에는 두 가지 버전이 있는데, 하나는 에이전트(기계 또는 사람)가 자신의 효용 함수를 확실히 알지 못하는 것이고 다른 하나는 사람을 도우려는 기계가 사람이 원하는 것을 확실히 알지 못하는 것이다.

## 16.7.1 에이전트 선호도에 관한 불확실성

여러분이 태국의 한 아이스크림 가게에 갔는데 바닐라와 두리안 두 가지 맛밖에 남아 있지 않다고 하자. 둘 다 가격은 $2이다. 여러분은 자신이 바닐라 맛을 어느 정도 좋아 하며, 날이 더우니 바닐라 아이스크림에 기꺼이 $3를 낼 의향이 있음을 알고 있다. 따라서 바닐라 맛을 선택할 때의 총 이득은 $1이다. 한편, 여러분은 두리안을 좋아하는지 아닌지 모르지만, 대체로 호불호가 극명하게 갈린다는 점을 위키백과에서 읽은 적이 있다. 즉, 어떤 사람에게는 두리안이 "이 세상의 모든 과일보다 맛있는 과일"일 수 있지만 또 어떤 사람에게는 "시궁창, 썩은 토사물, 스컹크 분비물, 쓰고 버린 의료용 면봉 같은 맛"일 수 있다.

이를 수치화하기 위해, 여러분이 두리안을 좋아할(+ $100) 확률이 50%이고 싫어할(오후 내내 그 맛이 남아 있다면 - $80) 확률이 50%라고 하자. 이때 아이스크림 선택의 결과 자체에는 불확실성이 없다. 두리안 맛을 좋아하든 아니든, 여러분이 산 것은 동일한 두리안 아이스크림이다. 불확실한 것은 결과에 대한 여러분의 선호도이다.

불확실한 효용을 지원하도록 의사결정망의 형식화를 확장할 수도 있다. 도해 16.10의 (a)가 그런 예이다. 그러나, 만일 두리안 선호도에 관한 정보를 더 얻을 수 없다면(예를 들어 아이스크림 맛을 미리 보고 구입하지는 못하는 경우), 결정 문제는 도해 16.10(b)의 것과 동일하다. 그냥 두리안의 불확실한 가치를 해당 기대 순이익 $(0.5 \times \$100) - (0.5 \times \$80) - \$2 = \$8$으로 대체할 수 있으며, 그러면 여러분의 결정은 변하지 않고 남는다.

만일 두리안에 관한 여러분의 믿음이 변할 수 있다면(예를 들어 두리안을 아주 조금 맛보았거나 살아 있는 모든 친척이 두리안을 좋아한다는 점을 알게 되어서), 도해 16.10(b)의 변환은 유효하지 않다. 그래도 이와 동등하되 결정론적인 효용 함수를 가진 모형은 여전히 찾을 수 있다. 효용 함수에 불확실성이 있다고 보는 대신, 그 불확실성을 말하자면 '세계'로 떠넘기면 된다. 즉, $true$일 사전 확률과 $false$일 사전 확률이 각각 0.5인 새 확률 변수 $LikesDurian$을 도입하면 되는 것이다. 도해 16.10(c)가 그러한 예이다. 이러한 추가 변수 덕분에 효용 함수는 결정론적으로 변하며, 그러면서도 여전히 두리안 선호도에 관한 믿음의 변화를 처리할 수 있다.

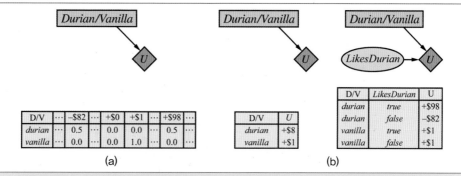

**도해 16.10** (a) 효용 함수가 불확실한 상황에서 아이스크림을 선택하기 위한 결정망. (b) 각 동작의 기대 효용이 부여된 결정망. (c) 효용 함수의 불확실성을 새로운 확률 변수로 옮긴 모습.

미지의 선호도를 보통의 확률 변수로 모형화할 수 있다는 것은 선호도가 알려진 문제들을 위해 개발한 여러 기법과 정리들을 계속 사용할 수 있다는 뜻이다. 그렇다고 이것이 선호도가 항상 알려진다고 가정할 수 있다는 뜻은 아니다. 불확실성은 여전히 존재하며, 에이전트의 바람직한 행동 방식에 여전히 영향을 미친다.

## 16.7.2 인간에게 결정을 맡기는 기계

다음으로, 앞에서 언급한 두 번째 버전, 즉 기계가 사람을 돕고자 하지만 사람이 원하는 것을 확실하게 알지 못하는 경우로 넘어가자. 이 경우에 대한 완전한 논의는 에이전트가 여럿일 때의 의사결정을 논의하는 제18장으로 미루기로 하고, 여기서는 "그런 기계가 인간에게 결정을 맡기는 상황은 어떤 것인가?"라는 간단한 질문만 고찰하기로 한다.

이 질문의 논의를 위해 도해 16.11에 나온 아주 간단한 시나리오를 생각해 보자. 로비는 바쁜 인간인 해리엇의 개인 비서로 일하는 소프트웨어 로봇이다. 해리엇은 제네바에서 열리는 다음 번 사업 회의를 위해 호텔 방을 잡아야 한다. 로비는 즉시 행동할 수 있다. 예를 들어 로비가 회의 장소 근처의 아주 비싼 호텔을 지금 당장 예약할 수 있다고 하자. 그런데 로비는 해리엇이 그 호텔과 가격을 좋아할지 확신하지 못한다. 이 예약에 대해 해리엇이 두는 가치가 −40에서 +60까지 균등한 확률로 분포되며, 그 평균은 +10이라고 하자. 로비는 또한 자신의 "스위치를 끌" 수도 있다. 덜 극적으로 말하자면, 로비는 호텔 예약 과정에서 자신을 완전히 배제할 수 있다. 이에 대해 해리엇이 두는 가치는 0이라고 가정하자(이렇게 가정해도 일반성이 훼손되지는 않는다). 로비의 선택지가 이 둘뿐이라면 로비는 해리엇이 화를 낼 가능성이 꽤 있지만 그래도 호텔을 예약할 것이다. (만일 호텔 예약의 가치가 −60에서 +40이고 평균이 −10이었다면 로비는 자신을 꺼 버렸을 것이다.) 그러나, 로비가 자신의 계획을 해리엇에게 설명하고 해리엇이 자신을 끌 수 있게 한다는 세 번째 선택지를 로비에게 제공한다면 상황이 달라진다. 세 번째 선택지의 경우 해리엇은 로비를 끌 수도 있고, 아니면 호텔 예약을 진행하게 할 수도 있다.

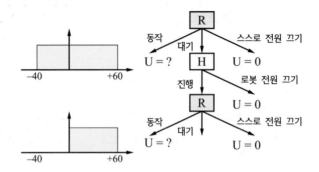

**도해 16.11** 스위치 끄기 게임. 로봇 $R$은 지금 당장 스스로 자신의 전원 스위치를 끄기로 결정할 수 있다. 이때의 보상은 고도로 불확실하다. 아니면 인간 $H$에게 결정을 맡길 수도 있다. $H$는 $R$을 끌 수도 있고 그대로 둘 수도 있다. 이제 $R$에게 동일한 선택이 주어진다. 동작의 보상은 여전히 고도로 불확실하지만, 이제 $R$은 그 보상이 음이 아니라는 점을 알고 있다.

그 두 선택 모두 로비가 스스로 선택할 수도 있다는 점을 생각할 때, 이렇게 세 번째 선택지를 주는 것이 어떤 의미가 있을까?

여기서 핵심은 해리엇의 선택(로비를 끄거나 예약 진행을 허락하는 것)이 로비에게 해리엇의 선호도에 관한 정보를 제공한다는 점이다. 일단 해리엇이 합리적인 사람이라고 가정하자. 즉, 만일 해리엇이 로비에게 예약을 진행하게 했다면, 이는 그 예약에 두는 해리엇의 가치가 양수라는 뜻이다. 그러면 도해 16.11에서 보듯이 로비의 믿음이 변한다. 이제는 호텔 예약의 가치가 0에서 +60 사이이고 평균이 +30이다.

로비의 초기 선택을 로비의 관점에서 평가하면 다음과 같다.

1. 당장 행동해서 호텔을 예약하는 것의 기대 가치는 +10이다.
2. 스스로를 끄는 것의 가치는 0이다.
3. 해리엇의 결정을 기다리는 경우, 가능한 결과는 두 가지이다.
   (i) 해리엇의 선호도에 관한 로비의 불확실성에 근거할 때, 예약 계획이 싫어서 해리엇이 로비를 끌 확률은 40%이다. 이때 가치는 0이다.
   (ii) 예약 계획이 마음에 들어서 해리엇이 로비에게 진행을 허락할 확률은 60%이고 가치는 +30이다.

정리하자면, 해리엇의 결정을 기다리는 옵션의 기대 가치는 $(0.4 \times 0) + (0.6 \times 30) = +18$이고, 이는 로비 자신이 당장 행동할 때의 기대 가치 +10보다 크다.

이상의 논의에서 핵심은, 해리엇에게 복종하는 것, 즉 자신을 끌 결정을 내리게 하는 것이 로비에게 긍정적인 인센티브로 작용한다는 것이다. 이러한 인센티브는 해리엇의 선호도에 관한 로비의 불확실성에 기인한다. 로비는 자신의 행동이 해리엇을 화나게 할 가능성이 있으며(이 예에서는 40%), 그런 경우 예약을 진행하게 하기보다는 자신을 꺼버릴 것임을 알고 있다. 로비가 해리엇의 선호도들을 이미 확실하게 알고 있다면 그냥 스스로 결정을 내리고 동작을 취할 것이다(예약을 진행하든, 자신을 꺼버리든). 이 경우 로비는 자신의 확실한 믿음에 따라 해리엇의 결정을 정확히 예측할 수 있으므로, 해리엇의 의사를 물을 이유가 전혀 없다.

사실, 일반적인 경우에서도 이와 동일한 결과를 증명하는 것이 가능하다. 로비가 자신이 취할 동작이 해리엇이라면 했을 동작과 동일하다는 점을 절대적으로 확신하지 않는 한, 해리엇이 로비 자신을 끄게 허용하는 것이 더 낫다. 직관적으로 볼 때, 해리엇의 결정은 로비에게 정보를 제공하며, 그 정보의 기대 가치는 항상 음수가 아니다. 반대로, 로비가 해리엇의 결정에 관해 이미 확신을 가지고 있다면, 해리엇의 결정은 아무런 새로운 정보도 제공하지 않으며, 따라서 해리엇에게 결정을 맡기는 것이 로비에게 인센티브가 되지 않는다.

이를 형식화해 보자. 제안된 동작 $a$에 대한 해리엇의 효용에 관한 로비의 사전 확률 밀도가 $P(u)$라고 할 때, $a$을 진행하는 것의 가치는 다음과 같다.

$$EU(a) = \int_{-\infty}^{\infty} P(u) \cdot u \, du = \int_{-\infty}^{0} P(u) \cdot u \, du + \int_{0}^{\infty} P(u) \cdot u \, du.$$

(적분을 이런 식으로 분리한 이유는 잠시 후에 나온다.) 한편, 해리엇에게 결정을 맡기는 동작 $d$의 가치는 두 부분으로 구성된다. 만일 $u > 0$이면 해리엇은 로비에게 진행을 허락하므로, 그 가치는 $u$이다. 그러나 $u < 0$이면 해리엇은 로비의 스위치를 끄므로, 가치는 0이다.

$$EU(d) = \int_{-\infty}^{0} P(u) \cdot 0 \, du + \int_{0}^{\infty} P(u) \cdot u \, du.$$

여기서 음의 효용 구간이 0으로 소거됨을 주목하자. 따라서, $EU(a)$의 수식과 $EU(d)$의 수식을 비교해 보면 둘의 대소 관계가 다음과 같음을 바로 알 수 있다.

$$EU(d) \geq EU(a).$$

두 선택의 가치는 음의 구간의 확률이 0일 때만, 즉 제안된 동작을 해리엇이 좋아할 것임을 로비가 이미 확신하고 있을 때만 같다.

이 모형의 개선안이 여럿 있는데, 여기서는 직접적인 개선안 두 가지만 언급한다. 첫째는 해리엇의 시간에 대한 비용을 도입하는 것이다. 이 경우, 만일 제안 기각에 대한 위험이 작다면 로비는 바쁜 해리엇에게 군이 의사를 물어서 시간을 허비하는 선택을 꺼릴 것이다. 그래야 마땅하다. 만일 해리엇이 방해받는 것을 아주 싫어한다면, 로비가 종종 해리엇이 반기지 않을 일들을 수행한다고 해도 이상한 일은 아니다.

또 다른 개선안은 인간의 실수 가능성을 어느 정도 도입하는 것이다. 즉, 예를 들어 로비가 제안한 동작이 합당하지만 해리엇이 로비를 꺼버리거나, 제안한 동작이 바람직하지 않아도 해리엇이 진행을 허락하는 경우도 고려하는 것이다. 이런 실수 가능성을 모형에 집어넣는 것은 어렵지 않다(연습문제 16.OFFS). 해리엇이 종종 자신의 최대 이익과는 반하는 동작을 취하는 비합리적인 사람이라면, 로비는 해리엇에게 결정을 맡기는 선택을 꺼릴 것이라고 기대할 수 있다. 해리엇의 행동이 무작위할수록, 해리엇에게 결정을 맡길 것인지 선택하는 상황에서 해리엇의 선호도에 대한 로비의 불확실성이 더 커진다. 이 역시 그래야 마땅하다. 예를 들어 로비가 자율주행차이고 해리엇이 세 살짜리 버릇없는 승객이라면, 로비는 고속도로 중간에서 해리엇이 자신의 스위치를 끄게 해서는 안 된다.

# 요약

이번 장에서는 효용이론을 확률에 결합해서 에이전트가 자신의 기대 성과를 최대화하는 동작을 선택하게 만드는 방법을 살펴보았다.

- **확률론**은 에이전트가 증거에 기초해서 무엇을 믿어야 하는지 서술하고, **효용이론**은 에이전트가 무엇을 원하는지 서술한다. 그리고 **결정이론**은 그 둘을 결합해서, 에이전트가 무엇을 해야 하는지 서술한다.
- 모든 가능한 동작을 고려하고 그중 최상의 기대 결과로 이어지는 동작을 선택함으로써 결정을 내리는 시스템을 결정이론을 이용해서 구축할 수 있다. 그런 시스템이 곧 **합리적 에이전트**(rational agent)이다.
- 효용이론에 따르면, 에이전트의 복권 추첨들에 대한 선호도들이 간단한 공리들의 집합과 모순되지 않는다면, 그러한 에이전트를 하나의 효용 함수를 가진 형태로 서술할 수 있다. 더 나아가서, 그러한 에이전트는 자신의 기대 효용을 최대화하는 동작들을 선택한다.
- **다중특성 효용이론**은 상태의 서로 다른 여러 특성에 의존하는 효용들을 다룬다. **확률적 우세** 관계는 특성들에 대한 정확한 효용 값을 모르는 상황에서도 애매하지 않은 결정을 내려야 할 때 특히나 유용한 기법이다.
- **의사결정망**은 의사결정 문제의 표현과 해결을 위한 간단한 형식론을 제공한다. 의사결정망은 베이즈망의 자연스러운 확장으로, 확률 노드 외에 결정 노드와 효용 노드도 포함한다.
- 문제를 푸는 과정에서 어떤 결정을 내리려면 더 많은 정보를 구해야 하는 경우가 종종 있다. **정보의 가치**는 정보가 주어졌을 때의 기대 효용과 정보가 없을 때의 효용의 차이로 정의된다. 정보의 가치 개념은 최종 결정을 내리기 전에 정보 수집 과정을 이끄는 데 특히나 유용하다.
- 인간의 효용 함수를 완전하고 정확하게 명시할 수 없는 경우(실제로 그럴 때가 많다), 기계는 반드시 진 목적에 관한 불확실성 하에서 작동해야 한다. 이 점은 인간

의 선호도에 관해 더 많은 정보를 기계가 획득할 가능성이 있을 때 특히나 중요하다. 인간의 선호도에 관한 불확실성이 존재할 때 기계가 인간에게 결정을 맡기는 (심지어 자신을 끌 수도 있게까지 하는) 것이 필요한 이유를 본문에서 예제와 함께 이야기했다.

## 참고문헌 및 역사적 참고사항

*Port-Royal Logic*이라고도 알려진 17세기 논문 *L'art de Penser*(Arnauld, 1662)에서 아르노는 다음과 같이 주장했다.

> 선을 행하기 위해 또는 악을 피하기 위해 우리가 무엇을 해야 하는지 판정하려면, 선과 악을 그 자체로 고찰하는 것은 물론이고 그것이 일어날 또는 일어나지 않을 확률도 고찰해야 한다. 그리고 그 모든 것이 함께 가진 비율을 기하학적으로[역주2] 보아야 한다.

요즘 책들에서 말하는 **효용**(utility) 대신 선과 악이라는 용어를 사용하긴 하지만, 이 주장은 기대 효용을 얻으려면 효용에 반드시 확률을 곱해야 하고("기하학적으로 보아야"), "무엇을 해야 하는지 판정하려면" 그 모든 결과의 최댓값을 구해야 한다("그 모든 것")는 점을 올바르게 지적하고 있다. 약 360년 전, 페르마가 확률의 정확한 사용법을 처음으로 제시하고 8년밖에 지나지 않은 시기에 아르노가 이처럼 올바른 글을 썼다는 것은 놀랄 만한 일이다. *Port-Royal Logic*은 출판물 중 파스칼의 내기를 처음으로 언급한 책이기도 하다.

다니엘 베르누이는 상트페테르부르크의 역설(St. Petersburg paradox; 연습문제 16.STPT 참고)에 관한 연구(Bernoulli, 1738)에서 복권 추첨에 대한 선호도 측정의 중요성을 처음으로 지적했다. 그는 "한 항목의 가치는 그 가격이 아니라 그 항목이 산출하는 **효용**에 기초한다"(강조는 베르누이 본인의 것임). 공리주의 철학자 제레미 벤담은 '쾌락'과 '고통'을 재기 위한 **쾌락주의 산법**(hedonic calculus)을 제시하면서, 모든(돈에 관련된 것뿐만 아니라) 결정을 효용의 비교로 환원할 수 있다고 주장했다.

쾌락주의 산법

베르누이가 내적이고 주관적인 수량으로서의 효용을 도입해서 인간의 행동을 수학 이론으로 설명한 것은 당시 단연코 주목할 만한 제안이다. 다양한 내기와 상금의 효용 가치는 금전적 수량과는 달리 직접 관측할 수 있는 어떤 것이 아니다. 효용은 개인이 보이는 선호도들로부터 추론해야 하는 어떤 것이다. 이러한 착안의 함의가 제대로 파악되고 통계학자들과 경제학자들에게 받아들여지기까지는 200년의 시간이 걸렸다.

선호도로부터 수치적 효용을 유도하는 작업은 램지가 처음으로 수행했다(Ramsey, 1931). 그의 선호도 공리들이 *Theory of Games and Economic Behavior*(von Neumann 및

---

역주2 확률들을 가중치로 한 '가중 기하 평균'을 말하는 것으로 보인다.

Morgenstern, 1944)에서 재발견되었는데, 이번 장에 나온 선호도 공리들은 이 책의 것들과 형태가 비슷하다. 램지는 에이전트의 선호도들로부터 주관적인 확률들도(효용뿐만 아니라) 유도했다. 이런 종류로 좀 더 최근의 연구로는 [Savage, 1954]와 [Jeffrey, 1983]이 있다. [Beardon 외, 2002]는 효용 함수로는 비추이적 선호들과 기타 비정상적 상황들을 표현하기에 충분치 않음을 보였다.

    1차 세계대전 이후 시기에 결정이론이 경제학, 금융, 경영과학의 표준 도구가 되었다. 군사 전략, 의료 진단, 공공 보건, 공학 설계, 자원 관리 같은 분야에서 좀 더 합리적인 **의사결정 분석** 정책 결정을 돕기 위해 **의사결정 분석**(decision analysis)이라는 분야가 만들어졌다. 그러 **의사결정자** 한 정책 결정 과정에는 결과들에 대한 선호도들을 천명하는 **의사결정자**(decision maker)와 가능한 동작들과 결과들을 나열하고 의사결정자로부터 선호도들을 유도해서 최선의 **의사결정 분석가** 행동 방침을 결정하는 **의사결정 분석가**(decision analyst)가 관여한다. [von Winterfeldt 및 Edwards, 1986]은 의사결정 분석에 관한, 그리고 의사결정 분석과 인간의 선호 구조의 관계에 관한 현대적인 관점을 제공한다. [Smith, 1988]은 의사결정 분석의 방법론을 개괄한다.

    1980년대 이전에는 다변량 결정 문제를 변수들의 모든 가능한 사례화로 이루어진 '의사결정 트리(decision tree)'를 구축해서 처리했다. 베이즈망과 동일한 조건부 독립성들 **영향도** 을 활용하는 영향도(influence diagram) 또는 의사결정망은 SRI에 대한 초기 성과(Miller 외, 1976)에 기초해서 하워드와 매서슨이 도입했다(Howard 및 Matheson, 1984). 하워드와 매서슨의 알고리즘은 의사결정망으로부터 완결적인(지수적으로 큰) 의사결정 트리를 구축했다. [Shachter, 1986]은 의사결정 트리를 따로 만들지 않고 의사결정망에 직접 기초해서 결정을 내리는 방법을 만들었다. 그 알고리즘은 다중 연결 베이즈망에 대한 최초의 완결적인 추론 알고리즘 중 하나이기도 하다. [Nilsson 및 Lauritzen, 2000]은 의사결정망을 위한 알고리즘들을 현재 진행 중인 베이즈망을 위한 군집화 알고리즘의 개발과 연관시킨다. 논문 모음집 [Oliver 및 Smith, 1990]과 학술지 *Networks*의 1990년 특별호에는 의사결정망에 관한 여러 유용한 논문이 모여 있다. [Fenton 및 Neil, 2018]은 의사결정망을 이용해서 실제 의사결정 문제를 풀기 위한 실무적인 지침서이다. 의사결정망과 효용 모형화에 관한 논문들은 학술지 *Management Science*와 *Decision Analysis*에도 정기적으로 게재된다.

    제12장에서 설명한 의료 의사결정의 초기 응용들이 나온 후 결정이론적 수단을 채용한 초기 인공지능 연구자들은 놀랄 만큼 적다. 몇 안 되는 예외 중 하나는 결정이론을 컴퓨터 시각(Feldman 및 Yakimovsky, 1974)과 계획 수립(Feldman 및 Sproull, 1977) 문제에 적용한 제리 펠드먼이다. 1970년대 후반과 1980년대 초반의 규칙 기반 전문가 시스템은 의사결정보다는 사람의 질문에 답을 하는 데 초점을 두었다. 그런 시스템들은 동작들을 추천했는데, 결과들과 선호도들에 대한 명시적인 표현이 아니라 조건-동작 규칙을 이용해서 동작을 추천하는 경우가 일반적이었다.

    의사결정망은 훨씬 더 유연한 접근방식을 제공한다. 예를 들어 의사결정망에서는 전이 모형은 그대로 두고 선호도만 변경할 수도 있고, 그 반대도 마찬가지이다. 또한, 다음에 찾아 볼 정보를 근거 있게 계산하는 것도 가능하다. 1980년대 후반에는, 부분적으로는 베이즈망에 대한 펄의 작업 덕분에 결정이론적 전문가 시스템이 널리 받아들여졌다(Horvitz 외, 1988; Cowell 외, 2002). 실제로, 1991년부터는 학술지 *Artificial Intelligence*의 앞표지에 의사결정망 도식이 등장했다(비록 약간의 '예술적 허용'에 의해 화살표 방향이 좀 달라지긴 했지만).

인간의 효용들을 측정하려는 실질적인 시도는 1차 세계대전 이후 의사결정 분석가들(앞에서 언급한)이 시작했다. 마이크로모트 효용 측도는 [Howard, 1989]에 나온다. [Thaler, 1992]에 따르면, 사망 확률이 1/1000일 때 응답자가 위험을 피하기 위해 지불할 의향이 있는 금액은 $200 미만이며, 5만 달러를 준다고 해도 그런 위험을 감수하려 들지는 않는다.

의료 시술이나 관련 사회 정책의 비용-이득 분석에 **QALY**(삶의 질 보정 수명)를 사용하는 것은 적어도 [Klarman 외, 1968]으로 거슬러 올라가지만, QALY라는 용어 자체는 [Zeckhauser 및 Shepard, 1976]에 처음 등장했다. 돈처럼 QALY도 위험 중립성 같은 적당히 강력한(그러나 자주 위반되는) 가정들 하에서만 효용들에 직접 대응된다(Beresniak 외, 2015). 그렇긴 해도 QALY는 실제 응용에서 훨씬 널리 쓰이고 있다. 이를테면 영국의 국민 보건 서비스 정책들을 수립하는 데 QALY가 쓰인다. QALY 단위로 측정된 기대 효용의 증가를 근거로 한 공공 보건 정책의 주요 변화에 관한 논증의 전형적인 예가 [Russell, 1990]에 나온다.

[Keeney 및 Raiffa, 1976]은 **다중특성 효용이론**을 소개한다. 그 책은 다중특성 효용함수의 필수 매개변수들을 유도하는 방법들의 초기 컴퓨터 구현들을 서술하고, 해당 이론의 실제 응용 사례들도 광범위하게 제시한다. [Abbas, 2018]은 1976년 이후의 여러 연구 성과를 다룬다. 다중특성 효용이론은 주로 웰먼의 연구([Wellman, 1985])를 통해서 인공지능 분야에 도입되었다. 그는 확률적 우세와 정성적 확률 모형도 조사했다(Wellman, 1988, 1990a). [Wellman 및 Doyle, 1992]는 효용 독립 관계들의 복잡한 집합을 이용해서 효용 함수의 구조화된 모형을 제공하는 방법을 기초적으로 개괄한다. 그 방법은 베이즈망이 결합 확률분포의 구조화된 모형을 제공하는 것과 비슷하다. [Bacchus 및 Grove, 1995; Bacchus 및 Grove, 1996]과 [La Mura 및 Shoham, 1999]는 이 방향으로의 추가적인 연구 성과들을 제시한다. [Boutilier 외, 2004]는 조건부 *ceteribus paribus*[역주3] 선호도 문장에 대한 완전한 그래프 모형 형식론인 CP망(CP-net)을 서술한다.

[Smith 및 Winkler, 2006] 때문에 의사결정 분석가들은 **최적화기의 저주**에 주목하지 않을 수 없었다. 그 논문은 고객의 재무 이익을 분석가가 제안한 계획에 따라 투영한 예측이 현실화되는 경우는 거의 없음을 지적했다. 논문은 그 직접적인 원인이 최적의 동작을 선택함으로써 도입되는 편향임을 밝히고, 좀 더 완전한 베이즈적 분석으로 이 문제를 완전히 제거할 수 있음을 보였다.

---

[역주3] *ceteribus paribus*는 "다른 모든 조건이 동일하다면"이라는 뜻의 라틴어 문구이다.

동일한 바탕 개념을 [Harrison 및 March, 1984]는 **사후 결정 어긋남**(post-decision disappointment)이라고 불렀다. [Brown, 1974]도 자본 투자 프로젝트 분석의 맥락에서 그러한 문제를 지적했다. 최적화기의 저주는 **승자의 저주**(winner's curse)와도 밀접한 연관이 있다(Capen 외, 1971; Thaler, 1992). 승자의 저주는 경매장의 경쟁 입찰에 적용된다. 낙찰된 사람은 해당 매물의 가치를 과대평가했을 가능성이 아주 높다. [Capen 외, 1971]에는 석유 채굴권 입찰에 관해 석유 기술자가 한 다음과 같은 말이 나온다: "두세 명과의 경쟁에서 한 광구의 채굴권을 따낸 사람은 자신의 행운에 기분이 좋을 것이다. 그러나 50명과의 경쟁에서 이겼다면, 좋은 기분은 아닐 것이다."

알레의 역설은 노벨 경제학상을 받은 모리스 알레에서 기인한다(Allais, 1953). 실제로 사람들은 꾸준히 자신의 판단과 일치하지 않게 행동한다는 점이 실험으로 증명된 바 있다(Tversky 및 Kahneman, 1982; Conlisk, 1989). 중의성 회피에 관한 엘스버그의 역설은 대니얼 엘스버그의 Ph.D 논문(Ellsberg, 1962)에서 소개되었다.[10] [Fox 및 Tversky, 1995]는 중의성 회피에 대한 추가 연구를 서술한다. [Machina, 2005]는 불확실성하의 선택과 그것이 기대 효용이론과 다른 점을 개괄한다. 불확실성을 가진 선호도들의 상세한 분석에 관해서는 고전 교과서 [Keeney 및 Raiffa, 1976]과 좀 더 최근 성과인 [Abbas, 2018]을 보라.

2009년은 인간의 **비합리성**에 관한 대중서들이 많이 나온 해로 기억될 것이다. 이를테면 *Predictably Irrational*(Ariely, 2009), *Sway*(Brafman 및 Brafman, 2009), *Nudge*(Thaler 및 Sunstein, 2009), *Kluge*(Marcus, 2009), *How We Decide*(Lehrer, 2009), *On Being Certain*(Burton, 2009)이 있다. 이들은 카너먼의 고전 *Judgment Under Uncertainty*(Kahneman 외, 1982)와 그 모든 것의 시작인 논문 [Kahneman 및 Tversky, 1979]를 보충한다. 카너먼 자신도 *Thinking: Fast and Slow*(Kahneman, 2011)라는 통찰력 있고 읽기 쉬운 책을 냈다.

한편 진화심리학 분야는 이 문헌에 반기를 들면서, 진화적으로 적절한 문맥에서 인간이 상당히 합리적이라고 주장한다(Buss, 2005). 이 주장을 지지하는 사람들은 진화적으로 적절한 문맥에서는 그 정의에 의해 비합리성에 벌점이 가해짐을 지적하고, 일부의 경우 비합리성의 증거들이 실험적 설정의 부산물임을 제시한다(Cummins 및 Allen, 1998). 최근에는 수십 년간의 비관론을 뒤집고 인식의 베이즈적 모형에 대한 관심이 부활했다(Elio, 2002; Chater 및 Oaksford, 2008; Griffiths 외, 2008). 그러나 이러한 부활에 반대하는 이가 없지는 않다(Jones 및 Love, 2011).

정보 가치의 이론은 통계 실험의 맥락에서 처음으로 탐구되었다. 통계 실험들에 쓰이는 엔트로피 감소를 유사 효용(quasi-utility)으로 볼 수 있다(Lindley, 1956). 이번 장에서 제시한, 정보의 가치가 의사결정에 영향을 미치는 능력에 의해 결정되는 형태의 좀 더 일반적인 이론을 러시아 제어이론 학자 루슬란 스트라토노비치가 전개했으나(Stratonovich, 1965), 당시 서구에는 알려지지 않았다. 서구에서는 론 하워드가 같은 착

---

10 이후 엘스버그는 RAND Corporation에서 군사 분석가로 일하면서 Pentagon Papers라고 알려진 문서들을 유출했으며, 그 문서들은 베트남전 종전과 닉슨 대통령 사임의 한 원인이 되었다.

안을 선구적으로 제시했다(Howard, 1966). 해당 논문의 끝에서 그는 "만일 정보 가치 이론과 그와 관련된 결정이론적 구조들이 미래에 공학 교육의 큰 부분을 차지하지 않는다면, 공학 분야에서 과학적, 경제적 자원을 인류에게 이롭도록 관리한다는 공학의 전통적인 역할을 다른 분야에 빼앗길 것이다"라고 말했다. 그러한 주장이 함의하는 관리 방법상의 혁명은 아직 일어나지 않았다.

본문에서 설명한 근시안적 정보 수집 알고리즘은 결정 분석 문헌에서 광범위하게 등장한다. 이 알고리즘의 기본적인 틀을 영향도에 관한 독창적인 논문 [Howard 및 Matheson, 1984]에서 볼 수 있다. [Dittmer 및 Jensen, 1997]은 효율적인 계산 방법들을 연구했다. [Laskey, 1995]와 [Nielsen 및 Jensen, 2003]은 각각 베이즈망과 의사결정망의 민감도 분석 방법을 논의한다. 고전적 교과서 *Robust and Optimal Control*(Zhou 외, 1995)는 불확실성하의 의사결정 문제에 대한 강건한 접근방식들과 결정이론적 접근방식들을 자세히 설명하고 비교한다.

보물 찾기 문제를 다양한 저자가 각자 독립적으로 풀었는데, 그 역사는 적어도 순차 검사에 관한 논문 [Gluss, 1959]와 [Mitten, 1960]까지 거슬러 올라간다. 이번 장의 증명 스타일은 한 순차열의 가치와 그 순차열에서 인접한 두 요소의 자리를 바꾼 순차열의 가치 사이의 관계에 관한 기본적인 결과(Smith, 1956)에서 도출한 것이다. [Kadane 및 Simon, 1977]은 독립성 판정에 관한 이러한 결과들을 좀 더 일반적인 트리 검색 및 그래프 검색 문제(판정들이 부분 순서인)로 확장했다. 정보 가치의 비근시안적 계산의 복잡도에 관한 결과들은 [Krause 및 Guestrin, 2009]가 제시했다. [Krause 외, 2008]은 부분 모듈성(submodularity) 덕분에 처리 가능한 근사 알고리즘을 만들 수 있는 경우들을 식별했는데, 이 성과는 부분 모듈적 함수에 관한 독창적인 연구 [Nemhauser 외, 1978]에 기반한 것이다. [Krause 및 Guestrin, 2005]는 정확 동적 계획법 알고리즘이 증거 부분집합 선출과 조건부 계획 생성 모두에 효율적인 해법을 산출하는 경우들을 식별했다.

허샤니는 게임 이론의 **불완비**(incomplete) 정보 문제, 즉 플레이어들이 다른 플레이어들의 보상 함수들을 정확하게 알지 못하는 게임을 연구했다(Harsanyi, 1967). 그는 그런 게임들이 **불완전**(imperfect) 정보를 가진 게임, 즉 플레이어들이 세계의 상태를 확실히 알지 못하는 게임과 동일하다는 점을, 플레이어의 보상들을 참조하는 상태 변수들을 추가하는 요령을 통해서 증명했다. [Cyert 및 de Groot, 1979]는 에이전트가 자신의 효용 함수를 확실히 알지 못할 수 있고 경험을 통해 더 많은 정보를 획득할 수 있는 **적응적 효용**(adaptive utility) 이론을 개발했다.

적응적 효용

베이즈 선호 추출에 관한 연구(Chajewska 외, 2000; Boutilier, 2002)는 에이전트의 효용 함수에 관한 사전 확률의 가정으로 시작한다. [Fern 외, 2014]는 **보조**(assistance)의 결정이론적 모형 하나를 제안했는데, 그 모형에서 로봇은 처음에는 확실히 알지 못하는 인간의 목표를 파악하고 보조하려 한다. §16.7.2의 스위치 끄기 예제는 [Hadfield-Menell 외, 2017]의 것을 개작한 것이다. [Russell, 2019]는 인간에게 이로운 인공지능을 위한 일반적인 틀을 제시하는데, 핵심 예제로 스위치 끄기 게임을 사용한다.

보조

# 17 CHAPTER

# 복잡한 의사결정

이번 장에서는 내일 또 다른 결정을 내려야 할 수 있다는 조건하에서 오늘 무엇을 할지 결정하는 방법들을 살펴본다.

이번 장은 확률적 환경에서의 의사결정에 관여하는 계산 문제들을 다룬다. 제16장에서는 단발적인, 즉 일화적인 의사결정 문제를 고찰했다. 그런 문제에서는 각 동작의 결과의 효용이 잘 알려져 있다. 이번 장에서는 에이전트의 효용이 결정들의 순차열에 의존하는 **순차적 의사결정 문제**(sequential decision problem)를 고찰한다. 순차적 의사결정 문제에는 효용, 불확실성, 감지가 관여한다. 검색 문제와 계획 수립 문제는 순차적 의사결정 문제의 특수 경우들이다. §17.1에서는 순차적 의사결정 문제를 정의하는 방법을 설명하고, §17.2에서는 그런 문제를 풀어서 확률적 환경에 적합한 행동을 산출하는 방법들을 설명한다. §17.3은 순차적 의사결정 문제에 속하는, 다양한 맥락에서 등장하는 구체적이고도 멋진 사례인 $n$-**팔 강도**(여러 팔 강도) 문제를 다룬다. §17.4에서는 부분 관측 가능 환경의 의사결정 문제를 살펴보고 §17.5에서는 그런 문제를 푸는 방법을 설명한다.

*순차적*
*의사결정 문제*

## 17.1 순차적 의사결정 문제

에이전트가 도해 17.1(a)와 같은 4×3 환경에서 활동한다고 하자. 초기 상태에서부터 에이전트는 시간 단계마다 하나의 동작을 선택해야 한다. 에이전트가 목표 상태들(그림의

+1과 -1) 중 하나에 도달하면 환경과의 상호작용이 종료된다. 검색 문제에서처럼, 각 상태에서 에이전트가 할 수 있는 동작들은 ACTIONS($s$)로 주어진다. 이를 줄여서 $A(s)$로 표기하기도 한다. 4×3 환경의 모든 상태에서, 가능한 동작은 상하좌우 이동들을 뜻하는 $Up$, $Down$, $Left$, $Right$로 동일하다. 일단은 이 환경이 **완전 관측 가능**이라고 가정한다. 즉, 에이전트는 자신이 어디에 있는지 항상 안다.

환경이 결정론적이라면 해답이 간단하게 나온다. $[Up, Up, Right, Right, Right]$가 바로 그것이다. 그러나 모든 환경에서 이렇게 답이 바로 나오지는 않는다. 동작에 신뢰성이 없는 경우도 있기 때문이다. 이 예제에서 사용하는 구체적인 확률적 동작 모형이 도해 17.1(b)에 나와 있다. 각 동작은 0.8의 확률로 의도한 결과를 산출하나, 20%의 경우에는 에이전트가 의도된 방향의 직각 방향으로 이동한다. 더 나아가서, 만일 에이전트가 벽에 부딪히면 에이전트는 원래의 칸에 머무르게 된다. 예를 들어 칸 (1, 1)에서 시작해서 $Up$ 동작을 수행하면 에이전트는 0.8의 확률로 (1, 2)로 이동하나, 0.1의 확률로 오른쪽의 (2, 1)로 가거나 0.1의 확률로 왼쪽으로 이동해서 벽에 부딪힌 후 (1, 1)에 머무를 수도 있다. 이런 환경에서 동작열 $[Up, Up, Right, Right, Right]$에 의해 에이전트가 장벽을 우회해서 목표 상태 (4, 3)에 도달할 확률은 $0.8^5 = 0.32768$이다. 가능성이 아주 작지만, 다른 쪽으로 돌아서 우연히 목표에 도달할 수도 있다. 그럴 확률은 $0.1^4 \times 0.8$이다. 따라서 에이전트가 목표에 도달할 전체 확률은 0.32776이다. (연습문제 17.MDPX도 보라.)

제3장에서처럼, **전이 모형**(transition model; 의미가 명확한 문맥에서는 그냥 '모형'이라고 하겠다)은 각 상태의 각 동작의 결과를 서술한다. 지금 예에서 결과는 확률적이므로, 상태 $s$에서 동작 $a$를 수행했을 때 상태 $s'$에 도달할 확률을 $P(s' \mid a, s)$라고 표기한다. (전이 모형을 $T(s, a, s')$으로 표기하는 문헌들도 있다.) 전이들은 **마르코프 방식**(Markovian)으로 일어난다고 가정한다. 즉, 상태 $s$에서 $s'$에 도달할 확률은 오직 $s$에만 의존할 뿐, 그 이전 상태들의 역사와는 무관하다.

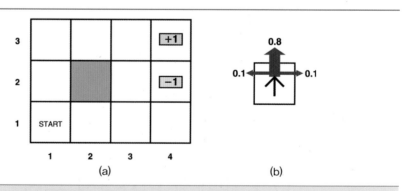

**도해 17.1** (a) 에이전트에게 순차적 의사결정 문제를 제시하는 간단한 확률적 4×3 환경. (b) 환경의 전이 모형을 나타낸 그림. '의도된' 결과는 0.8의 확률로 발생한다. 그러나 에이전트는 0.2의 확률로 의도된 방향과 직각인 방향으로 이동한다. 벽과 충돌하면 이동이 취소된다. 두 말단(종료) 상태로의 전이들은 각각 +1과 -1의 보상을 제공하고, 그 외의 모든 상태로이 전이는 -0.04의 보상을 제공한다.

과제 환경의 정의를 완성하려면 에이전트의 효용 함수를 반드시 지정해야 한다. 의사결정 문제가 순차적이므로, 효용 함수는 하나의 상태가 아니라 상태들과 동작들의 순차열, 즉 **환경 역사**에 의존하게 된다. 이번 장 뒷부분에서 그런 역사들에 대한 효용 함수의 성질을 살펴볼 것이다. 일단 지금은 그냥 $s$에서 동작 $a$에 의해 $s'$로 가는 모든 전이에 대해 에이전트가 하나의 **보상**(reward) $R(s,a,s')$을 받는다고만 하자. 이 보상은 음수일 수도 있고 양수일 수도 있지만, 반드시 $\pm R_{\max}$로 유계이다.[1]

**보상**

지금 예에서 두 말단(종료) 상태로의 전이는 보상이 각각 +1과 -1이고, 그 외의 모든 상태에 대한 전이는 보상이 -0.04라고 하겠다. 이러한 설정에서, 하나의 환경 역사의 효용은 그냥(일단 지금은) 에이전트가 받은 보상들의 합이다. 예를 들어 에이전트가 10단계 후에 +1에 도달했다면 총 효용은 $(9 \times -0.04) + 1 = 0.64$가 된다. -0.04라는 음의 보상은 에이전트가 (4,3)에 좀 더 일찍 도달하게 하는 자극 요인이 된다. 이런 측면에서, 이 환경은 제3장의 검색 문제들의 확률적 일반화라 할 수 있다. 다른 식으로 말하자면, 에이전트는 이 환경에서 사는 것이 그리 즐겁지 않으며, 그래서 최대한 빨리 벗어나려 한다.

정리하자면, 완전 관측 가능 확률적 환경에 대한, 마르코프 전이 모형과 가산적 보상을 가진 순차적 의사결정 문제를 **마르코프 결정 과정**(Markov decision process), 줄여서 **MDP**라고 부른다. MDP는 상태들의 집합(초기 상태는 $s_0$)과 각 상태의 동작들의 집합 ACTIONS$(s)$, 전이 모형 $P(s' \mid a,s)$, 그리고 보상 함수 $R(s,a,s')$으로 이루어진다. MDP를 푸는 방법들에는 흔히 **동적 계획법**(dynamic programming)이 관여한다. 동적 계획법은 그냥 문제를 재귀적으로 더 작은 문제로 분할하고 각 부분 문제의 최적해들을 다시 조립해서 최종적인 해를 구하는 문제 풀이 방법이다.

**마르코프 의사결정 과정**

**동적 계획법**

다음으로 생각할 것은 문제에 대한 해법은 어떤 모습인가이다. 앞에서 보았듯이 고정된 동작열로는 에이전트가 목표가 아닌 상태에 도달할 수 있으며, 따라서 이 문제를 풀 수 없다. 그러므로 이 문제의 해답은 에이전트가 도달할 수 있는 임의의 상태에서 에이전트가 해야 일을 지정해야 한다. 그런 종류의 해답을 **정책**(policy; 또는 방침)이라고 부른다. 전통적으로 정책을 $\pi$로 표기하고, 상태 $s$에 대한 정책 $\pi$가 추천하는 동작을 $\pi(s)$로 표기한다. 동작의 결과가 어떻든, 결과 상태는 정책 안에 있으며, 에이전트는 항상 다음에 할 일을 알게 된다.

**정책**

초기 상태에서 시작해서 주어진 정책을 실행할 때마다, 환경의 확률적 성질 때문에 이전과는 다른 환경 역사가 나올 수 있다. 따라서 정책의 품질은 정책에 의해 생성되는 가능한 환경 역사들의 **기대 효용**으로 측정된다. 기대 효용이 가장 높은 정책을 **최적 정책**(optimal policy)라고 부른다. 이를 $\pi^*$라고 표기하겠다. $\pi^*$가 주어졌을 때, 에이전트는 현재의 지각을 참고해서 현재 상태 $s$를 알아내고, 그런 다음 동작 $\pi^*(s)$를 실행한다. 정책은 에이전트 함수를 명시적으로 표현한다. 따라서 하나의 정책은 효용 기반 에이전트에 쓰이는 정보로 계산한 단순 반사 에이전트의 서술이다.

**최적 정책**

---

[1] 제3장에서 검색 문제를 정의할 때처럼 비용 $c(s,a,s')$을 사용할 수도 있다. 그러나 불확실성하의 순차적 의사결정에 관한 문헌들에서는 보상을 사용하는 것이 표준이다.

도해 17.1의 세계에 대한 최적 정책이 도해 17.2(a)에 나와 있다. 정책이 둘인 것은, 에이전트의 관점에서는 (3,1)에서 왼쪽으로 가는 것과 위로 가는 것에 아무런 차이가 없기 때문이다. 왼쪽으로 가는 것은 안전하지만 더 경로가 길고, 위로 가는것은 더 빠르지만 실수로 (4,2)에 빠질 위험이 있다. 이처럼 최적 정책이 여러 개일 때가 많다.

위험과 보상의 균형은 비말단 상태들 사이의 전이에 대한 $r = R(s,a,s')$ 값에 의존한다. 도해 17.2(a)에 나온 정책들은 $-0.0850 < r < -0.0273$에 대해 최적이고, 도해 17.2(b)의 정책들은 $r$의 다른 네 범위에 대해 최적이다. $r < -1.6497$일 때는 이 세계에서의 삶이 너무 고달파서 에이전트는 가장 가까운 출구의 가치가 $-1$이라도 그곳을 향해 직접 나아간다. $-0.7311 < r < -0.4526$일 때는 삶이 다소 불편해서, 에이전트가 (2,1)나 (3,1), (3,2)에 있을 때는 $+1$ 상태로의 최단 경로를 취한다. 그러나 (4,1)에서는 $+1$에 도달하는 비용이 너무 높아서 에이전트는 $-1$로 직접 뛰어드는 쪽을 택한다. 삶이 그리 고단하지 않은 경우($-0.0274 < r < 0$), 최적 정책은 그 어떤 위험도 감수하지 않는다. (4,1)이나 (3,2)에서 에이전트는 우연히 $-1$ 상태에 빠지는 일이 결코 없도록 그 상태로부터 멀어지는 방향을 택한다(비록 벽에 여러 번 머리를 부딪치더라도). 마지막으로, $r > 0$일 때는 삶이 아주 즐거워서 에이전트가 두 출구를 모두 피한다. 표시된 (4,1)과 (3,2), (3,3)의 동작들로만 본다면 이 경우는 모든 정책이 최적이며, 에이전트가 결코 말단 상태에 도달하지 못하므로 에이전트의 총 보상은 무한대이다. 놀랍게도, $r$의 여러 범위에 대해 이것 말고도 총 아홉 개의 최적 정책이 더 있다. 그것들을 연습문제 17.THRC에서 독자가 직접 찾아볼 것이다.

불확실성을 도입하면 MDP는 결정론적 검색 문제보다 실제 세계에 좀 더 가까워진다. 그래서 인공지능, 경영과학, 경제학, 제어이론을 비롯한 여러 분야가 MDP를 연구한

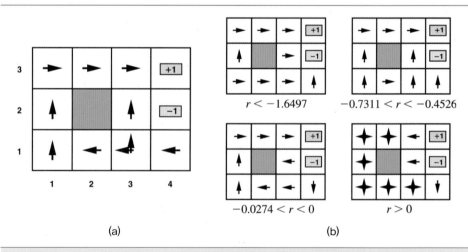

(a)                              (b)

**도해 17.2** (a) 비말단 상태에서 $r = -0.04$인 확률적 환경에 대한 최적 정책들. 상태 (3,1)에서 *Left*와 *Up* 둘 다 최적이라서 최적 정책이 두 개이다. (b) 여러 $r$ 범위에 대한 최적 정책들.

다. 최적 정책을 계산하는 해법 알고리즘이 수십 개 나와 있는데, 그중 몇 가지를 §17.2
에서 논의한다. 일단 지금은 MDP를 위한 효용, 최적 정책, 모형들의 좀 더 상세한 정의
에 집중하자.

## 17.1.1 시간에 따른 효용의 변화

도해 17.1의 MDP 예에서는 에이전트의 성과를 전이에 의한 보상들의 합으로 측정했다. 이
러한 성과 측도가 아무렇게나 정한 것은 아니지만, 그렇다고 이것이 환경 역사들에 대한 유
일한 효용 함수인 것도 아니다. 환경 역사들에 대한 효용 함수를 $U_h([s_0, a_0, s_1, a_1 \ldots, s_n])$
으로 표기한다.[2]

유한한 지평선　　　 가장 먼저 답해야 할 질문은, 의사결정에 **유한한 지평선**(finite horizon)이 존재하는
무한한 지평선　가, 아니면 지평선이 무한한가(**무한한 지평선**)이다. 유한한 지평선이란 어떤 **고정된** 시간
$N$ 이후에는 아무 일도 일어나지 않는 것, 말하자면 '게임 오버'가 되는 것을 말한다. 즉,
모든 $k > 0$에 대해

$$U_h([s_0, a_0, s_1, a_1, \ldots, s_{N+k}]) = U_h([s_0, a_0, s_1, a_1, \ldots, s_N])$$

이다. 예를 들어 도해 17.1의 4×3 세계에서 에이전트가 (3,1)에서 시작한다고 하자. 그
리고 $N = 3$이라고 하자. 그러면, +1 상태에 도달하기 위해서는 에이전트가 반드시 최단
경로를 택해야 하며, 따라서 최적의 동작은 $Up$이다. 반면 $N = 100$이라면 안전하게 돌아
▶ 갈 시간이 충분하므로, 최적의 동작은 $Left$가 될 것이다. 따라서, 지평선이 유한할 때는
주어진 한 상태에서의 최적 동작이 시간이 얼마나 남았느냐에 의존할 수 있다. 시간에 의존
시변　하는 정책을 **시변**(nonstationary) 정책이라고 부른다.

반면 시간 제한이 없으면 한 상태에 대한 정책이 시간이 달라진다고 해서 달라질
이유가 없으며, 최적의 동작은 오직 현재 상태에만 의존한다. 그런 경우의 최적 정책을
시불변　**시불변**(stationary) 최적 정책이라고 부른다. 따라서 지평선이 무한한 경우가 지평선이 유
한할 때보다 간단하다. 이번 장에서는 주로 지평선이 무한한 경우를 다룬다. (그러나, 나
중에 보겠지만 부분 관측 가능 환경에서는 지평선이 무한한 경우가 그리 간단하지 않
다.) 그런데 지평선이 '무한'하다고 해서 모든 상태열이 무한한 것은 아님을 주의하기 바
란다. 무한한 지평선은 그냥 고정된 마감 시간이 없다는 뜻일 뿐이다. 말단 상태가 하나
있는 무한 지평선 MDP에는 유한한 상태열이 존재할 수 있다.

다음으로, 상태열들의 효용을 계산하는 방법을 결정해야 한다. 이번 장 전체에서는
가산적 할인 보상　효용 계산을 위해 **가산적 할인 보상**(additive discounted reward)을 사용한다. 이 경우 한
환경 역사의 효용은 다음과 같다.

$$U_h([s_0, a_0, s_1, a_1, s_2, \ldots]) = R(s_0, a_0, s_1) + \gamma R(s_1, a_1, s_2) + \gamma^2 R(s_2, a_2, s_3) + \cdots.$$

---

2　이번 장에서는 효용 함수를 U로 표기하지만(이 책의 다른 부분과 일관성을 위해), MDP에 관한 문헌 중에
는 V(value를 뜻하는)를 사용하는 것들이 많다.

여기서 $\gamma$ 감마는 **할인 계수**(discount factor)로, 그 값은 0에서 1 사이이다. 할인율은 에이전트가 미래의 보상보다 현재 보상을 얼마나 더 선호하는지를 나타낸다. $\gamma$가 0에 가까우면 에이전트는 먼 미래의 보상이 무의미하다고 여긴다. $\gamma$가 1에 가까우면 에이전트는 좀 더 장기적인 보상을 기꺼이 기다리려 한다. $\gamma$가 정확히 1이면 할인 보상은 하나의 특수 경우인 순수한 **가산적 보상**(additive reward)이 된다. 발견적 검색 알고리즘(제3장)의 경로 비용 함수 활용에서도 이러한 가산적 성질을 암묵적으로 사용했었다.

가산적 할인 보상이 말이 되는 이유는 여러 가지이다. 그중에는 경험적인 이유도 있는데, 인간이든 동물이든 먼 미래의 보상보다는 단기적인 보상에 더 큰 가치를 두는 것으로 보인다는 점이다. 경제적인 이유도 있다. 만일 보상이 돈으로 주어진다면, 일찍 돈을 받아 투자하면 이후의 보상을 기다리는 동안에도 이익이 생긴다. 이런 문맥에서 할인 계수 $\gamma$는 이율 $(1/\gamma) - 1$에 해당한다. 예를 들어 할인 계수 $\gamma = 0.9$는 이율 11.1%에 해당한다.

세 번째 이유는 진(true) 보상에 관한 불확실성이다. 에이전트는 전이 모형에는 반영되지 않은 다종다양한 이유로 말단 상태에 도달하지 못할 가능성이 있다. 특정 가정들하에서 할인 계수 $\gamma$는 모든 시간 단계에서 취한 동작과는 독립적으로 우발적인 종료 확률 $1 - \gamma$를 추가하는 것과 같다.

네 번째 근거는 역사들에 대한 선호도들의 한 가지 자연스러운 성질에서 비롯된다. 다중특성 효용이론의 어법(§16.4 참고)에서 각 전이 $s_t \xrightarrow{a_t} s_{t+1}$은 역사 $[s_0, a_0, s_1, a_1, s_2 \dots]$의 한 **특성**(attribute)으로 볼 수 있다. 이론상 효용 함수는 얼마든지 복잡한 방식으로 이 특성들에 의존할 수 있다. 그러나, 상태열들에 대한 에이전트의 선호도들이 **시불변**(stationary)이라는 대단히 그럴듯한 선호도 독립성 가정이 성립하는 경우도 있다.

두 역사 $[s_0, a_0, s_1, a_1, s_2, \dots]$과 $[s_0', a_0', s_1', a_1', s_2', \dots]$이 동일한 전이로 시작한다고 하자(즉, $s_0 = s_0'$, $a_0 = a_0'$, $s_1 = s_1'$이다). 그러면, 선호도가 시불변이라는 것은 두 역사가 역사 $[s_1, a_1, s_2, \dots]$ 및 $[s_1', a_1', s_2', \dots]$과 동일한 선호도 순이라는 뜻이다. 일상 언어로 말하자면, 만일 여러분이 내일부터 시작하는 미래 A와 B 중 A를 더 선호한다면, 두 미래가 오늘부터 시작한다고 해도 여러분은 여전히 A를 선호해야 한다. 언뜻 보면 이러한 선호도 시불변성 가정이 흔하게 성립할 것 같지만, 사실 역사들에 대한 효용 중 이 가정을 충족하는 것은 가산 할인밖에 없다.

할인 보상의 마지막 근거는, 할인 보상을 이용하면 몇 가지 까다로운 무한대를 편리하게 다룰 수 있다는 것이다. 만일 환경에 말단 상태가 없으면, 또는 에이전트가 그 상태에 도달하지 못하면, 환경 역사가 무한히 길어진다. 그리고 만일 효용이 가산적이면, 할인되지 않은 보상은 일반적으로 무한대가 된다. $+\infty$라는 효용이 $-\infty$라는 효용보다 낫다는 점은 독자도 동의하겠지만, 효용이 $+\infty$인 두 상태열을 비교하는 것은 좀 더 까다롭다. 해결책은 세 가지인데, 그중 둘은 이미 살펴본 것이다.

1. 할인 보상에서는 무한 상태열의 효용이 **유한**하다. 실제로, $\gamma < 1$이고 보상의 상, 하한이 $\pm R_{\max}$일 때 다음이 성립한다.

$$U_h([s_0, a_0, s_1, ...]) = \sum_{t=0}^{\infty} \gamma^t R(s_t, a_t, s_{t+1}) \leq \sum_{t=0}^{\infty} \gamma^t R_{\max} = \frac{R_{\max}}{(1-\gamma)}. \qquad (17.1)$$

여기에는 표준적인 무한 기하급수 합 공식이 적용되었다.

2. 만일 환경에 말단 상태들이 존재하면, 그리고 에이전트가 결국에는 그중 하나에 도달함이 보장된다면, 무한 상태열을 비교해야 할 일은 절대 발생하지 않는다. 하나의 말단 상태에 반드시 도달함을 보장하는 정책을 가리켜 **진 정책**(proper policy)[역주1]이라고 부른다. 진 정책이 있을 때에는 $\gamma=1$을(즉, 가산적 비할인 보상을) 사용할 수 있다. 도해 17.2(b)의 처음 세 정책은 진 정책이지만 넷째 것은 가 정책(improper policy)이다. 비말단 상태 사이의 전이에 대한 보상이 양수일 때 가 정책은 말단 상태를 피함으로써 총 보상을 무한히 늘려나간다. 가산적 보상을 사용하는 경우, 이런 가 정책이 존재하면 MDP용 표준 알고리즘이 해를 구하는 데 실패할 수 있다. 이는 할인 보상을 사용하는 것이 좋은 이유의 하나이다.

3. 무한 상태열들을 시간 단계당 **평균 보상**(average reward)을 기준으로 비교할 수도 있다. 4×3 세계에서 (1,1) 칸으로 가는 전이에 대한 보상이 0.1이고 나머지 모든 비말단 상태로 가는 전이의 보상이 0.01이라고 하자. 그러면, 에이전트가 (1,1)에서 머무르게 만드는 정책의 평균 보상이 그 외의 칸에 대한 정책의 평균 보상보다 더 높다. 일부 문제들에서는 이러한 평균 보상이 유용한 기준이 되지만, 평균 보상 알고리즘의 분석은 복잡하다.

가산적 할인 보상 방식을 사용하면 상태열의 평가에서 문제점이 덜 발생한다.

## 17.1.2 최적 정책과 상태의 효용

앞에서 우리는 주어진 역사의 효용이 할인 보상들의 합이라고 정의했다. 이제 정책을 실행했을 때 얻게 되는 기대 효용을 비교함으로써 정책들을 비교할 수 있다. 에이전트가 초기 상태 $s$에서 시작한다고 가정하자. 그리고 에이전트가 특정 정책 $\pi$를 따랐을 때 시간 $t$에서 도달하는 상태를 $S_t$라는 확률 변수로 나타내기로 하자. ($S_0 = s$임은, 즉 에이전트가 현재 있는 상태가 초기 상태임은 명백하다). 상태열 $S_1, S_2, ...,$에 대한 확률분포는 초기 상태 $s$와 정책 $\pi$, 그리고 환경의 전이 모형으로 결정된다.

$s$에서부터 $\pi$를 실행해서 얻는 기대 효용은 다음과 같이 주어진다.

$$U^{\pi}(s) = E\left[\sum_{t=0}^{\infty} \gamma^t R(S_t, \pi(S_t), S_{t+1})\right]. \qquad (17.2)$$

---

[역주1] 진 정책과 가 정책은 진부분집합(proper subset), 진분수(proper fraction), 가분수(improper fraction)의 예를 참고해서 만든 용어이다.

여기서 기댓값 $E$는 $s$와 $\pi$로 결정되는 상태열들의 확률분포에 대한 것이다. 이제 에이전트가 $s$에서부터 실행할 수 있는 모든 정책 중 효용이 다른 것들보다 높은 것(들)을 고를 수 있다. 그런 정책 중 하나를 $\pi^*{}_s$로 표기하자.

$$\pi^*{}_s = \mathrm{argmax}_\pi U^\pi(s). \tag{17.3}$$

$\pi^*{}_s$가 하나의 정책임을 기억하기 바란다. 따라서 이것은 모든 상태에 대해 동작을 추천한다. 특히, $\pi^*{}_s$는 $s$가 시작 상태일 때 최적 정책이다. 지평선이 무한하고 효용을 할인 보상들로 계산할 때 한 가지 중요한 특징은, 최적 정책이 시작 상태와는 **독립적**이라는 것이다. (물론 **동작열**은 독립적이지 않다. 하나의 정책은 각 상태에 대해 하나의 동작을 지정하는 함수임을 기억하기 바란다.) 이 사실은 직관적으로 당연해 보인다. 만일 정책 $\pi^*{}_a$가 $a$에서 시작하는 최적 정책이고 $\pi^*{}_b$가 $b$에서 시작하는 최적 정책이면, 그리고 그 둘이 셋째 상태 $c$에 도달한다면, 그 상태에서 두 정책이 추천하는 다음 동작들이 일치하지 않을 그럴듯한 이유는 없다. $\pi^*{}_c$가 추천하는 다음 동작 역시 마찬가지이다.[3] 따라서 최적 정책을 아래 첨자 없이 그냥 $\pi^*$로 표기해도 된다.

이러한 정의가 주어졌을 때 한 상태의 정확한 효용은 $U^{\pi^*}(s)$, 즉 에이전트가 최적 정책을 실행했을 때의 할인 보상들의 기대 합이다. 이를 제16장에서 결과의 효용에 대해 사용한 표기법과 부합하는 $U(s)$로 표기하기로 하겠다. 도해 17.3에 4×3 세계의 효용들이 나와 있다. +1 출구에 가까운 상태들의 효용이 더 높다는 점을 주목하기 바란다. 이는 출구에 도달하기 위해 나아가야 할 단계들이 더 적기 때문이다.

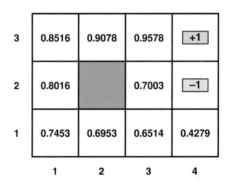

**도해 17.3** 4×3 세계의 상태들의 효용들. 비말단 상태로의 전이들에 대해 $\gamma=1$과 $R(s)=-0.04$로 두고 계산했음.

---

3  비록 이것이 자명해 보이지만, 유한 지평선 정책이나 시간에 따라 보상을 조합하는 다른 방식들(이를테면 최댓값을 취하는 등)에서는 성립하지 않는다. 이에 대한 증명은 상태들에 대한 효용 함수의 유일성 (§17.2.1)으로부터 직접 이끌어 낼 수 있다.

이러한 효용 함수 $U(s)$가 있을 때, 에이전트는 제16장의 최대 기대 효용 원리를 이용해서 다음 동작을 선택할 수 있다. 구체적으로 말하면, 최적의 정책은 에이전트에게 다음 단계에 대한 효용 더하기 이후 상태에 대한 기대 할인 효용이 최대가 되는 동작을 추천한다.

$$U(s) = \max_{a \in A(s)} \sum_{s'} P(s'|s,a)[R(s,a,s') + \gamma U(s')]. \tag{17.4}$$

이상에서 우리는 상태 $U(s)$의 효용을 그 상태에서부터 얻게 될 할인 보상들의 기대 합으로 정의했다. 그러한 정의로부터, 한 상태의 효용과 그 이웃들의 상태 사이의 다음과 같은 직접적인 관계가 나온다: 에이전트가 최적의 동작을 선택한다고 가정할 때, 한 상태의 효용은 다음 전이에 대한 기대 보상에 다음 상태의 할인 효용을 더한 것이다. 즉, 한 상태의 효용은 다음과 같이 주어진다.

$$U(s) = \max_{a \in A(s)} \sum_{s'} P(s'|s,a)[R(s,a,s') + \gamma U(s')]. \tag{17.5}$$

벨먼 방정식    이 공식을 리처드 벨먼(Bellman, 1957)의 이름을 따서 **벨먼 방정식**(Bellman equation)이라고 부른다. 상태의 효용(식 (17.2)에서 이후의 상태열들의 기대 효용으로 정의된)들은 벨먼 방정식 집합의 해들이다. 그리고 §17.2.1에서 보겠지만 이들은 유일한(고유한) 해들이다.

그럼 4×3 세계에 대한 벨먼 방정식들 중 하나를 보자. $U(1,1)$에 대한 벨먼 방정식의 우변은

$$\max\{\,[0.8(-0.04 + \gamma U(1,2)) + 0.1(-0.04 + \gamma U(2,1)) + 0.1(-0.04 + \gamma U(1,1))],$$
$$[0.9(-0.04 + \gamma U(1,1)) + 0.1(-0.04 + \gamma U(1,2))],$$
$$[0.9(-0.04 + \gamma U(1,1)) + 0.1(-0.04 + \gamma U(2,1))],$$
$$[0.8(-0.04 + \gamma U(2,1)) + 0.1(-0.04 + \gamma U(1,2)) + 0.1(-0.04 + \gamma U(1,1))]\,\}$$

이다. max의 네 인수는 각각 *Up*, *Left*, *Down*, *Right*(위, 왼쪽, 아래, 오른쪽 이동)에 해당한다. 이들에 도해 17.3의 수치들을 대입해 보면, $\gamma = 1$일 때는 *Up*이 최선의 동작임을 알 수 있다.

Q 함수    또 다른 중요한 수량으로는 **동작 효용 함수**(action-utility function), 즉 **Q 함수**(Q-function)가 있다. Q 함수 $Q(s,a)$는 주어진 상태에서 한 동작을 취하는 것의 기대 효용이다. Q 함수와 효용의 관계는 자명하다.

$$U(s) = \max_{a} Q(s,a). \tag{17.6}$$

더 나아가서, 최적 정책을 Q 함수에서 다음과 같이 추출할 수 있다.

$$\pi^*(s) = \operatorname*{argmax}_{a} Q(s,a). \tag{17.7}$$

또한, 한 동작의 총 기대 보상은 즉각적인 보상 더하기 결과 상태의 할인 효용이며, 이를 Q 함수를 이용해서 표현할 수 있다는 점에 주목해서 Q 함수에 대한 벨먼 방정식도 만들 수 있다.

$$Q(s,a) = \sum_{s'} P(s'|s,a)[R(s,a,s') + \gamma\, U(s')]$$
$$= \sum_{s'} P(s'|s,a)[R(s,a,s') + \gamma \max_{a'} Q(s',a')] \tag{17.8}$$

벨먼 방정식을 $U$에 대해(또는 $Q$에 대해) 풀면 최적 정책을 구하는 데 필요한 것들이 나온다. Q 함수는 MDP를 푸는 알고리즘들(§17.2)에 계속 등장하므로, 다음과 같은 함수를 정의해 두기로 한다.

**function** Q-VALUE($mdp$, $s$, $a$, $U$) **returns** 효용 값

 **return** $\sum_{s'} P(s'|s,a)[R(s,a,s'_{+}\gamma U[s']]$

## 17.1.3 보상 척도

제16장에서 효용의 척도(축척)이 임의적이라고 말했다. 즉, 어파인 변환을 적용해도 최적의 결정은 변하지 않는다. 임의의 상수 $m > 0$과 $b$에 대해 $U(s)$를 $U'(s) = m\,U(s) + b$로 대체할 수 있다. 마찬가지로, MDP에서 보상들을 아래처럼 변환해도 최적 정책은 변하지 않는다(이 점은 효용이 할인 보상들의 합이라는 정의에 착안하면 쉽게 증명할 수 있다).

$$R'(s,a,s') = mR(s,a,s') + b\,.$$

정형 정리   그러나 할인을 가산적 보상으로 분해하면 보상의 정의가 훨씬 자유로워진다. $\Phi(s)$가 상태 $s$에 대한 임의의 함수라고 하자. 그러면, **정형 정리**(shaping theorem)에 의해, 보상을 다음과 같이 변환해도 최적 정책은 변하지 않는다.

$$R'(s,a,s') = R(s,a,s') + \gamma\Phi(s') - \Phi(s)\,. \tag{17.9}$$

이것이 참임을 증명하려면, 두 MDP $M$과 $M'$의 보상 함수들이 식 (17.9)에 명시된 방식으로만 다르다고 할 때 둘의 최적 정책이 동일함을 보여야 한다. 출발점은 MDP $M$의 Q 함수 $Q$에 대한 벨먼 방정식이다.

$$Q(s,a) = \sum_{s'} P(s'|s,a)[R(s,a,s') + \gamma \max_{a'} Q(s',a')]\,.$$

이제 $Q'(s,a) = Q(s,a) - \Phi(s)$를 이 방정식에 대입하면 다음이 나온다.

$$Q'(s,a) + \Phi(s) = \sum_{s'} P(s'|s,a)[R(s,a,s') + \gamma \max_{a'} (Q'(s',a') + \Phi(s'))]\,.$$

식을 정리하면 다음이 나온다.

$$Q'(s,a) = \sum_{s'} P(s'|s,a)[R(s,a,s') + \gamma\Phi(s') - \Phi(s) + \gamma \max_{a'} Q'(s',a')]$$
$$= \sum_{s'} P(s'|s,a)[R'(s,a,s') + \gamma \max_{a'} Q'(s',a')].$$

다른 말로 하면, $Q'(s,a)$는 MDP $M'$에 대한 벨먼 방정식을 충족한다. 이제 식 (17.7)을 이용해서 $M'$에 대한 최적 정책을 추출할 수 있다.

$$\pi_M^*(s) = \underset{a}{\operatorname{argmax}} Q'(s,a) = \underset{a}{\operatorname{argmax}} Q(s,a) - \Phi(s) = \underset{a}{\operatorname{argmax}} Q(s,a) = \pi_M^*.$$

흔히 함수 $\Phi(s)$를 전기장을 발생하는 전기 퍼텐셜(전위)에 비유해서 **퍼텐셜**<sup>potential</sup>이라고 부른다. $\gamma\Phi(s') - \Phi(s)$는 퍼텐셜의 기울기로 작용한다. 따라서, 만일 효용이 큰 상태들에서 $\Phi(s)$의 값이 크다면, 보상에 $\gamma\Phi(s') - \Phi(s)$를 더하는 것은 에이전트를 "오르막으로" 이끄는 효과를 낸다.

언뜻 보면, 최적 정책이 변하지 않는 방식으로 보상을 수정할 수 있다는 것이 별로 직관적이지 않은 것 같다. 그러나, 보상 함수가 모든 점에서 0이면 **모든 정책이 최적**이라는 점을 생각하면 이해가 될 것이다. 이는, 정형 정리에 따르면, $R(s,a,s') = \gamma\Phi(s') - \Phi(s)$ 형태의 임의의 퍼텐셜 기반 보상에 대해 모든 정책이 최적이라는 뜻이다. 왜냐하면, 직관적으로 말할 때 그런 보상은 에이전트가 어떤 경로를 따라 $A$에서 $B$로 나아가든 신경 쓰지 않기 때문이다. ($\gamma = 1$일 때는 이 점을 쉽게 확인할 수 있다. 그 어떤 경로이든 보상들의 합은 결국 $\Phi(B) - \Phi(A)$이 되므로, 모든 경로는 동일하게 좋다.) 따라서 퍼텐셜 기반 보상을 다른 임의의 보상에 더한다고 해도 최적 정책은 변하지 않아야 마땅하다.

정형 정리가 제공하는 이러한 유연성은 에이전트의 개선에 도움이 된다. 이 유연성 덕분에, 즉각적인 보상이 에이전트가 취해야 하는 바람직한 동작을 좀 더 직접적으로 반영하게 만들 수 있다. 실제로, 만일 $\Phi(s) = U(s)$로 두면 수정된 보상 $R'$에 대한 탐욕적 정책 $\pi_G$도 하나의 최적 정책이다.

$$\pi_G(s) = \underset{a}{\operatorname{argmax}} \sum_{s'} P(s'|s,a) R'(s,a,s')$$
$$= \underset{a}{\operatorname{argmax}} \sum_{s'} P(s'|s,a)[R(s,a,s') + \gamma\Phi(s') - \Phi(s)]$$
$$= \underset{a}{\operatorname{argmax}} \sum_{s'} P(s'|s,a)[R(s,a,s') + \gamma U(s') - U(s)]$$
$$= \underset{a}{\operatorname{argmax}} \sum_{s'} P(s'|s,a)[R(s,a,s') + \gamma U(s')]$$
$$= \pi^*(s) \quad \text{(식 (17.4)에 의해)}.$$

물론 $\Phi(s) = U(s)$로 설정하려면 $U(s)$를 알아야 한다. 따라서 공짜 점심은 없는 셈이지만, 그래도 에이전트에 최대한 도움이 되는 보상 함수를 정의해 보는 것은 여전히 상당한 가치가 있는 노력이다. 동물 조련사가 목표 동작열의 각 단계에서 동물에게 작은 간식을 주는 이유가 바로 이것이다.

## 17.1.4 MDP의 표현

$P(s'|s,a)$와 $R(s,a,s')$을 표현하는 가장 간단한 방법은 각각을 크기가 $|S|^2|A|$인 커다란 3차원 테이블에 담는 것이다. 4×3 세계 같은 작은 문제라면 이런 방법도 문제가 없다. 4×3 세계에서 각 테이블의 항목 개수는 $11^2 \times 4 = 484$이다. 경우에 따라서는 이 테이블들이 **희소하다**(sparse). 즉, 테이블의 대부분의 항목이 0이다. 이는 각 상태 $s$에서 전이할 수 이는 상태 $s'$의 개수가 유한하기 때문이다. 따라서 테이블의 크기는 $O(|S||A|)$라 할 수 있다. 그러나 큰 문제에서는 이런 희소 테이블조차도 너무 클 수 있다.

제16장에서 베이즈망에 동작 노드들과 효용 노드들을 추가해서 의사결정망을 만든 것과 비슷하게, 동적 베이즈망(DBN; 제14장)에 결정 노드, 보상 노드, 효용 노드 등에 **동적 의사결정망** 추가해서 **동적 의사결정망**(dynamic decision network, DDN), 줄여서 동적 결정망을 만들 수 있다. DDN은 제2장의 어법으로 **분해된 표현**에 해당한다. 일반적으로 분해된 표현의 복잡도는 원자적 표현의 것보다 지수적으로 낮으며, 실세계의 문제들 상당수를 모형화할 수 있다.

도해 17.4는 도해 14.13(b)(p.632)의 DBN에 기초한 DBN으로, 스스로 충전할 수 있는 이동 로봇을 위한 어느 정도 사실적인 모형의 몇 가지 요소를 보여준다. 상태 $S_t$는 다음 네 상태 변수로 분해된다.

• $\mathbf{X}_t$는 격자 위의 2차원 위치와 방향으로 구성된다.

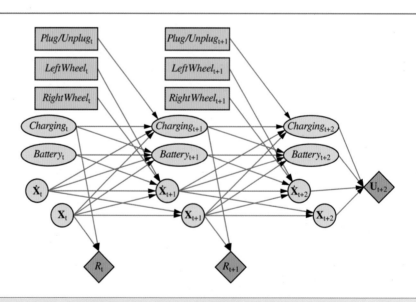

**도해 17.4** 배터리 수준, 충전 중, 위치, 속도를 나타내는 상태 변수들과 좌우 바퀴 모터 회전 및 충전을 위한 동작 변수들을 가진 이동 로봇에 대한 동적 의사결정망.

- $\dot{\mathbf{X}}_t$는 $\mathbf{X}_t$의 변화율이다.

- $Charging_t$는 로봇이 전원에 연결되어 있으면($Plug$) 참이다.

- $Battery_t$는 배터리 수준(잔량)으로, 치역은 정수 0, ..., 5이다.

MDP의 상태 공간은 이 네 변수들의 치역들의 곱집합(데카르트 곱)이다. 동작은 동작 변수들의 집합 $\mathbf{A}_t$로 표현한다. 충전을 시작하거나 끝내는 동작을 나타내는 동작 변수 $Plug/Unplug$는 세 가지 값($plug$, $unplug$, $noop$)을 가진다. 동작 변수 $LeftWheel$은 왼쪽 바퀴에 인가되는 전력의 양이고 $RightWheel$는 오른쪽 바퀴에 인가되는 전력의 양이다. 각 동작 변수는 상태 변수들 중 한 부분집합에만 영향을 미침을 주목하자.

전체적인 전이 모형은 조건부 확률분포 $\mathbf{P}(\mathbf{X}_{t+1}|\mathbf{X}_t, \mathbf{A}_t)$이다. 이를 DDN에서 얻은 확률들의 곱으로 계산할 수 있다. 보상은 로봇의 위치 $\mathbf{X}$와 충전 여부 $Charging$에만 의존한다. 전자는 예를 들어 로봇이 목적지에 도착하면 보상을 받는다는 점에서, 후자는 로봇이 사용한 전력을 고려해야 한다는 점에서 필요하다. 이 모형에서 보상은 로봇의 동작이나 그 결과 상태에는 의존하지 않는다.

도해 17.4의 DDN은 미래로 두 단계만큼 투영된 결과를 보여준다. $t$와 $t+1$에서는 보상에 대한 노드들이 결정망에 포함되어 있지만 $t+2$에서는 **효용**에 대한 노드가 있음을 주목하자. 이는 에이전트가 반드시 모든 미래 보상의 (할인된) 합을 최대화해야 하며,

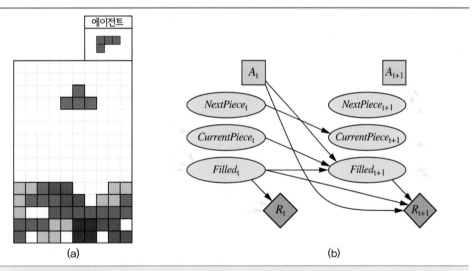

(a) (b)

**도해 17.5** (a) 테트리스 게임. 상단 가운데의 T자형 조각를 어떤 방향으로도, 그리고 수평 위치의 어느 곳에도 떨어뜨릴 수 있다. 한 줄이 완성되면 그 줄이 사라지고 그 위에 있던 줄들이 아래로 내려오며, 에이전트는 1점을 얻는다. 그 다음 조각(이 예에서는 왼쪽 상단에 표시된 L자형 조각)이 현재 조각이 되고, 일곱 가지 조각 형태 중 무작위로 선택된 조각이 다음 조각이 된다. 조각들이 게임판 꼭대기까지 채워지면 게임이 끝난다. (b) 테트리스 MDP를 위한 DDN.

$U(\mathbf{X}_{t+3})$은 $t+3$부터 받는 모든 보상을 대표하기 때문이다. 만일 $U$를 발견적으로 근사할 수 있다면, 그런 근사 함수를 이런 식으로 MDP 표현에 포함시켜서 추가적인 전개 대신 사용할 수 있다. 그런 접근방식은 제5장에서 게임에 대해 유계 깊이 검색 및 발견적 평가 함수를 사용하는 것에 아주 가깝다.

또 다른 흥미로운, 그리고 잘 연구된 MDP로 테트리스 게임(도해 17.5(a))이 있다. 이 게임의 상태 변수들은 $CurrentPiece$와 $NextPiece$, $Filled$인데, $Filled$는 $10 \times 20$ 게임판의 위치당 하나의 비트로 구성된 비트벡터 변수이다. 따라서 상태 공간의 상태 수는 $7 \times 7 \times 2^{200} \approx 10^{62}$이다. 테트리스를 위한 DDN이 도해 17.5(b)에 나와 있다. $Filled_{t+1}$가 $Filled_t$와 $A_t$의 결정론적 함수임을 주목하자. 테트리스를 위한 모든 정책은 반드시 하나의 말단 상태에 도달함이 보장되는 진 정책이다. 즉, 플레이어가 아무리 노력해도 결국에는 게임판이 조각들로 가득 차게 된다.

# 17.2 MDP를 위한 알고리즘들

몬테카를로 계획 수립

이번 절에서는 MDP를 푸는 네 종류의 알고리즘을 소개한다. 처음 셋은 **가치 반복**, **정책 반복**, **선형 계획법**인데, 이들은 정확한 해를 오프라인으로 산출한다. 네 번째 것은 **몬테 카를로 계획 수립**(Monte Carlo planning)을 포함하는 온라인 근사 알고리즘이다.

## 17.2.1 가치 반복

가치 반복

MDP를 푸는 **가치 반복**(value iteration) 알고리즘은 벨먼 방정식(식 17.5)에 기초한다. 가능한 상태가 $n$개이면 벨먼 방정식도 $n$개이다(상태당 하나씩). 그 $n$개의 방정식에는 $n$개의 미지수가 있다. 그 미지수들이 바로 상태 효용들이다. 따라서 $n$개의 방정식으로 이루어진 연립방정식을 풀어야 한다. 그런데 문제가 하나 있다. 이 방정식들은 **비선형**이다. 이는 max 연산자가 선형 연산자가 아니기 때문이다. 선형 연립방정식은 선형대수 기법들로 빠르게 풀 수 있지만, 비선형 연립방정식은 좀 더 까다롭다. 한 가지 시도해 볼 만한 것은 다음과 같은 **반복적**(iterative) 접근방식이다: 효용들의 초기 값을 임의로 정해서 방정식의 우변을 계산하고, 그것을 다시 좌변에 대입한다. 그러면 각 상태의 효용이 그 이웃들의 효용들로 갱신된다. 이러한 과정을 평형에 도달할 때까지 반복한다.

벨먼 갱신

$U_i(s)$가 $i$번째 반복에서의 상태 $s$의 효용 값이라고 하고 하자. **벨먼 갱신**(Bellman update) 단계라고 부르는 반복 단계는 다음과 같은 모습이다.

$$U_{i+1}(s) \leftarrow \max_{a \in A(s)} \sum_{s'} P(s'|s,a)[R(s,a,s') + \gamma U_i(s')]$$

$$(17.10)$$

이 갱신 공식이 각 반복마다 모든 상태에 동시에 적용된다고 가정한다. 이러한 벨먼 갱신을 무한한 횟수로 적용하면 반드시 평형에 도달한다(아래 "가치 반복의 수렴" 참고). 그리고 평형에 도달했을 때의 최종적인 효용 값들은 반드시 벨먼 방정식들의 해들이다. 사실 그 값들은 유일한 해들이며, 그에 해당하는 정책(식 (17.4)로 얻는)은 최적 정책이다. 효용들이 "충분히 가까울 때"의 종료 조건을 포함한 상세한 알고리즘이 도해 17.6에 나와 있다. 이 알고리즘이 사용하는 Q-VALUE 함수는 p.736에서 정의한 것이다.

---

**function** VALUE-ITERATION($mdp$, $\epsilon$) **returns** 효용 함수
   **입력:** $mdp$, 상태들 $S$, 동작들 $A(s)$, 전이 모형 $P(s' \mid s,a)$, 보상들 $R(s,a,s')$,
          할인 계수 $\gamma$로 이루어진 MDP
          $\epsilon$, 임의의 상태의 효용에 허용되는 최대 오차
   **지역 변수:** $U$와 $U'$, 상태 $S$에서의 효용들의 벡터들(둘 다 초기에는 영벡터)
          $\delta$, 한 반복에서 임의의 상태의 효용의 최대 상대적 변화량

  **repeat**
      $U \leftarrow U'$ ; $\delta \leftarrow 0$
      **for each** 상태 $s$ **in** $S$ **do**
         $U'[s] \leftarrow \max_{a \in A(s)}$Q-VALUE$(mdp,s,a,U)$
         **if** $|U'[s] - U[s]| > \delta$ **then** $\delta \leftarrow |U'[s] - U[s]|$
  **until** $\delta \leq \epsilon(1-\gamma)/\gamma$
  **return** $U$

---

**도해 17.6** 상태 효용들의 계산을 위한 가치 반복 알고리즘. 종료 조건은 식 (17.12)를 따른다.

---

가치 반복을 도해 17.1(a)의 4×3 세계에 적용해 보자. 효용들의 초기 값들을 모두 0으로 해서 갱신을 반복하면 효용들이 도해 17.5(a)와 같은 모습으로 진화한다. (4,3)으로부터의 거리가 서로 다른 여러 상태들에 음의 보상이 점점 누적되다가, (4,3)으로의 경로가 발견되고 나면 그때부터 효용들이 증가하기 시작함을 주목하기 바란다. 가치 반복 알고리즘을, 정보가 국소 갱신을 통해서 상태 공간을 통과해 나가는 방식의 **정보 전파** 기법이라고 생각해도 될 것이다.

## 가치 반복의 수렴

앞에서 가치 반복이 언젠가는 벨먼 방정식 고유해들의 집합으로 수렴한다고 말했다. 이번 절에서는 그렇게 되는 이유를 설명한다. 그 과정에서 몇 가지 유용한 수학 개념을 소개하고, 알고리즘이 일찍 종료되었을 때 반환되는 효용 함수의 오류를 추정하는 몇 가지 방법도 살펴본다. 이는 알고리즘을 무한히 실행하지 않아도 됨을 뜻한다는 점에서 유용하다. 이번 절의 내용은 상당히 기술적이다.

축약        가치 반복이 수렴함을 보이는 데 사용하는 기본 개념은 **축약**(contraction)이다. 대략 말하자면, 축약은 인수가 하나인, 그리고 서로 다른 두 입력의 출력들이 원래의 입력들 보다 '서로 더 가까워진다'는(적어도 어떤 상수 비율만큼) 조건을 충족하는 함수이다. 예를 들어 '2로 나누기' 함수는 하나의 축약이다. 임의의 두 수를 2로 나누면 둘의 차이도 절반이 되기 때문이다. '2로 나누기' 함수에 대해, 그 함수를 적용해도 변하지 않는 고정 점(fixed point)이 있음을 주목하기 바란다. 0이 바로 그 고정점이다. 지금 논의에서 중요 한 축약의 속성은 다음 두 가지이다.

- 축약에는 고정점이 단 하나 있다. 만일 함수의 고정점이 둘이면, 그 둘에 함수를 적용해도 더 가까워지지 않을 것이며, 그러면 그 함수는 축약이 아니다.
- 축약에 임의의 인수를 적용했을 때, 그 결과는 반드시 원래보다 고정점에 더 가까 워진다(고정점은 움직이지 않으므로). 따라서 축약을 무한히 반복하면 항상 고정점 에 도달하게 된다.

이제 벨먼 갱신(식 (17.10))을 모든 상태의 효용을 동시에 갱신하는 데 적용하는 연산자 $B$라고 생각하자. 그러면 벨먼 방정식은 $U = BU$이다. 이제 벨먼 갱신 공식을 다음과 같이 표기할 수 있다.

$$U_{i+1} \leftarrow BU_i.$$

다음으로, 효용 벡터들 사이의 '거리(distance)'를 측정하는 방법이 필요하다. 이를 위해 **최대 노름**(max norm), 즉 벡터의 가장 큰 성분의 절댓값을 그 벡터의 '길이(length)'로 사용하기로 한다.

$$\|U\| = \max_s |U(s)|.$$

이러한 정의에서, 두 벡터의 '거리' $\|U - U'\|$는 서로 대응되는 임의의 두 성분의 차이의 최댓값이다. 이번 절의 주된 결과는 다음과 같다: $U_i$와 $U'_i$가 임의의 두 효용 벡터라 할 때,

$$\|BU_i - BU'_i\| \leq \gamma \|U_i - U'_i\| \tag{17.11}$$

▶      가 성립한다. 즉, 벨먼 갱신은 효용 벡터들의 공간에 대한, 가까워지는 비율이 $\gamma$인 축약이다. (연습문제 17.VICT에 이 주장의 증명에 대한 몇 가지 지침이 나온다.) 여기에 축약의 일 반적인 속성들을 적용하면, $\gamma < 1$일 때 가치 반복은 항상 연립 벨만 방정식의 고유한 해 로 수렴한다는 결론을 이끌어 낼 수 있다.

       또한, 축약의 속성을 이용해서 해의 수렴 속도(rate)를 분석할 수도 있다. 구체적으 로, 식 (17.11)의 $U'_i$를 $BU = U$를 충족하는 **진**(true) 효용 값 $U$로 대체할 수 있다. 그 러면 다음과 같은 부등식이 나온다.

$$\|BU_i - U\| \leq \gamma \|U_i - U\|.$$

만일 $\|U_i - U\|$를 추정치 $U_i$의 **오차**로 간주한다면, 이 부등식은 그 오차가 반복마다 적어도 $\gamma$의 비율로 줄어듦을 의미한다. 따라서 가치 반복은 지수적으로 빠르게 수렴한다. 필요 반복 횟수를 다음과 같이 계산할 수 있다: 우선, 식 (17.1)에서 보듯이 모든 상태의 효용의 상, 하한이 $\pm R_{\max}/(1-\gamma)$임을 기억하기 바란다. 따라서 초기 최대 오차는 $\|U_0 - U\| \le 2R_{\max}/(1-\gamma)$로 주어진다. 오차가 $\epsilon$을 넘지 않게 되는 데 필요한 반복 횟수가 $N$이라고 하자. 오차는 단계마다 적어도 $\gamma$만큼 줄어들기 때문에, $N$에 대해 $\gamma^N \cdot 2R_{\max}/(1-\gamma) \le \epsilon$이 성립한다. 양변에 로그를 취해서 적절히 정리하면, 충분 반복 횟수가

$$N = \lceil \log(2R_{\max}/\epsilon(1-\gamma))/\log(1/\gamma) \rceil$$

임을 알 수 있다. 도해 17.7(b)는 비율 $\epsilon/R_{\max}$의 여러 값에 대한, $\gamma$에 따른 $N$의 변화를 보여 준다. 다행인 점은, $N$이 비율 $\epsilon/R_{\max}$에 그리 많이 의존하지 않는다는 점이다. 이는 수렴이 지수적으로 빠르기 때문이다. 나쁜 소식은, $\gamma$가 1에 가까워짐에 따라 $N$이 빠르게 증가한다는 것이다. $\gamma$를 작게 유지한다면 수렴이 빠르지만, 그러면 지평선이 가까워지기 때문에 에이전트가 자신의 동작들의 장기적인 효과를 놓칠 수 있다.

방금 본 오차 한계로부터, 알고리즘의 실행에 영향을 미치는 몇 가지 요인들을 짐작할 수 있다. 그러나 이 오차 한계를 반복 종료 시점을 판정하는 데 사용하면 너무 보수적인(즉, 반복을 필요 이상으로 많이 하는) 결과가 나올 수 있다. 주어진 임의의 반복에서의 벨만 갱신의 크기에 대한 오차와 관련된 한계를 사용하는 것이 더 낫다. 식 (17.11)에 나온 축약의 속성으로 증명할 수 있는 한 가지 사실은, 작은 갱신(즉, 모든 상태에서 효용의 변화가 크지 않은)에서는 실제 효용 함수를 기준으로 한 오차 역시 작다는 것이다. 좀 더 정확히 표현하자면,

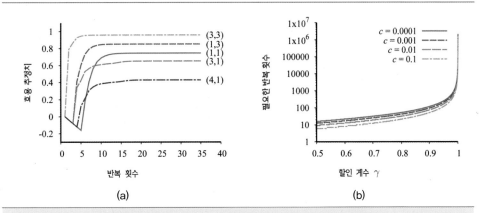

**도해 17.7** (a) 가치 반복을 이용해서 계산한 일부 상태 효용들의 진화 과정. (b) 최대 $\epsilon = c \cdot R_{\max}$의 오차를 보장하는 데 필요한, 할인 계수 $\gamma$의 함수로서의 가치 반복 횟수 $k$를 $c$의 여러 값에 대해 표시한 그래프.

만일 $\|U_{i+1} - U_i\| < \epsilon(1-\gamma)/\gamma$이면 $\|U_{i+1} - U\| < \epsilon$         (17.12)

이다. 이것이 바로 도해 17.6의 VALUE-ITERATION 알고리즘에 쓰인 종료 조건이다.

▶    지금까지 가치 반복 알고리즘이 돌려준 효용 함수의 오차를 분석했다. 그러나 에이전 트에게 정말로 중요한 것은, 그러한 효용 함수를 기초로 동작을 결정했을 때 얼마나 좋은 성과를 얻을 수 있는가이다. 가치 반복을 $i$번 수행한 후, 실제 $U$에 대한 에이전트의 추정치가 $U_i$라고 하자. 그리고 그 $U_i$를 이용해서 한 단계 앞을 예측한 결과로부터 얻은(식 (17.4)에서처럼) 최대 기대 효용(MEU) 정책이 $\pi_i$라고 하자. 이 정책을 따르는 동작이 최적의 동작만큼 좋을까? 임의의 실제 에이전트에게는 이것이 핵심적인 질문이며, 그 답이 "예"임이 밝혀졌다. $U^{\pi_i}(s)$가 $\pi_i$를 $s$에서부터 실행했을 때 얻는 효용이라 할 때, **정책 손실**

정책 손실  (policy loss) $\|U^{\pi_i} - U\|$는 최적 정책 $\pi^*$ 대신 $\pi_i$를 실행했을 때 에이전트가 입을 수 있는 최대의 손해이다. $\pi_i$의 정책 손실과 $U_i$의 오차 사이에는 다음과 같은 부등 관계가 있다.

만일 $\|U_i - U\| < \epsilon$이면 $\|U^{\pi_i} - U\| < 2\epsilon$.         (17.13)

실제 응용에서는 $U_i$가 수렴되기 한참 전에 $\pi_i$가 최적이 되는 경우가 많다. 도해 17.8은 $4 \times 3$ 환경에서 $\gamma = 0.9$로 두고 가치 반복을 반복했을 때 $U_i$의 최대 오차와 정책 손실이 0에 접근하는 속도를 보여 준다. $i = 5$일 때 정책 $\pi_i$는 최적이 되었지만 $U_i$의 최대 오차는 여전히 0.51이다.

   이제 실제 문제에 가치 반복을 적용하는 데 필요한 모든 것을 설명했다. 가치 반복이 실제 효용들로 수렴한다는 점을 알게 되었고, 효용 추정치들의 오차가 특정 한계를 넘지 않게 될 때까지 반복을 유한한 횟수로 수행할 수 있다는 점과 그에 해당하는 MEU 정책을 수행함으로써 정책 손실을 일정 수준으로 한정할 수 있다는 점도 알게 되었다. 마지막으로 한 가지 기억할 것은, 이번 절의 모든 결과는 $\gamma < 1$에 의해 효용들이 할인된

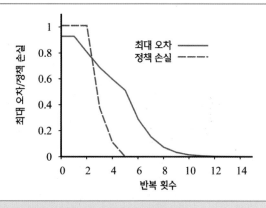

**도해 17.8** 효용 추정치들의 최대 오차 $\|U_i - U\|$와 정책 손실 $\|U^{\pi_i} - U\|$. 둘 다 $4 \times 3$세계에 대해 가치 반복 알고리즘을 반복한 횟수의 함수이다.

다는 사실에 의존한다는 점이다. $\gamma = 1$이고 환경에 말단 상태들이 있는 경우에도 비슷한 수렴 결과 집합과 오차 한계들을 유도할 수 있다.

## 17.2.2 정책 반복

**정책 반복**

이전 절에서 우리는 효용 함수의 추정이 부정확할 때에도 최적의 정책을 얻을 수 있음을 보았다. 한 동작이 다른 모든 동작보다 낫다는 점이 확실하다면, 관련된 상태 효용들의 구체적인 수치를 정확하게 구할 필요가 없다. 이러한 통찰은 최적 정책을 찾는 또 다른 방법을 암시해 준다. **정책 반복**(policy iteration) 알고리즘은 어떤 초기 정책 $\pi_0$으로부터 다음 두 단계를 번갈아 수행한다.

**정책 평가**

- **정책 평가**(policy evaluation): 정책 $\pi_i$가 주어졌을 때, 만일 $\pi_i$를 실행한다면 얻게 될 각 상태의 효용 $U_i = U^{\pi_i}$를 계산한다.

**정책 개선**

- **정책 개선**(policy improvement): $U_i$에 기초한 한 단계 예측을 이용해서(식 (17.4)에 서처럼) 새 MEU 정책 $\pi_{i+1}$을 계산한다.

정책 개선 단계를 적용해도 효용들이 전혀 변하지 않는 시점에 되면 알고리즘을 종료한다. 그 시점에서 효용 함수 $U_i$는 벨먼 갱신의 한 고정점이며, 따라서 그것은 벨먼 방정식들의 한 해이고 $\pi_i$는 반드시 최적 정책이다. 그런데 유한한 상태 공간에 있는 정책들은 유한하므로, 그리고 각 반복은 항상 더 나은 정책을 산출하므로(이는 증명 가능하다), 정책 반복은 반드시 종료한다. 이 알고리즘의 의사코드가 도해 17.9에 나와 있다. 가치 반복에서처럼, Q-VALUE 함수는 p.736에서 정의한 것이다.

---

**function** POLICY-ITERATION(*mdp*) **returns** 정책
  **입력:** *mdp*, 상태들 $S$, 동작들 $A(s)$, 전이 모형 $P(s' \mid s, a)$로 이루어진 MDP
  **지역 변수:** $U$, 상태 $S$에서의 효용들의 벡터(초기에는 영벡터)
    $\pi$, 상태로 색인화되는 정책, 초기에는 무작위

  **repeat**
    $U \leftarrow$ POLICY-EVALUATION($\pi$, $U$, *mdp*)
    *unchanged?* $\leftarrow$ *true*
    **for each** 상태 $s$ **in** $S$ **do**
      $a^* \leftarrow \underset{a \in A(s)}{\operatorname{argmax}} \text{Q-VALUE}(mdp, s, a, U)$
      **if** Q-VALUE($mdp, s, a^*, U$) > Q-VALUE($mdp, s, \pi[s], U$) **then**
        $\pi[s] \leftarrow a^*$; *unchanged?* $\leftarrow$ *false*
  **until** *unchanged?*
  **return** $\pi$

---

**도해 17.9** 최적 정책을 계산하는 정책 반복 알고리즘.

정책 평가 단계(POLICY-EVALUATION 함수)는 어떻게 구현해야 할까? 다행히, 정책 평가 단계를 수행하는 것은 표준적인 벨만 방정식들을 푸는 것(가치 반복)보다 훨씬 간단하다. 이는 각 상태의 동작이 정책에 의해 고정되기 때문이다. $i$번째 반복에서 정책 $\pi_i$는 상태 $s$에서의 동작 $\pi_i(s)$를 지정한다. 이로부터, $s$의 효용($\pi_i$하에서의)을 그 이웃들의 효용들과 연관시키는 벨먼 방정식(식 (17.5))의 단순화된 버전을 얻을 수 있다:

$$U_i(s) = \sum_{s'} P(s'|s, \pi_i(s))[R(s, \pi_i(s), s') + \gamma U_i(s')]. \tag{17.14}$$

예를 들어 $\pi_i$가 도해 17.2(a)에 나온 정책이라고 하자. 그러면 $\pi_i(1,1) = Up$, $\pi_i(1,2) = Up$ 등이고, 단순화된 벨먼 방정식들은

$$U_i(1,1) = 0.8[-0.04 + U_i(1,2)] + 0.1[-0.04 + U_i(2,1) + 0.1[-0.04 + U_i(1,1)]],$$
$$U_i(1,2) = 0.8[-0.04 + U_i(1,3)] + 0.2[-0.04 + U_i(1,2)],$$

등등이다. 여기서 중요한 점은, max 연산자가 사라졌기 때문에 이제는 이 방정식들이 선형이라는 것이다. 즉, 상태가 $n$개일 때 미지수가 $n$개인 선형 방정식 $n$개를 풀면 된다. 그런 연립방정식은 표준적인 선형대수 방법들을 이용해서 $O(n^3)$의 시간으로 풀 수 있다. 만일 전이 모형이 희소하다면, 즉 각 상태가 전이할 수 있는 다른 상태들의 수가 작다면, 그보다도 짧은 시간에 해를 구할수 있다.

상태 공간이 작을 때에는 정책 평가 시 정확한 해(참값)를 구하는 선형대수 방법을 적용하는 것이 가장 효율적인 접근방식인 경우가 많다. 그러나 큰 상태 공간에서는 $O(n^3)$의 시간 때문에 그런 방법을 적용하기가 힘들다. 다행히, 정책 평가를 정확하게 수행할 필요는 없다. 대신 단순화된(정책이 고정되었다는 의미에서) 가치 반복 단계를 몇 번 수행해서 꽤 괜찮은 효용 근사치들을 얻을 수 있다. 이러한 과정을 위해 단순화된 벨먼 갱신 공식은 다음과 같다.

$$U_{i+1}(s) \leftarrow \sum_{s'} P(s'|s, \pi_i(s))[R(s, \pi_i(s), s') + \gamma U_i(s')]$$

이 공식을 $k$번 적용해서 다음 효용 추정치를 얻도록 단순화된 알고리즘을 **수정된 정책 반복**(modified policy iteration) 알고리즘이라고 부른다.

지금까지 설명한 알고리즘들에서는 효용이나 정책을 모든 상태에 대해 한 번에 갱신해야 한다. 그런데 알고 보면 꼭 그래야 하는 것은 아니다. 사실, 각 반복에서 상태들의 임의의 **부분집합**을 선택하고 갱신 방법들 중 하나(정책 개선 또는 단순화된 가치 반복)를 그 부분집합에 적용해도 된다. 이러한 아주 일반적인 알고리즘을 **비동기 정책 반복**(asynchronous policy iteration)이라고 부른다. 초기 정책과 초기 효용 함수에 대한 특정한 조건들이 충족된다면, 비동기 정책 반복은 반드시 최적의 정책으로 수렴한다. 임의의 상태들을 선택해서 갱신할 수 있다는 것은 훨씬 효율적인 발견적 알고리즘을 설계할 수 있음을 뜻한다. 예를 들어 좋은 정책에 의해 도달될 가능성이 높은 상태들의 가치들

수정된 정책 반복

비동기 정책 반복

의 갱신에 집중하는 알고리즘을 생각해 볼 수 있을 것이다. 여러분이 절대로 하지 않을 동작의 결과를 고려할 필요는 없다.

## 17.2.3 Linear programming

제4장(p.161)에서 잠깐 언급한 **선형 계획법**(linear programming, LP)는 제약 최적화 문제를 형식화하는 일반적인 접근방식이며, 실제 업무에 사용할 수 있는 수준의 LP 해결기들이 많이 나와 있다. 벨먼 방정식에 다수의 합산과 최댓값 계산이 관여한다는 점을 생각하면, MDP를 푸는 것이 적절히 형식화된 선형 계획(linear program)을 푸는 것으로 환원된다는 것이 그리 놀랍지 않을 것이다.

그러한 형식화의 기본 착안은, 최적 정책의 효용들이 벨먼 방정식과 모순되지 않는, 달성 가능한 가장 큰 효용들이라는 점에 주목해서 각 상태 $s$의 효용 $U(s)$들을 LP의 변수들로 두는 것이다. LP의 어법에서 이는 모든 상태 $s$와 모든 동작 $a$에 대해, 다음의 부등식에 따라 모든 $s$에 대해 $U(s)$를 최소화하는 것을 뜻한다.

$$U(s) \geq \sum_{s'} P(s'|s,a)[R(s,a,s') + \gamma U(s')].$$

이에 의해 동적 계획법과 선형 계획법이 연결된다. 이들에 대한 알고리즘과 복잡도 문제들이 아주 상세히 연구되어 있다. 예를 들어 선형 계획법을 다항 시간으로 풀 수 있다는 사실로부터, MDP를 상태들과 동작들의 수와 모형을 지정하는 데 필요한 비트들의 수에 대한 다항 시간으로 풀 수 있음을 증명할 수 있다. 실제 응용에서, MDP를 풀 때 LP 해결기가 동적 계획법만큼 효율적인 경우는 드물다. 더 나아가서, 다항 시간이면 괜찮은 것 같지만 상태가 대단히 많을 때가 자주 있다. 마지막으로, 제3장에서 말한 가장 간단하고 가장 정보가 없는 검색 알고리즘이라고 해도 상태와 동작의 수에 대해 선형 시간으로 실행된다는 점을 떠올리기 바란다.

## 17.2.4 MDP를 위한 온라인 알고리즘

가치 반복과 정책 반복은 **오프라인**<sup>offline</sup> 알고리즘이다. 제3장의 A* 알고리즘처럼 이 알고리즘들은 문제에 대한 최적의 해를 생성하며, 간단한 에이전트로 그러한 해를 실행할 수 있다. 상태가 $10^{62}$개인 테트리스 MDP처럼 충분히 큰 MDP에 대해서는 정확 오프라인 해를 구하는 것이 불가능하다. 다항 시간 알고리즘으로도 안 된다. 그래서 MDP의 오프라인 해를 근사하는 기법이 여럿 개발되었다. 그런 기법들은 이번 장 끝과 제22장(강화 학습)에서 언급한다.

이번 절에서는 제5장에서 살펴본 확률적 게임 플레이를 위한 온라인 알고리즘과 비슷한 온라인 알고리즘들을 살펴본다. 온라인 알고리즘에서 에이전트는 각 결정 지점에서 상당한 양의 계산을 수행한다(미리 계산된 정보를 주로 사용하는 것이 아니라).

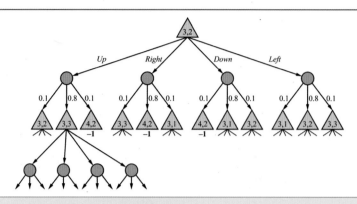

**도해 17.10** (3,2)를 뿌리로 한, 4×3 MDP에 대한 Expectimax 트리의 일부. 삼각형 노드는 최댓값 노드이고 원형 노드는 우연 노드이다.

가장 간단한 접근방식은 우연 노드가 있는 게임 트리에 대한 EXPECTIMINIMAX 알고리즘(§5.5)을 단순화한 알고리즘인데, 이를 EXPECTIMAX라고 부르면 될 것이다. 도해 17.10에서 보듯이, EXPECTIMAX 알고리즘은 최댓값 노드와 우연 노드를 번갈아 추가해서 '기대최대(expecticmax)' 트리를 구축한다. (말단 전이뿐만 아니라 비말단 전이에 대해서도 보상이 있다는 점에서 표준적인 EXPECTIMINIMAX와는 조금 다르다.) 트리의 비말단 잎들의[역주2] 값은 어떤 평가 함수를 적용해서 구할 수도 있고, 아니면 그냥 어떤 기본값을 배정할 수도 있다. 검색 트리에서 하나의 결정을 추출하려면, 잎들에서부터 거슬러 올라가면서(back up) 효용 값들을 취합하되, 우연 노드에서는 평균을 취하고 결정 노드에서는 최댓값을 취하면 된다.

할인 계수 $\gamma$가 1에 아주 가깝지는 않은 문제에는 $\epsilon$ 수평선이라는 개념이 유용하다. $\epsilon$이 깊이가 유한한 기대최대 트리에서 계산한 효용들의 절대 오차(MDP의 정확한 효용들을 기준으로 한)에 대한 바람직한 한계라고 하자. 그러면 $\epsilon$ 수평선은 보상들의 합이 $\epsilon$보다 작다는 조건을 충족하는 가장 깊은 잎이 있는 깊이이다. 이를 $H$로 표기하자. 대충 말하자면, 깊이 $H$ 이후의 노드들에서 일어나는 모든 일은 너무 먼 미래의 사건이라서 현재의 추론과는 무관하다. $H$ 이후 노드의 보상 합은 $\gamma^H R_{\max}/(1-\gamma)$를 넘지 않으므로, $H = \lceil \log_\gamma \epsilon(1-\gamma)/R_{\max} \rceil$로 두면 충분하다. 즉, 이 깊이까지 트리를 구축하면 최적에 가까운 결정들이 나온다. 예를 들어 $\gamma = 0.5$이고 $\epsilon = 0.1$이며 $R_{\max} = 1$일 때 $H = 5$인데, 이 정도면 합당해 보인다. 반면, $\gamma = 0.9$이면 $H = 44$인데, 이는 덜 합당해 보인다!

깊이 제한 외에, 우연 노드들에서 분기 계수가 엄청나게 커질 가능성을 억제하는 것

---

[역주2] 일반적으로 트리의 잎(leaf) 노드는 자식 노드가 없는 말단 노드(나무 가지 끝에 달린 잎에 해당)를 의미하지만, 지금 논의에서는 우연 노드가 아닌 노드, 즉 값(가치)이 부여된 최댓값 노드를 의미함을 주의하기 바란다.

도 가능하다. (예를 들어 DBN 전이 모형의 모든 조건부 함수가 0이 아니면, 그 조건부 확률들의 곱으로 주어지는 전이 확률들 역시 0이 아니며, 따라서 모든 상태가 다른 모든 상태로 전이할 확률이 어느 정도 있다.)

§13.4에서 언급했듯이, 확률분포 $P$에 기초한 기댓값들은 $P$에서 $N$개의 표본을 생성하고 표본 평균을 사용하면 된다. 즉,

$$\sum_x P(x)f(x) \approx \frac{1}{N}\sum_{i=1}^{N} f(x_i)$$

이다. 따라서, 만일 분기 계수가 아주 크다면(가능한 $x$ 값들이 아주 많다면), 우연 노드의 가치를 근사하는 한 가지 좋은 방법은 동작의 유한한 개수의 결과들을 표집하는 것이다. 일반적으로 이 표본들은 **가장 가능성 있는** 결과들에 집중될 것이다. 왜냐하면 표집시 그런 결과들이 추출될 확률이 높기 때문이다.

도해 17.10의 트리를 잘 살펴보면, 사실 이것이 트리가 아니라는 점을 알아챌 것이다. 예를 들어 뿌리 노드 (3,2)는 잎이기도 하다. 따라서 도해 17.10을 하나의 그래프로 간주해서, 잎 (3,2)의 가치를 뿌리 (3,2)의 가치와 같도록 제한해야 마땅하다(그 둘은 같은 상태이므로). 사실 논의를 이런 식으로 전개하면 곧 상태의 가치를 이웃 상태들의 가치와 연관시키는 벨만 방정식으로 돌아가게 된다. 탐색된 상태들은 사실상 원래의 MDP의 한 부분 MDP를 구성하며, 그 부분 MDP를 이번 장에 나온 알고리즘 중 아무 것으로 풀어서 현재 상태에 대한 의사결정을 얻을 수 있다. (보통의 경우 전선 상태들에는 고정된 추정 가치가 배정된다.)

실시간 동적<br>프로그래밍

이러한 일반적 접근방식을 **실시간 동적 프로그래밍**(real-time dynamic programming, RTDP)이라고 부른다. 이 접근방식은 제4장의 LRTA*와 상당히 비슷하다. 이런 종류의 알고리즘들은 격자 세계 같은 적당한 크기의 문제 영역에서 꽤 효과적일 수 있다. 그러나 테트리스 같은 좀 더 큰 문제 영역에서는 두 가지 문제점이 발생한다. 첫째로, 상태 공간에서 감당할 수 있는 크기의 탐색된 상태들의 집합들에는 반복된 상태가 아주 적기 때문에, 굳이 RTDP를 사용할 필요 없이 그냥 단순한 기대최대 트리를 사용해도 된다. 둘째로, 전선 노드들에 단순한 발견적 가치 함수를 적용해서는 에이전트를 제대로 이끌지 못할 수 있다. 보상이 희소하면 특히 더 그렇다.

한 가지 해결책은 강화학습(제22장)을 이용해서 좀 더 정확한 발견법을 만들어 내는 것이다. 또는, §5.4의 몬테카를로 접근방식을 이용해서 MDP를 좀 더 멀리 내다보는 방법도 있다. 실제로 도해 5.10의 UCT 알고리즘은 원래 게임이 아니라 MDP를 위해 개발된 것이다. 도해 5.10의 알고리즘을 아주 조금만 수정하면 게임 대신 MDP를 풀 수 있다. 상대방(자연)이 확률적이라는 사실과 단순한 승패가 아니라 보상들을 추적해야 한다는 점을 위한 부분만 고치면 된다.

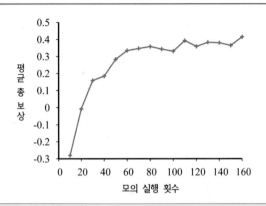

**도해 17.11** 무작위 플레이아웃 정책으로 4×3 세계를 모의 실행했을 때의, 이동당 플레이아웃 수의 함수로서의 UCT의 성과. 자료점당 1,000회 이상의 실행에 대한 평균이다.

이를 4×3 세계에 적용했을 때의 UCT의 성과가 특별히 인상적이지는 않다. 도해 17.11에서 보듯이, 플레이아웃 160회에서 평균 총 보상은 0.4밖에 되지 않는다. 반면 최적 정책의 경우 초기 상태의 기대 총 보상은 0.7453이다(도해 17.3 참고). UCT의 성과가 나쁜 이유 중 하나는 UTC가 그래프가 아니라 트리를 구축하며, 동적 계획법 대신 기대최대를 사용한다는 점이다. 4×3 세계는 '루프 투성이'이다. 비말단 상태가 9개밖에 안 되지만, UTC의 플레이아웃이 50 동작 이상 지속될 때가 많다.

UTC는 테트리스에 더 적합한 것으로 보인다. 테트리스에서는 플레이아웃이 충분히 먼 미래까지 진행되기 때문에, 잠재적으로 위험한 동작이 결국에는 보상으로 이어질지 아니면 조각들이 엄청나게 쌓이는 재앙으로 이어질지 에이전트가 감을 잡을 수 있다. UTC를 테트리스에 적용하는 문제는 연습문제 17.UCTT에서 다룬다. 한 가지 특하나 흥미로운 질문은, 간단한 모의 실행 정책, 예를 들어 오버행(테트리스 조각의 일부가 빈 공간으로 삐져나와서 아래쪽 공간을 막는 것)을 피하면서 조각을 최대한 아래에 배치하는 단순한 정책이 얼마나 도움이 될 것인가이다.

# 17.3 강도 문제

라스베이거스에는 '외팔이 노상강도(*one-armed bandit*)'라고 부르는 슬롯머신이 있다. 도박꾼은 그 기계에 동전을 넣고, 레버('팔')를 당기고, 상금을 챙긴다(상금이 있다면). 레버가 하나가 아니라 $n$개인 슬롯머신을 **$n$-팔 노상강도**, 줄여서에 $n$-팔 강도라고 부르자. 각 레버에는 고정되지만 알려지지 않은 승리 확률분포가 고정되어 있다. 각 레버를 당기면 해당 분포에 따라 표집이 일어난다.

$n$-팔 노상강도

도박꾼이 슬롯머신에 동전을 넣고 특정 레버를 당기는 일을 반복한다고 할 때, 도박꾼은 지금까지 상금이 제일 컸던 레버를 당길 것인지, 아니면 아직 시도하지 않은 레버를 당길 것인지 결정해야 한다. 이것은 어디에서나 볼 수 있는 **활용**(exploitation)과 **탐험**(exploration)의 절충 문제에 해당한다. 활용은 지금까지의 경험에서 보상이 제일 좋은 동작을 취하는 것이고, 탐험은 이전에는 본 적이 없는 상태들로 이어지는 동작을 시도해서 정보를 더 모으는 것이다. 그러한 정보 수집은 더 나은 정책과 더 나은 장기적 보상으로 이어질 수 있다. 사실 우리 인간들도 항상 편안한 현상을 유지를 할 것인지 아니면 더 나은 삶을 기대하고 미지의 세계로 뛰어들 것인지의 선택에 놓인다.

$n$-팔 강도 문제는 사람 목숨이나 돈이 걸린 여러 주요 분야의 실제 문제들에서 형식적인 모형이다. 예를 들어 어떤 질병을 치료할 가능성이 있는 새로운 치료법 $n$가지 중 하나를 선택하는 문제, 저금의 일부를 투자할 종목을 $n$가지 투자 종목 중에서 고르는 문제, $n$가지 연구 프로젝트 중 자금을 댈 프로젝트를 선택하는 문제, 또는 사용자가 웹 페이지에 방문했을 때 보여줄 $n$가지 광고 중 하나를 선택하는 문제는 모두 $n$-팔 강도 문제에 속한다.

이 문제에 대한 초기 연구는 2차 세계대전 중 미국에서 시작했다. 이 문제가 대단히 까다롭다는 점이 밝혀지면서 연합군의 과학자들은 "이 문제를 궁극의 지적 사보타지 수단으로서 독일에 떠넘기자"라고 제안하기까지 했다(Whittle, 1979).

2차 대전 도중과 이후에서 과학자들은 강도 문제에 대해 "당연히 참"이라고 생각한 사실들이 실제로는 거짓임을 밝혀냈다. ([Bradt 외, 1956]의 표현을 빌자면, "최적의 전략들에는 없는 바람직한 성질들이 많이 있다.") 예를 들어 일반적으로 연구자들은 최적 정책이 장기적으로 최고의 레버에 안착하리라고 가정했지만, 알고 보니 최적 정책이 최고가 아닌 레버에 안착할 유한한 확률이 존재한다. 현재는 강도 문제들, 그리고 그것을 푸는 유용한 알고리즘들에 깔린 이론이 견고하게 확립되어 있다.

**강도 문제**

**강도 문제**의 정의는 여러 가지인데, 다음은 가장 깔끔하고도 일반적인 정의 중 하나이다.

**마르코프 보상 과정**

- 각 레버 $M_i$는 하나의 **마르코프 보상 과정**(Markov reward process, MRP)이다. MRP는 가능한 동작이 $a_i$ 하나뿐인 MDP를 말한다. MRP에는 상태 $S_i$들과 전이 모형 $P_i(s'|s, a_i)$, 보상 $R_i(s, a_i, s')$이 있다. 레버는 보상들의 순차열(보상열) $R_{i,0}, R_{i,1}, R_{i,2}, \ldots$에 관한 하나의 분포를 정의한다. 여기서 각 $R_{i,t}$는 확률 변수이다.

- 전체적인 강도 문제는 하나의 MDP이다. 상태 공간은 데카르트 곱 $S = S_1 \times \cdots \times S_n$으로 주어지고 동작들은 $a_1, \ldots, a_n$이다. 전이 모형은 레버 $M_i$가 선택된 상태를 갱신하되 다른 레버들은 변경하지 않는다. 할인 계수는 $\gamma$이다.

이 정의는 대단히 일반적이라서 광범위한 강도 문제 사례들을 포괄한다. 이 정의에서 핵심적인 성질은 레버들이 독립적이라는 것이다. 레버들 사이의 관계에 관해 말할 수 있는 것은, 에이전트가 한 번에 한 팔만 당길 수 있다는 점뿐이다. 각 레버를 분수(몇 분의 1)의 힘으로 당기되 전체적인 힘에 한계를 두어서 모든 레버를 동시에 작동하는 식의 좀 더 일반적인 버전을 정의할 수도 있다. 이번 절에서 말하는 기본적인 결과들은 그런 버전에도 적용된다.

전형적인 강도 문제를 이 틀 안에서 형식화하는 방법은 잠시 후에 이야기하기로 하고, 먼저 보상열이 결정론적인 간단한 특수 사례로 몸을 풀어 보자. 할인 계수는 $\gamma = 0.5$이고 레버는 $M$과 $M_1$ 두 개라고 가정한다. $M$을 여러 번 당기면 0,2,0,7.2,0,0,...이라는 보상열이 나오는 반면 $M_1$을 여러 번 당기면 1,1,1,...이 나온다(도해 17.12(a)). 만일 도박꾼이 두 레버 중 하나를 선택해서 계속 그것만 당긴다면, 각 레버의 효용은 다음과 같다.

$$U(M) = (1.0 \times 0) + (0.5 \times 2) + (0.5^2 \times 0) + (0.5^3 \times 7.2) = 1.9$$

$$U(M_1) = \sum_{t=0}^{\infty} 0.5^t = 2.0.$$

이 계산 결과만 보면 $M_1$만 계속 당기는 것이 최고의 선택인 것 같지만, 조금 생각해 보면 처음 네 번은 $M$을 당기고 그 다음부터는 $M_1$을 계속 당겨서 보상열 $S = 0,2,0,7.2,1,1,$ $1,...$을 얻을 수 있음을 깨닫게 될 것이다. 이 경우 효용은 다음과 같다.

$$U(S) = (1.0 \times 0) + (0.5 \times 2) + (0.5^2 \times 0) + (0.5^3 \times 7.2) + \sum_{t=4}^{\infty} 0.5t = 2.025.$$

따라서, $M$에서 시작하되 다섯 번째부터는 $M_1$로 전환하는 전략 $S$가 한 레버만 계속 당기는 전략들보다 더 낫다. 사실 $S$는 이 문제에 대한 최적의 전략이다. 다른 시기에 다른 레버로 전환하는 모든 전략은 보상이 더 작다.

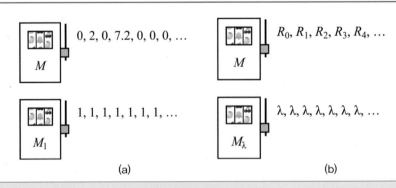

**도해 17.12** (a) 팔이 두 개인 간단한 결정론적 강도 문제. 레버들을 당기는 순서에는 제한이 없다. 레버 옆의 수치들은 보상들의 순차열이다. (b) (a)의 강도를 좀 더 일반화한 것으로, 첫 레버는 임의의 보상열을 제공하고 둘째 레버는 항상 고정된 보상 λ를 제공한다.

이 문제를 약간 더 일반화해서, 첫 레버 $M$은 임의의 보상열 $R_0, R_1, R_2, \ldots$을 산출하고 둘째 레버 $M_\lambda$은 보상열 $\lambda, \lambda, \lambda, \ldots$을 산출하되, 첫 레버의 보상열은 미리 알려질수도 있고 아닐 수도 있지만 둘째 레버의 상수 $\lambda$는 그 값이 미리 알려진다고 가정하자 외팔이 강도 (도해 17.12(b)). 이런 문제를 연구 문헌들에서 **외팔이 강도**(one-armed bandit)라고 부르는데, '외팔이'라고 하는 것은 이 문제가 하나의 레버 $M$이 보상열 $R_0, R_1, R_2, \ldots$를 산출하되 각 시도의 비용이 $\lambda$인 문제와 형식적으로 동등하기 때문이다. (첫 레버 $M$을 당기는 것은 둘째 레버 $M_\lambda$를 당기지 않는, 그래서 둘째 레버에서 얻을 수 있는 보상 $\lambda$를 포기하는 것에 해당한다.) 팔이 하나이면 문제는 어떤 레버를 선택할 것인가가 아니라 게임을 언제 멈출 것인가가 된다. 레버를 $T$번 당긴 후 멈춘다고(즉, 시점 $0, 1, \ldots, T-1$ 정지 시간 에서 레버를 당긴다고) 할 때, 그 $T$를 **정지 시간**(stopping time)이라고 부른다.

레버가 $M$과 $M_\lambda$인 2-팔 강도 버전으로 돌아가서, 어떤 최적 전략이 먼저 첫 레버를 $T$번 당긴 후 둘째 레버를 처음으로 당긴다고 가정하자. 그 동작으로 어떠한 정보도 얻을 수 없으므로(둘째 레버의 보상이 $\lambda$임은 이미 알고 있다), 시점 $T+1$에서의 상황은 시점 $T$에서의 상황과 동일하다. 따라서 최적 전략은 계속해서 동일한 선택을 내리게 된다.

이를, 최적 전략이 레버 $M$을 $T$번 당긴 후 $M_\lambda$로 전환해서 그것을 계속 당긴다고 말해도 마찬가지 뜻이 된다. 전략이 처음부터 $M_\lambda$를 선택할 수도 있으며, 그러면 $T=0$ 이다. 또는, 전략이 $M_\lambda$를 결코 선택하지 않는다면 $T=\infty$이다. 그 외의 경우 $T$는 0과 무한대 사이의 어떤 값이다. 그렇다면, (a) $M$을 가능한 최선의 정지 시간까지 당긴 후 $M_\lambda$를 영원히 당기는 것과 (b) 처음부터 $M_\lambda$를 선택하는 것이 **사실상 차이가 없는** $\lambda$의 값이 무엇인지 생각해 보자. 두 선택의 차이가 없는 '티핑 포인트'에서 다음이 성립한다.

$$\max_{T>0} E\left[\left(\sum_{t=0}^{T-1} \gamma^t R_t\right) + \sum_{t=T}^{\infty} \gamma^t \lambda\right] = \sum_{t=0}^{\infty} \gamma^t \lambda.$$

이를 정리하면 다음이 나온다.

$$\lambda = \max_{T>0} \frac{E\left(\sum\limits_{t=0}^{T-1} \gamma^t R_t\right)}{E\left(\sum\limits_{t=0}^{T-1} \gamma^t\right)}. \tag{17.15}$$

이 방정식은 $M$의 '가치'를 적절한 보상들의 스트림을 제공하는 $M$의 능력의 관점에서 정의한다고 할 수 있다. 분수(비)의 분자는 효용이고 분모는 '할인된 시간(discounted time)'에 해당한다. 따라서 비 자체는 할인된 단위 시간당 획득 가능한 최대 효용을 뜻한다. (이 방정식에서 $T$는 그냥 단순한 정수가 아니라 정지에 관한 규칙으로 결정되는 '정지 시간'임을 주의해야 한다. $T$는 $M$이 결정론적인 보상열을 산출할 때만 단순한 정수 기틴스 지표 로 환원된다.) 식 (17.15)가 정의하는 값을 $M$의 **기틴스 지표**(Gittins index)라고 부른다.

기틴스 지표의 놀라운 점 하나는, 이로부터 모든 종류의 강도 문제에 대한 하나의 아주 단순한 최적 전략을 얻을 수 있다는 것이다. 그 전략은 바로 기틴스 지표가 가장 큰 레버를 당긴 후 모든 레버의 기틴스 지표들을 갱신하는 것이다. 더 나아가서, 레버 $M_i$의 기틴스 지표는 그 레버의 속성들에만 의존하므로, 첫 반복에 대한 최적의 결정을 $O(n)$의 시간으로 계산할 수 있다($n$은 레버 개수). 그리고 선택되지 않은 레버의 기틴스 지표는 변하지 않으므로, 첫 결정 이후의 각 결정은 $O(1)$의 시간으로 계산할 수 있다.

## 17.3.1 기틴스 지표 계산

기틴스 지표에 관한 이해를 돕기 위해, 결정론적 보상열 0,2,0,7.2,0,0,0,....에 대한 여러 가능한 중지 시간들에 대해 식 (17.15)의 분자와 분모, 그리고 그 비를 살펴보자.

| T | 1 | 2 | 3 | 4 | 5 | 6 |
|---|---|---|---|---|---|---|
| $R_t$ | 0 | 2 | 0 | 7.2 | 0 | 0 |
| $\sum \gamma^t R_t$ | 0 .0 | 1.0 | 1.0 | 1.9 | 1.9 | 1.9 |
| $\sum \gamma^t$ | 1 .0 | 1.5 | 1.75 | 1.875 | 1.9375 | 1.9687 |
| 비 | 0.0 | 0.6667 | 0.5714 | 1.0133 | 0.9806 | 0.9651 |

4회차부터 분자는 변하지 않지만 분모는 계속 커지므로, 비는 계속 감소할 것이 분명하다. 따라서 이 레버에 대한 기틴스 지표는 가능한 최대의 비인 1.0133이다. $0 < \lambda \le 1.0133$이면, 이 레버와 고정 레버 $M_\lambda$로 구성된 2-팔 강도에 대한 최적 정책은 처음 네 번은 $M$에서 보상을 얻고 그 다음부터는 $M_\lambda$를 선택하는 것이다. 그러나 $\lambda > 1.0133$일 때는 항상 $M_\lambda$를 선택하는 것이 최적 정책이다.

이를 일반화해서, 현재 상태가 $s$일 때 임의의 레버 $M$의 기틴스 지표를 계산하는 방법을 생각해 보자. 이때 주목할 점은, 최적 전략이 레버 $M$을 선택하는 것과 고정 보상 레버 $M_\lambda$를 선택하는 것의 차이가 없는 티핑 포인트에서 $M$을 선택하는 것의 가치는 무한한 $\lambda$ 보상열의 가치와 같다는 점이다.

$M$의 각 상태에 그냥 $M$을 다시 선택할 수도 있고 아니면 무한히 $\lambda$ 보상을 받는 쪽으로 넘어갈 수도 있다는 선택지를 추가한다고 하자. 도해 17.13(a)가 그런 식으로 $M$을 보강한 결과이다. 이렇게 하면 $M$은 하나의 MDP가 되며, 최적 전략은 그냥 $M$에 대한 최적의 중지 규칙이다. 따라서 이 새 MDP의 최적 정책의 가치는 무한 $\lambda$ 보상열의 가치인 $\lambda / (1 - \gamma)$와 같다. 그러면 이 MDP의 해답이 나온 셈이다. 그러나 안타깝게도 우리는 이 MDP의 $\lambda$가 구체적으로 얼마인지 알지 못한다. $\lambda$는 애초에 우리가 구하고자 했던 수량이다. 그렇지만 티핑 포인트에서 최적 전략의 $M$ 선택과 $M_\lambda$ 선택이 차이가 없다는 점은 알고 있다. 따라서, 무한 $\lambda$ 보상열을 얻기로 한 선택을 초기 상태 $s$로 돌아가서 $M$으로 다시 시작하는 선택으로 대체할 수 있다. (좀 더 엄밀히 말하자면, 이는 상태 $s$에서 취할 수 있는 동작들과 보상과 결과가 동일한 새 동작을 모든 상태에 추가하

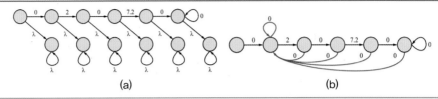

**도해 17.13** (a) 보상열 $M = 0,2,0,7.2,0,0,0,\dots$ 의 각 시점에 고정 레버 $M_\lambda$으로 영구적 전환 분기를 추가한 MDP. (b) 최적 전략의 $M$ 선택과 $M_\lambda$ 선택이 차이가 없는 지점에서 최적 가치가 (a)의 최적 가치와 정확히 동치인 MDP.

재시작 MDP 는 것이다. 연습문제 17.KATV를 보라.) 그러한 새 MDP $M^s$를 **재시작** MDP(restart MDP)라고 부른다. 도해 17.13(b)가 재시작 MDP이다.

이상의 논의에서 우리는 상태 $s$에서 레버 $M$의 기틴스 지표가 재시작 MDP $M^s$에 대한 최적 전략의 가치에 $1 - \gamma$를 곱한 것과 같다는 일반적인 결과를 얻었다. 이러한 재시작 MDP는 §17.2에 나온 알고리즘 중 아무 것으로 풀 수 있다. 가치 반복 알고리즘을 도해 17.13(b)의 $M^s$에 적용하면 시작 상태의 가치가 2.0266으로 나온다. 따라서 $\lambda = 2.0266 \cdot (1 - \gamma) = 1.0133$인데, 이는 앞에서 계산한 값과 같다.

## 17.3.2 베르누이 강도 문제

베르누이 강도

아마도 가장 간단하고 가장 잘 알려진 강도 문제는 **베르누이 강도**(Bernoulli bandit) 문제일 것이다. 베르누이 강도 문제에서 각 레버 $M_i$는 고정된, 그러나 알려지지 않은 확률 $\mu_i$로 0 또는 1의 보상을 산출한다. 0이 실패(failure), 1이 성공(success)를 뜻한다고 할 때, $M_i$의 상태는 지금까지 그 레버를 당겨서 나온 성공 횟수(1들의 개수) $s_i$와 실패 횟수(0들의 개수) $f_i$로 결정된다. 전이 모형은 다음 결과가 1일 확률 $(s_i)/(s_i + f_i)$와 0일 확률 $(f_i)/(s_i + f_i)$로 구성된다. 성공 횟수와 실패 횟수는 1로 초기화되므로, 각 확률은 0/0이 아니라 1/2이다.[4] 도해 17.14(a)은 베르누이 강도 문제의 마르코프 보상 과정(MRP)을 나타낸 것이다.

그런데 베르누이 강도의 레버에는 상태가 무한히 많기 때문에, 이전 절에 나온 변환들을 그대로 적용해서 레버의 기틴스 지표를 계산할 수는 없다. 그러나 $\gamma = 0.9$이고 $s_i + f_i = 100$까지의 상태들로만 이루어진 절단된(truncated) MDP를 풀어서 상당히 정확한 근삿값을 구할 수는 있다. 그런 식으로 계산한 기틴스 지표들이 도해 17.14(b)에 나와 있다. 이 결과들을 직관적으로 이해할 수 있을 것이다. 일반적으로는 보상이 클 확률이 높은 레버

탐험 보너스

들이 선호되지만, 몇 번 시도되지 않은 레버들에 대한 **탐험 보너스**(exploration bonus)도 존재함을 확인할 수 있다. 예를 들어 상태 (3,2)의 추정치가 상태 (7,4)의 추정치보다 작지만(0.6 대 0.6364), 기틴스 지표는 상태 (3,2)가 더 크다(0.7057 대 0.6922).

---

4 이 확률들은 사전 분포가 Beta(1,1)인 베이즈 갱신 과정(§20.2.5)의 확률들이다.

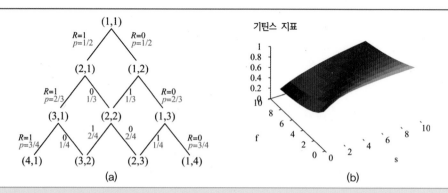

**도해 17.14** (a) 베르누이 분포의 상태, 보상, 전이 확률들. (b) 베르누이 강도 과정의 상태들에 대한 기틴스 지표들.

### 17.3.3 강도 문제의 근사 최적 정책

좀 더 현실적인 문제들에서는 기틴스 지표를 쉽게 계산할 수 있는 경우가 거의 없다. 다행히 앞 절에서 살펴본 일반적인 성질, 구체적으로 말하면 추정치와 불확실성의 조합을 선호하는 경향으로부터, 최적 정책과 "거의 비슷하게" 좋은 간단한 정책을 만들어 낼 수 있다.

확신도 상계　　　첫째로, 소개한 **확신도 상계**(upper confidence bound, UTC)를 이용하는 방법들이 있다. 확신도 상계는 몬테카를로 트리(p.213의 도해 5.11)를 이야기할 때 소개했다. 이 부류의 방법들에 깔린 기본 착안은 각 레버에서 얻은 표들로 하나의 **신뢰구간**(confidence interval; 추정치가 그 구간 안에 있을 가능성이 아주 큰 구간)을 만들고, 그 신뢰구간의 상계가 가장 큰 레버를 선택한다는 것이다. 이때 상계는 현재의 평균 추정 가치 $\widehat{\mu_i}$에, 그 가치에 존재하는 불확실성의 표준편차에 어떤 계수를 곱한 것을 더한 결과이다. 표준편차는 $\sqrt{1/N_i}$에 비례하는데, 여기서 $N_i$는 레버 $M_i$가 표집된 횟수이다. 정리하자면, 레버 $M_i$의 근사 기틴스 지표는 다음과 같이 주어진다.

$$UCB(M_i) = \widehat{\mu_i} + g(N)/\sqrt{N_i}.$$

여기서 $g(N)$는 적절히 선택한 $N$의 함수이고 $N$은 모든 레버에서 뽑은 전체 표본 개수이다. UCB 정책은 그냥 이 UCB 값이 가장 큰 레버를 선택하는 것이다. UCB 값은 해당 레버 하나가 아니라 모든 레버의 표본 수인 $N$에 의존하므로, 엄밀히 말하면 지표가 아니다.

함수 $g$는 전지전능한 정책(항상 최고의 레버를 선택해서 평균 보상 $\mu^*$을 얻는)에 비한 **후회**(regret; 기회 손실)의 정도를 결정한다. [Lai 및 Robbins, 1985]에 나온 유명한 결과에 따르면, 할인되지 않은 문제의 경우 후회 정도가 $O(\log N)$ 보다 느리게 증가하는 알고리즘은 존재하지 않는다. UCB 정책이 그러한 증가율을 보이게 하는 $g$가 여럿 있는데, 예를 들어 $g(N) = (2\log(1 + N\log^2 N))^{1/2}$이 그중 하나이다.

톰슨 표집    둘째로, **톰슨 표집**(Thompson sampling; Thompson, 1933)을 이용하는 방법이 있다. 이 방법은 지금까지의 표본들로 보았을 때 각 레버가 실제로 최적일 확률에 기초해서 하나의 레버를 무작위로 선택한다. 레버 $M_i$의 진 가치에 대한 현재 확률분포가 $P_i(\mu_i)$라고 할 때, 톰슨 표집을 구현하는 한 가지 간단한 방법은 각 $P_i$에서 표본 하나를 생성해서 그중 가장 좋은 표본을 택하는 것이다. 이 알고리즘 역시 후회의 증가율이 $O(\log N)$이다.

## 17.3.4 지표 없는 변형들

강도 문제에 관한 연구는 부분적으로 중환자들에 대한 새로운 치료법을 검사하는 과제가 동기가 되었다. 그런 과제의 목표가 총 성공 횟수를 최대화하는 것임은 합당하다. 각각의 성공은 환자가 살아나는 것이고, 각각의 실패는 목숨을 잃는 것이다.

그런데 몇 가지 가정을 살짝 바꾸면 또 다른 문제가 만들어진다. 각각의 새 환자에 대한 최선의 치료법을 결정하는 것이 목표가 아니라, 세균 표본들에 여러 가지 약을 시험해서 최고의 약을 결정하는 것이 목표이며, 일단 최고의 약 하나를 선택하면 그 약만 생산하고 다른 약들은 폐기한다고 하자. 이 시나리오에서는 세균들이 죽어도 추가 비용은 없다. 즉, 각 시험의 비용은 상수이다. 따라서 시험 실패를 최소화할 필요가 없다. 필요한 것은 그냥 좋은 결정을 최대한 빨리 내리는 것이다.

선택 문제    이런 조건들에서 최고의 옵션을 선택하는 과제를 **선택 문제**(selection problem)라고 부른다. 선택 문제는 업계와 인사 관리의 맥락에서 보편적으로 볼 수 있다. 예를 들어 주어진 제조 공정에 사용할 물품들을 공급할 공급업체를 선정한다거나 여러 후보 중에서 직원을 뽑는 등의 모두 선택 문제에 해당한다. 겉으로 보기에는 선택 문제가 강도 문제와 비슷하지만, 수학적 성질은 다르다. 구체적으로 말하면, **선택 문제에는 지표 함수라는 것이 없다.** 이 사실을 증명하려면, 세 번째 레버 $M_3$이 추가되었을 때 최적 정책이 두 레버 $M_1$와 $M_2$에 대한 선호도들을 맞바꾸는 임의의 시나리오를 보여야 한다(연습문제 17.SELC).

제5장에서 수(move)를 선택하기에 앞서 게임 트리 검색 도중 수행할 계산을 먼저 결정하는 접근방식을 소개했는데, 그런 접근방식은 **메타수준**(metalevel) 의사결정 문제에 해당한다. 이런 종류의 메타수준 의사결정 역시 강도 문제가 아니라 선택 문제이다. 노드 확장이나 평가의 **비용**(계산 시간 등)은 그 결과의 가치가 크든 작든 동일하다. 그럼에도, 애초에 강도 문제를 위해 고안된 UCB 발견법으로 선택 문제를 풀려고 하는 몬테카를로 트리 검색 알고리즘(p.213)이 그토록 좋은 성과를 내왔다는 점은 다소 놀랍다. 일반화하자면, 최적의 강도 문제 알고리즘은 최적의 선택 알고리즘보다 탐험을 덜 수행할 것이다. 이는 강도 알고리즘이, 시도 실패 시 실제로 금전적인 비용이 든다고 가정하기 때

문이다.

강도 결정 과정의 중요한 일반화 하나는 **강도 초과정**(bandit superprocess, BSP)이다. BSP에서 각 레버는 가능한 동작이 하나뿐인 MRP(마르코프 보상 과정)가 아니라 완전한 하나의 MDP이다. 다른 모든 성질은 강도 결정 과정과 동일하다. 즉, 모든 레버는 독립적이고, 한 번에 하나의 레버만 당길 수 있으며, 모든 레버에 대해 하나의 할인 계수가 적용된다.

BSP의 예로는 우리가 일상에서 신경 쓸 일이 여러 가지이지만 한 번에 한 가지 일만 할 수 있는 상황이나 다수의 프로젝트를 관리하는 것, 개별적인 지도가 필요한 여러 명의 학생을 가르치는 것 등이 있다. 일상적인 용어로 말하자면 **멀티태스킹**<sup>multitasking</sup>(다중 작업)이 바로 BSP이다. 이런 상황은 너무나 흔하기 때문에 오히려 관심을 끌지 못한다. 실제 세계의 의사결정 문제를 형식화할 때 의사결정 분석가가 의뢰인에게 주어진 문제와 무관한 다른 문제들이 있는지 묻는 경우는 별로 없다.

이런 식의 논리를 펼치는 독자도 있을 것이다. "서로 다른 $n$개의 MDP가 있을 때, 각 MDP의 최적 전략을 모으면 전체에 대한 최적 전략이 나온다. 개별 최적 전략 $\pi_i$들이 주어지면 각 MDP는 각 상태 $s$에서 가능한 동작이 $\pi_i(s)$ 하나뿐인 MRP가 된다. 따라서 $n$-팔 강도 초과정은 $n$-팔 강도 과정으로 환원된다." 예를 들어 어떤 부동산 개발업자가 쇼핑 센터를 여러 개 지어야 하는데, 건물을 지을 건축 팀은 하나뿐이라고 하자. 그렇다면 각 쇼핑 센터에 대해 최적의 건설 계획을 마련하고 매일 어떤 건설장에 건축 팀을 보낼 것인지를 $n$-팔 강도 문제를 풀어 결정하면 될 것이다.

이런 논리가 아주 그럴듯하게 들리겠지만, 사실은 틀렸다. 실제로는, 한 BSP 전체에 대한 최적의 정책에는 그 BSP를 구성하는 개별 MDP의 관점에서는 국소적으로 최적에 못 미치는 동작들이 포함될 수 있다. 그 이유는, 다른 MDP들 때문에 한 MDP에 대한 단기적 보상과 장기적 보상의 균형이 달라진다는 것이다. 실제로, 앞의 논리를 따르면 각 MDP가 탐욕적으로(단기 보상을 추구) 행동하는 경향이 생긴다. 이는 한 MDP가 장기적 보상을 추구하면 다른 모든 MDP의 보상이 지연되기 때문이다.

예를 들어 한 쇼핑 센터의 국소 최적 건설 일정에서는 15주차에서 처음으로 상점을 임대할 수 있지만, 준최적(최적에 못미치는) 일정에서는 비용이 더 들긴 해도 5주차에 처음으로 상점을 임대할 수 있다고 하자. 지어야 할 쇼핑 센터가 넷이라고 할때, 최초 임대가 5, 10, 15, 20주차인 준최적 일정이 15, 35, 45, 60인 일정보다 낫다. 다른 말로 하면, 한 MDP가 10주만 지연되어도 네 MDP 전체 차원에서는 40주가 지연된다. 일반화하면, 전역 최적 정책과 국소 최적 정책이 일치할 필요조건은 할인 계수가 1이라는 것이다. 그런 경우 임의의 MDP에서 보상이 지연되어도 비용이 들지 않는다.

그 다음 질문은 BSP를 어떻게 풀 것인가이다. BSP에 대한 전역 최적 해법을, BSP를 곱집합 상태 공간에 대한 하나의 전역 MDP로 변환해서 계산할 수 있음은 자명하다. 그러나 상태의 수는 BSP의 레버 수에 지수적이므로, 이 접근방식은 엄청나게 비현실적이다.

다행히, 레버들 사이의 상호작용의 느슨한 특성을 활용하는 더 나은 접근방식이 있다. 이 상호작용은 에이전트가 레버들을 동시에 조작하는 데 한계가 있다는 점에서만 발생한다. 이 상호작용을 **기회 비용**(opportunity cost)의 개념으로 어느 정도 모형화할 수 있다. 여기서 기회 비용이란 주어진 시간 단계에서 다른 레버를 선택하지 않음으로써 포기하게 되는 효용이다. 기회 비용이 높을수록, 주어진 레버에서 더 일찍 보상들을 만들어 내야 할 필요성이 커진다. 그런데 주어진 레버에 대한 최적 정책에 기회 비용이 영향을 미치지 않는 경우도 있다. (이것이 참인 자명한 예는 마르코프 보상 과정이다. MRP에서는 정책이 하나뿐이기 때문이다.) 그런 경우 그 레버를 하나의 MRP로 변환해서 최적 정책을 적용할 수 있다.

그런 최적 정책(존재한다면)을 **우세 정책**(dominating policy; 또는 지배정책)이라고 부른다. MDP의 상태들에 동작들을 더 추가해서 우세 정책이 존재하는 완화된 버전의 MDP를 만드는 것은 항상 가능하다(§3.6.2). 그러한 우세 정책으로부터, 해당 레버를 당기는 것의 가치의 상계를 구할 수 있다. 하계는 각 레버를 개별적으로 풀고(전체적으로는 준최적 정책이 나올 수 있다) 기틴스 지표들을 계산해서 구하면 된다. 한 레버 작동의 하계가 다른 모든 레버 작동의 상계들보다 크다면 문제가 풀린 것이다. 그렇지 않다면 예견 검색(look-ahead search)과 상하계 재계산을 수행한다. 이렇게 하면 결국에는 반드시 BSP에 대한 하나의 최적 정책을 구하게 된다. 이 접근방식을 이용하면 비교적 큰 BSP(상태가 $10^{40}$개 이상인)도 몇 초 안에 풀린다.

## 17.4 부분 관측 가능 MDP

§17.1에서 마르코프 결정 과정(MDP)을 설명할 때에는 **완전 관측 가능** 환경을 가정했다. 그러한 가정하에서 에이전트는 자신이 어떤 상태에 있는지를 항상 알고 있다. 이를 전이 모형에 대한 마르코프 가정과 결합하면, 최적 정책이 현재 상태에만 의존한다는 결론이 나온다.

그런데 **부분 관측 가능** 환경일 때, 즉 환경을 부분적으로만 관측할 수 있을 때에는, 짐작했겠지만 상황이 훨씬 덜 명확하다. 에이전트가 자신이 어떤 상태에 있는지 알지 못할 수도 있으며, 따라서 현재 상태에 기초해서 동작 $\pi(s)$를 선택하고 실행하는 것이 불가능하다. 더 나아가서, 상태 $s$의 효용과 최적 동작은 $s$에만 의존하는 것이 아니라, 에이전트가 $s$에 있을 때 그 사실을 에이전트가 얼마나 잘 알고 있는지에도 의존한다. 이런 이유로, 일반적으로 **부분 관측 가능 MDP**(partially observable MDP), 줄여서 **POMDP**('폼디피'라고 읽는다)가 보통의 MDP보다 훨씬 어렵다고 간주된다. 그러나 POMDP를 피할 수는 없다. 실세계가 바로 POMDP이기 때문이다.

## 17.4.1 POMDP의 정의

POMDP를 다루려면 먼저 그것을 적절히 정의해야 한다. POMDP의 구성요소는 MDP와 같다. 즉, 전이 모형 $P(s'|s,a)$와 동작들 $A(s)$, 보상 함수 $R(s,a,s')$로 이루어진다. 그러나 §4.4의 부분 관측 가능 검색 문제에서처럼, POMDP에는 **감지기 모형**(sensor model) $P(e|s)$가 추가된다. 제14장에서처럼, POMDP에서 감지 모형은 상태 $s$에서 증거 $e$를 받을 확률을 지정한다.[5] 예를 들어 도해 17.1의 $4 \times 3$ 세계에서 에이전트가 자신의 위치를 정확히 알고 있다는 가정을 폐기하고 잡음 섞인 또는 부분적인 정보를 제공하는 감지기를 추가하면 POMDP가 된다. p.619에 나온, 동서남북 네 방향에 벽이 있는지 아닌지를 $1-\epsilon$의 정확도로 보고하는 잡음 섞인 4비트 감지기를 사용할 수도 있다.

MDP에서처럼, 동적 의사결정망(§17.1.4)을 이용하면 커다란 POMDP를 간결하게 표현할 수 있다. 이를 위해, 상태 변수 $\mathbf{X}_t$들을 직접 관측하지 못할 수 있다는 가정하에서 감지기 변수 $\mathbf{E}_t$들을 추가한다. 그러면 POMDP 감지기 모형은 $\mathbf{P}(\mathbf{E}_t|\mathbf{X}_t)$이다. 예를 들어 도해 17.4의 DDN이라면 실제 배터리 잔량 $Battery_t$를 추정하는 $BatteryMeter_t$ 같은 감지기 변수나 로봇 속도 벡터 $\dot{\mathbf{X}}_t$의 크기를 추정하는 $Speedometer_t$ 같은 감지기 변수를 추가하면 될 것이다. 또한, 로봇의 현재 방향에 상대적인 네 가지 주요 방향으로 가장 가까운 벽과의 거리 추정치를 돌려주는 소나$^{\text{SONAR}}$ 감지기 변수 $Walls_t$도 필요할 것이다. 이 감지기의 값은 로봇의 현재 위치와 방향을 담은 $\mathbf{X}_t$에 의존한다.

제4장과 제11장에서 우리는 비결정론적 및 부분 관측 가능 계획 수립 문제들을 연구하고, 해답의 서술과 계산에서 핵심적인 개념이 **믿음 상태**(belief state; 에이전트가 있을 수 있는 실제 상태들의 집합)임을 확인했다. POMDP에서 믿음 상태 $b$는 제14장에서처럼 모든 가능한 상태에 대한 **확률분포**가 된다. 예를 들어 $4 \times 3$ POMDP에 대한 초기 믿음 상태는 말단 상태들의 확률은 모두 0이고 아홉 개의 비말단 상태한 확률들은 균등하게 $1/9$인 확률분포, 즉 $\langle \frac{1}{9},\frac{1}{9},\frac{1}{9},\frac{1}{9},\frac{1}{9},\frac{1}{9},\frac{1}{9},\frac{1}{9},\frac{1}{9},0,0 \rangle$일 것이다.

믿음 상태 $b$에 의해 실제 상태 $s$에 배정된 확률을 $b(s)$라고 표기하자. 지금까지의 지각들과 동작들의 순차열이 주어졌을 때의 실제 상태들에 대한 조건부 확률을 계산하면, 그것이 바로 에이전트의 현재 믿음 상태이다. 이러한 계산은 본질적으로 제14장에서 설명한 **필터링** 과제에 해당한다. 기본적인 재귀적 필터링 공식(p.607의 식 (14.5))을 살펴보면 이전의 믿음 상태와 새 증거로부터 새 믿음 상태를 계산하는 방법을 이끌어 낼 수 있다. POMDP에서는 동작도 고려해야 하나, 그 결과는 본질적으로 동일하다. 이전 믿음 상태가 $b$이고 에이전트가 수행할 동작이 $a$, 지각된 증거가 $e$라고 할 때, 새 믿음 상태는 다음과 같이 각 상태 $s'$에 대해 로봇이 현재 $s'$에 있을 확률을 다음 공식으로 계산해서 구할 수 있다.

---

[5] 이러한 감지기 모형은 동작과 결과 상태에도 의존할 수 있으나, 그렇다고 문제가 근본적으로 바뀌지는 않는다.

$$b'(s') = \alpha P(e \mid s') \sum_s P(s' \mid s,a) b(s).$$

여기서 $\alpha$는 믿음 상태의 합이 1이 되게 하는 정규화 상수이다. 필터링을 위한 갱신 연산자(p.607)와 비슷하게, 이 공식을 다음과 같이 표기할 수 있다.

$$b' = \alpha \text{FORWARD}(b,a,e). \tag{17.16}$$

$4 \times 3$ POMDP에서, 에이전트가 *Left*로 이동한 후 감지기가 인접한 벽이 하나 있다고 보고했다고 하자. 그렇다면 에이전트가 (3,1)에 있을 가능성이 크다(이동과 감지기 모두 잡음이 섞여 있으므로, 반드시 그렇다는 보장은 없다). 연습문제 17.POMD에서 새 믿음 상태의 정확한 확률값들을 계산해 볼 것이다.

▶   POMDP를 이해하는 데 필요한 근본적인 통찰은, **최적의 동작은 오직 에이전트의 현재 믿음 상태에만 의존한다**는 것이다. 따라서 최적 정책을 믿음 상태들에서 동작들로의 사상 $\pi^*(b)$로 서술할 수 있다. 최적의 동작이 에이전트가 현재 있는 **실제** 상태에 의존하지는 **않는다**. 에이전트가 실제 상태를 모른다는 점에서, 이는 좋은 일이다. 에이전트는 단지 자신의 믿음 상태만 알 뿐이다. 결론적으로, POMDP 에이전트의 의사결정 주기는 다음 세 단계로 구성된다.

1. 현재 믿음 상태 $b$에 근거해서 동작 $a = \pi^*(b)$를 실행한다.
2. 지각 $e$를 관측한다.
3. 현재 믿음 상태를 $\text{FORWARD}(b,a,e)$로 설정하고 1번으로 돌아간다.

이러한 과정은 POMDP를 적용하려면 믿음 상태 공간의 검색이 필요함을 의미한다. 이 점은 제4장의 무감지기 계획 수립과 우발성 계획 수립 문제에 대한 방법들에서와 비슷하다. 주된 차이는, POMDP의 믿음 상태 공간이 **연속적**이라는 점이다. 이는 POMDP의 믿음 상태가 확률분포이기 때문이다. 예를 들어 $4 \times 3$ 세계에 대한 한 믿음 상태는 11차원 연속 공간의 한 점이다. 동작은 물리적 상태뿐만 아니라 믿음 상태도 변화시킨다(동작이 에이전트가 관측하는 지각에 영향을 미치므로). 따라서 동작은, 적어도 부분적으로는, 에이전트가 결과로서 획득하는 정보에 따라 평가된다. 그러므로 POMDP는 정보의 가치(§16.6)를 의사결정 문제의 한 구성요소로서 포함한다.

동작들의 결과를 좀 더 세심하게 살펴보자. 구체적으로 말하면, 믿음 상태 $b$에 있는 에이전트가 동작 $a$를 실행한 후 믿음 상태 $b'$에 도달할 확률을 계산한다. 만일 그 동작과 그 후의 지각을 안다면, 식 (17.16)을 이용해서 믿음 상태를 **결정론적으로** 갱신할 수 있다. 즉, $b' = \text{FORWARD}(b,a,e)$이다. 물론 동작 이후의 지각은 아직 알려지지 않았으므로, 에이전트는 여러 개의 가능한 믿음 상태 $b'$ 중 하나에 도달할 것이며, 그것이 구체적으로 무엇인지는 어떤 지각을 받느냐에 따라 달라진다. 믿음 상태 $b$에서 동작 $a$를 실행했을 때 $e$를 받을 확률은 에이전트가 도달할 수 있는 모든 실제 상태 $s'$에 대한 해당 확률들의 합으로 주어진다.

$$P(e \mid a,b) = \sum_{s'} P(e \mid a,s',b) P(s' \mid a,b)$$

$$= \sum_{s'} P(e \mid s') P(s' \mid a,b)$$

$$= \sum_{s'} P(e \mid s') \sum_s P(s' \mid s,a) b(s).$$

다음으로, $b$에서 동작 $a$를 수행했을 때 $b'$에 도달할 확률을 $P(b' \mid b,a)$로 표기하자. 이 확률은 다음과 같이 계산할 수 있다.

$$P(b' \mid b,a) = \sum_e P(b' \mid e,a,b) P(e \mid a,b)$$

$$= \sum_e P(b' \mid e,a,b) \sum_{s'} P(e \mid s') \sum_s P(s' \mid s,a) b(s). \qquad (17.17)$$

여기서 $P(b' \mid e,a,b)$는 만일 $b' = \text{FORWARD}(b,a,e)$이면 1이고 그렇지 않으면 0이다.

식 (17.17)을 믿음 상태 공간에 대한 전이 모형을 정의하는 공식으로 볼 수 있다. 또한, 믿음 상태 전이에 대한 보상 함수도 정의할 수 있는데, 발생할 수 있는 실제 상태 전이의 기대 보상에서 유도하면 된다. 여기서는 다음과 같은 간단한 $\rho(b,a)$를 사용한다. 이것은 에이전트가 믿음 상태 $b$에서 동작 $a$를 취했을 때의 기대 보상이다.

$$\rho(b,a) = \sum_s b(s) \sum_{s'} P(s' \mid s,a) R(s,a,s').$$

$P(b' \mid b,a)$와 $\rho(b,a)$의 조합은 믿음 상태들의 공간에 대한 **관측 가능 MDP**를 정의한다. 더 나아가서, 이 MDP에 대한 최적 정책 $\pi^*(b)$가 원래의 POMDP에 대한 최적 정책이기도 하다는 점을 증명하는 것이 가능하다. 다른 말로 하면, 물리적 상태 공간에 대해 *POMDP*를 푸는 문제를 그에 해당하는 믿음 상태 공간에 대해 *MDP*를 푸는 문제로 환원할 수 있다. 믿음 상태의 정의에 의해 에이전트가 믿음 상태를 항상 관측할 수 있다는 점을 생각하면 이 사실이 그리 놀랍지 않을 것이다.

# 17.5 POMDP를 푸는 알고리즘

앞에서 우리는 POMDP를 MDP로 환원하는 방법을 살펴보았다. 그런데 그런 식으로 얻은 MDP의 상태 공간은 연속적이다(그리고 차원이 높을 때가 많다). 이 때문에, §17.2.1와 §17.2.2에 나온, 상태 공간과 동작의 수가 유한하다는 가정을 둔 동적 계획법 알고리즘들을 다시 설계할 필요가 있다. 이제부터는 POMDP에 맞게 설계된 가치 반복 알고리즘 하나를 설명하고, 그런 다음 제5장에서 게임 플레이를 위해 개발할 것들과 비슷한 온라인 의사결정 알고리즘을 설명한다.

## 17.5.1 POMDP를 위한 가치 반복 알고리즘

§17.2.1에서 각 상태에 대해 하나의 효용 값을 계산하는 가치 반복 알고리즘을 소개했다. 무한히 많은 믿음 상태에 그러한 방법을 적용하려면 좀 더 독창적인 접근이 필요하다. 최적 정책 $\pi^*$을 특정한 하나의 믿음 상태 $b$에 적용한다고 하자. 그 정책은 하나의 동작을 생성하고, 그 동작을 실행한 후의 각 지각에 대해 믿음 상태가 갱신되고, 이에 의해 다시 동작이 생성되는 과정이 반복된다. 따라서, 이 특정한 $b$에 대해 그 정책은 제4장에서 비결정론적·부분 관측 가능 문제에 대해 정의한 **조건부 계획**과 정확히 동등하다. 이제부터 정책이 아니라 조건부 계획을 다룬다고 가정하고, 고정된 하나의 조건부 계획을 실행할 때의 기대 효용이 초기 믿음 상태에 따라 어떻게 달라지는지 고찰해 보자. 이때 주목할 점은 다음 두 가지이다.

1. **고정된** 조건부 계획 $p$를 물리적 상태 $s$에서부터 실행하는 것의 효용이 $\alpha_p(s)$라고 하자. 그러면, $p$를 믿음 상태 $b$에서 실행하는 것의 기대 효용은 그냥 $\sum_s b(s)\alpha_p(s)$이다. 둘을 벡터라고 생각한다면 $b \cdot \alpha_p$로 줄여 쓸 수 있다. 따라서 고정된 조건부 계획의 기대 효용이 $b$에 따라 **선형으로** 변한다. 다른 말로 하면, 이 기대 효용은 믿음 공간의 한 초<sup>超</sup>평면(hyperplane)에 대응된다.

2. 주어진 임의의 믿음 상태 $b$에 대해, 최적 정책은 기대 효용이 제일 높은 조건부 계획을 선택한다. 그리고 최적 정책하에서의 $b$의 기대 효용은 그냥 해당 조건부 계획의 효용이다.

$$U(b) = U^{\pi^*}(b) = \max_p b \cdot \alpha_p.$$

임의의 주어진 믿음 상태 $b$에 대해, 최적 정책은 기대 효용이 제일 큰 조건부 계획의 실행을 선택한다. 그리고 최적 정책에서 $b$의 기대 효용은 바로 그 조건부 계획의 효용이다. 즉, $U(b) = U^{\pi^*}(b) = \max_p b \cdot \alpha_p$이다. 만일 최적 정책 $\pi^*$가 $b$에서 실행할 계획으로 $p$를 선택했다면, $b$와 아주 가까운 믿음 상태들에서도 최적 정책이 $p$를 선택하리라고 기대해도 무리가 아니다. 실제로, 조건부 계획의 깊이를 한정하면 그런 계획들의 수는 유한해지며, 일반적으로 믿음 상태들의 연속 공간이 여러 **지역**으로 분할된다. 그러한 각 지역은 그 지역에서 최적인 특정한 조건부 계획에 대응된다.

이 두 관찰로부터, 믿음 상태들에 대한 효용 함수 $U(b)$가 **조각별 선형**(piecewise linear) 함수이자 **볼록** 함수라는 결론을 이끌어 낼 수 있다.

이를 간단한 2상태 세계의 예로 설명해 보자. 이 세계의 두 가지 상태는 $A$와 $B$이다. 동작은 두 가지인데, *Stay*는 0.9의 확률로 현재 상태를 유지하고, *Go*는 0.9의 확률로 다른 상태로 전이한다. 보상은 $R(\cdot, \cdot, A) = 0$과 $R(\cdot, \cdot, B) = 1$이다. 즉, $A$로 이어지는 모든 전이의 보상은 0이고 $B$로 이어지는 모든 전이의 보상은 1이다. 할인 계수는 일단 $\gamma = 1$이라고 가정하자. 감지기는 정확한 상태를 0.6의 확률로 보고한다. 에이전트는 자신이 상태 $B$에 있다고 믿는다면 $Stay$를, 상태 $A$에 있다고 믿는다면 $Go$를 수행해야 함이 명백하다. 문제는 에이전트가 자신이 어떤 상태에 있는지 모른다는 것이다!

2상태 세계의 장점은, 두 확률 $b(A)$와 $b(B)$의 합이 반드시 1이라는 점을 이용해서 믿음 공간을 1차원으로 시각화할 수 있다는 것이다. 도해 17.15(a)에서 $x$축은 에이전트가 상태 $B$에 있을 확률 $b(B)$로 정의되는 믿음 상태를 나타낸다. 이제 두 1단계 계획 $[Stay]$ 와 $[Go]$를 생각해 보자. 이들은 한 전이에 대해 다음과 같은 보상을 받는다.

$$\alpha_{[Stay]}(A) = 0.9R(A, Stay, A) + 0.1R(A, Stay, B) = 0.1$$
$$\alpha_{[Stay]}(B) = 0.1R(B, Stay, A) + 0.9R(B, Stay, B) = 0.9$$
$$\alpha_{[Go]}(A) = 0.1R(A, Go, A) + 0.9R(A, Go, B) = 0.9$$
$$\alpha_{[Go]}(B) = 0.9R(B, Go, A) + 0.1R(B, Go, B) = 0.1$$

$b \cdot \alpha_{[Stay]}$와 $b \cdot \alpha_{[Go]}$에 대한 초평면(지금 예에서는 직선)들이 도해 17.15(a)에 나와 있다. 굵은 선은 최댓값을 나타낸다. 따라서 굵은 선은 하나의 동작만 허용하는 유한 지평 선 문제에 대한 효용 함수에 해당하며, 조각별 선형 효용 함수의 각 '조각(선분)'에서 최적의 동작은 해당 조건부 계획의 첫 동작이다. 지금 예에서 최적의 1단계 정책은, 만일 $b(B) > 0.5$이면 $Stay$이고 그렇지 않으면 $Go$이다.

각각의 물리적 상태 $s$에서의 깊이가 1인 모든 조건부 계획 $p$에 대한 효용 $\alpha_p(s)$ 들을 구했다면, 모든 가능한 첫 동작과 그에 따른 모든 가능한 지각을 고려하고, 그러한 각 지각에 대해 깊이 1 계획을 선택하는 모든 가능한 방법을 고려함으로써 깊이가 2인 조건부 계획들에 대한 효용들을 계산할 수 있다.

$[Stay;$ **if** $Percept = A$ **then** $Stay$ **else** $Stay]$
$[Stay;$ **if** $Percept = A$ **then** $Stay$ **else** $Go]$
$[Go;$ **if** $Percept = A$ **then** $Stay$ **else** $Stay]$

...

서로 다른 깊이 2 계획은 총 여덟 개이다. 그것들의 효용이 도해 17.15(b)에 나와 있다. 이들 중 넷(점선)은 전체 믿음 공간에서 최적이 아님을 주목하기 바란다. 이런 계획들을

**열세 계획**  **열세 계획**(dominated plan; 지배되는 계획)이라고 부르자. 이들은 더 고려할 필요가 없다. 비열세(undominated; 지배되지 않은) 계획은 네 가지인데, 각자 특정한 지역에서 최적의 정책이다. 이들이 도해 17.15(c)에 나와 있다. 해당 지역들은 믿음 상태 공간을 분할한다.

3 이상의 깊이에 대해서도 같은 과정을 반복해서 효용들을 구할 수 있다. 일반화하면, $p$가 깊이가 $d$이고 초기 동작이 $a$인 조건부 계획이고, 지각 $e$에 대한 깊이 $d-1$의 부분계획을 $p.e$로 표기한다고 할 때, 다음이 성립한다.

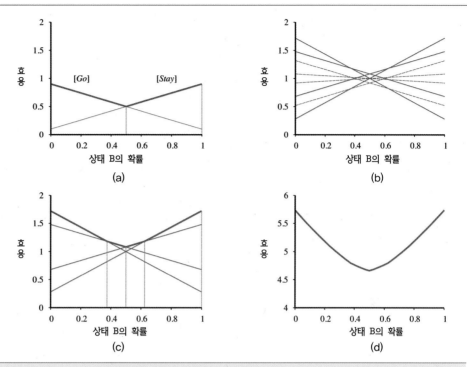

**도해 17.15** (a) 2상태 세계에서 두 1단계 계획들의, 초기 믿음 상태 $b(B)$의 함수로서의 효용들. 굵은 선은 해당 효용 함수이다. (b) 서로 다른 여덟 가지 2단계 계획의 효용들. (c) 비열세 2단계 계획 네 가지의 효용들. (d) 최적의 8단계 계획들에 대한 효용 함수.

$$\alpha_p(s) = \sum_{s'} P(s'|s,a)[R(s,a,s') + \gamma \sum_e P(e|s')\alpha_{p.e}(s')]. \tag{17.18}$$

이러한 재귀적 관계는 자연스럽게 가치 반복 알고리즘으로 이어진다. 도해 17.16에 그러한 가치 반복 알고리즘이 나와 있다. 이 알고리즘의 구조와 오차 분석은 p.741의 도해 17.6에 나온 기본적인 가치 반복의 것과 비슷하다. 주된 차이는, POMDP-VALUE-ITERATION이 상태마다 하나의 효용 값을 계산하는 것이 아니라, 일단의 비열세 계획들과 해당 효용 초평면을 유지한다는 점이다.

이 알고리즘의 복잡도는 생성되는 초평면 개수에 부분적으로 의존한다. 가능한 동작이 $|A|$개이고 가능한 관측이 $|E|$개라고 할 때 서로 다른 깊이 $d$ 계획은 $|A|^{O(|E|^{d-1})}$개이다. 소박한 2상태 세계라고 해도, $d=8$이면 계획은 무려 $2^{255}$개이다. 이런 이중의 지수적 성장을 줄이려면 열세 계획들의 제거가 필수적이다. $d=8$일 때 비열세 계획들은 단 144개이다. 이 144개의 계획들에 대한 효용 함수가 도해 17.15(d)에 나와 있다.

중간 믿음 상태의 가치가 상태 $A$나 상태 $B$보다 작음을 주목하자. 이는, 그런 중간 상태들에서는 좋은 동작을 선택하는 데 필요한 정보가 에이전트에게 주어지지 않기 때문이다. 정보가 §16.6에서 정의된 의미에서의 가치를 가지는, 그리고 POMDP의 최적 정책에 정보 수집 동작들을 포함시키는 경우가 많은 것은 이 때문이다.

이러한 효용 함수가 주어진다면, 주어진 임의의 믿음 상태 $b$에서 최적인 초평면을 찾고 그에 해당하는 계획의 첫 동작을 실행함으로써 실행 가능한 정책을 추출할 수 있다. 도해 17.15(d)에서 해당 최적 정책은 깊이 1 계획이 동일하다. 즉, $b(B) > 0.5$이면 *Stay*이고 그렇지 않으면 *Go*이다.

실제 응용에서, 큰 문제에 대해 도해 17.16에 나온 가치 반복 알고리즘은 절망적으로 비효율적이다. $4 \times 3$ 세계의 POMDP도 너무 힘겹다. 주된 이유는, 수준 $d$에서 $n$개의 조건부 계획이 주어졌을 때, 알고리즘이 수준 $d+1$에서 생성하는(열세 계획들을 제거하기 전에) 조건부 계획이 $|A| \cdot n^{|E|}$개라는 것이다. 4비트 감지기의 경우 $|E|$는 16이고 $n$은 수백 단위일 수 있으므로, 이쪽으로는 희망이 없다.

이 알고리즘이 개발된 1970년대부터, 좀 더 효율적인 형태의 가치 반복과 여러 종류의 정책 반복 알고리즘을 비롯한 다양한 개선안이 고안되었다. 그들 중 일부는 이번 장 끝의 참고사항 절에서 논의한다. 그러나 일반적인 POMDP에서 최적 정책을 찾는 것은 대단히 어렵다(구체적으로는 PSPACE-어려움 부류인데, 간단히 말해서 실제로 아주 어렵다). 다음 절에서는 이와는 다른, 예견 검색에 기초한 근사적 POMDP 해법 하나를 소개한다.

---

**function** POMDP-VALUE-ITERATION(*pomdp*, $\epsilon$) **returns** 효용 함수
  **입력**: *pomdp*, 상태들 $S$, 동작들 $A(s)$, 전이 모형 $P(s' \mid s,a)$, 감지기 모형 $P(e \mid s)$,
       보상들 $R(s,a,s')$, 할인 계수 $\gamma$로 이루어진 POMDP
    $\epsilon$, 임의의 상태의 효용에 허용되는 최대 오차
  **지역 변수**: $U$와 $U'$, 효용 벡터 $\alpha_p$들에 연관된 계획 $p$들의 집합들.

  $U' \leftarrow \alpha[a](s) = \sum_{s'} P(s'|s,a) R(s,a,s')$인, 인 모든 1단계 계획 $[a]$들의 집합
  **repeat**
       $U \leftarrow U'$
       $U' \leftarrow$ 하나의 동작과, 그다음에 받을 수 있는 지각마다 식 (17.18)로 계산된
            효용 벡터들을 가진 $U$의 계획 하나씩으로 구성된 모든 계획의 집합
       $U' \leftarrow$ REMOVE-DOMINATED-PLANS($U'$)
  **until** MAX-DIFFERENCE($U, U'$) $\leq \epsilon(1-\gamma)/\gamma$
  **return** $U$

---

**도해 17.16** POMDP를 위한 가치 반복의 개요. 일반적으로 REMOVE-DOMINATED-PLANS 단계와 MAX-DIFFERENCE 판정은 선형 계획법으로 구현한다.

## 17.5.2 POMDP를 위한 온라인 알고리즘

온라인 POMDP 에이전트의 기본적인 설계는 간단하다. 에이전트는 어떤 사전 믿음 상태에서 시작해서, 현재 믿음 상태를 중심으로 한 어떤 숙고(deliberation) 과정에 기초해서 하나의 동작을 선택한다. 그 동작을 수행한 후 에이전트는 하나의 관측을 받고 자신의 믿음 상태를 필터링 알고리즘을 이용해서 갱신한다. 이런 과정이 반복된다.

그러한 숙고 과정으로 사용할 만한 것으로는 §17.2.4의 기대최대 알고리즘이 있다. 단, 결정 노드가 물리적 상태가 아니라 믿음 상태인 트리를 구축해야 한다. POMDP의 트리에서 우연 노드에는 그 노드에서 가능한 관측들에 해당하는 가지들이 있으며, 그 가지들은 다음 번 믿음 상태들로 이어진다. 이때 전이 확률들은 식 (17.17)으로 주어진다. 4×3 POMDP에 대한 믿음 상태 기대최대 트리의 일부가 도해 17.17에 나와 있다.

깊이가 $d$일 때 전수 검색(exhaustive search)의 시간 복잡도는 $O(|A|^d \cdot |\mathbf{E}|^d)$이다. 여기서 $|A|$는 가능한 동작의 수이고 $|\mathbf{E}|$는 가능한 지각(percept)의 수이다. (이 복잡도가 가치 반복으로 나올 수 있는 $d$ 깊이 조건부 계획들의 수보다 훨씬 낮음을 주목하기 바란다.) 관측 가능 환경에서는 우연 노드들에서 표집을 수행하는 것이 최종 결정의 정확도를 크게 잃지 않고도 분기 계수를 줄이는 좋은 방법이다. 따라서, POMDP의 근사 온라인 의사결정의 복잡도가 MDP의 것보다 엄청나게 더 나빠지는 않을 수 있다.

상태 공간이 아주 크면 정확 필터링이 비현실적이므로 에이전트는 입자 필터링(p. 638) 같은 근사 필터링 알고리즘을 실행해야 한다. 그러면 기대최대 트리의 믿음 상태는 진 확률분포가 아니라 입자들의 집합이 된다. 수평선이 긴 문제들에서는 UCT 알고리즘 (도해 5.11)에 쓰이는 것 같은 긴 범위의 플레이아웃을 실행해야 할 수 있다. 입자 필터

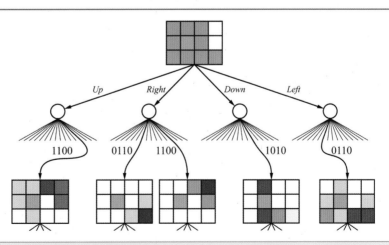

**도해 17.17** 4×3 POMDP에 대한 믿음 상태 기대최대 트리의 일부. 초기 믿음 상태는 균등분포이다. 믿음 상태를 구성하는 칸들의 바탕색은 그 믿음 상태가 해당 칸에 있을 확률이 높을수록 진하다.

POMCP 링과 UCT의 조합을 POMDP에 적용하는 방식을 가리켜 부분 관측 가능 몬테카를로 계획 수립(partially observable Monte Carlo planning), 줄여서 POMCP라고 부른다. 모형을 DDN으로 표현한 경우, 적어도 이론적으로는 POMCP를 대단히 크고 현실적인 POMDP 들에 적용할 수 있다. 관련 알고리즘의 자세한 사항을 연습문제 17.POMC에서 다룬다. POMCP는 4×3 POMDP에서 경쟁력 있는 행동을 생성할 능력을 가지고 있다. 짧은(그리고 다소 운 좋은) 예가 도해 17.18에 나와 있다.

동적 의사결정망과 온라인 의사결정에 기초한 POMDP 에이전트는 이전 장들에 나온 좀 더 단순한 에이전트 설계들보다 장점이 많다. 특히 이런 에이전트들은 부분 관측 가능·확률적 환경을 다룰 수 있으며, 의외의 증거를 관측해도 자신의 '계획'을 쉽사리 수정해서 처리할 수 있다. 적절한 감지기 모형들이 주어진다면 감지기 고장을 처리하고 정보 수집을 계획할 수 있다. 이런 에이전트들은 시간이 모자라거나 환경이 복잡할 때 다양한 근사 기법을 동원해서 계산 강도를 적절히 낮추는 '우아한 성능 저하(graceful degradation)' 특성을 보인다.

단점은 무엇일까? 이런 에이전트들을 현실 세계의 실제 문제에 도입할 때 주된 걸림돌은 긴 시간 척도에 걸친 성공적인 행동을 산출하지 못한다는 점이다. 예를 들어 저녁 식탁을 차리는 과제처럼 수천만 개의 운동 제어 동작들이 필요할 수 있는 과제에 대해 무작위한 또는 무작위에 가까운 플레이아웃으로는 양의 보상을 얻을 가망이 전혀 없다. 이를 극복하려면 §11.4에서 설명한 위계적 계획 수립의 몇몇 개념을 빌려야 할 것으로 보인다. 이 책을 쓰는 현재, 그런 개념들을 확률적·부분 관측 가능 환경에 만족스럽고 효율적으로 적용하는 방법은 아직 나오지 않았다.

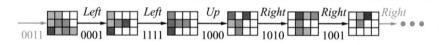

**도해 17.18** 4×3 POMDP의 지각, 믿음 상태, 동작 순차열. 벽 감지 오차는 $\epsilon = 0.2$이다. 초기의 *Left* 이동들은 아주 안전함을 주목하자. 이 이동들 때문에 에이전트가 (4,2)에 빠질 가능성은 아주 낮다. 또한, 이 이동들에 의해 에이전트는 다음 번에 이동할 수 있는 장소들이 적은 장소들로 가게 된다. *Up*이동 후 에이전트는 자신이 아마도 (3,3)에 있겠지만, (1,3)에 있을 수도 있다고 생각한다. 다행히, 두 경우 모두 *Right* 로 이동하는 것은 바람직하다. 따라서 에이전트는 *Right*로 이동한다. 그러면 에이전트는 이전 위치가 (1,3) 였고 이제는 (2,3)임을 알게 된다. 이후 계속 *Right*로 이동해서 목표에 도달한다.

# 요약

이번 장에서는 한 동작의 결과가 불확실하고 동작의 보상을 여러 동작이 지나간 후에야 받을 수도 있는 상황에서 세계에 대한 지식을 이용해서 결정을 내리는 방법을 살펴보았다. 요점은 다음과 같다.

- 확률적 환경에서의 순차적 의사결정 문제를 **마르코프 결정 문제**(MDP)라고 부른다. 마르코프 결정 문제는 동작들의 확률적 결과들을 지정하는 **전이 모형**과 각 상태의 보상을 지정하는 **보상 함수**로 정의된다.

- 한 상태열의 효용은 그 상태열의 모든 상태의 보상들의 합이다. 그 보상들은 시간에 따라 할인될 수 있다. MDP의 해답은 에이전트가 도달할 수 있는 모든 상태에 각각의 결정을 연관시키는 **정책**이다. 실행 시 발생하는 상태열의 효용이 최대화되는 정책을 최적 정책이라고 부른다.

- 한 상태의 효용은 그 상태에서 최적 정책을 실행했을 때의 기대 보상들의 합이다. **가치 반복** 알고리즘은 각 상태의 효용을 그 이웃들의 효용들에 연관시키는 연립방정식을 반복해서 푼다.

- **정책 반복**은 현재 정책하에서의 상태들의 효용들을 계산하는 단계와 현재 효용들로 현재 정책을 개선하는 단계를 번갈아 수행한다.

- POMDP로 줄여 표기하는 부분 관측 가능 MDP는 보통의 MDP보다 풀기가 훨씬 어렵다. POMDP는 믿음 상태들의 연속 공간 안의 MDP로 변환해서 풀 수 있다. 그런 형태의 MDP에 대한 가치 반복 알고리즘과 정책 반복 알고리즘이 고안되어 있다. POMDP의 최적 동작에는 불확실성을 줄이기 위한, 그리고 그럼으로써 나중에 좀 더 나은 결정을 내리기 위한 정보 수집 동작이 포함된다.

- POMDP 환경에 대한 결정이론적 에이전트를 구축할 수 있다. 그러한 에이전트는 **동적 의사결정망**을 이용해서 전이 모형과 감지기 모형을 표현하고, 믿음 상태를 갱신하고, 가능한 동작열들을 순방향으로 투영한다.

MDP와 POMDP는 에이전트가 자신의 행동을 경험으로부터 개선할 수 있는 **강화학습** 방법들을 다루는 제22장에서 다시 등장한다.

## 참고문헌 및 역사적 참고사항

리처드 벨먼은 1949년부터 RAND Corporation에서 일하면서 순차적 의사결정 문제에 대한 현대적인 접근방식에 깔린 개념들을 밝혀냈다. 그의 자서전(Bellman, 1984)에 따르면, 그가 '동적 계획법'이라는 용어를 고안한 이유는 그의 연구진이 수학을 사용한다는 사실을 당시 미국 국방성 장관이었던, 연구를 혐오하는 찰스 윌슨<sup>Charles Wilson</sup>이 알지 못하게 하기 위한 것이었다. (엄밀히 말하면 이는 사실이 아니다. 왜냐하면 그 용어가 처음 나온 논문 [Bellman, 1952]의 발표 시기가 윌슨이 국방부 장관이 된 1953년보다 전이기 때문이다.) 벨먼의 책 *Dynamic Programming*(Bellman, 1957)은 이 새 분야에 견고한 토대를 제공했으며, 가치 반복 알고리즘을 소개했다.

벨먼과 독립적으로 섀플리도 가치 반복 알고리즘을 서술했지만(Shapley, 1953), 그의 결과들은 경영과학 공동체에서 그리 널리 받아들여지지 않았다. 아마도 이유는 그 알고리즘을 좀 더 일반적인 마르코프 게임의 문맥에서 설명했기 때문일 것이다. 원래의 형식화에는 할인이 포함되었지만, 시불변 선호도의 관점의 할인 분석은 [Koopmans, 1972]가 제안했다. 정형 정리는 [Ng 외, 1999]에 기인한다.

론 하워드의 박사 학위 논문(Howard, 1960)은 정책 반복과 무한 지평선 문제를 풀기 위한 평균 보상 개념을 소개했다. [Bellman 및 Dreyfus, 1962]도 여러 추가적인 결과를 소개했다. 동적 계획법 알고리즘 분석에 축약 사상(contraction mapping)을 사용한다는 착안은 [Denardo, 1967]에 기인한다. 수정된 정책 반복은 [van Nunen, 1976]과 [Puterman 및 Shin, 1978]에 기인한다. [Williams 및 Baird, 1993]은 비동기 정책 반복을 분석했으며, 또한 식 (17.13)의 정책 손실 한계도 증명했다. **우선순위 일소**(prioritized sweeping)라는 부류에 속하는 알고리즘들은 가치 및 정책 갱신 계산들의 순서를 발견적으로 조정함으로써 최적 정책으로의 수렴을 가속하려 한다(Moore 및 Atkeson, 1993; Andre 외, 1998; Wingate 및 Seppi, 2005).

MDP 해법을 하나의 선형 계획으로 형식화하는 것은 [de Ghellinck, 1960]과 [Manne, 1960], [D'Épenoux, 1963]에 기인한다. MDP의 정확 해법으로는 선형 계획법이 동적 계획법보다 못하다는 것이 중론이었지만, [de Farias 및 Roy, 2003]은 선형 계획법과 효용 함수의 선형 표현을 이용하면 아주 큰 MDP의 증명 가능하게(provably) 좋은 해들을 얻을 수 있음을 보였다. [Papadimitriou 및 Tsitsiklis, 1987]과 [Littman 외, 1995]는 MDP의 계산 복잡도에 관한 결과들을 서술한다. [Ye, 2011]는 정책 반복과 선형 계획법을 위한 심플렉스 방법의 관계를 비교하고, 고정된 $\gamma$에 대해 정책 반복의 실행 시간이 상태 및 동작의 수의 다항식임을 증명한다.

MDP를 풀기 위한 강화학습 방법들에 대한 서턴과 워킨슨의 독창적인 연구 성과들(Sutton, 1988과 Watkins, 1989)은 인공지능 공동체에 MDP를 소개하는 데 중요한 역할을 했다. (더 이전의 [Werbos, 1977]에도 비슷한 착안들이 많이 있었지만, 이 논문들만큼 영향을 미치지는 않았다.) 인공지능 연구자들은 MDP를 전이 행렬에 기초한 전통적인 원자적 표현보다 훨씬 더 큰 문제를 감당할 수 있는, 좀 더 표현력 있는 표현 방식의 방향으로 몰고 갔다.

동적 의사결정망을 이용하는 에이전트 아키텍처의 기본적인 착안들은 [Dean 및 Kanazawa, 1989]가 제시했다. [Tatman 및 Shachter, 1990]은 동적 계획법 알고리즘들을 DDN 모형에 적용하는 방법을 보여 준다. [Russell, 1998]은 그러한 에이전트들의 규모를 확장해서 여러 열린 연구 주제들에 연관시키는 다양한 방법을 설명한다. 여러 저자가 MDP와 인공지능 계획 수립 문제의 관계를 고찰하고, 전이 모형을 위한 간결한 STRIPS 표현의 확률적 형태를 개발했다(Wellman, 1990; Koenig, 1991). 딘과 웰먼의 책 *Planning and Control*(Dean 및 Wellman, 1991)은 그러한 연관 관계를 아주 깊게 탐색한다.

**분해된** MDP(factored MDP)에 대한 이후 연구들(Boutilier 외, 2000; Koller 및 Parr, 2000; Guestrin 외, 2003b)은 가치 함수의 구조적 표현과 전이 모형을 함께 사용한다. 이에 의해 복잡도가 개선됨이 증명되었다. 거기서 한 걸음 더 나아가서, **관계적** MDP(Relational

분해된 MDP

관계적 MDP

MDP; Boutilier 외, 2001; Guestrin 외, 2003a)는 서로 연관된 다수의 객체가 있는 문제 영역을 다루기 위해 구조적 표현을 사용한다. 열린 모집단 MDP와 POMDP 역시 객체와 동작의 존재와 신언에 관한 불확실성을 허용한다(Srivastava 외, 2014).

많은 저자가 MDP의 의사결정을 위한 근사 온라인 알고리즘을 개발했는데, 실시간 검색과 게임 플레이에 대한 초기 인공지능 접근방식에서 아이디어를 기탄 없이 빌려온 경우가 많았다(Werbos, 1992; Dean 외, 1993; Tash 및 Russell, 1994). RTDP(실시간 동적 계획법)에 대한 바르토의 연구(Barto 외, 1995)는 그런 알고리즘들을 이해하고 그 알고리즘들과 강화학습 및 발견적 검색의 관계를 이해하는 데 유용한 하나의 일반적 틀을 제공한다. 우연 노드에서 표집을 수행하는 깊이 유계 기대최대 알고리즘의 분석은 [Kearns 외, 2002]에 기인한다. 이번 장에서 서술한 UCT 알고리즘은 [Kocsis 및 Szepesvari, 2006] 에 기인하며, 상태 가치 추정을 위한 무작위 플레이아웃에 관한 초기 연구들(Abramson, 1990; Brügmann, 1993; Chang 외, 2005)도 반영했다.

강도 문제는 [Thompson, 1933]이 소개했으나, 2차 세계 대전 이후 허버트 로빈스의 연구(Robbins, 1952) 덕분에 주목을 받게 되었다. [Bradt 외, 1956]은 외팔이 강도의 중지 규칙에 관한 최초의 결과들을 증명했으며, 이는 결국 존 기틴스의 획기적인 결과들(Gittins 및 Jones, 1974; Gittins, 1989)로 이어졌다. [Katehakis 및 Veinott, 1987]은 재시작 MDP 를 기틴스 지표 계산 방법으로 제안했다. 교과서 [Berry 및 Fristedt, 1985]는 기본 문제의 다양한 변형을 다룬다. 한편 온라인 교과서 [Ferguson, 2001]은 강도 문제를 정지 문제와 연관짓는다.

[Lai 및 Robbins, 1985]는 강도 문제 최적 정책의 접근적 후회(기회 손실) 연구의 시초가 되었다. UCB 발견법은 [Auer 외, 2002]가 소개하고 분석했다. 강도 초과정(BSP)의 첫 연구는 [Nash, 1973]이지만, 대부분의 인공지능 연구자들에게는 오랫동안 알려지지 않았다. [Hadfield-Menell 및 Russell, 2015]는 비교적 큰 BSP를 풀 수 있는 효율적인 분기 후 한정(branch-and-bound) 알고리즘을 서술한다. 선택 문제는 [Bechhofer, 1954]가 소개했다. [Hay 외, 2012]는 메타추론 문제를 위한 형식적 틀을 개발하고, 간단한 문제 사례들이 강도 문제가 아니라 선택 문제에 해당함을 보였다. [Hay 외, 2012]는 또한 최적 계산 전략의 기대 계산 비용이 결정 품질의 기대 이득보다 절대로 높지 않다는 점도 증명했다. 단, 최적 정책이 그 어떤 가능한 이득도 모두 소진된 지점을 훨씬 넘어선 긴 과거를 계속해서 계산할 확률이 어느 정도 있는 경우들도 존재한다.

부분 관측 가능 MDP를 믿음 상태들에 대한 보통의 MDP로 변환할 수 있다는 관찰은 [Astrom, 1965]와 [Aoki, 1965]에서 기인한다. POMDP의 정확한 해답을 찾는 최초의 완결적 알고리즘(본질적으로는 이번 장에 나온 가치 반복 알고리즘이다)은 에드워드 손다이크의 박사 학위 논문(Sondik, 1971)에서 제안되었다. (이후 한 학술지에 실린 논문 [Smallwood 및 Sondik, 1973]이 오류는 조금 있지만 읽기가 더 쉽다.) [Lovejoy, 1991]은 처음 25년간의 POMDP 연구를 개괄하면서, 큰 문제를 풀 가능성에 대해 다소 비관적인 결론을 제시한다.

이 분야에 대한 인공지능 공동체의 최초의 의미 있는 기여는 POMDP 가치 반복을 개선한 Witness(증인) 알고리즘이다(Cassandra 외, 1994; Kaelbling 외, 1998). 이후 다른 알고리즘들도 나왔는데, 그중 하나는 [Hansen, 1998]에 기인하는, 정책을 유한 상태 자동 기계(finite-state automaton)의 형태로 점진적으로 구축하는 접근방식이다. 그러한 정책 표현에서 상태는 에이전트의 가능한 믿음 상태들을 정의한다.

인공지능에서 좀 더 최근의 연구는 **점 기반**(point-based) 가치 반복 방법에 초점을 두었다. 그런 방법에서는 각 반복에서 전체 믿음 공간이 아니라 믿음 상태들의 유한한 집합에 대해 조건부 계획과 $\alpha$ 벡터들을 생성한다. [Lovejoy, 1991]은 고정된 점들의 격자에 대한 그런 알고리즘 하나를 제시했으며, 그 알고리즘의 접근방식은 [Bonet, 2002]에도 쓰였다. 영향력 있는 논문 [Pineau 외, 2003]은 궤적들을 다소 탐욕적인 방식으로 시뮬레이션함으로써 도달 가능한 점들을 생성하는 방법을 제안했다. [Spaan 및 Vlassis, 2005]는 소수의 점을 무작위로 선택해서 계획을 생성해도 이전 반복에서 모든 점에 대해 생성한 계획들을 개선할 수 있다는 점을 지적했다. [Shani 외, 2013]은 이를 비롯해 여러 점 기반 알고리즘들의 발전 상황을 개괄한다. 이런 알고리즘은 상태가 수천 개인 문제에 대해 좋은 해답을 산출했다. POMDP는 PSPACE-어려움 문제이므로(Papadimitriou 및 Tsitsiklis, 1987), 오프라인 해법들을 더욱 발전시키려면 모형의 분해된 표현에서 나오는 가치 함수들 안의 다양한 구조들을 활용해야 할 것이다.

예견(look-ahead) 검색을 이용해서 현재 믿음 상태에 대한 동작을 선택하는 방식의 온라인 접근방식은 [Satia 및 Lave, 1973]에서 처음 조사되었다. 확률 노드의 표집을 사용하는 방식은 [Kearns 외, 2000]과 [Ng 및 Jordan, 2000]이 해석적으로 탐구했다. POMCP 알고리즘은 [Silver 및 Veness, 2011]에 기인한다.

POMDP에 대한 비교적 효과적인 근사 알고리즘들이 개발되면서, POMDP를 실제 문제의 모형으로 사용하는 사례가 늘어났다. 특히 교육(Rafferty 외, 2016), 대화 시스템(Young 외, 2013), 로봇공학(Hsiao 외, 2007; Huynh 및 Roy, 2009), 자율주행차(Forbes 외, 1995; Bai 외, 2015)에 많이 쓰인다. 중요한 대규모 응용 프로그램으로는 비행기들과 드론들이 공중에서 충돌하지 않게 하는 Airborne Collision Avoidance System X (ACAS X)이 있다. 이 시스템은 POMDP와 신경망을 이용해서 함수 근사를 수행한다. ACAS X는 1970년대에 전문가 시스템 기술로 만든 기존 TCAS 시스템보다 안전성이 훨씬 개선되었다 (Kochenderfer, 2015; Julian 외, 2018).

경제학자들과 심리학자들도 복잡한 의사결정 문제를 연구했다. 그들은 의사결정자가 항상 합리적이지는 않으며, 이번 장의 모형들로 서술한 것과 정확히 같은 방식으로 행동하지는 않음을 발견했다. 예를 들어 오늘 $100를 받느냐 아니면 2년간 총 $200를 받느냐를 두고 과반수의 사람은 전자(오늘 $100)를 선택하지만, 같은 사람들이 8년간 $200 대 6년 간 $100에 대해서는 후자를 선택한다. 이러한 결과의 해석 한 가지는, 사람들이 가산적 지수적 할인 보상을 사용하는 것이 아니라, 아마도 **쌍곡선 보상**(hyperbolic reward)을 사용하는 것이 아니냐 하는 것이다. (쌍곡선 함수는 단기적으로 지수 감소 함

쌍곡선 보상

수보다 더 가파르게 감소한다). [Rubinstein, 2003]은 이 해석을 비롯해 여러 가지 가능한 해석을 논의한다.

순차적 의사결정 문제와 동적 계획법에 관한 엄밀한 입문서로는 [Bertsekas, 1987]과 [Puterman, 1994]가 있다. [Bertsekas 및 Tsitsiklis, 1996]은 강화학습도 다룬다. [Sutton 및 Barto, 2018]도 비슷한 주제들을 다루지만, 읽기가 좀 더 쉽다. [Sigaud 및 Buffet, 2010]과 [Mausam 및 Kolobov, 2012], [Kochenderfer, 2015]는 인공지능의 관점에서 순차적 의사결정 문제를 다룬다. [Krishnamurthy, 2016]은 POMDP를 상세히 논의한다.

# 18 CHAPTER

# 다중 에이전트 의사결정

이번 장에서는 환경에 에이전트가 둘 이상일 때 무엇을 해야 하는지 조사한다.

## 18.1 다중 에이전트 환경의 특징

지금까지는 대체로 감지, 계획 수립, 행동을 수행하는 에이전트가 단 하나라고 가정했다. 그러나 사실 이는 현실의 여러 인공지능 설정과는 맞지 않는, 과도하게 단순화된 가정이다. 이번 장에서는 한 에이전트가 다른 여러 에이전트가 있는 환경에서 결정을 내려야 할때 발생하는 문제들을 살펴본다. 그런 환경을 **다중 에이전트 시스템**(multiagent systems)이라고 부르고 그런 시스템에서 에이전트가 마주치는 문제를 **다중 에이전트 계획 수립 문제**(multiagent planning problem)라고 부른다. 그런데, 곧 보겠지만 다중 에이전트 계획 수립 문제와 그것을 푸는 데 적합한 기법들의 구체적인 성격은 환경 안에 있는 에이전트들 사이의 관계에 의존한다.

> 다중 에이전트 시스템
>
> 다중 에이전트 계획 수립 문제

### 18.1.1 단일 의사결정자

다중 에이전트 시스템의 한 가지 가능한 형태는 환경에 **행위자**(actor)가 여럿이지만 **의사결정자**(decision maker)는 단 하나인 시스템이다. 이런 시스템에서 의사결정자는 다른 에이전트(행위자)들을 위한 계획을 만들고 그들에 작업을 지시한다. 에이전트들이 의사결정자의 지시를 그대로 따를 것이라는 가정을 가리켜 **자애로운 에이전트 가정**(benevolent agent assumption)이라고 부른다. 그런데 이런 설정에서도 다수의 행위자가 관여하는 계획에서는 행위자들이 자신들의 동작을 **동기화**(synchronization)할 필요가 있다. 행위자 $A$ 와 $B$는 결합 동작(2중창 등)을 위해서는 동시에 움직여야 하고, 상호 배제적인 동작들 (충전 단자가 하나뿐인 환경에서 각자의 배터리를 충전하는 등)을 위해서는 서로 다른 시간에 움직여야 한다. 또한, 한 행위자의 동작의 결과가 다른 행위자의 동작의 전제조 건인 경우($A$가 접시를 씻고 $B$가 물기를 닦는 등)에는 순차적으로 행동해야 한다.

다중 작용기
계획 수립

다중 동체
계획 수립

한 가지 특별한 경우는, 동시에 작동하는 작용기(effector)가 여러 개인 의사결정자 하나가 있는 설정이다. 예를 들어 사람은 걸으면서 말할 수 있다. 그런 에이전트는 각 작 용기를 관리하면서 작용기들 사이의 긍정적, 부정적 상호작용들을 처리해야 하며, 이를 위해서는 **다중 작용기 계획 수립**(multieffector planning)이 필요하다. 작용기들을 물리적 으로 떼어 내서 개별 단위들에 부착한다면(공장의 일단의 배달 로봇들처럼), 다중 작용 기 계획 수립 문제는 **다중 동체 계획 수립**(multibody planning) 문제가 된다.

탈집중화된
계획 수립

각 동체가 수집한 유관 감지기 정보를 한데 취합해서(전체적으로 또는 각 동체 안 에서) 세계 상태에 관한 공통의 추정을 형성하고 그것을 전체 계획의 실행에 활용하는 한, 다중 동체 문제는 여전히 '표준적인' 단일 에이전트 문제이다. 이 경우 여러 개의 동 체가 하나의 동체처럼 작동하는 것으로 간주할 수 있다. 통신상의 제약 때문에 그러한 협동이 불가능하면 종종 **탈집중화된 계획 수립**(decentralized planning)이라고 부르는 문 제가 된다. 실행 국면이 부분적으로 분리되어 있을 뿐 계획 수립 국면은 중앙집중화되어 있다는 점에서 이 이름은 좀 부정확하다. 이런 종류의 문제에서는 각 동체에 대해 수립 된 부분계획에 다른 동체와의 명시적인 통신(의사소통) 동작이 포함되어야 할 수 있다. 예를 들어 넓은 영역을 포괄하는 다수의 정찰 로봇들은 종종 다른 정찰 로봇과의 무선 통신이 끊어질 수 있으며, 자신이 찾아낸 것들을 통신이 가능할 때 공유해야 한다.

## 18.1.2 다중 의사결정자

카운터파트

다중 에이전트 시스템의 또 다른 가능성은 환경의 행위자들이 의사결정자이기도 한 형 태이다. 즉, 각 행위자는 선호도들을 가지며 스스로 계획을 수립하고 실행한다. 이런 행 위자들을 **카운터파트**(counterpart)라고 부르기로 하자. 이런 형태의 다중 에이전트 시스템 은 다음 두 종류로 나뉜다.

공통의 목표

협조 문제

• 다수의 의사결정자가 하나의 **공통의 목표**(common goal)를 추구한다. 이는 여러 사 람이 함께 일하는 회사와 비슷하다. 서로 다른 의사결정자가 각자 계획을 세우고 실천하지만, 모두 회사의 이익을 위한 공통의 목표를 추구한다(적어도 이론적으 로는). 이런 설정에서 의사결정자들이 마주치는 주된 문제는 **협조 문제**(coordination problem)이다. 즉, 의사결정자들이 모두 같은 방향으로 나아가며, 뜻하지 않게 다른 의사결정자의 계획을 망치지 않게 해야 한다.

- 또 다른 가능성은 의사결정자들이 각자 개인적인 선호도들을 가지며, 자신의 능력을 최대한 발휘하길 원하는 것이다. 이때 의사결정자들의 선호도가 정반대일 수도 있다. 체스 같은 제로섬 게임(제5장)이 그러한 경우이다. 그러나 대부분의 다중 에이전트 문제들은 이보다 훨씬 어렵고 선호도도 좀 더 복잡하다.

의사결정자가 여럿이고 각자 자신의 선호도를 추구하는 환경에서 에이전트는 다른 에이전트들의 선호도를 반드시 고려해야 하며, 다른 에이전트들 **역시** 다른 에이전트들의 선호도를 고려한다는 사실을 고려해야 한다. 그리고 다른 에이전트를이 그런 사실을 고려한다는 자체를 고려해야 하고, 등등 재귀적으로 이어진다. 결과적으로 문제는 **게임 이론** (game theory)의 영역으로 들어간다. 게임 이론은 전략적 의사결정에 관한 이론이다. 추론의 이러한 **전략적**(strategic) 측면, 즉 플레이어가 다른 플레이어의 행동 방식을 고려해서 결정을 내린다는 측면이 바로 게임 이론이 결정이론과 다른 점이다. 결정이론이 단일 에이전트 인공지능의 의사결정에 대한 이론적 토대를 제공하는 것과 마찬가지로, 게임 이론은 다중 에이전트 시스템의 의사결정에 대한 이론적 토대를 제공한다.

게임 이론   

   사실 여기서 '게임'이라는 단어를 사용하는 것은 그리 바람직하지 않다. 게임이라는 단어 때문에 게임 이론을 마치 여흥이나 인위적인 시나리오와 관련된 것이라고 오해하기 쉬운데, 게임 이론은 그런 것과는 대단히 멀다. 게임 이론은 **전략적 의사결정**의 이론이다. 게임 이론은 석유 채굴권, 무선 주파수 대역 입찰, 파산절차, 제품 개발 및 가격 결정, 국방 등 큰 돈과 많은 생명이 걸린 의사결정 상황들에 쓰인다. 인공지능에 게임 이론을 적용하는 방법은 크게 두 가지이다.

전략적 의사결정  

1. **에이전트 설계**: 에이전트는 가능한 의사결정을 분석하고 각 결정의 기대 효용을 계산하는 데 게임 이론을 적용할 수 있다(다른 에이전트들 역시 게임 이론에 따라 최적으로 행동한다고 가정할 때). 게임 이론 기반 기법들을 이용하면 합리적인 플레이어를 상대로 한 최적의 전략과 각 플레이어의 기대 이득을 계산할 수 있다.

2. **메커니즘 설계**: 하나의 환경에서 여러 에이전트가 활동할 때에는, 각 에이전트가 자신의 효용을 최대화하는 게임 이론적 해법을 채용할 때 모든 에이전트의 집합적 이익이 최대화되도록 환경(즉, 에이전트들이 플레이하는 게임)의 규칙들을 정의하는 것이 가능하다. 예를 들어 게임 이론은 일단의 인터넷 통신 라우터들이 각자 전체적인 소통량을 최대화되는 방식으로 행동하도록 추동하는 통신 프로토콜을 설계하는 데 도움이 된다. 메커니즘 설계는 또한 복잡한 문제를 분산된 방식으로 푸는 지능적인 다중 에이전트 시스템의 구축에도 적용할 수 있다.

게임 이론은 다양한 모형을 제공하는데, 모형마다 바탕에 깔린 가정들이 다르다. 따라서 주어진 문제에 잘 맞는 모형을 선택하는 것이 중요하다. 가장 중요한 모형 구분 기준은 주어진 문제가 협력 게임이냐 아니냐이다.

협력 게임  
- **협력 게임**(cooperative game)에서는 에이전트들이 일종의 협약을 맺고 안정적으로

협력해서 작동할 수 있다. 인간 세상에서는 법적 계약과 사회 규범이 그런 협약 체결에 도움이 된다. 컴퓨터 프로그램 세상에서는 상대의 소스 코드를 조사해서 상대 방이 협약을 따를 것인지 확인하는 방식일 수 있다. 이런 상황은 협력 게임 이론으로 분석한다.

비협력 게임

- 그런 협약이 불가능한 게임은 **비협력 게임**(non-cooperative game)이다. 이름만 보면 게임이 경쟁적이고 협력이 불가능하다고 생각할 수 있지만, 꼭 그렇지는 않다. 비협력은 그냥 모든 에이전트를 묶어서 협력을 보장하는 어떤 중심적인 합의 사항이 없다는 뜻일 뿐이다. 에이전트가 독립적으로 다른 에이전트들과 협력하기로 결정 하는(그것이 자신의 이익에 도움이 된다고 판단해서) 것은 가능하다. 이런 상황은 비협력 게임 이론으로 분석한다.

서로 다른 여러 차원을 결합한 환경도 있다. 예를 들어 화물 배송 업체는 매일 트럭들과 비행기들의 경로를 중앙집중화된 오프라인 계획 수립으로 결정하되, 일부 측면은 미리 정해 두지 않고 트럭 기사들과 조종사들(교통량과 날씨 상황에 대해 개별적으로 반응할 수 있는)의 자율적인 결정에 맡길 수 있다. 또한, 회사를 운영할 때는 회사의 목표와 직 원들의 목표를 **동기부여**를 통해서(즉, 임금과 상여금을 지급해서) 어느 정도는 정합 (alignment)해야 한다. 이러한 목표 정합은 이것이 진정한 다중 에이전트 문제임을 말해 주는 징표이다.

동기 부여

## 18.1.3 다중 에이전트 계획 수립

다중 행위자

행위자

일단 지금은 다중 작용기, 다중 동체, 다중 에이전트 설정들을 **다중 행위자**(multiactor) 설정이라는 일반적인 이름하에서 같은 방식으로 다루기로 한다. **행위자**(actor)는 작용기 와 동체, 에이전트를 아우르는 일반적인 용어이다. 이번 절의 목표는 다중 행위자 설정 을 위한 전이 모형, 정확한 계획, 효율적인 계획 수립 알고리즘을 정의하는 방법을 파악 하는 것이다. 여기서 정확한 계획이란 행위자들이 그것을 실행했을 때 목표가 달성되는 계획을 말한다. (물론 진정한 다중 에이전트 설정에서는 에이전트들이 임의의 특정한 계 획을 실행하는 데 동의하지 않을 수 있지만, 그래도 자신들이 그것을 실행하기로 동의했 다면 작동할 만한 것이 어떤 계획인지는 안다.).

동시성

만족스러운 다중 에이전트 동작 모형을 만들 때 주된 난제는 **동시성**(concurrency)이 라는 까다로운 문제를 어떻게든 처리해야 한다는 점이다. 간단히 말하면 에이전트의 계 획들을 동시에 실행할 수 있어야 한다. 다중 행위자 계획들의 실행을 추론해야 한다면, 우선은 만족스러운 동시 동작 모형을 내장한 다중 에이전트 계획 모형이 필요하다.

더 나아가서, 다중 행위자 동작은 단일 에이전트 계획 수립에서는 신경 쓸 필요가 없었던 다양한 문제를 야기한다. 특히, 에이전트는 자신의 동작이 다른 에이전트들의 동작 들과 상호작용하는 방식을 반드시 고려해야 한다. 예를 들어 에이전트는 다른 에이전트들의 동작 때문에 자신의 동작이 가정하는 전제조건들이 망쳐질 가능성이 있음을 고려할 필요가 있다. 이를테면 정책 수행 도중 사용할 자원들의 공유가 가능한지, 다른 에이전트들이 자원들을 소진하지는 않는지, 동작들이 배타적이지는 않은지 고려해야 한다. 더 나아가서, 남을 돕는 성향이 있는 에이전트라면 자신의 동작이 다른 에이전트들의 동작에 어떻게 도움이 될지 고려할 수도 있을 것이다.

에이전트가 이런 사항들까지 고려하게 하려면 동시적인 동작을 적절히 형식화할 수 있는 하나의 동시 동작 모형이 필요하다. 사실 동시 동작 모형은 수십 년간 주류 컴퓨터 과학 공동체의 주된 연구 주제였지만, 아직까지도 보편적으로 받아들여지는 결정적인 모형은 나오지 않았다. 어쨌거나, 현재 비교적 널리 쓰이는 동시 동작 접근방식은 세 가지이다.

**교대 실행**      첫 접근방식은 각 계획의 동작들을 **교대 실행**(interleaved execution)하는 것이다. 예를 들어 두 에이전트 $A$와 $B$의 계획이 다음과 같다고 하자.

$$A : [a_1, a_2]$$
$$B : [b_1, b_2]$$

교대 실행의 핵심은, 두 에이전트의 계획들을 실행할 때 적어도 한 계획의 동작들만큼은 순서대로 실행되지만 순서에 관해 그 이상의 보장은 없다는 것이다. 각 동작이 원자적이라고 가정할 때, 이 두 계획의 동작들이 실행될 수 있는 순서는 총 여섯 가지이다.

$$[a_1, a_2, b_1, b_2]$$
$$[b_1, b_2, a_1, a_2]$$
$$[a_1, b_1, a_2, b_2]$$
$$[b_1, a_1, b_2, a_2]$$
$$[a_1, b_1, b_2, a_2]$$
$$[b_1, a_1, a_2, b_2]$$

어떤 한 계획이 이런 교대 실행 모형에 대해 정확하다고 말할 수 있으려면, 그 계획은 ▶ **모든 가능한 계획 교대 실행에 대해 정확해야 한다.** 교대 실행 모형은 단일 CPU에서 다수의 스레드가 차례로 실행되는 방식과 잘 맞는다는 장점 덕분에 동시성 공동체에서 널리 쓰여 왔다. 그러나 이 모형은 두 동작이 실제로 동시에 발생하는 상황을 반영하지 못한다. 더 나아가서, 교대 실행 순차열의 수는 에이전트의 수와 동작의 수에 지수적으로 증가한다. 따라서 교대 실행 모형에서 대한 계획의 정확성을 확인하려면 계산량이 엄청나게 커질 수 있다(단일 에이전트 설정에서는 간단히 계산할 수 있는 계획이라고 해도).

**진 동시성**      둘째 접근방식은 **진 동시성**(true concurrency)이다. 이 접근방식은 동작들을 완전한 순서로 직렬화하는 대신, 그냥 **부분 순서**(partial order) 상태로 남겨 둔다. 지금 예에서 우리는 $a_1$이 $a_2$보다 먼저 일어나야 한다는 점은 알지만, $a_1$과 $b_1$의 순서에 관해서는 말할 수 있는 것이 없다. 둘 중 하나가 먼저 발생할 수도 있고, 둘이 동시에 발생할 수도 있다. 동시 계획의 부분 순서 모형을 하나의 교대 실행 모형으로 "펼치는" 것은 항상 가능하지만, 그렇게 하면 부분 순서 정보가 사라진다. 동시 동작에 대한 이론적 논거로서는 부분 순서 모형이 교대 실행 모형보다 만족스럽다는 의견이 있긴 하지만, 실제 응용에서는 널리 받아들여지지 않았다.

동기화      셋째 접근방식은 완벽한 **동기화**(synchronization)를 가정하는 것이다. 이 접근방식에서는 모든 에이전트가 접근할 수 있는 하나의 전역 시계(clock)이 있고, 각 동작은 모두 같은 시간을 소비하며, 결합 계획의 각 시간 지점에 있는 동작들은 모두 동시에 실행된다고 가정한다. 즉, 각 에이전트의 동작들은 잠금 단계(lockstep) 안에서 동기적으로 (synchronously) 실행된다(일부 에이전트는 다른 동작들이 완료되길 기다리면서 무연산 (no-op) 동작을 실행할 수도 있다). 실제 응용의 관점에서 이런 동기화 실행 모형은 아주 완결적인 모형이라고는 할 수 없지만, 의미론이 간단하다는 장점이 있다. 그래서 이번 장에서는 이 동기화 모형을 다루기로 한다.

     그럼 전이 모형부터 보자. 단일 에이전트·결정론적 설정에서 전이 모형은 함수 $\text{RESULT}(s, a)$이다. 이 함수는 환경이 상태 $s$에 있을 때 에이전트가 동작 $a$를 수행한 결과로 환경이 처하는 상태를 돌려준다. 단일 에이전트 설정에서 에이전트는 $b$개의 서로 다른 동작 중 하나를 수행한다. 이 $b$가 상당히 클 수 있는데, 다룰 수 있는 객체들이 많고 1차 논리 표현을 사용하는 경우에는 특히나 그렇다. 그러나 동작 스키마를 사용하면 간결한 표현이 가능하다.

결합 동작      행위자가 $n$개인 다중 행위자 설정에서는 단일한 동작 $a$ 대신 **결합 동작**(joint action) $\langle a_1, ..., a_n \rangle$이 쓰인다. 여기서 $a_i$는 $i$번째 행위자가 취한 동작이다. 여기서 두 가지 문제점을 직감할 수 있을 것이다. 하나는 서로 다른 $b^n$개의 결합 동작에 대해 전이 모형을 서술해야 한다는 것이고, 또 하나는 우리가 풀어야 하는 문제는 분기 계수가 $b^n$인 결합 계획 수립 문제라는 점이다.

     이처럼 분기 계수가 엄청나게 큰 다중 행위자 시스템에 여러 행위자를 함께 집어넣는다는 설정에서의 다중 행위자 계획 수립에 대한 연구의 주된 초점은 문제의 복잡도가 $b^n$에 대해 지수적이 아니라 (이상적인 경우) $n$에 대해 선형적으로 증가하도록 행위자들을 최대한 **분리**(decoupling)하는 것이었다.

     만일 행위자들 사이에 상호작용이 전혀 없다면, 예를 들어 $n$명의 행위자가 각자 솔리테어 게임을 한다면, 그냥 $n$개의 개별적인 문제를 풀면 된다. 행위자들이 **느슨하게 결**

느슨하게 결합   **합**(loosely coupled)해 있다면, 이러한 지수적 개선에 근접한 뭔가를 달성할 수 있을까? 이는 물론 인공지능의 여러 분야의 중심 사안 중 하나이다. 이러한 느슨하게 결합된 시스템에 대한 성공적인 해법의 예를 "트리 같은" 제약 그래프가 효율적인 해법들을 제공하는(p.264 참고) CSP의 맥락에서, 그리고 서로소 패턴 데이터베이스(p.134)와 계획 수립을 위한 가산적 발견적 함수들(p.464)의 맥락에서 본 적이 있다.

$Actors(A, B)$

$Init(At(A, LeftBaseline) \land At(B, RightNet) \land$

$\quad Approaching(Ball, RightBaseline)) \land Partner(A, B) \land Partner(B, A)$

$Goal(Returned(Ball) \land (At(x, RightNet) \lor At(x, LeftNet))$

$Action(Hit(actor, Ball),$

$\quad$ PRECOND: $Approaching(Ball, loc) \land At(actor, loc)$

$\quad$ EFFECT: $Returned(Ball))$

$Action(Go(actor, to),$

$\quad$ PRECOND: $At(actor, loc) \land to \neq loc,$

$\quad$ EFFECT: $At(actor, to) \land \neg At(actor, loc))$

**도해 18.1** 테니스 복식조 문제. 두 행위자 *A*와 *B*가 한 팀으로 플레이한다. 각자 네 위치 *LeftBaseline*, *RightBaseline*, *LeftNet*, *RightNet* 중 하나에 있을 수 있다. 공은 한 플레이어가 적절한 위치에 있을 때에만 상대 코트로 넘어간다. *NoOp*은 아무런 효과도 없는 가짜 연산 또는 '무연산'이다. 각 동작에 반드시 행위자가 인수로 포함되어야 함을 주목하기 바란다.

느슨하게 결합된 문제에 대한 표준적인 접근방식은 문제가 완전히 분리되어 있는 것처럼 가장하고 상호작용들을 교정하는 것이다. 전이 모형의 경우 이는 행위자들이 독립적으로 행동한다고 가정하고 동작 스키마들을 작성하는 것에 해당한다.

그럼 테니스 복식 게임에서 이것이 어떻게 이루어지는지 살펴보자. 이 시나리오에서, 복식 경기에서 상대 팀을 이기는 것을 공통의 목표로 삼은 두 인간 테니스 선수가 복식조를 이루었다. 복식 경기의 한 시점에서 이 복식조의 목표가 공을 쳐서 상대편으로 넘기는 것, 그리고 적어도 한 명이 네트를 방어하는 것이라고 가정하자. 도해 18.1은 이 문제의 초기 조건들과 목표, 동작 스키마들이다. 잘 살펴보면 초기 조건들에서 두 단계만에 **결합 계획** 목표로 가는 다음과 같은 **결합 계획**(joint plan)을 어렵지 않게 만들어 낼 수 있을 것이다. *A*는 오른쪽 베이스라인으로 가서 공을 치고(hit), *B*는 네트에 머물러 있으면 된다.

계획 1: $\quad A: [Go(A, RightBaseline), Hit(A, Ball)]$

$\qquad\qquad B: [NoOp(B), NoOp(B)].$

그런데 두 선수가 동시에 공을 치면 문제가 발생한다. 실제 테니스 경기에서 그런 일이 발생하면 공이 엉뚱한 곳으로 날아가서 계획이 실패할 것이다. 그러나 *Hit*에 대한 동작 스키마는 그런 경우에도 공이 성공적으로 상대에게 넘어간다고 말한다. 여기서 어려운 점은 전제조건이라는 것이 어떤 동작 자체가 성공적으로 실행될 수 있는 **상태**를 제약할 뿐, 다른 동작들이 그 동작을 망치지 못하게 제약하지는 않는다는 것이다.

**동시 동작 제약** 이 문제를 해결하기 위해 동작 스키마에 **동시 동작 제약**(concurrent action constraint) 이라는 새로운 요소를 추가하기로 하자. 이 제약은 동시에 실행해야 할 또는 하면 안 되는 동작들을 명시한다. 예를 들어, 이제 *Hit* 동작을 다음과 같은 스키마로 서술할 수 있다.

$Action(Hit(actor,\ Ball),$
    CONCURRENT: $\forall\ b\ b \neq actor\ \Rightarrow\ \neg Hit(b,\ Ball)$
    PRECOND: $Approaching(Ball,\ loc) \wedge At(actor,\ loc)$
    EFFECT: $Returned(Ball)).$

다른 말로 하면, *Hit* 동작의 효과들은 다른 에이전트의 다른 *Hit* 동작이 동시에 일어나지 않는 경우에만 실제로 발생한다. (SATPLAN 접근방식에서는 이를 부분적 **동작 배제 공리**(action exclusion axiom)로 처리할 수 있을 것이다.) 이와는 반대로, 다른 동작들이 동시에 일어나야 그 효과가 발생하는 동작도 있다. 예를 들어 테니스 코트에 음료수가 가득한 아이스박스(cooler)를 들여놓으려면 두 에이전트가 힘을 합쳐야 한다.

$Action(Carry(actor,\ cooler,\ here,\ there),$
    CONCURRENT: $\exists\ b\ b \neq actor\ \wedge Carry(b,\ cooler,\ here,\ there)$
    PRECOND: $At(actor,\ here) \wedge At(cooler,\ here) \wedge Cooler(cooler)$
    EFFECT: $At(actor,\ there) \wedge At(cooler, there) \wedge \neg At(actor, here) \wedge \neg$
        $At(cooler, here)).$

이런 종류의 동작 스키마들이 있으면 제11장에서 설명한 임의의 계획 수립 알고리즘을 조금만 수정해서 다중 행위자 계획을 얻을 수 있다. 부분계획들 사이의 결합이 느슨하다면(즉, 계획 검색 도중 동시성 제약들이 아주 가끔만 적용된다면), 단일 에이전트 계획 수립을 위해 고안된 여러 발견적 함수들이 다중 행위자 설정에서도 효과적일 것이다.

## 18.1.4 다중 에이전트 계획 수립: 협력과 협조

이제 각 에이전트가 각자 계획을 수립하는 진정한 다중 에이전트 설정을 생각해 보자. 우선 에이전트들이 목표와 지식 베이스를 공유한다고 가정한다. 그러면 다중 동체의 경우와 다를 바 없지 않느냐고 생각하는 독자도 있을 것이다. 즉, 각 에이전트가 그냥 결합 해답(joint solution)을 계산하고, 그 해답에서 자신의 부분을 실행하면 되는 것이 아닌가? 그러나 이 설정에서는 결합 해답이 반드시 한 가지라는 보장이 없다. 다음 계획으로도 목표를 달성할 수 있다.

**계획 2:**     $A: [Go(A, LeftNet), NoOp(A)]\}$
        $B: [Go(B, RightBaseline), Hit(B, Ball)].$

두 에이전트가 계획 1이나 2 중 하나에 합의한다면 목표가 달성될 것이다. 그러나 $A$가 계획 2를 선택하고 $B$가 계획 1을 선택했다면 누구도 공을 쳐서 돌려보내지 못한다. 반대로 $A$가 1을, $B$가 2를 선택했다면 둘 다 공을 치려 들 것이며, 그러면 둘 다 공을 치지 못할 것이다. 에이전트들도 이 점을 알지만, 지금으로써는 둘이 하나의 계획에 합의하기 위해 의견을 조정할 만한 수단이 없다.

**관례**　　한 가지 해결책은 에이전트들이 결합된 활동에 참여하기 전에 하나의 **관례**(convention; 또는 규약)를 정하고 따르게 하는 것이다. 여기서 관례란 결합 계획의 선택에 관한 임의의 제약이다. 예를 들어 "코트에서 자신이 있는 절반을 벗어나지 않는다"라는 관례를 둔다면 계획 1이 배제되므로 둘은 계획 2를 선택할 것이다. 도로 위의 운전자들에게는 서로 충돌하지 않는다는 문제가 주어진다. 대부분의 나라에서 이 문제를 '우측통행'이라는 관례로 해결한다(부분적으로는). 물론, 해당 환경의 모든 에이전트가 합의하기만 한다면 좌측통행도 그만큼이나 효과적인 해결책이다. 인간 언어의 발전에도 비슷한 고려사항이 적용된다. 여기서 중요한 것은 개개인이 어떤 특정 언어를 사용해야 한다는 것이 아니라, 공동체의 모든 이가 같은 언어를 사용한다는 사실이다. 널리 퍼진 관례를 가리켜 **사**

**사회법**　　**회법**(social law)이라고 부른다.

　　관례가 없다면, 에이전트는 다른 에이전트와의 **통신**(communication; 의사소통)을 통해서 바람직한 결합 계획에 대한 공통의 지식을 구축할 수 있다. 예를 들어 테니스 선수는 "마이볼" 또는 "네가 쳐"라고 외침으로써 자신이 선호하는 결합 계획을 알려 줄 수 있다. 통신이 반드시 구두(말)로 일어날 필요는 없다. 예를 들어 한 선수가 자신이 선호하는 결합 계획을 그 계획의 앞부분을 직접 실행함으로써 알릴 수도 있다. 에이전트 $A$가 네트를 향해 나아간다면 에이전트 $B$는 베이스라인으로 돌아가서 공을 쳐야 한다. $A$가 네트를 향하는 것으로 시작하는 결합 계획은 계획 2뿐이기 때문이다. 협조(coordination)

**계획 인식**　　에 대한 이러한 접근방식을 **계획 인식**(plan recognition)이라고 부르기도 한다. 이 접근방식은 한 에이전트의 동작 하나(또는 짧은 동작열)만으로도 결합 계획을 애매함 없이 결정할 수 있어야 작동한다.

# 18.2 비협력 게임 이론

이제부터 다중 에이전트 환경의 의사결정에 바탕이 되는 게임 이론의 핵심 개념과 분석 기법을 소개한다. 먼저 비협력 게임 이론부터 살펴보겠다.

## 18.2.1 수(move)가 하나인 게임: 정규형 게임

제일 먼저 살펴볼 게임 모형은 모든 플레이어가 동시에 동작을 취하는, 그리고 그런 식으로 선택된 동작들의 프로파일$^{profile}$에 기초해서 게임의 결과가 결정되는 형태의 게임이다. (사실, 반드시 동작들이 정확히 동시에 실행되어야 하는 것은 아니다. 중요한 것은

**정규형 게임**　　그 어떤 플레이어도 다른 플레이어의 선택을 모른다는 것이.) 이런 게임을 **정규형 게임** (normal form game; 또는 일반형 게임)이라고 부른다. 정규형 게임은 다음 세 요소로 정의된다.

플레이어
- **플레이어**(player)들, 즉 결정을 내릴 에이전트들. 플레이어가 둘인 2인용 게임이 가장 많은 주목을 받았지만, $n > 2$인 $n$인용 게임들도 흔하다. 이 책에서는 플레이어들에게 *Ali*나 *Bo*처럼 영문 대문자로 시작하는 이름 또는 그냥 $O$와 $E$처럼 영문 대문자를 부여한다.

- 플레이어가 선택할 수 있는 **동작**(action)들. 동작에는 *one*이나 *testify* 같이 소문자로 이루어진 이름을 부여한다. 가능한 동작들의 집합이 플레이어마다 다를 수도 있고 모두 같을 수도 있다.

보수 함수
- **보수 함수**(payoff function)는 모든 플레이어의 동작들의 조합들 각각에 대해 각 플레이어에게 부여하는 효용을 산출한다. 2인 게임에서는 한 플레이어의 보수 함수를, 한 플레이어의 가능한 동작마다 하나의 행이 있고 다른 플레이어의 가능한 동작마다 하나의 열이 있는 형태의 행렬로 표현할 수 있다. 행렬의 각 성분은 해당 행과 해당 열의 동작 조합이 플레이어에게 지급하는 '보수'이다. 2인 게임에서는

보수 행렬
두 플레이어의 행렬들을 하나의 **보수 행렬**(payoff matrix)로 결합해서 다루는 것이 관례이다. 그런 보수 행렬의 각 성분은 두 플레이어의 보수들로 구성된다.

**두 손가락 모라**(two-finger Morra)라고 하는 게임을 예로 들어 이런 개념들을 설명해 보겠다. 이 게임에서 두 플레이어 $O$와 $E$는 자신의 손가락 하나나 둘을 동시에 펼쳐 보인다. 펼쳐진 손가락의 개수가 $f$라고 할 때, 만일 $f$가 홀수이면 $O$에게 $E$가 $f$달러를 주고, $f$가 짝수이면 $E$에게 $O$가 $f$달러를 준다.[1] 다음은 두 손가락 모라 행렬의 보수 행렬이다.

|  | *O: one* | *O: two* |
|---|---|---|
| *E: one* | $E = +2, O = -2$ | $E = -3, O = +3$ |
| *E: two* | $E = -3, O = +3$ | $E = +4, O = -4$ |

이때 $E$를 행 플레이어(row player), $O$를 열 플레이어(column player)라고 부른다. 예를 들어 행렬의 오른쪽 하단 성분은 플레이어 $O$가 동작 *two*를 취하고 $E$도 *two*를 취했을 때 $E$가 받는 보수는 +4이고 $O$가 받는 보수는 −4라는 뜻이다.

두 손가락 모라 게임을 분석하기 전에, 애초에 이런 게임 이론 개념들이 필요한 이유를 짚고 넘어가겠다. 그냥 (이를테면) 플레이어 $E$가 이 책의 다른 곳에서 사용한 결정 이론과 효용 최대화 기법을 이용해서 결정을 내리면 되지 않을까? 그 이유를 파악하기 위해, 일단 $E$가 최고의 동작을 찾는다고 하자. 가능한 선택은 *one*과 *two*이다. 만일 *one*을 선택했다면 보수는 +2 아니면 −3이다. 그런데 $E$가 **실제로** 받는 보수는 $O$의 선택에 따라 결정된다. 따라서, '행' 플레이어 $E$가 할 수 있는 최선의 일은 바람직한 보수가 나

---

1 모라 게임은 **조사 게임**(inspection game)의 오락용 버전이다. 조사 게임에서 조사자는 어떤 시설(음식점이나 생화학 무기 공장 등)을 조사할 날을 선택한다. 그리고 시설의 운영자는 불결한 물건들을 모두 치울 날을 선택한다. 만일 그 두 날이 다르면 조사자가 이기고, 같으면 운영자가 이긴다.

오는 동작을 선택하는 것이 아니라, 바람직한 보수가 있는 특정 '행'을 선택하는 것뿐이다. 마찬가지로 플레이어 $O$도 열만 선택할 수 있다.

최적의 행을 선택하려면 $E$는 $O$가 합리적인 의사결정자로서 어떻게 행동할 것인지를 반드시 고려해야 한다. 한편, $O$ 역시 $E$가 합리적 의사결정자라는 사실을 반드시 고려해야 한다. 이처럼 플레이어가 다른 플레이어들의 추론을 고려해야 한다는 점에서, 다중 에이전트 설정에서 의사결정은 단일 에이전트 설정의 의사결정과는 상당히 다르다. 게임 이론에서 **해 개념**(solution concept)의 역할은 이런 종류의 추론을 엄밀하게 수행하려고 노력하는 것이다.

이전에 우리가 정책이라고 부른 것을 게임 이론에서는 **전략**(strategy)이라는 부른다. **순수 전략**(pure strategy)은 결정론적 정책이다. 수가 하나인 정규형 게임에서 순수 전략은 그냥 하나의 동작이다. 차차 보겠지만, 에이전트가 **혼합 전략**(mixed strategy)을 채용함으로써 더 나은 성과를 낼 수 있는 게임이 많이 있다. 혼합 전략은 확률분포에 따라 동작을 선택하는 무작위화된 정책이다. $p$의 확률로 동작 $a$를 선택하고 그 외의 경우에는 $b$를 선택하는 혼합 전략을 $[p:a; (1-p):b]$라고 표기한다. 예를 들어 두 손가락 모라 게임이라면 $[0.5:one; 0.5:two]$라는 혼합 전략을 채용할 수 있을 것이다. **전략 프로파일**(strategy profile)은 각 플레이어에게 배정된 전략을 통칭한 것이다. 전략 프로파일이 주어졌을 때, 게임의 **결과**(outcome)는 각 플레이어에게 하나의 수치로 주어진다. 플레이어들이 혼합 전략을 사용한다면 반드시 기대 효용을 사용해야 한다.

그렇다면, 모라 같은 게임에서 에이전트는 어떻게 결정을 내려야 할까? 게임 이론은 합리적 동작이라는 것을 다른 에이전트의 믿음에 대한 에이전트의 믿음을 통해서 정의하려 하는 다양한 해 개념들을 제공한다. 안타깝게도 하나의 완벽한 해 개념은 없다. 각 에이전트가 게임의 결과를 결정하는 전략 프로파일의 일부만 선택하는 상황에서 '합리적'의 의미를 정의하는 것 자체가 쉽지 않다.

그럼 게임 이론 교과서의 단골 메뉴라 할 수 있는 **죄수의 딜레마**(prisoner's dilemma)라는 게임을 예로 들어서 첫 번째 해 개념을 살펴보자. 이 게임의 시나리오는 다음과 같다. 절도 행위 용의자 알리(*Ali*)와 보(*Bo*)가 절도 현장 근처에서 현행범으로 체포되었으며, 각자 따로 조사를 받고 있다. 검사는 각자에게 "만일 동료가 절도 조직의 주범임을 당신이 증언하면(*testify*) 협조의 대가로 당신을 풀어 주고, 동료는 10년형을 받는다; 그러나 둘 다 동료를 절도 조직의 주범이라고 증언하면, 둘 다 5년형을 받는다"라는 조건을 제시한다. 알리와 보는 만일 둘 다 증언을 거부하면(*refuse*) 둘 다 장물 소지 혐의로 1년형만 받는다는 점도 알고 있다. 이제 알리와 보는 증언할 것인가 아니면 거부할 것인가를 선택해야 한다. 이런 상황을 **죄수의 딜레마**라고 부른다. 합리적인 에이전트로서의 알리와 보는 자신의 기대 효용을 최대화하고자 한다. 구체적으로, 둘은 각자 자신의 수감 기간을 최소화하려 하며, 상대방의 수감 기간은 신경 쓰지 않는다. 다음은 이러한 죄수의 딜레마 게임에 대한 보수 행렬이다.

|  | *Ali: testify* | *Ali: refuse* |
|---|---|---|
| *Bo: testify* | $A = -5,\ B = -5$ | $A = -10,\ B = 0$ |
| *Bo: refuse* | $A = 0,\ B = -10$ | $A = -1,\ B = -1$ |

알리의 관점에서 이 보수 행렬을 분석하면 다음과 같다.

- 보가 증언한다고 하자. 그러면, 만일 내가 증언하면 나는 5년을, 증언하지 않으면 10년을 받는다. 따라서 증언하는 것이 낫다.
- 반면 보가 거부한다면, 만일 내가 증언하면 풀려나고 거부하면 1년이다. 따라서 이 경우에도 증언하는 것이 낫다.
- 따라서, 보가 무엇을 선택하든 나는 증언하는 것이 낫다.

우세 전략

강하게 우세

약하게 우세

▶

이 분석을 통해서 알리는 *testify* 동작이 게임의 **우세 전략**(dominant strategy)임을 알아냈다. 플레이어 $p$에 대한 전략 $s$의 결과가 다른 플레이어(들)의 모든 전략 선택에 대해 전략 $s'$의 결과보다 나을 때, 전략 $s$가 $s'$보다 **강하게 우세하다** 말한다. 반대로, $s$가 적어도 하나의 전략 프로파일에서 $s'$보다 우세하고 그 외의 프로파일들에서도 $s'$보다 못하지 않을 때, $s$가 $s'$보다 **약하게 우세하다**고 말한다. 우세 전략은 다른 모든 전략보다 강하게 우세하다. 게임 이론에서는 흔히 합리적 플레이어는 항상 우세 전략을 선택하고 열세(doninated) 전략을 피한다는 가정을 둔다. 합리적인, 적어도 자신이 비합리적이라고 여겨지길 바라지는 않는 에이전트인 알리는 당연히 우세 전략을 선택한다.

보 역시 이처럼 추론할 것을 이해하기가 어렵지 않다. 보도 *testify*가 자신을 위한 우세 전략이라는 결론을 내리고 그에 따라 행동한다. 이러한 우세 전략 분석에 따르면, 이 게임의 해는 두 플레이어 모두 *testify*를 선택해서 둘 다 5년형을 받는 것이다.

우세 전략 균형

이처럼 모든 플레이어가 우세 전략을 선택해서 게임이 결정되는 상황을 가리켜, 게임의 결과가 **우세 전략 균형**(dominant strategy equilibrium)에 도달했다고 말한다. 이것이 '균형(평형)'인 것은, 그 어떤 플레이어도 이러한 선택들의 조합에서 벗어날 동기가 없기 때문이다. 정의에 의해, 만일 플레이어가 다른 동작을 선택한다면 더 나은 결과를 기대할 수 없으며, 더 나쁜 결과가 나올 가능성이 있다. 이런 측면에서 우세 전략 균형은 대단히 강력한 해 개념이다.

죄수의 딜레마로 돌아가서, 이 상황에서 딜레마는 두 플레이어 모두 증언하기로 해서 얻은 우세 전략 균형 결과가 두 플레이어 모두 증언을 거부해서 나오는 결과보다 나쁘다는 점에 있다. (*refuse, refuse*) 조합에서는 두 플레이어는 1년형을 받는다. 두 플레이어 **모두**에게 이는 우세 전략 균형의 5년형보다 나은 결과이다.

알리와 보가 (*refuse, refuse*) 결과에 도달하게 하는 방법은 없을까? 둘 다 증언을 거부하는 것이 **허용 가능한** 옵션이긴 하지만, 죄수의 딜레마 게임 설정에서 어떻게 하면 두 합리적 에이전트가 그러한 선택를 내릴 수 있을지 파악하기란 쉽지 않다. 이것이 비협력 게임임을 기억하기 바란다. 둘은 서로 대화할 수 없으므로, *refuse*를 선택하기로 협약할 수 없다.

그러나 게임을 조금 바꾸면 $(refuse, refuse)$ 해에 도달하는 것이 가능하다. 에이전트들이 협약을 맺을 수 있는 협력 게임으로 바꿀 수도 있고, 플레이어들이 다시 만나서 다시금 결정을 내리는 반복 게임(repeated game)으로 바꿀 수도 있다(잠시 후에 반복 게임을 살펴볼 것이다). 아니면, 협력과 공정함을 권장하는 어떤 윤리적 믿음을 플레이어들이 지니고 있을 수도 있다. 이는 플레이어들의 효용 함수가 지금과는 다르다는 뜻이므로, 게임 자체가 다르다고 할 수 있다.

특정 플레이어에 대한 우세 전략이 존재하면 그 플레이어에게는 의사결정이 아주 간단해진다. 일단 증언을 하는 것이 우세 전략임을 알게 되면, 알리는 보가 무엇을 할 것인지 파악하느라 애쓸 필요가 없다. 보가 무엇을 하든, 알리로서는 증언을 하는 것이 **최선의 대응**

최선의 대응 **선의 대응**(best response)이기 때문이다. 그러나 대부분의 게임에는 우세 전략도, 우세 전략 균형도 없다. 단 하나의 전략이 다른 플레이어들의 모든 가능한 전략에 대해 최선의 대응인 경우는 드물다.

그럼 우세 전략 균형보다는 약하지만 그보다 훨씬 널리 적용할 수 있는 또 다른 해 개념을 살펴보자. 이 해 개념은 **내시 균형**(Nash equilibrium; 또는 내시 평형)인데, 수학

내시 균형 자 존 포브스 내시 Jr.<sup>John Forbes Nash, Jr.</sup>(1928-2015)의 이름을 딴 것이다. 내시는 1950년 박사 학위 논문에서 이 균형을 논의했으며, 1994년에 노벨 경제학상을 탔다.

다른 모든 플레이어가 자신의 전략적 선택을 유지한다는 가정하에서 한 플레이어가 자신의 전략을 바꾼다고 하자. 그 어떤 플레이어도 그런 식으로 전략을 바꾸어 봤자 더 나은 보수를 받을 여지가 없는 전략 프로파일을 내시 균형이라고 부른다. 다른 말로 하면, 내시 균형에서 모든 플레이어는 각자 다른 플레이어들의 선택에 대한 자신의 최선의 대응을 수행한다. 내시 균형은 게임의 한 안정점(stable point)을 나타낸다. 여기서 '안정'은 그 어떤 플레이어도 이 지점에서 멀어질 합리적인 동기가 없음을 뜻한다. 그런데 내시 균형은 **국소**(local) 안정점이다. 차차 보겠지만, 하나의 게임에 내시 균형이 여럿일 수도 있다.

우세 전략은 **모든** 상대 전략에 대한 최선의 대응이므로, 모든 우세 전략 균형은 내시 균형이기도 하다(연습문제 18.EQIB). 따라서, 죄수의 딜레마에서는 하나의 유일한 우세 전략 균형이 있으며, 그 균형은 유일한 내시 균형이다.

다음의 예는 첫째, 우세 전략이 없는 게임도 있다는 점과 둘째, 내시 균형이 여러 개인 게임도 있다는 점을 보여준다.

|         | *Ali:l*          | *Ali:l*          |
|---------|------------------|------------------|
| *Bo:t*  | $A = 10,\ B = 10$ | $A = 0,\ B = 0$  |
| *Bo:b*  | $A = 0,\ B = 0$  | $A = 1,\ B = 1$  |

이 게임에는 두 플레이어 모두 우세 전략이(따라서 우세 전략 균형도) 없다는 점을 쉽게 증명할 수 있다. 그러나 전략 프로파일 $(t,l)$과 $(b,r)$은 둘 다 내시 균형이다. 두 에이전트 모두 같은 내시 균형$((t,l)$ 또는 $(b,r))$을 추구하는 것이 바람직함은 명확하다. 그러나

비협력 게임 이론의 맥락에서 두 플레이어는 다른 플레이어의 결정을 알지 못한 상태에서 따로 결정을 내려야 하며, 서로 뭔가를 협의할 방법도 없다. 이는 **협조 문제**(coordination problem)의 한 예이다. 협조 문제에서 플레이어들은 같은 균형으로 이어지는 동작들을 선택하기 위해 동작 선택을 전역적으로 조정하길 원하지만, 의사결정 자체는 국소적으로만 내릴 수 있다.

초점

협조 문제를 해결하기 위한 접근방식이 여럿 제안되었다. 한 가지는 **초점**(focal point)을 사용하는 것이다. 게임에서 초점이란 어떤 측면에서 너무나 '자명한', 그래서 에이전트들의 선택을 조율하는 기준으로 삼는 것이 당연한 어떤 결과를 말한다. 물론 이것이 엄밀한 정의는 아니다. 초점의 구체적인 의미는 게임마다 다를 수 있다. 앞의 예에는 자명한 초점이 하나 있다. 두 플레이어가 결과 $(t, l)$에 맞게 선택을 조정하면 $(b, r)$에 맞게 조정하는 것보다 훨씬 높은 효용을 얻게 된다. 게임 이론의 관점에서 두 결과 모두 내시 균형이지만, $(b, r)$을 기준으로 조율하려 드는 플레이어는 꽤나 심사가 꼬인 플레이어일 것이다.

동전 맞추기

순수 전략에는 내시 균형이 없는 게임도 있다. 지금 예로 들 **동전 맞추기**(matching pennies) 게임이 그런 예이다. 이 게임에서 알리와 보는 한 동전의 앞면(head)과 뒷면(tail) 중 하나를 동시에 선택한다. 만일 둘이 같은 면을 선택하면 보가 알리에게 $1를 주고, 다른 면을 선택하면 알리가 보에게 $1를 준다.

|  | *Ali:heads* | *Ali:tails* |
|---|---|---|
| *Bo : heads* | $A = 1,\ B = -1$ | $A = -1,\ B = 1$ |
| *Bo : tails* | $A = -1,\ B = 1$ | $A = 1,\ B = -1$ |

순수 전략으로 한정할 때 이 게임에는 우세 전략이 없고 내시 균형도 없다(모든 결과에서 한 플레이어는 다른 플레이어의 선택을 보고 다른 면을 선택할 걸 그랬다고 후회한다). 이를 증명하는 것은 독자의 숙제로 남기겠다.

내시 균형을 찾아내는 한 가지 요령은 혼합 전략을 사용하는 것, 즉 플레이어들이 무작위로 결정을 내릴 수 있게 하는 것이다. 내시는 모든 게임에는 적어도 하나의 혼합 전략 내시 균형이 있다는 점을 증명했다. 이는 내시 균형이 그토록 중요한 해 개념인 이유이다. 우세 전략 균형 같은 해 개념은 모든 게임에 존재한다는 보장이 없다. 그러나 혼합 전략을 사용한 내시 균형을 찾으면 항상 해를 얻게 된다.

동전 맞추기 게임에서, 만일 두 플레이어가 *heads*와 *tails*를 동일 확률로 선택한다면 혼합 전략 내시 균형이 존재한다. 이 결과가 실제로 내시 균형인지를 확인해 보자. 두 플레이어 중 하나가 0.5가 아닌 확률로 한 결과를 선택한다고 가정하면, 다른 플레이어는 그 사실을 최대한 활용할 것이다. 예를 들어 보가 *heads*를 0.6의 확률로 선택한다면(따라서 *tails*의 선택 확률은 0.4), 알리는 항상 *heads*를 선택하는 것이 최선의 대응이다. 따라서 보가 0.6의 확률로 *heads*를 선택하는 것은 그 어떤 내시 균형 프로파일에도 포함될 수 없다.

## 18.2.2 사회 복지

게임 이론은 최고의 결과를 얻으려 하는 게임 플레이어의 관점에서 논의한다. 그런데 그와는 다른 관점으로 보았을 때 뭔가를 배울 수 있는 경우도 있다. 여러분이 어떤 자애롭고 전지전능한 존재이며, 게임의 결과를 마음대로 **선택**할 수 있다고 상상해 보자. 여러분은 자애로운 존재라서 가능하면 전반적으로 최선의 결과, 말하자면 **사회 전체**(society as a whole)에 최선인 결과를 선택하려고 한다. 그렇다면 어떻게 선택해야 할까? 어떤 기준을 적용해야 할까? 이때 **사회 복지**(social welfare; 또는 사회 후생)라는 개념이 유용하다.

사회 복지

아마도 가장 중요하고 가장 반대가 적은 사회 복지 기준은, 효용을 **낭비**하는 결과를 피해야 한다는 것이다. 이러한 요구조건을 잘 반영한 것이 바로 이탈리아 경제학자 빌프레도 파레토<sup>Vilfredo Pareto</sup>(1848-1923)의 이름을 딴 **파레토 최적성**(Pareto optimality) 개념이다. 다른 누군가에게 불이익이 되는 일 없이 한 플레이어에게 더 나은 보수를 제공하는 다른 결과가 없는 결과를 가리켜 파레토 최적이라고 말한다. 다른 말로 하면, 어떤 결과가 파레토 최적이 아니라는 것은 그 어떤 에이전트에게도 손해가 되지 않으면서 적어도 한 에이전트에게 더 나은 보수를 제공할 수 있는 결과가 존재한다는 것이며, 따라서 이는 효용의 낭비에 해당한다.

파레토 최적성

**공리주의 사회 복지**(utilitarian social welfare)는 주어진 결과가 얼마나 좋은지를 집합적으로 측정하는 측도이다. 한 결과의 공리주의 사회 복지는 그냥 그 결과에서 플레이어들이 받는 효용들의 총합이다. 공리주의 사회 복지의 문제점은 크게 두가지이다. 하나는 이 측도가 효용들의 총합을 고려할 뿐 플레이어들에 대한 효용들의 **분포**는 고려하지 않는다는 점이다. 그래서 효용들의 총합이 최대라도 분포는 대단히 불평등할 수 있다. 또 하나는 이 측도가 효용들에 어떤 **공통의 척도**가 있다고 가정한다는 점이다. 효용은 (돈과는 달리) 주관적인 수량이기 때문에 그런 가정이 성립할 수 없다고 주장하는 경제학자들이 많다. 쿠키 여러 개를 나누어 준다고 할 때, "나는 쿠키를 다른 누구보다 1000배는 더 사랑한다"고 주장하는 효용 몬스터에게 쿠키를 모두 주어야 할까? 그러면 총 효용(효용 몬스터가 주장한)이 최대화되겠지만, 정당한 일은 아닐 것이다.

공리주의 사회 복지

효용을 플레이어들에게 분배하는 문제를 위해 사람들은 **평등주의 사회 복지**(egalitarian social welfare)를 연구했다. 평등주의 사회 복지에 대한 한 가지 제안은 가장 취약한 사회 구성원의 기대 효용을 최대화하자는 것이다. 이는 최대최소(maximin) 접근방식이다. 그밖에 **지니 계수**(Gini coefficient)라는 측도도 있다. 이 측도는 효용이 플레이어들에게 얼마나 균등하게 분산되었는지를 요약한다. 이런 제안들의 주된 문제점은 사소한 분배 이득 때문에 총 복지를 크게 희생할 수 있으며, 공리주의 사회 복지에서처럼 효용 몬스터에게 휘둘릴 여지도 여전히 남아 있다는 점이다.

평등주의 사회 복지

지니 계수

이런 개념들을 앞에서 소개한 죄수의 딜레마에 적용해 보면 이 게임이 '딜레마'인 이유를 알 수 있다. 기억하겠지만 이 게임에서 $(testify, testify)$가 우세 전략 균형이자 유일한 내시 균형이다. 그런데 이것이 유일한 파레토 최적 결과는 **아니다**. 결과 $(refuse, refuse)$도 공리주의 사회 복지와 평등주의 사회 복지를 최대화한다. 따라서, 죄수의 딜레마에서 딜레마는 대단히 강력한 해 개념(우세 전략 균형)에서 나오는 결과가, '사회'의 관점에서 합리적인 결과인지에 관한 모든 기준을 사실상 충족하지 못한다는 점에 있다. 그렇지만 개별 플레이어가 더 나은 해에 도달하는 방법은 여전히 명확하지 않다.

## 균형 찾기

그럼 앞에서 논의한 개념들과 관련된 계산상의 핵심 질문 몇 가지를 살펴보자. 우선, 무작위화를 허용하지 않는 순수 전략들을 고려한다.

플레이어가 선택할 수 있는 옵션이 유한한 경우에는 전수 검색(exhaustive search)을 이용해서 균형을 찾을 수 있다. 그냥 모든 가능한 전략 프로파일을 훑으면서 그 프로파일에서 벗어날 때 이득을 얻을 수 있는 플레이어가 있는지 찾으면 된다. 그런 플레이어가 하나도 없는 프로파일은 곧 순수 전략의 내시 균형이다. 우세 전략과 우세 전략 균형도 그와 비슷한 알고리즘으로 구할 수 있다. 안타깝게도, 플레이어가 $n$명이고 가능한 동작이 $m$개일 때 가능한 전략 프로파일은 $m^n$가지이다. 이는 전수 검색으로 처리하기에는 너무 큰 수이다.

근시안적 최선<br>대응

몇몇 게임에는 **근시안적 최선 대응**(myopic best response)이라고 부르는 접근방식이 잘 통한다. 이를 **반복적 최선 대응**(iterated best response)이라고 부르기도 한다. 이 접근 방식에서는 먼저 무작위로 전략 프로파일 하나를 선택한다. 만일 다른 플레이어들의 선택들이 주어졌을 때 자신에게 최적이 아닌 선택을 내린 플레이어가 그 프로파일에 있다면 그 플레이의 선택을 뒤집어 최적의 선택을 만든다. 그런 다음 다시 플레이어들의 선택을 평가해서 같은 과정을 반복하되, 모든 플레이어가 최적의 선택을 내리면 멈춘다. 그러면 내시 균형에 도달한 것이다. 근시안적 최선 대응이 내시 균형으로 수렴하지 않는 게임들도 있지만, 몇몇 중요한 부류의 게임들에서는 수렴이 보장된다.

혼합 전략 균형을 찾는 것은 알고리즘 측면에서 훨씬 까다롭다. 논의의 간결함을 위해 여기서는 제로섬 게임을 위한 방법들에 초점을 두고, 다른 게임들에 관해서는 이번 절 끝에서 몇 가지 확장 방법들을 언급하겠다.

제로섬 게임

1928년에 폰 노이만은 2인용 **제로섬 게임**(zero-sum game; 또는 영합 게임)을 위한 **최적의 혼합 전략을 찾는 방법 하나를 개발했다. 제로섬 게임은 보수들의 합이 항상 0인 (또는, p.193에서 설명했듯이 어떤 상수인) 게임이다. 모라 게임이 제로섬 게임임은 명백하다. 2인용 제로섬 게임에서 두 플레이어에 대한 이익들은 동등하고 서로 반대이므로, 한 플레이어의 이익만 고찰하면 된다. 제5장의 어법에서 Max에 해당하는 플레이어만 고찰하기로 하자. 모라 게임의 예에서 짝수 플레이어 $E$가 Max라고 하겠다. $E$가 동작 $e$를 실행하고 $O$가 동작 $o$를 실행했을 때 $E$가 받는 이익 $U_E(e,o)$들로 이익 행렬을 만

최대최소

들어 보자. **최대최소**(maximin; 또는 최대 극소화) 기법이라고 부르는 폰 노이만의 방법은 다음과 같이 진행된다.

- 규칙을 다음과 같이 바꾼다고 하자. 우선 $E$가 자신의 전략을 선택하고 그것을 $O$ 에게 보여 준다. 즉, $O$는 $E$의 전략을 아는 상태에서 자신의 전략을 선택한다. 이

제 둘이 선택한 전략들에 기초해서 게임의 기대 이익을 평가하면 게임이 끝난다. 규칙을 이렇게 바꾸면 게임은 차례 기반 게임이 되며, 따라서 제5장의 표준적인 **최소최대** 알고리즘을 적용할 수 있다. 게임의 결과가 $U_{E,O}$라고 하자. 이 게임에서 $O$가 유리함은 명백하다. 따라서 원래의 게임의 실제 효용 $U$($E$의 관점에서 본)는 $U_{E,O}$보다 **작지 않다**. 예를 들어, 순수 전략들만 고려한다면, 최소최대 게임 트리의 뿌리 노드의 가치는 $-3$이다(도해 18.2(a)). 따라서 $U \geq -3$이다.

- 이번에는 $O$가 먼저 자신의 전략을 노출하고, 그런 다음 $E$가 노출한다고 규칙을 바꾸자. 그러면 게임의 최소최대 가치는 $U_{O,E}$이고, $E$가 더 유리하므로 $U$는 $U_{O,E}$보다 **크지 않다**. 순수 전략의 경우 $U_{O,E}$ 값은 $+2$이며(도해 18.2(b)), 따라서 $U \leq +2$이다.

이 두 논점을 결합하면, 원래 게임에 대한 해답의 실제 효용 $U$가 반드시 다음을 충족한다는 결론이 나온다.

$$U_{E,O} \leq U \leq U_{O,E}, \qquad \text{지금 예에서는 } -3 \leq U \leq 2.$$

$U$의 값을 구체적으로 결정하려면 혼합 전략들에 대해 비슷한 분석을 진행해야 한다. 우선, 첫 플레이어가 하나의 전략을 노출하고 나면, 둘째 플레이어는 순수 전략을 선택할 수도 있다는 점에 주목하자. 그 이유는 간단하다. 둘째 플레이어가 혼합 전략 $[p:one; (1-p):two]$를 선택한다면, 그 기대 효용은 순수 전략 $U_{one}$과 $U_{two}$의 효용들의 선형 결합 $(p \cdot U_{one} + (1-p) \cdot U_{two})$이다. 이 선형 결합은 반드시 $U_{one}$과 $U_{two}$ 중 더 나은 것보다 못하다. 따라서 둘째 플레이어는 그냥 더 나은 쪽을 선택하면 된다.

이러한 관찰을 염두에 둘 때, 최소최대 트리를 뿌리 노드에 가지가 무한히 많이 있는 트리로 생각할 수 있다. 그 가지들은 첫 플레이어가 선택할 수 있는 무한히 많은 혼합 전략에 해당한다. 각 가지는 둘째 플레이어의 두 가지 순수 전략에 해당하는 두 개의 가지가 있는 노드로 이어진다. 이러한 무한 트리를, 뿌리에 하나의 '매개변수화된' 선택 지점이 있는 유한한 트리로 묘사할 수 있다.

- 만일 $E$가 먼저 선택한다면 도해 18.2(c)와 같은 상황이 된다. $E$는 뿌리 노드에서 전략 $[p:one; (1-p):two]$를 선택하고, $O$는 주어진 $p$의 값에 따라 하나의 순수 전략을(따라서 하나의 수를) 선택한다. 만일 $O$가 $one$을 선택했다면, 기대 이익($E$에 대한)은 $2p - 3(1-p) = 5p - 3$이다. 만일 $O$가 $two$를 선택했다면 기대 이익은 $-3p + 4(1-p) = 4 - 7p$이다. 두 이익을 $p$가 $x$축에서 0에서 1까지 변하는 그래프에 직선으로 나타낼 수 있다. 도해 18.2(e)가 바로 그것이다. 기대 이익을 최소화하려는, $O$는 항상 두 직선 중 낮은 쪽(굵은 선)을 선택한다. 따라서, 뿌리 노드에서 $E$가 할 수 있는 최선의 일은 $p$가 두 직선의 교점에 있게 만드는 것이다. 그러한 $p$의 값은 다음과 같다.

$$5p - 3 = 4 - 7p \qquad \Rightarrow \qquad p = 7/12.$$

그 교점에서 $E$의 효용은 $U_{E,O} = -1/12$이다.

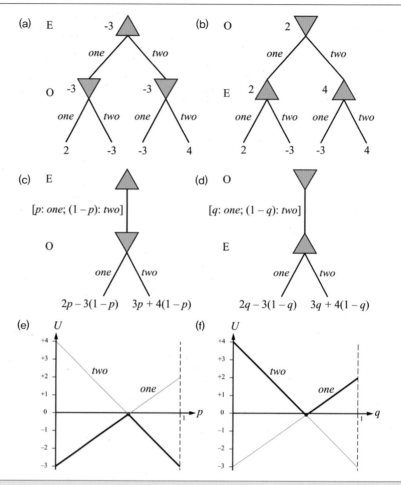

**도해 18.2** (a)와 (b): 두 손가락 모라 게임을 플레이어들이 차례로 순수 전략을 선택하도록 변경한 게임의 최소최대 게임 트리. (c)와 (d): 첫 플레이어가 혼합 전략을 선택하는, 매개변수화된 게임 트리. 상금은 혼합 전략의 확률 매개변수($p$ 또는 $q$)에 따라 달라진다. (e)와 (f): 확률 매개변수의 임의의 특정한 값에 대해, 둘째 플레이어는 두 동작 중 '더 나은 쪽'을 선택할 것이다. 그래서 첫 플레이어의 혼합 전략의 가치를 굵은 선으로 표시했다. 첫 플레이어는 교점에서의 혼합 전략에 해당하는 확률 매개변수를 선택한다.

- 만일 $O$가 먼저 수를 둔다면 도해 18.2(d)의 상황이 된다. $O$는 뿌리 노드에서 전략 $[q:one; (1-q):two]$를 선택하고, $E$는 주어진 $q$의 값에 따라 하나의 수를 선택한다. 이득은 각각 $2q - 3(1-q) = 5q - 3$과 $-3q + 4(1-q) = 4 - 7q$이다.[2] 이번에도, 도해 18.2(f)에서 보듯이 $O$가 뿌리 노드에서 할 수 있는 최선의 방책은 교점을 선택하는 것이다:

---

2   이 방정식들이 $p$에 대한 것과 같은 것은 우연의 일치이다. 이러한 우연은 $U_E(one, two) = U_E(two, one) = -3$이라서 생기는 것이다. 이는 두 플레이어의 최적 전략이 동일한 이유이기도 하다.

$$5q - 3 = 4 - 7q \qquad \Rightarrow \qquad q = 7/12.$$

그 교점에서 $E$의 효용은 $U_{O,E} = -1/12$이다.

이제 원래의 게임의 실제 효용이 $-1/12$과 $-1/12$ 사이에 있음을, 즉 다름 아닌 $-1/12$임을 알 수 있다. (이 논의의 결론은, 만일 독자가 이 게임을 하게 된다면 $E$가 아니라 $O$가 되는 것이 낫다는 것이다.) 더 나아가서, 실제 효용은 혼합 전략 [7/12 : *one*; 5/12 : *two*]로 얻을 수 있으며, 두 플레이어 모두 반드시 그 전략을 선택해야 한다. 하나의 내시 균형인 이 전략을 게임의 **최대최소 균형**(maximin equilibrium)이라고 부른다. 균형 혼합 전략을 구성하는 전략들은 기대 효용이 모두 같음을 주의하기 바란다. 지금 예에서 *one*와 *two*의 기대 효용은 $-1/12$로 같으며, 이는 혼합 전략 자체의 효용이기도 하다.

최대최소 균형

▶ 두 손가락 모라에 대한 이상의 결과는 혼합 전략이 허용되는 모든 2인용 제로섬 게임에는 하나의 최대최소 균형이 있다는 일반적인 결과(폰 노이만이 밝혔다)의 한 예이다. 더 나아가서, 제로섬 게임의 모든 내시 균형은 두 플레이어 모두에게 최대최소 균형이다. 최대최소 균형을 채용한 플레이어에게는 두 가지가 보장된다. 첫째로, 상대방 역시 최대최소 균형을 사용한다면 최대최소 균형보다 더 나은 전략은 없다(비록 비합리적인 상대의 실수를 더 잘 이용하는 전략은 있을지라도). 둘째로, 전략이 상대에게 노출된다고 해도 플레이어의 이익이 나빠지지는 않는다.

제로섬 게임의 최대최소 균형을 찾는 일반적 알고리즘은 도해 18.2(e)와 (f)가 암시하는 것보다는 좀 더 복잡하다. 가능한 동작이 $n$개일 때 하나의 혼합 전략은 $n$차원 공간의 한 점이며, 직선은 초평면이 된다. 둘째 플레이어가 선택할 수 있는 순수 전략 중 일부가 다른 전략의 피지배 전략일 수도 있으므로, 그런 전략들은 첫 플레이어가 선택하는 그 어떤 전략에 대해서도 최적이 아니다. 그런 전략들을 모두 제거하고 나면(여러 번 제거해야 할 수도 있다), 뿌리 노드에서의 최적의 선택은 남아 있는 초평면들의 가장 높은(또는 가장 낮은) 교점이다.

그러한 선택을 찾는 것은 **선형 계획법**(linear programming) 문제, 즉 선형 제약들을 충족하면서 목적함수를 최대화하는 문제의 한 예이다. 그런 문제는 표준 기법들을 이용해서 동작 개수에(그리고, 세부적으로 들어간다면, 보상 함수를 지정하는 데 쓰이는 비트들의 개수에도) 다항식적인 시간으로 풀 수 있다.

남은 질문은, 합리적 에이전트가 한 판의 모라 게임에서 실제로 무엇을 할 것인가이다. 합리적 에이전트는 [7/12 : *one*; 5/12 : *two*]가 최대최소 균형 전략이라는 사실을 유도할 것이며, 상대방의 합리적 에이전트 역시 그런 전략을 알고 있다고 가정한다. 에이전트는 이 혼합 전략에 따라 12면 주사위나 난수 발생기를 이용해서 동작을 선택한다. 이 경우 기대 이익($E$에 대한)은 $-1/12$이다. 또는 에이전트가 그냥 *one*이나 *two*를 실행하기로 결정할 수도 있다. 어떤 경우이든, $E$에 대한 기대 이익은 여전히 $-1/12$이다. 신기하게도, 에이전트가 독단적으로(상대의 전략을 고려하지 않고) 한 동작을 선택하면 어떤 동작을 선택하든 기대 효용이 변하지 않지만, 자신이 독단적으로 동작을 선택한다는 점을 상대에게 알리면 기대 이익이 **실제로** 변한다. 이는 상대가 그 정보에 따라 전략을 조정하기 때문이다.

　　비제로섬(non-zero-sum) 게임의 균형을 찾는 것은 다소 더 복잡하다. 일반적인 접근 방식은 다음과 같이 두 단계로 진행된다. (1) 혼합 전략의 구성요소가 될 수 있는 동작들의 부분집합을 모두 열거한다. 예를 들어, 우선 각 플레이어가 하나의 동작을 사용하는 모든 전략 프로파일을 시도하고, 그런 다음에는 각 플레이어가 하나 또는 두 개의 동작을 사용하는 모든 전략 프로파일을 시도하는 식으로 나아간다. 그러면 동작 개수에 지수적인 프로파일들이 나오므로, 이 접근방식은 비교적 작은 게임에만 적용할 수 있다. (2) 단계 (1)에서 열거한 전략 프로파일들을 훑으면서 균형인 것을 찾는다. 주어진 프로파일이 균형인지는 제로섬 게임에 사용하는 것과 비슷한 방정식들과 부등식들을 풀어서 알아낼 수 있다. 2인용 게임에서 그러한 균형들은 선형이므로, 기본적인 선형 계획법 기법들로 풀 수 있다. 그러나 3인 이상의 경우에는 비선형이므로 풀기가 아주 어려울 수 있다.

## 18.2.3 반복 게임

반복 게임<br>스테이지 게임

　　지금까지는 단 한 수로 끝나는 게임들만 살펴보았다. 여러 수로 진행되는 게임들 중 가장 간단한 부류는 **반복 게임**(repeated game 또는 iterated game)이다. 반복 게임에서 플레이어들은 하나의 단일 수 게임을 여러 번 거듭하는데, 그런 단일 수 게임을 **스테이지 게임**(stage game)이라고 부른다. 반복 게임에서 전략은 이전 선택들의 모든 가능한 역사에 대해 각 시간 단계에서의 각 플레이어의 동작 선택을 지정한다.

　　우선, 스테이지 게임을 반복하는 횟수가 유한하고, 게임 도중 변하지 않고, 모든 플레이어가 그 횟수를 아는 경우부터 살펴보자. 이번 절의 분석이 유효하려면 이 조건들이 모두 필요하다. 알리와 보가 죄수의 딜레아 게임의 반복 버전을 플레이하며, 둘 다 게임이 100라운드 반복됨을 알고 있다고 가정하자. 각 라운드에서 알리와 보는 각자 $testify$와 $refuse$ 중 하나를 선택하고, 앞에서 본 죄수와 딜레마 규칙에 따라 보수를 받는다.

　　100라운드를 마친 후에는 각 플레이어의 보수들을 모두 합산한 총 보수를 비교해서 승패를 가린다. 이 게임에서 이기기 위해 알리와 보는 어떤 전략을 사용해야 할까? 다음과 같은 논증을 생각해 보자. 둘 다 100번째 라운드는 반복 게임이 아님을 알고 있다. 즉, 100번째 라운드의 결과는 이후 라운드들에 아무런 영향도 미치지 않는다. 따라서, 100번째 라운드에서 플레이어들은 사실상 단일한 죄수의 딜레마 게임을 플레이한다.

　　앞에서 보았듯이, 100번째 라운드의 결과는 두 플레이어 모두에게 우세 균형 전략인 $(testify, testify)$이 된다. 그런데 100번째 라운드가 결정되면, 99번째 라운드의 결과는 이후 라운드들에 아무런 영향이 없으며, 따라서 그 라운드 역시 $(testify, testify)$로 수렴될 것이다. 이를 귀납적으로 적용하면 두 플레이어 모두 모든 라운드에서 $testify$를 선택한다는 결론이 나온다. 즉, 둘 다 각각 500년형을 받게 되는 것이다. 이런 종류의 추론을 **역행 귀납**(backward induction; 또는 후진 귀납, 역진 귀납)이라고 부르며, 게임 이론에서 아주 중요하게 쓰인다.

역행 귀납

　　그런데 세 가지 조건(유한, 고정, 둘 다 알고 있음) 중 하나를 생략하면 이런 귀납 논증이 성립하지 않는다. 게임이 **무한히** 반복된다고 하자. 수학적으로, 무한 반복 게임에서 한 플레이어의 전략은 모든 가능한 유한한 게임 역사를 주어진 라운드에서 해당 플레이어가 선택할 하나의 동작으로 사상하는 함수이다. 즉, 전략은 게임에서 이전에 어떤 일이 있었는지 살펴보고 현재 라운드의 선택을 결정한다. 그런데 유한한 컴퓨터에 무한한 게임 역사 테이블을 저장할 수는 없다. 우리에게 필요한 것은 **무한히** 많은 라운드를 플레이할 게임을 위한 전략들의 **유한한** 모형이다. 이 때문에, 무한 반복 게임의 전략들을 표현하는 표준적인 방식은 출력 단자가 있는 유한상태기계(finite state machines, FSM)를 사용하는 것이다.

틋-포-탯     도해 18.3에 죄수의 딜레마 게임의 반복 버전을 위한 여러 FSM 전략이 나와 있다. **틋-포-탯**$^{\text{Tit-for-Tat}}$ 전략을 생각해 보자. 각 타원은 FSM의 한 상태이고 타원 안의 문구는 FSM가 그 상태에 있을 때 전략이 선택할 동작이다. 각 상태에는 상대방 에이전트의 모든 가능한 선택마다 하나씩의 외향(밖으로 나가는) 간선이 있다. 상대방의 선택에 해당하는 외향 간선을 따라 가면 기계의 다음 상태가 나온다. 마지막으로, FSM에는 내향(들어오는) 간선이 있는 상태가 하나 있는데, 이것은 초기 상태이다. 틋-포-탯 전략의 경우 FSM은 $refuse$ 상태에서 시작한다. 상대방 에이전트가 $refuse$를 선택했다면 FSM은 $refuse$ 상태에 머무르지만, 상대방이 $testify$를 선택했다면 FSM은 $testify$ 상태로 전이한다. 그 상태에서, 상대방이 $testify$를 선택하면 FSM는 계속 $testify$에 머무르지

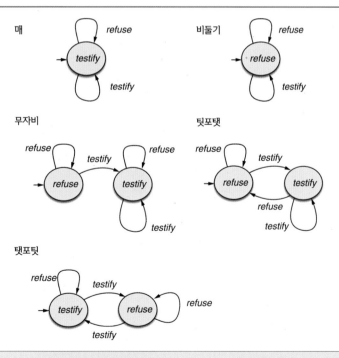

**도해 18.3** 무한 반복 죄수의 딜레마 게임에 흔히 쓰이는 몇 가지 그럴 듯한 이름의 FSM 전략들.

만 상대방이 $refuse$를 선택하면 다시 $refuse$ 상태로 돌아온다. 정리하자면, 팃-포-탯 전략은 첫 라운드에서 $refuse$를 선택한 후부터는 이전 라운드의 상대방의 선택을 그대로 따라한다.

'매(hawk)' 전략과 '비둘기(dove)' 전략은 좀 더 단순하다. 매 전략은 그냥 모든 라운드에서 $testify$를 선택하고 비둘기 전략은 모든 라운드에서 $refuse$를 선택한다. '무자비(grim)' 전략은 팃-포-탯 전략과 비슷하되, 중요한 차이가 하나 있다. 이 전략은 상대방이 $testify$를 선택하고부터는 매 전략으로 전환해서는 상대방의 선택과는 무관하게 계속해서 $testify$를 선택한다. 팃-포-탯은 상대방이 다시 $refuse$를 선택하면 자신도 $refuse$로 돌아선다는 점에서 "관대한" 성격이라고 말할 수 있지만, 무자비 전략은 상대방을 절대로 용서하지 않는다. 한 번이라도 $testify$를 선택한 상대방에게는 영원히 보복을 가한다(자신도 $testify$를 선택함으로써). (그런 경우 팃-포-탯은 어떻게 대처하는지도 생각해 보기 바란다.)

무한 반복 게임의 또 다른 문제점은 무한히 이어지는 보수들의 효용을 측정하는 방법을 고안해야 한다는 점이다. 이번 절에서는 **평균 극한**(limit of means)라는 접근방식을 소개한다. 본질적으로 평균 근한은 무한 보수 수열에 대한 평균의 극한을 취한 것이다. 무한히 많은 보수들의 수열 $(U_0, U_1, U_2, ...)$가 주어졌을 때, 해당 플레이어에 대한 이 수열의 효용을 다음과 같이 정의한다.

평균 극한

$$\lim_{T \to \infty} \frac{1}{T} \sum_{t=0}^{T} U_t.$$

이 값이 임의의 효용 수열에 대해 반드시 수렴한다는 보장은 없지만, FSM 전략에 따라 산출된 효용 수열에 대해서는 반드시 수렴한다. 두 플레이어 모두 FSM 전략을 사용하는 상황을 생각해 보면 이 점을 확인할 수 있다. 그런 경우 FSM들이 결국에는 이전 라운드와 동일한 상태 조합에 도달하며, 그때부터는 그 상태 조합을 계속 반복하게 된다. 좀 더 엄밀하게 말하면, FSM 전략들이 산출하는 모든 효용 수열은 반복되지 않는 유한한(길이가 0일 수도 있다) 수열 다음에 길이가 0이 아닌 유한 수열이 무한히 반복되는 형태이다. 그런 무한 수열에 대한, 플레이어가 받은 효용의 극한은 그냥 무한히 반복되는 유한 수열의 평균을 구해서 계산할 수 있다.

지금부터는 무한 반복 게임의 플레이어들이 각자 하나의 FSM을 선택해서 게임을 플레이한다고 가정한다. 어떤 FSM인지에 관한 제약은 없다. 원한다면 얼마든지 크고 복잡한 것일 수 있다. 모든 플레이어가 자신의 FSM을 선택했으면, 앞에서 설명한 평균 극한 접근방식을 이용해서 각 플레이어의 보수를 계산한다. 이런 설정에서 무한 반복 게임은 하나의 정규형 게임으로 환원된다. 단, 각 플레이어에게 가능한 전략이 무한히 많다는 점이 앞의 예들과는 다르다.

그럼 도해 18.3에 나온 전략 중 몇 가지로 무한 반복 죄수의 딜레마 게임을 플레이할 때 어떤 일이 발생하는지 살펴보자. 다음은 알리와 보 모두 '비둘기' 전략을 선택한 경우이다.

| | 0 | 1 | 2 | 3 | 4 | 5 | ... | |
|---|---|---|---|---|---|---|---|---|
| 알리: 비둘기 | *refuse* | *refuse* | *refuse* | *refuse* | *refuse* | *refuse* | ... | 효용 = −1 |
| 보: 비둘기 | *refuse* | *refuse* | *refuse* | *refuse* | *refuse* | *refuse* | ... | 효용 = −1 |

이 전략 조합이 내시 균형이 아님을 이해하기란 어렵지 않다. 두 플레이어 모두, 매 전략을 사용했다면 더 나은 결과를 얻었을 것이다. 그럼 알리만 매로 전환한 경우를 살펴보자.

| | 0 | 1 | 2 | 3 | 4 | 5 | ... | |
|---|---|---|---|---|---|---|---|---|
| 알리: 매 | *testify* | *testify* | *testify* | *testify* | *testify* | *testify* | ... | 효용 = 0 |
| 보: 비둘기 | *refuse* | *refuse* | *refuse* | *refuse* | *refuse* | *refuse* | ... | 효용 = −10 |

이것은 보에게 최악의 결과이다. 그리고 이 전략 조합 역시 내시 균형이 아니다. 보 역시 매 전략을 선택했다면 나았을 것이다. 그럼 그런 경우를 보자.

| | 0 | 1 | 2 | 3 | 4 | 5 | ... | |
|---|---|---|---|---|---|---|---|---|
| 알리: 매 | *testify* | *testify* | *testify* | *testify* | *testify* | *testify* | ... | 효용 = −5 |
| 보: 매 | *testify* | *testify* | *testify* | *testify* | *testify* | *testify* | ... | 효용 = −5 |

▶ 이 전략 조합은 하나의 내시 균형을 형성한다. 그러나 아주 흥미로운 내시 균형은 아니다. 이 조합은 이전의 단일 게임 버전에 대한 논의의 초반에서처럼 둘 다 증언을 선택함으로써 둘 다 손해를 보게 할 뿐이다. 이 예는 무한 반복 게임의 핵심 성질인, **스테이지 게임의 내시 균형은 그 게임의 무한 반복 버전에서도 균형**이라는 점을 잘 보여준다.

그런데 이것으로 이야기가 끝난 것은 아니다. 보가 무자비 전략으로 전환하면 어떻게 될까?

| | 0 | 1 | 2 | 3 | 4 | 5 | ... | |
|---|---|---|---|---|---|---|---|---|
| 알리: 매 | *testify* | *testify* | *testify* | *testify* | *testify* | *testify* | ... | 효용 = −5 |
| 보: 무자비 | *refuse* | *testify* | *testify* | *testify* | *testify* | *testify* | ... | 효용 = −5 |

보로서는 매 전략보다 못하지는 않은 결과가 나왔다. 첫 라운드에서 보는 *refuse*를 선택했지만 알리는 *testify*를 선택했다. 그래서 보는 영원히 *testify*를 선택하기로 결정한다. 첫 라운드의 효용 손실은 극한에서 사라져버린다. 전체적으로 보면 두 플레이어 모두 둘 다 매 전략을 사용할 때와 같은 효용을 받는다. 그러나 중요한 차이가 있는데, 이번에는 이 전략 조합이 하나의 내시 균형을 형성하지 않는다는 것이다. 알리가 이 조합에서 벗어나서 무자비 전략을 선택한다면 더 나은 결과를 얻을 수 있다. 다음은 둘 다 무자비 전략을 선택한 경우이다.

| | 0 | 1 | 2 | 3 | 4 | 5 | ... | |
|---|---|---|---|---|---|---|---|---|
| 알리: 무자비 | *refuse* | *refuse* | *refuse* | *refuse* | *refuse* | *refuse* | ... | 효용 = −1 |
| 보: 무자비 | *refuse* | *refuse* | *refuse* | *refuse* | *refuse* | *refuse* | ... | 효용 = −1 |

결과와 보수들은 두 플레이어 모두 비둘기를 선택했을 때와 같지만, 그때와는 달리 이 무자비 대 무자비 조합은 하나의 내시 균형을 형성한다. 즉, 알리와 보는 게임의 1회성 버전에서는 불가능했던 결과를 합리적으로 달성할 수 있다.

이 전략들이 내시 균형을 형성한다는 점은, 만일 형성하지 않는다고 가정하면 모순이 발생함을 보임으로써 증명할 수 있다. 이 전략 조합이 내시 균형을 형성하지 않는다면, 한 플레이어(그냥 '알리'라고 해도 일반성을 해치지는 않는다)는 이 조합에서 벗어남으로써 이득을 얻을 수 있다. 즉, 알리가 무자비 전략보다 더 나은 보수를 받을 수 있는 어떤 FSM 전략이 존재한다. 그 전략은 어느 시점에서는 무자비 전략과는 다른 동작을 선택할 것이다(그렇지 않다면 무자비 전략과 효용이 같아지므로). 따라서, 그 전략은 어느 시점에서는 반드시 $testify$를 선택해야 한다. 그런데 그러면 상대방(보)은 무자비 전략에 따라 다음 라운드부터 영원히 $testify$를 선택하게 된다. 결과적으로 알리는 $-5$보다 나은 효용을 얻지 못하게 된다. 이는 그냥 무자비 전략을 사용해서 얻는 $-1$보다 나쁘다. 이는 모순이다. 정리하자면, 무한 반복 죄수의 딜레마에서 두 플레이어가 무자비 전략을 선택을 선택하면 내시 균형이 만들어지며, 1회성 게임에서는 불가능했던 합리적인 결과가 나온다.

내시 전래 정리 이상은 흔히 **내시 전래 정리**(Nash folk theorem)라고 부르는 일반적인 결과의 한 사례이다. 내시 전래 정리는 무한 반복에서 내시 균형을 유지하는 결과들을 특징짓는다. 플레이어가 반드시 얻을 수 있는 최고의 보수를 **보장 가치**(security value)라고 부른다고 할 때, 내시 전래 정리를 평이한 언어로 설명하자면 각 플레이어가 자신의 보장 가치 이상의 보수를 받는 모든 결과는 무한 반복 게임에서 내시 균형을 유지한다는 것이다. 무자비 전략은 이러한 전래 정리의 핵심이다. 상호 보복 위협 덕분에, 플레이어들은 바람직한 결과를 얻기 위해 지켜야 할 규칙을 감히 어길 생각을 하지 않는다. 그러나 이러한 억제력은 오직 상대방 플레이어도 그런 전략을 채용한다고, 또는 적어도 채용할 가능성이 있다고 플레이어가 믿는 경우에만 유효하다.

교전 규칙이 아니라 에이전트를 바꾸어서 다른 해를 얻을 수도 있다. 에이전트들이 상태가 $n$개인 FSM 전략을 사용하며, 한 게임이 총 $m > n$단계로 이루어진다고 하자. 상태 수가 모자라므로 에이전트는 남은 단계 수를 온전히 표현할 수 없으며, 그래서 그것을 미지수로 간주해야 한다. 이는 추론 시 역행 귀납을 적용할 수 없다는 뜻이다. 결과적으로, 반복적 죄수의 딜레마 게임에서 에이전트들은 좀 더 호의적인 $(refuse, refuse)$ 균형에 도달하게 된다. 이는 모르는 것이 약인 경우에 해당한다. 또는, 내가 모른다고 상대가 믿게 하는 것이 약이라고 할 수 있겠다. 이러한 반복 게임에서 플레이어의 성공은 플레이어가 실제로 똑똑한지 아니면 멍청한지가 아니라, 상대 플레이어가 이 플레이어를 어떻게 **생각하는지**에 달려 있다.

## 18.2.4 순차적 게임: 확장형

일반적으로 하나의 게임은 일련의 순번(차례)들로 이루어지는데, 그 순번들이 모두 같아야 하는 것은 아니다. 이러한 게임들은 게임 트리로 표현하는 것이 제일 좋은 방법이다.

확장형     그런 트리를 게임 이론가들은 **확장형**(extensive form)이라고 부른다. 그러한 트리는 §5.1에서 본 모든 정보, 즉 초기 상태 $S_0$, 플레이어가 실행할 수를 알려 주는 PLAYER($s$) 함수, 모든 가능한 동작을 열거하는 ACTIONS($s$) 함수, 새 상태로의 전이를 정의하는 RESULT($s,a$) 함수, 그리고 말단 상태들에 대해서만 정의되며 각 플레이어의 이익을 알려 주는 부분 함수 UTILITY($s,p$)를 포함한다. 확률적 게임은 무작위로 동작을 취하는 운(chance) 플레이어를 인위적으로 도입해서 반영할 수 있다. 운 플레이어의 '전략'은 게임 정의의 일부이며(반면 다른 플레이어들은 각자 자신의 전략을 선택한다), 동작들에 관한 확률분포로 지정된다. 당구처럼 비결정론적 동작들이 있는 게임을 표현하기 위해 동작을 두 부분으로 나눈다. 하나는 플레이어 자신의 동작으로, 이 동작 자체의 결과는 결정론적이다. 다른 하나는 그 동작에 대한 운 플레이어의 비결정론적인 반응이다.

            일단 지금은, 문제를 단순화하기 위해 플레이어들이 모든 것을 안다고 가정한다. 이
완전 정보    를 **완전 정보**(perfect information) 가정이라고 부르기로 하자. 대략 말하자면 완전 정보라는 것은 플레이어가 어떤 결정을 내릴 때 자신이 게임 트리에서 정확히 어디에 있는지를 안다는 뜻이다. 다른 말로 하면, 플레이어는 게임에서 이전에 어떤 일이 벌어졌는지를 확실하게 안다. 체스나 바둑 같은 게임에서는 이런 완전 정보 가정이 성립하지만 포커나 크리그슈필에서는 그렇지 않다. 확장형 게임에 **불완전 정보**를 반영하는 방법은 다음 절에서 살펴볼 것이다. 일단 지금은 완전 정보를 가정한다.

            완전 정보 확장형 게임의 전략은 모든 결정 상태 $s$에 대해 ACTIONS($s$)의 동작들 중 플레이어가 선택해야 하는 동작을 말해주는 하나의 함수이다. 각 플레이어가 자신의 전략을 선택한 후에는, 그 전략들로 이루어진 전략 프로파일은 게임 트리의 초기 상태 $S_0$에서 한 종료 상태(말단 상태)로 이어지는 경로를 따라간다. 그리고 UTILITY 함수는 그 경로를 따랐을 때 각 플레이어가 받을 효용들을 정의한다.

            이러한 설정이 주어졌다면, 앞에서 소개한 내시 균형 기법들을 직접 적용해서 확장형 게임을 분석할 수 있다. 내시 균형은 제5장에서 본 최소최대 검색 기법을 직접적으로 일반화한 검색 알고리즘으로 계산할 수 있다. 확장형 게임에 관한 문헌들에서는 이런 기법을 역행 귀납이라고 부른다. 역행 귀납은 앞에서 유한히 반복되는 죄수의 딜레마 게임을 분석할 때 비공식적으로 적용한 바 있다. 역행 귀납은 동적 계획법을 사용한다. 즉, 종료 상태에서 시작해서 초기 상태로 거슬러 올라가면서 각 상태 노드에 해당 보수 프로파일(payoff profile)을 기록해 둔다. 여기서 보수 프로파일은 그 상태에서 게임을 최적으로 수행했을 때 각 플레이어가 받을 보수들의 조합이다.

            좀 더 자세히 말하자면, 각 비종료 상태 $s$에 대해, 만일 $s$의 모든 자식 노드에 보수 프로파일이 기록되어 있으면 $s$에서 플레이어가 결정을 내렸을 때 보수가 최대가 되는 자식 상태의 보수 프로파일을 $s$에 기록해 둔다. (그런 자식 상태가 여럿일 때는 임의로 하나를 선택한다. 운 노드들이 있다면 기대 효용을 계산한다.) 이러한 역행 귀납 알고리즘은 반드시 종료하며, 실행 시간은 게임 트리의 크기에 다항식적으로 비례한다는 장점이 있다.

알고리즘은 작동 과정에서 각 플레이어의 전략을 따라간다. 이 전략들이 내시 균형 전략이라는 점과 초기 상태의 보수 프로파일이 내시 균형 전략들을 플레이했을 때 얻게 되는 보수 프로파일이라는 점이 밝혀졌다. 따라서, 확장형 게임을 위한 내시 균형 전략들은 역행 귀납을 이용해서 다항식 시간으로 계산할 수 있다. 그리고 알고리즘이 반드시 초기 상태에 하나의 보수 프로파일을 기록한다는 사실로부터, 모든 확장형 게임에는 순수 전략 내시 균형이 적어도 하나는 존재한다는 결론을 끌어낼 수 있다.

이처럼 확장형 게임에는 매력적인 성질들이 있지만, 주의할 점도 있다. 게임 트리가 대단히 빠르게 커지기 때문에, 다항식 실행 시간은 그런 맥락에서 이해해야 한다. 좀 더 문제가 되는 것은, 확장형 게임에 적용되는 내시 균형 자체에 몇 가지 한계가 있다는 점이다. 도해 18.4의 게임을 생각해 보자. 플레이어 1이 선택할 수 있는 동작은 *above*와 *below*이다. 플레이어 1이 *below*를 선택하면 두 플레이어 모두 0의 보수를 받는다(플레이어 2의 선택과는 무관하게). 플레이어 1이 *above*를 선택하면 플레이어 2는 *up*과 *down* 중 하나를 선택할 수 있는데, 만일 *down*을 선택하면 두 플레이어 모두 0의 보수를 받고 *up*을 선택하면 둘 다 1의 보수를 받는다.

이 문제에 역행 귀납을 적용하면 (*above*, *up*)가 내시 균형이라는 답이 즉시 나온다. 그러면 두 플레이어는 1의 보수를 받게 된다. 그렇지만 (*below*, *down*)도 하나의 내시 균형이며, 이 경우 두 플레이어는 0의 보수를 받는다. 이를, 플레이어 2가 자신의 차례에서 *down*을 선택해서 플레이어 1이 0의 보수를 받게 하겠다고 위협하는 상황이라고 해석할 수 있다. 따라서 플레이어 1로서는 *down*이 *below*보다 나을 것이 없다. 문제는, <span class="margin-note">신빙성 있는 위협</span>플레이어 2의 위협(*down*을 선택하겠다는 것)이 **신빙성 있는 위협**(credible threat)은 아니라는 점이다. 자기 차례에서 플레이어 2는 사실 *up*을 선택할 것이기 때문이다.

<span class="margin-note">부분 게임 완전 내시 균형 부분 게임</span>이 문제의 해결책으로, 내시 균형을 좀 더 정련한 **부분 게임 완전 내시 균형**(subgame perfect Nash equilibrium)이 있다. 이 균형을 정의하려면 **부분 게임**(subgame; 또는 하위 게임)이라는 개념이 필요하다. 도해 18.4의 게임에는 두 개의 부분 게임이 있는데, 하나는 플레이어 1이 결정을 내리는 상태 노드를 뿌리로 한 부분 트리이고 다른 하나는 플레이어 2의 결정 상태 노드를 뿌리로 한 부분 트리이다. 이때, 만일 게임 *G*의 한 전략 프로파일이 *G*의 모든 하위 게임에서 내시 균형이면, 그 전략 프로파일은 부분 게임 완전 내시 균

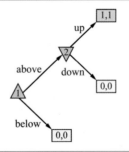

**도해 18.4** 비직관적인 내시 균형이 있는 확장형 게임의 예

형을 형성한다. 이 정의를 도해 18.4의 게임에 적용하면 $(above, up)$이 하나의 부분 게임임을 알 수 있다. 그러나 $(below, down)$은 아닌데, 왜냐하면 $down$를 선택하는 것이 플레이어 2의 결정 상태를 뿌리로 한 부분 게임의 내시 균형이 아니기 때문이다.

부분 게임 완전 내시 균형을 정의하기 위해 몇 가지 새로운 용어를 도입해야 했지만, 알고리즘을 새로 만들 필요는 없다. 역행 귀납 알고리즘으로 계산한 전략들은 부분 게임 완전 내시 균형이 되며, 이 사실로부터 모든 완전 정보 확장형 게임에는 부분 게임 완전 내시 균형이 존재한다는 결론을 이끌어 낼 수 있다. 그리고 그러한 부분 게임 완전 내시 균형은 게임 트리의 크기에 다항식적으로 비례하는 시간으로 계산할 수 있다.

## 운과 동시 동작

백개먼 같은 확률적 게임은 실제 플레이어들과는 구분되는 운 플레이어를 추가해서 표현하면 된다. 운 플레이어는 확률분포에 따라 동작을 무작위로 선택한다.

죄수의 딜레마나 두 손가락 모라처럼 각 플레이어가 동시에 움직이는 게임을 표현할 때는 플레이어들에게 임의의 순서를 부여한다. 이때 각 플레이어의 동작을 다른 플레이어가 관측하지 못한다고 단언할 수도 있다. 예를 들어 알리가 먼저 *refuse*나 *testify*를 선택하고 그다음에 보가 선택하되, 선택의 시점에서 보가 알리의 선택을 알지 못하게 하는 것이다(또한, 알리의 수가 나중에 밝혀진다는 사실도 표현할 수 있다). 그러나 모든 플레이어가 항상 자신의 이전 동작들을 모두 기억한다고 가정한다. 이러한 가정을 **완전 상기**(perfect recall; 또는 완전 회상) 가정이라고 부른다.

## 불완전 정보의 반영

제5장의 게임 트리와 차별화되는 확장형의 핵심 특징은 부분 관측 가능성을 지원한다는 점이다. 게임 이론 연구자들은 플레이어들이 게임의 실제 상태를 확실하게 알지 못하는 상황을 설명할 때 **불완전 정보**(imperfect information)라는 용어를 사용한다. 안타깝게도, 불완전 정보 게임에는 역행 귀납이 통하지 않는다. 그리고 일반적으로 불완전 정보 게임은 완전 정보 게임보다 풀기가 어렵다.

크리그슈필 같은 부분 관측 가능 게임의 플레이어가 **믿음 상태**들의 공간에 대한 게임 트리를 만들 수 있음을 §5.6에서 보았다. 경우에 따라서는 플레이어가 자신이 시작한 실제 상태와는 무관하게 강제 체크메이트로 이어지는 일련의 수들(하나의 전략)을 그러한 트리에서 찾아낼 수 있었다. 그러나 보장된 체크메이트가 없는 상황에서는, 제5장의 기법들은 플레이어가 해야 할 일을 말해 주지 못한다. 플레이어의 최선의 전략이 상대의 전략에 의존하고 상대 역시 마찬가지라면, 최소최대(또는 알파베타) 자체로는 해답을 찾을 수 없다. 그러나 확장형에서는 **실제로** 해를 찾을 수 있다. 이는 확장형이 **모든** 플레이어의 믿음 상태들을 한 번에 표현하기 때문이다(게임 이론가들은 믿음 상태를 **정보 집합** (information set)이라고 부른다). 그러한 표현이 있으면 정규형(normal-form) 게임에서 했던 것처럼 균형 해답을 찾을 수 있다.

불완전 정보

정보 집합

순차적 게임의 간단한 예로, 제17장 도해 17.1의 4×3 세계에 두 에이전트가 동시에 돌아다닌다고 하자. 게임은 둘 중 하나가 출구에 도착하면 끝나며, 그 에이전트는 출구 칸의 보상에 해당하는 이익을 얻는다. 두 에이전트가 동시에 같은 칸으로 이동하려는 (여러 교차로에서 흔히 볼 수 있는 문제이다) 경우 둘 다 원래 칸에 남는다는 규칙이 있을 때, 순수 전략들 중에는 에이전트가 영원히 출구에 도달하지 못하는 것들이 존재한다. 따라서, 이 게임을 잘 수행하려면 에이전트가 앞으로 나아가는 동작과 그 자리에 남아 있는 동작을 무작위로 선택하는 혼합 전략을 채용해야 한다. 이는 이더넷$^{Ethernet}$ 네트워크에서 패킷 충돌을 해소하는 데 쓰이는 전략과 정확히 일치한다.

다음으로, 포커를 아주 단순화한 버전을 생각해 보자. 카드 한 벌(deck)은 에이스 두 장과 킹 두 장으로만 이루어진다. 각 플레이어에게는 한 장의 카드가 주어진다. 첫 플레이어는 판돈을 1점에서 2점으로 올리는 동작(raise)과 그 상태에서 승패를 확인하는 동작(check) 중 하나를 선택할 수 있다. 플레이어 1이 check를 선택하면 게임이 끝난다. 플레이어 1이 raise를 선택하면, 플레이어 2는 이 게임이 2점의 가치가 있음을 받아들여서 call 동작을 선택하거나, 아니면 게임을 접고 1점을 잃는 fold 동작을 선택한다. call을 선택했다면 각자의 카드에 의해 보수가 결정된다. 둘 다 같은 카드를 가지고 있으면 둘 다 0점이고, 그렇지 않으면 에이스를 가진 플레이어가 킹을 가진 플레이어의 내깃돈을 가져간다.

이 게임의 확장형 트리가 도해 18.5에 나와 있다. 플레이어 0은 운 플레이어이고, 플레이어 1과 2는 각각 삼각형과 역삼각형이다. 화살표는 동작을 나타낸다. 화살표에 표

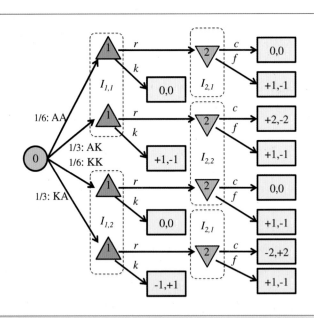

**도해 18.5** 플레이어가 둘뿐이고 카드 네 장만 사용하도록 단순화한 포커의 확장형 트리. 가능한 수(동작)는 r(raise; 판돈 올리기), f(fold; 접기), c(call; 판돈 따라가기), k(check; 승패 확인)이다.

시된 r, k, c, f는 각각 *raise, check, call, fold*에 해당한다. 단, 플레이어 0의 동작들은 두 플레이어에게 카드를 나누어 주는 네 가지 방식에 해당한다(예를 들어 "AK"는 플레이어 1에게 에이스를, 플레이어 2에게 킹을 주는 것이다). 사각형은 말단 상태이며, 사각형 안의 두 수치는 순서대로 플레이어 1과 2의 이익이다. 점선 상자는 정보 집합, 즉 믿음 상태를 뜻한다. 예를 들어 $I_{1,1}$이 표시된 점선 상자는 플레이어 1의 차례에서 플레이어 1이 자신이 에이스를 가지고 있음을 알고 있는(그러나 플레이어 2의 카드는 알지 못하는) 상태에 해당한다. $I_{2,1}$은 플레이어 2의 차례에서 플레이어 2가 자신이 에이스를 가지고 있고 플레이어 1이 *raise*를 선택했음을 아는, 그러나 플레이어 1의 카드는 모르는 상태에 해당한다. (2차원 지면의 한계 때문에, 이 정보 집합을 하나가 아니라 두 개의 점선 상자로 표시했다.)

확장형 게임을 푸는 한 가지 방법은 그것을 다시 정규형 게임으로 변환하는 것이다. 정규형 표현이 하나의 행렬임을 기억할 것이다. 그 행렬의 각 행은 플레이어 1을 위한 순수 전략이고 각 열은 플레이어 2를 위한 순수 전략이다. 확장형에서 플레이어 $i$를 위한 순수 전략은 그 플레이어가 관여하는 각 정보 집합에 대한 하나의 동작에 해당한다. 따라서, 도해 18.5에서 플레이어 1을 위한 순수 전략 하나는 "$I_{1,1}$에 있을 때에는(즉, 에이스를 쥐고 있으면) 판돈을 올리고, $I_{1,2}$에 있을 때에는(즉, 킹을 쥐고 있으면) 올리지 않는다"이다. 아래의 이익 행렬에서 *rk*라고 표시된 행이 바로 이 전략이다. 비슷하게, 플레이어 2에 대한 *cf* 전략은 "내가 에이스를 쥐고 있으면 판돈 올리기에 동의하고, 킹을 쥐고 있으면 게임을 접는다"를 뜻한다. 이는 제로섬 게임이므로, 아래의 행렬에는 플레이어 1의 이익만 표시했다. 플레이어 2의 이익은 항상 플레이어 1의 이익의 부정(부호가 반대)이다.

|  | 2:*cc* | 2:*cf* | 2:*ff* | 2:*fc* |
|---|---|---|---|---|
| 1:*rr* | 0 | −1/6 | 1 | 7/6 |
| 1:*kr* | −1/3 | −1/6 | 5/6 | 2/3 |
| 1:*rk* | 1/3 | **0** | 1/6 | 1/2 |
| 1:*kk* | 0 | **0** | 0 | 0 |

이 게임은 아주 간단하기 때문에 행렬에서 순수 전략 균형 두 개를 바로 찾을 수 있다. 굵은 글씨로 표시된, 플레이어 2를 위한 *cf*와 플레이어 1을 위한 *rk*, *kk*가 바로 그것이다. 그러나 일반적으로 이런 문제를 풀 때는 먼저 확장형을 표준형으로 바꾼 다음 표준적인 선형 계획법들을 적용해서 해(보통은 하나의 혼합 전략)를 구한다. 이론적으로는 그렇다. 그러나 플레이어에게 $I$개의 정보 집합이 있고 정보 집합당 동작 수가 $a$개이면, 플레이어의 순수 전략은 무려 $a^I$개이다. 다른 말로 하면, 정규형 행렬의 크기는 정보 집합의 개수에 대해 지수적이다. 따라서 실제 응용에서 이 접근방식은 오직 아주 작은(상태가 열 몇 개 정도인) 게임 트리에만 통한다. 텍사스 홀덤 포커 같은 게임은 상태가 약 $10^{18}$개이므로, 이런 접근방식은 전혀 가망이 없다.

다른 대안이 있을까? 제5장에서 알파베타 검색으로 거대한 게임 트리를 가진 완벽 정보 게임을 처리할 수 있음을 보았다. 그 방법은 트리를 점진적으로 생성하면서 일부

가지들을 쳐내고, 비말단 노드들을 발견적으로 평가해서 해답을 찾는다. 그런데 그런 접근방식이 불완전한 정보를 가진 게임에는 잘 통하지 않는다. 그 이유는 두 가지이다. 첫째로, 그런 게임에서는 항상 최선의 가지를 선택하는 순수 전략이 아니라 여러 개의 가지를 결합하는 혼합 전략들을 고려해야 하므로, 가지들을 쳐내기가 더 어렵다. 둘째로, 개별 상태가 아니라 정보 집합을 다루어야 하므로, 비말단 노드를 발견적으로 평가하기가 더 어렵다.

순차형 다행히, 확장형 게임을 [Koller 외, 1996]에 나온 **순차형**(sequence form)이라는 표현 방식으로 변환하면 그런 문제들을 피할 수 있다. 순차형 표현에서 트리의 크기는 상태 개수에 지수적이 아니라 선형적이다. 순차형은 전략들을 표현하는 것이 아니라 트리의 말단 노드로 이어지는 경로들을 표현한다. 그러한 경로들의 개수는 말단 노드 개수와 같다. 이러한 표현에도 표준적인 선형 계획법 기법들을 적용할 수 있다. 그렇게 만든 시스템은 상태가 25,000개인 변형 포커 게임을 1~2분 만에 풀 수 있는데, 이는 표준형에 비해 속도가 지수적으로 증가한 것이다. 그래도 상태가 $10^{18}$개인 2인용 텍사스 홀덤 포커 게임을 처리하기에는 턱없이 부족하다.

$10^{18}$개의 상태를 처리할 수는 없어도, 게임을 더 간단한 형태로 변경해서 문제를 단순화하는 것은 가능할지 모른다. 예를 들어 내가 에이스를 쥐고 있고 다음 카드에 에이스가 하나 더 나와서 에이스 원페어가 될 가능성을 고려할 때, 다음 카드의 종류(suit; 스페이드, 클럽, 하트, 다이아)는 중요하지 않다. 포커 규칙에 따르면 종류야 어떻든 에이스이기만 하면 된다. 이를 반영한 게임 트리의 크기는 보통의 게임 트리의 4! = 24분의 1일 추상화 것이다. 이렇게 **추상화**한 게임을 풀어서 해답을 얻을 수 있다고 가정할 때, 그 해답과 원래 게임의 해답은 어떤 관계일까? 만일 플러시$^{\text{flush}}$(포커에서 카드의 종류가 중요한 유일한 카드 조합)를 노리는 플레이어가 없다고 하면, 그 어떤 플레이어에게도 카드 종류는 중요하지 않다. 따라서 추상화된 게임의 해답은 원래 게임의 해답이기도 하다. 그러나 플러시를 노리는 플레이어가 있다면, 추상화된 게임의 해답은 오직 근사적인 해답일 뿐이다(그러나 그 오차의 범위를 계산하는 것은 가능하다).

그러한 추상화가 가능한 경우가 많다. 예를 들어 게임 진행 도중 모든 플레이어가 두 장의 카드를 쥐고 있는 상황에서 내가 퀸 두 장을 가지고 있다면, 다른 플레이어들의 손패(hand; 플레이어가 가진 카드들)를 세 부류로, 즉 내 손패보다 더 나은 손패(킹 원페어 또는 에이스 원페어), 같은 손패(퀸 원페어), 더 나쁜 손패(그 외의 모든 조합)로 추상화할 수 있다. 그런데 이러한 추상화는 너무 개략적이다. 이보다는, 더 **나쁜** 부류를 **중간 원페어**(9에서 잭까지), **낮은 원페어**, **노페어**로 나누는 것이 더 나을 것이다. 이러한 예들은 상태들을 추상화하는데, 그렇지 않고 동작들을 추상화할 수도 있다. 예를 들어 돈을 거는 동작에서 가능한 내깃돈을 1에서 1000까지의 정수가 아니라 $10^0$, $10^1$, $10^2$, $10^3$으로만 제한한다면 그런 동작들의 수가 크게 줄어든다. 또는, 베팅 라운드 중 하나를 아예 빼 버릴 수도 있다. 또한 가능한 카드 나누기 조합들의 한 부분집합만 고려함으로써 확률 노드들도 추상화할 수 있다. 이는 바둑 프로그램에 쓰이는 롤아웃$^{\text{rollout}}$ 기법에 해당한다. 이러한 추상화 방법들을 모두 동원하면 포커의 상태 개수를 $10^{18}$에서 $10^7$으로 줄일 수 있는데, 그 정도면 현재의 기법들로 풀 수 있다.

제5장에서 언급했듯이, Libratus나 DeepStack 같은 포커 프로그램들이 1대1 텍사스 홀덤 포커 게임에서 인간 포커 챔피언들을 물리친 바 있다. 좀 더 최근에는 Pluribus라는 포커 프로그램이 두 가지 형태의 6인제 포커 게임에서 인간 챔피언들을 이겼다. 한 형태는 여섯 플레이어 중 다섯이 Pluribus의 인스턴스들이고 한 명만 사람이었고, 다른 한 형태는 다섯이 사람이고 하나만 Pluribus였다. 포커 플레이어가 많아지면 복잡도가 엄청나게 커진다. 상대방이 한 명일 때는 상대방의 숨긴 패들로 가능한 조합이 $\binom{50}{2} = 1225$가지뿐이지만, 상대방이 다섯이면 $\binom{50}{10} \approx 100$억으로 증가한다. Pluribus은 전적으로 자신과의 플레이를 통해서 하나의 기준선 전략을 만들어 내고, 실제 게임 플레이 도중에는 그 전략을 적절히 수정해서 구체적인 상황에 대응한다. Pluribus는 몬테카를로 트리 검색, 깊이 제한 검색, 추상화 등의 여러 기법을 조합해서 사용한다.

확장형은 다재다능한 표현 방식이다. 확장형은 부분 관측 가능, 다중 에이전트, 확률적, 순차적, 실시간 환경을 처리할 수 있다. p.62에 나온 환경 속성들 중 가장 어려운 경우들의 대부분을 감당하는 셈이다. 그러나 확장형에는, 그리고 일반적으로 게임 이론에는 두 가지 한계가 있다. 첫째로, 게임 이론은 연속적인 상태와 동작을 다루지 못한다 (연속적인 경우에 대한 확장들이 있긴 하다. 예를 들어 **쿠르노 경쟁**(Cournot competition) 이론은 두 회사가 자사 제품의 가격을 연속 공간에서 선택하는 문제를 푸는 데 게임 이론을 적용한다). 둘째로, 게임 이론은 게임이 **알려져** 있다고 가정한다. 일부 플레이어가 게임의 일부 측면을 관측하지 못할 수는 있지만, 그래도 어떤 부분이 관측 불가능인지는 반드시 알려진다. 플레이어가 게임의 알려지지 않은 구조를 시간이 지남에 따라 배우는 경우에서는 게임 이론의 모형이 깨지기 시작한다. 그럼 불확실성의 여러 근원을 게임 이론에서 어떻게 표현할 수 있는지 살펴보자.

**동작**: 가능한 동작들을 플레이어가 파악해야 하는 게임은 게임 이론으로 쉽게 표현할 수 없다. 예를 들어 컴퓨터 바이러스 작성자와 보안 전문가 사이의 게임에서, 바이러스 작성자가 다음에 어떤 동작을 할 것인지를 예측하는 것은 문제의 일부이다.

**전략**: 게임 이론은 게임 초기에는 다른 플레이어의 전략을 아직 알 수 없다는 개념을 나타내는 데 아주 적합하다. 그러나, 다른 플레이어들이 완전히 합리적이지는 않은 경우, 게임 이론은 다음에 할 일을 알려 주지 않는다. **베이즈-내시 균형**(Bayes–Nash equilibrium)이라는 개념은 이 문제를 부분적으로 처리한다. 베이즈 내시 균형은 다른 플레이어들의 전략들에 대한 플레이어의 사전 확률분포를 기준으로 한 균형이다. 다른 말로 하면, 이 균형은 다른 플레이어들이 채용할 가능성이 있는 전략들에 대한 플레이어의 믿음들을 대표한다.

**운**: 게임이 주사위 굴림에 의존한다면, 해당 확률 노드를 결과들에 대한 균등 분포로 모형화하는 것이 그리 어렵지 않다. 그러나 주사위가 공평하지 않을 수도 있다면 어떨까? 이는 트리의 좀 더 위쪽에 있는 또 다른 확률 노드로 표현할 수 있다. 그러한 노

드에는 '주사위가 공평한 경우'와 '주사위가 공평하지 않은 경우'에 대한 두 가지 (branch)가 있으며, 각 가지의 서로 대응되는 노드들은 동일한 정보 집합(주사위가 공평한지 아닌지를 플레이어가 알지 못하는 상황에 대한)에 속한다. 더 나아가서, 주사위가 공평한지 아닌지를 상대 플레이어는 알 가능성이 있다면 어떨까? 그렇다면, 상대가 아는 경우에 대한 가지와 그렇지 않은 경우에 대한 가지를 가진 **또 다른** 확률 노드를 추가해야 할 것이다.

**효용:** 상대방의 효용을 알지 못하는 것도 불확실성의 근원이다. 이 경우 역시, 상대가 자신의 효용은 알지만 에이전트는 알지 못하는 경우들에 대한 가지들이 있는 확률 노드로 모형화할 수 있다. 그런데 에이전트가 **자신의** 효용들을 모른다면 어떨까? 예를 들어 어떤 요리사의 샐러드를 내가 얼마나 좋아하는지 스스로 잘 모르겠다면, 그 샐러드를 주문하는 것이 합리적인지를 어떻게 판단해야 할까? 한 가지 방법은 샐러드의 관측 불가능한 '내재적 품질'을 나타내는 또 다른 확률 노드를 추가하는 것이다.

이처럼 게임 이론은 불확실성의 근원들 대부분을 잘 표현한다. 단, 확률 노드를 새로 추가할 때마다 트리가 두 배로 커진다는 단점이 있다. 그렇게 노드를 추가하다 보면 금세 트리가 처리 불가능한 수준으로 커진다. 이런 문제점과 기타 문제점 때문에 게임 이론은 균형에 있는 환경을 **분석**하는 데 주로 쓰였고, 그 환경에서 활동하는 에이전트를 **제어**하는 데에는 그보다 덜 쓰였다.

## 18.2.5 불확실한 보수와 보조 게임

제1장(p.9)에서 우리는 인간의 진짜 목적을 확실하게 알지 못하는 상황에서도 작동하는 인공지능 시스템을 설계하는 것이 중요하다는 점을 이야기했다. 제16장(p.716)에서는 에이전트 **자신의** 선호들에 관한 불확실성을 반영한 간단한 모형을 두리안 맛 아이스크림을 예로 들어서 소개했다. 간단하게 새 잠재변수를 모형에 추가하는 것으로도 불확실한 선호도를 표현할 수 있으며, 거기에 적절한 감지기 모형(이를테면 아이스크림 소량 샘플의 맛을 관측하는)을 추가하면 불확실한 선호도를 자연스럽게 처리할 수 있다.

제16장에서는 **스위치 끄기 문제**를 이야기하면서 인간의 선호도를 확실하게 알지 못하는 로봇이 결정을 사람에게 맡기고 스스로의 스위치를 끄는 예를 소개했다. 그 문제에서 로봇 '로비'는 인간 '해리엇'의 선호도를 확실하게 알지 못하지만, 우리는 해리엇의 의사결정(로비의 스위치를 끌 것인지 아닌지)를 로비가 제안한 동작에 대한 해리엇 자신의 선호도에서 간단히 결정론적으로 도출하는 모형을 만들었다. 여기서는 그러한 개념을 **보조 게임**(assistance game; 또는 조력 게임)이라고 부른다. 지금 예에서는 로비와 해리엇이 보조 게임의 플레이어들이다. 이 게임에서 해리엇은 자신의 선호도 $\theta$를 관측하고 그에 따라 행동하며, 로비에게는 해리엇의 선호도들에 관한 사전 확률 $P(\theta)$가 있다. 보수는 $\theta$에 의존하며, 두 플레이어 모두에게 동일하다. 그리고 해리엇과 로비 모두 해리엇의 보수를 최대화하려 한다. 보조 게임의 이러한 설정은 제1장에서 증명 가능하게 이로운 인공지능의 개념(제1장)에 대한 형식적 모형을 제공한다.

스위치 *끄기* 문제(보조 게임의 제약이 있는 버전에 해당)에서 로비가 보이는 결정 위임 행동 외에도, 균형 전략에 해당하는 다른 여러 행동이 발생한다. 해리엇은 교육, 포상, 지휘, 교정, 시연, 설명이라고 부를 만한 행동들을 로비에게 보이며, 로비는 허락 구하기, 시연에서 배우기, 선호도 유도라고 부를 만한 행동들을 보인다. 여기서 핵심은 그런 행동들을 미리 사람이 지정하지 않아도 저절로 '창발(emergence)'한다는 점이다. 게임을 푸는 과정에서 해리엇과 로비는 해리엇의 선호도 정보를 로비에게 전달하는(그럼으로써 로비가 해리엇에게 더욱 도움이 되게 하는) 방법을 스스로 고안한다. 개발자가 미리 해리엇에게 "보상을 제공하세요"라고 알리거나 로비에게 "지시를 따르세요"라고 말할 필요가 없다(비록 그런 지시가 두 플레이어가 보일 행동들의 합리적인 해석에 해당할지라도).

종이 클립 게임    아주 간단한 게임인 **종이 클립 게임**(paperclip game)의 예로 보조 게임을 설명해 보겠다. 종이 클립 게임에서 인간인 해리엇은 로봇 로비에게 자신의 선호도에 관한 정보를 담은 "신호"를 보내고자 한다. 로비는 게임을 풀 능력을 가지고 있다고 가정한다. 따라서 로비는 해리엇의 신호를 해석해서 그에 깔린 해리엇의 선호도를 짐작할 수 있다.

이 게임의 단계들이 도해 18.6에 나와 있다. 이 게임은 종이 클립과 스테이블(스테이플러의 심)의 제조에 관한 것이다. 해리엇의 선호도는 제조한 종이 클립 개수와 스테이플 개수에 의존하는 하나의 보수 함수로 표현되는데, 이 함수에는 두 생산품의 특정한 '환율(교환 비율)'이 관여한다. 해리엇의 선호도 매개변수 $\theta$는 종이 클립 한 상자(이하 '상자'는 생략)의 상대적 가치로, 단위는 달러이다. 도해 18.6은 해리엇이 종이 클립 하나에 둔 가치가 $\theta = 0.45$달러라고 가정한다. 그러면 스테이플 하나는 $1-\theta = 0.55$달러이다. 따라서, 종이 클립 $p$개와 스테이플 $s$개를 만들었다고 하면, 해리엇의 총 보수는 $p\theta + s(1-\theta)$이다. 로비의 사전 확률은 $P(\theta) = Uniform(\theta;0,1)$이다. 해리엇이 먼저 선택하는데, 선택지는 종이 클립 두 개, 스페이플 두 개, 또는 각각 하나씩이다. 그런 다음에는 로비가 종이 클립 90개, 스테이플 90개, 또는 각각 50개씩 중 하나를 선택한다.

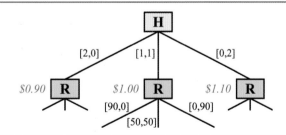

**도해 18.6**  종이 클립 게임. 각 가지에 붙은 $[p,s]$는 제조된 종이 클립(paperclip) 개수와 스테이플 (staple) 개수이다. 인간인 해리엇은 종이 클립 묶음 두 개를 만들거나, 스테이플 묶음 두 개를 만들거나, 각각 하나씩 만드는 것 중 하나를 선택한다. (녹색 이탤릭 수치는 게임이 그 노드에서 끝났을 때 해리엇이 받는 보수(가치)인데, 해리엇이 정한 환율 $\theta$에 의존한다. 여기서는 $\theta = 0.45$라고 가정한다.) 로비는 종이 클립 90개를 만들거나, 스테이플 90개를 만들거나, 각각 50개씩 만드는 것 중 하나를 선택한다.

만일 해리엇이 혼자 플레이한다면 그냥 스테이플 두 개를 만들어서 $1.10의 가치를 얻을 것이다. (도해 18.6에 나온 트리의 첫 수준에 부여된 수치들을 보라.) 그러나 이 게임에서는 로비가 해리엇의 선택을 관측하고 그로부터 뭔가를 배운다. 구체적으로 무엇을 배우는지는 해리엇의 선택에 따라 다르다. 그런데 해리엇의 선택은 로비가 해리엇 자신의 선택을 어떻게 해석하느냐에 의존한다. 이러한 순환 구조는 내시 균형을 찾아서 해소할 수 있다. 이 경우 내시 균형은 유일하며, 앞에서 소개한 근시안적 최선 대응을 적용해서 구할 수 있다. 즉, 해리엇의 전략을 임의로 선택하고, 그 전략이 주어졌을 때 로비에게 최선인 전략을 선택하고, 로비의 그 전략이 주어졌을 때 해리엇에게 최선인 전략을 선택하는 과정을 반복하면 된다. 지금 예에서 그런 과정을 단계별로 펼치면 다음과 같다.

1. 해리엇의 관점에서 탐욕적인 전략으로 시작한다. 즉, 만일 해리엇이 종이 클립을 선호한다면 종이 클립 두 개를 만들고, 특별히 더 좋아 하는 것이 없다면 각각 하나씩 만들고, 스테이플을 선호한다면 스테이플을 두 개 만든다.

2. 로비의 선택은 단계 1에서 선택한 해리엇의 전략에 따라 세 가지로 나뉜다.

   (i) 해리엇이 종이 클립 두 개를 만들었다면, 이를 관측한 로비는 해리엇이 종이 클립을 선호한다고 추론하고는 종이 클립 하나의 가치가 0.5에서 1.0까지 고르게 분포하며 그 평균이 0.75라고 믿는다. 이 경우 로비의 최선의 계획은 종이 클립 90개를 만들어서 해리엇에 대한 기대 가치가 $67.50이 되게 하는 것이다.

   (ii) 해리엇이 종이 클립과 스테이플을 각각 하나씩 만들었다면, 이를 관측한 로비는 해리엇이 둘의 가치를 각각 0.50으로 둔다고 추론한다. 이 경우 로비의 최선의 계획은 둘을 각각 50개씩 만드는 것이다.

   (iii) 해리엇이 스테이플 두 개를 만들었다면, 이를 관측한 로비는 (i)와 같은 논거로 스테이플 90개를 만들어야 한다.

3. 로비의 전략이 결정되고 나면, 해리엇의 최선의 전략은 단계 1의 탐욕적 전략과는 다소 달라야 한다. 로비가 해리엇의 결정에 따라 각 상품을 50개씩 만들었다면, 해리엇은 역시 둘을 하나씩 만들되 둘을 완전히 똑같이 여기는 대신 둘 중 하나를 조금이라도 더 선호하는 것이 바람직하다. 실제로, 이 상황에서 최선은 전략은 종이 클립에 약 0.446에서 0.554 사이의 가치를 부여하고 각각 하나씩 만드는 것이다.

4. 해리엇의 전략이 바뀌어도 로비의 전략은 바뀌지 않는다. 예를 들어 해리엇이 두 상품을 각각 하나씩 만들기로 했다면, 로비는 종이 클립의 가치가 0.446과 0.554 사이에 고르게 분포하며 평균이 0.50이라고 추론한다. 따라서 여전히 로비의 최선의 전략은 각각 50개씩 만드는 것이다. 로비의 전략이 단계 2와 같으므로, 해리엇의 최선의 대응 역시 단계 3과 같다. 따라서 우리는 하나의 균형을 발견했다.

이 예에서 해리엇은 사실상 균형 분석에서 창발한 간단한 부호(언어라고 해도 될 것이다)를 이용해서 자신의 선호도를 해리엇에게 가르친다. 이런 과정이 반복되어도 로비가 해리엇의 선호도를 정확하게 배우지는 못하지만, 그래도 해리엇에게 이롭도록 최적으로 행동할 수 있을 정도는 배운다. 즉, 로비는 마치 자신이 해리엇의 선호도를 정확하게 아는 것처럼 행동한다. 앞에서 언급한 가정들과 해리엇이 게임을 제대로 플레이한다는 가정하에서, 로비는 해리엇에게 증명 가능하게 이로운 에이전트이다.

근시안적 최선 대응은 이 예를 비롯한 여러 예에 잘 작동하지만, 좀 더 복잡한 문제에는 통하지 않는다. 조정 문제를 야기하는 '동점(tie)' 상황이 없다고 할 때, 보조 게임의 최적 전략 프로파일을 구하는 문제를 상태 공간이 게임의 바탕 공간에 인간의 선호도 매개변수 $\theta$를 추가한 공간인 POMPD를 푸는 것으로 환원할 수 있음을 증명할 수 있다. 일반적으로 POMPD는 풀기가 아주 어렵지만(§17.5), 보조 게임을 표현한 POMPD는 추가적인 구조 덕분에 좀 더 효율적인 알고리즘이 가능하다.

보조 게임을 인간 참여자가 여럿인 경우나 로봇이 여럿인 경우, 인간이 비합리적으로 행동하는 경우, 인간이 자신의 선호도를 잘 모르는 경우 등으로 일반화할 수 있다. 종이 클립 문제처럼 단순한 원자적 동작들을 사용하는 대신 분해된 동작 공간이나 구조적 동작 공간을 두는 경우에는 참여자 간 통신(의사소통)의 기회가 크게 개선된다. 이런 변형들 중 상세히 연구된 것은 별로 없지만, 로봇이 지능적일수록 인간에게 더 나은 결과가 나온다는 보조 게임의 핵심 성질이 반증되지는 않을 것이라고 기대한다.

# 18.3 협력 게임 이론

앞에서 언급했듯이, 협력 게임은 에이전트들이 협약을 맺고 공통의 목표를 달성하는 의사결정 시나리오를 반영한다. 그런 협약 덕분에 에이전트들은 단독으로 행동했을 때보다 더 큰 보수를 받을 수 있다.

이번 절에서는 먼저 여러 **협력 게임** 부류 중 하나인, "특성 함수 공식에 전이 가능 효용(transferable utility)이 있는 협력 게임"의 모형을 소개한다. 이 모형의 핵심은, 협력해서 행동하는 에이전트들의 그룹 전체가 어떤 효용 가치를 얻으며, 그 효용 가치를 그룹에 속한 에이전트들이 나누어 가진다는 것이다. 이 모형은 에이전트가 어떤 동작을 취할지 말해주지 않으며, 게임 구조 자체도 가치를 어떤 식으로 분할할지 명시하지 않는다 (이 부분은 나중에 다시 이야기하겠다).

형식화하자면, 하나의 협력 게임 $G$를 $G = (N, \nu)$로 정의한다. 여기서 $N = \{1, ..., n\}$
**특성 함수** 은 플레이어 집합이고 $\nu$는 **특성 함수**(characteristic function)이다. 이 함수는 플레이어 집합의 모든 부분집합('그룹') $C \subseteq N$에 대해 그 그룹의 플레이어들이 협력해서 일했을 때 받을 가치를 산출한다.

일반적으로 플레이어 공집합은 아무것도 얻지 못하며($\nu(\{\,\}) = 0$), 특성 함수는 음이 아니라고(모든 $C$에 대해 $\nu(C) \geq 0$) 가정한다. 또한 몇몇 게임에서는 플레이어가 혼자 일하면 아무 것도 얻지 못한다는, 즉 모든 $i \in N$에 대해 $\nu(\{i\}) = 0$이라는 가정도 둔다.

### 18.3.1 연합 구조와 결과

연합  플레이어들의 부분집합 $C$를 **연합**(coalition)이라고 부르는 것이 관례이다. 일상 언어에서 '연합'은 어떤 공통의 대의를 가진 사람들이 구성한 단체(이를테면 총기 폭력 방지 연합 등)를 뜻하지만, 여기서는 플레이어들의 부분집합이면 **어떤 것이든** 연합이라고 부른다.

대연합  플레이어 전체 집합 $N$은 **대연합**(grand coalition)이라고 부른다.

이 모형에서 모든 플레이어는 각자 하나의 연합에만 참여해야 한다(해당 플레이어 한 명으로만 이루어진 연합일 수도 있다). 따라서 연합들은 플레이어 집합의 한 **분할**(partition)을 형성한다. 그러한 분할을 **연합 구조**(coalition structure)라고 부른다. 형식화 연합 구조 자면, 플레이어 집합 $N$에 대한 하나의 연합 구조는 다음 조건들을 충족하는 연합들의 집합 $\{C_1, ..., C_k\}$이다.

$$C_i \neq \varnothing$$
$$C_i \subseteq N$$
$$C_i \cap C_j = \varnothing \text{ for all } i \neq j \in N$$
$$C_1 \cup \cdots \cup C_k = N.$$

예를 들어 $N = \{1,2,3\}$일 때 가능한 연합은 다음 일곱 가지이다.

$$\{1\}, \{2\}, \{3\}, \{1,2\}, \{2,3\}, \{3,1\}, \{1,2,3\}.$$

이들로 다음 다섯 가지 연합 구조를 형성할 수 있다.

$$\{\{1\}, \{2\}, \{3\}\}, \{\{1\}, \{2,3\}\}, \{\{2\}, \{1,3\}\}, \{\{3\}, \{1,2\}\}, \{\{1,2,3\}\}.$$

플레이어 집합 $N$에 대한 모든 연합 구조의 집합을 $\text{CS}(N)$으로 표기하고, 플레이어 $i$가 속한 연합은 $CS(i)$로 표기한다.

한 게임의 **결과**는 어떤 연합에 들어갈 것인지, 그리고 연합이 받은 가치 $\nu(C)$를 어떻게 나눌 것인지에 관해 플레이어들이 내린 결정들로 정의된다. 형식화하자면, $(N,\nu)$로 정의되는 협력 게임의 결과는 연합 구조 $CS$와 **보수 벡터**(payoff vector) $\mathbf{x} = (x_1, ..., x_n)$ 보수 벡터 의 쌍 $(CS, \mathbf{x})$이다. 여기서 보수 벡터의 각 성분 $x_i$는 $i$번째 플레이어가 받는 보수(가치)이다. 이 보수 벡터는 각 연합 $C$가 자신의 가치 $\nu(C)$를 연합의 모든 소속원에게 남김없이 나누어 준다는 조건을 충족해야 한다. 이를 수식으로 표현하면 다음과 같다.

$$\sum_{i \in C} x_i = \nu(C), \text{ 모든 } C \in CS \text{에 대해.}$$

예를 들어 다음은 $\nu(\{1\}) = 4$이고 $\nu(\{2,3\}) = 10$인 게임 $(\{1,2,3\}, \nu)$에서 나올 수 있는 한 가지 결과이다.

$$(\{\{1\}, \{2,3\}\}, (4,5,5)).$$

이 결과는 플레이어는 단독으로 행동하기로 결정해서 4의 가치를 받고 플레이어 2와 3은 팀을 이루어 총의 10의 가치를 받아서 똑같이 나누어 가지는 경우에 해당한다.

초가산성

　　두 연합을 합쳤을 때의 가치가 둘이 따로 있을 때의 가치보다 작지 않다는 추가적인 성질을 가진 협력 게임들도 있다. 이런 성질을 **초가산성**(superadditivity)이라고 부른다. 형식화하자면, 특성 함수가 다음 조건을 충족하는 게임은 초가산적 게임이다.

　　　　모든 $C, D \subseteq N$에 대해 $\nu(C \cup D) \geq \nu(C) + \nu(D)$.

초가산적 게임의 대연합은 다른 모든 연합 구조가 받는 가치의 총합과 같거나 더 큰 가치를 받는다. 그러나, 잠시 후에 보겠지만 초가산적 게임이 항상 대연합에 도달하지는 않는데, 죄수의 딜레마 게임에서 플레이어들이 함께 바람직한 파레토 최적 결과에 도달하지는 않는 것과 마찬가지 이유 때문이다.

## 18.3.2 협력 게임의 전략

협력 게임 이론의 기본 가정은, 각 플레이어가 누구와 협력할 것인지를 각자 전략적으로 결정한다는 것이다. 직관적으로, 플레이어들은 생산성이 떨어지는 플레이어와는 협력하길 꺼릴 것이다. 즉, 당연하게도 플레이어들은 함께 일했을 때 연합의 가치가 높은 플레이어들을 찾는다. 그런데 그런 인기 있는 플레이어들은 자신만의 전략적 추론을 수행할 것이다. 그런 추론 방법을 설명하기 전에, 정의할 것이 몇 개 더 있다.

대체

　　협력 게임 $(N, \nu)$의 **대체**(imputation; 또는 산입) 벡터는 다음 두 조건은 충족하는 보수 벡터이다.

　　　　$\sum_{i=1}^{n} x_i = \nu(N),$
　　　　$x_i \geq \nu(\{i\})$, 모든 $i \in N$에 대해.

첫 조건은 하나의 대체 벡터가 반드시 대연합의 총 가치를 분산해야 한다는 뜻이고, 둘째 조건은 각 플레이어가 적어도 혼자 일했을 때만큼의 가치는 받아야 한다는 뜻이다.

개별 합리성

이를 **개별 합리성**(individual rationality)이라고 부른다.

　　대체 벡터 $\mathbf{x} = (x_1, \ldots, x_n)$와 연합 $C \subseteq N$가 주어졌을 때, $x(C)$를 합 $\sum_{i \in C} x_i$로, 즉 대체 $\mathbf{x}$에 의해 $C$에 지급된 총 가치로 정의한다.

핵심부

　　다음으로, 게임 $(N, \nu)$의 **핵심부**(core)는 모든 가능한 연합 $C \subset N$에 대해 $x(C) \geq \nu(C)$라는 조건을 충족하는 모든 대체 벡터 $\mathbf{x}$의 집합이다. 뒤집어 말하면, 만일 대체 벡터 $\mathbf{x}$가 핵심부에 속하지 **않는다면**, $\nu(C) > x(C)$인 어떤 연합 $C \subset N$가 존재한다. 이때 $C$의 플레이어들은 대연합에 참여하길 거부할 것이다. 그냥 $C$에 남는 것이 더 이득이기 때문이다.

　　정리하자면, 게임의 핵심부는 대연합에 참여하지 않으면 보수가 더 크다는 이유로 대연합 참여에 반대하는 연합이 하나도 없음을 충족하는 모든 가능한 보수 벡터로 구성된다. 따라서, 만일 핵심부가 공집합이면 대연합은 형성되지 못한다. 대연합이 자신의 보수를 어떻게 분배하든, 대연합에 참여하길 거절하는 더 작은 연합이 존재하기 때문이다. 핵심부와 관련한 주요 연산으로는 핵심부가 공집합인지 아닌지 판정하는 연산과 주어진 한 보수 함수(분포)가 핵심부에 속하는지 판정하는 연산이 있다.

핵심부의 정의는 자연스럽게 다음과 같은 연립부등식으로 이어진다($x_1,...,x_n$는 미지수이고 $\nu(C)$는 상수이다).

$$x_i \geq \nu(\{i\}) \quad \text{모든 } i \in N \text{에 대해}$$
$$\sum_{i \in N} x_i = \nu(N)$$
$$\sum_{i \in C} x_i \geq \nu(C) \quad \text{모든 } C \subseteq N \text{에 대해}$$

이 부등식들을 충족하는 모든 해는 핵심부의 대체 벡터를 정의한다. 이 부등식들을 가짜 목적함수(이를테면 $\sum_{i \in N} x_i$를 최대화하는)를 이용해서 하나의 선형 계획으로 형식화할 수 있으며, 그러면 대체 벡터들을 부등식 개수의 다항식에 비례하는 시간으로 계산할 수 있다. 이때 어려운 점은, 이 접근방식에서는 부등식 개수가 지수적이라는 점이다($2^n$개의 가능한 연합당 하나의 부등식이 있다). 따라서 이 접근방식을 따라 핵심부가 공집합인지 판정하는 알고리즘의 실행 시간은 지수적이다. 실행 시간의 규모를 줄일 수 있는지는 해당 게임의 특징에 달려 있다. 여러 협력 게임 부류에서 핵심부 공집합 여부 판정은 co-NP 완전이다. 그럼 예를 하나 보자.

우선, 핵심부가 공집합인 가산적 게임의 예를 살펴보기로 하겠다. 이 게임의 플레이어 집합은 $N = \{1,2,3\}$이고 특성 함수는 다음과 같다.

$$\nu(C) = \begin{cases} 1 & \text{만일 } |C| \geq 2 \\ 0 & \text{그렇지 않으면} \end{cases}$$

이 게임에 대한 임의의 대체 벡터 $(x_1, x_2, x_3)$를 생각해 보자. $\nu(N) = 1$이므로 $x_i > 0$인 플레이어 $i$가 적어도 하나는 존재하며, 다른 두 플레이어는 1 미만의 보수를 나누어 가져야 한다. 따라서 두 플레이어는 플레이어 $i$를 배제한 연합을 형성해야 한다. 그러면 보수 1을 받아서 나누어 가질 수 있다. 그러나 이는 모든 대체 벡터에 성립하므로, 핵심부는 공집합일 수밖에 없다.

핵심부는 대연합이 그 어떤 연합도 대연합 때문에 불이익을 받지는 않는다는 의미에서 **안정적(stable)**이라는 개념을 형식화한다. 그렇지만 핵심부에 **비합리적**인 대체 벡터가 포함될 수도 있다. 여기서 '비합리적'은 하나 이상의 플레이어가 자신이 공정치 못한 대우를 받는다고 느낀다는 의미이다. $N = \{1,2\}$이고 특성 함수 $\nu$가 다음과 같다고 하자.

$$\nu(\{1\}) = \nu(\{2\}) = 5$$
$$\nu(\{1,2\}) = 20.$$

이 경우 두 플레이어가 협력할 때의 총 보수는 따로 행동할 때의 총 보수보다 10이 더 크다. 따라서 연합을 형성하는 것이 합리적이다. 그렇지만 총 보수 20을 어떻게 나누는

가가 문제이다. 대체 벡터 $(6, 14)$도 분명히 이 게임의 핵심부에 속한다(이 조합을 벗어나서 두 플레이어가 따로 행동하면 각자 5밖에 받지 못하므로). 그렇지만, 추가 보수의 9/10를 플레이어 2가 가져간다는 것은 플레이어 1이 보기에 비합리적이다. 정리하자면, 핵심부라는 개념은 대연합이 형성되는 조건을 말해주긴 하지만, 보상이 어떻게 배분되는지는 말해주지 않는다.

대연합 $N$이 형성되었다고 할 때 가치 $\nu(N)$을 플레이어들에게 나누는 우아한 방법 하나로 **섀플리 가치**(Shapley value)가 있다. 노벨 경제학상 수상자 로이드 섀플리는 1950년대 초에 하나의 **공정한** 배분 방식으로 섀플리 가치를 제안했다.

섀플리 가치

그런데 **공정하다**(fair)는 것이 구체적으로 어떤 의미일까? $\nu(N)$을 플레이어의 눈(eye) 색이나 성별, 피부색에 따라 나누는 것은 불공정한 일이다. 종종 학생들은 $\nu(N)$을 균등하게 분배하자고 제안하는데, 그것이 공정해 보이겠지만 작업에 더 많이 기여한 플레이어와 아무 것도 기여하지 않은 플레이어에게 같은 보상을 제공해야 마땅한가라는 반론을 제기하면 생각을 바꾸곤 한다. 섀플리의 통찰에 따르면, $\nu(N)$을 공정하게 분배하는 유일한 방법은 각 플레이어가 가치 $\nu(N)$을 생성하는 데 기여한 **정도**에 따라 분배하는 것이다.

주변 기여

이를 위해서는 플레이어의 **주변 기여**(marginal contribution; 또는 여분 기여)라는 개념을 정의해야 한다. 연합 $C$에 대한 플레이어 $i$의 주변 기여는 플레이어 $i$가 연합 $C$에 참여했다면 추가되었을(또는 감소했을) 가치이다. 형식화하자면, $C$에 대한 플레이어 $i$의 주변 기여 $mc_i(C)$는 다음과 같이 정의된다.

$$mc_i(C) = \nu(C \cup \{i\}) - \nu(C).$$

보수 배분 방식을 정의하는 첫 번째 시도로, 플레이어가 받는 보상은 그 플레이어의 기여도에 비례해야 한다는 섀플리의 제안에 따라, 플레이어 $i$에게 다른 모든 플레이어를 담은 연합에 플레이어 $i$가 추가하는 가치만큼의 보수를 제공한다고 하자. 플레이어 $i$를 제외한 다른 모든 플레이어의 기여는 다음과 같다.

$$mc_i(N - \{i\})$$

이 방식의 문제점은, 암묵적으로 이 방식이 플레이어 $i$가 연합에 **마지막으로** 참가한 플레이어라고 가정한다는 점이다. 이 문제를 해결하려면 섀플리가 제안했듯이 대연합이 형성되는 모든 방식을 고려해야 한다. 즉, 플레이어 $N$명의 모든 가능한 순서에 대해 플레이어 $i$가 그 이전에 참여한 플레이어들의 기여에 추가하는 기여를 계산해야 한다. 그런 다음에는, 모든 가능한 플레이어 순서에 대해, 플레이어 $i$보다 앞에 있는 모든 플레이어의 집합에 대한 플레이어 $i$의 평균 주변 기여에 따라 플레이어 $i$의 보수를 결정한다.

$\mathcal{P}$가 플레이어 집합 $N$의 모든 가능한 순열(permutation) $p, p', \ldots$의 집합이라고 하자. 그리고 $p \in \mathcal{P}$이고 $i \in N$일 때 순서(순열) $p$에서 플레이어 $i$보다 앞에 있는 플레이어들의 집합을 $p_i$로 표기하자. 그러면, 게임 $G$의 섀플리 가치는 다음과 같이 정의되는 대체 벡터 $\phi(G) = (\phi_1(G), \ldots, \phi_n(G))$이다.

$$\phi_i(G) = \frac{1}{n!} \sum_{p \in P} mc_i(p_i). \tag{18.1}$$

이제 섀플리 가치가 합리적인 제안임을 수긍할 수 있을 것이다. 그런데 한 가지 주목할 만한 사실은, 이것이 "공정한" 보수 배분 방식을 특징 짓는 일단의 공리들에 대한 **유일한** 해라는 점이다. 그런 공리들을 정의하려면 몇 가지 정의를 더 추가해야 한다.

**가짜 플레이어**  우선, 연합에 아무런 가치도 더하지 않는 플레이어 $i$를 **가짜 플레이어**(dummy player)라고 부르기로 하자. 즉, 만일 모든 $C \subseteq N - \{i\}$에 대해 $mc_i(C) = 0$이면 플레이어 $i$는 가짜 플레이어이다. 그리고 두 플레이어 $i$와 $j$가 항상 연합에 **동일한** 정도로 기여한다면, 다시 말해 모든 $C \subseteq N - \{i,j\}$에 대해 $mc_i(C) = mc_j(C)$이면, 그 둘을 **대칭적 플레이어들**(symmetric players)이라고 부르기로 하자. 마지막으로, 같은 플레이어 집합에 대해 $G = (N, \nu)$라는 게임과 $G' = (N, \nu')$이라는 게임이 있을 때, 게임 $G + G'$은 플레이어 집합이 원래의 게임들과 같고 특성 함수가 $\nu''(C) = \nu(C) + \nu'(C)$인 게임이다.

이런 정의들이 있을 때, 섀플리 가치가 충족하는 '공정함' 공리들을 다음과 같이 정의할 수 있다.

- **효율성:** $\sum_{i \in N} \phi_i(G) = \nu(N)$. (모든 가치를 배분해야 한다.)
- **가짜 플레이어:** 만일 $i$가 $G$의 한 가짜 플레이어이면 $\phi_i(G) = 0$이다. (아무것도 기여하지 않는 플레이어는 아무것도 받지 않아야 한다.)
- **대칭성:** 만일 $G$에서 $i$와 $j$가 대칭적이면 $\phi_i(G) = \phi_j(G)$이다. (기여가 동일한 플레이어들은 보수도 동일해야 한다.)
- **가산성:** 가치는 게임들에 대해 가산적이다. 즉, 모든 게임 $G = (N, \nu)$와 $G' = (N, \nu')$에 대해, 그리고 모든 플레이어 $i \in N$에 대해, $\phi_i(G + G') = \phi_i(G) + \phi_i(G')$이다.

사실 가산성 공리는 상당히 까다롭다. 그러나 이것을 그냥 하나의 필요조건으로 받아들인다면, 섀플리 가치는 이런 공정성 공리들을 모두 충족하면서 연합 가치를 배분하는 유일한 방법이라는 핵심적인 성질이 성립한다.

## 18.3.3 협력 게임의 계산

이론적인 관점에서는 이제 만족할 만한 해답을 얻은 셈이다. 그러나 계산의 관점에서는 아직 해결해야 할 것이 많다. 무엇보다도, 협력 게임을 **간결하게 표현하는** 방법을 고안해야 하며, 핵심부와 섀플리 가치 같은 해 개념들을 **효율적으로 계산하는** 방법도 밝혀야 한다.

특성 함수를 표현하는 한 가지 자명한 방법은 그냥 연합 $2^n$개 모두의 $\nu(C)$ 값을 나열한 테이블을 만드는 것이다. 그러나 $n$이 크면 이는 사실상 불가능하다. 협력 게임을 간결하게 표현하는 접근방식이 여럿 개발되었는데, 이들은 크게 **완결적인**(complete) 표현과 그렇지 않은 표현으로 나뉜다. 완결적 표현 방식은 임의의 협력 게임을 표현할 수 있다. 완결적 표현 방식들의 단점은, 해당 방식으로는 간결하게 표현할 수 없는 게임이 항상 존재한다는 점이다. 대안은 간결한 표현이 항상 가능함을 보장하되 완결적이지는 않은 표현 방식을 사용하는 것이다.

## 주변 기여 네트워크(MC망)

주변 기여 네트워크

이제부터는 **주변 기여 네트워크**(marginal contribution network), 줄여서 MC망이라고 부르는 표현 방식을 살펴보겠다. 설명하기 쉽도록 약간 단순화한 버전을 이야기할 텐데, 그 단순화 때문에 불완전 표현 방식이 된다. 완전한 MC망은 완결적인 표현이다.

　　주변 기여 네트워크에 깔린 착안은 게임 $(N,v)$의 특성 함수를 $(C_i, x_i)$ 형태의 연합 가지 규칙들의 집합으로 표현한다는 것이다. 여기서 $C_i \subseteq N$는 하나의 연합이고 $x_i$는 하나의 값(수치)이다. 연합 $C$의 가치는 그냥 $C_i \subseteq C$인 모든 규칙 $(C_i, x_i)$의 값들의 합이다. 즉, 규칙 집합 $R = \{(C_1, x_1), ..., (C_k, x_k)\}$가 주어졌을 때, 해당 특성 함수는 다음과 같다.

$$\nu(C) = \sum \{x_i | (C_i, x_i) \in R \text{ 그리고 } C_i \subseteq C\}.$$

규칙 집합 $R$에 다음 세 규칙이 있다고 하자.

$$\{(\{1,2\},5), \quad (\{2\},2), \quad (\{3\},4)\}.$$

그러면 예를 들어 다음이 성립한다.

- $\nu(\{1\}) = 0$ (아무 규칙도 적용되지 않으므로)
- $\nu(\{3\}) = 4$ (셋째 규칙)
- $\nu(\{1,3\}) = 4$ (셋째 규칙)
- $\nu(\{2,3\}) = 6$ (둘째, 셋째 규칙)
- $\nu(\{1,2,3\}) = 11$ (첫째, 둘째, 셋째 규칙)

이 표현으로는 섀플리 가치를 다항식 시간으로 계산할 수 있다. 이 방식의 핵심은 각 규칙을 그 자체로 하나의 게임을 정의하는 것으로 간주할 수 있으며, 그 게임에서 플레이어들은 대칭적이라는 것이다. 따라서, 섀플리의 가산성 공리와 대칭성 공리를 적용하면 규칙 집합이 $R$인 게임에서 플레이어 $i$의 섀플리 가치 $\phi_i(R)$을 다음과 같이 간단히 계산할 수 있다.

$$\phi_i(R) = \sum_{(C,x) \in R} \begin{cases} \dfrac{x}{|C|} & \text{만일 } i \in C \text{이면} \\ 0 & \text{그러지 않으면.} \end{cases}$$

지금 설명하는 버전의 MC망은 **완결적** 표현 방식이 아니다. 앞에서 서술한 형태의 규칙 집합들로는 특성 함수를 표현할 수 없는 게임들이 존재한다. 좀 더 완전한 형태의 MC망은 플레이어 집합 $N$에 대한 명제 논리 공식 $\phi$를 사용하는 $(\phi, x)$ 형태의 규칙도 지원한다. 그런 MC망에서, 만일 연합 $C$가 $\phi$가 참이 되게 하는 배정에 해당하면 $C$는 조건 $\phi$를 충족하는 것이다. 그런 표현 방식은 완결적이다. 최악의 경우 모든 가능한 연합마다 규칙이 하나씩 필요하다. 더 나아가서, 그런 표현 방식에서는 섀플리 가치를 다항식 시간으로 계산할 수 있다. 세부적으로는 앞에서 설명한 단순한 규칙들보다 더 복잡한 요소들이 관여하지만, 기본적인 원리는 동일하다. 이번 장 끝에서 관련 참고문헌을 소개하겠다.

## 최대 사회 복지를 위한 연합 구조

에이전트들이 공통의 목표를 위해 행동한다고 가정하면 협력 게임을 또 다른 관점에서 보게 된다. 예를 들어 에이전트들이 한 회사의 직원들이라고 생각하면, 연합 형성과 관련된 전략적 고려사항들(핵심부 개념으로 해결되는)은 뭔가 아귀가 맞지 않는다. 그보다는, 회사의 전체 생산성이 최대가 되도록 인력(에이전트들)을 여러 팀으로 구성하는 문제로 보는 것이 더 타당하다. 좀 더 일반화하자면, 우리의 과제는 시스템의 **사회 복지**(social welfare)를 최대화하는 연합을 찾는 것이다. 이때 시스템의 사회 복지는 개별 연합의 가치를 모두 합한 것이다. 연합 구조 $CS$의 사회 복지를 $sw(CS)$로 표기하고 다음과 같이 정의한다.

$$sw(CS) = \sum_{C \in CS} \nu(C).$$

게임 $G$에 대해 이 수량을 최대화하는 연합 구조를 "사회적으로 최적인(socially optimal)" 연합 구조, 줄여서 사회 최적 연합 구조라고 부르고 $CS^*$로 표기한다. 사회 최적 연합 구조는 아주 자연스럽게 제기되는 계산 문제로, 다중 에이전트 시스템 공동체 이외의 연구자들도 광범위하게 연구한 바 있다. 분야에 따라서는 이를 **집합 분할 문제**(set partitioning problem)라고 부르기도 한다. 안타깝지만 이 문제는 NP-난해 문제이다. 가능한 연합 구조의 수가 플레이어 수에 지수적으로 증가하기 때문이다.

집합 분할 문제

따라서, 단순한 전수 검색으로 최적 연합 구조를 구하는 것은 일반적으로 비현실적이다. 최적 연합 구조 형성에 관한 영향력 있는 접근방식 하나는 **연합 구조 그래프**(coalition structure graph)의 부분 공간을 검색한다는 착안에 기반한다. 간단한 예제로 이 착안을 설명해 보겠다.

연합 구조 그래프

네 에이전트 $N = \{1, 2, 3, 4\}$가 참여하는 게임이 있다고 하자. 이 에이전트 집합으로 형성할 수 있는 연합은 총 15가지이다. 이 연합들을 도해 18.7에 나온 하나의 연합 구조 그래프로 배치할 수 있다. 이 그래프에서 수준 $\ell$의 노드들은 연합이 딱 $\ell$개인 모든 연합 구조에 대응된다. 한 노드에는 그 위 수준의 노드들로 이어지는 간선들이 있다. 위 수준의 노드는 아래 노드의 연합 구조에 있는 연합을 두 개의 개별적인 연합으로 분할해서 얻은 연합 구조이다. 예를 들어 $\{\{1\}, \{2, 3, 4\}\}$에는 $\{\{1\}, \{2\}, \{3, 4\}\}$로 가는 간선

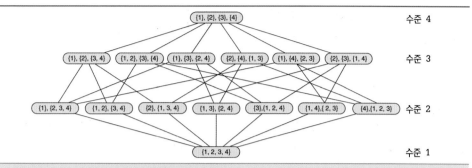

**도해 18.7** $N = \{1,2,3,4\}$에 대한 연합 구조 그래프. 수준 1에는 연합이 하나인 연합 구조들이 있고, 수준 2에는 연합이 둘인 연합 구조들이 있고, 등등이다.

이 있다. 후자의 연합 구조는 전자의 연합 구조에 있는 연합 $\{2,3,4\}$을 $\{2\}$와 $\{3,4\}$로 분할한 것이다.

이 연합 구조 그래프 어딘가에 최적 연합 구조 $CS^*$가 있다. 이것을 찾으려면 그래프의 모든 노드를 평가해야 할 것 같지만, 꼭 그렇지는 않다. 그래프의 아래 두 행, 즉 수준 1과 수준 2를 생각해 보자. 모든 가능한 연합(빈 연합은 제외)이 이 두 수준에 있다. (물론, 이 두 수준에 모든 가능한 연합 '구조'가 있는 것은 아니다.) 이 두 수준에서만 가능한 연합 구조를 찾고, 그 위로는 올라가지 않는다고 가정하자. 이 두 수준에서 찾은 최고의 연합 구조가 $CS'$이고 그래프 전체에서 최고의 연합 구조가 $CS^*$라고 할 때, 모든 가능한 연합 중 가치가 가장 큰 연합 $C^*$는 다음과 같이 정의된다.

$$C^* \in \arg\max_{C \subseteq N} \nu(C).$$

처음 두 수준에서 찾은 최고의 연합 구조의 가치는 전체 그래프에서 최고의 연합의 가치보다 작지 않다. 즉, $sw(CS') \geq \nu(C^*)$이다. 이는, 모든 가능한 연합이 그래프의 처음 두 수준에서 적어도 한 연합 구조에 등장하기 때문이다. 따라서 최악의 경우라도 $sw(CS') = \nu(C^*)$이다.

$sw(CS')$의 가치를 $sw(CS^*)$의 가치와 비교해 보자. $sw(CS')$은 모든 연합 구조에서 가능한 가장 큰 가치이고 에이전트가 $n$명이므로(도해 18.7에서는 $n = 4$), 가능한 가장 큰 $sw(CS^*)$의 가치는 $n\nu(C^*) = n \cdot sw(CS')$이다. 다른 말로 하면, 최악의 경우에서 그래프의 처음 두 수준에서 찾은 최고의 연합 구조의 가치는 전체적인 최고 연합 구조의 $\frac{1}{n}$이다($n$은 에이전트 수). 그러므로, 그래프의 처음 두 수준을 검색해서 반드시 **최적** 연합 구조를 찾는다는 보장은 없지만, 최적의 $\frac{1}{n}$보다 나쁘지 않은 연합 구조를 찾는다는 보장은 있다.

# 18.4 집합적 의사결정

이번에는 에이전트 설계 대신 **메커니즘 설계**로 주의를 돌리자. 즉, 이제부터는 에이전트들이 플레이할 적절한 게임을 설계하는 문제를 살펴본다. 형식화하자면, 하나의 **메커니즘**mechanism을 구성하는 요소들은 다음과 같다.

1. 에이전트들이 채용할 수 있는 전략들의 집합을 서술하는 언어.

중앙 2. 게임의 에이전트들이 선택한 전략이 보고한 내용을 취합하는, **중앙**(center)이라고 부르는 특별한 에이전트. (예를 들어 경매에서 경매 진행자가 중앙 에이전트이다.)

3. 각 에이전트의 보수를 에이전트의 전략 선택에 따라 결정하기 위해 중앙 에이전트가 사용하는 하나의 결과 규칙(outcome rule). 모든 에이전트가 이 규칙을 안다고 가정한다.

그럼 아주 중요한 메커니즘 몇 개를 살펴보자.

## 18.4.1 계약망을 이용한 작업 할당

계약망 프로토콜 **계약망 프로토콜**(contract net protocol)은 아마도 인공지능 분야가 연구한 가장 오래되고 가장 중요한 다중 에이전트 문제 풀이 기법일 것이다. 이 프로토콜은 작업 공유를 위한 고수준 프로토콜이다. 이름에서 짐작하겠지만, 계약망 프로토콜은 기업들이 수주 계약을 맺는 방식에서 영감을 얻은 것이다.

계약망 프로토콜 전체는 네 개의 주요 페이즈phase(국면)로 진행된다. 도해 18.8에 네 페이즈가 나와 있다. 전체 과정은 어떤 작업을 위해 협력이 필요하다는 점을 에이전트가 인식하는 것에서 시작한다. 그러한 필요성은 에이전트가 혼자서는 그 작업을 수행할 수 없어서, 또는 협력적 해법이 어떤 면에서 더 낫기 때문에(더 빠르거나, 더 효율적이거나, 더 정확하거나 등등) 발생한다.

작업 공지 협력의 필요성을 인식한 에이전트는 계약망의 다른 에이전트들에게 **작업 공지**(task announcement) 메시지를 보내서 작업을 알린다. 그런 다음 에이전트는 작업이 끝날 때까

관리자 지 작업의 **관리자**(manager) 역할을 한다. 작업 공지 메시지에는 다른 에이전트가 그 작업를 수행하고 싶은지, 그리고 수행할 수 있는지 판단하기에 충분한 정보가 있어야 한다. 작업 공지에 포함되는 구체적인 정보는 응용 분야에 따라 다르다. 실행해야 할 어떤 프로그램 코드일 수도 있고, 달성하고자 하는 목표의 어떤 논리적 명세일 수도 있다. 작업 공지에는 또한 수신자가 요구할 만한 다른 정보가 포함될 수 있다. 이를테면 마감일자나 서비스 품질(QoS) 요구사항 등을 생각할 수 있다.

관리자가 보낸 작업 공지를 받은 에이전트들은 자신의 능력과 선호도에 따라 그 작업을 평가해야 한다. 특히 각 에이전트는 반드시 자신이 그 작업을 수행할 능력이 있는

지 판단해야 하며, 그 작업을 수행하고 싶은지도 결정해야 한다. 그러한 결정에 기초해서 에이전트는 작업에 대한 **입찰**(bid) 메시지를 관리자에게 보낸다. 일반적으로 이 입찰 메시지에는 주어진 작업과 관련된 입찰자의 능력과 작업 수행 시 쌍방이 지켜야 할 조건들이 포함된다.

일반적으로 관리자는 하나의 작업 공지에 대해 다수의 입찰을 받는다. 입찰 메시지에 있는 정보에 근거해서 관리자는 작업 수행에 가장 적합한 에이전트 하나 또는 다수를 선택해서 낙찰(awarding) 메시지를 보낸다. 낙찰 메시지를 받은 에이전트는 그 작업의 수주자(contractor)가 되어서 작업이 완수될 때까지 작업 수행을 책임진다.

이러한 계약망 프토로콜을 구현하는 데 필요한 주요 계산 작업을 간단히 요약하면 다음과 같다.

- 작업 공지 처리. 작업 공지를 받은 에이전트는 그 작업을 자신이 할 수 있고 하고 싶은지 결정해야 한다.
- 입찰 처리. 다수의 입찰 메시지를 받은 관리자는 누구에게 그 작업을 맡길지 결정해서 낙찰 메시지를 보내야 한다.
- 낙찰 처리. 낙찰자(수주자)들은 해당 작업을 수행해야 한다. 이를 위해 새 하위 작업들을 생성하고 그 하위 작업들을 공지해서 입찰을 진행할 수도 있다.

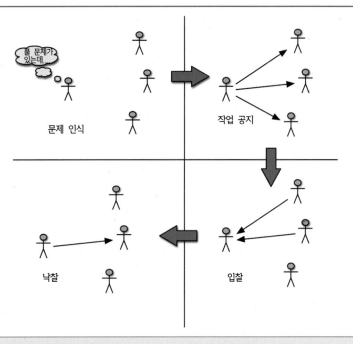

**도해 18.8** 계약망 작업 할당 프로토콜.

이처럼 간단함에도(또는 간단한 덕분에), 계약망은 아마도 가장 널리 구현되고 가장 잘 연구된 협력 문제 해법의 틀이다. 이 프로토콜은 다양한 상황에 자연스럽게 적용된다. 예를 들어 승차 공유 서비스로 차를 신청할 때마다 이 프로토콜(의 어떤 변형)이 작용한다.

## 18.4.2 경매를 이용한 희소 자원 할당

경매
입찰자

다중 에이전트 시스템에서 아주 중요한 문제 하나는 희소한(scarce) 자원을 할당하는 문제이다. 그런데 어차피 실제 응용에서 유용한 자원들은 어떤 의미에서든 희소할 때가 대부분이므로, "희소한"을 빼고 그냥 '자원 할당 문제'라고 불러도 될 것이다. 자원 할당을 위한 메커니즘으로 가장 중요한 것은 **경매**(auction)이다. 가장 단순한 설정에서 경매는 하나의 자원('매물')을 두고 다수의 **입찰자**(bidder)가 경합한다. 각 입찰자 $i$는 매물에 나름의 효용 가치를 두는데, 이를 $v_i$로 표기하기로 하겠다.

경우에 따라서는 각 입찰자가 매물에 두는 가치가 **개인 가치**(private value)일 수도 있다. 예를 들어 딱 붙는 스웨터를 기꺼이 구매하려는 입찰자도 있고 아무 가치가 없다고 여기는 입찰자도 있을 것이다.

그렇지 않고 매물에 **공통의 가치**(common value)가 있는 경우도 있다. 이를 테면 석유 광구 채굴권 경매가 그렇다. 광구는 $X$달러의 수익을 낼 것이며, 모든 입찰자는 1달러에 동일한 가치를 부여한다. 다만, 실제로 $X$가 얼마인지는 불확실하다. 입찰자마다 가지고 있는 정보가 다를 것이며, 따라서 매물의 실제 가치를 다르게 추정한다. 어떤 경우이든, 입찰자는 자신만의 $v_i$를 결정하게 된다. $v_i$가 주어졌을 때, 경매의 적절한 시점(들)에서 각 입찰자에게 입찰가 $b_i$를 제출할 기회가 부여된다. 최고 입찰가 $b_{\max}$를 제출한 입찰자가 매물을 낙찰받는데, 이때 매물의 가격으로 반드시 $b_{\max}$를 지급해야 하는 것은 아니다. 이는 메커니즘 설계의 일부이다.

영국식 경매
오름입찰

가장 잘 알려진 경매 메커니즘은 **영국식 경매**(English auction)라고도 하는 **오름입찰 경매**(ascending-bid auction)이다.[3] 이 방식에서 중앙 에이전트(이하 중앙)는 최소 입찰가(**유보가**(reserve price)라고도 한다) $b_{\min}$을 선언하는 것으로 경매를 시작한다. 그 금액을 내겠다는 입찰자가 나오면 중앙은 $b_{\min} + d$(여기서 $d$는 어떤 증가치)를 요구한다. 이런 과정을 반복하다가 입찰자가 더 이상 없으면 경매가 끝나고, 마지막 입찰자는 마지막 입찰가를 지급하고 매물을 획득한다.

이것이 좋은 메커니즘인지 아닌지를 어떻게 파악할 수 있을까? 이 경매 메커니즘의 한 가지 목표는 판매자의 기대 수익(revenue)을 최대화하는 것이다. 또 다른 목표는 전체 효용 개념을 최대화하는 것이다. 이 목표들은 어느 정도 겹친다. 전체 효용 최대화의 한 측면은 매물에 가장 큰 가치를 부여한(따라서 가장 많은 돈을 내고자 하는) 에이전트가 낙찰자가 되게 하는 것이다. 매물에 가장 큰 가치를 부여한 에이전트가 낙찰받는 경매를

---

[3] 'auction'이라는 단어는 '증가하다(increase)'를 뜻하는 라틴어 *augeo*에서 비롯된 것이다.

효율적 경매   가리켜 **효율적 경매**(efficient auction)라고 부른다. 일반적으로 오름입찰 경매는 효율적이고 수익을 최대화하나, 만일 유보가를 너무 높게 잡으면 가장 큰 가치를 부여하는 입찰자가 입찰하지 않을 수도 있다. 그리고 유보가를 너무 낮게 잡으면 판매자의 수익이 감소할 수 있다.

담합   아마도 경매 메커니즘이 할 수 있는 가장 중요한 일은 충분한 수의 입찰자들이 게임에 참여하도록 격려하고 입찰자들의 **담합**(collusion; 또는 공모)을 단념하게 만드는 것이다. 담합은 둘 이상의 입찰자들이 불공평하게 또는 불법적으로 가격을 조작하기 위해 합의하는 것을 말한다. 담합은 메커니즘의 규칙들 안에서 비밀스러운 뒷거래나 암묵적 거래에 의해 일어날 수 있다. 예를 들어 1999년 독일 정부는 휴대전화 주파수 대역 10개를 동시 입찰 방식으로(즉, 대역 열 개에 대해 동시에 입찰가를 제출받는 방식으로) 경매했는데, 한 대역에 대한 모든 입찰가는 반드시 그 대역의 이전 입찰가보다 최소 10% 오른 가격이어야 한다는 규칙을 적용했다. 확실한 입찰자는 둘 뿐이었는데, 첫 입찰인 Mannesman 사는 대역 1~5에 2,000만 도이치마르크를, 6~10에 1,818만 도이치마르크를 입찰했다. 왜 1,818일까? T-Mobile 사의 한 중역은 자신들이 "Mannesman 사의 첫 입찰을 일종의 제안으로 해석했다"고 말했다. 두 회사는 1,800의 10% 인상이 1,999임을 계산했을 것이다. 즉, Mannesman 사의 입찰가는 "우리는 각자 다섯 대역을 2,000만 마르크로 낙찰받을 수 있다. 그보다 높은 가격을 제시해서 이 기회를 망치지는 말자"라는 뜻이라 할 수 있다. 실제로 T-Mobile 사는 대역 6~10에 2,000만 마르크를 입찰했으며, 그것이 마지막 입찰이었다.

  두 회사가 입찰 메커니즘의 규칙을 위반하지 않고도 암묵적인 합의를 통해서 경쟁을 피할 수 있었기 때문에, 독일 정부는 기대했던 것보다 더 적은 가격으로 주파수 대역들을 팔게 되었다. 정부의 관점에서, 만일 유보가를 높이거나, 최초 입찰가를 비공개로 하거나(그래서 경쟁자들이 입찰가를 통해서 암묵적으로 의사소통할 수 없도록), 세 번째 입찰자에게 인센티브를 주는 세 가지 방안 중 하나로라도 메커니즘을 변경했다면 더 많은 돈을 받을 수 있었을 것이다. 10% 인상 규칙 덕분에 Mannesman 사가 자신의 의사를 T-Mobile 사에 정확하게 전달할 수 있었다는 점을 볼 때, 이 규칙은 메커니즘 설계의 실수였을 것이다.

  일반적으로, 입찰자가 많을수록 판매자와 전체 효용 함수에 득이 된다. 단, 전체 효용 함수가 낙찰 가망이 없는 입찰자들의 시간 낭비를 계산에 포함한다면 득이 되지 않을 수도 있겠다. 더 많은 입찰자가 참여하도록 격려하는 한 가지 방법은 입찰자가 참여하기 쉽게 메커니즘을 만드는 것이다. 입찰자가 해야 할 연구와 계산이 너무 과하면 돈을 다른 데 쓰기로 할 수도 있다.

  따라서 입찰자들이 **우세 전략**을 가지게 하는 것이 바람직하다. 여기서 '우세' 전략이란 다른 모든 전략을 능가하는 전략을 뜻하며, 이는 곧 에이전트가 다른 전략들을 고려할 필요 없이 선택할 수 있는 전략이라는 뜻이기도 하다. 우세 전략을 채용한 에이전트는 다른 에이전트들의 가능한 전략들을 추측하는 데 시간을 낭비하지 않고 그대로 입찰에 들어갈 전략 방지   수 있다. 에이전트들이 우세 전략을 가지게 하는 메커니즘을 가리켜 **전략 방지**(strategyproof) 메커니즘이라 부른다. 만일 전략에 자신의 실제 가치 $v_i$를 노출하는 입찰자들이 포

진실 현시
함된다면(실제로 그런 경우가 흔하다), 그런 전략을 가리켜 **진실 현시**(truth-revealing) 경매 또는 **진실한**(truthful) 경매라고 부른다. **유인부합적**(incentive compatible)이라는 용어

현시 원리
도 쓰인다. **현시 원리**(revelation principle)에 따르면, 임의의 메커니즘을 그와 동등한 진실 현시 메커니즘으로 변환할 수 있다. 따라서 그러한 동등한 메커니즘을 찾는 것도 메커니즘 설계의 일부이다.

장점이 가장 많은 경매 방식은 오름입찰 경매임이 밝혀졌다. 이 방식에서는 매물에 대한 가치 $v_i$가 가장 높은 입찰자가 $b_o + d$의 가격으로 매물을 가져가는데, 여기서 $b_o$는 다른 모든 에이전트의 최고 입찰가이고 $d$는 경매인의 증가액이다.[4] 입찰자들은 간단한 우세 전략을 가진다. 바로, 현재 비용이 자신의 $v_i$보다 낮은 동안에는 계속 입찰한다는 것이다. 이 메커니즘이 그리 진실 현시적이지는 않다. 낙찰자는 자신의 $v_i \geq b_o + d$만 노출하기 때문이다. 즉, $v_i$의 하계는 알 수 있지만 정확한 금액은 알 수 없다.

오름입찰 경매의 단점(판매자의 관점에서)은, 경쟁이 억제될 수 있다는 것이다. 휴대전화 주파수 경매에서, 기존 고객과 시설을 활용할 수 있기 때문에 다른 입찰자들보다 더 큰 수익을 올릴 수 있음을 다른 모든 이가 인정한다는 점에서 유리한 위치에 있는 회사가 하나 있다고 하자. 그 회사가 항상 더 높은 가격으로 입찰할 수 있으므로, 잠재적인 경쟁자들은 오름입찰 경매에서 그 회사를 이길 수 없음을 알게 된다. 따라서 경쟁자들은 경매에 아예 참여하지 않을 수 있으며, 그러면 결과적으로 유리한 회사는 유보가로 주파수 대역을 낙찰받게 된다.

영국식 경매의 또 다른 부정적 측면은 의사소통의 비용이 높다는 것이다. 경매가 한 방에서 진행되든 아니면 모든 입찰자가 고속 보안 통신 회선으로 연결되든, 입찰이 회차를 거듭함에 따라 많은 시간이 소비된다.

밀봉입찰 경매
의사소통이 훨씬 덜 필요한 대안 메커니즘으로 **밀봉입찰 경매**(sealed-bid auction)가 있다. 각 입찰자는 하나의 입찰가를 경매인에게 보내며, 다른 입찰자들은 그것을 보지 못한다. 이 메커니즘에는 더 이상 간단한 우세 전략이 존재할 수 없다. 매물에 대해 에이전트가 부여한 가치가 $v_i$이고 다른 모든 에이전트의 입찰가의 최댓값이 $b_o$라고 믿는다고 할 때, 에이전트는 어떤 작은 $\epsilon$에 대한 $b_o + \epsilon$이 $v_i$보다 작다면 그 $b_o + \epsilon$을 입찰가로 제시해야 한다. 즉, 에이전트의 입찰가는 다른 에이전트의 입찰가들에 대한 추정에 의존하며, 따라서 더 많은 계산이 필요하다. 또한, $v_i$가 가장 높은 에이전트가 낙찰에 실패할 수도 있음을 주목하기 바란다. 이 점은 유리한 입찰자로의 편향이 줄어서 경매가 더 경쟁적이 된다는 사실로 상쇄된다.

밀봉입찰 2위
가격 경매
비크리 경매
밀봉입찰 메커니즘을 조금 변경해서 만든 **밀봉입찰 2위 가격 경매**(sealed-bid second-price auction)라는 것도 있다. 이를 **비크리 경매**(Vickrey auction)[5]라고도 부른다.

---

**4** 가장 높은 $v_i$를 가진 에이전트가 낙찰받지 못할 가능성도 조금 있다. 그런 경우 $b_o < v_i < b_o + d$이다. 증가액 $d$를 줄이면 이런 일이 발생할 확률을 임의로 낮출 수 있다.

**5** 비크리 경매는 이 연구로 1996년 노벨 경제학상을 받았으나 사흘 후에 심장마비로 작고한 윌리엄 비크리

이런 경매에서 낙찰자는 자신의 입찰가가 아니라 두 **번째로** 높은 입찰가 $b_o$를 가격으로 지급한다. 규칙을 이렇게 조금 바꾸면 표준적인 밀봉입찰 경매(즉, 밀봉입찰 **1위 가격** 경매)에 필요한 복잡한 심사숙고가 완전히 제거된다. 이제는 그냥 $v_i$ 자체를 입찰가로 제시한다는 우세 전략이 존재하기 때문이다. 따라서 이 메커니즘은 진실 현시적이다. 에이전트 $i$의 효용을 에이전트 $i$의 입찰가 $b_i$와 가치 $v_i$, 그리고 다른 에이전트들의 최고 입찰가 $b_o$로 표현하면 다음과 같은 공식이 나옴을 주목하자.

$$U_i = \begin{cases} (v_i - b_o) & \text{만일 } b_i > b_o \text{이면,} \\ 0 & \text{그렇지 않으면.} \end{cases}$$

$b_i = v_i$가 우세 전략이라는 점은 이렇게 이해하면 된다: $(v_i - b_o)$가 양수일 때는 낙찰을 받게 되는 입찰가라면 그 어떤 것도 최적이며, 특히 $v_i$를 입찰가로 하면 낙찰을 받을 수 있다. 반면, $(v_i - b_o)$가 음수이면 낙찰에 실패하는 모든 입찰가가 최적이고, 특히 $v_i$를 입찰가로 하면 낙찰에 실패하게 된다. 따라서 $v_i$로 입찰하는 것은 $b_o$의 모든 가능한 값에 대해 최적이며, 사실 그러한 성질을 가진 입찰가는 $v_i$뿐이다. 이러한 단순함과 판매자든 입찰자든 필요한 계산량이 최소라는 점 때문에, 비크리 경매는 분산 인공지능 시스템 구축에 널리 쓰이고 있다.

검색 결과와 함께 표시할 광고를 선택하기 위해 매일 수조 건의 경매를 진행하는 인터넷 검색 엔진과 연간 1천억 달러 규모의 매물들을 처리하는 온라인 경매 사이트들은 모두 비크리 경매의 변형을 사용한다. 판매자의 기대 가치가 $b_o$이고, 그 수치는 영국식 경매에서 증가액 $d$가 무한히 0에 접근함에 따른 기대 수익과 같음을 주목하기 바란다. 이는 사실 **수익 동치 정리**(revenue equivalence theorem)라는 아주 일반적인 원리에 해당한다. 수익 동치 정리에 대해 몇 가지 사소한 세부사항을 생략하고 말하자면, 입찰자들이 자신의 가치 $v_i$를 자신만 알고 있는(그러나 그 가치들을 추출한 확률분포는 모두가 알고 있는) 형태의 경매 메커니즘들은 모두 동일한 기대 수익을 산출한다는 것이다. 이 원리는 여러 메커니즘이 수익 생성의 기초를 두고 경쟁하는 것이 아니라 그 외의 품질들로 경쟁함을 뜻한다.

2위 가격 경매는 진실 현시적이지만, 매물이 $n$가지이고 입찰가가 $n+1$가지인 경매는 진실 현시가 아님이 밝혀졌다. 여러 인터넷 검색 엔진은 한 페이지에 있는 $n$개의 광고 자리를, 최고가 입찰자가 제일 상단 자리를 차지하고 2위 입찰자가 둘째 자리를 차지하는 방식의 경매를 통해서 광고주들에게 판매한다. 각 낙찰자는 그다음 순위 낙찰자의 입찰가를 가격으로 지급한다(물론 검색자가 실제로 광고를 클릭한 경우에만 지급한다는 점을 숙지하고). 제일 상단 자리는 노출 가능성과 클릭 가능성이 가장 높다는 점에서 가치가 가장 높은 것으로 간주된다.

세 입찰자 $b_1$, $b_2$, $b_3$이 한 번의 클릭에 대해 $v_1 = 200$, $v_2 = 180$, $v_3 = 100$의 가치

(1914-1996)의 이름을 딴 것이다.

를 부여하며, 광고 자리는 총 $n=2$개라고 하자. 그리고 상단 자리의 클릭률이 5%이고 하단 자리는 2%라고 하자. 모든 입찰자가 자신의 가치 그대로 입찰한다면, $b_1$이 상단 자리를 180의 가격으로 낙찰받으며, 이때 기대 수익은 $(200 - 180) \times 0.05 = 1$이다. 둘째 자리는 $b_2$에게 간다. 그런데 $b_1$은 만일 101~179 범위의 입찰가를 제시했다면 상단 자리를 $b_2$에게 넘겨주었을 것이며, 그러면 기대 수익은 $(200 - 100) \times .02 = 2$가 됨을 알 수 있다. 따라서 이 경우 $b_1$은 자신의 실제 가치보다 낮은 가격에 입찰함으로써 기대 수익을 두 배로 만들 수 있다.

일반적으로, 이런 $n+1$ 입찰가 경매의 입찰자는 다른 입찰자들의 입찰가를 상당히 공들여 분석한 후에야 자신의 최선의 전략을 결정할 수 있다. 이런 경매에는 간단한 우세 전략이 없다.

[Aggarwal 외, 2006]은 이런 다중 매물 경매 문제에 대해 하나의 고유한 진실 현시적 경매 메커니즘이 존재함을 보여 준다. 그러한 메커니즘을 광고 자리 입찰에 적용하는 경우 자리 $j$의 낙찰자는 자리 $j+1$이 아니라 자리 $j$에서만 가능한 추가적인 클릭들에 대해서는 자리 $j$에 대한 가격을 지급하고, 그 외의 클릭들에 대해서는 하위 자리의 가격을 지급한다. 앞의 예에서 $b_1$은 진실되게 200으로 입찰해서 상단 자리를 낙찰받으며, 상단 자리의 추가적인 $.05 - .02 = .03$회의 클릭들에 대해서는 180을 지불하지만 나머지 $.02$회의 클릭들을 위해서는 하단 자리의 가격인 100만을 지불한다. 따라서 $b_1$의 총 수익은 $(200 - 180) \times .03 + (200 - 100) \times .02 = 2.6$이 된다.

인공지능이 경매를 활용하는 또 다른 예는, 일단의 에이전트들이 협력해서 수행할 하나의 결합 계획을 결정하는 것이다. [Hunsberger 및 Grosz, 2000]은 에이전트들이 결합 계획의 역할들을 두고 경매를 진행함으로써 이를 효율적으로 수행할 수 있음을 보여 준다.

## 공공재

이번에는 다른 종류의 게임으로, 여러 국가가 대기오염 억제 정책을 설정한다고 하자. 각 나라에 두 가지 선택지가 주어진다. 하나는 오염을 줄이는 변화를 구현하는 것이고, 또 하나는 오염을 그냥 내버려 두는 것이다. 전자의 경우에는 −10점(필요한 변경 사항들을 구현하기 위한 비용에 해당)의 효용이 부과된다. 후자의 경우에는 그 나라에 −5점(보건 비용의 증가 등에 의해), 다른 모든 국가에 −1점(공기가 국경을 넘어 교환되므로)이 부과된다. 각 나라의 지배적 전략이 '오염 방치'임은 명백하다. 그러나 100개의 국가가 모두 이 전략을 따른다면 모든 국가는 −104의 총 효용을 가지지만, 모든 국가가 오염 감소를 택한다면 각각 −10의 효용을 가진다. 이런 상황을 비유적으로 **공유지의 비극** **공유지의 비극** (tragedy of the commons)이라고 부른다. 공공재(공동의 자원)를 사용하는 비용을 아무도 내지 않는다면, 그 공공재는 모든 에이전트의 총 효용이 낮아지는 결과로 이어지는 방식으로 악용될 여지가 있다. 게임의 해법들 중 모든 참여자에게 더 나은 해법이 존재하지만, 현재 게임에서 합리적인 에이전트들이 그 해법에 도달할 방법이 없는 것으로 보인다는 점에서 이는 죄수의 딜레마와 비슷하다.

공유지의 비극을 다루는 한 가지 접근방식은 공공재를 사용하는 각 에이전트에게 비용이 부과되도록 메커니즘을 바꾸는 것이다. 좀 더 일반적으로 말하면, 모든 **외부성**(externality)이, 즉 개별 에이전트의 거래에서는 인식되지 않는, 전체 효용에 대한 모든 효과가 명시적으로 드러나게 만들어야 한다.

다만, 적절한 가격을 설정하기가 쉽지 않다. 극단적인 형태에서 이 접근방식은 각 에이전트가 사실상 전체 효용을 최대화해야 하는, 그러나 지역적인 결정을 통해서 그러한 일을 수행하는 메커니즘을 만드는 것에 해당한다. 대기오염 예의 경우 탄소세가 바로 그러한(잘 구현한다면 전체 효용이 최대화되는 방식으로 공공재 사용에 비용을 부과하는) 메커니즘의 예이다.

바람직한 성질 두 가지를 가진 **비크리-클라크-그로브스**(Vickrey–Clarke–Groves), 줄여서 VCG라고 하는 메커니즘이 있다. 첫째 성질은 효용의 최대화이다. VCG 메커니즘은 전체 효용을 최대화한다. 여기서 전체 효용은 모든 참여자의 효용의 합 $\sum_i v_i$이다. 둘째 성질은 진실 현시성이다. 모든 에이전트에게 우세 전략은 실제 가치를 노출하는 것이다. 참여자들은 복잡한 전략적 입찰 계산에 관여할 필요가 없다.

그럼 공공재 할당 문제의 예를 하나 살펴보자. 시 행정부가 공짜 Wi-Fi 송수신기를 설치한다고 가정하자. 그런데 시에서 감당할 수 있는 송수신기의 개수는 송수신기를 원하는 동洞의 수보다 적다. 시는 전체 효용을 최대화하려고 하지만, 만일 동장들에게 "이 공짜 선물을 얼마나 받고 싶나요(가치를 가장 높게 잡은 동에 제공할 계획인데요)?"라고 묻는다면 모든 동장이 높은 가치를 거짓으로 보고할 것이다. VCG 메커니즘은 그런 거짓 보고 경향을 억제하고, 참여자들이 자신의 진짜 가치를 보고하는 것에 인센티브를 준다. 이 메커니즘의 구체적인 작동 방식은 다음과 같다.

1. 중앙 에이전트는 에이전트들에게 매물(자원)에 대한 가치를 보고하게 한다. 에이전트 $i$가 보고한 가치를 $v_i$라고 하자.

2. 매물이 $n$개라고 할 때, 중앙은 $\sum_{i \in W} v_i$가 최대가 되는 $n$명의 에이전트를 낙찰자로 선정한다($W$는 낙찰자들의 집합).

3. 각 낙찰자에 대해 중앙은 그 낙찰자 때문에 낙찰 실패자들이 입은 손해를 계산한다(실패자는 0의 효용을 받지만, 낙찰이 되었다면 $v_j$를 받았을 것이다).

4. 각 낙찰자는 그러한 손해액을 일종의 세금으로 중앙에게 지급한다.

예를 들어 송수신기가 3개이고 입찰자가 5명이며 각각 100, 50, 40, 20, 10을 입찰했다고 해자. 그러면 3명의 낙찰자는 100, 50, 40을 입찰한 에이전트들이며, 이들에 대한 전체 효용은 190이다. 각 낙찰자가 입찰하지 않았다면 20을 입찰한 에이전트가 낙찰자가 되었을 것이다. 따라서 각 낙찰자는 20을 세금으로 중앙에 지급한다.

모든 낙찰자는 자신의 가치보다 작은 세금을 내므로 불만을 품을 이유가 없고, 실패자들은 애초에 세금보다 낮은 가치를 매물에 부여했으므로 역시 불만을 품을 이유가 없다. 이것이 VCG가 진실 현시 메커니즘인 이유이다. 이 예에서 핵심 수치는 20이다. 만일 여러분의 진짜 가치가 20 미만이라면 20 이상의 입찰가를 제시할 이유가 없으며, 그 역도 마찬가지이다. 이러한 핵심 수치는 다른 입찰자들의 입찰가들에 의존하므로, 자신의 진짜 가치와 다른 입찰가를 제시하는 것은 항상 비합리적이다.

VCG 메커니즘은 아주 일반적이며, 앞에서 설명한 메커니즘을 조금만 일반화하면 경매뿐만 아니라 모든 종류의 게임에 적용할 수 있다. 예를 들어 **조합 경매** (combinatorial auction)에서는 종류와 개수가 다른 여러 매물에 대해 입찰자가 다수의 입찰을 신청한다. 한 입찰자의 입찰들이 서로 다른 매물 부분집합에 대한 것일 수 있다. 예를 들어 다수의 필지(plot of land)들을 경매할 때 한 입찰자는 필지 X나 필지 Y를 원하고, 다른 어떤 입찰자는 인접할 필지 세 개를 원하는 식이다. VCG 메커니즘으로 최적의 결과를 얻을 수 있지만, 매물이 $N$개일 때 가능한 부분집합은 $2^N$가지이므로 최적 결과를 계산하는 것은 NP-완전 문제이다. 몇 가지 까다로운 점이 있긴 하지만, VCG 메커니즘은 유일하다. 즉, 다른 모든 최적 메커니즘은 본질적으로 동치이다.

## 18.4.3 투표

사회 선택 이론

다음으로 살펴볼 메커니즘은 민주주의 사회에서 정치적 의사결정에 쓰이는 종류의 투표 절차이다. 투표 절차 연구는 **사회 선택 이론**(social choice theory)에서 도출된 한 분야이다.

기본적인 설정은 다음과 같다. 항상 그렇듯이 에이전트 집합 $N = \{1,...,n\}$이 있다. 이 에이전트들은 투표자(유권자)이다. 이 투표자들은 뭔가를 결정하기 위해 투표를 한다. 가능한 결과들의 집합은 $\Omega = \{\omega_1, \omega_2, ...\}$이다. 예를 들어 정치 선거에서 $\Omega$는 후보들의 집합이다.

각 투표자는 $\Omega$의 결과들에 관한 선호도를 가진다. 일반적으로 이 선호도는 정량적인 효용이 아니라 정성적인 비교로 표현된다. 에이전트 $i$가 결과 $\omega$를 결과 $\omega'$보다 더 선호한다는 것을 $\omega >_i \omega'$로 표기한다. 후보가 셋인 선거에서 에이전트 $i$는 이를테면 $\omega_2 >_i \omega_3 >_i \omega_1$의 선호도를 가질 수 있다.

사회 복지 함수

사회 선택 이론에서 연구하는 근본적인 문제는 이런 선호도들을 **사회 복지 함수**(social welfare function)로 결합해서 하나의 **사회적 선호 순서**(social preference order)를 도출하는 것, 즉 가장 선호되는 후보부터 가장 덜 선호되는 후보까지 순위를 매기는 것

사회적 결과

이다. 경우에 따라서는 **사회적 결과**(social outcome), 즉 전체적으로 가장 선호된 결과 하나만 필요할 수도 있다. 사회적 선호 순서 $\omega$가 $\omega'$보다 순위가 높다는 점을 $\omega >^* \omega'$로 표기한다.

사회적 선택 함수

이보다 더 단순한 설정은, 모든 후보의 순위를 일일이 매기는 대신 일단의 승자(당선자)들만 선택하는 것이다. **사회적 선택 함수**(social choice function)는 각 투표자의 선호 순서를 입력받고 일단의 승자들을 산출한다.

민주주의 사회에서는 사회적 결과에 투표자들의 선호도들이 반영되는 것을 바람직하

게 여긴다. 그러나 그것이 항상 간단하지는 않다. 유명한 예로 콩도르세 후작(1743-1794)이 제시한 **콩도르세의 역설**(Condorcet's Paradox)이 있다. 결과가 세 가지이고 투표자가 셋이라고 하자. 즉, $\Omega = \{\omega_a, \omega_b, \omega_c\}$이고 $N = \{1, 2, 3\}$이다. 그리고 투표자들의 선호도들이 다음과 같다고 하자.

$$\omega_a >_1 \omega_b >_1 \omega_c$$
$$\omega_c >_2 \omega_a >_2 \omega_b$$
$$\omega_b >_3 \omega_c >_3 \omega_a \tag{18.2}$$

선호도들에 따라 후보 중 하나를 선택할 때 다음과 같은 역설이 발생한다.

- 투표자의 $2/3$은 $\omega_3$를 $\omega_1$보다 선호한다.
- 투표자의 $2/3$은 $\omega_1$을 $\omega_2$보다 선호한다.
- 투표자의 $2/3$은 $\omega_2$를 $\omega_3$보다 선호한다.

즉, 누가 당선되든 당선자보다 다른 후보를 더 선호한 투표자가 적어도 $2/3$는 있다. 민주주의에서 **모든 투표자가 만족하길 바랄 수 없음**은 자명하다. 이 예는 **어떤 결과가 선택되든 투표자의 과반수는 다른 결과를 선호하는** 시나리오가 존재함을 잘 보여준다. 여기서 자연스레 제기되는 질문은, 투표자들의 선호도들을 제대로 반영하는 '좋은' 사회적 선택 절차라는 것이 과연 존재하는가이다. 이에 답하려면 '좋은' 규칙이라는 것이 구체적으로 어떤 것인지 정의해야 한다. 좋은 사회 복지 함수가 충족해야 할 몇 가지 성질을 들자면 다음과 같다.

- **파레토 조건**(Pareto Condition): 파레토 조건은 간단히 말해서 만일 모든 투표자가 $\omega_i$를 $\omega_j$보다 높게 친다면 $\omega_i >^* \omega_j$이라는 것이다.

- **콩도르세 승자 조건**(Condorcet Winner Condition): 과반수의 투표자가 다른 어떤 결과보다 선호하는 하나의 결과를 콩도르세 승자라고 부른다. 다른 말로 하면, 콩도르세 승자는 후보들을 1대1로 묶어서 투표했을 때 모두 이긴 후보이다. 콩도르세 승자 조건에 따르면, 만일 $\omega_i$가 콩도르세 승자이면 $\omega_i$는 선호 순서에서 1위이어야 한다.

- **무관한 선택 대상과의 독립성**(Independence of Irrelevant Alternatives, IIA): $\omega_i$와 $\omega_j$를 포함한 다수의 후보가 있고 투표자들의 선호도가 $\omega_i >^* \omega_j$라고 하자. 그런데 한 투표자가 자신의 선호도를 바꾸되, $\omega_i$와 $\omega_j$의 상대적 순위에는 영향을 미치지 **않**는 방식으로 바꾸었다고 하자. IIA 조건에 따르면, 그런 경우 $\omega_i >^* \omega_j$는 변하지 않아야 한다.

- **독재 없음**(No Dictatorship): 사회 복지 함수가 한 투표자의 선호도만 사용하고 다른

모든 투표자의 선호도를 무시한 결과를 산출해서는 안 된다.

**애로의 불가능성 정리**　이 네 조건이 합리적으로 보이지만, 사회 선택 이론의 근본 정리 중 하나인 **애로의 불가능성 정리**(Arrow's impossibility theorem; 케네스 애로가 제시했다)에 따르면 이 네 조건을 모두 충족하는 것은 불가능하다(가능한 결과가 셋 이상인 경우에서). 이는 그 어떤 사회 선택 메커니즘을 채용하든 논쟁의 여지가 있는 결과로 이어지는 상황(비정상적이거나 끔찍할 수도 있는)이 존재한다는 뜻이다. 그렇다고 대부분의 경우에서 민주주의적 의사 결정이 절망적이라는 뜻은 아니다. 아직 구체적인 투표 절차는 언급하지 않았는데, 그럼 몇 가지를 살펴보자.

**단순 다수결 투표**
- 후보가 단 둘일 때는 **단순 다수결 투표**(simple majority vote; 미국과 영국의 표준 투표 방식)이 즐겨 쓰인다. 각 투표자는 둘 중 더 선호하는 후보를 찍고, 표를 더 많이 받은 후보가 이긴다.

**다수결 투표**
- 후보가 셋 이상일 때는 **다수결 투표**(plurality voting)가 흔히 쓰인다. 투표자는 가장 선호하는 후보를 찍는다. 과반수가 아니라도 표가 가장 많이 받은 후보가 승자가 된다(동점자들을 모두 승자로 선택하기도 한다). 흔히 쓰이는 방식이긴 하지만, 인기 없는 결과가 나온다는 비난을 받았다. 주된 문제점은 각 투표자의 선호도에서 최고 순위 후보만 고려한다는 것이다.

**보르다 점수**
- **보르다 점수**(Borda count; 당시 콩도르세의 경쟁자였던 장-샤를 드 보르다의 이름을 땄다)은 투표자의 선호 순서에 있는 모든 정보를 고려하는 투표 절차이다. 후보가 $k$명이라고 하자. 각 투표자 $i$의 선호 순서 $>_i$가 주어지면, 그 순서에서 최상위 후보에게 $k$점, 둘째 후보에게 $k-1$, 등등으로 순위에 따라 점차 낮은 점수를 후보들에게 배정한다. 각 후보마다 그런 점수를 모두 합한 것이 그 후보의 보르다 점수이다. 사회적 결과 $>^*$는 결과들을 해당 보르다 점수의 내림차순으로(높은 것에서 낮은 것으로) 정렬한 것이다. 이 시스템을 실제로 적용할 때 한 가지 문제점은, 이 시스템을 위해서는 투표자가 모든 후보에 대한 선호도를 제시해야 하지만, 일부 후보들에만 관심이 있는 투표자들도 있다는 것이다.

**승인 투표**
- **승인 투표**(approval voting)에서 투표자들은 자신이 승인한 일단의 후보들을 제출한다. 가장 많은 투표자가 승인한 후보가 승자가 된다. 이 시스템은 다수의 승자를 뽑을 때 자주 쓰인다.

**즉석 결선 투표**
- **즉석 결선 투표**(instant runoff voting)에서 투표자들은 모든 후보의 순위를 제출한다. 과반수의 투표자가 1위로 선정한 후보가 있으면 그 후보가 승자가 된다. 그렇지 않으면 1위로 선정된 수가 가장 적은 후보를 모든 투표자의 선호 순서에서 제외한다(따라서 그 후보를 1위로 선정한 투표자들은 원래의 2위 후보를 1위로 올리는 식으로 순서를 갱신한다). 그런 다음 과반수가 1위로 선정한 후보가 있는지 본다. 이런 과정을 반복하면 결국에는 과반수가 1위로 선정한 한 명의 후보가 나온다

(동점자가 없다고 할 때).

진 과반수 규칙 투표

- **진 과반수 규칙 투표**(true majority rule voting)의 승자는 다른 모든 후보와 1대1로 비교했을 때 모두 이긴 후보이다. 투표자들은 모든 후보에 대한 완전한 선호도 순위를 제출해야 한다. $\omega > \omega'$인 투표자가 $\omega' > \omega$인 투표자보다 많을 때 $\omega$가 $\omega'$를 "이긴다"라고 말한다. 이 시스템에는 항상 과반수가 승자에 동의한다는 바람직한 성질이 있지만, 이 방식으로는 결정되지 않는 선거가 존재한다는 단점도 있다. 예를 들어 콩도르세의 역설에는 과반수의 지지를 받는 후보가 없다.

## 전략적 조작

기바드–새터웨이트 정리

애로의 불가능성 정리 외에, 사회 선택 이론 분야에는 **기바드–새터웨이트 정리**(Gibbard-Satterthwaite Theorem)라는 또 다른 중요한 부정적 결과가 있다. 이 정리는 자신의 선호도를 잘못 표현했을 때 오히려 투표자가 이득을 얻는 상황과 관련된다.

앞에서 사회적 선택 함수가 각 투표자의 선호도를 입력받고 승자들의 집합을 산출한다고 했다. 각 투표자에게는 자신의 진정한 선호도가 있지만, 사회적 선택 함수의 정의에는 투표자가 자신의 선호도를 진실되게 보고해야 한다는 요구사항이 없다. 투표자는 자신의 선호도를 아무렇게나 보고할 수 있다.

투표자가 자신의 선호도를 제대로 표현하지 않는 것이 합당한 경우도 있다. 예를 들어 복수 투표에서 투표자는 자신이 정말로 선호하는 후보가 당선될 가능성이 없다고 생각하고 그 다음으로 선호하는 후보에게 표를 주기도 한다. 그런 면에서, 복수 투표는 투표자들이 자신의 기대 효용을 최대화하기 위해 전략적으로 생각해야 하는(다른 후보자들에 관해) 하나의 게임이라고 할 수 있다.

여기서 흥미로운 질문 하나가 제기된다. 그런 조작(manipulation)의 여지가 없는, 진정으로 진실 현시적인 투표 메커니즘을 설계하는 것이 가능할까? 기바드-새터웨이트 정리에 따르면 그것은 불가능하다. 결과가 셋 이상인 문제 영역에 대해 파레토 조건을 충족하는 모든 사회적 선택 함수는 조작 가능하거나 독재가 가능하다. 즉, 그 어떤 "합리적인" 사회적 선택 절차라도, 투표자가 자신의 선호도를 잘못 표현함으로써 원칙적으로 이득을 얻는 상황이 존재한다. 그러나 그런 조작이 **어느 정도나** 강하게 일어날 수 있는지를 이 정리가 말해주지는 않으며, **실제 응용에서** 그런 조작이 일어날 가능성이 어느 정도인지도 말해주지 않는다.

## 18.4.4 흥정

일상 생활에서 자주 쓰이는 중요한 메커니즘으로 흥정(bargaining) 또는 협상(negotiation)이 있다. 흥정은 1950년대에 게임 이론 분야에서 연구되었으며, 좀 더 최근에는 자동화된 에이전트가 수행하는 하나의 과제가 되었다. 에이전트들이 어떤 공통의 이해관계에 대한 합의에 도달해야 할 때 흥정 또는 협상이 벌어진다. 에이전트들은 특정한 프로토콜에 따라 서로에게 제안(offer 또는 proposal)을 보내며, 자신이 받은 제안들을 받아들이거나 거부한다.

## 대안 제시 프로토콜을 이용한 흥정

**대안 제시 흥정** 영향력 있는 흥정 프로토콜로 **대안 제시 흥정**(alternating offers bargainin; 또는 교대 제안 흥정)이라는 것이 있다. 간단한 설명을 위해, 이번에도 에이전트가 단 둘이라고 가정한다. 흥정은 일련의 '라운드'들로 진행된다. 라운드 0에서 $A_1$이 $A_2$에게 제안을 보낸다. 만일 $A_2$가 그것을 받아들이면 그것으로 흥정이 끝난다. $A_2$가 그 제안을 거부하면 협상은 다음 라운드로 넘어간다. 이번에는 $A_2$가 $A_1$에게 제안('대안')을 보내고 $A_1$이 그것을 받아들이거나 거부한다. 이런 과정을 제안이 받아들여질 때까지 반복한다. 에이전트 **충돌 거래** 들이 상대의 제안을 거듭 거부해서 협상이 끝나지 않는 것을 가리켜 **충돌 거래**(conflict deal)라고 부른다. 이와 관련해서 편의상의 단순화 가정 하나는, 두 에이전트 모두 무한히 시간을 낭비하는 충돌 거래가 되기보다는 유한한 시간 안에 하나의 결과(어떤 결과이든)에 도달하길 선호한다는 것이다.

**파이 나누기**의 예로 대안 제시 프로토콜을 설명해 보자. 가치가 1인 어떤 자원('파이')가 있다. 이것을 두 조각으로 나누어서 두 에이전트에게 한 조각씩 주려고 한다. 이 시나리오에서 '제안'은 $A_1$이 받는 파이 조각 크기 $x$과 $A_2$가 받는 파이 조각 크기 **협상 집합** $1-x$로 이루어진 쌍 $(x, 1-x)$이다. 가능한 거래들의 공간(**협상 집합**(negotiation set)이라고 부른다)은 다음과 같다.

$$\{(x, 1-x) : 0 \le x \le 1\} .$$

이러한 설정에서 에이전트들이 어떤 식으로 협상을 진행해야 할까? 이 질문의 답을 이해하기 위해, 먼저 좀 더 단순한 경우를 살펴보자.

먼저, 라운드가 단 하나일 수 있다고 가정한다. 즉, $A_1$이 제안하면 $A_2$가 그것을 받아들이거나(그러면 거래가 성사된다) 거부하는(그러면 충돌 거래가 된다) 것으로 협상이 **최후통첩 게임** 끝날 수 있다. 이는 **최후통첩 게임**(ultimatum game)에 해당한다. 이 경우 **선도자**(first mover)인 $A_1$이 결정적으로 유리하다는 점이 밝혀졌다. $A_1$이 자신이 파이를 독차지하는 제안을, 즉 $(1,0)$을 제시했다고 하자. 만일 $A_2$가 이를 거부하면 충돌 거래가 실현된다. 그러나 문제의 정의에서 $A_2$는 충돌 거래보다는 0을 얻는 쪽을 선호하므로, $A_2$는 이 제안을 받아들이게 된다. $A_1$로서는 파이 전체를 얻는 것보다 더 나은 결과가 없다. 따라서, 두 전략($A_1$이 파이를 독차지하는 제안을 보내는 것과 $A_2$가 그것을 받아들이는 것)은 하나의 내시 균형을 형성한다.

다음으로, 협상을 정확히 두 라운드 진행하면 어떻게 되는지 생각해 보자. 그러면 권력이 이동한다. $A_2$는 첫 제안을 거부할 것이며, 그러면 게임은 $A_2$가 선도자가 되어서 파이를 독차지하는 제안을 제시하는 단일 라운드 게임으로 변해서 결국 $A_2$가 파이를 모두 가지게 된다. 일반화하면, 라운드 수가 고정된 경우 항상 마지막으로 제안을 하는 쪽이 파이 전체를 가진다.

이제 라운드 수에 **제한이 없는** 일반적인 경우로 넘어가자. $A_1$이 다음 전략을 사용한다고 가정한다.

항상 (1,0)을 제안하고, 상대방의 대안을 항상 거부한다.

이에 대한 $A_2$의 최선의 대응은 무엇일까? $A_2$가 제안을 계속 거부하면 두 에이전트는 무한히 협상을 진행한다. 문제의 정의에서 이는 $A_2$가 얻을 수 있는 최악의 결과이다($A_1$도 마찬가지). 따라서 $A_2$는 $A_1$의 첫 제안을 받아들이는 것이 최선이다. 이 역시 내시 균형이다. 그런데 $A_1$가 다음 전략을 사용한다면 상황이 달라진다.

항상 (0.8,0.2)를 제안하고, 상대방의 대안을 항상 거부한다.

▶ 이 경우에도, 협상 집합에 있는 임의의 가능한 거래 $(x, 1-x)$에 대해, 첫 협상 시점(라운드)에서 거래 합의에 이르는 내시 균형 협상 전략 조합이 존재한다. 이 점은 앞에서와 비슷한 방식으로 증명할 수 있다.

## 조급한 에이전트

앞의 분석은 라운드 수에 제한이 없으면 무한히 많은 내시 균형이 존재할 수 있음을 말해 준다. 그럼 다음과 같은 가정을 추가해 보자.

임의의 결과 $x$와 $t_1 < t_2$인 시점 $t_1$ 및 $t_2$에 대해, 두 에이전트는 시점 $t_1$에서의 결과 $x$를 시점 $t_2$에서의 결과 $x$보다 선호한다.

다른 말로 하면 에이전트들은 **성미가 급하다.** 이처럼 조급한(impatient) 에이전트들을 위한 표준적인 접근방식은 $0 \le \gamma_i < 1$인 **할인 계수**(discount factor) $\gamma_i$를 두 에이전트에게 적용하는 것이다(할인 계수는 p.732에서 소개했다). 협상 과정의 한 시점에서 에이전트 $i$가 자신이 파이를 $x$만큼 가지겠다고 제안했다고 하자. 시점 $t$에서 파이 조각 $x$의 가치는 $\gamma_i^t x$이다. 협상의 첫 단계(시점 0)에서 가치는 $\gamma_i^0 x = x$이고, 단계를 거듭할수록 가치가 작아진다. $\gamma_i$가 크면(1에 더 가까우면) 에이전트들이 더 조급한 것이고, 작으면 덜 조급한 것이다.

일반적인 경우를 분석하기 위해, 앞에서처럼 협상 단계의 수가 고정된 경우를 생각해 보자. 단일 라운드의 경우는 앞의 분석과 동일하다. 즉, 이 경우는 그냥 최후통첩 게임이다. 라운드가 둘일 때는 파이의 가치가 할인 계수 $\gamma_i$에 따라 감소하므로 상황이 달라진다. $A_1$의 첫 제안을 $A_2$가 거부했다면, 둘째 라운드에서 최후통첩 게임이 되어서

$A_2$가 파이 전체를 차지한다. 그러나 그 파이의 **가치**는 처음보다 하락했다. $A_2$에게 그 파이의 가치는 $\gamma_2$밖에 되지 않는다. 이 사실을 고려해서 $A_1$은 첫 제안으로 $(1 - \gamma_2, \gamma_2)$를 제시할 수 있다. 어차피 2라운드까지 가도 $A_2$가 받을 가치는 $\gamma_2$이므로, 1라운드에서 이 제안을 받아들여도 $A_2$는 손해가 아니다. (혹시 동점 처리가 신경이 쓰인다면, 그냥 모든 제안이 어떤 작은 값 $\epsilon$에 대해 $(1 - (\gamma_2 + \epsilon), \gamma_2 + \epsilon)$의 형태라고 가정하면 해결된다.)

정리하자면, $A_1$이 $(1 - \gamma_2, \gamma_2)$를 제시하는 전략과 $A_2$가 그것을 받아들이는 전략의 조합은 하나의 내시 균형을 형성한다. 이러한 설정에서 느긋한($\gamma_2$가 큰 값인) 에이전트들은 더 큰 파이 조각을 얻게 된다. 이 설정에서는 참을성이 미덕이다.

이제 라운드 수에 제한이 없는 일반적인 경우를 생각해 보자. 단일 라운드 협상에서처럼 $A_1$은 $A_2$가 받아들일 수밖에 없는, 즉 할인 계수를 감안할 때 그 시점에서 얻을 수 있는 가장 큰 파이 조각에 해당하는 제안을 제시한다. 적절한 계산을 거치면, 이 전략으로 $A_1$는 크기가

$$\frac{1 - \gamma_2}{1 - \gamma_1 \gamma_2}$$

인 파이 조각을 받고 $A_2$는 그 나머지를 받게 됨을 확인할 수 있다.

## 작업 지향적 문제 영역의 협상

이번 절에서는 **작업 지향적 문제 영역**(task-oriented domain)을 위한 협상 방법을 살펴본다. 그런 문제에서 에이전트들은 일단의 작업을 수행해야 한다. 처음에 작업들이 모든 에이전트에게 배정된다. 에이전트들은 자신의 이익을 위해 작업들을 다른 에이전트들과 교환하려 한다. 예를 들어 선반(lathe machine)으로 수행해야 하는 작업들이 있고 밀링 머신으로 수행해야 하는 작업들이 있다고 하자. 그리고 어떤 기계든 그것을 사용하는 에이전트는 꽤 큰 설정 비용을 부담해야 한다고 하자. 그렇다면, 한 에이전트가 "나는 어차피 밀링 머신을 설정해야 하니, 밀링 작업을 내가 다 하고 너는 선반 작업을 다 하는 게 어때?"라고 다른 에이전트에게 제안하는 것이 합리적이다.

흥정 시나리오와는 달리 이번에는 처음부터 작업들이 에이전트들에게 할당되어 있다. 따라서 모든 협상이 실패해도 각 에이전트는 원래 할당받은 작업 $T_i^0$을 수행한다.

문제를 단순화하기 위해, 이번에도 에이전트가 단 둘이라고 하자. $T$가 모든 작업의 집합이고, $(T_1^0, T_2^0)$는 두 에이전트의 초기(시간 0) 작업 할당을 나타낸다고 하자. $T$의 각 작업은 반드시 정확히 한 에이전트에 할당되어야 한다. 모든 작업 집합 $T'$에는 비용 함수 $c$가 있으며, $c(T')$은 임의의 에이전트가 $T'$의 작업들을 수행할 때 내야 하는 비용에 해당하는 양의 실수라고 하자. (이 비용은 작업들에만 의존할 뿐 작업을 수행하는 에이전트와는 무관하다고 가정한다.) 이 비용 함수는 단조 함수이다. 즉, 작업들이 추가되어

도 비용이 감소하는 일은 없다. 또한, 아무 일도 하지 않는 것의 비용은 0이다. 즉, $c(\{\})$ = 0이다. 한 예로, 밀링 머신을 설정하는 비용이 10이고 하나의 밀링 작업을 수행하는 비용은 1이라고 하면, 밀링 작업 두 개를 수행하려면 12의 비용이, 다섯 개를 수행하려면 15의 비용이 든다.

제안의 형태는 $(T_1, T_2)$이다. 이는 에이전트 $i$가 $c(T_i)$의 비용으로 작업 집합 $T_i$를 수행하겠다는 뜻이다. 에이전트 $i$에 대한 효용은 제안을 받아서 얻는 이득의 양으로, 이는 제안된 작업 집합의 비용에서 원래 할당된 작업 집합의 비용을 뺀 것이다.

$$U_i((T_1, T_2)) = c(T_i) - c(T_i^0).$$

개별적으로<br>합리적 두 에이전트 모두에게 $U_i((T_1, T_2)) \geq 0$인 제안 $(T_1, T_2)$를 가리켜 **개별적으로 합리적**이라고, 줄여서 개별 합리적이라고 칭한다. 어떤 거래가 개별 합리적이 아니라는 것은, 그냥 원래 할당된 작업들을 수행하는 게 더 나은 에이전트가 적어도 하나는 존재한다는 뜻이다.

이런 작업 지향적 문제 영역의 협상 집합은 개별 합리적이자 파레토 최적인 제안들의 집합이다(에이전트들이 합리적이라고 가정할 때). 상대가 거절할 것이 뻔한 개별 합리적 제안을 제시하는 것은 비합리적이며, 다른 에이전트들의 효용을 감소하지 않고 자신의 효용을 높일 수 있는 더 나은 제안이 있는데 그것을 제시하지 않는 것도 비합리적이다.

## 단조적 양보 프로토콜

단조적 양보<br>프로토콜 그럼 작업 지향적 문제 영역에 대한 협상 프로토콜 중 하나인 **단조적 양보 프로토콜**(monotonic concession protocol)을 살펴보자. 이 프로토콜의 규칙은 다음과 같다.

- 협상은 일련의 라운드들로 진행된다.
- 첫 라운드에서 두 에이전트는 협상 집합의 한 거래 $D_i = (T_1, T_2)$를 **동시에** 제안한다. (이 점이 이전에 본 대안 제시 프로토콜과 다르다.)
- 두 에이전트가 제안한 거래 $D_1$과 $D_2$가 (i) $U_1(D_2) \geq U_1(D_1)$를 충족하거나 (ii) $U_2(D_1) \geq U_2(D_2)$를 충족하면, 즉 상대의 제안이 자신의 제안보다 못하지 않다고 판단한 에이전트가 있으면 합의에 도달한 것이다. 두 에이전트가 합의에 도달하면, 다음과 같은 규칙에 따라 두 제안 중 하나가 합의 거래(agreement deal)가 된다. 만일 각 에이전트의 제안이 상대 에이전트의 것과 같거나 더 나으면, 두 제안 중 하나를 무작위로 선택한다. 만일 한 제안만 상대의 제안보다 같거나 더 나으면, 그 제안이 합의 거래로 선택된다.
- 합의에 도달하지 못하면 다음 라운드로 넘어가서 두 에이전트가 동시에 제안한다. 단, 라운드 $t+1$에서 각 에이전트는 반드시 이전 라운드(라운드 $t$)의 제안을 그대

로 제시하거나, 한 발 **양보**(concession)한 제안을 제시해야 한다. 양보 제안은 상대 에이전트가 더 선호할(즉, 효용이 더 높은) 제안이다.

- 두 에이전트 모두 양보하지 않았다면 협상이 결렬되어서 충돌 거래가 실현된다. 그러면 두 에이전트는 원래 할당받은 작업들을 수행한다.

가능한 거래들의 수가 유한하므로, 에이전트들이 무한히 협상을 진행하지는 않는다. 언젠가는 합의에 도달하거나, 둘 다 양보를 안 해서 협상이 결렬된다. 그렇지만 이 프로토콜에서 에이전트들이 합의에 **빠르게** 도달한다는 보장은 없다. 가능한 거래의 수가 $O(2^{|T|})$가지이므로, 협상 종료까지의 라운드 수는 할당된 작업의 수에 지수적으로 비례한다.

## 초이텐 전략

지금까지의 논의에서, 작업 지향적 문제 영역을 위한 단조적 양보 프로토콜을 사용할 때 협상 참가자들이 어떻게 행동해야 하는지에 관해서는 아무것도 말하지 않았다. 에이전트

들이 사용할 만한 전략 중 하나로 **초이텐 전략**(Zeuthen strategy)이라는 것이 있다.

초이텐 전략에서 핵심은 에이전트가 **충돌을 어느 정도나 감수할 것인지**를 측정하는 것이다. 직관적으로, 만일 현재 제안과 충돌 거래의 효용 차이가 크지 않다면 에이전트는 충돌을 좀 더 기꺼이 감수할 것이다. 그런 경우 에이전트는 협상이 결렬되고 충돌 거래가 실현되어도 잃을 것이 적으므로 양보보다는 충돌을 더 기꺼이 감수한다. 반면, 에이전트의 현재 제안과 충돌 거래의 효용 차이가 크면 에이전트는 충돌 시 더 많은 것을 잃을 것이므로 가능하면 충돌을 피하고 양보를 택할 것이다.

라운드 $t$에서 에이전트 $i$가 충돌을 감수하는 정도를 $risk_i^t$로 표기하자. $risk_i^t$는 다음과 같이 측정한다.

$$risk_i^t = \frac{i\text{가 양보해서 } j\text{의 제안을 받아들이면 잃는 효용의 크기}}{i\text{가 양보하지 않아서 충돌 거래가 발생하면 잃는 효용의 크기}}.$$

합의 이전에는 $risk_i^t$가 0과 1 사이의 값이다. $risk_i^t$가 클수록(1에 가까울수록) $i$는 충돌로 잃을 것이 적으므로 충돌을 좀 더 기꺼이 감수한다.

초이텐 전략에 따르면, 각 에이전트의 첫 제안은 반드시 협상 집합의 거래 중 에이전트 자신의 효용을 최대화하는 거래(둘 이상일 수도 있다)이어야 한다. 이후 라운드 $t$에서 양보한 에이전트는 충돌 위기의 가치가 더 작은 쪽, 즉 양보하지 않아서 충돌 거래가 실현되었을 때 잃을 것이 더 많은 쪽이어야 한다.

언제 양보해야 하는지는 이제 밝혀졌다. 그러면 얼마나 양보해야 할까? 초이텐 전략에 따르면, "상대방의 충돌 감수 균형이 변할 정도로만 양보하면 된다." 즉, 에이전트는 다음 라운드에서 상대방이 양보하게 만드는 데 필요한 **최소한의** 정도로만 자신의 제안을 줄여야 한다.

초이텐 전략의 최종적인 개선안은 이런 것이다. 협상 도중 한 시점에서 두 에이전트의 충돌 감수 균형이 **똑같아졌다**고 하자. 초이텐 전략에 따르면 이 상황에서는 둘 다 양보해야 한다. 그러나 이 사실을 아는 한 에이전트는 일시적으로 초이텐 전략에서 벗어나서 양보하지 않음으로써 이득을 얻을 수 있다. 이런 상황에서 둘 다 양보할 가능성을 피하는 한 방법은, 충돌 감수 균형이 같아졌을 때 "동전을 던져서" 둘 중 하나만 양보하도록 전략을 확장하는 것이다.

이러한 전략으로 도달한 합의 거래는 파레토 최적이자 개별 합리적이다. 그렇지만 가능한 거래들의 공간이 잡업의 수에 지수적이므로, 이 전략을 곧이곧대로 구현한다면 각 협상 단계에서 비용 함수를 $O(2^{|T|})$회 계산하게 된다. 끝으로, 초이텐 전략(동전 던지기 규칙이 추가된)은 내시 균형을 형성한다.

# 요약

- 환경에 에이전트 자신과 협력 또는 경쟁하는 다른 에이전트들이 있다면 **다중 에이전트** 계획 수립이 필요하다. 이 경우 결합 계획들이 만들어질 수 있는데, 에이전트들이 특정한 결합 계획을 공동으로 선택하게 하려면 어떤 형태로든 에이전트들 사이의 협조가 필요하다.

- **게임 이론**은 여러 에이전트가 상호작용하는 환경에서의 에이전트의 합리적 행동을 서술한다. 단일 에이전트 의사결정에 결정이론이 있다면, 다중 에이전트 의사결정에는 게임 이론이 있다.

- 게임 이론의 **해 개념**은 게임의 합리적 결과들, 즉 모든 에이전트가 합리적으로 행동했을 때 나올 결과들을 특징 짓기 위한 것이다.

- **비협력 게임 이론**에서는 에이전트들이 각자 독립적으로 결정을 내려야 한다고 가정한다. 비협력 게임 이론에서 가장 중요한 해 개념은 **내시 균형**이다. 내시 균형은 그 어떤 에이전트도 자신의 현재 전략에서 벗어나고자 하지 않는 전략 프로파일이다. 반복 게임과 순차적 게임에서 이러한 내시 균형을 구하는 기법들이 있다.

- **협력 게임 이론**은 에이전트들이 협약을 맺고 연합을 형성해서 협력할 수 있는 설정을 고려한다. 협력 게임의 해 개념들은 안정적인 연합들(**핵심부**)를 형식화하며, 연합이 받은 가치를 공정하게 나누는 방법(**섀플리 가치**)을 정의한다.

- 다중 에이전트 의사결정의 몇 가지 주요 부류에 대해 특화된 기법들이 있다. 작업 공유에는 계약망이 쓰이고 효율적인 희소 자원 할당에는 경매 기법이, 공통의 이해관계를 가진 에이전트들이 합의에 도달하고자 할 때는 흥정(협상) 기법이, 선호도들을 취합할 때는 투표 절차가 쓰인다.

# 참고문헌 및 역사적 참고사항

인공지능 연구자들이 상호작용하는 에이전트들에 관련된 문제들을 1980년대에 와서야 진지하게 고려하기 시작했다는 점은, 이 분야의 미스터리 중 하나이다. 그리고 다중 에이전트 시스템 분야가 인공지능의 개별 하위 분야로 자리 잡은 것은 그보다 10년이 지난 후였다. 어쨌거나, 다중 에이전트 시스템을 암시하는 착안들은 1970년에도 있었다. 예를 들어 민스키는 인공지능 분야에 큰 영향을 미친 저서 *Society of Mind*(Minsky, 1986; Minsky, 2007)에서 인간의 정신은 여러 에이전트의 조합(앙상블)로 구성된다고 제안했다. 더그 레낫은 BEINGS라고 부른 틀에서 비슷한 생각을 제시했다(Lenat, 1975). 1970년대에 PLANNER 시스템에 관한 박사 학위 연구에서 칼 휴윗은 **행위자 모형**(actor model)이라는 이름의, 상호작용하는 에이전트들로 이루어진 하나의 계산 모형을 구축했다(Hewitt, 1977). 그 모형은 병렬 계산에서 가장 근본적인 모형 중 하나로 자리잡았다(Agha, 1986).

다중 에이전트 시스템 분야의 초창기 역사가 *Readings in Distributed Artificial Intelligence* 라는 제목의 논문집(Bond 및 Gasser, 1988)에 상세히 문서화되어 있다. 이 논문집의 서문은 다중 에이전트 시스템의 핵심 연구 과제를 상세히 밝히는데, 그 과제들은 논문집이 나온 지 30년이 넘은 오늘날에도 놀랄 만큼 유효하다. 다중 에이전트 시스템에 관한 초기 연구는 시스템의 모든 에이전트가 공통의 이해관계를 가지고 행동하며, 모든 에이전트를 한 명의 설계자가 설계한다는 가정을 두는 경향이 있었다. 이제는 그런 설정을 좀 더 일반적인 다중 에이전트 설정의 한 특수 사례로 간주하는데, 구체적으로 말하면 **협력적** 협력적 분산 문제 **분산 문제 해결**(cooperative distributed problem solving) 설정이다. 이 시기의 핵심 시스템 해결 은 메사추세츠 대학교 빅터 레서 교수의 감독하에 개발된 DVMT(Distributed Vehicle Monitoring Testbed; 분산 차량 감시 시험대)이다(Lesser 및 Corkill, 1988). DVMT는 여러 장소에 분산 배치된 음향 감지기 에이전트들이 협력해서 차량의 이동을 추적하는 시나리오를 모형화했다.

현세대의 다중 에이전트 시스템 연구는 1980년대 후반에 시작했다. 이때는 인공지능과 인간 사회에서 에이전트들이 서로 다른 선호도를 가지고 행동한다는 점이 널리 받아들여졌다. 이때부터는 게임 이론이 그런 에이전트들을 연구하는 주된 방법론으로 자리 잡았다.

최근 몇 년 사이에 다중 에이전트 계획 수립의 인기가 급격히 높아졌다. 그러나 사실 이 분야의 역사는 길다. [Konolige, 1982]는 다중 에이전트 계획 수립을 1차 논리로 형식화한다. 한편 [Pednault, 1986]은 STRIPS 스타일의 서술을 제공한다. 에이전트들이 결합 계획을 실행할 때 필수적인 결합 의도라는 개념은 의사소통 행위에 관한 연구(Cohen 및 Perrault, 1979; Cohen 및 Levesque, 1990; Cohen 외, 1990)에서 온 것이다. [Boutilier 및 Brafman, 2001]은 부분 순서 계획 수립을 다중 행위자 설정에 적응시키는 방법을 보여준다. [Brafman 및 Domshlak, 2008]은 결합도(부분적으로는 에이전트들 사이의 상호작용 그래프의 트리 너비로 측정되는)가 유계일 때 복잡도가 행위자 수에 대해 선형적으로만 증가하는 다중 행위자 계획 수립 알고리즘 하나를 고안한다.

다중 에이전트 계획 수립이 가장 어려운 상황은 대립적(적대적)인 에이전트가 존재할 때이다. 장 폴 사르트르가 말했듯이(Sartre, 1960), "축구 경기에서 모든 것이 복잡해지는 이유는 상대 팀의 존재이다." 드와이트 D 아이젠하워[Dwight D. Eisenhower] 장군은 "전투를 준비하면서 나는 항상 계획이라는 것이 쓸모가 없다는 점을 깨닫곤 하지만, 그래도 계획 수립은 꼭 필요하다"라고 말했는데, 무조건적인 계획이 성공하리라고 기대하는 대신 조건부 계획 또는 정책을 마련하는 것이 중요하다는 뜻이라고 해석할 수 있겠다.

이번 장에서는 다루지 않았지만, 분산 및 다중 에이전트 강화학습(RL)은 현재 큰 관심을 끌고 있는 주제이다. 분산(distributed) 강화학습의 연구 목표는 서로 협조하는 다수의 에이전트가 공통의 효용 함수를 최적화하는 법을 배우는 방법을 고안하는 것이다. 예를 들어 로봇 내비게이션과 로봇 장애물 회피에서 분리된 **하위 에이전트**(subagent)들이 협력해서 하나의 결합된, 전역적으로 최적인 제어 시스템을 이루는 방법을 고안할 수 있을 것인가? 이 방향의 몇 가지 기초 결과를 [Guestrin 외, 2002]와 [Russell 및 Zimdars, 2003]이 밝혀냈다. 기본 착안은, 각 하위 에이전트가 자신이 받은 일련의 보상들로부터 자신의 Q 함수(일종의 효용 함수; §22.3.3 참고)를 배운다는 것이다. 예를 들어 로봇 내비게이션의 한 부품은 목표로의 접근에 대한 보상을 받고, 장애물 회피의 한 부품은 충돌할 때마다 부정적인 보상을 받는 등이다. 각각의 전역적 의사결정은 하위 에이전트들의 Q-함수들의 합을 최대화하며, 전체 과정은 전역 최적 해로 수렴한다.

게임 이론의 기원은 17세기 크리스티안 하위헌스[Christiaan Huygens]와 고트프리트 라이프니츠[Gottfried Leibniz]가 사람들의 경쟁적, 협력적 상호작용들을 과학적, 수학적으로 연구하기 위해 제안한 개념들로 거슬러 올라간다. 19세기에는 여러 주요 경제학자가 경쟁적 상황의 특정 사례들을 분석하기 위해 간단한 수학적 예제들을 만들었다.

게임 이론에 관한 최초의 형식적 결과들은 체르멜로(Zermelo, 1913)에 기인한다(그는 그 한 해 전에 게임을 위한 일종의 최소최대 검색 알고리즘을 제안했으나, 오류가 있었다). [Borel, 1921]은 혼합 전략 개념을 소개했다. [von Neumann, 1928]은 모든 2인용 제로섬 게임에서 혼합 전략들 안에 최대최소 균형이 있으며, 잘 정의된 가치가 존재함을 증명했다. 폰 노이만과 경제학자 오스카 모겐스턴의 공동 연구는 1944년 *Theory of Games and Economic Behavior*(von Neumann 및 Morgenstern, 1944)의 출판으로 이어졌다. 이 책이 바로 게임 이론 분야를 정의한 책이다. 전쟁통에 종이가 부족해서 출판이 늦어졌는데, 록펠러[Rockefeller] 가문의 한 인물이 개인적인 기부금으로 출판을 도왔다.

1950년에는 존 내시가 21세의 나이로 일반적인(비제로섬) 게임의 균형에 관한 자신의 생각을 담은 논문(Nash, 1950)을 출판했다. 균형 해답에 대한 그의 정의가 바로 요즘 말하는 내시 균형이다(비록 [Cournot, 1838]에서 그런 정의가 예견되긴 했지만). 1959년부터 조현병에 시달린 탓에, 내시는 그 논문이 나오고 한참 후인 1994년에야 노벨 경제학상을 받았다(라인하르트 젤텐[Reinhart Selten], 존 허샤니[John Harsanyi]와 공동 수상). 베이즈-내시 균형은 [Harsanyi, 1967]에 서술되어 있으며, [Kadane 및 Larkey, 1982]에서 논의한다. 에이전트 제어에 게임 이론을 사용하는 것의 몇 가지 문제점이 [Binmore, 1982]에 나온다. [Aumann 및 Brandenburger, 1995]는 각 플레이어가 지닌 지식에 따라 서로 다른 균

형들이 어떻게 형성되는지 보여준다

죄수의 딜레마는 1950년에 앨버트 W. 터커$^{Albert\ W.\ Tucker}$가 수업용 연습문제로 고안했고(Merrill Flood와 Melvin Dresher의 예제에 기초해서), [Axelrod, 1985]와 [Poundstone, 1993]이 상세히 다루었다. 반복 게임은 [Luce 및 Raiffa, 1957]이 소개했고, [Abreu 및 Rubinstein, 1988]은 반복 게임에 유한상태기계를 사용하는 방법을 논의했다. 엄밀히 말하면 논문에 나온 것은 **무어 기계**(Moore machine)였다. 반복 게임에 초점을 둔 교과서로는 [Mailath 및 Samuelson, 2006]이 있다.

확장형 부분 정보 게임은 [Kuhn, 1953]이 소개했다. 순차형 부분 정보 게임은 로마노프스키(Romanovskii, 1962)와 콜러(Koller 외, 1996)가 각자 독립적으로 고안했다. 논문 [Koller 및 Pfeffer, 1997]은 이 분야를 이해하기 쉽게 소개하며, 순차적 게임의 표현과 해결을 위한 시스템 하나를 서술한다.

추상화를 이용해서 게임 트리를 콜러의 기법으로 풀 수 있는 크기로 줄이는 방법은 [Billings 외, 2003]이 소개했다. 이후 좀 더 개선된 균형 계산 방법들이 등장해서 상태가 $10^{12}$개인 추상들의 해를 구할 수 있게 되었다(Gilpin 외, 2008; Zinkevich 외, 2008). [Bowling 외, 2008]은 중요도 표집을 이용해서 전략의 가치를 좀 더 잘 추정하는 방법을 제시한다. [Waugh 외, 2009]는 추상화 접근방식이 평형 해답을 근사할 때 발생하는 체계적인 오차에 취약함을 발견했다. 그런 접근방식이 통하는 게임이 있고 통하지 않는 게임이 있다. 브라운과 산드홀름은 적어도 다중 플레이어 텍사스 홀덤 포커에서만큼은 충분한 컴퓨팅 자원을 투여하면 그런 취약성을 극복할 수 있음을 보였다(Brown 및 Sandholm, 2019). 그들은 64코어 서버를 8일간 돌려서 자신들의 Pluribus 프로그램을 위한 기준선 전략을 계산해 냈다. 그 전략 덕분에 그 프로그램은 인간 챔피언을 물리칠 수 있었다.

게임 이론과 MDP는 확률적 게임이라고도 부르는 마르코프 게임 이론으로 결합된다 (Littman, 1994; Hu 및 Wellman, 1998). 사실, 벨먼과 독립적으로 [Shapley, 1953]에도 가치 반복 알고리즘이 나오지만 널리 인정되지는 못했다. 아마도 그 알고리즘이 마르코프 게임의 문맥에서 제시된 때문일 것이다. 진화 게임 이론(Smith, 1982; Weibull, 1995)은 시간에 따라 변하는 전략을 다룬다. 즉, 상대의 전략이 변하면 어떻게 대응할 것인가를 고찰한다.

경제학의 관점에서 본 게임 이론에 관한 교과서로는 [Myerson, 1991], [Fudenberg 및 Tirole, 1991], [Osborne, 2004], [Osborne 및 Rubinstein, 1994]가 있다. 인공지능의 관점에서 본 책으로는 [Nisan 외, 2007]과 [Leyton-Brown 및 Shoham, 2008]이 있다. [Sandholm, 1999]는 다중 에이전트 의사결정에 관한 유용한 개괄 논문이다.

다중 에이전트 강화학습은 자신의 동작들을 다른 에이전트들에 맞게 조정하지 못하는(명시적인 통신 동작을 제외할 때) 에이전트들이 존재한다는 점과 에이전트들이 동일한 효용 함수를 공유하지 않을 수 있다는 점에서 분산 강화학습과 다르다. 즉, 다중 에이전트 강화학습은 순차적인 게임 이론적 문제, 즉 **마르코프 게임**(제17장)을 다룬다. 문제는, 한 에이전트가 상대방의 정책을 물리치는 방법을 배우는 동안 상대방은 그 에이전트를 물리치기 위해 자신의 정책을 바꾼다는 사실이다. 즉, 이 환경은 **시변**(nonstationary)

환경(p.579)이다.

[Littman, 1994]는 제로섬(영합) 마르코프 게임을 위한 최초의 강화학습 알고리즘을 소개하면서 이러한 어려움을 지적했다. [Hu 및 Wellman, 2003]은 일반합(general-sum) 게임을 위한, 내시 평형이 고유할 때 수렴하는 Q-학습 알고리즘 하나를 제시한다. 평형이 여러 개일 때에는 수렴이라는 개념을 정의하기가 그리 쉽지 않다(Shoham 외, 2004).

주인-대리인<br>게임

보조 게임은 **협력 역 강화학습**(cooperative inverse reinforcement learning)이라는 이름으로 [Hadfield-Menell 외, 2017a]가 소개했다. [Malik 외, 2018]은 협력 게임에 특화된 효율적인 POMPD 해법을 소개했다. 이들은 경제학에서 **주인-대리인 게임**(principal-agent game)이라고 부르는 문제와 연관된다. 이 게임에서 선호도의 차이가 큰 주인(이를테면 고용자)과 대리인(이를테면 직원)가 둘에게 모두 이득이 되는 합의점을 찾아야 한다. 이 문제의 주된 어려움은 (1) 로봇은 자신만의 선호도가 없다는 점과 (2) 로봇은 자신이 최적화할 인간 선호도들을 확실히 알지 못한다는 점이다.

협력 게임을 처음으로 연구한 이는 폰 노이만과 모르겐슈테른이다(von Neumann 및 Morgenstern, 1944). 핵심부 개념은 도널드 길리스가 소개했고(Gillies, 1959) 새플리 가치는 로이드 새플리가 소개했다(Shapley, 1953). 협력 게임의 수학에 관한 좋은 입문서로는 [Peleg 및 Sudholter, 2002]가 있다. [Taylor 및 Zwicker, 1999]는 일반적인 단순 게임들을 상세히 논의한다. 협력 게임 이론의 계산적 측면에 관한 입문서로는 [Chalkiadakis 외, 2011]가 있다.

지난 30년 동안 협력 게임을 간결하게 표현하는 여러 방법이 고안되었다. 시초는 [Deng 및 Papadimitriou, 1994]이다. 영향력이 가장 큰 표현 방법은 [Ieong 및 Shoham, 2005]가 소개한 주변 기여망 모형이다. 본문에 나온 연합 형성 접근방식은 [Sandholm 외, 1999]의 것이다. [Rahwan 외, 2015]는 이 주제의 연구 현황을 개괄한다.

계약망 프로토콜은 1970년대 후반에 레이드 스미스가 스탠포드 대학교 박사 학위 논문으로 소개했다(Smith, 1980). 이 프로토콜은 너무나 자연스럽기 때문에도 지금까지 여러 번 재발명되었다. 산드홀름은 이 프로토콜의 경제학적 토대를 연구했다(Sandholm, 1993).

경매와 메커니즘 설계는 수십 년 동안 컴퓨터 과학과 인공지능의 주요 주제였다. 컴퓨터 과학의 주류 관점에 관해서는 [Nisan, 2007]을 보라. 경매 이론 입문서로는 [Krishna, 2002]가 있다. [Cramton 외, 2006]은 경매의 계산 측면들에 관한 논문집이다.

2007년 노벨 경제학상은 "메커니즘 설계 이론의 토대를 닦은"(Hurwicz, 1973) 공로로 후르비치[Hurwicz]와 매스킨[Maskin], 마이어슨[Myerson]이 공동 수상했다. 이 분야의 동기가 된 문제인 공유지의 비극은 19세기에 윌리엄 로이드가 분석했지만(Lloyd, 1833), '공유지의 비극'이라는 이름을 붙이고 대중적으로 알린 것은 [Hardin, 1968]이다. 로널드 코스는 자원을 개인이 사적으로 소유하기 쉽고 거래 비용이 충분히 낮을 때는 자원이 효율적로 관리된다는 정리를 제시했다(Coase, 1960). 그러나 그는 실제로는 거래 비용이 높으므로 이 정리가 현실에는 적용되지 않는다는 점을 지적하고, 사적 소유와 시장 이상의 해법을 찾아야 한다고 주장했다. 엘리너 오스트롬의 저서 *Governing the Commons*(Ostrom, 1990)

는 자원의 관리 통제권을 그 상황을 가장 잘 아는 지역 주민의 손에 넘겨주는 것에 기초한 해법들을 서술한다. 코스와 오스트롬 둘 다 해당 연구로 노벨 경제학상을 받았다.

현시 원리는 [Myerson, 1986]에서 기인하며, 수익 동치 정리는 [Myerson, 1981]과 [Riley 및 Samuelson, 1981]에서 독립적으로 전개되었다. 두 경제학자 밀그롬과 클렘페러는 자신들이 관여한 수십억 달러 규모의 주파수 대역 경매에 관한 글을 썼다(Milgrom, 1997과 Klemperer, 2002).

메커니즘 설계는 다중 에이전트 계획 수립(Hunsberger 및 Grosz, 2000; Stone 외, 2009)과 일정 수립(Rassenti 외, 1982)에 쓰인다. [Varian, 1995]는 컴퓨터 과학 문헌들과의 관계를 간략히 개괄하며, [Rosenschein 및 Zlotkin, 1994]는 분산 인공지능에 대한 응용을 책 한 권 분량으로 다룬다. 분산 인공지능에 대한 관련 연구는 여러 이름으로 불리는데, 이를테면 집단 지성(collective intelligence; Tumer 및 Wolpert, 2000; Segaran, 2007)과 시장 기반 제어(market-based control; Clearwater, 1996)가 있다. 2001년부터는 Trading Agents Competition(TAC)이 매년 열린다. 이 경쟁에서 에이전트들은 일련의 경매들에서 최상의 수익을 올리려 한다(Wellman 외, 2001; Arunachalam 및 Sadeh, 2005).

사회적 선택에 관한 문헌은 엄청나게 많다. 민주주의 본성에 관한 철학적 고찰에서부터 특정 투표 절차에 관한 고도의 기술적 분석에 이르기까지 주제도 다양하다. 이 문헌들에 대한 좋은 출발점으로는 [Campbell 및 Kelly, 2002]가 있다. *Handbook of Computational Social Choice*(Brandt 외, 2016)는 이 분야의 연주 주제와 방법들에 관한 다양한 논문을 제공한다. 애로의 불가능성 정리를 밝힌 [Arrow, 1951]은 투표 시스템의 바람직한 성질들을 나열하고 그 모든 성질을 충족하는 것이 불가능함을 증명한다. [Dasgupta 및 Maskin, 2008]은 과반수 규칙(다수결 투표 규칙이 아니고 순위 선택 투표도 아닌)이 가장 강건한 투표 시스템임을 보인다. 선고 조작의 계산 복잡도를 처음 연구한 문헌은 [Bartholdi 외, 1989]이다.

다중 에이전트 계획 수립에서의 에이전트들 사이의 협상(negotiation)에 관한 연구 결과는 이번 장에서 거의 이야기하지 않았다. [Durfee 및 Lesser, 1989]는 에이전트들이 협상을 통해서 과제들을 공유하는 방법을 논의한다. [Kraus 외, 1991]은 협상, 동맹 맺기, 배신이 요구되는 보드게임 Diplomacy를 플레이하는 시스템을 서술한다. [Stone, 2000]은 로봇 축구의 경쟁적, 동적, 부분 관측 가능 환경에서 에이전트들이 팀을 이루어 협력하는 방법을 보여 준다. 좀 더 최근 논문인 [Stone, 2003]은 두 가지 경쟁적 다중 에이전트 환경, 즉 로봇 축구 대회 RoboCup과 경매 기반 거래 대리인 경진대회 TAC(Trading Agents Competition)를 분석하고, 현재의 이론적으로 잘 확립된 접근방식들의 계산적 처리 불가능성 때문에 여러 다중 에이전트 시스템들이 임시방편적(ad hoc) 방법들로 설계되었음을 지적한다. 사릿 크라우스는 사람 및 다른 에이전트과 협상할 수 있는 여러 에이전트를 개발했다. [Kraus, 2001]이 이들을 개괄한다. 자동 협상을 위한 단조적 양보 프로토콜은 제프리 S. 로젠스카인과 제자들이 제안했다(Rosenschein 및 Zlotkin, 1994). 대안 제시 프로토콜은 루빈스타인이 개발했다(Rubinstein, 1982).

다중 에이전트 시스템에 대한 최근 서적으로는 [Weiss, 2000]과 [Young, 2004], [Vlassis,

2008], [Shoham 및 Leyton-Brown, 2009], [Wooldridge, 2009]가 있다. 다중 에이전트 시스템에 관한 주요 학술대회는 International Conference on Autonomous Agents와 Autonomous Agents and Multiagent Systems(AAMAS)이다. 같은 이름의 학술지도 있다. ACM Conference on Electronic Commerce(EC)도 여러 관련 논문을 간행하는데, 특히 경매 알고리즘 분야의 논문이 많다. 게임 이론에 관한 주요 학술지는 *Games and Economic Behavior*이다.

# 찾아보기

페이지 번호 앞의 ❶은 1권, ❷는 2권을 뜻하고, **굵은** 페이지 번호는 해당 용어와 알고리즘이 정의된 페이지, *기울인* 페이지 번호는 참고 문헌 항목이 있는 페이지를 뜻합니다.